国家质量技术基础应用系列丛书

特种设备法规标准手册

机电类标准卷

游乐设施

国家市场监督管理总局特种设备安全监察局　编

中国标准出版社

北　京

图书在版编目（CIP）数据

特种设备法规标准手册．机电类标准卷．游乐设施/国家市场监督管理总局特种设备安全监察局编．—北京：中国标准出版社，2023．10

ISBN 978-7-5066-8448-4

Ⅰ．①特…　Ⅱ．①国…　Ⅲ．①设备管理—法规—中国
Ⅳ．①D922．292

中国国家版本馆 CIP 数据核字（2023）第 044721 号

中国标准出版社出版发行
北京市朝阳区和平里西街甲 2 号（100029）
北京市西城区三里河北街 16 号（100045）

网址 www．spc．net．cn
总编室：（010）68533533　发行中心：（010）51780238
读者服务部：（010）68523946
中国标准出版社秦皇岛印刷厂印刷
各地新华书店经销
*
开本 787×1092　1/16　印张 69．25　字数 2 084　千字
2023 年 10 月第一版　　2023 年 10 月第一次印刷
*
定价：270.00 元

《特种设备法规标准手册》

编委会

前 言

特种设备是经济社会发展的重要基础设施，关系国计民生，关系人民群众生命财产安全。守住特种设备安全底线，提高特种设备安全监管和节能环保水平，促进行业高质量发展，是切实增强人民群众安全感和幸福感的重要体现。

近年来，随着我国经济水平快速提高，人民群众对安全的需求越来越高，而在用特种设备数量快速增长，尤其是高参数、高危险性及高龄老旧设备日益增多，使特种设备安全风险和监管压力持续增大。要切实提高特种设备安全监管效能，不断释放特种设备促进节能环保潜能，充分发挥特种设备安全与节能对促进高质量发展的作用，其根本是要保证特种设备领域各项法规标准得到有效贯彻实施。为此，国家市场监督管理总局特种设备安全监察局组织编写了《特种设备法规标准手册》（以下简称《手册》），旨在对特种设备安全与节能法治体系进行全面、系统梳理，从而推动形成以科学监管、多元共治为特征的特种设备治理体系，推进特种设备治理标准化、现代化、国际化，为特种设备行业高质量发展提供重要保障。

《手册》收录了特种设备行业现行有效的法规标准，根据特种设备行业特点分为4卷13分册。其中，法律法规卷收录特种设备相关法律、行政法规、部门规章、地方性法规、规范性文件等；安全技术规范卷收录特种设备安全技术规范共43项；承压类标准卷收录现行有效的承压类特种设备标准，分为综合、锅炉与节能、压力容器、压力管道、气瓶、安全附件共6个分册；机电类标准卷收录现行有效的机电类特种设备标准，分为起重机械、电梯、游乐设施、客运索道、场（厂）内专用机动车辆共5个分册。限于成书篇幅、资料收集难度等原因，承压类标准和机电类标准两卷仅收录特种设备常用标准，其中国家标准及能源行业标准以全文形式收录，其余未收录的相关国家标准及行业标准以附件形式仅列出标准目录。

国家市场监督管理总局特种设备安全监察局高度重视《手册》的出版工作，对《手册》框架结构、分卷（册）等顶层设计给予了极大指导。同时，在《手册》编写过程中，中国特种设备检测研究院技术法规研究所、全国锅炉压力容器标准化技术委员会（SAC/TC 262）、全国气瓶标准化技术委员会（SAC/TC 31）、全国电梯标准化技术委员会（SAC/TC 196）、全国起重机械标准化技术委员会（SAC/TC 227）、全国升降工作平台标准化技术委员会（SAC/TC 335）、全国索道与游乐设施标准化技术委员会（SAC/TC 250）、全国工业车辆标准化技术委员会（SAC/TC 332）等给予了大力支持，相关编写人员收集、查阅了大量资料，在此对他们的辛勤付出一并表示感谢！

期望通过《手册》的出版，为特种设备各类从业人员学习研究、依法监管提供详尽指导，从而进一步提升特种设备安全监管人员、作业人员、检验检测人员的素质能力，为特种设备行业高质量发展保驾护航。同时，希望在全社会的共同努力下，特种设备安全与节能状况能够不断改善，人民群众生命财产安全得到更多保障！

《特种设备法规标准手册》编委会

2023 年 6 月

目 录

◎ 基础方法

◎ 安全规范和技术要求

基础方法

ICS 97.200.40
Y 57

中华人民共和国国家标准

GB/T 20049—2006

游 乐 设 施 代 号

Amusement devices code name

2006-01-09 发布

2006-07-01 实施

中华人民共和国国家质量监督检验检疫总局
中 国 国 家 标 准 化 管 理 委 员 会 发 布

前　言

本标准由国家标准化管理委员会提出。

本标准由全国索道、游艺机及游乐设施标准化技术委员会归口。

本标准起草单位：中国有色工程设计研究总院游乐设施检验中心。

本标准主要起草人：刘志学、沈勇、鄂立军、王景萍。

本标准首次发布。

游 乐 设 施 代 号

1 范围

本标准规定了游乐设施的代号。

本标准规定的代号适用于供成人和儿童游乐及观光用的游乐设施，不适用于竞技体育设施及健身设施。

2 游乐设施代号

X—DY RY VY HY QY SZ

3 代号说明

3.1 X代表游乐设施不同运动形式的数字

X为：01——乘人部分绕水平轴回转的游乐设施

示例：观览车、海盗船、太空船、飞毯、流星锤等。

02——乘人部分绕垂直轴回转、升降的游乐设施

示例：自控飞机、章鱼、超级秋千、转马、浪卷珍珠等。

03——乘人部分绕可变倾角的轴回转的游乐设施

示例：陀螺、双人飞天、勇敢者转盘、飞身靠壁等。

04——乘人部分用挠性件悬吊绕垂直轴旋转、升降的游乐设施

示例：飞行塔、空中转椅、观览塔、青蛙跳等。

05——沿架空轨道运行的游乐设施

示例：过山车、疯狂老鼠、滑行龙、单轨空中列、架空自行车等。

06——在地面上运行的游乐设施

示例：碰碰车、赛车、电池车、小火车等。

07——在特定水域运行的游乐设施

示例：水滑梯、峡谷漂流、水上自行车、碰碰船、各种游乐池等。

08——弹射或提升后自由坠落(摆动)的游乐设施

示例：探空飞梭、空中飞人等。

09——无动力游乐设施

示例：各种摇摆机、蹦极、人力驱动的转盘、翻斗乐、蹦床、充气弹跳、攀岩等。

10——其他类游乐设施

3.2 其他各字母的含意如下：

D——游乐设施最大回转直径代号

R——游乐设施最大回转半径代号

V——游乐设施乘人部分最大运行速度代号

H——游乐设施乘人部分距地面最大高度代号

Q——游乐设施乘人部分最大可变倾角代号

S——游乐设施乘人部分可升降代号

Z——游乐设施乘人部分可自转代号

Y——分别代表最大回转直径、最大回转半径、乘人部分最大运行速度、乘人部分距地面最大高度、乘人部分最大可变倾角的数值。

[直径、半径、高度单位为 m,圆周、升降速度单位为 m/min,在轨道、水上及地面上运行的速度单位为 km/h,倾角单位为(°)。

4 代号示例

4.1 绕水平轴回转的游乐设施示例

——观览车:最大回转直径 50 m,最大圆周速度 16 m/min,乘人部分距地面最大高度 52 m。

代号为:01—D50V16H52

——太空船:最大回转直径 8 m,最大运行速度 320 m/min,乘人部分距地面最大高度 10 m。

代号为:01—D8V320H10

——海盗船:最大回转半径 4 m,最大运行速度 300 m/min,最大摆角 45°。

代号为:01—R4V300Q45

4.2 绕垂直轴回转的游乐设施示例

——自控飞机:最大回转直径 15 m,最大运行速度 230 m/min,乘人部分距地面最大高度 5 m,乘人部分可升降。

代号为 02—D15V230H5S

——浪卷珍珠:最大回转直径 10 m,最大运行速度 180 m/min,乘人部分距地面最大高度 1.5 m,乘人部分可自转。

代号为:02—D10V180H1.5Z

4.3 绕可变倾角轴回转的游乐设施示例

——勇敢者转盘:最大回转直径 12 m,最大运行速度 600 m/min,最大倾角 80°。

代号为:03—D12V600Q80

——陀螺:最大回转直径 8 m,最大运行速度 300 m/min,最大倾角 45°。

代号为:03—D8V300Q45

4.4 乘人部分用挠性件悬吊绕垂直轴旋转、升降的游乐设施示例

——观览塔:最大回转直径 10 m,最大运行速度 50 m/min,乘人部分距地面最大高度 60 m,乘人部分可升降。

代号为:04—D10V50H60S

——飞行塔:最大回转直径 10 m,最大运行速度 300 m/min,乘人部分距地面最大高度 8 m,乘人部分可升降。

代号为:04—D10V300H8S

4.5 沿轨道运行的游乐设施

——过山车:最大运行速度 75 km/h,乘人部分距地面最大高度 30 m。

代号为:05—V75H30

——滑行龙:运行速度 20 km/h,乘人部分距地面最大高度 5 m。

代号为:05—V20H5

4.6 沿地面运行的游乐设施

——碰碰车:最大运行速度 6 km/h。

代号为:06—V6

——电池车:最大运行速度 4 km/h。

代号为:06—V4

4.7 在特定水域运行的游乐设施

——水滑梯: 最大下滑速度 15 km/h,最大高度 10 m。

代号为:07—V15H10

——峡谷漂流:最大漂流速度 6 km/h,最大高度 4 m。

代号为:07—V6H4

4.8 弹射或提升后乘人部分自由坠落(摆动)的游乐设施

——探空飞梭:弹射最大速度 1 800 m/min,乘人部分距地面最大高度 50 m。

代号为:08—V1800H50

——空中飞人:最大飞行速度 300 m/min,最大飞行高度 25 m。

代号为:08—V300H25

4.9 无动力类游乐设施

代号为:08—DY RY VY HY QY SZ

根据游乐设施的具体情况,分别填写其中的代号和数值。

ICS 97.200.40
Y 57

GB

中华人民共和国国家标准

GB/T 20050—2020
代替 GB/T 20050—2006

大型游乐设施检验检测　通用要求

Inspection and testing specifications of large-scale amusement device—General principles

2020-09-29 发布　　　　2021-04-01 实施

8

国家市场监督管理总局
国家标准化管理委员会　发布

前言

本标准按照 GB/T 1.1—2009 给出的规则起草。

本标准代替 GB/T 20050—2006《游乐设施检验验收》，与 GB/T 20050—2006 相比，除编辑性修改外主要技术变化如下：

——标准名称变更为《大型游乐设施检验检测 通用要求》；
——修改了范围（见第 1 章，2006 年版的第 1 章）；
——增加了术语和定义（见第 3 章）；
——修改了基本原则（见第 4 章，2006 年版的第 3 章）；
——增加了安全与环境要求（见第 5 章）；
——修改了人员要求（见第 6 章，2006 年版的 3.3）；
——修改了仪器设备要求（见第 7 章，2006 年版的 3.4）；
——删除了材料验收检验（见 2006 年版的第 4 章）；
——删除了采购及委托加工产品的验收检验（见 2006 年版的第 5 章）；
——删除了制造过程中的检验（见 2006 年版的第 6 章）；
——增加了检验检测项目和方法（见第 8 章）；
——增加了检验检测的一般规定（见 8.1）；
——增加了资料审查要求（见 8.2）；
——增加了主要技术参数测量要求（见 8.3）；
——增加了机械及结构检测要求（见 8.4）；
——增加了传动系统检测要求（见 8.5）；
——增加了电气及控制系统检测要求（见 8.6）；
——增加了乘载系统检测要求（见 8.7）；
——增加了安全防护装置和措施检测要求（见 8.8）；
——增加了基础和辅助设备设施检测要求（见 8.9）；
——增加了整机运行试验要求（见 8.10）；
——增加了应急救援检验要求（见 8.11）；
——删除了产品安装过程检验（见 2006 年版的第 8 章）；
——删除了不合格品要求（见 2006 年版的第 9 章）；
——修改了记录和报告要求（见第 9 章，2006 年版的第 10 章和第 11 章）；
——增加了规范性附录“检验检测常用的仪器设备及精度”（见附录 A）；
——增加了资料性附录“资料审查的项目和内容”（见附录 B）；
——增加了资料性附录“主要技术参数测量内容和方法”（见附录 C）；
——增加了资料性附录“机械及结构检测项目、内容和方法”（见附录 D）；
——增加了资料性附录“传动系统检测项目、内容和方法”（见附录 E）；
——增加了资料性附录“电气及控制系统检测项目、内容和方法”（见附录 F）；

——增加了资料性附录“乘载系统检测项目、内容和方法”(见附录G);

——增加了资料性附录“安全防护装置和措施检测项目、内容和方法”(见附录H);

——增加了资料性附录“基础和辅助设备设施检测项目、内容和方法”(见附录I)。

本标准由全国索道与游乐设施标准化技术委员会(SAC/TC 250)提出并归口。

本标准起草单位:中国特种设备检测研究院、华侨城集团有限公司、中山市金马科技娱乐设备股份有限公司、华强方特文化科技集团股份有限公司、广东长隆集团有限公司、中国航天员科研训练中心、广东省特种设备检验研究院、江苏省特种设备安全监督检验研究院、山东省特种设备检验研究院有限公司、浙江省特种设备检验研究院、上海市特种设备监督检验技术研究院、江西省特种设备检验检测研究院。

本标准主要起草人:宋伟科、梁朝虎、沈功田、肖原、李坚、林伟明、胡斌、刘辉、刘喜旺、文红光、张勇、陈少鹏、李向东、张新东、陈红军、贾国梁、姚俊、陈涛、刘然、刘书娟、钱进、朱锐。

本标准所代替标准的历次版本发布情况为:

——GB/T 20050—2006。

大型游乐设施检验检测　通用要求

1　范围

本标准规定了大型游乐设施检验检测的基本原则、安全与环境要求、人员要求、仪器设备要求、检验检测项目和方法、记录和报告。

本标准适用于大型游乐设施的检验检测。

2　规范性引用文件

下列文件对于本文件的应用是必不可少的。凡是注日期的引用文件，仅注日期的版本适用于本文件。凡是不注日期的引用文件，其最新版本(包括所有的修改单)适用于本文件。

GB/T 1958　产品几何技术规范(GPS)　几何公差　检测与验证

GB/T 3177　产品几何技术规范(GPS)　光滑工件尺寸的检验

GB/T 10610　产品几何技术规范(GPS)　表面结构　轮廓法　评定表面结构的规则和方法

GB/T 39079　大型游乐设施检验检测　加速度测试

GB/T 20306　游乐设施术语

GB/T 34370.2　游乐设施无损检测　第2部分：目视检测

3　术语和定义

GB/T 20306 界定的术语和定义适用于本文件。

4　基本原则

4.1　大型游乐设施检验检测是为了判断产品是否符合相关法规、标准和设计文件要求而开展的活动。

4.2　本标准规定了大型游乐设施常见检验检测项目和方法，从事检验检测的单位可根据游乐设施的具体情况，选择相应的检验检测项目和方法，必要时可增加检验检测项目和方法。

4.3　从事大型游乐设施检验检测的单位应根据相关法规、标准和设计文件等制定检验检测方案，开展检验检测工作。检验检测方案应至少包括适用范围、引用标准、仪器设备、环境条件、检验检测项目和方法等内容。

5　安全与环境要求

5.1　检验检测前应识别实施检验检测过程中存在的各种潜在危险，例如机械损伤、触电、跌落、坠物、设备误启动、无关人员闯入运行区域等。

5.2　检验检测时应针对各种危险采取相应的安全防护措施，例如：

a)　设置安全警戒线，必要时设警戒人员看护；

b)　切断设备电源，用试电笔试验测量线路的带电情况；

c） 佩戴安全防护装备和防护用品，并遵守安全作业规程。

5.3 检验检测现场的环境和场地条件，如气象条件、海拔、周围障碍物等应符合相关标准和设计文件要求。

5.4 本标准未列出开展检验检测时的所有安全要求。从事检验检测的单位应在检验检测前识别可能存在的危险并采取相应的措施。

6 人员要求

6.1 检验检测人员应具备开展检验检测项目的基本能力，包括仪器设备使用能力、相关专业能力、数据测量和处理能力等。

6.2 检验检测项目对人员有资质要求的，检验检测人员应按照相关法规的要求取得相应资格。

7 仪器设备要求

7.1 仪器设备应满足检验检测项目、内容和精度的要求。常用的仪器设备及精度应满足附录A的规定。

7.2 测量数据对检验检测结果有影响的仪器设备应进行定期检定/校准/自校。检定证书结论为合格，或校准/自校报告结果满足检验检测要求的仪器设备方能使用。

7.3 仪器设备应有唯一性标识。

7.4 从事检验检测的单位应建立仪器设备使用管理档案，管理档案包括定期检定/校准/自校记录或报告、使用说明书等。

7.5 检验检测前应确认所用仪器设备处于完好状态，并按照操作规程或检验标准进行核查，以确认其能满足检验检测要求。检验检测过程中发现仪器设备故障或对数据有怀疑时，应立即停止检验检测，并对之前的检验检测数据进行核查。检验检测后应按照操作规程或检验标准再次进行核查，确认仪器设备状态完好。

7.6 检验检测中所使用的试剂、耗材等应满足相关标准要求。

8 检验检测项目和方法

8.1 一般规定

8.1.1 质量证明文件的审查应核对性能参数，必要时进行性能试验或由原制造厂家或相关测试机构提供测试报告。

8.1.2 尺寸检测应依据GB/T 3177的规定执行，公差检测应依据GB/T 1958的规定执行，粗糙度检测应依据GB/T 10610的规定执行，产品外观检测应依据GB/T 34370.2的规定执行。

8.1.3 对同一检验检测项目，如果各次检验检测数据偏差超出合理范围，应查明原因，必要时进行复测。

8.2 资料审查

资料审查项目包括材质单、标准机电产品和标准件质量证明文件、外协件质量证明文件、无损检测报告、理化检验报告、热处理报告、基础验收证明、制造过程记录、安装过程记录、调试记录、制造（出厂）、安装合格证明文件、自检报告、使用维护说明书、设计资料、防雷装置检测报告等。资料审查的项目和内容参照附录B执行。

8.3 主要技术参数测量

大型游乐设施主要技术参数测量项目包括运行高度、设备高度、轨道高度、回转直径、运行速度、转速、加速度、摆角或倾角、最小转弯半径等。主要技术参数的测量方法参照附录C执行。

8.4 机械及结构

机械及结构的检验检测项目包括钢结构件、机加工件、玻璃钢件、非金属件、木结构件、附加载荷、连接螺栓、焊接接头、重要轴(销轴)、轨道结构、立柱结构、车轮结构等常规结构，以及大型游乐设施的专用结构，如观览车类结构、滑道类结构、无动力类蹦极系列结构、无动力类滑索系列结构、无动力类空中飞人系列结构、无动力类系留式观光气球系列结构、水上游乐设施结构、赛车类结构、小火车类结构、碰碰车类结构等。机械及结构具体检验检测项目、内容和方法参照附录D执行。

8.5 传动系统

传动系统的检验检测项目包括电动机、减速机和联轴器、齿轮传动、传动带和滚子链传动、摩擦轮传动、离合器、轴承、乘人部分钢丝绳、乘人部分提升装置、液压和气动系统等。传动系统具体检验检测项目、内容和方法参照附录E执行。

8.6 电气及控制系统

电气及控制系统的检验检测项目包括电气与电子元器件、控制盘柜、配电线、低压配电系统、接地、绝缘、避雷装置、电动机满载电流、控制和操作系统、紧急事故开关、乘客操作的电器开关、装饰照明系统、集电器、漏电保护装置、音响和信号装置、视频监视系统、运行数据监测系统、配电房、配线槽等。电气及控制系统具体检验检测项目、内容和方法参照附录F执行。

8.7 乘载系统

乘载系统的检验检测项目包括乘人装置框架、座席尺寸、安全压杠、安全带、安全把手、安全挡杆、安全距离和安全空间等。乘载系统具体检验检测项目、内容和方法参照附录G执行。

8.8 安全防护装置和措施

安全防护装置和措施的检验检测项目包括制动装置、限位装置、防碰撞及缓冲装置、止逆装置、限速(防超速)装置、风速计、机械安全防护、安全栅栏、安全网或其他防坠物措施、安全标志、乘人舱门锁紧装置、保险措施、防止轿厢摆动装置、防止倾翻装置、断绳保护装置、过压/失压保护装置、设备起动安全联锁装置、滑道制动装置等。安全防护装置和措施具体检验检测项目、内容和方法参照附录H执行。

8.9 基础和辅助设备设施

基础和辅助设备设施的检验检测项目包括基础、地脚螺栓、产品铭牌、乘客须知、操作室、站台、备用电源、装饰物、通信设施、安全栅栏、进出口阶梯、救援装备和其他辅助设备设施等。基础和辅助设备设施具体检验检测项目、内容和方法参照附录I执行。

8.10 整机运行试验

8.10.1 整机运行试验一般包括空载试验、满载试验和偏载试验等。

8.10.2 试验载荷一般采用实体假人、水人或沙袋等，载荷物质量、加载方式和位置应满足设计文件和相关标准要求。

8.10.3 水滑梯、滑道、无动力游乐设施等大型游乐设施或其他特殊情况需要乘人参与运行试验时，应在确保试验安全的前提下，由经过训练的人员按照试验作业指导文件要求进行试验。

8.10.4 对于新制造的大型游乐设施整机，空载试验应按照设计工况连续运行不小于 8 h；满载试验应按照设计满载工况连续运行每天不小于 8 h，连续无故障累计运行不小于 80 h；偏载试验应按照设计允许最大偏载工况连续运行不小于 1 h。

8.10.5 在整机运行试验过程中，若游乐设施发生故障，应及时进行排查和检修。故障排除恢复正常运行状态后，应重新进行运行试验。

8.11 应急救援

8.11.1 应急救援的检验检测应至少包括应急救援预案检查、应急救援人员检查、救援装备和急救物品检查、应急救援演练等。

8.11.2 应急救援预案应根据游乐设施和运营场地特点制定，且具有可操作性。应急救援预案应考虑游乐设施的各种可能救援工况，并提出具体有效的应急救援措施。

8.11.3 应急救援人员应定期进行专业培训，掌握紧急情况处理、救援知识和实际操作方法。

8.11.4 救援装备应在设备运行时处于完好有效状态，急救物品应在有效期内。

8.11.5 应急救援演练应按照应急救援预案的要求定期执行，每年不少于 1 次。救援过程应保证乘人安全，防止发生二次伤害。

9 记录和报告

9.1 检验检测应做好原始记录，字迹应清楚，不得随意涂改，涂改位置应签字确认或有记录人盖章。

9.2 现场检验检测结果应详细记录。有数据要求的项目，应填写实测或经统计、计算处理后的数据；无数据要求的项目，应填写现场检验情况。所有结果应在检验检测现场详尽、真实地记录。

9.3 对检验检测发现的缺陷，应采用文字、图示或照片等方式如实记录缺陷的类型、大小、位置等信息。

9.4 检验检测记录可分为单项检验记录和整机检验记录，应至少包括下列内容：

a） 产品或部件名称、编号；
b） 检验检测项目；
c） 检验检测结果；
d） 检验检测使用的仪器设备；
e） 检验检测依据的法规、标准等技术文件；
f） 检验检测人员、记录校对人员签字及日期。

9.5 记录应充分支持报告内容。

9.6 检验检测报告应至少包括下列内容：

a） 制造单位、安装单位名称；
b） 从事检验检测的单位名称；
c） 被检产品名称、型号、编号、制造日期、安装日期、主要技术参数等；
d） 检验检测的时间、地点；
e） 检验检测使用的仪器设备；

f) 检验检测依据的法规、标准等技术文件;

g) 检验检测的项目、结果、结论;

h) 检验检测人员、审核人员和批准人员签字及日期。

9.7 记录和报告可采用纸质或电子介质保存,电子版的记录和报告应采用标准的软件或文件格式存储,且有备份。

9.8 检验检测记录和报告应长期保存,直到该游乐设施或产品报废为止。

附　录　A
（规范性附录）
检验检测常用的仪器设备及精度

表 A.1 规定了检验检测常用的仪器设备及精度。

表 A.1　检验检测常用的仪器设备及精度

序号	仪器设备名称	精度要求	备注
1	测速仪	±1 km/h	—
2	测距仪	1 级	—
3	硬度计	0.8%	—
4	测厚仪	$\pm(1\%H+0.1)$mm	H 为被测件厚度
5	涂层测厚仪	$\pm(3\%H+1)\mu$m	H 为被测涂层厚度
6	温度计	$\pm(2\%T)$℃	T 为被测物温度
7	测温仪	$\pm(2\%T)$℃	T 为被测物温度
8	湿度计	±2%	—
9	压力表	±7 Pa	—
10	风速表	±0.4 m/s	—
11	倾角测量仪	±0.5°	—
12	水平度测量仪	2 mm + 2 μm	—
13	秒表	±0.5 s/d	—
14	游标卡尺	0.02 mm	—
15	钢板尺	1 级	—
16	钢卷尺	1 级	—
17	塞尺	1 级	—
18	圆角规	1 级	—
19	动静态应变仪	静态系统<3%,动态系统<8%	—
20	加速度测试仪	见 GB/T 39079 的要求	—
21	全站仪	$(2+2.0\times10^{-6}D)$ mm	D 为实际测量距离(km)
22	测力计	±0.6 N	—
23	电流表	±4%	—
24	电压表	±2%	—
25	绝缘电阻测量仪	±3%	—
26	接地电阻测量仪	±3%	—

附　录　B
（资料性附录）
资料审查的项目和内容

资料审查的项目和内容见表B.1。

表B.1　资料审查的项目和内容

序号	审查项目	审查内容
1	材质单	内容包括产品名称、材料牌号、规格尺寸、技术条件（产品标准）、力学性能（与设计有关的抗拉强度、屈服强度等）、化学成分、交货状态、检验结果、结论、签章等。查看上述内容是否齐全、完整、符合设计
2	标准机电产品和标准件质量证明文件	内容包括产品名称、型号规格、产品编号、技术参数、制造标准、检验依据（技术标准、设计、订货要求）、检验项目（内容）、检验结论、签章等。查看上述内容是否齐全、完整，结论是否符合设计
3	外协件质量证明文件	内容包括外协件名称、产品编号、尺寸规格、技术参数、检验依据（技术标准、设计、订货要求）、检验项目（内容）、检验结论、签章。查看上述内容是否齐全、完整，结论是否符合设计
4	无损检测报告	内容包括产品名称、产品编号、型号规格、工件名称、人员检测资质、检测依据、检测结果、结论、签章等。查看报告内容是否齐全、完整，结论是否符合设计
5	理化检验报告	内容包括产品名称、产品编号、型号规格、工件名称、检验资质、检验依据、检验结果、结论、签章等。查看报告内容是否齐全、完整，结论是否符合设计
6	热处理报告	内容包括部件名称、材料牌号、热处理工艺条件、技术要求、硬度测试值、结论、签章等。查看报告内容是否齐全、完整，结论是否符合设计
7	基础验收证明	内容包括工程名称、基础类型、施工起止日期和验收日期、施工依据、验收依据、验收项目、基础设计单位、建设单位、监理单位和大型游乐设施制造（安装）单位签署的验收意见、结论、签章等。查看证明内容是否齐全、完整，结论是否符合设计。必要时查看分部工程、分项工程的验收记录
8	制造过程记录	内容包括焊接件的施焊记录及检验记录、机加工件的加工过程及检验记录、部件装配过程及检验记录、涂装检查记录等。记录应包含部件名称、部件编号、检查依据、检查要求、检查结果、结论、签章等。查看记录内容是否齐全、完整，是否符合设计
9	安装过程记录	内容包括基础资料审查和复验记录、机械及结构安装和检查记录、乘载系统安装和检查记录、电气控制系统安装和检查记录、应急救援设备设施安装和检查记录、辅助系统设备设施安装和检查记录、装饰照明安装和检查记录等，记录应包含产品名称、产品编号、型号规格、安装项目、检查依据、安装要求、安装检查结果、结论、签章等。查看记录内容是否齐全、完整，是否符合设计
10	调试记录	内容包括电气及控制系统调试记录、传动系统调试记录、液压系统调试记录、气动系统调试记录等。记录应包含产品名称、产品编号、型号规格、调试项目、调试要求、调试结果、结论、签章等。查看记录内容是否齐全、完整，是否符合设计

表 B.1（续）

序号	审查项目	审查内容
11	制造（出厂）、安装合格证明文件	内容包括产品名称、设备类型、设备型式、型号规格、产品编号、设备级别、制造日期、安装日期、安装地点、生产许可证编号及有效期（制造许可证编号及有效期、安装许可证编号及有效期）、主要技术参数、检验依据、合格证结论、设计文件鉴定报告编号、型式试验报告编号、使用单位名称、签章等。查看上述内容是否齐全、完整、正确
12	自检报告	内容包括基础、整机外观、机械及结构、乘载系统、电气及控制系统、应急救援设备设施、辅助系统设备设施、装饰照明、液压/气动系统、安全联锁功能、安全防护装置的功能验证以及应急救援试验等检查项目。报告应包含产品名称、产品编号、型号规格、检查项目、检查要求、检查结果、结论、签章等。查看报告内容是否齐全、完整、正确、符合设计
13	使用维护说明书	内容包括技术性能及参数，产品适用环境条件，运输、安装、调试、拆卸（移动设备）方法和要求，操作规程及注意事项，乘客须知，试运行检查项目，维护保养项目与要求，对操作、维修人员资格能力要求，电气、液压和气动原理图，常见故障及排除方法，日常润滑部位与要求，整机和主要受力部件设计使用年限，易损零部件清单，更换周期和方法，外购件的使用要求，对设备辅助设备设施安全设备设施（包括大型设备的备用电源、承压设备、提升机械等）基础等方面的使用维护与检验要求，无固定基础设备的抗倾覆、抗滑移要求，无固定基础设备对基础要求及对地基承载力要求，无固定基础设备作为固定式设备使用的基础与检验维护要求，自检要求（检验项目、部位、周期、方法、采用技术与仪器设备、重点，以及需要定期拆检、大修部件部位的拆检或大修年限等），事故状态疏导乘客措施与要求等。查看内容是否齐全、完整
14	设计资料	资料包括设计说明书、设计计算书、风险评价报告、设计图样、设计试验验证大纲、使用维护说明书等。查看上述资料是否齐全、完整
15	防雷装置检测报告	内容包括产品名称、产品编号、型号规格、检测单位资质、检测项目（内容）、检测依据、结论、签章等，查看报告内容是否齐全、完整、正确，结论是否符合设计

附　录　C
（资料性附录）
主要技术参数测量内容和方法

主要技术参数测量内容和方法见表 C.1。

表 C.1　主要技术参数测量内容和方法

序号	主要技术参数	单位	测量方法
1	运行高度	m	1）使用激光测距仪、钢卷尺或全站仪等仪器测量； 2）测量从乘客约束物支承面到安装基面的最大垂直距离； 3）测量不少于 3 次，取平均值
2	设备高度	m	1）使用激光测距仪、钢卷尺或全站仪等仪器测量； 2）测量从设备最高点到正下方地面的垂直距离； 3）测量不少于 3 次，取平均值
3	轨道高度	m	1）使用激光测距仪、钢卷尺或全站仪等仪器测量； 2）测量从车轮与轨道接触面最高点到轨道支架安装基面最低点的垂直距离； 3）测量不少于 3 次，取平均值
4	回转直径	m	1）使用激光测距仪、钢卷尺等仪器测量； 2）测量乘客约束物支承面绕水平轴的旋转直径，或乘客约束物支承面最外沿的旋转直径，或静止时座椅或乘客约束物最外侧绕垂直轴的旋转直径； 3）测量不少于 3 次，取平均值
5	运行速度	m/s	1）使用雷达测速仪等仪器测量； 2）对滑行车、小火车、架空游览车等类游乐设施，在设计最大速度位置处测量； 3）测量重复 3 次，取平均值
6	转速	r/min 或 m/r	1）使用秒表等仪器测量； 2）待设备运行平稳后，测量旋转不少于 3 圈所用的时间，计算转速； 3）测量重复 3 次，取平均值
7	加速度	*g*	参照 GB/T 39079 的方法测量和计算
8	摆角或倾角	(°)	1）使用倾角测量仪等仪器测量； 2）静止状态下在摆动部件上安装倾角测量仪，设备起动后测量摆动部件的最大摆角或倾角； 3）测量重复 3 次，取平均值
9	最小转弯半径	m	参照 GB/T 12540 的方法测量和计算

附 录 D
（资料性附录）
机械及结构检测项目、内容和方法

机械及结构检测项目、内容和方法见表 D.1。

表 D.1 机械及结构检测项目、内容和方法

序号	检测项目	检测内容	检测方法
1	钢结构件	外观状态	目视检测。外形是否符合设计，表面是否平整，是否存在裂纹、变形、尖角、毛刺、磨损和锈蚀等
2		结构型式	目视检测。是否符合设计
3		主要外形尺寸	采用测距仪、钢卷尺、游标卡尺、测厚仪等测量，尺寸是否符合设计
4		防锈涂层	目视检测。涂层是否均匀，是否存在剥离、漏涂、返锈、皱皮、流坠、针眼、气泡、凹坑、凸起等
5		漆膜厚度	使用漆膜厚度仪测量漆膜总厚度。选取每 10 m^2（不足 10 m^2 的按 10 m^2 计）主要受力结构作为一处，每处测 3 点～5 点，取平均值作为该处厚度值
6		锈蚀程度	内部锈蚀时：采用测厚仪测量锈蚀位置，记录厚度值，取最小值，查阅设计文件，计算锈蚀程度。 外部锈蚀时：先用钢丝刷去除表面锈蚀部分，采用腐蚀坑深度测量仪测量锈蚀位置，记录厚度值，取最大值，查阅设计文件，计算锈蚀程度
7		材料	查阅材质单，材质及性能是否符合设计，必要时进行理化试验分析
8	机加工件	外观状态	目视检测。外形是否符合设计，表面是否光洁，是否存在裂纹、尖角、毛刺、划痕、磨损、锈蚀等
9		主要外形尺寸	采用测厚仪、钢卷尺、游标卡尺、测厚仪等测量
10		材料	查阅材质单，材质及性能是否符合设计，必要时进行理化试验分析
11		热处理状态	目视检测，并查阅相关材质文件是否符合设计
12	玻璃钢件	外观状态	目视检测。外形是否符合设计，是否存在浸渍不良、固化不良、气泡、孔洞、皱纹、裂纹、毛刺、缺损、明显修补痕迹、布纹显露、厚度不均、凹凸不平、色调不一致等缺欠，切割面是否存在分层、毛刺等缺陷，转角处过渡是否圆滑等
13		预埋件	目视检测。预埋件的设置是否符合设计

表 D.1（续）

序号	检测项目	检测内容	检测方法
14	非金属件	玻璃、橡胶、尼龙、聚氨酯等外观状态	目视检测。外形是否符合设计，是否存在裂纹、尖角、毛刺、老化、破损、变形、磨损等
15	木结构件	外观状态	目视检测。外观是否符合设计，是否存在腐朽、虫眼、开裂、木节、髓心等现象
16	附加载荷	设备结构本体以外的广告牌、遮阳棚、防雨棚等设施	目视检测。附加载荷是否符合设计，是否安装牢靠，是否影响设备运行安全
17	连接螺栓	外观状态	目视检测。螺栓有无弯曲变形、损伤、磨损和锈蚀，用10倍放大镜观察螺栓头、螺纹根部是否有裂纹
18		形式和位置	目视检测。是否符合设计
19		紧固方式	目视检测。是否符合设计
20		防松措施和防松标识	目视检测。是否符合设计
21		拧紧力矩	目视检测。查阅相关记录文件，查看拧紧力矩是否满足设计，必要时采用力矩扳手进行测试
22	焊接接头	外观状态	目视检测。接头是否有漏焊、裂纹、烧穿、未焊透、密集气孔、塌陷、严重咬边、未焊满、夹渣等外观缺陷。重点关注重要焊接接头，注意开裂、锈蚀、油漆脱落部位
23		形式和位置	目视检测。是否符合设计
24		无损检测	按设计文件要求进行无损检测，检测方法和要求按GB/T 34370（所有部分）执行，质量要求和合格级别按GB 8408执行
25	重要轴（销轴）	位置及状态	目视检测。是否符合设计
26		材料	查阅材质单，材质及性能是否符合设计，必要时进行理化试验分析
27		热处理状态	目视检测，并查阅相关材质文件
28		硬度	用硬度计测量不同位置硬度，不少于3次，取平均值，被测的两个相邻点间距不小于3 mm
29		圆角	用圆角规测量圆角，同一圆角测量3处，取平均值
30		表面粗糙度	用表面粗糙度仪测量轴表面粗糙度，每个表面不小于3处，取最大值

表 D.1（续）

序号	检测项目	检测内容	检测方法
31	重要轴（销轴）	磨损和锈蚀情况	在磨损或锈蚀严重处用游标卡尺测量不少于3次，取最小值与原尺寸比较，计算出磨损量和锈蚀量
32		几何尺寸	用游标卡尺测量主要几何尺寸
33		无损检测	按设计文件要求进行无损检测，检测方法和要求按GB/T 34370（所有部分）执行，质量要求和合格级别按GB 8408执行
34	轨道结构	轨道晃动情况	目视检测。在设备运行时轨道是否有影响安全的异常晃动。必要时，采用全站仪等仪器测量轨道的晃动量，测量结果是否符合设计
35		轨道磨损情况	在磨损严重部位用测厚仪测量轨道壁厚，查阅设计文件，与原壁厚比较，计算出磨损量，抽检不少于10处
36		双轨轨距误差	用激光测距仪或专用测量工具等沿轨道线路，取不少于10处进行轨距测量。测量出的轨距值与轨距设计值比较，计算其差值；在10组轨距差值中，记录最大值和最小值
37		轨道对接方式	目视检测。是否符合设计
38		轨道表面平整度	目视检测。在设备运行时轨道是否有明显冲击现象
39		曲线轨道过渡	目视检测。在设备运行时轨道是否有明显冲击现象
40		轨道对接处间隙	采用塞尺抽查测量轨道对接处间隙，测量位置不小于10处，取最大值
41		轨道对接处高低差	采用游标卡尺测量轨道高低差，测量位置不小于10处，取最大值
42	立柱结构	结构型式	目视检测。是否符合设计
43		间距	目视检测。是否符合设计。必要时，采用测距仪测量立柱间距
44	车轮结构	结构型式	目视检测。是否符合设计
45		主轮、侧轮和底轮的磨损	对磨损严重的车轮，用游标卡尺或专用测量工具在不同位置测量车轮直径，取最小值与原车轮直径比较，计算出磨损量

表 D.1（续）

序号	检测项目	检测内容	检测方法
46	观览车类结构	驱动环径向圆和端面圆跳动	在设计满载工况下，用测距仪、钢板尺、钢卷尺等测量驱动环到同一固定不动处的水平距离 a 和到同一固定水平面的垂直距离 b。 测量点数的选取规则如下： a) 轿厢个数小于或等于 10 个时，全部测量； b) 轿厢个数大于或等于 11 个，小于或等于 23 个时，测量点数不小于 10 个； c) 轿厢个数大于或等于 24 个，小于或等于 49 个时，测量点数不小于 12 个； d) 轿厢个数大于或等于 50 个时，测量点数不小于 15 个。 每测一次，相隔的轿厢数应基本相同，待轿厢到站台最低位置停车后同时测量 a 和 b 值，查阅驱动环直径 D，测出一组最大值 a 和 b（$a_{大}$、$b_{大}$）和最小值（$a_{小}$、$b_{小}$），其差值分别为 $\Delta a = a_{大} - a_{小}$、$\Delta b = b_{大} - b_{小}$。 端面圆跳动 $\Delta 1 = a/D$ 径向圆跳动 $\Delta 2 = \Delta b/D$
47		转盘拉筋情况	目视检测。静态工况下，拉筋是否松弛或断裂；运行试验工况下，拉筋是否干涉和变形
48		主轴倾斜度	目视检测。查阅相关资料，主轴倾斜度是否符合设计。必要时，用角度尺、倾角仪等仪器测量出倾斜角，计算出主轴倾斜度
49	滑道类结构	线路	目视检测。线路设置是否符合设计
50		滑行道弯道最小曲率半径	选取滑行道弯道曲率半径最小的弯道段，用钢卷尺量取其弧长，再用钢卷尺量取弯道弧两端的直线距离。根据量取的弧线段长度和弦长计算出该处的半径长度。测量不少于 3 次，分别进行计算，取平均值
51		滑行道最大坡度（非跳跃段）	选取滑行道非跳跃段最大坡度位置，用测量角度的仪器测量该处的坡度，测量不少于 3 次，取平均值
52		滑行道最小坡度	选取滑行道最小坡度处，用测量角度的仪器测量该处的坡度，测量不少于 3 次，取平均值
53		发车间距	目视检测。是否在提升道起始端 10 m 处和下滑道起始端 20 m 处分别设置了距离指示牌，以及操作员是否是在前车到达该指示牌后发下一辆滑车；在系统具有自动发车间距控制的情况下，用钢卷尺测量从发车位置到实际可发第二辆滑车时前车通过位置的距离

表 D.1（续）

序号	检测项目	检测内容	检测方法
54	滑道类结构	槽式滑道及槽式电动滑道的弯道外侧边缘	目视检测。槽式滑道及槽式电动滑道的弯道外侧边缘是否高于内侧边缘，弯道滑槽外侧边缘是否设圆滑凸起。滑车在额定载荷下全速下滑，选取槽式滑道或槽式电动滑道最小弯道处，测量滑车经过时其滑槽边缘距车轮轨迹的距离，测量不少于 3 次，取平均值
55		跳跃段最大坡度	选取跳跃段最大坡度位置，用测量角度的仪器测量其坡度，测量不少于 3 次，取平均值
56		跳跃段长度	选取最长跳跃段，用钢卷尺量取其长度，测量不少于 3 次，取平均值
57		同一直线段上允许的跳跃段数量	目视检测。是否符合设计
58		跳跃段起点距上侧弯道终点间距	用钢卷尺测量跳跃段起点距上侧弯道终点的间距，测量不少于 3 次，取平均值
59		跳跃段终点距下侧弯道起点的距离	用钢卷尺测量跳跃段终点距下侧弯道起点的距离，测量不少于 3 次，取平均值
60		波浪段起点距上侧弯道终点的距离	用钢卷尺测量波浪段起点距上侧弯道终点的距离，测量不少于 3 次，取平均值
61		波浪段终点距下侧弯道起点的距离	用钢卷尺测量波浪段终点距下侧弯道起点的距离，测量不少于 3 次，取平均值
62		同一直线段上允许的波浪段数量	目视检测。是否符合设计
63		可视距离	在滑道沿线选取轨道中心点前方可视距离最小的位置，用钢卷尺测量该可视距离区间的轨道长度，测量不少于 3 次，取平均值
64		终端制动装置长度	用钢卷尺测量终端制动装置的长度，测量不少于 3 次，取平均值
65		架空索道提升系统	目视检测。运送滑车的货运索道运载工具上设置的挂接装置是否可靠；采用循环式滑车提升索道时，滑车是否能顺利绕过索道上、下站房等附属设施
66		地面提升系统与行人通道的隔离	目视检测。地面提升系统是否有与行人通道隔离的措施
67		驱动装置，迂回装置，张力调节装置的防护	目视检测。驱动装置、迂回装置及张力调节装置是否设置了避免非工作人员触及的有效防护装置
68		地面提升系统回绳侧托索轮组的防护	目视检测。地面提升系统回绳侧托索轮是否能防止人员从侧面接触，是否设置了必要的防护装置

表 D.1（续）

序号	检测项目	检测内容	检测方法
69	滑道类结构	载人地面提升系统提升道中心线在水平面上的投影	目视检测。提升道中心线在水平面上的投影是否与地面提升系统上行侧牵引钢丝绳在水平面上的投影重合，平行度允许误差是否符合设计
70		载人地面提升系统提升道最大坡度	选取载人地面提升系统提升道最大坡度位置，用测量角度的仪器测量其坡度，测量不少于 3 次，取平均值
71		直径比	载人地面提升系统驱动轮、迂回轮、托索轮或压索轮等与牵引钢丝绳接触形成包角时，测量驱动轮、迂回轮、托索轮或压索轮等的直径，测量不少于 3 次，计算其与牵引钢丝绳直径的直径比，取平均值
72		载人地面提升系统提升道中的止逆装置	目视检测。是否有止逆措施。在设计载荷工况下，将滑车提升至接近提升道坡度最大点，使滑车与提升机构分离，滑车是否逆行
73		载人地面提升系统牵引钢丝绳的张紧力调整装置	目视检测。是否设置了张紧力调整装置，张紧力调整装置是否有效
74		载人地面提升系统提升侧牵引钢丝绳与下行侧牵引钢丝绳间距	用钢卷尺测量载人地面提升系统提升侧牵引钢丝绳与下行侧牵引钢丝绳的间距，测量不少于 3 次，取平均值
75		载人地面提升系统牵引钢丝绳形式	目视检测。形式是否符合设计
76		载人地面提升系统导向轮系轮衬	目视检测。导向轮系是否设置了非金属轮衬
77		载人地面提升自动脱索情况	目视检测。滑车在额定载荷及 50% 额定载荷下，在滑车与钢丝绳脱开的位置滑车被牵引至上站站台区后是否能与牵引钢丝绳自动脱开，在不同载荷条件下试验应不少于 10 次
78		未脱索保护	手动模拟滑车未正常脱索工况，提升系统是否能自动停止，试验不少于 3 次
79		安全通道	目视检测。塔架是否设置方便游客疏散的安全通道。采用钢卷尺测量相关尺寸，楼梯或爬梯是否符合设计
80	无动力类蹦极系列结构	运送游客的电梯、升降机	目视检测。查阅相关资料和检验报告
81		蹦极平台隔离区	目视检测。平台是否设置隔离区，是否能将弹跳者与其他无关人员有效隔离
82		平台防滑措施	目视检测。平台是否有防滑措施，防滑措施是否有效

表 D.1（续）

序号	检测项目	检测内容	检测方法
83	无动力类蹦极系列结构	高空平台弹跳口	目视检测。是否设置可开合的拦挡物
84		安全带的固定装置	目视检测。高空平台是否设置安全带的固定装置，且装置是否安装牢靠
85		观察孔和观察窗的设置	目视检测。高空弹跳点平台区域中间是否设置向下的观察孔或观察窗
86		上回收设施的回收绳与跳跃平台距离	采用钢卷尺或激光测距仪测量回收绳与跳跃平台最近处的距离
87		蹦极绳悬挂或固定装置	目视检测。悬挂或固定装置是否牢靠
88		高空平台上操作人员安全措施	目视检测。高空平台上操作人员是否有安全措施，安全措施是否符合设计
89		着陆区域	目视检测。接应点在陆地或固体表面时，着陆区域是否有着陆垫，钢卷尺测量着陆垫尺寸是否符合设计；接应点在水面时，水域是否安全，是否设置接应船，接应船上的防护垫是否符合设计
90		弹射蹦极左右侧卷扬机	目视检测。左右侧卷扬机上升和下降是否同步，两台卷扬机是否存在高度一致的上升和下降限位装置，限位装置型式是否符合设计。每台卷扬机是否有可靠的制动装置，制动装置型式是否符合设计
91		弹性绳伸长量	资料审查。查阅弹性绳型式试验报告
92		弹性绳两道保险	目视检测。是否设置两道保险，两道保险是否符合设计
93		弹性绳载荷标志	目视检测。弹性绳是否设置载荷标志
94		无座舱式弹射蹦极固定方式	目视检测。固定方式是否牢靠
95		用于握持或下降的绳索	目视检测。绳索是否符合设计。用游标卡尺测量绳索直径，测量 3 处，取平均值。查阅材质文件，材料是否符合设计
96		扁带	目视检测。扁带是否符合设计。用游标卡尺或钢板尺测量扁带宽度和厚度，测量 3 处，取平均值。查阅材质文件，材料是否符合设计
97		跳跃装备	目视检测。查阅合格证书，跳跃装备是否具有合格证，背带、扁带和踝部绑带是否牢靠
98		安全附件及连接	目视检测。查阅合格证书或型式试验报告。连接方式是否符合设计

表 D.1(续)

序号	检测项目	检测内容	检测方法
99	无动力类滑索系列结构	线路设置	目视检测。是否符合设计
100		滑车结构型式	目视检测。是否符合设计
101		滑车阻尼	目视检测。阻尼装置是否符合设计。运行试验时滑车阻尼是否有效
102		滑车防脱落装置	目视检测。装置是否符合设计,运行试验时防脱落装置是否有效
103		乘坐物	目视检测。外观、安装方式和结构型式是否符合设计。乘坐物与连接件是否牢固,乘坐物束缚装置是否锁紧可靠,乘坐物有无破损
104		站台	目视检测。站台是否有能保证游客和工作人员安全的活动空间,是否能保证迅速疏散乘客,且人流不能交叉。上下站是否设置安全防护装置(如防护网)
105		钢丝绳外观状态	目视检测。钢丝绳设置位置、安装方式、结构型式等是否符合设计,是否存在磨损、锈蚀、断丝、笼形畸变、弯折、扭结、压扁或直径突变等。必要时进行无损检测
106		钢丝绳直径	用游标卡尺测量不同位置直径 3 次,取平均值
107		承载索张力调整装置	目视检测。调整装置是否符合设计
108		承载索两道保险装置	目视检测。保险装置是否符合设计
109		钢丝绳固定	目视检测。固定形式是否符合设计。用钢板尺等测量绳夹间距,取最小值
110		钢丝绳弯曲部分	用游标卡尺、钢板尺或钢卷尺等测量弯曲的钢丝绳直径及弯曲部位的半径
111		防护垫	用钢卷尺等测量防护垫尺寸
112		滑车回收装置	目视检测。回收装置是否符合设计。运行试验时限位或防止钢丝绳过卷装置是否有效
113	无动力类空中飞人系列结构	钢丝绳(悬挂和提升)	目视检测。钢丝绳设置位置、安装方式、结构型式等是否符合设计。检查钢丝绳是否存在锈蚀、笼形畸变、弯折、扭结、压扁或直径突变。必要时进行无损检测
114		乘坐物	目视检测。外观、安装方式和结构型式是否符合设计。乘坐物与连接件是否牢固,乘坐物束缚装置是否锁紧可靠,乘坐物有无破损

表 D.1（续）

序号	检测项目	检测内容	检测方法
115	无动力类空中飞人系列结构	安全附件	目视检测。设置位置、安装方式和结构型式是否符合设计。安全附件是否变形、锈蚀、损坏、缺失，连接是否牢固
116	无动力类系留式观光气球系列结构	主球体	目视检测。外表面是否有外来物附着，球体是否存在破损痕迹，充气口和充气阀是否损坏、破损
117		主力绳（系留缆绳）	目视检测。主力绳（系留缆绳）设置位置、安装方式、结构型式等是否符合设计。紧固件是否松脱，缆绳或钢索是否存在锈蚀、笼形畸变、弯折、扭结、压扁或直径突变等情况
118		保险绳（安全系留）	目视检测。保险绳设置位置、安装方式、结构型式等是否符合设计。保险绳是否断裂、破损、严重磨损、缺失，与吊篮连接是否牢固，与地锚固定点连接是否牢固
119		系留链	目视检测。系留链设置位置、安装方式、结构型式等是否符合设计。系留链是否变形、锈蚀、损坏、缺失，与地锚固定是否牢固
120		乘坐物	目视检测。乘坐物安装方式、结构型式等是否符合设计。结构是否变形，紧固件是否松动缺失
121		安全附件及连接	目视检测。安全附件设置位置、安装方式、结构型式等是否符合设计。安全附件是否变形、锈蚀、损坏、缺失，连接是否牢固
122	水上游乐设施结构	水滑道表面	目视检测。表面是否连续、光滑，是否有尖角、棱角、裂纹、非正常的空洞、缝隙和变形等
123		入口通道或楼梯	用钢卷尺或测距仪测量净空宽度和净空高度、楼梯踏步宽度和高度。每处测量 3 次，取平均值。入口通道或楼梯面是否防滑
124		出发平台	目视检测。平台是否符合设计，是否防滑，是否有防漏措施
125		出发平台安全栅栏	目视检测。结构型式是否符合设计。采用钢卷尺测量栅栏高度、间距和底距
126		水滑道起始段栏杆	目视检测。身体滑道是否设置安全栏杆，用钢卷尺测量栏杆高度是否符合设计
127		乘员机械放行装置	目视检测。是否符合设计。运行试验时是否能有效动作，设备起动联锁功能是否符合设计

表 D.1（续）

序号	检测项目	检测内容	检测方法
128	水上游乐设施结构	水滑道滑行区	运行试验时，目视检测乘员是否出现被抛出、坠落、翻滚、弹跳、腾空、碰撞、划伤、灼伤、滞留、挤夹等状况；乘员或滑行工具是否超出滑道或护板的边缘；封闭式水滑梯或水滑梯的隐蔽部分是否有增强采光的措施
129		水滑道结束段截留区	采用钢卷尺或测距仪测量截留区长度和水深深度，是否符合设计
130		水滑道结束段溅落区	采用钢卷尺或测距仪测量最外侧滑梯外边缘距水池侧壁的水平距离，取最小值；测量滑梯出口处端面至其对面池壁直线最小距离；测量滑梯末端最低面至水池水面高度及距离溅落一侧池壁的水平距离。用角度测量仪测量上抛角（滑道末端与水平面的夹角）
131		出口通道	目视检测。是否符合设计
132		护板	目视检测。是否符合设计
133		防护网	目视检测。是否符合设计
134		滑行工具	目视检测。乘垫是否磨损；皮筏是否磨损，必要时采用压力表测量皮筏气压
135		皮筏提升机	目视检测。是否符合设计。是否与出发平台、溅落区有隔离措施
136		水流量计	目视检测。设置和状态是否符合设计
137		润滑水流量	通过设备配备的流量计或手持式流量计检查流量是否符合设计
138		下滑方式标牌	目视检测。是否符合设计
139		游乐池水深	采用钢卷尺测量不少于 3 处水深，取最大值
140		互动戏水设施	目视检测。是否符合设计
141		峡谷漂流	目视检测。水深是否符合设计，是否设置视频监视装置
142		漂流筏	目视检测。漂流筏表面是否有磨损，是否有漏气现象
143		碰碰船	目视检测。是否符合设计

表 D.1（续）

序号	检测项目	检测内容	检测方法
144	赛车类结构	车道	目视检测。车道是否平整坚实，是否凹凸不平，是否有障碍物，是否插入支线，道路两侧是否设置缓冲拦挡物
145		道路宽度和坡度	用钢卷尺或测距仪测量路面宽度不少于3次，取最小值；用角度测量仪测量路面坡度不少于3次，取最大值
146		路基	目视检测。有可能积水时是否设置排水沟
147		车辆缓冲装置	目视检测。两辆车的缓冲装置是否在同一高度。用钢卷尺测量缓冲装置突出车体和装饰高度不少于3次，取最小值
148		车辆操作手轮	目视检测。运行试验时手轮是否轻便省力，是否有卡滞现象
149		汽油机油箱密封	目视检测。是否有渗油现象
150		蓄电池	目视检测。是否固定牢固，是否密封良好，连续工作时间是否符合设计
151		爬坡度	用测角仪器测量，不小于3次，取平均值
152		爬坡能力	运行试验时车辆爬一不小于7°的坡，并停止在斜坡上，重新启动，爬坡是否顺利
153	小火车类结构	线路	目视检测。线路设置是否符合设计
154		排水沟	目视检测。线路有可能积水时是否设置排水沟
155		路基	目视检测。路基是否填筑平整坚实和稳固，运行试验时路基是否平稳可靠
156		路拱	目视检测，渗水性差的路基是否设置路拱
157		路肩和路基顶宽	在不同地段用钢卷尺测量不少于3次，取最小值
158		道床	目视检测。运行试验时是否出现异常
159		轨枕	目视检测。运行试验时是否出现异常
160		轨枕间距	用钢卷尺进行测量，不少于3处，取平均值
161		轨道辅件	目视检测。是否有效紧固
162		轨道接缝	目视检测。温差较大的地区，是否设置伸缩缝
163		轨道接头错差	用钢卷尺进行测量，抽查不少于3处，取最大值
164		道岔	目视检测。运行试验时换向动作是否安全可靠

表 D.1（续）

序号	检测项目	检测内容	检测方法
165	小火车类结构	轨距误差	用钢卷尺进行测量，测量不少于 10 处，每处测量 3 次，取平均值
166		轨道	目视检测。运行试验时是否有异常振动、冲击、声响等
167		车体吊点	目视检测。车体是否设置吊点，起吊时是否产生破坏
168		座席	目视检测。座席形式、尺寸和材质是否符合设计
169		乘客可触及之处	目视检测。凡乘客可触及之处，是否存在外露的锐边、尖角、毛刺和危险突出物等
170		座席距脚踏面高度	用钢卷尺进行测量，不少于 3 处，取最大值
171		进出口外底板高度	用钢卷尺进行测量，不少于 3 处，取最大值
172		车厢进出口处拦挡物	目视检测。拦挡物是否开启灵活，关闭可靠。运行试验时乘客是否能自行开启
173		车厢内灭火措施	目视检测。是否有合理的灭火措施
174		车厢视频监控及联络按钮	目视检测。是否设置视频监控，并按需要安装应急按钮与司机室联络
175		司机室前车窗	目视检测。前车窗是否采用安全玻璃，是否具有良好的视野，视野受限(无行进路线全景)时，是否增加行车辅助视频
176		车轮装置	目视检测。车轮结构型式是否符合设计。运行试验时是否转动灵活，运行平稳。车轮是否有异常磨损
177		轮缘与轨道间隙	用塞尺进行测量，不少于 3 处，取最大值
178		车辆连接器	目视检测。结构型式是否符合设计。运行试验时是否安全可靠，转向灵活
179		线路坡度	使用水平坡度计在不同位置检测线路坡度，不少于 3 处，取最大值
180		驻车装置	目视检测。结构型式是否符合设计。在线路最大坡度、最大载荷工况下停放制动的列车，是否会发生溜逸
181		安全缓冲车挡与警示标志	目视检测。非闭环轨道的行程极限位置是否设置安全缓冲车挡与警示标志
182		警示标志	目视检测。轨道沿线在转弯、上下坡等特殊路况路段，是否设有明显的限速或警示标志

表 D.1（续）

序号	检测项目	检测内容	检测方法
183	碰碰车类结构	车场地面及周围	目视检测。车场地面是否平整坚实，是否有凹凸不平；车场周围是否设置缓冲拦挡物，拦挡物上边缘是否高于车辆缓冲轮胎上边缘，拦挡物下边缘是否低于车辆缓冲轮胎下边缘
184		车场面积	用钢卷尺或测距仪测量并计算车场面积
185		室外车场防雨措施	目视检测。是否有有效的防雨措施
186		上下电极板直流馈电式碰碰车上、下电极板之间的高度	采用钢卷尺或测距仪测量
187		上下电极板直流馈电式碰碰车上极板	目视检测，是否安装牢固，表面是否平整。采用钢卷尺或卡尺测量上极板厚度，不少于3处，取最小值
188		上下电极板直流馈电式碰碰车下极板	目视检测。是否安装牢固，表面是否平整
189		上下电极板直流馈电式碰碰车摩电弓	目视检测。摩电弓与正极板(网)是否接触良好，摩电弓座是否灵活可靠
190		地板铺设正负极板馈电车场的极板	目视检测。拼接是否紧密和平整
191		缓冲轮胎	目视检测。缓冲轮胎突出车体及装饰物尺寸用钢板尺测量。每辆车测量不少于3次，取最小值。同一车场车辆的缓冲轮胎是否在同一高度上。运行试验时是否能起到保护作用
192		橡胶充气轮胎	目视检测。必要时用压力计测量轮胎压力
193		内燃机碰碰车消声器	目视检测。运行试验时是否有效，是否存在异常声响
194		内燃机碰碰车油箱	目视检测。油箱是否密封可靠
195		转向机构	目视检测。运行试验时是否灵活、可靠
196		车轮装置	目视检测。润滑、维修是否方便，运行试验时是否转动灵活
197		地板馈电的碰碰车滑接器	目视检测。滑接器与电极板是否接触良好，滑接器座是否灵活可靠
198		蓄电池为动力的碰碰车蓄电池	目视检测。蓄电池是否安装可靠，密封良好
注：各种部件在目视检测时，如发现开裂、变形、腐蚀等情况，必要时增加表面无损检测；对于拉索等柔性件，如发现断丝、腐蚀等情况，必要时增加漏磁等无损检测。			

附　录　E
（资料性附录）
传动系统检测项目、内容和方法

传动系统检测项目、内容和方法见表 E.1。

表 E.1　传动系统检测项目、内容和方法

序号	检测项目	检测内容	检测方法
1	电动机、减速机和联轴器	选型和连接	目视检测。是否符合设计
2		联轴器两轴同轴度和端面间隙	检测方法参照 GB 50231—2009 中 5.3 的规定执行
3		运行状态	目视检测。运行试验时是否有异常振动、噪声等
4	齿轮传动	选型和连接	目视检测。是否符合设计
5		偏啮合和偏磨损	目视检测。是否有严重的偏啮合和偏磨损
6		齿轮啮合的接触斑点	检测方法参照 GB 50231—2009 中 5.7.10 的规定执行
7		运行状态	目视检测。运行试验时是否有异常振动、噪声等
8	传动带和滚子链传动	选型和连接	目视检测。是否符合设计
9		张紧度	目视检测。张紧度是否适度
10		磨损	目视检测。是否存在严重磨损
11		运行状态	目视检测。运行试验时是否有异常振动、噪声等
12	摩擦轮传动	选型和连接	目视检测。是否符合设计
13		张紧度	目视检测。张紧度是否适度
14		磨损	目视检测。是否存在严重磨损
15		运行状态	目视检测。摩擦面之间是否有明显相对滑动
16	离合器	选型和连接	目视检测。是否符合设计
17		运行状态	目视检测。离合动作是否平稳、准确
18	轴承	温度和温升	用测温仪在滚动轴承的端盖处和滑动轴承的油孔处测量，在运行前先测初始温度 t_1，在额定载荷下发热稳定后，一般在不同位置测量不少于 3 次，取平均值 t_2，轴承温升 $t=t_2-t_1$；轴承最高温度为 t_2
19		运行状态	目视检测。转动是否灵活、有无异常声响

表 E.1（续）

序号	检测项目	检测内容	检测方法
20	乘人部分钢丝绳	选型	目视检测。选型是否符合设计。用游标卡尺测量不同位置钢丝绳直径 3 次，取平均值
21		钢丝绳端部固定方式及状态	目视检测。固定方式是否符合设计，固定是否牢固、可靠。巴氏合金、金属压制接头固定时，接头是否有裂纹；楔块固定时，楔套是否有裂纹，楔块是否松动；绳夹固定时，固定方法、数量是否正确，并用钢卷尺测量钢丝绳夹间距，取最小值
22		钢丝绳状态	目视检测。钢丝绳是否有弯折、扭结、压扁、断股、笼状畸变、断芯等现象。有磨损、断丝时，用游标卡尺测量直径，必要时进行无损检测
23		卷筒、滑轮直径与钢丝绳直径之比	用游标卡尺或钢卷尺测量滑轮、卷筒轮槽底部或接触处直径，查阅钢丝绳直径，计算直径比
24		防止钢丝绳过卷和松弛装置	目视检测。手动模式进行运行试验，检查运行距离超过正常运行范围时防过卷装置是否有效，运行试验时防松弛装置是否有效
25		钢丝绳终端在卷筒上的余量	目视检测。运行试验时检查钢丝绳终端在卷筒上的剩余圈数
26		防止钢丝绳跳槽装置	目视检测。是否符合设计。运行试验检查是否有效
27	乘人部分提升装置	选型和连接	目视检测。设置位置、安装方式、结构型式是否符合设计
28		张紧装置状态	目视检测。运行试验时提升装置张紧是否适度
29		导向装置状态	目视检测。运行试验时导向装置是否灵活、可靠
30		运行状态	目视检测。运行试验时是否有异常冲击、振动、打滑或严重跑偏现象
31	液压和气动系统	系统设置	目视检测。设置是否符合设计
32		油管、气管	目视检测。管路是否排列整齐、布置合理，管卡分布是否合理，弯管处是否有过压、过弯现象，软管管长是否适中，捆扎是否结实，是否会摩擦，是否固定可靠。运行试验时是否有漏油漏气现象
33		接头	目视检测。接头是否布置合理、易于检修
34		油泵进口温度	设备运行平稳后用测温仪测量进口温度，测量 3 次，取平均值
35		乘人部分液压(气)缸失压或失速保护装置	目视检测。手动模式将设备运行至最高位后停止，将下降电磁阀流量调节至最大，手动打开下降电磁阀，检查保护装置是否有效
36		运行状态	目视检测。运行试验后检查液压系统是否渗漏油、气动系统是否有明显漏气
注：对于钢丝绳，如发现断丝、腐蚀等情况，必要时增加漏磁等无损检测。			

附 录 F
（资料性附录）
电气及控制系统检测项目、内容和方法

电气及控制系统检测项目、内容和方法见表 F.1。

表 F.1 电气及控制系统检测项目、内容和方法

序号	检测项目	检测内容	检测方法
1	电气与电子元器件	设置和外观状态	目视检测。电器元件质量是否良好，型号规格是否符合设计，外观是否完好，安装是否牢固，安装间距是否符合标准要求。各电器是否能单独拆装更换不影响其他电器及导线束。发热元件是否安装在散热良好的位置，散热装置是否工作正常
2	配电盘柜	设置和外观状态	目测检测。配电盘柜内接配电线状态是否符合设计，接线是否松动和规范。外露器件是否全部采用安全电压。电线引入引出口处是否圆滑，是否有线皮保护措施，是否有尖锐、锋利的钝边。室外安装使用的配电盘柜是否具备足够的防水等级，是否破损，是否内部进水
3		安全警示标志	目测检测。安全警示标志是否有明显破损
4		门锁	目测检测。配电盘柜是否设置门锁。开启外壳之前是否先切断其内部的带电部件
5		端子排	目测检测。端子排是否有损坏，是否固定牢固，端子是否有便于维护检查时使用的唯一性标识。端子排是否有尖角、毛刺等可能伤及人员的安全隐患
6	配电线	选型和外观状态	目视检测。选型是否符合设计
7		接头及连接	目视检测。外接配电线与配管连接是否牢固可靠，是否存在劣化与损伤状况。线头压接端子及压接方式是否符合要求，有无松动，标识有无破损。非安全电压端子是否有防止触碰触电的隔离措施
8	低压配电系统	电力分配	目视检测。各支路配电分配是否符合设计
9		电压压降	用万用表或电压表测量电动机起动时端电压，计算电压压降
10	接地	接地形式	目视检测，接地形式是否符合设计
11		电气设备金属外壳等接地连接	目视检测。电气设备和机械所有外露可导电部分是否连接到保护接地电路上
12		电气器件等电位接地	目视检测。变频器等有等电位接地要求的电气器件是否与接地排可靠连接

表 F.1（续）

序号	检测项目	检测内容	检测方法
13	接地	接地线颜色	目视检测。是否符合标准要求
14		接地标识	目视检测。是否符合标准要求
15		接地电阻	用接地电阻仪测量不同点的接地电阻值,取最大值
16	绝缘	驱动电动机、电控柜主回路的绝缘电阻	用绝缘电阻仪测量驱动电动机三相电源线的绝缘电阻值,取最小值
17		路轨与导电轨间绝缘电阻	用绝缘电阻仪测量路轨与导电轨间绝缘电阻值,取最小值
18	漏电保护装置	外观及状态	目视检测。安装在水泵房、游泳池、地面以下等潮湿场所的电气设备是否设置漏电保护装置。漏电保护装置灵敏度是否符合设计要求,且动作有效
19	避雷装置	接地形式	目视检测。查阅相关资料,接地形式是否符合设计
20		安装	目视检测。避雷针、支撑金属物、下拉导线等的安装状态是否良好
21		接地电阻	用接地电阻仪测量不同点的接地电阻值,取最大值。或查阅专业防雷部门的防雷检测报告
22	电动机满载电流	满载电流	设备运行平稳后,用电流表测量不同电动机电流值,每台电动机测量次数不少于 3 次,取平均值
23		直线电动机峰值电流	采用直线电动机驱动型式的设备,发射瞬间峰值电流应控制在供电电网允许输出功率范围之内,每台测量次数不少于 3 次,取平均值
24	控制和操作系统	设置	目视检测。设置是否符合设计
25		控制元件	目视检测。断路器、继电器、开关、传感器、执行机构电气元件等电气器件运行状态是否良好
26		控制输入	目视检测。传感器安装是否良好,手动确认传感器动作是否有效
27		控制输出	目视检测。是否符合设计控制逻辑
28		人机界面	目视检测。人机界面、报警代码、提示信息等是否符合设计
29		操作按钮、信号灯等标志和颜色	目视检测。是否符合设计
30	紧急事故开关	位置和形式	目视检测。是否符合设计。未经手动复位前是否会自动恢复
31	乘客操作的电器开关	安全电压	目视检测。必要时用电压表测量

表 F.1（续）

序号	检测项目	检测内容	检测方法
32	装饰照明系统	回路设置	目视检测。回路设置是否符合设计。照明系统与控制回路是否有独立的供电线路
33		外观状态	目视检测。安装是否牢固,灯具是否破损等
34		电压	目视检测。必要时用电压表测量
35		照度	用照度计测量乘客通道和应急照明照度
36	集电器	外露集电器	目视检测。外观状态是否良好,是否有防雨、防尘措施或具有防雨、防尘功能
37		电刷和集电环	目视检测。是否有磨损,接触火花是否符合标准要求
38	音响和信号装置	外观及状态	目视检测。是否符合设计
39	视频监视系统	外观及状态	目视检测。操作人员无法直接目视的位置是否设置视频监视系统
40	运行数据监测系统	外观及状态	目视检测。系统设置是否符合设计
41	配电房	设置及状态	目视检测。配电房内通风照明状况是否良好,有无积水、易燃物堆积的安全隐患
42	配线槽	设置及状态	目视检测。配线槽是否规则,动力线与信号线有无电磁干扰隐患,有无积水等安全隐患

附　录　G
（资料性附录）
乘载系统检测项目、内容和方法

乘载系统检测项目、内容和方法见表 G.1。

表 G.1　乘载系统检测项目、内容和方法

序号	检测项目	检测内容	检测方法
1	乘人装置框架	框架材料	目视检测。查阅材质文件，材料是否符合设计
2		座席材料	目视检测。查阅材质文件，材料是否符合设计
3	座席尺寸	座席靠背高度	采用钢卷尺测量座席表面到靠背上边缘尺寸，相同形式的座席测量不少于 3 个，取最小值；不同形式的座席，测量尺寸最小的一种
4		座席宽度	采用钢卷尺测量座席内侧面距离，座席上、下宽度不同时，取最大和最小宽度的平均值；相同形式的座席测量不少于 3 个，取最小值；不同形式的座席，测量尺寸最小的一种
5	安全压杠	外观及状态	目视检测。外观及状态是否符合设计。是否只允许操作人员自动或手动释放。故障状态下能否手动开启
		锁紧装置配置	目视检测。锁紧装置的配置是否符合设计
6		锁紧装置性能	安全压杠闭合锁紧时，在乘客扶手位置施加 500 N 的力，力的方向应垂直于压杠回转力臂连线，压杠及其锁紧装置是否有效，是否有明显变形或损伤。每套锁紧装置试验不少于 3 次
7		设备起动安全联锁	自动联锁：在自动运行模式下，分别单独触发闭合或锁紧，按设备起动按钮设备能否起动。 人工联锁：目视检测，站台是否有人工确认按钮，并在自动运行模式下不触发人工确认按钮，按设备起动按钮设备能否起动
8		空行程	安全压杠锁紧后用游标卡尺测量压杠端部的游动量，测量 3 次，取最大值
9		压紧力	对于自动压紧的安全压杠，分别选取压杠在抬起最高位置、中间位置和压下最低位置，用测力计测量压杠的压紧力，测量 3 次，取最大值
10	安全带	外观及状态	目视检测。外观是否有织带撕裂、开线、金属件碎裂、毛边，金属件塑性变形等。是否按使用要求更换。只允许操作人员自动或手动释放的，故障状态下能否手动开启

表 G.1（续）

序号	检测项目	检测内容	检测方法
11	安全带	安全带宽度	采用钢卷尺测量安全带的宽度，不少于 3 条，每条测量 3 次，取最小值
		安全带力学性能	查阅相应测试报告
12		卡扣组件	目视检测。材料是否为金属，是否锁紧可靠，是否有裂纹、明显变形等影响安全的缺陷，在无外力作用情况下，是否会自行打开
13	安全把手	外观及状态	目视检测。外观有无锈蚀和变形，连接是否可靠
14	安全挡杆	外观及状态	目视检测。外观有无锈蚀和变形，连接是否可靠
15	安全距离	乘人部分与障碍物间安全距离	用钢卷尺测量乘人部位内侧边缘，在运行过程中与障碍物最近处的距离；用钢卷尺测量乘人部位座椅表面，在运行过程中与上方障碍物最近处的距离。 按照设计安全包络线要求，在座椅上安装相应尺寸的栏杆或专用的测量工具，测量运行过程中乘人部分与周围障碍物的距离
16		轿厢进出口距踏台高度	用钢板尺或钢卷尺测量轿厢进出口脚踏板到踏台台面的距离，测量不少于 3 个轿厢，取最大值
17		转动平台与固定部分间隙	用钢板尺或钢卷尺测量转动平台在运行过程中与周围固定部分的最大距离，测量不少于 3 次，取最大值
18	安全空间	高空蹦极上部安全距离	目视检测。必要时用激光测距仪测量反弹最高点与平台下缘竖向距离
19		高空蹦极底部安全距离	目视检测。必要时用激光测距仪测量下落最低点距着陆区域竖向距离
20		高空蹦极跳跃前向、后向和侧向安全距离	目视检测。以弹跳点在地面的垂直投影为起点，以弹跳者在弹跳过程汇总的最大前向、后向和侧向垂直投影为末端，用激光测距仪测量前向、后向和侧向安全距离
21		弹射蹦极上空障碍物	目视检测。弹射蹦极上空是否有障碍物
22		弹射蹦极向上和前后的安全距离	目视检测，必要时采用激光测距仪测量座舱向上和前后的空间距离
23		小型蹦极摆动的安全距离	目视检测。必要时采用激光测距仪测量摆动的安全距离

附　录　H

(资料性附录)

安全防护装置和措施检测项目、内容和方法

安全防护装置和措施检测项目、内容和方法见表 H.1。

表 H.1　安全防护装置和措施检测项目、内容和方法

序号	检测项目	检测内容	检测方法
1	制动装置	结构型式	目视检测。是否符合设计
2		机械式减速制动装置(如气动板式制动器、钳盘制动器、鼓式制动器、摩擦轮制动器等)状态	目视检测。位置和安装方式是否符合设计。对于有磨损的机械式减速制动装置用游标卡尺或测厚仪测量磨损位置厚度,测量 3 次,取平均值
3		电气电子式减速制动装置(如变频器、直流调速器、能耗电阻、永磁涡流减速器等)状态	目视检测。位置和安装方式是否符合设计。元器件是否在正常状态
4		正常运行工况减速制动功能	设备通过减速制动装置,目视检测减速制动性能,必要时用测速仪测量设备通过减速装置后的速度。有制动时间和距离要求的测量制动时间和距离
5		急停工况减速制动功能	设备正常运行工况下,通过减速制动装置前按下急停按钮,目视检测急停工况下减速制动性能
6	限位装置	结构型式	目视检测。结构型式是否符合设计
7		机械式限位装置(如可动式或固定式限位块)状态	目视检测。位置和安装方式是否符合设计。极限位置限制装置在设备正常运行时是否处于冗余非工作状态。手动检查可动式限位块动作是否灵活可靠
8		电气电子式限位装置、位置检测装置(如接近开关、行程开关、光电开关、编码器等)状态	目视检测。位置和安装方式是否符合设计。设备运行时对应的触发机构能否触发限位装置或位置检测装置。采用无线和非接触式检测开关参与控制时,所采用的抗干扰措施、工作环境是否符合设计
9		正常运行工况限位功能	设备正常运行工况下,通过手动或短接的方式触发限位开关,设备是否会引起设计要求的保护动作,且设备、乘客处于安全状态。必要时,模拟误信号,查看是否引起控制互锁保护
10	防碰撞及缓冲装置	结构型式	目视检测。是否符合设计
11		机械式防碰撞及缓冲装置(如橡胶缓冲块、聚氨酯缓冲块、缓冲油缸、缓冲气缸等)状态	目视检测。位置和安装方式是否符合设计。必要时用钢卷尺测量缓冲装置尺寸是否符合设计

表 H.1（续）

序号	检测项目	检测内容	检测方法
12	防碰撞及缓冲装置	电气电子式防碰撞自动控制装置状态	目视检测。位置和安装方式是否符合设计。设备运行时对应的触发机构能否触发防碰撞装置。采用无线和非接触式检测开关参与控制时，所采用的抗干扰措施、工作环境是否符合设计
13		正常运行工况防碰撞及缓冲功能	设备正常运行工况下，通过手动触发或信号短接触发开关，模拟可能出现的碰撞情况，查看防碰撞自动控制逻辑是否起作用，车辆是否产生碰撞。必要时，按照设计规定的试验方法，模拟误信号，查看是否引起控制互锁保护
14		急停工况防碰撞及缓冲功能	设备正常运行工况下，按下急停按钮，试验急停工况下防碰撞及缓冲功能
15	止逆装置	结构型式	目视检测。是否符合设计
16		机械式止逆装置（如防倒钩＋止逆齿、摩擦轮、摩擦带等）状态	目视检测。位置和安装方式是否符合设计。对于运行时存在磨损的止逆装置部件，检查厚度是否符合设计、磨损是否异常、结构是否变形损坏。手动检查止逆钩下落动作是否灵活
17		正常运行工况止逆功能	设备正常运行工况下，沿斜坡向上提升时列车或车辆（满载）完全进入提升段后，停止牵引，查看止逆装置是否起作用，试验不少于3次。如有两套及以上止逆装置的，必要时应屏蔽其中一道，对另一套止逆装置单独试验
18	限速（防超速）装置	结构型式	目视检测。结构型式是否符合设计
19		机械式限速装置（如限速器等）状态	目视检测。位置和安装方式是否符合设计。限速装置动作是否灵敏可靠。对于运行时存在磨损的机械式限速装置，检查厚度是否符合设计，磨损情况是否异常，结构是否变形损坏
20		电气电子式限速装置（如变频器、直流调速器等）状态	目视检测。位置和安装方式是否符合设计。运行试验限速装置是否有效
21		正常运行工况限速功能	设备正常运行工况下，采用雷达测速仪、秒表等测试运行速度是否限制在设计范围内，测量3次，取平均值
22		模拟工况限速功能	人为设置设备运行速度超过设定速度，试验设备限速功能
23	风速计	位置及状态	目视检测。位置和安装方式是否符合设计。结构是否损坏、功能是否有效
24	机械安全防护	乘客可触及的机械传动部分或存在危及乘客安全的部位的防护装置或隔离措施	目视检测。防护装置结构型式、设置位置、安装方式是否符合设计。结构有无变形、损坏，功能是否正常

表 H.1（续）

序号	检测项目	检测内容	检测方法
25	安全网或其他防坠物措施	安全网或其他防坠物措施设置位置和状态	目视检测。设置位置、安装方式、结构型式是否符合设计，外观是否破损缺失、材料是否老化。结构有无变形、损坏，功能是否正常。必要时用钢卷尺测量尺寸是否符合设计
26	安全标志	位置和内容	目视检测。安装位置是否便于乘客观察，安装是否牢固，内容是否符合设计
27	乘人舱门锁紧装置	外观状态	目视检测。锁紧装置数量、结构、设置位置、安装方式是否符合设计，外观是否破损缺失，结构有无变形、损坏，功能是否正常。手动逐一检查锁紧装置可靠性，必要时使用拉力计测量
		保险功能	目视检测，每处锁紧装置手动逐一检查锁紧情况
28	保险措施	位置和状态	目视检测。设置位置、安装方式、结构型式是否符合设计，外观是否破损缺失，结构有无变形、损坏，功能是否正常。采用设计规定的试验方法，模拟保险装置单独工作时，检验保险措施有效性
29	防止轿厢摆动装置	位置和状态	目视检测。设置位置、安装方式、结构型式是否符合设计，外观是否破损缺失，结构有无变形、损坏，功能是否正常。采用设计规定的试验方法，模拟轿厢摆动超过 15°（如手动推动轿厢超过 15°，检验防止轿厢摆动装置能否有效制动防摆动），逐一试验，检验防止轿厢摆动装置有效性
30	防止倾翻装置	位置和状态	目视检测。设置位置、安装方式、结构型式是否符合设计，外观是否破损缺失，结构有无变形、损坏，功能是否正常。采用设计规定的试验方法，模拟车体倾翻极限条件，检验防止倾翻装置有效性
31	断绳保护装置	位置和状态	目视检测。设置位置、安装方式、结构型式是否符合设计，外观是否破损缺失，结构有无变形、损坏，功能是否正常
32		模拟工况断绳保护功能	人为模拟断绳工况，试验断绳保护功能是否符合设计
33	过压/失压保护装置	位置和状态	目视检测。设置位置、安装方式、型号规格是否符合设计，外观是否破损缺失
34		模拟工况过压/失压保护功能	必要时人为调整压力值超过或低于设定值，试验过压/失压保护功能是否符合设计
35	设备起动安全联锁装置	正常运行工况安全联锁功能	设备正常运行工况下，试验各联锁保护功能是否符合设计
36		模拟工况安全联锁功能	人为模拟失效某传感器，试验相应的联锁功能是否符合设计

表 H.1（续）

序号	检测项目	检测内容	检测方法
37	滑道制动装置	位置和状态	目视检测。设置位置、安装方式、结构型式是否符合设计，外观是否破损缺失，结构有无变形、损坏
38		任意位置停车后制动状态	试滑员乘滑车在滑道任意位置停车后松开制动装置，滑车能否立即制动。随机选取 3 辆滑车，分别试验 3 次
39		空载滑车下滑情况	选择下滑道最大坡度段，将空车置于滑道内，滑车能否立即制动。随机选取 3 辆滑车，分别试验 3 次
40		制动距离	试滑员全速滑行，在指定位置（非跳跃段：一般选择弯道前的直线段；跳跃段：选择最大坡度跳跃段后的直线段）制动，用钢卷尺测量制动距离，至少测量 3 次，取平均值

附　录　I
（资料性附录）
基础和辅助设备设施检测项目、内容和方法

基础和辅助设备设施检测项目、内容和方法见表 I.1。

表 I.1　基础和辅助设备设施检测项目、内容和方法

序号	检测项目	检测内容	检测方法
1	基础	基础与设备的连接方式	目视检测。是否符合设计
2		状态	目视检测，是否存在影响设备运行的不均匀沉陷、开裂、松动、积水与锈蚀等
3		移动式基础框架	目视检测。框架是否符合设计，是否存在变形、开裂、滑移等
4	地脚螺栓	位置及形式	目视检测。是否符合设计
5		状态	目视检测。地脚螺栓是否松动、严重腐蚀和锈蚀等，连接是否牢固可靠
6		防松措施和防松标识	目视检测。是否符合设计
7	产品铭牌	位置和内容	目视检测。安装位置是否便于乘客观察，安装是否牢固，内容是否符合设计
8	乘客须知	位置和内容	目视检测。安装位置是否便于乘客观察，安装是否牢固，内容是否符合设计
9	操作室	位置和状态	目视检测。操作室是否符合设计，是否单独设置、视野开阔，操作员在操作室内能否看清上下客及设备运行的全部情况
10	站台	活动站台位置和状态	目视检测。活动站台结构型式、设置位置是否符合设计，结构是否损坏、锈蚀。空载运行，检验活动站台功能有效性
11		站台台面防滑措施	目视检测。站台台面防滑措施是否符合设计，站台台面外观是否破损缺失，结构有无变形、损坏
12	备用电源	备用电源形式及状态	目视检测。备用电源设置、形式是否符合设计。外观是否破损缺失。起动备用电源，试验其有效性
13	装饰物	固定状态	目视检测。装饰物固定方式、固定位置是否符合设计，固定是否牢固可靠
14	通信设施	上、下站间通信装置及状态	目视检测。通信装置数量、设置是否符合设计。外观有无破损缺失，结构有无变形、损坏。进行通信试验，检验通信装置联络是否有效、通话是否清晰

表 I.1（续）

序号	检测项目	检测内容	检测方法
15	安全栅栏	外观状态	目视检测。安全栅栏、引导栅栏进出口门的开启方向、设置位置、结构型式是否符合设计。结构有无变形、损坏，功能是否正常
16		栅栏高度、间隙和距离地面的间隙	采用钢卷尺在不同位置测量栅栏高度、栏杆之间的间隙、栅栏与地面之间的间隙，不少于 3 次。栅栏高度取最小值，间隙取最大值
17	进出口阶梯	进出口阶梯纵向宽度、高度、进出口为斜坡时的坡度和有防滑花纹的斜坡	采用钢卷尺测量不少于 3 个台阶，宽度取最小值，高度取最大值；在不同斜坡处测量坡度不少于 3 处，取最大值
18	其他辅助设备设施	高空平台、检修维护通道、安全走道、扶梯、爬梯、站台、支撑或移动乘客的设备设施	目视检测。结构型式、设置位置是否符合设计，外观是否破损缺失，结构有无变形、损坏，功能是否正常
19	救援装备	安全绳、安全带、救援梯等救援设施状态	目视检测。救援装备数量、结构型式、连接方式是否符合设计。外观是否破损缺失，结构有无变形、损坏，功能是否正常

参 考 文 献

［1］ GB 8408　大型游乐设施安全规范

［2］ GB/T 12540　汽车最小转弯直径、最小转弯通道圆直径和外摆值测量方法

［3］ GB/T 34370（所有部分）　游乐设施无损检测

［4］ GB 50231—2009　机械设备安装工程施工及验收通用规范

ICS 01.020.01
A 20

中华人民共和国国家标准

GB/T 20306—2017
代替 GB/T 20306—2006

游乐设施术语

Amusement devices terminology

2017-09-29 发布　　　　2017-12-01 实施

中华人民共和国国家质量监督检验检疫总局
中国国家标准化管理委员会　发布

前　　言

本标准按照 GB/T 1.1—2009 给出的规则起草。

本标准代替 GB/T 20306—2006《游乐设施术语》，与 GB/T 20306—2006 相比，主要变化如下：

a) 第 1 章范围，增加了检测。

b) 原第 2 章游乐设施与第 3 章基本概念，合并为第 2 章基本概念。

c) 第 2 章　基本概念

——更改了游艺机为游乐设施，如：观览车类游艺机改为观览车类游乐设施，共 22 处。

——增加了游乐设施的划分。

——增加了 2.2.2 小型游乐设施。

——增加了 2.3.1.12 滑道类游乐设施。

——增加了 2.4.1 陆上游乐设施。

——修改了 2.4.2 水上游乐设施（见 2006 年版的 2.3）。

——增加了 2.4.3 空中游乐设施。

——增加了 2.4.4 组合式游乐设施。

——修改了 2.5.1 儿童游乐设施（见 2006 年版的 2.2.4）。

——增加了 2.5.2 成人游乐设施。

——增加了 2.5.3 家庭游乐设施。

——增加了 2.6.1 被动体验式游乐设施。

——增加了 2.6.2 主动交互式游乐设施。

——增加了 2.7.1 真实体验式游乐设施。

——增加了 2.7.2 虚拟体验式游乐设施。

——增加了 2.7.3 动感影院游乐设施。

——增加了 2.8.1 固定式游乐设施。

——修改了 2.8.2 移动式游乐设施（见 2006 年版的 3.4）。

——修改了 2.10 重要焊缝（见 2006 年版的 3.7）。

——增加了 2.11 重要的轴和销轴。

——增加了 2.12 一般构件。

——修改了 2.13 预埋件（见 2006 年版的 3.9）。

——删除了 3.1 游艺机。

——删除了 3.22 力作用点。

d) 第 3 章　主要参数

——增加了 3.1 乘座人数。

——增加了 3.2 高度。

——增加了 3.3 轨道高度。

——增加了 3.4 运行高度。

——增加了 3.5 单侧摆角。

——增加了 3.6 回转直径。

——增加了 3.7 滑道长度。

——增加了 3.8 滑索长度。

——增加了 3.9 倾角。

——增加了 3.10 速度。

——修改了 3.24 车道(轨道、滑道、路面)坡度。

——增加了 3.26 触发阈值。

——增加了 3.27 显示偏差。

——增加了 3.28 动作偏差。

——增加了 3.29 弹性绳最大伸长量。

——增加了 3.30 弹性绳破断拉力。

——增加了 3.31 弹性绳衰减幅度。

——修改了 3.32 安全距离(见 2006 年版的 3.10)。

——增加了 3.33 安全空间。

——增加了 3.34 设计寿命。

e) 第 4 章 类别零部件

——更改了原第 5 章"零部件"为第 4 章"类别零部件"。

——增加了 4.1.7 土建设计提资。

——增加了 4.1.8 基础载荷。

——增加了 4.1.9 桩基础。

——增加了 4.1.10 桩承台。

——增加了 4.1.11 二次灌浆。

——修改了 4.7.3 水平轴(见 2006 年版的 5.7.3)。

——修改了 4.7.16 架空轨道(见 2006 年版的 5.7.16)。

——增加了 4.7.31 平均坡度。

——增加了 4.7.32 滑道配套设施。

——增加了 4.7.33 滑车提升系统。

——增加了 4.7.34 过渡段。

——增加了 4.7.35 跳跃段。

——增加了 4.7.36 提升段。

——删除了 5.17 单轨(合并到 4.7.16)。

——删除了 5.18 双轨(合并到 4.7.16)。

——增加了 4.9.8 高空蹦极。

——增加了 4.9.9 弹射蹦极。

——增加了 4.9.10 小型蹦极。

——修改了 4.10.1 水滑梯(见 2006 年版的 5.8.18)。
——增加了 4.10.2 水滑道。
——增加了 4.10.3 起始端。
——增加了 4.10.4 滑行区。
——增加了 4.10.5 结束端。
——增加了 4.10.6 供水系统。
——增加了 4.10.7 出发平台。
——增加了 4.10.8 截留区。
——增加了 4.10.9 溅落区。
——增加了 4.10.10 滑行工具。
——增加了 4.10.11 水滑梯皮筏。
——增加了 4.10.12 水滑梯乘垫。
——增加了 4.10.13 皮筏提升机。
——修改了 4.10.14 直线滑梯(见 2006 年版的 5.8.21)。
——修改了 4.10.15 曲线滑梯(见 2006 年版的 5.8.22)。
——增加了 4.10.16 封闭式水滑梯。
——增加了 4.10.17 敞开式水滑梯。
——增加了 4.10.18 身体滑梯。
——增加了 4.10.19 皮筏滑梯。
——增加了 4.10.20 乘垫滑梯。
——修改了 4.10.21 儿童水滑梯(见 2006 年版的 5.8.23)。
——增加了 4.10.22 中速滑梯。
——增加了 4.10.23 高速滑梯。
——增加了 4.10.24 特殊类型的水滑梯。
——增加了 4.10.25 滑梯平均倾斜率。
——增加了 4.10.26 乘客出发装置。
——增加了 4.10.27 水流量。
——增加了 4.10.28 净空区域。
——增加了 4.10.30 波高。
——增加了 4.10.31 造波设施。
——增加了 4.10.32 泳池波。
——增加了 4.10.33 大波。
——增加了 4.10.34 互动戏水设施。
——增加了 4.10.35 游船。
——增加了 4.10.36 双体船。
——增加了 4.10.37 游船总长。
——增加了 4.10.38 船宽。
——增加了 4.10.39 航速。

——增加了 4.10.40 舷外挂机。

——增加了 4.10.70 漂流筏(船)。

——增加了 4.11.1 动感座椅。

——增加了 4.11.2 特效。

——增加了 4.11.3 机模。

——增加了 4.11.4 演出行动设备。

——增加了 4.11.5 演出控制系统。

——增加了 4.11.6 动感座椅控制系统。

——增加了 4.11.7 运动控制系统。

——增加了 4.11.8 行走控制系统。

——增加了 4.11.9 包装/演出布景。

——增加了 4.11.10 运动自由度。

——增加了 4.11.11 电影乐园项目。

f) 第 5 章 传动装置

——增加了 5.15 螺旋传动。

——增加了 5.16 曲轴曲柄传动。

——增加了 5.17 凸轮传动。

g) 第 6 章 安全装置

——修改了 6.1 安全装置改为安全保护装置(见 2006 年版的 7.1)。

——调整归类了 6.2 安全把手(见 2006 年版的 7.2)。

——调整归类了 6.3 安全带(见 2006 年版的 7.3)。

——调整归类了 6.4 安全绳(见 2006 年版的 5.10.7)。

——调整归类了 6.15 安全栅栏(见 2006 年版的 7.15)。

——增加了 6.16 电气型安全防护装置。

——增加了 6.17 机械型安全防护装置。

——增加了 6.18 紧急制动装置。

——增加了 6.19 锁紧装置。

——调整归类了 6.20 断绳保护装置(见 2006 年版的 5.4.3)。

h) 第 7 章 电气控制

——增加了 7.5 紧急事故按钮。

i) 第 8 章 检验检测(新增)

——原 3.13、3.14、3.15、3.16、3.17、归类到第 8 章 检验检测(8.1 空载试验、8.2 满载试验、8.3 偏载试验、8.4 超载试验、8.5 出厂检验)。

——修改了 8.6 型式试验(见 2006 年版的 3.18)。

j) 第 9 章 使用管理(新增)

——原 3.12 试运转修改为试运行并归类到 9.13。

——原 7.8 疏导乘客归类到 9.21。

本标准由全国索道与游乐设施标准化技术委员会(SAC/TC 250)提出并归口。

本标准起草单位：中国特种设备检测研究院、济宁鲁科检测器材有限公司、万达文化旅游规划研究院有限公司、江苏省特种设备安全监督检验研究院、安徽省特种设备检测院、湖南省特种设备检验检测研究院、广西壮族自治区特种设备检验研究院。

本标准主要起草人：张爱文、庞硕、邢友新、李向东、马军、付恒生、张洋、张新东、熊际武、肖化明、鞠成伟、刘辰宇、刘健、刘然、张敬民。

本标准所代替标准的历次版本发布情况为：

——GB/T 20306—2006。

游 乐 设 施 术 语

1 范围

本标准界定了游乐设施的基本名词术语及其定义。

本标准适用于游乐设施的生产、使用、检验、检测等领域。

2 基本概念

2.1

游乐设施 amusement ride

用于人们游乐(娱乐)的设备或设施。

2.2 按参数划分

2.2.1

大型游乐设施 large-scale amusement ride

用于经营目的,承载乘客游乐的设施,其范围规定为设计最大运行线速度大于或者等于2 m/s,或者运行高度距地面高于或者等于2 m的载人大型游乐设施。

2.2.2

小型游乐设施 small-scale amusement ride

在公共场所使用,承载儿童游乐的设施,且不属于《特种设备目录》中规定的大型游乐设施。如滑梯、秋千、摇马、跷跷板、攀网、转椅、室内软体等游乐设施。

2.3 按动力划分

2.3.1

有动力类游乐设施 power amusement ride

具有人力、电力、内燃机或蒸汽等动力驱动,承载乘客进行游乐的设施。

2.3.1.1

转马类游乐设施 merry-go-round type of rides

乘人部分绕垂直轴旋转并伴随一定行程的上下起伏及运动形式类似的游乐设施。

2.3.1.2

陀螺类游乐设施 space-gyro type of rides

乘人部分绕可变倾角的轴旋转及运动形式类似的游乐设施。

2.3.1.3

飞行塔类游乐设施 fly-tower type of rides

乘人部分用挠性件吊挂,边升降边绕垂直轴回转及运动形式类似的游乐设施。

2.3.1.4

自控飞机类游乐设施 astro fighter type of rides

乘人部分由刚性支撑臂支撑,绕中心垂直轴回转并独立自控升降及运动形式类似的游乐设施。

2.3.1.5

观览车类游乐设施　wonder wheel type of rides

乘人部分绕水平轴回转或摆动及运动形式类似的游乐设施。

2.3.1.6

滑行车类游乐设施　coaster type of rides

沿起伏架空的轨道运行,有惯性滑行特征及运动形式类似的游乐设施。

2.3.1.7

架空游览车类游乐设施　overhead railway type of rides

沿架空轨道运行,由人力、电力和内燃机等驱动及运动形式类似的游乐设施。

2.3.1.8

小火车类游乐设施　fairy train type of rides

沿地面轨道运行,由电力、内燃机及其他动力驱动及运动形式类似的游乐设施。

2.3.1.9

赛车类游乐设施　racing car type of rides

沿地面指定线路运行及运动形式类似的游乐设施。

2.3.1.10

电池车类游乐设施　battery-powered type of rides

在规定的车场或车道内运行,以蓄电池为电源、电动机驱动及运动形式类似的游乐设施。

2.3.1.11

碰碰车类游乐设施　bumper car type of rides

在固定的车场内运行,由电力、人力及内燃机动力驱动,车体可相互碰撞的游乐设施。

2.3.1.12

滑道类游乐设施　slide type of rides

用型材或槽型材料制成,呈坡型铺设或架设在地面上,由乘客操纵滑车沿固定线路滑行的游乐设施。

2.3.1.13

光电打靶类游乐设施　shooting gallery type of rides

有信号、音响、灯光、数字显示,与机械动作、靶标、射击相互配合及其形式类似的游乐设施。

2.3.2

无动力类游乐设施　no power amusement ride

本身无动力驱动,由乘客操作或娱乐体验的游乐设施。

2.3.2.1

蹦极　bungee

依靠弹性绳或势能与动能之间相互转化的装置,使乘客在空中产生弹跳、翻滚运动的游乐设施。

2.3.2.2

滑索　strop

乘客借助滑轮等工具,依靠重力或其他牵引力沿钢丝绳线路下滑的游乐设施。

2.3.2.3

充气式游乐设施　inflatable

由柔性织物为主体材料制作，通过一台或多台气模风机持续提供空气供应维持其形状的游乐设施，游玩者在其表面的主要活动为弹跳、滑动、攀爬或交互性玩耍。

2.3.2.4

空中飞人　flying trapeze

将乘客用钢丝绳提升到一定的高度，靠本身势能围绕悬挂点作往返摆动的游乐设施。

2.3.2.5

系留式观光气球　mooring sightseeing balloon

复合材料制作，双层球胆结构，内部充装氦气，球体在地面上有固定的系留点，球体下部悬吊乘人部分升空观光的游乐设施。

2.4 按运行区域划分

2.4.1

陆上游乐设施　land amusement ride

建造在陆地上，主要以机械传动等方式实现游乐的游乐设施。

2.4.2

水上游乐设施　water amusement ride

借助水域、水流或其他载体，为达到娱乐目的而建造的水上设施。

2.4.3

空中游乐设施　sky amusement ride

主要以空中观光为主的游乐设施。

2.4.4

组合式游乐设施　combined amusement ride

结合以上两种或两种以上型式的游乐设施。

2.5 按人群划分

2.5.1

儿童游乐设施　kids amusement ride

专门用于儿童游乐的游乐设施。

2.5.2

成人游乐设施　adults amusement ride

乘客专为成人游乐的游乐设施。

2.5.3

家庭游乐设施　family amusement ride

用于儿童游乐，且有成人陪伴的游乐设施。

2.6 按参与方式划分

2.6.1

被动体验式游乐设施 passive experience ride

在游乐过程中,乘客和游乐设施之间无互动的游乐设施,如海盗船、过山车等。

2.6.2

主动交互式游乐设施 active interaction ride

在游乐过程中,乘客和游乐设施之间存在互动的游乐设施,如碰碰车,光电打靶等。

2.7 按体验方式划分

2.7.1

真实体验式游乐设施 actual experience ride

通过游乐设施的机械运动达到游乐体验目的的游乐设施。

2.7.2

虚拟体验式游乐设施 virtual experience ride

通过视觉、味觉、听觉等其他感官刺激达到游乐目的的游乐设施。

2.7.3

动感影院游乐设施 dynamic theater

利用观众乘坐的动感座椅,并与影片内容相互呼应的声、光、电等环境特效的动感影院游乐设施。

2.8 按使用位置划分

2.8.1

固定式游乐设施 fixed amusement ride

安装在固定位置使用的游乐设施。

2.8.2

移动式游乐设施 portable amusement devices

无专用土建基础,方便拆装、移动和运输的游乐设施。

2.9

重要零部件 critical component

受冲击、振动、交变或其他载荷作用下的零部件,一旦失效会造成重大人身、设备安全事故。

2.10

重要焊缝 critical welds

直接涉及人身安全的焊缝。

注:如乘坐物支撑件焊缝、升降油缸(气缸)上下支撑件焊缝、乘坐物吊挂点支撑件焊缝、轨道对接焊缝、车辆连接器焊缝、吊厢框架焊缝等。

2.11

重要的轴和销轴 critical shafts &/or pins

直接涉及人身和设备安全的轴和销轴。

注:如游乐设施主轴,中心轴,乘坐物支撑轴,乘坐物吊挂轴,重要的传动轴,车轮轴,升降油缸(气缸)上下销轴,乘坐物升降臂上下销轴,肩式压杠轴,车辆连接器轴,防逆行,防倾翻装置的销轴等。

2.12

一般构件　common member

运动部件(重要的传动轴除外),不直接涉及人身安全的轴、支撑臂、立柱、框架、桁架、轨道等构件。

2.13

预埋件　embedded parts

预先埋在玻璃钢件、结构浇筑件或其他材料中,用于连接或加强部件强度的不可拆卸的金属构件。

3　主要参数

3.1

乘坐人数　number of passengers

在设备额定条件下,运行过程中同时乘座游客的最大数量,对单车(列)乘坐游客是指相连的一列车同时容纳的乘客数量。

3.2

高度　height

设备静态时的最大垂直距离(不包括避雷针)。

3.3

轨道高度　orbit height

轨道行走面的最高点距轨道支架安装基面最低点之间的垂直距离。

3.4

运行高度　running height

乘客约束物支承面(如座位面)距最低运行基准面的最大垂直距离。对无动力类游乐设施,指乘客约束物支承面(如滑道面、吊篮底面、充气式游乐设施乘客站立面)距安装基面的最大垂直距离,其中高空跳跃蹦极的运行高度是指起跳处至下落最低的水面或地面。

3.5

单侧摆角　unilateral swinging angle

绕水平轴摆动的摆臂偏离铅垂线的角度(最大180°)。

3.6

回转直径　swing diameter

对绕水平轴摆动或旋转的设备,指其乘客约束物支承面(如座位面)绕水平轴的旋转直径。对陀螺类设备,指主运动做旋转运动,其乘客约束物支承面(如座位面)最外沿的旋转直径。对绕垂直轴旋转的设备,指其静止时座椅或乘客约束物最外侧绕垂直轴为中心所得圆的直径。

3.7

滑道长度　slide length

滑道下滑段和提升段的斜长总和。

3.8

滑索长度　strop length

承载索锚固点之间的理论斜长距离。

3.9

倾角　dip angle

主运动(即转盘或座舱旋转)绕可变倾角轴做旋转运动的设备,其主运动旋转轴与铅垂方向的最大夹角。

3.10

速度　speed

游乐设备运行过程中,乘人部分达到的最大线速度。

3.11

圆周速度　circumferential velocity

在额定载荷下,游乐设施的乘人部分(座舱外侧)绕中心轴回转的切线方向的速度。

3.12

升降速度　up-and-down speed

游乐设施的乘人部分在额定载荷下,垂直上、下位移速度。

3.13

提升速度　ramp-up speed

沿带有坡度的轨道,靠外力向上牵引的游乐设施的最大(匀速)运行速度。

3.14

加速度系数　G-force ratio

游乐设施在运行过程中,瞬时加速度与重力加速度之比值。

3.15

动载系数　dynamic load factor

游乐设施在运行过程中,实际受到的动载荷(真实工况)与静载荷之比值。

3.16

大臂倾角　arm-swinging angle

游乐设施的大臂端部升至最高处时,其大臂轴心线和水平面的夹角。

3.17

座舱深度　gondolas depth

非封闭式座舱,脚踏面到座舱顶面(或扶手处顶面)的垂直距离。

3.18

座席靠背高度　seat-back height

非封闭式座舱,座席的坐面到靠背顶面的垂直距离。

3.19

车辆最小转弯半径　cars minimum turning radius

车辆转弯时,其前外轮(四轮)或前轮(三轮)外侧运行轨迹的最小圆弧半径。

3.20

制动距离　braking distance

从开始制动到车辆停住为止,车辆所经过的距离。

3.21

轮压　wheel load

车轮传递到轨道或地面上的最大垂直载荷。

3.22

轨距　track gauge

两轨道或行走轮踏面之间的距离，有中心距、内测距、外侧距。

3.23

轨道曲率半径　track radius

车辆运行线路的曲线段，双轨的内轨或单轨内侧的曲率半径。

3.24

车道(轨道、滑道、路面)坡度　lane(track,skidway,pavement) slope

爬坡高度与展开长度的水平投影长度(通过计算)之比值，计算公式如下：

$$i = h/B$$

式中：

i ——坡度；

B——展开长度的水平投影长度，单位为米(m)；

h ——爬坡高度(相应坡道段长)，单位为米(m)。

3.25

滑道平均坡度　average inclination of summer toboggan run

滑道全程高程差与滑道展开总长度的水平投影的比值。

3.26

触发阈值　trigger threshold

启动安全防护装置所需的物理量。

3.27

显示偏差　display difference value between measured and displayed on panel

测量值与安全防护装置自身显示仪表的显示值之间的差值。

3.28

动作偏差　action error

安全防护装置被触发时，作用在安全防护装置上的实际物理量与触发阈值的差值。

3.29

弹性绳最大伸长量　maximum extension length of elastic rope

弹性绳拉伸至破断时的拉伸长度。

3.30

弹性绳破断拉力　brcaking force of elastic rope

弹性绳拉伸至破断时所承受的拉力。

3.31

弹性绳力衰减幅度　force-decreasing amplitude of elastic rope

弹性绳在等幅拉伸过程中所承受拉力的衰减幅度。

3.32

安全距离　safety envelope

在游乐设施运行(转)过程中,为防止乘客肢体与周围物体触碰发生危险而留出的距离。

3.33

安全空间　safety space

无动力游乐设施运行过程中,在弹跳区域外侧指定尺寸的空间范围。

3.34

设计寿命　designed life

游乐设施产品设计时的预计不失去使用功能的有效使用时间。

3.35

使用寿命　service life

游乐设施在规定的使用条件下,完成设计使用期限规定的工作总时间。

3.36

活载荷　live loads

乘人本身的载荷。

4　类别零部件

4.1　通用部分

4.1.1

乘人部分　passenger cabin

在游乐设施中支撑乘客游乐的结构。

注:如吊舱(厢)、座舱(厢)、座椅、车厢、皮筏等。

4.1.2

乘人部分框架　loading frames

在游乐设施中乘人部分的受力金属结构架。

4.1.3

转盘　turning plate

绕中心轴旋转且均布着乘人部分的轮盘。

4.1.4

立柱(支柱)　pillar

支承转盘、架空轨道及其乘人部分的柱体(或架体)结构件。

4.1.5

吊挂轴　suspension shaft

吊挂乘人部分的轴。

4.1.6

提升钢丝绳　hoist wire ropes

提升游乐设施乘人部分的钢丝绳。

4.1.7

土建设计提资　facility inputs

为满足游乐设施安装的需要,土建配套设施所需的设计输入条件。

注:如坐标定位、设施载荷、水电要求等设计资料。

4.1.8

基础载荷　foundation load

游乐设施在各种工况下,对基础施加作用力的位置、大小及方向。

4.1.9

桩基础　pile foundation

游乐设施基础的一种形式,将荷载通过桩传给埋藏较深的坚硬土层,或通过桩周围的摩擦力传给地基。

4.1.10

桩承台　pile cap

位于桩基础的上部,直接与游乐设施支撑柱相对接,相关的预埋螺栓等也预埋于桩承台之中。

4.1.11

二次灌浆　second grout

预先在游乐设施桩基础内留出孔隙,游乐设施安装时,在预留孔内浇灌高流动性水泥砂浆,以找平桩承台面,并使地脚螺栓牢固于承台之中。

4.2　转马类游乐设施

4.2.1

中心支承轴　pivot

转盘中心处的立轴。

4.2.2

支承轮　supporting wheel

支承转盘的从动轮。

4.2.3

驱动轮　driving wheel

驱动转盘旋转的主动轮。

4.2.4

转动平台　turning table

使乘人部分和乘客一起旋转的平台。

4.2.5

曲柄轴　crankshaft

带动乘人部分上、下往复运动或混合前后摇摆的传动曲轴。

4.2.6

周边传动的轨道　rail for periphery transmission

转盘周边底面由平整的环形钢板制成的轨道。

4.2.7

曲线轨道　curvilinear rail

安装在转动平台下面的高低不平的曲线形状轨道。

4.3 陀螺类游乐设施

4.3.1

桁架式转盘 turning plate lattice

由相互连接的桁架组成的转盘。

4.3.2

上转盘 up turning plate

安装在大臂端部可绕其中心轴旋转的转盘。

4.3.3

下转盘 base turning plate

可支承大臂上转盘的全部载荷，并载其一同旋转的转盘。

4.3.4

大臂 big jib

可绕其根部销轴上、下摆动，并在端部装有上转盘的箱形钢结构。大臂上、下摆动（升降）的同时，转盘可旋转。

4.3.5

下支承部 base support

支承上转盘、大臂、下转盘及其传动装置的结构。

4.3.6

转盘主轴 turning plate pivot

转盘中心处的轴，转盘可绕其旋转。

4.3.7

大臂销轴 big-jib pin

大臂根部处的销轴，大臂可绕其上、下摆动。

4.3.8

大臂支承座 big-jib support

连接和支承大臂根部的结构，是大臂重要的支承部位。

4.3.9

油缸支承座 cylinder base

连接和支承油缸根部的结构，是油缸重要的支承部位。

4.4 飞行塔类游乐设施

4.4.1

塔身 tower

支承吊挂乘人部分及其转盘，并确定乘人部分升降高度的塔式结构件。

4.4.2

塔节 tower section

按所需起升高度进行组合的塔身结构单元。

4.5 自控飞机类游乐设施

4.5.1

座舱倾角 cabin slope

座舱座席平面与水平面的夹角。

4.5.2

座舱支承臂 support arms

支承座舱沿中心做回转、升降的悬臂梁。

4.5.3

座舱牵引装置 draw means

保证座舱在升降过程中始终处于一定相对位置的机构。

4.5.4

支承板 supported plate

支承臂与座舱相互连接处的钢板,起支承和连接座舱的作用。

4.5.5

支撑臂销轴 support arms axle pin

安装在支承臂根部处支座上的销轴。

4.6 观览车类游乐设施

4.6.1

主轴 pivot

承受转盘和乘人部分载荷的中心水平轴。

4.6.2

可调拉筋 adjustable reinforcement

为保证转盘的几何形状、刚度、强度而设置的可调式金属拉杆。

4.6.3

吊厢(舱)挂耳 gondolas hook

悬吊乘人部分(吊厢、舱)的金属构件。

4.7 沿轨道和地面行驶的游乐设施(如滑行车类、小火车类、滑道类、架空游览车类、赛车类和碰碰车类等)

4.7.1

车轮轴 wheel axle

支承车底架、车厢及其传动部件的轮轴。

4.7.2

立轴 upright axle

连接并固定车桥及车轮装置的竖直轴。

4.7.3

水平轴 level axle

车轮装置连接车桥的水平轴。

4.7.4

连接销轴 coupling pin

车辆连接器的组成部分，通过销轴的连接，使车辆连接器和车辆连接在一起。

4.7.5

提升皮带 hoisting belt

沿带有坡度的滑道向上牵引“激流勇进”游乐设施的船只而用的齿形皮带。船只底部固定的齿形皮带和提升皮带相啮合，以达到提升船只的目的。

4.7.6

车辆连接器 vehicle coupling

两节相邻车辆之间相互连接并能传递牵引力的装置。

4.7.7

转向机构 steering gear

控制车辆行驶方向的机构。

4.7.8

覆盖物 cover

对车辆(如赛车类、碰碰车类等)的驱动装置、传动部分及车轮加以遮挡的物品。

4.7.9

车轮装置 wheel device

行走轮、侧轮和底轮装配在同一个车轮架上的装置。

4.7.10

行走轮 road wheel

传递牵引力，驱动车辆运行的车轮。

4.7.11

侧轮 guide wheel

安装在轨道的侧面，承受侧向载荷，防止车辆脱轨或倾翻，并起导向作用的车轮。

4.7.12

底轮 up wheel

安装在轨道的下面，防止车辆脱轨的车轮。

4.7.13

辅助轨道 maintenance rail

安全保障及检修设备用的轨道。

4.7.14

车道 road

供赛车(或碰碰车)类游乐设施行驶的道路。

4.7.15

车场 field

供碰碰车(或电池车)类游乐设施在规定范围内运行的场地。

4.7.16

轨道　overhead railway

离开地面有一定高度或在地面上铺设的轨道，型式可分为双轨、单轨。

4.7.17

路基　bed

地面轨道或道路的地面基础。

4.7.18

道床　roadbed

轨道轨枕的基础。

4.7.19

轨枕　sleeper

直接支承并固定钢轨的结构物。

4.7.20

轨宽　track width

单轨轨道与车轮作用面的宽度。

4.7.21

缓冲轮胎　cushion tire

安装在碰碰车车底架四周的充气轮胎，在车辆碰撞时起缓冲作用。

4.7.22

导电杆　electric conductor

碰碰车游乐设施中将上、下极板连成电回路的导电装置。

4.7.23

摩电弓　bow collector

一种安装在导电杆的上部，有弹性，适度地压在上极板表面上的取电装置。

4.7.24

上电极板　positive electrode

碰碰车游乐设施直流供电电路中电势(电位)较高的一端。

4.7.25

下电极板　negative electrode

碰碰车游乐设施直流供电电路中电势(电位)较低的一端。

4.7.26

滑道　summer toboggan run

用管材或槽型材料制成，呈坡形铺设或架设在地面上的引导滑车滑行的装置。

4.7.27

滑车　toboggan for summer toboggan run

具有制动装置，利用滑道进行滑行的载人装置。

4.7.28

轮式滑车　wheeled toboggan for summer toboggan run

全部通过轮子与轨道面接触，即滑车支撑件与滑道面为滚动接触的滑车。

4.7.29

滑块式滑车　toboggan for summer toboggan run in sliding-block

与轨道面接触部位全为滑块或部分为滑块,即滑车支撑件与滑道面为滑动接触的滑车。

4.7.30

提升道　lift rail

架设在滑道下站与滑道上站之间,将滑道滑车送往上站的轨道。

4.7.31

平均坡度　average inclination of summer toboggan run

滑道全程高差与滑道展开总长度的水平投影的比值。

4.7.32

滑道配套设施　complete sets of summer toboggan run

除滑道主体结构外,从事滑道运动所需的其他设施。

注:包括滑车、滑车提升系统、标牌标志、反光镜、安全网、支架、照明设备、电气控制系统等。

4.7.33

滑车提升系统　lifting system of summer toboggan run

将滑车或乘坐有乘客的滑车由下站送往上站的运输系统。

4.7.34

过渡段　transition

用于渐变连接两种不同曲率的轨道的过渡轨道。

4.7.35

跳跃段　leap section

滑车在下行过程中,产生运动状态骤变、突然或急促的通过、变化的过渡轨道。

4.7.36

提升段　lift rail

架设在滑道下站与滑道上站之间,将滑车送往上站的轨道。

4.8 光电打靶类游乐设施

4.8.1

箱体　box

用木板、塑料贴面板等制成箱体以安装光电器件或机械构件的装置。

4.8.2

调平机构　leveling mechanism

调整台式游乐设施的台面趋于水平的机构。

4.8.3

得奖系统　prize system

当乘客达到获奖条件时,发出指令,将奖品送出来的装置。

4.8.4

投币器　coin slot

启动游乐设施运行的专用币投入装置。

4.8.5

手轮　hand-wheel

进行游戏的用手操作的圆形(环)部件。

4.8.6

操作杆　handle lever

用手操作的棒状物以达到游戏目的的部件。

4.8.7

手轮轴　hand-wheel axle

安装在手轮上的回转轴。

4.8.8

计数计时器　counter and timer

记录乘客打靶击中次数和游玩时间的装置。

4.8.9

送出机构　delivery mechanism

将球及其他物体从游乐设施内部输出机外的装置。

4.8.10

靶标　targets

进行射击时能够反映是否被击中的目标。

4.8.11

光电枪　photoelectricity-gun

利用电能将光束射击到另外物体上的器械。

4.8.12

受光器　photo sensor

光电打靶类游乐设施的一个部件,能把光信号转变成电信号使之产生数显或音响。

4.8.13

光斑中心　facular center

光电枪发射出的光束最明亮部分的中心。

4.8.14

光束入射角　light beam-incident angle

光电枪发射的光束中心线与受光器垂直中心线间的夹角。

4.8.15

射击距离　shooting distance

光电枪射击口与受光器间的最小距离。

4.8.16

光电直径　light-spot diameter

光电枪射出束状光在靶标上显示可见光轮廓的直径。

4.8.17

击发频率　percussion frequency

光电枪在单位时间内的连续击发次数。

4.9　无动力类游乐设施(如:蹦极、滑索系列等)

4.9.1

弹性绳　elasticized rope

用天然橡胶或其他弹性材料制成的用于蹦极的绳状物。

4.9.2

塔架　pylon

由钢筋混凝土或钢结构建成的具有一定高度的用于高空蹦极的塔式构筑物。

4.9.3

跳台　diving platform

由钢筋混凝土或钢结构建成的具有一定高度的用于高空蹦极的悬臂平台。

4.9.4

弹跳空间　spring envelope

为保证安全,蹦极弹跳点上下、前后、左右的最大设计运动空间。

4.9.5

着陆区域　landing area

高空蹦极下部着陆平面投影面积,弹跳者可以从此处安全疏导至公众区域。

4.9.6

无载长度　no load length

弹性绳无附加载荷时的长度。

4.9.7

回收绳　recovery rope

用来回收蹦极绳的高强度圆绳状织物。

4.9.8

高空蹦极　free-fall bungee

乘客依靠弹性绳或其他弹性件的伸缩,从高空塔架或其他平台上向下跳跃并在空中产生弹跳、翻滚运动的游乐设施。

4.9.9

弹射蹦极　catapult bungee

乘客乘坐物(蹦极座舱)依靠弹性绳或其他弹性件的伸缩,从地面或其他平台向上弹射并在空中产生弹跳、翻滚运动的游乐设施。

4.9.10

小型蹦极　light bungee

乘客或乘客乘坐物依靠弹性绳或其他弹性件的伸缩,从地面向空中弹跳,产生上下、翻滚运动的游乐设施。塔架高度小于 10 m。

4.9.11

承载索 load bearing rope

承受乘人部分载荷的钢丝绳。

4.9.12

牵引索 towing rope

不承受乘人部分载荷，只起牵引作用的钢丝绳。

4.9.13

无动力滑车 purchase tackle

悬挂在承载索上连接乘坐物的装置，一般为单绳双轮、双绳双轮或双绳四轮结构。

4.9.14

乘坐物 passenger cabin

承载乘客滑行的装置。它与滑车相连。

4.9.15

弦倾角 string incidence

承载索或牵引索其弦线方向与水平面间的夹角。

4.9.16

回收装置 recovery device

回收乘坐物和滑车的装置。

4.9.17

主垫 cushion base

充气弹跳的基础部分，其他各部件均搭载在其上面。

4.9.18

主件 main components

搭载在主垫上，是儿童活动的重要区域或主体装饰物。

4.9.19

充气护栏 air inflation guard bar

在主垫四周及主体部位，用于防止儿童跌出垫外或从高处跌下。

4.9.20

主球体 main sphere

具有双层球胆结构，用复合材料制成的球体。

4.9.21

主力绳 dominant stressed rope

控制气球升降的绳索。

4.10 水上游乐设施

4.10.1

水滑梯 water slide device

由水滑道、结构支撑、循环供水系统、出发平台、截留区(或溅落区)、滑行工具等组成，供乘客以水为介质，沿滑道内表面滑行的游乐设施。

4.10.2

水滑道 water slide

水滑梯中供乘客滑行的槽、管等。

4.10.3

起始端 starting position

乘客进入水滑道的区域。

4.10.4

滑行区 slide zone

乘客沿特定的滑道表面滑行的区域。

4.10.5

结束端 ending part

水滑梯的末端，供乘客着陆以结束滑行的部分，包括后续的截留区和溅落区。

4.10.6

供水系统 water-circulation system

由水泵、循环供水管及其附件、电气控制装置等构成的，为水滑梯提供水量或者辅助推动作用的水的总成。

4.10.7

出发平台 starting platform

连接水滑道起始端的通道或区域。

4.10.8

截留区 catch unit

水滑道末端供乘客停止的一部分。

4.10.9

溅落区 splashdown area

供乘客从水滑道末端滑落缓冲、停止滑行的专用或普通水池。

4.10.10

滑行工具 slide raft

用于乘客使用，在水滑道内表面滑行的装置。

4.10.11

水滑梯皮筏 water slide tube or raft

供乘客使用，在水滑道内表面滑行的充气式的滑行工具。

4.10.12

水滑梯乘垫 water slide mat

供乘客使用，在水滑道内表面滑行的滑行工具。

4.10.13

皮筏提升机 raft conveyor

用于提升和输送滑行工具的专用装置。

4.10.14

直线滑梯　straight slide

滑道纵向中心线的水平投影为直线的滑梯。

4.10.15

曲线滑梯　curve slide

滑道纵向中心线的水平投影为曲线的滑梯。

4.10.16

封闭式水滑梯　enclosed water slide

滑道横截面为封闭曲线的滑梯。

4.10.17

敞开式水滑梯　open water slide

滑道横截面为不封闭曲线的滑梯。

4.10.18

身体滑梯　body water slide

乘客以身体接触滑道表面滑行的滑梯。

4.10.19

皮筏滑梯　inner tube water slide

乘客使用水滑梯皮筏滑行的水滑梯。

4.10.20

乘垫滑梯　mat sliding water slide

乘客使用水滑梯乘垫滑行的滑梯。

4.10.21

儿童水滑梯　children's water slide

仅供儿童使用的水滑梯。

4.10.22

中速滑梯　speed slide

最大滑行速度大于 8 m/s,小于或等于 16 m/s 的水滑梯。

4.10.23

高速滑梯　high speed slide

最大滑行速度大于 16 m/s 的水滑梯。

4.10.24

特殊类型的水滑梯　special water slide

除直线滑梯和曲线滑梯以外的其他滑梯。

注：如大喇叭、水上过山车(水上飞龙)、越坡、浪摆、旋涡等滑梯。

4.10.25

滑梯平均倾斜率　slide average inclination

水滑道起始端与结束端之间的高度差(水滑梯高度)除以水滑道滑行区的长度(不包括起始端和结束端),以百分数表示。

4.10.26

乘客出发装置　rider conveyor

把乘客输送到滑行区域的机械装置或设施(如皮带输送机、辊轮输送装置等)。

4.10.27

水流量　water flow

为使乘客顺利滑行,在单位时间内流过水滑道的水量。

4.10.28

净空区域　clearance zone

滑行区域内乘客周围的可触及的安全空间。

4.10.29

造波　wave-making

使特定水域产生供乘客娱乐的波浪。

4.10.30

波高　wave height

相邻波峰至波谷之间的高度差。

4.10.31

造波设施　waving equipment

用于水上乐园造波池、冲浪池及相关特种训练池等水体产生波浪的装置。

4.10.32

泳池波　game wave

用于大众游玩的波浪。

4.10.33

大波　wave in a greater degree

用于冲浪表演及乘客享受冲浪娱乐的波浪。

4.10.34

互动戏水设施　water attraction complex

由多种戏水设施、水滑梯组合而成的水上游乐设施。

4.10.35

游船　leisure boats

供乘客娱乐游览用的各种船的总称。

4.10.36

双体船　catamaran

船体由左右两个片体构成的船。

4.10.37

游船总长　total length of leisure boats

平行于静态载重水线,从艏柱最前端到艉板后端的距离。

4.10.38

船宽　beam

船体两侧外表面之间的最大宽度,不包括护舷材和其他突出物。

4.10.39

航速 full-loaded maximum speed

本标准中未做特殊说明均指满载持续最大航行速度,单位用 m/s 表示。

4.10.40

舷外挂机 outboard motor

挂于船艉,由动力机、螺旋桨、轴或舵组成的小型推进装置。

4.10.41

移动距离 shift distance

使船体产生倾斜所需移动重量的水平距离。

4.10.42

游乐池 recreation pools

供乘客娱乐用水池的统称。

注:如造波池、流水池、儿童涉水池、漂流河、按摩池、滑梯水池、戏水池等。

4.10.43

造波池 waving pools

由造波设施强制产生波浪的水池。

4.10.44

流水池 stream pools

乘客不借助于工具在限宽限深流动的水中戏水的水池。

4.10.45

儿童涉水池 children-swimming pools

供儿童徒步戏水的水池。

4.10.46

幼儿涉水池 baby-swimming pools

专供幼儿徒步戏水的水池。

4.10.47

儿童滑梯水池 children water slide pools

设有儿童滑梯的水域。

4.10.48

漂流河 drift river

乘客乘坐漂流物沿着有一定宽度的流动水域进行娱乐的人造河流。

4.10.49

按摩池 massage pools

在水中具有一定速度、多股暗流水直接冲击乘客的水池。

4.10.50

戏水池 game pools

供乘客玩耍的水域。

4.10.51

池沿　pool edge

游乐池周围高出水面具有一定宽度的区域。

4.10.52

淋浴消毒装置　shower-disinfection

具有消毒作用的供乘客冲洗的设施。

4.10.53

浸脚消毒池　disinfection pool

具有消毒作用的浸脚水池。

4.10.54

跳板水池　springboard pools

设有伸出水面之上供跳水用的长板的水池。

4.10.55

跳台水池　platform-pools

设有跳台的水池。

4.10.56

流水池池宽　flowing pools width

流水池横向两壁间水平距离。

4.10.57

空载水面线　waterline plane of no load

游船自重的(空载时)的水线面(由水线所围成的平面)。

4.10.58

组合式滑梯　combined slides

相同或不同高度,相互立体交叉组合的滑梯组。

4.10.59

护板　guard board

为防止乘客从滑道侧面滑出去而设置的挡板。

4.10.60

滑梯池长　slide-pods length

乘客从滑梯末端出来后供乘客停止的区域有效长度。

4.10.61

碰碰船　bumper boats

靠动力推进、设有缓冲装置允许相互碰撞的娱乐船。

4.10.62

水上自行车　water bicycle

乘客在水面上骑乘的一种类似自行车的水上游乐设施。

4.10.63

初稳性高度　initial stability height

船的横稳心和纵稳心与重心之间的垂向距离的统称。

4.10.64

干舷　freeboard

在额定载荷状态,船长中点处船体上边缘距水平面的垂直距离。

4.10.65

压载物　ballast

专用于改变游船重量和重心位置的固体物和液体物的总称。

4.10.66

稳性　stability

游船在外力矩(如风、浪等)的作用下发生倾斜,当外力矩消除后能自行恢复到原来平衡位置的能力。

4.10.67

初稳性　initial stability

游船倾角小于13°时的稳性。

4.10.68

倾斜力矩　heeling moment

使船体产生倾斜时的力与力臂之矢积。

4.10.69

移动重量　shift weight

沿船体横向移动重物使船体产生倾斜时所需重量。

4.10.70

漂流筏(船)　drifting boat

在漂流探险的河面上,承载乘客的漂流滑行工具。

4.11　动感影院游乐设施

4.11.1

动感座椅　dark ride

观众乘坐的座椅,可随剧情内容做互动体验运动。

4.11.2

特效　special effects (SFX)

动感体验过程中,配合有灯光、音效、视频、风、雨、雾等多种特效的统称。

4.11.3

机模　animated figure;animated prop

用到的人形、动物形等渲染主题的活动模型。

4.11.4

演出行动设备　show action equipment;SAE

所用到的活动机械设备,如自动门、下落的"巨石"、挥舞着的"斧头"等。

4.11.5

演出控制系统　show control system;SCS

综合控制灯光、音视频及各种特效等子项的控制系统。

4.11.6

动感座椅控制系统　ride control system;RCS

与演出控制系统相对应,专用于控制座椅设备的系统。

4.11.7

运动控制系统　motion control system

项目中控制座椅上下左右、前后俯仰等运动姿态的控制系统。

4.11.8

行走控制系统　wayside control system

控制座椅设备沿运行轨迹行走的控制系统。

4.11.9

包装/演出布景　show set

座椅项目中渲染主题氛围的各种装饰。

4.11.10

运动自由度　degree of freedom;DOF

座椅设备分别在 x,y,z 等三个方向上实现的运动类型数目(如前后、上下、左右、俯仰、偏航、滚转)。

4.11.11

电影乐园项目　film-based attraction;media-based attraction

动感座椅项目中的一种,这种项目的特点是座椅的运动姿态随影片情节而实时变化,为乘客模拟飞行、摇摆等各种感觉。

5　传动装置

5.1

机械传动系统　mechanical transmission system

设备中用于传递动力,完成各种预定动作的机械装置。

5.2

齿轮传动　gear transmission

由一对或几对齿轮组成,利用两轮轮齿的相互啮合,以传递运动和动力。

5.3

链传动　chain transmission

由链条和链轮组成,以传递运动和动力。

5.4

皮带传动　belt transmission

由皮带和皮带轮组成,以传递运动和动力,分摩擦传动和啮合传动两类。

5.5

销齿轮传动　pin-gear transmission

由一对销齿轮组成,利用小齿轮的齿和大齿轮的销柱相互啮合,以传递运动和动力。

5.6

钢丝绳传动　wire ropes transmission

由钢丝绳、绳轮、传动件组成，利用摩擦传递运动和动力。

5.7

轮胎传动　friction wheel transmission

利用轮胎和摩擦圈的摩擦传递运动和动力。

5.8

提升传动系统　lift system

能使游乐设施的乘人部分沿倾斜轨道上升的传动系统。

5.9

回转传动系统　rotation system

能使游乐设施的乘人部分绕其中心轴转动的传动系统。

5.10

升降传动系统　elevator system

能使游乐设施的乘人部分在垂直方向，上、下运动的传动系统。

5.11

行走机构　traveling mechanism

使车辆行驶和行走的机构。

5.12

周边传动　periphery transmission

安装在转盘周边的驱动轮，通过摩擦传动，将动力传递给转盘周边并使其回转。

5.13

液压和气动传动　hydraulic or pneumatic transmission

利用液压油或气体来变换或传递能量，以得到连续传动的装置。

5.14

滑道提升系统　lifting system of summer toboggan run

由提升道、牵引装置等组成，将滑道滑车等沿提升道从下站运送到上站的系统。

5.15

螺旋传动　power screw

利用螺杆和螺母的啮合来传递动力和运动，用于将旋转运动换成直线运动。

5.16

曲轴曲柄传动　crankshaft crank drive

将曲轴的旋转运动转为曲柄的往复直线运动。

5.17

凸轮传动　cam drive

将主动件凸轮旋转运动转为从动件的间歇运动(摆动或往复直线运动)。

6 安全装置

6.1

安全防护装置 safeguard

在安全功能中保护乘客免受现存或即将发生的危害所使用的防护装置或保护器件。

6.2

安全把手 safe handle

为保障乘客安全而设置的刚性把手。

6.3

安全带 safe-belt

为保障乘客安全而设置的柔性可锁紧的带状物,一般为高强度扁带状织物。

6.4

安全绳 safety rope

弹性绳中的二道保险装置。

6.5

安全压杠 safe-lever

为保障乘客安全而设置的刚性压紧装置,包括压杠锁紧、棘轮、棘爪、齿条及启闭装置等。

6.6

制动装置 braking system

使游乐设施的运行机构降低速度或停止运行(转)的装置。

6.7

保险装置 safety device

对游乐设施易造成乘客不安全的部位设置的补救装置。

6.8

限位装置 limit switch

停止或限制游乐设施某部分运动的装置。限位装置在相应的运动达到极限状态时自动起作用。

6.9

防止摆动装置 anti-oscillation device

防止观览车的吊厢摆动的装置。

6.10

超速限制装置 anti-overspeed device

为防止乘人部分由于超过允许速度引起重大事故的装置。

6.11

缓冲装置 cushion means

用以缓和冲击振动的装置。一般有弹簧、橡胶、液压等缓冲器。

6.12

防撞自动控制装置 anticollision autocontrol device

为了防止在同一轨道线路上同时运行的车辆或船只相碰撞(如疯狂老鼠游乐设施),在轨道线路上设置的自动控制的防撞装置。

6.13

拦挡物　obstruction

游乐设施的乘人部分进出口如无法设置门时,为保障乘客安全而设置的拦挡措施。

6.14

止逆行装置　anti-rolling-back device

为防止滑行车类游乐设施在提升段发生车辆逆行而设置的棘爪、挡块等装置。

6.15

安全栅栏　safety fences

防止人员直接进入运转区或限制区域,保障人员安全的围栏,以及防止乘客从滑道侧面滑出而设置的安全栅栏。

6.16

电气型安全防护装置　electricity safety devices

通过机械装置、电子、电气元器件配合,达到规定安全防护功能的装置

6.17

机械型安全防护装置　mechanical safety devices

通过机械装置达到规定安全防护功能的装置。

6.18

紧急制动装置　emergency stop brake

当游乐设施处于非正常工作情况下,能迅速动作,实现规定安全功能的制动装置。

6.19

锁紧装置　locking device

座舱舱门不能随意打开的锁紧装置。

6.20

断绳保护装置　rupture security means

当钢丝绳破断时,能保证乘客人身安全的装置。

7　电气控制

7.1

可靠接地　secure grounding

经足够低的阻抗并有足够大的载流量的接地系统永久地和大地连接,使可能发生的接地故障电流不能产生危及人身安全的电压。

7.2

频繁起动　frequent start

每小时起动数十次以至数百次。

7.3

乘客容易接触　safety envelope

安全距离小于 0.3 m 或高度低于 2.3 m。

7.4

集电器 current collector

一种传递电力的装置,包括支架、滑环、碳刷等。

7.5

紧急事故按钮 emergency push button

当发生紧急情况时,通过快速按下此按钮达到安全保护的措施。

8 检验检测

8.1

空载试验 empty tests

在游乐设施的乘人部分不加人载荷,按要求操作的运行试验。

8.2

满载试验 full-load tests

在游乐设施的乘人部分均布额定载荷,按要求操作的运行试验。

8.3

偏载试验 bias load tests

在游乐设施连续的且在 1/4～1/2 的乘人部分均布额定载荷,按要求操作的运行试验。

8.4

超载试验 overload tests

在游乐设施的乘人部分加载,应超过额定载荷,按要求操作的运行试验,如"观览车吊厢整体应做超载试验"。

8.5

出厂检验 factory acceptance test

游乐设施制造、安装、调试完成后所进行的检验。

8.6

型式试验 type test

按有关技术规范、标准及试验方案的要求,对产品、部件(安全附件或保护装置)或材料的安全要求及性能的试验和测试。

8.7

水密性试验 watertight test

按要求进行的部件结构抵抗渗漏能力的试验。

8.8

稳性试验 stability test

按要求进行的部件结构抵抗外力(或移动重量)而恢复其原平衡位置的性能试验。

8.9

船体静荷载强度试验 hull static strength loading test

船体结构按要求在静荷载条件下抵抗内、外作用的能力试验。

8.10

船体水密性试验 hull water proof test

按要求进行的船体结构抵抗渗漏能力的试验。

8.11

游船稳性试验　pleasure boats stability test

按要求进行的游船抵抗外力(或移动重量)而恢复其原平衡位置的性能试验。

8.12

直接目视检测　direct visual test

不借助于目视辅助器材(照明光源、放大镜除外),用眼睛进行检测的一种目视检测技术。

8.13

间接目视检测　remote visual test

借助于反光镜、望远镜、内窥镜、光导纤维、照相机、视频系统、自动系统、机器人以及其他适合的目视辅助器材,对难以进行直接目视检测的被检部位或区域进行检测的一种目视检测技术。

8.14

透光目视检测　translucent visual test

借助于人工照明,观察透光叠层材料厚度变化的一种目视检测技术。

8.15

辅助照明　auxiliary lighting

为了改善目视检测观察条件,用作目视检测辅助器材的人工照明光源。

8.16

表面眩光　surface glare

干扰目视检测的人工照明光源的反射光。

8.17

透光叠层片　translucent laminate

校准透射光的一种玻璃增强材料粘结的叠层。

8.18

背景　background

渗透检测时,衬托渗透剂显示的工件表面,一般是覆盖显像剂的表面,也可以是自然表面。

8.19

相关显示(渗透)　relevant indication (permeation)

渗透检测时由缺陷产生的渗透剂显示,通常称之为相关显示。一般也叫做缺陷显示。

8.20

非相关显示(渗透)　non-relevant indication (permeation)

由于加工工艺、零件结构、外形或机械损伤等所引起的渗透剂显示,通称为非相关显示。

8.21

伪显示　false indication

由于渗透剂污染等所引起的渗透剂显示或不是由漏磁场吸附磁粉形成的磁痕显示。

8.22

解释　explanation

对观察到的渗透剂显示进行分析,以确定产生显示的原因及其分类的过程。

8.23

过度背景　excessive background

由于磁场强度、磁悬液浓度过大,工件表面粗糙或被污染而产生妨碍磁痕分析评定的磁痕背景。

8.24

相关显示(磁粉)　relevant indication (magnetic partticle)

磁粉检测时由缺陷(裂纹、未熔合、气孔、夹渣等)产生的漏磁场吸附磁粉形成的磁痕显示,称之为相关显示。一般也叫做缺陷显示。

8.25

非相关显示(磁粉)　non-relevant indication

由磁路截面突变以及材料磁导率差异等原因产生的漏磁场吸附磁粉形成的磁痕显示,称为非相关显示。

8.26

切线磁场强度　tangent magnetic field strength

平行于被检工件表面的磁场强度分量。

8.27

环境可见光　ambient visible light

在暗区,黑光照射下从工件表面测得的可见光。

8.28

透照厚度　penetrated thickness

w

射线照射方向上材料的公称厚度。多层透照时,透照厚度为通过的各层材料公称厚度之和。

8.29

工件至胶片距离　object-to-film distance

b

沿射线束中心测定的工件受检部位射线源侧表面与胶片之间的距离。

8.30

射线源至工件距离　source-to-object distance

F

沿射线束中心测定的工件受检部位射线源与受检工件近源侧表面之间的距离。

8.31

焦距　focal distance

F

沿射线束中心测定的射线源与胶片之间的距离。

8.32

射线源尺寸　source size

d

射线源的有效焦点尺寸。

8.33

透照厚度比　kratio of max.and min.penetrated thickness

一次透照长度范围内射线束穿过母材的最大厚度与最小厚度之比。

8.34

底片评定范围　film evaluation scope

本文件中规定底片上必须观测和评定的范围。

8.35

圆形缺陷　round flaw

长宽比不大于2的气孔、夹渣和夹钨等缺陷。

8.36

条形缺陷　stripy flaw

长宽比大于2的气孔、夹渣和夹钨等缺陷。

8.37

由缺陷引起的底波降低量 BG/BF(dB)　loss of back reflection caused by flaws BG/BF(dB)

在靠近缺陷处的无缺陷完好区域内第一次底波幅度BG与缺陷区域内的第一次底波幅度BF之比，用声压级(dB)值来表示。

8.38

基准灵敏度和扫查灵敏度　basic and scanning sensitivities

f

基准灵敏度一般指的是记录灵敏度，它通常用于缺陷的定量和缺陷的分级。扫查灵敏度则主要指实际检测灵敏度。为了不漏掉记录缺陷或某些特定的缺陷，原则上扫查灵敏度不应低于基准灵敏度。

8.39

聚焦斜探头　focusing angle beam probe

采用透镜式、发射式和曲面晶片等聚焦方法、使超声波束会聚以提高检测灵敏度的超声斜探头。

8.40

端点衍射　tip diffraction

超声波在传播过程中，当波阵面通过缺陷时，波阵面会绕缺陷边缘弯曲，并呈圆心展衍，这种现象称之为端点衍射。

8.41

端点最大反射波　maximum tip reflected wave

当缺陷的端部回波的幅度达到最大时(也即缺陷端部回波峰值开始降落前瞬时的幅度位置)，该回波称为缺陷端点最大反射波。

8.42

回波动态波型　echo dynamic patterns

动态波型是探头移动距离与相应缺陷反射体回波波幅变化的包络线。

8.43

工件厚度　base material nominal thicknesses

t

a)　对于平板对接接头，焊缝两侧母材厚度相等时，工件厚度 t 为母材厚度；焊缝两侧母材

厚度不等时,工件厚度 t 为薄侧母材公称厚度;

b) 对于T型焊接接头,工件厚度 t 为腹板公称厚度。

8.44

管子直径 tube diameter

$\boldsymbol{D_0}$

管子的外径。

8.45

轴直径 axis diameter

a) 实心轴的轴直径指轴外径,有台阶时,指工作面的直径。

b) 空心轴的直径包括内外径,外径 D_0,内径 D_1。有台阶时,按照工作面的直径确定内外径。

8.46

缺陷密集区 a cluster of flaws

在荧光屏扫描线相当于30 mm声程范围内同时有3个或3个以上的缺陷反射信号;或是在30 mm×30 mm的检测面上发现在同一深度范围内有3个或3个以上的缺陷反射信号。其反射波幅均大于某一特定当量缺陷基准反射波幅。

8.47

缺陷自身高度 flaw height

缺陷在壁厚方向的尺寸。

8.48

缺陷评定区 flaw evaluation zone

在质量分级评定时,为评价缺陷数量和密集程度而设置的一定尺寸区域。可以是正方形或长方形。缺陷评定区应选在缺陷最严重的部位。

8.49

检测距离 inspection distance

超声波直探头检测时,检测距离是指一次声程。

8.50

自重稳定性 stability under no load condition

非工作状态稳定性 crane assembled

游乐设施抵抗由非工作状态风载荷和其他因素所造成的倾覆力矩的能力。

9 使用管理

9.1

运营使用单位 operator;owner

从事游乐设施日常经营管理的,向质量技术监督部门办理使用登记的企业、个体工商户。

9.2

责任人员 person liable

直接或间接从事游乐设施工作的人员。

9.3

安全管理负责人 safety manager

负责本单位游乐设施安全使用的高层管理人员。

9.4

安全管理人员 dedicated safety person

从事游乐设施安全管理的专职人员。

9.5

作业人员 operating person

从事游乐设施安装、操作、维修的人员。

9.6

运营服务人员 service person

为游乐设施运营提供服务的人员,如站台服务人员和验票人员。

9.7

乘客 rider

任何正在进入、使用或者离开游乐设施的人。

9.8

水滑梯服务人员 water slide device attendant

接受过有关法律法规、标准、规范、滑道操作、设备或设施紧急处理等专业技能培训,承担引导、指导、发送乘客,并且控制乘客进入和离开水滑道等设备或设施的工作人员。

9.9

改造 modification

通过改变主要受力部件、主要材料、设备运动形式、重要几何尺寸或主要控制系统等,致使游乐设施的主体结构、性能参数发生变化的活动。

9.10

维护保养 maintenance

通过设备部件拆解,进行检查、系统调试、更换易损件,但不改变游乐设施的主体结构、性能参数的活动,以及日常检查工作中紧固连接件、设备除尘、设备润滑等活动。

9.11

修理 repair

通过设备部件拆解,进行更换或维修主要受力部件,但不改变游乐设施的主体结构、性能参数的活动。

9.12

重大修理 major repair

通过设备整体拆解,进行检查、更换或维修主要受力部件、主要控制系统或安全装置功能,但不改变游乐设施的主体结构、性能参数的活动。

9.13

试运行 test run

对游乐设施以检查、性能测试和数据收集为目的的运转。

9.14

故障　fault

不能执行某规定功能的一种特征状态。

9.15

不安全方向　non-safety direction

游乐设施运行达到安全防护装置触发条件时，游乐设施或安全防护装置没有按照预期运动方向运行。

9.16

安全方向　safety direction

游乐设施运行达到安全防护装置触发条件时，游乐设施或安全防护装置按照预期的运行方向运行。

9.17

意外事件　accident

因不可抗拒或不能预见的原因引起的事件。

9.18

告示牌　safety notice board

设置在设施入口公众视线范围内的信息指示牌，用于告知乘客适合的使用方法、乘坐姿势和乘客的行为要求等信息。

9.19

安全警示标识　safety graphic and signage

设置在设施入口公众视线范围内的安全信息指示牌，用于告知乘客限制、警告和指导等信息。

9.20

下滑方式标牌　safety graphic and signage

指导乘客按正确下滑姿势滑行的图文标识。

9.21

疏导乘客　evacuation device

高空游乐设施在运行过程中，因故突然停止并危及乘客安全时，乘客可及时安全离开乘人部分，回到安全之处的措施。

9.22

失效模式　failure mode

系统、结构或零部件失去其原有设定功能的各种形式，应当与失效原因相区别。

9.23

失效原因　failure cause

导致失效模式发生的环境、情况、事件或行动。

9.24

防护措施　protective measure

用于降低风险的方法。

9.25

危险 hazard

可能发生潜在损失的征兆，是风险的前置条件。

9.26

危险源 hazard source

可能导致人身伤害的根源、状态和活动，或根源、状态和活动的组合。

9.27

危险源辨识 hazard source identification

游乐设施运行期间导致严重后果的危险因素，包括安全距离不足、销轴脱落、螺栓松动、焊缝断裂、控制失效、基础倒塌及安全装置失灵等识别。

9.28

风险 risk

某一情况发生的可能性及后果(伤害或损失)的组合，或失效发生的概率与失效后果严重程度的综合。

9.29

风险辨识 risk discrimination

识别各类危险因素、危险的来源、范围、特性及与其行为或现象相关的不确定性，以及可能发生事故类型、事故发生的原因和机理等。

9.30

风险分析 risk analysis

识别、理解和估计风险大小的过程，包括对特定系统进行风险辨识、概率计算、后果估计等分析的全过程。

9.31

风险评定 risk evaluation

以系统的方法检查与评价对象相关的危险并进行度量，以及风险降低的迭代过程，确定是否需要采取进一步的安全改进措施。

9.32

风险评估 risk assessment

风险分析和风险评定合称风险评估，是对危险发生的可能性和后果度量的过程。

9.33

风险控制 risk control

在风险评估的基础上，采取措施和对策，降低风险的过程，其具体控制目标包括降低事故发生频率、减少事故的严重程度和事故造成的经济损失程度。

9.34

风险分级 risk grade

在分析事故发生可能性与事故后果的基础上，对事故风险的大小进行评价，按照事故风险的标准进行风险分级，以确定风险管理的重点。

9.35

风险管理 risk management

在风险分级的基础上有效地应对风险，以最低成本实现最大安全保障的科学管理方法和手段，包括对风险的定义、测量、评估和发展因应风险的策略。

9.36

风险评价 risk appraisal

内容包括评价对象的确定、信息收集、危险识别、风险评估、风险评定、风险分级、风险控制。

9.37

应急救援 emergency rescue

针对突发、具有破坏力的紧急事件采取预防、预备、响应和恢复的活动与计划。

9.38

应急救援预案 emergency rescue plan

对可能发生的事故，为迅速、有序地开展应急行动而预先制定的行动方案。

9.39

应急救援演练 emergency rescue exercise

根据预案内容，通过应急救援仿真演练平台，模拟各类事故现场及人机操作，更清楚地了解在事故发生时应如何处置，并从演练中找到预案需要改进的地方，以及锻炼各相关人员的应对突发事故的能力。

索　引

汉语拼音索引

A

B

C

D

H

J

K

L

英文对应词索引

A

B

C

D

E

F

G

H

I

K

L

M

N

O

P

R

S

T

U

V

W

ICS 97.200.40
Y 57

中华人民共和国国家标准

GB/T 34370.1—2017

游乐设施无损检测 第1部分:总则

Nondestructive testing of amusement equipments—
Part 1:General requirement

2017-09-29 发布　　2018-04-01 实施

中华人民共和国国家质量监督检验检疫总局
中国国家标准化管理委员会 发布

前　言

GB/T 34370《游乐设施无损检测》分为以下6部分：

——第1部分：总则；

——第2部分：目视检测；

——第3部分：磁粉检测；

——第4部分：渗透检测；

——第5部分：超声检测；

——第6部分：射线检测。

本部分为GB/T 34370的第1部分。

本部分按照GB/T 1.1—2009给出的规则起草。

本部分由全国索道与游乐设施标准化技术委员会(SAC/TC 250)提出并归口。

本部分起草单位：中国特种设备检测研究院、山东科捷工程检测有限公司、江苏省特种设备安全监督检验研究院、上海希都游乐设备制造厂、中山金马科技娱乐设备有限公司、北京实宝来游乐设备有限公司、温州南方游乐设备工程有限公司、山东瑞祥模具有限公司。

本部分主要起草人：沈功田、邢友新、吴占稳、胡斌、张勇、梁朝虎、张君娇、张劲松、梁玉梅、张新东、周晓君、廖绪文、李勇、徐达、魏忠瑞。

游乐设施无损检测
第1部分:总则

1 范围

GB/T 34370 的本部分规定了游乐设施目视检测、磁粉检测、渗透检测、超声检测、射线检测、涡流检测、声发射检测、漏磁检测、磁记忆检测、超声导波检测等无损检测方法的一般要求和使用原则。

本部分适用于在制和在用游乐设施的无损检测。

2 规范性引用文件

下列文件对于本文件的应用是必不可少的。凡是注日期的引用文件,仅注日期的版本适用于本文件。凡是不注日期的引用文件,其最新版本(包括所有的修改单)适用于本文件。

GB/T 5616 无损检测 应用导则

GB/T 12604.1 无损检测 术语 超声检测

GB/T 12604.2 无损检测 术语 射线照相检测

GB/T 12604.3 无损检测 术语 渗透检测

GB/T 12604.4 无损检测 术语 声发射检测

GB/T 12604.5 无损检测 术语 磁粉检测

GB/T 12604.6 无损检测 术语 涡流检测

GB/T 12604.10 无损检测 术语 磁记忆检测

GB/T 20306 游乐设施术语

GB/T 20737 无损检测 通用术语和定义

GB/T 34370.2 游乐设施无损检测 第2部分:目视检测

GB/T 34370.3 游乐设施无损检测 第3部分:磁粉检测

GB/T 34370.4 游乐设施无损检测 第4部分:渗透检测

GB/T 34370.5 游乐设施无损检测 第5部分:超声检测

GB/T 34370.6 游乐设施无损检测 第6部分:射线检测

3 术语和定义

GB/T 5616、GB/T 12604.1~GB/T 12604.6、GB/T 12604.10、GB/T 20306、GB/T 20737、GB/T 34370.2~ GB/T 34370.6 界定的术语和定义适用于本文件。

4 使用原则

4.1 概述

4.1.1 应根据受检设备的材质、结构、制造方法、使用环境、使用条件和损伤模式,预计可能产生的缺陷种类、形状、部位和方向，选择适宜的无损检测方法。游乐设施常用金属材料典型缺陷推荐适用的无损检测方法参见附录A。

4.1.2 目视检测一般是游乐设施检验过程中首先使用的检测方法。铁磁性材料表面和近表面缺陷的检测宜选用磁粉检测；材料表面开口缺陷的检测宜选用渗透检测；带涂层金属材料表面和近表面缺陷的检测宜选用涡流检测；内部缺陷的检测宜选用超声或射线检测；在用结构件中活性缺陷的检测宜选用声发射检测；在用结构件腐蚀和钢丝绳损伤的检测宜选用漏磁检测；铁磁性材料应力损伤的检测宜选用磁记忆检测；在用绳、杆、棒、管、板等零部件中横截面损失的检测宜选用超声导波检测。

4.1.3 当采用两种或两种以上的检测方法对游乐设施的同一部位进行检测时，检测结果应按各自的方法进行评定。

4.1.4 采用同种检测方法按不同检测工艺进行检测时，如果检测出缺陷的严重程度不一致，应以危险度大的评定结果为准。

4.1.5 本标准的使用应符合我国相关法规、标准的要求。所使用的仪器、耗材等应符合相关无损检测基础标准的要求。

4.2 目视检测

4.2.1 目视检测适用于各种材质的零部件和焊缝的检测。可发现腐蚀、开裂、破损、磨损、变形等宏观损伤，匹配异常，过热、渗漏的痕迹，焊缝的宏观缺欠等。

4.2.2 目视检测的具体技术要求应符合GB/T 34370.2的规定。

4.3 磁粉检测

4.3.1 磁粉检测适用于铁磁性材料制板材、复合板材、管材、棒材、铸件及锻件等表面和近表面缺陷的检测，也适用于铁磁性材料对接焊接接头、T型焊接接头以及角接焊接接头等表面和近表面缺陷的检测。磁粉检测不适用非铁磁性材料的检测。可确定表面和近表面缺陷的位置、大小和形状。

4.3.2 磁粉检测的具体技术要求应符合GB/T 34370.3的规定。

4.4 渗透检测

4.4.1 渗透检测适用于板材(含复合板材)、锻件、铸件、管材和焊接接头表面开口缺陷的检测。渗透检测不适用多孔性材料的检测。可确定表面开口缺陷的位置、尺寸和形状。

4.4.2 渗透检测的具体技术要求应符合GB/T 34370.4的规定。

4.5 超声检测

4.5.1 超声检测适用于板材(复合板材)、管材、棒材、锻件、铸件等原材料和零部件内部缺陷的检测；也适用于全焊透熔化焊的对接焊接接头和T型焊接接头等内部缺陷的检测。可确定缺陷的位置和相对尺寸。

4.5.2 不同检测对象相应的超声厚度检测范围见表1。

4.5.3 超声检测的具体技术要求应符合GB/T 34370.5的规定。

表 1　不同检测对象相应的超声厚度检测范围

单位为毫米

超声检测对象	适用范围(上下限)
碳素钢、低合金钢板材	厚度:6～400
铝及铝合金板材	厚度:≥6
碳钢、低合金钢无缝钢管	外径:12～660,壁厚:≥2
奥氏体不锈钢无缝钢管	外径:12～400,壁厚:2～35
碳钢、低合金钢、不锈钢棒材	直径:≥20
碳钢、低合金钢锻件	厚度:≤1 000
铸钢件	厚度:≤600
铸铁件	厚度:10～500[a]
全焊透熔化焊对接焊缝	母材厚度:8～400
碳钢、低合金钢管件环焊缝	外径:32～159,壁厚:≥4.0; 或外径:≥159,壁厚:4.0～6.0[b]
奥氏体不锈钢对接焊缝	母材厚度:10～50

[a] 对在用设备缺陷的检测使用厚度:10 mm～50 mm。

[b] 壁厚大于 6 mm 的按全焊透熔化焊对接焊缝执行。

4.6 射线检测

4.6.1　射线检测适用于全焊透熔化焊的对接焊接接头内部缺陷的检测。可确定缺陷平面投影的位置、大小以及缺陷的性质。

4.6.2　不同射线源可检测铁基材料的厚度范围见表 2。

4.6.3　射线检测的具体技术要求应符合 GB/T 34370.6 的规定。

表 2　不同射线源可检测铁基材料的厚度范围

射线源	透照厚度 W/mm	射线源	透照厚度 W/mm
X 射线(300 kV)	≤40	Ir-192	20～100
Se-75	10～40	Co-60	40～200

5 检测单位

5.1　进行游乐设施无损检测的检验检测机构或制造企业(以下简称检测单位)应按照我国相关法规的要求取得相应资质。

5.2　无损检测单位应按本部分和 GB/T 34370.2～GB/T 34370.6 的规定制定相应方法的无损检测工艺规程。

5.3　检测记录和报告应准确、完整,并经具备相应资质的检测人员签字。

5.4　检测记录和报告应长期保存,直到游乐设施或部件报废为止。

5.5　检测用仪器和设备的性能应进行定期检定(校准)并记录。

6　检测人员

6.1　从事游乐设施无损检测的人员,应按照我国相关法规的要求取得相应无损检测资格。

6.2　无损检测人员资格级别分为Ⅲ(高)级、Ⅱ(中)级和Ⅰ(初)级。取得不同无损检测方法各资格级别的人员,只能从事与该方法和其资格级别相对应的无损检测工作,并负相应的技术责任。

7　检测设备和器材

7.1　无损检测设备和器材应附有产品质量合格证明文件。

7.2　无损检测设备和器材应符合其相应的产品标准规定,且其性能应满足 GB/T 34370.2～GB/T 34370.6中规定的有关要求。

7.3　对于可反复使用的无损检测设备和主要器材,为确保其工作性能持续符合本标准各部分的有关要求,承担无损检测的检测单位应分别采取检定、校准或核查方式,并在检测单位的通用工艺规程中予以规定:

a)　检定:凡列入国家强制检定目录的无损检测设备和器材应定期送有资格的法定计量检定机构和授权计量检定机构进行检定。

b)　校准:对于未列入国家强制检定目录、可进行量值溯源的无损检测设备和器材应定期进行校准,校准可选择中国合格评定国家认可委员会认可的校准机构进行,也可由检测单位自行开展。

c)　核查:对于未列入国家强制检定目录且无法进行量值溯源的无损检测设备和器材应定期进行核查,以验证设备和器材性能是否满足本标准各部分的相关要求,核查一般由检测单位自行开展。

d)　期间核查:必要时,无损检测设备和主要器材在检定、校准或核查周期内应进行期间核查,核查的项目、周期和性能指标应满足相关规定。

7.4　每次无损检测前,需要进行检查的项目、时机和性能指标,应满足本标准各部分中的有关要求,并在检测单位的工艺卡(或作业指导书)中予以规定。

8　检测工艺规程

8.1　概述

无损检测工艺规程包括通用工艺规程和工艺卡。

8.2　通用工艺规程

8.2.1　无损检测通用工艺规程应根据相关法规、产品标准、本部分和 GB/T 34370.2～GB/T 34370.6相应方法的要求进行编制。

8.2.2　无损检测通用工艺规程至少应包括以下内容:

a)　文件编号;

b) 适用范围;

c) 执行标准、法规;

d) 检测人员资格;

e) 检测设备、器材和材料;

f) 被检件的表面条件要求;

g) 检测时机;

h) 检测程序(步骤);

i) 检测结果的评定和分级;

j) 检测记录、报告和资料存档;

k) 编制(级别)、审核(级别)和批准人员签字及日期。

8.2.3 无损检测通用工艺规程的编制、审核及批准应符合相关法规或标准的规定,应由Ⅱ级或Ⅲ级人员编制,Ⅲ级人员审核,单位技术负责人批准。

8.3 工艺卡

8.3.1 实施无损检测的人员应按无损检测工艺卡进行操作。

8.3.2 无损检测工艺卡应根据无损检测通用工艺规程、产品标准、产品设计和制造等有关的技术文件、本部分、GB/T 34370.2～GB/T 34370.6 相应方法的要求编制,一般应包括以下内容:

a) 工艺卡编号;

b) 产品名称,产品型号,产品编号,制造、安装或检验编号,被检零部件的材质、规格尺寸、热处理状态及表面状态、焊接型式;

c) 检测设备与器材:设备名称、规格型号、器材;

d) 检测工艺:检测方法、检测比例、检测部位、标准试块或标准试样(片);

e) 执行标准和验收级别;

f) 检测程序;

g) 检测部位示意图;

h) 编制(级别)和审核(级别)人员签字及日期。

8.3.3 无损检测工艺卡的编制、审核应符合相关法规或标准的规定。工艺卡的编制应由具有相应Ⅱ级及以上资格的人员根据通用工艺规程编制,并由无损检测责任人审核。

9 记录和报告

应做好无损检测记录和报告,并按照 GB/T 34370.2～GB/T 34370.6 执行。

附　录　A
（资料性附录）
游乐设施常用金属材料典型缺陷适用的无损检测方法推荐表

典型缺陷的适用无损检测方法推荐表见表 A.1。

表 A.1　游乐设施常用金属材料典型缺陷的适用无损检测方法推荐表

典型缺陷		表面缺陷[a]			近表面缺陷[b]			所有位置的缺陷[c]					
		VT	PT	GWT	MT	ET	MFL	RT	UTA	UTS	AE	UTT	MMM
原材料和零部件缺陷	进裂(锻件)	○	●		●	◑		◑	◑	◑	●		○
	冷夹(铸件)	○	●		●	○		●	◑	◑	○		
	裂纹(所有材料)	○	●		●	◑	◑	◑	◑	○	●		◑
	夹杂(所有材料)				◑	◑		●	◑	○	○		
	夹层(板材,管材)	○	◑	◑	◑				○	●	○	●	
	重皮(锻件)	○	●		●	○		◑		○	○		
	气孔(铸件)	●	●		○			●	○	○	○		
	裂缝(板材、管材)	○	●		●	●	◑	○	◑	◑	○		○
焊接缺陷	烧穿	●						●	◑			○	
	裂纹	○	●		●	●	◑	◑	●	○	●		◑
	余高过高/过低	●						●	◑	○		○	
	夹杂(夹渣/夹钨)				◑	◑		●	◑	○	○		
	未熔合	◑			◑	◑		◑	●	◑	◑		○
	未焊透	◑	●		●	◑		●	●	◑	◑		
	错边	●						●	◑				
	折叠	◑	●		●	○							
	气孔	●	●		○			●	◑	○	○		
	根部凹陷	●						●	◑	○	○	○	
	咬边	●	◑		◑	○		●	◑	○	○		
	应力集中区					○					◑		●
在用过程中产生的缺陷	机械磨损	●	◑	●	◑		●	●	◑	◑		◑	
	腐蚀-缝隙	●		◑			◑					○	
	——全面/均匀腐蚀			●		○	●	◑		◑		●	
	——点蚀	●	●	◑	○		◑	●	○	○	◑	○	
	——局部腐蚀	●	●	●	○		●					○	
	冲蚀/冲刷	●		◑			●	●	○	◑		◑	
	疲劳裂纹	○	●		●	●		◑	●		●		◑
	应力腐蚀裂纹	○	◑		●	◑		◑	◑		◑		◑
	应力集中区					○					◑		●

表 A.1（续）

典型缺陷	表面缺陷[a]			近表面缺陷[b]			所有位置的缺陷[c]					
	VT	PT	GWT	MT	ET	MFL	RT	UTA	UTS	AE	UTT	MMM

注 1：字母说明

AE——声发射检测；UTA——斜入射超声检测；ET——涡流检测；UTS——直入射超声检测；MT——磁粉检测；UTT——超声测厚检测；PT——渗透检测；VT——目视检测；RT——射线检测；MFL——漏磁检测；MMM——磁记忆检测；GWT——超声导波检测。

注 2：符号含义

●——按相应标准规定的无损检测方法通常都能检出。

◑——按相应标准规定的无损检测方法，根据缺陷的尺寸和位置等特征可部分检出。

○——按相应标准规定的无损检测方法，根据缺陷的尺寸和位置等特征，需采用专用技术和有经验的检测人员方可检出。

注 3：表 A.1 列出了各种缺陷及其适用的无损检测方法。此表假定只有取得相应资格的人员在条件允许下（如接近方便，表面状况良好，清理效果好等）实施检测，但要考虑到许多因素会影响缺陷的可检测性。

[a] 仅能检测表面开口缺陷的方法。

[b] 能检测表面开口缺陷和近表面缺陷的方法。

[c] 可检测被检工件中任何位置缺陷的方法。

ICS 97.200.40
Y 57

中华人民共和国国家标准

GB/T 34370.2—2017

游乐设施无损检测 第2部分:目视检测

Nondestructive testing of amusement equipments—Part 2:Visual examination

2017-09-29 发布 2018-04-01 实施

中华人民共和国国家质量监督检验检疫总局
中国国家标准化管理委员会 发布

前　言

GB/T 34370《游乐设施无损检测》分为以下6部分：

——第1部分：总则；

——第2部分：目视检测；

——第3部分：磁粉检测；

——第4部分：渗透检测；

——第5部分：超声检测；

——第6部分：射线检测。

本部分为GB/T 34370的第2部分。

本部分按照GB/T 1.1—2009给出的规则起草。

本部分由全国索道与游乐设施标准化技术委员会(SAC/TC 250)提出并归口。

本部分起草单位：中国特种设备检测研究院、江苏省特种设备安全监督检验研究院、上海希都游乐设备制造厂、北京实宝来游乐设备有限公司、河南省特种设备安全检测研究院。

本部分主要起草人：沈功田、梁朝虎、李向东、张勇、周晓君、李勇、胡斌、吴占稳、高广兴、胡振龙、刘爱国。

游乐设施无损检测
第2部分:目视检测

1 范围

GB/T 34370 的本部分规定了游乐设施的目视检测方法。

本部分适用于生产和在用游乐设施的目视检测。

本部分不适用于磁粉、渗透等其他无损检测方法中的目视观察活动。

2 规范性引用文件

下列文件对于本文件的应用是必不可少的。凡是注日期的引用文件,仅注日期的版本适用于本文件。凡是不注日期的引用文件,其最新版本(包括所有的修改单)适用于本文件。

GB/T 11533 标准对数视力表

GB/T 20306 游乐设施术语

GB/T 20737 无损检测 通用术语和定义

GB/T 20968 无损检测 目视检测辅助工具 低倍放大镜的选用

GB/T 34370.1 游乐设施无损检测 第1部分:总则

3 术语和定义

GB/T 20306 和 GB/T 20737 界定的以及下列术语和定义适用于本文件。

3.1

目视检测 visual examination

观察、分析和评价被检件状况的一种无损检测方法,它仅指用人的眼睛或借助于某种目视辅助器材对被检件进行的检测。

3.2

直接目视检测 direct visual examination

不借助于目视辅助器材(照明光源、放大镜除外),用眼睛进行检测的一种目视检测技术。

3.3

间接目视检测 remote visual examination

借助于反光镜、望远镜、内窥镜、光导纤维、照相机、视频系统、自动系统、机器人以及其他适合的目视辅助器材,对难以进行直接目视检测的被检部位或区域进行检测的一种目视检测技术。

3.4

透光目视检测 translucent visual examination

借助于人工照明,观察透光叠层材料厚度变化的一种目视检测技术。

3.5

辅助照明 auxiliary lighting

为了改善目视检测观察条件,用作目视检测辅助器材的人工照明光源。

3.6

表面眩光 surface glare

干扰目视检测的人工照明光源的反射光。

3.7

透光叠层片 translucent laminate

校准透射光的一种玻璃增强材料粘结的叠层。

4 概述

目视检测是一种用人的眼睛或借助目视辅助器材观察、分析和评价被检件状态的一种无损检测方法,主要用于观察各种材质零部件和焊缝等的腐蚀、开裂、破损、磨损、变形等宏观损伤,匹配异常,过热、渗漏的痕迹,焊缝的宏观缺欠等。

目视检测技术包括直接目视检测、间接目视检测和透光目视检测。直接目视检测不依靠辅助工具(照明光源、放大镜除外)直接用肉眼进行观测;间接目视检测则可以借助反光镜、望远镜、内窥镜、光导纤维、照相机、视频系统、自动系统、机器人以及其他适合的目视辅助器材进行检测;透光目视检测可以对透明、半透明材料内部进行检测。

5 安全要求

检测过程中的安全要求应至少包括:

a) 检测人员应遵守被检件现场的安全要求,根据检测地点的要求穿戴防护工作服和佩戴有关防护设备;

b) 应注意避免各种安全隐患,例如碰伤、触电、跌落、挤压、剪切、缠绕、滑倒、溺水、烫伤等。

本章没有列出进行检测时所有的安全要求,使用本部分的用户应在检测前建立安全准则。

6 检测人员

从事游乐设施目视检测工作的人员,除应符合 GB/T 34370.1 的有关规定外,目视检测人员未经矫正或经矫正视力应不低于 5.0(小数记录为 1.0),测试方法应符合 GB/T 11533 的规定。检测人员应每 12 个月进行一次视力检查。

如果检测需要对辨色力有特别要求,检测人员宜补充辨色力测试,以保证必要的辨色力。

7 设备和器材

7.1 目视检测使用的设备和器材包括:直接目视检测、间接目视检测和透光目视检测使用的器材。

7.2 直接目视检测器材主要有:照明光源和低倍放大镜。

7.3 间接目视检测器材主要有:照明光源、反光镜、望远镜、内窥镜、光导纤维、照相机、视频系统、自动系统、机器人以及其他适合的目视辅助器材。

7.4 透光目视检测器材主要有:照明光源和放大镜。

7.5 其他辅助设备:直尺、游标卡尺、白光照度计、焊缝检测尺、检测锤、塞尺等。

7.6 目视检测器材应达到规定的性能要求和安全要求。

8 检测工艺规程

8.1 通用检测工艺规程

从事游乐设施目视检测部门应按 GB/T 34370.1 和本部分的要求编制通用检测工艺规程，其内容至少应包括如下内容：

a) 文件编号；
b) 适用范围；
c) 执行标准编号、法规；
d) 检测人员要求；
e) 检测器材；
f) 被检件状态；
g) 照明要求；
h) 检测时机；
i) 检测程序(步骤)；
j) 观察方法；
k) 检测结果评价；
l) 检测记录、报告格式；
m) 资料存档；
n) 编制、审核和批准人员签字及日期。

8.2 检测工艺的验证

应采用验证试样来验证目视检测工艺规程。验证试样可采用一条宽度小于或等于 0.8 mm 的细线或其他类似人工缺陷。验证试样应放在被检件表面或光照条件、表面结构、反差比和可接近性等方面与被检件相似的表面，且宜放在被检区域中最难以观察到的部位。

当检测技术、观察方法、被检件表面结构情况、被检件表面照明要求或验证试样等对检测灵敏度有严重影响的因素发生改变时，工艺规程应重新进行验证。

8.3 检测工艺卡

对于每类设备或工件的目视检测，应根据实际情况，按照 GB/T 34370.1、本部分和通用检测工艺规程制定目视检测工艺卡。工艺卡应至少包括以下内容：

a) 工艺卡编号；
b) 检测执行的标准；
c) 被检测工件的信息：名称、型号、编号、材质、规格尺寸、焊接型式等；
d) 检测部位和可接近性；
e) 被检件表面状态；
f) 检测设备与器材；
g) 照明条件；
h) 检测时机；
i) 检测工艺的验证；
j) 检测程序(步骤)；
k) 编制和审核人员签字及日期。

9 检测

9.1 检测前的准备

9.1.1 资料审查

资料审查应包括下列内容：

a) 被检设备制造文件资料：被检部件的竣工图(含焊缝布置图)、有关设计文件对无损检测的要求、相关的无损检测报告等；

b) 被检设备运行记录资料：开停机情况、使用环境、使用条件、载荷变化情况以及运行中出现的异常情况等；

c) 检验资料：历次检验检测报告；

d) 其他资料：维护保养、修理和改造的文件资料等。

9.1.2 现场勘察

对于在用游乐设施，在实施检测前，应对被检设备现场进行勘察，确定满足实施检测的辅助条件。

9.1.3 检测工艺卡的编制

按 8.3 执行。

9.2 直接目视检测

9.2.1 检测距离与角度

直接目视检测时，应使眼睛能够与被检件表面达到最佳的距离和角度。眼睛与被检件表面的距离不超过 600 mm，且眼睛与被检件表面所成的夹角不小于 30°。

9.2.2 检测工具

直接目视检测可以采用反光镜改善观察的角度，并可以借助低倍放大镜来分辨细小缺欠，低倍放大镜的选用按 GB/T 20968 执行。

9.2.3 照明条件

为达到最佳检测效果，照明条件应满足以下要求：

a) 使照明光线方向相对于观察点达到最佳角度；

b) 避免表面眩光；

c) 优化光源的色温度；

d) 使用与表面反射光相适应的照度级；

e) 被检件表面至少要达到 500 lx 的照度，对于必须仔细观察或发现异常情况并需要作进一步观察和检测的区域则至少要达到 1 000 lx 的照度。

9.2.4 焊接接头的目视检测

对新制造的焊接接头应注意是否有漏焊、裂纹、烧穿、未焊透、密集气孔、塌陷、严重咬边、未焊满、夹渣等外观缺欠。应特别注意异种材料焊接、特殊焊接工艺可能产生的缺欠。钢制熔化焊焊接接头中的典型目视缺欠参见附录 A。附录 B 给出了典型目视缺欠图片。

对在役的焊接接头应重点关注重要焊接接头，注意开裂(起弧处、交变载荷、应力集中)、腐蚀、锈蚀、油漆剥落部位，尤其对于制造过程中存在的弧坑、气孔、成型不良的部位应重点观测。

9.2.5 零部件的目视检测

9.2.5.1 螺栓

观察螺栓是否有弯曲变形、损伤、磨损、锈蚀，用10倍放大镜观察螺栓，特别是螺栓头、螺纹根部是否有裂纹。

9.2.5.2 机加工件

观察机加工件外形是否符合设计，机加工件表面是否光洁，是否有裂纹、尖角、毛刺、划痕、磨损、锈蚀。

9.2.5.3 钢结构件

观察钢结构件外形是否符合设计，表面是否平整，是否存在裂纹、变形、尖角、毛刺、磨损、锈蚀。

9.2.5.4 玻璃钢件

观察玻璃钢件外形是否符合设计，是否存在浸渍不良、固化不良、气泡、孔洞、皱纹、裂纹、毛刺、缺损、明显修补痕迹、布纹显露、厚度不均、凸凹不平、色调不一致等缺欠，切割面是否存在分层、毛刺等缺陷，转角处过渡是否圆滑等。

9.2.5.5 非金属件

观察橡胶、尼龙、聚氨酯等非金属件外形是否符合设计，是否存在裂纹、尖角、毛刺、老化、破损、变形、磨损。

9.2.5.6 防腐涂层

观察防腐涂层是否均匀，是否存在剥离、漏涂、返锈、皱皮、流坠、针眼、气泡、凹坑、凸起等。

9.2.5.7 木结构件

观察木结构件外观是否符合设计，是否存在腐朽、虫眼、开裂、木节、髓心等现象。

9.2.6 基础

观察基础外观是否符合设计，是否存在沉陷、开裂和松动等现象。

9.3 间接目视检测

9.3.1 在不易或无法进行直接目视检测的被检部位和区域，可采用间接目视检测。

9.3.2 间接目视检测可以采用反光镜、望远镜、内窥镜、光导纤维、照相机、视频系统、自动系统、机器人以及其他适合的目视辅助器材进行检测。

9.3.3 间接目视检测应至少具有与直接目视检测相当的分辨力，必要时应验证间接目视检测系统能否满足检测工作的要求。

9.4 透光目视检测

9.4.1 透光目视检测需要借助一个足够强度的定向光源，可均匀地透过被检部位和区域，能满足检查透明、半透明材料中缺欠的要求。

9.4.2 周边光线必须事先识别，来自被检表面的反射光或表面眩光应小于所施加的透过被检部位和区域的透照光。

9.5 检测记录

目视检测记录应至少包括8.3和第11章所规定的内容。

10 结果评价

10.1 通用原则

10.1.1 所有的检测结果应按游乐设施相关法规、执行标准和(或)合同要求进行评价。

10.1.2 本部分检测工艺规程规定了最低限度的检测要求,但并不限制在生产使用过程中可能进行的更高要求的检测。

10.1.3 当目视检测发现异常情况,且不能判断异常情况的性质和影响时,可采用测厚、测硬、金相、磁粉或渗透等其他检测方法对异常部位进行检测和评价。

10.2 焊接接头

10.2.1 焊接接头所有焊瘤、熔渣等应清除干净。

10.2.2 焊接接头表面不应有漏焊、裂纹、烧穿、未焊透、密集气孔、塌陷、严重咬边、未焊满、夹渣等外观缺欠。

10.3 零部件

10.3.1 螺栓不应存在弯曲变形、裂纹,影响安全的损伤、锈蚀。

10.3.2 机加工件外形结构应符合设计,表面光洁,不应有裂纹、尖角、毛刺和影响安全的划痕、磨损、锈蚀。

10.3.3 钢结构件外形结构应符合设计,钢结构件不应有裂纹、尖角和影响安全的变形、毛刺、磨损、锈蚀。

10.3.4 玻璃钢件不应存在毛刺、影响安全的裂纹、孔洞、严重缺损、浸渍不良、固化不良、气泡等缺陷。

10.3.5 橡胶、尼龙、聚氨酯等非金属件外形应符合设计,不应存在尖角、毛刺和影响安全的裂纹、老化、破损、变形、磨损。

10.3.6 防腐涂层应无严重剥离、漏涂和返锈,无明显皱皮、流坠、针眼和气泡等。

10.3.7 木结构件外观应符合设计,不应存在腐朽和影响安全的虫眼、开裂、木节、髓心等现象。

10.4 外观

外观应符合设计,不应存在影响游乐设施正常运行的不均匀沉陷、开裂和松动等异常现象。

11 目视检测报告

目视检测报告应至少包括如下内容:

a) 委托单位、被检工件名称、型号和编号;

b) 检测标准和验收要求;

c) 被检件的材质及表面状态;

d) 检测部位和比例;

e) 检测使用的设备和器材;

f) 检测方法;

g) 所有观察项目和检测结果;

h) 检测日期;

i) 检测人员和审核人员签字、日期及其资格。

附　录　A
（资料性附录）
钢制熔化焊焊接接头中的典型目视缺欠

钢制熔化焊焊接接头中的典型目视缺欠参见表A.1。

表 A.1　钢制熔化焊焊接接头中的典型外观缺欠

编号	缺欠种类名称	缺欠种类	解释描述	示意图
1	裂纹	裂纹	裂纹是一种在固态下由局部断裂产生的缺陷，它可能源于冷却或应力效应。包括纵向裂纹、横向裂纹、放射状裂纹、弧坑裂纹等	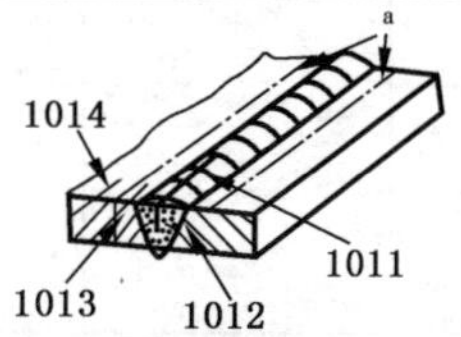 [a] 纵向裂纹
2	气孔	孔穴	气孔是残留气体形成的孔穴	
3	夹渣	固体夹杂	固体夹杂是在焊缝金属中残留的固体杂物。夹渣是在焊缝金属中的熔渣。这些夹渣可能是线状的、孤立的或成簇的	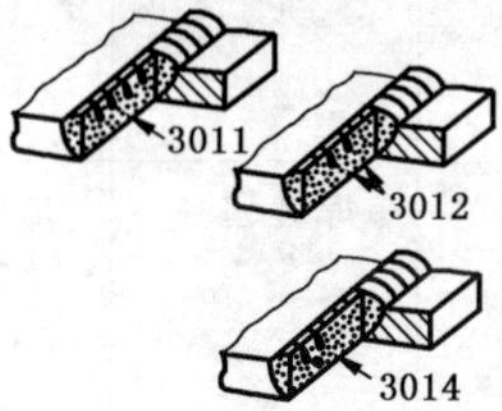
4	未熔合	未熔合及未焊透	焊缝金属和母材或焊缝金属各焊层之间未结合的部分，可能是如下某种形式：侧壁未熔合、焊道间未熔合或根部未熔合	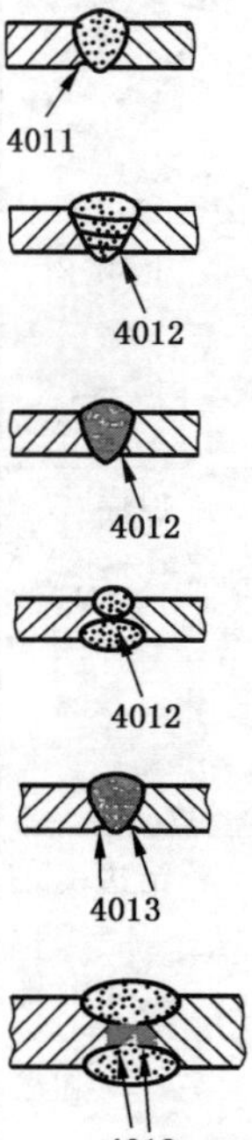

表 A.1（续）

编号	缺欠种类名称	缺欠种类	解释描述	示意图
5	未焊透	未熔合及未焊透	实际熔深与公称熔深之间的差异	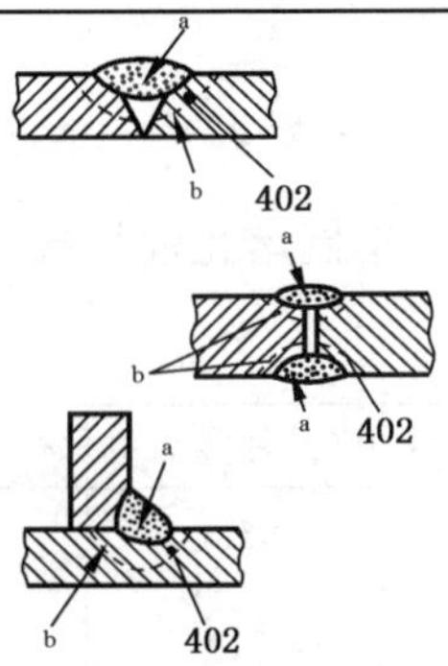 a 实际熔深； b 公称熔深
6	咬边	形状和尺寸不良	母材(或前一道熔敷金属)在焊趾处因焊接而产生的不规则缺口	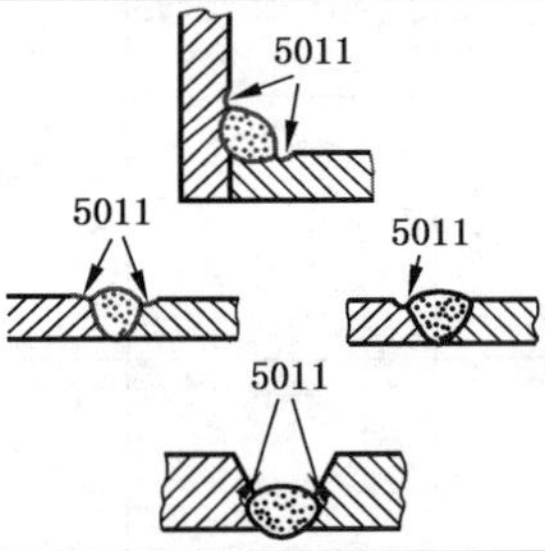
7	焊缝超高	形状和尺寸不良	对接焊缝表面上焊缝金属过高。 角焊缝表面上焊缝金属过高	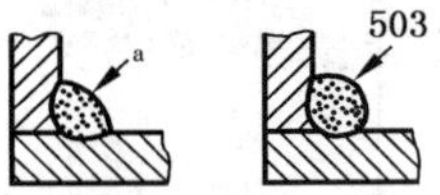 a 公称尺寸 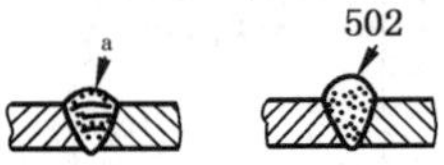 a 公称尺寸
8	下塌	形状和尺寸不良	过多的焊缝金属伸出了焊缝的根部。下塌可能是局部下塌、连续下塌或熔穿	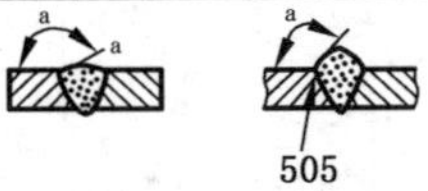 a 公称尺寸
9	焊瘤	形状和尺寸不良	覆盖在母材金属表面，但未与其熔合的过多焊缝金属。焊瘤可能是：焊趾焊瘤或根部焊瘤	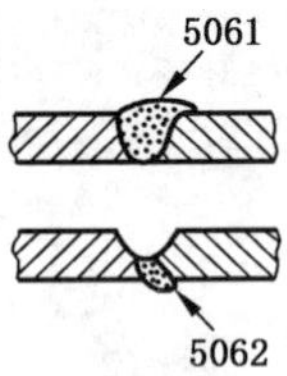
10	错边	形状和尺寸不良	两个焊件表面应平行对齐时，未达到规定的平行对齐要求而产生的偏差	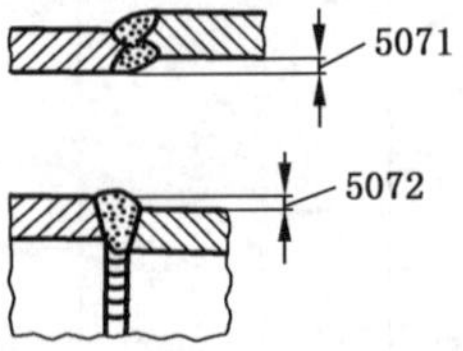

表 A.1(续)

编号	缺欠种类名称	缺欠种类	解释描述	示意图
11	下垂	形状和尺寸不良	由于重力而导致焊缝金属塌落。下垂可能是:水平下垂;在平面位置或过热位置下垂;角焊缝下垂;焊缝边缘熔化下垂	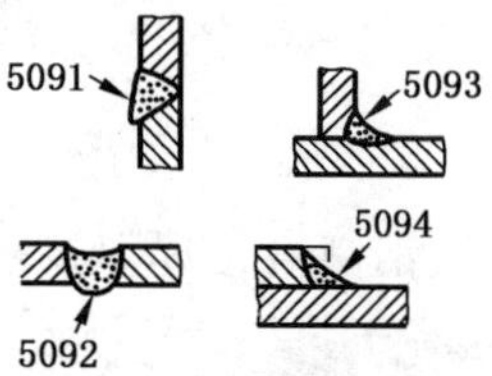
12	烧穿	形状和尺寸不良	焊接熔池塌落导致焊缝内的孔洞	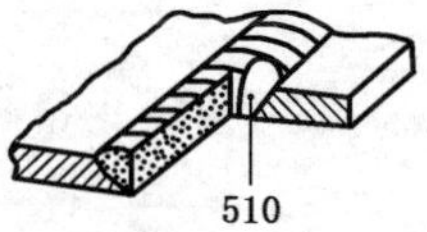
13	未焊满	形状和尺寸不良	因焊接填充金属堆敷不充分,在焊缝表面产生纵向连续或间断的沟槽	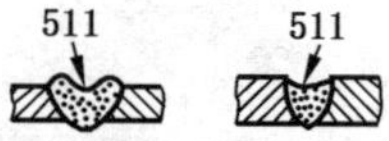
14	焊脚不对称	形状和尺寸不良	—	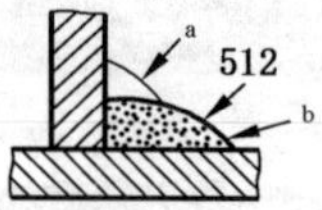 a 正常形状; b 实际形状
15	焊缝宽度不齐	形状和尺寸不良	焊缝宽度变化过大	—
16	根部收缩	形状和尺寸不良	由于对接焊缝根部收缩产生的浅沟槽	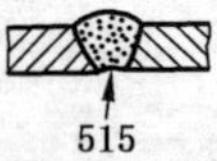
17	焊缝接头不良	形状和尺寸不良	焊缝在引弧处局部表面不规则。它可能发生在盖面焊道、打底焊道	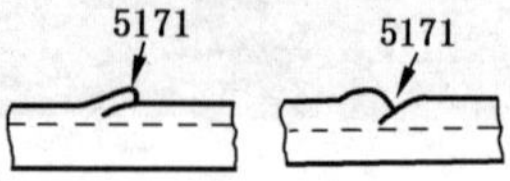
18	变形过大	形状和尺寸不良	由于焊接收缩和变形导致尺寸偏差超标	—
19	焊缝尺寸不正确	形状和尺寸不良	与预先规定的焊缝尺寸产生偏差。如焊缝厚度过大、宽度过大、有效厚度不足、有效厚度过大等	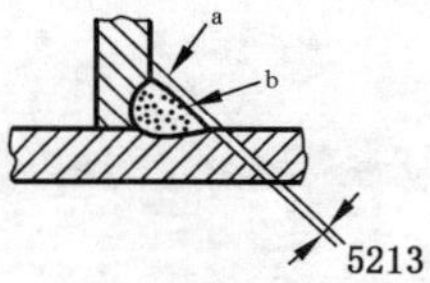 a 公称厚度; b 实际厚度
20	电弧擦伤	其他缺陷	由于在坡口外引弧或起弧而造成焊缝邻近母材表面处局部损伤	—
21	飞溅	其他缺陷	焊接(或在焊缝金属凝固)时,焊缝金属或填充材料崩溅出的颗粒	—
22	凿痕	其他缺陷	使用扁铲或其他工具造成的表面损坏	—
23	打磨过量	其他缺陷	过度打磨造成工件厚度不足	—

附 录 B
（资料性附录）
钢制熔化焊焊接接头中的典型目视缺欠图片

钢制熔化焊焊接接头中的典型目视缺欠见图 B.1。

a） 裂纹

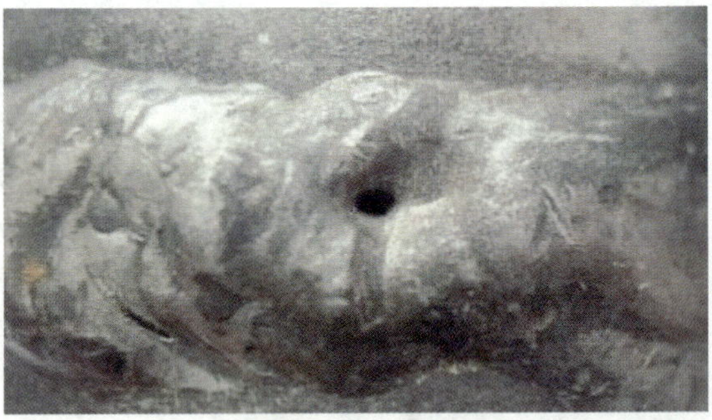

b） 气孔

c） 夹渣

d） 未融合

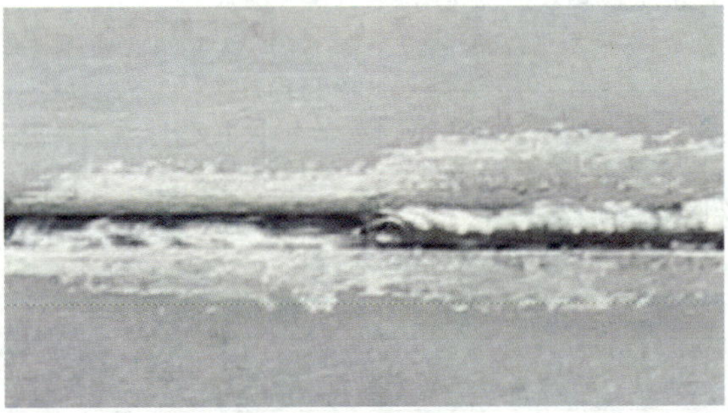

e） 未焊透

f） 咬边

图 B.1 钢制熔化焊焊接接头中的典型外观缺欠图片

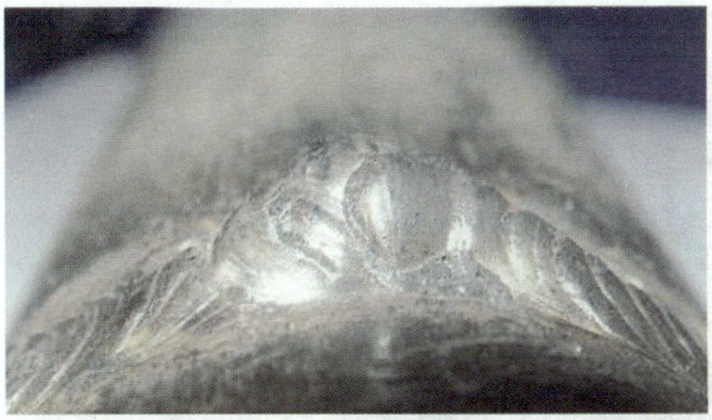

g） 焊缝超高

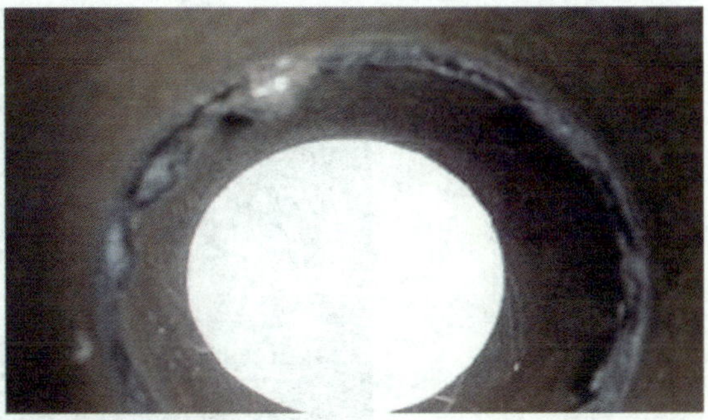

h） 下塌

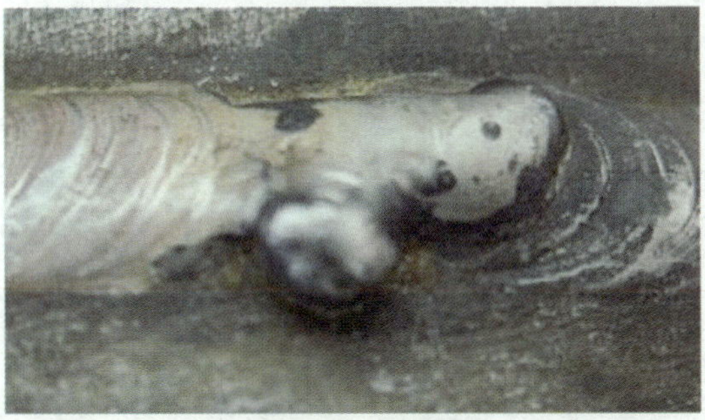

i） 焊瘤

j） 错边

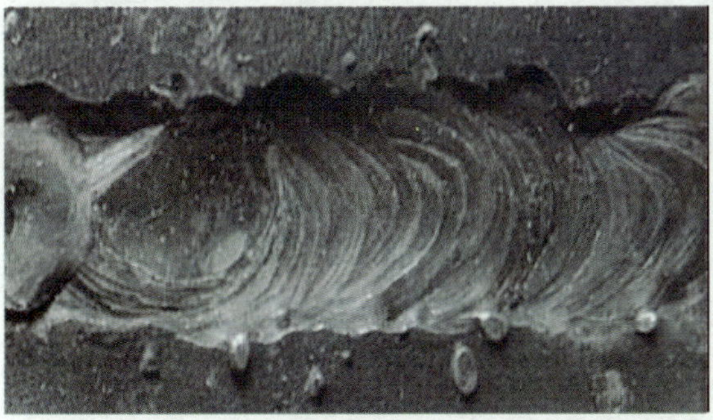

k） 未焊满

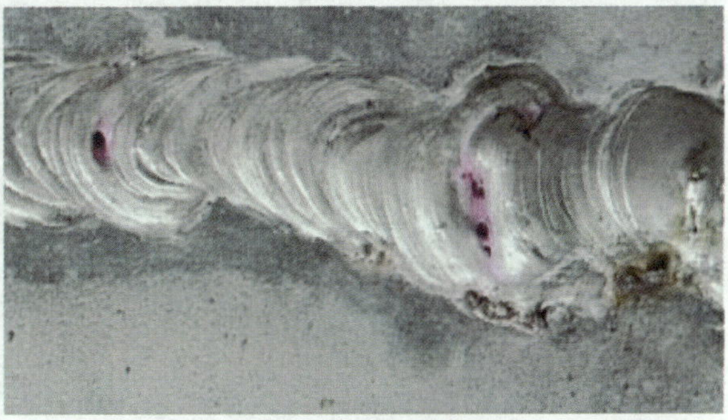

l） 焊缝宽度不齐

m） 电弧插伤

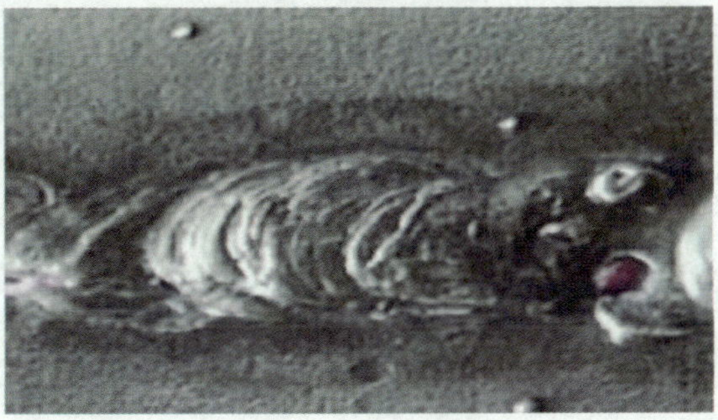

n） 飞溅

图 B.1（续）

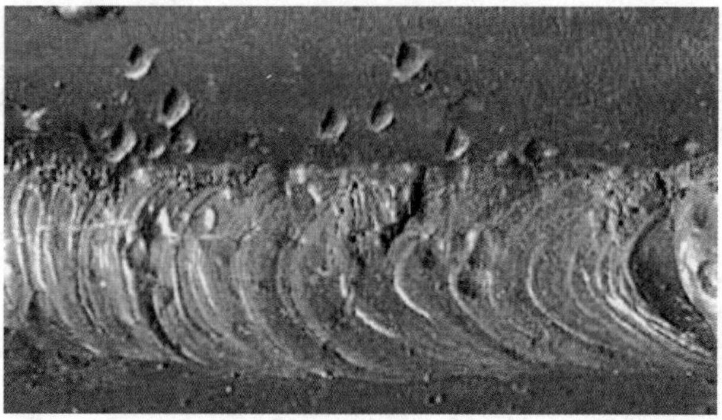

o） 凿痕

图 B.1（续）

ICS 97.200.40
Y 57

中华人民共和国国家标准

GB/T 34370.3—2017

游乐设施无损检测 第3部分：磁粉检测

Nondestructive testing of amusement equipments—
Part 3：Magnetic particle testing

2017-09-29 发布　　2018-04-01 实施

中华人民共和国国家质量监督检验检疫总局
中国国家标准化管理委员会　发布

前　言

GB/T 34370《游乐设施无损检测》分为以下6部分：

——第1部分：总则；

——第2部分：目视检测；

——第3部分：磁粉检测；

——第4部分：渗透检测；

——第5部分：超声检测；

——第6部分：射线检测。

本部分为GB/T 34370的第3部分。

本部分按照GB/T 1.1—2009给出的规则起草。

本部分由全国索道与游乐设施标准化技术委员会(SAC/TC 250)提出并归口。

本部分起草单位：中国特种设备检测研究院、河北省特种设备监督检验院、济宁鲁科检测器材有限公司、山东科捷工程检测有限公司、河北大学、北京实宝来游乐设备有限公司。

本部分主要起草人：沈功田、吴占稳、郭宁潮、胡斌、张君娇、冀维金、窦全省、张劲松、叶超、万强、梁玉梅、王芳、孙建熙。

游乐设施无损检测 第3部分：磁粉检测

1 范围

GB/T 34370 的本部分规定了游乐设施的磁轭法、线圈法及通电法磁粉检测方法及质量分级要求。

本部分适用于游乐设施的铁磁性原材料、零部件和焊接接头表面、近表面缺陷的检测。

本部分不适用于奥氏体不锈钢和其他非铁磁性材料的检测。

2 规范性引用文件

下列文件对于本文件的应用是必不可少的。凡是注日期的引用文件，仅注日期的版本适用于本文件。凡是不注日期的引用文件，其最新版本(包括所有的修改单)适用于本文件。

GB/T 5097 无损检测 渗透检测和磁粉检测 观察条件

GB/T 11533 标准对数视力表

GB/T 12604.5 无损检测 术语 磁粉检测

GB/T 20306 游乐设施术语

GB/T 20737 无损检测 通用术语和定义

GB/T 23907 无损检测 磁粉检测用试片

GB/T 34370.1 游乐设施无损检测 第1部分：总则

JB/T 6063 无损检测 磁粉检测用材料

JB/T 8290 无损检测仪器 磁粉探伤机

3 术语和定义

GB/T 12604.5、GB/T 20306 和 GB/T 20737 界定的以及下列术语和定义适用于本文件。

3.1

过度背景 excessive background

由于磁场强度、磁悬液浓度过大，工件表面粗糙或被污染而产生妨碍磁痕分析评定的磁痕背景。

3.2

相关显示 relevant indication

磁粉检测时由缺陷(裂纹、未熔合、气孔、夹渣等)产生的漏磁场吸附磁粉形成的磁痕显示，称之为相关显示。亦称做缺陷显示。

3.3

非相关显示 non-relevant indication

由磁路截面突变以及材料磁导率差异等原因产生的漏磁场吸附磁粉形成的磁痕显示，称为非相关显示。

3.4

伪显示　false indication

假显示

不是由漏磁场吸附磁粉形成的磁痕显示。

3.5

切线磁场强度　tangent magnetic field strength

平行于被检工件表面的磁场强度分量。

3.6

环境可见光　ambient visible light

在暗区,黑光照射下从工件表面测得的可见光。

4　方法概要

铁磁性材料工件被磁化后,由于不连续的存在,使工件表面和近表面的磁力线发生局部畸变而产生漏磁场,吸附施加在工件表面的磁粉,在合适的光照下形成目视可见的磁痕,从而显示出不连续的位置、大小和形状。图1～图3分别为磁轭法、线圈法及轴向通电法检测原理图。

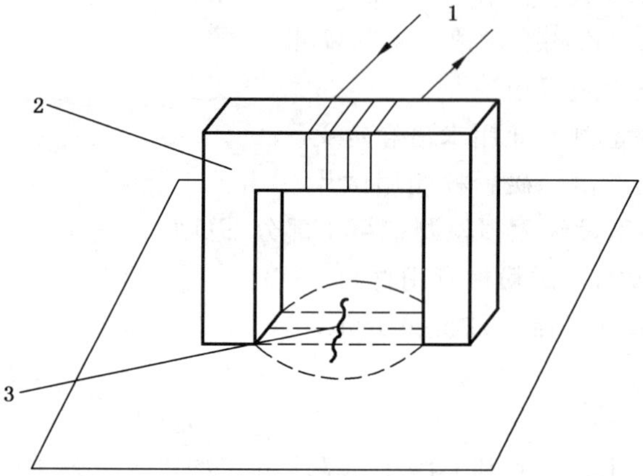

说明:

1——电流;

2——铁芯;

3——缺陷。

图1　磁轭法(磁痕显示)

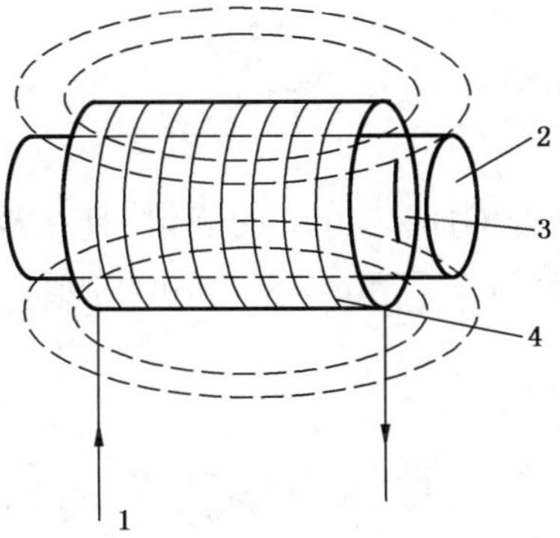

说明：

1——电流；

2——工件；

3——缺陷；

4——线圈。

图2 线圈法

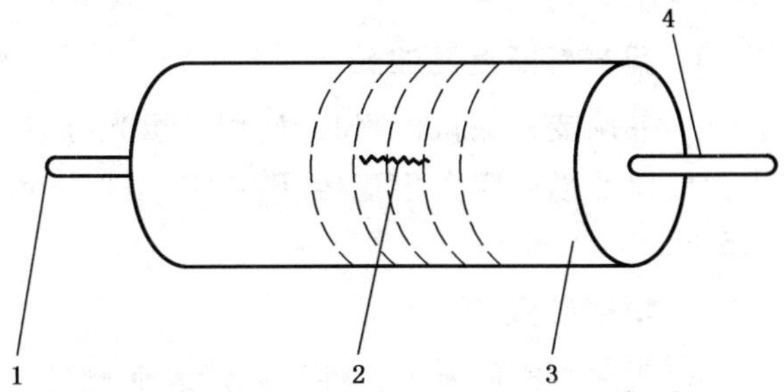

说明：

1——电流；

2——缺陷；

3——工件；

4——电极。

图3 轴向通电法

5 安全要求

检测过程中的安全要求至少包括：

a) 检测人员应遵守被检件现场的安全要求，根据检测地点的要求穿戴防护工作服和佩戴有关防护设备；

b) 应注意避免各种安全隐患，例如碰伤、触电、跌落、挤压、剪切、缠绕、滑倒、溺水、烫伤等；

c) 使用水磁悬液检测游乐设施时，应防止绝缘不良或电器短路；

d) 使用荧光磁粉检测时，黑光灯的滤光板不得有裂纹，应避免黑光灯直接照射人的眼睛；

e) 轴向通电法不应在易燃易爆的场合使用，使用在其他地方也应预防其燃烧。

本章没有列出进行检测时所有的安全要求，使用本部分的用户应在检测前建立安全准则。

6 人员要求

从事游乐设施磁粉检测工作的人员，除应符合 GB/T 34370.1 的有关规定外，磁粉检测人员未经矫正或经矫正视力应不低于 5.0（小数记录为 1.0），且不得有色盲，测试方法应符合 GB/T 11533 的规定。检测人员应每 12 个月进行一次视力检查。

7 检测设备和器材

7.1 磁粉检测设备

7.1.1 基本要求

磁粉检测设备应符合 JB/T 8290 的规定。

当使用磁轭最大间距时，交流电磁轭至少应有 45 N 的提升力；直流电（包括整流电）磁轭或永久性磁轭至少应有 177 N 的提升力。

7.1.2 断电相位控制器

采用剩磁法检测时，交流探伤机应配备断电相位控制器。

7.1.3 黑光辐照度及波长

当采用荧光磁粉检测时，使用的黑光灯(UV-A)应符合 GB/T 5097 的规定，且在被检工件表面的辐照强度应大于或等于 1 000 $\mu W/cm^2$，其波长应为 315 nm～400 nm，峰值波长约为 365 nm。

7.1.4 退磁装置

退磁装置应能保证工件退磁后表面剩磁小于或等于 0.3 mT(240 A/m)。

7.1.5 辅助器材

一般应包括下列器材：

a) 磁场强度计；

b) A_1 型、C 型、D 型和 M_1 型试片；

c) 磁悬液浓度沉淀管；

d) 2 倍～10 倍放大镜；

e) 白光照度计；

f) 黑光灯；

g) 黑光辐照计；

h) 毫特斯拉计；

i) 高斯计；

j) 反差增强剂。

7.2 磁粉、载液及磁悬液

7.2.1 磁粉

磁粉应具有高磁导率、低矫顽力和低剩磁的特性，并应与被检工件表面颜色有较高的对比度。磁粉粒度和性能的其他要求应符合 JB/T 6063 的规定。

7.2.2 载液

湿法应采用水或低黏度油基载液作为分散媒介。若以水为载液时，应加入适当的防锈剂和表面活性剂，必要时添加消泡剂。油基载液的黏度在 38 ℃时应不大于 3.0 mm^2/s，最低使用温度下应不大于 5.0 mm^2/s，闪点不低于 94 ℃，且无荧光和无异味。

7.2.3 磁悬液

磁悬液浓度应根据磁粉种类、粒度、施加方法和被检工件表面状态等因素来确定。一般情况下，磁悬液浓度范围应符合表 1 的规定。测定前应对磁悬液进行充分的搅拌。

表 1 磁悬液浓度

磁粉类型	配制浓度/(g/L)	沉淀浓度(含固体量)/(mL/100 mL)
非荧光磁粉	10.0～25.0	1.2～2.4
荧光磁粉	0.5～3.0	0.1～0.4

7.3 试件

7.3.1 标准试片

7.3.1.1 标准试片主要用于检验磁粉检测设备、磁粉和磁悬液的综合性能，被检工件表面有效磁场强度和方向、有效检测区以及磁化方法是否正确；标准试片有 A_1 型、C 型、D 型和 M_1 型。其规格、尺寸和图形见表 2。A_1 型、C 型和 D 型标准试片应符合 GB/T 23907 的规定。

7.3.1.2 磁粉检测时一般应选用 A_1-30/100 型标准试片。当检测焊缝坡口等狭小部位，由于尺寸关系，A_1 型标准试片使用不便时，一般可选用 C-15/50 型标准试片。用户需要时可用 D 型标准试片。为了更准确地推断出被检工件表面的磁化状态，当用户需要或技术文件有规定时，可选用 M_1 型标准试片。

表 2 标准试片的类型、规格和图形

<table>
<tr><th>类型</th><th colspan="2">规格：缺陷槽深/试片厚度/μm</th><th>图形和尺寸/mm</th></tr>
<tr><td rowspan="6">A₁
型</td><td colspan="2">A₁-7/50</td><td rowspan="6">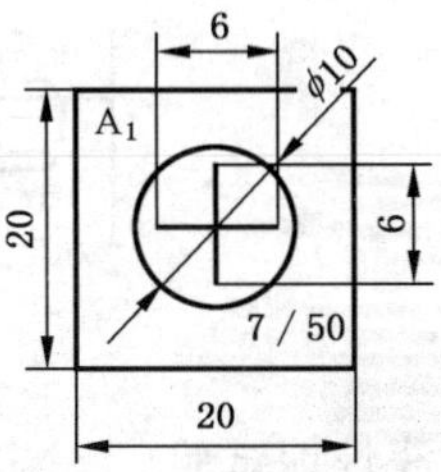</td></tr>
<tr><td colspan="2">A₁-15/50</td></tr>
<tr><td colspan="2">A₁-30/50</td></tr>
<tr><td colspan="2">A₁-15/100</td></tr>
<tr><td colspan="2">A₁-30/100</td></tr>
<tr><td colspan="2">A₁-60/100</td></tr>
<tr><td rowspan="2">C
型</td><td colspan="2">C-8/50</td><td rowspan="2">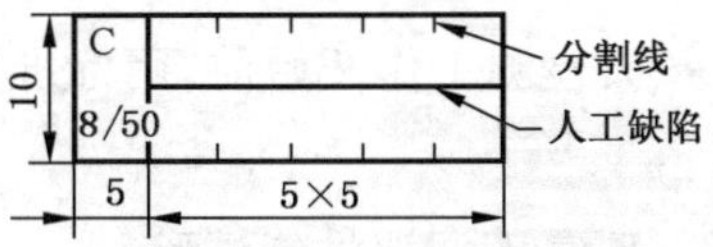</td></tr>
<tr><td colspan="2">C-15/50</td></tr>
<tr><td rowspan="2">D
型</td><td colspan="2">D-7/50</td><td rowspan="2">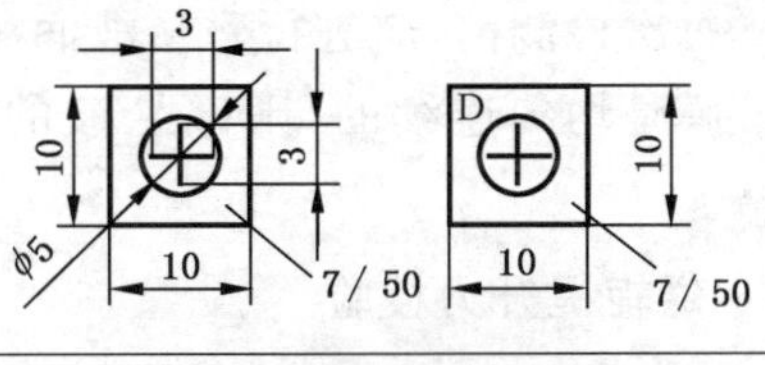</td></tr>
<tr><td colspan="2">D-15/50</td></tr>
<tr><td rowspan="3">M₁
型</td><td>φ12 mm</td><td>7/50</td><td rowspan="3">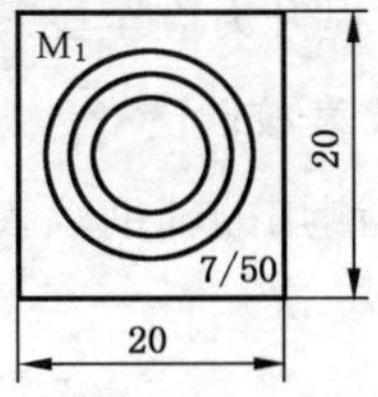</td></tr>
<tr><td>φ9 mm</td><td>15/50</td></tr>
<tr><td>φ6 mm</td><td>30/50</td></tr>
<tr><td colspan="4">注：C 型标准试片可剪成 5 个小试片分别使用。</td></tr>
</table>

7.3.1.3 标准试片使用方法：

a) 标准试片适用于连续磁化法，使用时，应将试片无人工缺陷的面朝外。为使试片与被检面接触良好，可用透明胶带将其平整粘贴在被检面上，并注意胶带不能覆盖试片上的人工缺陷。

b) 标准试片表面有锈蚀、褶折或磁特性发生改变时不得继续使用。

7.3.2 磁场指示器

磁场指示器是一种用于表示被检工件表面磁场方向、有效检测区以及磁化方法是否正确的一种粗略的校验工具，但不能作为磁场强度及其分布的定量指示。其几何尺寸见图4。

单位为毫米

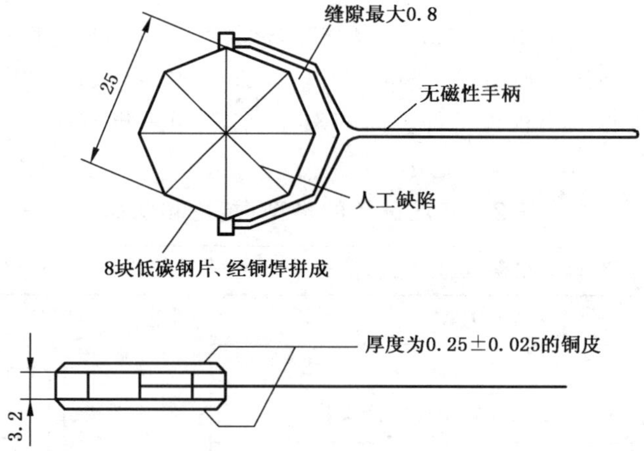

图4 磁场指示器

7.4 磁悬液性能试验

7.4.1 综合性能试验

每天检测工作开始前，用标准试片检验磁粉检测设备及磁粉和磁悬液的综合性能（系统灵敏度）。

7.4.2 磁悬液润湿性能试验

每次检测前，应进行磁悬液润湿性能试验。将磁悬液施加在被检工件表面上，如果磁悬液的液膜是均匀连续的，则磁悬液的润湿性能合格；如果液膜被断开，则磁悬液的润湿性能不合格。

7.5 磁轭提升力校验

磁轭的提升力应至少每半年校验一次。在磁轭损伤修复后应重新校验。

7.6 辅助仪表校验

磁粉检测用的辅助仪表，如黑光辐照计、照度计、磁场强度计、毫特斯拉计、高斯计等，应至少每年校验一次。

8 检测工艺规程

8.1 通用检测工艺规程

从事游乐设施磁粉检测的单位应按GB/T 34370.1和本部分的要求制定通用检测工艺规程，其内容至少应包括如下要素：

a） 文件编号；

b） 适用范围；

c） 执行标准、法规；

d） 检测人员资格；

e） 检测仪器设备名称和型号等；

f） 磁粉种类及牌号；

g） 被检工件的表面状态；

h） 检测时机；

i） 磁悬液浓度和施加磁粉的方法；

j） 磁化方法及磁化规范；

k） 检测灵敏度校验及标准试片；

l） 检测过程和磁痕显示的分析解释；

m） 检测结果的评定和分级；

n） 检测记录、报告格式；

o） 资料存档；

p） 编制（级别）、审核（级别）和批准人员签字及日期。

8.2 检测工艺卡

对于每类工件的磁粉检测，应根据实际情况，按照 GB/T 34370.1、本部分和通用检测工艺规程制定磁粉检测工艺卡。

检测工艺卡内容应至少包括：

a） 工艺卡编号；

b） 检测执行的标准和质量等级要求；

c） 被检测工件的信息：名称、型号、编号、材质、规格尺寸、热处理状态、焊接型式等；

d） 检测设备：名称、规格型号、编号等；

e） 磁粉、载液、磁悬液、灵敏度试片型号；

f） 检测时机；

g） 检测区域和表面要求；

h） 检测部位示意图；

i） 检测比例；

j） 检测环境要求；

k） 磁化方法、磁化规范等；

l） 磁痕观察条件；

m） 编制（级别）和审核（级别）人员签字及日期。

9 检测

9.1 检测前的准备

9.1.1 资料审查

资料审查应包括下列内容：

a） 被检设备制造文件资料：被检部件的竣工图（含焊缝布置图）、有关设计文件对无损检测的要求、相关的无损检测报告等；

b） 被检设备运行记录资料：开停车情况、使用环境、使用条件、载荷变化情况以及运行中出现的异常情况等；

c) 检验资料:历次检验检测报告;

d) 其他资料:维护保养、修理和改造的文件资料等。

9.1.2 现场勘察

对于在用游乐设施,在实施检测前,应对被检设备现场进行勘察,确定实施检测的辅助条件,找出所有可能影响检测的因素,在检测时应尽可能避免这些因素的干扰。

9.1.3 检测工艺卡的编制

按 8.2 执行。

9.1.4 被检工件表面处理

被检工件表面不得有油脂、铁锈、氧化皮或其他粘附磁粉的物质。表面的不规则状态不得影响检测结果的正确性和完整性,否则应做适当的处理,确保被检工件的表面清洁,露出工件本体金属光泽。对于焊缝的检测,处理区域应至少包括焊缝及两侧各 10 mm 的范围。

9.1.5 反差增强剂

为增强对比度,可以使用反差增强剂。

9.2 磁化电流类型及其选用

磁粉检测常用的电流类型有:交流、整流电流(全波整流、半波整流)和直流。磁化规范要求的交流磁化电流值为有效值,整流电流值为平均值。磁化电流的波形、电流表指示及换算关系参见附录 A。

9.3 磁化方向

9.3.1 概述

磁化方向包括纵向磁化、周向磁化和复合磁化。

9.3.2 纵向磁化

检测与工件轴线方向垂直或夹角大于或等于 45°的缺陷时,应使用纵向磁化方法。纵向磁化可用线圈法、磁轭法获得。

焊缝的典型磁化方法参见附录 B。

9.3.3 周向磁化

检测与工件轴线方向平行或夹角小于 45°的缺陷时,应使用周向磁化方法。周向磁化可用轴向通电法获得。

9.4 磁化规范

9.4.1 磁轭法

9.4.1.1 磁轭的磁极间距宜控制在 75 mm~200 mm 之间,其有效宽度为两极连线两侧各 1/4 极距的范围内,磁化区域每次应有不少于 10%的重叠。当磁轭的磁极间距小于 75 mm 时,应注意磁粉会在电极周围形成非相关显示。

9.4.1.2 采用磁轭法磁化工件时,其磁化电流应根据标准试片实测结果来选择。如果采用固定式磁轭磁化工件时,应根据标准试片实测结果来校验灵敏度是否满足要求。

9.4.2 线圈法

9.4.2.1 线圈法产生的磁场方向平行于线圈的轴线。其有效磁化区域:低充填因数线圈法为从线圈中心向两侧分别延伸至线圈端外侧各一个线圈半径范围内；中充填因数线圈法为从线圈中心向两侧分别延伸至线圈端外侧各 100 mm 范围内；高充填因数线圈法或缠绕电缆法为从线圈中心向两侧分别延伸至线圈端外侧各 200 mm 范围内。

9.4.2.2 超过上述区域时，应采用标准试片确定。

9.4.2.3 低充填因数线圈法的磁化电流按如下方式确定。

当线圈的横截面积大于或等于被检工件横截面积的 10 倍时，按如下公式确定：

偏心放置时，线圈的磁化电流按式(1)计算(±10%)：

$$I=\frac{45\ 000}{N(L/D)} \qquad (1)$$

正中放置时，线圈的磁化电流按式(2)计算(±10%)：

$$I=\frac{1\ 690\ R}{N[6(L/D)-5]} \qquad (2)$$

式中：

I ——施加在线圈上的磁化电流，单位为安培(A)；

N ——线圈匝数；

L ——工件长度，单位为毫米(mm)；

D ——工件直径或横截面上最大尺寸，单位为毫米(mm)；

R ——线圈半径，单位为毫米(mm)。

9.4.2.4 高充填因数线圈法或缠绕电缆法的磁化电流按如下方式确定。

当线圈的截面积小于或等于 2 倍被检工件截面积(包括中空部分)，其线圈的磁化电流按式(3)计算(±10%)：

$$I=\frac{35\ 000}{N[(L/D)+5]} \qquad (3)$$

9.4.2.5 中充填因数线圈法的磁化电流按如下方式确定。

当线圈大于 2 倍而小于 10 倍被检工件截面积，其线圈的磁化电流按式(4)计算：

$$\mathrm{NI}=[(\mathrm{NI})_{\mathrm{h}}(10-Y)+(\mathrm{NI})_{\mathrm{l}}(Y-2)]/8 \qquad (4)$$

式中：

$(\mathrm{NI})_{\mathrm{h}}$——式(3)高充填因数线圈计算的 NI 值；

$(\mathrm{NI})_{\mathrm{l}}$——式(1)或式(2)低充填因数线圈计算的 NI 值；

Y ——线圈的横截面积与工件横截面积之比。

9.4.2.6 上述公式不适用于长径比(L/D)小于 2 的工件。对于长径比(L/D)小于 2 的工件，若要使用线圈法时，可利用磁极加长块来提高长径比的有效值或采用标准试片实测来决定电流值。对于长径比(L/D)大于或等于 15 的工件，公式中(L/D)取 15。

9.4.2.7 当被检工件太长时，应进行分段磁化；每次磁化有效磁化范围不超过其有效磁化区域，且应有一定的重叠，重叠区长度应不小于分段检测长度的 10%。检测时，磁化电流应根据标准试片显示结果来确定。

9.4.2.8 空心工件检测时，式(1)～式(3)的 D 应由有效直径 D_{eff} 代替。有效直径 D_{eff} 为：

a) 对于圆筒形工件：

$$D_{\mathrm{eff}}=[(D_{\mathrm{o}})^{2}-(D_{\mathrm{i}})^{2}]^{1/2} \qquad (5)$$

式中：

D_{o}——圆筒外直径，单位为毫米(mm)；

D_i——圆筒内直径，单位为毫米(mm)。

b) 对于非圆筒形工件：

$$D_{eff}=[4(A_t-A_h)/\pi]^{1/2} \quad\cdots\cdots(6)$$

式中：

A_t——零件总的横截面积，单位为平方毫米(mm^2)；

A_h——零件中空部分的横截面积，单位为平方毫米(mm^2)。

9.4.3 轴向通电法

轴向通电法的磁化规范按表3中公式计算。

表3 轴向通电法磁化规范 单位为毫米

检测方法	磁化电流计算公式	
	交流电	直流电、整流电
连续法	$I=(8\sim15)D$	$I=(12\sim32)D$
剩磁法	$I=(25\sim45)D$	$I=(25\sim45)D$
注：D为工件直径或横截面上最大尺寸。		

9.5 检测方法

9.5.1 连续法

采用连续法时，被检工件的磁化、施加磁粉的工艺以及观察磁痕显示都应在磁化通电时间内完成，通电时间为1 s～3 s，停施磁悬液至少1 s后方可停止磁化。为保证磁化效果应至少反复磁化两次。

9.5.2 剩磁法

9.5.2.1 剩磁法主要用于矫顽力在1 kA/m以上，并能保持足够的剩磁场(剩磁在0.8 T以上)的被检工件上。

9.5.2.2 采用剩磁法时，磁粉应在通电结束后再施加，一般通电时间为0.25 s～1 s。施加磁粉或磁悬液之前，任何强磁性物体不得接触被检工件表面。

9.5.2.3 采用交流磁化法时，应配备断电相位控制器以确保工件的磁化效果。

9.5.3 磁悬液施加方法

9.5.3.1 湿法主要用于连续法和剩磁法检测。采用湿法时，应确认整个检测面被磁悬液湿润后，再施加磁悬液。

9.5.3.2 施加磁悬液使整个检测面湿润，磁悬液的施加可采用喷、浇、浸等方法，流速不应过快。不宜采用刷涂法。

9.5.4 荧光磁粉法

在照明条件差的情况下，宜采用荧光磁粉检测方法进行检测。

9.6 磁粉检测程序

磁粉检测程序如下：

a) 预处理；

b） 磁化；

c） 施加磁粉或磁悬液；

d） 磁痕的观察与记录；

e） 缺陷评级；

f） 退磁；

g） 后处理。

9.7 检测时机

对于需要热处理的部件，除另有要求，磁粉检测应安排在最终热处理之后进行。

焊接接头的磁粉检测应安排在焊接工序完成之后进行。对于有延迟裂纹倾向的材料，磁粉检测应根据要求至少在焊接完成 24 h 后进行。

9.8 缺陷磁痕的观察

9.8.1 磁痕的观察应在磁痕形成后立即进行。

9.8.2 非荧光磁粉检测时，磁痕的评定应在可见光下进行，通常工件被检表面可见光照度应大于或等于 1 000 lx；当现场采用便携式设备检测，由于条件所限无法满足时，可见光照度可以适当降低，但不得低于 500 lx。

荧光磁粉检测时，所用黑光灯在工件表面的辐照度应大于或等于 1 000 $\mu W/cm^2$，黑光波长应在 315 nm～400 nm 的范围内，磁痕显示的评定应在暗室或暗处进行，暗室或暗处可见光照度应不大于 20 lx。

检测人员进入暗区，应至少经过 3 min 的黑暗适应后，才能进行荧光磁粉检测。观察荧光磁粉检测显示时，检测人员不应戴对检测有影响的眼镜。

9.8.3 除能确认磁痕是由于工件材料局部磁性不均或操作不当造成的之外，其他磁痕显示均应作为缺陷处理。当辨认细小磁痕时，可使用 2 倍～10 倍放大镜进行观察。

9.9 磁痕的分类和处理

9.9.1 磁痕显示分为相关显示、非相关显示和伪显示。

9.9.2 长度与宽度之比大于 3 的磁痕，按条状磁痕处理，长度与宽度之比不大于 3 的磁痕，按圆形磁痕处理。长度小于 0.5 mm 的磁痕不计。

9.9.3 两条或两条以上磁痕在同一直线上且间距不大于 2 mm 时，按一条磁痕处理，其长度为两条磁痕之和加间距。

9.10 检测记录

磁粉检测记录应至少包括 8.2 和第 13 章所规定的内容。

10 复验

当出现下列情况之一时，需要复验：

a） 检测结束时，用标准试片验证检测灵敏度不符合要求时；

b） 发现检测过程中操作方法有误或技术条件改变时。

11 退磁

11.1 退磁一般要求

检测后需加热至 700 ℃以上进行热处理的工件，一般可不进行退磁。有下列情况之一的工件应进行退磁：

a) 当检测需要多次磁化时，如认定上一次磁化将会给下一次磁化带来不良影响；

b) 工件的剩磁会对以后的机械加工产生不良影响；

c) 工件的剩磁会对测试或计量装置产生不良影响；

d) 工件的剩磁会对焊接产生不良影响；

e) 其他必要的场合。

11.2 退磁方法

11.2.1 交流退磁法

将需退磁的工件从通电的磁化线圈中缓慢抽出，直至工件离开线圈 1 m 以上时，再切断电流。或将工件放入通电的磁化线圈内，将线圈中的电流逐渐减小至零或将交流电直接通过工件并同时逐步将电流减到零。

11.2.2 直流退磁法

将需退磁的工件放入直流电磁场中，不断改变电流方向，并逐渐减小电流至零。

11.2.3 大型工件退磁

大型工件可使用交流电磁轭进行局部退磁或采用缠绕电缆线圈分段退磁。

11.3 剩磁测定

工件的退磁效果一般可用剩磁检查仪或磁场强度计测定。剩磁应不大于 0.3 mT(240 A/m)，或按产品技术条件规定。

12 磁粉检测质量分级

12.1 不可接受的缺陷

不可接受的缺陷包括：裂纹；紧固件和轴类部件的横向缺陷显示。

12.2 焊接接头的磁粉检测质量分级

焊接接头的磁粉检测质量分级见表 4。

表 4 焊接接头的磁粉检测质量等级　　单位为毫米

等级	线性缺陷磁痕	圆形缺陷磁痕(评定框尺寸为 35 mm×100 mm)
Ⅰ	$l \leqslant 1.5$	$d \leqslant 2.0$，且在评定框内不大于 1 个
Ⅱ	大于Ⅰ级	
注：l 表示线性缺陷磁痕长度；d 表示圆形缺陷磁痕长径。		

12.3 板材的磁粉检测质量分级

板材的磁粉检测质量等级见表 5。

表 5　板材的磁粉检测质量等级

单位为毫米

等级	线性缺陷磁痕	圆形缺陷磁痕(评定框尺寸为 35 mm×100 mm)
Ⅰ	$l \leqslant 1.5$	$d \leqslant 4.0$,且在评定框内不大于 1 个
Ⅱ	大于Ⅰ级	
注：l 表示线性缺陷磁痕长度；d 表示圆形缺陷磁痕长径。		

12.4　机加工部件的磁粉检测质量分级

机加工部件的磁粉检测质量等级见表 6。

表 6　机加工部件的磁粉检测质量等级

单位为毫米

等级	线性缺陷磁痕	圆形缺陷磁痕(评定框尺寸为 2 500 mm^2 其中一条矩形边长最大为 150 mm)
Ⅰ	不允许	$d \leqslant 2.0$,且在评定框内不大于 1 个
Ⅱ	$l \leqslant 4.0$	$d \leqslant 4.0$,且在评定框内不大于 2 个
Ⅲ	$l \leqslant 6.0$	$d \leqslant 6.0$,且在评定框内不大于 4 个
Ⅳ	大于Ⅲ级	
注：l 表示线性缺陷磁痕长度；d 表示圆形缺陷磁痕长径。		

13　磁粉检测报告

磁粉检测报告至少应包括以下内容：

a)　委托单位、检测单位；
b)　被检工件名称、型号和编号；
c)　检测标准和验收等级；
d)　被检工件材质、热处理状态及表面状态；
e)　检测部位和比例；
f)　检测设备的名称、型号；
g)　磁粉种类及牌号、磁悬液浓度和施加磁粉的方法；
h)　磁化方法及磁化规范；
i)　检测灵敏度校验及标准试片；
j)　磁痕记录及工件草图(或示意图)；
k)　检测日期；
l)　检测结果及质量分级；
m)　检测人员和审核人员签字、日期及其资格。

附 录 A
（资料性附录）
各种磁化电流的波形、电流表指示及换算关系

各种磁化电流的波形、电流表指示及换算关系见表 A.1。

表 A.1 各种磁化电流的波形、电流表指示及换算关系

电流波形	电流表指示(I)	换算关系	峰值为 100 A 时的电流表读数
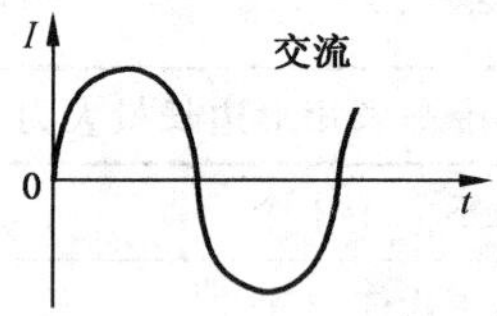	有效值(I_e)	$I_m=\sqrt{2}I_e$	70 A
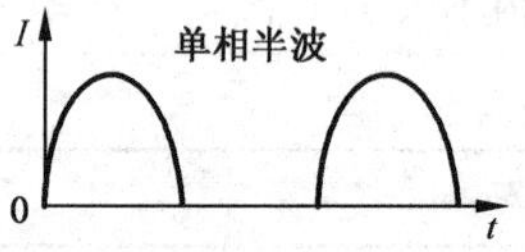	平均值(I_d)	$I_m=\pi I_d$	32 A
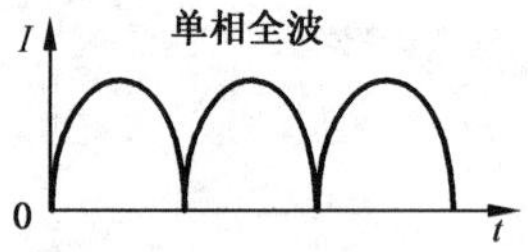	平均值(I_d)	$I_m=\pi I_d/2$	65 A
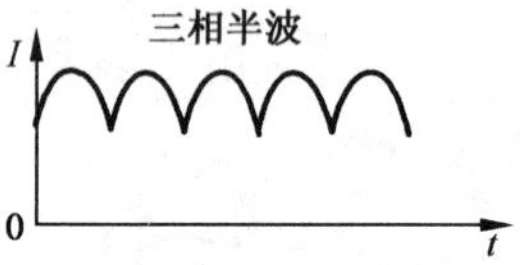	平均值(I_d)	$I_m=\frac{2\pi}{3\sqrt{3}}I_d$	83 A
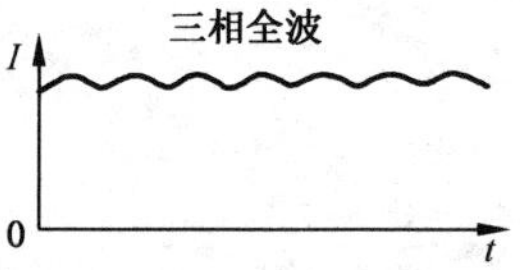	平均值(I_d)	$I_m=\pi I_d/3$	95 A
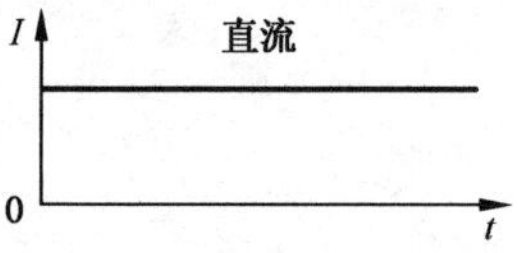	平均值(I_d)	$I_m=I_d$	100 A

注：I_m——电流峰值；I_d——电流平均值；I_e——电流有效值。

附　录　B
（资料性附录）
焊缝的典型磁化方法

磁轭法典型磁化方法见表 B.1。

表 B.1　磁轭法典型磁化方法

磁轭法的典型磁化方法	要求
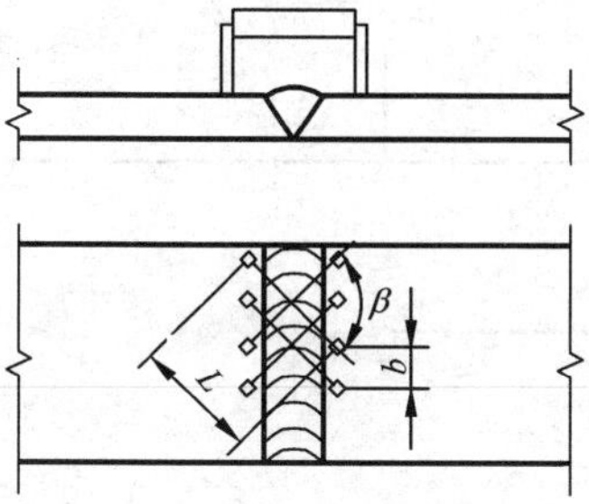	$L \geqslant 75$ mm $b \leqslant L/2$ $\beta \approx 90^\circ$
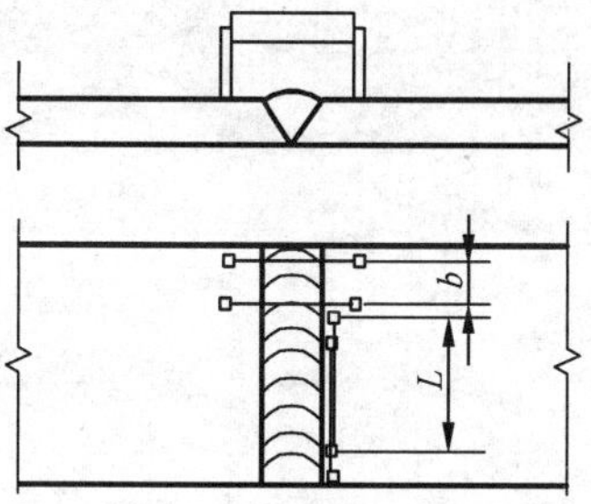	$L \geqslant 75$ mm $b \leqslant L/2$
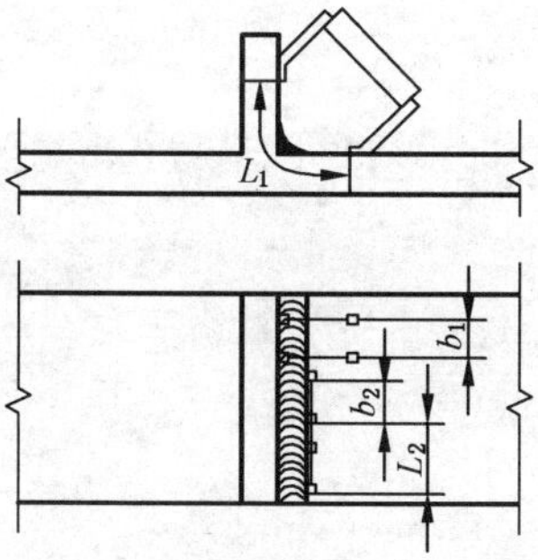	$L_1 \geqslant 75$ mm $b_1 \leqslant L_1/2$ $b_2 \leqslant L_2 - 50$ $L_2 \geqslant 75$ mm
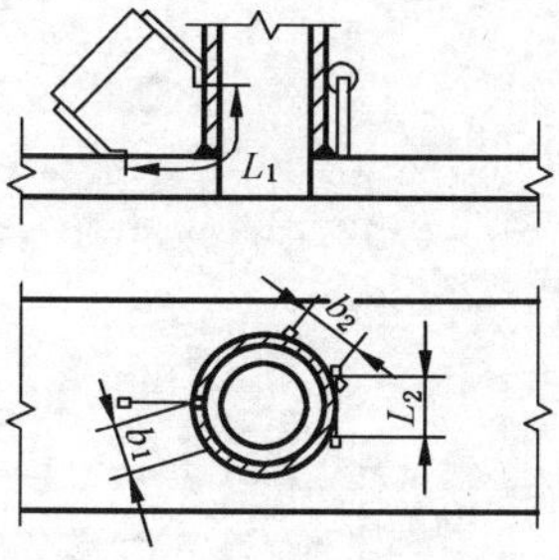	$L_1 \geqslant 75$ mm $L_2 > 75$ mm $b_1 \leqslant L_1/2$ $b_2 \leqslant L_2 - 50$

表 B.1（续）

磁轭法的典型磁化方法	要求
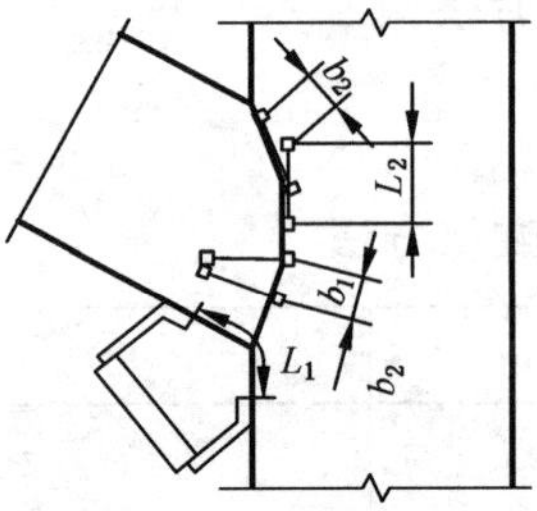	$L_1 \geqslant 75$ mm $L_2 \geqslant 75$ mm $b_1 \leqslant L_1/2$ $b_2 \leqslant L_2-50$

ICS 97.200.40
Y 57

中华人民共和国国家标准

GB/T 34370.4—2017

游乐设施无损检测 第4部分:渗透检测

Nondestructive testing of amusement equipments—Part 4:Penetrant testing

2017-09-29 发布

2018-04-01 实施

中华人民共和国国家质量监督检验检疫总局
中国国家标准化管理委员会 发布

前　言

GB/T 34370《游乐设施无损检测》分为以下6部分：

——第1部分：总则；

——第2部分：目视检测；

——第3部分：磁粉检测；

——第4部分：渗透检测；

——第5部分：超声检测；

——第6部分：射线检测。

本部分为GB/T 34370的第4部分。

本部分按照GB/T 1.1—2009给出的规则起草。

本部分由全国索道与游乐设施标准化技术委员会(SAC/TC 250)提出并归口。

本部分起草单位：中国特种设备检测研究院、天津市特种设备监督检验技术研究院、济宁鲁科检测器材有限公司、河南省特种设备安全检测研究院、北京实宝来游乐设备有限公司。

本部分主要起草人：吴占稳、沈功田、刘宏臣、苑一琳、张君娇、程俊、马军、叶超、呙娓攸、付检平、尹献德、张庆柱。

游乐设施无损检测
第4部分:渗透检测

1　范围

GB/T 34370的本部分规定了游乐设施的渗透检测方法以及质量分级要求。

本部分适用于游乐设施非多孔性金属材料或非金属材料、零部件和焊接接头的表面开口缺陷的检测。

2　规范性引用文件

下列文件对于本文件的应用是必不可少的。凡是注日期的引用文件,仅注日期的版本适用于本文件。凡是不注日期的引用文件,其最新版本(包括所有的修改单)适用于本文件。

GB/T 5097　无损检测　渗透检测和磁粉检测　观察条件

GB/T 11533　标准对数视力表

GB/T 12604.3　无损检测术语　渗透检测

GB/T 20306　游乐设施术语

GB/T 20737　无损检测　通用术语和定义

GB/T 34370.1　游乐设施无损检测　第1部分:总则

JB/T 6064　无损检测　渗透检测用试块

JB/T 7523　无损检测　渗透检测用材料

3　术语和定义

GB/T 12604.3、GB/T 20306和GB/T 20737界定的以及下列术语和定义适用于本文件。

3.1

背景　background

渗透检测时,衬托渗透剂显示的工件表面,一般是覆盖显像剂的表面,也可以是自然表面。

3.2

相关显示　relevant indication

缺陷显示

渗透检测时由缺陷产生的渗透剂显示。

3.3

非相关显示　non-relevant indication

由于加工工艺、零件结构、外形或机械损伤等所引起的渗透剂显示。

3.4

伪显示　false indication

由于渗透剂污染等所引起的渗透剂显示。

3.5

解释 explanation

对观察到的渗透剂显示进行分析,以确定产生显示的原因及其分类的过程。

4 方法概要

渗透检测,是一种以毛细现象为基础用于检测非多孔性金属和非金属试件表面开口缺陷的无损检测方法,其基本原理是利用液体的毛细管作用,将渗透液渗入固体材料表面开口缺陷处。再通过显像剂将渗入的渗透液析出到表面显示缺陷的存在。渗透检测示意图如图1所示。

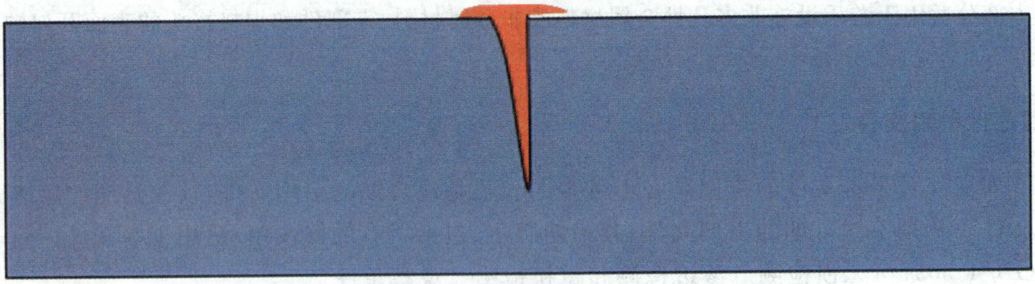

图1 渗透检测示意图

5 安全要求

检测过程中的安全要求至少包括:

a) 检测人员应遵守被检件现场的安全要求,根据检测地点的要求穿戴防护工作服和佩戴有关防护设备;

b) 应注意渗透检测剂具有易燃、易爆和对环境污染的特点,储存与检测时均应注意防火和通风;

c) 应注意避免各种安全隐患,例如碰伤、触电、跌落、挤压、剪切、缠绕、滑倒、溺水、烫伤等;

d) 黑光灯的滤光板不得有裂纹,应避免黑光灯直接照射人的眼睛。

本章没有列出进行检测时所有的安全要求,使用本部分的用户应在检测前建立安全准则。

6 人员要求

从事游乐设施渗透检测工作的人员,除应符合 GB/T 34370.1 的有关规定外,渗透检测人员未经矫正或经矫正视力应不低于 5.0(小数记录为 1.0),且不得有色盲,测试方法应符合 GB/T 11533的规定。检测人员应每 12 个月进行一次视力检查。

7 检测器材及附件

7.1 渗透检测剂

7.1.1 本部分采用的渗透检测剂应为成套罐装,包括渗透剂、清洗剂和显像剂。

7.1.2 渗透检测剂应标明生产日期和有效期,要附带产品合格证和使用说明书。

7.1.3 渗透检测剂应具有良好的检测性能,对工件无腐蚀,对人体基本无毒害作用。

7.1.4 储存应符合生产厂家说明书的要求,喷罐表面不应有锈蚀,喷罐不应出现泄漏。

7.1.5 荧光渗透剂的荧光效率不应低于75%,试验方法按JB/T 7523中的有关规定执行。

7.1.6 当使用的湿式显像剂出现混浊、变色或难以形成薄而均匀的显像层时,应予以报废。

7.1.7 对于奥氏体不锈钢,一定量渗透检测剂蒸发后残渣中的氯、氟元素含量的重量比不应超过1%。如有更高要求,可由供需双方另行商定。

7.1.8 渗透检测剂应根据游乐设施的具体情况进行选择。对同一检测工件,不应混用不同类型的渗透检测剂。

7.2 辅助检测器材

7.2.1 进行荧光渗透检测时,暗室应有足够的空间,能满足检测的要求,可见光照度应不大于20 lx。

7.2.2 使用的黑光灯(UV-A)应符合GB/T 5097的规定,且在被检工件表面的辐照强度应大于或等于1 000 $\mu W/cm^2$,自显像时被检工件表面的辐照度应大于或等于3 000 $\mu W/cm^2$。

7.2.3 黑光辐照度计用于测量黑光辐照度,其紫外线波长应在315 nm~400 nm的范围内,峰值波长为365 nm。

7.2.4 荧光亮度计用于测量渗透剂的荧光亮度,其波长应在430 nm~600 nm的范围内,峰值波长为500 nm~520 nm。

7.2.5 照度计用于测量白光照度。

7.3 标准试块

7.3.1 铝合金试块(A型对比试块)

铝合金试块按照JB/T 6064规定的A型试块制作。几何尺寸见图2。

单位为毫米

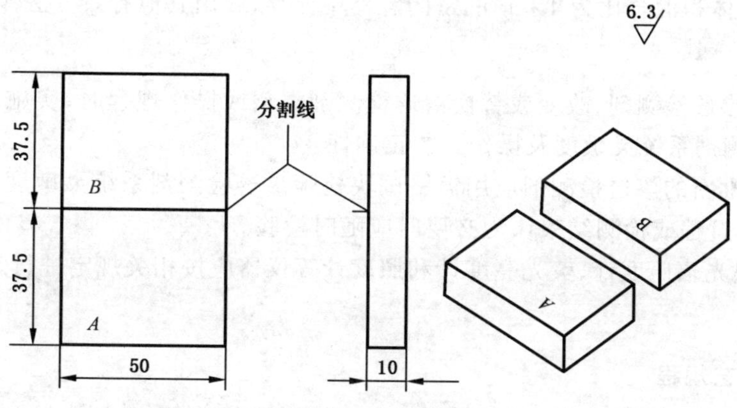

图2 铝合金试块

7.3.2 镀铬试块(B型试块)

镀铬试块按照JB/T 6064规定的三点式B型试块制作。裂纹尺寸见表1,几何尺寸见图3。

表1 三点式B型试块表面的裂纹区长径

单位为毫米

裂纹区次序	1	2	3
裂纹区长直径	3.7~4.5	2.7~3.5	1.6~2.4

单位为毫米

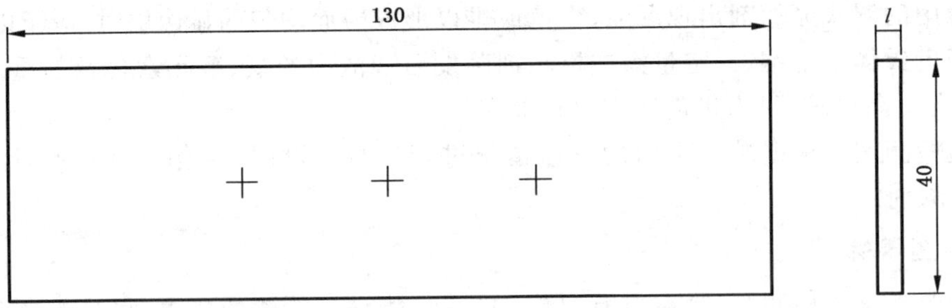

说明：

l——试块厚度 3 mm～4 mm。

图 3　三点式 B 型试块

7.3.3　试块使用

7.3.3.1　铝合金试块主要用于以下两种情况：

a)　在正常使用情况下，检验渗透检测剂能否满足要求，以及比较两种渗透检测剂性能的优劣；

b)　对用于非标准温度下的渗透检测方法做出鉴定。

7.3.3.2　镀铬试块主要用于检验渗透检测剂系统灵敏度及操作工艺正确性。

7.3.3.3　着色渗透检测用的标准试块不能用于荧光渗透检测，反之亦然。

7.3.3.4　发现标准试块有阻塞或灵敏度有所下降时，必须及时修复或更换。

7.3.3.5　标准试块使用后要用丙酮进行彻底清洗。清洗后，再将标准试块放入装有丙酮和无水酒精的混合液体(体积混合比为 1∶1)的密闭容器中保存，或用其他有效方法保存。

7.4　校验

7.4.1　使用新的渗透检测剂、改变或替换渗透检测剂类型或操作规程时，实施检测前应用镀铬试块检验渗透检测剂系统灵敏度及操作工艺正确性。

7.4.2　每购买一批新的渗透检测剂应用镀铬试块检验渗透检测剂系统灵敏度及操作工艺正确性。检测前、检测过程或检测结束认为必要时应随时检验。

7.4.3　黑光灯、黑光辐照度计、荧光亮度计和照度计等仪器应按相关规定进行定期校验。

8　检测工艺规程

8.1　通用检测工艺规程

从事游乐设施渗透检测的单位应按 GB/T 34370.1 和本部分的要求制定通用检测工艺规程，其内容至少应包括如下要素：

a)　文件编号；

b)　适用范围；

c)　执行标准、法规；

d)　检测人员资格；

e)　渗透检测剂牌号；

f)　被检工件的表面状态；

g)　检测时机；

h) 渗透剂类型和显像方式；
i) 检测灵敏度校验及试块名称；
j) 操作条件：包括渗透温度、渗透时间、干燥温度和时间、显像时间；
k) 操作方法：包括预清洗方法、渗透剂施加方法、去除方法、干燥方法、显像剂施加方法、观察方法和后清洗方法；
l) 检测过程和显示分析解释；
m) 检测结果的评定；
n) 检测记录、报告格式；
o) 资料存档；
p) 编制(级别)、审核(级别)和批准人员签字及日期。

8.2 检测工艺卡

对于每类工件的渗透检测，应根据实际情况，按照GB/T 34370.1、本部分和通用检测工艺规程制定渗透检测工艺卡。

工艺卡应至少包括以下内容：

a) 工艺卡编号；
b) 检测执行的标准和质量等级要求；
c) 被检测工件的信息：名称、型号、编号、材质、规格尺寸、热处理状态、焊接型式等；
d) 渗透检测剂名称和牌号、检测试块名称；
e) 检测时机；
f) 检测区域和表面准备；
g) 检测部位示意图；
h) 检测比例；
i) 检测灵敏度校验、非标准温度检测时对比试验的要求；
j) 渗透检测方法，包括：预处理方法、渗透剂施加方法、去除方法、干燥方法、显像剂施加方法、观察方法和后清洗方法，渗透温度、渗透时间、水压及水温、干燥温度和时间、显像时间；
k) 编制(级别)和审核(级别)人员签字及日期。

9 检测

9.1 检测前的准备

9.1.1 资料审查

资料审查应包括下列内容：

a) 被检设备制造文件资料：被检部件的竣工图(含焊缝布置图)、有关设计文件对无损检测的要求、相关的无损检测报告等；
b) 被检设备运行记录资料：开停车情况、使用环境、使用条件、载荷变化情况以及运行中出现的异常情况等；
c) 检验资料：历次检验检测报告；
d) 其他资料：维护保养、修理和改造的文件资料等。

9.1.2 现场勘察

对于在用游乐设施,在实施检测前,应对被检设备现场进行勘察,确定实施检测的辅助条件,找出所有可能影响检测的因素,在检测时应尽可能避免这些因素的干扰。

9.1.3 检测工艺卡的编制

按8.2执行。

9.2 灵敏度等级

灵敏度等级分为A级、B级和C级。

不同灵敏度等级在镀铬试块上可显示的裂纹区位数应按表2的规定。

表2 灵敏度等级

灵敏度等级	可显示的裂纹区
A级	1～2
B级	2～3
C级	3

9.3 检测时机

对于需要热处理的部件,除另有要求,渗透检测应安排在最终热处理之后进行。

焊接接头的渗透检测应安排在焊接工序完成之后进行。对于有延迟裂纹倾向的材料,渗透检测应根据要求至少在焊接完成24 h后进行。

9.4 渗透检测基本程序

渗透检测操作的基本步骤如下:

a) 预清洗;
b) 施加渗透剂;
c) 去除多余的渗透剂;
d) 干燥;
e) 施加显像剂;
f) 观察及评定;
g) 后处理。

9.5 渗透检测操作方法

9.5.1 表面准备

9.5.1.1 工件被检表面不得有影响渗透检测的铁锈、氧化皮、焊接飞溅、铁屑、毛刺以及各种防护层。

9.5.1.2 被检工件表面应做适当的处理,确保被检工件的表面清洁,露出金属光泽。

9.5.1.3 局部检测时,处理区域应从检测部位四周向外扩展25 mm。

9.5.2 预清洗

9.5.2.1 在进行表面清理之后,应进行预清洗,以去除检测表面的污垢。清洗时,可采用溶剂、洗涤剂等进行。清洗范围应满足9.5.1.3的要求。

9.5.2.2 铝和奥氏体不锈钢制零件经机械加工的表面,如确有需要,可先进行酸洗或碱洗,然后再进行渗透检测。

9.5.2.3 清洗后,检测面上遗留的溶剂和水分等必须干燥,且应保证在施加渗透剂前不被污染。

9.5.3 施加渗透剂

9.5.3.1 采用喷罐均匀喷洒渗透剂施加的方法。

9.5.3.2 施加过程中应保证被检部位完全被渗透剂覆盖,并在整个渗透时间内保持润湿状态。

9.5.4 渗透时间及温度

9.5.4.1 在整个检测过程中,渗透检测剂的温度和工件表面温度应该在 5 ℃~50 ℃的温度范围,在10 ℃~50 ℃的温度条件下,渗透剂持续时间一般不应少于 10 min;在 5 ℃~10 ℃的温度条件下,渗透剂持续时间一般不应少于 20 min 或者按照说明书进行操作。

9.5.4.2 当温度条件低于 5 ℃时或高于 50 ℃时,应使用铝合金试块,采用如下操作方法进行鉴定:

a) 温度低于 5 ℃条件下渗透检测方法的鉴定:在试块和所有使用材料都降到预定温度后,将拟采用的低温检测方法用于 *B* 区。在 *A* 区用标准方法进行检测,比较 *A*、*B* 两区的裂纹显示痕迹。如果显示痕迹基本上相同,则可以认为准备采用的方法是可行的。

b) 温度高于 50 ℃条件下渗透检测方法的鉴定:如果拟采用的检测温度高于 50 ℃,则需将 *B* 区加温并在整个检测过程中保持在这一温度,将拟采用的检测方法用于 *B* 区。在 *A* 区用标准方法进行检测,比较 *A*、*B* 两区的裂纹显示痕迹。如果显示痕迹基本上相同,则可以认为准备采用的方法是可行的。

9.5.5 去除多余的渗透剂

9.5.5.1 在清洗工件被检表面去除多余的渗透剂时,应注意防止过度去除而使检测质量下降,同时也应注意防止去除不足而造成对缺陷显示识别困难。用荧光渗透剂时,可在紫外灯照射下边观察边去除。

9.5.5.2 溶剂去除型渗透剂用清洗剂去除。除特别难清洗的地方外,一般应先用干燥、洁净不脱毛的布依次擦拭,直至大部分多余渗透剂被去除后,再用蘸有清洗剂的干净不脱毛布或纸进行擦拭,直至将被检面上多余的渗透剂全部擦净。不应往复擦拭,不应用清洗剂直接在被检面上冲洗。

9.5.6 干燥处理

9.5.6.1 检测面应在施加显像剂前进行干燥。

9.5.6.2 一般可用热风进行干燥或进行自然干燥。干燥时,被检面的温度不应大于 50 ℃。当采用溶剂去除多余渗透剂时,应在室温下自然干燥。

9.5.6.3 干燥时间通常为 5 min~10 min。

9.5.7 施加显像剂

9.5.7.1 使用溶剂悬浮显像剂时,在被检面经干燥处理后,将显像剂喷洒到被检面上,然后进行自然干燥或用温空气(小于 50 ℃)吹干。

9.5.7.2 悬浮式显像剂在使用前应充分摇匀。显像剂施加应薄而均匀,不可在同一地点反复多次施加。

9.5.7.3 喷涂显像剂时，喷嘴离被检面距离为 300 mm～400 mm，喷涂方向与被检面夹角为 30°～40°。

9.5.7.4 显像时间取决于显像剂种类、需要检测的缺陷大小以及被检工件温度等，一般应不少于 7 min。

9.5.8 观察

9.5.8.1 观察显示应在显像剂施加后 7 min～60 min 内进行。如显示的大小不发生变化，也可超过上述时间。对于溶剂悬浮显像剂应遵照说明书的要求或试验结果进行操作。

9.5.8.2 着色渗透检测时，缺陷显示的评定应在白光下进行，通常工件被检面处白光照度应大于或等于 1 000 lx；当现场采用便携式设备检测，由于条件所限无法满足时，可见光照度可以适当降低，但不得低于 500 lx。

9.5.8.3 荧光渗透检测时，显示的评定应在暗室或暗处进行，暗室或暗处白光照度应不大于 20 lx。检测人员进入暗区，应至少经过 3 min 的黑暗适应后，才能进行荧光渗透检测。检测人员不能戴对检测有影响的眼镜。

9.5.8.4 出现显示时，应确定显示的性质。辨认细小显示时可使用 5 倍～10 倍放大镜进行观察。必要时应重新进行处理、检测。

9.5.9 复验

9.5.9.1 当出现下列情况之一时，需进行复验：

a) 检测结束时，用标准试块验证检测灵敏度不符合要求；

b) 发现检测过程中操作方法有误或技术条件改变时；

c) 供需双方有争议或认为有必要时；

d) 经返修后的部位。

9.5.9.2 当决定进行复验时，应对被检面进行彻底清洗，以去除前次检测所留下的痕迹。

9.5.10 后清洗

工件检测完毕后应进行清洗，以去除对以后使用或对材料有害的残留物。

9.5.11 显示记录

缺陷的显示记录可采用草图法、照相法和录像法、可剥性塑料薄膜法，不能采用胶带法。

9.6 结果评定

9.6.1 显示分为相关显示、非相关显示和伪显示。非相关显示和伪显示不必记录和评定。

9.6.2 小于 0.5 mm 的显示不计，除确认显示是由外界因素或操作不当造成的之外，其他任何显示均应作为缺陷处理。

9.6.3 当缺陷长轴方向与工件(轴类或管类)轴线或母线的夹角大于或等于 30°时，按横向缺陷处理，其他按纵向缺陷处理。

9.6.4 长度与宽度之比大于 3 的缺陷显示，按线性缺陷处理；长度与宽度之比小于或等于 3 的缺陷显示，按圆形缺陷处理。

9.6.5 两条或两条以上线性显示在同一条直线上且间距不大于 2 mm 时，按一条显示处理，其长度为两条显示之和加间距。

9.7 检测记录

渗透检测记录应至少包括8.2和第11章所规定的内容。

10 质量分级

10.1 不可接受的缺陷

不可接受的缺陷包括：裂纹；紧固件和轴类部件的横向缺陷显示。

10.2 焊接接头的质量分级

焊接接头的质量分级按表3进行。

表3 焊接接头的质量分级

等级	线性缺陷	圆形缺陷(评定框尺寸35 mm×100 mm)
Ⅰ	$l\leqslant 1.5$	$d\leqslant 2.0$，且在评定框内不大于1个
Ⅱ	大于Ⅰ级	

注：l 表示线性缺陷显示长度，单位为毫米(mm)；d 表示圆形缺陷显示在任何方向上的最大尺寸，单位为毫米(mm)。

10.3 其他部件的质量分级

其他部件的质量分级见表4。

表4 其他部件的质量分级

等级	线性缺陷	圆形缺陷(评定框尺寸2 500 mm^2，其中一条矩形边的最大长度为150 mm)
Ⅰ	不允许	$d\leqslant 2.0$，且在评定框内小于或等于1个
Ⅱ	$l\leqslant 4.0$	$d\leqslant 4.0$，且在评定框内小于或等于2个
Ⅲ	$l\leqslant 6.0$	$d\leqslant 6.0$，且在评定框内小于或等于4个
Ⅳ	大于Ⅲ级	

注：l 表示线性缺陷显示长度，单位为毫米(mm)；d 表示圆形缺陷显示在任何方向上的最大尺寸，单位为毫米(mm)。

11 渗透检测报告

渗透检测报告至少应包括下列内容：

a) 委托单位、检测单位；
b) 被检工件名称、型号和编号；
c) 检测标准和验收等级；
d) 被检工件材质、热处理状态及表面状态；
e) 检测部位和比例；
f) 渗透检测剂名称和牌号；
g) 检测方法：包括预清洗方法、渗透剂施加方法、去除方法、干燥方法、显像剂施加方法、观察方法和后清洗方法；

h) 检测灵敏度校验及试块名称；

i) 操作条件：包括渗透温度、渗透时间、干燥温度和时间、显像时间；

j) 缺陷示意图、标记部位和标记方法；

k) 检测日期；

l) 检测结果及质量分级；

m) 检测人员和审核人员签字、日期及其资格。

ICS 97.200.40
Y 57

中华人民共和国国家标准

GB/T 34370.5—2017

游乐设施无损检测 第5部分:超声检测

Nondestructive testing of amusement equipments—Part 5:Ultrasonic testing

2017-09-29 发布　　　　2018-04-01 实施

中华人民共和国国家质量监督检验检疫总局
中国国家标准化管理委员会　发布

前　　言

GB/T 34370《游乐设施无损检测》分为 11 个部分：

——第 1 部分：总则；

——第 2 部分：目测检测；

——第 3 部分：磁粉检测；

——第 4 部分：渗透检测；

——第 5 部分：超声检测；

——第 6 部分：射线检测；

——第 7 部分：涡流检测；

——第 8 部分：声发射检测；

——第 9 部分：漏磁检测；

——第 10 部分：磁记忆检测；

——第 11 部分：超声导波检测。

本部分为 GB/T 34370 的第 5 部分。

本部分按照 GB/T 1.1—2009 给出的规则起草。

本部分由全国索道与游乐设施标准化技术委员会(SAC/TC 250)提出并归口。

本部分起草单位：中国特种设备检测研究院、河北省特种设备监督检验院、山东科捷工程检测有限公司、天津市特种设备监督检验技术研究院、上海希都游乐设备制造厂、山东瑞祥模具有限公司、北京实宝来游乐设备有限公司。

本部分主要起草人：胡斌、沈功田、张君娇、刘文贞、赵欣、张劲松、刘佳璐、吴占稳、梁玉梅、刘宏臣、周晓君、沈永娜、万海涛、张庆柱、马建民。

游乐设施无损检测
第5部分:超声检测

1 范围

GB/T 34370 的本部分规定了游乐设施的超声检测方法及质量分级和超声测厚方法要求。

本部分适用于游乐设施用金属原材料、零部件和焊接接头的超声检测,也适用于在用游乐设施金属材料零部件和焊接接头的超声检测。

2 规范性引用文件

下列文件对于本文件的应用是必不可少的。凡是注日期的引用文件,仅注日期的版本适用于本文件。凡是不注日期的引用文件,其最新版本(包括所有的修改单)适用于本文件。

GB/T 7233.1 铸钢件 超声检测 第1部分:一般用途铸钢件

GB/T 11344 无损检测 接触式脉冲回波法测厚方法

GB/T 12604.1 无损检测 术语 超声检测

GB/T 20306 游乐设施术语

GB/T 20737 无损检测 通用术语和定义

GB/T 27664.1 无损检测 超声检测设备的性能与检验 第1部分:仪器

GB/T 27664.2 无损检测 超声检测设备的性能与检验 第2部分:探头

GB/T 29302 无损检测仪器 相控阵超声检测系统的性能与检验

GB/T 34370.1 游乐设施无损检测 第1部分:总则

JB/T 8428 无损检测 超声试块通用规范

JB/T 9214 无损检测 A型脉冲反射式超声检测系统工作性能测试方法

JB/T 10062 超声探伤用探头 性能测试方法

JB/T 11604 无损检测仪器 超声波测厚仪

JB/T 11731 无损检测 超声相控阵探头通用技术条件

JB/T 11779 无损检测仪器 相控阵超声检测仪技术条件

3 术语和定义

GB/T 12604.1、GB/T 20306、GB/T 20737 和 GB/T 34370.1 界定的以及下列术语和定义适用于本文件。

3.1

由缺陷引起的底波降低量 BG/BF(dB)　loss of back reflection caused by flaws BG/BF(dB)

在靠近缺陷处的无缺陷完好区域内第一次底波幅度 BG 与缺陷区域内的第一次底波幅度 BF 之比,用声压级(dB)值来表示。

指实际检测灵敏度。为了不漏掉记录缺陷或某些特定的缺陷，确保游乐设施的安全，实际检测时通常采用较高的检测灵敏度进行扫查。原则上扫查灵敏度不应低于基准灵敏度。

3.3

聚焦斜探头 focusing angle beam probe

采用透镜式、发射式和曲面晶片等聚焦方法、使超声波束会聚以提高检测灵敏度的超声斜探头。

3.4

端点衍射 tip diffraction

超声波在传播过程中，当波阵面通过缺陷时，波阵面会绕缺陷边缘弯曲，并呈圆心展衍的现象。

3.5

端点最大反射波 maximum tip reflected wave

当缺陷的端部回波的幅度达到最大时(也即缺陷端部回波峰值开始降落前瞬时的幅度位置)，该回波称为缺陷端点最大反射波。

3.6

回波动态波型 echo dynamic patterns

动态波型是探头移动距离与相应缺陷反射体回波波幅变化的包络线。

3.7

工件厚度 base material nominal thicknesses

t

a) 对于平板对接接头，焊缝两侧母材厚度相等时，工件厚度 t 为母材厚度；焊缝两侧母材厚度不等时，工件厚度 t 为薄侧母材公称厚度；

b) 对于 T 型焊接接头，工件厚度 t 为腹板公称厚度。

3.8

管子直径 tube diameter

$\boldsymbol{D_0}$

管子的外径。

3.9

轴直径 axis diameter

实心轴的轴直径指轴外径，有台阶时，指工作面的直径。

空心轴的直径包括内外径，外径 D_0，内径 D_1。有台阶时，按照工作面的直径确定内外径。

3.10

缺陷密集区 a cluster of flaws

在荧光屏扫描线相当于 50 mm 声程范围内同时有 5 个或 5 个以上的缺陷反射信号；或是在50 mm×50 mm 的检测面上发现在同一深度范围内有 5 个或 5 个以上的缺陷反射信号。其反射波幅均大于某一特定当量缺陷基准反射波幅。

3.11

缺陷自身高度　flaw height

缺陷在壁厚方向的尺寸。

3.12

缺陷评定区　flaw evaluation zone

在质量分级评定时，为评价缺陷数量和密集程度而设置的一定尺寸区域。可以是正方形或长方形。缺陷评定区应选在缺陷最严重的部位。

3.13

检测距离　inspection distance

超声波直探头检测时，检测距离是指一次声程。

4　方法概要

4.1　超声波是频率高于 20 kHz 的机械波，工业无损检测中超声检测常用的频率为 0.5 MHz～5 MHz。

4.2　超声波在材料中以一定的速度和方向传播，遇到声阻抗不同的异质界面(如缺陷或被测物件的底面等)就会产生反射或衍射。

4.3　反射式超声检测就是利用这种反射现象来进行缺陷检测或厚度测量，图 1a)～c)分别是为 A 型脉冲斜入射超声检测、A 型脉冲直入射超声检测、A 型脉冲反射式超声测厚示意图，图 2 为相控阵超声检测示意图。

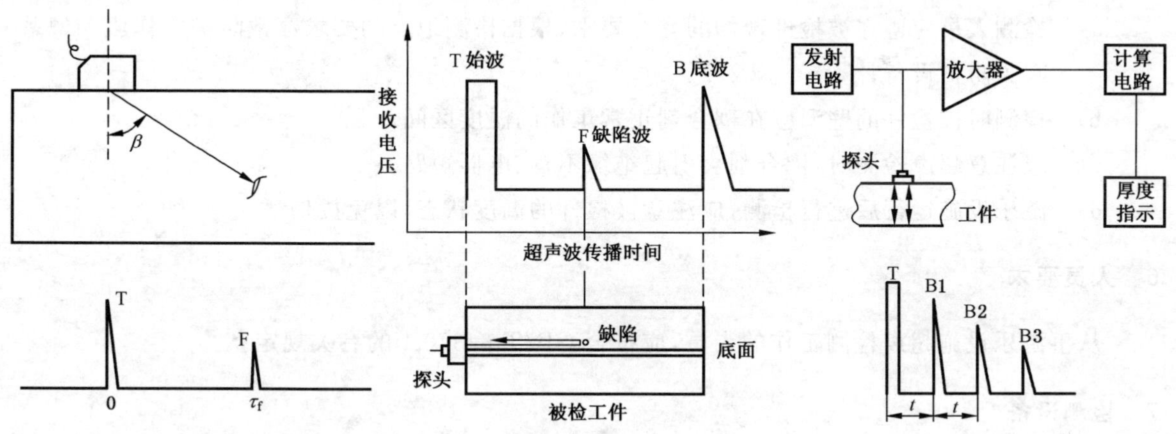

a)　A 型脉冲斜入射超声检测　　b)　A 型脉冲直入射超声检测　　c)　A 型脉冲反射式超声测厚

图 1　A 型脉冲反射式超声检测示意图

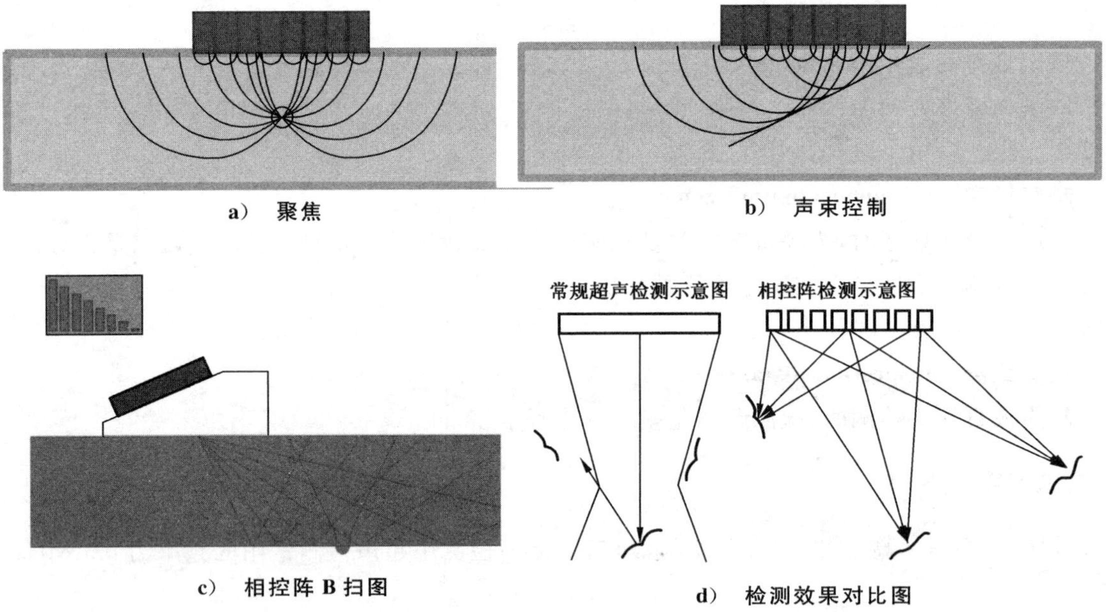

a） 聚焦

b） 声束控制

c） 相控阵 B 扫图

d） 检测效果对比图

图 2 相控阵超声检测示意图

5 安全要求

5.1 本章没有列出进行检测时所有的安全要求，使用本部分的用户应在检测前建立安全准则。

5.2 检测过程中的安全要求至少包括：

a） 检测人员应遵守被检件现场的安全要求，根据检测地点的要求穿戴防护工作服和佩戴有关防护设备；

b） 检测时被检件的壁温应在耦合剂正常工作的温度区间；

c） 应注意超声检测时，耦合剂会引起绝缘不良、电器短路；

d） 游乐设施运行后进行检测，应注意被检件的温度状态，以免烫伤。

6 人员要求

从事游乐设施超声检测工作的人员，应符合 GB/T 34370.1 的有关规定。

7 检测设备

7.1 基本要求

7.1.1 超声检测设备应至少包括检测仪器和探头。

7.1.2 超声检测设备均应具有产品质量合格证或合格的证明文件。

7.2 检测仪器

7.2.1 A 型脉冲反射式超声检测仪的基本要求：

a） A 型脉冲反射式超声检测仪，其发射脉冲重复频率实测值与标称值误差不大于 10%，发射脉冲电压实测值与标称值误差不大于 20%，发射脉冲宽度实测值与标称值误差

不大于 10%,发射脉冲上升时间不大于 25 ns;

b) A 型脉冲反射式超声检测仪,其工作频率按 −3 dB 测量至少应包括 0.5 MHz～10 MHz 的范围,每个频带上、下限实测值与标称值误差不大于 20%;

c) A 型脉冲反射式超声检测仪应具有 80 dB 以上的连续可调衰减或增益,最小步进级每挡不大于 2 dB,其精度为任意连续 20 dB 的累积误差不大于 1.7 dB,任意连续 60 dB 的累积误差不大于 3 dB;

d) 各项性能指标按 GB/T 27664.1 的要求进行测试。

7.2.2 超声波测厚仪的基本要求:

a) 超声测厚仪用于壁厚小于 10 mm 的厚度测定时,最大允许示值误差为±0.1 mm;用于壁厚大于 10 mm 的厚度测定时,最大允许示值误差为$\pm(0.1+H/100)$ mm, 其中 H 为标准厚度块的标称值;

b) 超声测厚仪的示值稳定度不大于 0.2 mm;

c) 各项性能指标按 JB/T 11604 的要求进行测试。

7.2.3 相控阵超声检测仪的基本要求:

a) 相控阵超声检测仪,其发射脉冲重复频率实测值与标称值误差不大于 10%,发射脉冲电压实测值与标称值误差不大于 20%,发射脉冲宽度实测值与标称值误差不大于 10%,发射脉冲上升时间应小于可能使用的最高探头标称频率周期时间的 0.25 倍;

b) 相控阵超声检测仪,其工作频率按 −3 dB 测量至少应包括 1 MHz～10 MHz 的范围,每个频带上、下限实测值与标称值误差不大于 20%;

c) 各项性能指标按 JB/T 11779 的要求进行测试。

7.3 探头

7.3.1 单换能器或双换能器探头,包含聚焦或非聚焦式的接触式或液浸式探头。圆形晶片直径一般不应大于 40 mm,方形晶片任一边长一般不应大于 40 mm,其性能指标按 GB/T 27664.2 的要求进行测试。

7.3.2 超声相控阵探头的中心频率一般在 0.5 MHz～15 MHz 范围内,阵元数应不少于 8 个,其性能指标按 JB/T 11731 的要求进行测试。

7.4 超声检测仪器和探头的系统性能

7.4.1 A 型脉冲反射式超声检测仪和探头的系统性能要求:

a) 水平线性不大于 1%,垂直线性不大于 5%;

b) 仪器和探头的组合频率与公称频率误差不应大于±10%;

c) 在基准灵敏度下,对于标称频率为 5 MHz 的直探头,盲区不大于 10 mm;对于标称频率为2.5 MHz的直探头,盲区不大于 15 mm;

d) 仪器直探头组合的灵敏度余量应不小于 32 dB,仪器斜探头组合的灵敏度余量应不小于 42 dB;

e) 仪器直探头组合的远场分辨力应不小于 20 dB,仪器斜探头组合的远场分辨力应不小于 12 dB;

f) 在达到所探工件的最大检测声程时，其有效灵敏度余量应不小于 10 dB；

g) 各项性能指标按 JB/T 10062 和 JB/T 9214 的要求进行测试。

7.4.2 超声测厚仪和探头的系统性能要求：

a) 仪器和探头的组合频率与公称频率误差不应大于±10%；

b) 各项性能指标按 JB/T 10062 的要求进行测试。

7.4.3 相控阵超声检测仪和探头的系统性能要求：

a) 相控阵超声检测系统性能包括：测定声束轮廓、声束偏转范围、阵元有效性、软件计算功能、接收器增益线性；

b) 各项性能指标按 GB/T 29302 的要求进行测试。

7.4.4 发生以下情况时应测定检测仪器和探头的组合性能：

a) 新购置的超声检测仪器和(或)探头；

b) 检测仪器和探头在维修或更换主要部件后；

c) 检测人员有怀疑时。

7.5 试块

7.5.1 A 型脉冲反射式超声检测试块

7.5.1.1 标准试块

7.5.1.1.1 标准试块指具有规定的化学成分、表面粗糙度、热处理及几何形状的材料块，用于评定和校准超声检测设备，即用于仪器、探头、系统性能校准的试块。

7.5.1.1.2 标准试块的制造应满足 JB/T 8428 的要求，制造商应提供产品质量合格证。

7.5.1.2 对比试块

7.5.1.2.1 对比试块是指与被检件或材料化学成分相似，含有意义明确参考反射体的试块，用以调节超声检测设备的幅度和声程，以将所检出的缺陷信号与已知反射体所产生的信号相比较，即用于缺陷评定的试块。

7.5.1.2.2 对比试块的尺寸精度在本部分有明确要求时应提供相应的证明文件，无明确要求时参照JB/T 8428的规定。

7.5.1.3 模拟试块

7.5.1.3.1 模拟试块是指用于验证检测工艺和无损检测人员的检测能力、评价和验证仪器探头系统的检测能力的试块。

7.5.1.3.2 模拟试块一般含模拟缺陷或真实缺陷的试块，可以是模拟工件中实际缺陷而制作的样件，或者是在以往检测中所发现含自然缺陷的样件。

7.5.2 超声测厚试块

7.5.2.1 接触式超声脉冲回波测厚方法采用阶梯试块进行测厚校准。

7.5.2.2 校准试块应符合 GB/T 11344 的规定。

7.5.3 相控阵超声检测试块

相控阵超声检测试块分为标准试块、对比试块和模拟试块。

7.6 超声检测设备和器材的校准、核查、期间核查和检查的要求

7.6.1 一般要求

7.6.1.1 校准、核查和期间核查应在标准试块上进行。

7.6.1.2 校准、核查和期间核查时应使探头主声束垂直对准反射体的反射面,以获得稳定的和最大的反射信号。

7.6.2 校准、核查、期间核查或检查

7.6.2.1 每年至少对超声检测仪器进行一次校准,校准要求应满足超声波检测仪校准规程的规定。

7.6.2.2 每年至少对试块的表面腐蚀和机械损伤进行一次核查。

7.6.2.3 每6个月至少对超声检测仪器和探头的系统性能进行一次期间核查并记录,测试要求应满足7.4的规定。

7.6.2.4 每次检测前应检查仪器设备器材外观、线缆连接和开机信号显示等情况是否正常。

7.6.2.5 校准、期间核查和检查时,任何影响仪器线性的控制器(如抑制或滤波开关等)都应放在"关"的位置或处于最低水平上。

7.7 新购探头、检测过程的复核

7.7.1 新购探头测定

7.7.1.1 新购探头须有探头性能参数说明书,新探头使用前应进行前沿距离、K 值、主声束偏离、灵敏度余量和分辨力等主要参数的测定。

7.7.1.2 测定方法应按JB/T 10062的有关规定进行测定,并满足其要求。

7.7.2 检测前仪器和探头系统测定

7.7.2.1 使用仪器-斜探头系统,检测前应测定前沿距离、K 值和主声束偏离,调节或复核扫描量程和扫查灵敏度。每次检测前应设定时基线和灵敏度,并参考温度的影响。时基线和灵敏度设定时温度与检测工件的温度差不超过15 ℃。

7.7.2.2 使用仪器-直探头系统,检测前应测定始脉冲宽度、灵敏度余量和分辨力,调节或复核扫描量程和扫查灵敏度。

7.7.3 仪器和探头系统的复核

7.7.3.1 检测过程中如遇到以下情况应进行仪器和探头系统的复核:

a) 探头、耦合剂和仪器调节发生改变时;

b) 怀疑扫描量程或扫查灵敏度有变化时;

c) 连续工作4 h以上时;

d) 工作结束时。

7.7.3.2 如果任意一点在扫描线上的偏移量超过扫描线该点读数的10%或全扫描量程的5%,则扫描量程应重新调整,并对上一次复核以来所有的检测部位进行复检。

7.7.3.3 复核时,在检测范围内如发现扫查灵敏度或距离-波幅曲线上任一深度人工反射体回波幅度下降2 dB,则应对上一次复核以来所有的检测部位进行复检;如上升2 dB,则应对所有

的记录信号进行重新评定。

8 检测工艺规程

8.1 通用检测工艺规程

从事游乐设施超声检测的单位应按 GB/T 34370.1 和本部分的要求制定通用检测工艺规程,其内容至少应包括如下要素:

a) 文件编号;

b) 适用范围;

c) 引用标准、法规;

d) 检测人员资格;

e) 检测仪器设备:耦合剂、探头、信号线、探伤仪、检测数据采集和分析软件等;

f) 被检件的信息:几何形状与尺寸、材质、设计与运行参数;

g) 检测覆盖范围及探头安装部位;

h) 被检件表面状态及检测探头布置和检测方式;

i) 检测时机;

j) 灵敏度测量、距离-波幅曲线绘制;

k) 检测过程和数据分析解释;

l) 检测结果的评定;

m) 检测记录、报告和资料存档;

n) 编制(级别)、审核(级别)和批准人员签字及日期。

8.2 检测工艺卡

8.2.1 对于每个被检件,根据使用的仪器和现场实际情况,按照 GB/T 34370.1、本文件和通用检测工艺规程编制超声检测工艺卡,确定检测的部位和表面条件。对每个被检件进行测绘,画出被检件结构示意图和探头的覆盖区域。

8.2.2 检测面的确定,应保证工件被检部分均能得到充分检查。

8.2.3 游乐设施制造安装和在用过程的超声检测中,检测时机及抽检率的选择等应按法规、产品标准及有关技术文件的要求和原则进行。

8.2.4 检测工艺卡内容应至少应包括:

a) 检测工艺卡编号;

b) 检测执行的标准和质量等级要求;

c) 被检测工件的信息:名称、编号、材质、规格尺寸、热处理状态、焊接型式等;

d) 检测设备和器材:检测仪器的名称、规格型号、编号,探头型号和编号,标准试块等;

e) 灵敏度设置、仪器调试、参数设置;

f) 检测时机;

g) 检测区域和表面要求;

h) 检测部位示意图;

i) 检测比例;

j） 检测环境要求；

k） 检测方法；

l） 扫查方式；

m）耦合方式；

n） 编制（级别）和审核（级别）人员签字及日期。

9 检测前的准备

9.1 资料审查

资料审查应包括下列内容：

a） 被检设备制造文件资料：对在制设备应包括设计图样和设计说明文件，对于在用设备应包括质量证明文件、竣工图等；

b） 被检设备运行记录资料：开停车情况、使用环境、使用条件、载荷变化情况以及运行中出现的异常情况等；

c） 检验资料：历次检验检测报告；

d） 其他资料：维护保养、修理和改造的文件资料等。

9.2 现场勘察

9.2.1 对于在用游乐设施，在实施检测前，应对被检设备现场进行勘察，确定实施检测的辅助条件，找出所有可能影响检测的因素，在检测时应尽可能避免这些因素的干扰。

9.2.2 被检件的表面质量应经外观检查合格。所有影响超声检测的锈蚀、飞溅和污物等都应予以清除，其表面粗糙度应符合检测要求。表面的不规则状态不应影响检测结果的正确性和完整性，否则应做适当的处理。

9.3 扫查覆盖率的要求

9.3.1 应确保检测时超声声束能扫查到工件的整个被检区域。

9.3.2 探头的每次扫查覆盖率应大于探头直径的15%或优先满足相应章节的检测覆盖要求。

9.4 探头的移动速度的要求

9.4.1 探头的扫查速度不应超过150 mm/s。

9.4.2 当采用自动报警装置扫查时，扫查速度应通过对比试验进行确定。

9.5 扫查灵敏度的要求

9.5.1 扫查灵敏度通常不应低于基准灵敏度且应符合相关章节的规定。

9.5.2 每次检测前，时基线、灵敏度设定温度与检测工件温度差不超过15 ℃。

9.6 耦合剂

9.6.1 应采用透声性好，且不损伤检测表面的耦合剂，如机油、浆糊、甘油和水等。

9.6.2 耦合剂的选取应考虑使用条件和环境要求。

9.7 灵敏度补偿

9.7.1 耦合补偿。在检测和缺陷定量时，应对由表面粗糙度引起的耦合损失进行补偿。

9.7.2 衰减补偿。在检测和缺陷定量时，应对材质衰减引起的检测灵敏度下降和缺陷定量误差进行补偿。

9.7.3 曲面补偿。对探测面是曲面的工件，应采用曲率半径与工件相同或相近的参考试块，通过对比试验进行曲率补偿。

9.8 检测工艺卡的编制

9.8.1 应确定超声检测时机及检测比例的选择等符合相关法规、标准及有关技术文件的规定。

9.8.2 检测工艺卡的内容按 8.2 执行。

10 原材料、零部件的超声检测和质量分级

10.1 游乐设施用板材超声检测和质量分级

10.1.1 板材超声检测适用范围

10.1.1.1 板材超声检测方法适用于板厚为 6 mm～250 mm 的碳素钢、低合金钢游乐设施用板材及板材制成的零部件的 A 型脉冲超声检测和质量分级。

10.1.1.2 铝及铝合金板材的 A 型脉冲超声检测方法和质量分级参照 10.1.1.1 执行。

10.1.1.3 奥氏体不锈钢板材以及奥氏体-铁素体双相不锈钢板材的 A 型脉冲超声检测方法和质量分级也可参照 10.1.1.1 执行。

10.1.2 检测原则

10.1.2.1 板材一般采用直探头进行检测。

10.1.2.2 在检测过程中对缺陷有疑问或双方技术协议中有规定时，可采用斜探头进行检测。

10.1.2.3 可选板材的任一轧制表面进行检测。若检测人员认为需要或技术条件有要求时，也可选择板材的上、下两轧制表面分布进行检测。

10.1.3 探头选用

10.1.3.1 探头的选用应按表 1 的规定进行。

表 1 游乐设施用板材超声检测探头选用

板厚/mm	采用探头	公称频率/MHz	探头晶片尺寸/mm
6～20	双晶直探头	4～5	圆形晶片直径 ϕ10～ϕ30 方形晶片边长 10～30
＞20～250	单晶直探头	2～5	

10.1.3.2 当采用液浸法检测板厚小于或等于 20 mm 的板材时，也可选用单直探头进行检测。

10.1.3.3 双晶直探头性能应符合附录 A 的要求。

10.1.3.4 斜探头的选用应按附录 B 的规定进行。

10.1.4 试块

10.1.4.1 用双晶直探头检测壁厚不大于 20 mm 的钢板时，应采用 CBⅠ标准试块，如图 3 所示。

10.1.4.2 用单直探头检测板厚大于 20 mm 的钢板时，应采用 CBⅡ标准试块，且应符合图 4 和表 2 的规定。试块厚度应与被检钢板厚度相近。

单位为毫米

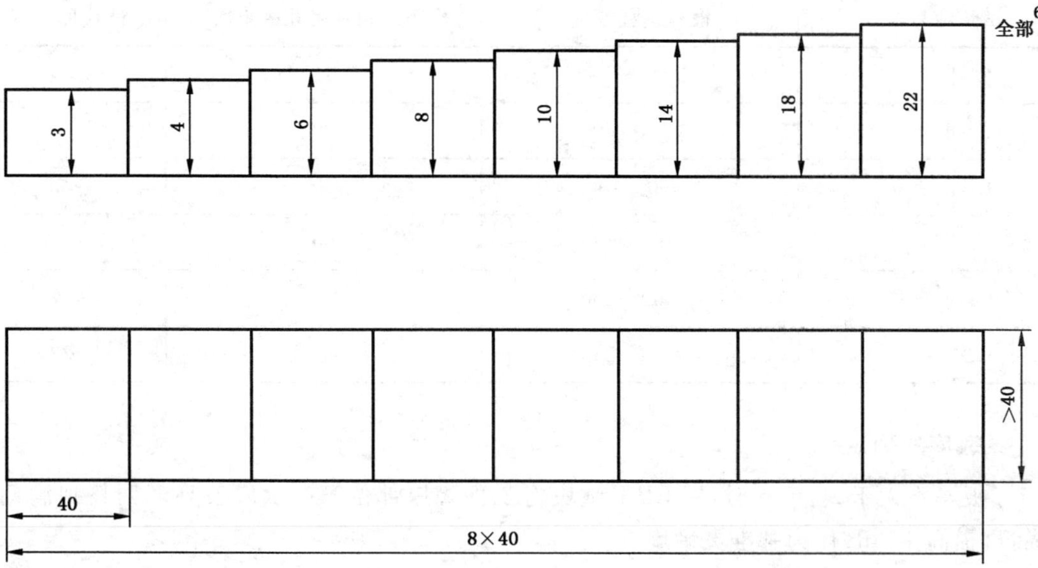

注：尺寸误差≤0.05 mm。

图 3　CB Ⅰ 标准试块

单位为毫米

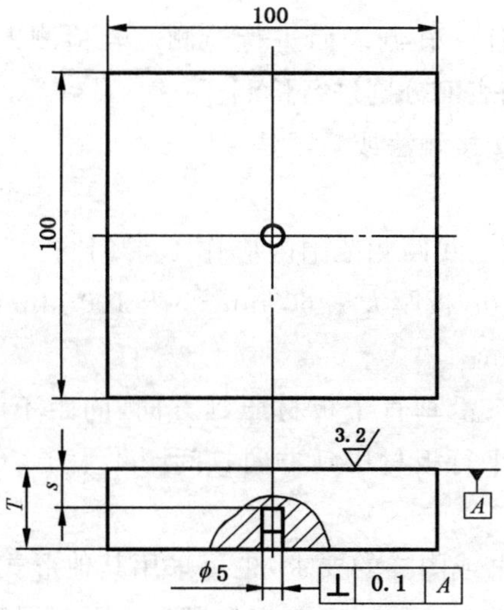

图 4　CB Ⅱ 标准试块

表 2　CBⅡ标准试块

单位为毫米

试块编号	被检钢板厚度	检测面到平底孔的距离 s	试块厚度 T
CBⅡ-1	＞20～40	15	≥20
CBⅡ-2	＞40～60	30	≥40
CBⅡ-3	＞60～100	50	≥65
CBⅡ-4	＞100～160	90	≥110
CBⅡ-5	＞160～200	140	≥170
CBⅡ-6	＞200～250	190	≥220

10.1.5　灵敏度的确定

10.1.5.1　板厚不大于 20 mm 时，用 CBⅠ试块将工件等厚部位第一次底波高度调整到满刻度的 50％，再提高 10 dB 作为基准灵敏度。

10.1.5.2　板厚大于 20 mm 时，应将 CBⅡ试块 ϕ5 mm 平底孔第一次反射波高调整到满刻度的 50％作为基准灵敏度。

10.1.5.3　板厚大于探头的 3 倍近场区时，也可取钢板无缺陷完好部位的第一次底波来校准灵敏度，按照底波计算法达到 ϕ5 mm 平底孔的灵敏度。

10.1.6　检测

10.1.6.1　检测面可选钢板的任一轧制表面进行检测。若检测人员认为需要或设计上有要求时，也可选钢板的上、下两轧制表面分别进行检测。

10.1.6.2　耦合方式可采用直接接触法或液浸法。

10.1.6.3　扫查方式：

a)　在板材边缘或剖口预定线两侧范围内应作 100％扫查，扫查区域宽度在板厚小于或等于 60 mm 时为 50 mm，板厚大于 60 mm 小于 100 mm 时为 75 mm，板厚大于或等于 100 mm 时为 100 mm；

b)　在板材中部区域，探头沿垂直于板材压延方向，间距不大于 50 mm 的平行线进行扫查，或探头沿垂直和平行板材压延方向且间距不大于 100 mm 格子线进行扫查，扫查示意图见图 5；

c)　根据合同、技术协议书或图样的要求，也可采用其他形式的扫查；

d)　双晶直探头扫查时，探头的移动方向应与探头的隔声层相垂直。

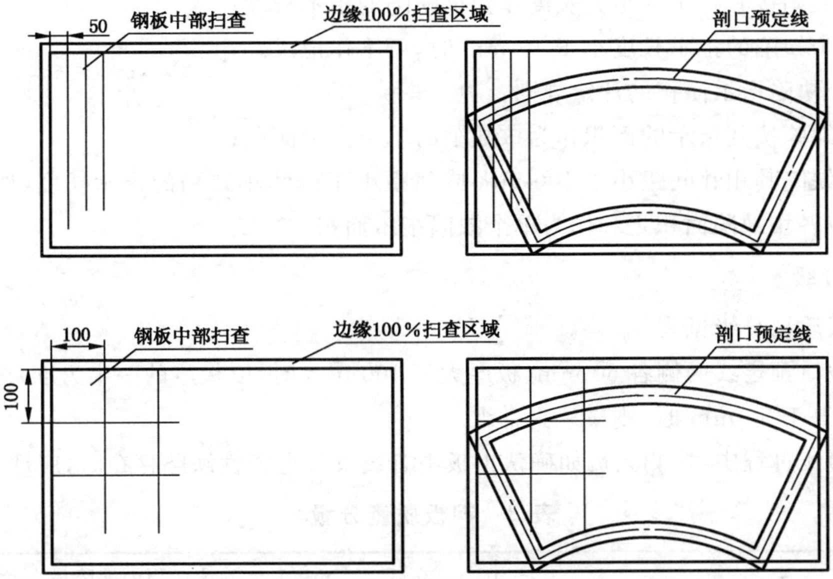

图 5　探头扫查示意图

10.1.7　缺陷的测定与记录

10.1.7.1　在检测过程中，发现下列 3 种情况之一者即判定为缺陷并记录：

a)　缺陷第一次反射波(F1)波高大于或等于满刻度的 50%，即 F1≥50%者；

b)　当底面第一次反射波(B1)波高未达到满刻度，此时，缺陷第一次反射波(F1)波高与底面第一次反射波(B1)波高之比大于或等于 50%，即 B1<100%，而 F1/B1≥50%者；

c)　底面第一次反射波(B1)波高低于满刻度的 50%，即 B1<50%者。

10.1.7.2　缺陷的边界范围或指示长度的测定方法：

a)　检出缺陷后，应在它的周围继续进行检测，以确定缺陷的延伸。

b)　用双晶直探头确定缺陷的边界范围或指示长度时，探头的移动方向应与探头的隔声层相垂直，并使缺陷波下降到基准灵敏度条件下荧光屏满刻度的 25%或使缺陷第一次反射波高与底面第一次反射波高之比为 50%。此时，探头中心的移动距离即为缺陷的指示长度，探头中心点即为缺陷的边界点。两种方法测得的结果以较严重者为准。

c)　用单直探头确定缺陷的边界范围或指示长度时，移动探头使缺陷波第一次反射波高下降到基准灵敏度条件下荧光屏满刻度的 25%或使缺陷第一次反射波与底面第一次反射波高之比为 50%。此时，探头中心的移动距离即为缺陷的指示长度，探头中心即为缺陷的边界点。两种方法测得的结果以较严重者为准。

d)　确定 10.1.7.1 c)中缺陷的边界范围或指示长度时，移动探头(单直探头或双直探头)使底面第一次反射波升高到荧光屏满刻度的 50%。此时探头中心移动距离即为缺陷的指示长度，探头中心点即为缺陷的边界点。

e)　当板厚较薄，确需采用第二次缺陷波和第二次底波来评定缺陷时，检测灵敏度应以相应的第二次反射波来校准。

10.1.8　缺陷的评定方法

10.1.8.1　缺陷指示长度的评定规则：

a) 单个缺陷按其指示的最大长度作为该缺陷的指示长度；

b) 若单个缺陷的指示长度小于 40 mm 时，可不作记录。

10.1.8.2 单个缺陷指示面积的评定规则：

a) 一个缺陷按其指示的面积作为该缺陷的单个指示面积；

b) 多个缺陷其相邻间距小于 100 mm 或间距小于相邻小缺陷的指示长度(取其较大值)时，以各块缺陷面积之和作为单个缺陷指示面积。

10.1.9 质量分级

10.1.9.1 钢板质量分级见表 3。

10.1.9.2 在坡口预定线两侧各 50 mm(板厚大于 100 mm 时，以板厚的一半为准)内，缺陷的指示长度大于或等于 50 mm 时，则应评为Ⅲ级。

10.1.9.3 在检测过程中，检测人员如确认钢板中有裂纹等危害性缺陷存在时，应评为Ⅲ级。

表 3 钢板质量分级

等级	最大允许单个缺陷指示面积 S(mm) 或当量平底孔直径 D(mm)	在任一 1 m×1 m 检测面积内缺陷最大允许个数	
		单个缺陷指示面积或当量平底孔直径评定范围	最大允许个数
Ⅰ	双晶直探头检测时：$S\leqslant 50$	双晶直探头检测时：$20<S\leqslant 50$	10
	或单晶直探头检测时：$D\leqslant \phi 5+8$ dB	或单晶直探头检测时：$\phi 5<D\leqslant \phi 5+8$ dB	
Ⅱ	双晶直探头检测时：$S\leqslant 100$	双晶直探头检测时：$50<S\leqslant 100$	10
	或单晶直探头检测时：$D\leqslant \phi 5+14$ dB	或单晶直探头检测时：$\phi 5+8$ dB $<D\leqslant \phi 5+14$ dB	
Ⅲ	超过Ⅱ级者		

10.2 游乐设施用棒材超声检测

10.2.1 棒材超声检测适用范围

10.2.1.1 棒材超声检测方法适用于对直径为 $\phi 20$ mm～$\phi 250$ mm 的游乐设施用碳钢、低合金钢、合金钢、不锈钢棒材及制成的零部件、螺栓坯件及成品进行 A 型脉冲超声检测和质量分级。

10.2.1.2 棒材超声检测方法不适用于奥氏体粗晶棒材的超声检测。

10.2.2 检测原则

10.2.2.1 一般应采用直接接触法检测，尽可能检测到工件的全体积。

10.2.2.2 检测表面粗糙度应满足 $Ra\leqslant 6.3$ μm。

10.2.3 探头选用

10.2.3.1 采用 2 MHz～10 MHz 的单晶直探头或双晶直探头，液浸探头也可采用聚焦的方式。

10.2.3.2 检测声程小于 45 mm 时，推荐采用双晶直探头。

10.2.4 试块

10.2.4.1 试块的尺寸和形状应符合 7.4.1 的规定。

10.2.4.2 径向检测对比试块的选择参照如下要求：

a) 当被检件曲率半径小于 100 mm 时，应采用图 6 和表 4 所示曲面对比试块形状和尺寸；

b) 曲率半径大于 100 mm 时，可用平面试块。

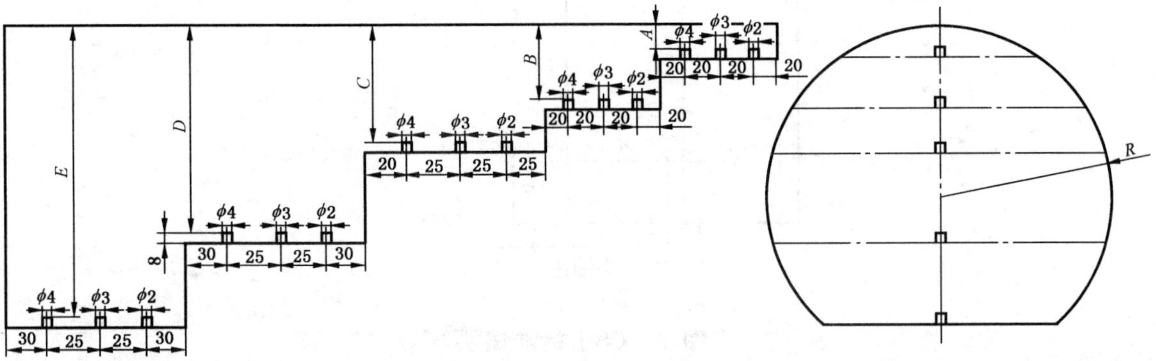

图 6 径向检测对比试块

表 4 径向检测对比试块尺寸

单位为毫米

对比试块半径 *R*	*A*	*B*	*C*	*D*	*E*	适用工件曲率半径范围
90	15	30	45	90	135	82～99
75	12	24	38	76	114	67～81
60	10	20	30	60	90	54～66
48	8	16	24	48	72	43～53
38	6	12	20	40	60	36～42
32	4	8	16	25	40	29～35
25	4	8	16	24	32	22～28
20	4	8	14	20	30	18～22

10.2.4.3 轴向检测对比试块的选择参照如下要求：

a) 单晶直探头轴向检测时，对比试块的尺寸和形状应采用 CSⅠ对比试块，试块形状和尺寸应符合图 7 和表 5 的规定。

b) 双晶直探头轴向检测时，对比试块的尺寸和形状应选用 CSⅡ对比试块，试块形状和尺寸应符合图 8 和表 6 的规定。

单位为毫米

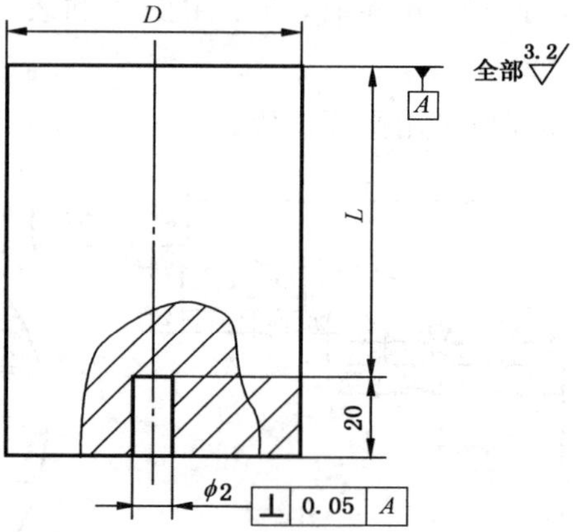

图 7 CSⅠ标准试块

表 5 CSⅠ标准试块尺寸

单位为毫米

试块序号	CSⅠ-1	CSⅠ-2	CSⅠ-3	CSⅠ-4
L	50	100	150	200
D	50	60	80	80

单位为毫米

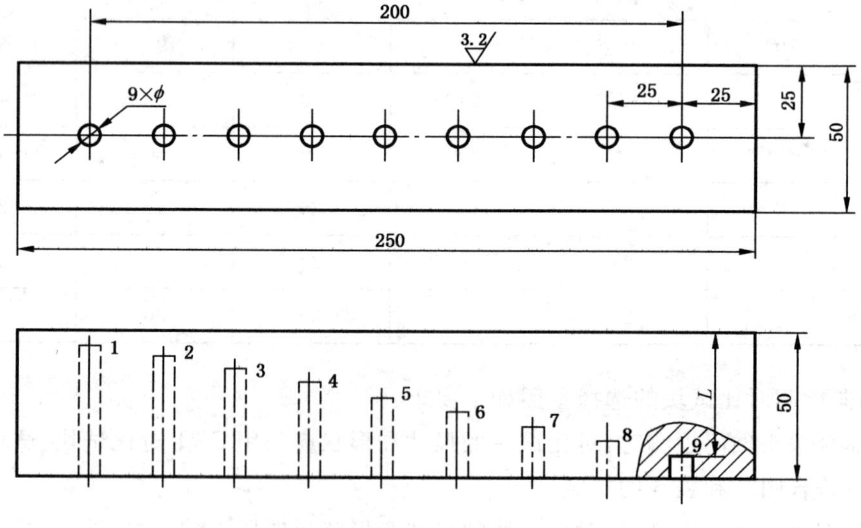

图 8 CSⅡ标准试块

表 6 CSⅡ标准试块尺寸

单位为毫米

试块序号	孔径	检测距离 L								
		1	2	3	4	5	6	7	8	9
CSⅡ-1	$\phi2$	5	10	15	20	25	30	35	40	45
CSⅡ-2	$\phi3$									
CSⅡ-3	$\phi4$									
CSⅡ-4	$\phi6$									

10.2.5 灵敏度的确定

10.2.5.1 基准灵敏度的确定：

a） 单直探头基准灵敏度的确定：当被检部位的声程大于或等于探头的 3 倍近场区长度，且检测面与底面平行时，原则上可采用底波法确定基准灵敏度。对由于几何形状所限，不能获得底波或声程小于探头的 3 倍近场区时，可直接采用试块法确定基准灵敏度。

b） 双晶直探头基准灵敏度的确定：使用相应的试块，依次测试一组不同检测距离的 $\phi2$ 平底孔试块(至少 3 个)。调节衰减器，作出双晶直探头的距离-波幅曲线，并以此作为基准灵敏度。

10.2.5.2 扫查灵敏度一般不应低于最大检测声程处的 $\phi2$ mm 平底孔当量直径。

10.2.6 检测

10.2.6.1 耦合方式一般可采用直接接触法。

10.2.6.2 灵敏度补偿：检测时应根据实际情况进行耦合补偿、衰减补偿和曲面补偿。

10.2.6.3 扫查方式：

a） 径向检测应尽可能选择晶片尺寸较小的探头；

b） 应按螺旋线或沿圆周进行扫查，行程应有重叠，扫查面应能包括整个圆柱表面；

c） 轴向检测应从棒材的两端面进行扫查，尽可能避免边缘效应对检测结果的影响。

10.2.7 缺陷的测定和记录

10.2.7.1 缺陷的判定以反射波幅值为判定依据，一般应采用距离-波幅曲线法或计算法确定缺陷当量。

10.2.7.2 采用计算法时，若材质衰减系数超过 4 dB/m，应考虑修正。衰减系数的测定按 10.3.6.3 的规定。

10.2.7.3 发现以下情况之一的缺陷均应记录其波幅和位置：

a） 反射波当量大于 $\phi2$ mm 的单个缺陷；

b） 底波降低量大于 8 dB 的缺陷。

10.2.8 质量分级

10.2.8.1 单个缺陷的质量分级见表 7。

10.2.8.2 由缺陷引起底波降低量的质量分级见表8，表8仅适用于声程大于近场区长度的缺陷质量分级。

10.2.8.3 按表7和表8评定缺陷等级时，应作为独立的等级分别使用。

10.2.8.4 当缺陷被检测人员判定为危害性缺陷，棒材的质量等级为Ⅴ级。

10.2.8.5 当密集型缺陷的当量值大于 $\phi 2$ 且任意两个缺陷的间距小于 25 mm，棒材的质量等级为Ⅴ级。

表7 缺陷的质量分级 单位为毫米

等级	Ⅰ	Ⅱ	Ⅲ	Ⅳ	Ⅴ
单个缺陷当量直径	≤ϕ2	≤ϕ3	≤ϕ4	≤ϕ5	>ϕ5
密集型缺陷当量直径	—	≤ϕ2	≤ϕ3	≤ϕ4	>ϕ4
长条形缺陷 ϕ2	≤25	>25			

表8 由缺陷引起底波降低量的质量分级 单位为分贝

等级		Ⅰ	Ⅱ	Ⅲ	Ⅳ	Ⅴ
底波降低量	BG/BF	≤8	>8～14	>14～20	>20～26	>26

10.3 游乐设施用钢锻件超声检测

10.3.1 钢锻件超声检测适用范围

10.3.1.1 钢锻件超声检测方法适用于最小尺寸大于 250 mm 以上的游乐设施用碳钢和低合金钢锻件的超声检测和质量分级。

10.3.1.2 钢锻件超声检测方法不适用于奥氏体钢等粗晶材料锻件的超声检测，也不适用于内、外半径之比小于65%的环形和筒形锻件的周向横波检测。

10.3.1.3 最小尺寸小于或等于 250 mm 的碳钢和低合金钢锻件的检测参照10.2执行。

10.3.2 检测原则

10.3.2.1 检测一般应安排在热处理后，孔、台等结构机加工前进行，检测面的表面粗糙度 $Ra \leqslant 6.3 \mu m$。

10.3.2.2 锻件应进行纵波检测。

10.3.2.3 锻件一般应使用直探头进行检测，对筒形和环形锻件还应增加斜探头检测。

10.3.2.4 锻件检测方向厚度超过 400 mm 时，应从相对两端面进行检测。

10.3.2.5 对筒形和环形锻件的横波检测参照附录C执行，扫查部位和验收标准由合同双方商定。

10.3.3 探头选用

10.3.3.1 直探头的选择应满足下列要求：

a) 应采用单晶直探头，探头标称频率应在 1 MHz～5 MHz 范围内；

b） 单晶直探头晶片有效直径应在为 ϕ10 mm～ϕ40 mm 范围内。

10.3.3.2 斜探头的选择应满足下列要求：

a） 探头与被检工件应保持良好的接触；

b） 探头标称频率主要为 2 MHz ～5 MHz，探头晶片面积为 80 mm^2～625 mm^2。

10.3.4 试块

10.3.4.1 试块的制作应符合 7.5 的规定。

10.3.4.2 对比试块可由以下材料之一制成：

a） 被检材料的多余部分(尺寸足够时)；

b） 与被检材料同钢种、同热处理状态的材料；

c） 与被检材料具有相同或相似声学特性的材料。

10.3.4.3 采用单晶直探头检测时，对比试块应至少包含能覆盖整个检测深度的 3 个 ϕ4 mm 平底孔。

10.3.4.4 检测面是曲面时，应采用 CS Ⅲ 对比试块来测定由于曲率不同而引起的声能损失，其形状和尺寸按图 9 所示。工件曲率半径在试块曲率半径的 0.9 倍～1.5 倍范围内。

单位为毫米

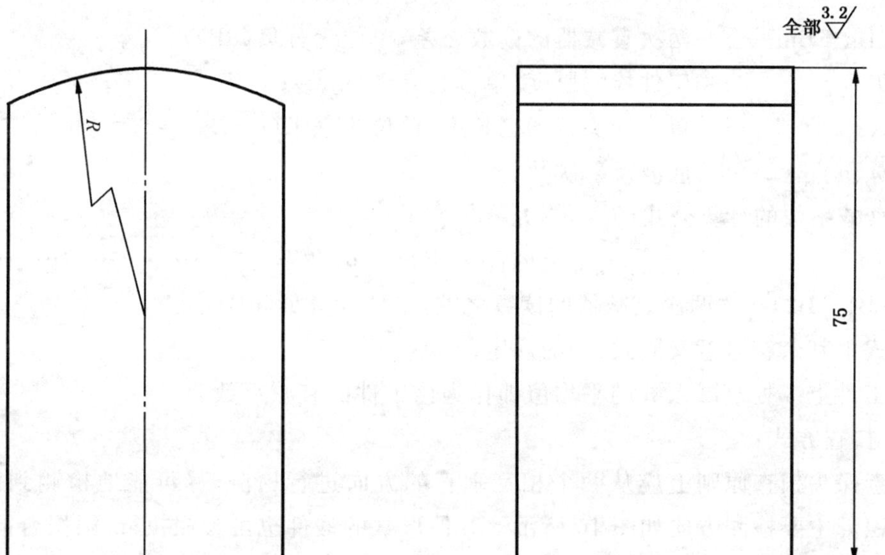

图 9 CS Ⅲ 曲面对比试块

10.3.5 灵敏度的确定

10.3.5.1 基准灵敏度的确定：

a） 当被检部位的厚度大于或等于探头的 3 倍近场区长度，且探测面与底面平行时，原则上可采用底波计算法确定基准灵敏度；

b） 对由于几何形状所限，不能获得底波或壁厚小于探头的 3 倍近场区时，可直接采用试块法确定基准灵敏度，参照附录 D。

10.3.5.2 扫查灵敏度一般不应低于最大检测距离处的 ϕ4 mm 平底孔当量直径。

10.3.6 检测

10.3.6.1 耦合方式一般可采用直接接触法。

10.3.6.2 检测时应根据实际情况进行耦合补偿、衰减补偿和曲面补偿。

10.3.6.3 工件材质衰减系数的测定：

a） 在工件无缺陷完好区域，选取 3 处检测面与底面平行且有代表性的部位，调节仪器使第一次底面回波幅度（B1 或 Bn）为满刻度的 50%，记录此时衰减器的读数，再调节衰减器，使第二次底面回波幅度（B2 或 Bm）为满刻度的 50%，两次衰减器读数之差即为（B1－B2）或（Bn－Bm）的 dB 差值（不考虑底面反射损失）。

b） 衰减系数的计算公式（$T<3N$，且满足 $n>3N/T$，$m=2n$）：

$$\alpha=[(\mathrm{Bn}-\mathrm{Bm})-6]/2(m-n)T \qquad (1)$$

式中：

α ——单程衰减系数，单位为分贝每米（dB/m）；

（Bn－Bm）——两次衰减器的读数之差，单位为分贝（dB）；

T ——工件检测厚度，单位为毫米（mm）；

N ——单直探头近场区长度，单位为毫米（mm）；

m、n ——底波反射次数。

c） 衰减系数的计算公式（$T\geqslant 3N$）：

$$\alpha=[(\mathrm{B1}-\mathrm{B2})-6]/2T \qquad (2)$$

（B1－B2）——两次衰减器的读数之差，单位为分贝（dB）；

式中其余符号意义同式(1)的规定。

d） 工件上 3 处衰减系数的平均值即作为该工件的衰减系数。

10.3.6.4 扫查方式：

a） 直探头扫查原则上应从两个相互垂直的方向进行检测，尽可能地检测到锻件的全体积。主要检测方向如图 10 所示。其他形状的锻件也可参照执行；根据合同、技术协议书或图样的要求，也可采用其他形式的扫查，如一定间隔的平行线或格子线扫查。

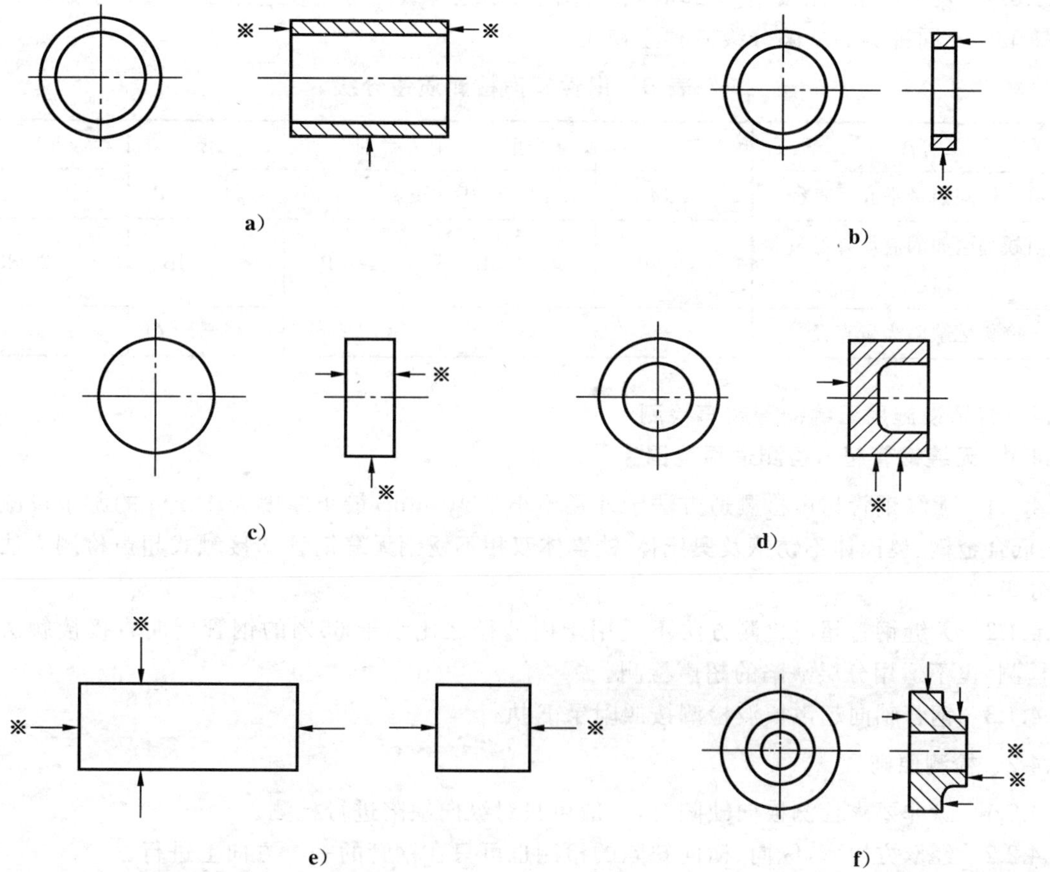

注：↑为应检测方向；※为参考检测方向。

图 10　检测方向(垂直检测法)

b)　斜探头检测应按附录 E 的要求进行。

10.3.7　缺陷的测定和记录

10.3.7.1　采用距离-波幅曲线或计算法确定缺陷当量。

10.3.7.2　计算缺陷当量时，若材质衰减系数超过 4 dB/m，应考虑修正。

10.3.7.3　发现以下情况之一的缺陷均应记录：

a)　当量直径超过 ϕ4 mm 的单个缺陷的波幅和位置。

b)　密集性缺陷：记录密集性缺陷中最大当量缺陷的位置和缺陷分布。应记录大于或等于 ϕ4 mm 当量直径的缺陷密集区。缺陷密集区面积以 50 mm×50 mm 的方块作为最小量度单位，其边界可由 6 dB 法决定。

c)　底波降低量应按表 9 的要求记录。

10.3.7.4　衰减系数：若合同双方有规定时，应记录衰减系数。

10.3.8　质量分级

10.3.8.1　当缺陷被检测人员判定为裂纹等危害性缺陷时，锻件的质量等级为Ⅴ级。

10.3.8.2　其他缺陷质量分级见表 9。

10.3.8.3 表9中采用由缺陷引起的底波降低量划分等级的方法仅适用于声程大于近场区长度的缺陷。不同种类的缺陷分级应独立使用。

表9 锻件超声检测质量分级

等级	Ⅰ	Ⅱ	Ⅲ	Ⅳ	Ⅴ
单个缺陷当量平底孔直径	≤ϕ4	≤ϕ4+6 dB	≤ϕ4+12 dB	≤ϕ4+18 dB	>ϕ4 +18 dB
由缺陷引起的底波降低量 BG/BF	≤6 dB	≤12 dB	≤18 dB	≤24 dB	>24 dB
密集区缺陷当量直径	—	—	≤ϕ4+6 dB	≤ϕ4+12 dB	≤ϕ4+18 dB

10.4 游乐设施用无缝钢管超声检测

10.4.1 无缝钢管超声检测适用范围

10.4.1.1 无缝钢管超声检测适方法于外径不小于40 mm,最小厚度为4 mm的游乐设施用碳钢、低合金钢、奥氏体不锈钢及奥氏体-铁素体双相不锈钢无缝钢管的接触式超声检测方法和质量分级。

10.4.1.2 无缝钢管超声检测方法不适用于内外径之比小于65%的钢管周向直接接触法斜探头检测,也不适用分层缺陷的超声检测。

10.4.1.3 钢管轴向超声模波检测按照附录F执行。

10.4.2 检测原则

10.4.2.1 除非要求检测横向缺陷时,一般可只对纵向缺陷进行检测。

10.4.2.2 经双方协商,纵向、横向缺陷的检测也可只在钢管的一个方向上进行。

10.4.3 探头选用

10.4.3.1 可使用线聚焦或点聚焦探头。

10.4.3.2 单个探头压电晶片边长或直径应不大于25 mm。

10.4.4 试块

10.4.4.1 对比试块

10.4.4.1.1 对比试块应选取与被检钢管规格相同,材质、热处理工艺和表面状况相同或相似的钢管制备。

10.4.4.1.2 对比试块的长度应满足检测方法和检测设备要求。

10.4.4.2 人工反射体

10.4.4.2.1 人工反射体形状:

a) 检测纵向缺陷和横向缺陷所用的人工反射体应分别为平行于管轴的纵向槽和垂直于管轴的横向槽,其断面形状均可为矩形或V形,人工反射体示意图见图11。

b) 矩形槽的两个侧面应相互平行且垂直于槽的底面。当采用电蚀法加工时,允许槽的底面和底面角部略呈圆形。V形槽的夹角应为60°。检测时人工反射体形状的选用由供需双方商定。

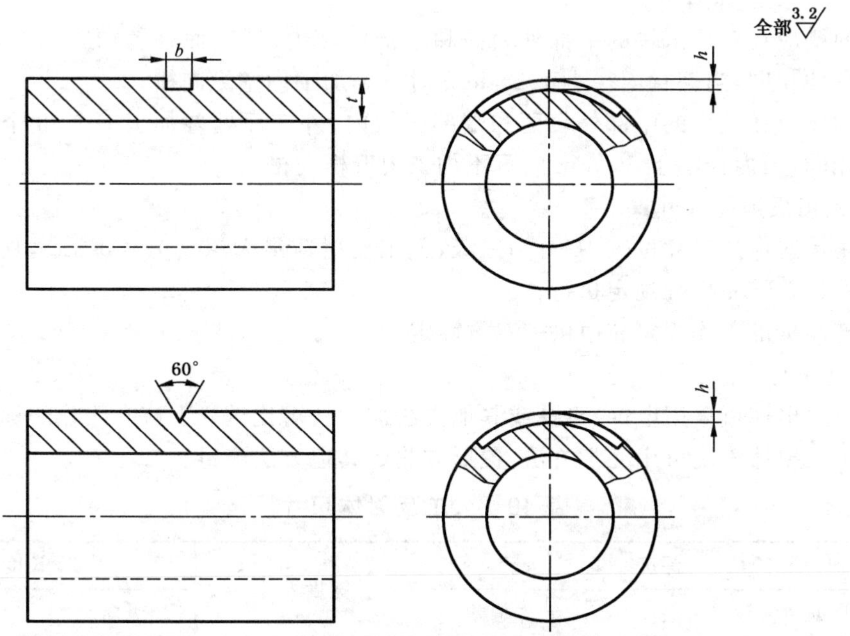

a） 横向人工反射体示意图

单位为毫米

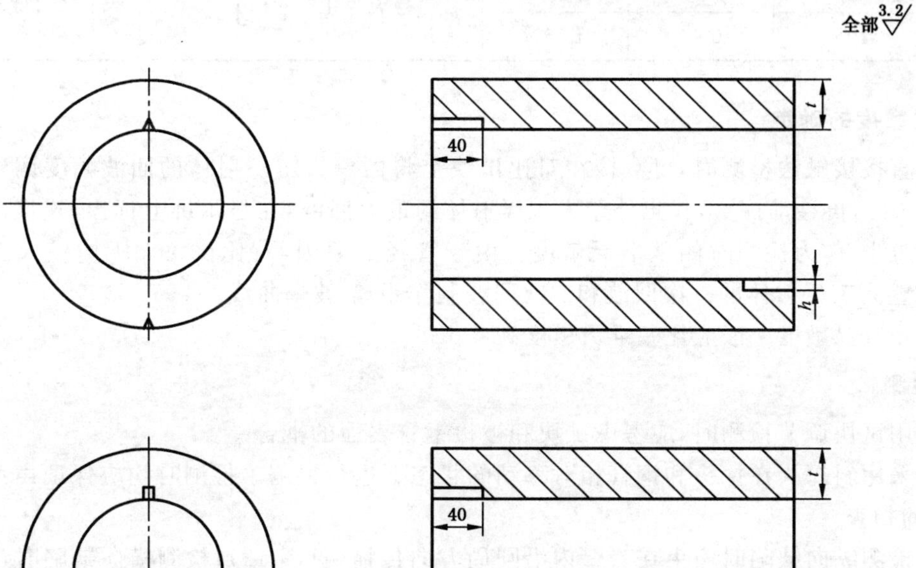

b） 纵向人工反射体示意图

说明：

h ——人工反射体深度，mm；

b ——人工反射体宽度，mm。

图 11　人工反射体示意图

10.4.4.2.2 人工反射体位置：

a) 纵向槽应在对比试块的中部外表面和端部区域内、外表面处各加工一个，3个槽的公称尺寸相同，当钢管内径小于25 mm时可不加工内壁纵向槽；

b) 横向槽应在试样的中部外表面和端部区域内、外表面处各加工一个，3个槽的名义尺寸相同，当内径小于50 mm时可不加工内壁横向槽。

10.4.4.2.3 人工反射体尺寸：

a) 人工反射体的尺寸按表10分为三级，人工反射体最大深度为3.0 mm，具体级别按有关的钢管产品标准规定执行；

b) 如产品标准未作规定应由供需双方商定。

10.4.4.2.4 制作与测量：

a) 人工反射体可采用电蚀、机械或其他方法加工。对比试样上应有明显的标识或编号。

b) 人工反射体深度可用光学方法、覆形方法或其他方法测量。

表10 人工反射体尺寸

单位为毫米

级别	深度			宽度 b	长度	
	h/t	最小	允许偏差		纵向	横向
Ⅰ	5%	0.20	±15%	不大于深度的两倍 最大为1.5	40	40或周长的50% （取小者）
Ⅱ	8%	0.40	±15%			
Ⅲ	10%	0.40	±15%			

10.4.5 灵敏度的确定

10.4.5.1 直接接触法检测时，可直接在对比试块上将内壁人工反射体的回波幅度调到显示屏满刻度的80%，再移动探头，找出外壁人工反射体的最大回波，在显示屏上标出，连接两点即为距离-波幅曲线，作为检测时的基准灵敏度。由于管径的原因，对比试块上无内壁人工反射体时，可用外壁人工反射体的一次回波和二次回波制作距离-波幅曲线。

10.4.5.2 扫查灵敏度一般应比基准灵敏度高6 dB。

10.4.6 检测

10.4.6.1 用试块调节检测时，应考虑试块和被检钢管表面的耦合差。

10.4.6.2 采用斜探头在探头和钢管相对移动的状态下进行检测。检测时均应保证声束对钢管全部表面的扫查。

10.4.6.3 检测纵向缺陷时声束在管壁内沿圆周方向传播(见图12)；检测横向缺陷时声束在管壁内沿管轴方向传播(见图13)。纵向、横向缺陷的检测均应在钢管的两个相反方向上进行。

10.4.6.4 探头相对钢管螺旋进给的螺距应保证超声波束对钢管进行100%扫查时，有不小于15%的覆盖率。

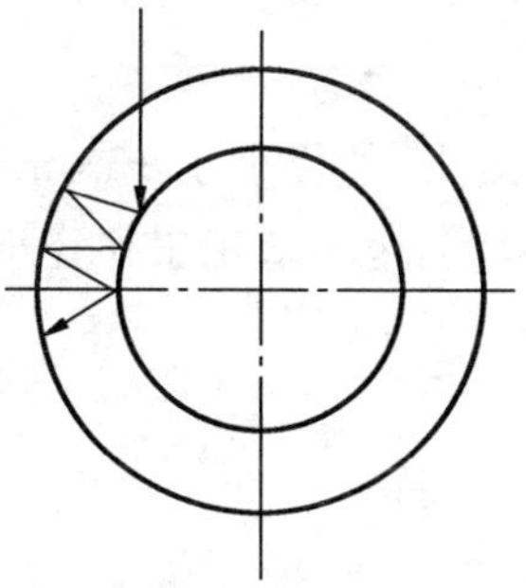

图 12 管壁内声束的周向传播

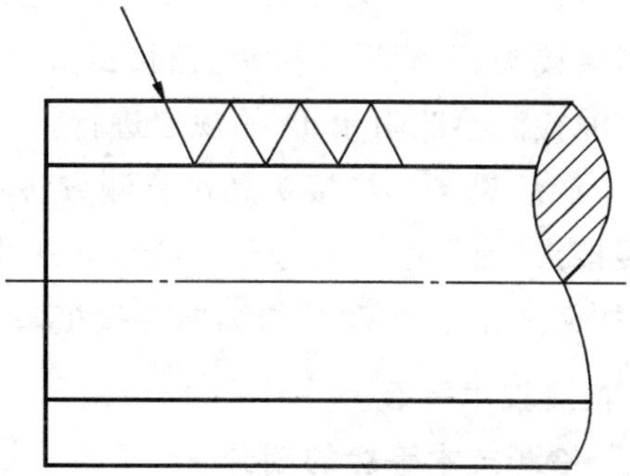

图 13 管壁内声束的轴向传播

10.4.7 缺陷的测定和记录

10.4.7.1 采用回波幅值判定缺陷。

10.4.7.2 应记录回波幅度大于或等于相应的对比试块人工反射体距离-波幅曲线 50%高度的缺陷。

10.4.8 质量分级

无缝钢管质量分级按表 11 的规定。

表 11 无缝钢管超声检测质量分级

等级	允许缺陷回波幅度	
	直接接触法	液浸法
Ⅰ	低于相应的对比试块人工反射体距离-波幅曲线 50%	低于相应的对比试块内、外表面人工反射体所产生的回波幅度 50%
Ⅱ	低于相应的对比试块人工反射体距离-波幅曲线且大于或等于其 50%	低于相应的对比试块内、外表面人工反射体所产生的回波幅度且大于或等于其 50%
Ⅲ	大于或等于相应的对比试块人工反射体距离-波幅曲线	大于或等于相应的对比试块内、外表面人工反射体所产生的回波幅度

10.5 其他类型原材料、零部件超声检测

10.5.1 游乐设施用铸钢件超声检测可按照 GB/T 7233.1 执行。

10.5.2 游乐设施用铸铁件超声检测按照附录 G 执行。

10.5.3 结构不规则的游乐设施用零部件可采用相控阵超声检测。

11 游乐设施焊接接头超声检测

11.1 焊接接头超声检测适用范围

11.1.1 游乐设备焊接接头超声检测方法规定了游乐设施焊接接头缺陷的 A 型脉冲超声检测和质量分级。

11.1.2 游乐设备焊接接头超声检测方法适用于母材厚度为 8 mm～500 mm 全焊透熔化焊的对接焊接接头、T 型焊接接头、角接接头、钢管对接接头的超声检测。奥氏体不锈钢对接焊接接头超声波检测参照附录 H 的规定进行。

11.1.3 游乐设备焊接接头超声检测方法不适用于铸钢焊接接头、外径小于 159 mm 的钢管对接焊接接头、内径小于或等于 200 mm 的管座角焊缝的超声检测,也不适用于外径小于 250 mm 或内、外径之比小于 70%的纵向焊接接头超声检测。

11.2 检测技术等级

11.2.1 检测技术等级的划分

11.2.1.1 超声检测技术等级分为 A、B、C 级。

11.2.1.2 超声检测技术等级的选择应符合制造、安装等有关规范、标准及设计图样规定,应根据游乐设施部件的重要程度和相关产品标准的规定进行选用。游乐设施焊接接头的制造、安装时的超声检测,一般应采用 B 级超声检测技术等级进行检测。对特别重要的零部件焊接接头,可采用 C 级超声检测技术等级进行检测。

11.2.2 不同检测技术等级的检测要求

11.2.2.1 适用于平板对接焊接接头,其他形式的焊接接头可参照执行。

11.2.2.2 A 级检测:

a) A 级适用于工件厚度为 8 mm～40 mm 焊接接头的检测。

b) 可用一种折射角(K 值)斜探头采用直射波法和一次反射波法在焊接接头的单面双侧进行检测。如受条件限制,也可以选择双面单侧或单面单侧进行检测。

c) 一般不要求进行横向缺陷的检测。

11.2.2.3 B 级检测:

a) B 级适用于工件厚度为 8 mm～200 mm 焊接接头的检测。

b) 检测纵向缺陷时,当母材厚度为 $8 \leqslant t < 40$ mm,用一种 K 值探头采用一次反射法在焊接接头的单面双侧进行检测;当母材厚度大于 40 mm$\leqslant t <$100 mm,用一种 K 值探头在焊接接头的双面双侧进行检测,也可采用两种 K 值探头在焊接接头的单面双侧(双面单侧)进行检测;当母材厚度为 100 mm～200 mm,应采用两种 K 值探头采用直射波在焊接接头的双面双侧进行检测。

c) B 级应进行横向缺陷检测。斜探头检测时,可在焊接接头两侧边缘使探头与焊接接头中心线成 10°～20°作斜平行扫查,母材厚度 $8 \leqslant t \leqslant 100$ mm 可采用 1 种探头在单面斜平行扫查,母材厚度 $100 < t \leqslant 200$ mm 应采用 2 种探头在单面斜平行扫查。

11.2.2.4 C 级检测:

a) C 级适用于工件厚度为 8 mm～400 mm 焊接接头的检测。

b) 采用 C 级检测时应将焊接接头的余高磨平。对焊接接头斜探头扫查经过的母材区域要用直探头进行检测,检测方法按 11.4.4.7 的规定进行。

c) 检测纵向缺陷时,当母材厚度为 $8 \leqslant t < 15$ mm,用一种 K 值探头采用一次反射法在焊接接头的单面双侧进行检测,也可采用两种 K 值探头在焊接接头的单面双侧(双面单

侧)进行检测;当母材厚度大于 15 mm≤t<40 mm,应采用两种 K 值探头在焊接接头的双面双侧进行检测;当母材厚度为 40 mm≤t<100 mm,应采用两种 K 值探头采用在焊接接头的双面双侧进行检测;当母材厚度为 100 mm≤t<400 mm,应采用两种 K 值探头采用直射波在焊接接头的双面双侧进行检测。

d) C 级应进行横向缺陷检测。斜探头检测时,可在焊接接头两侧边缘使探头与焊接接头中心线成 10°～20°作斜平行扫查,母材厚度 8≤t≤15 mm 应采用 1 种探头在单面斜平行扫查,母材厚度 15≤t≤400 mm 应采用 2 种探头在单面斜平行扫查。

e) 母材厚度 40≤t≤400 mm 应采用直探头在单面扫查。

11.2.2.5 用两种或两种以上不同折射角(K 值)斜探头检测时,探头间折射角相差不应小于 10°。

11.3 试块

11.3.1 采用 CSK-ⅠA 为标准试块,采用 CSK-ⅡA、CSK-ⅢA 和 CSK-ⅣA 为标准试块和对比试块。其形状和尺寸应分别符合图 14～图 17 和表 12 的规定。

单位为毫米

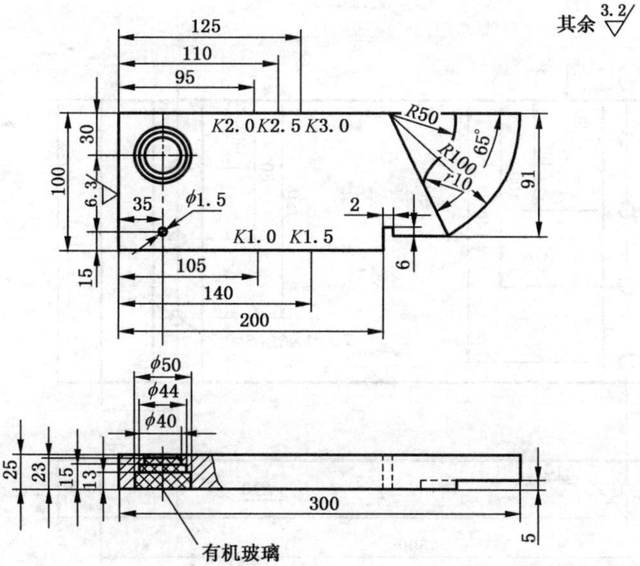

注:尺寸误差不大于±0.05 mm。

图 14 CSK-ⅠA 试块

单位为毫米

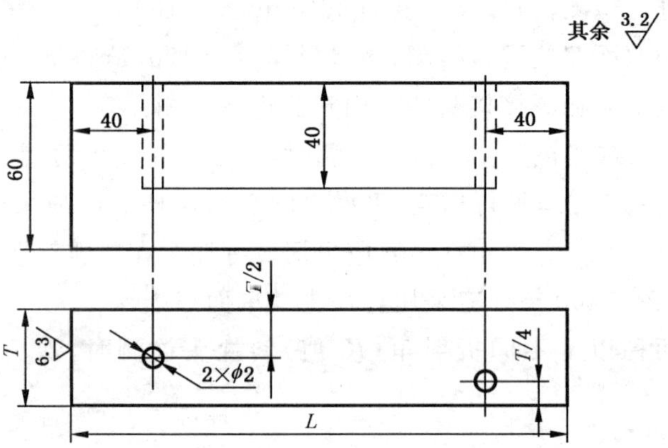

说明：

L——试块长度，由使用的声程确定。

注：尺寸误差不大于±0.05 mm。

图 15 CSK-ⅡA 试块

单位为毫米

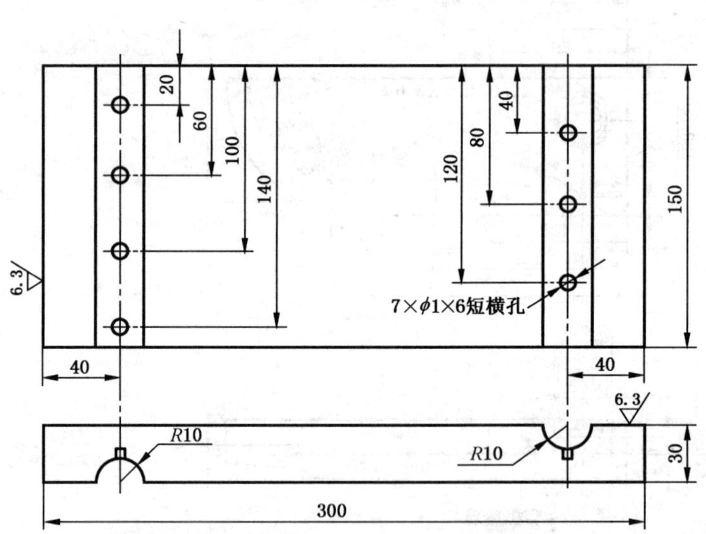

注：尺寸误差不大于±0.05 mm。

图 16 CSK-ⅢA 试块

单位为毫米

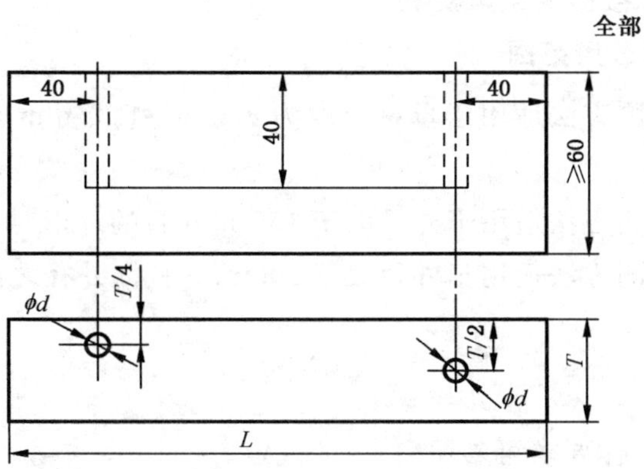

说明：

L——试块长度，由使用的声程确定。

注：尺寸误差不大于±0.05 mm。

图 17　CSK-ⅣA 标准试块

表 12　CSK-ⅣA 试块尺寸

单位为毫米

CSK-Ⅳ	被检工件厚度	对比试块厚度 T	标准孔位置 b	标准孔直径 d
1	＞120～150	135	$T/4$、$T/2$	6.4(1/4 in)
2	＞150～200	175	$T/4$、$T/2$	7.9 (5/16 in)
3	＞200～250	225	$T/4$、$T/2$	9.5 (3/8 in)
4	＞250～300	275	$T/4$、$T/2$	11.1 (7/16 in)
5	＞300～350	325	$T/4$、$T/2$	12.7 (1/2 in)
6	＞350～400	375	$T/4$、$T/2$	14.3 (9/16 in)

11.3.2　CSK-ⅠA、CSK-ⅡA 和 CSK-ⅢA 试块适用壁厚为 8 mm～120 mm 的焊接接头，CSK-ⅠA 和 CSK-ⅣA 系列试块适用壁厚大于 120 mm 至 400 mm 的焊接接头。

11.3.3　在满足灵敏度要求时，试块上的人工反射体根据检测需要可采取其他布置形式或添加，也可采用其他型式的等效试块。

11.3.4　检测曲率半径 $R \leqslant 500$ mm 的曲面工件时，应采用与检测面曲率相同的对比试块，反射孔的位置可参照对比试块确定。探头接触面宽度应满足 $R \leqslant W^2/4$（R 为检测面曲率半径，W 为探头接触面宽度，环缝检测时为探头宽度，纵缝检测时为探头长度）时，试块宽度 b 一般应满足：

$$b \geqslant 2\lambda S/D_0 \qquad \cdots\cdots(3)$$

式中：

b ——试块宽度，单位为毫米(mm)；

λ ——声波波长，单位为毫米(mm)；

S ——声程，单位为毫米(mm)；

D_0——声源有效直径，单位为毫米(mm)。

11.4 钢制游乐设施对接焊接接头超声检测

11.4.1 对接接头超声检测适用范围

11.4.1.1 对接接头超声检测方法适用于母材厚度为 8 mm～500 mm 全焊透熔化焊的平板对接焊接接头超声检测。

11.4.1.2 对接接头超声检测方法适用于外径大于 159 mm 管的环形对接接头超声检测。

11.4.1.3 对接接头超声检测方法适用于外径大于 100 mm 且内外径之比大于 70%管的纵向焊接接头超声检测。

11.4.2 检测原则

平板对接接头检测的具体要求可参照表 13 的规定。

表 13 平板对接接头检测的具体要求

检测技术等级	工件厚度 t/mm	纵向缺陷检测				横向缺陷检测	
		斜探头检测			直探头检测	斜探头横向扫查	
		不同折射角（K 值）探头数量	检测面（侧）	探头移动区宽度	探头位置	不同折射角（K 值）探头数量	检测面
A	$8\leqslant t\leqslant 40$	1	单面双侧或单面单侧	$1.25P$	—	—	—
B	$8\leqslant t\leqslant 40$	1	单面双侧	$1.25P$	—	1	单面
	$40<t\leqslant 100$	1 或	双面双侧	$1.25P$	—	1	单面
		2	单面双侧或双面单侧				
	$100<t\leqslant 200$	2	双面双侧	$0.75P$	—	2	单面
C	$8\leqslant t\leqslant 15$	1 或	单面双侧	$1.25P$	—	1	单面
		2	单面单侧或双面单侧				
	$15<t\leqslant 40$	2	双面双侧	$1.25P$	—	2	单面
	$40<t\leqslant 100$	2	双面双侧	$1.25P$	单面(G 或 H)	2	单面
	$100<t\leqslant 400$	2	双面双侧	$0.75P$	单面(G 或 H)	2	单面

11.4.3 探头的选择

11.4.3.1 斜探头的折射角（K 值）、标称频率的选取可参照表 14 的规定。条件允许时，应尽量采用较大折射角（K 值）探头。

11.4.3.2 采用一次反射法检测时，斜探头折射角（K 值）的选取应尽可能使主声束与检测面相对的底面法线夹角在 35°～70°之间，当使用两种或两种以上折射角（K 值）探头检测时，应至少有一种折射角（K 值）的探头满足这一要求。

表 14 推荐采用的斜探头折射角（K 值）和标称频率

工件厚度 t/mm	折射角（K 值）	标称频率/ MHz
≥8～25	63°～72°(2.0～3.0)	4～5
>25～40	56°～68°(1.5～2.5)	2～5
>40	45°～63°(1.0～2.0)	2～2.5

11.4.3.3　直探头标称频率的选取可参照表 15 的规定。

表 15　推荐采用的直探头标称频率

工件厚度 t/mm	标称频率/ MHz
≥8～40	4～5
>40	2～5

11.4.4　试块

11.4.4.1　试块的制作应满足 7.5 的规定。

11.4.4.2　标准试块的选择依据 11.3 确定。

11.4.5　检测区域

11.4.5.1　检测区域的表征：

a）检测区由焊接接头检测区宽度和焊接接头检测区厚度表征。

b）焊接接头检测区宽度应是焊缝本身加上焊缝熔合线两侧各 10 mm 确定。V 型坡口对接接头检测区示意见图 18。

c）对接接头检测区厚度应为工件厚度加上焊缝余高。

d）超声检测应覆盖整个检测区。若增加检测探头数量或增加检测面(侧)还不能完全覆盖,应增加辅助检测,包括采用其他无损检测方法。

单位为毫米

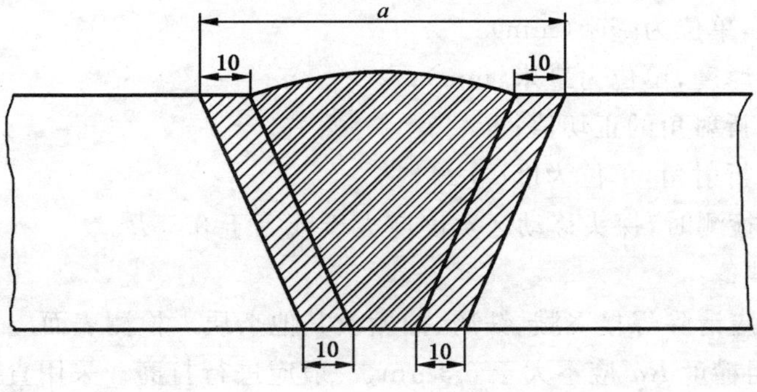

说明：

a——焊接接头检测区宽度。

图 18　检测区示意图

11.4.5.2　探头的移动区宽度：

a）探头移动区宽度应能满足检测到整个检测区。见图 19。

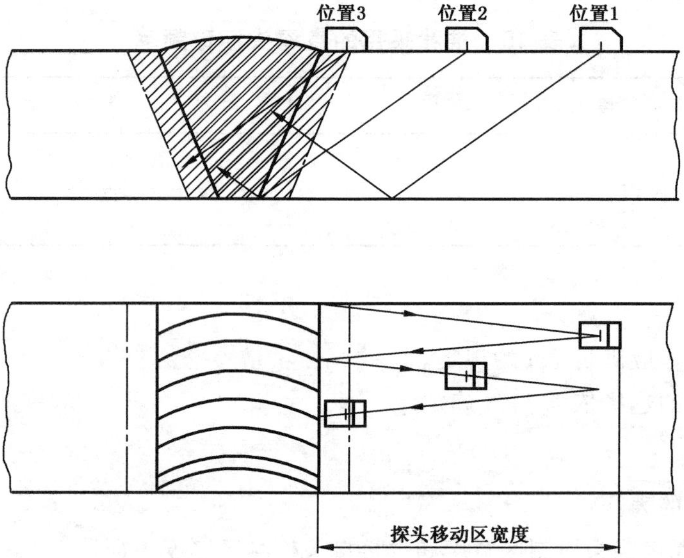

图 19 探头移动区宽度示意图

b) 用一次反射法检测时，探头移动区宽度应大于或等于 1.25P：

$$P = 2Kt \quad (4)$$

或

$$P = 2t \times \tan\beta \quad (5)$$

式中：

P ——跨距，单位为毫米(mm)；

t ——工件厚度，单位为毫米(mm)；

K ——探头折射角的正切值；

β ——探头折射角，单位为度(°)。

c) 采用直射法检测时，探头移动区宽度应大于或等于 0.75P。

11.4.5.3 检测面的准备：

a) 探头移动区应清除焊接飞溅、铁屑、油垢及其他杂质。检测表面应平整，便于探头的扫查，其表面粗糙度 Ra 应不大于 6.3 μm，一般应进行打磨。采用直射法检测时，探头移动区应大于或等于 0.75P。

b) 去除余高的焊缝，应将余高打磨到与邻近母材平齐。保留余高的焊缝，如果焊缝表面有咬边、较大的隆起和凹陷等也应进行适当的修磨，并作圆滑过渡以免影响检测结果的评定。

11.4.5.4 母材的检测：

a) 对于C级检测，斜探头扫查声束通过的母材区域，应先用直探头检测，以便检测是否有影响斜探头检测结果的分层或其他种类缺陷存在。该项检测仅作记录，不属于对母材的验收检测。

b) 母材检测的要点如下：

1） 检测方法：接触式脉冲反射法，采用频率 2 MHz～5 MHz 的直探头，晶片直径 10 mm～25 mm；

2） 检测灵敏度：将无缺陷处第二次底波调节为荧光屏满刻度的 100%；

3） 凡缺陷信号幅度超过荧光屏满刻度 20%的部位，应在工件表面作出标记，并予以记录。

11.4.6 灵敏度的确定

11.4.6.1 斜探头入射点的测定一般采用 CSK-ⅠA 试块，折射角（*K* 值）的测定可采用 CSK-ⅠA、CSK-ⅡA、CSK-ⅢA 或 CSK-ⅣA 试块。

11.4.6.2 仪器时基线的调整一般采用 CSK-ⅠA 试块，以及根据被检工件厚度选择 CSK-ⅡA、CSK-ⅢA 或 CSK-ⅣA 试块。

11.4.6.3 根据实际检测的需要和选取的探头和仪器，选择相应的对比试块进行距离-波幅曲线的绘制。该曲线族由评定线、定量线和判废线组成。评定线以下为 0 区，评定线与定量线之间（包括评定线）为Ⅰ区，定量线与判废线之间（包括定量线）为Ⅱ区，判废线及其以上区域为Ⅲ区，如图 20 所示。如果距离-波幅曲线绘制在荧光屏上，则在检测范围内不低于荧光屏满刻度的 20%。

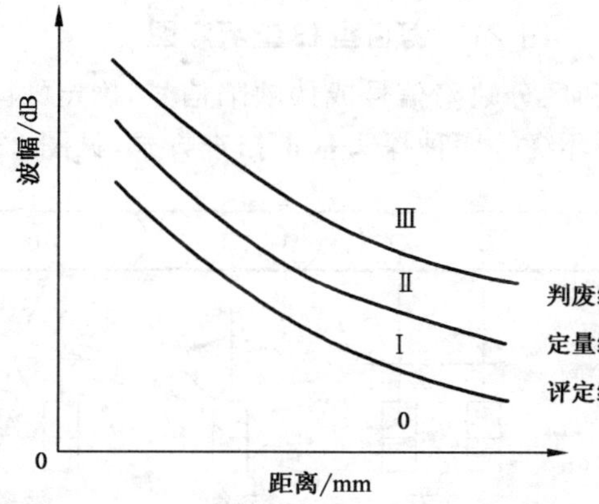

图 20 距离-波幅曲线的示意图

11.4.6.4 灵敏度的选择：

a） 对接焊接接头，其距离-波幅曲线灵敏度按表 16 的规定；

表 16 距离-波幅曲线的灵敏度

试块型式	板厚/mm	评定线	定量线	判废线
CSK-ⅡA	8～40	ϕ2×40－18 dB	ϕ2×40－12 dB	ϕ2×40－4 dB
	>40～120	ϕ2×40－14 dB	ϕ2×40－8 dB	ϕ2×40＋2 dB
CSK-ⅢA	8～15	ϕ1×6－12 dB	ϕ1×6－6 dB	ϕ1×6＋2 dB
	>15～40	ϕ1×6－9 dB	ϕ1×6－3 dB	ϕ1×6＋5 dB
	>40～120	ϕ1×6－6 dB	ϕ1×6－0 dB	ϕ×6＋10 dB
CSK-ⅣA	>120～400	横孔直径－16 dB	横孔直径－10 dB	横孔直径

b） 工件的表面耦合损失和材质衰减应与试块相同，否则应按附录Ⅰ的规定测量声能传输损耗差并进行补偿，补偿量应计入距离-波幅曲线；

c) 扫查灵敏度不应低于评定线灵敏度，此时在检测范围内最大声程处的评定线高度不应低于荧光屏满刻度的20%；

d) 检测和评定横向缺陷时，应将各线灵敏度均提高6 dB；

e) 采用直探头检测时，可以制定对应的长横孔进行灵敏度设定。

11.4.7 检测

11.4.7.1 斜探头扫查采用以下方法：

a) 为检测纵向缺陷，斜探头应垂直于焊缝中心线放置在检测面上，作锯齿型扫查，见图21。探头前后移动的范围应保证扫查到全部焊接接头截面，在保持探头垂直焊缝作前后移动的同时，还应作10°～15°的左右转动。

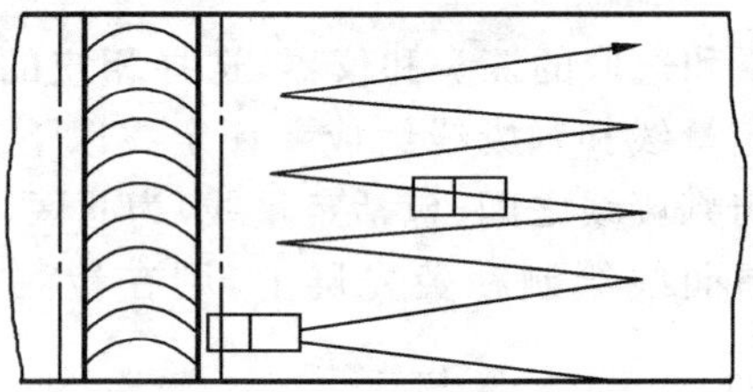

图21 锯齿型扫查示意图

b) 为观察缺陷动态波形和区分缺陷信号或伪缺陷信号，确定缺陷的位置、方向和形状，可采用前后、左右、转角、环绕等四种探头基本扫查方式，见图22。

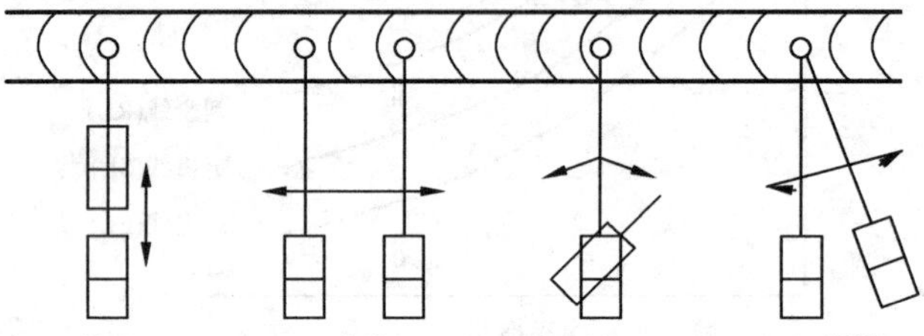

图22 四种基本扫查方法示意图

c) 检测横向缺陷时，将探头放在焊缝及热影响区上作两个方向的平行扫查，见图23。焊接接头母材超过100 mm时，应在焊缝的两面作平行扫查或者采用两种K值探头（$K1$和$K1.5$或$K1$和$K2$并用）作单面两个方向的平行扫查；必要时亦可用两个$K1$探头作串列扫查。

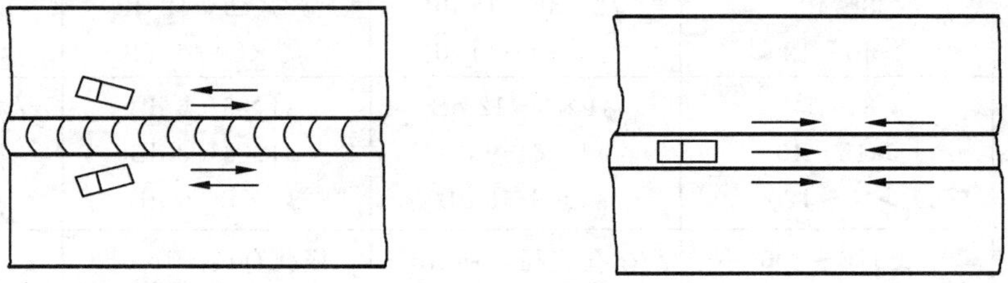

a） 斜平行扫查　　b） 平行扫查

图23 横向缺陷扫查方法

11.4.7.2 直探头扫查时，应确保超声声束扫查到焊接接头的整个被检测区域。

11.4.7.3 曲面工件(曲率半径小于或等于 250 mm)对接焊接接头的超声检测采用以下方法：

a) 检测面为曲面时，可尽量按平板对接焊接接头的检测方法进行检测。对于受几何形状限制，无法检测的部位应予以记录。检测曲面工件时，如检测面曲率半径 $R \leqslant W^2/4$ 时(W 为探头接触面宽度，环缝检测时为探头宽度，纵缝检测时为探头长度)，应采用与检测面曲率相同对比试块，反射孔的位置可参照对比试块确定。试块宽度 b 一般应满足：

$$b \geqslant 2\lambda S/D_0 \qquad \cdots\cdots (6)$$

式中：

b ——试块宽度，单位为毫米(mm)；

λ ——超声波波长，单位为毫米(mm)；

S ——声程，单位为毫米(mm)；

D_0 ——声源有效直径，单位为毫米(mm)。

b) 纵缝检测时，对比试块的曲率半径与检测面曲率半径之差应小于 10%，还应考虑如下几点：

1) 根据工件的曲率和材料厚度选择探头 K 值，并考虑几何临界角的限制，确保声束能扫查到整个焊接接头；

2) 探头接触面修磨后，应注意探头入射点和 K 值的变化，并用曲率试块作实际测定；

3) 应注意荧光屏指示的缺陷深度或水平距离与缺陷实际的径向埋藏深度或水平距离弧长的差异，必要时应进行修正。

c) 环缝检测时，工件的曲率半径应为对比试块曲率半径的 0.9 倍～1.5 倍。

11.4.8 缺陷的测定和记录

11.4.8.1 灵敏度应调到评定线灵敏度。对所有反射波幅达到或超过定量线的缺陷，均应确定其位置、最大反射波幅和缺陷当量并记录。

11.4.8.2 缺陷最大反射波幅的测定应将探头移至缺陷出现最大反射波信号的位置，测定波幅大小，并确定它在距离-波幅曲线图中的区域。

11.4.8.3 缺陷位置测定应以获得缺陷最大反射波的位置为准，应给出缺陷在焊缝上的位置和深度。

11.4.8.4 缺陷缺陷当量直径 ϕ 的测定应根据缺陷最大反射波幅确定，缺陷当量直径 ϕ，用当量平底孔直径表示，主要用于直探头检测，可采用公式计算，距离-波幅曲线和试块对比来确定缺陷当量尺寸。

11.4.8.5 应根据缺陷最大反射波幅确定缺陷指示长度 ΔL。缺陷指示长度 ΔL 的检测采用以下方法：

a) 当缺陷反射波只有一个高点，且位于Ⅱ区或Ⅱ区以上时，用－6 dB 法测其指示长度；

b) 当缺陷反射波峰值起伏变化，有多个高点，且位于Ⅱ区或Ⅱ区以上时，应以端点－6 dB 法测其指示长度；

c) 当缺陷反射波峰位于Ⅰ区，如认为有必要记录时，将探头左右移动，使波幅降到评定线，以此测定缺陷指示长度。

11.4.9 缺陷评定

11.4.9.1 超过评定线的信号应注意其是否具有裂纹等危害性缺陷特征，如有怀疑时，应采取改变探头 K 值、增加检测面、观察动态波型并结合焊接工艺和结构特征进行判定，如对波型不能判断时，应辅以其他检测方法作综合判定。

11.4.9.2 沿缺陷长度方向相邻的两缺陷，其长度方向间距小于其中较小的缺陷长度且两缺陷在与缺陷长度相垂直方向的间距小于 5 mm 时，应作为一条缺陷处理，以两缺陷长度之和作为其指示长度(间距计入)。如果两缺陷在长度方向投影有重叠，则以两缺陷在长度方向上投影的左、右端点间距离作为其指示长度。

11.5 钢制游乐设施管结构环向焊接接头超声检测

11.5.1 管结构环向焊接接头超声检测适用范围

11.5.1.1 管结构环向焊接接头超声检测方法规定了游乐设施管结构环向焊接接头缺陷的超声检测方法及检测结果的质量分级。

11.5.1.2 管结构环向焊接接头超声检测方法适用于壁厚大于或等于 8 mm，外径为 32 mm～159 mm；壁厚为 4 mm～8 mm，外径大于或等于 40 mm 的游乐设施管结构环向焊接接头。

11.5.1.3 管结构环向焊接接头超声检测方法不适用于铸钢和奥氏体不锈钢环向焊接接头的超声检测。

11.5.2 检测原则

11.5.2.1 在选择检测面和探头时应考虑到缺陷的位置和类型，并使声束尽可能垂直于主要缺陷。

11.5.2.2 对于轴向缺陷和周向缺陷应考虑接触面的几何散射和探头边缘声波的散射，必要时将探头楔块表面打磨至适当的弧度以贴合检测面。

11.5.3 探头的选择

11.5.3.1 推荐采用线聚焦斜探头和双晶线聚焦斜探头，其性能应能满足检测要求。

11.5.3.2 探头频率一般采用 4 MHz～5 MHz，当管壁厚度大于 15 mm 时，采用 2 MHz～2.5 MHz 的探头。

11.5.3.3 斜探头 K 值的选取可参照表 17 的规定。如有必要，也可采用其他 K 值的探头。

表 17 斜探头 K 值的选择

管壁厚度/mm	探头 K 值	探头前沿/mm
4.0～8	3.0～2.5	≤6
>8～15	2.5～1.5	≤8
>15	2.0～1.5	≤12

11.5.3.4 当壁厚大于或等于 8 mm 时，如焊接接头坡口留有钝边，应增加大 K 值探头($K \geqslant 2.2$)的根部扫查。

11.5.3.5 探头楔块的曲率应加工成与管子外径相吻合的形状。加工好曲率的探头应对其 K 值和前沿值进行测定，要求一次波至少扫查到焊接接头根部。

11.5.4 试块

11.5.4.1 对比试块的制作应符合 7.5 的规定。

11.5.4.2 试块的耦合面曲率应与被探管径相同或相近，其曲率半径之差不应大于被探管径的10%。采用的试块型号为 GS-1、GS-2、GS-3、GS-4。其形状和尺寸应分别符合图 24 和表 18 的规定。

11.5.4.3 可根据检测需要，添加适用不同曲率和厚度范围的试块。

单位为毫米

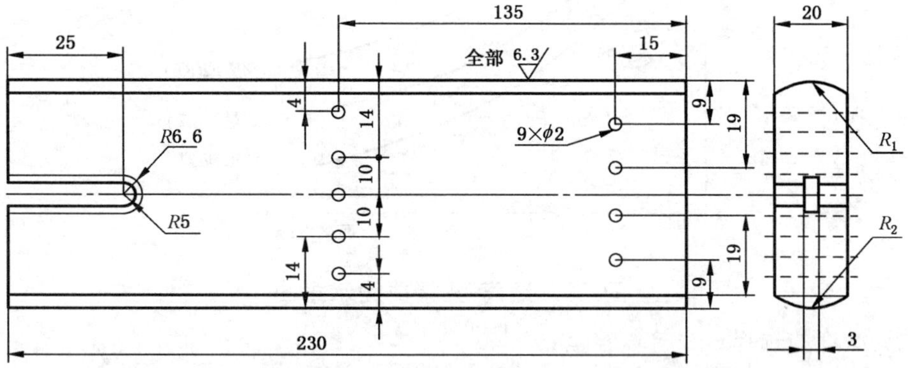

图 24 GS 试块形状和尺寸

表 18 试块圆弧曲率半径

单位为毫米

试块型号	试块圆弧曲率半径 R_1	适用管外径范围	试块圆弧曲率半径 R_2	适用管外径范围
GS-1	—	—	22	40～48
GS-2	26	48～57	32	57～72
GS-3	40	72～90	50	90～110
GS-4	60	110～132	72	132～159

11.5.5 检测区域

11.5.5.1 一般要求从焊接接头两侧进行探测，确因条件限制只能从焊接接头一侧探测时，应采用两种或两种以上的不同 K 值探头进行探测，并在报告中加以说明。

11.5.5.2 探头移动区应大于 $1.5P$。P 的计算按 11.4.5.2 的规定。

11.5.6 灵敏度确定

11.5.6.1 斜探头入射点的测定一般采用 CSK-ⅠA 试块，折射角（K 值）的测定可采用 CSK-ⅠA、CSK-ⅡA、CSK-ⅢA 或 CSK-ⅣA 试块。

11.5.6.2 仪器时基线的调整一般采用 CSK-ⅠA 试块，以及根据被检工件厚度选择 CSK-ⅡA、CSK-ⅢA 或 CSK-ⅣA 试块。

11.5.6.3 距离-波幅曲线的绘制应按照表 18 选择与实际工件相对应的曲面校准试块。距离-波幅曲线按所用探头和仪器在所选择的试块上实测的数据绘制而成，该曲线族图由评定线、定量线和判废线组成。评定线与定量线之间（包括评定线）为Ⅰ区，定量线与判废线之间（包括定量线）为Ⅱ区，判废线及其以上区域为Ⅲ区，评定线以下为 0 区，如图 25 所示。

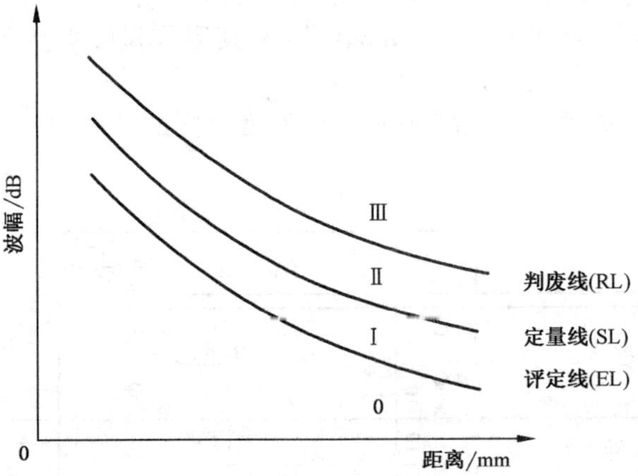

图 25 距离-波幅曲线示意图

11.5.6.4 灵敏度的选择：

a) 不同管壁厚度的距离-波幅曲线灵敏度应符合表19的规定；

表 19 距离-波幅曲线的灵敏度

壁厚/mm	评定线	定量线	判废线
≤8	—	ϕ2×20−16 dB	ϕ2×20−10 dB
>8～15	ϕ2×20−16 dB	ϕ2×20−13 dB	ϕ2×20−7 dB
>15	ϕ2×20−16 dB	ϕ2×20−10 dB	ϕ2×20−4 dB

b) 检测时，由于工件的表面耦合损失和材质衰减，应根据实测结果对检测灵敏度进行补偿，补偿量应计入距离-波幅曲线；

c) 扫查灵敏度不应低于最大声程处的评定线灵敏度。

11.5.7 检测

11.5.7.1 一般将探头从焊接接头两侧垂直于焊接接头作锯齿形扫查，探头前后移动距离应符合要求，探头左右移动距离应小于探头晶片宽度的一半。

11.5.7.2 为了观察缺陷动态波形或区分伪缺陷信号以确定缺陷的位置、方向、形状、可采用前后、左右、转角等扫查方法。

11.5.8 缺陷测定及记录

11.5.8.1 对所有反射波幅位于Ⅱ区或Ⅱ区以上的缺陷，均应对缺陷位置、缺陷最大反射波幅和缺陷指示长度等进行测定并记录。

11.5.8.2 缺陷位置测定应以获得缺陷最大反射波的位置为准。

11.5.8.3 缺陷最大反射波幅的测定。将探头移至缺陷出现最大反射波信号的位置，测定波幅大小，并确定它在距离-波幅曲线图中区域。

11.5.8.4 缺陷指示长度的测定按下述方法进行：

a) 缺陷反射波只有一个高点，且位于Ⅱ区或Ⅱ区以上时，用−6 dB法测量其指示长度；

b) 缺陷反射波峰值起伏变化，有多个高点，且位于Ⅱ区或Ⅱ区以上时，应以端点−6 dB

法测量其指示长度；

c) 当缺陷最大反射波幅位于Ⅰ区，如认为有必要记录时，应以评定线绝对灵敏度法测其指示长度；

d) 缺陷的指示长度 I 应按式(7)计算：

$$I = L \times (R - H)/R \quad \cdots\cdots (7)$$

式中：

L ——探头左右移动距离，单位为毫米(mm)；

R ——管子外径，单位为毫米(mm)；

H——缺陷距外表面深度(指示深度)，单位为毫米(mm)。

11.5.9 缺陷评定

11.5.9.1 超过评定线的信号应注意其是否具有裂纹等危害性缺陷特征，如有怀疑时，应采取改变探头 K 值，观察缺陷动态波型并结合焊接工艺等进行综合分析。

11.5.9.2 相邻两缺陷在一直线上，其间距小于其中较小的缺陷长度时，应作为一条缺陷处理，以两缺陷长度之和作为其单个缺陷指示长度(不考虑间距)。

11.5.9.3 单个点状缺陷指示长度按 5 mm 计。

11.6 钢制游乐设施 T 型焊接接头超声检测

11.6.1 T 型焊接接头超声检测适用范围

11.6.1.1 T 型焊接接头超声检测方法规定了工件厚度为 8 mm～300 mm 的游乐设施全融化焊 T 型焊接接头缺陷的超声检测。

11.6.1.2 其他用途的全熔化焊 T 型焊接接头的超声检测也可参照附录 K 的规定执行。

11.6.2 T 型焊接接头型式

11.6.2.1 T 型焊接接头型式包括 L 型焊接接头和 T 型焊接接头两种。

11.6.2.2 T 型焊接接头型式见图 26。

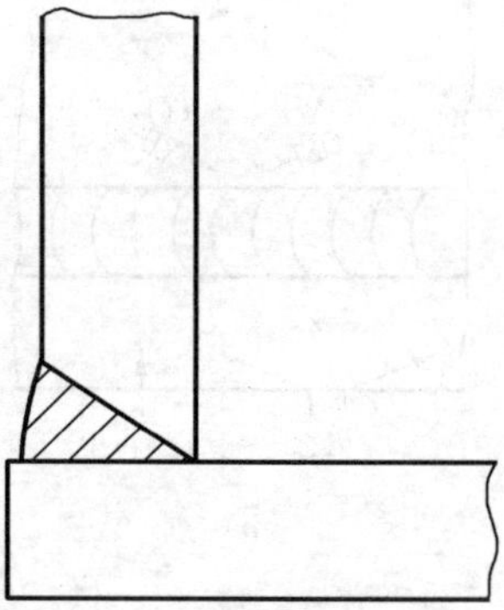

a) L 型焊接接头

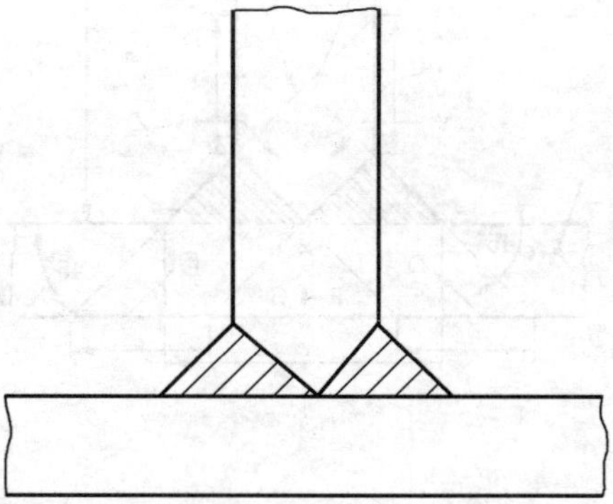

b) T 型焊接接头

图 26 T 型焊接接头型式

11.6.3 检测原则

11.6.3.1 在选择检测面和探头时应考虑到检测各类缺陷的可能性，并使声束尽可能垂直于焊接接头结构中的主要缺陷。

11.6.3.2　应尽可能保证声场对被检测区域的全覆盖。

11.6.4　**探头的选取**

11.6.4.1　检测时应确保探头与工件的稳定接触。

11.6.4.2　探头的选择：

a)　用斜探头在翼板外侧进行检测时，推荐使用折射角为45°(*K*1)的探头。用斜探头在腹板一侧进行检测时，探头折射角(*K* 值)根据腹板厚度按11.4.3.1和11.4.3.2进行选择；

b)　用直探头检测时，探头标称频率根据翼板厚度按11.4.3.3进行选择。

11.6.5　试块选择CSK-ⅠA、CSK-ⅡA、CSK-ⅢA或CSK-ⅣA试块。

11.6.6　**灵敏度的确定**

11.6.6.1　斜探头入射点、折射角(*K* 值)的测量应选择在CSK-ⅠA、CSK-ⅡA、CSK-ⅢA或CSK-ⅣA上进行。

11.6.6.2　仪器时基线的调整应选择在CSK-ⅠA、CSK-ⅡA、CSK-ⅢA或CSK-ⅣA上进行。

11.6.6.3　距离-波幅曲线的制作按11.4.6.3的规定执行。距离-波幅曲线灵敏度应以腹板厚度为工件厚度按表13的规定执行。

11.6.6.4　灵敏度的选择参照11.4.6.4的规定执行。

11.6.7　**检测**

11.6.7.1　检测方式：

a)　T型焊接接头检测时根据不同技术等级选择的扫查方法、探头种类及数量、检测面及探头移动区宽度参照图27并按照表20的要求进行；

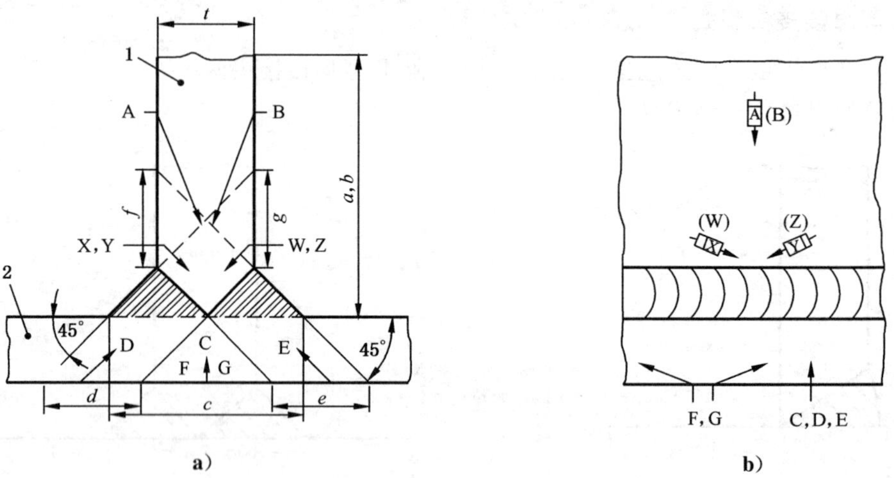

说明：

A、B、C、D、E、F、G、W、X、Y、Z——探头位置；

a、*b*、*c*、*d*、*e*、*f*、*g*——探头移动区宽度；

t——工件厚度；

1——腹板；

2——翼板。

图27　T型焊接接头

表 20 T 型焊接接头超声检测的具体要求

<table>
<tr><th rowspan="3">检测技术等级</th><th rowspan="3">工件厚度 t/mm</th><th colspan="5">纵向缺陷检测</th><th colspan="3">横向缺陷检测</th></tr>
<tr><th colspan="3">斜探头检测</th><th colspan="2">直探头检测</th><th colspan="3">斜探头横向扫查</th></tr>
<tr><th>不同折射角（K 值）探头数量</th><th>检测面（侧）</th><th>探头移动区宽度</th><th>探头位置</th><th>探头移动区宽度</th><th>不同折射角（K 值）探头数量</th><th>检测面</th><th>探头移动区宽度</th></tr>
<tr><td rowspan="4">A</td><td rowspan="2">$6\leqslant t\leqslant 15$</td><td rowspan="2">1</td><td>(A 或 B)或</td><td>$1.25P$</td><td rowspan="2">—</td><td rowspan="2">—</td><td rowspan="2">—</td><td rowspan="2">—</td><td rowspan="2">—</td></tr>
<tr><td>(D 和 E)</td><td>$d+e$</td></tr>
<tr><td rowspan="2">$15<t\leqslant 40$</td><td rowspan="2">1</td><td>A 或 B</td><td>$1.25P$</td><td rowspan="2">C</td><td rowspan="2">c</td><td rowspan="2">—</td><td rowspan="2">—</td><td rowspan="2">—</td></tr>
<tr><td>(D 和 E)</td><td>$d+e$</td></tr>
<tr><td rowspan="2">B</td><td rowspan="2">$6\leqslant t\leqslant 15$</td><td rowspan="2">1</td><td>(A 或 B)或</td><td>$1.25P$</td><td rowspan="2">C</td><td rowspan="2">c</td><td rowspan="2">1</td><td rowspan="2">F 和 G</td><td rowspan="2">c</td></tr>
<tr><td>(D 和 E)</td><td>$d+e$</td></tr>
<tr><td rowspan="4">B</td><td rowspan="2">$15<t\leqslant 40$</td><td rowspan="2">1</td><td>(A 和 B)和</td><td>$1.25P$</td><td rowspan="2">C</td><td rowspan="2">c</td><td rowspan="2">1</td><td rowspan="2">F 和 G</td><td rowspan="2">c</td></tr>
<tr><td>(D 和 E)</td><td>$d+e$</td></tr>
<tr><td rowspan="2">$40<t\leqslant 200$</td><td>2</td><td>(A 和 B)和</td><td>$0.75P$</td><td rowspan="2">C</td><td rowspan="2">c</td><td rowspan="2">1</td><td rowspan="2">F 和 G</td><td rowspan="2">c</td></tr>
<tr><td>1</td><td>(D 和 E)</td><td>$d+e$</td></tr>
<tr><td rowspan="5">C</td><td>$6\leqslant t\leqslant 15$</td><td>1</td><td>A 和 B</td><td>$1.25P$</td><td>C</td><td>c</td><td>2</td><td>F 和 G</td><td>c</td></tr>
<tr><td rowspan="2">$15<t\leqslant 100$</td><td>2</td><td>(A 和 B)和</td><td>$1.25P$</td><td rowspan="2">C</td><td rowspan="2">c</td><td rowspan="2">2</td><td rowspan="2">(F 和 G)和(X 和 Y)和(W 和 Z)</td><td rowspan="2">$c+f+g$</td></tr>
<tr><td>1</td><td>(D 和 E)</td><td>$d+e$</td></tr>
<tr><td rowspan="2">$t>100$</td><td>3</td><td>(A 和 B)和</td><td>$0.75P$</td><td rowspan="2">C</td><td rowspan="2">c</td><td rowspan="2">2</td><td rowspan="2">(F 和 G)和(X 和 Y)和(W 和 Z)</td><td rowspan="2">$c+f+g$</td></tr>
<tr><td>1</td><td>(D 和 E)</td><td>$d+e$</td></tr>
</table>

b) L 型焊接接头检测时根据不同技术等级选择的扫查方法、探头种类及数量、检测面及探头移动区宽度参照图 28 并按照表 21 的要求进行；

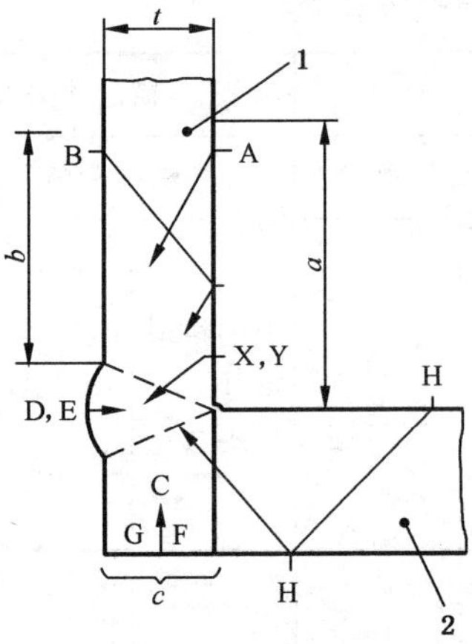

a） 横截面

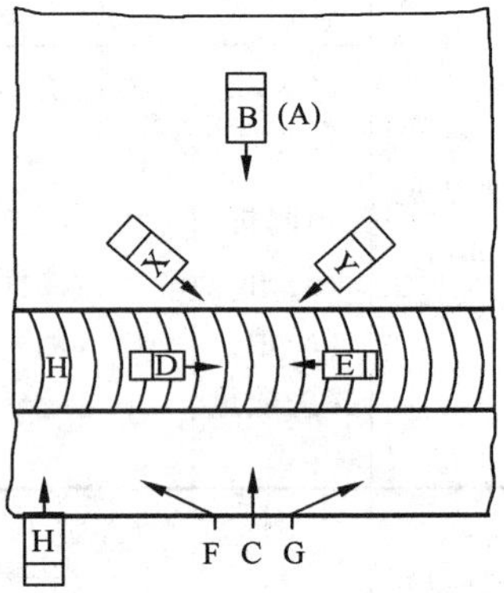

b） 侧视

说明：

A、B、C、D、E、F、G、H、X、Y——探头位；

a、b、c——探头移动区宽度；

t——工件厚度；

1——接管或腹板；

2——主体或翼板。

图 28 L 型焊接接头

表 21 L 型焊接接头超声检测的具体要求

检测技术等级	工件厚度 t/mm	纵向缺陷检测					横向缺陷检测	
		斜探头检测			直探头检测		斜探头横向扫查	
		不同折射角(K 值)探头数量	检测面(侧)	探头移动区宽度	探头位置	探头移动区宽度	不同折射角(K 值)探头数量	检测面
A	6≤t≤15	1	A 或 B 或 H	1.25P	C	c	—	—
	15＜t≤40	1	A 或 B 或 H	1.25P	C	c	—	—
B	6≤t≤15	1	A 或 B 或 H	1.25P	C	c	1	(D 和 E)或(F 和 G)或(X 和 Y)
	15＜t≤40	2	(A 或 B)和 H	1.25P	C	c	2	(D 和 E)或(F 和 G)或(X 和 Y)
	40＜t≤100	2	(H 或 A)和 B	1.25P	C	c	2	D 和 E
	100＜t≤200	2	(H 或 A)和 B	0.75P	C	c	2	D 和 E
C	6≤t≤15	1	(H 或 A)和 B	1.25P	C	c	1	D 和 E
	15＜t≤40	2	(H 或 A)和 B	1.25P	C	c	1	D 和 E
	40＜t≤100	3	(H 或 A)和 B	1.25P	C	c	2	D 和 E
	t＞100	3	(H 或 A)和 B	0.75P	C	c	2	D 和 E

11.6.7.2 直探头和斜探头的扫查按 11.4.7 的有关规定进行。

11.6.8 缺陷测定和记录

按 11.4.8 的规定执行。

11.6.9 缺陷的评定

按 11.4.9 的规定执行。

11.7 不规则焊缝超声检测

11.7.1 不规则焊缝的超声检测，应对缺陷的类型(面状、点状、体积状等)或性质尽可能作出估判后选择合适的方法。

11.7.2 不规则焊缝可参照附录 K 采用相控阵超声检测。

11.8 质量分级

11.8.1 对波幅没有超过评定线的焊缝，其分级为Ⅰ级。

11.8.2 判定为裂纹、未熔合和未焊透的缺陷为Ⅲ级。

11.8.3 对于可记录的对接焊接接头质量分级按表 22 的规定进行。对于板厚不等的焊接接头，应取薄板侧厚度值作为工件厚度进行分级。当缺陷累计长度小于单个缺陷指示长度时，则以单个缺陷指示长度为准。

11.8.4 管环向或纵向焊接接头质量分级按表 23 的规定进行。

11.8.5 T 型焊接接头的缺陷等级评定时应以腹板厚度作为工件厚度，质量分级按表 22 执行。对于两侧母材厚度不同的对接接头，应取薄板侧厚度值作为工件厚度进行分级。当允许的缺陷累计长度小于该级别允许的单个缺陷指示长度时，分级以允许的单个缺陷指示长度为准。

表 22 对接焊接接头质量分级

<table>
<tr><th rowspan="2">等级</th><th colspan="2">焊接接头内部缺陷</th><th colspan="2">焊接接头根部未焊透缺陷</th></tr>
<tr><th>反射波幅所在区域</th><th>单个缺陷指示长度 L</th><th>缺陷指示长度</th><th>缺陷累计长度/mm</th></tr>
<tr><td rowspan="3">Ⅰ</td><td>0</td><td>—</td><td colspan="2">—</td></tr>
<tr><td>Ⅰ</td><td>非裂纹类缺陷(无缺陷指示长度要求)</td><td rowspan="2">$L=T/3$，
最小可为 5 mm</td><td rowspan="2">长度小于或等于焊缝周长的 10%，且小于 30 mm</td></tr>
<tr><td>Ⅱ</td><td>≤10 mm
≤$T/4$</td></tr>
<tr><td>Ⅱ</td><td>Ⅱ</td><td>≤15 mm
≤$T/3$</td><td>$L=2T/3$，
最小可为 6 mm</td><td>长度小于或等于焊缝周长的 15%，且小于 40 mm</td></tr>
<tr><td rowspan="3">Ⅲ</td><td>Ⅱ</td><td>超过Ⅱ级者</td><td rowspan="3">超过Ⅱ级者</td><td rowspan="3">超过Ⅱ级者</td></tr>
<tr><td>Ⅲ</td><td>所有缺陷(无缺陷指示长度要求)</td></tr>
<tr><td>Ⅰ、Ⅱ、Ⅲ</td><td>裂纹等危害性缺陷(无缺陷指示长度要求)</td></tr>
</table>

表 23 钢管环向或纵向对接接头超声检测质量分级

<table>
<tr><th rowspan="2">焊接接头等级</th><th colspan="2">焊接接头内部缺陷</th><th colspan="2">环向焊接接头单面焊根部未焊透缺陷</th></tr>
<tr><th>反射波幅所在区域</th><th>单个缺陷指示长度/mm</th><th>指示长度/mm</th><th>累计长度/mm</th></tr>
<tr><td rowspan="2">Ⅰ</td><td>Ⅰ</td><td>≤40</td><td rowspan="2">≤t/3,最小可为 8</td><td rowspan="2">长度小于或等于焊缝周长的 10%,且小于 30</td></tr>
<tr><td>Ⅱ</td><td>≤t/3,最小可为 8,最大为 30</td></tr>
<tr><td rowspan="2">Ⅱ</td><td>Ⅰ</td><td>≤60</td><td rowspan="2">≤2t/3,最小可为 10</td><td rowspan="2">长度小于或等于焊缝周长的 15%,且小于 40</td></tr>
<tr><td>Ⅱ</td><td>≤2t/3,最小可为 10,最大为 40</td></tr>
<tr><td rowspan="3">Ⅲ</td><td>Ⅱ</td><td>超过Ⅱ级者</td><td rowspan="3">超过Ⅱ级者</td><td rowspan="3">超过Ⅱ级者</td></tr>
<tr><td>Ⅲ</td><td>所有缺陷</td></tr>
<tr><td>Ⅰ</td><td>超过Ⅱ级者</td></tr>
</table>

12 在用游乐设施超声检测

12.1 在用游乐设施零部件的超声检测方法

12.1.1 在用零部件超声检测适用范围

12.1.1.1 在用零部件超声检测方法适用于在用游乐设施用零部件的超声检测。

12.1.1.2 在用游乐设施用零部件的超声检测应符合第 10 章的有关规定,还应满足本章的规定。

12.1.2 在用螺栓或螺柱超声检测要点

12.1.2.1 在螺栓或螺柱端部采用纵波小 K 值斜探头进行纵波斜射检测;斜探头的纵波折射角一般取 2°～8.5°,标称频率为 4 MHz～5 MHz。纵波斜探头一般检测适用于无中心孔螺栓的检测。

12.1.2.2 在螺栓或螺柱无螺纹部位采用折射角为 45°～56°(K1～K1.5),标称频率为 2 MHz～5 MHz的横波斜探头进行轴向检测。

12.1.2.3 纵波斜射检测和横波轴向检测的对比试样应采用与被检工件材料、形式和规格相同或相近的螺栓或螺柱制作。人工缺陷反射体(切槽)位于最大探测声程处并应垂直于螺栓或螺柱的轴线。人工缺陷反射体的形状和尺寸如图 29 所示。也可将螺栓的丝扣反射波幅调节到某一基准波高并以此作为扫查灵敏度。

12.1.2.4 在用螺栓或螺柱超声检测时,如在螺纹根部出现比切槽回波幅度高的缺陷反射波时,应使用其他表面无损检测方法进行辅助检测,判断是否有影响使用的缺陷存在。

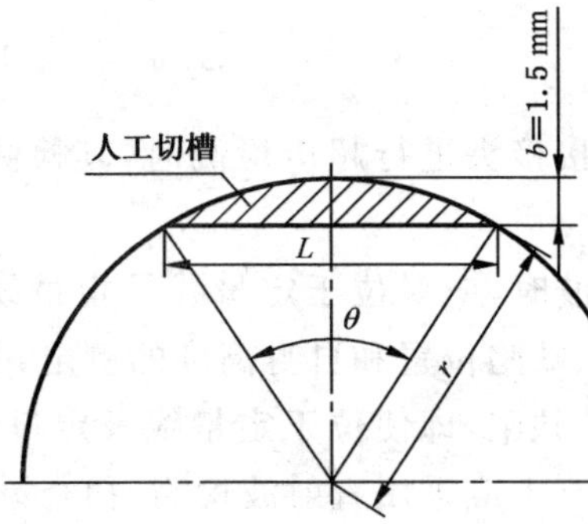

说明：

r——螺纹内半径；

L——人工切槽长度，mm；

b——人工切槽深度，mm。

注：当切槽加工在螺纹根部时，切槽应顺着螺纹的螺旋角，此时 b 为螺纹根部以下的深度。

图 29 人工切槽

12.1.3 实心轴的超声检测要点

12.1.3.1 实心轴的超声检测需有类工件试块，试块的制作除满足 7.5 的要求外，人工反射体的制作还应考虑被检对象的失效模式和典型缺陷类型及其位置。

12.1.3.2 可拆卸轴的检测应按照以下原则执行：

a） 直径小于或等于 250 mm 的实心轴超声检测参考 10.2 执行，优先选择接触法的径向检测，若采用轴向检测时应考虑直径与检测距离的关系；

b） 直径大于 250 mm 的实心轴超声检测参考 10.3 执行。

12.1.3.3 不可拆卸轴的检测应按照以下原则执行：

a） 端面检测时应考虑轴端定位孔的耦合补偿，应通过在实际工件上测量予以确定；

b） 端面检测时应考虑台阶及加工槽等的结构噪声；

c） 采用直探头进行端面检测时，探头晶片尺寸应尽可能小，将轴端面进行网格划分检测；

d） 采用斜探头进行端面检测时，对轴肩部位可采用双晶探头定向扫查，也可参考附录 K 采用相控阵超声检测。

12.1.4 空心轴的超声检测要点

12.1.4.1 空心轴的超声检测需有类工件试块，试块的制作除满足 7.5 的要求外，人工反射体的制作还应考虑被检对象的失效模式和典型缺陷类型及其位置。

12.1.4.2 对于内径大于 250 mm 的空心轴的检测应按照 10.3 执行，内径小于或等于 250 mm 的按照 10.4 执行。

12.2 在用游乐设施对接焊接接头超声检测

12.2.1 在用对接接头超声检测适用范围

12.2.1.1 在用对接接头超声检测方法适用于在用钢制游乐设施焊接接头的超声检测。在用有色金属制游乐设施焊接接头的超声检测参照 12.2.2 执行。

12.2.1.2 在用钢制游乐设施焊接接头的超声检测应满足第 11 章的要求，还应满足 12.2.2 的要求。

12.2.2 **检测方法和检测技术要求**

12.2.2.1 对在用游乐设施对接焊接接头进行超声检测时，其检测方法和主要检测技术要求应符合第11章的相关规定。

12.2.2.2 在实际检测发现缺陷回波时，应对位于定量线及定量线以上的超标缺陷进行回波幅度、埋藏深度、指示长度、缺陷取向、缺陷位置和自身高度的测定，并对缺陷的类型和性质尽可能作出判定。但对能判定为危害性的缺陷，即使位于定量线及定量线以下，也应对其进行上述参数的测定。在测定上述参数时，原则上应采用直射波检测，扫查灵敏度可根据需要确定，但不应使噪声回波高度超过满屏的20%。

12.2.3 **缺陷定量**

12.2.3.1 检测时应对反射波幅在评定线或评定线以上的缺陷进行定量，除按11.4.8确定缺陷位置、波幅和指示长度外，还应包括对缺陷自身高度进行测定。

12.2.3.2 检测时应对缺陷的类型(面状、点状、体积状等)或性质尽可能作出估判。

12.2.4 **缺陷自身高度的测定**

12.2.4.1 缺陷两个方向[长度方向×高度(深度)方向]均属波形模式Ⅰ(模式识别参见附录J)的缺陷，即点状缺陷。其自身高度可采用AVG法或采用与试块(CSK-ⅢA)人工反射体动态回波波形比较法来测定。

12.2.4.2 长度方向属波形模式Ⅱ(模式识别参见附录J)、高度(深度)方向属波形模式Ⅰ的缺陷，即条状缺陷，缺陷自身高度可采用AVG法或采用与试块(CSK-ⅡA或CSK-ⅣA)人工反射体动态回波波形比较法来测定。

12.2.4.3 长度方向、高度(深度)方向均呈波形模式Ⅱ、Ⅲa或Ⅲb(模式识别参见附录J)的缺陷，可采用－6 dB法进行测定，测定方法见附录L。

12.2.4.4 回波波形为模式Ⅳ(模式识别参见附录J)的密集性缺陷的测定：

a) 若在缺陷A型扫描回波包络线中，各反射回波波峰在显示屏扫描线中不能分辨时，则可作为一个单一缺陷考虑，其高度方向的尺寸可用端部最大回波法测定。如无法确定端部最大回波，可采用－6 dB法进行测定。

b) 若在A型扫描回波包络线中，各反射回波波峰在显示屏扫描线上能够分辨，在这种情况下，各个缺陷自身高度可按12.2.4.1～12.2.4.3分别测定。

12.2.4.5 缺陷自身高度也可用其他无损检测方法进行测定，如射线检测、衍射时差法超声检测等。

12.2.5 **缺陷类型的确定**

12.2.5.1 **缺陷类型确定的要素**

12.2.5.1.1 缺陷类型的确定应主要考虑焊接方法(包括焊接工艺、工件结构、坡口形式)、缺陷的位置、指示长度、自身高度、缺陷波幅、缺陷指向性，再结合缺陷静态波形和动态波形。通常应确定点状缺陷、线状缺陷(条状夹渣、条状气孔等)或面状缺陷(裂纹、未熔合等)。

12.2.5.1.2 对难以采用超声检测方法确定类型的缺陷，应增加射线检测或其他检测，以便进一步综合判断。

12.2.5.2　**缺陷类型确定的方法**

12.2.5.2.1　缺陷类型确定的基本原则：

a）缺陷类型确定应按以下顺序依次进行：

1）缺陷波幅；

2）缺陷指向性(方向性)；

3）静态波形；

4）动态波形。

b）应使用和实际检测相同的探头进行缺陷类型确定。

12.2.5.2.2　缺陷为波幅类型的确定步骤：

a）当缺陷波幅低于评定线时，可不对缺陷进行分类；

b）当缺陷波幅在判废线以上 6 dB 且指示长度大于或等于 10 mm 时，该缺陷可按面状进行分类。

12.2.5.2.3　缺陷为指向性(方向性)类型的确定步骤：

a）缺陷指向性(方向性)类型的缺陷指示长度应满足：

1）工件厚度 6 mm $\leqslant t \leqslant$ 15 mm 时，缺陷指示长度应大于或等于 t；

2）工件厚度 $t>$15 mm 时，缺陷指示长度应大于或等于 $t/2$ 或 15 mm(取大者，但最大不超过50 mm)。

b）缺陷指向性(方向性)类型应用条件：

1）缺陷回波应来自同一缺陷反射体。

2）用不同探头进行缺陷波幅比较时，应在各个探头检测的缺陷最高回波中的较大者 H_{max} 的位置进行。另外，各个探头检测的缺陷最高回波中的较小者则为最小波幅 H_{min}。

3）当用直探头和斜探头进行反射波幅比较时，探头标称频率应选择使之在工件中传播的波长相近。

4）使用两个或两个以上不同折射角(K 值)斜探头检测时，探头间折射角差应不小于10°。

5）应考虑一探头声束通过焊缝金属，而另一探头声束仅通过母材时的衰减修正。

c）缺陷指向性(方向性)确定。以下各项同时满足时，可认为缺陷具有指向性：

1）最大反射波幅 H_{max} 在定量线或定量线以上；

2）当使用不同折射角(K 值)斜探头时，最大反射波幅 H_{max} 与最小反射波幅 H_{min} 的差值应大于或等于 9 dB；或当使用一个斜探头和一个直探头检测时，该差值应大于或等于 15 dB。

12.2.5.2.4　缺陷为静态波形类型的确定步骤：

a）本步骤缺陷静态波形特征指与 CSK-ⅡA 或 CSK-ⅣA 试块横孔反射波形特征相比较而言；

b）至少使用一种探头从两个相互垂直的方向对缺陷进行检测；

c）若缺陷静态波形特征单一、尖锐且光滑，该缺陷可按非面状进行分类，否则按步骤缺陷为动态波形类型的确定步骤确定缺陷类型。

12.2.5.2.5　缺陷为动态波形类型的确定步骤：

a) 缺陷动态波形指垂直于缺陷长度方向移动探头所获得的回波包络线，同时观察波形变化情况。

b) 缺陷动态波形模式分为5种，具体参见附录J：

1) 波形模式Ⅰ：点状；

2) 波形模式Ⅱ：光滑面状；

3) 波形模式Ⅲa：倾斜面状；

4) 波形模式Ⅲb：垂直面状；

5) 波形模式Ⅳ：密集反射体。

12.2.5.2.6 缺陷类型的确定也可用其他无损检测方法进行，如射线检测、衍射时差法超声检测等。

12.2.5.3 缺陷的复核

对超声检测发现的缺陷，应与制造或安装的原始资料或上一检验周期的检测结果进行核对，以确定缺陷是否有扩展。

12.2.6 缺陷记录

12.2.6.1 应根据游乐设施检验规程等有关技术规范的要求对缺陷的超声检测结果进行记录。

12.2.6.2 根据需要，也可由安全评定人员根据设计、制造、使用等条件提供允许缺陷的临界尺寸(缺陷位置、长度和自身高度)，检测时只记录大于该界限尺寸的缺陷，交由评定人员评定处理。

12.2.6.3 记录内容应包括缺陷位置、类型、波幅、指示长度和自身高度以及缺陷分布图。记录应有操作人员和责任人员签字。

13 脉冲反射式超声测厚

13.1 脉冲发射式超声测厚适用范围

13.1.1 脉冲发射式超声测厚方法规定了表面温度不超过93.3 ℃条件下使用脉冲反射式超声测量材料厚度的方法准则。

13.1.2 脉冲发射式超声测厚方法适用于超声波能以恒定速度在被检件内部传播，并能从其背面得到反射的部件厚度的测量。

13.2 接触式测量

13.2.1 游乐设施部件接触式测厚可参考GB/T 11344执行。

13.2.2 游乐设施复合材料部件接触式测厚应采用对应的材料制作标准试件(见附录M)校准后分别测量，测量时应考虑复合面的反射信号。

13.3 非接触式测量

13.3.1 游乐设施部件非接触式测厚，可参考13.2执行，但应保证换能器满足测量要求。

13.3.2 带油漆层或涂层的游乐设施部件测厚，应在增加相同厚度和声学性能的油漆层或涂层的校准试件(见附录M)上验证后，方可实施。

14 超声检测报告

超声检测报告应至少包括以下内容：

a） 委托单位、检测单位和报告编号；

b） 工艺规程版次或检测工艺卡编号；

c） 检测执行的标准和检测技术等级；

d） 工件名称、编号、材质、热处理状态和表面状况；

e） 检测设备器材：仪器型号及编号、探头、试块、耦合剂；

f） 检测工艺参数：检测范围、扫查位置（面、侧等）、检测比例、扫查方式、检测灵敏度、耦合补偿量等；

g） 检测示意图：检测部位、检测区域以及所发现的缺陷位置、尺寸、回波波幅、评定级别、类型、自身高度（在用检测时）和分布；

h） 测厚点的位置、分布及测量值（测厚适用）；

i） 检测人员和审核人员签字、日期及其资格；

j） 检测日期。

附　录　A
（规范性附录）
双晶直探头性能要求

A.1　距离-波幅特性曲线

A.1.1　用图 1 试块，在各个厚度上测定其回波高度（单位为 dB），并作出如图 A.1 所示的特性曲线。

A.1.2　所作的特性曲线须满足下述条件：

a)　在厚度 19 mm 上的回波高度，与最大回波高度差应在 3 dB～6 dB 范围内；

b)　在厚度 3 mm 上的回波高度，与最大回波高度差也应在 3 dB～6 dB 范围内。

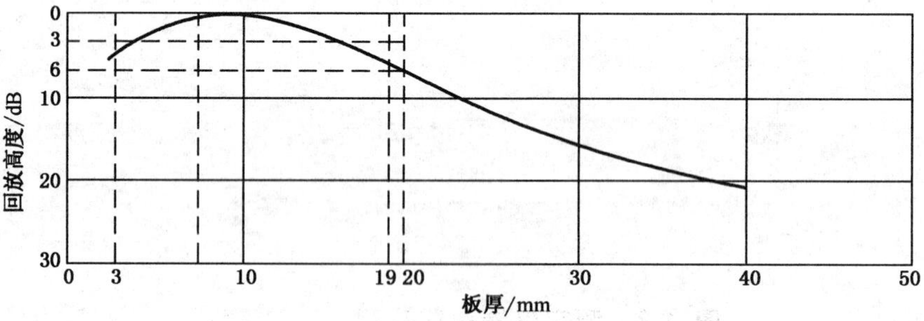

图 A.1　双晶直探头距离-波幅特性曲线

A.2　表面回波高度

用直接接触法的表面回波高度，应比最大回波高度低 40 dB 以上。

A.3　检出灵敏度

移动探头对准图 A.2 试块 ϕ5.6 mm 平底孔，其回波高度与最大回波高度差应在－10 dB～＋2 dB 范围内。

单位为毫米

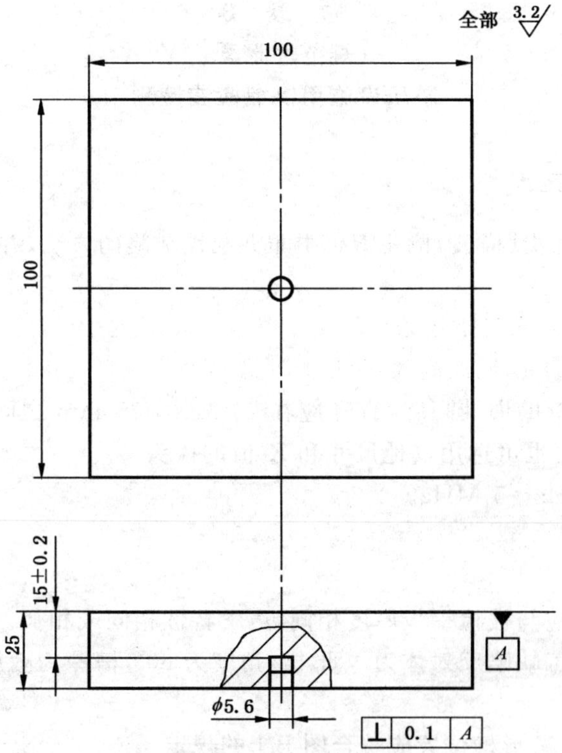

图 A.2 测定仪器和探头组合性能试块

A.4 有效波束宽度

A.4.1 对准图 A.2 试块 ϕ5.6 mm 平底孔,与声波分割面平行地移动探头,按 6 dB 法测定波束宽度。

A.4.2 对于游乐设施的钢板检测,其有效值应大于 16 mm。

附　录　B
（规范性附录）
游乐设施用钢板横波检测

B.1　钢板横波检测适用范围

本附录规定了用斜探头（横波）检测钢板中非夹层性缺陷的方法，并将其作为直探头超声检测的补充。

B.2　检测装置

B.2.1　原则上选用 $K1$ 斜探头，圆晶片直径应在 13 mm～25 mm 之间，方晶片面积应不小于 200 mm^2。如有特殊需要也可选用其他尺寸和 K 值的探头。
B.2.2　检测频率为 2 MHz～5 MHz。

B.3　对比试块

B.3.1　对比试块用钢板应与被检钢板厚度相同，声学特性相同或相似。
B.3.2　对比试块上的人工缺陷反射体为 V 形槽，角度为 60°，槽深为板厚的 3%，槽的长度至少为 25 mm。
B.3.3　对比试块的尺寸、V 形槽位置应符合图 B.1 的规定。

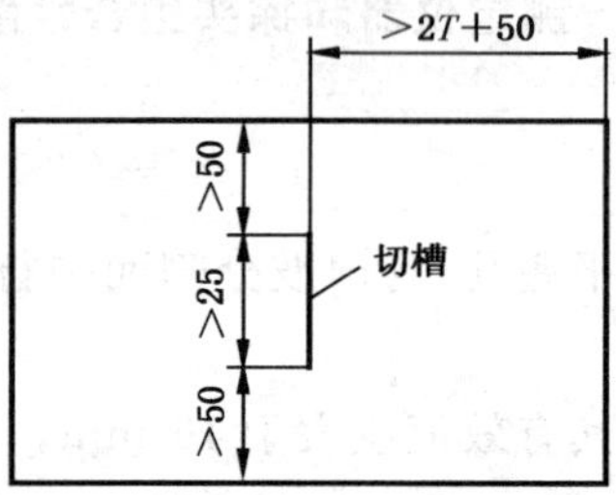

图 B.1　对比试块

B.3.4　对于板厚超过 50 mm 的钢板，要在钢板的底面配置第二个如 B.3.3 所述的校准槽。

B.4　基准灵敏度的确定

B.4.1　厚度小于或等于 50 mm 钢板的基准灵敏度的确定应执行以下步骤：

a)　把探头置于试块有槽的一面，使声束对准槽的宽边，找出第一个全跨距反射的最大波幅，调整仪器，使该反射波的最大波幅为满刻度的 80%，在荧光屏上记录下该信号的位置；

b)　移动探头，得到第二个全跨距信号，并找出信号最大反射波幅，记下这一信号幅值点在荧光屏上的位置，将荧光屏上这两个槽反射信号幅值点连成一直线，此线即为检测该类厚度钢板的距离-波幅曲线。

B.4.2　厚度大于 50 mm～150 mm 钢板的基准灵敏度的确定应执行以下步骤：

a) 将探头声束对准试块背面的槽，并找出第一个1/2跨距反射的最大波幅。调节仪器，使反射波幅为满刻度的80%，在荧光屏上记下这个信号的位置。不改变仪器调整状态，在3/2跨距上重复该项操作。

b) 不改变仪器调整状态，把探头再次置于试块表面，使波束对准试块表面上的槽，并找出全跨距最大反射波的位置。在荧光屏上记下这一幅值点。

c) 在荧光屏上将a)和b)所确定的点相连接，此线即为检测该类厚度钢板的距离-波幅曲线。

B.4.3 厚度大于150 mm～250 mm钢板的基准灵敏度的确定应执行以下步骤：

a) 把探头置于试块表面，使声束对准试块底面上的切槽的槽边，并找出第一个1/2跨距反射的最大幅度位置。调节仪器，使这一反射波为荧光屏满刻度的80%，在荧光屏上记下这个幅值点。

b) 不改变仪器的调整状态，把探头再次置于试块表面，以全跨距对准切槽获得最大反射，在荧光屏上记下这个幅值点。

c) 在荧光屏上将a)和b)所确定的点连成一直线，此线即为检测该类厚度钢板的距离-波幅曲线。

B.5 扫查方法

B.5.1 在钢板的轧制面上以垂直和平行于钢板主要压延方向的格子线进行扫查，格子线中心距为200 mm。扫查时把探头放在钢板的某一边缘附近，使声束与该边缘垂直。

B.5.2 当发现缺陷信号时，移动探头使之能在荧光屏上得到最大反射。

B.5.3 对于等于或超过距离-波幅曲线的缺陷显示，应记录其位置，并移动探头使波幅降到满刻度的25%来测量其长度。对于波幅低于距离-波幅曲线的缺陷，当指示长度较长时，也可记录备案。

B.5.4 在每一个记录缺陷位置上，应以记录缺陷中心起，在200 mm×200 mm的区域作100%检测。

B.6 验收标准

B.6.1 等于或超过距离-波幅曲线的任何缺陷信号均应认为是不合格的。

B.6.2 以纵波方法作辅助检测时，若发现缺陷性质是分层类的，则应按纵波检测的规定处理。

附 录 C
（规范性附录）
游乐设施用钢锻件横波检测

C.1 钢锻件横波检测适用范围

本附录适用于内、外径之比大于或等于 80%的游乐设施用环形和筒形锻件的超声横波检测。

C.2 探头

C.2.1 探头公称频率主要为 2.5 MHz。

C.2.2 探头晶片面积为 140 mm^2～400 mm^2。

C.2.3 原则上应采用 $K1$ 探头，但根据工件几何形状的不同，也可采用其他的 K 值探头。

C.3 灵敏度校准试块

C.3.1 为了调整检测灵敏度，可利用被检工件壁厚或长度上的加工余量部分制作对比试块。

C.3.2 在锻件的内外表面，分别沿轴向和周向加工平行的 V 形槽作为标准沟槽。V 形槽长度为25 mm，深度为锻件壁厚的 1%，角度为 60°。也可采用其他等效的反射体（如边角反射等）。

C.4 检测方法

C.4.1 扫查方式

C.4.1.1 扫查方向见图 C.1。

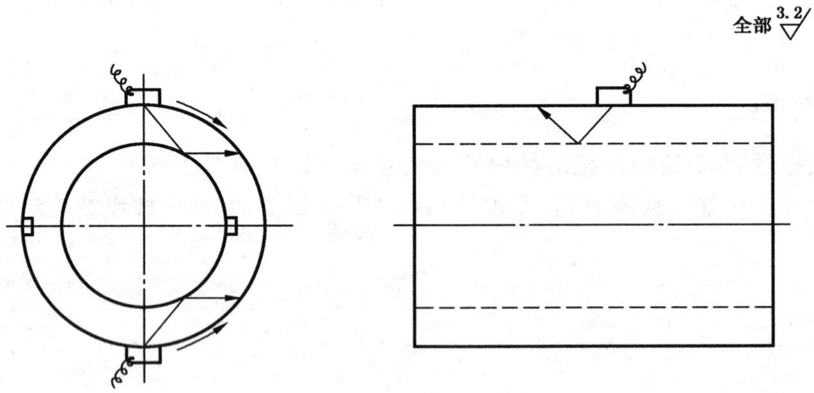

图 C.1 锻件横波检测扫查方向

C.4.1.2 探头移动速度不应超过 150 mm/s。

C.4.1.3 扫查覆盖率应为探头宽度的 15%以上。

C.4.2 基准灵敏度的确定

C.4.2.1 从锻件外圆面将探头对准内圆面的标准沟槽，调整增益，使最大反射高度为满刻度的

80%,将该值标在面板上,以其为基准灵敏度;不改变仪器的调整状态,再移动探头测定外圆面的标准沟槽,并将最大的反射高度也标在面板上,将上述两点用直线连接并延长,绘出距离-波幅曲线,并使之包括全部检测范围。

C.4.2.2 内圆面检测时基准灵敏度也按上述方法确定,但探头斜楔应与内圆曲率一致。

C.5 记录

记录波幅幅度大于距离-波幅曲线(基准线)高度50%的缺陷反射波和缺陷位置。

附 录 D
（资料性附录）
工件底波调整灵敏度的方法

D.1 底波调节

在锻件上找出可以代表完好锻件材质状态的位置，把第1次底面回波高度调整到满幅度的40%～80%，作为评定回波信号的基准。

D.2 检测灵敏度选择

根据被检锻件的需要，按C.3或C.4调整，作为检测灵敏度。

D.3 实心锻件增益值计算

在检测实心锻件时，需要提高的增益数值，按式(D.1)计算：

$$A = 20\lg \frac{2\lambda T}{\pi d^2} \qquad \text{(D.1)}$$

式中：

A ——需要提高的增益值，单位为分贝(dB)；

T ——被检部位的厚度或直径，单位为毫米(mm)；

d ——平底孔直径，单位为毫米(mm)；

λ ——波长，单位为毫米(mm)；

π ——圆周率。

D.4 中心孔锻件增益值计算

在检测有中心孔的锻件时，需要提高的增益数值，按式(D.2)计算：

$$A = 20\lg \frac{2\lambda T}{\pi d^2} - 10\lg \frac{R}{r} \qquad \text{(D.2)}$$

式中：

R ——被检部位的外径，单位为毫米(mm)；

r ——被检部位的内径，单位为毫米(mm)。

附　录　E
（规范性附录）
游乐设施用用钢锻件超声斜探头检测

E.1　钢锻件超声斜探头检测适用范围

本附录适用于内外径之比大于或等于65%的环形和筒形锻件的超声斜探头检测。

E.2　探头

E.2.1　探头标称频率主要为2 MHz～5 MHz。

E.2.2　探头晶片面积为80 mm^2～625 mm^2。

E.2.3　原则上应采用折射角为45°(K1)的探头，但根据工件几何形状和内外径比例的不同，也可采用其他的折射角(K 值)探头。

E.3　对比试块

E.3.1　为了调整灵敏度，可利用被检工件壁厚或长度上的加工余量部分制作对比试块。

E.3.2　在锻件的内外表面，分别沿轴向和周向加工平行的V形槽作为标准沟槽。V形槽长度为25 mm，深度为锻件壁厚的1%，角度为60°。也可采用其他等效的反射体(如边角反射等)。

E.4　检测方法

E.4.1　扫查方式

见图E.1。

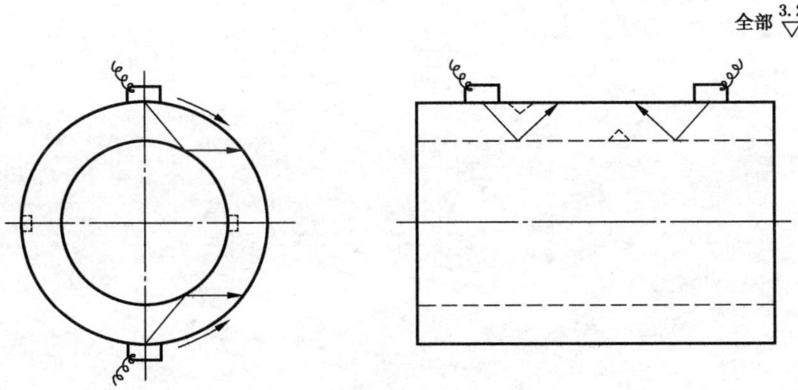

图E.1　锻件斜探头检测扫查方式

E.4.2　距离-波幅曲线的确定

E.4.2.1　从锻件外圆面将探头对准内圆面的标准沟槽，调整增益，使最大反射高度为满刻度的80%，将该值标在面板上，以其为扫查灵敏度；不改变仪器的调整状态，再移动探头测定外圆面的标准沟槽，并将最大的反射高度也标在面板上。将上述两点用直线连接并延长，绘出距离-波幅曲线，并使之包括全部检测范围。

E.4.2.2 内圆面检测时扫查灵敏度也按上述方法确定，但探头斜楔应与内圆曲率一致。

E.5 记录

E.5.1 缺陷在仪器荧光屏显示的有效区为连接距离-波幅曲线两点间的区域。

E.5.2 记录波幅在距离-波幅曲线高度50%以上的缺陷反射波和缺陷位置。缺陷指示长度按－6dB法测定。当相邻两个缺陷间距小于或等于25 mm时，按单个缺陷处理(中间间距不计)。

E.6 质量分级

E.6.1 波幅高于距离-波幅曲线的缺陷质量等级定为Ⅲ级。

E.6.2 波幅在距离-波幅曲线的50%～100%的缺陷按表E.1分级。

表E.1 缺陷质量分级

单位为毫米

质量等级	单个缺陷指示长度
Ⅰ	≤1/3壁厚，且≤100
Ⅱ	≤2/3壁厚，且≤150
Ⅲ	大于Ⅱ级者

附 录 F
（规范性附录）
游乐设施用无缝钢管轴向横波检测

F.1 无缝钢管轴向横波检测适用范围

本附录适用于游乐设施用无缝钢管的轴向超声横波检测。

F.2 检测设备

F.2.1 检测设备由超声波探伤仪、斜探头等组成。

F.2.2 探头应与钢管表面吻合良好，晶片长度小于或等于 25 mm，探头频率为 2.5 MHz～5 MHz。

F.3 灵敏度校准试块

F.3.1 灵敏度校准试块应选取与被检钢管规格相同，材质、热处理工艺相同或相似的钢管，不应有影响人工缺陷显示的缺陷。

F.3.2 钢管横向缺陷检测试块的尺寸、V 形槽和位置应符合图 F.1 和表 F.1 的规定。

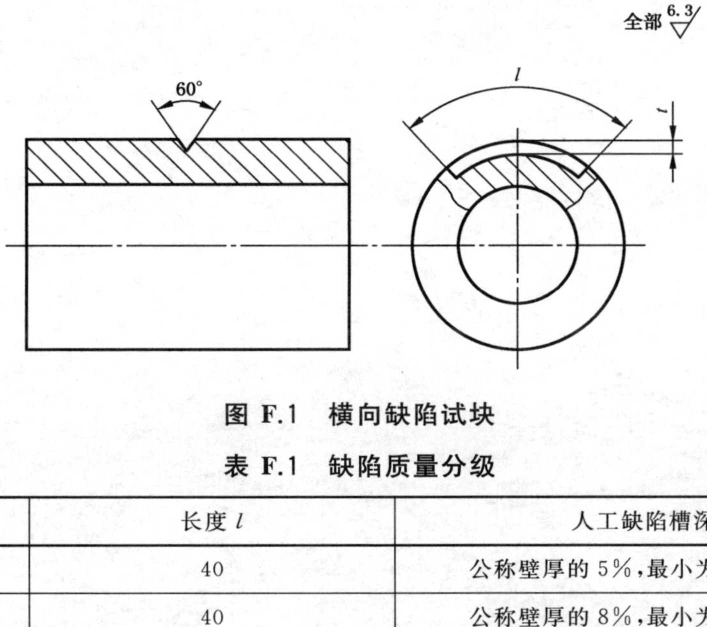

图 F.1 横向缺陷试块

表 F.1 缺陷质量分级

单位为毫米

等级	长度 l	人工缺陷槽深度 t
Ⅰ	40	公称壁厚的 5%，最小为 0.2，最大为 1
Ⅱ	40	公称壁厚的 8%，最小为 0.2，最大为 3
Ⅲ	40	公称壁厚的 10%，最小为 0.2，最大为 3

F.3.3 钢管横向缺陷检测试块的人工缺陷槽一般在外表面加工，当外径大于或等于 80 mm 且壁厚大于或等于 10 mm 时，应同时在内、外表面加工。同一个试块内、外表面人工缺陷沿钢管轴向应有足够的间距，以使在调试时容易分辨。

F.4 基准灵敏度确定

F.4.1 可直接在对比试块上将 V 形槽的反射回波幅度调节为荧光屏满刻度的 50%，以此作为基准灵敏度。

F.4.2　对于内、外表面加工槽的对比试块，应将内表面槽的回波幅度调到满刻度的80%。然后再将外表面槽的反射回波幅度点标在荧光屏上，作出距离-波幅曲线。

F.5　结果评定

F.5.1　若缺陷回波幅度大于或等于人工缺陷的基准回波幅度或是高于距离-波幅曲线，则该钢管为不合格。不合格品允许采取修磨等方法进行处理，复验合格后可判为合格。

F.5.2　合格级别的确定由合同双方商定。

附 录 G
（规范性附录）
铸铁部件超声检测方法和质量分级

G.1 铸铁部件超声检测适用范围

G.1.1 本附录规定了铸铁部件进行超声检测的超声检测方法和质量分级。

G.1.2 本附录主要适用于厚度为 10 mm～500 mm 铸铁部件制造过程中的冶金缺陷检测，和厚度为10 mm～50 mm 铸铁部件在役缺陷检测，以及球墨铸铁部件球化率等级的超声波检测。

G.2 检测人员

G.2.1 检测人员应具有较丰富的焊接接头超声波检测经验，并经考核取得Ⅱ级或Ⅱ级以上等级资格证书。

G.2.2 按本附录进行检测的人员，应接受一定时间的有关铸铁部件超声检测方法的培训。对铸铁的材料分类、机械性能及声学特性有一定了解。对检测中可能出现的问题能做出正确的分析、判断和处理。

G.3 仪器

G.3.1 铸铁部件用超声波探伤仪至少应符合 7.1 的要求。

G.3.2 铸铁部件用超声波探伤仪应具备以下特点：

a） 接收带宽应至少在探头标称频率－6dB 带宽的 0.5～2 倍，并配置有与探头标称频率相适应的窄带滤波器；

b） 发射脉冲是方波激励，脉冲上升时间不应超出标称探头频率对应周期的 0.25 倍，且脉冲宽度至少在 100 ns～1000 ns 可调；

c） 探伤同时可以同步观察底波衰减；

d） 设备应具备球化率测量的能力。

G.4 探头

G.4.1 对于铸铁部件在制造过程中产生的冶金缺陷，多数为体型或面型缺陷，可以使用单晶直探头，当检测近表面缺陷时可以使用双晶直探头；对于特殊的几何形状，可以使用斜探头进行检测。

G.4.2 对于铸铁部件在役使用过程中产生的缺陷，多数为面型或线型缺陷，可以使用斜探头。

G.4.3 使用斜探头，声程不超过 100 mm，标称折射角度在 45°～70°之间。

G.4.4 探头频率应当在 0.5 MHz～5 MHz 的范围之内，在检测厚度小于 20 mm 的铸件壁或是靠近表面的部位时可以选择较高的频率。

G.4.5 由于超声在钢和铸铁中的传播速度是不同的，实际的折射角度与用于钢材料的探头标称折射角度也是不同的。可以按下面公式计算：

$$\alpha_c = \arcsin(v_c \sin\alpha_s / v_s)$$

式中：

α_c——铸铁中的折射角度；

α_s——钢中的标称折射角度；
v_c——铸铁中的横波声速，单位为米每秒(m/s)；
v_s——钢中的横波声速，单位为米每秒(m/s)。

G.5 试块

G.5.1 对于对比试块应符合7.5的规定。

G.5.2 试块中制作人工参考反射体，一般有平底孔和横通孔两种，平底孔用于直探头纵波探伤，横通孔用于斜探头横波探伤。

G.5.3 单直探头对比试块用于直探头检测灵敏度的调节，其形状和尺寸应符合图G.1和表G.1的规定。

单位为毫米

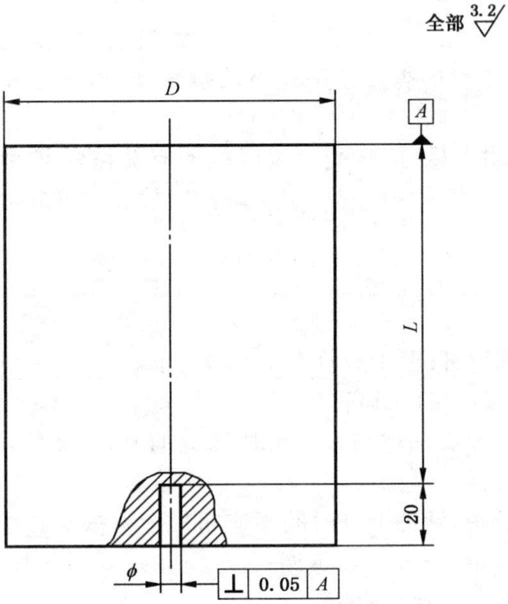

图 G.1 单直探头对比试块

表 G.1 单直探头对比试块尺寸

单位为毫米

ϕ3		ϕ5		ϕ8		ϕ10	
L	D	L	D	L	D	L	D
20	50	20	50	20	50	20	50
40	50	50	50	50	50	50	50
60	50	80	50	100	60	100	60
80	50	120	60	150	80	150	80
—	—	160	80	200	80	200	80
—	—	200	80	250	100	250	100
—	—	—	—	300	100	300	100
—	—	—	—	—	—	400	150
—	—	—	—	—	—	500	150

G.5.4 双晶直探头对比试块应满足以下要求：

a) 工件检测距离小于 50 mm 时，应采用双晶直探头对比试块；

b) 双晶直探头试块的形状和尺寸应符合图 G.2 和表 G.2 的规定。

单位为毫米

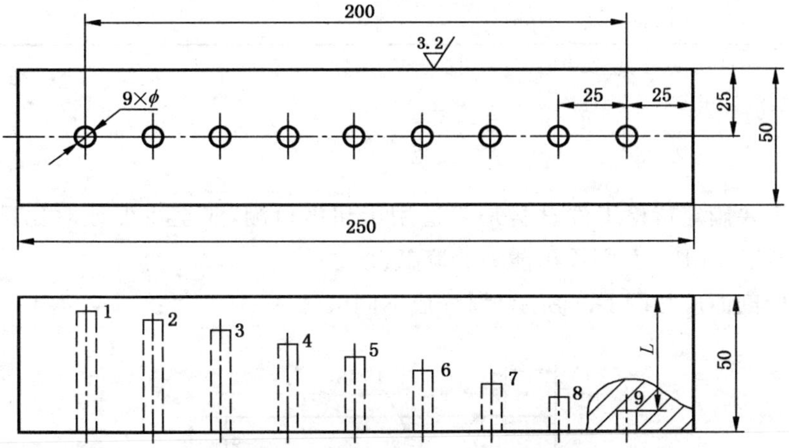

图 G.2 双晶直探头对比试块

表 G.2 双晶直探头对比试块尺寸

单位为毫米

试块序号	孔径	检测距离 L								
		1	2	3	4	5	6	7	8	9
1	$\phi 3$	5	10	15	20	25	30	35	40	45
2	$\phi 5$									
3	$\phi 8$									
4	$\phi 10$									

G.5.5 斜探头对比试块用于斜探头检测灵敏度的调节，其形状和尺寸应符合图 G.3 和表 G.3 的规定。

单位为毫米

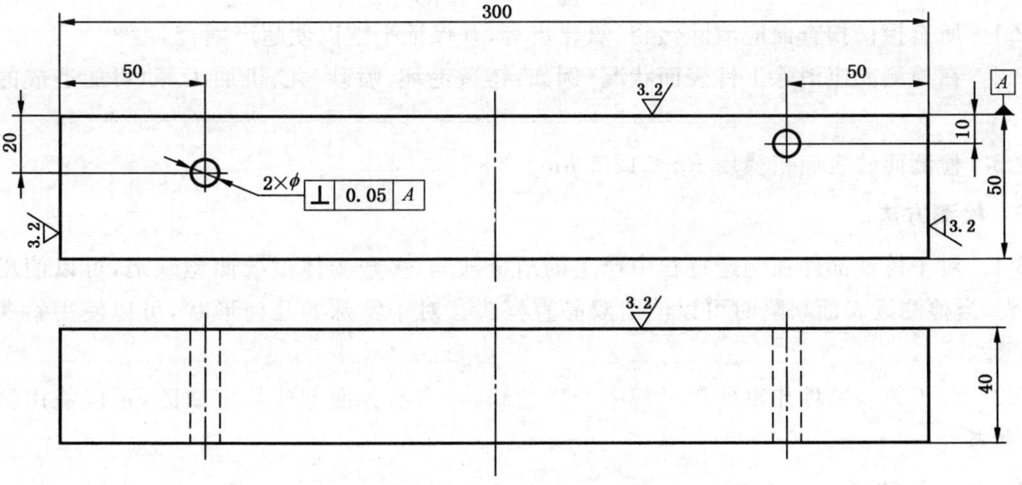

图 G.3 斜探头对比试块

表 G.3 斜探头对比试块尺寸

单位为毫米

试块序号	横通孔直径	试块序号	横通孔直径
1	$\phi 3$	3	$\phi 8$
2	$\phi 5$	4	$\phi 10$

G.6 检测

G.6.1 材料

G.6.1.1 首先需要确定待检工件材料是否适用于超声检测，应至少保证对比试块中人工缺陷反射波信噪比高于 6 dB。否则检出能力会降低。

G.6.1.2 铸件壁剖面应如图 G.4 所示，划分成不同区域。

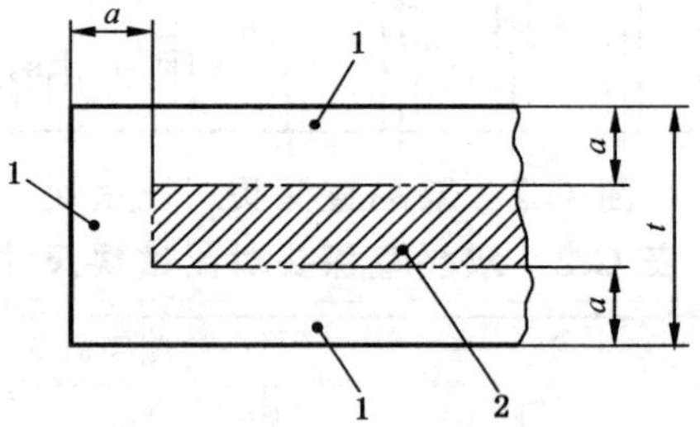

说明：

1 ——边缘区域；

2 ——中心区域；

t ——壁厚；

a ——$t/3$(最大 30mm)。

图 G.4 壁厚分区

G.6.2 检测面

G.6.2.1 所有探伤扫查面应清除污物、氧化皮等，并保证平整以便超声耦合。

G.6.2.2 在检测前应消除工件表面状况(例如：铸造毛坯、喷砂/丸、机加工等)可能造成的评估误差。

G.6.2.3 检测面的表面粗糙度 $Ra \leqslant 12.5\ \mu m$。

G.6.3 检测方法

G.6.3.1 对于铸铁部件在制造过程中产生的冶金缺陷，多数为体型或面型缺陷，可以使用单晶直探头，当检测近表面缺陷时可以使用双晶直探头。对于特殊的几何形状，可以使用斜探头进行检测。

G.6.3.2 对于铸铁部件在役使用过程中产生的缺陷，多数为面型或线型缺陷，可以使用斜探头进行检测。

G.6.4 检测灵敏度

G.6.4.1 试块与铸件在表面状况、声速、声衰减方面可能存在差异，应考虑传输校正因素。

G.6.4.2 单直探头灵敏度的确定使用单直探头对比试块，依次测试一组不同检测距离的平底孔，制作单直探头的距离-波幅曲线，并以此作为灵敏度。当被检部位的厚度大于或等于探头的3倍近场区长度，且检测面与底面平行时，也可以采用底波计算法确定灵敏度。

G.6.4.3 双晶直探头灵敏度的确定使用双晶直探头对比试块，依次测试一组不同检测距离的平底孔。制作双晶直探头的距离-波幅曲线，并以此作为灵敏度。

G.6.4.4 斜探头灵敏度的确定使用斜探头对比试块，依次测试一组不同检测距离的横通孔。制作斜探头的距离-波幅曲线，并以此作为灵敏度。

G.7 缺陷记录

G.6.7.1 如果不是由于铸件设备结构或者耦合条件变化造成回波指示变化，背面回波（底波）衰减、缺陷回波需要进行评估。背面回波衰减表现为背面回波的减弱（单位为 dB），缺陷回波的高度以平底孔或横通孔的直径来表示。

G.6.7.2 除非另有规定或协议，否则当背面回波衰减或回波高度达到或超过表 G.4 给出的数值时，都应当进行评估；并且如果超过表 G.5、表 G.6 和表 G.7 给出的数值的 75%，应当进行记录。G.4 中反射波高于噪声的评估方法仅用于由于铸件形状无法获得反射波的部位。

表 G.4 需要评估的缺陷

铸件厚度/mm	背面回波的衰减/dB	平底孔直径/mm	反射波高于噪声/dB
>10～20	12	3	6
>20～100	20	5	
>100～250		8	12
>250～500		10	

G.8 缺陷的定量

G.8.1 缺陷的当量大小，可以利用对比试块制作距离-波幅曲线进行评估，也可采用 AVG 曲线进行评估。

G.8.2 确定平行于扫查面的不连续的尺寸时，建议使用尽可能小的声束直径的探头。

G.8.3 对于超出表 G.4 的背面回波衰减，可以用背面回波下降 12 dB 或 20dB 点来确定尺寸。

G.8.4 对于超出表 G.5 的体型不连续，可以用−6 dB 法确定尺寸。

G.9 质量分级

G.9.1 缺陷的质量分级见表 G.5～表 G.7。

G.9.2 为了进一步分析其类型、形状、尺寸和位置，可以改变探头频率、改变检测步骤，也可使用射线照相技术等其他方法来检测。

表 G.5 体型缺陷的质量分级

特征	单位	质量等级											
		1	2			3			4			5	
壁厚	mm	—	<50	50～200	>200	<50	50～200	>200	<50	50～200	>200	<50	≥50
壁厚百分比	%	—	20			25			30			35	
边缘区域最大不连续	mm^2	不需要评估的缺陷	600	1 000	1 000	1 000	2 000	2 000	—	—	—	—	—
中心区域最大不连续	mm^2		10 000	15 000	15 000	15 000	20 000	30 000	20 000	—	—	—	—
不连续总面积占检测表面的百分比	%		10	15	15	15	20	20	15	20	30	30	40

表 G.6 夹渣缺陷的质量分级

特征	质量等级				
	1	2	3	4	5
壁厚百分比/%	不需要评估的缺陷	10	15	20	25

表 G.7 面型和线型缺陷的质量分级 单位为毫米

铸件厚度	质量等级	
	1	2
>10～20	横通孔直径<ϕ3	横通孔直径>ϕ3
>20～50	横通孔直径<ϕ5	横通孔直径>ϕ5

附　录　H
（规范性附录）
奥氏体不锈钢对接焊接接头超声检测

H.1　奥氏体不锈钢对接焊接接头超声检测适用范围

H.1.1　本附录规定了厚度 10 mm～50 mm 奥氏体不锈钢对接焊接接头的超声波检测方法和质量分级。

H.1.2　本附录不适用于铸钢焊接接头、其他接头形式焊接接头、外径小于 159 mm 的钢管对接焊接接头，内径小于或等于 200 mm 的管座角焊接接头的超声检测，也不适用于外径小于 500 mm 或内、外径之比小于 80％的纵向焊接接头超声检测。

H.2　探头、仪器及组合性能

H.2.1　探头

H.2.1.1　本附录推荐采用高阻尼窄脉冲纵波单斜探头。在满足灵敏度和信噪比要求时，也可选用双晶片纵波斜探头或聚焦纵波斜探头等。

H.2.1.2　探头频率为 2.5 MHz。

H.2.1.3　探头 K 值：一般选 $K1$ 探头，如需要也可选用其他 K 值的探头。

H.2.2　组合性能

H.2.2.1　选择的探伤仪应与选用的探头相匹配，以便获得最佳灵敏度和信噪比。

H.2.2.2　声束通过母材和通过焊接接头分别测绘的两条距离-波幅曲线间距应小于 10 dB。

H.3　试块

H.3.1　对比试块的材料应与被检材料相同，不应存在大于或等于 $\phi 2$ mm 平底孔当量直径的缺陷。试块的中部设置一对接焊接接头，该焊接接头应与被检焊接接头相似，并采用同样的焊接工艺制成。

H.3.2　对比试块的形状和尺寸如图 H.1 所示。

单位为毫米

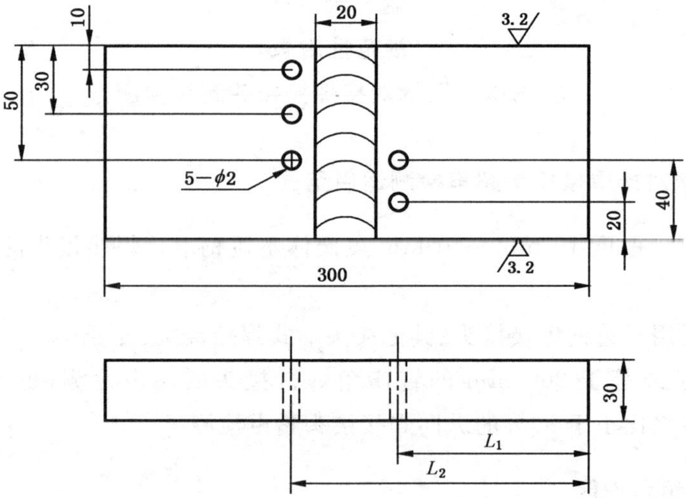

图 H.1 对比试块

H.4 仪器调节

H.4.1 按深度或水平 1∶1 调节探伤仪时基线。

H.4.2 距离-波幅曲线

H.4.2.1 距离-波幅曲线由选定的探头、仪器组合在对比试块上实测数据绘制。测定横孔的回波高度时，声束应通过焊接接头金属。

H.4.2.2 评定线至定量线以下区域为Ⅰ区；定量线至判废线以下区域为Ⅱ区；判废线及以上区域为Ⅲ区。判废线 RL、定量线 SL 和评定线 EL 的灵敏度见表 H.1。

表 H.1 距离-波幅曲线灵敏度

板厚/mm	$T \leqslant 50$
判废线	$\phi2\times30-4$ dB
定量线	$\phi2\times30-12$ dB
评定线	$\phi2\times30-18$ dB

H.4.3 为比较焊接接头组织与母材的差异，可使声束只经过母材区域，测绘另一条距离-波幅曲线[图 H.2，(a)线]。

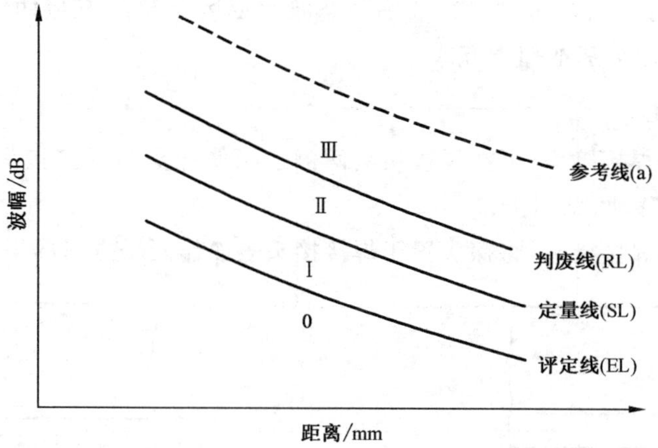

图 H.2 距离-波幅曲线示意图

H.5 检测准备

H.5.1 检测面

H.5.1.1 原则上采用单一角度的纵波斜探头在焊接接头的双面双侧实施一次波法(直射法)检测。

H.5.1.2 受几何条件限制,只能在焊接接头单面或单侧实施检测时,应将焊接接头余高磨平或增加大角度纵波斜探头以两种声束角度探测,尽可能减少未透声区。

H.5.2 探头移动区

H.5.2.1 焊接接头两侧的探头移动区应清除焊接飞溅、铁屑、油垢及其他杂质。去除余高的焊接接头,应将余高打磨到与邻近母材平齐。

H.5.2.2 探头移动区 N 应满足式(H.1):

$$N \geqslant 1.5KT \qquad \cdots\cdots(\text{H.1})$$

式中:

K ——$\tan\beta$,β 为探头折射角;

T ——母材厚度,单位为毫米(mm)。

H.6 检测

H.6.1 一般要求

H.6.1.1 扫查灵敏度应不低于评定线灵敏度。如果信噪比允许,应再提高 6 dB。

H.6.1.2 对波幅超过评定线的回波,应根据探头位置、方向、反射波位置及焊接接头情况,判断其是否为缺陷回波。为避免变形横波的干扰,应着重观察荧光屏靠前的回波。

H.6.2 纵向缺陷探测

H.6.2.1 为探测纵向缺陷,斜探头应在垂直于焊接接头方向作锯齿型扫查。探头前后移动的距离应保证声束扫查到整个焊接接头截面及热影响区。扫查时,探头还应作 10°～15°的转动。如不能转动,应适当增加探头声束的覆盖区。

H.6.2.2 为确定缺陷位置、方向、形状，观察动态波形或区分缺陷波与伪信号，可采用前后、左右、转角、环绕等四种探头基本扫查方式。

H.6.3 横向缺陷探测

H.6.3.1 保留余高的焊接接头，可在焊接接头两侧边缘使探头与焊接接头中心线成10°～20°，作两个方向的斜平行移动，见图H.3。

H.6.3.2 去除余高的焊接接头，将探头置于焊接接头表面作两个方向的平行扫查，见图H.3。

a） 斜平行扫查　　　　b） 平行扫查

图H.3 平行和斜平行扫查

H.7 缺陷记录

H.7.1 记录水平

H.7.1.1 反射波幅位于定量线及以上区域的缺陷应予以记录。

H.7.1.2 反射波幅位于Ⅰ区的缺陷，如被判为危险缺陷时，也应予以记录。

H.7.1.3 以获得缺陷最大反射波幅的位置测定缺陷位置。应分别记录缺陷沿焊接接头方向的位置，缺陷到探伤面的垂直距离以及缺陷偏离焊接接头中心线的距离。

H.7.2 缺陷指示长度

H.7.2.1 反射波幅位于定量线及以上区域的缺陷，推荐以下两种方法测定缺陷指示长度：

a） 当缺陷反射波只有一个高点时，用6 dB法测长；

b） 在测长扫查过程中，如发现缺陷反射波峰起伏变化，有多个高点时，用端点最大回波法测长。

H.7.2.2 反射波幅位于Ⅰ区的缺陷，需记录时，以评定线灵敏度采用绝对灵敏度法测长。

H.8 缺陷评定

H.8.1 超过评定线的回波应注意其是否具有裂纹等危害性缺陷特征，并结合缺陷位置，动态波形及工艺特征作判定。如不能作出准确判断应辅以其他方法作综合评定。

H.8.2 指示长度小于10 mm时，按5 mm计。

H.8.3 相邻两缺陷间距小于较小缺陷长度时，作为一条缺陷处理，两缺陷长度之和作为单个缺陷指示长度。条状缺陷近似分布在一条直线上时，以两端点距离作为其间距；点状缺陷以两缺陷中心距离作为间距。

附 录 I
（规范性附录）
声能传输损耗差的测定

I.1 一般要求

I.1.1 工件本身影响反射波幅的两个主要因素是：材料的材质衰减和工件表面粗糙度及耦合状况造成的表面声能损失。

I.1.2 碳钢或低合金钢板材的材质衰减，在频率低于 3 MHz、声程不超过 200 mm 时，或者衰减系灵敏小于 0.01 dB/mm 时，可以不计。标准试块和对比试块均应满足这一要求。

I.1.3 受检工件检测时，如声程较大，或材质衰减系数超过上述范围，在确定缺陷反射波幅时，应考虑材质衰减修正。如被检工件表面比较粗糙还应考虑表面声能损失问题。

I.2 横波超声材质衰减的测量

I.2.1 制作与受检工件材质相同或相近，厚度约 40 mm、表面粗糙度与对比试块相同的平面型试块，见图 I.1。

单位为毫米

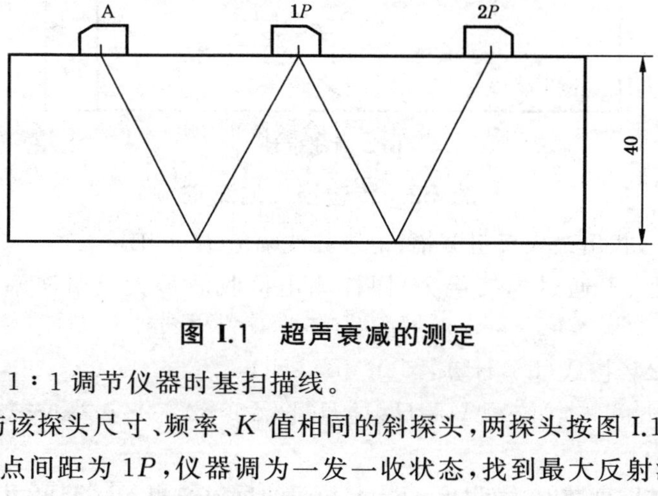

图 I.1 超声衰减的测定

I.2.2 斜探头按深度 1∶1 调节仪器时基扫描线。

I.2.3 另选用一只与该探头尺寸、频率、K 值相同的斜探头，两探头按图 I.1 所示方向置于平板试块上，两探头入射点间距为 $1P$，仪器调为一发一收状态，找到最大反射波幅，记录其波幅值 H_1(dB)。

I.2.4 将两探头拉开的距离为 $2P$，找到最大反射波幅，记录其波幅值 H_2(dB)。

I.2.5 衰减系数 α_H 可用下式计算：

$$\alpha_H = (H_1 - H_2 - \Delta)/(S_2 - S_1) \qquad \text{(I.1)}$$

$$S_1 = 40/\cos\beta + l_1 \qquad \text{(I.2)}$$

$$S_2 = 80/\cos\beta + l_1 \qquad \text{(I.3)}$$

$$l_1 = l_0 \tan\alpha / \tan\beta \qquad \text{(I.4)}$$

式中：

l_0——晶片到射点的距离，作为简化处理亦可取 $l_1 = l_0$，单位为毫米(mm)；

Δ——不考虑材质衰减时，声程 S_1、S_2 大平面的反射波幅 dB 差。可用 $20\lg(S_2/S_1)$ 计算或从该探头的距离-波幅曲线上查得，Δ 约为 6dB。

I.2.6 如果在图 I.1 试块和对比试块的探测面测得波幅相差不超过 1 dB，则可不考虑工件的材质衰减。

I.3 传输损失差的测定

I.3.1 斜探头按深度调节仪器时基扫描线。

I.3.2 选用另一只与该探头尺寸、频率、K 值相同的斜探头，两探头按图 I.2 所示方向置于对比试块探测面上，两探头入射点距离为 1P，仪器调为一发一收状态。

单位为毫米

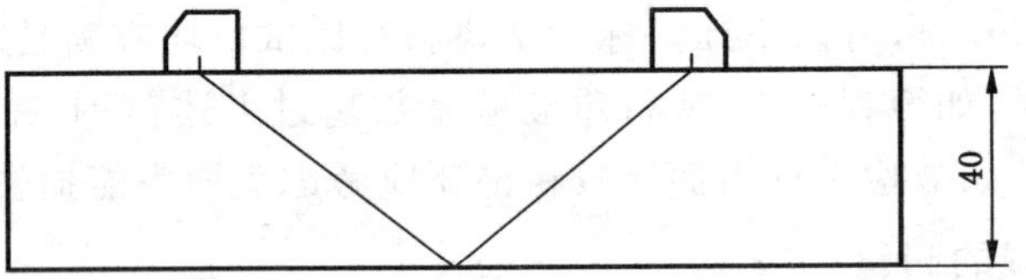

a） 对比试块

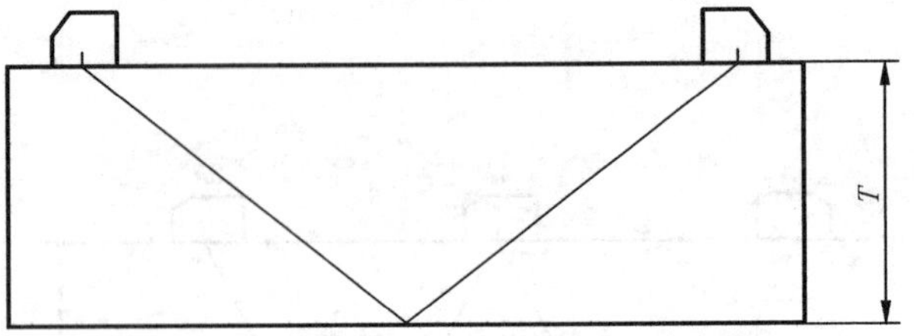

b） 对比试块

图 I.2 传输损失的测定

I.3.3 在对比试块上，找出最大反射波幅，记录其波幅值 H_1(dB)。

I.3.4 在受检工件上（不通过焊接接头）同样测出接收波最大反射波幅，记录其波幅值 H_2(dB)。

I.3.5 传输损失差 ΔV 按式(I.5)计算：

$$\Delta V = H_1 - H_2 - \Delta_1 - \Delta_2 \qquad (I.5)$$

式中：

Δ_1——不考虑材质衰减时，声程 S_1、S_2 大平面的反射波幅 dB 差，可用 $20\lg(S_2/S_1)$ 计算或从探头的距离-波幅曲线上查得，单位为分贝(dB)；

S_1——在对比试块中的声程，单位为毫米(mm)；

S_2——在工件板材中的声程，单位为毫米(mm)；

Δ_2——试块中声程 S_1 与工件中声程 S_2 的超声材质衰减差值，单位为分贝(dB)。如试块材质衰减系灵敏小于 0.01 dB/mm，此项可以不予考虑。

附 录 J
（资料性附录）
回波动态波形

J.1 波形模式 I——点状反射体

J.1.1 图 J.1 表示点状反射体产生的波形模式 I，即在显示屏上显示出的一个单一尖锐回波波形。

J.1.2 当探头前后、左右移动时，其波幅平滑地由零上升到最大值，然后又平滑地下降到零（或到噪声水平）。

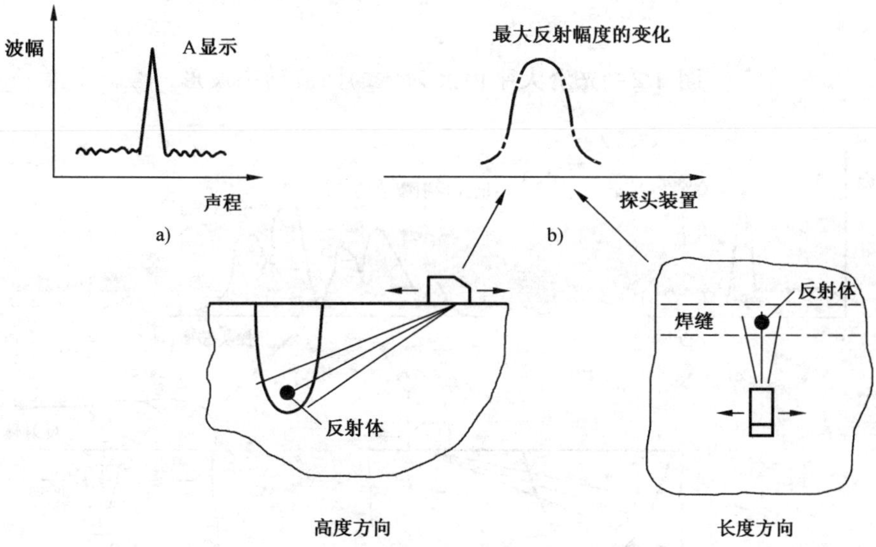

图 J.1 点反射体的回波动态波形

J.2 波形模式 Ⅱ——光滑平面反射体（平滑平面反射体）

J.2.1 图 J.2 表示光滑的大平面反射体所产生的波形模式 Ⅱ。

J.2.2 探头在各个不同的位置检测时，显示屏上均显示一个单一尖锐回波波形。探头前后和左右移动时，一开始波幅平滑地上升到最大幅度，探头继续移动时，波幅基本不变，或波幅的变化范围不大于4 dB。随着探头离开反射体，波幅又平滑地下降。

J.3 波形模式 Ⅲ

J.3.1 波形模式 Ⅲa——粗糙平面反射体（不规则平面反射体）

J.3.1.1 图 J.3 表示声束接近垂直入射，由不规则的大平面反射体所产生的波形模式 Ⅲa。

J.3.1.2 探头在各个不同的位置检测时，显示屏上均呈一个单一且参差不齐的回波波形。探头移动时，回波幅度显示出不规则的起伏变化（波幅间变化大于 6 dB）。这种起伏变化是由于不规则反射体的不同反射面的回波引起的，另外，反射面回波间的相互干涉也会引起回波幅度的不规则起伏变化。

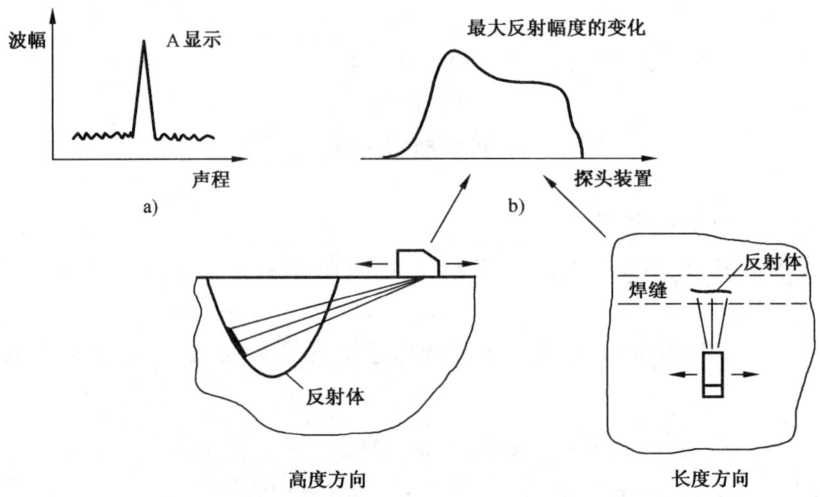

图 J.2　光滑大平面反射体的回波动态波形

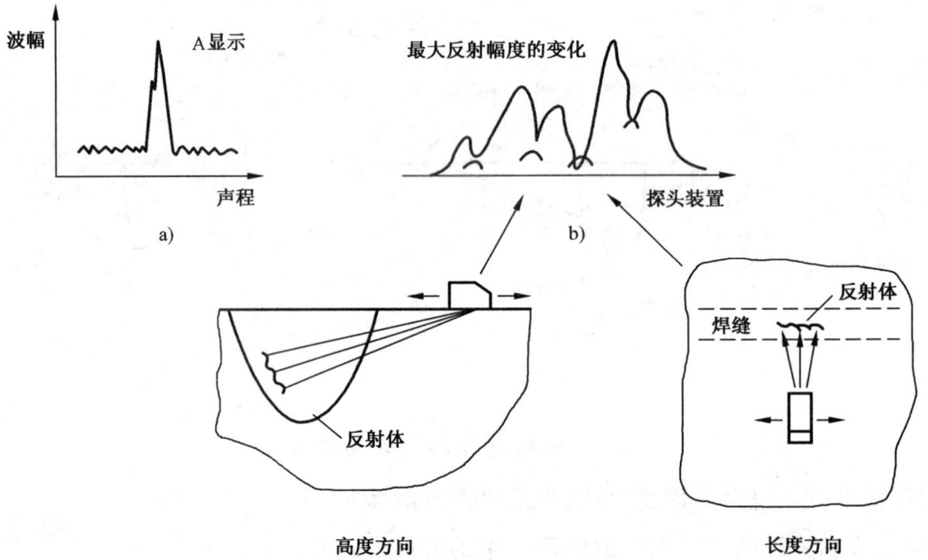

图 J.3　接近垂直入射时不规则大反射体的回波动态波形

J.3.2　波形模式Ⅲb——粗糙平面反射体(不规则平面反射体)

J.3.2.1　图 J.4 表示声束倾斜入射时,由不规则大反射体所产生的波形模式Ⅲb,又称为"游动回波波形模式"。

J.3.2.2　探头在各个不同的位置检测时,显示屏上显示脉冲包络呈钟形的一系列连续信号(有很多小副波峰)。探头移动时,每个小副波峰也在脉冲包络中移游动,副波峰向脉冲包络中心游动时波幅逐渐升高,然后又下降,信号波幅起伏较大(大于 6 dB)。

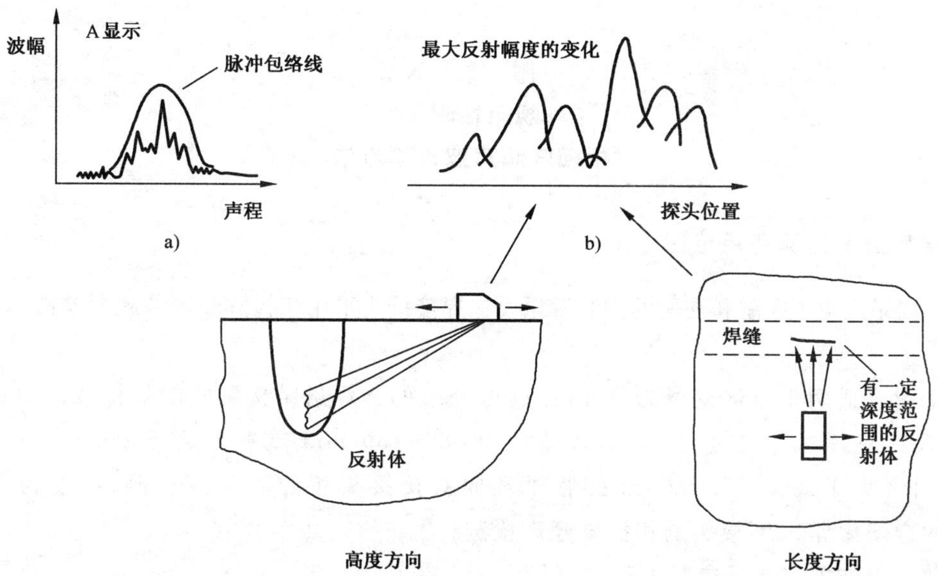

图 J.4　倾斜入射时不规则大反射体的回波动态波形

J.4　波形模式Ⅳ——密集型反射体

J.4.1　图 J.5 表示由密集型反射体所产生的波形模式Ⅳ。

J.4.2　探头在各个不同的位置检测时，显示屏上显示一群密集型反射体回波(在显示屏时基线上有时可分辨开)。探头移动时，反射体回波时起时伏。如能分辨，则可发现每个单独信号均显示波形Ⅰ的特征。

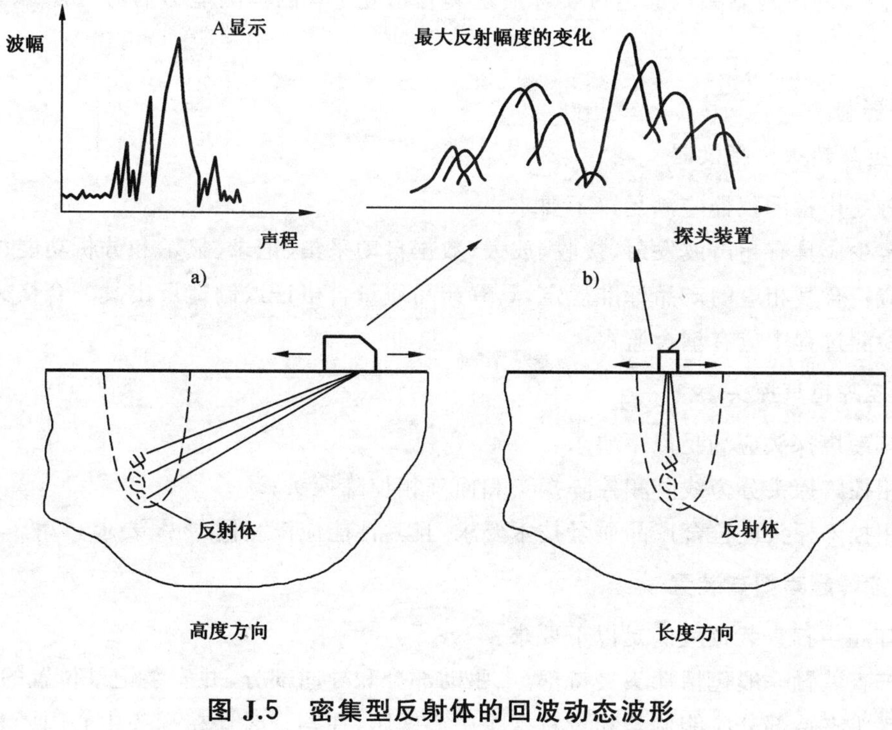

图 J.5　密集型反射体的回波动态波形

附　录　K
（规范性附录）
相控阵超声波检测方法

K.1　相控阵超声检测适用范围

K.1.1　本附录规定了在制和在用的钢制游乐设施焊接接头采用相控阵超声波超声波检测方法的基本原则。

K.1.2　本附录适用于公称壁厚为 8 mm～400 mm 的全焊透结构形式的焊接接头的相控阵超声检测；公称壁厚大于或等于 6 mm、外径为 38～159 mm 或壁厚为 6 mm～8 mm（不含 8 mm）、外径大于或 等于 159mm 的管子环向对接接头相控阵超声检测；厚度为 6 mm～50 mm 的全熔化焊 T 型接头的相控阵超声检测。

K.1.3　游乐设施零部件可参照本附录执行。

K.1.4　本附录不适用于内径小于或等于 200 mm 的管座角接接头检测。

K.2　检测人员

K.2.1　检测人员应具有较丰富的焊接接头超声波检测经验，并经考核取得Ⅱ级资格两年以上或具备Ⅲ级以上等级资格证书。熟悉相控阵超声设备的使用、调试和结果评定，方可从事相应资格等级规定的监测工作。

K.2.2　相控阵超声检测人员应通过实际演示具有相应对象的检测能力后方可从事具体的监测工作。

K.3　设备器材

K.3.1　相控阵超声检测仪器

相控阵超声检测仪器应满足以下要求：

a)　至少应具有超声波发射、接收、放大、数据自动采集、记录、显示和分析功能；

b)　应符合其相应的产品标准规定，具有产品质量合格证或制造厂出具的合格文件；

c)　检测过程中应有耦合监视。

K.3.2　相控阵超声探头

相控阵超声探头应满足以下要求：

a)　相控阵探头分为线阵相控阵探头和面阵相控阵探头；

b)　相控阵探头应符合产品质量技术要求，且其性能应满足附录 A 要求。

K.3.3　相控阵超声扫查装置

相控阵超声扫查装置应满足以下要求：

a)　扫查装置一般包括探头夹持部分、驱动部分和导向部分，并安装记录位置的编码器；

b)　探头夹持部分应能调整和设置探头中心间距，在扫查时保持探头中心间距和相对角度不变；

c） 导向部分应能在扫查时使探头运动轨迹与参考线保持一致；

d） 驱动部分可以采用马达或人工驱动；

e） 扫查装置中的编码器，其位置分辨率应符合本标准的工艺要求。

K.3.4 试块

K.3.4.1 试块分为标准试块、对比试块和模拟试块。

K.3.4.2 制作对比试块和模拟试块的材料，应符合下列要求之一：

a） 应采用与被检测工件声学性能相同或相似的材料制成；

b） 材料用直探头检测时，不得出现大于 ϕ2 mm 平底孔回波幅度 1/4 的缺陷信号。

K.3.4.3 标准试块是用于相控阵超声检测系统性能的测试及增益补偿调试的试块。本附录采用的标准试块为 CSK-ⅠA 试块和声束控制评定试块(见图 K.1)。

单位为毫米

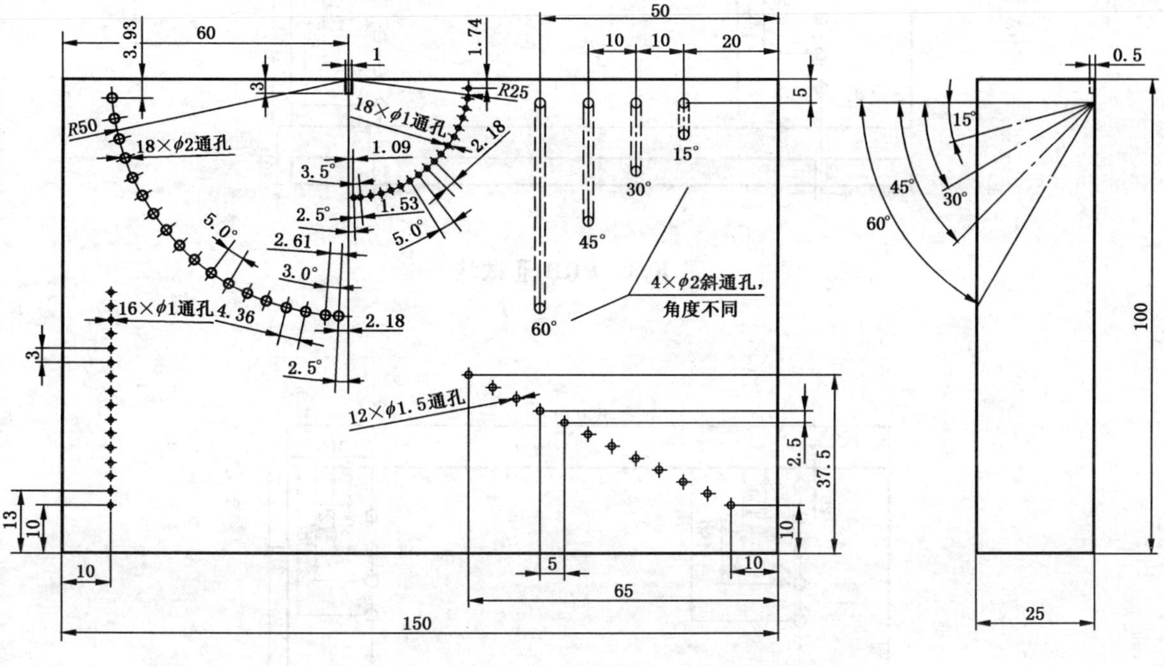

图 K.1 声束控制评定试块

K.3.4.4 对比试块应满足以下要求：

a） 用于检测校准的试块，其外形尺寸应能代表被检工件的特征，厚度应与被检工件的厚度相对应。如果涉及到两种或两种以上不同厚度部件焊接接头的检测，试块的厚度应由其最大厚度来确定。

b） 本附录采用的对比试块有 PRB-Ⅰ、PRB-Ⅱ、PRB-Ⅲ、PRB-Ⅳ、PRB-Ⅴ、GD 系列试块、SGB 系列试块及 AUT 试块。PRB 系列试块见图 K.2～图 K.6。

单位为毫米

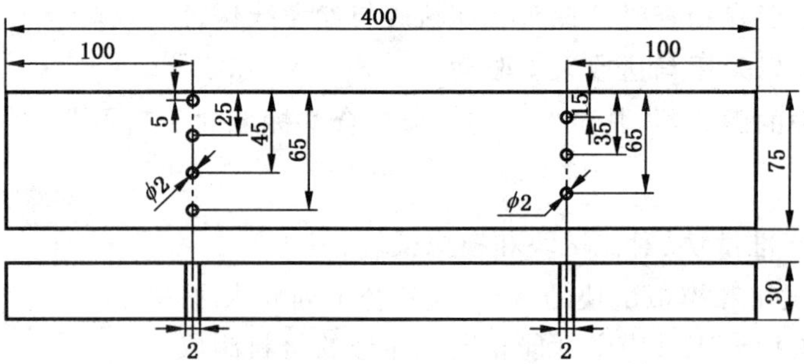

图 K.2 PRB-Ⅰ试块

单位为毫米

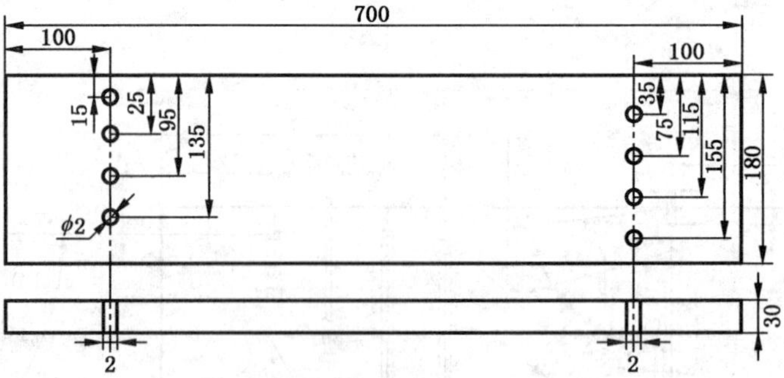

图 K.3 PRB-Ⅱ试块

单位为毫米

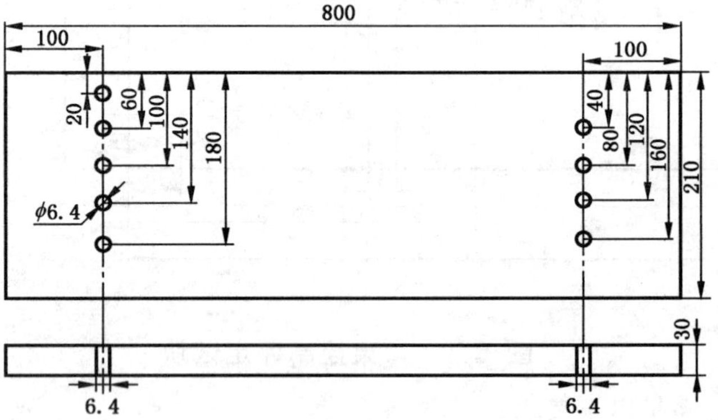

图 K.4 PRB-Ⅲ试块

单位为毫米

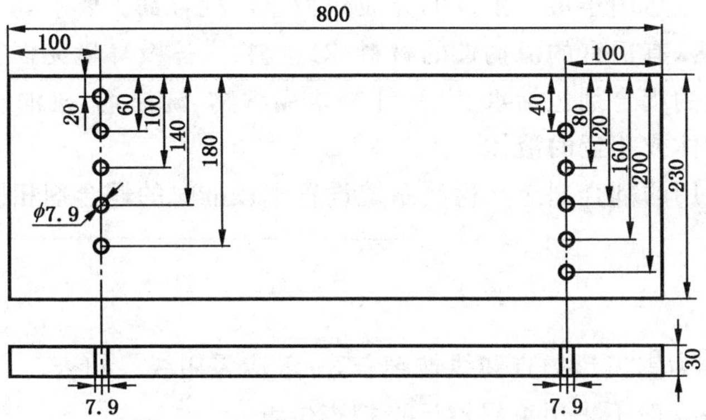

图 K.5 PRB-Ⅳ试块

单位为毫米

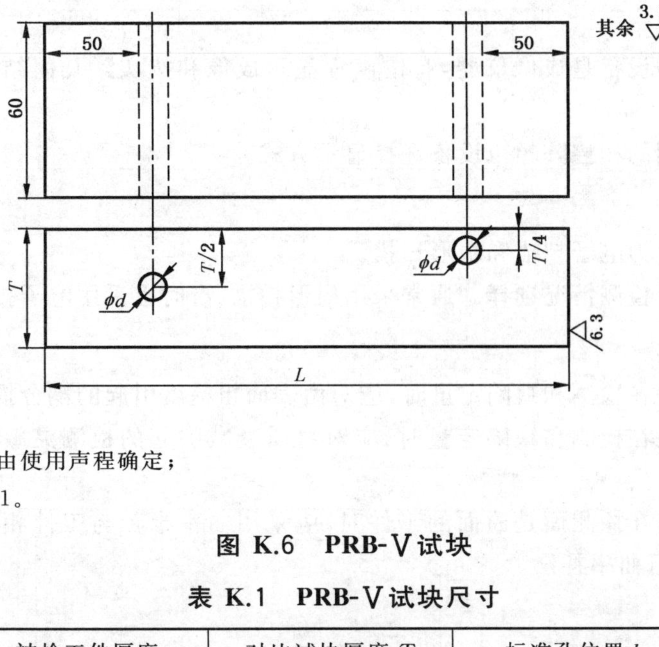

说明：

L——试块长度，由使用声程确定；

d、T、L 见表 K.1。

图 K.6 PRB-Ⅴ试块

表 K.1 PRB-Ⅴ试块尺寸

单位为毫米

PRB-Ⅴ	被检工件厚度	对比试块厚度 T	标准孔位置 b	标准孔直径 d
1	＞200～250	225	T/4，T/2	9.5
2	＞250～300	275	T/4，T/2	11.1
3	＞300～350	325	T/4，T/2	12.7
4	＞350～400	375	T/4，T/2	14.3

K.3.4.5 模拟缺陷试块是用于检测工艺验证及相控阵超声横波端点衍射法测高技能验证的试块。应满足下列要求：

a) 一般采用焊接方法制作。其缺陷类型为被检工件中易出现的典型焊接缺陷，主要为条状缺陷，包括裂纹、未熔合和未焊透。

b) 试块中的缺陷位置应具有代表性，至少应包含外表面、内表面和内部。

K.3.5 耦合剂应满足以下要求：

a) 应采用有效且适用于被检工件的介质作为超声耦合剂。要求具有良好的透声性、易清洗、无毒无害，有适宜的流动性的材料；对材料、人体及环境无损害，同时应便于检测后清理。典型的耦合剂包括水、甲基纤维素糊状物、洗涤剂、机油和甘油，在零度以下可采用乙醇液体或相近的液体。

b) 实际检测采用的耦合剂应与检测系统设置和校准时的耦合剂相同。

K.4 一般要求

K.4.1 扫查方式

K.4.1.1 扫查方式分为锯齿形扫查和线性扫查，一般应采用线性扫查。

K.4.1.2 锯齿形扫查一般不采用编码器记录扫查位置。

K.4.1.3 线性扫查一般采用编码器记录扫查位置，通常将相控阵探头安装在扫查装置中，沿焊缝长度方向直线移动。

K.4.2 显示方式

K.4.2.1 相控阵超声设备是成像仪器，有按声程显示成像和按实际几何结构显示成像两种显示方式。

K.4.2.2 可根据使用的相控阵超声设备选择显示方式。

K.4.3 扫描类型

K.4.3.1 扫描类型分为电子扫描和扇形扫描。

K.4.3.2 应根据具体检测情况选择。通常采用扇形扫描，有时也采用电子扫描或两者组合。

K.4.4 灵敏度补偿

K.4.4.1 耦合补偿是在检测和缺陷定量时，应对由表面粗糙度引起的耦合损失进行的补偿。

K.4.4.2 衰减补偿是在检测和缺陷定量时，应对材质衰减引起的检测灵敏度下降和缺陷定量误差进行补偿。

K.4.4.3 曲面补偿是在探测面是曲面的工件时，应采用曲率半径与工件相同或相近的对比试块，通过对比试验进行曲率补偿。

K.4.5 扫查灵敏度

扫查灵敏度不低于基准灵敏度。

K.4.6 聚焦法则的确定

聚焦法则应根据所采用的扫描类型确定，明确其中涉及的具体参数。

K.4.7 检测系统的复核

K.4.7.1 每次检测前应对灵敏度进行复核，遇到下述情况应随时对其进行重新核查：

a) 检测过程中更换电池，校准后的探头、耦合剂和仪器调节旋钮发生改变时；

b) 检测人员怀疑扫描量程或扫描灵敏度有变化时；

c) 连续工作 4 h 以上；

d) 工作结束时。

K.4.7.2 每次检测结束前，应对扫查灵敏度进行复核。一般对距离-波幅曲线的校核应不少于

3 点。如曲线上任何一点幅度下降 2 dB 或 20%，则应对上一次复核以来所有的检测结果进行复检；如幅度上升 2 dB 或 20%，则应对所有的记录信号进行重新评定。

K.4.7.3　检测时应定期对编码器进行复核。

K.4.8　表面辅助检测

对相控阵超声检测发现表面可疑的显示，可采用磁粉、渗透等有效方法辅助检测。

K.4.9　温度

K.4.9.1　检测前应实测被检工件的声速。

K.4.9.2　被检工件的表面温度应控制在 0 ℃～50 ℃。

K.4.9.3　检测系统设置和校准时与实际检测时之间的温度差应控制在±15 ℃之内。

K.5　使用原则

K.5.1　扫描类型

K.5.1.1　应确定采用扇形扫描、电子扫描时具有的优点和局限性。

K.5.1.2　为提高检测结果的准确性，应根据被检产品的焊缝类型、工作介质，预计可能产生的缺陷种类、形状、部位和取向，选择最合适的扫描类型和显示方式或者其组合。

K.5.2　扫描类型及显示方式的选择

K.5.2.1　对接接头宜采用扇形扫描检测。工件厚度为 6 mm～8 mm(不包括 8 mm)的焊缝应采用三次波、二次波或四次波分开设置进行检测；工件厚度为 8 mm～30mm 的焊缝应采用一次波和二次波同时设置进行检测；工件厚度大于 30 mm 的焊缝宜采用一次波、二次波分开设置进行检测。显示方式可选择按声程显示成像或按实际几何结构显示成像，见图 K.7 和图 K.8。

K.5.2.2　角接接头应采用扇形扫描和电子扫描组合检测。显示方式宜采用按实际几何结构显示成像，见图 K.9 和图 K.10。

K.5.2.3　T 型接头应采用扇形扫描和电子扫描组合检测。显示方式宜采用按实际几何结构显示成像，见图 K.11～图 K.13。

K.5.2.4　根据被检工件的焊缝类型和产生缺陷的特点，也可辅以特定角度的扇形扫描或电子扫描及串列扫描检测。

K.5.2.5　锯齿形扫查应根据检测工件的特点及现场条件选择手动扇形扫描、手动电子扫描及手动固定角度扫描。

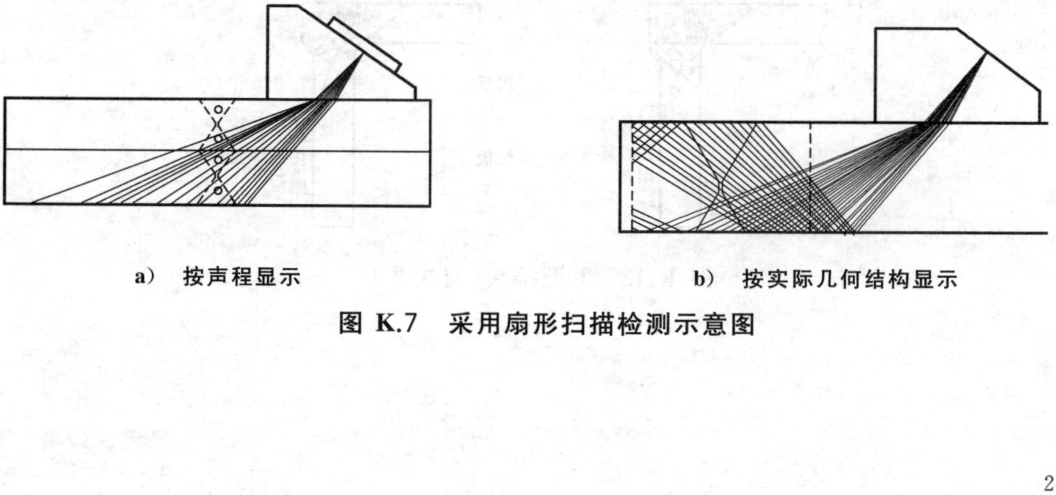

a）　按声程显示　　　　b）　按实际几何结构显示

图 K.7　采用扇形扫描检测示意图

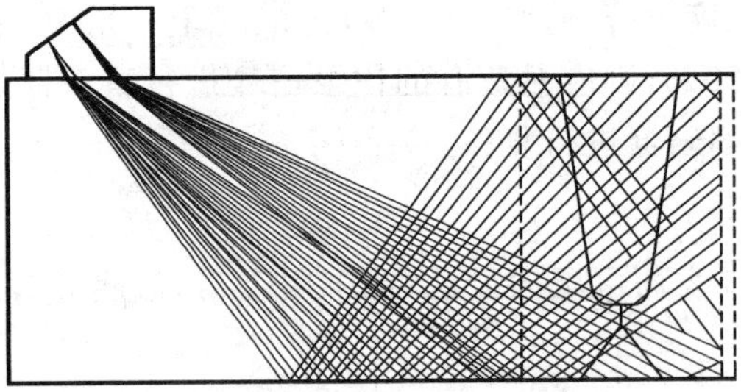

图 K.8 采用多组扇形扫描检测示意图

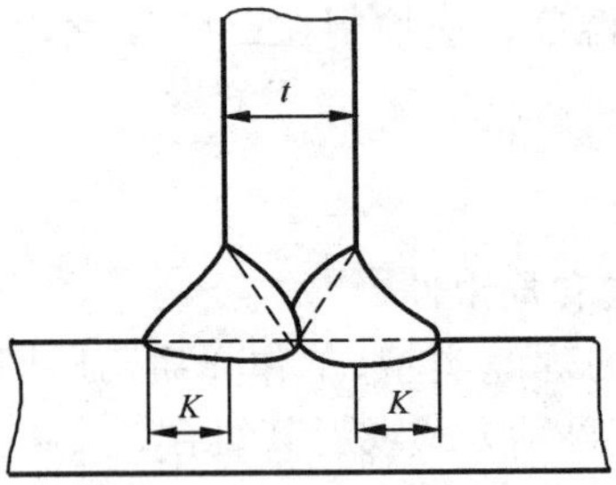

图 K.9 K 型角焊缝

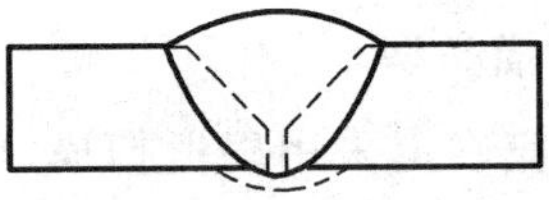

图 K.10 Y 型角焊缝

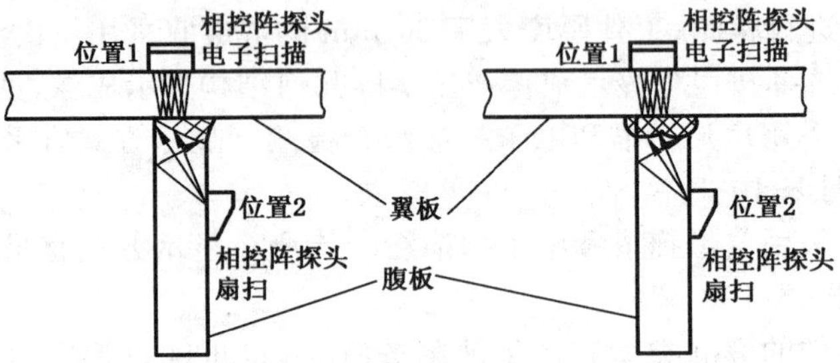

图 K.11 T 型接头(型式Ⅰ)

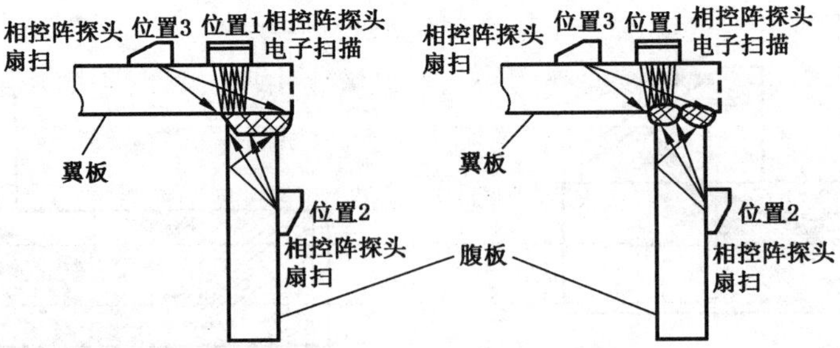

图 K.12 T 型接头(型式Ⅱ)

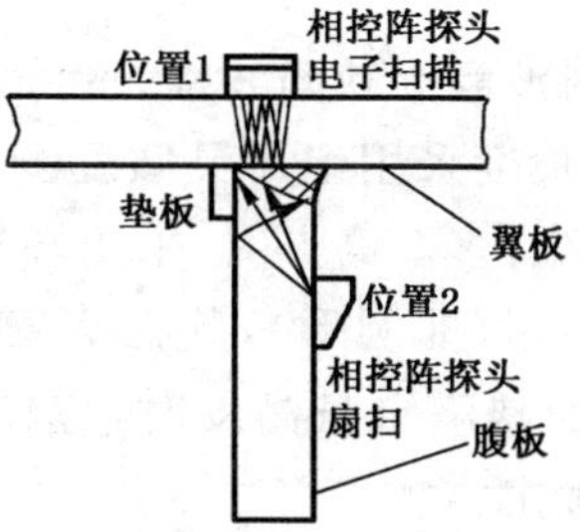

图 K.13 T型接头(型式Ⅲ)

K.6 检测原则

K.6.1 实施条件

K.6.1.1 实施游乐设施相控阵检测的检测机构需制定企业标准,并通过相关技术机构的评审后方具备基本条件。

K.6.1.2 超出本附录的尺寸和结构形式范围的部件,如要采用相控阵检测,需要设计和制作与被检部件材料、焊接和结构形式一致的试件,并在试件上验证所制定的工艺合理性方可进行。

K.6.2 T型接头的检测

K.6.2.1 基本原则:

a) 在选择扫查面和扫描类型时应考虑到各类型缺陷的可能性;

b) 应使声束尽可能垂直于该类焊接接头结构的主要缺陷。

K.6.2.2 检测方式:

a) 从翼板外侧用电子扫描进行检测,见图 K.11 位置 1、图 K.12 位置 1 和图 K.13 位置 1;

b) 用扇形扫描在腹板一侧用直射法和一次反射法进行检测,见图 K.11 位置 2、图 K.12 位置 2 和图 K.13 位置 2;

c) 用扇形扫描从翼板外侧采用直射法进行检测,见图 K.12 位置 3。

K.6.2.3 T 型接头采用扇形扫描和电子扫描(纵波)进行检测:

a) 扇形扫描时,距离-波幅曲线灵敏度应以腹板厚度按表 K.1 确定;电子扫描检测时,距离-波幅曲线灵敏度应以翼板厚度按表 K.2 确定;

b) 电子扫描距离-波幅曲线的制作和基准灵敏度按照 11.1.5 中的规定确定;

c) 扫查灵敏度一般在基准灵敏度基础上提高 6 dB。

表 K.2 T型接头电子扫描(纵波)距离-波幅曲线的灵敏度 单位为毫米

评定线	定量线	判废线
ϕ2 平底孔	ϕ3 平底孔	ϕ4 平底孔

K.6.2.4 扫查方事应首先采用线性扫查,线性扫查不可行时采用锯齿形扫查。

K.6.3 分级评价

K.6.3.1 缺陷定量

K.6.3.1.1 缺陷定量以定量线为基准,对回波波幅达到或超过定量线的缺陷,应确定其位置、波幅和指示长度等。

K.6.3.1.2 以获得缺陷的最大反射波幅为缺陷波幅。

K.6.3.1.3 线性扫查时，测量缺陷长度采用绝对灵敏度测长。锯齿形扫查时，当缺陷只有一个高点时，采用 6 dB 法测长。当缺陷有多个高点时，采用端点 6 dB 法测长。

K.6.3.1.4 相邻两个或多个缺陷显示（非圆形），其在 X 轴方向间距小于其中较小的缺陷长度且在 Z 轴方向间距小于其中较小的缺陷自身高度时，应作为一个缺陷处理，该缺陷深度、缺陷长度及缺陷自身高度按如下原则确定：

a） 缺陷深度：以两缺陷深度较小值作为单个缺陷深度；

b） 缺陷长度：两缺陷在 X 轴投影上的前、后端点间距离；

c） 缺陷自身高度：若两缺陷在 X 轴投影无重叠，以其中较大的缺陷自身高度作为单个缺陷自身高度；若两缺陷在 X 轴投影有重叠，则以两缺陷自身高度之和作为单个缺陷自身高度（间距计入）。

K.6.3.2 缺陷的评定和质量分级

K.6.3.2.1 凡判定为裂纹、坡口未熔合及未焊透等危害性的缺陷显示，评为Ⅲ级。

K.6.3.2.2 凡在判废线（含判废线）以上的缺陷显示，评为Ⅲ级。

K.6.3.2.3 凡在定量线（不含定量线）以下的缺陷显示，评为Ⅰ级。

K.6.3.2.4 对于定量线以上、判废线以下的缺陷显示一般应结合设计图纸中的要求，进行强度校核后评定。

K.7 报告和存档

K.7.1 检测报告

K.7.1.1 检测报告至少应包括如下内容：

a） 委托单位或指令；

b） 检测标准；

c） 被检工件：名称、编号、规格、材质、坡口型式、焊接方法和热处理状况；

d） 检测设备及器材：相控阵仪器、相控阵探头、扫查装置、试块、耦合剂；

e） 检测工艺参数：扫描类型、显示方式、扫查方式、聚焦法则、探头配置及扫查灵敏度等；

f） 检测覆盖区域：理论模拟软件演示的检测区域覆盖图及参数；

g） 检测示意图：检测部位以及所发现的缺陷位置和分布图；

h） 扫查数据：扫查数据以电子版形式保存和打印出彩色扫查数据的图像；

i） 检测结论：评定出缺陷位置、尺寸及质量级别；

j） 检测人员和审核人员签字；

k） 检测日期。

K.7.1.2 检测报告格式可参照附录 G 的规定。

K.7.2 存档

K.7.2.1 扫查数据要以电子版形式保存。

K.7.2.2 扫查数据、检测记录和报告要存档，保存期不少于 7 年。7 年后，若用户需要可转交用户保管。

附　录　L

（规范性附录）

－6 dB 法测定缺陷自身高度

L.1　一般要求

L.1.1　缺陷类型识别可通过探头从两个方向扫查（即前后和左右扫查），观察其回波动态波形来确定。

L.1.2　缺陷类型只用单个探头或单向扫查识别是不太可能的，宜采用一种以上声束方向作多种扫查，包括前后、左右、转动和环绕扫查，以此对各种超声信息进行综合评定来识别缺陷。

L.1.3　使用－6 dB 法测定缺陷自身高度时，应尽可能采用直射波法。

L.1.4　灵敏度应根据需要确定，但应使噪声水平不超过显示屏满刻度的 10％。

L.1.5　原则上应选用 *K*1、标称频率为 2 MHz～5 MHz 的探头为宜。

L.1.6　使用聚焦探头时，其声束会聚范围等参数应满足所探测缺陷位置的要求。

L.2　－6 dB 法

L.2.1　－6 dB 法适用于波形模式Ⅱ类型的缺陷。

L.2.2　使探头垂直于缺陷长度方向移动，注意观察动态波形包络的形态变化。若回波高度变化很小，可将回波迅速降落前的波高值，作为－6 dB 法测高的基点，即图 L.1 中的 A 和 A_1 点。

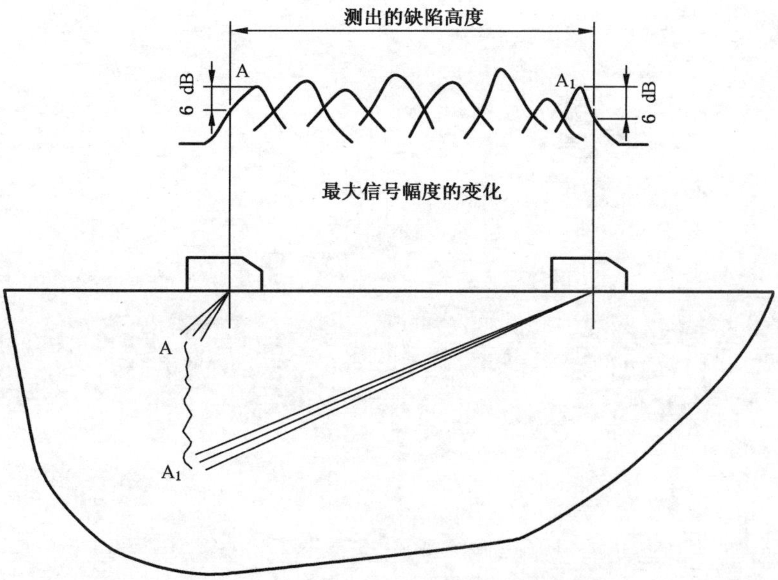

图 L.1　用－6 dB 法测缺陷自身高度

L.3　时基线校准

L.3.1　时基线的校准应采用 CSK-IA 试块。

L.3.2　时基线的校准应考虑检测时的温度、耦合条件等影响因素。

L.4 测定

L.4.1 应将回波高度调到显示屏满刻度的80%～100%，移动声束使之偏离缺陷边缘，直至回波高度降低6 dB。

L.4.2 应根据已知的探头入射点位置、折射角和声程长度，标出缺陷的边缘位置。

L.4.3 埋藏缺陷的自身高度ΔH：

$$\Delta H=(W_2-W_1)\cdot\cos\theta \qquad \text{(L.1)}$$

式中W_1和W_2分别为缺陷上、下边缘位置至入射点的声程，θ为探头折射角。

L.4.4 当缺陷开口位于检测面一侧时的缺陷自身高度：

$$\Delta H=W\cdot\cos\theta \qquad \text{(L.2)}$$

式中：

W——缺陷下边缘位置至入射点的声程，单位为毫米(mm)；

θ——探头折射角，单位为度(°)。

L.4.5 当缺陷开口位于检测面另一侧时的缺陷自身高度：

$$\Delta H=t-W\cdot\cos\theta \qquad \text{(L.3)}$$

式中：

t——壁厚，单位为毫米(mm)；

W——缺陷上边缘位置至入射点的声程，单位为毫米(mm)；

θ——探头折射角，单位为度(°)。

附　录　M
（规范性附录）
典型的测量用校准试块

M.1　4 阶梯测厚校准试块(见图 M.1 和表 M.1)

M.1.1　试件的制作材料应与被检材料相同。

M.1.2　试件的最终表面粗糙度要求检测面最大 Ra0.8 μm,其他面最大 Ra1.6 μm。

M.1.3　为了便于电镀的操作,制作 1.5 mm 的通孔,从试块边缘到孔中心 1.5 mm。

M.1.4　所有测厚面尺寸均为阳极化或电镀后尺寸。

M.1.5　为了防止锐边,使电镀增厚最小,或去除缺口和毛刺,可对试块的边缘倒斜角或倒圆,但应该保证这种处理引起的尺寸的减少不超过 0.5 mm。

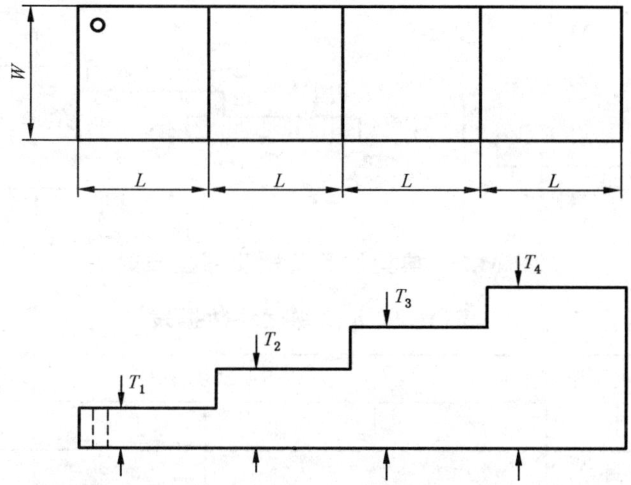

图 M.1　典型的 4 阶梯测厚校准试块

表 M.1　4 阶梯试块数据表

符号	美国常规试块/in		4A 试块/mm		4B 试块/mm	
	尺寸	公差	尺寸	公差	尺寸	公差
T_1	0.250	0.001	6.25	0.02	5.00	0.02
T_2	0.500	0.001	12.5	0.02	10.00	0.02
T_3	0.750	0.001	18.75	0.02	15.00	0.02
T_4	1.000	0.001	25.00	0.02	20.00	0.02
L	0.75	0.02	20.00	0.5	20.0	0.5
W	0.75	0.05	20.00	1.0	20.0	1.0

M.2　5 阶梯测厚校准试块(见图 M.2 和表 M.2)

M.2.1　试件的制作材料应与被检材料相同。

M.2.2　试件的最终表面粗糙度,检测面最大 $Ra0.8\ \mu m$,其他面最大 $Ra1.6\ \mu m$。

M.2.3　为了便于电镀的操作,制作了 1.5 mm 的通孔,从试块边缘到孔中心 1.5 mm。

M.2.4　所有测厚面尺寸均为阳极化或电镀后尺寸。

M.2.5　为了防止锐边,使电镀增厚最小,或去除缺口和毛刺,可对试块的边缘倒斜角或倒圆,但应该保证这种处理引起的尺寸的减少不超过 0.5 mm。

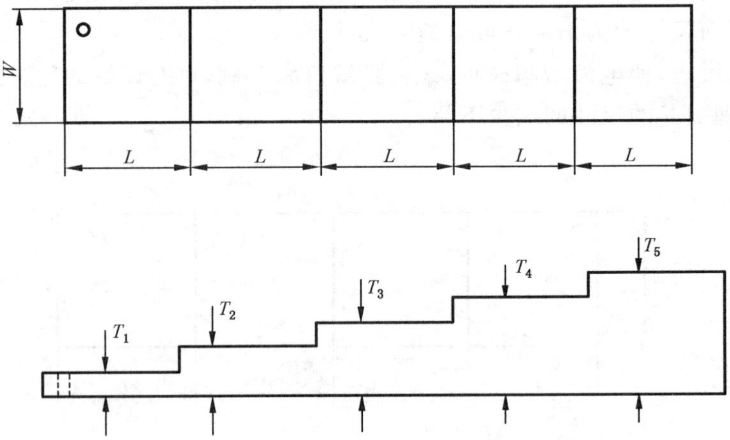

图 M.2　典型的 5 阶梯测厚校准试块

表 M.2　5 阶梯试块数据表

符号	美国常规试块/in		5A 试块/mm		5B 试块/mm	
	尺寸	公差	尺寸	尺寸	公差	尺寸
T_1	0.100	0.001	2.50	0.02	2.00	0.02
T_2	0.200	0.001	5.00	0.02	4.00	0.02
T_3	0.300	0.001	7.50	0.02	6.00	0.02
T_4	0.400	0.001	10.00	0.02	6.00	0.02
T_5	0.500	0.001	12.50	0.02	10.00	0.02
L	0.75	0.02	20.00	0.5	20.00	0.5
W	0.75	0.05	20.00	1.0	20.00	1.0

M.3　7 阶梯测厚校准试块(见图 M.3 和表 M.3)

M.3.1　试件材料为 45 号钢。

M.3.2　制作试件的坯料经过锻造和热处理。

M.3.3　试件材料的晶粒度为 7 级。

图 M.3 典型的 7 阶梯测厚校准试块

表 M.3 7 阶梯试块数据表

单位为毫米

符号	7A 试块		7B 试块	
	尺寸	尺寸	尺寸	尺寸
T_1	3.00	0.02	1.00	0.02
T_2	12.50	0.03	1.50	0.02
T_3	24.00	0.03	2.00	0.02
T_4	30.00	0.03	4.00	0.02
T_5	36.00	0.03	6.00	0.02
T_6	42.00	0.03	8.00	0.02
T_7	48.00	0.03	10.00	0.02
L	40.00	1.0	40.00	1.0
W	40.00	1.0	40.00	1.0

ICS 97.200.40
Y 57

中华人民共和国国家标准

GB/T 34370.6—2017

游乐设施无损检测 第6部分：射线检测

Nondestructive testing of amusement equipments—
Part 6: Radiographic testing

2017-09-29 发布　　2018-04-01 实施

中华人民共和国国家质量监督检验检疫总局
中国国家标准化管理委员会　发布

前　言

GB/T 34370《游乐设施无损检测》分为以下6部分：

——第1部分：总则；

——第2部分：目视检测；

——第3部分：磁粉检测；

——第4部分：渗透检测；

——第5部分：超声检测；

——第6部分：射线检测。

本部分为GB/T 34370的第6部分。

本部分按照GB/T 1.1—2009给出的规则起草。

本部分由全国索道与游乐设施标准化技术委员会(SAC/TC 250)提出并归口。

本部分起草单位：中国特种设备检测研究院、山东科捷工程检测有限公司、天津市特种设备监督检验技术研究院、温州南方游乐设备工程有限公司、中山金马科技娱乐设备有限公司、江苏省特种设备安全监督检验研究院。

本部分主要起草人：沈功田、胡斌、梁玉梅、刘怿欢、张劲松、赵欣、周蕊、吴占稳、王伟华、徐达、林金贵、廖绪文、黄珙。

游乐设施无损检测
第6部分:射线检测

1 范围

GB/T 34370的本部分规定了游乐设施的熔化焊对接接头的X射线和γ射线检测技术和质量分级要求。

本部分适用于游乐设施厚度为2 mm～200 mm的碳素钢、低合金钢和不锈钢对接焊接接头的射线检测。

2 规范性引用文件

下列文件对于本文件的应用是必不可少的。凡是注日期的引用文件,仅注日期的版本适用于本文件。凡是不注日期的引用文件,其最新版本(包括所有的修改单)适用于本文件。

GB/T 11533 标准对数视力表

GB/T 12604.2 无损检测术语 射线照相检测

GB 18871 电离辐射防护与辐射源安全基本标准

GB/T 19348.1 无损检测 工业射线照相胶片 第1部分:工业射线照相胶片系统的分类

GB/T 19348.2 无损检测 工业射线照相胶片 第2部分:用参考值方法控制胶片处理

GB/T 19802 无损检测 工业射线照相观片灯 最低要求

GB/T 20306 游乐设施术语

GB/T 20737 无损检测 通用术语和定义

GB/T 23910 无损检测 射线照相检测用金属增感屏

GB/T 34370.1 游乐设施无损检测 第1部分:总则

GBZ 117 工业X射线探伤卫生防护标准

GBZ 132 工业γ射线探伤卫生防护标准

JB/T 7902 无损检测 射线照相检测用线型像质计

3 术语和定义

GB/T 12604.2、GB/T 20306和GB/T 20737界定的以及下列术语和定义适用于本文件。

3.1

透照厚度 penetrated thickness

W

射线照射方向上材料的公称厚度。多层透照时,透照厚度为通过的各层材料公称厚度之和。

3.2

工件至胶片距离　object-to-film distance

b

沿射线束中心测定的工件受检部位射线源侧表面与胶片之间的距离。

3.3

射线源至工件距离　source-to-object distance

f

沿射线束中心测定的工件受检部位射线源与受检工件近源侧表面之间的距离。

3.4

焦距　focal distance

F

沿射线束中心测定的射线源与胶片之间的距离。

3.5

射线源尺寸　source size

d

射线源的有效焦点尺寸。

3.6

透照厚度比　ratio of max. and min. penetrated thickness

K

一次透照长度范围内射线束穿过母材的最大厚度与最小厚度之比。

3.7

底片评定范围　film evaluation scope

规定底片上必须观测和评定的范围。

3.8

圆形缺陷　round flaw

长宽比不大于3的气孔、夹渣和夹钨等缺陷。

3.9

条形缺陷　stripy flaw

长宽比大于3的气孔、夹渣和夹钨等缺陷。

4　方法概要

射线检测是利用物质对射线吸收的原理，通过获得缺陷部位导致物体对射线的吸收改变，引起透射射线强度的变化，来判断工件中是否存在缺陷以及缺陷的位置、大小，如图1所示。按照射线源可分为X射线检测、γ射线检测等；按照成像方式可分为胶片射线检测成像、计算机辅助胶片成像(CR)和数字射线成像(DR)；按照检测方式可分为固定式检测和移动式检测。

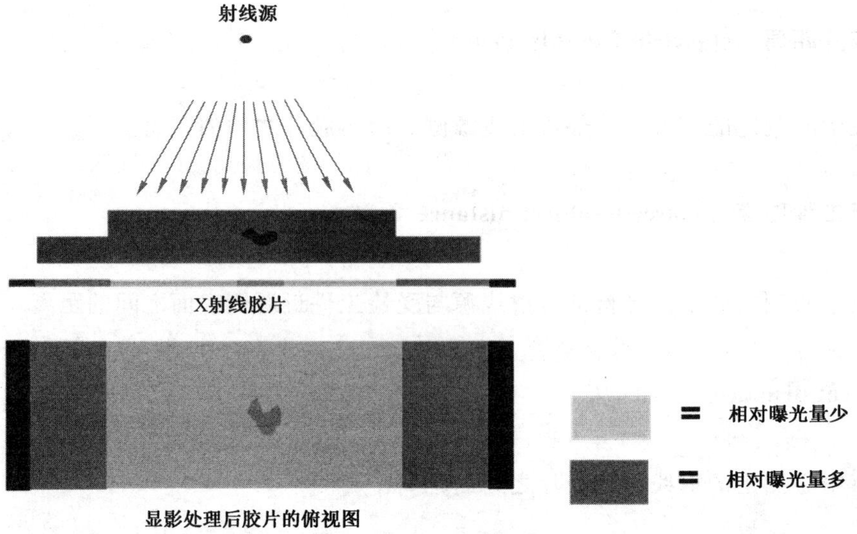

图 1 射线检测原理示意图

5 安全要求

检测过程中的安全要求至少包括：

a) 检测人员应遵守被检件现场的安全要求，根据检测地点的要求穿戴防护工作服和佩戴有关防护设备。

b) 游乐设施运行后进行检测，应注意被检件的温度状态，以免烫伤。

c) 放射卫生防护应符合 GB 18871、GBZ 117 和 GBZ 132 的有关规定。

d) 现场进行 X 射线检测时，应按 GBZ 117 的规定划定控制区和管理区、设置警告标志。检测工作人员应佩戴个人剂量计，并携带剂量报警仪。

e) 现场进行 γ 射线检测时，应按 GBZ 132 的规定划定控制区和监督区、设置警告标志。检测作业时，应围绕控制区边界测定辐射水平。检测工作人员应佩戴个人剂量计，并携带剂量报警仪。

f) 本章没有列出进行检测时所有的安全要求，使用本部分的用户应在检测前建立安全准则。

6 人员要求

从事射线检测人员除应符合 GB/T 34370.1 的有关规定外，上岗前应进行辐射安全知识的培训，并取得放射工作人员证。射线检测人员的未经矫正或经矫正的近(距)视力和远(距)视力应不低于 5.0(小数记录值为 1.0)，测试方法应符合 GB/T 11533 的规定。从事评片的人员应每 12 个月检查一次视力。

7 检测设备和器材

7.1 成像系统

成像系统可采用胶片成像，也可采用计算机辅助胶片成像(CR)和数字射线成像(DR)。

7.2 射线胶片

7.2.1 胶片系统按照 GB/T 19348.1 分为六类，即 C1、C2、C3、C4、C5 和 C6 类。C1 为最高类别，C6 为最低类别。

7.2.2 胶片应按制造商推荐的温度和湿度等条件予以保存。

7.2.3 采用 X 射线检测时，应选用 C5 类或更高类别的胶片；采用 γ 射线检测时，应选用 C4 类或更高类别的胶片。

7.3 观片灯

观片灯的主要性能应符合 GB/T 19802 的有关规定。

7.4 黑度计(光学密度计)和标准密度片

7.4.1 黑度计可测的最大黑度应不小于 4.5，测量值的误差应不超过±0.05。

7.4.2 黑度计应使用标准密度片至少每 6 个月校验一次。

7.4.3 标准密度片应每两年检定一次。

7.5 增感屏

射线检测一般应使用金属增感屏或不用增感屏。增感屏的选用应符合 GB/T 23910 和表 1 的规定。

表 1 增感屏的材料和厚度

单位为毫米

射线源	前屏		后屏	
	材料	厚度/mm	材料	厚度/mm
X 射线(≤100 kV)	铅	不用或 ≤0.03[a]	铅	≤0.03
X 射线(>100 kV～150 kV)	铅	≤0.15	铅	≤0.15
X 射线(>150 kV～250 kV)	铅	0.02～0.15	铅	0.02～0.15
X 射线(>250 kV～300 kV)	铅	0.02～0.2	铅	0.02～0.2
Se75	铅	0.1～0.2	铅	0.1～0.2
Ir192	铅	0.1～0.2	铅	0.1～0.2
Co60	钢或铜	0.25～0.7	钢或铜	0.25～0.7
	铅	0.5～2.0	铅	0.5～2.0

[a] 使用前屏≤0.03 mm 的真空包装胶片，应在工件和胶片之间加 0.07 mm～0.15 mm 附加铅屏。

7.6 像质计

7.6.1 底片影像质量采用线型像质计测定。线型像质计的型号和规格应符合 JB/T 7902 的规定。

7.6.2 应选择像质计材料代号为 Fe，其材料为碳钢或奥氏体不锈钢的像质计。

8 检测工艺规程

8.1 通用检测工艺规程

从事游乐设施射线检测的单位应按 GB/T 34370.1 和本部分的要求制定通用检测工艺规程,其内容至少应包括如下要素:

a) 文件编号;

b) 适用范围;

c) 执行标准、法规;

d) 检测人员资格;

e) 检测仪器设备:名称、型号、源尺寸等;

f) 被检件的信息:名称、编号、规格、材质、坡口型式、焊接方法、热处理状况;

g) 工件透照部位示意图;

h) 透照规范:技术等级、透照布置、胶片、增感屏、射线能量、曝光量、焦距、暗室处理方式和条件等;

i) 检测时机;

j) 检测过程和数据分析解释;

k) 检测结果的评定和分级;

l) 检测记录、报告格式;

m) 资料存档;

n) 编制(级别)、审核(级别)和批准人员签字及日期。

8.2 检测工艺卡

对于每个被检件,根据使用的仪器和现场实际情况,按照 GB/T 34370.1、本部分和通用检测工艺规程编制射线检测工艺卡,确定检测的部位和实施条件,如工件透照部位、源安装的部位和表面条件。应对每个被检件进行测绘,画出被检件结构示意图和透照部位示意图。

透照方法和部位的确定,应保证工件被检部分均能得到充分检查。

游乐设施制造安装和在用射线检测中,检测时机及抽检率的选择等应按法规、产品标准及有关技术文件的要求和原则进行。

检测工艺卡内容应至少包括:

a) 工艺卡编号;

b) 检测执行的标准和质量等级要求;

c) 被检测工件的信息:名称、编号、材质、规格尺寸、热处理状态、焊接型式等;

d) 检测设备:名称、规格型号、编号/源尺寸(或有效焦点尺寸)等;

e) 透照规范:检测技术等级、透照布置、胶片(牌号及其分类等级)、增感屏(类型、数量和厚度)、像质计、滤光板、背散射屏蔽铅板、射线能量、曝光量或透照时间、射线源与胶片的相对关系、射线源至工件表面的距离、源侧工件表面至胶片的距离、暗室处理方式和条件等;

f) 检测时机;

g） 检测区域和表面要求；

h） 检测部位示意图；

i） 检测比例；

j） 检测环境要求；

k） 评片记录；

l） 编制(级别)和审核(级别)人员签字及日期。

9 检测

9.1 检测前的准备

9.1.1 资料审查

资料审查应包括下列内容：

a） 被检设备制造文件资料：被检部件的竣工图(含焊缝布置图)、有关设计文件对无损检测的要求、相关的无损检测报告等；

b） 被检设备运行记录资料：开停车情况、使用环境、使用条件、载荷变化情况以及运行中出现的异常情况等；

c） 检验资料：历次检验检测报告；

d） 其他资料：维护保养、修理和改造的文件资料等。

9.1.2 现场勘察

应对被检件现场进行勘察，找出所有可能影响检测的因素，如表面条件、结构形式等。在检测时应尽可能避免这些因素的干扰。

9.1.3 检测工艺卡的编制

按 8.2 执行。

9.1.4 表面要求

在射线检测之前，对接焊接接头的表面应经目视检测并合格。表面的不规则状态在底片上的影像不得掩盖或干扰缺陷影像，否则应对表面作适当修整。

9.1.5 检测时机

除非另有规定，射线检测应在焊接完工后进行。对有延迟裂纹倾向的材料，至少应在焊接完成 24 h 后进行射线检测。

9.2 透照布置

9.2.1 透照方式

应根据工件的特点和技术条件的要求选择适宜的透照方式。在可以实施的情况下应选用单壁透照方式，在单壁透照不能实施时才允许采用双壁透照方式。典型的透照方式参见附录 A。

9.2.2 透照方向

透照时射线束中心一般应垂直指向透照区中心，需要时也可选用有利于发现缺陷的方向透照。

9.2.3 一次透照长度

一次透照长度以透照厚度比 K 控制。不同类型焊缝的透照厚度比应符合表 2 的规定。整条环向焊接接头所需的透照次数可参见附录 B 的曲线图确定。

表 2 允许的透照厚度比 K

纵向焊接接头	$K\leqslant 1.03$
环向焊接接头	$K\leqslant 1.1$[a]
[a] 对 100 mm$<D_e\leqslant$400 mm 的环向焊接接头(包括曲率相同的曲面焊接接头),允许采用 $K\leqslant 1.2$。D_e 为公称直径。	

9.2.4 胶片有效评定区的搭接

9.2.4.1 焊缝进行 100%射线检测时,相邻两张胶片的有效评定区应重叠,保证被检测区的完全覆盖。

9.2.4.2 如果采用胶片搭接一次透照的方式,应保证底片有效评定区的黑度满足 9.12 的要求。

9.2.5 小径管对接接头的透照布置

小径管采用双壁双影透照布置,当满足下列条件时应采用倾斜透照方式椭圆成像:

$$T(\text{壁厚})\leqslant 8\ \text{mm};$$

$$g(\text{焊缝宽度})\leqslant D_e/4$$

椭圆成像时,应控制影像的开口宽度(上下焊缝投影最大间距)在 1 倍焊缝宽度左右。不满足上述条件或椭圆成像困难时可采用垂直透照方式重叠成像。

9.2.6 小径管对接接头的透照次数

采用倾斜透照椭圆成像时,当 $T/D_e\leqslant 0.12$ 时,相隔 90°透照 2 次。当 $T/D_e>0.12$ 时,相隔 120°或 60°透照 3 次。垂直透照重叠成像时,一般应相隔 120°或 60°透照 3 次。

椭圆成像时,应控制影像的开口宽度(上下焊缝投影最大间距)在 1 倍焊缝宽度左右。

对公称直径 $D_e\leqslant$80 mm、壁厚 $T\leqslant$6 mm 的小径管,由于结构原因不能进行多次透照时,经合同各方同意,可采用椭圆成像或重叠成像方式透照一次,此时应采取有效措施扩大缺陷可检出范围,并保证底片评定范围内黑度和灵敏度满足要求。

9.3 射线能量

9.3.1 X 射线照相应尽量选用较低的管电压。在采用较高管电压时,应保证适当的曝光量。钢的不同透照厚度允许采用的最高 X 射线管电压应根据仪器生产厂家推荐值进行确定。

对截面厚度变化大的工件,经合同各方同意,允许采用超过厂家推荐的 X 射线管电压。对钢最高不应超过 50 kV。

9.3.2 γ 射线源适用的透照厚度范围应符合表 3 的规定。

经合同各方同意,在采取有效补偿措施并保证像质计灵敏度达到 9.12.3 要求的前提下,Ir192 源的最小透照厚度可降至 10 mm,Se75 源的最小透照厚度可降至 5 mm。

表 3　钢的 γ 射线透照厚度范围

单位为毫米

射线源	透照厚度 W
Se75	$10 \leqslant W \leqslant 40$
Ir192	$20 \leqslant W \leqslant 100$
Co60	$40 \leqslant W \leqslant 200$

9.4　射线源至工件表面的最小距离

9.4.1　所选用的射线源至工件表面的距离 f 应满足下式的要求：

$$f \geqslant 10d \cdot b^{2/3}$$

图 2 是确定 f 的诺模图。有效焦点尺寸 d 按附录 C 的规定计算。

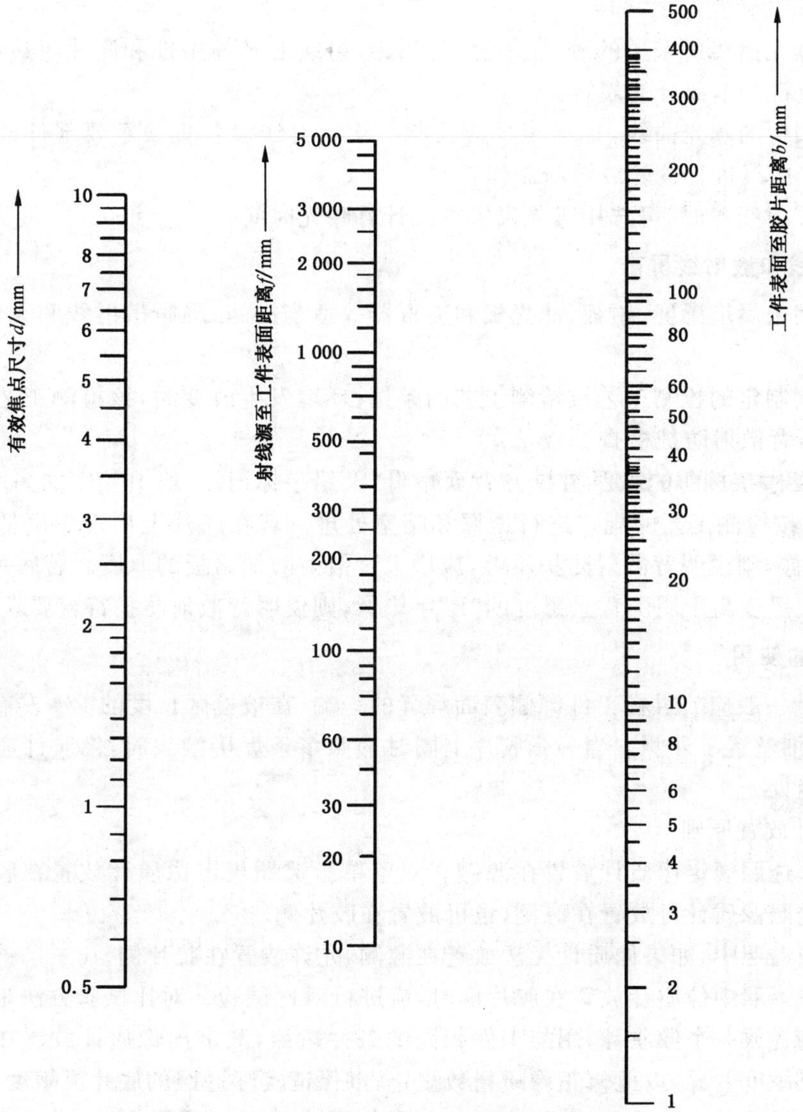

图 2　确定焦点至工件表面距离的诺模图

9.4.2 采用源在内中心透照方式周向曝光时，只要得到的底片质量符合9.12的要求，f值可以减小，但减小值最多不应超过规定值的50%。

9.4.3 采用源在内单壁透照方式时，只要得到的底片质量符合9.12的要求，f值可以减小，但减小值最多不应超过规定值的20%。

9.5 曝光量

9.5.1 X射线照相，当焦距为700 mm时，曝光量的推荐值不小于15 mA·min。当焦距改变时可按平方反比定律对曝光量进行换算。

9.5.2 采用γ射线源透照时，总的曝光时间至少应不小于输送源往返所需时间的10倍。

9.6 曝光曲线

9.6.1 对每台在用的X射线设备均应做出游乐设施常用材料的曝光曲线，依据曝光曲线确定曝光参数。

9.6.2 制作曝光曲线所采用的胶片、增感屏、焦距、射线能量等条件和底片应达到的灵敏度、黑度等参数均应符合本部分的规定。

9.6.3 对使用中的曝光曲线，每年至少应校验一次。射线设备更换重要部件或经较大修理后应及时对曝光曲线进行校验或重新制作。

9.6.4 采用γ射线源时，可选用曝光尺等方式计算曝光时间。

9.7 无用射线和散射线屏蔽

9.7.1 应采用金属增感屏、铅板、滤光板和准直器等适当措施，屏蔽散射线和无用射线，限制照射场范围。

9.7.2 对初次制定的检测工艺或检测工艺的条件、环境发生改变时，该检测工艺在应用于正式检测时应进行背散射防护检查。

检查背散射防护的方法是：在暗盒背面贴附“B”铅字标记，一般B铅字的高度为13 mm、厚度为1.6 mm，按检测工艺的规定进行透照和暗室处理。若在底片上出现黑度低于周围背景黑度的“B”字影像，则说明背散射防护不够，应增大背散射防护铅板的厚度。若底片上不出现“B”字影像或出现黑度高于周围背景黑度的“B”字影像，则说明背散射防护符合要求。

9.8 像质计的使用

9.8.1 像质计一般应放置在工件源侧表面焊缝的一端(在被检区长度的1/4左右位置)，金属丝应横跨焊缝，细丝置于外侧。当一张胶片上同时透照多条焊接接头时，像质计应放置在透照区最边缘的焊缝处。

9.8.2 像质计放置原则

a) 单壁透照规定像质计放置在源侧。双壁单影透照规定像质计放置在胶片侧。双壁双影透照像质计可放置在源侧，也可放置在胶片侧。

b) 单壁透照中，如果像质计无法放置在源侧，允许放置在胶片侧。

c) 单壁透照中像质计放置在胶片侧时，应进行对比试验。对比试验方法是在射源侧和胶片侧各放一个像质计，用与工件相同的条件透照，测定出像质计放置在源侧和胶片侧的灵敏度差异，以此修正像质指数规定，以保证实际透照的底片灵敏度符合要求。

d) 当像质计放置在胶片侧时，应在像质计上适当位置放置铅字“F”作为标记，F标记的影像应与像质计的标记同时出现在底片上，且应在检测报告中注明。

9.8.3 原则上每张底片上都应有像质计的影像。当一次曝光完成多张胶片照相时,允许减少使用的像质计数量:

a) 环向焊接接头采用源置于中心周向曝光时,至少在圆周上等间隔地放置 3 个像质计;

b) 一次曝光连续排列的多张胶片时,至少在第一张、中间一张和最后一张胶片处各放置一个像质计。

9.8.4 小径管可选用普通线型像质计或附录 D 规定的专用(等径金属丝)像质计时,金属丝应横跨焊缝放置。像质计应置于源侧,当无法放置在源侧时,可将像质计置于胶片侧。

9.8.5 底片上,在黑度均匀区(一般是邻近焊缝的母材金属区)能够清晰地看到长度不小于 10 mm 的连续的金属丝影像时,则该丝认为是可识别的。专用像质计应能识别不少于两根金属丝。

9.9 标记

9.9.1 透照部位的标记由识别标记和定位标记组成。标记一般由适当尺寸的铅(或其他适宜的重金属)制数字、拼音字母和符号等构成。

9.9.2 识别标记一般包括:制造单位(和/或检测单位)标识、产品编号、焊接接头编号、部位编号和透照日期。返修后的透照还应有返修标记,扩大检测比例的透照还应有扩大检测标记。

9.9.3 定位标记一般包括中心标记和搭接标记。中心标记指示透照部位区段的中心位置和分段编号的方向,一般用十字箭头"✢"表示。搭接标记是连续检测时的透照分段标记,可用符号"↑"或其他能显示搭接情况的方法表示。

9.9.4 标记一般应放置在距焊缝边缘至少 5 mm 以外的部位,搭接标记放置的部位还应符合附录 E 的规定。所有标记的影像不应重叠,且不应干扰有效评定范围内的影像。

9.10 胶片处理

9.10.1 可采用自动冲洗或手工冲洗方式处理,推荐采用自动冲洗方式处理。

9.10.2 胶片处理一般应按胶片使用说明书的规定进行。

9.11 评片要求

9.11.1 评片一般应在专用的评片室内进行。评片室应整洁、安静,温度适宜,光线应暗且柔和。

9.11.2 评片人员在评片前应经历一定的暗适应时间。从阳光下进入评片的暗适应时间一般为 5 min~10 min;从一般的室内进入评片的暗适应时间应不少于 30 s。

9.11.3 评片时,底片评定范围内的亮度应符合下列规定:

a) 当底片评定范围内的黑度 $D \leqslant 2.5$ 时,透过底片评定范围内的亮度应不低于 30 cd/m^2;

b) 当底片评定范围内的黑度 $D > 2.5$ 时,透过底片评定范围内的亮度应不低于 10 cd/m^2。

9.11.4 底片评定范围的宽度一般为焊缝本身及焊缝两侧 5 mm 宽的区域。因结构或焊接方法等原因需要增大焊缝两侧评定宽度的,评定范围的宽度由合同各方商定。

9.12 底片质量

9.12.1 底片上的标记影像应显示完整、位置正确。

9.12.2 底片评定范围内的黑度 D 应符合下列规定:

$$2.0 \leqslant D \leqslant 4.0$$

9.12.3 用 X 射线透照小径管或其他截面厚度变化大的工件时，经合同各方同意，最低黑度允许降至 1.5。

9.12.4 采用多胶片技术时，如以单片观察，单片的黑度应符合以上的要求。

9.12.5 对评定范围内的黑度 $D>4.0$ 的底片，如有计量检定报告证明所用观片灯的亮度能满足 4.10.3 的要求，且经合同各方同意，允许进行评定。

9.12.6 底片的像质计灵敏度

单壁透照、像质计置于源侧时应符合表 4 的规定；双壁双影透照、像质计置于源侧时应符合表 5 的规定；双壁单影或双壁双影透照、像质计置于胶片侧时应符合表 6 的规定。

9.12.7 底片评定范围内不应存在干扰缺陷影像识别的水迹、划痕和斑纹等伪缺陷影像。

表 4 像质计灵敏度值——单壁透照、像质计置于源侧 单位为毫米

应识别丝号（丝径）	公称厚度 T 范围
18(0.063)	—
17(0.080)	≤2.0
16(0.100)	>2.0～3.5
15(0.125)	>3.5～5.0
14(0.160)	>5.0～7
13(0.20)	>7～10
12(0.25)	>10～15
11(0.32)	>15～25
10(0.40)	>25～32
9(0.50)	>32～40
8(0.63)	>40～55
7(0.80)	>55～85
6(1.00)	>85～150
5(1.25)	>150～250
4(1.60)	>250～350
3(2.00)	>350
2(2.50)	—

表5 像质计灵敏度值——双壁双影透照、像质计置于源侧 单位为毫米

应识别丝号(丝径)	透照厚度 W 范围
18(0.063)	—
17(0.080)	≤2.0
16(0.100)	>2～3.5
15(0.125)	>3.5～5.0
14(0.160)	>5～7
13(0.20)	>7～12
12(0.25)	>12～18
11(0.32)	>18～30
10(0.40)	>30～40
9(0.50)	>40～50
8(0.63)	>50～60
7(0.80)	>60～85
6(1.00)	>85～120
5(1.25)	—

表6 像质计灵敏度值——双壁单影或双壁双影透照、像质计置于胶片侧 单位为毫米

应识别丝号(丝径)	透照厚度 W 范围
18(0.063)	—
17(0.080)	≤2.0
16(0.100)	>2.0～3.5
15(0.125)	>3.5～5.0
14(0.160)	>5～10
13(0.20)	>10～15
12(0.25)	>15～22
11(0.32)	>22～38
10(0.40)	>38～48
9(0.50)	>48～60
8(0.63)	>60～85
7(0.80)	>85～125
6(1.00)	>125～225
5(1.25)	>225～375
4(1.60)	>375
3 (2.00)	—

9.13 检测记录

应按检测工艺规程的要求记录检测数据和有关信息，除此之外，还应至少包括 8.2 和第 12 章中的内容。

10 钢制熔化焊对接接头射线检测质量分级

10.1 质量分级条件

本条规定适用于厚度为 2 mm～200 mm，材质为碳素钢、低合金钢、奥氏体不锈钢的熔化焊对接接头射线检测的质量分级。

10.2 缺陷类型

焊接接头中的缺陷按性质区分为裂纹、未熔合、未焊透、条形缺陷和圆形缺陷五类。

10.3 质量等级的划分

根据焊接接头中存在的缺陷性质、数量和密集程度，焊接接头的质量等级划分为Ⅰ、Ⅱ、Ⅲ、Ⅳ级。

10.4 质量分级一般规定

10.4.1 Ⅰ级焊接接头内不允许存在裂纹、未熔合、未焊透和条形缺陷。

10.4.2 Ⅱ级和Ⅲ级焊接接头内不允许存在裂纹、未熔合和未焊透。

10.4.3 焊接接头中缺陷超过Ⅲ级者为Ⅳ级。

10.4.4 当各类缺陷评定的质量级别不同时，以质量最差的级别作为焊接接头的质量级别。

10.5 圆形缺陷的分级评定

10.5.1 圆形缺陷用评定区进行质量分级评定，缺陷评定区为一个与焊缝平行的矩形，其尺寸见表 7。缺陷评定区应选在缺陷最严重的区域。

表 7 缺陷评定区

单位为毫米

母材公称厚度 T	≤25	>25～100	>100
评定区尺寸	10×10	10×20	10×30

10.5.2 在缺陷评定区内或与缺陷评定区边界线相割的缺陷均应划入评定区内。将评定区内的缺陷按表 8 的规定换算为点数，按表 9 的规定评判焊接接头的质量级别。

表 8 缺陷点数换算表

缺陷长径/mm	≤1	>1～2	>2～3	>3～4	>4～6	>6～8	>8
缺陷点数	1	2	3	6	10	15	25

表 9　各级允许的圆形缺陷最多点数

评定区/(mm×mm)	10×10		10×20		10×30	
母材公称厚度 T/mm	≤10	>10～15	>15～25	>25～50	>50～100	>100
Ⅰ级	1	2	3	4	5	6
Ⅱ级	3	6	9	12	15	18
Ⅲ级	6	12	18	24	30	36
Ⅳ级	缺陷点数大于Ⅲ级或缺陷长径大于 $T/2$					
注：当母材公称厚度不同时，取较薄板的厚度。						

10.5.3　由于材质或结构等原因，进行返修可能会产生不利后果的焊接接头，经合同各方同意，各级别的圆形缺陷点数可放宽 1～2 点。

10.5.4　当缺陷的尺寸小于表 10 的规定时，分级评定时不计该缺陷的点数。Ⅰ级接头和母材公称厚度 $T \leqslant 5$ mm 的Ⅱ级接头，不计点数的缺陷在圆形缺陷评定区内不得多于 10 个，超过时接头质量应降低一级。

表 10　不计点数的缺陷尺寸　　单位为毫米

母材公称厚度 T	缺陷长径
$T \leqslant 25$	≤0.5
$25 < T \leqslant 50$	≤0.7
$T > 50$	≤1.4%·T

10.6　条形缺陷的分级评定

条形缺陷按表 11 的规定进行分级评定。

表 11　各级对接接头允许的条形缺陷长度　　单位为毫米

级别	单个条形缺陷最大长度	一组条形缺陷累计最大长度
Ⅰ	不允许	
Ⅱ	≤T/3(最小可为 4)且≤20	在长度为 12T 的任意选定条形缺陷评定区内，相邻缺陷间距不超过 6L 的任一组条形缺陷的累计长度应不超过 T，但最小可为 4
Ⅲ	≤2T/3(最小可为 6)且≤30	在长度为 6T 的任意选定条形缺陷评定区内，相邻缺陷间距不超过 3L 的任一组条形缺陷的累计长度应不超过 T，但最小可为 6
Ⅳ	大于Ⅲ级	
注 1：L 为该组条形缺陷中最长缺陷本身的长度；T 为母材公称厚度，当母材公称厚度不同时取较薄板的厚度值。 注 2：条形缺陷评定区是指与焊缝方向平行的、具有一定宽度的矩形区，$T \leqslant 25$ mm，宽度为 4 mm；25 mm$< T \leqslant$100 mm，宽度为 6 mm；$T >$100 mm，宽度为 8 mm。 注 3：当两个或两个以上条形缺陷处于同一直线上、且相邻缺陷的间距小于或等于较短缺陷长度时，应作为 1 个缺陷处理，且间距也应计入缺陷的长度之中。		

10.7 综合评级

10.7.1 在圆形缺陷评定区内同时存在圆形缺陷和条形缺陷时,应进行综合评级。

10.7.2 综合评级的方法为:对圆形缺陷和条形缺陷分别评定级别,将两者级别之和减一作为综合评级的质量级别。

11 钢管件熔化焊环形对接接头射线检测质量分级

11.1 质量分级条件

本条规定适用于壁厚 $T \geqslant 2$ mm,材质为碳素钢、低合金钢、奥氏体不锈钢的熔化焊环形对接接头射线检测的质量分级。

11.2 缺陷类型

焊接接头中的缺陷按性质区分为裂纹、未熔合、未焊透、条形缺陷、圆形缺陷、根部内凹和根部咬边七类。

11.3 质量等级的划分

根据焊接接头中存在的缺陷性质、数量和密集程度,划分焊接接头的质量等级为Ⅰ、Ⅱ、Ⅲ、Ⅳ级。

11.4 质量分级的一般规定

11.4.1 Ⅰ级焊接接头内不允许存在裂纹、未熔合、未焊透、条形缺陷、根部内凹和根部咬边。

11.4.2 Ⅱ级和Ⅲ级焊接接头内不允许存在裂纹、未熔合,双面焊以及加垫板单面焊中的未焊透。

11.4.3 焊接接头中缺陷超过Ⅲ级者为Ⅳ级。

11.4.4 当各类缺陷评定的质量级别不同时,以质量最差的级别作为焊接接头的质量级别。

11.5 圆形缺陷的分级评定

按 10.5 的规定进行质量分级评定。但对 $D_e \leqslant 100$ mm 小径管缺陷评定区取 10 mm×10 mm。

11.6 条形缺陷的分级评定

按 10.6 的规定进行质量分级评定。

11.7 不加垫板单面焊的未焊透缺陷的分级评定

管公称直径 $D_e > 100$ mm 时,不加垫板单面焊的未焊透缺陷按表 12 的规定进行质量分级评定。管公称直径 $D_e \leqslant 100$ mm 的小径管的不加垫板单面焊的未焊透缺陷按表 13 的规定进行质量分级评定。未焊透深度应采用附录 F 规定的未焊透专用对比块进行测定,测定时未焊透专用对比块应置于管的源侧表面、靠近被测未焊透缺陷附近部位。

表 12　管公称直径 D_e>100 mm 时不加垫板单面焊未焊透的分级　单位为毫米

级别	未焊透最大深度		单个未焊透最大长度	未焊透累计长度
	与壁厚的比	最大值		
Ⅰ	不允许			
Ⅱ	≤10%	≤1.0	≤T/3(最小可为 4)且≤20	在任意 6T 长度区内应不大于 T,且任意 300 长度范围内总长度不大于 30
Ⅲ	≤15%	≤1.5	≤2T/3(最小可为 6)且≤30	在任意 3T 长度区内应不大于 T,且任意 300 长度范围内总长度不大于 40
Ⅳ	大于Ⅲ级			

注 1：对断续未焊透,以未焊透本身的长度累计计算总长度。

注 2：T——壁厚。

表 13　管公称直径 D_e≤100 mm(小径管)时不加垫板单面焊未焊透的分级

单位为毫米

级别	未焊透最大深度		未焊透总长度与焊缝总长度的比
	与壁厚的比	最大值	
Ⅰ	不允许		
Ⅱ	≤10%	≤1.0	≤10%
Ⅲ	≤15%	≤1.5	≤15%
Ⅳ	大于Ⅲ级		

注：对断续未焊透,以未焊透本身的长度累计计算总长度。

11.8　根部内凹和根部咬边的分级评定

管公称直径 D_e>100 mm 时,接头允许存在的根部内凹和根部咬边应符合表 14 的规定。小径管允许存在的根部内凹和根部咬边应符合表 15 的规定。根部内凹和根部咬边深度应采用附录 F 规定的沟槽对比块进行测定。测定时沟槽对比块应置于管源侧表面、靠近被测根部内凹或根部咬边缺陷附近部位。

表 14　管公称直径 D_e>100 mm 时根部内凹和根部咬边的分级　单位为毫米

级别	根部内凹和根部咬边最大深度		根部内凹和根部咬边累计长度
	与壁厚的比	最大值	
Ⅰ	不允许		
Ⅱ	≤15%	≤1.5	在任意 3T 长度区内不大于 T;总长度不大于 100
Ⅲ	≤20%	≤2.0	
Ⅳ	大于Ⅲ级		

注：对断续根部内凹和根部咬边,以根部内凹和根部咬边本身的长度累计计算总长度。

表 15 管公称直径 $D_e \leqslant 100$ mm 时根部内凹和根部咬边的分级 单位为毫米

级别	根部内凹和根部咬边最大深度		根部内凹和根部咬边最大总长度与焊缝总长度的比
	与壁厚的比	最大值	
Ⅰ	不允许		
Ⅱ	≤15%	≤1.5	≤30%
Ⅲ	≤20%	≤2.0	≤30%
Ⅳ	大于Ⅲ级		
注：对断续根部内凹和根部咬边，以根部内凹和根部咬边本身的长度累计计算总长度。			

11.9 综合评级

11.9.1 对公称直径 $D_e>100$ mm 的管道焊接接头，在条形缺陷评定区内同时存在条形缺陷和未焊透、根部内凹或根部咬边时，应进行综合评级；在未焊透累计长度的评定区(即 $6T$ 或 $3T$ 长度区)同时存在未焊透、根部内凹或根部咬边时，应进行综合评级。

11.9.2 综合评级的级别如下确定：对各类缺陷先分别评定级别，取质量级别最差的级别作为综合评级的级别；当各类缺陷的级别相同时，取降低一级后的级别作为综合评级的质量级别。

12 射线检测报告

检测报告应至少包括下述内容：

a) 制造单位、检测单位或委托单位；

b) 被检工件名称和编号；

c) 检测标准和验收等级；

d) 被检工件材质，坡口型式，焊接方法，热处理状况及表面状态；

e) 检测部位和比例；

f) 检测设备：名称，型号，源尺寸(或有效焦点尺寸)；

g) 透照规范：检测技术等级、透照布置、胶片(牌号及其分类等级)、增感屏(类型、数量和厚度)、像质计、滤光板、背散射屏蔽铅板、射线能量、曝光量或透照时间、射线源与胶片的相对关系、射线源至工件表面的距离、源侧工件表面至胶片的距离、暗室处理方式和条件等；

h) 工件透照部位示意图；

i) 底片评定：底片黑度、底片像质计灵敏度、缺陷位置和性质；

j) 检测日期；

k) 检测结果及质量等级评定；

l) 检测人员和审核人员签字、日期及其资格。

附 录 A
（资料性附录）
典型透照方式示意图

A.1 典型透照方式示意

图 A.1～图 A.8 给出了常用的典型透照方式示意图，可供确定透照布置时参考。图中 d 表示射线源，F 表示焦距，b 表示工件至胶片距离，f 表示射线源至工件距离，T 表示公称厚度，D_e 表示管子公称直径。

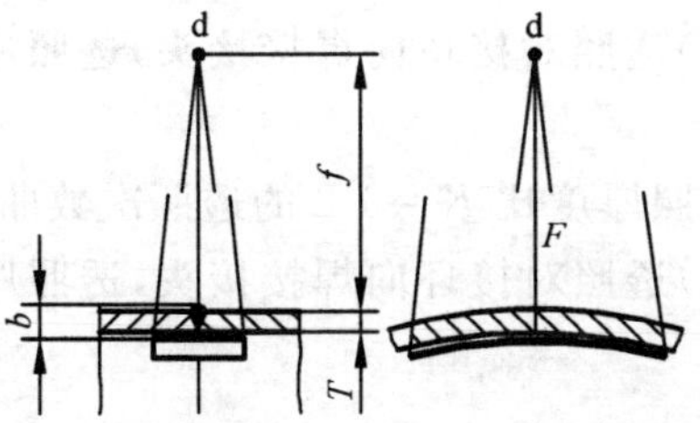

图 A.1 纵、环向焊接接头单壁透照方式(1)

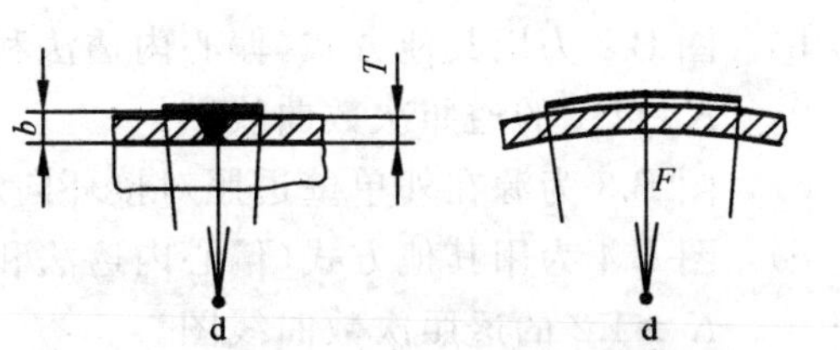

图 A.2 纵、环向焊接接头单壁透照方式(2)

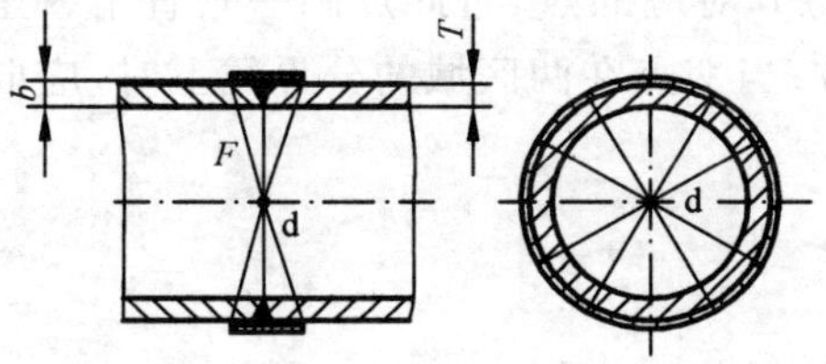

图 A.3 环向焊接接头源在中心周向透照方式

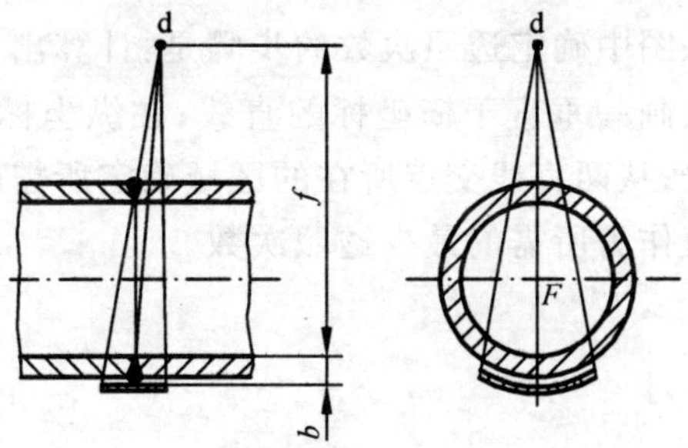

图 A.4 环向焊接接头源在外双壁单影透照方式(1)

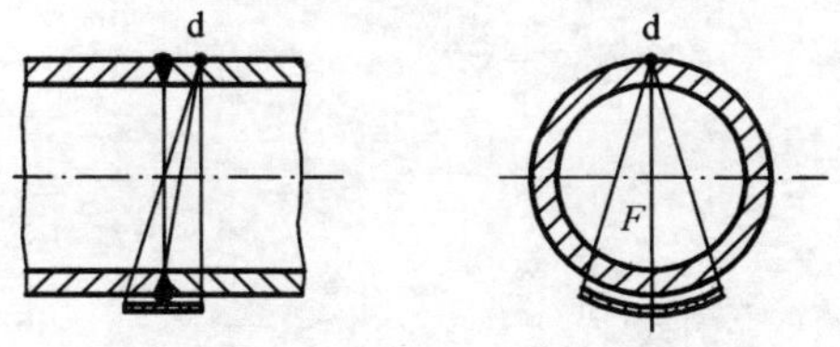

图 A.5 环向焊接接头源在外双壁单影透照方式(2)

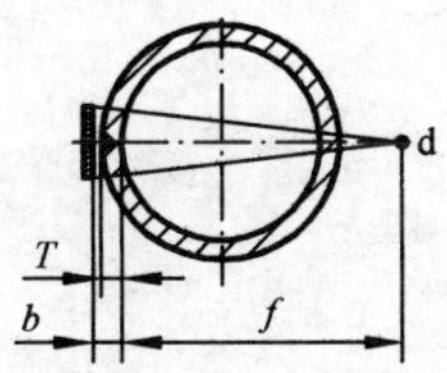

图 A.6 纵向焊接接头源在外双壁单影透照方式

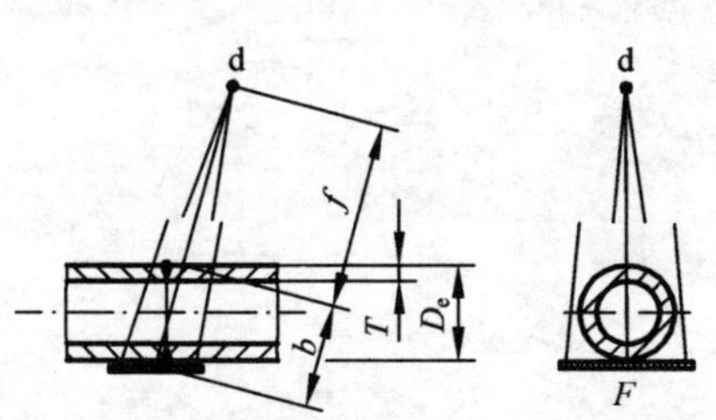

图 A.7 小径管对接环向焊接接头倾斜透照方式

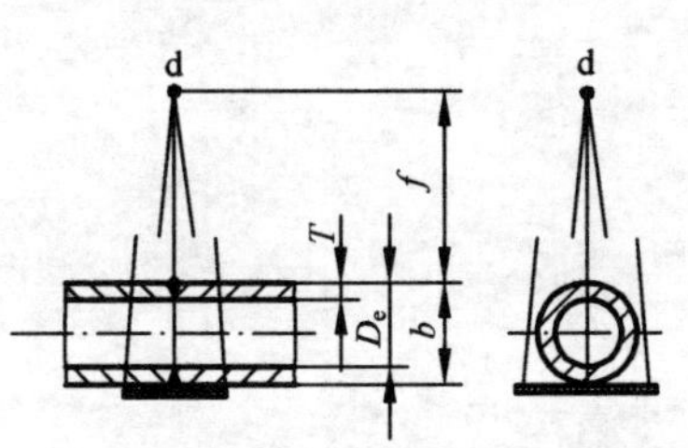

图 A.8 小径管对接环向焊接接头垂直透照方式

注：图 A.1，图 A.3，图 A.5 和图 A.7 为椭圆成像；图 A.2，图 A.4，图 A.6 和图 A.8 为重叠成像。

附 录 B
（资料性附录）
环向对接焊接接头透照次数确定方法

B.1 透照次数曲线图

对公称直径 $D_e>100$ mm 的对接环向焊接接头进行 100%检测，所需的最少透照次数与透照方式和透照厚度比有关，这一数值可从图 B.1～图 B.4 中直接查出。

a） 图 B.1 为源在外单壁透照对接环向焊接接头，透照厚度比 $K=1.1$ 的透照次数曲线图；

b） 图 B.2 为用其他方式（偏心内透法和双壁单影法）透照对接环向焊接接头，透照厚度比 $K=1.1$ 的透照次数曲线图；

c） 图 B.3 为源在外单壁透照对接环向焊接接头，透照厚度比 $K=1.2$ 的透照次数曲线图；

d） 图 B.4 为用其他方式（偏心内透法和双壁单影法）透照对接环向焊接接头，透照厚度比 $K=1.2$ 的透照次数曲线图。

B.2 由图确定透照次数的方法

从图中确定透照次数的步骤是：计算出 T/D_e、D_e/f，在横坐标上找到 T/D_e 值对应的点，过此点画一垂直于横坐标的直线；在纵坐标上找到 D_e/f 对应的点，过此点画一垂直于纵坐标的直线；从两直线交点所在的区域确定所需的透照次数；当交点在两区域的分界线上时，应取较大数值作为所需的最少透照次数。

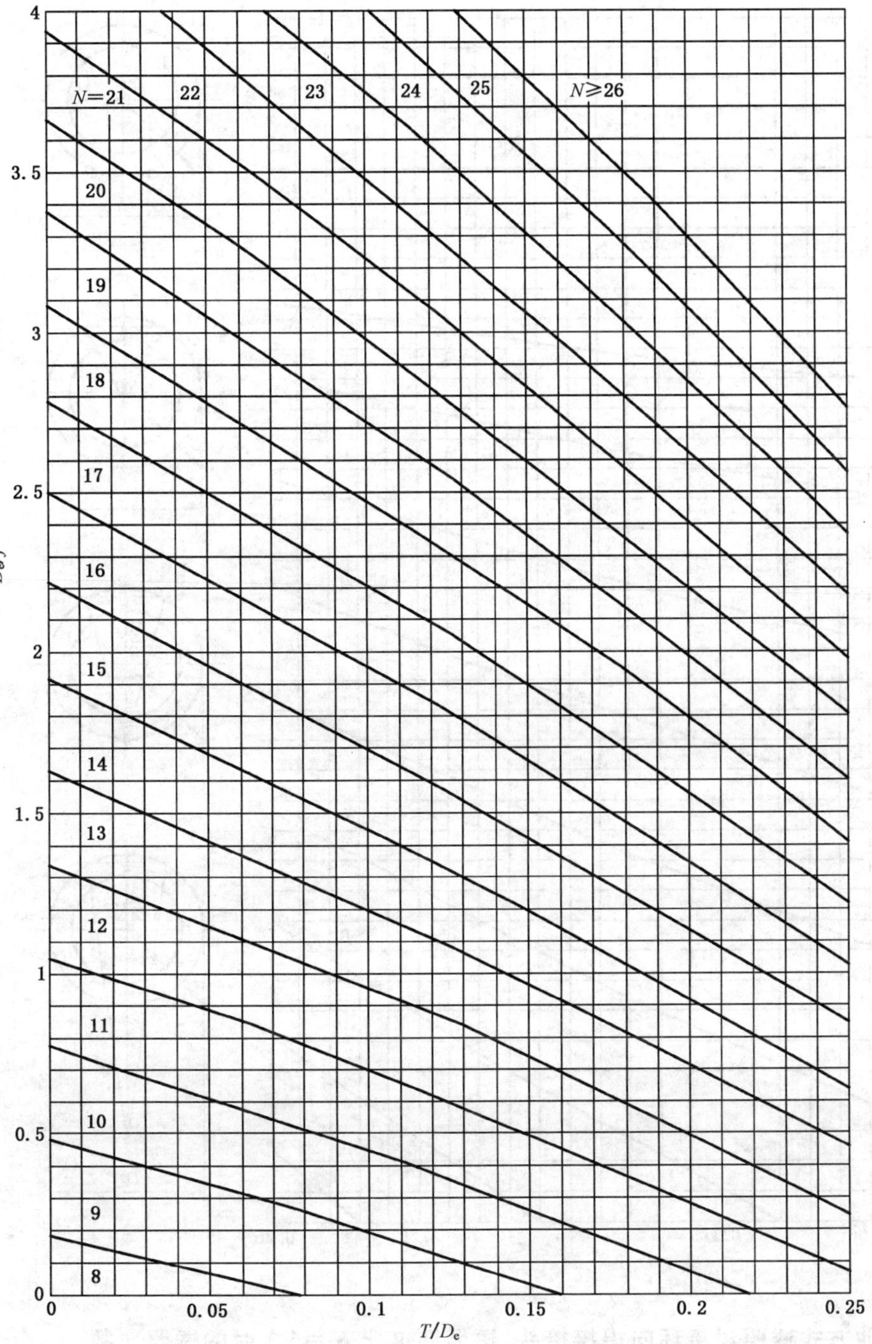

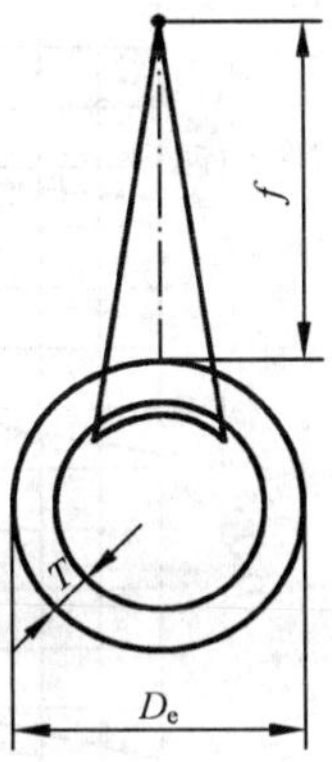

图 B.1　源在外单壁透照对接环向焊接接头，透照厚度比 $K=1.1$ 时的透照次数

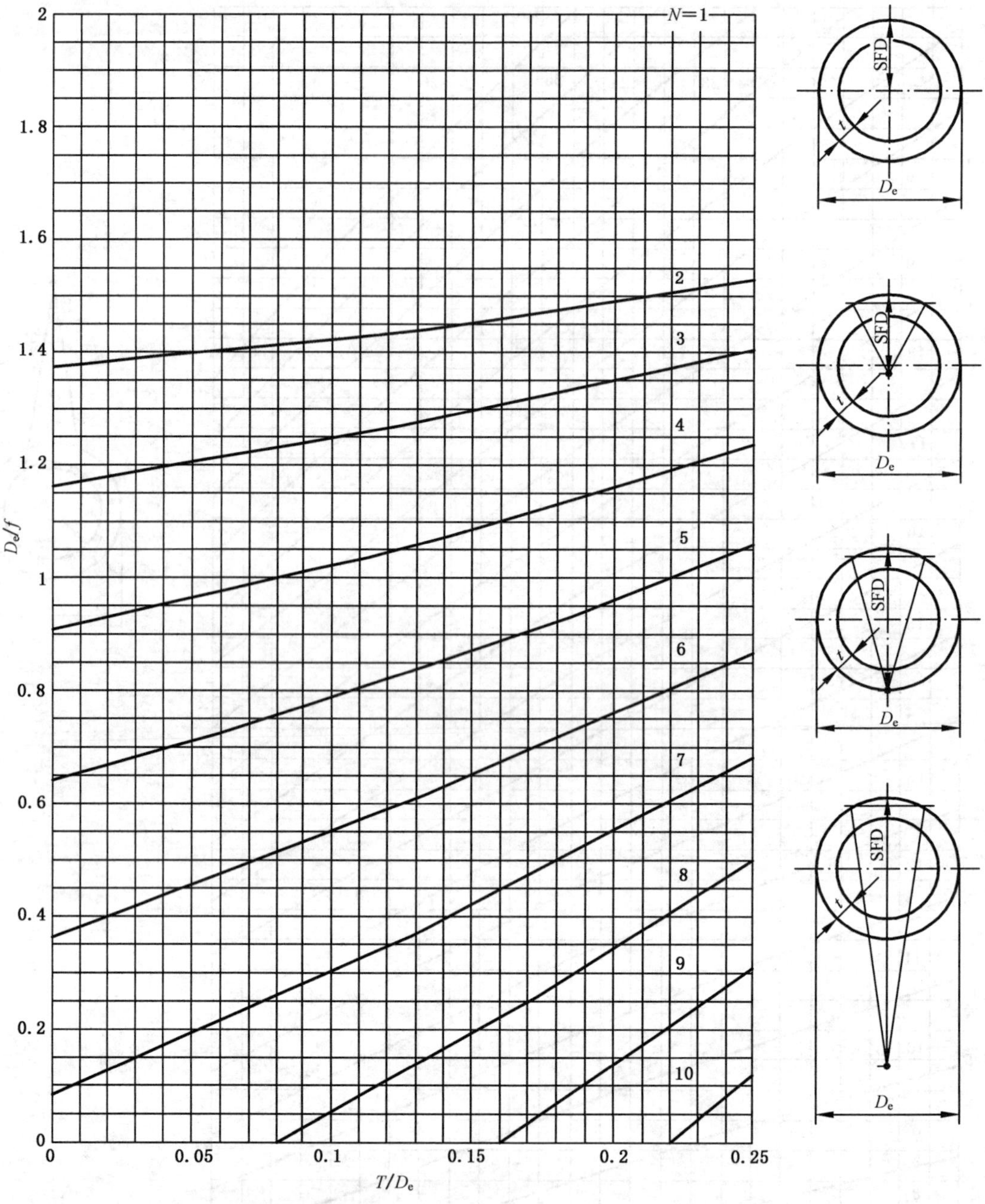

图 B.2　其他方式透照对接环向焊接接头，透照厚度比 $K=1.1$ 时的透照次数

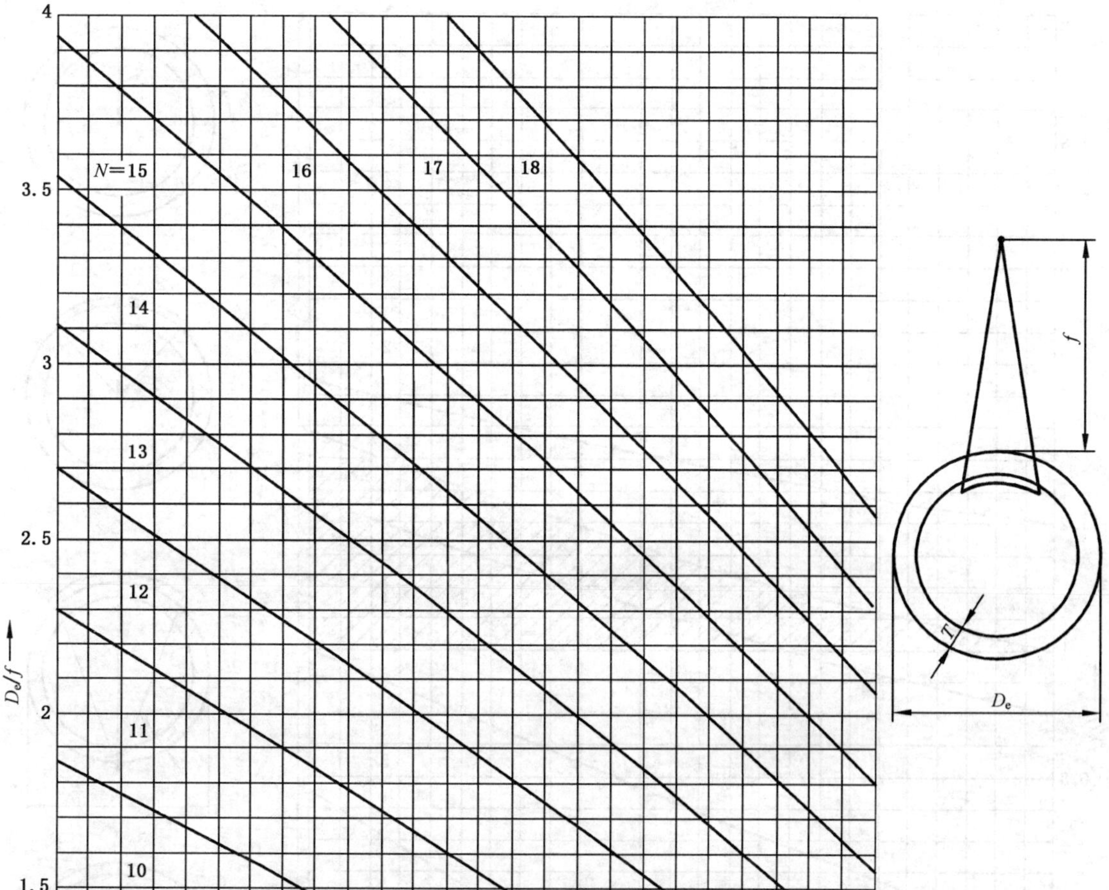

图 B.3　源在外单壁透照对接环向焊接接头,透照厚度比 $K=1.2$ 时的透照次数

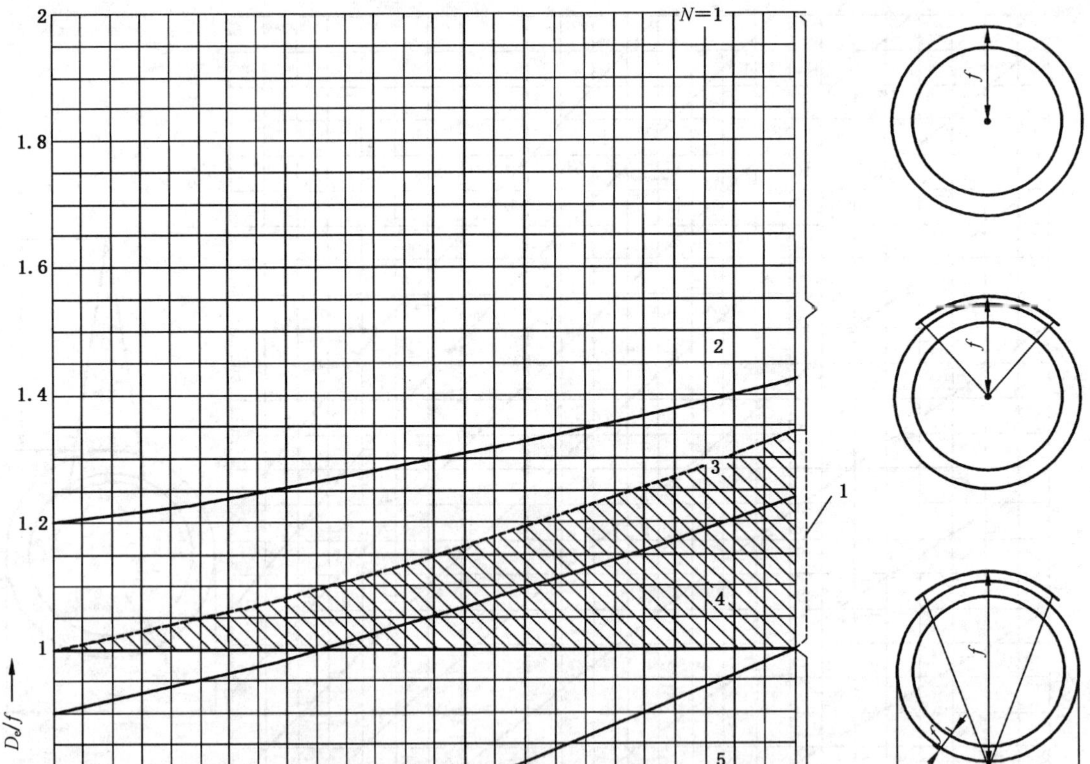

图 B.4　其他方式透照对接环向焊接接头，透照厚度比 $K=1.2$ 时的透照次数

附　录　C
（规范性附录）
焦点尺寸计算方法

射线源焦点形状，按图 C.1 所示划分为正方形、长方形、圆形、椭圆形四类，其有效焦点尺寸 d 分别按式（C.1）、式（C.2）和式（C.3）计算。

正方形焦点：

$$d = a \qquad \cdots\cdots (C.1)$$

长方形、椭圆形焦点：

$$d = (a + b)/2 \qquad \cdots\cdots (C.2)$$

圆形焦点：

$$d = d \qquad \cdots\cdots (C.3)$$

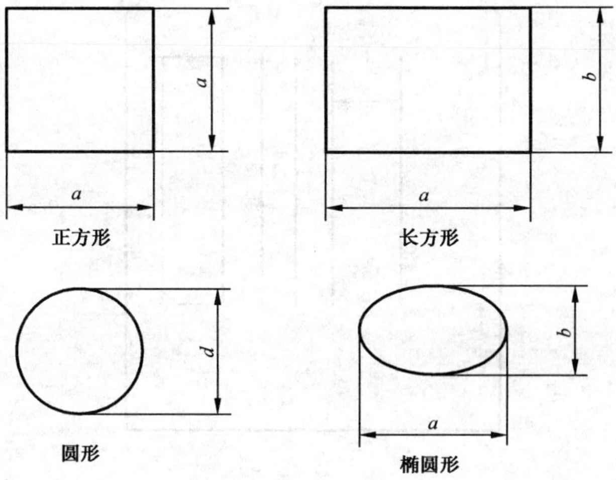

图 C.1　焦点形状分类

附 录 D
（规范性附录）
专用像质计的型式和规格

D.1 专用像质计的样式

专用像质计的样式如图 D.1 所示，丝的数目一般为 5 根，有特殊要求时也可为 3 根。

D.2 专用像质计的型式、规格、材料

专用像质计的型式、规格、材料等应符合 7.6 的规定。

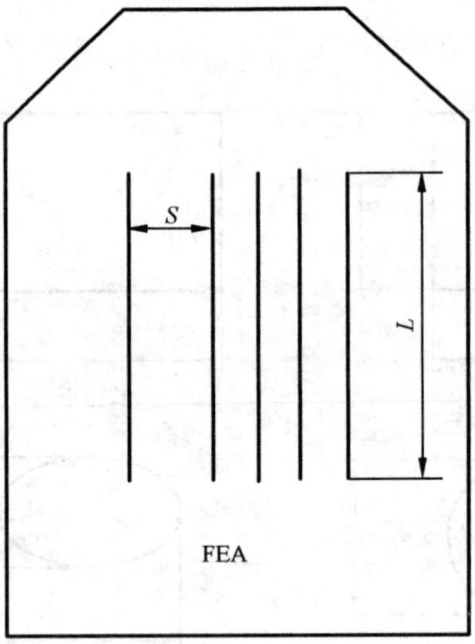

图 D.1 专用像质计的基本样式

附 录 E
（规范性附录）
搭接标记的摆放位置

E.1 搭接标记的摆放位置

搭接标记的摆放位置应符合图 E.1～图 E.5 所示的规定。

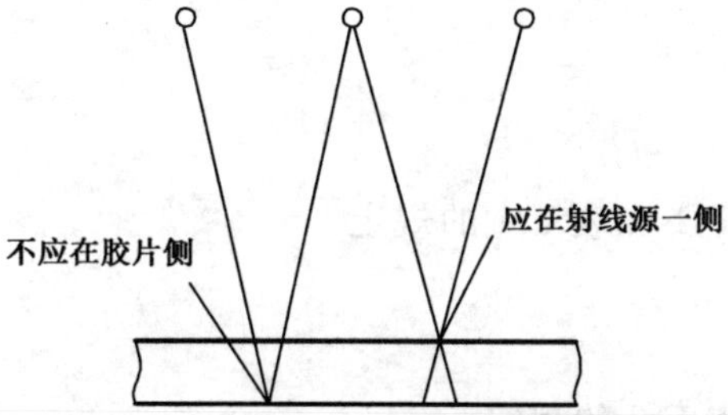

图 E.1 平面工件或纵焊接接头

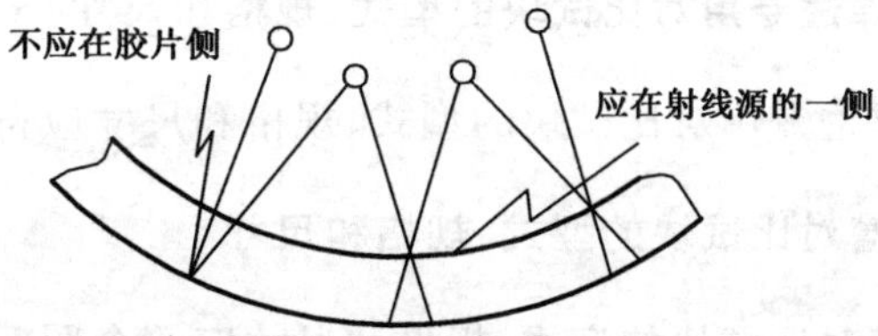

图 E.2 射线源到胶片距离 F 小于曲面工件的曲率半径

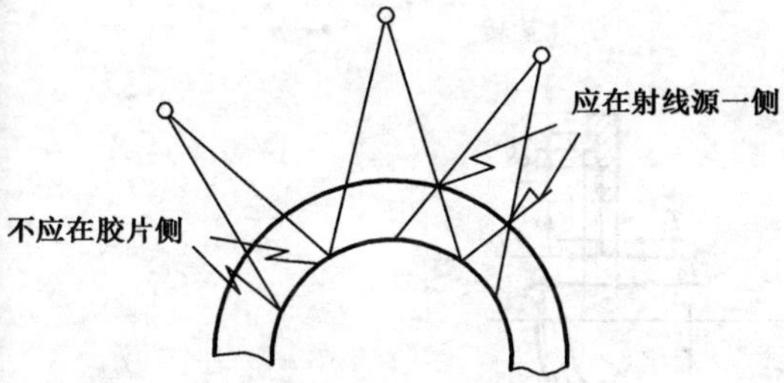

图 E.3 凸面朝向射线源的曲面部件

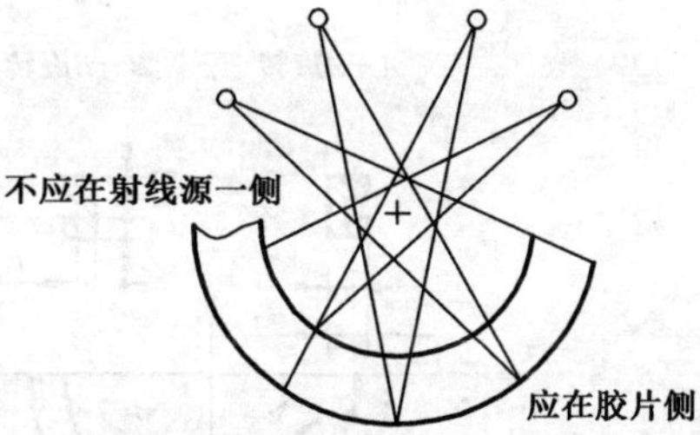

图 E.4 射线源到胶片距离 F 大于曲面工件的曲率半径

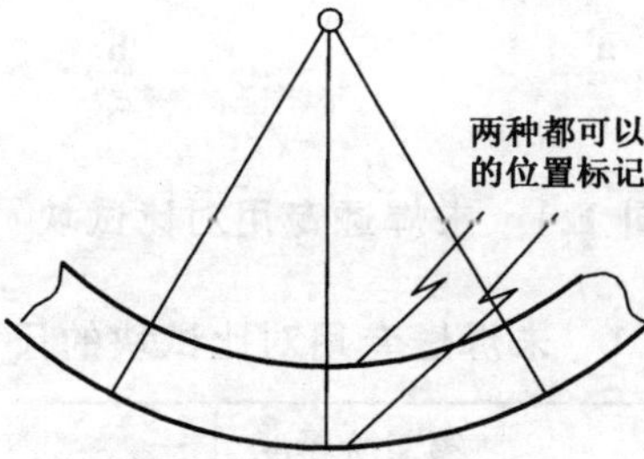

图 E.5 射线源在曲面工件的曲率中心

附　录　F
（规范性附录）
对比试块的型式和规格

F.1　对比试块

对比试块分为未焊透专用对比试块和沟槽对比试块两种。制作对比试块的材料应与被检工件的材料相同。

F.2　未焊透专用对比试块的型式、规格和尺寸

未焊透专用对比试块的型式、规格和尺寸应符合图 F.1 和表 F.1 的规定。

F.3　沟槽对比试块的型式、规格和尺寸

沟槽对比试块的型式、规格和尺寸应符合图 F.2 和表 F.2 的规定。

单位为毫米

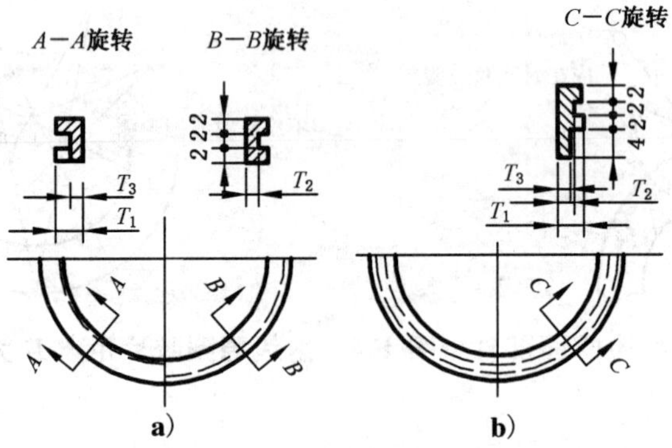

图 F.1　未焊透专用对比试块

表 F.1　未焊透专用对比试块的尺寸

单位为毫米

管壁厚 T	第一阶厚度 T_1	偏差	第二阶厚度 T_2	偏差	第三阶厚度 T_3	偏差
3.5	1	0 −0.06	0.65	+0.025 0	0.5	+0.025 0
4	1		0.6		0.4	
5	1		0.5		0.25	
6	1		0.4		0.1	

单位为毫米

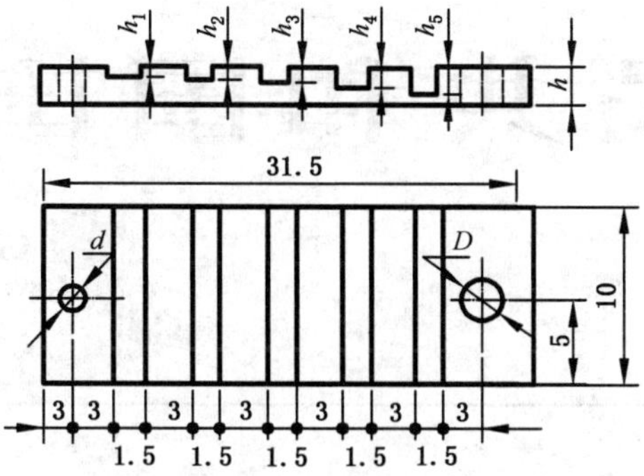

图 F.2 沟槽对比试块

表 F.2 沟槽对比试块的尺寸

单位为毫米

尺寸		h_1	h_2	h_3	h_4	h_5	$h_1 \sim h_5$ 偏差	h	h 的偏差	d	d 的偏差	D	D 的偏差
对比块编号	Ⅰ	0.3	0.6	1.2	1.5	1.8	$^{0}_{-0.06}$	2.5	$^{0}_{-0.10}$	1.0	$^{+0.06}_{0}$	—	—
	Ⅱ	0.5	1.0	1.5	2.0	2.5	$^{0}_{-0.10}$	3.5	$^{0}_{-0.12}$	1.0	$^{+0.06}_{0}$	2.0	$^{+0.06}_{0}$

ICS 97.200.40
Y 57

中华人民共和国国家标准

GB/T 34370.7—2020

游乐设施无损检测 第7部分：涡流检测

Nondestructive testing of amusement equipments—Part 7: Eddy current testing

2020-11-19 发布

2021-06-01 实施

国家市场监督管理总局
国家标准化管理委员会
发布

前　言

GB/T 34370《游乐设施无损检测》分为以下 11 个部分：

——第 1 部分：总则；

——第 2 部分：目视检测；

——第 3 部分：磁粉检测；

——第 4 部分：渗透检测；

——第 5 部分：超声检测；

——第 6 部分：射线检测；

——第 7 部分：涡流检测；

——第 8 部分：声发射检测；

——第 9 部分：漏磁检测；

——第 10 部分：磁记忆检测；

——第 11 部分：超声导波检测。

本部分为 GB/T 34370 的第 7 部分。

本部分按照 GB/T 1.1—2009 给出的规则起草。

本部分由全国索道与游乐设施标准化技术委员会(SAC/TC 250)提出并归口。

本部分起草单位：中国特种设备检测研究院、爱德森(厦门)电子有限公司、安徽华工智能科技研究院有限公司、山西省特种设备监督检验研究院、深圳华侨城文化旅游科技集团有限公司、中山市金马科技娱乐设备股份有限公司、山东科捷工程检测有限公司。

本部分主要起草人：胡斌、沈功田、刘然、吴占稳、万本例、刘渊、张君娇、林俊明、李寰、牛宇峰、文红光、李坚、陈涛、梁玉梅、苑一琳、王尊祥、张琨、王旭辉。

游乐设施无损检测 第7部分:涡流检测

1 范围

GB/T 34370 的本部分规定了游乐设施的涡流检测方法和覆盖层厚度测量方法。

本部分适用于游乐设施金属构件母材和焊缝表面、近表面缺陷的涡流检测。

2 规范性引用文件

下列文件对于本文件的应用是必不可少的。凡是注日期的引用文件,仅注日期的版本适用于本文件。凡是不注日期的引用文件,其最新版本(包括所有的修改单)适用于本文件。

GB/T 5126 铝及铝合金冷拉薄壁管材涡流探伤方法

GB/T 5248 铜及铜合金无缝管涡流探伤方法

GB/T 7735 无缝和焊接(埋弧焊除外)钢管缺欠的自动涡流检测

GB/T 12604.6 无损检测 术语 涡流检测

GB/T 12969.2 钛及钛合金管材涡流探伤方法

GB/T 14480.3 无损检测 涡流检测设备 第3部分:系统性能和检验

GB/T 20306 游乐设施术语

GB/T 20737 无损检测 通用术语和定义

GB/T 23601 钛及钛合金棒、丝材涡流探伤方法

GB/T 30565 无损检测 涡流检测 总则

GB/T 34370.1 游乐设施无损检测 第1部分:总则

GB/T 34370.3 游乐设施无损检测 第3部分:磁粉检测

GB/T 34370.4 游乐设施无损检测 第4部分:渗透检测

GB/T 34370.5 游乐设施无损检测 第5部分:超声检测

3 术语和定义

GB/T 12604.6、GB/T 20306、GB/T 20737、GB/T 30565 和 GB/T 34370.1 界定的术语和定义适用于本文件。

4 方法概要

涡流检测是利用交变磁场在导电材料中所感应涡流的电磁效应评价被检工件的无损检测方法。其原理是将通有交流电的线圈接近导电构件,由线圈激发的交变磁场通过构件,并与之发生电磁感应作用,在构件内感应出涡流。构件中涡流产生的交变磁场改变了原磁场的强弱,导致线圈电压和阻抗的改变。当构件表面或近表面存在缺陷时,将影响到涡流的强度和分布,涡流的变化又引起了检测线圈电压和阻抗的变化,从而获得构件缺陷的信息。按探测线圈的形状不同,可分为探头式(用于构件局部表面检测)和穿过式(用于管棒材的检测)两种,如图 1

所示。

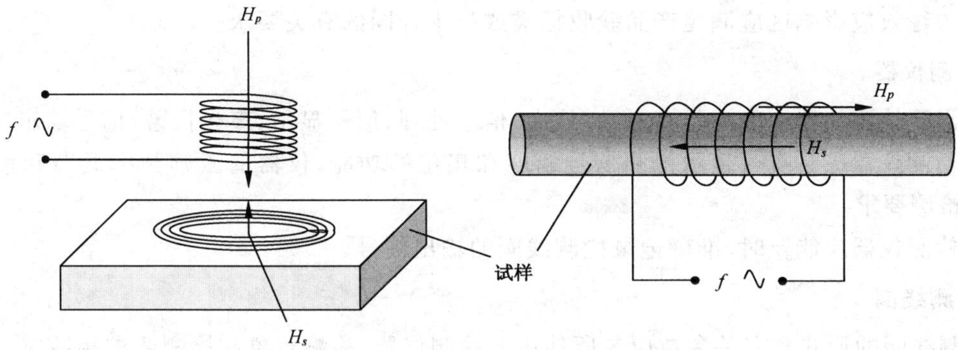

图 1　涡流检测原理示意图

5　安全要求

本章没有列出进行检测时所有的安全要求，使用本部分的用户应在检测前建立安全准则。检测过程中的安全要求至少包括：

a)　检测人员应遵守被检设备现场的安全要求，根据检测地点的要求穿戴防护工作服和佩戴有关防护设备；

b)　应注意避免各种安全隐患，例如碰伤、触电、跌落、挤压、剪切、缠绕、滑倒、溺水、烫伤等；

c)　电流短路可能引起的电击，从而造成对人体的伤害；

d)　实施检测场所的温度和相对湿度对人体和检测仪器设备可能造成的伤害；

e)　检测场地附近不应有影响仪器设备正常工作的磁场、震动、腐蚀性气体及其他干扰。

6　人员要求

从事游乐设施涡流检测的人员，应符合 GB/T 34370.1 的有关规定。

7　检测设备和器材通用要求

7.1　检测系统

7.1.1　涡流检测系统一般包括涡流检测仪器、检测线圈及辅助装置。

7.1.2　涡流检测系统应能以适当频率的交变信号激励检测线圈，并能够感应和处理检测线圈对被检测对象电磁特性变化所产生的响应。

7.1.3　涡流检测系统性能应满足本部分及相关标准要求，有关仪器性能的测试项目与测试方法按照 GB/T 14480.3 的有关要求进行。

7.1.4　检测能力应满足产品验收标准或技术合同确定的要求。

7.1.5　以下情况下应使用对比试块对涡流检测系统的灵敏度进行检查和复验：

a)　每次检测开始前和结束后；

b)　怀疑检测系统运行不正常时；

c)　检测对象规格发生变化时；

d)　连续检测时，每 2 h 检查和复验 1 次；

e) 合同各方有争议或认为有必要时。

7.1.6 边缘效应影响区应满足产品验收标准或技术合同的有关要求。

7.2 检测仪器

7.2.1 涡流检测仪器一般应具有激励、放大、信号处理、信号显示、声光报警、信号输出功能。

7.2.2 检测仪器应具有可显示检测信号幅度和相位的功能,仪器的激励频率调节和增益范围应满足检测要求。

7.2.3 检测仪器应能及时、准确记录检测线圈的输出信号。

7.3 检测线圈

检测线圈的形式和有关参数应与所使用的检测仪器、检测对象和检测要求相适应。

7.4 检测辅助设备

7.4.1 磁化装置应能连续对被检工件或其局部进行饱和磁化处理。若被检工件不准许存在剩磁,还应配备退磁装置。

7.4.2 机械传动装置应能保证被检工件与检测线圈之间以规定的方式平稳地作相对运动,且不应造成被检件表面损伤。

8 试件

8.1 标准试件

8.1.1 标准试件用于测试涡流仪器的性能。

8.1.2 标准试件人工刻槽及材料应分别符合本部分相应章条规定。

8.2 对比试件

8.2.1 对比试件主要用于调节涡流检测仪器的检测灵敏度、调整检测参数、确定验收等级和保证检测结果准确性。

8.2.2 对比试件应与被检工件具有相同或相近规格、牌号、热处理状态、表面状态和电磁性能。

8.2.3 对比试件表面不应沾有异物,且无影响校准的缺陷。

8.2.4 对比试件上加工的人工缺陷应采用适当的方法进行测定,并满足相关标准或技术条件的要求。

8.2.5 对比试件上人工缺陷的尺寸不代表检测设备可以探测到缺陷的最小尺寸。

9 检测工艺规程

9.1 通用检测工艺规程

从事游乐设施涡流检测的单位应按 GB/T 34370.1 和本部分的要求制定通用检测工艺规程,其内容至少应包括如下要素:

a) 文件编号;

b) 适用范围;

c) 执行标准和引用法规、标准;

d) 检测人员资格;

e) 检测仪器设备名称和型号等;

f) 被检件的几何形状、规格尺寸、材质;

g） 被检工件的表面状态；
h） 检测目的及检测区域；
i） 检测时机；
j） 校准（对比）试件和校准方法；
k） 扫查方式（手动或自动）；
l） 辅助装置（磁饱和装置、机械传动装置、记录装置、退磁装置等）；
m） 检测结果的评定和分级；
n） 检测记录、报告格式；
o） 资料存档；
p） 编制（级别）、审核（级别）和批准人员签字及日期。

9.2 检测工艺卡

各类工件的涡流检测，应根据实际情况，按照 GB/T 34370.1、本部分和通用检测工艺规程制定涡流检测工艺卡。检测工艺卡内容应至少包括：

a） 工艺卡编号；
b） 检测执行的标准和质量等级要求；
c） 被检工件的信息：名称、型号、编号、材质、规格尺寸、热处理状态和焊接型式等；
d） 检测设备：名称、规格型号和编号等；
e） 探头、传动装置、对比试块规格及人工缺陷尺寸，性能检查的项目、时机和性能指标；
f） 检测工艺参数：包括探头参数尺寸、型号；
g） 仪器的设置，如检测主频率、增益、相位、滤波等；
h） 检测时机；
i） 检测区域和表面要求；
j） 检测部位示意图；
k） 检测比例；
l） 检测环境要求；
m） 检测标识规定；
n） 检测操作程序和扫查次序；
o） 检测记录、检测示意图和数据评定的具体要求；
p） 编制（级别）和审核（级别）人员签字及日期。

10 构件母材放置式线圈的涡流检测

10.1 检测对象

检测对象为金属制成的规则或不规则结构件母材，包括：厚度为 3 mm 及以上的平板、直径 ϕ30 mm×壁厚 3 mm 及以上的管材和直径 ϕ12 mm 及以上的棒材。

10.2 检测要求

10.2.1 被检测区域应无润滑脂、油、锈或其他妨碍检测的物质；非磁性被检件表面不应有磁性粉末。如不满足上述要求，应进行清除，清除时不应损伤被检构件的表面。

10.2.2 检测表面应光滑，表面粗糙度不大于 6.3 μm，在对比试件人工缺陷上获得的信号与被检表面得到的噪声信号之比应不小于 5∶1。

10.2.3 被检部位的非导电覆盖层厚度一般不超过 150 μm,否则应采用相近厚度非导电膜片覆盖在对比试件人工缺陷上进行检测灵敏度的补偿调整。

10.3 涡流检测系统

10.3.1 系统组成

涡流检测系统至少由涡流检测仪、探头、对比试块及辅助装置组成。其中,辅助装置(如磁饱和装置、机械传动装置、记录装置、退磁装置)也是检测系统重要组成部分,起到至关重要的作用。涡流检测系统可以是自动、半自动或手动检测系统。

10.3.2 涡流检测仪

10.3.2.1 涡流检测仪应具有阻抗平面显示和时基显示方式。

10.3.2.2 应能够通过检测频率、响应信号相位和增益的调节产生连续性感应涡流信号的变化。

10.3.3 探头

10.3.3.1 涡流检测过程中应根据检测对象和检测要求,选择大小、形状和频率合适的涡流探头。

10.3.3.2 涡流检测可以采用屏蔽或非屏蔽的差动或绝对式涡流探头。

10.3.3.3 涡流探头不应对施加的压力变化产生干扰信号。

10.3.3.4 探头标识应至少包括规格、型号、频率和编号等信息。

10.3.3.5 为了防止探头的磨损,检测时可在探头顶部贴上耐磨的保护层。

10.3.3.6 检测过程中应随时检查探头的磨损情况,一旦发现磨损影响检测时,应停止使用。

10.3.4 试件

10.3.4.1 标准试件

10.3.4.1.1 标准试件用于测试涡流检测仪的性能,其外形尺寸、人工伤深度应符合图 2 要求。

10.3.4.1.2 人工刻槽可采用线切割加工制作,宽度为 0.05 mm,A、B、C 三条刻槽深度分别为 0.2 mm、0.5 mm 和 1.0 mm,深度尺寸公差为±0.05 mm。

10.3.4.1.3 标准试件应采用 T3 状态的 2024 铝合金材料或导电性能相近的铝合金材料加工制作。

10.3.4.2 对比试件

10.3.4.2.1 对比试件用于建立检测灵敏度、核验仪器工作状态和评定缺陷,其电导率、热处理状态、表面状态及结构和人工缺陷的位置应与被检构件相同或相近,对比试件可由实际构件整体或部分制成,也可按表 1 选用相应的材料。

10.3.4.2.2 对比试件人工缺陷的数量和深度可依据检测验收要求确定,也可参照图 2 制作。

10.3.4.2.3 对比试件的表面粗糙度应满足对比试件上的人工缺陷信号与噪声信号比不小于 5∶1。

10.3.4.2.4 对比试件首次使用前,人工缺陷的宽度和深度尺寸应经过检测,符合制作要求才能投入使用。

单位为毫米

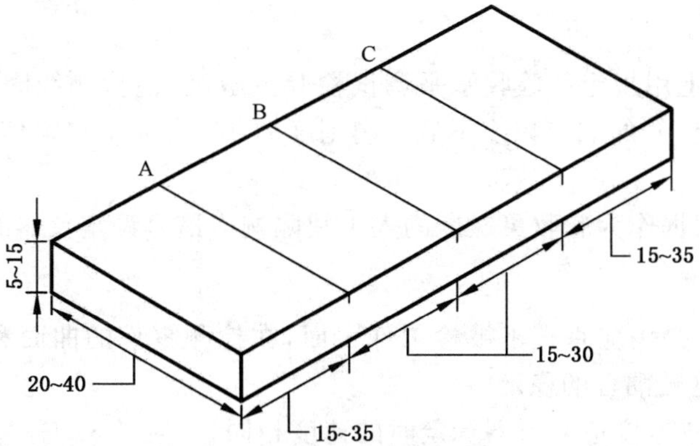

图 2　标准试件形式与尺寸

表 1　对比试件材料的选用

被检工件的材料	对比试件的材料
电导率大于 15%IACS[a] 的非铁磁性合金	电导率在被检材料电导率±15%IACS 范围内，且不小于 15%IACS 的非铁磁性合金
电导率在 0.8%～15%IACS 的非铁磁性合金	电导率不高于被检材料电导率 0.5%IACS，且不小于 0.8%IACS 的非铁磁性合金
高磁导率钢和不锈钢合金	30CrMo、30CrNiMo、40CrNiMo 材料[b]，或任何热处理状态的类似高磁导率合金
低磁导率合金	退火状态的 07Cr17Ni7Al[c]

[a] IACS 国际退火铜标准，15%IACS 表示材料导电率是国际标准退火铜的 15%。

[b] 若采用国外材料，30CrMo、30CrNiMo、40CrNiMo 可分别用 ASTM 合金结构钢 4130、4330、4340 代替。

[c] 若采用国外材料，可采用 ASTM 不锈钢牌号 17-7PH 代替。

10.4　检测程序

10.4.1　频率选择

10.4.1.1　应根据检测深度、检测灵敏度、表面和近表面缺陷相位差、信噪比和表面状况（粗糙度、漆层和曲面等因素）等条件选择检测频率。合适的检测频率应根据在对比试件及被检件上综合调试的结果确定。

10.4.1.2　为提高检测可靠性，可采用多频检测方法，通过对比不同频率下缺陷信号的幅度或阻抗平面轨迹，综合判定缺陷的特征。

10.4.2　相位调节

10.4.2.1　仪器相位调节应有利于缺陷响应信号与提离干扰信号的区分与识别，通常将提离信号的相位调节为水平方向，人工伤响应信号与提离信号之间有尽可能大的相位差。

10.4.2.2　涡流响应信号会随着检测频率的改变而变化，在改变检测频率的同时应重新调节提离信号的相位，使其处于水平方向。

10.4.2.3　必要时，可通过调节人工缺陷响应信号的垂直、水平比来增大人工伤响应信号与提离信号间的相位差。

10.4.3 灵敏度设定

10.4.3.1 在对比试件上用规定的验收水平调试检验灵敏度，使检测线圈通过作为验收水平的人工缺陷时，人工缺陷信号的响应幅度不低于满刻度的40%，人工缺陷信号与噪声信号比不小于5∶1。

10.4.3.2 必要时，可根据作为验收灵敏度的人工缺陷响应信号设定仪器的报警区域。

10.4.4 扫查

10.4.4.1 扫查过程中，探头应垂直于被检工件表面，在检测零件的曲面和边缘部位时，可采用专用检测线圈以确保电磁耦合的稳定。

10.4.4.2 检测时的扫查速度应与仪器标定时的速度相同。

10.4.4.3 构件边缘的影响不应使信噪比小于3∶1。

10.4.4.4 扫查中发现异常响应信号时，对有信号响应的被检区域应反复扫查，观察响应信号的重复性，并与对比试件上的人工缺陷响应信号进行比较。

10.4.4.5 探头的最大扫查速度应使对比试件上人工缺陷信号幅度不低于标定值的90%。

10.4.4.6 扫查方向应尽可能与缺陷方向垂直，对未知的缺陷方向，扫查至少要有两个互相垂直的方向。扫查间距应不大于检测线圈直径的1倍。平面结构的扫查方式参见图3。

10.4.4.7 检测形状复杂的构件时，应将被检件表面按形状不同划分出检测区域，使每个区域的形状基本一致。

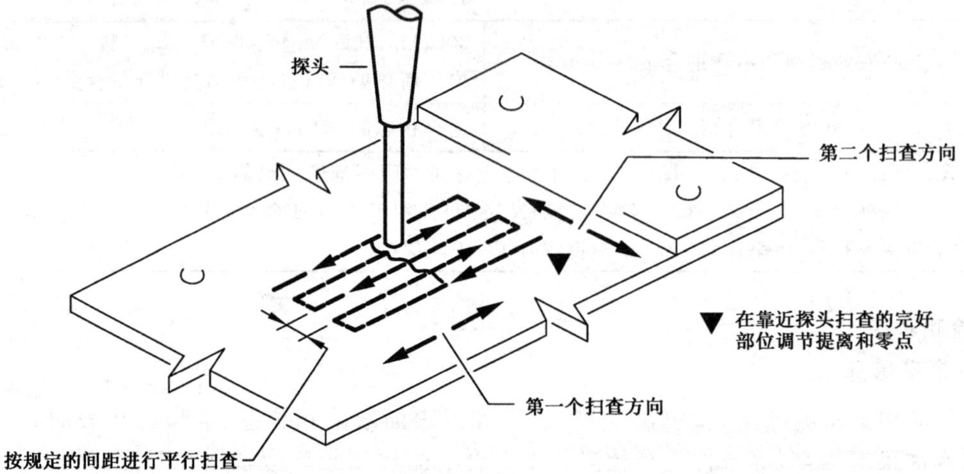

图3 放置式线圈平面扫查方式

10.5 响应信号的识别与分析

10.5.1 记录重复出现的异常响应信号的幅度和相位。

10.5.2 对于铁磁性材料，表面裂纹响应信号与提离信号之间通常存在较大的相位差；对于非铁磁性材料，表面裂纹响应信号与提离信号之间往往存在较小的相位差。表面裂纹响应信号一般具有较高的频率。

10.5.3 对于出现异常响应信号的区域，应细致观察相应信号对应在构件表面的位置，依据图3所示扫查方式来确定裂纹的方向与长度或其他类型缺陷的大小。

10.6 检测结果评定

10.6.1 对检测中发现的不能排除由相关干扰因素引起的信号，如提离、边缘、台阶等干扰信号，应将响应信号视为由缺陷引起，并依据 10.5.2 评定缺陷的方向、长度或面积及类型。

10.6.2 对于表面缺陷，可根据响应信号幅值与对比试块上相关深度人工缺陷响应信号幅值的比较，评定引起该响应信号的缺陷的深度。缺陷响应信号的相位可作为表面缺陷深度评定的参考信息。

10.6.3 应根据相关产品的技术条件或与委托方商定的验收准则，对被检构件给出合格与否的结论。

10.6.4 当产品技术条件和相关技术协议未给出验收准则时，可以仅对所发现缺陷给出定量的评定，而不给出合格与否的结论。

11 构件焊缝放置式线圈的涡流检测

11.1 检测对象

11.1.1 检测对象为金属材料制成的规则或不规则构件焊缝，包括：厚度 3 mm 及以上板材、直径ϕ30 mm×壁厚 3 mm 及以上管材焊缝和热影响区。

11.1.2 放置式线圈适用于焊缝和热影响区表面开口和近表面平面型缺陷的检测。

11.1.3 检测对象可为带涂层自然成形的各种形式的焊缝表面，但非常粗糙的表面会影响检测效果。

11.2 检测前的准备

11.2.1 被检测区域应无润滑脂、油、锈或其他妨碍检测的物质。

11.2.2 检测前，应了解填充金属的种类、待检测焊缝的位置和范围、焊缝表面几何形状、表面状态、涂层类型和厚度。

11.2.3 涡流检测与探头和被测表面的接近程度有关，被检焊缝表面几何形状及表面状态应能保证探头与检测面的良好接触。对焊缝进行涡流检测时，应考虑焊缝表面的不规则形状、焊接飞溅、焊瘤、腐蚀物和涂漆的剥落等都会使探头与被检测表面的距离发生变化并引起噪声，从而影响检测的灵敏度。

11.2.4 对于表面有镀锌和热喷涂铝等某些种类的导电性材料涂层构件，用涡流方法进行检测时，由于这些导电金属材料可能沉积在表面开口的裂纹内，从而影响检测效果，导致不能有效检测出可能存在的裂纹缺陷。

11.3 检测设备

11.3.1 检测仪器

检测仪器应具有信号相位和幅度显示与分析的功能，且至少满足以下要求：

a) 涡流仪器应能在从 1 kHz～1 MHz 的范围内的某个选定的频率点上工作。

b) 在平衡和提离效应补偿后，(带涂层厚度试片)校准试块上 1 mm 深人工缺陷的信号幅度应达到全屏，0.5 mm 深人工缺陷的信号幅度至少为 1 mm 人工缺陷的 50%。

c) 应能够显示缺陷信号的阻抗平面图，并具有信号示踪冻结功能，信号示踪在检测场地日光、灯光照明或无照明条件下应清晰可见。

d) 相位控制应能使信号以不大于 10°的步距进行全角(360°)旋转。

e) 能对信号阻抗平面图上的任一矢量进行相位和幅度分析,并可将当前信号与先前存储的参考信号进行对比分析。

f) 在保证整个系统功能、灵敏度和分辨率的情况下,可用延长电缆连接探头和仪器。

g) 使用较长的延长电缆操作时,仪器应具有使操作者进行远程信号显示的装置。

11.3.2 检测探头

11.3.2.1 用于焊缝涂层厚度测量和材料评价的探头

在绝对模式 1 kHz～1 MHz 频率下工作,在被检工件或校准试块上提离时应能在仪器上产生满屏提离信号。所有的探头都应清晰地标示出其操作的频率范围(见图 4)。

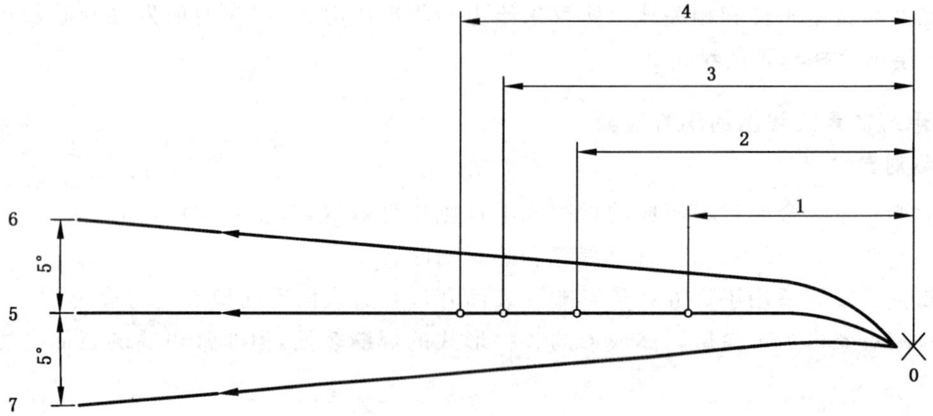

说明:

0 ——平衡点;

1,2,3,4 ——在校准试块上不同厚度模拟涂层下的偏转信号;

5 ——校准试块材料的提离信号;

6,7 ——相对于校准试块被检材料的信号偏转显示的范围。

图 4 采用绝对式探头进行涂层厚度测量和材质分选

11.3.2.2 用于焊缝检测的探头

为了检测铁磁性材料的焊缝,应使用特殊设计的焊缝检测探头。探头的组装可以是差动式、正交式、正切式或与之等效的方式,采用这些方式的目的是使探头在焊缝和热影响区受材料电导率、磁导率和提离效应等变化的影响最小。

探头的直径应根据被测工件的几何形状来选择。探头在接触面上覆盖了非金属耐磨薄层材料后仍应能正常工作。如果探头采用封装结构,在校准过程中封装外壳与校准试块表面应始终处于接触的状态。探头应能在 1 kHz～1 MHz 范围内的任意选定的频率下正常工作。

11.3.3 检测设备的校验

11.3.3.1 设备应经有资格的实验室校准。该校准工作应至少每年度进行一次。

11.3.3.2 应对检测设备进行周期性的检查和调节来校验仪器的功能。在现场进行检测时,如发现检测设备产生错误或部分变化,也应对仪器进行功能的检查和调节。

11.4 校准试块

11.4.1 校准试块应采用与被检工件相同或相近的材料制作。除合同有关各方另有约定之外,应在校准试块上用线切割加工出 0.5 mm、1.0 mm 和 2.0 mm 深的人工刻槽。刻槽深度的公差应为±0.1 mm。刻槽的推荐宽度应不大于 0.2 mm(见图 5)。

11.4.2 可采用已知厚度的非导体垫片来模拟覆盖层,也可直接在校准试块上喷涂实际覆盖层。推荐垫片厚度为 0.5 mm 的整数倍。

单位为毫米

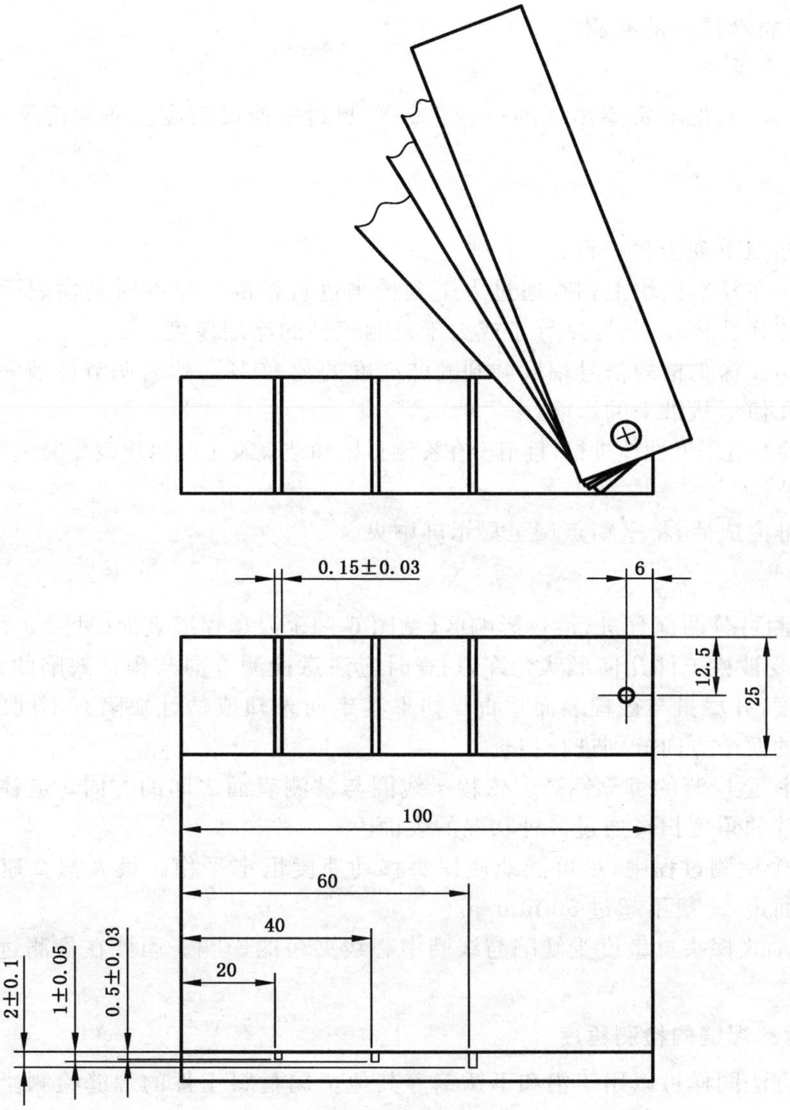

图 5 校准试块

11.5 检测程序

11.5.1 检测前表面准备

检验前,应对被检件表面情况进行确认,包括涂层类型及厚度、焊缝形状及形貌,确保满足检测要求。

11.5.2 焊缝涂层厚度估计及被检材料与校准试块材料符合性的评价

焊缝表面的涂层厚度一般是不均匀的,但由于其对检测灵敏度产生影响,因此在焊缝检测之前有必要对热影响区处的最大涂层厚度进行估计。

采用11.3.2的探头，分别得出校准试块和被检试件的提离信号，通过比较可估计被检试件上的涂层厚度，参考图4和图5。

被检试件的提离信号对校准试块提离信号的偏离应在±5°范围内，否则应采用更接近被检试件的材料重新加工制作校准试块。

11.5.3 铁磁性材料焊缝的检测

11.5.3.1 频率选择

应根据提离和其他不希望出现的信号将频率调到最佳灵敏度。通常情况下，推荐采用约100 kHz的频率。

11.5.3.2 校准

校准流程按照下列步骤进行：

a) 将探头在校准试块上扫查通过人工刻槽来进行校准。校准时刻槽表面应覆盖上一层非导体弹性垫片，其厚度等于或大于被测工件的涂层厚度。

b) 将1 mm深刻槽的信号幅度调到满屏高度的约80%。然后调节灵敏度的水平来补偿工件几何形状带来的影响。

c) 校准检查应周期性地进行，且至少在检测开始和结束及工况每次改变时进行。每次校准均应记录。

d) 当校准完成后，将平衡点调至显示屏中央。

11.5.3.3 扫查

11.5.3.3.1 检测可分两部分进行：热影响区(见图6～图8)和焊缝表面(见图9和图10)。

11.5.3.3.2 只要被检工件几何形状允许，扫查时应注意检测方向与预计缺陷的走向垂直，同时应控制探头角度，并尽量与被检表面垂直。如果其走向未知或估计缺陷有不同的走向，则至少应在相互垂直的两个方向分别进行扫查。

11.5.3.3.3 应注意检测的可靠性高度依赖于线圈与被测表面之间的方向。应注意确保探头在热影响区以最佳的角度扫查通过各种状况的表面。

11.5.3.3.4 整个检测过程中，尽可能地使探头移动速度恒定平稳。最大扫查速度视所用仪器和选择的参数而定，一般不超过50 mm/s。

11.5.3.3.5 差动式探头灵敏度受缺陷与线圈中心线夹角的影响。因此在检测过程中应注意控制角度。

11.5.4 其他材料焊缝的检测程序

涡流检测方法同样可以用于铝和不锈钢等其他金属材料工件的焊缝检测。检测这类焊缝通常与11.5.3的规定相同，但频率、探头、校准试块和扫查模式等的选择应该与实际材料的性能相适应，这些选择可能会与所推荐的铁磁性材料相去甚远。因此，检测工艺规程应根据基于适当仪器、探头和校准试块上的实际经验来制定，并应详细制定特殊的工艺规程。在各种情况下的限制因素都应详细说明。

11.6 检测结果评定与处理

11.6.1 异常信号的确定

一旦发现被检工件正常信号显示区域之外出现明显的信号显示，则判定为异常信号显示(见图10)。

11.6.2 对异常信号的复检

一旦发现异常信号,应对该区域进行其他无损检测的方法复检,按 GB/T 34370.3 对铁磁性材料构件表面磁粉检测或按 GB/T 34370.4 构件表面进行渗透检测验证,按 GB/T 34370.5 规定的有关方法采用超声检测来确定缺陷的深度和方向。

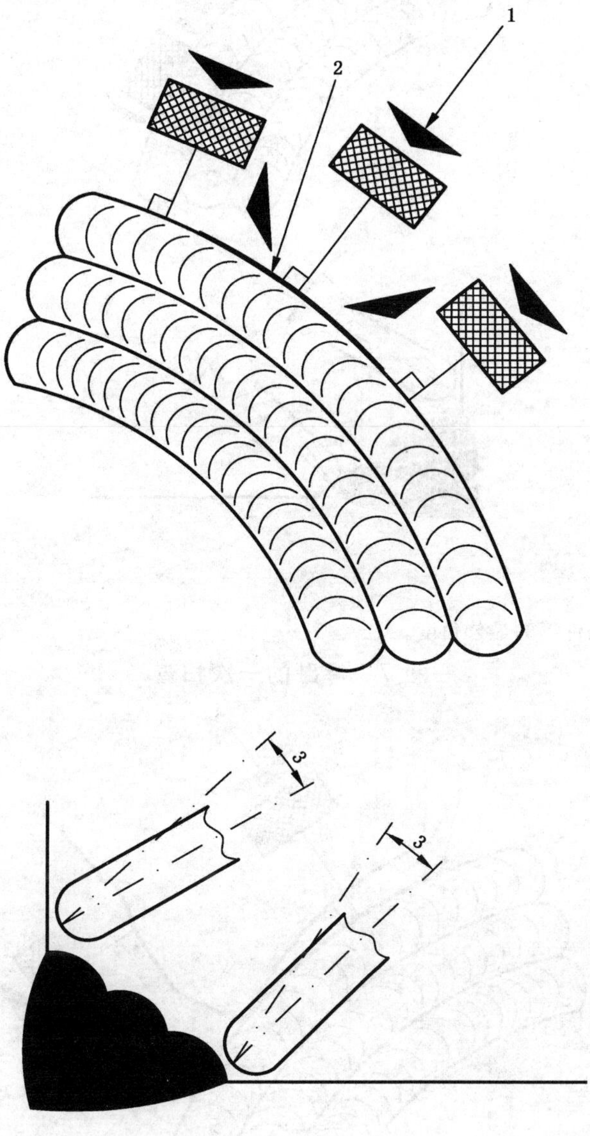

说明:

1——探头方向;

2——缺陷;

3——满足不同表面条件下的最佳角度。

图 6 母材和热影响区检测

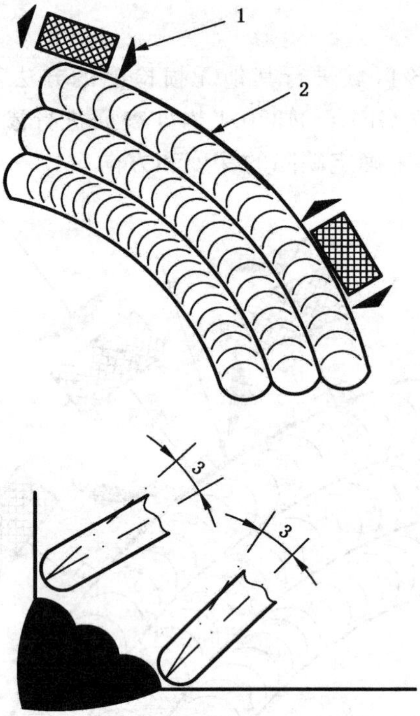

说明：
1——探头方向；
2——缺陷；
3——满足不同表面条件下的最佳角度。

图 7　焊趾的一次扫查

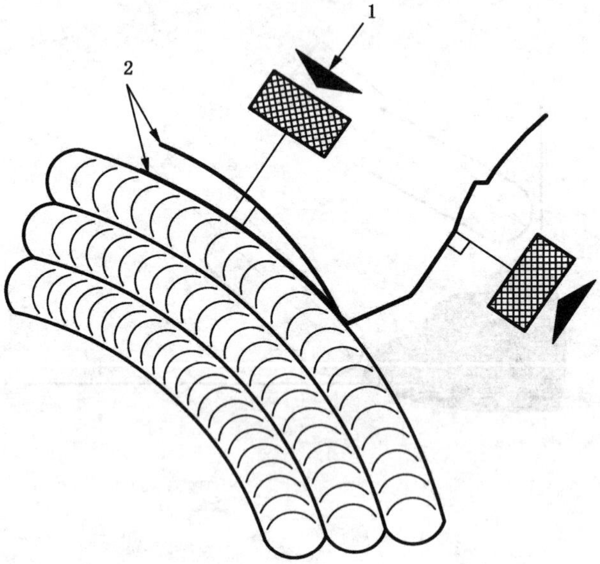

说明：
1——探头方向；
2——缺陷。

图 8　热影响区的补充扫查

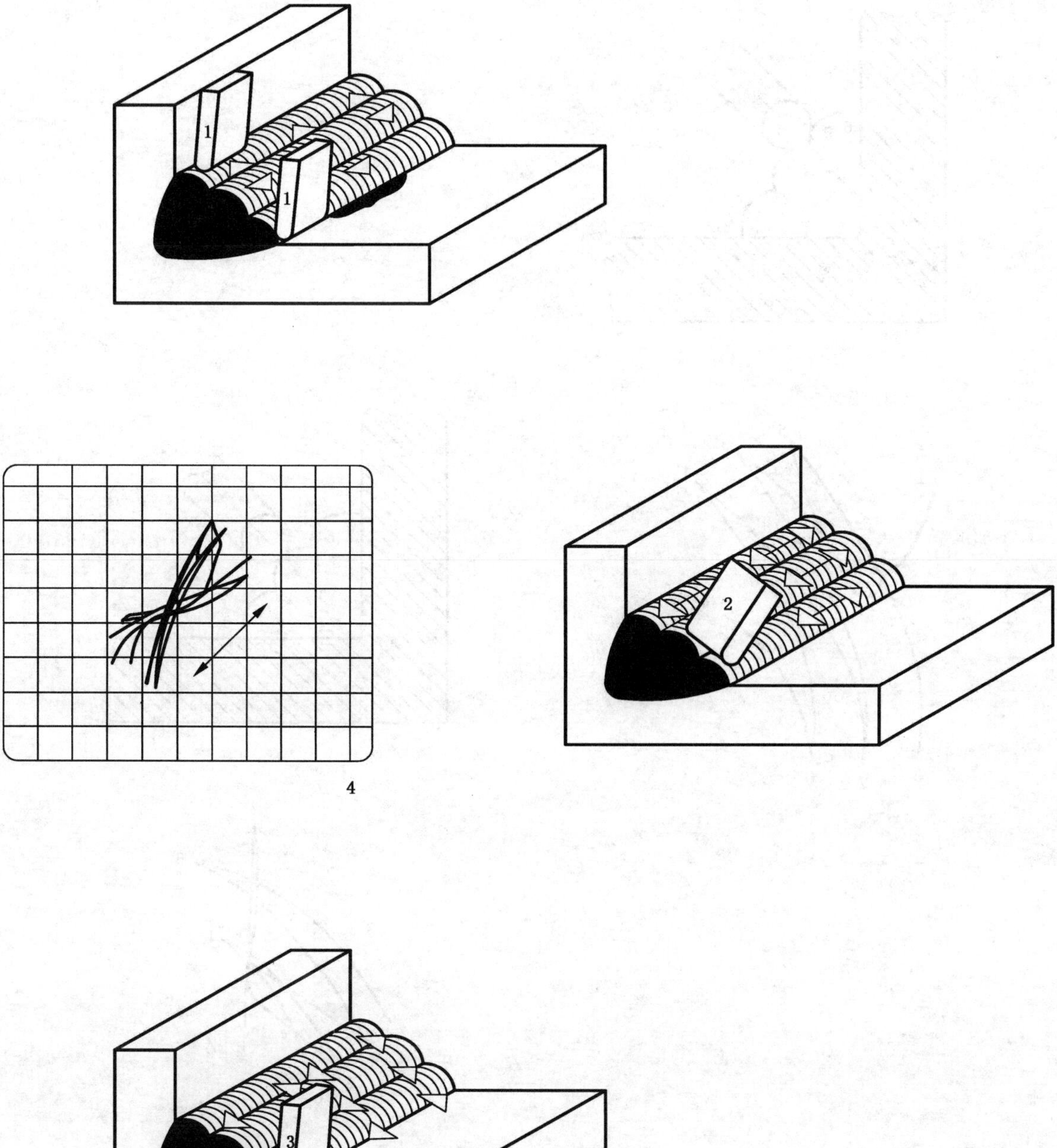

说明：

1、2、3——探头的不同位置；

4　　——沿焊缝表面扫查的信号覆盖区。

图 9　焊缝表面检测的扫查

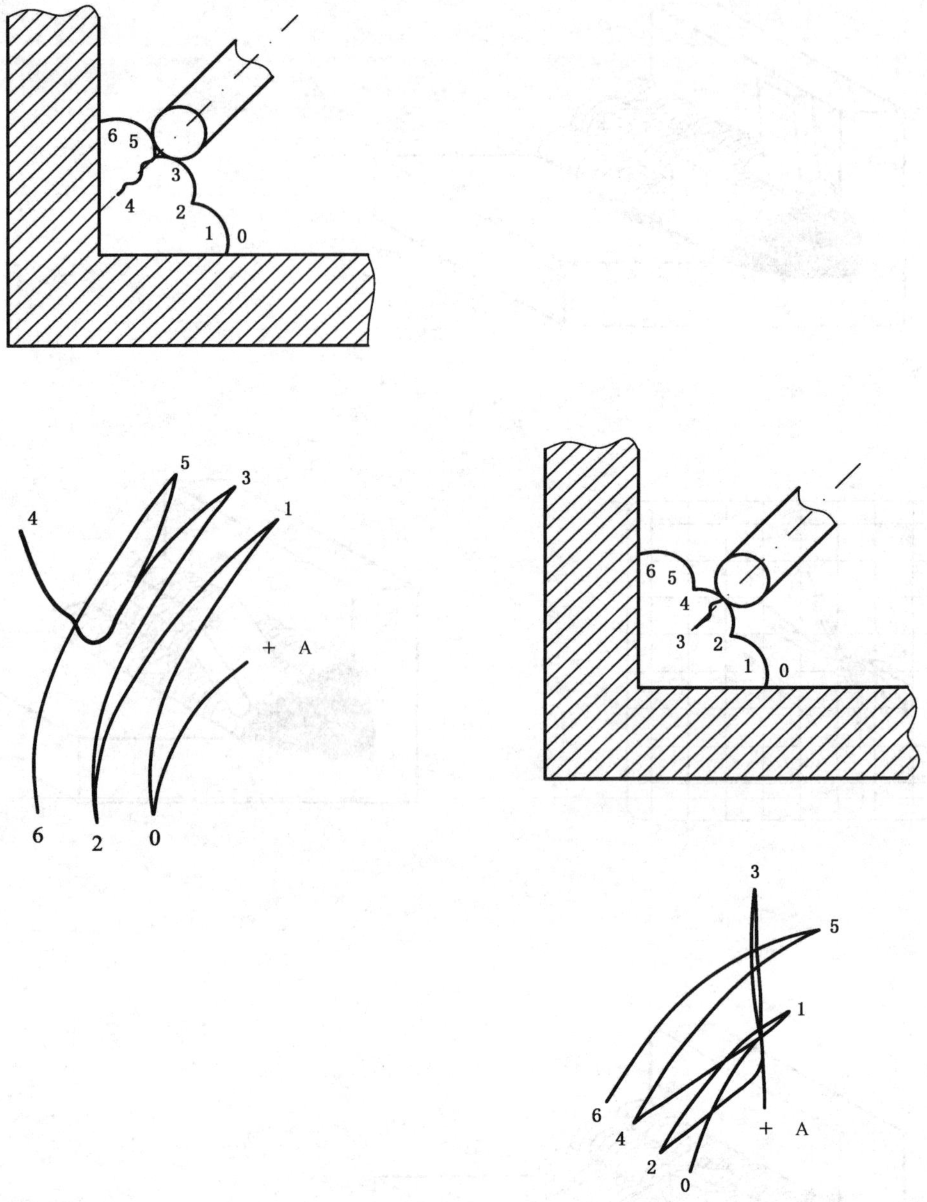

说明：

0　　——平衡点；

1～6 ——探头的不同位置。

图 10　焊缝表面扫查时的典型缺陷信号

12　管材穿过式线圈的涡流检测

穿过式线圈对管材的涡流检测应按照 GB/T 5126、GB/T 5248、GB/T 7735、GB/T 12969.2、GB/T 23601执行。

13 覆盖层厚度的测量

13.1 磁性法

13.1.1 检测对象

检测对象为铁磁性基体表面非磁性覆盖层，包括：非导电的非磁性覆盖层（如漆层、搪瓷层等）和导电的非磁性覆盖层（如镀锌、镀铬层等），不适用于带有磁性的覆盖层（如镀镍层和掺有铁粉的表面功能涂层等）厚度测量。

磁性法测厚仪的覆盖层测量厚度一般在 2 000 μm 以下。

13.1.2 检测原理

磁性法测厚是测量永磁体和基体金属之间的磁引力或穿过覆盖层与基体金属的磁通路磁阻，磁引力或磁阻受覆盖层厚度的影响而变化，通过这种变化获得覆盖层的厚度。

13.1.3 影响因素

采用磁性法检测时应考虑以下因素：

a） 覆盖层厚度；
b） 基体金属的磁性；
c） 基体金属的厚度；
d） 边缘效应；
e） 工件曲率；
f） 表面粗糙度；
g） 基体金属机械加工方向；
h） 剩磁；
i） 环境磁场；
j） 外来附着尘埃；
k） 覆盖层的导电性；
l） 测试压力。

13.1.4 仪器校准

13.1.4.1 仪器校准可以采用厚度均匀的非导电的膜片作为校准标准试片，也可以采用基体金属以及与基体金属牢固结合的厚度已知且均匀的覆盖层构成的试件作为校准标准试件。

13.1.4.2 校准标准试件的基体金属应具有与被测构件基体金属相似的表面粗糙度与磁性能。推荐在被检构件上不带有覆盖层的位置校准仪器零点读数和覆盖标准厚度膜片来校准仪器相应的读数。

13.1.4.3 对于基体金属磁性存在明显方向性的被检构件，应将探头再旋转 90°来核对仪器的校准。

13.1.4.4 被测构件和校准试件二者的基体金属厚度应相同。也可以用足够厚的相同金属分别与校准标准片或被测构件的基体金属叠加，使测量读数不受基体金属厚度的影响。

13.1.4.5 如果被测构件的弯曲形貌使得无法实施平面方式校准时，则标准试件的曲率应与被测构件的曲率相同。

13.1.5 检测程序

13.1.5.1 在每次仪器使用前、测量结束后，以及在使用中每隔一定时间（每小时至少一次），均应在测量现场对仪器的工作状态进行核查，以保证仪器的性能正常。

13.1.5.2 应采用 13.1.4.4 所叙述的叠加方法，或者采用具有与被测构件相同厚度和磁性能的校准标准试件进行仪器校准。

13.1.5.3 应避开不连续的部位进行测量，如靠近边缘、台阶、孔洞和转角等，否则应对测量有效性加以确认。

13.1.5.4 应避免在被测构件的弯曲表面上进行测量，或对其测量有效性加以确认。

13.1.5.5 应根据被检构件的大小、覆盖层厚度的均匀性及检测要求确定测量点数，至少应在被检测区域的边角和中间位置选择 5 点进行测量。对于厚度不均匀覆盖层的测量，应增大测量点的密度。

13.1.5.6 如果被测构件的加工方向明显影响测量读数，应使测量探头在构件上进行测量时的方向与在校准时所取的方向一致。如果不能做到一致，则在同一测量面内将探头每旋转 90°增加一次测量，共做 4 次。

13.1.5.7 使用固定磁场的双极式仪器测量时，如果基体金属存在剩磁，则必须在互为 180°的两个方向上进行测量。为了获得可靠结果，条件允许时应消除被测构件的剩磁。

13.1.5.8 测量前应去除被测构件表面上的任何外来物质，如灰尘、油脂和腐蚀产物等；测量时应避开存在难于除去的明显缺陷，如焊瘤或钎焊焊剂、酸蚀斑、浮渣或氧化生锈部位。

13.1.5.9 测量过程中应保持一致的测量探头压力和放置速度，并在测量探头轴线平行于被测点所在平面或曲面的法线情况下读取数据。

13.1.6 检测结果评定

对于覆盖层厚度的测量不确定度为覆盖层真实厚度的 10%或 1.5 μm 以内，二者取其中较大的值。

13.2 涡流法

13.2.1 检测对象

检测对象为非铁磁性基体表面非导电覆盖层。涡流法的覆盖层厚度测量一般在 300 μm 以下。

13.2.2 检测原理

涡流测厚方法是基于涡流测量线圈接收到在导体中感应产生涡流的再生电磁场的大小随探头与导电体表面之间距离变化而改变，即提离效应。

13.2.3 影响因素

涡流法检测影响因素如下：

a) 覆盖层厚度；

b) 基体金属的电性能；

c) 基体金属的厚度；

d) 边缘效应；

e) 曲率；

f) 表面粗糙度；

g) 外来附着尘埃；

h) 测头压力；

i) 测头的放置；

j) 试件覆盖层的变形。

13.2.4 **仪器校准**

13.2.4.1 校准标准试件可采用塑料膜片或基体上带有非导电覆盖层的试件。标准试片有利于在弯曲表面上的校准，并且比带有覆盖层的校准标准试件更容易获得，但校准时应保证标准试片与基体紧密接触。

13.2.4.2 校准标准试件的基体金属应具有与被检构件基体金属相同或相似的电学性能。测量前应将从无覆盖层的基体金属试件上得到的读数与从被测构件基体金属上得到的覆盖层厚度测量读数进行比较，以确认校准标准试件的适用性。

13.2.4.3 测量和校准的基体金属厚度应尽可能相同。可以采用一片足够厚的、电学性能相同或相近的金属片将校准标试件和被测构件分别垫厚，使读数不受基体金属厚度变化的影响；如果被测构件的基体金属两面都有覆盖层，则不能用此方法。

13.2.4.4 如果待测构件的弯曲形貌使之不能以平面方式校准时，则带有覆盖层的标准试件的曲率或放置校准试片的基体试件的曲率应与待测构件的曲率相同。

13.2.5 **测量程序**

13.2.5.1 在每次仪器使用前、测量结束后，以及在使用中每隔一定时间（每小时至少一次），均应在测量现场对仪器的工作状态进行核查，以保证仪器的性能正常。

13.2.5.2 采用 13.2.4.2 所描述的标准试件进行仪器校准。

13.2.5.3 应在离开构件的边缘、孔洞、内转角等处进行测量，否则应为测量所作校准的有效性加以确认。

13.2.5.4 应选择平面区域进行测量；如果只能在构件的弯曲表面上进行测量，应为测量所作校准的有效性加以确认。

13.2.5.5 应根据被检试件的大小、覆盖层厚度的均匀性及检测要求确定测量点数，在被检测区域的边角和中间位置选择至少 5 点进行测量。对于厚度不均匀覆盖层的测量，应增大测量取点的密度。

13.2.5.6 测量前应除去试件表面上的任何外来物质，如灰尘、油脂和腐蚀产物等，清洁准备工作不应损伤覆盖层。

13.2.6 **检测结果评定**

对于覆盖层厚度的测量不确定度应达到覆盖层厚度的 10%或 3 μm 以内，取其大者。

14 检测结果评定

14.1 信号分析

对检测中出现的异常信号，除能证明是由工件结构或其他原因引起的非相关信号外，其余异常信号均应进行分析。信号分析可基于幅值、相位或两者的综合进行。

14.2 检测结果评定与处理

14.2.1 管材产品质量验收等级的规定应按供需双方合同，或按有关产品标准要求。

14.2.2 在用设备的结果评定应按照有关技术规范和标准要求与相关方确定。

14.2.3 被检构件的检测结果评定与处理见本部分各章要求。

15 检测记录和报告

15.1 检测记录

应按检测工艺规程的要求记录检测数据和有关信息，除此之外，还应至少包括检测报告中的内容；所有记录的保存应符合有关法规、标准和(或)合同的要求。

15.2 检测报告

检测报告的内容应当根据检测要求制定，应至少包括以下内容：

a) 委托单位、检测单位；
b) 被检设备名称及编号，被检构件名称、型号和编号；
c) 检测执行标准；
d) 被检构件材质、厚度、热处理状态及表面状态；
e) 涂层种类和厚度(必要时)；
f) 检测部位和比例；
g) 检测种类：涡流探伤、涡流测厚；
h) 检测仪器型号、编号，探头型号，试块型号；
i) 检测部位；
j) 检测条件(如频率、灵敏度和相位等)；
k) 检测结果；
l) 缺陷位置简图，缺陷位置、尺寸、波幅等；
m) 检测日期；
n) 检测人员和审核人员签字、日期及其资格。

ICS 97.200.40
Y 57

中华人民共和国国家标准

GB/T 34370.8—2020

游乐设施无损检测
第8部分:声发射检测

Nondestructive testing of amusement equipments—
Part 8: Acoustic emission testing

2020-11-19 发布　　2021-06-01 实施

国家市场监督管理总局
国家标准化管理委员会　发布

前　　言

GB/T 34370《游乐设施无损检测》分为以下11部分：

——第1部分：总则；

——第2部分：目视检测；

——第3部分：磁粉检测；

——第4部分：渗透检测；

——第5部分：超声检测；

——第6部分：射线检测；

——第7部分：涡流检测；

——第8部分：声发射检测；

——第9部分：漏磁检测；

——第10部分：磁记忆检测；

——第11部分：超声导波检测。

本部分为GB/T 34370的第8部分。

本部分按照GB/T 1.1—2009给出的规则起草。

本部分由全国索道与游乐设施标准化技术委员会(SAC/TC 250)提出并归口。

本部分起草单位：中国特种设备检测研究院、安徽华工智能科技研究院有限公司、北京科海恒生科技有限公司、清诚声发射研究(广州)有限公司、河北大学、广东长隆集团有限公司、山东科捷工程检测有限公司。

本部分主要起草人：吴占稳、张君娇、沈永娜、沈功田、苑一琳、刘然、陈谋财、刘时风、张文君、周伟、刘渊、林伟明、李寰、梁玉梅、王尊祥、张扬扬。

游乐设施无损检测
第 8 部分：声发射检测

1 范围

GB/T 34370 的本部分规定了游乐设施的声发射检测及结果评定方法。

本部分适用于游乐设施金属构件的声发射检测及结果评定。

2 规范性引用文件

下列文件对于本文件的应用是必不可少的。凡是注日期的引用文件，仅注日期的版本适用于本文件。凡是不注日期的引用文件，其最新版本(包括所有的修改单)适用于本文件。

GB 8408 大型游乐设施安全规范

GB/T 12604.4 无损检测 术语 声发射检测

GB/T 19800 无损检测 声发射检测 换能器的一级校准

GB/T 19801 无损检测 声发射检测 声发射传感器的二级校准

GB/T 20306 游乐设施术语

GB/T 20737 无损检测 通用术语和定义

GB/T 34370.1 游乐设施无损检测 第 1 部分：总则

GB/T 34370.2 游乐设施无损检测 第 2 部分：目视检测

GB/T 34370.3 游乐设施无损检测 第 3 部分：磁粉检测

GB/T 34370.4 游乐设施无损检测 第 4 部分：渗透检测

GB/T 34370.5 游乐设施无损检测 第 5 部分：超声检测

GB/T 34370.7 游乐设施无损检测 第 7 部分：涡流检测

GB/T 34370.9 游乐设施无损检测 第 9 部分：漏磁检测

GB/T 34370.11 游乐设施无损检测 第 11 部分：超声导波检测

3 术语和定义

GB/T 12604.4、GB/T 20306、GB/T 20737 和 GB/T 34370.1 界定的以及下列术语和定义适用于本文件。

3.1

声发射源 acoustic emission source

材料中能量快速释放而产生瞬态弹性波的物理源点或部位。

3.2

声发射定位源 acoustic emission location source

通过分析声发射数据确定的被检件上声发射源的位置。

注：常见的几种源定位方法包括区域定位、计算定位和连续信号定位。

3.3

活性　activity

声发射源的事件数随加载过程或时间变化的程度。

3.4

强度　intensity

声发射源的事件所释放的平均弹性能。

3.5

活性缺陷　active defect

因载荷作用而产生瞬态弹性波释放的缺陷。

4　方法概要

4.1　声发射检测是游乐设施在加载过程中,通过在其构件表面布置声发射传感器,接收构件中活性缺陷产生的声波并将其转换成电信号,通过检测系统进行信号采集、处理、显示、记录和分析,并确定声发射源的部位、评定其等级。

4.2　根据检测出的声发射源综合等级划分结果决定是否采用其他无损检测方法复验。

5　安全要求

本章没有列出进行检测时所有的安全要求,使用本部分的用户应在检测前建立安全准则。检测过程中的安全要求至少包括:

a)　检测人员应遵守被检构件现场的安全要求,根据检测地点的要求穿戴防护工作服和佩戴有关防护设备;

b)　应注意避免各种安全隐患,例如碰伤、触电、跌落、挤压、剪切、缠绕、滑倒、溺水等;

c)　应注意声发射检测时,耦合剂会引起绝缘不良、电器短路;

d)　游乐设施运行后进行检测,应注意被检件的温度状态,以免烫伤。

6　人员要求

从事游乐设施声发射检测工作的人员,应符合 GB/T 34370.1 的有关规定。

7　检测系统

7.1　声发射检测系统应包括传感器、前置放大器、系统主机和检测分析软件等,应符合附录 A 的规定。

7.2　声发射传感器、前置放大器和系统主机应每年至少进行一次校准。声发射传感器的校准按 GB/T 19800或 GB/T 19801 的规定,其他部件的校准按仪器制造商规定的方法进行。

8　检测工艺规程

8.1　通用检测工艺规程

从事游乐设施声发射检测的单位应按 GB/T 34370.1 和本部分的要求制定通用检测工艺规程,其内容至少应包括如下要素:

a)　文件编号;

b) 适用范围；
c) 执行标准和引用法规、标准；
d) 检测人员资格；
e) 检测仪器名称和型号、传感器型号等；
f) 检测区域及传感器布置阵列的确定；
g) 背景噪声及传感器灵敏度测量；
h) 衰减测量；
i) 检测过程和数据分析；
j) 检测结果的评定；
k) 检测结果的复验；
l) 检测记录、报告格式；
m) 资料存档；
n) 编制(级别)、审核(级别)和批准人员签字及日期。

8.2 检测工艺卡

对于每种构件的声发射检测，应根据实际情况，按照 GB/T 34370.1、本部分和通用检测工艺规程制定声发射检测工艺卡。

检测工艺卡内容应至少包括：
a) 工艺卡编号；
b) 检测执行的标准；
c) 被检测结构件的信息：名称、型号、编号、材质、规格尺寸、热处理状态、焊接型式等；
d) 检测设备：名称、规格型号、编号等；
e) 传感器型号、耦合方式；
f) 检测时机；
g) 检测区域和表面要求；
h) 检测部位示意图；
i) 检测环境要求；
j) 加载方式等；
k) 检测过程的记录；
l) 编制(级别)和审核(级别)人员签字及日期。

9 检测

9.1 检测前的准备

9.1.1 资料审查

资料审查应包括下列内容：
a) 制造文件：产品设计、制造和检验文件及产品质量证明文件等；
b) 使用记录：日常使用状况记录、维护保养记录、运行故障和事故记录等；
c) 检验资料：历次检验报告；
d) 其他资料：修理和改造的文件等。

9.1.2 现场勘察

找出所有可能出现的噪声源,如电磁干扰、振动、摩擦等,应尽可能排除发现的噪声源。

9.1.3 检测条件确定

根据现场情况,确定检测条件,建立声发射检测人员和加载人员的联络方式。

9.1.4 传感器阵列的确定

根据被检构件结构型式、几何尺寸以及检测目的,确定传感器布置的阵列。如无特殊要求,相邻传感器之间的间距应尽量接近。传感器阵列的确定按照如下原则:

a) 对于直径 400 mm 及以下的圆管形或锥形金属构件宜采用线定位,直径大于 400 mm 的圆管形或锥形金属构件宜采用面定位;对于最大边长小于或等于 400 mm 的方形或箱型金属构件宜采用线定位,最大边长大于 400 mm 的方形或箱型金属构件宜采用面定位;工字钢、槽钢、角钢等型钢构件宜采用线定位。

b) 在一个传感器阵列中,如果金属构件中存在螺栓连接、销轴连接、铆接等可能导致声能量产生严重衰减的,应在连接两侧分别设置传感器阵列。

附录 B 给出了部分结构型式构件的声发射传感器布置示意图。

9.1.5 确定加载方案

根据声发射检测目的和检测现场的实际条件,确定加载方案。加载方方式包括设备运行状态加载、对被检构件单独进行静态加载和自然风力加载三种方式,每种加载方式应符合如下要求:

a) 设备运行状态加载应按照 GB 8408 或相关法规标准中规定的空载、满载或偏载试验载荷的加载方法进行,或者根据设备的实际使用情况与用户协商确定;

b) 对被检构件单独进行静态加载宜采用水袋或水箱、卷扬机构(配拉力计)等施加静载荷,并逐步加载;

c) 对于受风载影响的构件,如果气象条件允许,可以采用自然风载荷加载方式。

9.2 传感器的安装

9.2.1 应按照确定的传感器阵列在被检构件上安装传感器。对构件整体检测时,传感器的安装部位应尽量远离螺栓连接、支座、筋板和焊缝部位;局部检测时,被检测部位应尽量位于传感器阵列中间区域;当工字钢采用铆接或螺栓连接时,应在连接部位两侧分别布置传感器。

9.2.2 应对传感器的安装部位进行表面处理,使其表面平整并露出金属光泽。如表面有光滑致密的保护层,可予以保留,但应测量保护层对声发射信号的衰减。

9.2.3 在传感器的安装部位涂上耦合剂,耦合剂应采用声耦合性能良好的材料,耦合剂的使用温度等级应与被检构件表面温度相匹配。

9.2.4 应使传感器与被检构件表面达到良好的声耦合状态。

9.2.5 采用磁夹具、胶带纸或其他方式将传感器牢固固定在被检构件上,并保持传感器与被检构件和固定装置的绝缘。

9.3 声发射检测系统的调试

9.3.1 通则

将传感器与前置放大器和系统主机用电缆线连接,开机预热至系统稳定工作状态,对声发射检测系统进行初步工作参数设置，然后按 9.3.2～9.3.6 的规定依次对系统进行调试。

9.3.2 模拟源

用模拟源来测试检测灵敏度和校准定位。模拟源应能重复发出弹性波。可以采用声发射信号发生器作为模拟源，也可以采用 ϕ0.3 mm、硬度为 2H 或 ϕ0.5 mm、硬度为 HB 的铅笔芯折断信号作为模拟源。铅笔芯伸出长度约为 2.5 mm，与被检构件表面的夹角为 30°左右，离传感器中心(100±5) mm 处折断。其响应幅度值应取三次以上响应的平均值。

9.3.3 通道灵敏度测试

在检测开始之前应进行通道灵敏度的测试。要求对每一个通道进行模拟源声发射幅度值响应测试，每个通道响应的幅度值与所有通道的平均幅度值之差不应大于±3 dB。

9.3.4 衰减测量

应进行与声发射检测条件相同的衰减特性测量。如已有检测条件相同的衰减特性数据，可不进行衰减特性测量，但应在本次检测记录和报告中注明该衰减特性数据。

9.3.5 定位校准

采用计算定位时，在被检构件阵列的任何部位，声发射模拟源产生的弹性波至少能被该定位阵列中的传感器接收到，并得到唯一定位结果，定位误差不应超过该传感器阵列中最大传感器间距的±5%。

采用区域定位时，声发射模拟源产生的弹性波应至少能被该区域内的一个传感器接收到。

9.3.6 背景噪声测量

通过降低门槛电压来测量每个通道的背景噪声，每个通道的门槛电压设定值应至少大于背景噪声 6 dB，然后对整个检测系统进行背景噪声测量，测量时间不应少于 5 min。如果背景噪声接近或大于被检件材料活性缺陷产生的声发射信号强度，应尽可能消除背景噪声的干扰，否则不宜进行声发射检测。

9.4 检测

9.4.1 加载

按照确定的加载方案对被检构件进行加载。

9.4.2 检测过程中的噪声

加载过程中，应注意下列因素对检测结果的影响：

a) 外部机械振动；

b) 机械摩擦；

c) 电磁干扰；

d) 天气情况，如风、雨、冰雹等的干扰；

e) 气动、液压件的泄漏等。

9.4.3 检测数据采集与过程观察

9.4.3.1 检测数据应至少采集附录 A 中规定的参数。采用时差定位时，还应采集到达时间的数据；采用区域定位时，还应采集声发射信号到达各传感器次序的信息。

9.4.3.2 检测时应观察声发射撞击数和/或定位源随时间的变化趋势，对于声发射定位源集中出现的部位，应查看是否有外部干扰因素，发现外部干扰因素应停止加载并尽量排除干扰因素。

9.4.3.3 检测过程中，如发现某个通道接收到的声发射撞击数明显低于相邻通道，则应对该通道再次进行灵敏度测量；如检测过程中由于加载或其他原因暂停检测超过 1 h，重新恢复检测时应对每个通道再次进行灵敏度测量。

9.4.3.4 检测中如遇到强噪声干扰时，应暂停检测，需在排除强噪声干扰后再进行检测。

9.4.4 检测数据分析及声发射源部位的确定

9.4.4.1 应在检测数据中标识出检测过程中出现的噪声数据，并在检测记录中注明。

9.4.4.2 利用软件滤波或数据图形显示分析的方法，从检测数据中分离出非相关声发射信号，并在检测记录中注明。

9.4.4.3 根据检测数据确定相关声发射定位源的位置。如需进一步确认的声发射源，应通过模拟源定位来确定声发射源的具体部位。确定方法是在被检区域上某位置发射一个模拟源，若得到的定位显示与检测数据中的声发射定位源部位显示一致，则该模拟源的位置为检测到的声发射定位源部位。

9.5 检测记录

9.5.1 检测记录的主要内容不应少于 8.2 和第 12 章的内容。

9.5.2 检测时如遇不可排除因素的噪声干扰，如风、雨和摩擦等，应如实记录，并在检测记录中注明。

9.5.3 检测记录和声发射数据应至少保存 6 年。对于型式试验过程进行的，制造单位应保存检测记录和声发射数据至设备报废为止。

10 检测结果评定

10.1 通则

检测结果评定以前两次保持载荷过程的声发射信号为依据，加载过程或其他保载过程的信号作为参考。

10.2 声发射源区的确定

采用时差定位时，以声发射源定位比较密集的部位为中心来划定声发射定位源区，定位源间距在传感器间距 10%以内的定位源可被划在同一个源区。

采用区域定位时，声发射定位源区按实际区域来划分。

10.3 声发射源的活性划分

对于连续加载且最大载荷可持续保持的，声发射源的活性划分原则如下：

a) 如果源区的事件数(E)随着保载呈快速增加($E \geqslant 10$ 个/min)时，则认为该部位的声发射源为超强活性。
b) 如果源区的事件数(E)随着保载呈连续增加(3 个/ min$\leqslant E <$10 个/ min)时，则认为该部位的声发射源为强活性。
c) 如果源区的事件数(E)随着保载断续出现($E <$3 个/ min)，则声发射源的活性等级评定按表 1 进行。

对于其他加载方式的，由检测机构参照上述方法制定活性划分原则。

表 1　断续出现声发射源的活性等级评定方法

序号	声发射源区的描述	活性等级
1	在两次保载阶段出现的定位源个数：$E\leqslant3$	弱活性
2	在两次保载阶段出现定位源个数：$3<E\leqslant10$	中活性
3	在两次保载阶段出现定位源个数：$E>10$	强活性

10.4　声发射源的强度划分

声发射源的强度 Q 用声发射信号的幅度来表示。声发射源的强度为源区所有定位源声发射信号幅度的平均值（幅度参数应根据 9.3.4 测得的衰减曲线加以修正）。声发射源的强度划分按表 2 的规定。表 2 中的 a，b 值应由试验来确定，包括材料和结构件的破坏性试验。表 3 给出了常见碳钢采用幅度参数划分源的强度的推荐值。

表 2　声发射源的强度划分方法

源的强度级别	源强度
低强度	$Q<a$
中强度	$a\leqslant Q\leqslant b$
高强度	$Q>b$
注：a，b 表示一个具体的数字，例如在表 3 中的第二列，$a=55$ dB，$b=75$ dB。	

表 3　常见碳钢采用幅度参数划分源的强度

源的强度级别	幅度（Q235、20 钢）	幅度（Q355 钢）
低强度	$Q<55$ dB	$Q<60$ dB
中强度	55 dB$\leqslant Q\leqslant$75 dB	60 dB$\leqslant Q\leqslant$80 dB
高强度	$Q>75$ dB	$Q>80$ dB
注：表中的数据是经衰减修正后的数据。传感器输出 1 μV 为 0 dB。		

10.5　声发射源的综合等级评定

声发射源的综合等级根据声发射源的强度和活性等级按表 4 的规定进行评定。

表 4　声发射源的综合等级评定

声发射源强度等级	声发射源活性等级			
	超强活性	强活性	中活性	弱活性
高强度	Ⅳ	Ⅳ	Ⅲ	Ⅱ
中强度	Ⅳ	Ⅲ	Ⅲ	Ⅰ
低强度	Ⅲ	Ⅲ	Ⅱ	Ⅰ

11 声发射源的复检

Ⅰ级声发射源不需要复检,Ⅱ级声发射源由检测人员根据源部位的实际结构决定是否需要采用其他无损检测方法复检,III级和IV级的声发射源应按GB/T 34370.1～GB/T 34370.5、GB/T 34370.7、GB/T 34370.9、GB/T 34370.11的规定进行无损检测复检。

复检时,应首先进行目视检测,并判断可能存在的缺陷类型。对于表面和近表面缺陷,宜选用磁粉检测或渗透检测方法;对于焊缝内部缺陷,宜采用超声检测方法;对母材内部缺陷,宜采用漏磁或超声导波检测方法。

12 声发射检测报告

声发射检测报告应至少包括下列内容:

a) 委托单位、检测单位;
b) 被检工件名称、型号和编号;
c) 检测标准;
d) 被检工件材质、热处理状态及表面状态;
e) 检测部位;
f) 检测方式、仪器型号、耦合剂、传感器型号及固定方式;
g) 各通道灵敏度测试结果;
h) 各通道门槛和系统增益的设置值;
i) 背景噪声的测定值;
j) 衰减特性;
k) 传感器布置示意图及声发射定位源位置示意图;
l) 源部位校准记录;
m) 检测软件名称及数据文件名称;
n) 加载程序;
o) 检测结果分析、源的综合等级划分结果及数据图;
p) 检测结论;
q) 检测日期、检测人员、报告编制和审核人员签字。

附　录　A
（规范性附录）
声发射检测系统性能要求

A.1　传感器

传感器的响应频率推荐在 100 kHz～400 kHz 范围内，其灵敏度不应小于 60 dB。当选用其他频带范围内的传感器时，应考虑灵敏度的变化，以确保所选频带范围内有足够的接收灵敏度。

传感器应能屏蔽无线电波或电磁噪声干扰。传感器在响应频率和工作温度范围内的灵敏度变化值不应大于 3 dB。传感器与被检件表面之间应保持电绝缘。

A.2　信号线

传感器与前置放大器之间的信号线长度不应超过 2 m，且能够屏蔽电磁噪声干扰。

A.3　信号电缆

前置放大器与系统主机之间的信号电缆应能屏蔽电磁噪声干扰。在任意 30 m 范围内，信号电缆的衰减损失不应大于 1 dB/30 m。信号电缆长度不宜超过 150 m。

A.4　耦合剂

耦合剂应能在试验期间内保持良好的声耦合效果。可选用真空脂、凡士林及黄油。

A.5　前置放大器

前置放大器短路噪声的有效电压值不应大于 7 μV。在工作频率和工作温度范围内，前置放大器的频率响应变化不应超过 3 dB。前置放大器与传感器的频率响应应相匹配，其增益应与系统主机的增益设置相匹配，通常为 40 dB 或 34 dB。前置放大器采用差分电路时，其共模噪声抑制不应低于 40 dB。

A.6　滤波器

放置在前置放大器和系统主机处理器内的滤波器的频率响应范围应与传感器的频率响应相匹配。

A.7　系统主机

A.7.1　声发射系统主机应有覆盖检验区域的通道数，应至少能实时显示和存储以下声发射信号参数：到达时间、门槛、幅度、振铃计数、能量、上升时间、持续时间、撞击数。

A.7.2　系统主机宜具有接收和记录力、温度等外部传感器输出的电信号的功能。

A.7.3　各个通道的独立采样频率不应低于传感器响应频率中心点频率的十倍。

A.7.4　门槛精度应在±1 dB 的范围内。

A.7.5 声发射信号计数测量值的精度应在±5%范围内。

A.7.6 从信号撞击开始算起10 s内，声发射系统应对每个通道具有采集、处理、记录和显示不少于每秒20个声发射撞击信号的短时处理能力；当连续监测时，声发射系统应对每个通道具有采集、处理、记录和显示不少于每秒10个声发射撞击信号的处理能力。当出现数据堵塞时，系统应能发出报警信号。

A.7.7 峰值幅度测量值的精度应在±2 dB范围内，同时满足信号不失真的动态范围不应小于65 dB。

A.7.8 能量测量值的精度应在±5%范围内。

A.7.9 对于时差定位声发射检测系统，每个通道的上升时间、持续时间和到达时间的分辨率至少应为0.25 μs，精度应在±1 μs范围内，各通道之间的误差不应大于平均值的±3 μs。

A.7.10 系统测量外接参数电压值的精度不应低于满量程的2%。

A.7.11 声发射采集软件应能实时显示声发射信号的参数、声发射信号参数之间和参数随力或时间的关联图，以及声发射定位源的线定位和平面定位图，实时显示的滞后时间不应超过5 s。

A.7.12 声发射分析软件应能回放原始声发射检测数据，并能根据重新设定的条件对声发射检测数据进行滤波、定位、关联和识别等分析处理。

附　录　B
（资料性附录）
传感器布置图

传感器布置如图 B.1～图 B.3 所示。图中的阿拉伯数字为传感器布置位置。

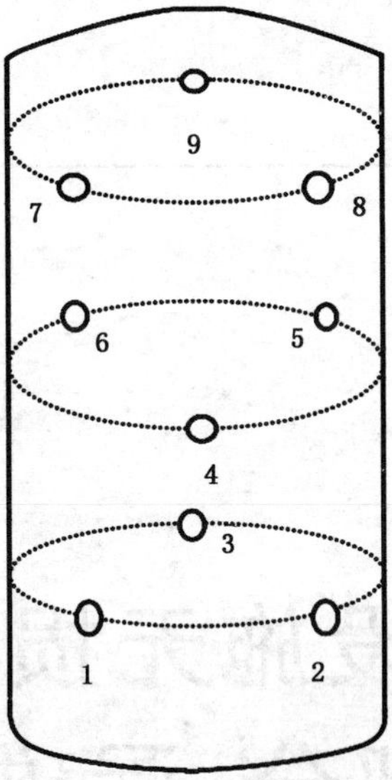

图 B.1　直径大于 400 mm 的圆形结构传感器布置示意图

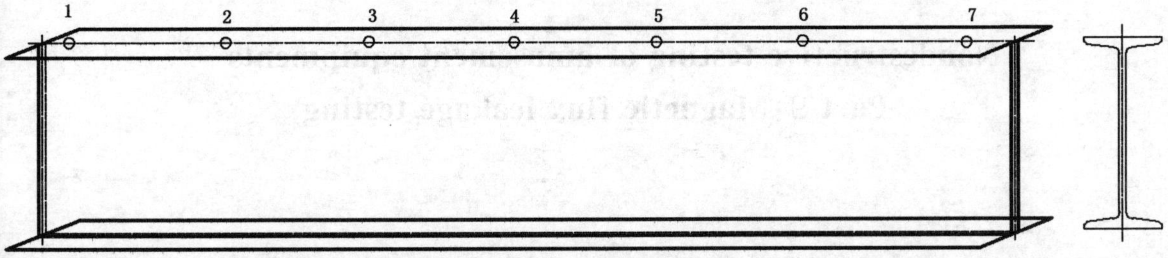

图 B.2　工字钢结构采用线性定位的传感器布置示意图

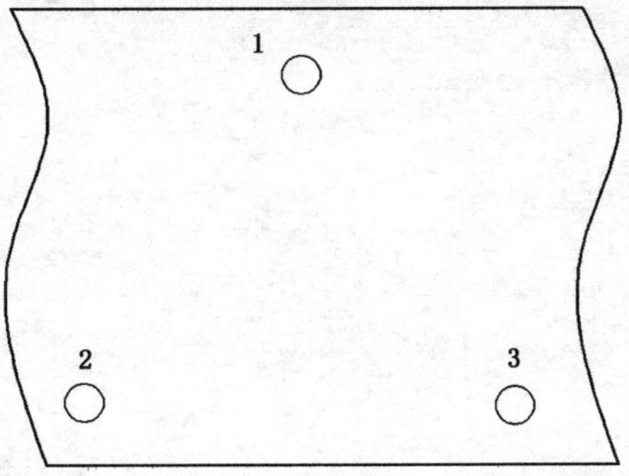

图 B.3　板状结构局部采用平面定位的传感器布置示意图

ICS 97.200.40
Y 57

GB

中华人民共和国国家标准

GB/T 34370.9—2020

游乐设施无损检测 第9部分:漏磁检测

Nondestructive testing of amusement equipments—
Part 9:Magnetic flux leakage testing

2020-11-19 发布

2021-06-01 实施

国家市场监督管理总局
国家标准化管理委员会 发布

前　言

GB/T 34370《游乐设施无损检测》分为以下11部分：

——第1部分：总则；

——第2部分：目视检测；

——第3部分：磁粉检测；

——第4部分：渗透检测；

——第5部分：超声检测；

——第6部分：射线检测；

——第7部分：涡流检测；

——第8部分：声发射检测；

——第9部分：漏磁检测；

——第10部分：磁记忆检测；

——第11部分：超声导波检测。

本部分为GB/T 34370的第9部分。

本部分按照GB/T 1.1—2009给出的规则起草。

本部分由全国索道与游乐设施标准化技术委员会(SAC/TC 250)提出并归口。

本部分起草单位：中国特种设备检测研究院、华中科技大学、爱德森(厦门)电子有限公司、北京科海恒生科技有限公司、深圳华侨城文化旅游科技集团有限公司、中山市金马科技娱乐设备股份有限公司、华强方特文化科技集团股份有限公司、广东长隆集团有限公司、湖南省特种设备检验检测研究院、山东瑞祥模具有限公司、浙江优尔特检测科技有限公司。

本部分主要起草人：沈功田、胡斌、王宝轩、武新军、吴占稳、万强、苑一琳、林俊明、陈谋财、邓东阁、文红光、陈涛、刘辉、林伟明、肖化明、魏忠瑞、柳章龙。

游乐设施无损检测
第9部分:漏磁检测

1 范围

GB/T 34370 的本部分规定了游乐设施的漏磁检测和结果评价方法。

本部分适用于游乐设施用外径不小于 38 mm、壁厚不大于 20 mm 的钢管,厚度不大于 20 mm 的钢板,直径不小于 6 mm 的钢丝绳、拉索等铁磁性材料构件的漏磁检测。

2 规范性引用文件

下列文件对于本文件的应用是必不可少的。凡是注日期的引用文件,仅注日期的版本适用于本文件。凡是不注日期的引用文件,其最新版本(包括所有的修改单)适用于本文件。

GB/T 20306 游乐设施术语

GB/T 20737 无损检测 通用术语和定义

GB/T 34357 无损检测 术语 漏磁检测

GB/T 34370.1 游乐设施无损检测 第1部分:总则

GB/T 34370.5 游乐设施无损检测 第5部分:超声检测

GB/T 34370.6 游乐设施无损检测 第6部分:射线检测

3 术语和定义

GB/T 20306、GB/T 20737、GB/T 34357 和 GB/T 34370.1 界定的以及下列术语和定义适用于本文件。

3.1

缺陷当量 defect equivalent

与特定或俗成的数值相当的量,本部分是特指依据获得的信号特征给出缺陷的量值。

4 方法概要

4.1 基本原理

漏磁检测的原理如图1所示。当铁磁性构件被外加磁化器磁化后,在构件内可产生磁场,若构件上存在腐蚀或机械损伤等缺陷,则磁力线会泄漏到构件外部,从而在其表面形成漏磁场,如在磁化器中部放置一个磁场传感器(通常采用霍尔元件或线圈等磁场传感器),则可探测到该漏磁场,由于漏磁场强度与缺陷深度和大小有关,因此可以通过对漏磁场信号的分析来获得构件上产生缺陷的信息。图2为测量水平和持之磁场分量的典型信号示意图。

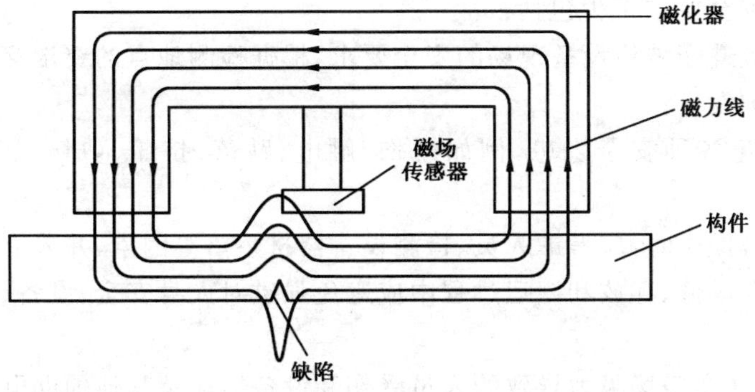

图 1 漏磁检测原理示意图

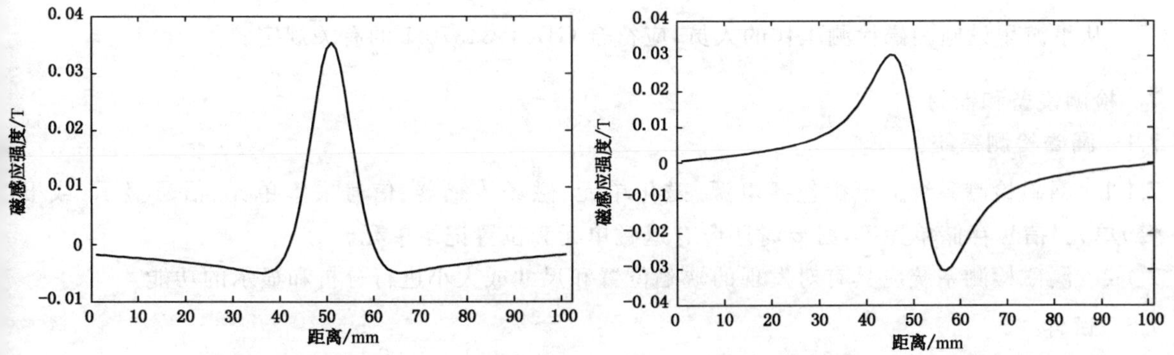

a） 水平分量漏磁场信号　　b） 垂直分量漏磁场信号

图 2 典型漏磁信号示意图

4.2 漏磁检测方法的应用

4.2.1 检测时机：

a） 制造过程中的检测；

b） 在役检测。

4.2.2 主要用途：

a） 材料或构件制造过程产生的裂纹、机械损伤、非导磁夹杂的检测及评价；

b） 设备或构件服役过程中产生的开裂与腐蚀、机械损伤等金属损失的检测及评价。

4.3 相关影响因素

漏磁检测方法的相关影响因素有：

a） 扫查速度与方向；

b） 提离值；

c） 被检构件的几何形状和电磁特性；

d） 检测仪器的灵敏度。

5 安全要求

本章没有列出进行检测时所有的安全要求，使用本部分的用户应在检测前建立安全准则。

检测过程中的安全要求至少包括：

a) 检测人员应遵守被检设备现场的安全要求，根据检测地点的要求穿戴防护工作服和佩戴有关防护设备；

b) 应注意避免各种安全隐患，例如碰伤、触电、跌落、挤压、剪切、缠绕、滑倒、溺水、烫伤等；

c) 在高空进行操作时，应考虑人员、检测设备器材坠落等因素，并采取必要的保护措施；

d) 磁化单元在运输、存放和搬运过程中应避免强磁对人身安全、设备、仪器仪表和环境的影响；

e) 检测时，应注意磁场吸力导致的人员受伤和设备损坏及其他辅助电子设备的影响。

6 人员要求

从事游乐设施漏磁检测工作的人员，应符合 GB/T 34370.1 的有关规定。

7 检测设备和器材

7.1 漏磁检测系统

7.1.1 漏磁检测系统应至少包括电源、磁化单元、磁场传感器、信号采集单元、信号显示（或报警）单元、信号存储单元等，必要时还应有退磁单元和位置记录单元。

7.1.2 漏磁检测系统应具有对发现的缺陷位置和尺寸或大小进行分析和显示的功能。

7.2 试件

7.2.1 校准试件

7.2.1.1 校准试件主要用于漏磁检测仪器各个独立通道的功能测试，调节检测灵敏度、调整检测参数和保证检测结果准确性。

7.2.1.2 校准试件应采用与被检测对象相同或铁磁特性相近的材料制作。

7.2.2 对比试件

7.2.2.1 对比试件主要用于实际检测中缺陷的信号当量或量化的评价和确定验收等级。

7.2.2.2 对比试件应与被检对象具有相同或相近的规格、牌号、热处理状态、表面状态和电磁特性。

7.2.3 制作要求

7.2.3.1 试件表面不应沾有异物，且无影响测试结果的缺陷。

7.2.3.2 试件上加工的人工缺陷应进行测定，并满足第 9 章和第 10 章的要求。

7.3 垫片

应采用已知厚度的非导磁材料，推荐厚度为 0.5 mm 的整数倍。

8 检测工艺规程

8.1 通用检测工艺规程

从事漏磁检测的单位应按 GB/T 34370.1 和本部分的要求制定通用检测工艺规程，其内容至少应包括如下要素：

a) 工艺规程版本号；

b） 适用范围；

c） 依据的标准、法规或其他技术文件；

d） 检测人员资格要求；

e） 被检对象的材料和几何尺寸；

f） 表面状态、覆盖层或覆盖层厚度；

g） 检测时机；

h） 检测设备制造单位和型号；

i） 检测仪器的磁化能力；

j） 检测系统软件；

k） 检测探头制造单位和型号；

l） 扫查方向、扫查速度和扫查覆盖区域；

m） 提离；

n） 对比试件和校准试件的材料；

o） 检测的标记和原始数据记录要求；

p） 检测后的操作要求；

q） 检测结果的评价及处理方式；

r） 检测记录、报告和资料存档；

s） 编制(级别)、审核(级别)和批准人；

t） 制定日期。

8.2 检测作业指导书或工艺卡

对于每类结构的漏磁检测，应根据实际情况，按照 GB/T 34370.1、本部分和通用检测工艺规程制定漏磁检测作业指导书或工艺卡。

检测工艺卡内容应至少包括：

a） 作业指导书或工艺卡编号；

b） 检测执行的标准；

c） 被检测设备和构件的信息：名称、型号、编号、材质、规格尺寸、热处理状态、焊接型式等；

d） 检测设备：名称、规格型号、编号等；

e） 传感器型号、励磁方式；

f） 检测时机；

g） 检测区域和表面要求；

h） 检测部位示意图；

i） 检测环境要求；

j） 扫查方向、扫查速度和扫查覆盖区域；

k） 提离；

l） 对比试件和校准试件的材料；

m） 检测的标记和原始数据记录要求；

n) 检测后的操作要求；

o) 检测结果的评价及处理方式；

p) 检测过程的记录；

q) 编制(级别)和审核(级别)人员签字及日期。

9 在用管材、板材的漏磁外检测

9.1 检测对象

检测对象为外径不小于 38 mm、壁厚不大于 20 mm 的钢管和厚度不大于 20 mm 的钢板构件。对于可以从内部进行漏磁检测的较大构件,参照本章执行。

9.2 检测系统

9.2.1 检测设备

检测设备一般由电源、磁化单元、探头、扫查单元、信号处理单元和记录单元等组成。除应满足 7.1 的要求外,还应满足 9.2.2～9.2.9 的要求。

9.2.2 磁化单元和探头

按不同的被检构件的曲率选用合适的磁化单元和探头。

9.2.3 通道

仪器和探头应具有足够的通道数,且探头应给出每个检测通道的覆盖范围。

9.2.4 扫查单元

扫查单元应与被检构件的曲率相匹配,可采用手动或电动的方式进行扫查,最大扫查速度不应低于 0.3 m/s。

9.2.5 灵敏度

对于小于或等于 8 mm 的壁厚,当涂层厚度小于 6 mm 时,可探测到被检对象表面厚 20％深的人工缺陷;壁厚大于 8 mm 或涂层厚度大于 6 mm 时,其检测灵敏度由用户与检测单位协商确定。

9.2.6 信号显示

应采用指示灯、屏幕等方式显示缺陷的位置、深度当量或其他信息。

9.2.7 系统校准

每年应至少一次采用校准试件进行系统校准。校准通过将检测系统在校准试件上检测人工缺陷来进行。

9.2.8 系统功能核查

应在检测实施前和结束后,采用校准试件对设备进行系统功能核查。在系统遇到故障或者修理后,需进行系统功能核查。

9.2.9 检测设备的维护

检测实施前应对检测设备进行维护和功能检查,以保证仪器功能正常。在现场进行检测时,如怀疑设备的检测结果,应对设备进行功能检查和调整,并对每次维护检查的结果进行记录。

9.3 试件

9.3.1 校准试件

校准试件的制作参考附录 A 中 A.1 和 A.3。

9.3.2 对比试件

9.3.2.1 对比试件用于对被检测缺陷深度当量的评定。

9.3.2.2 应选用与被检对象几何尺寸相同，电磁特性相近的材料，按照被检对象的检测要求制作对比试件。

9.3.2.3 被检构件的曲率半径不大于 150 mm 时，应采用相同曲率结构的对比试件；被检构件的曲率半径大于 150 mm 时，可根据检测设备的功能，采用平板对比试件代替曲率结构的对比试件。

9.3.2.4 对比试件的制作参考 A.2 和 A.4。

9.4 检测程序

9.4.1 资料审查

进行检测前应对被检设备进行资料审查，内容应包括：

a） 设备制造文件资料：产品合格证、质量证明文件、竣工图等；

b） 设备运行记录资料：开停车情况、运行参数、工作介质、载荷变化情况以及运行中出现的异常情况等；

c） 检验资料：历次检验报告；

d） 其他资料：修理和改造的文件资料等。

9.4.2 现场勘查

对被检设备和构件进行现场勘查，找出并设法排除可能影响检测结果的因素。同时，对被检构件进行定位标识。

9.4.3 检测工艺卡的编制

对于每个检测设备或每个被检构件，应根据使用的仪器和现场实际情况，按照 GB/T 34370.1、本部分和通用检测工艺规程编制漏磁检测工艺卡。

9.4.4 检测条件确定

被检构件表面应无影响检测的障碍物和干扰检测的异物，如有影响检测的油脂、污物、毛刺和氧化皮等应清除，以保证检测正常进行。

9.4.5 扫查方式确定

根据漏磁检测的目的和被检构件的形状和尺寸，确定磁化方向和扫查方式。

9.4.6 仪器调试

检测前应对仪器进行系统功能性检查和调试。

9.4.7 系统校准

9.4.7.1 探头、磁化单元和系统主机每次实施检测前都要进行校准，以保证检测结果的准确性，每次校准均应记录。系统校准包括位置校准和灵敏度校准。

9.4.7.2 以下情况应使用对比试件对漏磁检测设备的灵敏度进行检查：

a) 每次检测开始前和结束后；

b) 怀疑检测设备运行不正常时；

c) 连续检测时，每 8 h 检查 1 次；

d) 合同各方有争议或认为有必要时。

9.4.8 检测

9.4.8.1 若以发现体积型缺陷为检测目的，可采用单一方向扫查方式，若是以发现裂纹为检测目的，应采用正交扫查方式。

9.4.8.2 扫查可以采用手动或自动模式进行，扫查速度应尽量保持均匀。

9.4.8.3 扫查检测中应保证相邻扫描带之间的有效重叠（一般不低于 10%，可依据现场情况适当调整），不引起漏检。

9.5 检测结果评价与处理

9.5.1 检测数据评价

9.5.1.1 检测时应根据用户的要求确定需报警的缺陷当量深度，在探测到超过此深度的缺陷信号时，仪器应报警。

9.5.1.2 对于出现报警的部位，应在垂直原扫查方向 90°的方向或其他多个方向进行再扫查验证，以确认是否为真实缺陷。

9.5.1.3 若确定为真实缺陷，检测人员则应将发现的缺陷位置在构件和图纸上分别做出标识，即为不可接收信号位置。

9.5.2 不可接收信号的处理

9.5.2.1 首先采用目视和小锤敲击的方法进行检测，用以分辨不可接收信号是位于外表面或内表面的缺陷。

9.5.2.2 对于外表面缺陷可采用深度尺直接测量缺陷的深度。

9.5.2.3 对于内表面缺陷，应采用超声或射线检测方法进行测量，以更精确地测量缺陷的深度，超声检测方法按 GB/T 34370.5 执行，射线检测方法按 GB/T 34370.6 执行。

9.5.2.4 其他不可接收信号的处理方式由检测方和用户协商确定。

10 在用钢丝绳、拉索的漏磁检测

10.1 检测对象

检测对象为直径不小于 6 mm 的在用钢丝绳、拉索。

10.2 检测系统

10.2.1 检测设备

检测设备一般由电源、磁化单元、探头、信号处理单元和记录单元等组成，必要时可增加扫查单元。除应满足 7.1 的要求外，还应满足 10.2.2～10.2.8 的要求。

10.2.2 磁化单元和探头

按不同的被检构件的直径选用合适的磁化单元和探头。

10.2.3 扫查单元

扫查单元应与被检构件的直径相匹配,手动或电动的方式进行扫查,一般扫查速度不大于10 m/s。可采用扫查单元固定、构件运动或构件固定、扫查单元运动的方式。

10.2.4 灵敏度

LF 检测时,可以检出缆索表面断丝对比试件中 1 根断丝缺陷;LMA 检测时,可以检出缆索金属截面积损失对比试件金属截面积变化 1%的缺陷。

10.2.5 信号显示

应采用指示灯、屏幕等方式显示缺陷的位置、当量或其他信息。

10.2.6 系统校准

每年应至少采用校准试件进行一次系统校准。

10.2.7 系统功能核查

应在检测实施前和结束后,采用校准试件对设备进行系统功能核查。在系统遇到故障或者修理后,需进行系统功能核查。

10.2.8 检测设备的维护

检测实施前应对检测设备进行维护和功能检查,以保证仪器功能正常。在现场进行检测时,如怀疑设备的检测结果,应对设备进行功能检查和调整,并对每次维护检查的结果进行记录。

10.3 附件

10.3.1 校准试件

校准试件的制作参考 A.5。

10.3.2 对比试件

10.3.2.1 对比试件用于对被检测缺陷当量的评定。

10.3.2.2 应选用与被检对象几何尺寸相同,电磁特性相近的材料,按照被检对象的检测要求制作对比试件。

10.3.2.3 对比试件的制作参考 A.6。

10.4 检测程序

10.4.1 资料审查

资料审查应包括下列内容:

a) 设备制造文件资料:产品合格证、质量证明文件;
b) 设备运行记录资料:开停车情况、运行参数、载荷变化情况以及运行中出现的异常情况等;
c) 检验资料:历次检验报告;
d) 其他资料:修理和改造的文件资料等。

10.4.2 现场勘查

对被检构件周围进行现场勘查,找出并设法排除振动、周围铁磁性物体等可能影响检测结果的因素。同时,对被检构件进行定位标识。

10.4.3 检测条件确定

被检构件表面应无影响检测的障碍物和干扰检测的异物，如有影响检测的毛刺和氧化皮等应清除，以保证检测正常进行。

10.4.4 扫查方式确定

根据漏磁检测的目的和被检构件的尺寸和安装方式，确定磁化方向、扫查方式和扫查速度。

10.4.5 仪器调试

检测前应对仪器进行系统功能性检查和调试。

10.4.6 系统校准

10.4.6.1 探头、磁化单元和系统主机每次实施检测前都要进行校准，以保证检测结果的准确性，每次校准均应记录。系统校准包括位置校准和灵敏度校准。

10.4.6.2 以下情况应使用对比试件对漏磁检测设备的灵敏度进行检查：

a) 每次检测开始前和结束后；

b) 怀疑检测设备运行不正常时；

c) 连续检测时，每 8h 检查 1 次；

d) 合同各方有争议或认为有必要时。

10.4.7 检测

10.4.7.1 为保证检测结果的可重复性，应进行至少 2 次的重复操作。

10.4.7.2 扫查可以采用手动或自动模式进行，扫查速度应尽量保持均匀。

10.4.7.3 当构件全部工作长度需要多次扫查时，每次调整磁化器磁极方向相对于构件宜前后一致，扫查检测中应保证相邻扫描段之间的有效重叠(一般不低于 1 m，可依据现场情况适当调整)，不引起漏检。检测同一个构件时，宜由一台仪器按同一标准完成检测。

10.4.7.4 当测定金属横截面积损失的百分率时，应以构件上状态完好的位置为基准点。

10.5 检测结果评价与处理

10.5.1 检测数据评价

10.5.1.1 检测时应根据有关安全技术规范、产品设计制造使用标准的要求确定需报警的缺陷当量，在探测到超过此当量信号时，仪器应报警。

10.5.1.2 对于出现报警的部位，应在磁化方向不变情况下进行双向反复扫查，以确认是否为真实缺陷，并进行目视检测。

10.5.1.3 若确定为真实缺陷，检测人员则应将发现的缺陷位置在构件和图纸上分别做出标识，即为不可接收信号位置。

10.5.2 不可接收信号的处理

10.5.2.1 首先采用目视的方法进行检测，用以分辨不可接收信号是位于外表面或构件内部。

10.5.2.2 对于外表面缺陷可采用目视检测，确定受损钢丝数量或金属横截面积损失比例。

10.5.2.3 其他不可接收信号的处理方式由检测方和用户协商确定。

11 检测记录与报告

11.1 检测记录

检测记录的主要内容不应少于8.2和11.2规定的内容。

11.2 检测报告

检测报告应至少包括如下内容：

a) 委托单位、报告编号；
b) 检测单位；
c) 被检构件(设备)规格、几何尺寸、使用年限、材料牌号、公称直径、涂层厚度、表面状态；
d) 执行标准、参考标准；
e) 检测仪器名称、型号、扫描模式；
f) 校准和对比试件的材料、尺寸、缺陷的形状；
g) 标准和对比试件的校准结果；
h) 仪器检测状态参数的设置值；
i) 图示标明检测部位；
j) 检测设置文件名称及数据文件名称；
k) 用草图、标记或照相描述并定位超出验收标准的不可接收信号的指示及缺陷位置示意图；
l) 验收准则及检测结论；
m) 检测日期、检测人员和审核人签字及资质。

附　录　A
（资料性附录）
典型构件试件制作要求

A.1　平板校准试件

校准试件应选用与被检对象铁磁性相近的钢板制作，试件的厚度可选用 8 mm，或其他不超过 20 mm 的尺寸；试件的宽度至少为探头最大间距的 2 倍，试件的长度至少为 1 250 mm。可选用 ϕ2 mm～ϕ6 mm 范围内的铣刀在校准试件上分别加工出长为探头最大间距的 1.5 倍、深为板厚的 20％、40％、60％和 80％的 4 条横槽，槽宽度与深度的误差不大于±0.2 mm，槽与槽之间的间距至少为 200 mm。图 A.1 为校准试件的示意图。

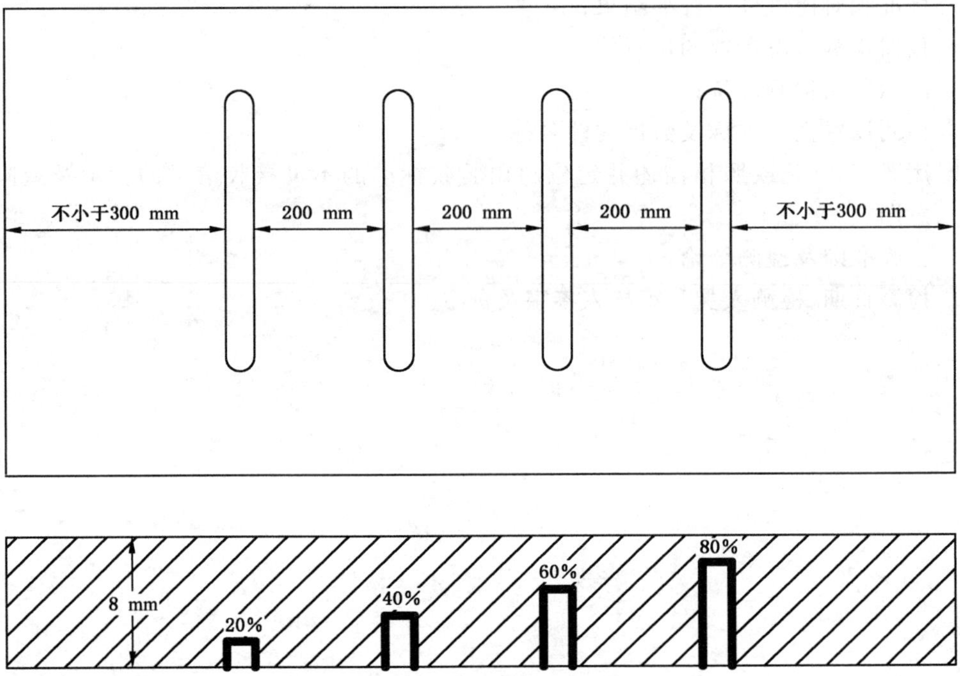

图 A.1　平板校准试件示意图

A.2　平板对比试件

对比试件应选用与被检对象同种材质、相同的生产工艺和相同的组织成分的同等厚度的材料制作，试件的宽度至少为探头阵列宽度的 2 倍，试件的长度至少为扫查器长度的 3 倍再加 400 mm。除合同有关各方另有约定之外，应在校准试件长轴中心线上分别加工出深度为板厚的 20％、40％、60％和 80％的四个球形孔。8 mm 及以下的板厚选择直径为 20 mm 的球头铣刀，8 mm 以上的板厚选择直径为25 mm 的球头铣刀，深度误差不大于±0.2 mm；孔与孔之间的间距至少为 200 mm，两端孔距试件边沿的距离相同。图 A.2 为对比试件的示意图。

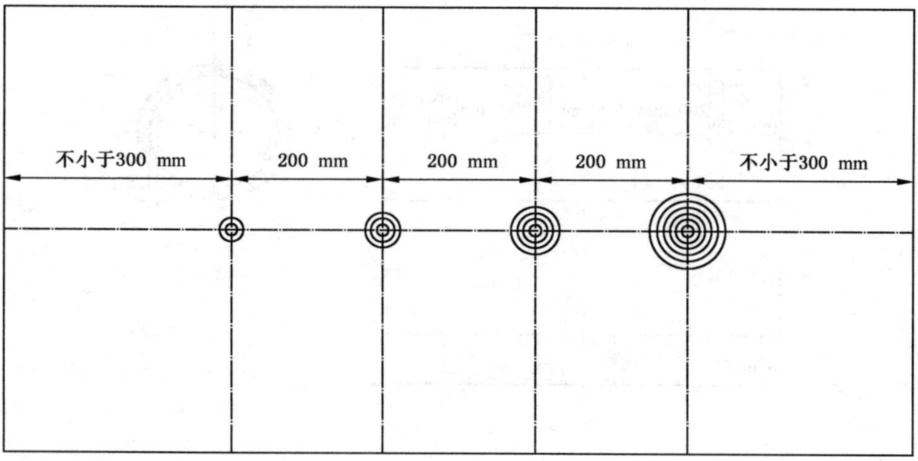

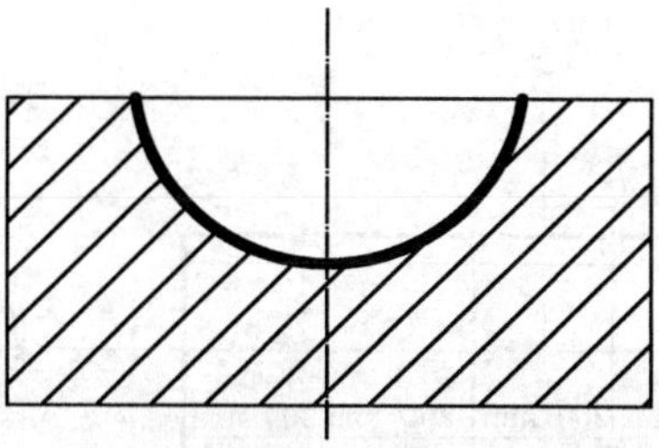

40%球孔示意图

图 A.2 平板对比试件示意图

A.3 圆管校准试件

圆形管件校准试件应选用与被检测管件几何尺寸相同、铁磁性能相同或相近的材料制作，试件的厚度为 8 mm 或不超过 20 mm，最小长度为 2 000 mm。在校准试件上从管件外表面分别加工宽度为2 mm、深为壁厚的 20%、40%、60%、80%的 4 条周向槽，槽宽度与深度的公差不大于± 0.2 mm，槽与槽之间的间距至少为 200 mm。如有需要，也可从内壁加工。图 A.3 为管件校准试件的示意图。

A.4 圆管对比试件

圆形管件对比试件应选用与被检测管件几何尺寸相同、铁磁性能相同或相近的材料制作，试件的最小长度为 2 000 mm，且不得小于管件的外周长。依据被检对象在对比试件外壁（或/和内壁）上分别加工出深为壁厚的 20%、40%、60%、80%的至少 4 个球形孔。8 mm 及以下的壁厚选择直径为 20 mm 的球头铣刀，8 mm 以上的壁厚选择直径为 25 mm 的球头铣刀，深度的公差不大于±0.2 mm；孔与孔之间的间距至少为 200 mm，两端孔距试件边沿的距离相同，且不小于 300 mm。

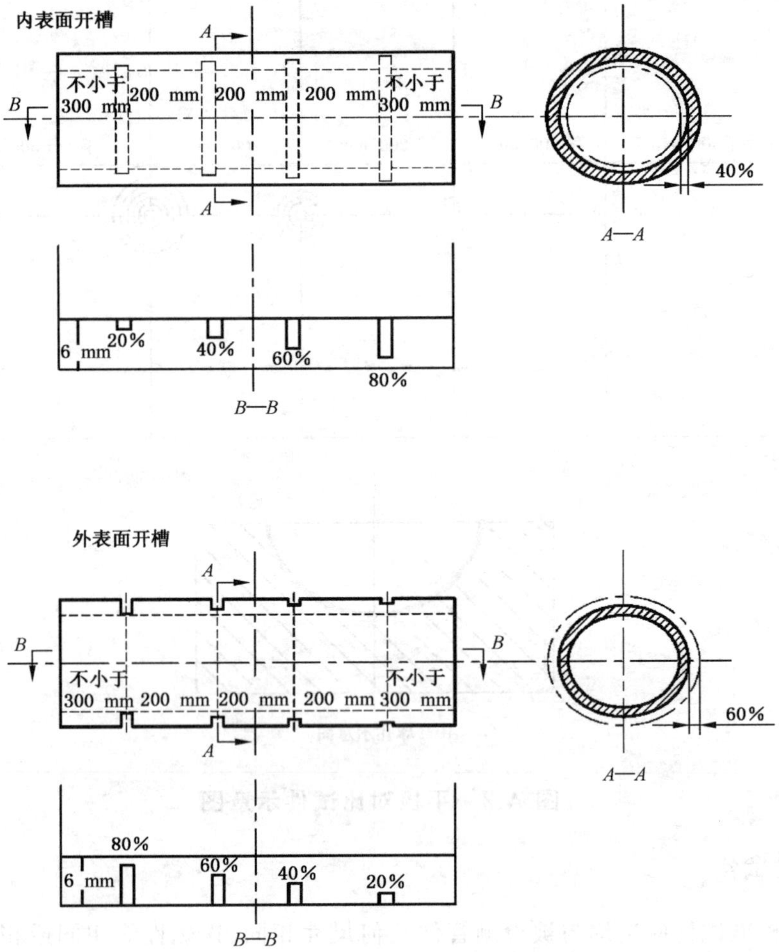

图 A.3 管件校准试件的示意图

A.5 绳/索校准试件

A.5.1 绳/索断丝校准试件

绳/索断丝校准试件所用钢丝绳应根据检测仪所能检测绳/索外径尺寸的上限和下限规格分别选取。试件长度不小于 2.5 m,弯曲度不大于 15 mm/m。采用人工锯断方式在绳/索上制作断丝。断丝位置间隔 0.5 m 左右,断丝为 1 根、2 根、3 根共 3 处,距离绳/索端部不小于 400 mm。断丝要求丝径≥1.5 mm、断口间隙≥2 mm。

A.5.2 绳/索金属截面积损失校准试件

绳/索金属截面积损失校准试件所用钢管应根据检测仪所能检测绳/索外径尺寸的上限和下限规格分别选取。钢管金属截面积与等同直径绳/索金属截面积相同。采用下述方法中的一种进行制作。

方法一:试件长度不小于 2.5 m,弯曲度不大于 15 mm/m。人工缺陷为纵向槽,槽的长度不小于 300 mm、间隔不小于 300 mm、距离管端部不小于 400 mm、宽度和深度按照截面积减小的百分比确定,要求金属截面积变化为 1%、2%、3%、4%的位置共 4 处。

方法二:试件长度不小于 1 m,弯曲度不大于 15 mm/m。在钢管内插入多根等直径的钢丝以增加金属截面积的总面积。钢丝的截面积为钢管截面积的 1%或更小,多根钢丝的截面积偏差小于 1%。测试时将钢管放入漏磁检测传感器中,并使传感器处于钢管中部,再逐根插入钢丝使金属截面总面积增加 4%。

A.6 绳/索对比试件

A.6.1 绳/索断丝对比试件

绳/索断丝对比试件所用钢丝绳应与被检钢丝绳相匹配。

试件长度不小于 2.5 m,弯曲度不大于 15 mm/m。采用人工锯断方式在绳/索上制作断丝。断丝位置间隔 0.5 m 左右,断丝为 1 根、2 根、3 根共 3 处,距离绳/索端部不小于 400 mm。断丝要求丝径≥1.5 mm、断口间隙≥2 mm。

A.6.2 绳/索金属截面积损失对比试件

绳/索金属截面积损失对比试件所用钢管应与被检钢丝绳外径相同、金属截面积相同。采用下述方法中的一种进行制作。

方法一:试件长度不小于 2.5 m,弯曲度不大于 15 mm/m。人工缺陷为纵向槽,槽的长度不小于 300 mm、间隔不小于 300 mm、距离管端部不小于 400 mm、宽度和深度按照截面积减小的百分比确定,要求金属截面积变化为 1%、2%、3%、4%的位置共 4 处。

方法二:试件长度不小于 1 m,弯曲度不大于 15 mm/m。在钢管内插入多根等直径的钢丝以增加金属截面积的总面积。钢丝的截面积为钢管截面积的 1%或更小,多根钢丝的截面积偏差小于 1%。测试时将钢管放入漏磁检测传感器中,并使传感器处于钢管中部,再逐根插入钢丝使金属截面总面积增加 4%。

方法三:在待测绳/索上选取状态良好区域,将多根等直径的钢丝插入该区域与传感器之间以增加金属截面积的总面积。钢丝的截面积为待测绳/索截面积的 1%或更小,多根钢丝的截面积偏差小于 1%,再逐根插入钢丝使金属截面总面积增加 4%或最大可插入钢丝数量。

ICS 97.200.40
Y 57

中华人民共和国国家标准

GB/T 34370.10—2020

游乐设施无损检测 第10部分:磁记忆检测

Nondestructive testing of amusement equipments—Part 10:Magnetic memory testing

2020-11-19 发布

2021-06-01 实施

国家市场监督管理总局
国家标准化管理委员会
发布

前　言

GB/T 34370《游乐设施无损检测》分为以下 11 个部分：

——第 1 部分：总则；

——第 2 部分：目视检测；

——第 3 部分：磁粉检测；

——第 4 部分：渗透检测；

——第 5 部分：超声检测；

——第 6 部分：射线检测；

——第 7 部分：涡流检测；

——第 8 部分：声发射检测；

——第 9 部分：漏磁检测；

——第 10 部分：磁记忆检测；

——第 11 部分：超声导波检测。

本部分为 GB/T 34370 的第 10 部分。

本部分按照 GB/T 1.1—2009 给出的规则起草。

本部分由全国索道与游乐设施标准化技术委员会(SAC/TC 250)提出并归口。

本部分起草单位：中国特种设备检测研究院、爱德森(厦门)电子有限公司、河北大学、华强方特文化科技集团股份有限公司、广东长隆集团有限公司、山东科捷工程检测有限公司、江苏省特种设备安全监督检验研究院、安徽省特种设备检测院。

本部分主要起草人：胡斌、沈功田、苑一琳、王宝轩、吴占稳、沈永娜、林俊明、方立德、刘辉、万强、叶超、梁玉梅、黄珙、熊际武、刘渊、李纪友。

游乐设施无损检测
第10部分:磁记忆检测

1 范围

GB/T 34370的本部分规定了游乐设施磁记忆检测和结果评定方法。

本部分适用于游乐设施铁磁性材料构件及焊缝、在一定条件下具有磁性的奥氏体不锈钢构件及焊缝的磁记忆检测。

2 规范性引用文件

下列文件对于本文件的应用是必不可少的。凡是注日期的引用文件,仅注日期的版本适用于本文件。凡是不注日期的引用文件,其最新版本(包括所有的修改单)适用于本文件。

GB/T 12604.11 无损检测 术语 X射线数字成像检测

GB/T 20306 游乐设施术语

GB/T 26641 无损检测 磁记忆检测 总则

GB/T 34370.1 游乐设施无损检测 第1部分:总则

GB/T 34370.2 游乐设施无损检测 第2部分:目视检测

GB/T 34370.3 游乐设施无损检测 第3部分:磁粉检测

GB/T 34370.5 游乐设施无损检测 第5部分:超声检测

3 术语和定义

GB/T 12604.11、GB/T 20306、GB/T 26641和GB/T 34370.1界定的术语和定义适用于本文件。

4 方法概要

4.1 磁记忆现象

在弱磁场环境中,铁磁性金属材料在外界环境因素(如:载荷、温度、机械加工或碰撞等)作用下,在局部区域产生不可逆的残余磁性现象,表现为在该外界环境因素消除后,铁磁性材料表面的局部磁场变化仍然保留。

4.2 磁记忆检测原理

磁记忆检测原理是基于非均匀应力应变的磁机械效应。材料内的组织或应力不均匀会导致磁化强度不均匀,从而在材料表面形成漏磁场。磁记忆检测正是利用这一原理,在不施加人工激励磁场的条件下,通过测量被检件表面的自有漏磁场分布获得磁场突变信号来发现被检件上可能存在的应力集中、材料劣化或材料损伤部位。磁记忆检测方法的基本原理见图1,磁记忆信号是被检件表面磁场的磁场分量(常用是法向和扫查方向的分量,也可为多维分量)。

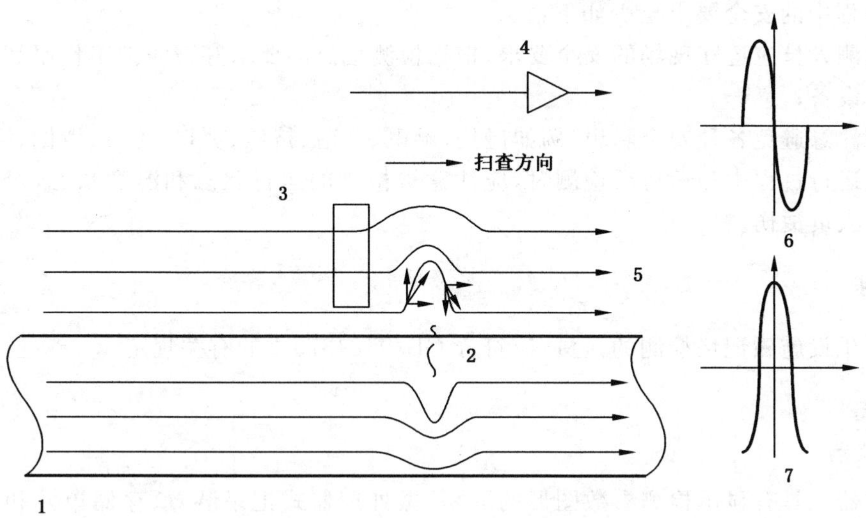

说明：

1——被检件；

2——损伤或应力集中区域；

3——传感器；

4——放大器；

5——表面磁场分布；

6——应力集中区域的磁记忆信号(法向)；

7——应力集中区域的磁记忆信号(扫查方向)。

图 1 磁记忆检测原理示意图

4.3 优点及特点

磁记忆检测方法的主要优点及特点如下：

a) 对应力集中和早期损伤敏感；

b) 不需要专门的磁化设备；

c) 可带涂层或非接触检测；

d) 不需要对被检件表面进行特殊处理；

e) 对被检件的形状没有特殊要求；

f) 检测速度快，操作简单；

g) 特别适用于承受交变载荷的碳钢构件。

4.4 局限性

磁记忆检测方法的局限性如下：

a) 不适用于非铁磁性材料；

b) 难以确定材料内缺陷的性质和尺寸；

c) 易受人工磁化影响。

5 安全要求

本章没有列出进行检测时所有的安全要求，使用本部分的用户应在检测前建立安全准则。

检测过程中的安全要求至少如下：

a) 检测人员应遵守现场的安全要求，根据检测地点的要求穿戴防护工作服和佩戴有关防护设备；

b) 应注意避免各种安全隐患，例如碰伤、触电、跌落、挤压、剪切、缠绕、滑倒、溺水等；

c) 在运行过程中和运行后检测时，应注意被检件的运行状态和温度状态，以免损害设备和人员烫伤。

6 人员要求

从事游乐设施磁记忆检测的人员，应符合 GB/T 34370.1 的有关规定。

7 检测设备

7.1 检测仪器

检测仪器应具有显示检测参数图形的屏幕、微处理器式记录装置、存储单元和专用的扫查探头装置。应确保从仪器向电脑传送数据的能力。与仪器配套供应软件包用于在电脑上处理检测结果。

检测仪器应至少具备以下功能：

a) 能探测被检对象表面的磁通密度；

b) 能消除外部环境磁场的影响；

c) 能实时显示磁通密度值和随时间与空间变化的曲线；

d) 能存储检测数据，并能传输到计算机上。

7.2 检测仪器工作原理

仪器的工作原理是将磁敏元件放到受检件表面探测和记录空间磁场信号。

7.3 探头

磁场探头类型由检测方法和对象决定。探头上至少有两个磁场测量传感器，一个用于测量构件表面的磁场，一个用于探测和抵消外部地球磁场，探头壳体中还应有被测磁场的电子放大单元和测量受检区域长度的位移传感器。

7.4 标准磁场

标准磁场用于磁记忆检测仪器的校准，标准磁场可由仪器产生，也可由永久磁铁产生，标准磁场一般应在 40 A/m～2 000 A/m 的范围，并且可调节。

7.5 仪器的测量参数性能要求

仪器的测量参数性能应满足如下要求：

a) 磁场测量的相对误差应不大于±5%；

b) 长度测量的相对误差应不大于±5%；

c) 量程应不低于±1 000 A/m；

d) 分辨率应不低于 1 A/m；

e) 最小扫描步长应不大于 1 mm；

f) 由处理器和电路工作造成的噪声水平应不大于±5 A/m。

7.6 检测仪器校准

检测仪器应至少每年进行一次校准，可自校或送校。

校准内容应至少包括仪器主机、磁场传感器和位移传感器的校准。磁场传感器应采用标准磁场进行灵敏度和精度的校准；位移传感器应采用不少于 0.5 m 的直线距离进行精度和重复性校准。标准磁场和直线距离的校准应可溯源。

8 通用检测工艺规程

从事磁记忆检测的单位应按 GB/T 34370.1 和本部分的要求制定通用检测工艺规程，其内容应至少包括如下要素：

a） 适用范围；

b） 引用标准、法规；

c） 检测人员资格；

d） 检测仪器设备：探头、仪器主机、检测数据采集和分析软件等；

e） 被检游乐设施及构件的信息：几何形状与尺寸、材质、设计与运行参数；

f） 检测方法及灵敏度确定；

g） 检测覆盖范围及扫查区域确定；

h） 被检件表面状态及扫查方式；

i） 检测时机；

j） 检测过程和数据分析解释；

k） 检测结果的评定；

l） 检测记录、报告和资料存档；

m） 编制、审核和批准人员；

n） 编制日期。

9 检测前的准备

9.1 被检设备基本信息的获取

在进行检测前，需要通过资料审查和现场实地考察获取一些基本信息，至少应包括如下的要素：

a） 检测人员的资格；

b） 检验计划；

c） 金属磁性的前期历史和退磁因素；

d） 金属腐蚀和组织的不均匀度；

e） 检测对象的外表面状态；

f） 母材的成分或等级；

g） 焊缝填充金属的种类；

h） 待检测焊缝的位置和范围；

i） 焊缝表面几何形状；

j） 表面状态；

k） 涂层类型和厚度；

l） 其他有助于缺陷判断的信息。

9.2 表面条件

表面需清洁无污物，不准许磁性结缘层的存在，结缘层的最大允许厚度由实验方法及检测仪器的灵敏度确定，厚度 5 mm 以上且无磁性的结缘层建议剥离。

9.3 检测仪器及技术文档准备

检测仪器及技术文档准备至少应包括如下的要素：

a） 分析检测对象的技术文档和编制其卡片；

b） 选择探头类型及最大提离值；

c） 选择检测仪器；

d） 确认检测探头及仪器校准状态；

e） 确定不可接收信号的处理方法和验收准则；

f） 选择记录表格和报告格式；

g） 按仪器说明书指定的规则调整和标定仪器及探头；

h） 查明部件的钢号和规格尺寸；

i） 分析检测对象的工况和可能发生的损伤型式及部位。

9.4 限制性因素

限制性因素至少应考虑如下的要素：

a） 存在金属的人工磁化；

b） 检测对象上有其他铁磁性构件；

c） 有靠近检测对象（1 m 以内）的外部磁场干扰源。

10 检测程序

10.1 干扰因素的确定

干扰因素的确定至少应考虑如下的要素：

a） 确认被测构件的原始表面磁场，建议距离被测构件 20 mm；

b） 确认被测构件的周边干扰磁场强度，若干扰磁场强度超过地磁场强度的 5 倍，建议消除干扰源；

c） 确认传感器的灵敏度与量程。

10.2 扫查速度

检测时的扫查速度应不大于 0.5 m/s。

10.3 被检构件母材的检测

被检构件母材的检测至少应考虑如下要素：

a） 确定被检构件表面状态，设置探头和扫查覆盖区域；

b） 将探头垂直置于被检构件的表面；

c） 确定扫查方向，通过水平多次扫查，100％覆盖被检区域；相邻的两次扫查应保证探头覆盖区域有 10％的重叠；

d） 在被检构件表面连续或断点扫描检测和记录表面磁场的法向分量和（或）切向分量；

e） 在被检件表面上确定存在磁记忆信号的异常部位和磁场的零值线位置，并进行标识；

f） 必要时，对上述部位进行垂直方向的扫查检测。

10.4 焊缝的检测

焊缝的检测至少应考虑如下要素：

a） 将探头垂直置于焊缝被检区域的表面。

b） 分别沿焊缝中心线和焊缝两侧的热影响区进行水平扫查（若单次扫查探头不能100%覆盖被检测区域，应进行多次扫查）检测，并记录表面磁场的法向分量和（或）切向分量。

c） 偏离焊缝中心线一定距离，对焊缝进行垂直扫查检测，记录表面磁场的法向分量和（或）切向分量。

d） 在焊缝上确定存在磁记忆信号的异常部位和磁场的零值线位置，并进行标识。

注：若焊缝实际热影响区经过测量并记录，扫查起始点为实际热影响区外至少10 mm；若未知焊缝实际热影响区，扫查起始点为焊缝熔合线外至少25 mm。

10.5 检测数据的分析与处理

在进行检测时，应对磁场强度随探头扫描距离变化的图形和磁场梯度随探头扫描距离变化的图形进行分析。凡是有磁场强度和梯度突变的部位，即定义为磁记忆信号的异常部位，应对该部位表面进行观察，在排除表面几何形状对磁记忆信号的影响之后，应对该部位在被检件上进行标识。

11 检测结果的评价

11.1 应力集中程度的评价

11.1.1 对于磁记忆信号异常部位的应力集中程度，可通过确定磁记忆异常信号 H_P（垂直分量或切线分量）的梯度 k_i 来评价：

$$k_i = \frac{|\Delta H_P|}{l_i}$$

式中：

ΔH_P ——所选取的两测量点之间的表面磁场 H_P 的差值，单位为安培每米（A/m）；

l_i ——所选取的两测量点的距离，单位为米（m）。

测量点宜选择磁场突变信号峰峰值的位置或附近。

11.1.2 对于磁记忆信号异常部位的应力集中程度，还需要考虑到扫查环境导致的噪声影响，进一步的评价应采用梯度因子 m 来评价：

$$m = k_i / \bar{k}$$

$$\bar{k} = \frac{1}{n}\sum_{i=1}^{n} k_i$$

式中：

n ——测量的数据点数；

$\bar{k}$ ——整个扫查路径 k 值的平均值。

11.1.3 一般对于梯度因子 m 小于2的磁记忆异常信号不予评价；对于梯度 k_i 大于10（A/m）/

mm，且 m 大于 2 的磁记忆异常信号应予以重点关注。

11.2 检测结果的验证

所有磁记忆信号的异常部位，应按照 GB/T 34370.2、GB/T 34370.3 和 GB/T 34370.5 对其进行目视检测、表面磁粉检测和内部超声检测，对于有疲劳损伤等材料劣化倾向的被检构件，还应进行金相或其他检测方法复检。

12 检测记录与报告

12.1 检测记录

应按检测工艺规程的要求记录检测数据和有关信息，除此之外，还应至少包括检测报告中的内容；所有记录的保存应符合有关法规、标准和(或)合同的要求。

12.2 检测报告

检测报告的内容应当根据检测要求制定，应至少包括以下内容：

a) 检测单位的名称(如适用)；
b) 被检设备；
c) 被检构件；
d) 被检构件的材质及热处理状态；
e) 被检构件的焊缝及型式；
f) 被检构件的受力状态；
g) 表面状态描述；
h) 用图标示的检测部位；
i) 检测条件；
j) 检测探头及仪器；
k) 检测分析软件；
l) 检测探头及仪器校准报告；
m) 应力集中区的部位和区段名称；
n) 应力集中区中磁场 H_P 的值及其梯度值 k_i；
o) 采用其他无损检测方法在应力集中区的补充检测结果(必要时)；
p) 检测结果及结论；
q) 检测人员姓名和日期；
r) 报告编制和审核人员签字及日期；
s) 用户签名和有关资质授权签字(如适用)。

ICS 97.200.40
Y 57

中华人民共和国国家标准

GB/T 34370.11—2020

游乐设施无损检测 第11部分:超声导波检测

Nondestructive testing of amusement equipments—
Part 11: Ultrasonic guided wave testing

2020-11-19 发布　　2021-06-01 实施

国家市场监督管理总局
国家标准化管理委员会　发布

前　言

GB/T 34370《游乐设施无损检测》分为以下11个部分：

——第1部分：总则；

——第2部分：目视检测；

——第3部分：磁粉检测；

——第4部分：渗透检测；

——第5部分：超声检测；

——第6部分：射线检测；

——第7部分：涡流检测；

——第8部分：声发射检测；

——第9部分：漏磁检测；

——第10部分：磁记忆检测；

——第11部分：超声导波检测。

本部分为GB/T 34370的第11部分。

本部分按照GB/T 1.1—2009给出的规则起草。

本部分由全国索道与游乐设施标准化技术委员会(SAC/TC 250)提出并归口。

本部分起草单位：中国特种设备检测研究院、华中科技大学、浙江大学、杭州浙达精益机电技术股份有限公司、深圳华侨城文化旅游科技集团有限公司、山东省特种设备检验研究院有限公司、广东省特种设备检测研究院、浙江优尔特检测科技有限公司。

本部分主要起草人：沈功田、吴占稳、沈永娜、武新军、唐志峰、吕福在、张鹏飞、陈会明、李坚、邹易清、陈红军、邱治国、柳章龙、万强、王宝轩、张文君。

游乐设施无损检测
第 11 部分:超声导波检测

1 范围

GB/T 34370 的本部分规定了游乐设施超声导波检测和结果评定方法。

本部分适用于游乐设施壁厚为 4 mm～80 mm 的金属板(含槽钢、方形梁),直径为 16 mm～2 000 mm、壁厚为 2 mm～80 mm 的钢管,直径为 12 mm～185 mm 的钢丝绳和拉索,直径为 16 mm～80 mm 的拉杆等构件的超声导波检测及结果评定。

2 规范性引用文件

下列文件对于本文件的应用是必不可少的。凡是注日期的引用文件,仅注日期的版本适用于本文件。凡是不注日期的引用文件,其最新版本(包括所有的修改单)适用于本文件。

GB/T 12604.4 无损检测 术语 声发射检测
GB/T 20306 游乐设施术语
GB/T 20737 无损检测 通用术语和定义
GB/T 28704 无损检测 磁致伸缩超声导波检测方法
GB/T 31211 无损检测 超声导波检测 总则
GB/T 34370.1 游乐设施无损检测 第 1 部分:总则
GB/T 34370.3 游乐设施无损检测 第 3 部分:磁粉检测
GB/T 34370.4 游乐设施无损检测 第 4 部分:渗透检测
GB/T 34370.5 游乐设施无损检测 第 5 部分:超声检测
GB/T 34370.6 游乐设施无损检测 第 6 部分:射线检测
GB/T 34370.7 游乐设施无损检测 第 7 部分:涡流检测
GB/T 34370.9 游乐设施无损检测 第 9 部分:漏磁检测
GB/T 34370.10 游乐设施无损检测 第 10 部分:磁记忆检测

3 术语和定义

GB/T 12604.4、GB/T 20306、GB/T 20737、GB/T 28704 和 GB/T 31211 界定的术语和定义适用于本文件。

4 方法概要

4.1 超声导波检测原理

根据被检构件特征,采用一定的方式在构件中激励出沿构件传播的超声导波,当该导波遇到缺陷时,会产生反射回波,采用接收传感器接收到该回波信号,通过分析回波信号特征和传播时间,即可实现对缺陷位置和大小的判别。

磁致伸缩超声导波检测方法是利用磁致伸缩效应在构件中产生的超声导波,对构件实施检测的一种方法。

压电式超声导波检测方法是利用压电效应在构件中产生的超声导波，对构件实施检测的一种方法。

4.2 板的超声导波检测方法

板类的超声导波检测一般采用SH波或Lamb波进行检测，SH模态的超声导波一般采用薄片式磁致伸缩换能器进行激励，Lamb波一般采用压电式超声导波换能器进行激励。板类压电式超声导波的检测原理见图1，板类磁致伸缩超声导波的检测原理见图2。工字钢、槽钢及方形梁等构件的超声导波检测方法可采用板的超声导波检测方法。

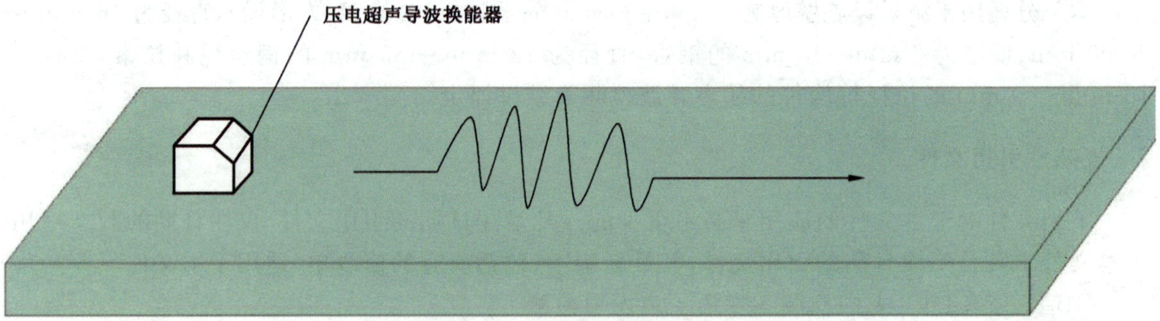

图1　板类压电式超声导波的检测原理

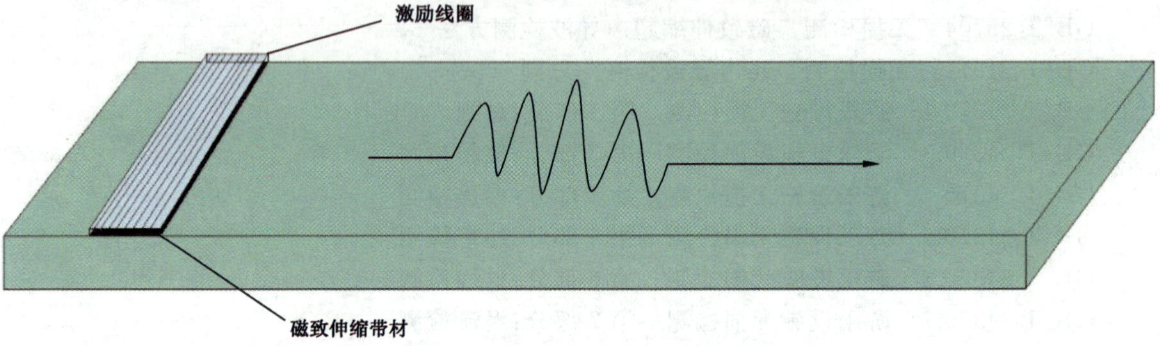

图2　板类磁致伸缩超声导波的检测原理

4.3 管的超声导波检测方法

管件等被检测工件主要特征为中空型圆柱体结构，直径大于20 mm以上，一般采用磁致伸缩超声导波(间接法)或压电式超声导波进行检测。磁致伸缩超声导波一般采用扭转剪切模态对管件进行检测，压电式超声导波一般采用纵波模态对管件进行检测。

磁致伸缩超声导波为基于磁致伸缩效应在磁致伸缩带上产生机械振动，通过干耦合或胶耦合的方式将振动从磁致伸缩带传递到被检构件上形成导波，实现导波激励；并通过相同的耦合方式将导波从被检构件传递回磁致伸缩带，并基于逆磁致伸缩效应实现导波接收。该方法既适用于铁磁性材料的检测，也适用于非铁磁性材料的检测，其检测原理如图3所示。这种方法的超声导波传感器包括线圈和磁致伸缩带两部分，磁致伸缩带需要在使用前进行预磁化。

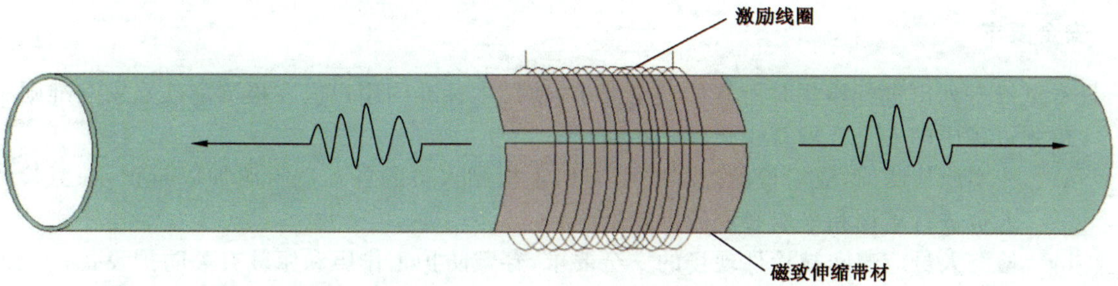

图 3　管件磁致伸缩超声导波的检测原理

压电式超声导波是基于逆压电效应在压电材料上产生机械振动，通过干耦合或胶耦合的方式将振动从压电晶片传递到被检构件上形成导波，实现导波激励。通过相同的耦合方式将导波从被检构件传递回压电晶片，并基于正压电效应实现导波的接收。该方法既适用于铁磁性材料的检测，也适用于非铁磁性材料的检测，其检测原理如图 4 所示。压电式超声导波管件检测通常由圆周均布的阵列化压电探头组成。

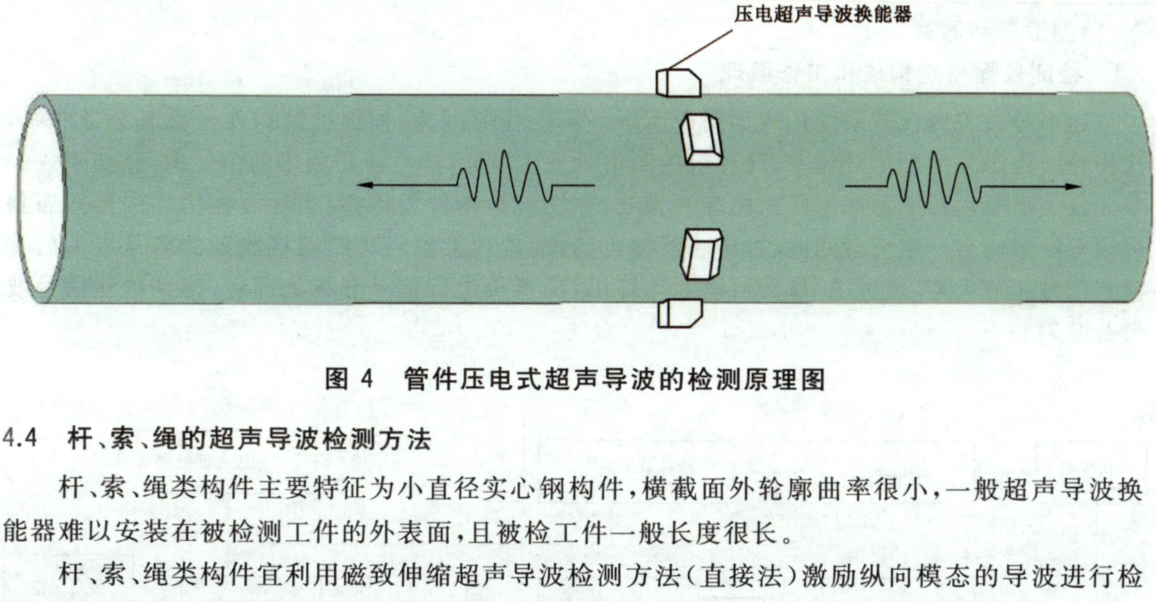

图 4　管件压电式超声导波的检测原理图

4.4　杆、索、绳的超声导波检测方法

杆、索、绳类构件主要特征为小直径实心钢构件，横截面外轮廓曲率很小，一般超声导波换能器难以安装在被检测工件的外表面，且被检工件一般长度很长。

杆、索、绳类构件宜利用磁致伸缩超声导波检测方法（直接法）激励纵向模态的导波进行检测。该方法是利用材料本身的磁致伸缩效应在构件中直接激励和接收导波，该方法只适用于被检对象为铁磁性材料的检测，其检测原理图如图 5 所示。这种方法的传感器由激励线圈、检测线圈和磁化器三部分组成。磁化器用以提供磁致伸缩效应的偏置磁场，可采用电磁或永磁的方式加载。宜用收发分离、脉冲回波式的检测方式。

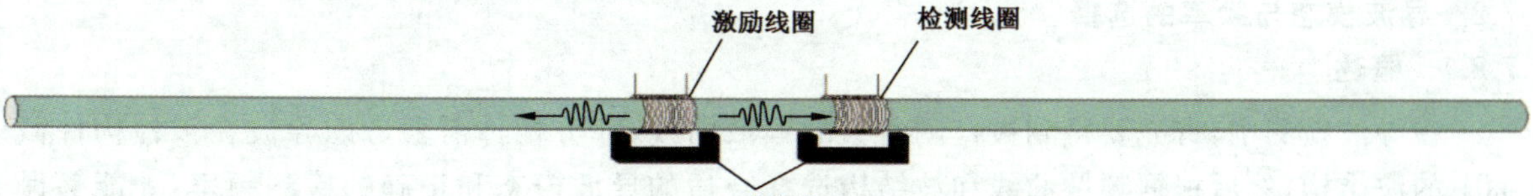

图 5　杆、索、绳类超声导波检测原理

5 安全要求

本章没有列出进行检测时所有的安全要求,使用本标准的用户应在检测前建立安全准则。

检测过程中的安全要求至少包括:

a) 在实施检测前,应对检测过程中可能伤害检测人员的各种危险源加以辨识,并对检测人员进行培训和采取必要的保护措施;
b) 检测人员应遵守被检件现场的安全要求,穿戴防护工作服和佩戴有关防护设备;
c) 应注意避免各种安全隐患,例如碰伤、触电、跌落、挤压、剪切、缠绕、滑倒、溺水、烫伤等;
d) 在高空进行操作时,应考虑人员、检测设备器材坠落等因素,并采取必要的保护措施;
e) 在游乐设施运行状态下进行检测时,应制定有针对性的安全措施。

6 人员要求

从事游乐设施超声导波检测工作的人员,应符合 GB/T 34370.1 的有关规定。

7 检测设备和器材

7.1 检测仪器系统构成和工作原理

超声导波检测仪器系统构成如图 6 所示。其工作原理为:根据被检构件计算其频散曲线,选择导波模态和激励信号频率;计算机控制信号发生单元,产生所需频率的信号源,经功率放大单元放大后驱动传感器产生所需模态的导波,并在被检构件内传播;当导波在构件内传播遇到腐蚀等缺陷时会产生反射回波,被传感器接收到;前置放大器将传感器接收到的信号放大后传输到信号主放大器,通过 A/D 转换输入计算机,计算机进行信号分析处理后,得到检测信号波形及结果。

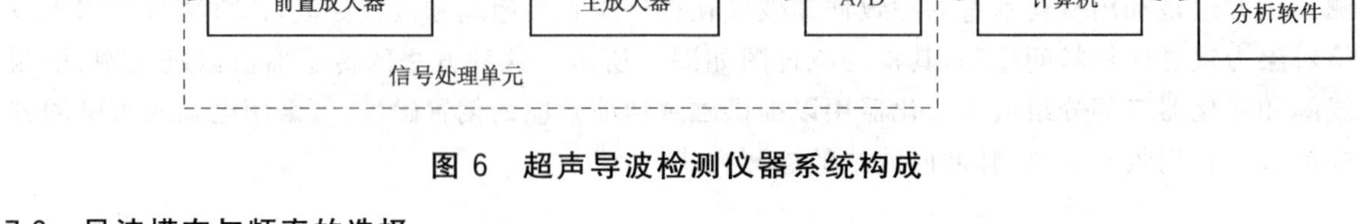

图 6 超声导波检测仪器系统构成

7.2 导波模态与频率的选择

7.2.1 概述

在导波检测中,首先要得到被检测对象的频散曲线,部分构件需要考虑导波在被检构件截面上的波结构,然后根据频散曲线和波结构选择合适的导波模态和正确的检测频率,才能够保证检测的正确实施。由于不同频率的导波波长不同,对不同损伤有不同的灵敏度,导波检测过程中宜采用多种频率或扫频的方式。

7.2.2 频散曲线计算方法

对于频散曲线的求取，一般是首先建立被检测对象的 Navier 波动方程，求出波在被测构件中传播的位移和应力表达式，然后根据被检构件的位移应力等边界条件建立频散方程，该方程为超声波频率（f）与波传播速度（v）的函数，求解频散方程即得到 f 关于 v 的曲线，即频散曲线。

应根据被检构件选择合适的计算方程和下列参数，计算超声导波在构件中传播时的频散曲线：

a） 材料密度；

b） 材料弹性模量；

c） 材料泊松比；

d） 构件的内径和外径（对于管材）、直径（对于棒材和缆索）或壁厚（对于板材）。

图 7 是一典型管类频散曲线示意图。对于 L(0,1)模态，在频率区域 1 是非频散的。对于 L(0,2)模态，在频率区域 2 是非频散的。对于 T(0,1)模态，在整个频率区间是非频散的。图 8 为典型的板类频散曲线示意图。

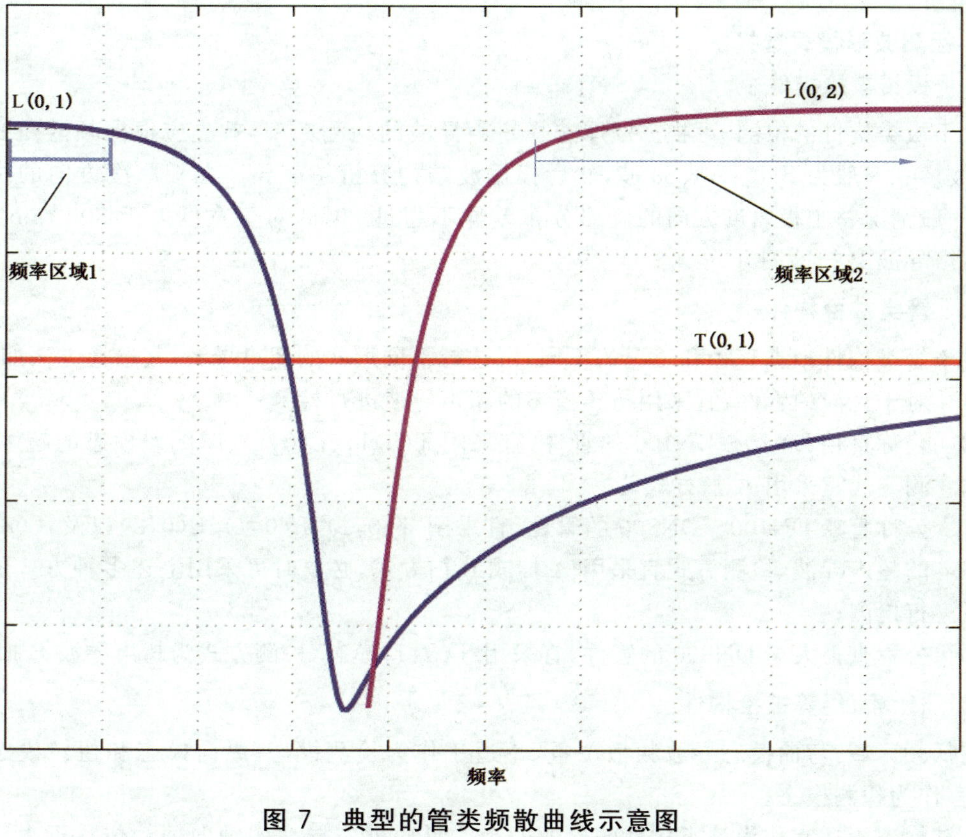

图 7 典型的管类频散曲线示意图

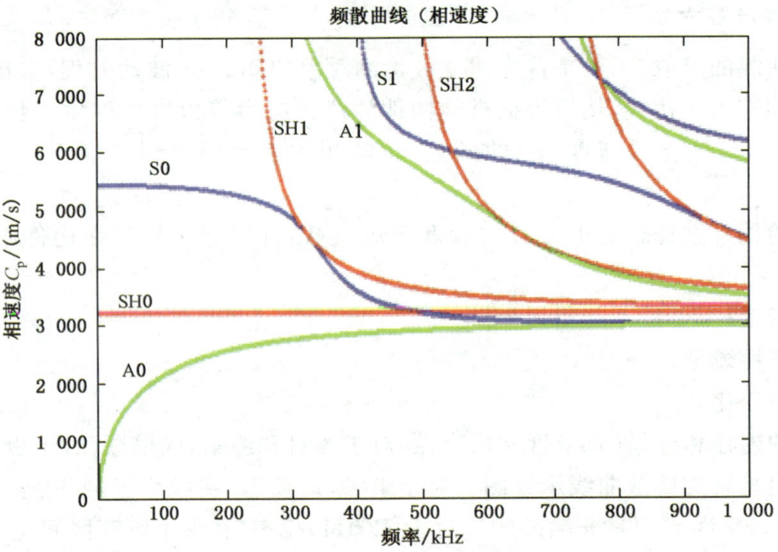

图 8　典型的板类频散曲线示意图

7.2.3　检测波形模式选择

7.2.3.1　板类被检构件

对于板类构件的检测，可根据壁厚选择超声导波的检测频率，首先应根据频散曲线选择模态，导波模态一般为 SH0、A0、S0 波，然后根据波结构分析超声导波在板厚度方向的位移分布情况，一般情况整个板厚度方向的位移分布差异不超过 20%，对于宽度大于 300 mm 的板，宜采用超声导波 B 扫检测方式。

7.2.3.2　管类被检构件

对于管类构件根据直径和工况的不同，可选择不同形式的超声导波，其选择方法如下：

a)　对于充液的管件，宜采用扭转模态的超声导波进行检测；

b)　公称直径 DN20～DN100 的管件，宜采用 T(0,1)、L(0,1)、L(0,2)模态的超声导波，检测方式宜采用 A 扫方式；

c)　公称直径 DN100～DN800 的管件，宜采用 T(0,1)、L(0,1)、L(0,2)以及 T(n,1)模态的超声导波，检测方式宜采用 A 扫或 B 扫方式，必要时可采用上述多种方式的组合进行检测；

d)　公称直径大于 DN800 的管件，宜采用 T(n,1)模态，检测方式为超声导波 B 扫。

7.2.3.3　杆、索、绳等被检构件

在低频区域，弯曲模态导波频散严重，不适于作为检测模态；纵向模态和扭转模态频散较小，适宜作为检测模态。

扭转模态不适宜作为该类构件的检测模态。纵向模态导波的轴向振动位移远大于径向振动位移，且在构件的截面分布均匀，适合作为检测模态。

对于端面无法安装换能器的杆、索、绳类被检构件，宜采用磁致伸缩换能器(直接法)进行导波检测。对于直径为 12 mm 以上，长度为 1 000 m～2 000 m 的金属绳索类多丝构件，该类构件常作为支撑和牵引结构，构件的两个端面一般不可触及，可重点检测两端锚固区，中间区域采用多次移动分段检测法；对于直径大于 16 mm，长度大于 10 m 的拉杆，换能器布置方案与绳索构件相同，宜选择纵向模态进行检测。

对于长度小于 1 m 的棒、轴、销、螺栓、地脚螺栓等端面可安装换能器的被检构件，宜首先采用压电换能器在被检构件的端面进行激励，检测模态一般为纵波模态。

7.3 超声导波传感器

7.3.1 传感器的分类

按照不同的接触方式、产生超声波的工作原理、激励与接收传感器的导波模态、检测方式，传感器分类如下：

a) 按传感器与被检构件的接触方式分为干耦合式传感器、粘结式传感器、非接触式传感器，其中干耦合式传感器和粘结式传感器统称为接触式传感器；

b) 按传感器产生超声波的工作原理分为压电式、磁致伸缩式、电磁超声式、激光超声式；

c) 按传感器激励与接收的导波模态分为纵向导波传感器、扭转导波传感器、弯曲导波传感器、复合导波传感器；

d) 按检测方式分为 A 扫描传感器、B 扫描传感器。

7.3.2 传感器的选择

由于不同的传感器对不同的模态导波和缺陷的检测精度不同，选择传感器应考虑如下因素：

a) 构件的材料特性，如是否导电或导磁等；

b) 构件的几何形状，如管材、棒材、线材、型材、板材等；

c) 构件的外部状况，如表面可接近状况、包覆层材料等；

d) 构件的工作环境状况，如工作温度、工作介质和承载状态等；

e) 检测目的和检测缺陷的类型等。

7.3.3 传感器的安装

根据传感器的不同类型，其安装中主要考虑以下因素：

a) 对于接触式传感器，被检构件表面应清理干净、平整，以提高耦合效率；

b) 对于压电式传感器，其安装可参考常规超声检测中对传感器的要求；

c) 对于非接触式传感器，应尽可能靠近被检构件，以减小外界电磁、振动等干扰。

7.4 激励单元

激励单元的功能主要是产生相应的激励信号，进而驱动激励传感器在构件中激发出相应模态的导波。应根据构件状况、传感器类型、频散曲线计算结果及检测的缺陷类型选择合适的激励单元。

7.5 信号处理单元

信号处理单元是将接收传感器接收到的信号进行放大、滤波等调理后，通过 A/D 转换将信号输入到计算机。信号处理单元主要包括前置放大器，主放大器和 A/D 转换器。

前置放大器将来自传感器的信号转换成低阻抗信号，便于信号传输。

主放大器是将来自前置放大器的信号再次放大，同时采用带通滤波器去除干扰噪声。

A/D 转换器是将模拟信号转换成数字信号，输入到计算机。A/D 转换器的采样频率应至少大于激励频率的10倍。

信号处理单元应与传感器、激励单元、采用的导波模式和检测目的相匹配。

7.6 信号采集与分析软件

超声导波信号采集与分析软件应至少包含以下功能：

a) 频散曲线的计算；

b) 信号采集；

c) 信号存储；

d) 信号分析；

e) 距离-波幅(DAC)曲线的绘制；

f) 频率-距离-波幅云图的绘制；

g) 信号回放；

h) 信号定位。

对于B扫描检测方式，还需包含B扫描信号成像功能。

7.7 试样

7.7.1 校准试样

校准试样用于对检测设备进行灵敏度和各种功能的测试。校准试样应选用压力管道常用的无缝钢管制作，应具有2%、4%、8%和10%截面损失率的横向环形切槽各一个，切槽的宽度在0.5 mm～2 mm的范围内，深度方向的公差不大于±0.2 mm。校准试样的长度、厚度和切槽位置的要求见表1。

表1 校准试样的要求

序号	外径 D mm	厚度 T mm	长度 L m	横向环行切槽的位置(距试样左端) m			
				2%	4%	8%	10%
1	$50>D\geqslant10$	⩾2	⩾18	5	9	13	17
2	$150>D\geqslant50$	⩾4	⩾24	8	13	18	23
3	$1\,000\geqslant D\geqslant150$	⩾10	⩾34	11	18	25	32

7.7.2 对比试样

对比试样用于对被检构件上缺陷截面损失率当量的评定。

对比试样应采用与被检测构件材料性能及几何形状相同或相近的材料制作，试样的长度至少为仪器可探测9%截面损失率人工缺陷距离的1.2倍，且不小于12 m。

除合同有关各方另有约定之外，应按如下要求加工对比试样：

a) 对于管材构件，在对比试样上至少4个部位外表面分别加工出多个直径相同、深度为壁厚40%的平底孔；每处平底孔的数量应分别按截面损失率的2%、4%、8%和10%进行计算，平底孔在环向间距应均匀分布，在纵向间距的距离应大于1 m，深度的公差不大于±0.2 mm；试样两端的平底孔应至少距试样端部1 m。

b) 对于板类构件，在对比试样上至少4个部位外表面分别加工出多个直径为5 mm～

10 mm、深度为 2 mm～5 mm 的平底孔；每处平底孔的数量应分别按截面损失率的 2%、4%、8%和 10%进行计算，平底孔在环向间距应均匀分布，在纵向间距的距离应大于 1 m，深度的公差不大于±0.2 mm；试样两端的平底孔应至少距试样端部 1 m。

c) 对于线状捆扎的钢索、钢丝绳或拉杆等构件，在对比试样上 4 个部位分别加工出线状材料的断口；每处断丝的数量应分别按截面损失率的 2%、4%、8%和 10%进行计算，同一处断丝应紧密相邻；试样两端的断口应至少距试样端部 1 m，不同部位断口的间距应大于 1 m，在环向应均匀分布。

7.8 检测设备的维护和校准

应制定书面规程，对检测设备进行周期性维护和检查，以保证仪器功能。

在现场进行检测之前，应在实验室内选择相应规格的校准试件对检测仪器进行校准，若检测结果与已知试件缺陷分布相符，则表明仪器正常。

在现场进行检测时，如怀疑设备的检测结果，应对设备进行功能检查和调整，并对每次维护检查的结果进行记录。

8 检测工艺规程

8.1 通用检测工艺规程

从事游乐设施超声导波检测的单位应按 GB/T 34370.1 和本部分的要求制定通用检测工艺规程，其内容至少应包括如下要素：

a) 文件编号；

b) 适用范围；

c) 引用标准、法规；

d) 检测人员资格；

e) 检测仪器设备：传感器、传感器夹具、信号线、前置放大器、电缆线、仪器主机、检测数据采集和分析软件等；

f) 被检件的信息：几何形状与尺寸、材质、设计与运行参数；

g) 检测覆盖范围及传感器型号的确定；

h) 被检件表面状态及传感器安装方式；

i) 检测时机；

j) 对比试件及距离-波幅曲线的绘制；

k) 检测过程和数据分析解释；

l) 检测结果的评定；

m) 检测记录、报告和资料存档；

n) 工艺规程的编制、审核和批准人员；

o) 编制日期。

8.2 检测工艺卡

对于每类构件的超声导波检测，应根据实际情况，按照 GB/T 34370.1、本部分和通用检测工艺规程制定超声导波工艺卡。

检测工艺卡内容应至少包括：

a) 工艺卡编号；

b） 检测执行的标准；
c） 被检测构件的信息，包括：设备名称、编号、材料和几何尺寸等；
d） 检测仪器设备：名称、规格型号、编号等；
e） 检测方式、传感器型号；
f） 检测时机；
g） 被检件表面状态及传感器安装方式；
h） 检测示意图；
i） 对比试件及距离-波幅曲线的绘制；
j） 检测过程和数据分析解释；
k） 检测结果的分级及处理方式；
l） 检测记录、报告和资料存档；
m） 工艺规程的编制、审核和批准人员；
n） 编制日期。

9 检测程序

9.1 检测前的准备

9.1.1 资料审查

资料审查应包括下列内容：

a） 被检构件制造文件资料：产品合格证、质量证明文件、竣工图等，重点了解其类型、结构特征和材质特性等；
b） 被检构件运行记录资料：运行参数、工作环境、载荷变化情况以及运行中出现的异常情况等；
c） 被检构件检验资料：历次检验与检测报告；
d） 被检构件其他资料：维护、保养、修理和改造的文件资料等。

9.1.2 现场勘察

在勘察现场时，应找出所有可能影响检测的障碍和可能出现的噪声源，如内部或外部部件的移动、电磁干扰和机械振动等；应设法尽可能排除这些干扰源。

9.1.3 检测工艺卡的编制

对于每个被检构件，根据使用的仪器和现场实际情况，按照8.1和8.2的规定，编制被检构件超声导波检测工艺卡；确定超声导波传感器型号、安装的部位和表面条件，画出被检构件结构示意图，确定检测的次序等。

9.1.4 检测条件确定

根据被检件材料特性、结构特征、几何尺寸的大小、被检件对比试件的距离-波幅曲线以及检测的目的，确定传感器安装的部位和表面条件要求。

9.2 距离-幅度曲线的绘制

应采用7.7.2规定的对比试样在实验室内经过实测绘制距离-波幅曲线。该曲线族由记录线、评定线和判废线组成；记录线由2%截面损失率的人工缺陷反射波幅直接绘制而成，评定线由4%或8%截面损失率的人工缺陷反射波幅直接绘制而成（评定线指标可根据检测现场情况选择4%或8%)，判废线由10%截面损失率的人工缺陷反射波幅直接绘制而成。记录线以下(包括记录线)为Ⅰ区，记录线与评定线(包括评定线)之间为Ⅱ区，评定线与判废线之间为Ⅲ区，判废线及其以上区域为Ⅳ区，如图9所示。

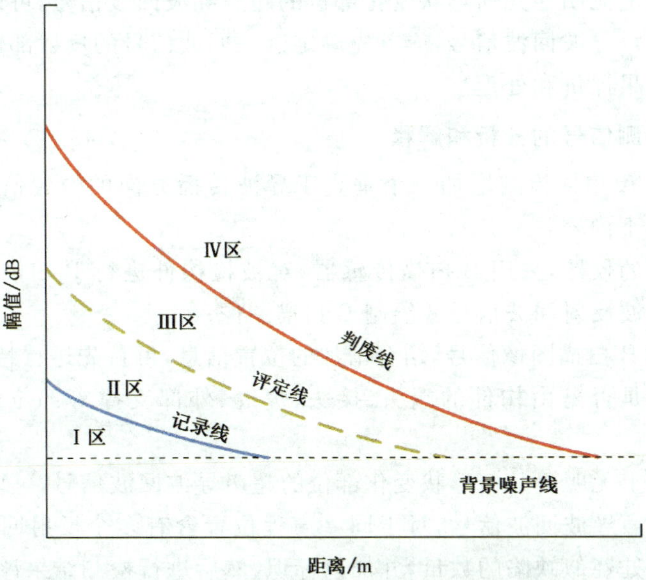

图9 距离-波幅曲线示意图

9.3 传感器的安装

传感器的安装应满足如下要求：

a) 按照确定的检测方案在被检件上确定传感器安装的具体位置，传感器的安装部位尽应可能远离被检件连接、支座等结构复杂部位；

b) 对传感器的安装部位进行表面处理，使其满足传感器的安装要求；

c) 将传感器压在被检件的表面，使传感器与被检件表面达到良好的声耦合状态；

d) 采用机械夹具、磁夹具或其他方式将传感器牢固固定在被检件上，并保持传感器与被检件和固定装置的绝缘。

9.4 检测

9.4.1 检测仪器调试

检测仪器的调试包括下列步骤：

a) 将传感器、前置放大器与仪器主机连接；

b) 打开仪器开关通电，并按仪器制造商规定的时间预热，使仪器达到稳定工作状态；

c) 按照被检件的具体情况和频散曲线计算确定的检测频率等设定仪器的工作参数；

d) 对被检构件发射超声导波信号，观察构件的端头、接头、焊缝、外部支撑等部位产生的超声导波反射信号，测量被检件超声导波传播的波速；

e) 进一步调节仪器工作参数，使仪器处于良好的工作状态。

9.4.2 A扫描检测信号的分析和解释

检测信号的分析和解释通常需要参考相关试验建立的数据库，至少应包括如下内容：

a) 采用调节好的仪器，对被检构件进行检测，观察和记录出现的超声导波反射回波信号；

b) 对于出现的超声导波反射回波信号，首先确定这些信号是否是由构件的端头、接头、焊缝、外部支撑等部位产生的，如确定即可排除；

c) 对于被检件上无明显几何形状变化部位的超声导波回波信号，可以确定为材料损失缺陷引起的超声导波回波信号，应首先确定这一回波信号的反射部位，并加以标识，然后进行检测结果评价和处理。

9.4.3 **B扫描成像检测信号的分析和解释**

B扫描检测相对A扫描检测增加一个垂直于导波传播方向的位置信息，其检测信号的分析和解释至少包含如下内容：

a) 采用调节好的仪器，采用B扫描传感器，对被检构件进行B扫描检测，观察和记录出现的超声导波反射回波信号并绘制B扫描图像；

b) 对于绘制的B扫描图像信号，结合增加的位置信息，可首先进行特征定性分析，然后确定这些信号是否是由构件的端头、接头、焊缝、外部支撑等部位产生的，如确定即可排除；

c) 对于被检件上无明显几何形状变化部位的超声导波回波信号，可以确定为材料损失缺陷引起的超声导波回波信号，对于同一声程位置含有多个反射回波颜色块，可以首先确定该位置处疑似缺陷的数量，并加以标识，然后进行检测结果评价和处理。

表2列举了管件采用B扫描检测时，部分管件特征的定性分析。

图10为某一管件采用B扫描检测时的导波检测成像图，图中可以通过管件特征的周向信息分析出管件上的焊缝特征和缺陷特征，并且可以分辨同一轴向上的两个缺陷。

表2 管件中B扫描检测特征定性分析

类别	B扫描成像特点	典型特征结构
全周向特征	在同一轴向距离下管件所有周向位置均有回波	焊缝、法兰等
对称性周向特征	在同一轴向距离下管件周向均匀间隔特征	对称性焊接支撑架等
单一周向特征	在某一轴向距离下管件周向含有某一特征	腐蚀缺陷、单一焊接支架、仪表三通等

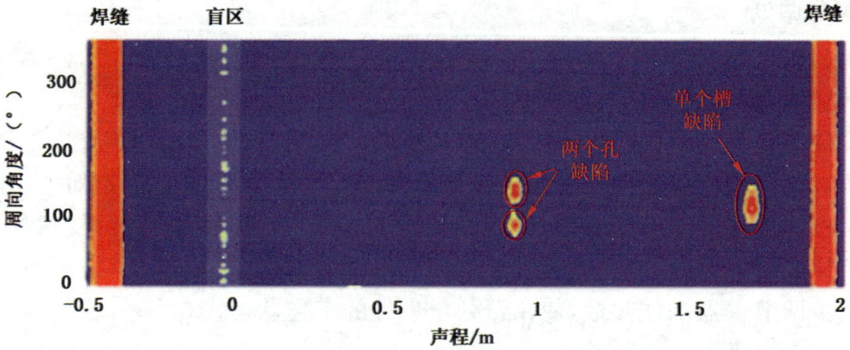

图10 管件采用B扫描检测时的导波检测成像图

10 检测结果分级和处理

10.1 检测结果分级

将超声导波检测发现的缺陷信号与距离-波幅曲线进行比对分级，反射波幅在Ⅰ区的为Ⅰ级，在Ⅱ区的为Ⅱ级，在Ⅲ区的为Ⅲ级，在Ⅳ区的为Ⅳ级，在Ⅴ区的为Ⅴ级。

10.2 不可接收信号的确定与处理

10.2.1 概述

超声导波检测给出的是缺陷当量，由于腐蚀、机械损伤等金属损失缺陷的大小和形状与人工缺陷不同，且被检构件的实际几何尺寸与对比试样间存在差异，导致检测结果显示的缺陷当量值与其真实缺陷会存在一定的差异，因此不可接收信号的水平的确定应根据被检件的具体情况由用户和检测人员协商确定。

10.2.2 基于距离-波幅曲线分级的确定

用户参与确定的，以用户的要求为准确定不可接收信号的等级；用户不参与确定的，由检验员确定不可接收信号的等级，一般检测结果判为 III 级、IV 级和 V 级的信号，即为不可接受的信号。

10.2.3 基于被检件上真实缺陷的确定

可以首先对检测发现的前三个最大的缺陷信号部位，按 10.2.4 规定的方法进行复检，根据复检结果来逐步确定不可接收缺陷信号的水平。

10.2.4 不可接收信号的处理

对于确定的不可接收信号，需要采用以下方法进行复检：

a） 首先，采用目视和小锤敲击的方法进行检测，用以分辨是位于外表面或内部的缺陷；

b） 对于外表面缺陷可采用深度尺直接测量缺陷的深度；

c） 对于管状或板状的内表面缺陷，应采用双晶直探头进行超声检测测量，以更精确的测量缺陷的深度，超声检测方法按 GB/T 34370.5 执行；

d） 对于其他形状构件的内表面缺陷，按照 GB/T 34370.3～GB/T 34370.7、GB/T 34370.9～GB/T 34370.10规定，选择合适的无损检测方法进行复检；

e） 必要时，经用户同意，也可采用解剖抽查的方式进行验证。

11 检测记录与报告

11.1 检测记录

检测记录的主要内容不应少于 8.2 和 11.2 规定的内容。

11.2 检测报告

检测报告应至少包括下列内容：

a） 委托单位的信息；

b） 检测单位的信息；

c） 被检构件的信息，包括：设备名称、编号、材料和几何尺寸等；

d） 执行的标准、规范和相关规定文件；

e） 检测仪器型号、检测方式、传感器型号及固定方式；

f） 检测仪器工作参数设置；

g） 距离-波幅曲线；

h） 检测示意图；

i） 检测软件名及数据文件名；

j） 检测结果分析及分级；

k） 检测结论；

l） 检测人员、报告编写人和审核人签字及资格；

m） 检测日期。

ICS 97.200.40
Y 57

GB

中华人民共和国国家标准

GB/T 34371—2017

游乐设施风险评价　总则

Risk assessment for amusement ride—General principles

2017-09-29 发布　　2018-04-01 实施

中华人民共和国国家质量监督检验检疫总局
中国国家标准化管理委员会　发布

前　言

本标准按照 GB/T 1.1—2009 给出的规则起草。

本标准由全国索道与游乐设施标准化技术委员会(SAC/TC 250)提出并归口。

本标准起草单位:中国特种设备检测研究院、江苏省特种设备安全监督检验研究院、山东省特种设备检验研究院、中山市金马科技娱乐设备股份有限公司、温州南方游乐设备工程有限公司、深圳华强方特文化科技集团股份有限公司、深圳华侨城文化旅游科技股份有限公司、上海市特种设备监督检验技术研究院、重庆市特种设备检测研究院、广东省特种设备检测研究院、浙江省特种设备检验研究院、武汉市特种设备监督检验所、北京实宝来游乐设备有限公司。

本标准主要起草人:沈功田、张勇、肖原、刘然、李向东、陈红军、邢友新、刘喜旺、陈建生、张国忠、梁朝虎、邓明旭、陈少鹏、贾国梁、陈峥、刘辉、文红光、郝炳焜、宋伟科、易水洪、李勇、张新东、钱剑雄、吴占稳、张斌。

游乐设施风险评价　总则

1　范围

本标准规定了游乐设施风险评价的基本原则、程序、评价对象和因素的确定、信息收集、危险识别、风险评估、风险控制、重新评价、风险评价单位和人员、风险评价文件。

本标准适用于游乐设施的风险评价。

2　规范性引用文件

下列文件对于本文件的应用是必不可少的。凡是注日期的引用文件，仅注日期的版本适用于本文件。凡是不注日期的引用文件，其最新版本(包括所有的修改单)适用于本文件。

GB 8408　大型游乐设施安全规范

GB/T 20002.4—2015　标准中特定内容的起草　第4部分：标准中涉及安全的内容

GB/T 20306　游乐设施术语

大型游乐设施安全监察规定(国家质量监督检验检疫总局令　第154号)

3　术语和定义

GB/T 20002.4—2015 和 GB/T 20306 界定的以及下列术语和定义适用于本文件。为了方便使用，以下重复列出了 GB/T 20002.4—2015 中的一些术语和定义。

3.1

安全　safety

免除了不可接受的风险的状态。

[GB/T 20002.4—2015，定义 3.14]

3.2

风险　risk

伤害发生概率和伤害严重程度的组合。

[GB/T 20002.4—2015，定义 3.9]

3.3

伤害　harm

对人体健康的损害或损伤，对财产或环境的损害。

[GB/T 20002.4—2015，定义 3.1]

3.4

危险(源)　hazard

可能导致伤害的潜在根源。

[GB/T 20002.4—2015，定义 3.2]

3.5

残余风险　residual risk

在实施降低风险措施后仍然存在的风险。

[GB/T 20002.4—2015,定义 3.8]

3.6

风险评估　risk estimation

确定伤害可能到达的严重程度和伤害发生的概率。

3.7

风险分析　risk analysis

评价对象和因素的确定、信息收集、危险识别、风险评估的组合。

3.8

风险控制　risk control measure

降低风险的方法。

3.9

风险评价　risk assessment

包括风险分析和风险控制的全过程。

3.10

预期的使用　intend use

按产品和/或系统提供的信息使用,无此类信息时,按通常理解的模式使用。

[GB/T 20002.4—2015,定义 3.6]

3.11

可合理预见的误使用　reasonably foreseeable misuse

由容易预见的人的行为所引起的,未按供方提供的方式对产品和/或系统的使用。

[GB/T 20002.4—2015,定义 3.7]

4　基本原则

4.1　风险是与安全相对应的概念。安全是相对的,没有绝对的安全。本标准中的安全是指免除了不可接受的风险的状态。通过把风险降低到可容许的程度来达到安全。

4.2　风险评价是以系统方法对与评价对象有关的风险进行分析和评定的一系列逻辑步骤。需要时,风险评价之后应采取风险控制措施降低风险。采取具体的风险控制措施消除危险和充分减小风险后,重复进行风险评价是必要的。

5　程序

风险评价的内容包括评价对象和因素的确定、信息收集、危险识别、风险评估和风险控制,如图 1 所示。

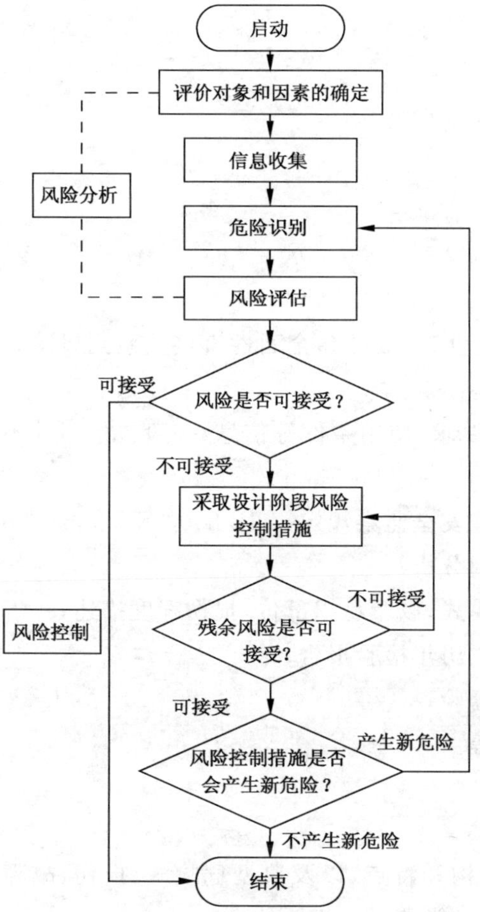

a） 设计阶段

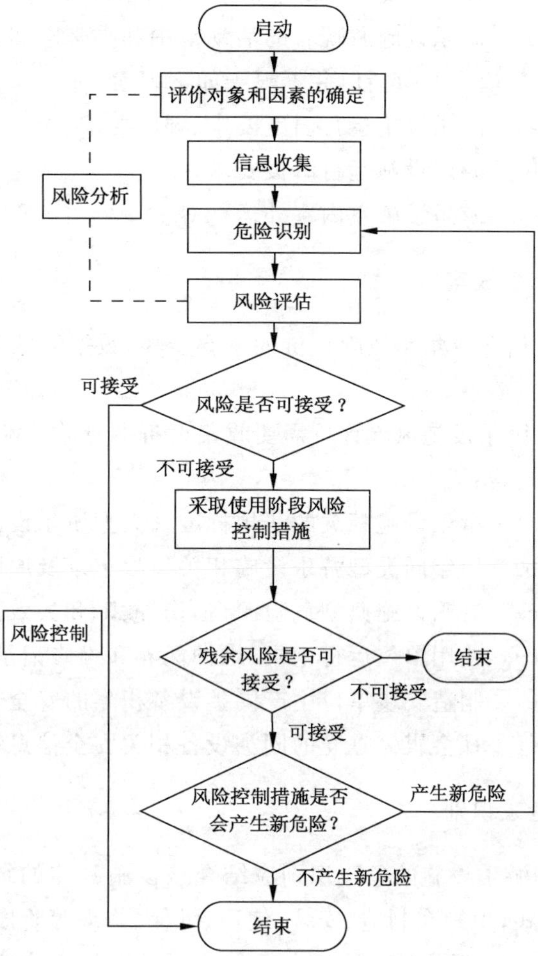

b） 使用阶段

图 1 游乐设施风险评价过程

6 评价对象和因素的确定

6.1 评价对象应明确游乐设施的特性、性能以及预期的使用和可合理预见的误使用等。

6.2 评价因素应考虑从设计到报废全生命周期的所有阶段的设备因素、人员因素、环境因素等。

6.3 设备一般包括但并不限于如下因素：

a） 设备零部件和各子系统中存在的损伤、故障等；

b） 不同的运行模式；

c） 游乐设施的运动范围。

6.4 人员一般包括但并不限于如下因素：

a） 不同培训、经验或能力的操作人员、维保人员；

b） 游玩者性别、年龄、身高和体重等；

c） 操作人员、维保人员的工作空间等；

d） 游乐设施游玩者的活动范围和乘坐空间。

6.5 环境一般包括但并不限于如下因素：

a） 游乐设施运行温度要求、湿度要求、天气要求等；

b） 游乐设施运行海拔要求；

c） 游乐设施室内室外运行等。

7 信息收集

7.1 信息收集是风险评价的重要步骤，数据的准确性、有效性和全面性直接关系到风险评价结果的正确性。

7.2 游乐设施风险评价需要收集设备本身的技术要求、使用条件等信息，一般包括但并不限于如下内容：

a） 游乐设施相关的法规标准，《大型游乐设施安全监察规定》、GB 8408 等；

b） 历年同类型游乐设施相关事故记录及原因分析；

c） 游乐设施典型危险源、损伤、故障和失效模式，以及易损部位，损伤程度描述；

d） 使用单位运行记录、维护保养和维修记录、历年检验报告；

e） 制造安装单位生产同类设备积累的安全经验；

f） 社会媒体曝光的同类设备相关安全信息等。

8 危险识别

8.1 游乐设施的危险识别应结合该设施具体的结构和特点，以及典型危险源、损伤、故障和失效模式，识别在制造、安装、使用、维保、修理等阶段可能产生的相关危险。

8.2 游乐设施的危险宜考虑但并不限于如下内容：机械危险、电气危险、噪声危险、热危险、人机工程相关危险和材料与环境有关的危险等。

9 风险评估

9.1 应对第 8 章中发现的每个危险均进行风险评估。

9.2 风险取决于伤害的严重程度和伤害发生的概率。

9.3 伤害的严重程度应从人身伤害、社会影响和经济损失等方面进行评估。一般包括但并不限于如下因素：

a） 伤害或损害健康的程度，例如轻微伤、重伤、死亡；

b） 伤害的范围，例如一人受伤、多人受伤等；

c） 社会影响程度，例如影响范围大、性质恶劣等；

d） 经济损失程度，例如设备整体报废、局部修理等。

9.4 伤害严重程度等级宜分为 5 个等级，如表 1 所示。

表1　伤害严重程度等级

伤害严重程度等级	说明
1-非常高	a）人员伤亡； b）社会影响巨大； c）设备损坏严重； d）经济损失非常大。 **注**：达到上述任一伤害严重程度均为等级1
2-高	a）人员高空滞留一小时以上或受伤； b）社会影响较大； c）设备损坏较严重； d）经济损失比较大。 **注**：达到上述任一伤害严重程度均为等级2
3-中	人员轻微受伤、有一定的社会影响、设备损坏中等、经济损失中等 **注**：达到上述任一伤害严重程度均为等级3
4-低	a）不会引起人员伤亡； b）可能需要启动应急措施； c）社会影响较小； d）设备损坏较小； e）经济损失较小。 **注**：达到上述任一伤害严重程度均为等级4
5-可忽略	a）无影响； b）不会引起人员伤亡； c）无社会影响； d）无设备损坏； e）无经济损失。 **注**：达到上述任一伤害严重程度均为等级5

9.5　伤害的发生概率一般包括但并不限于如下因素：

a）人员暴露于危险中的概率，包括进入危险区的频次、处于危险区的持续时间、进入危险区的人数、进入危险区的需要和性质（例如正常操作、维护保养或故障修理）；

b）危险事件发生的概率，包括可靠性和其他数据统计、游乐设施事故历史、与类似的游乐设施比较的结果；

c）避免或限制该伤害的可能性，包括对危险的可检测性（例如对关键部件进行无损检测、日常检查等）、危险状态导致伤害的速度（例如突然、快、慢）、对该风险的认识（例如有警示标示和安全提示、可以直接观察等）。

9.6　伤害发生的概率宜分为5个等级，如表2所示。

表 2 伤害发生的概率等级

伤害发生的概率等级	说明
A-频繁	在使用寿命内很可能经常发生
B-很可能	在使用寿命内很可能会发生数次
C-偶尔	在使用寿命内很可能至少发生一次
D-极少或不大可能	未必发生,但在使用寿命内可能发生
E-不可能	在使用寿命内不可能发生

9.7 根据伤害的严重程度(见 9.4)和伤害发生的概率评估结果(见 9.6),进行风险分级,如表 3 所示。风险等级分为Ⅰ、Ⅱ、Ⅲ、Ⅳ四个等级。

表 3 风险等级

伤害严重程度等级	伤害发生的概率等级				
	A	B	C	D	E
1	Ⅳ	Ⅳ	Ⅳ	Ⅲ	Ⅰ
2	Ⅳ	Ⅲ	Ⅲ	Ⅲ	Ⅰ
3	Ⅲ	Ⅲ	Ⅲ	Ⅱ	Ⅰ
4	Ⅲ	Ⅲ	Ⅱ	Ⅰ	Ⅰ
5	Ⅱ	Ⅱ	Ⅰ	Ⅰ	Ⅰ

9.8 根据不同的风险等级,采取的风险控制措施如下:

a) Ⅰ级:不需要任何措施;

b) Ⅱ级:需要采取措施达到可接受范围;

c) Ⅲ级:需要采取措施消除或降低风险;

d) Ⅳ级:需要立即采取措施消除或降低风险。

10 风险控制

10.1 如风险评估结果需要减小风险,则应该采取风险控制的措施,根据不同设备的具体情况采取相应措施。

10.2 在设计阶段采取的措施优于在使用阶段由使用者采取的措施。

10.3 设计阶段风险控制所采取的步骤见图 2。首先在设计阶段采取本质安全设计措施、安全防护和补充保护措施以及利用使用信息、警告标示、安全提示等来消除或减小风险,对于采取措施后仍留有风险的,应在使用说明书中提出相关要求和说明。

10.4 使用阶段风险控制所采取的步骤见图 3。针对在用阶段的游乐设施,开展相关组织措施、使用安全防护装置和个体防护装备、开展培训等来消除或减小风险。

10.5 不宜用附加的防护装置、个体防护装备和给使用者提供信息代替设计上的改进。

10.6 若进行风险控制后仍存在较大的残余风险，则设备应报废；若进行风险控制后残余风险在可接受范围以内，应制定日检、月检、年检等措施，加强监控。

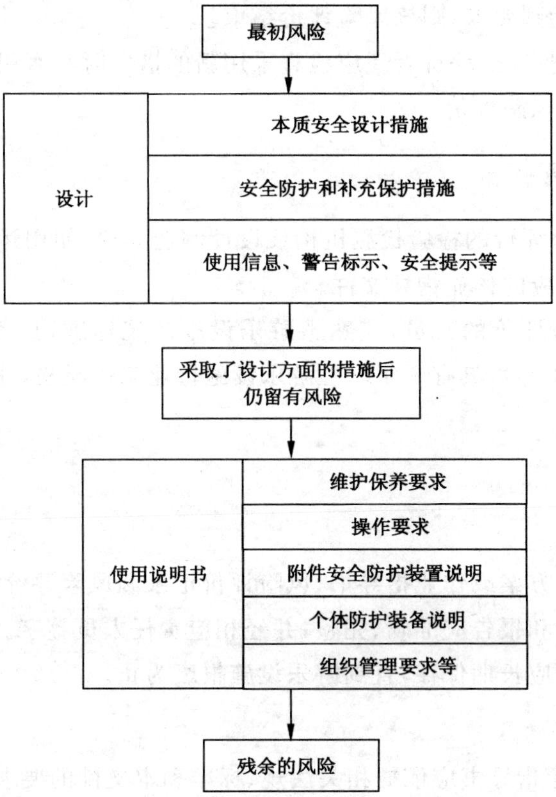

图 2 设计阶段风险控制的措施

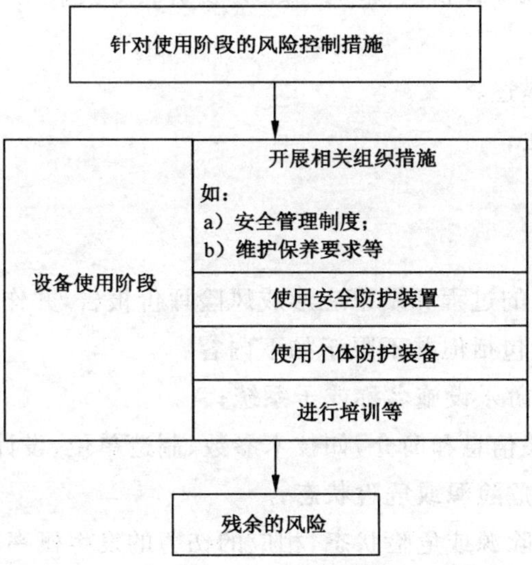

图 3 使用阶段风险控制的措施

11 重新评价

11.1 如风险评估结果达到要求，则该风险评价结束。

11.2 如需采取风险控制措施，评价者还应检查采用新的措施时是否引入了新的危险或增加了其他的风险，应重新进行风险评价。

12 风险评价单位和人员

12.1 进行游乐设施风险评价的检验检测机构或设计制造单位、使用运营单位应有不少于 2 名风险评价人员，并具有相应的作业指导文件。

12.2 从事游乐设施风险评价的人员，应熟悉游乐设施法规标准，具备相应的专业知识(如机械、电气、控制、土建、液压等)，具有 3 年以上游乐设施行业工作经验，并经过风险评价技术和标准的培训。

13 风险评价文件

13.1 概述

13.1.1 风险评价文件由方案或作业指导书、风险评价记录和风险评价报告组成。

13.1.2 风险评价的记录和报告应准确、完整，并经相应责任人员签字。

13.1.3 评价记录和报告应长期保存，直到游乐设施报废为止。

13.2 方案或作业指导书

风险评价方案或作业指导书应依据相关法规、标准和本文件的要求进行编制。

13.3 风险评价记录

风险评价记录应包括风险评价的现场记录、会议资料等过程文件，一般包括但并不限于如下要素：

a) 风险评价对象及描述；

b) 具体风险评价方法；

c) 风险评价人员等。

13.4 风险评价报告

13.4.1 游乐设施风险评价的过程和结果应形成风险评价报告，并作为技术资料保存。

13.4.2 风险评价报告一般包括但并不限于如下内容：

a) 风险评价对象，如游乐设施名称或子系统；

b) 该游乐设施的相关信息和简介，如技术参数、制造单位、设计单位等；

c) 该游乐设施危险、危险源或危险状态；

d) 针对每项危险、危险源或危险状态，相应的伤害的发生概率和伤害的严重程度；

e) 风险评定的过程和风险等级的确定；

f) 针对每个危险、危险源或危险状态，采取的具体的风险控制措施；

g) 风险评价的整体结论；

h） 风险评价者的基本信息和签字；

i） 风险评价参考资料，如：法规和标准、已知的事故和故障资料、检验、测试和检查结果、部件可靠性资料等。

ICS 97.200.40
Y 57

中华人民共和国国家标准

GB/T 36668.1—2018

游乐设施状态监测与故障诊断 第1部分:总则

Condition monitoring and fault diagnostics of amusement device—Part 1:General requirements

2018-09-28 发布 2019-04-01 实施

国家市场监督管理总局
中国国家标准化管理委员会 发布

前　言

GB/T 36668《游乐设施状态监测与故障诊断》分为以下 3 个部分：

——第 1 部分：总则；

——第 2 部分：声发射监测方法；

——第 3 部分：红外热成像监测方法。

本部分为 GB/T 36668 的第 1 部分。

本部分按照 GB/T 1.1—2009 给出的规则起草。

请注意本文件的某些内容有可能涉及专利。本文件的发布机构不承担识别这些专利的责任。

本部分由全国索道与游乐设施标准化技术委员会(SAC/TC 250)提出并归口。

本部分起草单位：中国特种设备检测研究院、中山市金马科技娱乐设备股份有限公司、华侨城集团有限公司、华中科技大学、华强方特文化科技集团股份有限公司、北京实宝来游乐设备有限公司、温州南方游乐设备工程有限公司。

本部分主要起草人：沈功田、胡斌、张勇、刘喜旺、李坚、武新军、戎志刚、俞跃、张君娇、吴占稳、李勇、陈建生、刘然、梁朝虎、沈勇、肖原。

游乐设施状态监测与故障诊断
第1部分:总则

1 范围

GB/T 36668的本部分规定了游乐设施状态监测与故障诊断的一般要求和程序。

本部分适用于新制造和在用游乐设施的状态监测与故障诊断。

2 规范性引用文件

下列文件对于本文件的应用是必不可少的。凡是注日期的引用文件,仅注日期的版本适用于本文件。凡是不注日期的引用文件,其最新版本(包括所有的修改单)适用于本文件。

GB/T 6444 机械振动 平衡词汇

GB/T 9445 无损检测 人员资格鉴定与认证

GB/T 20306 游乐设施术语

GB/T 20737 无损检测 通用术语和定义

GB/T 20921 机器的状态监测与诊断 词汇

3 术语和定义

GB/T 6444、GB/T 20306、GB/T 20737、GB/T 20921界定的以及下列术语和定义适用于本文件。

3.1

大型游乐设施健康管理 health management of large scale amusement device

通过风险分析确定大型游乐设施的健康危险因素,建立健康管理的项目和指标,通过各种检查、检测和监测方法获取设备的健康信息,对其健康状态进行诊断与评价,对发现的不健康状态采用维护保养、修理或改造等手段,排除设备故障、恢复设备健康、改进设备设计。

注:大型游乐设施健康管理是以预防和控制事故发生与发展,降低运行费用,实现大型游乐设施运营的安全、可靠和经济协调统一为目的,对大型游乐设施的健康危险因素进行全面管理的过程。

3.2

基线 baseline

一个或一组描述符,提供游乐设施各系统正常状态的基准。

注:基线是在游乐设施稳态运行的状态下确定的。

3.3

基线数据 baseline data

当游乐设施处于可接受的并且稳定的运行状态时,所测量或观察到的数据或数据组。

4 状态监测与故障诊断概述

4.1 主要内容

4.1.1 状态监测是通过一定的方法了解和掌握游乐设施的运行状态，采用各种检查、检测、监测、分析和判别的方法，对游乐设施当前的运行状态做出是否正常的评估，对异常状态及时做出报警，并为进一步进行的故障诊断、性能评估等提供信息和数据。

4.1.2 故障诊断是根据状态监测所获得的信息，结合游乐设施的工作原理、结构特点、运行状态参数、落实情况，并对将来可能发生的故障进行分析、预报，对已经或正在发生的故障进行分析、判断，以确定故障的性质、类别、程度、部位及趋势。

4.1.3 实施状态监测与故障诊断的目的是为游乐设施维护保养和修理方案的科学制定提供依据，对潜在故障及时预警并降低失效的可能性，预防事故的发生。

4.1.4 游乐设施状态监测与故障诊断的方案应在大型游乐设施健康管理理论指导下制定，实现安全、可靠和经济的协调统一。图1为基于大型游乐设施健康管理的状态监测与故障诊断技术路线框图。

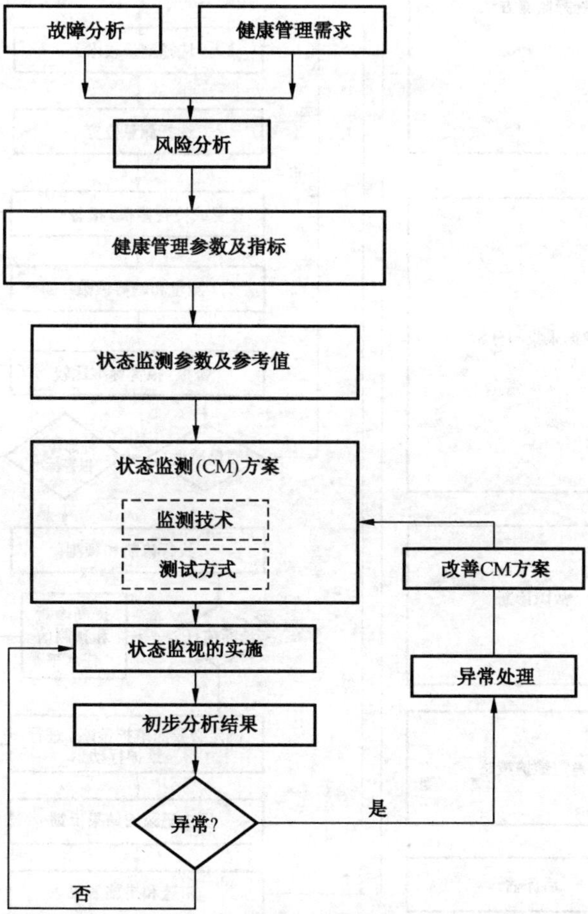

图1 基于大型游乐设施健康管理的状态监测与故障诊断技术路线框图

4.2 程序

4.2.1 基于大型游乐设施健康管理的游乐设施状态监测与故障诊断，典型程序与流程见图2。

4.2.2 游乐设施状态监测与故障诊断的流程一般包括设备的状态调查与分析、健康管理参数确定、选择适当的维修策略、监测方法确定、数据采集与分析、故障诊断、确定维修方案和后评估。

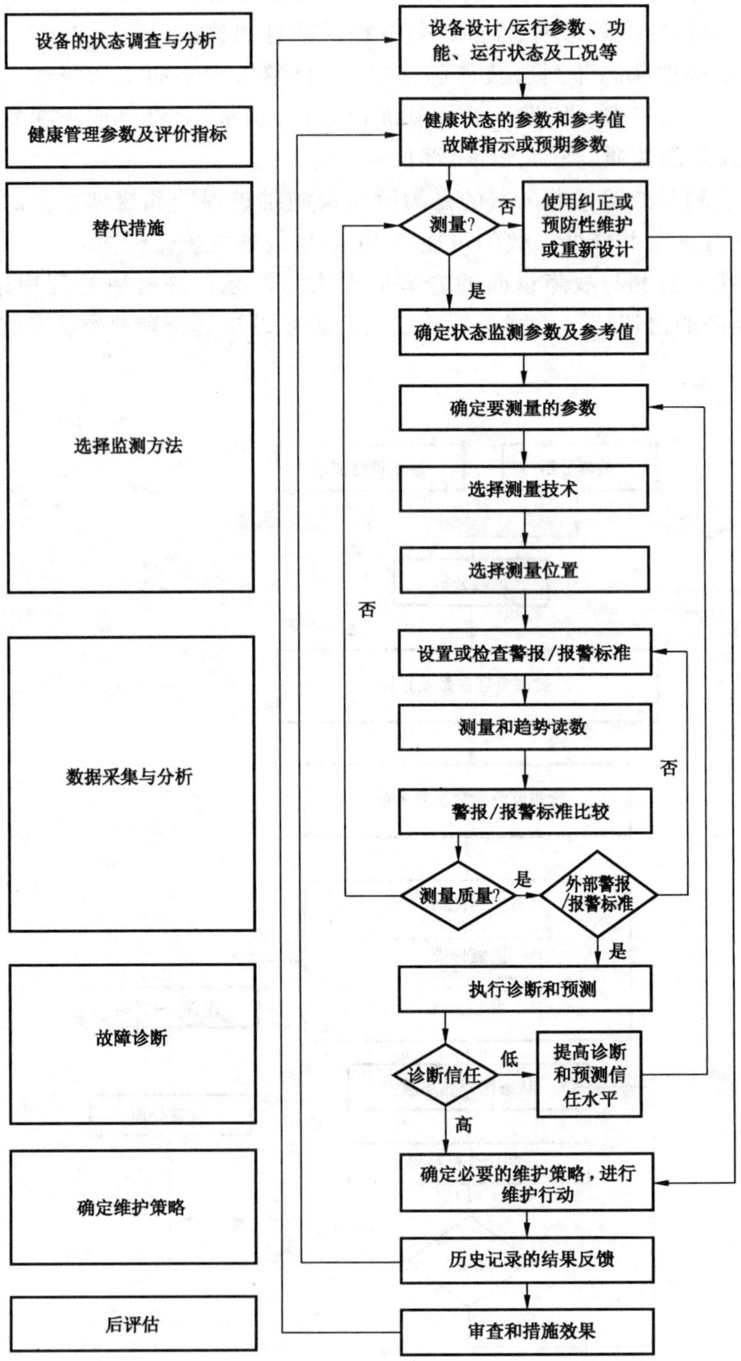

图2 状态监测与故障诊断程序与流程图

4.3 使用原则

4.3.1 应根据受检设备的材质、结构、制造方法、使用环境、使用条件和损伤模式，预计可能产生的缺陷种类、形状、部位和方向，选择适宜的监测方法。

4.3.2 游乐设施低速转动装置/部件的状态监测宜选用声发射方法；在用和在制游乐设施机械及电气部分存在损伤或故障导致的温度变化，优先选用红外热成像方法；高速转动装置/部件或结构可采用振动状态监测方法；大型框架结构或支撑件的状态监测可采用应力应变方法。

4.3.3 当采用两种或两种以上的监测方法对游乐设施的同一部位进行监测时，监测结果应按各自的方法进行评定。

4.3.4 采用同种监测方法按不同检测工艺进行监测时，如果诊断出缺陷的严重程度不一致，应以危险度大的评定结果为准。

4.3.5 所使用的仪器、耗材等应符合相关状态监测方法标准的要求。

5 实施单位

5.1 进行游乐设施状态监测与故障诊断的单位(以下简称实施单位)应有配备从事相应监测方法工作经验的专业技术人员，并制定监测人员的管理办法。

5.2 实施单位应具备开展相应监测方法的专用仪器和设备，并制定相应的仪器设备管理办法。

5.3 实施单位应按本部分和相应监测方法标准的规定制定工艺规程。

6 实施人员

采用本部分进行监测的人员应按 GB/T 9445 的要求或有关主管部门的规定取得相应检测监测人员资格鉴定机构颁发或认可的等级资格证书，从事相应资格等级规定的检测监测工作。

7 设备和器材

7.1 监测设备和器材应附有产品质量合格证明文件。

7.2 监测设备和器材应符合其相应的产品标准规定，且其性能应满足相应监测方法标准中规定的有关要求。

7.3 对于可反复使用的监测设备和主要器材，为确保其工作性能持续符合 GB/T 36668 各部分的有关要求，承担监测的实施单位应分别采取检定、校准或核查方式，并在实施单位的通用工艺规程中予以规定：

a) 检定：凡列入国家强制检定目录的监测设备和器材应定期送有资格的法定计量检定机构和授权计量检定机构进行检定。

b) 校准：对于未列入国家强制检定目录、可进行量值溯源的监测设备和器材应定期进行校准，校准可选择中国合格评定国家认可委员会认可的校准机构进行，也可由实施单位自行开展。

c) 核查：对于未列入国家强制检定目录且无法进行量值溯源的监测设备和器材应定期进行核查，以验证设备和器材性能是否满足本标准各部分的相关要求，核查一般由实施单位自行开展。

d) 期间核查：必要时，监测设备和主要器材在检定、校准或核查周期内应进行期间核查，核查的项目、周期和性能指标应满足相关规定。

7.4 每次实施前，应进行检查的项目、时机和性能指标，应满足 GB/T 36668 各部分中的有关要求，并在实施单位的工艺卡（或作业指导书）中予以规定。

8 状态监测与故障诊断工艺规程

8.1 概述

8.1.1 实施单位应制定状态监测与故障诊断工艺规程，工艺规程包括通用工艺规程和工艺卡。

8.1.2 当对每种选用的监测方法建立工艺规程。

8.1.3 应根据相关法规、产品标准、有关的技术文件和本部分的要求，并针对实施单位的特点和技术条件编制通用工艺规程。

8.1.4 当通用工艺规程中的系统影响因素或范围发生变化时，应重新编制。

8.1.5 应根据通用工艺规程和监测对象的监测要求编制工艺卡。

8.1.6 工艺规程的内容应满足本部分及相关状态监测方法标准的相关要求。

8.2 通用工艺规程

8.2.1 通用工艺规程应根据相关法规、产品标准、本部分和相应监测方法标准的要求进行编制。

8.2.2 通用工艺规程至少应包括以下内容：

a) 文件编号；
b) 适用范围；
c) 执行的标准和引用的法规、标准；
d) 实施人员资格；
e) 监测设备、器材和材料；
f) 被检件的表面条件要求；
g) 监测时机；
h) 监测程序（步骤）；
i) 监测和诊断结果的评定与分级；
j) 监测与诊断记录、报告和资料存档；
k) 编制（级别）、审核（级别）和批准人员签字及日期。

8.2.3 通用工艺规程的编制、审核及批准应符合相关法规或标准的规定。

8.3 工艺卡

8.3.1 实施人员应按工艺卡进行操作。

8.3.2 工艺卡应根据通用工艺规程、产品标准、产品设计和制造与使用等有关的技术文件、本部分、相应监测方法标准的要求编制，一般应包括以下内容：

a) 工艺卡编号；
b) 产品名称，产品编号，制造、安装或检验编号，被检零部件的材质、规格尺寸、热处理状态及表面状态、焊接型式，电气功能及主要参数；
c) 设备与器材：设备名称、规格型号；
d) 工艺：监测方法、监测部位；
e) 执行标准和验收级别；

f) 监测程序；

g) 监测部位示意图；

h) 编制(级别)和审核(级别)人员签字及日期。

8.3.3 工艺卡的编制、审核应符合相关法规或标准的规定。

9 设备状态调查与分析

实施状态监测前，应对设备的设计参数、运行参数、功能、运行状态和工况等进行审核，列表并清楚标识所有设备以及相应的动力供应系统、控制系统和现有的监视系统；图 3 给出了通用游乐设施在实施状态监测过程中应考虑的典型组件及系统影响因素。

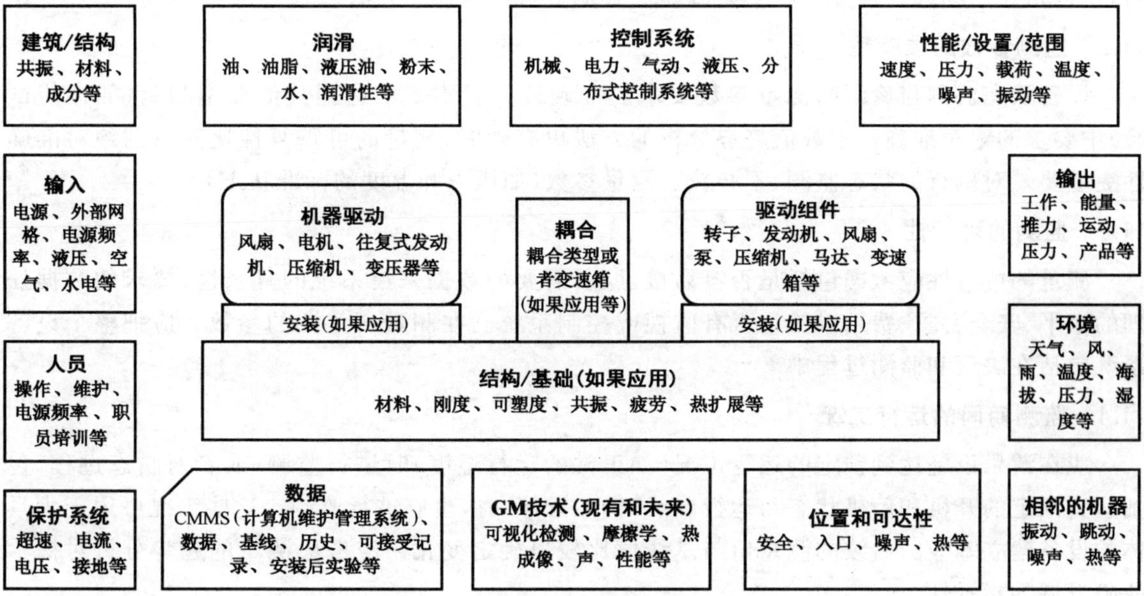

图 3 影响状态监测的系统因素

10 健康管理参数及评价指标的确定

10.1 健康管理参数的确定

游乐设施健康管理参数包括健康状态的参数和基线值、识别预期的故障和能够指示故障存在或发生的测量参数，应依据大型游乐设施健康管理理论，在游乐设施的故障分析基础上进行风险分析，结合健康管理需求确定。

10.2 健康管理评价指标

健康管理评价指标是指健康管理参数的合理区间、曲线或者特征值变化，评价指标能指示出游乐设施的健康状态或故障状态。

附录 A 中对一些典型的设备类型，给出了应考虑的被测量参数的示例。

附录 B 包含一个表格示例(表 B.1)，它是针对各种类型设备的各种故障，对应指示故障发生的一种或几种症状或被测参数建立的。

10.3 替代措施

若健康状态的评价参数不具备可测量的条件，可采用以下常用的替代措施：老化(初始测试)、运行失效、修复性维修、预防性维修或修改设计。

11 监测方法

11.1 测量技术

按照预先选择的流程中需要测量的参数,采用一种或多种测量技术。测量参数可以是通盘或随时间平均的单一测量值。对于某些参数,如电流,电压和振动,通盘单一测量值可能难以确定健康或故障状态,应采用频谱和相位测量等技术来揭示健康状态或故障引起的变化。附录A给出了用适当的测量技术可测量的一些参数范围。

状态监测系统可能有多重形式。可以利用永久性安装、半永久性安装或便携式的测量仪器,还包括在现场或远程分析所采集流体或其他材料样本件的方法。

11.2 监测参数的准确性

设备状态监测与诊断的测量参数要求的准确性一般不要求达到其他类型测量(如性能试验)中要求的绝对准确。用数值趋势分析的方法更有效时,测量的可重复性比测量的绝对准确性更重要。对例行的状态监测,不必校正测量参数(如压力和温度的标准状态)。

11.3 监测的可行性

测量的可行性应考虑包括是否容易接近、所需要的数据采集系统的复杂性、要求的数据处理的水平、安全要求、费用以及是否有监视或控制系统已在测量所关注的参数。应把整个设备系统包括在决策和监测过程中。

11.4 监测期间的运行工况

应在游乐设施达到预定的运行工况(如正常的运行温度)时进行监测,或者对瞬态过程,包括达到预定的开机和停机状态与运行曲线(例如滑停)时,也应进行监测。这些工况可用于为具体的设备建立基线。后续的测量值与基线值比较以确定变化。应考虑测量的趋势分析对揭示故障发展的指示性。

不同参数的测量应尽可能选择同时或者相同的工况下实施。对于运行状态变化或变速的设备,应尽可能通过改变速度、载荷或者其他控制参数来获取类似的测量工况。

应确定一个或多个参数变化的原因是由于故障产生还是运行状态或者其他操作条件发生了变化。

11.5 监测间隔

连续或是周期策略都应当考虑测量的时间间隔。测量间隔主要取决于故障类型及其扩展速率、相关参数的变化率。测量间隔受设备运行周期、费用和关键性等因素的影响。应考虑故障被检测到的时间与故障实际发生的时间差(故障前置时间),以决定检测特定故障综合症状所必需的监测系统类型。

11.6 数据采集速率

稳态工况,数据采集速率应能在工况改变前捕捉到完整的数据集。瞬态工况一般要求高速数据采集。

11.7 监测参数的记录

监测参数的记录至少应包括下述信息:

a） 描述设备的基本数据；

b） 描述设备工况的基本数据；

c） 测量位置；

d） 被测定量的单位和处理方法；

e） 日期和时间信息。

其他用于作比较的信息，包括使用的测量系统的详细内容和每个测量系统的精度。还应包括设备配置的详情和任何部件的变化。

11.8 监测位置

测量应选择在最可能检测出故障的位置，测点应当有唯一标识，应使用永久性标牌或识别码。

监测位置的设定应考虑以下因素：

——安全性；

——传感器的选择；

——信号调制；

——对故障状态变化的高灵敏性；

——降低对其他影响因素的灵敏性；

——测量的可重复性；

——信号衰减或损失；

——可接近性；

——环境；

——费用。

11.9 初始的预警和报警准则

应设立初始的预警和报警准则指示故障的发生。报警可以是单值的或多级的(既可以增大也可以减小)。发生在预先设定的预警界限内，又不超过预警界限的阶跃变化应调查研究。预警和报警准则可以通过对几次测量结果进行处理得到，或将其设定成动态信号的界限。

预警和报警准则应随时间进行迭代优化。

11.10 基线数据的采集

基线数据主要用于与后续的测量值进行比较对比以发现被监测对象的变化。基线数据的确定应准确地规定游乐设施的初始稳定工况，基线数据宜在设备正常运行状态下获取。对于有多个运行工况的设备，应对每种工况建立基线。

对于新的和大修后的设备，通常会观测到在运行的前几天或几周内测量值的变化，因此，在采集基线数据之前，应规定磨合时间。

对于已经运行相当长时间的设备且是第1次监测，它的基线可以作为设备趋稳的参考点。

12 数据收集与分析

12.1 监测与趋势分析

数据收集的一般程序是进行测量并把它们与同一台或相似的设备的历程趋势、基线或有代表性的数据进行比较。状态监测数据收集程序的管理为：将测量列入工程的例行工序，将例行工序列入计划表,按初始规定的周期进行测量。状态监测数据的测量可以是按照计划表在线进行,也可以按照预定路线或者园区巡视离线获取。一般设定的测量周期比预期出现失效模式的周期短。

12.2 监测的质量

应确定任何测量实施的质量,造成测量质量不良的因素较多,典型如下:

——传感器布置不合理;

——传感器失效;

——电缆故障;

——测量范围不合理导致信号饱和;

——采样率不足。

如果确定或者怀疑测量结果质量不佳,应重复测量或者纠正测量系统故障。

12.3 监测值与预警/报警准则比较

若监测值与预警/报警准则对比是可接受的,应记录数据并继续监测,不需要采取其他措施;若测量值与预警/报警准则对比是不可接受的,则应启动诊断过程;若存在设备健康状态评价决策的需要,在没有怀疑或没有检测到异常的情况下,仍应继续进行诊断与预估。

13 故障诊断

13.1 结论与预测

诊断过程一般是被异常检测启动的。这种检测是靠设备当前的描述符与基线值比较来进行。这些基线值依据经验、制造商的技术说明书、委托试验或统计数据(例如长期平均)的计算来选取。

诊断设备可以使用故障/症状法和因果关系树法。

预测是指状态监测过程可以指示现有和将来故障的预期发展。

执行诊断的可能性取决于机器类型,配置和操作条件。可以通过从基线值中的一个或多个测量或派生参数的改变来标识故障,故障参数识别可以通过使用经验、操作结果以及制造商和客户之间商定的解释来确定。

若诊断结论和(或)预估的置信度低,应要求进一步验证。若诊断结论和(或)预报的置信度高,则可立即开始维修或采取校正措施。

13.2 置信度改善

为了提高诊断结论/预报的置信度,应采取以下一种或多种措施:

a) 为正式测量和报警状态重复测量;

b) 测量结果与过去的历程趋势相比较;

c) 缩短预定的逐次测量之间的时间间隔;

d) 在同一位置和(或)另外的位置追加测量;

e) 采用更高级的程序或技术;

f) 采用相关的备用技术;

g) 修改运行工况或设备配置;

h) 评估症状和规则;

i) 咨询在特定设备/失效模式方面的其他专家。

14 维修策略

14.1 维修分级

按照评估的结果，将维修分为 4 级：不需要维修；定期检测，暂不维修；近期采取维修措施；停机维修。

技术条件允许，可实施基于可靠性的维修(RCM)。

14.2 确定维修措施

若非关键性的设备，可不立即采取措施，并继续按正常的时间间隔监测。

应根据发生故障的诊断结论/预报的置信度高低，做出维修决策和采取措施。如果预警/报警准则指示出严重的故障状态，则应马上停机，或采取其他措施，如减少设备的负荷、降低转速或产量。

维修措施完成后，应记录维修活动和设备的变化，至少包括使用备件的细节、使用的工艺和维修/修复期间发现的其他故障。

当维修措施实施完成后，应检查部件以证实初始诊断结论与预报是否正确。

应避免重复的失效。若失效的根本原因可识别，则可以评审与优化维修措施，以避免或降低失效的影响。优化维修措施包括更高端的状态监测技术，追加的维修任务以及制造厂讨论并修改(设计)。

15 后评估

应根据维修后的设备运行状态和情况，确定测量技术和维修措施，应评估采用的技术的有效性。

由于设备内部的变化(如渐进的磨损、老化、修改、操作等任何周期的改变)导致预警/报警准则的修订应进行重新评估。

由于维修工作(包括部件改变、调整或任务变化)，测量值和基线应进行调整。特殊情况下，基线应重新建立。

测量值的变化可能是由于正常或控制操作条件的变化而引起的，并不一定表示出现故障。基于该规则的诊断应考虑这些因素进行修改。

为确保有效和可持续的数据管理，应特别注意以下事项：

——评估报告应在适当的时间范围内发布；

——所有的数据都应安全并在规定的时间间隔内备份；

——应定期检查和调整报警设置。

16 记录和报告

应做好记录和报告，并按照对应的方法标准执行。

监测记录和报告应长期保存，直到游乐设施报废为止。

17 对采用未列入或超出本标准规定范围的方法的规定

当采用本部分未列入的方法时，实施单位应制定企业标准，并向全国索道与游乐设施标准化技术委员会提交有关技术资料，经组织专家评审通过后方可执行。

附 录 A
（资料性附录）
状态监测参数示例

表 A.1 给出了不同类型设备的状态监测参数示例。

表 A.1 不同类型设备的状态监测参数示例

参数	游乐设施							
	机械系统			液压/气动系统			电气系统	
	结构部件	运动部件						
		齿轮	轴承	压缩机	泵	液压缸	电控系统	电动机
温度	□	□	□	□	□	□	□	□
压(应)力	□	□		□	□	□		
压头(差)					□			
压缩比				□				
流体流量				□	□			
电流							□	□
电压							□	□
电阻							□	□
输入功率				□	□		□	□
输出功率							□	□
噪声	□	□	□	□	□	□	□	□
振动	□	□	□	□	□	□		□
声学参数	□	□	□	□	□	□		□
电磁参数	□	□	□	□	□	□		
油压				□	□	□		□
油损耗		□	□	□	□	□		□
油(摩擦学参数)		□	□	□	□	□		□
扭矩		□	□	□				□
转速		□	□	□	□			□
物理尺寸	□	□	□			□		
效率(导出量)		□		□	□	□		

注：“□”表示状态监测测量参数可以应用。

附　录　B
（规范性附录）
与故障匹配的测量参数或技术

表 B.1 针对某类设备示出与故障匹配的测量参数或技术的表格示例。

表 B.1　与故障匹配的测量参数或技术的表格示例

（设备类型）	症状或参数变化									
故障										
1										
2										
3										
4										
5										
6										
7										
8										
9										
10										
11										
12										
注：“●”表示如果发生故障，可能出现症状或参数可能改变。										

表 B.2 给出对表 B.1 中典型设备的完整格式，列出一些预期最经常发生的故障，以及为指示故障的发生，与之匹配的可测量的参数或技术。

表 B.2　与摩天轮故障匹配的测量参数和技术示例

设备类型：摩天轮	症状或参数变化						
故障	温度	振动	转速	应力	压力	长度	油泄露
电机故障	●	●	●				
传动系统轮胎打滑	●		●		●		●
液压系统故障	●	●	●		●		●
拉索受力不均匀				●	●	●	
地基沉降				●	●	●	
注：“●”表示如果发生故障，可能出现症状或参数可能变化。							

ICS 97.200.40
Y 57

中华人民共和国国家标准

GB/T 36668.2—2018

游乐设施状态监测与故障诊断 第2部分：声发射监测方法

Condition monitoring and fault diagnostics of amusement device—
Part 2: Acoustic emission monitoring method

2018-09-28 发布 2019-04-01 实施

国家市场监督管理总局
中国国家标准化管理委员会 发布

前 言

GB/T 36668《游乐设施状态监测与故障诊断》分为以下 3 部分：

——第 1 部分：总则；

——第 2 部分：声发射监测方法；

——第 3 部分：红外热成像监测方法。

本部分为 GB/T 36668 的第 2 部分。

本部分按照 GB/T 1.1—2009 给出的规则起草。

请注意本文件的某些内容可能涉及专利。本文件的发布机构不承担识别这些专利的责任。

本部分由全国索道与游乐设施标准化技术委员会(SAC/TC 250)提出并归口。

本部分起草单位：中国特种设备检测研究院、华侨城集团有限公司、中山市金马科技娱乐设备股份有限公司、华强方特文化科技集团股份有限公司、北京实宝来游乐设备有限公司、温州南方游乐设备工程有限公司。

本部分主要起草人：沈功田、张君娇、胡斌、吴占稳、梁朝虎、李坚、张勇、刘喜旺、苑一琳、戎志刚、李勇、陈建生、沈勇、肖原。

游乐设施状态监测与故障诊断 第2部分：声发射监测方法

1 范围

GB/T 36668 的本部分规定了应用声发射技术对游乐设施转动部件进行运行状态监测与诊断的方法及结果评价与分级。

本部分适用于新制造和在用游乐设施转动部件的状态监测与故障诊断。

2 规范性引用文件

下列文件对于本文件的应用是必不可少的。凡是注日期的引用文件，仅注日期的版本适用于本文件。凡是不注日期的引用文件，其最新版本(包括所有的修改单)适用于本文件。

GB/T 9445 无损检测 人员资格鉴定与认证

GB/T 12604.4 无损检测 术语 声发射检测

GB/T 19800 无损检测 声发射检测 换能器的一级校准

GB/T 19801 无损检测 声发射检测 声发射传感器的二级校准

GB/T 20737 无损检测 通用术语和定义

GB/T 20921 机器状态监测与诊断 词汇

GB/T 34370.1 游乐设施无损检测 第1部分：总则

GB/T 34370.2 游乐设施无损检测 第2部分：目视检测

GB/T 34370.3 游乐设施无损检测 第3部分：磁粉检测

GB/T 34370.4 游乐设施无损检测 第4部分：渗透检测

GB/T 34370.5 游乐设施无损检测 第5部分：超声检测

GB/T 34370.6 游乐设施无损检测 第6部分：射线检测

GB/T 36668.1 游乐设施状态监测与故障诊断 第1部分：总则

3 术语和定义

GB/T 12604.4、GB/T 20737、GB/T 20921、GB/T 36668.1 界定的以及下列术语和定义适用于本文件。

3.1

声发射监测 acoustic emission monitoring

对游乐设施转动部件运行状态的声发射数据和信息的监测和采集。

4 方法概述

4.1 基本原理

游乐设施设备的转动部件在无故障正常运转时，其结构自身存在的摩擦将产生噪声，通过空气和部件壳体向外传播，被安装在壳体上的声发射传感器接收，获取的声发射信号有效值电压(RMS)或能量(Energy)较规则且幅值低。当出现机械结构损伤或磨损、润滑不当、结构不对称、安装故障等情况时,设备运转过程中结构间将发生剧烈摩擦或碰撞现象,此时获取的声发射信号有效值电压或能量出现不规则和高峰值的特点。通过监测声发射有效值电压或能量的变化,对游乐设施的转动部件进行状态监测与故障诊断。

图1为游乐设施转动部件声发射状态监测原理示意图,转动部件以滚动轴承为例,滚动轴承无故障正常运转时采集的声发射信号RMS随时间变化较规律且幅值低,滚动轴承故障时采集的声发射信号RMS出现不规则的高峰值。

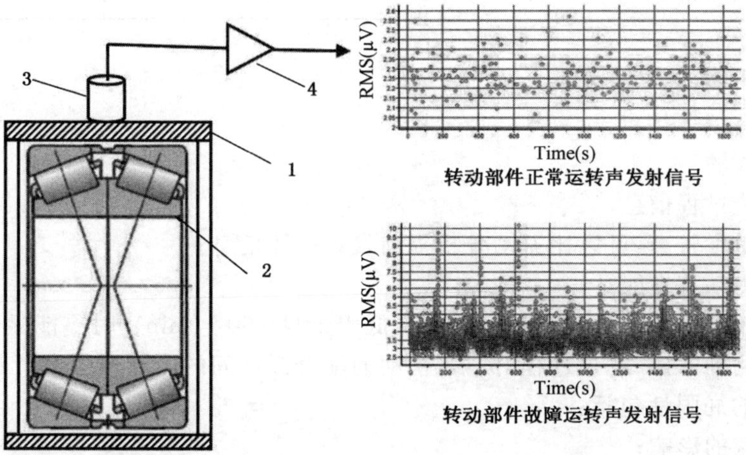

说明:

1——部件壳体;

2——转动部件(以滚动轴承为例);

3——声发射传感器;

4——信号采集系统。

图1　游乐设施转动部件声发射状态监测原理示意图

4.2　用声发射进行设备状态监测

声发射状态监测应选择合适的参数分析声发射系统获取的数据。其评价结果并不依赖于所测声发射参数的绝对值,而是依赖于在特定的运行状态下声发射参数的变化趋势。应注意声发射活性将会因设备、运行状态和设备负荷的不同而变化,用声发射监测可发现的典型故障见表1。

注:声发射状态监测的目的是为了评定滚动部件持续运转期间的"健康"状态。其目标是当转动部件有某些缺陷而使运转出现异常,减少设备的预期寿命,在设备运转系统完全失效之前及时识别出"非健康"状态,使之有足够的时间采取补救措施,从而建立一个既经济又有效的维修计划。

表1　应用声发射进行设备状态监测可发现的典型故障

设备类型	故障					
	轴承损伤	机械密封异常摩擦	磨损	润滑剂污染和润滑剂损耗	严重不对中	安装故障
泵	√	√	√	√	√	√
齿轮箱	√	—	√	√	√	√

表 1（续）

设备类型	故障					
	轴承损伤	机械密封异常摩擦	磨损	润滑剂污染和润滑剂损耗	严重不对中	安装故障
电机	√	—	—	√	√	√
低速旋转设备（转速通常小于 60 r/min）	√	—	√	√	√	√

4.3 声发射监测的优点和局限性

声发射监测有以下优点：

a） 非介入式的；

b） 提供实施过程信息；

c） 由于灵敏度较高，可以比振动分析提前发现故障信息；

d） 可以监测动态性能；

e） 适用于较宽的转速范围，特别在低速[低于 1 Hz(60 r/min)]时更能显示出其优点；

f） 可以监测到摩擦/磨损过程，例如，松动的配合部件间的摩擦或者润滑状况的恶化。

声发射监测的局限性包括：

a） 易受衰减的影响；

b） 易受高的运行背景噪声的影响；

c） 不能将监测到的声发射缺陷特征与准确的故障机理相联系。

4.4 干扰因素

在进行声发射监测之前，应清楚潜在的噪声源，例如电子噪声（电磁和无线电频率干扰）、空气噪声（漏气或在有风的环境下沙粒的撞击）、运行背景噪声（流体在管中的流动）和机械背景噪声，它们的存在可能影响声发射监测结果。

5 安全要求

本章并未列出实施时所有的安全要求，使用本部分的用户应在实施前建立安全准则。

实施过程中的安全要求至少如下：

a） 监测人员应遵守游乐设施现场运行的安全要求，据监测地点的要求穿戴防护工作服和佩戴有关防护设备；

b） 应注意被监测设备的温度状态，以免烫伤；

c） 监测时，应注意游乐设施启动及运转时轿厢的移动，防止人员碰撞及连接电缆的阻碍；

d） 在高空进行操作时，应考虑人员、监测设备器材坠落等因素，并采取必要的保护措施。

6 人员要求

采用本部分进行监测的人员应按 GB/T 9445 的要求或有关主管部门的规定取得相应检测监测人员资格鉴定机构颁发或认可的声发射检测监测等级资格证书，从事相应资格等级规定的检测监测工作。

7 设备和器材要求

7.1 声发射监测系统

声发射监测系统应包括传感器、前置放大器、系统主机、显示和存储等单元。监测系统的性能应符合附录 A 的要求。

7.2 采集系统

图 2 为典型的监测声发射数据采集系统示意图。通常连接在被监测设备上的传感器依次与前置放大器、数据采集系统相连，有些声发射传感器包含内置前置放大器。系统可以是固定式、半固定式或便携式。

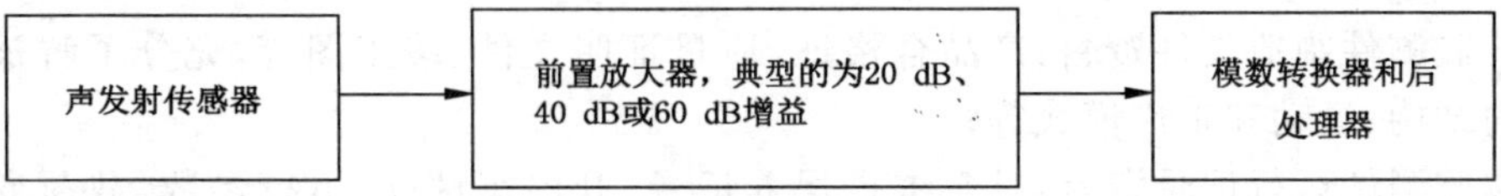

图 2 采集系统示意图

7.3 设备的维护和校准

仪器使用单位应制定校准作业指导书，对设备进行周期性维护、检查和校准，以保证仪器功能，校准结果应有相应记录和报告。

在现场进行监测时，如怀疑设备的结果，应对设备进行功能检查和调整，并对每次维护检查的结果进行记录。

声发射传感器、前置放大器和系统主机每年应至少进行一次校准。声发射传感器的校准按 GB/T 19800和 GB/T 19801 的要求进行，其他部件的校准按仪器制造商规定的方法进行，其结果不得低于附录 A 的要求。

8 监测工艺规程

8.1 通用监测工艺规程

从事声发射监测的单位应按本部分的要求制定通用声发射监测工艺规程，其内容应至少包括如下要素：

a) 适用范围；
b) 引用标准、法规；
c) 实施人员资格；
d) 监测仪器设备：耦合剂、传感器、传感器夹具、信号线、前置放大器、电缆线、仪器主机、监测数据采集和分析软件等；
e) 被监测设备与部件的信息：名称、类型、编号、结构形式、尺寸、安装地点、设计与运行参数；
f) 传感器安装位置及传感器安装方式；
g) 运行工况和监测时机；
h) 灵敏度测量；
i) 监测过程和数据分析解释；
j) 监测结果的评定；
k) 监测记录、报告和资料存档；
l) 编制、审核和批准人员；

m）编制日期。

8.2 监测作业指导书或工艺卡

对于每个被监测部件或每套被监测设备，应按照8.1的要求制定声发射监测作业指导书或工艺卡。

9 监测方法

9.1 监测前的准备

9.1.1 资料审查

资料审查应包括下列内容：

a）被监测件制造文件资料：产品合格证、质量证明文件、竣工图等，充分了解被监测设备的结构、运动和工作模式等；

b）被监测件运行记录资料：日常维护保养记录、开停车情况、运行参数、载荷变化情况以及运行中出现的异常情况等；

c）检验资料：历次检验与监测报告、失效故障的历史、以往的声发射数据；

d）其他资料：修理和改造的文件资料等。

9.1.2 现场勘查

应找出所有可能出现的噪声源，如电磁干扰、空气噪声、运行背景噪声和机械背景噪声等，应设法尽可能排除这些噪声源。

9.1.3 实施条件确定

9.1.3.1 人员联系方式的确定

根据现场情况确定实施条件，建立声发射监测人员和设备运行控制人员的联络方式。

9.1.3.2 确定游乐设施运行程序

根据设备的类型和实际运转工况确定设备的运行程序。

9.1.4 监测作业指导书或工艺卡的编制

对于每个监测部件或每套被监测设备，应根据使用的仪器和现场实际情况，按照通用监测工艺规程编制声发射监测作业指导书或工艺卡，确定声发射传感器安装的部位和表面条件，同时对被监测设备进行测绘，对监测部位进行编号，画出被监测设备结构示意图。在不影响监测的情况下，传感器应安装在尽可能靠近转动部件的部位。

9.2 基线设定

基线数据主要用于与后续的测量值进行比较对比以发现被监测对象的变化。基线数据的确定应准确规定游乐设施的初始稳定工况，基线数据宜在设备正常运行状态下获取。对于有多个运行工况的设备，应对每种工况建立基线。

对于新的和大修后的设备，通常会观测到在运行的前几天或几周内测量值的变化，因此，在采集基线数据之前，应规定磨合时间。

对于已经运行相当长时间的设备且是第1次监测，它的基线可以作为设备趋稳的参考点。

9.3 传感器的安装

传感器的安装应满足如下要求：

a）按照示意图确定的传感器安装部位安装传感器；

b） 对传感器的安装部位进行表面处理，使其表面平整并露出金属光泽；如表面有光滑致密的保护层，也可予以保留，但应测量保护层对声发射信号的衰减；
c） 在传感器的安装部位涂上耦合剂，耦合剂应采用声耦合性能良好的材料，推荐采用真空脂、凡士林、黄油等材料，选用耦合剂的使用温度等级应与被检件表面温度相匹配；
d） 将传感器压在确定的安装部位，使传感器与安装部位接触面达到良好的声耦合状态；
e） 采用磁夹具或其他方式将传感器牢固固定在安装部位，并保持传感器和固定装置的绝缘；
f） 特殊情况下，应采用传感器列阵。

9.4 声发射监测系统的调试

9.4.1 概述

将已安装的传感器与前置放大器和系统主机用电缆线连接，开机预热至系统稳定工作状态，对声发射监测系统进行初步工作参数设置和系统调试。

9.4.2 模拟源

用模拟源来测试监测灵敏度和校准定位。模拟源应能重复发出弹性波。可以采用声发射信号发生器作为模拟源，也可以采用 ϕ0.3 mm、硬度为 2H 或 ϕ0.5 mm、硬度为 HB 的铅笔芯折断信号作为模拟源。铅芯伸出长度约为 2.5 mm，与传感器安装部位表面的夹角为 30°左右，在距传感器中心(100±5)mm处折断。其响应幅度值应取三次以上响应的平均值。

9.4.3 通道灵敏度测试

在监测开始之前和结束之后应进行通道灵敏度的测试。应对每一个通道进行模拟源声发射幅度值响应测试，每个通道响应的幅度值与所有通道的平均幅度值之差应不大于±3 dB。如系统主机有自动传感器测试功能，监测结束后可采用该功能进行通道灵敏度测试。

9.4.4 背景噪声测量

通过降低门槛电压来测量每个通道的背景噪声，设定每个通道的门槛电压至少大于背景噪声6 dB，然后对整个监测系统进行背景噪声测量，测量时间应不少于 5 min。如果背景噪声接近或大于游乐设施运行时的声发射信号强度，应设法消除背景噪声的干扰，否则不宜进行声发射监测。

9.5 监测实施

9.5.1 被监测设备的加载

在空载条件下，被监测设备按其运行方式正常运转，运行时间应保证获取足够的声发射数据。

声发射监测应在设备启动运行转速达到正常运转速度后开始进行。连续标记至少 10 个运转周期，并且保证设备连续运转一周。如设备具有不同转速、不同转向等多种工况，应在设备实际运转的每一种工况下分别测试。

9.5.2 监测环境

监测应在环境条件许可时进行，如存在影响监测结果的因素应设法排除后进行监测。

监测过程中，应注意下列因素可能产生影响监测结果的噪声：

a） 外部机械振动；
b） 构件的移动或碰撞；
c） 电磁干扰；

d） 风、雨、冰雹等的干扰；

e） 气动、液压件的泄漏等。

监测过程中如遇到强噪声干扰，应停止运行并暂停监测，排除强噪声干扰后再进行监测。

9.5.3 监测数据采集与过程观察

监测数据应至少采集附录A中规定的参数，并能够采集声发射信号波形。

监测时应观察声发射有效值电压和（或）能量随时间的变化趋势。

9.5.4 监测数据分析

从监测数据中标识出监测过程中出现的噪声数据，并在监测记录中注明。

利用软件滤波或数据图形显示分析的方法，从监测数据中分离出非相关声发射信号，并在监测记录中注明。

9.6 监测记录

监测记录的主要内容至少包括第13章列出的内容，监测记录和数据应在设备全生命周期内予以保存。

10 监测结果评价与分级

10.1 结果分级

监测结果的等级根据声发射数据得到的监测曲线的平均值与基线数据的比值 K 来评价。

监测结果的分级按表2进行。表2中的 a、b、c 值应由试验来确定，表3是以滚动轴承为例的转动部件采用不同程度故障曲线的平均值与无故障数据（基线数据）的比值划分监测结果等级的推荐值。

表2 监测结果的等级划分

监测结果的等级	监测曲线的平均值与基线数据的比值 K
Ⅰ	$K<a$
Ⅱ	$a \leqslant K<b$
Ⅲ	$b \leqslant K \leqslant c$
Ⅳ	$K>c$

表3 试验滚动轴承采用不同程度故障的RMS平均值曲线的平均值与无故障数据的比值进行等级划分

监测结果的等级	故障曲线的平均值与无故障数据的比值 K
Ⅰ	$K<1.1$
Ⅱ	$1.1 \leqslant K<1.4$
Ⅲ	$1.4 \leqslant K \leqslant 1.7$
Ⅳ	$K>1.7$

10.2 结果验证

监测结果评级为Ⅰ级的，不需要进行验证。若连续几次监测结果均为Ⅰ级，可适当延长监测周期。

监测结果评级为Ⅱ级的，可根据被检部件的使用情况缩短监测周期。

监测结果评级为Ⅲ级的，应大幅缩短监测周期并根据实际情况确定是否需要验证。

监测结果评级为Ⅳ级的，应立即停止设备的运行，拆卸转动部件，采用其他检测方法进行验证。

监测结果评级的验证应按 GB/T 34370.1～GB/T 34370.6 所规定的检测方法进行表面和(或)内部缺陷检测。

11 故障诊断

11.1 测量间隔

应根据设备的新旧程度、运行状况和上一次监测结果确定下一次监测时间间隔，首次监测后一般不超过 12 个月应再次监测。测量间隔的调整用于掌握故障发生征兆以及预期故障的劣化速度和行为，目的在于准确预报故障。

11.2 声发射信号判读

数据分析的主要目的是将声发射测量结果和运行状态联系起来，测量或监测任何偏离基线的偏差，以帮助识别设备的状态。

由声发射评价设备运行状态所采用的准则至少包括：

a） 声发射信号强度随时间的延续持续增大；

b） 稳态运行期间异常的声发射信号；

c） 在故障重复频率出现幅值调制信号。

11.3 故障诊断程序

典型的故障诊断可遵循如下步骤：

a） 将监测曲线与基线数据比对，分析曲线变化的趋势与特征，结合转动部件的运转参数，诊断故障发生部位；

b） 提取监测曲线相对基线数据明显变化的声发射信号波形，分析其频谱特性，诊断故障类型；

c） 发布报告。

12 维修策略

维修策略应依据验证后的声发射评估结果进行设置。

转动部件的维修应考虑拆卸和不拆卸两种情况。对于大型转动部件，且不易拆卸的，应提高一个维修等级；对于可拆卸转动部件，按照 GB/T 36668.1 执行等级划分。

13 记录和报告

13.1 记录

应按监测工艺规程的要求记录监测数据或信息，至少应包括 13.2 中所列的内容，并按相关法规、标准和(或)合同要求保存所有记录。

监测时如遇不可排除因素的噪声干扰，如人为干扰、风、雨和泄漏等，应如实记录，并在监测结果中注明。

13.2 报告

声发射监测报告至少应包括以下内容：

a）被监测设备使用单位名称、地址及联系方式；
b）被监测设备名称、类型、安装地点、安装日期；
c）被监测转动部件的类型、型号、转速；
d）监测周期和缺陷情况；
e）执行标准和(或)参考标准；
f）监测方式、仪器型号、耦合剂、传感器型号及固定方式；
g）各通道灵敏度测试结果；
h）各通道门槛和系统增益的设置值；
i）背景噪声的测定值；
j）传感器安装位置示意图；
k）监测软件名及数据文件名；
l）设备运转一周声发射信号历程图(包括本次及前一次监测结果)；
m）典型声发射信号的波形图；
n）监测结果分析、等级划分及数据图；
o）故障诊断结论；
p）监测人员、报告编写人和审核人签字及资格证书编号；
q）监测和出具报告的日期。

附　录　A
（规范性附录）
声发射系统性能要求

A.1　传感器

传感器的响应频率推荐在 60 kHz～300 kHz 范围内，其灵敏度不小于 60 dB[表面波声场校准，相对于 1 V/(m・s^{-1})]或－77 dB [纵波声场校准，相对于 1 V/μbar]。当选用其他频带范围内的传感器时，应考虑灵敏度的变化，以确保所选频带范围内有足够的接收灵敏度。应能屏蔽无线电波或电磁噪声干扰。传感器在响应频率和工作温度范围内灵敏度变化应不大于 3 dB。传感器与被检件表面之间应保持电绝缘。

A.2　信号线

传感器到前置放大器之间的信号电缆长度应不超过 2 m，且能够屏蔽电磁干扰。

A.3　信号电缆

前置放大器到系统主机之间的信号电缆应能屏蔽电磁噪声干扰。信号电缆衰减损失应小于1 dB/30 m。信号电缆长度不宜超过 150 m。

A.4　耦合剂

耦合剂应能在试验期间内保持良好的声耦合效果。应根据设备壁温选用无气泡、黏度适宜的耦合剂。可选用真空脂、凡士林及黄油。

A.5　前置放大器

前置放大器短路噪声有效值电压不大于 7 μV。在工作频率和工作温度范围内，前置放大器的频率响应变化不超过 3 dB。前置放大器的频率响应应与传感器的频率响应相匹配，其增益应与系统主机的增益设置相匹配，通常为 40 dB 或 34 dB。如果前置放大器采用差分电路其共模噪声抑制应不低于 40 dB。

A.6　滤波器

放置在前置放大器和系统主机处理器内的滤波器的频率响应应与传感器的频率响应相匹配。

A.7　系统主机

A.7.1　声发射系统主机应有覆盖检验区域的足够通道数，应至少能实时显示和存储声发射信号的参数(包括到达时间、门槛、幅度、振铃计数、能量、上升时间、持续时间、撞击数、有效值电压)，至少具备一个通道采集波形，宜具有接收和记录载荷、温度等外部电信号的功能。

A.7.2　各个通道的独立采样频率应不低于传感器响应频率中心点频率的 10 倍。

A.7.3　门槛精度应控制在±1 dB 的范围内。

A.7.4 声发射信号计数测量值的精度应在±5%范围内。

A.7.5 从信号撞击开始算起10 s之内,声发射系统对每个通道在采集、处理、记录和显示过程中应具有处理不少于每秒10个声发射撞击信号的能力。当出现大量数据以致发生堵塞情况,系统应能发出报警信号。

A.7.6 峰值幅度测量值的精度应在±2 dB范围内,同时满足信号不失真的动态范围不低于65 dB。

A.7.7 有效值电压和能量测量值的精度应在±5%范围内。

A.7.8 时差定位声发射监测系统,每个通道的上升时间、持续时间和到达时间的分辨率应不大于0.25 μs,精度应在±1 μs范围内,各通道之间的误差应不大于平均值的±3 μs。

A.7.9 系统测量外接参数电压值的精度应不低于满量程的2%。

A.7.10 声发射采集软件应能实时显示声发射信号的参数、声发射信号参数之间和参数随压力或时间的关联图,以及声发射定位源的线定位和平面定位图,实时显示的滞后时间应不超过5 s。

A.7.11 声发射分析软件应能回放原始声发射监测数据,并能根据重新设定的条件对声发射监测数据进行滤波、定位、关联和识别等分析处理。

ICS 97.200.40
Y 57

中华人民共和国国家标准

GB/T 36668.3—2018

游乐设施状态监测与故障诊断
第3部分：红外热成像监测方法

Condition monitoring and fault diagnostics of amusement device—Part 3: Infrared thermography monitoring method

2018-09-28 发布　　2019-04-01 实施

国家市场监督管理总局
中国国家标准化管理委员会　发布

前　　言

GB/T 36668《游乐设施状态监测与故障诊断》分为以下3部分：

——第1部分：总则；

——第2部分：声发射监测方法；

——第3部分：红外热成像监测方法。

本部分为GB/T 36668的第3部分。

本部分按照GB/T 1.1—2009给出的规则起草。

请注意本文件的某些内容有可能涉及专利。本文件的发布机构不承担识别这些专利的责任。

本部分由全国索道与游乐设施标准化技术委员会(SAC/TC 250)提出并归口。

本部分起草单位：中国特种设备检测研究院、中山市金马科技娱乐设备股份有限公司、华侨城集团有限公司、华中科技大学、温州南方游乐设备工程有限公司、北京实宝来游乐设备有限公司。

本部分主要起草人：沈功田、俞跃、胡斌、张勇、刘喜旺、李坚、叶超、武新军、吴占稳、陈建生、吴茉、李勇、梁朝虎、王尊祥、沈勇、肖原。

游乐设施状态监测与故障诊断 第3部分:红外热成像监测方法

1 范围

GB/T 36668 的本部分规定了应用红外热成像技术对游乐设施进行运行状态监测与诊断的方法及结果评价与分级。

本部分适用于在制和在用游乐设施机械及电气部分的状态监测与故障诊断。

2 规范性引用文件

下列文件对于本文件的应用是必不可少的。凡是注日期的引用文件,仅注日期的版本适用于本文件。凡是不注日期的引用文件,其最新版本(包括所有的修改单)适用于本文件。

GB/T 9445 无损检测 人员资格鉴定与认证

GB/T 12604.9 无损检测 术语 红外检测

GB/T 19870 工业检测型红外热像仪

GB/T 20306 游乐设施术语

GB/T 20737 无损检测 通用术语和定义

GB/T 20921 机器状态监测与诊断 词汇

GB/T 28706 无损检测 机械及电气设备红外热成像检测方法

GB/T 34370.1 游乐设施无损检测 第1部分:总则

GB/T 34370.2 游乐设施无损检测 第2部分:目视检测

GB/T 34370.3 游乐设施无损检测 第3部分:磁粉检测

GB/T 34370.4 游乐设施无损检测 第4部分:渗透检测

GB/T 34370.5 游乐设施无损检测 第5部分:超声检测

GB/T 34370.6 游乐设施无损检测 第6部分:射线检测

GB/T 36668.1 游乐设施状态监测与故障诊断 第1部分:总则

3 术语和定义

GB/T 12604.9、GB/T 19870、GB/T 20306、GB/T 20737、GB/T 20921、GB/T 28706 界定的以及下列术语和定义适用于本文件。

3.1

衰减介质 attenuating media

可衰减从辐射源发射出的红外辐射的介质,譬如窗口、滤镜、大气、外部光学器件等。

3.2

等温线 isotherm

应用于标示表观温度相等区域的图像增强特性。

3.3

反射表观温度　reflected apparent temperature

T_{refl}

其他目标通过被测目标反射到红外热像仪上的表观温度。

3.4

红外热成像监测　infrared thermography monitoring

对游乐设施机械部件、液压系统或电气系统运行状态进行红外热成像监测及数据和信息采集。

4 方法概述

4.1 基本原理

红外热成像方法的基本原理见图1。高于绝对零度的物体都会产生热辐射，其表面辐射强度与物体表面发射率、温度等有关，一般情况下辐射主要集中在红外波段。红外热成像方法是通过测量物体在红外波段辐射强度来计算物体表面的温度场，形成热像图，利用表面的温度场来判断物体内部热源和热量传导路径，从而达到对物体内部结构、材料缺陷等监测的目的；根据大气窗口，通常采集中波(波长3 μm～5 μm)或远波(波长 8 μm～14 μm)的红外辐射。当设备运行状态发生异常时，通常会造成温度的异常并体现在热像图中，通过记录并分析热像图可以判断设备当前的运行状态和故障情况。

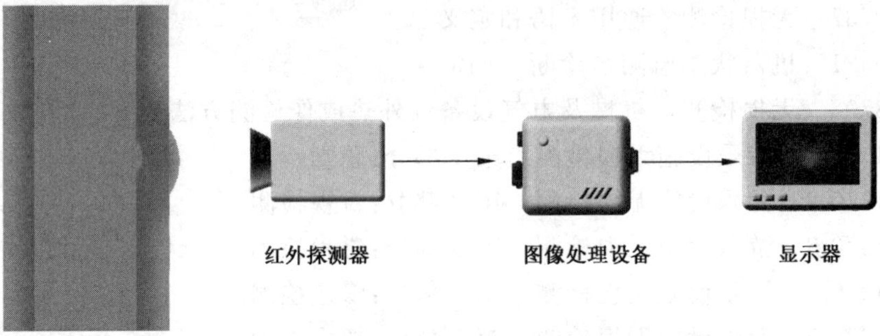

图1　红外热成像监测原理图

4.2 红外热成像监测的分类

红外热成像分为定量热成像和定性热成像。定量热成像是通过测定温度近似值的方法来评估被监测设备或部件的状态，将该温度近似值与在役设备的温度或基线数据进行比对判断设备的运行状态是否正常。定性热成像是在相同或相似运行状态下，将同一部件或类似部件的热分布图或热轮廓图进行比较；在搜寻不同的热分布图和热轮廓图的过程中，任何两台或多台相似目标无需给出热分布的具体温度值，即可根据差异变化的程度确定异常状态。定性热成像仅能探测缺陷，定量热成像却能确定状态恶化的严重程度。

4.3 机械设备温度异常产生的原因

在机械设备中，温度异常升高通常是由润滑不充分造成的摩擦增加、未对中、部件磨损、载荷异常等原因引起；温度异常降低通常是由零部件失效引起。对于保温系统，其温度异常通常是由保温材料缺少、老化和安装不当等原因造成。

4.4 电气设备温度异常产生的原因

在电气设备中,温度异常升高通常是由连接松弛或老化造成的电阻增大、短路、过载、载荷不平衡或元件安装不当等原因引起;温度异常降低通常是由组件失效造成。

4.5 红外热成像监测的优点和局限性

红外热成像监测有以下优点:

a) 非介入式的,可远距离、不接触实施;

b) 提供实施过程信息;

c) 准确、快速、直观地显示物体表面的温度场;

d) 可以监测动态性能;

e) 不受电磁干扰,尤其适用于机电系统的监测;

f) 可在完全无光的夜晚实施。

红外热成像监测的局限性包括:

a) 不能准确确定对象状态;

b) 易受环境影响;

c) 被监测对象不能有遮挡。

4.6 干扰因素

在进行红外热成像监测之前,应清楚潜在的噪声源,例如环境温度、周围热源、强光背景、环境辐射和大气条件,它们的存在可能影响红外热成像监测结果。

5 安全要求

本章没有列出实施时所有的安全要求,使用本部分的用户应在实施前建立安全准则。

实施过程中的安全要求至少如下:

a) 监测人员应遵守游乐设施现场运行的安全要求,根据监测地点的要求穿戴防护工作服和佩戴有关防护设备;

b) 应注意被监测设备的温度状态,以免烫伤;

c) 在线监测时,应注意游乐设施的启动和运转,防止人员碰撞;

d) 在高空进行操作时,应考虑人员、监测设备器材坠落等因素,并采取必要的保护措施;

e) 除非具有持证电工、专业工程师或其他同等资格,红外监测人员不应执行通常由这些专业人员完成的任务,不应移动或替换外盖,不应打开或关上装有机械或电气设备的机柜,不应测量设备的电气负荷,不应触碰任何设备,并应与之保持安全距离。

6 人员要求

采用本部分进行监测的人员应按 GB/T 9445 的要求或有关主管部门的规定取得相应检测监测人员资格鉴定机构颁发或认可的红外热成像检测监测等级资格证书,从事相应资格等级规定的检测监测工作。

7 设备和器材要求

7.1 红外热像仪

应能满足 GB/T 19870 的要求,且与被监测设备的温度范围相匹配。

7.2 数字温度计

应至少配备一支数字温度计用于测量被监测设备的表面温度,一般应在测试过程中利用数字温度计对物体表面发射率和光路衰减进行校正。

7.3 红外反光镜

应至少配备一个红外反光镜,用于监测红外摄像仪不能直接观察的设备部位。

7.4 设备的维护和校准

应制定书面规程,对红外热像仪进行周期性维护和检查,以保证仪器功能。

应根据原设备制造商的指南或既定的工业规范对使用的红外热像仪进行校准。应根据制造商的推荐、客户的要求或任何适用的工业标准,用可追溯的黑体参考源对红外热像仪进行校准、检查、并出具证书。

在现场进行监测时,如怀疑设备的监测结果,应对设备进行功能检查和调整,并对每次维护检查的结果进行记录。

8 监测工艺规程

8.1 通用监测工艺规程

从事红外热成像监测的单位应按本部分的要求制定通用红外热成像监测工艺规程,其内容应至少包括如下要素:

a) 适用范围;
b) 执行标准、法规;
c) 监测人员资格;
d) 监测仪器设备:如红外热成像镜头、主机、监测数据采集和分析软件等;
e) 被监测设备和部件的信息:名称、编号、安装地点、结构形式、如几何形状与尺寸、材质、设计与运行参数;
f) 被监测设备表面状态;
g) 运行工况和监测时机;
h) 红外发射率;
i) 监测过程和数据分析解释;
j) 监测结果评定;
k) 监测记录、报告和资料存档;
l) 编制、审核和批准人员;
m) 编制日期。

8.2 监测作业指导书或工艺卡

对于每个被监测部件或每套被监测设备,应按照 8.1 的要求制定红外热成像监测作业指导书或工艺卡。

9 监测方法

9.1 监测前的准备

9.1.1 资料审查

资料审查应包括下列内容：

a) 被监测设备制造文件资料：产品合格证、质量证明文件、竣工图等，充分了解被监测设备的结构、运动和工作模式等；

b) 被监测设备运行记录资料：日常维护保养记录、开停车情况、运行参数、载荷变化情况以及运行中出现的异常情况等；

c) 检验资料：历次检验、检测与监测报告；

d) 其他资料：修理和改造的文件资料等。

9.1.2 现场勘查

应对被监测设备现场进行勘察，找出所有可能影响监测的因素，如设备表面状态、外保护层情况、周围存在的热辐射源等。在监测时应设法尽可能避免这些因素的干扰。

9.1.3 监测作业指导书或工艺卡的编制

对于每个被监测部件或每套被监测设备，应根据使用的仪器和现场实际情况，按照通用监测工艺规程编制红外热成像监测作业指导书或工艺卡，确定监测的部位和表面条件，同时对被监测设备进行测绘，对监测部位进行编号，画出被监测设备结构示意图。

9.1.4 被监测设备准备

进行监测之前应对设备做如下准备工作：

a) 获得对被监测设备管理人员的许可；

b) 应在监测开始前打开或(和)移开相关的机柜和端盖，可直接观察到被监测设备。

9.2 监测表面条件要求

被监测部件或设备表面发射率应接近均匀，无大面积疏松的锈蚀层和液体，否则应进行表面处理。

9.3 热像仪红外发射率的设置

在条件允许时，采用数字式温度计直接测量被监测设备一个部位的表面温度，然后调整红外热象仪的红外发射率参数，直到热象仪的温度显示与数字式温度计的测量数值相同，将此值作为红外热像仪的发射率参数值。

9.4 基线测量

应对游乐设施的关键部位进行基线测量，作为诊断和预判的参考。对于在同样的负荷和环境条件下运转的设备或零部件，在进行后续红外热成像检查时，可以用第一次或者上一次基线测量时得到的热谱图与之比较，以避免增加维修工作，或防止重大事故的发生。

9.5 反射表观温度、发射率的现场测量

应对反射表观温度和发射率进行现场测量以获得正确的温度。测量应遵照附录 A 或既定

工业标准和惯例、规范性参考文件及制造商指南进行。

9.6 监测实施

9.6.1 被监测设备的加载

应确保被监测设备有适当的负荷,必要时增加满足要求的负荷,对被监测设备进行持续加载保证产生稳定的红外热像图。

9.6.2 监测环境

监测应在环境条件许可时进行,如存在影响监测结果的因素应设法排除后进行监测。

监测过程中,应注意下列因素可能产生影响监测结果的因素:

a) 大气衰减(相对湿度、尘埃及悬浮粒子)导致的误差;

b) 强热源或热光源的干扰;

c) 风速加快物体表面的散热;

d) 尘埃及悬浮粒子使红外辐射能量衰减导致的误差;

e) 临近物体热辐射的影响;

f) 遮挡物的影响。

监测过程中如遇到强噪声干扰,应停止运行并暂停监测,排除强噪声干扰后再进行监测。

9.6.3 监测

在被监测设备达到预定载荷稳定运行的条件下,进行红外热成像监测。首先设定实测的红外发射率,然后对被监测设备进行扫查监测,发现可能存在的温度异常部位;一旦发现温度异常部位,应记录红外热像图,同时在被监测设备上对温度异常部位作出标识,并拍下被监测设备部位的可见光照片。

9.6.4 数据采集

数据采集应满足以下要求:

a) 应在有利于采集准确数据的环境和物理条件下进行,例如日照、风速、物体表面和大气条件及热传递等因素都较为有利的条件下;

b) 进行数据采集的操作和环境条件,应与日常的普通条件一致,并且可复现;

c) 应保证按照附录 A 的方法,确定所有的发射率和反射表观温度;

d) 应保证所测目标大小在热像仪的测量空间分辨率允许的范围内;

e) 应尽可能,在维修后,或应客户的要求,对每个异常情况重新监测,以保证运行温度正常,潜在问题得到解决。

9.7 监测记录

监测记录的主要内容至少包括第 13 章列出的内容,监测记录和红外热成像监测数据应在设备全寿命周期内予以保存。

9.8 设备复原

在红外监测人员完成监测和记录后,应立即关闭被打开的机柜和端盖。

9.9 影响监测结果的因素

9.9.1 发射率的影响

当被监测部件或设备表面热发射率较低(<0.5)时应特别注意可能很难发现温度异常,同时,这样的表面反射的红外线可能也会被误读。应注意到潜在的误差并采取合适的方法使之最小化(如:移动热像仪的位置,回避红外反射较强的角度)。

9.9.2 周围环境因素

9.9.2.1 日照、灯光、热辐射源等。

9.9.2.2 风、表面和环境湿度等。

10 监测结果评价与分级

10.1 温度变化严重程度分级准则

10.1.1 严重程度分级准则的建立

当使用红外热成像对游乐设施及其相关部件进行状态监测与诊断时,应制定温度变化严重程度分级准则。严重程度分级准则有下列两种形式:

a) 编制通用类别,将温度变化范围与危险等级一一对应;

b) 针对特定的设备或部件,或相似设备群组或部件组。等级可通过经验和数据累积制定。

严重程度分级准则应基于每一类设备的设计、制造、运行、安装维修的特点、失效模式和危险等级来制定。

严重程度分级准则可针对独立的设备或部件制定。应考虑以下因素:人员安全、针对历史数据的温升、设备或部件在整个过程中的危险等级、确定对其他材料/设备会导致火灾事故的危险等级、环境状况等等。严重程度评估准则可应用于重要设备或部件的温升、轴承温升、电源或接头温升、流体泄漏损失。

可采用 ΔT 标准或将机械系统异常的严重性以温度进行归类。这些温差 ΔT 判据通常是高于已定义参考温度的异常温升。

在一段时间内,对相似的部件、在相似的运行工况和环境条件下、进行多次数据测量,通过对数据的统计分析,可以设定运行参数的极限值,用来跟踪和预测这些部件的温度性能。

一个 ΔT 体系可以与绝对温度判据一起使用,来划分超出最高允许温度的异常等级。

综合考虑环境温度、湿度等的影响,严重程度的判据可以依据温差和最高允许温度进行综合评价。

10.1.2 温差判据

根据系统设计、制造特点或历史数据,建立设备在室温条件下(一般为 20 ℃)的标准热像图(基线温度或评价判据)。用当前采集热像图减去环境温度的影响后,同标准热像图进行比对,分析各部位温差情况。

对于相似设备或设备群组、部件,由于应用类型、工艺过程、环境和设备、占空比等因素的变化,应评估判据的适用性。

10.1.3 最高允许温度判据

可采用已公布的绝对最高允许温度判据为基础来识别机械系统异常。

应熟知有材料判据和设计判据这两种类型的判据：

a） 当关注材料本身的完整性、并要求重点监测时，使用材料判据；

b） 当关注设计的完整性、并要求重点监测时，使用设计判据；因为设计判据通常包含了对材料的要求，并且涵盖性能、操作、可靠性和能力判据，不仅仅是被监测部件材料的完整性，所以设计判据应该总是被优先选用。

当一个异常点使好几个相邻系统部件温度升高时，应使用材料判据。具有最低耐受温度的部件材料优先作为警戒判据。

10.2 分布图分级

分布图分级是一个比较表面温度差异和温度分布的过程。在任何严重程度评估过程中，绝对温度、差异温度和温度分布都需要确定两个关键状态，即“原始状态”和“失效状态”。应确定被监测设备处于上述两种状态之间的何种位置。

分布图分级的关键内容是温度梯度、温度分布变化、历程变化、局部变化、绝对温度、异常定位或与评估相关的分布特性。

应根据10.1对温度及其分布进行严重程度等级划分。

10.3 结果分级

监测结果的等级根据红外热成像测温数据得到的温度分布、基线温度和温差评价。

对于机械设备，监测结果按照严重程度一般分为四级，见表1；对于电气设备，监测结果按照严重程度一般分为两级，见表2；温度等级或温度区间应按照每个设备的运行状态和设计参数具体测试设定。

表1 机械设备红外热成像监测结果的等级划分

监测结果的等级	温升/温度区间
Ⅰ	正常
Ⅱ	偏高
Ⅲ	较高
Ⅳ	异常

表2 电气设备红外热成像监测结果的等级划分

监测结果的等级	温度
Ⅰ	正常
Ⅱ	异常

10.4 结果验证

10.4.1 机械设备的红外热成像监测结果验证

监测结果评级为Ⅰ级的，不需要进行验证。若连续几次监测结果均为Ⅰ级，可适当延长监测周期。

监测结果评级为Ⅱ级的，可根据被监测部件的使用情况缩短监测周期。

监测结果评级为Ⅲ级的，应大幅缩短监测周期并根据实际情况确定是否需要验证。

监测结果评级为Ⅳ级的，应立即停止设备的运行采用其他检测方法进行验证。

监测结果评级的验证应按 GB/T 34370.1～GB/T 34370.6 所规定的检测方法进行表面和(或)内部缺陷检测。

10.4.2 电气设备的红外热成像监测结果验证

监测结果评级为Ⅰ级的，不需要进行验证。若连续几次监测结果均为Ⅰ级，可适当延长监测周期。

监测结果评级为Ⅱ级的，应立即停止设备的运行并进行检修以确定需要更换的器件。

11 故障诊断

11.1 测量间隔

应确定一个监测时间间隔。以掌握预期故障的劣化速度和行为、获取故障发生征兆的温度数据为条件设定监测时间的间隔，设定监测时间间隔的目的在于准确预报故障。针对不同部件和对象，应设置不同的监测时间间隔。

11.2 热图像判读

热图像判读是将设备当前的表面表观温度和温度分布图，与处于理想状态的设计、制造、安装、运行和维护准则的机器以及该机器之前运行中的表面表观温度与温度分布图进行比较的过程。

当使用红外热成像对设备的运行状态进行监测时，应详细了解设备的运行工况，考虑设备的热分布随着运行工况的变化而变化。

当用红外热成像评估设备状态时，应将设备视为一个整体。每幅热图像应作为系列热图像的一部分进行分析，不能用局部热图像作为整台设备的状态来进行分析。

11.3 故障诊断

11.3.1 故障诊断可以是依据机器设计制造分析的，也可以是基于历史档案比对的。

11.3.2 基于设备运行特征的典型的故障诊断可遵循如下步骤：

a) 确定设备在各种状态运行时的预期温度和温度分布；

b) 制定设备在各种状态运行时的严重等级评估判据；

c) 记录设备当前运行状态；

d) 确定设备的温度和分布是在正常运行状态下产生的，还是在故障状态下产生的；

e) 给出故障诊断结果；

f) 如果需要，做故障预测；

g） 发布报告。

11.3.3 基于历史档案的典型的故障诊断可遵循如下步骤：

a） 确定设备在各种状态运行时的预期温度和分布；

b） 制定设备在各种状态运行时的严重等级评估判据；

c） 记录设备当前运行状态；

d） 确定当前运行状态同历史运行状态的温度分布差异；

e） 依据温度分布差异，给出故障诊断结果；

f） 如果需要，做故障预测；

g） 发布报告。

12 维修策略

维修策略应依据验证后的红外热成像评价结果进行设置。

维修分级前应按照机械设备和电气设备进行分类；对于机械设备，维修分级按照 GB/T 36668.1 进行设置为四级；对于电气设备，通常应分为状态良好、需维修更换两级。

13 记录和报告

13.1 记录

应按监测工艺规程的要求记录监测数据和有关信息，并按相关法规、标准和(或)合同要求保存所有记录；除此之外，还应至少包括 13.2 中监测报告的内容。

监测时如遇不可排除因素的噪声干扰，如人为干扰、自然环境热源、相邻设备运行等，应如实记录，并在监测结果中注明。

13.2 报告

红外热成像监测报告至少应包括以下内容：

a） 被监测设备使用单位名称、地址及联系方式；

b） 被监测设备清单，并对未监测设备予以说明，同时标识出表面发射率低的设备；

c） 被监测设备名称、类型、规格、几何尺寸、材料及表面状态、工作环境、安装地点、安装日期及使用年限；

d） 监测周期；

e） 执行标准和(或)参考标准；

f） 监测仪器名称、型号、编号、测温范围、工作波段、制造商等；

g） 监测软件名称、监测设置文件名称及数据文件名称；

h） 所有监测到的温度异常部位的详细情况；

i） 在监测期间，被监测设备运行的详细情况及环境条件；

j） 监测结果分析、等级划分及热谱图；

k） 故障诊断结论；

l） 监测人员、报告编写人与审核人签字及资格证书；

m） 监测和出具报告的日期。

当进行定性红外监测时，监测人员应针对每个被识别出来的温度异常提供以下额外信息：

a） 每个温度异常的准确位置；

b） 对每个异常进行描述；

c） 任何衰减介质的详细情况；

d） 如果构成重要影响，应提供每个温度异常部位的周围环境，如气温、风速、风向和天气状况；

e） 硬拷贝每个异常的热谱图和相应的可见光图像；

f） 所使用的任何窗口、过滤器或外用光学器件的详细情况；

g） 给出异常的评估等级、可能存在的故障及影响被监测设备持续安全运行的重要性描述；

h） 指出或声明所引用的评估判据；

i） 任何可能对结果产生影响的其他信息或特殊状态，包括重复性和对异常的判读。

当进行定量红外监测时，应提供如下额外信息：

a） 所使用的红外热像仪与温度异常区域的距离；

b） 任何时候只要有可能，监测期间机器的最大标称载荷及其实际载荷；

c） 计算温度时用的反射率、反射表观温度；

d） 当使用温差判据时，机器的表面温度、指定的参考温度及其相对温差。

附 录 A
（规范性附录）
现场测量反射表观温度和发射率

A.1 反射表观温度测量

A.1.1 设备

测量目标的反射表观温度，需要如下设备：

a） 一台已标定好的定量红外热像仪，可输入反射表观温度值 T_{refl} 和发射率值 ε；

b） 一面红外反射镜。

A.1.2 反射器测量法

用反射器测量法确定反射表观温度 T_{refl} 的程序如下：

a） 设定红外热像仪的发射率控制为1.00，而距离为0；

b） 将红外热像仪放置在相对于被测目标理想的位置和距离处，将红外热像仪对准目标聚焦；

c） 将反射器置于红外热像仪的视场内，反射器应置于目标表面（见图A.1）之前，并与其在同一平面中，应与任何通电物体或潜在危险物体保持安全工作距离；

d） 保持热像仪的位置不变，测量反射器的表面表观温度，记下的这个温度就是该目标的反射表观温度 T_{refl}；

e） 重复步骤b）～d）至少三遍，取其平均值；

f） 在红外热像仪上的 T_{refl}（有时候是“TAM”“amb. Temp.”“反射表观温度”或“背景温度”）处输入平均反射表观温度获得反射表观温度的补偿值。

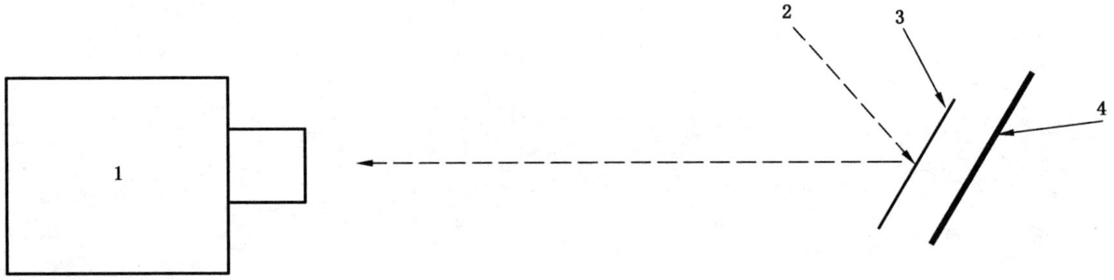

说明：

1——红外热像仪；

2——反射热源；

3——与目标平行的反射器；

4——目标。

图A.1 反射器方法

A.1.3 直接法

用直接法确定反射表观温度 T_{refl} 的程序如下：

a） 设定红外热像仪的发射率控制为1.00。

b) 将红外热像仪放置在相对于被测目标理想的位置和距离处，当用热像仪从所测位置观察目标时，估计反射角 α 和入射角 β（见图 A.2）。

c) 将红外热像仪放置于与目标 α 成反射角处，观察由目标构成的反射源（见图 A.3）。

d) 用热像仪测量这些源的平均表观温度。使用热像仪可用的功能（如区域平均）获得反射表观温度，即为该目标的反射表观温度 T_{refl}。

e) 重复步骤 b)～d) 至少三遍，取其平均值。

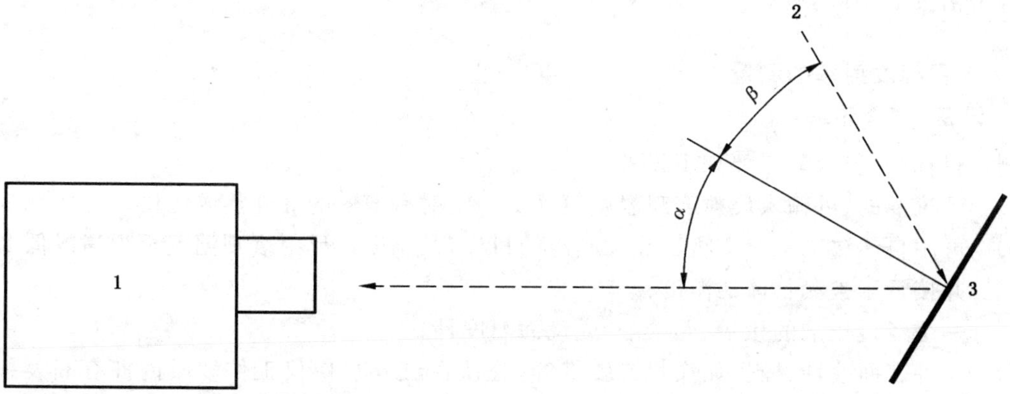

说明：

1 ——红外热像仪；
2 ——反射热源；
3 ——目标；
α ——反射角；
β ——入射角；
$\alpha=\beta$。

图 A.2 直接法：步骤 b)

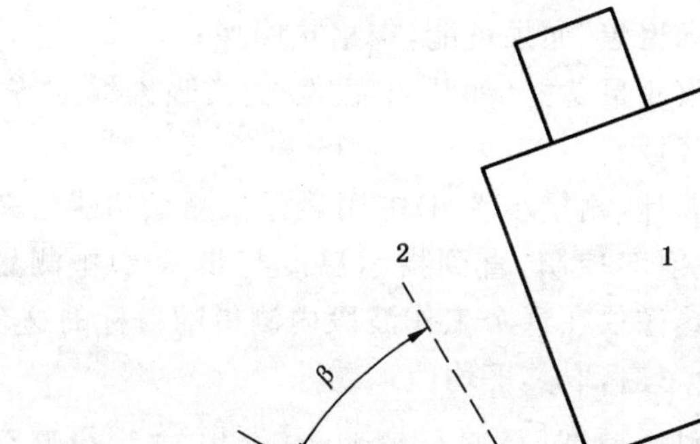

说明：

1 ——红外热像仪；
2 ——反射热源；
3 ——目标；
α ——反射角；
β ——入射角；
$\alpha=\beta$。

图 A.3 直接法：步骤 c)

在红外热像仪上的 T_{refl} 输入平均反射表观温度获得反射表观温度的补偿值。

可从不同角度对目标安装防护装置进行测试，观察热图像上任何可见光或温度的变化。热源或冷源导致的反射辐射误差因目标受到防护屏的保护而减小。

通过移动热像仪，使其与目标的相对位置或角度发生变化，应避免点源（如太阳）产生的辐射。反射表观温度可以低于周围环境温度。

直接法通常不包括以实施人员自身为反射辐射源反射出的热能。自身发射热能在某些情况下可出现极大的偏差。

A.2 单个目标发射率的测量

A.2.1 设备

测量目标的发射率，需要如下设备：

a） 已校准的、可输入反射表观温度值 T_{refl} 和发射率值 ε 的红外热成像仪；

b） 可用自然法或感应法将加热或制冷的目标，其温度比反射表观温度至少高或低 20 ℃，并接近于被测物体的温度；

c） 一个经过校准的接触、非接触、或镜面温度计；

d） 一种表面改性材料，如涂料或胶带等，公认在红外热像仪工作波段内拥有高发射率的材料，其温度接近该目标的温度。

A.2.2 接触法

用接触法确定发射率 ε 的程序如下：

a） 将红外热像仪放置在相对于被测目标理想的位置和距离处；

b） 测量并补偿该目标的反射表观温度；

c） 将红外热像仪对准目标聚焦，如果可能，定格热图像；

d） 使用一个合适的热像仪测量功能（如热点温度、交叉瞄准线或等温线），定义热图像中心部位测量点或测量区域；

e） 用一个接触或镜面点温计，测量步骤 d）中用热像仪测量功能定义的点或区域的温度；

f） 不移动热像仪，调整发射率控制，直到指示温度与步骤 e）中测量的接触温度相等；这个指示发射率值就是热像仪在这个工作波段内测得的目标的这个温度的发射率值；

g） 重复步骤 b）～f） 至少三遍，取其平均值；

h） 在红外热像仪提示发射率输入后（通常指输入“发射率 ε”），输入发射率的平均值，获得发射率的补偿值。

A.2.3 参考发射率材料法

参考发射率材料法如下：

a） 将红外热像仪放置在相对于被测目标理想的位置和距离处，将红外热像仪对准目标聚焦；

b） 测量并补偿目标的反射表观温度；

c） 将表面改性材料贴在或迅速靠近所测目标，确认表面改性材料干燥或者与目标有良好的接触；

d） 输入已知的表面改性材料的发射率值；

e） 将红外热像仪瞄准表面改性材料聚焦，给出足够长的时间直至温度稳定、热图像定格，然后测量并记下指示温度；

f) 将红外热像仪对准目标聚焦，并迅速对准相邻的表面改性材料聚焦，或者移开表面改性材料，将热像仪对准刚才的改性表面聚焦，确保给出足够长的时间直至温度稳定、热图像定格，然后测量并记下指示温度；

g) 定格热图像，调整发射率控制，直到指示温度与以非接触测温方式获得的表面改性材料的温度相等，这个指示发射率值就是热像仪在这个工作波段内测得的目标的这个温度的发射率值；

h) 重复步骤 b)～g)三遍，取其平均值；

i) 在红外热像仪提示发射率输入后(通常指输入“发射率 ε”)，输入发射率的平均值，获得发射率的补偿值。

A.3 附加说明

两种测量发射率的方法都需要接触目标的表面。

任何时候如有可能，应再用其他测温计检验温度测量的结果。

在红外热像仪的工作波段内，只有目标表面不透光，这些方法才有效。

ICS 97.200.40
Y 57

中华人民共和国国家标准

GB/T 36668.4—2020

游乐设施状态监测与故障诊断 第4部分:振动监测方法

Condition monitoring and fault diagnostics of amusement device—
Part 4: Vibration monitoring method

2020-03-06 发布 2020-03-06 实施

国家市场监督管理总局
国家标准化管理委员会 发布

前言

GB/T 36668《游乐设施状态监测与故障诊断》分为以下 6 个部分：

——第 1 部分：总则；

——第 2 部分：声发射监测方法；

——第 3 部分：红外热成像监测方法；

——第 4 部分：振动监测方法；

——第 5 部分：应力检测监测方法；

——第 6 部分：运行参数监测方法。

本部分为 GB/T 36668 的第 4 部分。

本部分按照 GB/T 1.1—2009 给出的规则起草。

请注意本文件的某些内容可能涉及专利。本文件的发布机构不承担识别这些专利的责任。

本部分由全国索道与游乐设施标准化技术委员会(SAC/TC 250)提出并归口。

本部分起草单位：郑州大学、中国特种设备检测研究院、河南省特种设备安全检测研究院、华强方特文化科技集团股份有限公司。

本部分主要起草人：董辛旻、沈功田、郝旺身、刘辉、王国防、李娟娟、胡斌、刘然、陈宏、张君娇、陈磊、王晓亮。

游乐设施状态监测与故障诊断
第4部分:振动监测方法

1 范围

GB/T 36668的本部分规定了应用振动监测技术对游乐设施转动部件进行运行状态监测与诊断的方法及结果评价与分级。

本部分适用于新制造和在用游乐设施转动部件的状态监测与故障诊断。

2 规范性引用文件

下列文件对于本文件的应用是必不可少的。凡是注日期的引用文件,仅注日期的版本适用于本文件。凡是不注日期的引用文件,其最新版本(包括所有的修改单)适用于本文件。

GB/T 2298 机械振动、冲击与状态监测 词汇

GB/T 13824 旋转与往复式机器的机械振动 对振动烈度测量仪的要求

GB/T 14412 机械振动与冲击 加速度计的机械安装

GB/T 20737 无损检测 通用术语和定义

GB/T 20921 机器状态监测与诊断 词汇

GB/T 23718.2 机器状态监测与诊断 人员培训与认证的要求 第2部分:振动状态监测与诊断

GB/T 34370(所有部分) 游乐设施无损检测

GB/T 36668.1 游乐设施状态监测与故障诊断 第1部分:总则

3 术语和定义

GB/T 2298、GB/T 20737、GB/T 20921、GB/T 36668.1界定的以及下列术语和定义适用于本文件。

3.1

振动监测 vibration monitoring

对游乐设施转动部件运行状态的振动数据和信息进行监测和采集。

3.2

振动烈度 vibration severity

振动强烈程度。

注:国际标准化组织推荐振动烈度用机械设备上指定点处的振动速度的均方根值表示。

4 方法概述

4.1 基本原理

游乐设施的转动部件在无故障正常运转时,其振动烈度一般较低。当出现机械结构损伤或磨损、裂纹、安装不当等情况时,其振动烈度一般会增大,并且设备的不同状况(状态级别)的振

动烈度范围是不同的。通过监测振动烈度的变化，对游乐设施的转动部件进行状态评级。

4.2 用振动进行设备状态监测

振动监测应选择合适的参数分析振动系统获取的数据。其评价结果不仅依赖于所测振动参数的绝对值，而且还依赖于在特定的运行状态下振动参数的变化趋势。应注意振动特性将会因设备、运行状态和设备负荷的不同而变化。

4.3 振动监测的优点和局限性

振动监测的优点包括：

a） 非介入式的；

b） 由于灵敏度较高，可以提前发现故障信息；

c） 能实时监测物体运行状态；

d） 振动测量的频率范围较宽，能同时作静态和动态测量，适用性强。

振动监测的局限性包括：

a） 易受高的运行背景噪声的影响；

b） 不能将监测到的振动缺陷特征与准确的故障机理相联系。

5 安全要求

本章并未列出实施时所有的安全要求，使用本部分的用户应在实施前建立安全准则。

实施过程中的安全要求至少如下：

a） 监测人员应遵守游乐设施现场运行的安全要求，根据监测地点的要求穿戴防护工作服和佩戴有关防护设备；

b） 应注意被监测设备外露的旋转部件（如齿轮、轴等），以免衣袖、裤腿、电缆等被绞入；

c） 应注意被监测设备的温度状态，以免烫伤；

d） 监测时，应注意游乐设施启动及运转时轿厢的移动，防止人员碰撞及连接电缆的阻碍；

e） 在高空进行操作时，应考虑人员、监测设备器材坠落等因素，并采取必要的保护措施。

6 人员要求

采用本部分进行监测的人员应按 GB/T 23718.2 的要求或有关主管部门的规定取得相应人员资格鉴定机构颁发或认可的等级资格证书，方可从事相应资格等级规定的监测工作。

7 监测仪器的要求、维护和校准

7.1 要求

监测仪器应包括传感器、主机（含采集、存储、显示等）等单元。监测仪器的性能应符合 GB/T 13824和附录 A 的要求。

7.2 维护和校准

监测仪器使用单位应制定校准作业指导书，对设备进行周期性维护、检查和校准，以保证仪器功能，校准结果应有相应记录和报告。

8 监测工艺规程

8.1 通用监测工艺规程

从事振动监测的单位应按本部分的要求制定通用振动监测工艺规程，其内容应至少包括如下要素：

a） 适用范围；

b） 引用标准、法规；

c） 实施人员资格；

d） 监测仪器设备：传感器、信号线、仪器主机、监测数据采集和分析软件等；

e） 被监测设备与部件的信息：名称、类型、编号、结构形式、尺寸、安装地点、设计与运行参数；

f） 传感器安装位置及传感器安装方式；

g） 运行工况和监测时机；

h） 监测过程和数据分析解释；

i） 监测结果的评价；

j） 监测记录、报告和资料存档；

k） 编制、审核和批准人员；

l） 编制日期。

8.2 监测作业指导书或工艺卡

对于每个被监测部件或每套被监测设备，应按照8.1的要求制定振动监测作业指导书或工艺卡。

9 监测方法

9.1 监测前的准备

9.1.1 资料审查

资料审查应包括下列内容：

a） 被监测件制造文件资料：产品合格证、质量证明文件、竣工图等，充分了解被监测设备的结构、运动和工作模式等；

b） 被监测件运行记录资料：日常维护保养记录、开停车情况、运行参数、载荷变化情况以及运行中出现的异常情况等；

c） 检验资料：历次检验与监测报告、失效故障的历史、以往的振动数据；

d） 其他资料：修理和改造的文件资料等。

9.1.2 现场勘查

应找出所有可能出现的噪声源，如电磁干扰、空气噪声、运行背景噪声和机械背景噪声等，并设法尽可能排除这些噪声源。

9.1.3 实施条件确定

9.1.3.1 人员联系方式的确定

根据现场情况确定实施条件，建立振动监测人员和设备运行控制人员的联络方式。

9.1.3.2 确定游乐设施运行程序

根据设备的类型和实际运转工况确定设备的运行程序。

9.1.4 监测作业指导书或工艺卡的编制

对于每个监测部件或每套被监测设备，应根据使用的仪器和现场实际情况，按照通用监测工艺规程编制振动监测作业指导书或工艺卡，确定振动传感器安装的部位和表面条件，同时对被监测设备进行测绘，对监测部位进行编号，画出被监测设备结构示意图。在不影响监测的情况下，传感器应安装在尽可能靠近转动部件的部位。

9.2 传感器的安装

传感器的安装应满足如下要求：

a) 按照示意图确定的传感器安装部位安装传感器；

b) 对传感器的安装部位进行表面处理，使其表面平整并无油污；

c) 将传感器固定（胶粘、强磁吸附或螺纹连接等方式）在确定的安装部位，使传感器与安装部位接触面具有良好的接触刚度；

d) 安装方法按照 GB/T 14412 的相关规定。

9.3 监测仪器的启动与设置

将已安装的传感器连接到系统主机采集通道接口，并开机启动，设置初步工作参数。

9.4 监测实施

9.4.1 被监测设备的加载

被监测设备的负荷条件及运行时间阶段和持续时间长度应满足以下要求：

a) 在额定载荷条件下，被监测设备按其运行方式正常运转，运行时间应保证获取足够的监测数据；

b) 应分别采集设备启动、运行、停机等 3 个阶段的数据。每阶段应连续采集至少 10 个运转周期。

9.4.2 监测环境

监测应在尽量接近设备实际的工作环境条件下进行。

9.4.3 采集参数设置

采集参数设置的准则至少包括以下内容：

a) 采样频率的设置应至少为最高分析频率的 2 倍；

b) 采样长度的设置应使频谱分辨率不小于 1 Hz；

c) 采样组数应不小于 10 组。

9.4.4 数据保存与过程观察

在设备运行中采集振动信息时，振动数据保存与过程观察应注意下列因素的影响：

a) 采集数据保存时应至少保存各通道的波形信号；

b) 监测过程观察时，应观察振动烈度随时间的变化趋势。

9.4.5 监测数据分析

监测数据进行分析时，应包括以下内容：

a） 画出设备振动的有效值和烈度的趋势，分析设备的状态变化情况；

b） 利用FFT、功率谱等方法分析设备的振动特征，对照相关资料中故障特征确定故障类型。

9.5 监测记录

监测记录的主要内容至少包括第13章列出的内容，监测记录和数据应在设备全生命周期内予以保存。

10 监测结果评价与分级

10.1 结果分级

设备分类按照附录B的表B.1进行，监测的设备状态的结果分级按照表B.2进行。

10.2 结果验证

监测结果评价等级为Ⅰ级的，不需要进行验证。若连续几次监测结果均为Ⅰ级，可适当延长监测周期。

监测结果评价等级为Ⅱ级的，不需要进行验证，可根据被检部件的使用情况缩短监测周期。

监测结果评价等级为Ⅲ级的，应大幅缩短监测周期并根据实际情况确定是否需要验证。

监测结果评价等级为Ⅳ级的，应立即停止设备的运行，拆卸转动部件，采用其他检测方法进行验证。

监测结果评价的验证应按GB/T 34370所规定的检测方法进行表面和(或)内部缺陷检测。

11 故障诊断

11.1 测量间隔

应根据设备的新旧程度、运行状况和上一次监测结果确定下一次监测时间间隔，首次监测后一般不超过12个月应再次监测。测量间隔的调整用于掌握故障发生征兆以及预期故障的劣化速度和行为，目的在于准确预报故障。

11.2 振动信号判读

数据分析的主要目的是将振动测量结果和运行状态联系起来，以帮助识别设备的状态。

由振动评价设备运行状态所采用的准则至少包括：

a） 振动信号强度随时间的延续持续增大；

b） 表现出异常状态的频谱特征。

11.3 故障诊断程序

典型的故障诊断可遵循如下步骤：

a） 分析振动有效值和烈度的趋势与频谱特征，结合转动部件的运转参数，诊断故障发生部位；

b） 分析振动频谱特征，结合转动部件的运转参数，诊断故障类型；

c） 发布报告。

12 维修策略

维修策略应依据验证后的振动评估结果进行设置。

转动部件的维修应考虑拆卸和不拆卸两种情况。对于不易拆卸的大型转动部件，应提高一个维修等级；对于可拆卸转动部件，按照 GB/T 36668.1 执行等级划分。

13 记录和报告

13.1 记录

应按监测工艺规程的要求记录监测数据或信息，至少应包括 13.2 中所列的内容，并按相关法规、标准和(或)合同要求保存所有记录。

13.2 报告

振动监测报告至少应包括以下内容：

a） 被监测设备使用单位名称、地址及联系方式；

b） 被监测设备名称、类型、安装地点、日期；

c） 被监测转动部件的类型、型号、转速；

d） 监测周期和缺陷情况；

e） 执行标准和(或)参考标准编号；

f） 监测方式、仪器型号、传感器型号及固定方式；

g） 传感器安装位置示意图；

h） 监测软件名及数据文件名；

i） 典型振动信号的波形图、频谱图；

j） 监测结果分析、等级划分；

k） 故障诊断结论；

l） 监测人员、报告编写人和审核人签字及资格证书编号；

m） 监测和出具报告的日期。

附　录　A
（规范性附录）
振动监测仪器（系统）性能要求

A.1　传感器

传感器的响应频率推荐在10 Hz～3 000 Hz范围内，其灵敏度不小于60 dB，传感器在响应频率和工作温度范围内灵敏度变化应不大于3 dB。

A.2　信号电缆

传感器到系统主机之间的信号电缆应能屏蔽电磁噪声干扰。信号电缆衰减损失应小于1 dB/30 m。信号电缆长度不宜超过5 m。

A.3　系统主机

A.3.1　振动系统主机应有至少4个通道。

A.3.2　各个通道的独立采样频率应不低于传感器响应频率中心点频率的10倍。

A.3.3　门槛精度应控制在±1 dB的范围内。

A.3.4　振动信号计数测量值的精度应在±5%范围内。

A.3.5　各通道可同步采集。

A.3.6　峰值幅度测量值的精度应在±2 dB范围内，同时满足信号不失真的动态范围不低于65 dB。

A.3.7　振动分析软件至少应具有振动有效值和烈度趋势曲线、幅值谱、功率谱等分析功能。

附　录　B
（规范性附录）
被监测设备状态评价等级

B.1　游乐设施分类的规定

游乐设施分类按表 B.1 的规定。

表 B.1　游乐设施分类表

分类	功率范围	典型设备
A	≤15 kW	小型转马类、陀螺类等游乐设施的电机与减速机，及驱动端旋转部件
B	>15 kW， 且≤75 kW	中型转马类、陀螺类、飞行塔类、自控飞机类、观览车类、滑行车类、架空游览车类等游乐设施的电机与减速机，及驱动端旋转部件
C	>75 kW， 且≤150 kW	大型飞行塔类、观览车类等游乐设施的电机与减速机，及驱动端旋转部件
D	>150 kW	大型观览车类等游乐设施的电机与减速机，及驱动端旋转部件

B.2　评价等级

机械振动烈度分为Ⅰ、Ⅱ、Ⅲ、Ⅳ四级：

a)　Ⅰ级——优；

b)　Ⅱ级——良；

c)　Ⅲ级——合格；

d)　Ⅳ级——不合格。

B.3　设备状态评价等级

游乐设施振动分级按表 B.2 的规定。

表 B.2 游乐设施状态评价等级表

<table>
<tr><th rowspan="2">振动烈度/(mm/s)</th><th rowspan="2">振动分级范围/dB</th><th colspan="4">设施级别</th></tr>
<tr><th>A类</th><th>B类</th><th>C类</th><th>D类</th></tr>
<tr><td>>0.18～0.28</td><td>>85～89</td><td rowspan="3">Ⅰ</td><td rowspan="4">Ⅰ</td><td rowspan="5">Ⅰ</td><td rowspan="6">Ⅰ</td></tr>
<tr><td>>0.28～0.45</td><td>>89～93</td></tr>
<tr><td>>0.45～0.71</td><td>>93～97</td></tr>
<tr><td>>0.71～1.12</td><td>>97～101</td><td rowspan="2">Ⅱ</td></tr>
<tr><td>>1.12～1.8</td><td>>101～105</td><td rowspan="2">Ⅱ</td></tr>
<tr><td>>1.8～2.8</td><td>>105～109</td><td rowspan="2">Ⅲ</td><td rowspan="2">Ⅱ</td></tr>
<tr><td>>2.8～4.5</td><td>>109～113</td><td rowspan="2">Ⅲ</td><td rowspan="2">Ⅱ</td></tr>
<tr><td>>4.5～7.1</td><td>>113～117</td><td rowspan="6">Ⅳ</td><td rowspan="2">Ⅲ</td></tr>
<tr><td>>7.1～11.2</td><td>>117～121</td><td rowspan="5">Ⅳ</td><td rowspan="2">Ⅲ</td></tr>
<tr><td>>11.2～18</td><td>>121～125</td><td rowspan="4">Ⅳ</td></tr>
<tr><td>>18～28</td><td>>125～129</td><td rowspan="3">Ⅳ</td></tr>
<tr><td>>28～45</td><td>>129～133</td></tr>
<tr><td>>45～71</td><td>>133～139</td></tr>
</table>

ICS 97.200.40
Y 57

中华人民共和国国家标准

GB/T 36668.5—2020

游乐设施状态监测与故障诊断 第5部分:应力检测/监测方法

Condition monitoring and fault diagnostics of amusement device—Part 5:Stress detection and monitoring methods

2020-03-06 发布　　2020-03-06 实施

国家市场监督管理总局
国家标准化管理委员会　发布

前　言

GB/T 36668《游乐设施状态监测与故障诊断》分为以下 6 个部分：

——第 1 部分：总则；

——第 2 部分：声发射监测方法；

——第 3 部分：红外热成像监测方法；

——第 4 部分：振动状态监测方法；

——第 5 部分：应力检测/监测方法；

——第 6 部分：运行状态监测方法。

本部分为 GB/T 36668 的第 5 部分。

本部分按照 GB/T 1.1—2009 给出的规则起草。

请注意本文件的某些内容可能涉及专利。本文件的发布机构不承担识别这些专利的责任。

本部分由全国索道与游乐设施标准化技术委员会(SAC/TC 250)提出并归口。

本部分起草单位：中国特种设备检测研究院、河北大学、济南大学、武汉理工大学。

本部分主要起草人：丁克勤、沈功田、陈光、尹欣然、宋伟科、刘关四、刘然、方立德、曹树坤、赵章焰、周伟、张洋。

游乐设施状态监测与故障诊断 第5部分:应力检测/监测方法

1 范围

GB/T 36668 的本部分规定了使用电阻应变片对游乐设施关键结构部件进行应力检测的方法和使用光纤光栅传感器对游乐设施大型框架结构或支承件进行应力状态监测、疲劳损伤诊断的方法。

本部分适用于新制造和在用游乐设施的关键结构部件应力检测、游乐设施大型框架结构或支承件的应力状态监测及疲劳损伤诊断。

2 规范性引用文件

下列文件对于本文件的应用是必不可少的。凡是注日期的引用文件,仅注日期的版本适用于本文件。凡是不注日期的引用文件,其最新版本(包括所有的修改单)适用于本文件。

GB 8408 大型游乐设施安全规范

GB/T 13992 金属粘贴式电阻应变计

GB/T 18159 滑行车类游乐设施通用技术条件

GB/T 20306 游乐设施术语

GB/T 20737 无损检测 通用术语和定义

GB/T 20921 机器状态监测与诊断 词汇

GB/T 33213 无损检测 基于光纤传感技术的应力监测方法

GB/T 33218 无损检测 基于光纤传感技术的设备健康监测方法

GB/T 34370(所有部分) 游乐设施无损检测

GB/T 36668.1 游乐设施状态监测与故障诊断 第1部分:总则

3 术语和定义

GB/T 20306、GB/T 20737、GB/T 20921、GB/T 36668.1 界定的以及下列术语和定义适用于本文件。

3.1

应力检测 stress detection

使用电阻应变片对游乐设施关键结构部件进行应力测试,并对应力进行定性定量分析。

3.2

应力状态监测 stress state monitoring

采用监测仪器在线监测游乐设施大型框架结构或支承件的应力变化,当监测的应力值接近控制值时发出报警,并基于监测数据进行结构疲劳损伤寿命预测。

3.3

损伤诊断　damage diagnosis

利用游乐设施结构的应力响应数据分析结构物理参数的变化,判断结构损伤状况的过程。

4　方法概述

4.1　应变片应力检测方法

4.1.1　基本原理

将电阻应变片粘贴或焊接在游乐设施关键结构部件上,应变片敏感栅随着被测结构伸长或缩短,使得敏感栅电阻值随之变化。电阻应变片的电阻变化率与所测应变成正比,通过测量电阻应变片的电阻,可以计算出检测区域的应变。

4.1.2　检测目标

使用电阻应变片对游乐设施关键结构部件进行应力检测的目标主要包括以下3个方面:

a）获得游乐设施关键结构部件的应力分布规律和应力集中情况;

b）检验游乐设施关键结构部件的强度;

c）验证游乐设施关键结构部件的设计合理性。

4.1.3　优点和局限性

使用电阻应变片进行应力检测主要有以下优点:

a）测量灵敏度与精度高;

b）容易安装;

c）测量范围广;

d）可以测量多种力学信号,如扭矩、剪切应力、集中应力等。

其局限性如下:

a）受电磁干扰,测量结果易因干扰发生漂移;

b）不适用于长期监测。

4.1.4　干扰因素

电磁和无线电频率干扰可能影响应力检测结果,为防止电磁干扰,桥盒和应变片之间的连线要用屏蔽线,并且屏蔽网要做好接地处理。

4.2　光纤光栅传感应力监测方法

4.2.1　基本原理

将光纤光栅传感器粘贴或焊接在游乐设施的大型框架结构或支承件上,游乐设施工作时的载荷和外界环境变化将引起其结构应力和温度等物理量发生变化,导致光纤光栅传感器的光栅周期或有效折射率发生变化,光纤光栅反射中心波长发生漂移。通过检测光纤光栅传感器中心波长的漂移量,即可得到被测结构温度和应力等物理量的变化情况。

4.2.2　监测目标

光纤光栅传感应力监测是为了监测游乐设施大型框架结构或支承件持续工作期间的应力时间历程曲线。一方面是对出现的异常及时发现并采取补救措施,另一方面是基于实时监测的应力数据对结构进行损伤诊断分析和寿命预测。

4.2.3 优点和局限性

使用光纤光栅传感进行应力状态监测主要有以下优点：

a) 容量大。可在一根光纤上同时测量几十个点的多种参量变化。

b) 精度高。不受光源功率波动、光纤微弯效应及耦合损耗等因素影响。

c) 无零漂。出厂后不需要定期检定，系统维护成本很低。

d) 抗电磁干扰。电绝缘材料做成的光纤利用光子传输信息，避免了电磁场干扰。

e) 耐久性好。光纤化学性能稳定，耐酸碱腐蚀能力强，适合在恶劣环境中使用。

f) 便于安装。传感器结构简单、尺寸小，适于各种应用场合，尤其适合于埋入材料内部构成所谓的智能材料或结构。

g) 可长周期监测。

其局限性如下：

a) 点式监测，一个传感器只能覆盖结构一个测点；

b) 光纤光栅传感器同时受应变和温度变化，在监测应变时，应进行温度补偿。

4.2.4 干扰因素

光纤光栅传感器存在应变和温度的交叉敏感问题，单个光纤光栅反射波长的变化难以分辨出应变和温度的变化量。使用光纤光栅传感器进行应力监测时，应对光纤光栅传感器进行温度补偿。

5 安全要求

本章并未列出实施时所有的安全要求，使用本部分的用户应在实施前建立安全准则。实施过程中的安全要求至少如下：

a) 检测/监测人员应遵守游乐设施现场运行的安全要求，根据检测/监测地点的要求穿戴防护工作服和佩戴有关防护设备；

b) 检测/监测时，应注意游乐设施启动及运转时轿厢的移动，防止人员碰撞及连接电缆和光缆的阻碍；

c) 在进行高空操作时，应考虑检测/监测人员、设备等坠落因素，并采取必要的保护措施。

6 人员要求

按本部分进行应力检测或应力监测的人员应经过相关专业培训，同时熟悉游乐设施检验规程。

7 设备和器材要求

7.1 应力检测设备器材

应力检测所需仪器设备器材及工具主要包括：已安装数据采集软件的电脑、电阻应变仪、带线及适配插座的应变片、砂纸、棉纱/棉球、丙酮/乙醇、黏结剂、聚乙烯/四氟乙烯薄膜、游标卡尺和钢卷尺等。

7.2 应力监测设备器材

7.2.1 光纤应力监测硬件系统（见图1）

光纤应力监测硬件系统由光纤传感子系统、数据采集子系统和数据传输子系统组成，包括：

光纤光栅传感器、解调仪、传输光缆、计算机、数据发送模块等单元。其中光纤光栅传感器、解调仪和传输光缆的性能应符合 GB/T 33213 的规定。

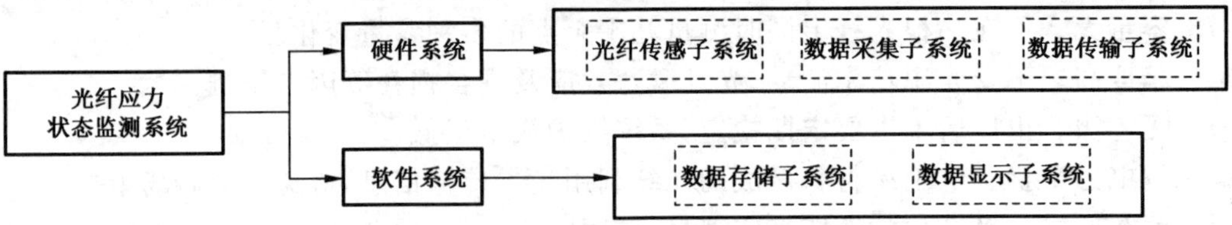

图 1　光纤应力监测系统示意图

7.2.2　光纤应力监测软件系统(见图 1)

软件系统应至少包括初始化设置模块、数据显示模块、数据处理模块、数据分析模块。各模块功能如下：

a)　初始化设置模块：对待测设备的传感器布点编号、测点位置、监测物理量、分辨率、应变系数、工作温度等信息进行配置与管理，对测点部位材料参数进行配置。

b)　数据显示模块：实现所有测点位置、各测点实时数据和历史数据的曲线显示，并显示各测点历史最大值。

c)　数据处理模块：对数据进行接收和实时存储，并实现各测点数据查询。

d)　数据分析模块：对各测点监测数据进行筛选、压缩；对数据进行统计分析；实现基于损伤度的结构健康状态诊断和基于累积损伤理论的结构剩余寿命预测等。

7.3　设备的维护和校准

仪器设备应进行周期性的检测和调节来校正仪器的参数，以保证仪器功能。

使用前，应仔细检查、校对检测/监测用仪器设备，所备仪器应满足检测/监测项目内容、精度的要求，在校验有效期内，并处于完好状态。

使用过程中，如发现仪器设备产生错误或部分变化，也应对仪器功能进行检查和调节，维护工作应按照制定的书面程序进行，并应对每次维护检查的结果进行记录。光纤光栅传感器的校准应按 GB/T 33213 的要求进行，其他部件的校准应按仪器制造商规定的方法进行。

使用完成后，应按照仪器设备存放管理要求存放仪器设备。

8　检测/监测工艺规程

8.1　通用检测/监测工艺规程

从事应力检测/监测的单位应按本部分的要求制定通用检测/监测工艺规程，其内容应至少包括如下要素：

a)　适用范围；

b)　引用标准、法规；

c)　实施人员资格；

d)　检测/监测仪器设备；

e)　被检测/监测设备与部件的信息：名称、类型、编号、结构形式、尺寸、安装地点、设计与运行参数；

f) 传感器安装位置及传感器安装方式；

g) 运行工况；

h) 检测/监测过程和数据分析解释；

i) 检测/监测结果的评定；

j) 检测/监测记录、报告和资料存档；

k) 编制、审核和批准人员；

l) 编制日期。

8.2 检测/监测作业指导书或工艺卡

对于每个被检测/监测部件或每套被检测/监测设备，应按照9.1的要求制定应力检测/监测作业指导书或工艺卡。

9 检测/监测方法

9.1 检测/监测前的准备

9.1.1 资料审查

资料审查应包括下列内容：

a) 被检测/监测件制造文件资料：产品合格证、质量证明文件、竣工图等，充分了解被检测/监测设备的结构、运动和工作模式等；

b) 被检测/监测件运行记录资料：日常维护保养记录、开停车情况、运行参数、载荷变化情况以及运行中出现的异常情况等；

c) 检验资料：历次检验与监测报告、以往应力测试数据；

d) 其他资料：修理和改造的文件资料等。

9.1.2 现场勘查

应对现场的安全隐患进行排查，并合理选择仪器设备的安置地点，保证人员和仪器设备的供电与安全问题。

9.1.3 实施条件确定

9.1.3.1 人员联系方式的确定

根据现场情况确定实施条件，建立应力检测/监测人员和设备运行控制人员的联络方式。

9.1.3.2 游乐设施运行程序

根据设备的类型和实际运转工况确定设备的运行程序。

9.1.4 检测/监测点的确定

a) 根据设计单位或使用单位的要求确定；

b) 依据GB 8408，选择相应的重要零部件和关键轴；

c) 根据结构有限元仿真分析得到的结构应力热点区确定，在不影响检测/监测的情况下，传感器应安装在尽可能靠近应力热点区的部位；

d) 根据历史损伤数据分析的结果确定；

e) 应考虑整机的运动特点，最好考察整机的最大应力状态；

f) 对于滑行车类游乐设施检测/监测点应覆盖 GB/T 18159 规定的被测结构。

9.1.5 检测/监测作业指导书或工艺卡的编制

对于每个被检测/监测部件或每套被检测/监测设备，应根据使用的仪器和现场实际情况，按照通用检测/监测工艺规程编制应力检测/监测作业指导书或工艺卡，确定应变片或光纤传感器安装的部位和表面条件，同时对被检测/监测设备进行测绘，对检测/监测部位进行编号，画出被检测/监测设备结构示意图。

9.1.6 应变片选型

应变片选型要求如下：

a) 尺寸大小：1 mm、3 mm、5 mm、10 mm 等；

b) 电阻值：120 Ω、350 Ω、1 000 Ω 等；

c) 待测试件材质，涉及不同的温度补偿，如：钢材约为 11×10^{-6}/℃、铝材约为 23×10^{-6}/℃等；

d) 导线长度：1 m、3 m、5 m 等；

e) 轴数：单轴、双轴、三轴。

贴片前，还应对待用的应变片进行外观检查和阻值测量。外观检查可凭肉眼(必要时借助放大镜)进行，重点观察敏感栅有无锈斑和缺陷、是否排列整齐、基底和覆盖层有无损坏以及引线是否完好。阻值测量可采用惠斯顿电桥或数字欧姆表，检查敏感栅是否有断路、短路，并进行阻值分选，对于共用温度补偿的一组应变片，阻值相差不得超过 0.5 Ω。同一次测试中采用的应变片，其灵敏系数应相同。

9.2 传感器的安装

9.2.1 应力检测传感器的安装

应力检测采用电阻应变片，其粘接工艺按 GB/T 13992 的规定进行，具体如下：

a) 贴片前，应对待用的应变片进行外观检查和阻值测量。

b) 待测表面的清洁：对于金属零件，首先清除表面油漆、氧化层和污垢。

c) 待测表面的打磨：用细砂纸沿 45°交叉方向进行打磨，打磨后粗糙度应达到 3.2 μm 左右，打磨面积约为应变片面积的 5 倍左右。

d) 待测表面的清洗：用洁净棉纱或脱脂棉球蘸乙醇或丙酮等易挥发溶剂对贴片部位进行反复擦洗，直至棉纱或棉球上见不到污垢为止。

e) 应变片的定位：在待测表面上画出贴片的准确部位。

f) 贴片工艺(见图 2)：粘结剂分常温固化和加热固化两种，一般选用常温固化胶水。贴片过程为：在贴片位置涂抹胶水，用应变片背面将胶水涂匀，用镊子拨动应变片，调整位置和角度。定位后，在应变片上垫一层聚乙烯或四氟乙烯薄膜，用手指轻轻挤压出多余的胶水和气泡，待胶水初步固化后再松开手指。粘贴好的应变片应保证位置准确、粘接牢固、胶层均匀、无气泡和整洁干净。

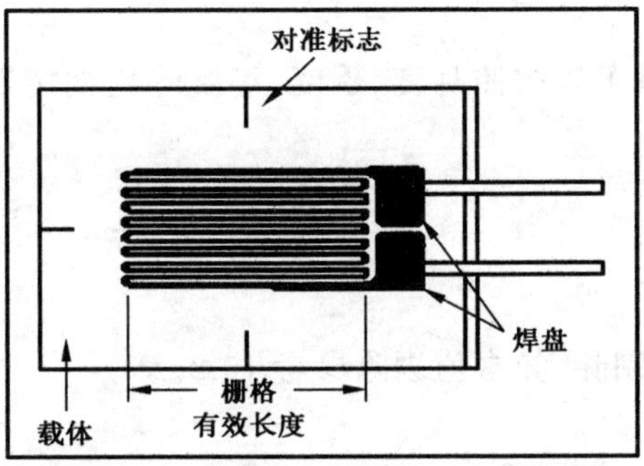

图 2　应变片粘贴结构示意图

g）导线的焊接与固定：待胶水固化后，进行导线焊接与固定。常温静态测量可使用双芯多股铜质塑料线做导线，动态测量应使用三芯或四芯屏蔽电缆做导线。应变片和导线间的连接最好通过接线端子，焊点确保无虚焊。导线最好与试件绑扎固定，导线两端应根据测点编号做好标记。

h）贴片质量检查包括外观检查、电阻和绝缘电阻测量。外观检查主要观察贴片方位是否正确，应变片有无损伤，粘贴是否牢固和有无气泡等。绝缘电阻测量可以检查有无断路、短路。

i）应变片及导线的防护：应变片受潮会降低绝缘电阻和粘接强度，严重时会使敏感栅锈蚀；酸、碱及油类浸入甚至会改变基底和粘结剂的物理性能。为了防止大气中游离水分和雨水、露水的浸入，在特殊环境下防止酸、碱、油等杂质侵入，对已干燥、固化并已焊接好导线的应变片，应立即涂上防护层。常用室温防护剂有凡士林、蜂蜡、石蜡、炮油和松香的混合物、环氧树脂等。

9.2.2　应力监测传感器的安装

应力监测采用光纤光栅传感器，其安装方法按照 GB/T 33213 的要求。

9.3　系统初始设置

应力检测的初始设置如下：测试前，在设备静止状态下，进行仪器调零。设备停止运行后，卸载到无载应力状态，检查各应变片回零情况，回零良好可进行下一次测试，否则应检查设备连接状态重新测量。

应力监测的初始设置如下：将已安装好光纤光栅传感器的监测系统开机预热至系统稳定工作状态，对光纤光栅传感器进行初始参数设置，记录此时的传感器波长。

9.4　检测/监测实施

对于应力检测，如设备具有多种工况，应在设备实际运行的每一种工况下分别测试。每种工况连续测试至少 3 次。对于每一种工况，在空载、偏载、满载条件下分别进行测试。

对于应力监测，自监测系统调试完成后，监测系统需在设备正常运行期间进行连续、实时监测。

9.5　检测/监测数据分析

对于应力检测，应严格记录检测开始时间和结束时间，设备运行工况和应力时程曲线应在检测记录中清晰标识。

对于应力监测，监测记录可以按照月度、季度、年度等周期定期编制，监测数据应在设备全生命周期内予以保存。

10 检测/监测数据处理方法

10.1 检测数据处理方法

检测数据应进行异常值剔除，异常值剔除参考10.2。

10.2 监测数据处理方法

首先将应力监测采集的应力-时间历程数据处理成便于提取循环数的数据，这个过程包括异常值剔除、等值数压缩、峰谷值检测和无效幅值的去除。

a) 异常值剔除：检测出异常大的值并进行去除；

b) 等值数压缩：将采样应力-时间历程中，连续相等的数据只保留一个；

c) 峰谷值检测：将数据中的峰谷值提取出来，为下一步无效幅值去除做准备；

d) 去除无效幅值：将应力幅值很小的对疲劳影响不显著的数据元素去除。

11 评估方法

11.1 基于应力数据的安全判定方法

11.1.1 载荷应力计算

载荷应力计算分为：

a) 沿轴向粘贴的应变片的应力计算：

$$\sigma_t = E\varepsilon_t$$

式中：

σ_t ——施加载荷作用下的测试应力值，单位为帕(Pa)；

E ——弹性模量，单位为帕(Pa)；

ε_t ——应变测量值，无量纲。

b) 应变花的应力计算：

$$\sigma_2^1 = \frac{E}{2}\left[\frac{\varepsilon_0 + \varepsilon_{90}}{1-\mu} \pm \frac{\sqrt{2\varepsilon_0^2 + 2\varepsilon_{90}^2 + 4\varepsilon_{45}^2 - 4(\varepsilon_0 + \varepsilon_{90}) \cdot \varepsilon_{45}}}{1+\mu}\right]$$

式中：

E ——弹性模量，单位为帕(Pa)；

ε_0、ε_{45}、ε_{90} ——所测得的应变花的3个方向的应变，无量纲；

μ ——材料泊松比，无量纲。

11.1.2 测点应力计算

各测点应力值 σ，应为施加载荷作用下的测试应力值 σ_t 与自重作用下的计算应力 σ_c 之和，按下式计算：

$$\sigma = \sigma_t + \sigma_c$$

式中：

σ ——测点应力值，单位为帕(Pa)；

σ_t——施加载荷作用下的测试应力，单位为帕(Pa)；

σ_c——在自重作用下产生的应力，应由委托单位提供其计算值，单位为帕(Pa)。

11.1.3 安全判据和结论

对于游乐设施结构关键部件各测点应力值应符合 GB 8408 的要求。各测点最大应力值应为载荷作用下监测的最大应力值，需满足如下要求。

$$\sigma_{max} = \sigma_b / n$$

式中：

σ_{max}——测点实测最大应力值，单位为帕(Pa)；

σ_b ——材料的极限应力，单位为帕(Pa)；

n ——安全系数，满足表 1 的要求。

表 1 安全系数

名称	安全系数
重要的轴、销轴及重要焊缝	≥5
一般构件	≥3.5(脆性材料≥8)

11.2 基于应力的健康状态评估方法

游乐设施大型框架结构或支承件结构健康状态评估是基于长期监测应力谱计算疲劳累积损伤。疲劳累积损伤的计算方法按 GB/T 33218。

对于无限寿命设计的游乐设施应符合 GB 8408 中给出的安全系数值，对于有限寿命设计的游乐设施，当循环载荷的最大计算应力大于材料的疲劳极限时，用疲劳载荷谱计算零部件的使用寿命。

对服役年限接近甚至超过使用寿命的结构或部件，应根据监测数据定期进行评估。

12 检维修策略

对于应力检测结果，若某结构部件的应力出现异常值，应按如下方法进行检查和维修：

a) 使用单位自检；

b) 若自检不能发现问题原因，利用无损检测手段进行探伤，按 GB/T 34370 执行；

c) 若大型框架结构出现问题，或发现轻微裂纹损伤，需进行相应的裂纹修复；

d) 若形式复杂的结构出现问题，或问题较为严重，需更换部件。

通过长期的应力状态监测，若应力出现异常值，排除噪声干扰的因素，需要对监测值异常的结构或部件进行检查，检查维修方法同上，根据异常程度和部件重要性，选择相应的维修策略。

13 记录和报告

13.1 记录

应按检测/监测工艺规程的要求记录检测/监测数据或信息，至少应包括 10.2 中所列的内容，并按相关法规、标准和(或)合同要求保存所有记录。

检测/监测时如遇不可排除因素的外界干扰，如人为干扰、恶劣天气等，应如实记录，并在检测/监测结果中注明。

13.2 报告

检测完成或监测到时间节点出具检测/监测报告。报告的内容应根据检测/监测要求制定，至少包括以下要素：

a） 被检测/监测设备使用单位名称、地址及联系方式；
b） 被检测/监测设备名称、类型、安装地点、安装日期；
c） 被检测/监测结构部件的类型、型号、材料参数；
d） 设备说明书；
e） 执行标准和(或)参考标准编号；
f） 检测/监测的日期、时间；
g） 检测/监测仪器类型(传感器类型、采集仪型号等)；
h） 传感器安装位置示意图；
i） 检测/监测数据原始记录及数据处理结果；
j） 应力分析结果；
k） 检测/监测人员、报告编写人和审核人签字；
l） 检测/监测和出具报告的日期。

ICS 97.200.40
Y 57

中华人民共和国国家标准

GB/T 36668.6—2019

游乐设施状态监测与故障诊断
第6部分：运行参数监测方法

Condition monitoring and fault diagnostics of amusement device—Part 6: Operating parameters monitoring method

2019-12-31 发布 2019-12-31 实施

国家市场监督管理总局
国家标准化管理委员会 发布

前　言

GB/T 36668《游乐设施状态监测与故障诊断》分为以下6部分：

——第1部分：总则；

——第2部分：声发射监测方法；

——第3部分：红外热成像监测方法；

——第4部分：振动监测方法；

——第5部分：应力检测监测方法；

——第6部分：运行参数监测方法。

本部分为GB/T 36668的第6部分。

本部分按照GB/T 1.1—2009给出的规则起草。

请注意本文件的某些内容可能涉及专利。本文件的发布机构不承担识别这些专利的责任。

本部分由全国索道与游乐设施标准化技术委员会(SAC/TC 250)提出并归口。

本部分起草单位：华强方特文化科技集团股份有限公司、中国特种设备检测研究院、深圳华侨城文化旅游科技集团有限公司、广东长隆集团有限公司、北京世纪华侨城实业有限公司欢乐谷分公司、大连海昌发现王国主题公园有限公司。

本部分主要起草人：戎志刚、沈功田、李坚、刘辉、林伟明、文红光、周胜、张勇、卢念华、刘然、蒋敏灵、肖原、杨勇、宛西原、刘燕彬、蔡章榛、赵强、刘飞。

游乐设施状态监测与故障诊断
第6部分:运行参数监测方法

1 范围

GB/T 36668 的本部分规定了应用运行参数监测技术对游乐设施运行参数进行状态监测与诊断的方法及结果评价与分级。

本部分适用于新制造和在用游乐设施的运行状态监测与故障诊断。

2 规范性引用文件

下列文件对于本文件的应用是必不可少的。凡是注日期的引用文件,仅注日期的版本适用于本文件。凡是不注日期的引用文件,其最新版本(包括所有的修改单)适用于本文件。

GB 8408—2018 大型游乐设施安全规范

GB/T 19582(所有部分) 基于 Modbus 协议的工业自动化网络规范

GB/T 35226—2017 地面气象观测规范 空气温度和湿度

GB/T 35227—2017 地面气象观测规范 风向和风速

GB/T 36668.1 游乐设施状态监测与故障诊断 第1部分:总则

GB/T 50063—2017 电力装置电测量仪表装置设计规范

GA/T 1127—2013 安全防范视频监控摄像机通用技术要求

JB/T 6862—2014 温湿度计

JB/T 11258—2011 数字风向风速测量仪

3 术语和定义

JB/T 6862—2014、GB/T 19582、GB/T 35226、GB/T 35227、GB/T 50063、GA/T 1127、GB/T 36668.1 界定的以及下列术语和定义适用于本文件。

3.1

运行参数监测 operating parameters monitoring

对游乐设施工作的环境参数、音视频、运行数据和信息的监测和采集。

3.2

数据采集设备 data acquisition equipment

实现对游乐设施工作的环境参数、音视频、运行数据和信息采集的设备。

3.3

配电监测传感器 distribution monitoring sensor

实现对游乐设施输入的电压、电流、频率等进行监测的传感器。

注:包含用于电力测量的电压表、电流表等。

3.4

音视频采集设备　audio and video capture equipment

实现对声音、图像采集监测的传感器。

注：包含拾音器和网络摄像机。

3.5

运行参数监测系统　operation parameter monitoring system

实现对游乐设施运行参数监测的系统。

注：包含数据采集设备及监测时使用的配电监测传感器、温湿度传感器、风速传感器、音视频采集设备等各类传感器等。

4　方法概述

4.1　基本原理

游乐设施设备在运行过程中存在两类参数，第一类是游乐设施设备工作的环境参数，包含设备工作的环境温度、湿度、风速等；第二类是游乐设施运行过程中产生的运行参数，包含各类电气参数、力学参数、运动参数等。

监测游乐设施的工作环境参数，可以判断设备工作的环境是否满足使用要求，记录游乐设施运行过程中的声音与影像；监测游乐设施运行过程中的运行参数，获取设备的运行状况，并根据运行状况的分析判断，进行诊断或报警。

图1为典型游乐设施运行参数监测原理示意图。

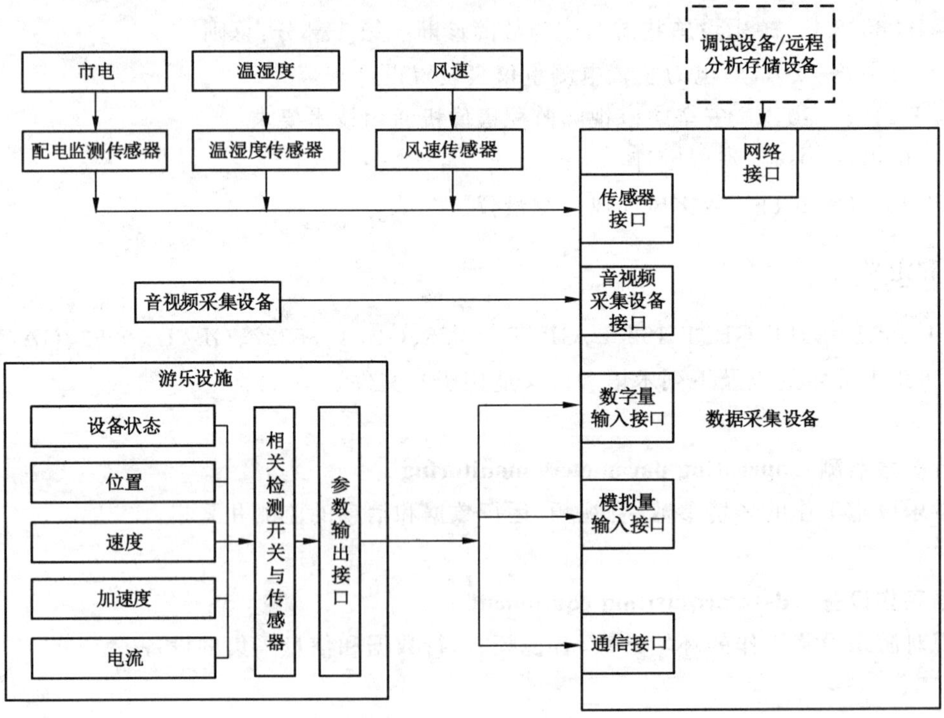

图1　游乐设施运行参数监测原理示意图

典型的游乐设施运行参数监测系统由数据采集设备及监测过程中使用的各类传感器组成。

数据采集设备具有传感器的相关接口，可实现对音视频及配电状态、环境温湿度、风速等参数的监测。数据采集设备还具有与被监测游乐设施参数输出接口匹配的数字量输入接口、模拟量输入接口与通信接口。被监测游乐设施参数输出接口可以是被监测游乐设施控制系统的通信接口、数字量输出接口、模拟量输出接口，也可以是被监测游乐设施已有的或加装的传感器输出接口。

数据采集设备用于与调试设备/远程分析存储设备连接的网络接口，可以为以太网接口、wifi或4g网络接口。数据采集设备允许授权的远程分析存储设备读取被监测游乐设施的运行参数或可主动向指定的远程分析存储设备发送被监测游乐设施的运行参数。

附录A中图A.1为大摆锤运行参数监测示意。

4.2 监测方法应用的基本要求

应用本部分进行运行参数监测，基本要求是被监测游乐设施应具有参数输出接口或改造后具有参数输出接口。对于无法输出运行参数的游乐设施，可监测温度、湿度、风速、配电、音视频等参数。

采用运行参数监测系统进行游乐设施运行参数监测，应建立合适的模型分析监测系统获取的数据。其评价结果不完全依赖于所测参数的绝对值，而是根据参数的类型进行有区别的分析。游乐设施厂家需提供游乐设施相关运行参数允许范围。

4.3 运行参数监测注意事项

运行参数监测注意事项如下：

a) 游乐设施参数输出接口输出的参数值应准确可靠；

b) 运行参数监测系统在正常状态下进行运行参数监测时，应不影响游乐设施正常运行；

c) 运行参数监测系统在非正常状态时，应不影响游乐设施安全性。

4.4 干扰因素

游乐设施运行参数的监测应避免或减少信号传输过程中可能存在的干扰问题，例如传感器距离采集设备过远，信号线过长、传感器靠近强干扰源等，这些问题的存在可能影响运行参数监测结果。

5 安全要求

本章并未列出实施时所有的安全要求，使用本部分的用户应在实施前建立安全准则。实施过程中应注意以下安全事项：

a) 监测人员应遵守游乐设施现场运行的安全要求，根据监测地点的要求穿戴防护工作服和佩戴有关防护设备；

b) 进行传感器安装时，应考虑设备、器材安装位置等因素，避免使用过程中异常移动；

c) 安装运行参数监测系统及实施监测系统与被监测游乐设施之间信号电缆接线时，应考虑不妨碍人员的移动，防止人员碰撞或受到连接电缆的阻碍；

d) 应注意被监测设备的温度状态，以免烫伤；

e) 监测时，应注意游乐设施启动及运转时轿厢的移动，防止人员碰撞及连接电缆的阻碍；

f) 在高空进行操作时，应考虑人员、监测设备器材坠落等因素，采取必要的保护措施；

g) 传感器安装、运行参数监测系统安装、系统连线、运行过程监测等均不能影响游乐设施的正常运行及安全性；

h） 游乐设施状态监测实施前，应按照 GB 8408—2018 中 4.2 的要求对传感器的安装、监测设备安装固定、电缆连接以及对被监测游乐设施工作的影响等方面进行风险评价，使风险处于可控状态。

6 人员要求

采用本部分进行监测的人员应是从事软件、电气、自动化、特种设备维护维修等相关工作的专业技术人员。

7 被监测游乐设施要求

7.1 可监测的运行参数和状态

7.1.1 运行状态

运行状态包含但不限于设备的开机、运行、停止、急停、故障、设备运行模式、报警信息等状态。

7.1.2 电气参数

电气参数包含但不限于设备的配电电压、电流、功率、频率、驱动系统直流母线电压、电机电流等电气参数。

7.1.3 力学参数

力学参数包含但不限于应力，电机输出的力矩，液压、气压系统工作压力等参数。

7.1.4 运动参数

运动参数包含但不限于设备运动的位移、速度、加速度等。

7.1.5 环境和设备温度参数

环境参数包含环境温度、环境湿度与风速等参数。设备温度参数包含液压油温、电机温度、减速机温度等。

7.1.6 音频和视频参数

音频和视频参数包含操作台、设备座舱等位置的影像和录音。

7.2 新制造游乐设施参数输出要求

新制造游乐设施应根据运行参数监测要求，在游乐设施的设计、制造阶段配备参数输出接口，并进行安全分析评价。

新制造游乐设施应提供以下一种或几种类型的输出接口：

a） 数字量输出接口。数字量输出接口用于输出开关类型的参数。

b） 模拟量输出接口。模拟量输出接口用于输出连续变化类型的参数。

c） 通信接口。通信接口可用于输出开关类型与连续变化类型的参数。

7.3 在用游乐设施参数输出要求

在用游乐设施应根据监测需求，由游乐设施生产厂家提出加装传感器和运行参数输出接口的改造方法，应满足以下要求：

a) 提供被监测游乐设备加装传感器和参数输出接口的施工方案；

b) 进行加装传感器和参数输出接口的安全分析评价；

c) 涉及游乐设施改造的应符合 GB 8408—2018 中 8.5.2 的要求；

d) 改造后的游乐设施应能满足新制造游乐设施参数输出要求。

7.4 数字量输出接口要求

数字量输出接口用于输出开关量类型参数，信号维持时间应满足运行参数监测系统采集频率要求。数字量输出接口类型宜采用 PNP 类型，当存在信号输出时，输出的信号应能被正常接收。

7.5 模拟量输出接口要求

模拟量输出接口用于输出连续变化类型参数，模拟量输出宜采用以下两种接口：

a) 4 mA～20 mA 电流类型模拟量输出接口；

b) ±10 V 电压类型模拟量输出接口。

7.6 通信接口要求

7.6.1 硬件接口要求

被监测的游乐设施采用通信接口输出设备的运行参数，硬件接口宜采用 RS485 接口或以太网接口，通信协议可根据接口选用标准的通信协议。

7.6.2 采用 RS485 接口要求

游乐设施采用 RS485 接口输出运行参数，应遵循以下要求：

a) 通信协议应符合 GB/T 19582.1 和 GB/T 19582.2 的相关规定；

b) 被监测游乐设施应提供独立的 RS485 接口用于输出运行参数；

c) 被监测游乐设施应提供明确的接口信息，包括站点地址、波特率、位序列等信息；

d) 被监测游乐设施应提供明确的数据读取地址、数据长度等信息。

7.6.3 采用以太网接口要求

游乐设施采用以太网接口输出运行参数，应遵循以下要求：

a) 通信协议应符合 GB/T 19582.1 和 GB/T 19582.3 的相关规定；

b) 被监测游乐设施应提供明确的接口信息，包括 IP 地址、子网掩码、端口号；

c) 被监测游乐设施应提供明确的数据读取地址、数据长度等信息。

7.6.4 数据转换要求

游乐设施采用通信接口输出设备运行参数时，应按照通信协议进行数据转换，并提供通信方式与协议，或提供相应的数据转换格式。

遵循 7.6.2 或 7.6.3 要求的被监测游乐设施，数据转换方式宜按照以下方式进行：

a) 浮点数类型的参数，根据精度要求将参数放大 10^n 倍，换算为整数，n 为大于或等于 0 的正整数；

b) 占用空间小于字类型的整型参数，将参数类型转换为字类型；

c) 占用空间大于字类型的整型参数，将参数分解为高低位形式以多个字类型存放；

d） 开关量类型的参数，将每个开关量转换到字类型的位，采用一个字的16位分别表示16个开关量类型的参数。

7.6.5 数据格式要求

游乐设施采用通信接口输出设备运行参数应进行格式化处理。

遵循7.6.2或7.6.3要求的被监测游乐设施，格式化处理宜遵循如下要求：

a） 被监测游乐设施的运行状态存放在低地址，运行状态采用字存储，状态存储宜按照表1的格式；

b） 遵循7.6.4进行数据转换后，按顺序连续存放；

c） 遵循7.6.4进行数据转换后大于1个字的参数，应将低字的数据存放在低地址，高字数据存放在高地址，且应连续存放。

表1 被监测游乐设施运行状态存放格式

位地址	Bit15～Bit7	Bit6～Bit4	Bit3	Bit2	Bit1	Bit0
功能	备用	设备运行模式	急停	故障	停止	启动

7.7 参数信息与通信接口信息

7.7.1 参数信息

被监测游乐设施应至少提供以下信息：

a） 参数输出接口与协议；

b） 参数名；

c） 输出的参数值与实现值转换关系；

d） 参数正常范围；

e） 参数单位；

f） 参数数据类型；

g） 故障代码类型参数应提供故障代码表。

7.7.2 通信接口信息

采用通信接口输出运行参数的游乐设施，应至少提供以下的通信信息：

a） 通信接口信息；

b） 参数的读取地址；

c） 参数的读取长度；

d） 开关量类型参数的位地址。

8 设备和器材要求

8.1 游乐设施运行参数监测系统

游乐设施运行参数监测系统应具有对环境参数及运行参数监测的能力，游乐设施运行参数监测系统的组成应包含数据采集设备和对环境参数、运行参数监测的传感器等。图2为典型的游乐设施运行参数监测系统示意图。

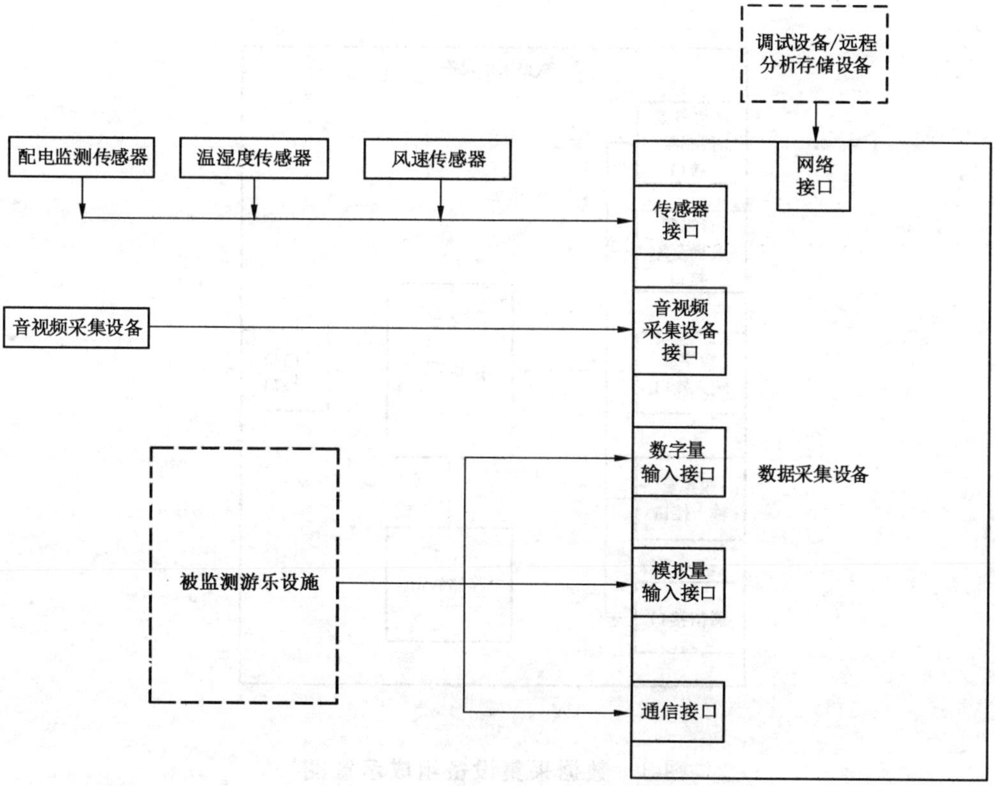

图 2 游乐设施运行参数监测系统示意图

8.2 数据采集设备

8.2.1 基本组成

典型的数据采集设备主要采用如下几种接口进行参数监测：

a） 数字量输入接口；

b） 模拟量输入接口；

c） 通信接口。

数据采集设备的通信接口宜采用 RS485 或以太网接口，并采用 Modbus 协议作为与被监测游乐设施的数据交换协议。

典型的数据采集设备主要采用如下几个数据来源：

a） 被监测游乐设施控制系统输出；

b） 被监测游乐设施上加装的传感器；

c） 被监测游乐设施上已有的传感器。

数据采集设备性能应符合附录 B 的要求。

图 3 是数据采集设备组成示意图。典型的数据采集设备含有各类接口及相关控制单元、存储单元。

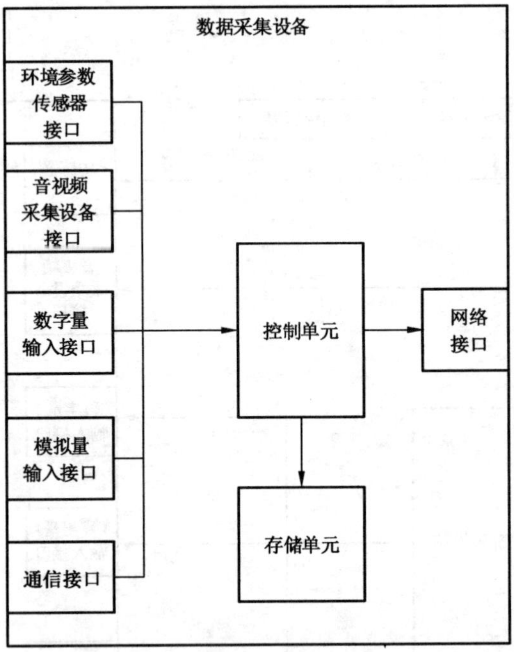

图3 数据采集设备组成示意图

8.2.2 基本要求

数据采集设备基本要求包含但不限于以下内容：

a) 数据采集设备在完成上电后应能根据预定的程序自动开启参数监测接口；

b) 数据采集设备采用数字量、模拟量接口进行运行参数监测，应根据采集周期从相关接口采集被监测游乐设施运行参数；

c) 数据采集设备采用通信接口进行运行参数监测，应在通信状态正常后，根据采集周期从通信接口读取被监测游乐设施运行参数；

d) 数据采集设备应以场次存储运行参数；

e) 数据采集设备存储的运行参数应具有完整性与准确性。

8.2.3 监测流程

图4为数据采集设备典型的监测流程。在采用 Modbus 协议作为监测系统与被监测游乐设施的通信协议时，应符合 GB/T 19582 的相关规定。

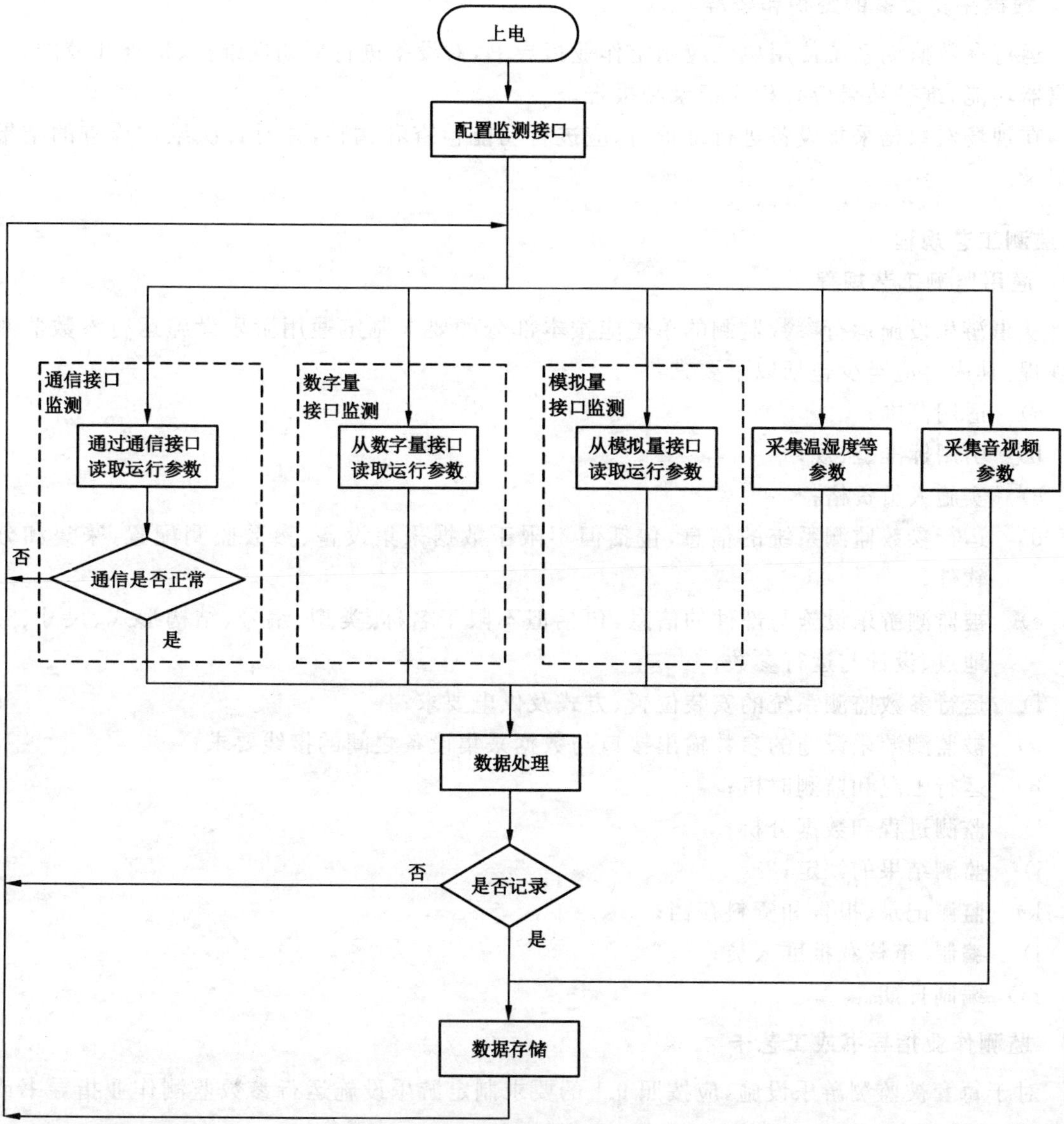

图4 数据采集设备监测流程

8.3 配电监测传感器

配电监测传感器应与数据采集设备匹配，其性能应符合附录B的要求。

8.4 温湿度传感器

温湿度传感器应与数据采集设备匹配，其性能应符合附录B的要求。

8.5 风速传感器

风速传感器应与数据采集设备匹配，其性能应符合附录B的要求。

8.6 音视频采集设备

音视频采集设备应与数据采集设备匹配，其性能应符合附录B的要求。

8.7 数据采集设备的维护和校准

运行参数监测系统使用单位应制定作业指导书，对设备进行周期性维护、检查和校准，以保证仪器功能，维护结果应有相应记录和报告。

在现场对数据采集设备进行维护时，应进行功能检查和调整，并对每次维护检查的结果进行记录。

9 监测工艺规程

9.1 通用监测工艺规程

从事游乐设施运行参数监测的单位应按本部分的要求制定通用游乐设施运行参数监测工艺规程，其内容应至少包括以下要素：

a) 适用范围；

b) 引用标准、法规；

c) 实施人员资格；

d) 运行参数监测系统的信息，包括但不限于数据采集设备、参数监测配置、采集和分析软件；

e) 被监测游乐设施与部件的信息，包括但不限于名称、类型、编号、结构形式、尺寸、安装地点、设计与运行参数；

f) 运行参数监测系统的安装位置、方式及供电要求；

g) 被监测游乐设施的参数输出接口与数据采集设备之间的接线要求；

h) 运行工况和监测时机；

i) 监测过程和数据分析；

j) 监测结果的评定；

k) 监测记录、报告和资料存档；

l) 编制、审核和批准人员；

m) 编制日期。

9.2 监测作业指导书或工艺卡

对于每套被监测游乐设施，应按照 9.1 的要求制定游乐设施运行参数监测作业指导书或工艺卡。

10 监测方法

10.1 运行参数监测系统的安装

10.1.1 数据采集设备的安装

数据采集设备的安装应至少满足以下要求：

a) 应根据被监测游乐设施的运行参数输出接口位置，选择适当的位置安装数据采集设备；

b) 安装位置应避免与被监测游乐设施运行相干涉；

c) 安装后，数据采集设置和连接线缆应不妨碍人员的移动。

10.1.2 配电监测传感器的安装

配电监测传感器包含对被监测游乐设施的配电电压、电流参数监测的传感器，配电监测传感器的安装应至少满足以下要求：

a） 配电电压监测点应在被监测游乐设施的配电电缆接入位置；

b） 整机电流监测点应在被监测游乐设施的主电路上；

c） 安装位置应避免与被监测游乐设施运行相干涉；

d） 安装后，配电监测传感器和连接线缆应不妨碍人员的移动。

10.1.3 温湿度传感器的安装

温湿度传感器的安装宜符合 GB/T 35226—2017 中 12.2 的规定。

10.1.4 风速传感器的安装

风速传感器的安装宜符合 GB/T 35227—2017 中 4.5 的规定。

10.1.5 音视频采集设备的安装

音视频采集设备的安装应至少满足以下要求：

a） 音视频采集设备应能对设备操作台进行监测；

b） 音视频采集设备根据实际状况对被监测游乐设施座舱进行监测；

c） 安装位置应避免与被监测游乐设施运行相干涉；

d） 安装后，音视频采集设备和连接线缆应不妨碍人员的移动。

10.2 系统连接

被监测游乐设施与监测系统应采用信号电缆可靠的连接，信号电缆应符合附录 B 的要求。

10.3 运行参数监测系统的联机调试

10.3.1 系统配置

系统配置主要用于配置各类参数的通道与接口等，系统配置宜包含以下内容：

a） 配置监测设备通信接口；

b） 配置温湿度采集通道与接口；

c） 配置风速采集通道与接口；

d） 配置配电参数采集通道与接口；

e） 配置音视频采集设备及采集通道与接口；

f） 配置运行参数的采集通道与接口。

10.3.2 监测设备数字量输入通道测试

在监测开始之前，应对监测设备数字量输入通道进行测试，数字量输入通道宜采用按钮开关进行测试，将按钮开关的一端接到监测设备的输入通道上，另一端根据输入通道类型接到相应的电源端。

10.3.3 监测设备模拟量输入通道测试

在监测开始之前，应对监测设备模拟量输入通道进行测试，模拟量输入通道宜采用模拟信号源测试，也可采用可调稳压电源等其他方式进行测试。

监测设备模拟量输入通道测量值与实现信号值偏差应不大于 5％ 。

10.3.4 监测设备通信接口测试

监测设备通信接口可采用 PC 机进行测试，测试监测设备通信接口能否正常收发信号。

10.3.5 运行参数监测系统与被监测游乐设施联机调试

联机调试应至少包含以下内容：

a） 运行参数监测系统与被监测游乐设施应选择匹配的电缆连接，并完成对监测系统与被监测游乐设施的上电；

b） 被监测游乐设施应按约定的接口输出运行参数；

c） 完成对配电监测传感器、风速传感器、温湿度传感器的采集调试；

d） 完成对音视频采集设备的采集调试；

e） 完成对被监测游乐设施运行参数的采集调试。

10.4 基线测量

基线数据主要用于与后续的测量值进行比较对比，以发现被监测对象的变化。基线数据的确定应准确规定游乐设施的初始稳定工况，基线数据应在设备正常运行状态下由试验获取。对于有多个运行工况的设备，应对每种工况建立基线。

对于新的和大修后的设备，应规定磨合时间。在进行基线测量时，被监测游乐设施参数测量值应在正常范围内。

10.5 监测实施

10.5.1 监测前的准备

在进行运行参数监测前，应至少进行以下准备：

a） 完成对运行参数监测系统的上电开机；

b） 检查运行参数监测系统是否存在故障；

c） 检查监测系统与被监测游乐设施之间信号电缆是否正常。

在完成监测前的准备工作后，启动被监测游乐设施，运行参数监测系统自动实施监测。

10.5.2 监测数据采集与过程观察

运行参数监测系统应能自动进行运行参数监测。运行参数监测系统在无法进行正常监测时，应发出相关警告信息。

10.5.3 监测记录

监测记录的主要内容至少包括第14章列出的内容，监测记录和报告应在设备全生命周期内予以保存。

10.5.4 运行参数监测系统的关机

运行参数监测系统应在被监测游乐设施结束工作并断电后，进行关机。

11 监测结果评价与分级

11.1 结果分级

对于已有标准或方法指导分级的参数，应参照相应的指导方法进行分级；对于未明确分级方法的参数，监测结果的等级应根据监测的数据与游乐设施正常工作范围和基线测量数据比较进行评价。

测量的基线数据均值为 K，测量数据的分布值为 σ，游乐设施正常工作的下限值为 a，上限值为 b。监测的数据为 x，监测结果可分为以下四级：

a) Ⅰ级：$K-\sigma<x<K+\sigma$，监测的参数数据在 K（基线数据）$\pm\sigma$（测量数据的分布值）范围内。

b) Ⅱ级：$a<x\leqslant K-\sigma$ 或 $K+\sigma\leqslant x<b$，监测的参数数据超过Ⅰ级范围，但不超过允许工作的上下限值。

c) Ⅲ级：$x\leqslant a$ 或 $b\leqslant x$，监测的参数数据超出允许工作的上、下限值。

d) Ⅳ级：系统出现故障无法正常运行，或系统重要部件出现异常，或系统出现报警提示需要进行停机检查等现象。

11.2 结果处理

监测结果评级为Ⅰ级的，监测数据在正常范围内，设备运行状态良好，持续进行监测。

监测结果评级为Ⅱ级的，监测数据偏离但在允许范围内，加强监测数据的结果观察与分析，并根据实际情况确定是否需要进行验证。

监测结果评级为Ⅲ级的，监测数据偏离允许范围，采用其他检测方法进行验证，查找原因，必要时采取处理措施。若监测数据连续或频繁超出工作允许的限值时，应停机查找原因。

监测结果评级为Ⅳ级的，设备存在故障，应立即停机检查。

12 故障诊断

12.1 监测数据分段

游乐设施监测的运行参数应按照设施的运行场次进行分段存储。

12.2 监测数据判读

监测数据的判读宜按以下方式进行：

a) 基于开关量参数的状态诊断：对于开关量参数，应根据参数功能，判断参数变化是否异常，如出现异常变化，查找异常变化原因。

b) 基于数值型参数的状态诊断：数值型参数通常具有正常的阈值，若数据偏离正常的阈值，可认为出现异常，记录异常信号发生时刻，查找异常发生的原因。

c) 基于故障代码的状态诊断：故障代码应有说明表，通过故障代码查找故障原因。当监测到多个故障代码时，应选择时间最靠前故障代码作为可能的故障源进行重点排查。

12.3 故障源信息筛查判断

在监测数据分段后，应在监测到的各类故障数据中筛查故障源。对于连续报错的故障数据，宜采用以下方式进行筛查：

a) 时间最前的故障数据最有可能是故障源，应优先分析；

b) 根据故障数据查找历史出现的故障记录，如果有备案记录，为最可能的故障源；

c) 其他故障源信号筛查方法。

12.4 故障诊断流程

故障诊断流程宜按以下方法进行：

a) 监测游乐设施各类参数数据（设备运行数据、系统运行信息、环境参数），掌握设备的运行状态；

b) 对发生异常数据的游乐设施，分析其有效运行时段内的曲线数据变化趋势与特征，并与历史曲线（或样本）数据特征进行比对，根据监测数据判读，初步确定故障源；

c) 通过故障源信息筛查判断,进行故障诊断和识别,查找故障源并确定故障发生部位,根据已掌握的典型故障信息及关联参数特征,确定故障原因;

d) 根据诊断结果,发布报告。

12.5 故障诊断结果输出

运行参数监测系统应具有故障诊断结果输出的功能,故障诊断结果输出应满足以下要求:

a) 运行参数监测系统在未配置远程分析存储设备时,应具有参数阈值判断及报警输出功能;

b) 运行参数监测系统在配置远程分析存储设备时,应能将远程分析存储设备分析结果进行报警输出;

c) 运行参数监测系统的报警输出应便于操作人员察觉。

13 维修策略

维修策略应依据监测结果评价和故障诊断结果进行制定,宜按以下方法进行:

a) 监测数据在允许范围内的,按计划进行日常维修维保;

b) 监测数据超出允许范围的,查找参数超出范围的原因,针对具体原因采取相应措施,使监测数据在允许范围内;

c) 设备具有故障的,应根据故障现象,参照使用维护说明书或维修手册进行维修,或联系生产厂家进行维修。

14 记录和报告

14.1 记录

应按监测工艺规程的要求记录监测数据或信息,至少应包括 14.2 中所列的内容,并按相关法规、标准和(或)合同要求保存所有记录。

监测时如遇不可排除因素的噪声干扰,如人为干扰等,应如实记录,并在监测结果中注明。

14.2 报告

运行参数监测报告至少应包括以下内容:

a) 被监测游乐设施使用单位名称、地址及联系方式;

b) 被监测游乐设施名称、类型、安装地点、安装日期;

c) 被监测游乐设施运行参数对应部件及正常范围值;

d) 游乐设施缺陷情况;

e) 执行标准和(或)参考标准编号;

f) 监测接口、仪器型号、传感器型号;

g) 传感器安装位置示意图;

h) 数据文件名;

i) 设备运转一个场次运行参数图示(包括本次及基线监测结果);

j) 监测结果分析、等级划分;

k) 故障诊断结论;

l) 监测人员、报告编写人和审核人签字及资格证书编号;

m) 监测和出具报告的日期。

附　录　A
（资料性附录）
运行参数监测示意

图 A.1 为大摆锤运行参数监测的示意图。大摆锤工作的环境参数采用温湿度传感器、风速传感器、相关配电监测传感器等设备进行监测，工作的音视频采用音视频采集设备进行监测，运行过程产生的运行参数采用了模拟量输入接口及数字量输入接口进行监测。

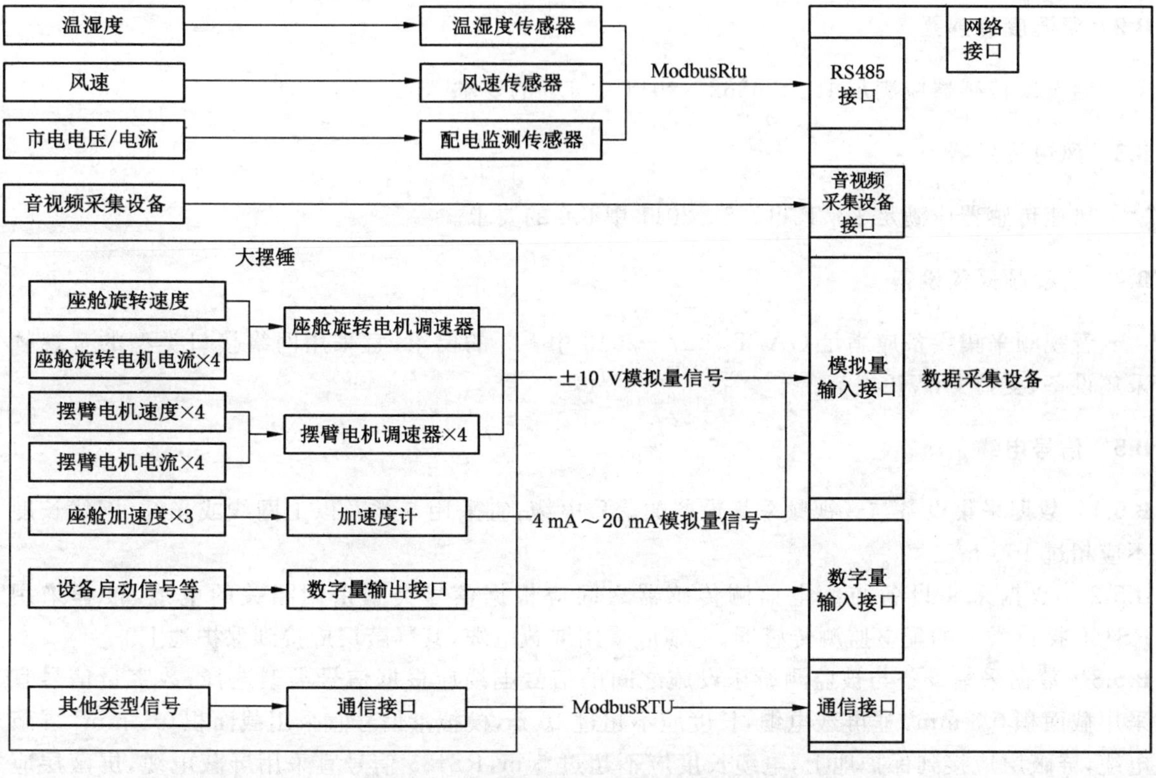

图 A.1　大摆锤运行参数监测示意图

注 1：温湿度传感器、风速传感、相关配电监测传感器就近安装在大摆锤控制室附近。

注 2：座舱、摆臂速度、电机电流、加速度等参数由安装的传感器或相关设备输出。

注 3：设备启动信号等数字量信号，由数据采集设备的数字量输入接口从启动按钮获取。

注 4：大摆锤通过通信接口输出控制系统的相关参数，协议推荐 Modbus 通信协议。

附 录 B
（规范性附录）
运行参数监测系统性能要求

B.1 配电监测传感器

配电监测传感器应满足 GB/T 50063—2017 中 3.1 的要求。

B.2 温湿度传感器

温湿度传感器应满足 JB/T 6862—2014 中 4.3 的要求。

B.3 风速传感器

风速传感器应满足 JB/T 11258—2011 中 6.6 的要求。

B.4 音视频采集设备

音视频采集设备应满足 GA/T 1127—2013 中 5.3 的要求，宜采用网络接口类型的音视频采集设备，支持 OnVif 规范。

B.5 信号电缆

B.5.1 数据采集设备与音视频采集设备的信号电缆，宜采用 5 类及以上网线或光纤，网线长度不应超过 100 m。

B.5.2 数据采集设备与配电监测传感器之间应根据信号类型采用相关的电缆，推荐采用 RS485 接口类型的配电监测传感器，电缆应采用屏蔽电缆，其屏蔽层应接到保护地上。

B.5.3 数据采集设备与被监测游乐设施之间的信号电缆应根据信号类型选择，数字量信号宜采用截面积 0.5 mm^2 非屏蔽电缆，长度应不超过 10 m，模拟量信号宜采用截面积 0.5 mm^2 屏蔽电缆，屏蔽层应接到保护地上，电缆长度应不超过 5 m，RS485 信号宜采用屏蔽电缆，屏蔽层应接到保护地上，以太网信号宜采用 5 类及以上网线，线缆长度不应超过 100 m。

B.6 数据采集设备

B.6.1 数据采集设备应具有与音视频、配电电压、工作电流、环境温度、湿度、风速传感器中的一个或多个接口，实现对相关参数的采集。

B.6.2 数据采集设备应具有足够通道数采集运行参数。

B.6.3 数据采集频率应根据被采集信号变化的周期确定，最高采集频率宜不低于 50 Hz。

B.6.4 采用网络接口类型的音视频采集设备，推荐采用 RTSP、RTMP、HTTP 传输协议，音视频推荐采用 MP4、AVI、rmvb 等文件格式进行存储。

B.6.5 数据采集设备应具有对运行参数的存储能力，且存储周期应不小于 2 周。

B.6.6 数据采集设备存储的运行参数应能正常解析，其存储形式宜为数据库格式或通用文件格式。

B.6.7 数据采集设备存储的音视频应采用通用的音视频格式进行存储。

B.6.8 数据采集设备存储的运行参数应加入每一个采样的时间信息。

B.6.9 数据采集设备应具有接口，实现对游乐设施的实时运行数据及存储的历史数据输出功能，推荐由数据采集设备提供通信接口与通信协议，由外部授权终端主动读取。

B.6.10 数据采集设备对外接口应允许外部授权终端对数据采集设备存储的历史数据进行拷贝操作。

ICS 97.200.40
Y 57

中华人民共和国国家标准

GB/T 39043—2020

游乐设施风险评价 危险源

Risk assessment for amusement ride—Hazard

2020-07-21 发布 2021-02-01 实施

国家市场监督管理总局
国家标准化管理委员会 发布

前言

本标准按照 GB/T 1.1—2009 给出的规则起草。

本标准由全国索道与游乐设施标准化技术委员会(SAC/TC 250)提出并归口。

本标准起草单位:中国特种设备检测研究院、广东长隆集团有限公司、重庆市特种设备检测研究院、成都乐新投资有限公司、大连海昌发现王国主题公园有限公司、山西省特种设备监督检验研究院、陕西省特种设备检验检测研究院、江苏省特种设备安全监督检验研究院、河北大学、北京世纪华侨城实业有限公司欢乐谷分公司、辽宁省检验检测认证中心、成都众星乐乐旅游文化发展有限公司。

本标准主要起草人:张勇、沈功田、刘然、林伟明、梁朝虎、邓明旭、张晓振、刘飞、牛宇峰、付恒生、陈卫卫、刘燕彬、杨新明、易水洪、黄珙、方立德、周伟、宋帆、曾志林、蔡章榛、王尊祥、王旭辉、张琨、张杨杨。

游乐设施风险评价　危险源

1　范围

本标准规定了游乐设施危险源识别的基本原则，并给出了产生危险源的主要因素和常见的危险源，包括设备危险、人员危险、环境危险和其他危险。

本标准适用于游乐设施的危险源识别。

2　规范性引用文件

下列文件对于本文件的应用是必不可少的。凡是注日期的引用文件，仅注日期的版本适用于本文件。凡是不注日期的引用文件，其最新版本(包括所有的修改单)适用于本文件。

GB 8408　大型游乐设施安全规范

GB/T 20306　游乐设施术语

GB/T 34371　游乐设施风险评价　总则

3　术语和定义

GB/T 20306、GB/T 34371 界定的以及下列术语和定义适用于本文件。

3.1

安全　safety

免除了不可接受的风险的状态。

[GB/T 20002.4—2015，定义 3.14]

3.2

危险(源)　hazard

可能导致伤害的潜在根源。

[GB/T 20002.4—2015，定义 3.2]

3.3

损伤　damage

零部件由于各种原因导致的性能逐渐劣化直至失败的一种不可逆过程。

3.4

故障　fault

设备或子系统由于某种原因丧失了规定机能而中断运行或降低效能的状态。

3.5

失效　failure

设备、子系统或零部件在设计给定的工作条件下不再能完成它的预定功能。

4　危险源识别的基本原则

4.1　游乐设施的危险源识别是进行游乐设施风险评价的关键环节。

4.2 游乐设施的危险源包括设备危险、人员危险、环境危险和其他危险。

4.3 危险源存在使设备产生损伤、故障和失效的可能,损伤、故障和失效都是危险源的表现。

4.4 零部件的损伤长期累积到达一定程度,可能导致失效或故障,但失效与故障可能没有相应的损伤。

4.5 游乐设施的危险源识别应结合该设施具体的结构和特点,识别其设计、制造、安装、使用、维保、修理、改造和报废等全寿命周期各阶段和环节有可能产生的危险。

4.6 本标准所罗列的危险源及其表现和产生原因,主要来源于游乐设施的各种故障、失效、检验案例和事故等,不涵盖所有潜在的危险源和产生原因。

5 产生危险的主要因素

5.1 游乐设施产生危险的主要因素来源于设计、制造、安装和使用等阶段。

5.2 设计阶段产生危险的因素包含但不限于如下方面:

a) 设计不合理,包括焊接设计、结构设计、选型设计等不合理;

b) 分析计算错误,导致安全系数不足、加速度超标等;

c) 重要零部件、重要焊缝的计算分析和检验检测要求不足;

d) 重要零部件和重要焊缝的疲劳强度不足;

e) 传动系统、电气控制系统和液压气动系统设计考虑不全面,零部件选型错误等;

f) 乘客安全束缚装置的设计和选型不合理;

g) 材料选型错误,其力学性能、化学性能和焊接性能等不满足设计工况要求;

h) 工况分析不足,对设备运行的不同阶段(如上下客、正常运行、制动状态、维护保养等)、载荷的不同分布情况(如满载、偏载等)、设备的不同姿态、可能出现的非正常运行和极限状态工况等考虑不周。

5.3 制造、安装阶段产生危险的因素包含但不限于如下方面:

a) 未按设计要求进行制造和安装;

b) 制造、安装精度与设计不符;

c) 设备的制造和安装环节未按有关要求进行检验;

d) 焊接工艺不当,包括焊接材料的选择、焊接方法、焊后热处理等工艺不当;

e) 出厂前,各传动部件、安全装置和子系统未进行可靠有效的测试、调试;

f) 现场安装后,设备未按照要求进行现场调试与试运行;

g) 无损检测方法选择不当,无损检测比例不足;

h) 设备基础及附属设施的施工不符合要求;

i) 新设备缺少设计验证试验,包括部件试验和整机试验。

5.4 使用阶段产生危险的因素包含但不限于如下方面:

a) 材料损伤或老化、部件和整机性能退化等导致的故障和失效;

b) 日常检验和维护保养不及时、不到位;

c) 操作人员、乘客等人员行为错误;

d) 使用环境不当;

e) 乘客须知和安全标识不足,设置不合理;

f) 应急救援不符合要求,包括但不限于以下几个方面:

——应急救援预案不合理,救援方式不得当;
——缺少救援人员、救援装备(如高空救援车)和救援物资;
——救援人员缺少培训,未进行营救救援演练。

6 设备危险

6.1 乘客束缚装置危险

6.1.1 共性危险

束缚装置共性危险的表现包含但不限于如下方面:

a) 束缚装置选型与设计加速度不匹配;
b) 锁紧机构的锁紧位置不可调节;
c) 锁紧机构不能自动锁紧;
d) 锁紧机构可被乘客释放;
e) 束缚装置有效锁紧与设备起动没有联锁;
f) 用弹簧锁紧的安全机构存在弹簧失效的可能;
g) 每个运行周期不便于对束缚装置进行目视或人工检查;
h) 锁紧装置无二次冗余;
i) 对于设计加速度在区域5的游乐设施,未配置两套独立的束缚装置或一套失效安全的束缚装置;
j) 加速度过大或乘坐物无软包等因素造成伤害;
k) 安全束缚装置无法束缚体型瘦小的乘客或儿童;
l) 安全束缚装置打开速度过快,与乘客发生碰撞。

注:区域5是指GB 8408规定的设计加速度区域5。

6.1.2 安全带危险

安全带危险的表现包含但不限于如下方面:

a) 安全带破断拉力不足;
b) 安全带与机体连接不牢固;
c) 安全带型式不合理;
d) 安全带卡扣组件本身强度不足,存在失效可能;
e) 安全带卡扣组合锁紧不可靠或型式不合理,可能在设备运行中打开;
f) 安全带卡扣位置设置不合理,与乘客发生身体磕碰;
g) 安全带破损;
h) 安全带过长,导致无法有效束缚;
i) 安全带束缚位置不当,造成与乘客磕碰;
j) 安全带缝合线破断拉力不足,磨损、老化及断线。

6.1.3 安全压杠危险

安全压杠危险的表现包含但不限于如下方面:

a) 安全压杠结构型式不合理,不能有效束缚不同身高、体重的乘客;
b) 安全压杠行程不可调节;
c) 安全压杠强度不足,存在变形、开裂的可能;

d） 安全压杠腐蚀；

e） 安全压杠磨损；

f） 安全压杠的自动控制失效时，无法手动打开；

g） 安全压杠锁紧力不足或锁紧失效，可能在设备运行中打开；

h） 安全压杠的锁紧装置存在乘客自行打开的可能；

i） 安全压杠压紧状态时，端部游动量过大；

j） 安全压杠闭合检测传感器失效或故障，联锁功能失效。

6.1.4 安全挡杆危险

安全挡杆危险的表现包含但不限于如下方面：

a） 安全挡杆强度不足，存在变形、开裂的可能；

b） 安全挡杆腐蚀；

c） 安全挡杆磨损；

d） 安全挡杆的结构型式不合理，无法有效束缚乘客；

e） 安全挡杆的锁紧方式不合理，设备运行中乘客可自行打开。

6.2 安全防护装置危险

6.2.1 制动装置危险

制动装置危险的表现包含但不限于如下方面：

a） 制动装置的制动方式和结构型式选择不合理；

b） 电源切断后，停机过程时间较长或要求定位精确的设备，未设置可靠的制动装置；

c） 制动装置的制动性能下降，导致制动距离过长；

d） 制动装置制动时产生过大冲击，导致结构产生明显的振动、摇晃或受损；

e） 制动装置的制动失效，导致设备不能安全停止。

6.2.2 限位装置危险

限位装置危险的表现包含但不限于如下方面：

a） 游乐设施液压缸或气缸行程的终点、绕固定轴转动的升降臂、绕固定轴摆动的构件、行程终点位置等超过预定位置有可能发生危险时，未设置相应的限位装置；

b） 传感器失效导致限位失效；

c） 逻辑程序错误或控制系统故障导致限位失效；

d） 乘人部分在最高点有可能出现静止状态（死点），未考虑防止或处理该状态的措施；

e） 接近开关、行程开关等布置不合理，导致限位功能缺失或失效；

f） 环境原因等导致传感器误动作。

6.2.3 防碰撞装置危险

防碰撞装置危险的表现包含但不限于如下方面：

a） 滑行车类游乐设施或滑道等有两组及以上无人操作的车辆运行时，未设置相应的自动防碰撞装置；

b） 传感器失效导致防碰撞失效；

c） 逻辑程序或控制系统故障错误导致防碰撞失效。

6.2.4 缓冲装置危险

缓冲装置危险的表现包含但不限于如下方面：

a) 缓冲装置失效；

b) 滑行车类游乐设施或滑道等有两组及以上人工操作的车辆运行时，未设置有效的缓冲装置；

c) 有可能发生危险的升降装置的极限位置未设置有效的缓冲装置；

d) 非封闭轨道的行程极限位置未设置有效的缓冲装置；

e) 沿钢丝绳运行的滑索行程终点等位置未设置有效的缓冲装置。

6.2.5 止逆行装置危险

止逆行装置危险的表现包含但不限于如下方面：

a) 沿斜坡向上牵引的提升系统，未设置相应的止逆行装置；

b) 止逆行装置逆行距离较大，造成冲击较大；

c) 止逆行装置在满载情况下冲击较大，止逆不可靠；

d) 止逆行装置设计不合理，强度不足；

e) 游乐设施的止逆行装置选型或结构设计不合理。

6.2.6 限速装置危险

限速装置危险的表现包含但不限于如下方面：

a) 采用直流电动机或调速控制电动机的游乐设施，未设置相应的限速装置；

b) 传感器失效导致限速失效；

c) 逻辑程序或控制系统故障错误导致的限速失效。

6.3 机械零部件危险

6.3.1 轴危险

6.3.1.1 轴表面磨损

6.3.1.1.1 游乐设施的轴表面磨损主要包括粘着磨损、磨粒磨损、表面疲劳磨损、腐蚀磨损等，不同的磨损对应着不同的表现和原因。

6.3.1.1.2 轴表面磨损的表现包含但不限于如下方面：

a) 粘着磨损的主要特征是接触表面的微凸体接触引起局部粘着、撕裂和有明显互相粘贴痕迹；

b) 磨粒磨损的主要表现是表层有条形沟槽刮痕；

c) 表面疲劳磨损的主要表现是表面疲劳剥落、压碎、有坑；

d) 腐蚀磨损的主要表现是沿接触表面滑动方向呈均匀磨痕或呈点状、丝状磨蚀痕迹或有小凹坑，同时伴有灰黑色、红褐色氧化物细颗粒，或丝状磨损物产生。

6.3.1.1.3 轴表面磨损的原因包含但不限于如下方面：

a) 粘着磨损的主要原因是低速重载或者高速运转时润滑不良，引起的胶合；

b) 磨粒磨损的主要原因是由于有较硬杂质介入；

c) 表面疲劳磨损的主要原因是由于轴受变应力的作用，且润滑不良；

d) 腐蚀磨损的主要原因是在氧化性、腐蚀性较强的气、液体介质环境下，或零件间配合较紧密处在外载荷或振动作用下，接触表面产生的微小滑动。

6.3.1.2 轴断裂

6.3.1.2.1 游乐设施轴断裂主要包括疲劳断裂、脆性断裂、韧性断裂等，在轴断裂失效之前会有裂纹的萌生和扩展。不同的断裂对应着不同的表现和原因。

6.3.1.2.2 轴断裂的表现包含但不限于如下方面：

a) 疲劳断裂的主要表现是断口表层或深处的裂纹痕迹中可见有新、旧发展迹象；

b) 脆性断裂的主要表现是断口由裂纹源处呈鱼骨状或人字形花纹状扩展；

c) 韧性断裂的主要表现是断口有塑性变形过程和挤压变形等痕迹，或颈缩现象或纤维扭曲现象。

6.3.1.2.3 轴断裂的原因包含但不限于如下方面：

a) 疲劳断裂的原因有受交变应力的作用、局部应力集中，材料内部微小裂纹逐渐扩展；

b) 脆性断裂的原因有工作环境温度过低、快速加载或者某些表面处理工艺(如电镀)使氢渗透入高强度轴中，增加了轴的脆性；

c) 韧性断裂的主要原因有以下几点：

——单向严重过载或加载过快；

——设计时对载荷估计不足，或材料强度不足；

——冷作或热处理工艺使轴韧性降低，脆性增加；

——某些合金材料对缺口、圆角、孔洞、刮伤特别敏感；

——高温蠕变，强度降低；

——某些合金在低温下韧性降低。

6.3.1.3 轴过量变形

6.3.1.3.1 游乐设施轴过量变形主要包括过量弹性变形和过量塑性变形，两者对应着不同的表现和原因。

6.3.1.3.2 轴过量变形的表现包含但不限于如下方面：

a) 过量弹性变形的主要表现是受载时过量弯曲、扭转、振动，而卸载后变形基本消失，弹性变形总是出现在受载区段或整轴上；

b) 过量塑性变形的主要表现是整体出现不可恢复的弯、扭曲或与其他零件接触处呈现局部塑性变形。

6.3.1.3.3 轴过量变形的原因包含但不限于如下方面：

a) 过量弹性变形的主要原因是轴的刚度不足，若不是过载所致，多为轴系结构不合理；

b) 过量塑性变形的主要原因是轴的强度不足或加载过量、过快或设计结构不合理，或高温环境导致材料强度降低甚至发生蠕变。

6.3.1.4 轴腐蚀

6.3.1.4.1 游乐设施轴腐蚀主要包括全面腐蚀和局部腐蚀，两者对应着不同的表现和原因。

6.3.1.4.2 轴腐蚀的表现包含但不限于如下方面：

a) 全面腐蚀的主要表现是腐蚀分布于金属的整个表面，使金属表面质量下降，如暴露在大气中的腐蚀；

b) 局部腐蚀的主要表现是腐蚀破坏集中发生在金属材料表面的特定局部位置，而其余大部分区域腐蚀十分轻微，甚至不发生腐蚀，常表现为应力腐蚀。

6.3.1.4.3 轴腐蚀的原因包含但不限于如下方面：

a） 润滑剂中的某些化学元素与轴的材料发生反应；

b） 环境的潮湿程度、pH 值等；

c） 未对轴进行防腐/防锈处理。

6.3.2 轴承危险

6.3.2.1 轴承磨损

6.3.2.1.1 游乐设施的轴承磨损是指在滚道表面、滚珠等位置的磨损，不同位置的磨损对应着不同的表现和原因。

6.3.2.1.2 轴承磨损的表现包含但不限于如下方面：

a） 滚道表面模糊无光泽；

b） 滚道表面变色；

c） 轴承座内孔磨损；

d） 滚体保持架接触部位磨损。

6.3.2.1.3 轴承磨损的原因包含但不限于如下方面：

a） 轴承中有研磨物；

b） 无润滑剂或润滑剂变质的情况下运转；

c） 因游隙调整不当造成轴承爬行；

d） 轴承内圈或外圈安装不正；

e） 轴承润滑不良，润滑油中杂质的含量过高。

6.3.2.2 轴承裂纹

6.3.2.2.1 游乐设施的轴承裂纹主要是指由于受内应力、外部冲击或环境条件等的影响而在其表面或内部所产生的裂纹，不同的裂纹对应着不同的表现和原因。

6.3.2.2.2 轴承开裂的表现包含但不限于如下方面：

a） 轴承内圈或外圈上的裂纹；

b） 内套圈内表面或外套圈外表面上的轴向裂纹；

c） 轴承内圈或外圈上的周向裂纹；

d） 轴承内圈或外圈断面上的径向裂纹；

e） 转动套圈端面上的径向裂纹。

6.3.2.2.3 轴承开裂的原因包含但不限于如下方面：

a） 配合太紧，装配不均匀；

b） 旋转爬行或微振磨蚀；

c） 轴承座变形；

d） 旋转爬行造成的金属粘污；

e） 运行期间与轴承座或轴肩发生碰撞或摩擦；

f） 挡边上的装配压力分布不均匀，装配期间用锤击；

g） 润滑剂不充分、粘污。

6.3.2.3 轴承片状剥落

6.3.2.3.1 游乐设施的轴承片状剥落主要是指由于疲劳造成麻点，形成薄片或鳞片状的剥落，不同位置的剥落对应着不同的表现和原因。

6.3.2.3.2　轴承片状剥落的表现包含但不限于如下方面：

a）滚道的隔离部位剥落；

b）环绕整个滚道的剥落；

c）向心轴承在径向两个相对点上的剥落；

d）仅滚道表面的一侧剥落；

e）滚子滚道一端的剥落；

f）与滚动体等距离分布的剥落；

g）转动轴滚道上的倾斜剥落；

h）静止轴滚道上的倾斜剥落；

i）滚动体上的剥落；

j）推力轴承滚道上偏心分布的麻点。

6.3.2.3.3　轴承片状剥落的原因包含但不限于如下方面：

a）外来物质造成的压痕、滚道的擦伤或腐蚀而引起的疲劳早起阶段；

b）因过载、内套圈膨胀或外套圈收缩而使间隙不当，造成逐渐扩展的疲劳失效；

c）轴或轴承座内孔不圆，装配套圈时使套圈畸变而呈椭圆形；

d）装配不当或轴向载荷过大；

e）滚柱轴承套圈不对中；

f）轴不对中、挠曲，或套圈不正；

g）轴挠曲或套圈不正；

h）强力安装、过载或润滑不足；

i）装配或加载偏心。

6.3.2.4　轴承腐蚀

6.3.2.4.1　游乐设施的轴承腐蚀主要是指由于与外界环境接触引起的腐蚀。

6.3.2.4.2　轴承腐蚀的表现包含但不限于如下方面：

a）滚道与滚动体相应位置上的局部斑痕或麻点；

b）表面上的斑痕或麻点。

6.3.2.4.3　轴承腐蚀的原因包含但不限于如下方面：

a）静止时间较长的轴承内有湿气或酸液；

b）腐蚀性润滑剂或润滑剂中有游离水；

c）未防护表面有湿气或腐蚀性气氛。

6.3.3　齿轮危险

6.3.3.1　齿轮磨损

6.3.3.1.1　游乐设施的齿轮磨损主要是指轮齿接触面上的材料摩擦耗损现象，主要分为轻微磨损、中等磨损、过度磨损、磨粒磨损和腐蚀磨损等，不同的磨损对应着不同的表现和原因。

6.3.3.1.2　齿轮磨损的表现包含但不限于如下方面：

a）轻微磨损主要表现为接触面上的微凸体逐渐磨平，直至出现非常光滑的表面为止；

b）中等磨损主要表现为节线上下齿面上的材料都有一定的遗失，节线位置呈现一条近似于连续的线；

c） 过度磨损主要表现为齿廓形状破坏，磨损率很高，节线附近有点蚀，传动有噪声、振动；

d） 磨粒磨损主要表现为轮齿接触表面上沿滑动方向有较均匀的条痕，多次摩擦条痕严重；

e） 腐蚀磨损主要表现为齿面上呈现均匀分布的腐蚀麻坑，齿面沿滑动方向伴有磨蚀痕迹。

6.3.3.1.3 齿轮磨损的原因包含但不限于如下方面：

a） 轻微磨损与轮齿接触表面的粗糙度与润滑黏度、齿面工作速度、工作载荷不相匹配有关；

b） 中等磨损与齿轮在界面润滑状态下工作有关，以及润滑系统中有少量的污染杂质；

c） 过度磨损与润滑系统和密封装置不良有关，系统一般存在严重振动、冲击载荷；

d） 磨粒磨损与齿面间有异物有关，在开式齿轮传动中更为严重；

e） 腐蚀磨损与工作环境有关。

6.3.3.2 齿轮断裂

6.3.3.2.1 游乐设施的齿轮断裂主要是指疲劳断裂和过载断裂，两者对应着不同的表现和原因。

6.3.3.2.2 齿轮断裂的表现包含但不限于如下方面：

a） 疲劳断裂起源于齿根处的疲劳裂纹扩展造成的断齿；

b） 过载断裂的断口较粗糙，无疲劳断裂的特征。

6.3.3.2.3 齿轮断裂的原因包含但不限于如下方面：

a） 疲劳断裂的原因有高的交变应力多次作用、齿根圆角半径过小、表面粗糙度过高、滚切时有拉伤、材料中有夹杂物、残余应力的影响等；

b） 过载断裂的原因有短时意外过载造成严重的应力集中、动载荷过大、较大硬质异物进入啮合处。

6.3.3.3 齿轮点蚀

6.3.3.3.1 游乐设施的齿轮点蚀主要是指齿面成麻点状的齿面疲劳损伤，包括早期点蚀和破坏性点蚀等，两者对应着不同的表现和原因。

6.3.3.3.2 齿轮点蚀的表现包含但不限于如下方面：

a） 早期点蚀主要表现为有较小、数目不多的麻点；

b） 破坏性点蚀主要表现为点蚀靠近节线的齿根表面上，麻点不断扩展。

6.3.3.3.3 齿轮点蚀的原因包含但不限于如下方面：

a） 早期点蚀的原因有啮合齿面局部过载、齿形误差、齿面凹凸不平、轴线歪斜造成偏载；

b） 破坏性点蚀的原因有齿面接触应力过大、节线附近滑动速度方向变化、油膜不易形成。

6.3.3.4 齿轮塑性变形

6.3.3.4.1 游乐设施的齿轮塑性变形主要是指碾击塑变、鳞皱、起脊、齿体塑变等，不同的塑性形变对应着不同的表现和原因。

6.3.3.4.2 齿轮塑性变形的表现包含但不限于如下方面：

a） 碾击塑变在齿顶棱和齿端出现飞边，齿顶滚圆，节线附近有沟槽、脊棱；

b） 鳞皱的齿面塑变呈鱼鳞状皱纹，并垂直与滑动方向；

c） 起脊在整个工作齿面上，沿滑动方向形成明显的脊棱；

d） 齿体塑变：轮齿歪扭，齿形剧变，硬齿面轮齿伴有变色现象。

6.3.3.4.3 齿轮塑性变形的原因包含但不限于如下方面：

a） 滚碾冲击作用、接触应力过高、轮齿材料硬度过低、动载荷太大及润滑不良；

b） 润滑不良及高压作用下，低速、振动引起齿面塑性流动；

c） 润滑失常造成剧烈温升引起齿轮热塑变形，过大载荷引起冷塑变形。

6.3.4 螺栓危险

6.3.4.1 螺栓塑性变形

6.3.4.1.1 游乐设施螺栓塑性变形主要是指螺栓受载超过弹性变形范围之后将发生永久的变形，即卸除载荷后将出现不可恢复的变形。

6.3.4.1.2 螺栓塑性变形的主要表现包含但不限于如下方面：

a） 螺栓尺寸变化；

b） 过量拉伸、伸长；

c） 螺栓连接松动。

6.3.4.1.3 螺栓塑性变形的原因包含但不限于如下方面：

a） 螺栓屈服强度不符合要求；

b） 安装精度不符合要求；

c） 反复施拧。

6.3.4.2 螺栓断裂

6.3.4.2.1 游乐设施螺栓断裂表现见 6.3.1.2.2。

6.3.4.2.2 螺栓断裂的原因包含但不限于如下方面：

a） 螺栓选型错误或强度不足；

b） 螺栓连接处承受的冲击、振动较大；

c） 螺栓承受过大的剪力产生剪切破坏（设计不承受剪切力）；

d） 材料存在偏析、疏松、有夹杂物等缺陷导致螺栓自身的强度不够；

e） 根部加工圆角不符合要求导致应力集中，出现疲劳裂纹甚至断裂；

f） 螺栓连接松动，无有效的防松措施。

6.3.4.3 螺栓滑丝和咬死

6.3.4.3.1 游乐设施螺栓滑丝主要表现为螺牙磨损而使螺牙无法咬合，螺纹连接无法拧紧；螺栓咬死主要表现为螺栓拆卸困难、无法拆卸，需要采用切割等破坏性手段将螺栓取出，不锈钢螺栓咬死现象较多。

6.3.4.3.2 螺栓滑丝和咬死的原因包含但不限于如下方面：

a） 滑丝的原因主要有以下几点：

——螺栓螺母尺寸配合不当；

——螺纹损坏；

——使用方法不当。

b） 咬死的原因主要有以下几点：

——螺纹螺母间隙不符合要求；

——螺纹表面粗糙度差、有异物；

——装配前的润滑不到位。

6.3.4.4 螺栓腐蚀

游乐设施螺栓腐蚀表现和原因见6.3.1.4.2、6.3.1.4.3。

6.3.5 钢丝绳危险

6.3.5.1 游乐设施的钢丝绳危险包括局部损伤和整体断裂。

6.3.5.2 钢丝绳危险的主要表现包含但不限于如下方面：

a) 钢丝绳断丝、断股和断绳等；

b) 钢丝绳直径减小(包括外部磨损、内部磨损和绳芯劣化)；

c) 腐蚀；

d) 变形；

e) 机械损伤、热损伤(包括电弧)等。

6.3.5.3 钢丝绳危险产生的原因包含但不限于如下方面：

a) 卷筒或滑轮与钢丝绳的绳径比过小；

b) 断股和断绳都是断丝发展到一定程度的结果，引起断丝的主要原因有过载断丝、疲劳断丝和由环境介质引起的断丝；

c) 在使用过程中外层钢丝与绳槽、吊钩等表面接触而引起的磨损；

d) 钢丝绳与外界环境接触，尤其是在有害气体与恶劣环境中。

6.3.6 链条危险

6.3.6.1 游乐设施的链条危险包括断裂、侧磨、爬高和跳齿、链条胶合等。

6.3.6.2 链条危险的主要表现包含但不限于如下方面：

a) 链板的疲劳和过载断裂；

b) 内外链板产生的侧磨；

c) 链条在链轮上爬高和跳齿；

d) 销轴和套筒胶合破坏引起的转动不灵活，有阻滞感。

6.3.6.3 链条危险原因包含但不限于如下方面：

a) 链板断裂的主要原因是链板在交变载荷作用下发生疲劳破坏，或由于冲击载荷过大；

b) 外链板侧磨的主要原因是链板和板箱摩擦造成；

c) 内链板侧磨损的主要原因是链与链轮不共面；

d) 链条爬高和跳齿的主要原因是销轴和套筒磨损；

e) 销轴和套筒发生胶合破坏的主要原因是重载高速下运行的链条易发生胶合，导致链条传动有转动不灵活的阻滞感。

6.4 钢结构危险

6.4.1 钢结构危险的表现包含但不限于如下方面：

a) 主梁、大臂、桁架等结构过量变形；

b) 大臂、桁架、座椅骨架等结构出现裂纹、断裂；

c) 结构腐蚀，局部出现穿孔；

d） 主体结构振动、晃动；

e） 设备结构本体与周围环境干涉；

f） 高空钢结构螺栓、销轴等小部件断裂或脱落后存在高空坠物危险。

6.4.2 钢结构危险的原因包含但不限于如下方面：

a） 设计考虑不全面导致的结构强度不足、失稳；

b） 长期运行产生的疲劳裂纹，导致结构断裂；

c） 材料质量较差、强度不满足要求；

d） 安装精度控制不当导致的结构缺陷；

e） 环境影响导致的锈蚀。

6.5 焊接件危险

焊接件危险的表现包含但不限于如下方面：

a） 裂纹、气孔、固体夹杂、未融合、未焊透等缺陷；

b） 焊接件结构设计不合理；

c） 焊接件所处环境潮湿，或未做防锈蚀处理导致的锈蚀；

d） 不同强度的钢材焊接时，焊接材料未采用与低强度钢材相适应的焊接材料；

e） 不等厚度或不等宽度的焊件相焊时，未做开坡口处理；

f） 在高应力部位、机械加工面等区域焊接造成应力集中；

g） 焊缝较为密集，出现十字焊缝、双向或三向相交焊缝引起应力集中；

h） 焊缝的安全系数不符合 GB 8408 的要求；

i） 焊缝的无损检测不符合 GB 8408 的要求；

j） 设备运行过程中承受冲击载荷，或长时间承受交变载荷产生变形、裂纹或开裂；

k） 焊接工艺控制不当，在焊前准备、焊接方法、焊接操作、工艺参数及焊后热处理等方面存在问题。

6.6 玻璃钢件危险

玻璃钢件危险的表现包含但不限于如下方面：

a） 存在浸渍不良、固化不良、气泡、切割面分层、厚度不均等缺陷；

b） 表面存在裂纹、破损、明显修补痕迹、布纹显露、皱纹、凸凹不平、色调不一致等缺陷，转角处过渡不圆滑，有毛刺；

c） 玻璃钢件与受力件直接连接时强度不足，无预埋满足强度要求的金属件；

d） 玻璃钢件力学性能不符合要求；

e） 玻璃钢变形过大；

f） 玻璃钢脱落造成人身伤害；

g） 玻璃钢座椅的接缝和尖角造成人身伤害；

h） 安全带与玻璃钢直接连接，由于玻璃钢强度不够导致的安全带失效；

i） 玻璃钢预埋件锈蚀失效。

6.7 电气及控制系统危险

6.7.1 电气系统危险

游乐设施电气系统危险的表现包含但不限于如下方面：

a) 设备供电电源不满足该设备运行要求；
b) 电气系统中的电子元器件选型不合理；
c) 电气系统中的电子元器件损伤、老化、失效等；
d) 操作按钮、控制手柄、软件操作界面、信号灯等颜色标识不正确；
e) 导线和电缆选型不正确；
f) 电动机选型不正确；
g) 设备的电磁兼容性无法满足使用要求；
h) 带电回路与接地装置之间的绝缘电阻过小，存在触电危险；
i) 潮湿或涉水环境场所的电气设备未设置漏电保护措施；
j) 电气设备和元器件的布置、安装不规范、不正确；
k) 设备未设置相应的照明和应急照明设备；
l) 电网电压不稳定，导致电气系统不能正常工作；
m) 环境变化导致绝缘或接地电阻不符合要求。

6.7.2 控制与防护系统危险

游乐设施控制与防护系统危险的表现包含但不限于如下方面：

a) 控制系统无不间断电源装置；
b) 控制系统对设备的运行工况考虑不足，无法保证乘客安全；
c) 控制系统有误操作时，设备有危及乘客安全的运动；
d) 游乐设施未设置防止误起动的措施；
e) 传感器抗干扰能力弱，容易造成误信号；
f) 信号传输有误时，可能导致人身伤害；
g) 速度、压力、转矩和位置等参数超过工作限值可能产生危险；
h) 设备运行中超过预定位置，未设置限位控制和极限位置控制装置；
i) 用卷筒和曳引机传动的游乐设施，未设置防止钢丝绳过卷、松弛的控制装置及极限位置控制装置；
j) 操作员不可见的多根钢丝绳传动系统，未设置断绳检测控制装置；
k) 游乐设施未设置紧急停止按钮，或设置位置不合理；
l) 紧急停止按钮未采取凸起手动复位式；
m) 紧急停止按钮逻辑设置错误，在某些情况下可能危及乘客安全；
n) 维修人员进入危险区域时，无防止误启动的控制措施；
o) 重要控制按钮(如启动、急停等)设置在游客可触及的区域；
p) 乘客可触及的范围之内，有超过 50 V 的电压；
q) 乘客操作的电气开关，电压超过 24 V；
r) 未设置启动前提示乘客注意安全的音响等信号装置；
s) 轨道带电的游乐设施，未采取相应的安全防范措施；
t) 滑触线高度低于 2.5 m 的游乐设施，未设置安全栅栏和安全标志；
u) 控制系统与外部网络有连接时，存在被网络攻击、恶意控制等危险。

6.7.3 接地与避雷危险

游乐设施接地与避雷危险的表现包含但不限于如下方面：

a） 低压配电系统的接地型式不符合要求；
b） 电气系统未可靠接地；
c） 低压配电系统保护接地电阻大于 10 Ω；
d） 高压架空输配电线路通道内设置游乐设施；
e） 高度大于 15 m 的游乐设施、滑索上下站及钢丝绳等未设置防雷装置；
f） 高度超过 60 m 的游乐设施未设置防侧向雷击的防雷装置。

6.8 液压和气动危险

液压和气动危险的表现包含但不限于如下方面：

a） 液压气动系统的超压和失压危险；
b） 液压气动系统的冲击和振动危险；
c） 油管、气管及泵等失效，造成乘人部分下降速度过快；
d） 油温过高危险；
e） 多个液压缸不同步造成的危险；
f） 液压缸失效(压力失效、活塞杆失效等)的造成的危险；
g） 管道连接失效后，液压油喷射造成的危险；
h） 环境温度较低时，液压气动系统无法正常工作；
i） 液压气动系统未设置过压保护装置或失效；
j） 液压缸设计或安装不合理，受载不平衡导致变形或失效；
k） 排气口、排油口设置不合理，喷射的气体、液体对人员造成危险；
l） 液压气动系统漏气、漏油；
m） 液压气动系统安装错误；
n） 液压油清洁度不足；
o） 空压机中的空气清洁度不足或过于潮湿；
p） 空气过滤器失效；
q） 密封件失效产生的危险；
r） 气管结冰产生的危险；
s） 控制元件失效；
t） 缓冲装置失效；
u） 液压气动系统未设置缓冲装置或未采取缓冲措施。

6.9 水上设备相关危险

水上设备相关危险的表现包含但不限于如下方面：

a） 水滑梯结构设计不合理，造成人员抛出、跌落、翻滚、弹跳、腾空、碰撞、划伤、灼伤、滞留、挤夹等危险；
b） 水滑梯表面缺陷造成伤害；
c） 水滑梯截留段长度不足，水深过大或过小；
d） 水滑梯润滑水流量过大或过小；
e） 水滑梯对接缝沿滑行方向有逆向阶差，或顺向阶差大于 2 mm，容易造成游玩者身体划伤；

f) 水深不满足要求,容易发生溺水危险;

g) 漂流河流速过快,容易造成人员碰撞危险;

h) 造浪池波高过大;

i) 造浪池的出波口和深水区域未设置安全隔离网或安全警示标志;

j) 水循环系统的回水口未设置有效的安全隔栅和安全警示标志,人员容易被吸附在回水口,发生溺水危险;

k) 游乐池的池沿和台阶有突出物和棱角,池底无防滑处理;

l) 游乐池的水质不符合要求;

m) 喷射式戏水装置的高压喷射装置可能伤及游客;

n) 水上设备的滑具(如滑垫、充气皮筏等)老化、破损;

o) 突然断电造成人员中途滞留等;

p) 水下照明装置漏电危险;

q) 峡谷漂流侧向碰撞较大可能造成人员跌落或翻筏危险;

r) 有翻筏危险的设备,设置了安全带等措施,容易造成人员溺亡;

s) 水滑梯表面存影响安全的杂物。

7 人员危险

7.1 操作人员相关危险

操作人员相关危险的表现包含但不限于如下方面:

a) 未按照操作规程操作设备;

b) 未进行设备试运行;

c) 操作人员在操作室内不能看清全部人员上下及设备运行情况;

d) 未向乘客宣传注意事项,制止乘客危险行为;

e) 设备起动前,对乘客安全带、安全压杠等束缚装置检查不到位;

f) 未进行安全确认就起动设备;

g) 安排乘客不合理导致承载不平衡,如摩天轮的上下客控制、水上游乐设施的皮筏乘坐分布;

h) 设备运行中,未关注乘客动态及设备运行状态,未能及时发现紧急情况;

i) 发现异常情况未及时采取应急措施;

j) 设备运行中,进入危险区域;

k) 未经过专业培训,不具备操作该设备的技能;

l) 未合理控制发车间隔,导致碰撞危险。

7.2 维保人员相关危险

维保人员相关危险的表现包含但不限于如下方面:

a) 未按照使用维保说明书和相关法规标准要求制订维护保养方案;

b) 未按照作业指导书进行维保工作;

c) 维保检查项目不完整;

d) 维保时间不充足;

e) 着装、工具和安全措施不符合要求;

f） 进入危险区域，未确认设备完全关闭，未采取安全措施；
g） 维保过程中未放置相应的安全提示；
h） 对易损件和到期的主要部件未及时更换；
i） 游乐设施备品备件不符合要求；
j） 私自对游乐设施进行修理改造；
k） 未经过专业培训，不具备维护保养技能。

7.3 站台服务人员相关危险

站台服务人员相关危险的表现包含但不限于如下方面：

a） 未对乘客宣传注意事项，未进行安全提示；
b） 未制止乘客的危险行为；
c） 设备运行前，对乘客安全带、安全压杠等束缚装置检查不到位；
d） 设备运行前，未进行安全确认；
e） 排队区域管理混乱造成人员拥挤、摔倒甚至踩踏；
f） 与操作人员沟通不畅，造成设备误起动；
g） 未经过专业培训，不具备相应技能；
h） 注意力不集中，临时脱岗；
i） 进入设备运行范围等危险区域。

7.4 乘客相关危险

乘客相关危险的表现包含但不限于如下方面：

a） 游玩前未阅读乘客须知；
b） 乘客对速度过快、加速度过大产生的不舒适感；
c） 设备运行时乘客身体突发不良状况；
d） 乘客长头发未盘起造成的缠绕危险；
e） 年龄、身高或身体条件等不符合乘坐要求；
f） 设备平台或其他周围物体造成乘客挤夹危险；
g） 游客等人员进入设备运行区域、机房等危险区域；
h） 在站台嬉戏、打闹、跑动；
i） 乘坐过程中，乘客有危险行为，如手脚伸出座舱或滑车、在座舱中跑跳等；
j） 由乘客操作的设备（如滑道），乘客中途停车或下车；
k） 乘客自行打开安全束缚装置；
l） 儿童认知能力差，不服从操作人员和站台服务人员管理；
m） 乘客高空抛物或坠物，如从摩天轮吊舱、观光塔座舱等抛物；
n） 乘客在座舱或封闭区域吸烟、携带危险品等。

8 环境危险

8.1 自然环境危险

自然环境危险的表现包含但不限于如下方面：

a） 地震危险；
b） 洪水、泥石流危险；

c) 雷电危险；

d) 雨水危险；

e) 暴雪危险；

f) 裹冰危险；

g) 雾、霾、扬尘、冰霜等恶劣天气；

h) 大风对设备造成的运行故障、倾覆等危险，极限风速造成的设备结构破坏；

i) 环境温度过高、过低，湿度过大，包括天气寒冷导致气动液压系统故障或刹车性能降低，海边、潮湿环境造成的设备腐蚀等；

j) 海拔较高，造成的电气系统危险；

k) 地质条件危险，设备的基础存在开裂、不均匀沉陷、松动等现象。

8.2 设备周边危险

设备周边危险的表现包含但不限于如下方面：

a) 周边障碍物危险，包括建筑物、树木等；

b) 周边临时障碍物危险，如周围正在作业的起重机、临时建筑物等；

c) 周边动物对设备的破坏和干扰，如破坏线缆、干扰传感器；

d) 周边电磁干扰；

e) 周边环境噪声过大；

f) 周边高空坠物。

8.3 其他环境危险

其他环境危险的表现包含但不限于如下方面：

a) 火灾危险；

b) 照明不足；

c) 通风通气条件不足；

d) 人为破坏、偷盗等。

9 其他危险

游乐设施的其他危险包含但不限于如下方面：

a) 设备存在倾覆、侧滑危险；

b) 部分类型的游乐设施超过其速度限制；

c) 安全距离过小，乘客存在碰撞、剪切危险；

d) 危险区域(如平台和移动站台结合部)未有效封闭，存在人员坠落危险；

e) 传动部分未有效封闭或遮挡，人员易触及；

f) 存在乘客飞出轨道可能性的设备，未考虑二次防护；

g) 用在重要部位的木材未进行阻燃和防腐处理；

h) 乘客可触及范围内，存在锐边、尖角、毛刺和危险突出物；

i) 游乐设施的假山、艺术造型等附属设施意外掉落、坍塌或倾覆；

j) 转动平台与固定平台之间的间隙大于 30 mm，容易挤夹儿童脚部；

k) 设备中的孔洞、缝隙对儿童的手指、头颈、身体造成挤夹；

l) 设备无排水措施，容易渗漏水和残留积水造成结构腐蚀；

m) 安装吊点的设计不合理，安装过程中产生塑性变形。

参 考 文 献

[1] GB/T 20002.4—2015 标准中特定内容的起草 第4部分：标准中涉及安全的内容

ICS 97.200.40
Y 57

中华人民共和国国家标准

GB/T 39079—2020

大型游乐设施检验检测　加速度测试

Inspection and test specifications of large-scale amusement device—Acceleration test

2020-09-29 发布　　　　2021-04-01 实施

国家市场监督管理总局
国家标准化管理委员会　发布

前言

本标准按照 GB/T 1.1—2009 给出的规则起草。

本标准由全国索道与游乐设施标准化技术委员会(TC 250)提出并归口。

本标准起草单位:中国特种设备检测研究院、嘉兴市特种设备检验检测院、中山市金马科技娱乐设备股份有限公司、华侨城集团有限公司、华强方特文化科技集团股份有限公司、广东长隆集团有限公司、中国航天员科研训练中心、河北大学、北京工商大学、江西省特种设备检验检测研究院、济南大学。

本标准主要起草人:陈卫卫、单宇佳、潘金平、沈功田、肖原、胡斌、张勇、梁朝虎、宋伟科、刘喜旺、李坚、刘辉、林伟明、刘书娟、陈涛、文红光、王银兰、王浩然、方立德、项辉宇、周伟、刘然、刘鹏霄、崔明亮、王华杰、李纪友、陈松涛、张琨、王尊祥、朱锐、曹翀。

大型游乐设施检验检测　加速度测试

1　范围

本标准规定了大型游乐设施加速度测试的总则、安全与环境要求、人员要求、仪器与设备要求、测试与评价和测试文件。

本标准适用于大型游乐设施检验检测中的加速度测试工作。

2　规范性引用文件

下列文件对于本文件的应用是必不可少的。凡是注日期的引用文件，仅注日期的版本适用于本文件。凡是不注日期的引用文件，其最新版本(包括所有的修改单)适用于本文件。

GB 8408　大型游乐设施安全规范

GB/T 20050　大型游乐设施检验检测　通用要求

GB/T 20306　游乐设施术语

3　术语和定义

GB/T 20306 界定的以及下列术语和定义适用于本文件。

3.1

数据通道　data channel

传输数据的物理通道，包括从传感器到数据记录仪的所有设备。

3.2

加速度传感器　acceleration transducer

一种将加速度转换为电信号的装置。

3.3

横向灵敏度　transverse sensitivity

垂直于加速度传感器敏感轴方向的激励产生的输出信号与输入信号的比值。

3.4

零偏　zero bias

传感器输入为零时数据通道的输出值。

3.5

测试坐标系　measurement coordinate system

表示测试轴线和正方向的坐标系。

4　总则

4.1　加速度测试的目的包括：

a)　设计加速度验证；

b)　乘客加速度阈值评价；

c) 乘客束缚装置选型评价；

d) 游乐设施刺激程度评价。

4.2 设计加速度验证、乘客加速度阈值评价和乘客束缚装置选型评价时，应采用直接在大型游乐设施上固定加速度传感器的方式进行测试。

4.3 游乐设施刺激程度评价时，宜采用游乐设施加速度测试假人（以下简称“测试假人”）进行测试。

5 安全与环境要求

测试过程中的安全与环境要求应满足 GB/T 20050 的规定。

6 人员要求

从事大型游乐设施加速度测试工作的人员应具备大型游乐设施基础知识、加速度测试相关知识和能力。

7 仪器与设备要求

7.1 加速度测试仪器和设备包括加速度测试仪和测试假人，加速度测试仪一般由加速度传感器、放大器、指示器或记录仪及安装支架等附属装置组成，测试假人由假人本体和加速度测试仪组成。

7.2 加速度测试应根据不同的测试目的和用途，选择合适的测试仪器或设备。

7.3 加速度测试仪应满足如下要求：

a) 量程应不小于$\pm 10g$（g 为标准重力加速度，取值为 9.81 m/s^2）；

b) 分辨率应不大于量程的 2%，且不大于 $0.05g$；

c) 非线性应不大于量程的 2.5%；

d) 横向灵敏度应不大于 3%；

e) 时间分辨率应不大于采样间隔时间；

f) 不同数据通道之间的时间延迟应不大于采样间隔时间；

g) 应具有抗混叠滤波功能；

h) 应定期校准。

7.4 测试假人除满足 7.3 中要求外，还应满足如下要求：

a) 加速度传感器及其他内置仪器和附件与假人本体之间应安装牢固，测试过程中不应发生相对运动；

b) 测试假人的身高和体重应满足大型游乐设施相关标准和设计文件中关于乘客身高和体重的要求；

c) 测试假人的结构和力学性能应满足大型游乐设施各运行工况下所需的刚度和强度要求。

8 测试与评价

8.1 测试准备

8.1.1 待测大型游乐设施应调试正常，完成运行试验并自检合格。

8.1.2 在测试时,所有数据通道都应经过现场校准。

8.1.3 现场校准可采用重力翻转法进行。校准时,将加速度传感器放置于和重力方向垂直的平面上,连续翻转,应得到$+1g$、$0g$、$-1g$的三个标准加速度数据,否则应调整加速度测试仪器重新校准。

8.2 加速度测试仪安装

8.2.1 测试坐标系的轴线方向应由人体坐标系决定,人体坐标系应满足 GB 8408 的规定。

8.2.2 人体坐标系的 z 轴宜平行于乘客脊柱方向。

8.2.3 加速度传感器的敏感轴与选定的测试坐标系轴线之间的角度误差应不超过 5°。

8.2.4 加速度传感器的安装位置应满足以下要求:

a) 当坐姿乘坐时,加速度传感器应放置于距离座椅面 600 mm±50 mm 的位置;专用于儿童乘坐的游乐设施,加速度传感器应放置于距离座椅面 500 mm±50 mm 的位置;

b) 当站姿或卧姿乘坐时,加速度传感器应放置于距离脚底面 1 200 mm±50 mm 的位置;专用于儿童乘坐的游乐设施,加速度传感器应放置于距离脚底面 760 mm±50 mm 的位置。

8.2.5 使用多个单轴加速度传感器测量某点的三轴加速度时,各传感器距测试点应不超过 60 mm,轴线应为正交关系。

8.2.6 加速度传感器及相关部件应牢固安装到待测游乐设施上,测试过程中不应发生相对运动。

8.2.7 安装后应记录加速度传感器的安装位置和方向以及人体坐标系与重力方向的夹角。

8.3 测试假人安装

8.3.1 测试假人应安装牢固,测试过程中不应有过大位移、晃动或掉落现象。

8.3.2 游乐设施刺激程度评价时,测试假人中的加速度传感器宜根据 GB 8408 的规定确定安装位置和轴向。

8.3.3 安装后应记录测试假人的安装位置和方向。

8.4 加速度测试

8.4.1 加速度测试采样频率应不小于 50 Hz。

8.4.2 每个数据通道的零偏应分别记录。

8.4.3 加速度测试宜分别在空载、偏载和满载三种工况下进行,必要时也可在其他载荷工况下进行。

8.4.4 设计加速度在不同乘坐位置之间有明显差异时,应选择不少于三处位置进行测试。

8.5 数据处理与评价

8.5.1 测试数据应剔除由仪器噪声等引起的明显畸点。

8.5.2 测试数据存在零偏时应进行修正。

8.5.3 乘客加速度阈值评价应根据 GB 8408 的规定执行,测试数据应采用滤波截止频率为 5 Hz 的 4 阶巴特沃斯低通滤波器进行滤波。

8.5.4 乘客束缚装置选型评价应根据 GB 8408 的规定执行,测试数据应采用滤波截止频率为

1 Hz 的 4 阶巴特沃斯低通滤波器进行滤波。

8.5.5 游乐设施刺激程度评价宜根据表 1 执行，其分级结果为 a_x、a_y、a_z 三个方向分级结果中的最高者。测试数据宜采用滤波截止频率为 5 Hz 的 4 阶巴特沃斯低通滤波器进行滤波。

表 1 游乐设施刺激程度评价分级表

刺激程度级别	刺激程度	加速度范围		
		a_x	a_y	a_z
Ⅰ	轻度	$-0.3g \leqslant a_x \leqslant 0.5g$	$-0.2g \leqslant a_y \leqslant 0.2g$	$0.7g \leqslant a_z \leqslant 1.3g$
Ⅱ	中度	$-0.7g \leqslant a_x < -0.3g$ 或 $0.5g < a_x \leqslant g$	$-0.5g \leqslant a_y < -0.2g$ 或 $0.2g < a_y \leqslant 0.5g$	$0.2g \leqslant a_z < 0.7g$ 或 $1.3g < a_z \leqslant 3.5g$
Ⅲ	高度	$-3.5g \leqslant a_x < -0.7g$ 或 $g < a_x \leqslant 6g$	$-3g \leqslant a_y < -0.5g$ 或 $0.5g < a_y \leqslant 3g$	$-2g \leqslant a_z < 0.2g$ 或 $3.5g < a_z \leqslant 6g$

9 测试文件

9.1 作业指导书

作业指导书应至少包含以下内容：

a) 适用范围；
b) 测试标准；
c) 测试对象；
d) 测试仪器与设备；
e) 测试方法；
f) 测试人员；
g) 测试程序；
h) 数据处理和评判方法；
i) 测试记录和报告要求；
j) 编制、审核、批准人员和日期。

9.2 测试报告

测试报告应至少包含以下内容：

a) 测试目的；
b) 被测游乐设施的设备名称、型号规格、出厂编号、制造单位和测试前状态；
c) 测试单位、测试人员、测试日期和测试地点；
d) 测试编号和测试工况；
e) 测试仪器编号、校准或标定情况和测试前状态；
f) 测试中出现的异常现象；
g) 测试数据处理和分析结果；
h) 测试结果评价和建议。

9.3 测试记录

9.3.1 测试记录应至少应包含 9.2 所规定的和以下内容：

a) 被测游乐设施的设备类型、设备形式、主要参数；

b) 温度、湿度和天气状况；

c) 原始测试数据。

9.3.2 测试数据为测试记录的一部分，应满足以下要求：

a) 数据文件应制定命名规则，并存档备查；

b) 数据文件中至少应包含时间和加速度数据；

c) 每组测试数据中至少应有一个时间点能够与被测游乐设施运行的物理位置之间建立对应关系。

安全规范和技术要求

ICS 97.200.40
Y 57

中华人民共和国国家标准

GB 8408—2018
代替 GB 8408—2008

大型游乐设施安全规范

Large-scale amusement device safety code

2018-05-14 发布　　2018-12-01 实施

国家市场监督管理总局
中国国家标准化管理委员会　发布

前 言

本标准的5.1.1、5.4.3、5.4.4、6.4.1、6.4.4、6.5、6.6.2.8、6.6.3.3、6.7.1.4、6.7.1.7、6.7.1.11、6.7.2.3、6.7.2.5、6.8.2.1.2、6.8.2.2.1、6.8.3.1、6.8.4.1、6.9.9.3、6.9.11.1、7.1.5、7.2.1.4、7.2.3.5、7.2.4.4、7.2.6.3、7.3.3、7.4.3.3、7.8.10、第8章、附录A、附录D、附录E和附录F为推荐性的，其余为强制性的。

本标准按照GB/T 1.1—2009给出的规则起草。

本标准代替GB 8408—2008《游乐设施安全规范》。本标准与GB 8408—2008相比，除编辑性修改外主要技术变化如下：

——将标准名称《游乐设施安全规范》修改为《大型游乐设施安全规范》；

——将2008年版的第4章“基本设计规定”、第5章“传动系统”、第6章“电气”、第7章“安全要求及安全措施”、第8章“制造与安装”、第9章“使用与管理”重新梳理，修订后的标准结构如下：第4章“总则”、第5章“材料和紧固件”、第6章“设计”、第7章“制造与安装”、第8章“使用管理与维护保养”；

——第4章“总则”部分增加了对新工艺、新方法、新材料和新游乐设施超出标准规定的解决办法；增加了风险评价的要求；

——第5章“材料和紧固件”部分增加了对常用有色金属的要求；明确了铝及铝合金、铜及铜合金、钛合金的化学成分、力学性能的要求；增加了紧固件的要求；

——6.1“基本设计规定”中增加了对游乐设施的设计相关资料的保存要求；修改了对游乐设施的使用寿命的要求；增加了对使用维护保养说明书的内容要求；增加了温度载荷、裹冰载荷和其他载荷的要求；修改了冲击载荷系数的规定；增加了工况分析的规定；修改了载荷组合的内容，载荷组合示例放入附录D；

——6.2“设计计算”中增加了对部分材料可选用极限状态设计法的规定；修改了疲劳强度计算的要求；修改了稳定性计算的要求；

——6.4“焊接设计”中修改和增加了焊接设计的要求，增加了焊接接头形式、焊缝分级、焊接节点构造要求、焊缝强度计算、焊缝检测的要求；

——6.7“电气及控制系统”增加了电动机的选择、调速、电磁兼容性的要求；增加了对游乐设施的数据监测和存储等内容；增加了控制电路电源的要求；修改和增加了电气防护的要求；增加了电气检验的要求；

——6.8“乘载系统”中增加了对安全带卡扣组件的要求；增加了束缚装置的选型要求，根据加速度区域设置5级束缚装置，详细规定了每级束缚装置的技术要求；修改和增加了乘客安全距离的要求；

——6.9“安全防护装置和措施”中修改和增加了制动装置的要求；增加了对非封闭轨道的缓冲装置的要求；增加了止逆装置的可靠系数的要求；修改和增加了对超速限制装置、

风速计、防护罩的要求；增加了安全网的要求；删除了对水上游乐设施安全要求；

——第 7 章“制造与安装”部分修改和增加了对焊接材料、焊接工艺评定、焊接工艺等要求；修改了铸件、锻件的相关要求，增加了热处理的要求；修改和增加了销轴和紧固件装配的要求；增加了厂内测试的要求；修改和增加了涂装的要求；增加了对包装和运输的要求；修改和增加了无损检测的相关要求；修改和增加了对检验的要求；

——第 8 章“使用管理与维护保养”部分增加了对乘客的要求；修改和增加了对依法注册使用登记、培训考核、操作、检查、监控和测量设备管理、档案管理、延寿与报废的要求；修改了对应急救援演练的要求；修改了对维护保养制度的要求；增加了对修理和改造的要求；

——附录部分删除了原标准中附录 A、附录 B、附录 C、附录 D；增加了 4 个资料性附录 A、附录 D、附录 E、附录 F 和 2 个规范性附录 B、附录 C。

本标准由国家市场监督管理总局提出并归口。

本标准起草单位：中国特种设备检测研究院、江苏省特种设备安全监督检验研究院、中山市金马科技娱乐设备股份有限公司、温州南方游乐设备工程有限公司、深圳华强方特文化科技集团股份有限公司、浙江巨马游艺机有限公司、上海希都游乐设备制造厂、北京万达文化产业集团有限公司、北京实宝来游乐设备有限公司、万达文化旅游规划研究院有限公司、山东省特种设备检验研究院、广东大浪水上乐园设备有限公司、广东大新游乐智能科技有限公司。

本标准主要起草人：沈功田、张勇、李向东、邢友新、刘喜旺、陈建生、戎志刚、梁朝虎、周晓君、黄建文、胡斌、詹蕴鑫、刘辉、李勇、付恒生、陈红军、邓金镛、田博、陈朝阳、张新东、邓贵德、宋伟科、姚顺喜、刘然、张爱文、王跃勇、胡兼、李华、田高奇、苑一琳。

本标准所代替标准的历次版本发布情况为：

——GB 8408—2000、GB 8408—2008。

大型游乐设施安全规范

1 范围

本标准规定了大型游乐设施(以下简称游乐设施)的总则、材料和紧固件、设计、制造与安装、使用管理与维护保养的基本安全要求。

本标准适用于大型游乐设施。

本标准不适用于竞技体育设施和健身设施。

2 规范性引用文件

下列文件对于本文件的应用是必不可少的。凡是注日期的引用文件,仅注日期的版本适用于本文件。凡是不注日期的引用文件,其最新版本(包括所有的修改单)适用于本文件。

GB/T 699 优质碳素结构钢

GB/T 709—2006 热轧钢板和钢带的尺寸、外形、重量及允许偏差

GB/T 715 标准件用碳素钢热轧圆钢

GB/T 983 不锈钢焊条

GB/T 985.1 气焊、焊条电弧焊、气体保护焊和高能束焊的推荐坡口

GB/T 985.2 埋弧焊的推荐坡口

GB/T 1173 铸造铝合金

GB/T 1176 铸造铜及铜合金

GB/T 1231 钢结构用高强度大六角头螺栓、大六角螺母、垫圈技术条件

GB/T 1243 传动用短节距精密滚子链、套筒链、附件和链轮

GB/T 1527 铜及铜合金拉制管

GB/T 2040 铜及铜合金板材

GB/T 2059 铜及铜合金带材

GB 2894 安全标志及其使用导则

GB/T 3077 合金结构钢

GB 3096 声环境质量标准

GB/T 3098(所有部分) 紧固件机械性能

GB/T 3190 变形铝及铝合金化学成分

GB/T 3191 铝及铝合金挤压棒材

GB/T 3621 钛及钛合金板材

GB/T 3624 钛及钛合金无缝管

GB/T 3766 液压传动 系统及其元件的通用规则和安全要求

GB/T 3811—2008 起重机设计规范

GB/T 3880(所有部分) 一般工业用铝及铝合金板、带材

GB/T 4423 铜及铜合金拉制棒

GB 4706.1—2005　家用和类似用途电器的安全　第1部分:通用要求
GB/T 4842　氩
GB/T 5117　非合金钢及细晶粒钢焊条
GB/T 5118　热强钢焊条
GB 5226.1—2008　机械电气安全　机械电气设备　第1部分:通用技术条件
GB/T 5293　埋弧焊用碳钢焊丝和焊剂
GB/T 5313　厚度方向性能钢板
GB 5725　安全网
GB/Z 6829　剩余电流动作保护电器的一般要求
GB/T 6892　一般工业用铝及铝合金挤压型材
GB/T 6893　铝及铝合金拉(轧)制无缝管
GB/T 7134　浇铸型工业有机玻璃板材
GB/T 8110　气体保护电弧焊用碳钢、低合金钢焊丝
GB/T 8918　重要用途钢丝绳
GB/T 9438　铝合金铸件
GB/T 10045　碳钢药芯焊丝
GB/T 12470　埋弧焊用低合金钢焊丝和焊剂
GB/T 13384　机电产品包装通用技术条件
GB 13495.1—2015　消防安全标志　第1部分:标志
GB/T 13808　铜及铜合金挤制棒
GB/T 13955　剩余电流动作保护装置安装和运行
GB/T 14957　熔化焊用钢丝
GB/T 15115　压铸铝合金
GB 15763(所有部分)　建筑用安全玻璃
GB/T 17493　低合金钢药芯焊丝
GB/T 19418　钢的弧焊接头　缺陷质量分级指南
GB/T 20306　游乐设施术语
GB/T 34370.1　游乐设施　无损检测　第1部分:总则
GB/T 34370.2　游乐设施　无损检测　第2部分:目视检测
GB/T 34370.3　游乐设施　无损检测　第3部分:磁粉检测
GB/T 34370.4　游乐设施　无损检测　第4部分:渗透检测
GB/T 34370.5　游乐设施　无损检测　第5部分:超声检测
GB/T 34370.6　游乐设施　无损检测　第6部分:射线检测
GB 50005　木结构设计规范
GB 50007　建筑地基基础设计规范
GB 50009　建筑结构荷载规范
GB 50010　混凝土结构设计规范
GB 50011　建筑抗震设计规范
GB 50017　钢结构设计规范

GB 50057 建筑物防雷设计规范
GB/T 50065 交流电气装置的接地设计规范
GB 50135 高耸结构设计规范
GB 50169 电气装置安装工程接地装置施工及验收规范
GB 50202 建筑地基基础工程施工质量验收规范
GB 50204 混凝土结构工程施工质量验收规范
GB 50206 木结构工程施工质量验收规范
GB 50231—2009 机械设备安装工程施工及验收通用规范
GB 50545 110 kV～750 kV 架空输电线路设计规范
GB 50661—2011 钢结构焊接规范
JB/T 3223 焊接材料质量管理规程
JB/T 5000.12 重型机械通用技术条件 第 12 部分:涂装
NB/T 47014 承压设备焊接工艺评定
NB/T 47015—2011 压力容器焊接规程
TSG Z6002 特种设备焊接操作人员考核细则

3 术语和定义

GB/T 20306 界定的术语和定义适用于本文件。

4 总则

4.1 基本要求

4.1.1 游乐设施的设计、制造、安装、使用应保证人身安全。

4.1.2 本标准未提到的其他要求,均应按国家有关法律法规、安全技术规范和标准的规定执行。

4.1.3 游乐设施应在显著位置处设置产品铭牌,产品铭牌内容至少包括制造单位名称与制造地址、制造许可证号、设备型号、产品编号、制造日期、主要技术参数。

4.1.4 游乐设施制造、安装、改造、修理单位应当依法取得许可后方可从事相应的活动,并对其制造、安装、改造、修理质量负责。游乐设施运营使用单位对游乐设施的使用安全负责。

4.1.5 当采用未列入或超出本标准规定范围的新工艺、新方法、新材料和新游乐设施时,设计或制造单位应制定企业标准,向全国索道与游乐设施标准化技术委员会提出申请并提交有关技术资料,经全国索道与游乐设施标准化技术委员会组织专家评审通过后方可执行。

4.2 风险评价

4.2.1 对游乐设施进行风险评价的目的是识别其危险源,降低风险,保障游乐设施的安全运营。设计阶段应进行风险评价,鼓励使用阶段持续进行风险评价。

4.2.2 风险评价的内容包括评价对象和因素的确定、信息收集、危险识别、风险评估、风险控制。

4.2.3 评价对象和因素应明确游乐设施的特性、性能以及预期的使用和可合理预见的误使用等,并考虑游乐设施全生命周期所有阶段的设备因素、人员因素、环境因素等。

4.2.4 游乐设施的危险识别应结合该设施具体的结构和特点,以及典型危险源、损伤、故障和失效模式，识别在制造、安装、使用、维护保养、修理等阶段可能产生的相关危险。

4.2.5 根据每个危险的伤害严重程度和伤害发生的概率进行风险评估，并进行风险评定及分级。

4.2.6 如风险评定结果需要减小风险，则应采取风险控制措施，并重新评价，使风险处于可控状态。

5 材料和紧固件

5.1 常用钢材

5.1.1 游乐设施所采用的钢材应符合相应的国家现行标准的规定，其化学成分、力学性能、热处理性能、焊接性能等均应满足工况使用要求。常用钢材标准参见附录 A。

5.1.2 游乐设施结构件禁止使用沸腾钢，不宜采用 A 等级钢。

5.1.3 钢材冲击韧性应符合下列要求：

a) 直接承受冲击载荷的焊接结构钢材，应具有常温冲击韧性的合格证明文件。当运行使用环境温度不高于 0 ℃但高于－20 ℃时：Q235 钢和 Q345 钢应具有 0 ℃冲击韧性的合格证明文件，Q390 钢和 Q420 钢应具有－20 ℃冲击韧性的合格证明文件；当运行使用环境温度不高于－20 ℃ 时：Q235 钢和 Q345 钢应具有－20 ℃冲击韧性的合格证明文件，Q390 钢和 Q420 钢应具有－40 ℃冲击韧性的合格证明文件；

b) 直接承受冲击载荷的非焊接结构钢材，亦应具有常温冲击韧性的合格证明文件。当运行使用环境温度不高于－20 ℃时，Q235 钢和 Q345 钢应具有 0 ℃冲击韧性的合格证明文件，Q390 钢和 Q420 钢应具有－20 ℃冲击韧性的合格证明文件。

5.1.4 当焊接承重结构为防止钢材的层状撕裂而采用板件厚度不小于 40 mm 的厚度方向性能钢板(Z 向钢)时，应提供符合 GB/T 5313 规定的材质证明，其沿板厚方向断面收缩率不小于 Z15 级允许限值或提供 Z 向性能测试合格报告。

5.2 常用有色金属

5.2.1 基本要求

有色金属的材料、化学成分、力学性能、尺寸公差应符合国家标准的规定。有色金属的耐磨性能、耐腐蚀性能、润滑性能均应满足工况使用要求。

5.2.2 铝及铝合金

5.2.2.1 铝及铝合金的化学成分应符合 GB/T 3190 的规定，加工产品的力学性能应符合 GB/T 3191、GB/T 3880(所有部分)、GB/T 6892、GB/T 6893 的规定。

5.2.2.2 铸造铝合金的化学成分及力学性能应符合 GB/T 1173 的规定。压铸铝合金的化学成分及力学性能应符合 GB/T 15115 的规定。铝合金铸件应符合 GB/T 9438 的规定。

5.2.3 钛及钛合金板材

钛及钛合金板材力学性能应符合 GB/T 3621 的规定、钛及钛合金管材力学性能应符合 GB/T 3624 的规定。

5.2.4 铜及铜合金

5.2.4.1 铜及铜合金板材的化学成分及力学性能应符合 GB/T 2040、GB/T 2059 的规定。管材的化学成分及力学性能应符合 GB/T 1527 的规定，棒材的力学性能应符合 GB/T 4423、

GB/T 13808 的规定。

5.2.4.2 铸造铜合金的化学成分及力学性能应符合 GB/T 1176 的规定。

5.3 非金属材料

5.3.1 基本要求

选用的非金属材料应符合相关国家标准的规定，其力学性能、抗老化性能、环保性能以及易燃性等应满足工况使用要求。

5.3.2 木材

主要的受力构件的木质材料应选用天然缺陷少、强度好、不易开裂、干燥的木材。用在重要部位的木质材料，必要时应进行阻燃及防腐处理。木结构的设计应符合 GB 50005 的规定，施工质量应符合 GB 50206 的规定。

5.3.3 工程塑料

5.3.3.1 结构用工程塑料应符合有关国家标准的规定，其强度、耐冲击性、耐热性、硬度及抗老化性应符合实际工况要求。

5.3.3.2 驱动轮、支承轮采用尼龙材料时，其力学性能应符合附录 B 中表 B.1 的规定。

5.3.4 橡胶

驱动轮、支承轮采用橡胶时，其性能应符合有关国家标准的规定。力学性能应符合表 B.2 的规定，采用橡胶充气轮时，充气压力应考虑温度的影响并符合该产品规定的压力值范围。

5.3.5 聚氨酯

采用聚氨酯轮时，其性能应符合有关国家标准的规定。力学性能应符合表 B.3 的规定。

5.3.6 玻璃

5.3.6.1 座舱的门窗玻璃应采用不易破碎的材料，包括有机玻璃和安全玻璃(无机玻璃)。

5.3.6.2 有机玻璃板材应符合 GB/T 7134 的规定，其力学性能应符合表 B.4 的规定。

5.3.6.3 安全玻璃应符合 GB 15763(所有部分)的规定。

5.3.7 玻璃钢件

5.3.7.1 用于制作玻璃钢件的树脂应有良好的耐水性和良好的抗老化性。玻璃纤维应采用无碱玻璃纤维，纤维表面须有良好的浸润性。

5.3.7.2 玻璃钢制件应符合下列要求：

a) 不准许有浸渍不良、固化不良、气泡、切割面分层、厚度不均等缺陷；
b) 表面不准许有裂纹、破损、明显修补痕迹、布纹显露、皱纹、凸凹不平、色调不一致等缺陷，转角处过渡要圆滑，不得有毛刺；
c) 玻璃钢件与受力件直接连接时应有足够的强度，否则应预埋满足强度要求的金属件；
d) 玻璃钢件力学性能应符合表 B.5 的规定。

5.4 紧固件

5.4.1 紧固件应符合 GB/T 3098(所有部分)及有关国家标准的规定。

5.4.2 6.8 级、8.8 级、10.9 级螺栓预紧力和拧紧力矩应按照设计要求进行计算，最大不应超过附录 C 中表 C.1 的规定。

5.4.3 重要钢结构的螺栓连接宜选用钢结构用大六角螺栓、大六角螺母、垫圈，其技术条件应符合GB/T 1231 的规定。承受冲击载荷的钢结构用高强度螺栓不宜直接承受剪力。螺栓最大允许预紧力不应超过表 C.2 的规定。

5.4.4 网架结构的螺栓连接宜选用网架用高强度螺栓，其材质性能应符合国家标准的规定。

5.4.5 铆钉应采用 GB/T 715 中规定的 BL2 或 BL3 号钢制成。

5.4.6 高强度螺栓预紧力与拧紧力矩换算公式如下：

$$T = kFd/1\,000$$

式中：

T ——拧紧力矩，单位为牛顿米(N·m)；

k ——拧紧力矩系数，符合表 C.3 的规定；

F ——预紧力，单位为牛顿(N)；

d ——螺纹公称直径，单位为毫米(mm)。

6 设计

6.1 基本设计规定

6.1.1 基本要求

6.1.1.1 游乐设施的设计应有设计说明书、计算书、使用维护保养说明书及符合国家有关标准的全套图纸、风险评价报告、设计验证大纲，上述资料应至少保存至该游乐设施报废为止。

6.1.1.2 游乐设施及其辅助设施的设计，应计算正确、结构合理，能保证乘客安全。无法进行精确计算时，可通过实验进行确认和验证。

6.1.1.3 运营使用单位或设计委托方应当以书面形式提供给设计和制造单位当地的气象、供电、地震、地质数据。

6.1.1.4 材料的选用应根据结构的重要性、载荷特征、结构形式、应力状态、制造工艺、连接方法和工作环境等因素综合考虑。

6.1.1.5 重要的机械零件所用的金属材料，其力学性能、热处理性能、焊接性能等均应满足工况要求。

6.1.1.6 游乐设施应规定其整机及其主要部件设计使用寿命。整机设计计算寿命应不少于 35 000 h，其中含上下客时间。

6.1.1.7 使用维护保养说明书应采用简体中文，对于有多种语言版本的，应以简体中文版本为准，至少应包含下列内容：

a) 设备概述及结构简介；

b) 技术性能及参数、运行条件；

c) 操作规程及注意事项；

d) 乘客须知；

e) 保养及维护说明；

f) 常见故障及排除方法；

g) 整机和主要部件的设计使用寿命；

h) 对管理操作维修服务等人员的要求；

i） 易损零部件清单、报废要求与建议更换周期；

j） 非正常状态下的乘客疏导措施和方法；

k） 乘客人数限定、身高要求、年龄范围、生理限定以及儿童是否需在成人监护下乘坐等安全要求；

l） 日检、周检、月检（含季检和半年检等）、年检（含多年检）的项目及检验要求，与之对应的检验、检测（含无损检测）和试验方法，以及检验检测的比例等；

m） 对于移动式游乐设施，应有安装及调试方法、场地要求等；

n） 游乐设施总装图、电气原理图、液压气动原理图、用于指导维护保养检验检测的机械部件示意图、需要进行无损检测的重要焊缝和销轴示意图等；

o） 制造单位名称及详细通讯地址、服务或监督电话、邮箱和网址等。

6.1.2 游乐设施载荷

6.1.2.1 永久荷载

其作用点、大小和方向不随时间变化而发生变化的载荷，如游乐设施中结构自重等，用 G_k 表示。

6.1.2.2 活载荷

指乘客本身的载荷，用 Q_1 表示，规定如下：

a） 乘坐成人 1 人～2 人时按不低于 750 N/人计算，2 人以上按不低于 700 N/人计算。

b） 儿童（身高不超过 1.2 m 或 10 岁以下）按不低于 400 N/人计算。

注：构件计算人数按构件设计承载人数计算，如飞椅单座椅系统按不低于 750 N/人计算。整体塔架按不低于700 N/人计算。

6.1.2.3 乘客的支承和约束反力

在支承物设计时，应考虑乘坐物在正常运行及启动、制动和紧急状况时乘客对扶手、支撑、脚蹬及靠壁等装置处施加的力。这些力成人不应小于 500 N/人，儿童专用的游乐设施不应小于 300 N/人，用 Q_2 表示。

6.1.2.4 人员活动区域均布活载荷的取值 Q_3

作用在游乐设施的站台、楼梯、出入口等人员活动区域均布活载荷，其取值为：

——站台、楼梯、出入口等站人的普通区域：3.5 kN/m²；

——人群密集的看台、楼梯等站人的密集区域：5 kN/m²；

——不对外开放的楼板、楼梯、出入口等站人的非开放区域：1.5 kN/m²；

——若游乐设施规定了在一定区域的载客人数，则该区域的均布活载荷应以载客人数的集中活载荷来进行计算。

6.1.2.5 人员活动区域水平推力的取值 Q_4

作用在游乐设施的栅栏、扶手、墙板等及其他类似地方水平方向的推力，其取值为：

——在人员不密集区域内，作用点在栅栏等的高点处：0.5 kN/m；

——在人员不密集区域内，作用点在栅栏等的一半高度处：0.1 kN/m；

——在人员密集区域内，作用点在栅栏等的高点处：1 kN/m；

——在人员密集区域内，作用点在栅栏等的一半高度处：0.15 kN/m；

——在非开放区域内，作用点在栅栏等的高点处：0.3 kN/m；

——在非开放区域内，作用点在栅栏等的一半高度处：0.1 kN/m。

6.1.2.6 驱动力和制动力

驱动乘坐物运动或使其强行停止(或减速)运动的力，用 Q_5 表示。

$$Q_5 = (m_1 + m_2)a$$

式中：

m_1——被驱动部件的质量，单位为千克(kg)；

m_2——活载荷的总质量，单位为千克(kg)；

a ——启动/制动最大加速度，单位为米每平方秒(m/s^2)。

6.1.2.7 摩擦力

相对运动物体之间在接触面上，由于摩擦产生的力用 Q_6 表示。

$$Q_6 = \mu P$$

式中：

μ ——摩擦系数；

P——施加在摩擦面上的正压力，单位为牛顿(N)。

6.1.2.8 惯性力

由于运动速度的变化(数值和方向)而产生的力，应按照满载进行计算，用 Q_7 表示。

$$Q_7 = ma$$

式中：

m ——承受加速度的运动部件及活载荷的质量，单位为千克(kg)；

a ——加速度，单位为米每平方秒(m/s^2)。

6.1.2.9 碰撞力

在运动过程中发生碰撞的力，一般只验算直接发生碰撞的零部件，且假设发生在最不利的位置，且任何情况下碰撞力不应小于 0.3 mg。应按照满载进行计算，用 Q_8 表示。

$$Q_8 = mg\sin\alpha$$

式中：

m ——承受碰撞部件及载荷的质量，单位为千克(kg)；

g ——自由落体加速度，单位为米每平方秒(m/s^2)；

α ——碰撞角，单位为度(°)。

6.1.2.10 风载荷

风载荷分为正常使用工况载荷和极限工况载荷。游乐设施的设计，应按最大运行风速 15 m/s 来计算正常使用工况下的风载荷。对于在室内使用的游乐设施，可不计算风载荷。在静止状态下(极限工况)应能承受当地气象数据提供的风载荷，风载荷用 Q_9 表示。风载荷的取值及计算方法按照 GB 50009 中的规定执行。

6.1.2.11 雪载荷

游乐设施的设计，在静止状态下应能承受雪载荷，积雪厚度不超过 80 mm 时，施加在游乐设施总体表面上的雪载荷，按照 0.2 kN/m^2 的雪压进行计算。积雪厚度超过 80 mm 时，其载荷计算方法按照 GB 50009 中的规定执行，用 Q_{10} 表示。在无雪地区运行或者有防止积雪措施时，可不考虑雪载荷的影响。

6.1.2.12 温度载荷

温度载荷的取值和计算根据 GB 50009 中规定执行，用 Q_{11} 表示。

6.1.2.13 地震载荷

大型、高耸结构和建筑物上的游乐设施，设计时应考虑地震引起的载荷，用 T 表示。计算方法按照 GB 50011 的规定执行。

6.1.2.14 裹冰载荷

对于高度超过 40 m，且安装室外的游乐设施，结构件上有产生裹冰的可能时，应进行裹冰载荷计算，用 Q_{12} 表示。计算方法按照 GB 50135 的规定执行。

6.1.2.15 冲击载荷

6.1.2.15.1 游乐设施在运动过程中有可能出现冲击，从而产生冲击载荷(如滑行车类中，可能来自于轨道连接处或磨损后轨道形成的凹坑)，则运动部件受到的载荷(永久载荷和活载荷及所承受的惯性力)应乘以不小于 $k_1=1.2$ 的冲击系数。对于速度低于 2 m/s 的游乐设施，可不计算冲击载荷。

6.1.2.15.2 如果该运动部件在实际运行过程中会有更大的冲击力而且也不能将冲击力降到设计要求范围内，那么就需要相应地提高冲击系数来进行修改计算。

6.1.2.15.3 在轨道运行的游乐设施，当运行速度超过 20 km/h 时，运行时轨道结构受到的载荷应乘以振动系数(不小于 $k_2=1.2$)。以下几种情况可不考虑振动：

a) 轨道结构的支撑件或悬挂件(如轨道的主支撑管、立柱等)；

b) 地面压力；

c) 地基沉降。

6.1.2.15.4 采用图 1 所示的防倒齿进行止逆的装置，设计时应考虑冲击系数。如果不进行其他精确计算，则该冲击系数的取值至少为向后行驶最大垂直高度(h，以单位 cm 计量的数值，无量纲)的一半，并且不小于 2.0。

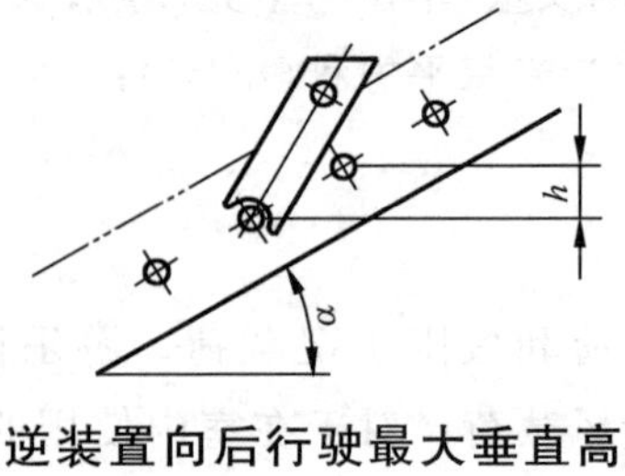

图 1 止逆装置向后行驶最大垂直高度示意图

6.1.2.16 其他载荷

必要时游乐设施的其他载荷包括但不限于：

a） 空气阻力；

b） 流体作用力；

c） 安装到游乐设施上的装饰件产生的附加力。

6.1.3 工况分析

6.1.3.1 游乐设施的工况包括正常运行工况、非正常运行工况和极限状态工况。

注：正常运行工况可参考游乐设施在设计的使用条件下，设备空载、偏载、满载等不同情况；
非正常运行工况可参考游乐设施急停、应急救援、维护保养等不同情况；
极限状态工况可参考游乐设施在极限风速、地震等当地极限条件下的不同情况。

6.1.3.2 应对游乐设施进行运动学和动力学分析，以获取运行速度、加速度、受力和运行姿态等数据。

6.1.3.3 工况分析应至少考虑以下情况：

a） 设备运行的不同阶段，如上下客、正常运行、制动状态、维护保养等；

b） 载荷的不同分布情况，如满载、偏载等；

c） 设备的不同姿态；

d） 可能出现的非正常运行和极限状态工况等。

6.1.4 载荷组合

6.1.4.1 根据不同的设备和工况分析，将游乐设施结构中所承受的永久载荷与其他载荷等组合成一个计算载荷，分别进行分析计算，可参考附录 D。

6.1.4.2 应根据非正常运行工况和极限状态工况等具体情况来进行载荷组合，不应使结构产生破坏和永久变形。

6.2 设计计算

6.2.1 基本要求

游乐设施的设计计算包括：静强度计算、刚度计算、疲劳强度计算、稳定性计算、抗倾覆计算、防侧滑计算等，应根据具体结构和工况进行选择。其中，采用 Q345 钢、20 号钢、45 号钢、40Cr、Q390 钢的结构静强度计算可参照附录 E 规定的极限状态设计法执行。

6.2.2 应力计算

零部件及焊缝应进行应力计算，材料极限应力与其承受的最大应力的比值为安全系数，得出的安全系数 n 应满足表 1 的要求。

$$n=\frac{\sigma_b}{\sigma_{max}} \geqslant [n]$$

式中：

σ_b ——材料的极限应力，单位为兆帕(MPa)；

σ_{max} ——设计计算最大应力，单位为兆帕(MPa)；

$[n]$ ——许用安全系数(见表 1)。

表 1　许用安全系数

名称	安全系数[n]
重要的轴、销轴及Ⅰ级和Ⅱ级焊缝	≥5
一般构件	≥3.5（脆性材料≥8）

注 1：重要的轴和销轴：指直接涉及到人身和设备安全的轴和销轴，如：游乐设施主轴、中心轴、乘坐物支撑轴、乘坐物吊挂轴、车轮轴、升降油缸（气缸）上下销轴、乘坐物升降臂上下销轴、肩式压杠轴、车辆连接器轴、防逆行、防倾翻装置的销轴等。

注 2：Ⅰ级和Ⅱ级焊缝的定义见表 5。

注 3：一般构件：运动部件（重要的传动轴除外），不直接涉及人身安全的轴、支撑臂、立柱、框架、桁架、轨道等构件。

6.2.3　**疲劳强度计算**

6.2.3.1　钢结构构件及其连接的疲劳计算应符合 GB 50017 中关于疲劳强度计算的规定。

6.2.3.2　游乐设施的Ⅰ级、Ⅱ级焊缝应进行疲劳强度校核，对应力循环中不出现拉应力的部位可不计算疲劳强度。

6.2.3.3　轴的许用疲劳强度安全系数应满足表 2 的要求。

表 2　轴的许用疲劳强度安全系数

零部件	[n_{-1}]（对称循环）	[n_0]（脉动循环）
材料较均匀，载荷及应力计算较精确	≥1.3	≥1.73
材料不够均匀，载荷及应力计算精度较差	≥1.5～1.8	≥2.0～2.4
材料均匀度很差，计算精度很差	≥1.8～2.5	≥2.4～3.3

6.2.3.4　当循环载荷的最大计算应力小于材料的疲劳极限时，零部件为无限寿命；当循环载荷的最大计算应力大于材料的疲劳极限时，用疲劳载荷谱来计算零部件的使用寿命。

6.2.3.5　对不能设计为可拆卸结构的部件，其设计使用期限不能低于整机设计使用期限。

6.2.4　**刚度计算**

对游乐设施有变形要求的某些零部件，应进行刚度计算。

6.2.5　**稳定性计算**

为防止结构失稳，对细长、薄壁结构件需要进行整体和局部稳定性计算。其中细长构件的稳定性计算应符合 GB 50017 中相关规定；板件和壳体的稳定性计算应符合 GB/T 3811—2008 中 5.7 的要求。

6.2.6　**防止倾覆计算**

游乐设施运行中，有可能发生整体倾覆时应进行该计算。

$$\sum M_1 \geqslant \sum \gamma M_2$$

式中：

γ ——安全系数，见表 3；

M_1——稳定力矩值；

M_2——倾覆力矩值。

6.2.7 防止侧滑计算

游乐设施运行中，有可能发生整体侧向滑移时应进行防止侧滑计算。

$$\sum \mu N \geqslant \sum \gamma H$$

式中：

γ ——安全系数，见表 3；

μ ——摩擦系数；

N——垂直载荷分量；

H——水平载荷分量。

表 3 防止倾覆及侧滑的安全系数 γ

序号	载荷	γ
1	静载荷为有利作用因素	1
2	静载荷为不利作用因素	1.1
3	风载荷为不利作用因素	1.2
4	除 2 项、3 项以外的其他载荷为不利作用因素	1.3

6.3 速度和加速度

6.3.1 速度允许值

6.3.1.1 边运行边上下乘客的游乐设施，其相对运行速度应不大于 0.3 m/s。

6.3.1.2 小火车类等游乐设施，其速度允许值见表 4。

表 4 速度允许值

序号	名称	运行特点	运行速度/(km/h)	举例
1	小火车类	沿地面轨道运行	≤10	儿童小火车
2	碰碰车类	在固定场地上运行碰撞	≤10	碰碰车
3	赛车类	在地面规定线路上运行	≤20	小赛车
4	滑道	在槽内或轨道上运行	≤40	旱地滑道

6.3.2 加速度允许值

6.3.2.1 基本要求

为使乘客不受到伤害，游乐设施乘客的加速度应限制在一定的范围内，图 2 给出了人体空间坐标系。其允许加速度值见图 3～图 6(用实际加速度与重力加速度 g 的比值表示)。

6.3.2.2 **测量位置**

计算或测量加速度的参考点一般应在座席上方 600 mm 处(或成人心脏大概位置)。持续时间小于或等于 0.2 s 的加速度为冲击加速度,持续时间大于 0.2 s 的加速度为稳态加速度。

6.3.2.3 ***x* 方向加速度**

$+x$ 方向的最大加速度不超过 $6g$,$-x$ 方向的最大加速度不超过 $3.5g$。

6.3.2.4 ***y* 方向加速度**

侧向(y 方向)加速度应符合图 3 的规定。

6.3.2.5 ***z* 方向加速度**

垂直加速度应符合图 4 的规定。如 0.3 s 允许的加速度极限值是 $a_z=-1.7g$ 和 $a_z=+6.0g$。在有冲击载荷时,上述值应降低 10%。

6.3.2.6 **加速度的组合**

当同时存在侧向加速度 a_y 和垂直加速度 a_z 时,还应满足图 5 的比值 $a_y/[a_y]$和 $a_z/[a_z]$。其中:

a_y、a_z 为侧向、垂直实际加速度值;$[a_y]$、$[a_z]$为侧向、垂直加速度允许值。

a_y 和 a_z 是在 0.3 s 时间内承受的最大加速度值,也就是在 0.3 s 时间差内出现的最大值,需要进行合成。

图 6 给出了组合允许加速度值 a_y 和 a_z。

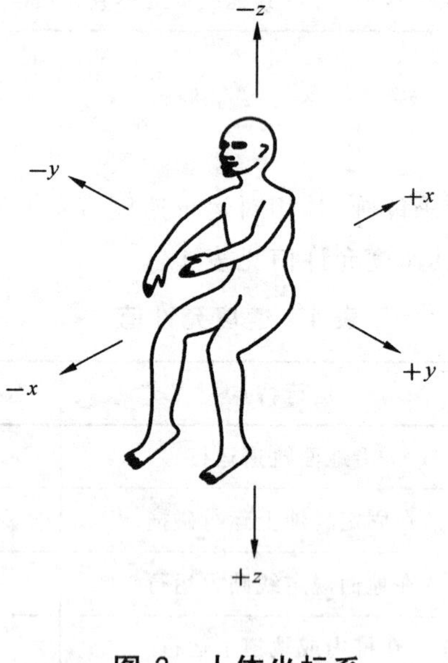

图 2 人体坐标系

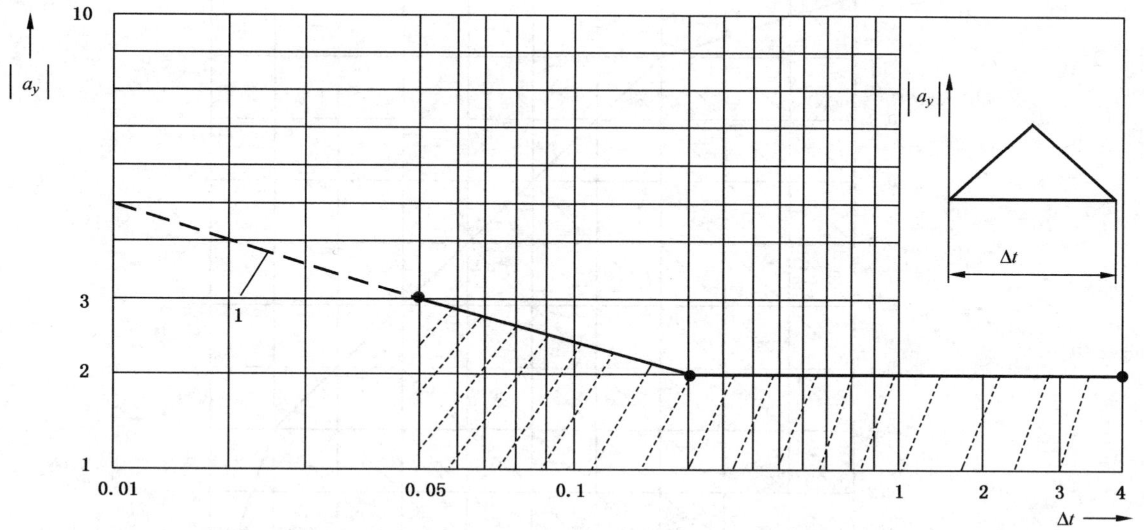

注 1：1 为频率 10 Hz 以上的区域。

注 2：Δt 为加速度持续时间(s)。

注 3：大于 4 s 的区域尚未证实,需进一步测试。

注 4：阴影部分为允许的加速度。

图 3　与持续时间有关的允许加速度 $a_y(g)$

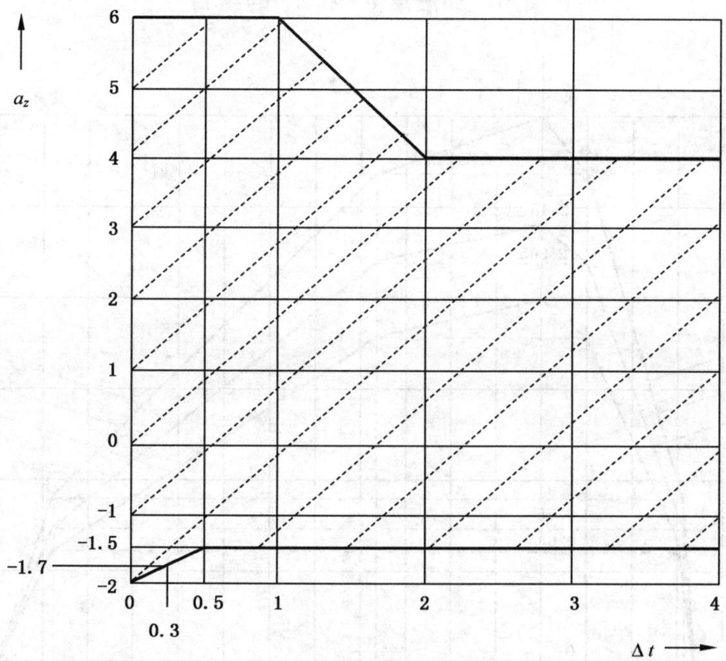

注 1：大于 4 s 的区域尚未证实,需进一步测试。

注 2：Δt 为加速度持续时间(s)。

注 3：阴影部分为允许的加速度。

图 4　与持续时间有关的允许加速度 $a_z(g)$

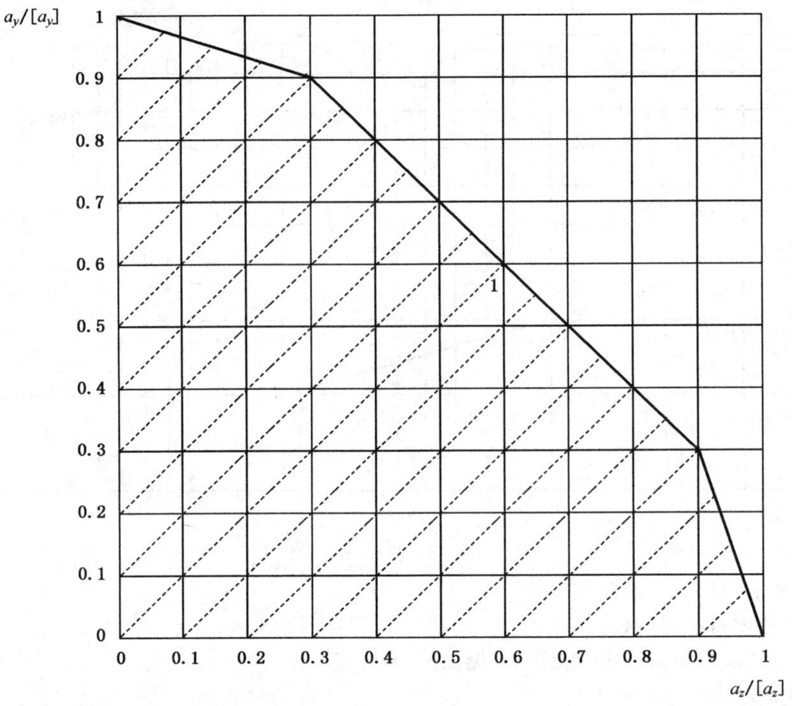

注：划斜线的阴影部分为允许的区域。

图 5　加速度 a_y 和 a_z 的组合

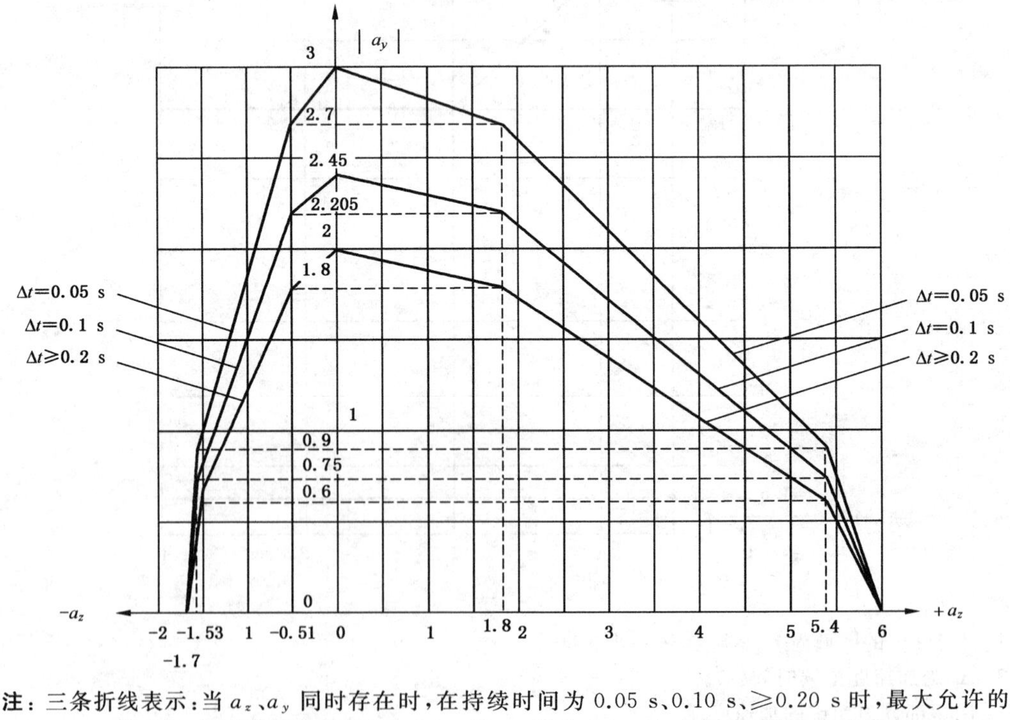

注：三条折线表示：当 a_z、a_y 同时存在时，在持续时间为 0.05 s、0.10 s、≥0.20 s 时，最大允许的加速度 a_z、a_y 值。如：加速度持续时间为 0.05 s，当 a_z 值为 1.8g 时，最大允许的 a_y 值为 2.7g。

图 6　加速度 a_y 和 a_z 组合允许值（g）

6.4 焊接设计

6.4.1 焊接接头设计原则

6.4.1.1 焊缝金属应与主体金属相适应。当不同强度的钢材连接时,宜采用与低强度钢材相适应的焊接材料。

6.4.1.2 焊接接头坡口和尺寸应符合 GB/T 985.1 和 GB/T 985.2 的规定。

6.4.1.3 不等厚度焊件或不等宽度焊件相焊:两者在一侧相差 4 mm 以上时,应分别在宽度或厚度方向从一侧或二侧做成坡度不大于 1∶4 的斜角,见图 7。

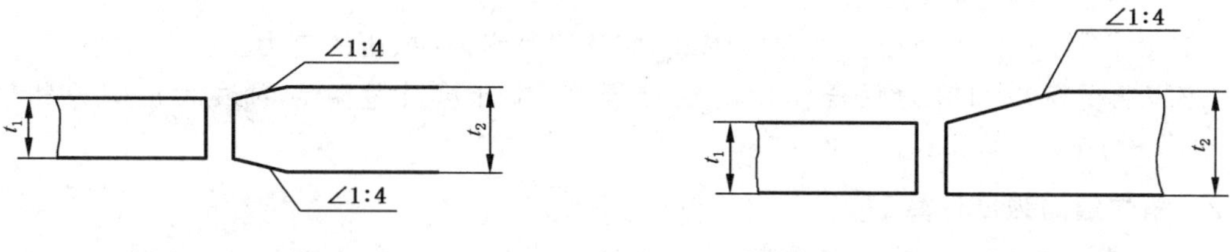

a) 不同宽度　　　　b) 不同厚度

图 7 不同宽度或厚度钢板的拼接

6.4.1.4 在满足设计的前提下,宜减少焊缝的数量和应力集中区域,焊缝宜避免密集、十字焊缝、双向、三向相交,避开结构上高工作应力部位、机械加工面等。

6.4.1.5 焊缝周围宜留有足够空间,便于焊接操作和焊后检测。

6.4.2 焊接接头形式

焊接接头形式参见附录 F。

6.4.3 焊缝的分级

6.4.3.1 分级原则

6.4.3.1.1 焊缝应经过风险评价确定其级别。风险评价中需考虑焊缝失效的可能性、失效后果的严重性、焊缝的可检验性等因素。

6.4.3.1.2 焊缝失效的可能性与载荷特性、焊缝形式、工作环境以及应力状态相关联。

6.4.3.1.3 焊缝失效后果的严重性是指是否直接涉及人身安全。

6.4.3.1.4 焊缝的可检验性是指焊缝是否便于检验检测。

6.4.3.2 焊缝分级的依据

焊缝经风险评价分为四个等级,见表 5。

表 5 焊缝分级

焊缝等级	失效后果的严重性	失效的可能性(受力及接头形式)
Ⅰ级焊缝	直接涉及人身安全	承受拉力且作用力垂直于焊缝长度方向的对接焊缝或 T 形对接和角接组合焊缝
Ⅱ级焊缝	直接涉及人身安全	除上述焊缝外的其他焊缝
Ⅲ级焊缝	不直接涉及人身安全	承受拉力且作用力垂直于焊缝长度方向的对接焊缝或 T 形对接和角接组合焊缝
Ⅳ级焊缝	不直接涉及人身安全	除上述焊缝外的其他焊缝
注 1:如果焊缝日常不方便检查或者涉及异种材料焊接等特殊情况,则适当提升该焊缝级别。 注 2:Ⅰ级、Ⅱ级为重要焊缝,其余为一般焊缝。		

6.4.4 焊接节点构造要求

6.4.4.1 组焊构件焊接节点要求宜符合 GB 50661—2011 中 5.4 的规定。

6.4.4.2 防止板材产生层状撕裂的节点宜符合 GB 50661—2011 中 5.5 的规定。

6.4.4.3 制作与安装焊接构造节点宜符合 GB 50661—2011 中 5.6 的规定。

6.4.4.4 承受动载与抗震的焊接构造要求宜符合 GB 50661—2011 中 5.7 的规定。

6.4.5 焊缝强度计算

6.4.5.1 对接焊缝的强度计算

6.4.5.1.1 承受轴向拉力或压力的对接焊缝，应计算其纵向拉、压的应力。

6.4.5.1.2 承受弯矩和剪力联合作用的对接焊缝，应计算其危险点的最大正应力和最大剪应力。

6.4.5.2 角焊缝的强度计算

角焊缝应计算其抗剪强度。当角焊缝受复合内力作用时，应计算出合应力。

6.4.5.3 焊缝安全系数

安全系数为计算的破断应力（按表 6 选取）与其承受的最大计算应力的比值。得出的安全系数 n 应满足表 1 的要求。

表 6 焊缝计算破断应力表达公式

<table>
<tr><th rowspan="3">焊缝等级</th><th colspan="9">接头形式
(σ_b)</th></tr>
<tr><th colspan="4">对接焊缝</th><th colspan="4">对接和角接组合焊缝</th><th>角焊缝</th></tr>
<tr><th>抗压</th><th>抗拉</th><th>抗剪</th><th>组合应力</th><th>抗压</th><th>抗拉</th><th>抗剪</th><th>组合应力</th><th>抗拉、抗压和抗剪</th></tr>
<tr><td>Ⅰ</td><td>σ_b</td><td>σ_b</td><td>$\sigma_b/\sqrt{2}$</td><td>σ_b</td><td>σ_b</td><td>σ_b</td><td>$\sigma_b/\sqrt{2}$</td><td>σ_b</td><td>—</td></tr>
<tr><td>Ⅱ</td><td rowspan="3">σ_b</td><td rowspan="3">$0.8\sigma_b$</td><td rowspan="3">$0.8\sigma_b/\sqrt{2}$</td><td rowspan="3">$0.8\sigma_b$</td><td colspan="5" rowspan="3">$0.8\sigma_b/\sqrt{2}$</td></tr>
<tr><td>Ⅲ</td></tr>
<tr><td>Ⅳ</td></tr>
<tr><td colspan="10">σ_b 为焊接母材的破断强度，当母材强度等级不同时，按低强度选取。</td></tr>
</table>

6.4.6 焊缝检测要求

6.4.6.1 焊缝外观检测要求

所有焊缝应按 GB/T 34370.2 进行目视检测，质量等级符合下列要求：

a) Ⅰ级焊缝外观质量应不低于 GB/T 19418，B 级要求；

b) Ⅱ级焊缝外观质量应不低于 GB/T 19418，C 级要求；

c) Ⅲ级、Ⅳ级焊缝外观质量应不低于 GB/T 19418，D 级要求。

6.4.6.2 焊缝的无损检测要求

焊缝的无损检测要求见表 7。

表7 焊缝的检测要求

焊缝等级	检测要求
Ⅰ	100%目视检测、100%表面无损检测、100%的内部无损检测
Ⅱ	100%目视检测、100%表面无损检测、 对接焊缝还应做20%的内部无损检测
Ⅲ	100%目视检测、20%表面无损检测
Ⅳ	100%目视检测
对于工艺上无法进行内部无损检测的焊缝,应有详细的施焊记录和图片见证。	

6.5 结构设计

6.5.1 应根据游乐设施的性能和受力选取合适的结构形式,应尽量减少结构应力集中。

6.5.2 应考虑游乐设施的可检验性,对于无法进行检验的结构应有保证其安全的措施;在使用期间需要进行定期检查和无损检测的零部件,应便于检查和检测,需要拆卸的,应便于拆卸。

6.5.3 应依据受力、运输、存放和吊装等条件,划分结构单元。

6.5.4 检查孔和人孔的几何尺寸应满足检查需要,且应有防止积水的措施。

6.5.5 结构件的排水措施应有效,其外表面及结构件内部不应有渗漏水或残留积水。

6.5.6 结构件安装吊点的设置应保证其在吊装过程中不产生塑性变形。

6.5.7 乘客部分的支撑、轿厢、车辆等受力框架,应采用金属材料或其他高强度性能的非金属材料制成,在整体上应为坚固的结构。

6.5.8 重要螺栓连接应能满足载荷要求,应采取防止螺栓松动的措施。螺栓安装后应有明显的防松标识。

6.5.9 重要零部件间的销轴连接应有防脱落措施。

6.5.10 重要的轴和销轴,其配合面的表面粗糙度应满足工况要求。

6.5.11 重要轴及销轴应避免应力集中,如尽量小的截面变化、轴肩处尽可能大的圆角等。

6.5.12 必要时,应采取措施避免共振。

6.6 传动系统

6.6.1 基本要求

6.6.1.1 传动系统的设计,应保证系统在失效的情况下,游乐设施处于安全状态。

6.6.1.2 摩擦传动应有压紧力可调的装置或措施。

6.6.2 机械传动

6.6.2.1 齿轮的设计或选型应符合游乐设施的实际工况,并符合相关国家标准的规定。

6.6.2.2 采用皮带及链条传动时,应设置可调整皮带或者链条的张紧机构。

6.6.2.3 传送动力的滚子链,应符合GB/T 1243的规定。

6.6.2.4 提升、吊挂乘人装置用的链条,其最小断裂载荷与其承受最大静荷载的比值,应不小于8。

6.6.2.5 摩擦传动用的钢丝绳直径应不小于10 mm,卷筒传动用的钢丝绳直径应不小于6 mm。

6.6.2.6　提升、吊挂乘人装置用的钢丝绳所承受的最大载荷，应考虑端部固定的效率，见表8，钢丝绳最小断裂载荷与其承受最大静荷载的比例，应不小于10(滑道除外)。

表8　钢丝绳端部固定方法

固定方法	名称	效率/%	备注
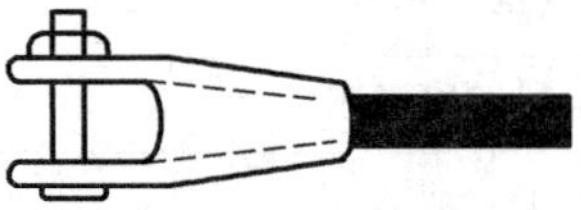	巴氏合金固定	100	一般称浇铸巴氏合金法
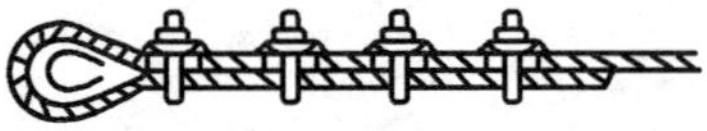	绳夹固定	80～85	绳夹加工不合适， 效率为50%以下
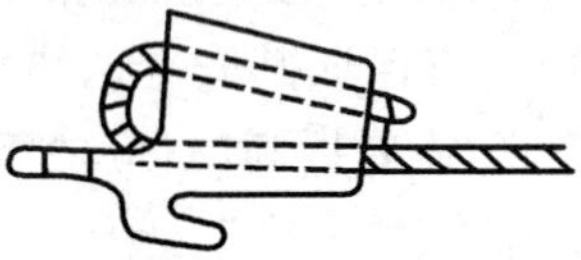	楔块固定	65～70	楔块加工不合适， 效率为50%以下
	桃形环编织法	80～90	钢丝绳直径/mm ϕ16以下，90% ϕ16～26，85% ϕ28～38，80%
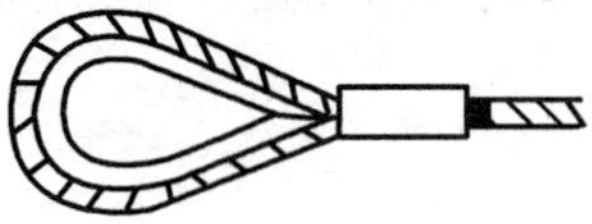	桃形环绳箍	90～100	

6.6.2.7　乘人部分使用的钢丝绳应符合GB/T 8918的规定。

6.6.2.8　卷筒和滑轮用的钢丝绳，宜选用线接触钢丝绳。在腐蚀环境中应选用镀锌钢丝绳。钢丝绳的性能和强度，应满足机构工况要求。

6.6.2.9　提升乘人装置用的卷筒、滑轮直径与钢丝绳直径之比应不小于30。当钢丝绳对滑轮包角不大于90°时，滑轮直径与钢丝绳直径之比应不小于20倍。应规定钢丝绳使用寿命。

6.6.2.10　非金属弹性件、套环、承载体等吊挂件，其最小断裂载荷与其承受最大静荷载的比例，应不小于10。

6.6.2.11　轴承设计、选型应符合实际工况，考虑承载力、转速、寿命、润滑和温升等。

6.6.2.12　轴承应具有足够的设计使用寿命。对于难以拆卸的轴承，其设计使用寿命不低于整机使用寿命；对作为易损件在使用中可以更换的轴承，其设计使用寿命可低于整机使用寿命，但应在使用维护保养说明书中提出明确的更换要求。

6.6.2.13　对于轴承及接触面有相对运动的部位，应有润滑措施，需要添加润滑剂的，应便于操作。

6.6.3 液压和气动系统

6.6.3.1 为保证使用的安全性，应对系统中的所有组件进行选择，确保当系统投入使用时，这些组件能可靠地运行。尤其应注意失效或误动作可能引起危险的组件的可靠性。

6.6.3.2 应从设计上防止系统的压力不会超过系统允许的最高压力和任何组件的额定压力，当压力丧失或达到临界压力时，不应使人员面临危险。

6.6.3.3 液压或气动系统的设计应尽量减少冲击。冲击压力和失压不应引起危险。

6.6.3.4 乘人部分由油缸或气缸支撑升降，当压力管道、软管及泵等失效时，乘人部分下降速度不应大于 0.5 m/s，否则应设有效的缓冲装置或保护装置。

6.6.3.5 油温应符合 GB/T 3766 的规定：当环境温度最高时，油泵进口油的温度不应超过 60 ℃。在环境温度最低时，设备应能正常工作。

6.6.3.6 液压或气动系统中，应设有不超过额定工作压力 1.2 倍的过压保护装置。

6.6.3.7 液压缸的设计应符合 GB/T 3766 要求，设计时并考虑安装调整，使负载的反作用力通过液压缸的中心线。

6.6.3.8 单作用活塞式液压缸，应设计排气口，并设置在适当位置，以避免喷射的液体对人员造成危险。

6.6.3.9 对设有充气式蓄能器的液压系统，规定如下：

a) 在关机时应自动卸掉蓄能器的油液压力，或可靠地隔离蓄能器。在关机后仍需要压力的特殊情况下除外；
b) 应有文字警告标识，同样的内容也应标注在液压原理图上；
c) 如果充气式蓄能器系统中的组件或管接头失效会引起危险，应采取适当的防护措施；
d) 管路、管接头、软管等部件的额定压力，应不低于其所在系统部位的最高工作压力；
e) 软管的总成应符合 GB/T 3766 的要求。

6.7 电气及控制系统

6.7.1 电气系统

6.7.1.1 电气系统设计应正确合理，符合国家相应电气技术规范、标准要求。

6.7.1.2 设备供电电源应满足 GB 5226.1—2008 的规定。

6.7.1.3 元器件选型应满足以下要求：

a) 电气系统设计应进行风险评价，依据风险评价明确重要电气元件和易损件。重要电气元件应根据使用的频率确定使用周期；
b) 主回路电气元件（如开关、接触器、继电器）应至少满足容量的需求；
c) 操作按钮、控制手柄和软件操作界面等应有明显的中文标识，按钮、信号灯等颜色标识应符合 GB 5226.1—2008 的规定。

6.7.1.4 电气系统宜有游乐设施运行电压、电流等显示。

6.7.1.5 导线和电缆的选型设计，应符合 GB 5226.1—2008 的规定。

6.7.1.6 电动机的选择应满足以下要求：

a) 电动机的选型应符合 GB 5226.1—2008 的规定；
b) 在满载和设计允许偏载的情况下，连续工作的异步电机工作电流应不大于电机的额定电流；

c) 对频繁直接起动的异步电机,起动电流应不大于额定电流的 4.5 倍。

6.7.1.7 对电机有调速要求的场合,其调速器、驱动器应满足电机加、减速工况的需求。

6.7.1.8 设备的电磁兼容性(EMC)应满足 GB 5226.1—2008 的规定。

6.7.1.9 电压有效值大于 50 V 的带电回路与接地装置之间的绝缘电阻应不小于 1 MΩ。

6.7.1.10 安装在水泵房、游泳池等潮湿场所的电气设备以及使用非安全电压的装饰照明设备,应有剩余电流动作保护装置。剩余电流保护装置的技术条件及安装与运行应符合 GB/Z 6829 和 GB/T 13955 的有关规定,其技术额定值应与被保护线路或设备的技术参数及安装与运行环境相匹配;用于直接接触电击防护时,应选用 0.1 s、30 mA 高灵敏度快速动作型的剩余电流保护器。在间接接触防护中,采用自动切断电源的剩余电流保护器时,应正确地与电网的系统接地型式相配合。

6.7.1.11 对于危险性较大的超大型游乐设施,宜采取运行数据监测的措施,安装在室外的设备,还宜考虑对其运行环境进行监测。条件允许的情况下,宜对运行监控的数据进行存储记录和分析。

6.7.1.12 电气设备和元器件的布置及导线铺设等,应符合国家有关电气装置安装工程施工及验收规范的要求。

6.7.1.13 游乐设施根据运行工况应有相应的照明和应急照明设备,乘客通道照明照度应不低于 60 lx,应急照明照度应不低 20 lx。

6.7.2 控制与防护系统

6.7.2.1 控制电路电源应满足 GB 5226.1—2008 的规定。当电源中断,可能致运行数据丢失,整个系统难以快速恢复时,应设置 UPS 电源装置。

6.7.2.2 控制系统应满足游乐设施运行工况和乘客安全。控制逻辑应可靠合理。

6.7.2.3 采用自动控制或联锁控制时应有维修(维护)模式,每个运动宜能单独控制。

6.7.2.4 采用自动控制或联锁控制,当误操作时,设备不允许有危及乘客安全的运动。

6.7.2.5 采用无线和非机械式传感器等参与控制时,应充分考虑发射和接收感应组件抵抗外界的干扰能力和对工作环境的敏感性,宜设有故障监测及报警系统。当信号传输有误时,不应有人员伤害发生。

6.7.2.6 超过工作限值(速度、压力、转矩、位置)可能导致危险情况的场合,工作限值超限时应触发相应的保护控制。

6.7.2.7 游乐设施在运行中超过预定位置有可能发生危险时,应有限位控制和极限位置控制装置,控制装置应安全可靠。

6.7.2.8 用卷筒和曳引机传动的游乐设施,应设有防止钢丝绳过卷、松弛的控制及极限位置控制装置,正常运行情况下操作员不可见的多根钢丝绳传动系统应有断绳检测控制装置。

6.7.2.9 操作台上应设置紧急停止按钮(必要时站台上也应设置),按钮型式应采用凸起手动复位式。不允许由于按动紧急停止按钮而造成危险。

6.7.2.10 在安装、维护、检验时,需要进入危险区域或人体某个部分(例如手臂)伸进危险区域时,应有防止误起动的控制措施,一般可采取下列措施:

a) 控制或联锁元件设置于危险区域,并只能在此处闭锁或启动;

b) 具有可拔出的开关钥匙。

6.7.2.11　控制系统在设备启动前应对设备的运行条件(包含气压、液压、电源、乘客及设备安全防护的检测等)进行确认判断,只有当设备符合运行条件后才允许起动。应设置起动前提示乘客注意安全的音响等信号装置。

6.7.2.12　游乐设施的操作按钮,应符合 GB 5226.1—2008 中 9.2.5 的规定;启动按钮应设置在乘客不易触及的区域,特殊情况应加防护隔离罩。

6.7.2.13　乘客易接触部位(高度小于 2.5 m 或距离小于 500 mm 范围内)的装饰照明电压应采用不大于 50 V 的安全电压。

6.7.2.14　由乘客操作的电器开关应采用不大于 24 V 的安全电压,对于工作电压难以满足上述要求的设备,其开关的操作杆和操作手柄等类似结构,应符合 GB 4706.1—2005 中 8.1.1、8.1.4、8.1.5、8.2 的规定。

6.7.2.15　正常运行状态下,轨道带电在地面行驶的游乐设施,滑线供电电压大于 50 V 以上时,应做好相应的安全防范措施,可参考以下措施:

a)　设置安全栅栏及安全标识;

b)　座舱内设置乘客束缚装置;

c)　封闭轨道带电区域。

6.7.2.16　架空行驶的游乐设施,如架空列车等,滑触线高度低于 2.5 m 的区域应设置安全栅栏和安全标识。

6.7.3　接地与避雷

6.7.3.1　游乐设施的低压配电系统的接地型式应采用 TN-S 系统或 TN-C-S 系统;电气设备中正常情况下不带电的金属外壳、金属管槽、电缆金属保护层、互感器二次回路等应与电源线的地线(PE)可靠连接,低压配电系统保护接地电阻应不大于 10 Ω。接地装置的设计和施工应符合 GB/T 50065、GB 50169 的规定。

6.7.3.2　高度大于 15 m 的游乐设施和滑索上、下站及钢丝绳等应设防雷装置,并应采取防闪电电涌侵入的措施。高度超过 60 m 时还应增加防侧向雷击的防雷装置。防雷装置应符合 GB 50057 的规定。

6.7.3.3　游乐设施不应设置在高压架空输配电线路通道内。长距离轨道类游乐设施如须设置在已有高压线下方时,应满足 GB 50545 的相关规定,并取得当地电力管理部门的同意。

6.8　乘载系统

6.8.1　基本要求

6.8.1.1　游乐设施依据设备的性能、运行方式、速度及其结构的不同,并考虑乘客的身体特征,设置相应形式的乘载系统。乘载系统包括乘人装置和乘客束缚装置。乘客束缚装置可采用安全带、安全压杠、挡杆等。

6.8.1.2　当游乐设施运行时,乘客有可能在乘人装置内移动、碰撞或者甩出、滑出时,应设有乘客束缚装置。

6.8.1.3　乘载系统应可靠、舒适。乘载系统的设计应防止乘客被夹伤或压伤,且易于调节、操作方便。

6.8.1.4 在运动过程中，由于翻滚、冲击或惯性力等作用，乘载系统的反作用力不应对乘客造成伤害。

6.8.1.5 乘载系统应可靠地固定在游乐设施的结构件上，且有足够的强度承受各种工况发生的最大作用力。

6.8.1.6 乘人装置的座位结构和型式应具有一定的束缚功能。对于运行过程中乘客有翻滚动作的设备，乘客座椅面两边和中间应设有效拦挡结构，适当增加座椅面倾角。

6.8.1.7 乘客束缚装置的锁紧装置，在游乐设施出现功能性故障或急停刹车的情况下，仍能保持其闭锁状态，除非采取疏导乘客的紧急措施。

6.8.1.8 座席距地面最大高度 5 m 以下时，座舱深度不小于 550 mm，座席靠背高度不小于 300 mm。座席距地面最大高度 5 m 以上时，座舱深度不小于 800 mm，座席靠背高度不小于 400 mm。当设有安全杠和安全带等设施时，可适当减少座舱深度。乘人座席宽度每人应不小于 400 mm，专供儿童乘坐的每人应不小于 250 mm。

6.8.1.9 乘人装置应明确标识额定乘员数量，严禁超规超载运行。

6.8.1.10 座舱结构如采用玻璃钢等封闭，应留有检修孔或有相应的检修措施。

6.8.1.11 凡乘客可触及之处，不允许有外露的锐边、尖角、毛刺和危险突出物等。

6.8.2 乘客束缚装置

6.8.2.1 安全带

6.8.2.1.1 安全带可单独用于轻微摇摆或升降速度较慢、没有翻转、没有被甩出危险的设施上，使用安全带一般应配辅助把手。对运动激烈的设备，安全带可作为辅助束缚装置。

6.8.2.1.2 安全带宜采用尼龙编织带等适于露天使用的高强度的带子，带宽应不小于 30 mm，安全带破断拉力应不小于 6 000 N。安全带与机体的连接应可靠，可以承受可预见的乘客各种动作产生的力。若直接固定在玻璃钢件上，其固定处应牢固可靠，否则应采取埋设金属构件等加强措施。

6.8.2.1.3 安全带卡扣组件应由金属材料制成。安全带卡扣组件本身、安全带卡扣组件与安全带的破断拉力应不小于 6 000 N。安全带卡扣组件应锁紧可靠，在无外力作用的情况下不应自行打开，必要时应设置防止乘客自行打开的保险装置。

6.8.2.1.4 安全带应明确更换周期或更换条件。

6.8.2.2 安全压杠

6.8.2.2.1 安全压杠本身应具有足够的强度、锁紧力和适宜的结构形式，保证乘客不被甩出或掉下，并在设备停止运行前始终处于锁定状态。

6.8.2.2.2 锁定和释放机构可采用手动或自动控制方式。自动控制装置失效时，应能够用手动开启。

6.8.2.2.3 乘客应不能随意打开释放机构，而操作人员可方便和迅速地接近该位置，操作释放机构。

6.8.2.2.4 安全压杠行程应可调节，压杠在压紧状态时端部的游动量不大于 35 mm。安全压杠压紧过程动作应缓慢，施加给乘客的最大力：对成人不大于 150 N，对儿童不大于 80 N。

6.8.3 束缚装置选型

6.8.3.1 束缚装置宜参考图 8 中设计加速度的 5 个区域来选型。图中的加速度为“持续加速度”而非“冲击加速度”，加速度的方向参见图 2 的人体坐标系。

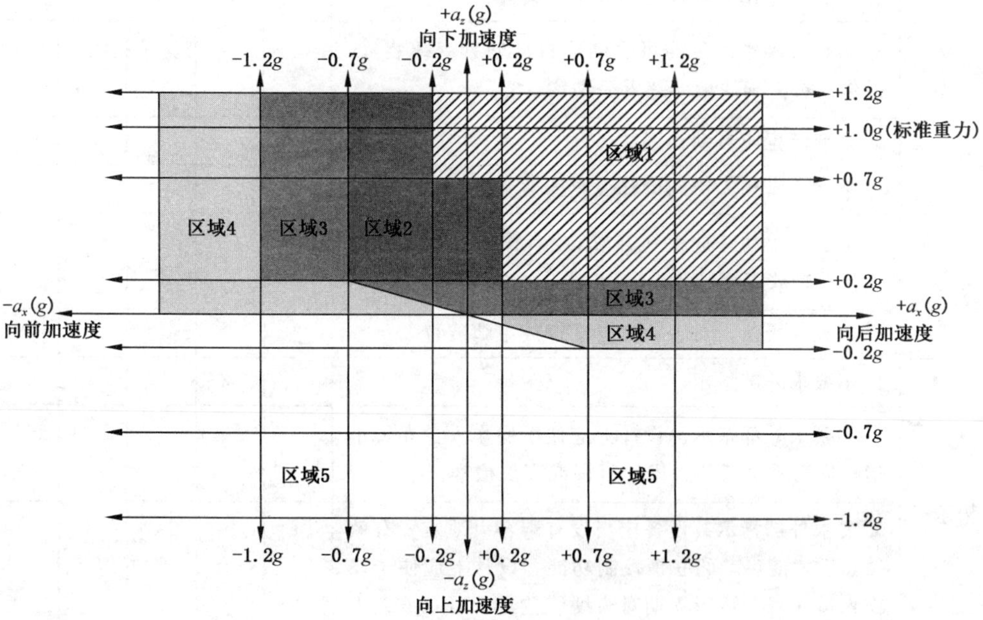

图 8 设计加速度的 5 个区域

6.8.3.2 束缚装置的选型应结合设备的具体情况考虑，如：

a) 加速度方向、大小、作用点、持续时间和角加速度等；

b) 乘载系统的结构形式和束缚情况、座椅面的结构形式和摩擦情况；

c) 乘客的姿态，如翻滚、倾斜等；

d) 侧面加速度，如持续的侧面加速度大于或等于 0.5g 时，座位、靠背、头枕、护垫等设计应作特殊考虑。

6.8.3.3 对图 8 所示 5 个区域，应按照表 9 的要求分别设置束缚装置，束缚装置可组合使用。

表 9 束缚装置准则

类型	不同要求	1 级	2 级	3 级	4 级	5 级	5 级冗余
每套束缚装置保护的乘客数量	1. 不需束缚装置。	*					
	2. 一套束缚装置可以用于一个或多个乘客。		*	*			*
	3. 一套束缚装置仅保护一个乘客。				*	*	
(束缚装置)锁紧位置	1. 锁紧位置固定或根据乘客情况调整。		*				*
	2. 锁紧位置根据乘客情况调整。			*	*	*	

表 9（续）

类型	不同要求	1级	2级	3级	4级	5级	5级冗余
（锁紧机构）锁紧类型	1. 乘客或操作人员均可锁紧束缚装置。		*				
	2. 乘客或操作人员均可手动或自动锁紧束缚装置。操作人员需确认束缚装置已锁紧。			*			*
	3. 束缚装置应自动锁紧。				*	*	
（锁紧机构）释放类型	1. 乘客或操作人员均可释放束缚装置。		*				
	2. 乘客可手动释放束缚装置，或者操作人员可手动或自动释放束缚装置。			*			*
	3. 只允许操作人员手动或自动释放束缚装置。				*	*	
外部指示	1. 不要求外部指示。		*				
	2. 不要求外部指示。设计上应便于操作人员在每个运行周期对束缚装置进行目视或人工检查。			*	*		*
	3. 要求外部指示。设备应当设有乘客束缚装置有效锁紧后才能启动的联锁控制功能。设计上应便于操作人员在每个运行周期对束缚装置进行目视或人工检查。					*	
（束缚装置）锁紧和释放的方式	1. 手动或自动控制锁紧和释放。		*	*	*	*	*
锁紧装置的冗余	1. 不要求冗余。		*	*			*
	2. 锁紧装置应有冗余。				*	*	
	3. 不要求冗余，第二套束缚装置的锁紧和释放应独立于第一套束缚装置。						*
束缚装置的配置	1. 两套独立束缚装置或一套失效安全的束缚装置。					*	

注 1：通过具体设备的乘载分析也可设置一个更高级别的束缚装置。

注 2：失效安全(fail-safe)的束缚装置是指乘客束缚装置的任意一个部位失效，不会造成乘客脱离束缚装置。

注 3：* 表示该级束缚装置对应的技术要求。

6.8.3.4 区域 1——对应 1 级束缚装置，其要求如下：

a) 1 级束缚装置为不需束缚装置；

b) 如仅依据区域 1 的作用力，可以不设置束缚装置；但是乘载分析可以要求设置一个更高级别的束缚装置。

6.8.3.5 区域 2——对应 2 级束缚装置,其要求如下:

a) 每套束缚装置保护的乘客数量——可以用于一个或多个乘客;

b) (束缚装置)锁紧位置——最后锁紧位置固定或可调节均可;

c) (锁紧机构)锁紧类型——乘客或操作员均可锁紧;

d) (锁紧机构)释放类型——乘客或操作员均可打开;

e) (束缚装置)锁紧和释放的方式——可手动或自动开启和关闭;

f) 锁紧装置的冗余——不要求冗余;

g) 正常或异常状态的外部指示类型——不要求外部指示。

注:根据具体设备情况,如有扶手、脚踏或其他装置能够给乘客提供足够的支撑和保护时,可不设置安全束缚装置。

6.8.3.6 区域 3——对应 3 级束缚装置,其要求如下:

a) 每套束缚装置保护的乘客数量——可以用于一个或多个乘客;

b) (束缚装置)锁紧位置——最后锁紧位置应可调节;

c) (锁紧机构)锁紧类型——可以手动或自动锁紧,操作人员需确认束缚装置已锁紧;

d) (锁紧机构)释放类型——乘客可手动释放束缚装置,或者操作人员可手动或自动释放束缚装置;

e) (束缚装置)锁紧和释放的方式——手动或自动控制锁紧和释放;

f) 锁紧装置的冗余——不要求冗余;

g) 正常或异常状态的外部指示类型——不要求外部指示,设计上应便于操作人员在每个运行周期对束缚装置进行目视或人工检查。

6.8.3.7 区域 4——对应 4 级束缚装置,其要求如下:

a) 每套束缚装置保护的乘客数量——一套束缚装置仅保护一个乘客;

b) (束缚装置)锁紧位置——最后锁紧位置应可调节;

c) (锁紧机构)锁紧类型——只应自动锁紧;

d) (锁紧机构)释放类型——只允许操作人员手动或自动释放束缚装置;

e) (束缚装置)锁紧和释放的方式——手动或自动控制锁紧和释放;

f) 锁紧装置的冗余——锁紧装置应有冗余;

g) 正常或异常状态的外部指示类型——不需外部指示。设计上应便于操作人员在每个运行周期对束缚装置进行目视或人工检查。

6.8.3.8 区域 5——对应 5 级束缚装置,其要求如下:

a) 每套束缚装置保护的乘客数量——一套束缚装置仅保护一个乘客;

b) (束缚装置)锁紧位置——最后锁紧位置应可调节;

c) (锁紧机构)锁紧类型——束缚装置只应自动锁紧;

d) (锁紧机构)释放类型——只允许操作人员手动或自动释放束缚装置;

e) (束缚装置)锁紧和释放的方式——手动或自动控制锁紧和释放;

f) 锁紧装置的冗余——锁紧装置应有冗余;

g) 束缚装置的配置——两套独立束缚装置,或一套失效安全的束缚装置;

h) 正常或异常状态的外部指示类型——要求外部指示。设备应当设有乘客束缚装置有效锁紧后才能启动的联锁控制功能。设计上应便于操作人员在每个运行周期对束缚装置进行目视或人工检查。

6.8.3.9 5级束缚装置带有冗余装置，该冗余装置应为独立的束缚装置，其要求如下：

a) 每套束缚装置保护的乘客数量——可以用于一个或多个乘客；

b) (束缚装置)锁紧位置——最后锁紧位置固定或可调节均可；

c) (锁紧机构)锁紧类型——乘客或操作人员均可手动或自动锁紧束缚装置。操作人员需确认束缚装置已锁紧；

d) (锁紧机构)释放类型——乘客可手动释放束缚装置，或者操作人员可手动或自动释放束缚装置；

e) (束缚装置)锁紧和释放的方式——手动或自动控制锁紧和释放；

f) 锁紧装置的冗余——不要求冗余，第二套束缚装置的锁紧和释放应独立于第一套束缚装置；

g) 正常或异常状态的外部指示类型——不要求外部指示，设计上允许操作人员在每个运行周期对束缚装置进行目视或人工检查。

6.8.4 安全距离和防护

6.8.4.1 游乐设施设计时应确定乘客的安全距离，防止运动时乘客与其他物体接触。应考虑以下因素：

a) 乘客高度的限制。

b) 乘载系统的形状和尺寸，包括：

  1) 座位、扶手、座位背部和侧部、脚踏等；

  2) 考虑设计的束缚装置，如压杠、安全带、肩部束缚装置等；

  3) 乘载系统限制乘客伸出装载物的允许范围。

c) 可能接触的物体及接触时的相对速度和方向。

d) 所处区域内的可移动设备或部件。任何侵占安全距离的可移动系统或装置，如上/下客平台、甲板或其他设施。

e) 乘人装置的位置或方向变化的可能性(如角度运动、侧向运动、无约束或无阻尼运动、自由摆动)。

6.8.4.2 对于边运行边上下乘客的游乐设施，乘人部分的进出口不应高出站台 300 mm。其他游乐设施乘人部分进出口距站台的高度，应便于乘客上下。

6.8.4.3 凡乘客身体可伸到座舱以外时，应设有防止乘客在运行中与周围障碍物相碰撞的安全装置，或留出不小于 500 mm 的安全距离。当全程或局部运行速度不大于 1 m/s 处时，其安全距离可适当减少，但不应小于 300 mm。从座席面至上方障碍物的距离应不小于 1 400 mm。专供儿童乘坐的游乐设施应不小于 1 100 mm。

6.8.4.4 设有转动平台时，为防止乘客的脚部受到伤害，转动平台与固定部分之间的间隙，水平方向不大于 30 mm。若平台高于站台面，其垂直方向的间隙应适当，不应对乘客的脚部造成危险。

6.9 安全防护装置和措施

6.9.1 基本要求

应根据游乐设施的具体形式和风险评价，设置相应的安全防护装置或采取安全防护措施，如乘客束缚装置、制动装置、限位装置、防碰撞及缓冲装置、止逆装置、限速装置、风速计、防护罩、安全标志等。

6.9.2 **制动装置**

6.9.2.1 游乐设施视其运动形式、速度及其结构的不同，采用不同的制动方式和制动器结构(如机械、电动、液压、气动以及手动等)。

6.9.2.2 当动力电源切断后，停机过程时间较长或要求定位准确的游乐设施，应设制动装置。设备在制动停止后，应能使运动部件保持静止状态，必要时应设置辅助锁定装置。

6.9.2.3 游乐设施在运行时，若动力源切断或制动装置控制中断，应确保游乐设施能安全停止。

6.9.2.4 制动装置的制动力矩(力)应根据实际情况设置，不应引起安全问题及设备受损。手控制动装置操作手柄的作用力应为 100 N～200 N。

6.9.2.5 制动装置的构件应有足够的强度(必要时还应验算其疲劳强度)。制动装置的制动行程应可调节。

6.9.2.6 制动装置制动应平稳可靠，不应使乘客感受到明显的冲击或使设备结构有明显的振动、摇晃。无乘客束缚装置时，在正常运行工况下，制动加速度绝对值一般不大于 5.0 m/s^2。必要时可增设减速制动装置。

6.9.2.7 游乐设施的最大刹车距离，应限制在合理范围内。小赛车应不大于 7 m，在滑道内滑行的车应不大于 8 m，脚踏车、内燃或电力单车等应不大于 6 m，架空列车应不大于 15 m。

6.9.3 **限位装置**

6.9.3.1 游乐设施在运行中超过预定位置有可能发生危险时(如油缸或气缸行程的终点、绕固定轴转动的升降臂、绕固定轴摆动的构件、行程终点位置等)，应设置限位装置，阻止其向不安全方向运行。必要时加装能切断总电源的极限开关。

6.9.3.2 绕水平轴回转并配有配重的游乐设施，乘人部分在最高点有可能出现静止状态时(死点)，应有防止或处理该状态的措施。

6.9.4 **防碰撞及缓冲装置**

6.9.4.1 同一轨道、滑道、专用车道等有两组以上(含两组)无人操作的单车或列车运行时，应设防止相互碰撞的自动控制装置和缓冲装置。当有人操作时，应设有效的缓冲装置。

6.9.4.2 升降装置的极限位置，必要时应设缓冲装置。

6.9.4.3 非封闭轨道的行程极限位置，必要时应设缓冲装置。

6.9.4.4 沿钢丝绳运行的滑索等设备，在滑行终点应设缓冲装置。

6.9.5 **止逆行装置**

6.9.5.1 沿斜坡向上牵引的提升系统，应设有防止乘人装置逆行的装置(特殊运行方式除外)。

6.9.5.2 止逆行装置逆行距离的设计应使冲击负荷最小，在最大冲击负荷时应止逆可靠。止逆行装置的安全系数不小于 4。

6.9.6 **限速装置**

有可能超速的游乐设施应设有安全可靠的限速装置或措施。

6.9.7 **风速计**

高度 20 m 以上的室外游乐设施，应设有风速计，风速大于 15 m/s 时，应停止运营。风速计应有方便操作人员观察的数据显示装置和报警功能，其最低安装高度为10 m。

6.9.8 防护罩

6.9.8.1 乘客可触及的机械传动部件(如齿轮、皮带轮、联轴器等)应有防护罩或其他保护措施。

6.9.8.2 在地面上行驶的车辆，其驱动和传动部分及车轮应进行覆盖。

6.9.9 安全栅栏、站台、操作室、安全通道、安全网

6.9.9.1 游乐设施应有有效的隔离措施，防止人员误入，并分别设有进、出口。

6.9.9.2 游乐设施周围及高出地面500 mm以上的站台，应设置安全栅栏或其他有效的隔离设施。室外安全栅栏高度应不低于1 100 mm，室内儿童娱乐项目，安全栅栏高度应不低于650 mm。栅栏的间隙和距离地面的间隙应不大于120 mm。安全栅栏应设置为儿童不易攀爬的结构。工作人员专用通道或平台的栅栏除外。

6.9.9.3 安全栅栏应分别设进、出口，在进口处宜设引导栅栏。站台应有防滑措施。

6.9.9.4 安全栅栏门开启方向应与乘客行进方向一致(特殊情况除外)。为防止开关门时对人员的手造成伤害，门边框与立柱之间的间隙应适当，或采取其他防护措施。

6.9.9.5 游乐设施进出口的台阶宽度应不小于240 mm，高度范围为140 mm～200 mm，阶梯的坡度应保持一致。进出口为斜坡时，坡度应不大于1∶6。有防滑花纹的斜坡，坡度应不大于1∶4。

6.9.9.6 游乐设施的操作室应单独设置，视野开阔，有充分的活动空间和照明。对于操作人员无法观察到运转情况的盲区，有可能发生危险时，应有监视系统等安全措施。操作室内不能观察到全部上下客情况且乘客安全束缚装置没有和启动联锁的，应在相应的位置增加安全确认按钮，且与启动联锁。

6.9.9.7 沿斜坡提升段或架空轨道高空处应设置安全通道，安全通道牢固可靠，方便疏导乘客或检修。

6.9.9.8 游乐设施本体、运行通道和通过的涵洞，其包容面应采用不易脱落的材料，装饰物等应固定牢固。

6.9.9.9 在有可能导致人体、物体坠落而造成伤害的地方，应设置安全网，安全网的联接应可靠，安全网的性能应符合GB 5725的要求。

6.9.9.10 用于检查维修用的爬梯、通道、平台应牢固可靠，其空间应能满足工作要求。高于3 m的爬梯应有防护装置或设有安全带挂接装置。

6.9.10 安全标志

必要时，应在游乐设施明显的位置设置醒目的安全标志。安全标志分为禁止标志(红色)、警告标志(黄色)、指令标志(蓝色)和提示标志(绿色)等四种类型。安全标志的图形式样应符合GB 2894、GB 13495.1—2015的规定。

6.9.11 其他安全要求

6.9.11.1 游乐设施在空中运行的乘人部分，整体结构应牢固可靠，其重要零部件宜采取保险措施。

6.9.11.2 吊挂乘人部分用的钢丝绳或链条数量不得少于两根。与座席部分的连接，应考虑一根断开时能够保持平衡。

6.9.11.3 钢丝绳的终端在卷筒上应留有不少于三圈的余量。当采用滑轮传动或导向时，应考

虑设置防止钢丝绳从滑轮上脱落的结构。

6.9.11.4　距地面 1 m 以上封闭座舱的门，应设乘客在内部不能开启的两道锁紧装置或一道带保险的锁紧装置，非封闭座舱进出口处的拦挡物，也应有带保险的锁紧装置。

6.9.11.5　沿架空轨道运行的车辆，应设防倾翻装置。车辆连接器应结构合理，转动灵活，安全可靠。

6.9.11.6　沿钢丝绳运动的游乐设施，应有防止乘人部分脱落的保险装置，保险装置应有足够的强度。

6.9.11.7　当游乐设施在运行中，动力电源突然断电或设备发生故障，危及乘客安全时，应设有自动或手动的紧急停车装置。

6.9.11.8　游乐设施在运行中发生故障后，应有疏导乘客的措施。

6.9.11.9　游乐设施的建造应符合国家有关防火安全的规定。在高空运行的封闭座舱，必要时应设灭火装置。

6.9.11.10　游乐设施产生的噪声对区域环境的影响应符合 GB 3096 的规定。

7　制造与安装

7.1　基本要求

7.1.1　游乐设施制造与安装单位应按有关国家法规规定取得相应资质，建立完整的质量保证体系，并严格执行。

7.1.2　产品安装调试完成后，应向使用单位提供使用维护保养说明书及有关维修图样，产品合格证及必要的备品备件和专用工具等。产品使用过程中，使用维护保养说明书如有涉及安全的修改应及时通知使用单位，并换发新的使用维护保养说明书。

7.1.3　制造单位应为使用单位培训操作、维修人员，做好对使用单位的售后服务，并及时向使用单位供应备品备件。

7.1.4　对于重要的外协件，制造单位应制定详细的验收要求。

7.1.5　材料切割宜采用先进工艺，避免引起材料性能的改变。对于重要零部件用的材料，切割后应有材料标识移植。

7.1.6　应制定合理的机加工工艺，保证机加工件满足设计文件的要求。

7.1.7　应制定合理的钣金、弯管、卷板和冲压等成型工艺，保证零件满足设计文件的要求。不允许有裂纹、折叠、机械损伤等加工缺陷。当冲压拉伸后产生冷作硬化现象时，对使用有韧性要求的冲压件应作硬化处理。

7.1.8　重要锻件须经超声波检测合格后方可加工。检测标准按照 GB/T 34370.5 的规定执行。锻件内部不允许存在裂纹和残余缩孔。表面不允许有肉眼可见的裂纹、折叠和其他影响强度及外观的缺陷。必要时，锻件锻后应进行热处理。

7.2　焊接

7.2.1　焊接材料

7.2.1.1　焊接材料包括焊条、焊丝、焊剂、气体等，应符合 GB/T 983、GB/T 5117、GB/T 5118、GB/T 5293、GB/T 8110、GB/T 10045、GB/T 12470、GB/T 14957、GB/T 17493 的有关规定；气体保护焊使用的氩气应符合 GB/T 4842 的有关规定，其纯度不应低于 99.95%。

7.2.1.2 各类钢材的焊接材料选用原则应符合 NB/T 47015—2011 中 4.1 的要求。

7.2.1.3 焊接材料的管理应符合 JB/T 3223 的规定。

7.2.1.4 焊材使用前,焊丝需去除油、锈;保护气体应保持干燥。除真空包装外,焊条、焊剂应按产品说明书规定的规范进行再烘干,经烘干之后可放入保温箱内(100 ℃～150 ℃)待用。对烘干温度超过350 ℃ 的焊条,累计烘干次数不宜超过 3 次。

7.2.2 焊接工艺评定

7.2.2.1 施焊前,重要焊缝、与重要焊缝组焊的焊缝、熔入重要焊缝内的定位焊缝、重要焊缝母材表面的堆焊与补焊,以及上述焊缝的返修焊缝都应按 NB/T 47014 进行焊接工艺评定或者具有经过评定合格的焊接工艺支持。

7.2.2.2 焊接工艺评定试件应由按 TSG Z6002 规定考核合格的,并满足焊接工艺规程要求的焊接人员施焊。

7.2.2.3 应根据合格的焊接评定工艺报告编制焊接工艺。

7.2.2.4 焊接工艺评定技术档案应保存至该工艺评定失效为止,焊接工艺评定试样保存期不少于 5 年。

7.2.3 焊前准备

7.2.3.1 焊接坡口的基本形式和尺寸应满足图纸要求。

7.2.3.2 坡口制备应符合 NB/T 47015—2011 中 4.3 的要求。

7.2.3.3 焊接接头装配应符合 GB 50661—2011 中 7.3 的要求。

7.2.3.4 定位焊应符合 GB 50661—2011 中 7.4 的要求。

7.2.3.5 预热及预热温度的测量应符合 NB/T 47015—2011 中 3.5.7 的要求。碳钢和低合金钢的最高预热温度和道间温度不宜大于 300 ℃。

7.2.3.6 引弧板、引出板和衬垫的选用应符合 GB 50661—2011 中 7.9 的要求。

7.2.4 施焊

7.2.4.1 焊接重要焊缝(包括定位焊、返修焊)的焊工,应按 TSG Z6002 规定要求进行考核,取得《特种设备作业人员证》后,方可在有效期内从事合格项目范围内的焊接工作。

7.2.4.2 焊工应当按照焊接工艺施焊,重要焊缝焊后应当清理焊缝表面及自检后,在焊缝附近指定部位打上焊工钢印代号。不便于采用打焊工钢印的,应有可靠的记录方式,保证焊工的可追溯性。

7.2.4.3 施焊应符合 NB/T 47015—2011 中 3.6 的要求。

7.2.4.4 焊接过程中,最低道间温度不应低于预热温度;奥氏体不锈钢最高道间温度不宜大于 150 ℃,需进行疲劳计算的动荷载结构焊接时,最大道间温度不宜超过 230 ℃。

7.2.4.5 焊接变形的控制应符合 GB 50661—2011 中 7.11 的要求。

7.2.5 焊接检验

7.2.5.1 焊接检查及检验内容应包含 NB/T 47015—2011 中 3.8 的内容。

7.2.5.2 焊缝的外观检查应根据设计的质量等级要求进行检查。

7.2.6 焊接返修

7.2.6.1 对需要焊接返修的缺陷应分析产生原因,提出改进措施,按评定合格的焊接工艺编制焊接返修工艺文件。

7.2.6.2 返修焊缝性能及质量要求应与原焊缝相同，焊缝返修应符合 GB 50661—2011 中 7.12 的要求。

7.2.6.3 焊缝同一部位的返修次数不宜超过 2 次。如超过 2 次，返修前应重新制定返修方案。

7.2.7 焊后热处理

焊后热处理应符合 NB/T 47015—2011 中 4.6 的规定或者设计文件要求。

7.3 热处理

7.3.1 应建立热处理质量档案，保存工件作业过程记录、检验记录、理化试验报告等原始记录，作为可追溯性资料。

7.3.2 重要的轴和销轴宜进行调质处理，并符合 GB/T 699 和 GB/T 3077 的规定，调质后应进行无损检测。必要时应进行冲击试验。

7.4 装配

7.4.1 一般要求

7.4.1.1 所有进入装配的零部件，含外购件、外协件等，都应按有关检验规程检验合格后方可装配，装配前应按 GB 50231—2009 中 5.1 的有关规定进行预处理。

7.4.1.2 装配件上与密封件安装配合的加工面，清洗、装配过程中，应加以保护，防止碰伤。

7.4.1.3 装配前应对零部件的主要配合尺寸，特别是过盈配合尺寸及相关精度进行复查。

7.4.1.4 零件装配后，各润滑处应注入适量的润滑油(脂)。

7.4.2 销轴和紧固件的装配

7.4.2.1 有预紧力要求的螺栓连接，应符合 GB 50231—2009 中 5.2.4 的规定。

7.4.2.2 高强度螺栓的装配应符合 GB 50231—2009 中 5.2 的有关规定。

7.4.2.3 各种止动垫圈在螺母拧紧后应弯转舌耳。螺栓头部防松保险丝应按螺纹旋向穿装缠牢。

7.4.2.4 圆锥销装配时应与孔进行涂色检查，其接触率应大于配合长度的 60%，并应均匀分布。

7.4.2.5 螺栓、键、销轴、定位销等连接件的装配，应符合 GB 50231—2009 中 5.2 的有关要求。

7.4.3 其他要求

7.4.3.1 滑动轴承、滚动轴承、离合器、制动器、联轴器、齿轮、链条、过盈配合件装配，应符合 GB 50231—2009 中第 5 章的有关规定。

7.4.3.2 气动系统安装前，用干燥洁净的压缩空气，对接头、管道、阀等所有内部通道进行彻底吹扫。

7.4.3.3 液压系统在装配前，接头、管路及油箱内表面应清洗干净，不得有任何污物存在。使用的液压油应保证清洁无杂质。油箱密封良好。安装时应注意和尽量减少(小)下列情况：

a) 由于推或拉载荷引起的液压缸结构的过度变形；

b) 引起侧向弯曲载荷；

c) 液压缸上下销轴应得到充分的润滑。

7.5 厂内测试

7.5.1 各传动部件、可先行试验的安全装置及可以独立试车的部件，应先行试验、试车。

7.5.2 厂内试车时的调试条件要求可参照7.10。

7.5.3 首台设备根据设计验证试验方案进行各项测试，记录并判定，各项指标均要达到设计要求。

7.6 涂装

7.6.1 防腐涂装要根据不同的材料及不同的工作环境，采用相应的工艺材料进行有效的防腐处理。

7.6.2 所有需要进行涂装的金属制件表面在涂装前应将锈、氧化皮、油脂、灰尘等去除。焊接件需热处理的，则除锈工序应放在热处理工序之后进行。除锈方法、等级及适用范围按照JB/T 5000.12有关规定执行。

7.6.3 设备中不涂漆的裸露钢材制件、标准件等，须采用其他防腐处理。

7.6.4 对安装过程中损坏的漆膜应进行修补，修补前应对表面进行清理。补漆部位的颜色、涂层厚度应与周围的颜色、涂层厚度一致。

7.6.5 涂装施工要求按JB/T 5000.12有关规定执行。

7.6.6 铸件的非加工表面需清砂处理，如作抛丸处理应在处理后的6 h内涂底漆。涂底漆前，铸件上的粉尘等物应清理干净。

7.7 包装与运输

7.7.1 产品及其零部件的包装应符合GB/T 13384的规定。

7.7.2 产品的运输应符合铁路、公路、航运的有关运输要求。

7.7.3 在解体运输中，对长大件和可自由移动的部件，应垫平绑扎牢固，防止运输变形、位移、碰撞。

7.8 设备基础及附属设施

7.8.1 制造单位应向有资质的土建设计单位提供游乐设施基础条件图。该土建设计单位依据地区气候条件、地质勘探报告等要求进行设计，出具施工图。

7.8.2 游乐设施的基础条件图应包括：基础地面布置，设备安装基座，地沟与预埋管、预埋件，避雷针与接地体，基础载荷图，安全系数，辅助设施布置，对应设备参数、外形尺寸及设备运行安全包络线，重点预埋件载荷等说明及有关要求。

7.8.3 游乐设施的土建基础或建筑物，应按设计图样和技术文件施工，经有关单位验收合格后，方能进行设备安装。

7.8.4 游乐设施安装时，应根据设计图样和技术文件的要求，确立安装基准，并进行测量和检验。

7.8.5 其他游乐设施的基础工程应符合GB 50010、GB 50007的规定。

7.8.6 基础的质量要求应符合GB 50202、GB 50204的规定。

7.8.7 游乐设施基础的尺寸和位置的允许偏差，应符合表10的要求。

表 10　基础允许偏差

项目		允许偏差/mm
坐标位置		20
不同平面的标高		0,－20
平面外形尺寸		±20
凸台上平面外形尺寸		0,－20
凹穴尺寸		＋20,0
平面的水平度	每米	5
	全长	10
垂直度	每米	5
	全高	10
预埋地脚螺栓	标高	＋20,0
	中心距	±2
预埋地脚螺栓孔	中心线位置	10
	深度	＋20,0
	孔壁垂直度	10
预埋活动地脚螺栓锚板	标高	＋20,0
	中心线位置	5
	带槽锚板的水平度	5
	带螺纹孔锚板的水平度	2

7.8.8　基础表面和地脚螺栓预留孔中的油污、碎石、泥土、积水应清除干净,地脚螺栓的螺纹和螺母应保护完好,放置垫铁部分的表面应处理平。

7.8.9　垫铁应符合 GB 50231—2009 中 4.2 的有关规定。

7.8.10　地脚螺栓不宜用于承受底部的横向剪力,此剪力由底板与混凝土基础间的摩擦力(摩擦系数可取 0.4)或设置抗剪结构承受。

7.8.11　地脚螺栓安装面应高于周围地面,避免积水造成腐蚀,条件限制的应对螺栓采取有效的防腐措施。

7.8.12　基础不应有影响游乐设施正常运行的不均匀沉陷、开裂和松动等异常现象。移动式游乐设施的基础应平整、坚实,符合设备安装要求。

7.8.13　需要预压的基础,应预压合格并应有预压沉降记录。

7.8.14　游乐设施的假山、艺术造型等附属设施,应与设备保持符合标准的安全距离,防止意外掉落、坍塌或者倾倒之后对设备本身及乘客造成伤害。

7.9　现场安装

7.9.1　安装单位应按照设计要求和制造单位的要求编制安装方案。安装方案应包括施工组织计划、质量控制要求、安装设备和工具、安全措施和应急预案等。

7.9.2 设备安装的基准面(如设备底座上表面),其水平度公差应不大于1/1 000。

7.9.3 重要立柱安装定位后,对水平面的垂直度公差应不大于1/1 000。

7.9.4 地脚螺栓应采取防止松动的措施,并应符合GB 50231—2009中4.1的规定。

7.9.5 轨距允许误差应符合以下要求:侧轮在轨道内时允许误差−3 mm~5 mm,侧轮在轨道外时允许误差−5 mm~3 mm。

7.9.6 钢丝绳端部安装应满足如下要求:

——端部应用紧固装置固定,其固定方法不同,端部强度不同(用效率表示)。端部一般固定方法的效率应符合表8的要求。

——采用绳夹固定时,U型螺栓应由钢丝绳的短边套上,如图9所示。

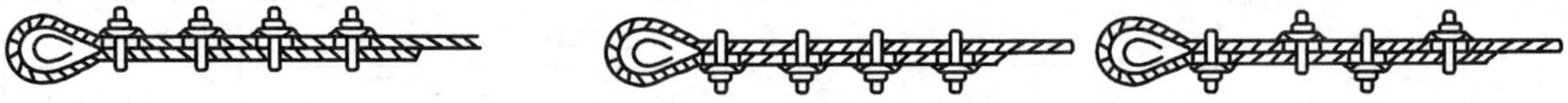

图9 绳夹固定方法

——重要部位钢丝绳直径与绳夹的数量和间距,应符合表11的要求。

表11 钢丝绳绳夹数量和间距

钢丝绳直径/mm	绳夹数量/个	绳夹间距/mm
<9	3	50
9~16	4	80~100
18	5	110
22	5	130
24	5	150
28	5	180
32	6	200
36	7	230
38	8	250

7.9.7 安装完成后根据图样和有关文件检查静态各项数据达到要求。

7.10 现场调试与试运行

7.10.1 设备调试试运行前应具备下列条件:

a) 设备及其附属装置、管路等均应全部施工完毕,施工记录及资料应齐全;

b) 试验条件、运行环境符合要求;

c) 具备需要的动力、配套设施、检测仪器、安全防护设施及用具等;

d) 根据设计要求,制定了调试大纲和试运行方案;

e) 参加调试、试运行的人员,应熟悉设备的构造、性能、设备技术文件,了解设备调试技术要求,并应掌握操作规程及试运行操作。

7.10.2 调试通电运行前应进行如下检查:各传动件、紧固件联接部位应牢固,润滑和密封情况应良好，各主要回路的相间电阻及绝缘电阻应符合要求，设备现场及设备内部其他物件已清理。

7.10.3 按调试大纲指导现场调试，记录调试结果。调试应包括下列内容和步骤：

a) 电气(仪器)操纵控制系统及仪表的检查调试；

b) 电气检验应符合 GB 5226.1—2008 中第 18 章的规定；

c) 润滑、液压、气动、冷却和加热系统检查和调试；

d) 机械和各系统联合调试；

e) 液压系统调试，应符合 GB/T 50231—2009 中 7.4 的要求。

7.10.4 重要调试内容应包括但不限于：安全束缚装置检查、绝缘测试、电流、电压测试、接地测试、安全联锁装置、限位开关调整到位、应急停车、动力电源断电、应急疏导试验。

7.10.5 应在设备调试合格后，按试运行方案进行试运行。

7.10.6 进行空载、满载、偏载试验，并作实测记录：

a) 设备的启动、换向、停机、制动和安全联锁等动作，均应正确、灵敏、可靠。

b) 整机应运行正常，不准许有爬行和异常的振动、冲击、发热及声响。

c) 各传动部件应平稳，无异常振动、窜动、冲击、噪声、永久变形和磨损，轴承温升及油箱油温不得超过设备规定的最高温度；齿轮及齿条传动时，接触斑点百分率为：在齿高方向不小于 40%，在齿长方向不小于 50%。不应有偏啮合及偏磨损。

d) 滚动轴承端盖处温升不大于 30 ℃，最高温度不大于 65 ℃。滑动轴承进油孔处温升不大于35 ℃，且最高温度不大于 70 ℃。

e) 各种仪表应工作正常。

f) 润滑、液压、气动等辅助系统的工作应正常，无渗漏现象。

g) 零部件及其连接应牢固可靠，不准许有永久变形和损坏现象。

h) 在测量加速度时，应使用 5 Hz 低通高频滤波器(滤波器边界斜度最小 6 dB/倍频程)。

7.11 无损检测

7.11.1 无损检测人员

无损检测人员应按照相关技术规范进行考核取得相应资格证书后，方能承担与资格证书的种类和技术等级相对应的无损检测工作。

7.11.2 无损检测方法

7.11.2.1 游乐设施的无损检测方法包括目视、磁粉、渗透、超声、射线、涡流、声发射、漏磁、红外检测等方法。

7.11.2.2 无损检测的工艺应根据设计图样的要求和 GB/T 34370(所有部分)的规定制定。

7.11.3 方法的选择

7.11.3.1 焊接接头的检测方法应根据焊接接头的类型、形状、尺寸和材料选择，原材料和零部件的检测方法、检测比例和合格级别应符合设计图样和 GB/T 34370(所有部分)的规定。

7.11.3.2 对接接头应当采用射线或超声检测，射线检测包括胶片射线检测和数字射线检测，超声检测包括了可记录的超声检测(相控阵超声、可记录的脉冲反射法等)和不可记录的脉冲反射法超声检测。当采用不可记录的脉冲反射法超声检测时，还应当采用射线检测或者可记录的超声检测作为附加局部检测。

7.11.3.3 铁磁性材料部件焊接接头表面应当优先采用磁粉检测。

7.11.4 检测时机

7.11.4.1 游乐设施焊接接头，应在形状尺寸检测、外观目视检测合格后，再进行无损检测。

7.11.4.2 有延迟裂纹倾向的材料应当至少在焊接完成 24 h 后进行无损检测，有再热裂纹倾向的材料应当在热处理后增加一次无损检测。

7.11.5 目视检测

目视检测应在其他无损检测之前进行，其他无损检测应根据目视检测的结果修正检测区域和比例。

7.11.6 超声和射线检测

7.11.6.1 超声检测应当按照 GB/T 34370.5 的规定执行，质量要求和合格级别如下：

a) 要求进行全部无损检测的对接接头，脉冲反射法超声检测技术等级不低于 B 级，合格级别为Ⅰ级；

b) 要求进行局部无损检测的对接接头，脉冲反射法超声检测技术等级不低于 B 级，合格级别为Ⅱ级；

c) 角接接头的对接焊缝和 T 形接头的对接焊缝，脉冲反射法超声检测技术等级不低于 B 级，合格级别为Ⅱ级；

d) 采用衍射时差法和相控阵超声检测的焊接接头，合格级别不低于Ⅱ级；

e) 零部件的脉冲反射法超声检测技术等级不低于 B 级，合格级别为Ⅱ级。

7.11.6.2 射线检测应当按照 GB/T 34370.6 的规定执行，质量要求和合格级别如下：

a) 要求进行全部无损检测的对接接头，射线检测技术等级不低于 B 级，合格级别为Ⅱ级；

b) 要求进行局部无损检测的对接接头，射线检测技术等级不低于 B 级，合格级别为Ⅲ级，且不允许有面状缺陷。

7.11.7 表面检测

表面检测应当按照 GB/T 34370.3 和 GB/T 34370.4 的规定执行，质量要求和合格级别如下：

a) 采用磁粉或者渗透检测，合格级别为Ⅰ级；

b) 采用涡流检测，合格级别由设计图样或业主协商的当量尺寸确定；

c) 带油漆层的磁粉检测，应由经证明具备相应检测能力的专业人员实施。

7.11.8 其他检测方法

声发射、磁记忆、涡流、导波、漏磁检测等参考相应的国家标准执行。

7.11.9 组合检测

当采用多个检测技术组合检测时，质量要求和合格级别按照各自执行的标准确定，并且均应当合格。

7.11.10 技术档案

检测单位应当填写无损检测记录，签发无损检测报告。制造单位应妥善保管射线底片、超声和涡流等可记录的检测数据等检测资料（含缺陷返修记录），建立游乐设施产品无损检测档案，保存至设备报废为止。

7.12 检验

7.12.1 一般要求

游乐设施的制造、安装环节应按照有关法律、法规、标准、技术文件的要求进行检验，检验活动应留存检验资料，检验资料应对检验对象是否符合要求形成充分支持且具有可追溯性。

7.12.2 制造检验

7.12.2.1 原材料进厂应经检验部门检验合格后方可入库或投入使用，重要的材料应有质量证明文件，必要时还应进行力学性能和理化检验。

7.12.2.2 重要的结构件钢板及其制成品的厚度公差应符合 GB/T 709—2006 中表 2(A 类)的规定。

7.12.2.3 配套的标准机电产品应进行外观、尺寸检验及技术参数的核对，应有质量证明文件、使用维护保养说明书等，必要时对其性能进行验证试验。

7.12.2.4 重要的零部件加工和组装，应严格按照工艺文件进行，进入下一道工序前，应按有关标准和规定进行检验，检验应包括自检、互检和专检。

7.12.2.5 重要的焊缝在进入下一道工序前应经检验合格后方可继续加工。重要的隐蔽焊缝在隐蔽前应设立检查点，经检验部门检验合格和质保工程师确认后进入后续工序。

7.12.2.6 涉及到人身安全的重要的轴、重要焊缝，应进行无损检测，合格后方可投入使用，其他零部件也应按图样技术要求及有关标准进行检验。

7.12.2.7 每台产品出厂前，应根据设计图样和技术文件，并按有关标准要求进行检验，检验合格后方可出厂。

7.12.3 设计验证试验

7.12.3.1 对于新开发的游乐设施新产品，制造单位应进行设计验证试验，验证样机是否达到设计预期的功能性、安全性、可靠性、耐久性等要求。设计验证试验包括针对部件进行的分项试验和整机性能试验。

7.12.3.2 设计验证试验中的试验载荷应是在设计文件规定的最大载荷、最大运行参数的条件下进行的。

7.12.4 安装自检

7.12.4.1 在整机安装过程中，制造和安装单位应按照有关法规标准及技术文件的要求进行检验并记录。

7.12.4.2 制造和安装单位的自检项目和检验数量不应少于法定的监督检验项目。重点检查各种安全装置、重要轴及关键焊缝、绝缘与接地系统、控制系统、应急救援系统、安全防护与安全距离等。

7.12.4.3 制造和安装单位的自检中的不合格项目，应经整改复检合格后，方可出具产品安装合格质量证明文件。

8 使用管理与维护保养

8.1 游乐园安全运行管理体系与职责

8.1.1 运营使用单位要求

游乐设施运营使用单位应建立健全完整的安全管理制度，设置安全管理机构，应配备专职安全管理人员并落实各项安全管理制度和岗位安全责任制。根据每台设备的不同特点及使用维护保养说明书的要求编制操作规程及维保手册。

8.1.2 运营使用单位人员要求

游乐设施运营使用单位的法定代表人和各相关部门负责人应依照法律法规、国家标准以及本单位安全管理制度要求,履行职责;安全管理人员和相关作业人员应取得许可资格,所有游乐设施相关工作人员应经使用单位培训后上岗,并依照法律法规、国家标准以及本单位安全管理制度要求,履行职责。

8.2 乘客要求

乘坐游乐设施前,工作人员应提醒乘客应当认真阅读并自觉遵守乘客须知和警示标志的要求。乘客有义务听从工作、服务人员的指挥,不做损坏设施、危及自身及他人安全的行为。

8.3 作业行为

8.3.1 依法注册使用登记

游乐设施运营使用单位应完成安全管理制度编制、安全管理机构设置、设备技术文件资料归档等工作,并依法到当地游乐设施的安全监督管理部门办理注册使用登记。

8.3.2 培训考核

使用单位对操作、管理和维修人员应定期进行业务培训和安全教育,经考试合格后才能上岗。使用单位应定期组织员工的安全培训考核工作。培训前,使用单位应制定培训方案,设定培训人员范围,明确培训目标;培训过程中,员工应遵守培训纪律,认真学习培训内容;培训后,使用单位要对培训内容进行考核和记录,并且要对培训效果进行评估,提出改进措施。

8.3.3 操作

8.3.3.1 游乐设施应按章操作。每日设备运营前,操作人员应确认设备运行条件、试运行设备,并检查安全保护装置;运行过程中,操作人员应严格按照操作规程作业,并密切关注乘客动态及设备运行状态;运行结束后,操作人员应记录设备运行情况,并做好再次运行的相关准备。运营前、中、后阶段,游乐设施如有任何异常状况应停止运行,待安全隐患排除后方可重新投入运行。

8.3.3.2 使用单位对各种游乐设施应在每天运行前进行必要的检查,经检查无问题并试运行后方能正式运营,并应做好运营记录。

8.3.3.3 在游乐设施明显处应公布乘客须知。操作服务人员应随时向乘客宣传注意事项,制止乘客的危险行为。

8.3.3.4 使用单位对非专供儿童乘坐的游乐设施,应根据设备特点等,对乘坐儿童的年龄和身高进行规定。

8.3.3.5 操作人员在游乐设施每次运行前,应确认乘客束缚装置已锁紧,操作人员、服务人员等已撤离至安全区域,设备运行区域无其他人员和障碍物。

8.3.3.6 操作人员、站台服务人员等在设备运行过程中、设备未停稳前严禁进入设备运行区域,特殊情况(维护保养、应急救援等)除外。

8.3.4 检查检验

8.3.4.1 使用单位应按照设备使用维护保养说明书及有关法规、标准要求建立自检作业指导文件。

8.3.4.2 游乐设施的检查方式包括：点检和巡检。点检时，检查人员应按照规定的方法、频次，用仪器设备对检查部位进行测量，并记录检测数据，依据判定标准得出检查结果；巡检时，检查人员应用感观、目测等方式对游乐设施的运行状态进行判断，并记录巡检结果。

8.3.4.3 游乐设施检查类型包括：定期安全检查（日检、周检、月检、年检）、重大节假日及重大活动前安全检查。定期安全检查前，检查人员应准备好检测仪器、工装设备，安全防护装备；检查过程中，检查人员应严格按照作业指导书安全作业；检查结束后，检查人员应记录检查结果，将所发现安全隐患及时报告安全管理人员处置；重大节假日及重大活动前安全检查应由使用单位根据定期安全检查结果适当增加检查项目。

8.3.4.4 游乐设施的轨道、车轮、轴的检验应符合表12～表14的要求，超过允许值时应及时更换。

表 12 轨道磨损允许值

轨道形状	磨损部位	允许值
型钢轨道	踏面、侧面	小于原厚度尺寸的20%
钢管轨道		小于原厚度尺寸的15%

表 13 滑行车车轮的磨损允许值

种类	允许值
主车轮	小于原直径尺寸的2.5%，且最大不超过6 mm
侧轮和底轮	小于原直径尺寸的2.5%，且最大不超过4 mm

表 14 重要轴磨损及锈蚀允许值

种 类	允许值
轴直径磨损量	小于原直径的0.8%，且最大不超过1 mm
轴锈蚀量	打磨光后，小于原直径的1%（包括凹坑处），且最大不超过1 mm

8.3.4.5 传动和提升用钢丝绳出现下列情况之一的，应报废：

a) 传动和提升用钢丝绳的断丝和磨损超过允许值时（见表15）；
b) 整根绳股断裂；
c) 钢丝绳的纤维芯或钢丝（或多层绳股的内部绳股）断裂，造成绳股显著减小时；
d) 由于外部腐蚀钢丝绳表面出现深坑，钢丝绳相当松弛时；
e) 经确认有严重的内部腐蚀时；
f) 出现笼形畸变时；
g) 绳股被挤出，这种状况通常伴随笼形畸变产生；
h) 局部直径严重增大或减小时；
i) 局部弯折、扭结或被压扁时；
j) 受特殊热力的作用，外表出现可识别的颜色时；
k) 超过设计及有关技术规程规定的使用寿命时。

表 15 钢丝绳的断丝和磨损允许值

磨损状态	允许值
钢丝破断呈均匀分布状态	每股在一个捻距内破断数为 3 根
钢丝破断虽呈均匀分布状态,钢丝磨损后的剩余断面积为原断面积的 80%以下或严重腐蚀	每股在一个捻距内破断数为 2 根
钢丝在一处破断或特别集中在一股时	钢丝破断总数在一个捻距内,6 股为 10 根,8 股为 12 根
磨损后的钢丝绳直径	为原钢丝绳直径的 90%以上

8.3.4.6 必要时,对重要的设备或部件可采用状态监测与故障诊断技术,对游乐设施的运行状态进行监测和故障预警。

8.3.5 监控和测量设备管理

游乐设施使用单位应根据单位游乐设备日常维护保养、游乐设施故障修理、设备运营安全监视的需求配备一定数量的监视和测量设备,满足游乐设施日常运营安全管理的需要。使用单位应对监视和测量设备定期效验、校准,保障各类测试数值可靠性和准确性,有效反映设备整体与零部件运行状态。

8.3.6 档案管理

游乐设施应建立技术档案,使用单位应依据法律法规、国家标准设定技术档案内容,并对档案的收集、建档、归档、整理、借阅审批、保管等事项进行全面管理。

8.3.7 延寿与报废

对超过整机设计使用期限仍有修理、改造价值的游乐设施,使用单位应依法委托相关单位按照本标准要求进行安全评估,确认设备延寿所需开展的工作(包括:维护保养、修理、改造),并付诸实施,确认游乐设施继续使用的期限和条件。使用单位应根据法律法规、国家标准、设备使用维护保养说明书和评估单位意见重新制定定期检查要求和维护保养要求,加大全面自检频次,加强延寿设备的安全管理。

8.4 应急救援

游乐设施运营使用单位应依据法律法规、国家标准、设备使用维护保养说明书制定应急预案,每年至少组织一次应急救援演练。运营使用单位应建立应急救援指挥机构,配备救援人员、营救装备和急救物品。救援人员应进行培训,使之掌握紧急事故处理、救援知识和实际操作方法。救援设备应处于完好有效状态。

8.5 维护保养、修理与改造

8.5.1 维护保养

8.5.1.1 游乐设施维护保养工作应根据使用维护保养说明书要求制定计划,作业人员应严格按照计划,结合设备安全检查实施维护保养工作,并如实记录工作情况。

8.5.1.2 游乐设施备品备件管理应遵守制度要求,采购的备品备件应有产品质量合格证明,作业人员对于更换的备品备件应进行标记,并作为定期安全检查项目加以监控。

8.5.2 修理和改造

游乐设施修理和改造应由取得相应许可资格的单位实施。修理和改造前，使用单位应配合修理和改造单位向当地游乐设施安全监督管理部门办理告知；修理和改造过程中，使用单位应提供工装条件、安全防护措施等条件，指定专人做好现场安全工作；修理和改造结束后，使用单位应将移交的设备自检报告、监督检验报告和无损检测报告等文件资料存档。

8.6 依法定期检验

游乐设施应依法每年进行定期检验。检验前，使用单位应按照安全管理制度做好定期检验计划，按时申请，并完成设备全面自检工作；检验中，使用单位要提供检验条件，采取安全防护措施，并指定专人做好配合工作；检验后，使用单位要把检验发现的安全隐患及时消除。

附　录　A
（资料性附录）
常用钢材国家和行业标准目录

A.1　常用板材国家和行业标准如表 A.1。

表 A.1　常用板材国家和行业标准

标准号	标准名称
GB/T 708	冷轧钢板和钢带的尺寸、外形、重量及允许偏差
GB/T 709	热轧钢板和钢带的尺寸、外形、重量及允许偏差
GB/T 2518	连续热镀锌钢板及钢带
GB/T 3280	不锈钢冷轧钢板和钢带
GB/T 4237	不锈钢热扎钢板和钢带
GB/T 4238	耐热钢钢板和钢带
YB/T 4159	热轧花纹钢板和钢带

A.2　常用管材国家和行业标准如表 A.2。

表 A.2　常用管材国家和行业标准

标准号	标准名称
GB/T 3091	低压流体输送用焊接钢管
GB/T 3094	冷拔异型钢管
GB/T 3639	冷拔或冷轧精密无缝钢管
GB/T 8162	结构用无缝钢管
GB/T 8163	输送流体用无缝钢管
GB/T 12771	流体输送用不锈钢焊接钢管
GB/T 13793	直缝电焊钢管
GB/T 14975	结构用不锈钢无缝钢管
GB/T 14976	流体输送用不锈钢无缝钢管
GB/T 17395	无缝钢管尺寸、外形、重量及允许偏差
YB/T 5209	传动轴用电焊钢管

A.3　常用棒材国家和行业标准如表 A.3。

表 A.3　常用棒材国家和行业标准

标准号	标准名称
GB/T 702	热轧钢棒尺寸、外形重量及允许偏差

A.4 常用锻件国家和行业标准如表 A.4。

表 A.4 常用锻件国家和行业标准

标准号	标准名称
GB/T 17107	锻件用结构钢牌号和力学性能
JB/T 6398	大型不锈、耐酸、耐热钢锻件

A.5 常用铸钢国家和行业标准如表 A.5。

表 A.5 常用铸钢国家和行业标准

标准号	标准名称
GB/T 2100	一般用途耐蚀钢铸件
GB/T 7659	焊接结构用铸钢件
GB/T 8492	一般用途耐热钢和合金铸件
GB/T 11352	一般工程用铸造碳钢件
GB/T 14408	一般工程与结构用低合金钢铸件
JB/T 6402	大型低合金钢铸件

A.6 常用铸铁国家和行业标准如表 A.6。

表 A.6 常用铸铁国家和行业标准

标准号	标准名称
GB/T 9437	耐热铸铁件
GB/T 9439	灰铸铁件
GB/T 8491	高硅耐蚀铸铁件

A.7 常用钢材的化学成分及力学性能国家和行业标准如表 A.7。

表 A.7 常用钢材的化学成分及力学性能国家和行业标准

标准号	标准名称
GB/T 699	优质碳素结构钢
GB/T 700	碳素结构钢
GB/T 1591	低合金高强度结构钢
GB/T 3077	合金结构钢
GB/T 1220	不锈钢棒
GB/T 1221	耐热钢棒

A.8 常用型材国家和行业标准如表 A.8。

表 A.8 常用型材国家和行业标准

标准号	标准名称
GB/T 706	热轧型钢
GB/T 6723	通用冷弯开口型钢尺寸、外形、重量及允许偏差
GB/T 6728	结构用冷弯空心型钢
GB/T 11263	热轧 H 型钢和剖分 T 型钢

附　录　B
（规范性附录）
非金属材料力学性能要求

B.1　尼龙材料的力学性能要求见表 B.1。

表 B.1　尼龙材料力学性能

项目	指标
抗拉强度/MPa	>73.6
抗弯强度/MPa	>138
冲击韧度/($J \cdot cm^{-2}$)	>39.2
硬度/HB	>21
热变形温度/℃	>70

B.2　橡胶材料的力学性能要求见表 B.2。

表 B.2　橡胶材料力学性能

项目	指标
抗拉强度/MPa	⩾12
扯断伸长率/%	⩾400
磨耗减量/[$cm^3 \cdot (1.61\ km)^{-1}$]	⩽0.9
橡胶与铁芯附着强度/MPa	⩾1.30
邵氏硬度(推荐值)/HA	70～85

B.3　聚氨酯材料的力学性能要求见表 B.3。

表 B.3　聚氨酯材料力学性能

邵氏硬度 HA	300%定伸强度 MPa	断裂强度 MPa	断裂伸长率 %	永久变形 %	剥离强度 N/m
80±5	⩾10	⩾35	⩾450	⩽15	40×10^3
90±5	⩾12	⩾40	⩾450	⩽20	50×10^3
⩾95	⩾14	⩾45	⩾400	⩽30	60×10^3

B.4　浇铸型工业有机玻璃板材的力学性能要求见表 B.4。

表 B.4 浇铸型工业有机玻璃板材力学性能

<table>
<tr><th rowspan="2">序号</th><th rowspan="2" colspan="2">项目</th><th colspan="2">指标</th></tr>
<tr><th>无色</th><th>有色</th></tr>
<tr><td>1</td><td colspan="2">拉伸强度/MPa</td><td>≥70</td><td>≥65</td></tr>
<tr><td>2</td><td colspan="2">拉伸断裂应变/%</td><td>≥3</td><td>—</td></tr>
<tr><td>3</td><td colspan="2">拉伸弹性模量/MPa</td><td>≥3 000</td><td>—</td></tr>
<tr><td>4</td><td colspan="2">简支梁无缺口冲击强度/(kJ/m²)</td><td>≥17</td><td>≥15</td></tr>
<tr><td>5</td><td colspan="2">维卡软化湿度/℃</td><td>≥100</td><td>—</td></tr>
<tr><td>6</td><td colspan="2">加热时尺寸变化(收缩)/%</td><td>≤2.5</td><td>—</td></tr>
<tr><td>7</td><td colspan="2">总透光率/%</td><td>≥91</td><td>—</td></tr>
<tr><td rowspan="2">8</td><td rowspan="2">420 nm 透光率(厚度 3 mm)/%</td><td>氙弧灯照射之前</td><td>≥90</td><td>—</td></tr>
<tr><td>氙弧灯照射 1 000 h 之后</td><td>≥88</td><td>—</td></tr>
</table>

B.5 玻璃钢件的力学性能要求见表 B.5。

表 B.5 玻璃钢件力学性能

项目	指标
抗拉强度/MPa	≥78
抗弯强度/MPa	≥147
弹性模量度/MPa	$\geq 7.3\times10^3$
冲击韧度/$(J\cdot cm^{-2})$	≥11.7

附 录 C
（规范性附录）
常用螺栓螺母性能等级要求

C.1 螺栓的最大允许预紧力和拧紧力矩见表 C.1。

表 C.1 螺栓最大允许预紧力和拧紧力矩

螺栓规格	允许预紧力/kN			允许拧紧力矩/Nm		
	6.8	8.8	10.9	6.8	8.8	10.9
M8	14	16	23	21	25	35
M10	22	26	37	41	49	69
M12	31	37	50	70	84	120
M16	60	71	100	176	206	350
M20	94	111	160	338	402	600
M22	116	138	190	456	539	900
M24	135	160	220	588	696	1 100
M27	177	210	290	873	1 030	1 650
M30	216	257	350	1 177	1 422	2 200
M33	275	326	459	1 668	1 977	2 784
M36	323	382	510	2 134	2 524	3 340

C.2 高强度螺栓的最大允许预拉力见表 C.2。

表 C.2 高强度螺栓最大允许预拉力 *F*

单位为千牛

螺栓的性能等级	螺栓公称直径/mm					
	M16	M20	M22	M24	M27	M30
8.8 级	80	125	150	175	230	280
10.9 级	100	155	190	225	290	355

C.3 拧紧力矩系数见表 C.3。

表 C.3 拧紧力矩系数

摩擦表面状态		精加工表面	一般加工表面	表面氧化	镀锌	干燥粗加工表面
k 值	有润滑	0.10	0.13～0.15	0.20	0.18	—
	无润滑	0.12	0.18～0.21	0.24	0.22	0.26～0.30

附　录　D
（资料性附录）
载荷组合示例

设备正常运行时，零部件强度、刚度和疲劳计算等应考虑下列载荷的组合：

a） 计算运动部件时：

$$P_1=\sum k_1(G_{k1}+Q_1+Q_7)+Q_2+Q_5+Q_6+Q_8+Q_9$$

b） 计算静止部件时：

$$P_1=\sum k_1(G_{k1}+Q_1+Q_7)+G_{k2}+Q_2+Q_5+Q_6+Q_8+Q_9$$

c） 计算轨道结构时：

$$P_1=\sum k_1k_2(G_{k1}+Q_1+Q_7)+Gk_3+Q_2+Q_5+Q_6+Q_8+Q_9$$

式中：

P_1 ——组合后的载荷；

G_{k1} ——运动部件永久载荷；

G_{k2} ——静止部件永久载荷；

G_{k3} ——立柱重量；

Q_1、Q_2、Q_5～Q_8——见 6.1.2；

Q_9 ——风载荷(取风速≤15 m/s)；

k_1 ——冲击系数；

k_2 ——振动系数。

附　录　E
（资料性附录）
极限状态设计法

E.1　总则

极限状态设计法是一种以概率理论为基础、以分项系数表达、不使结构超越某种规定极限状态的设计方法。所谓极限状态是指整个结构或者其构件进入的某种特定状态，超过该状态后整个结构或其构件就不再满足设计规定的某一功能要求。

结构设计时应对结构的不同极限状态分别进行计算；当某一极限状态的计算或验算起控制作用时，可仅对该极限状态进行计算。

本附录仅适用于游乐设施承载结构的静强度极限状态分析，其他计算按本标准正文规定。

E.2　材料

本附录仅适用于Q345、20号、45号、40Cr、Q390游乐设施结构用钢材，其中Q345、20号、45号、40Cr的材料力学性能应符合有关国家标准的规定，Q390的材料力学性能应当符合GB/T 1591的要求。

E.3　载荷

E.3.1　载荷类型

游乐设施载荷类型和取值应按照6.2.1规定。

E.3.2　载荷组合

E.3.2.1　原则

游乐设施承载结构的静强度极限状态分析应当采用基本组合、偶然组合两种载荷组合方式及相应的载荷分项系数。

E.3.2.2　基本组合

载荷设计值应当同时考虑式(E.1)和式(E.2)给出的两种组合：

$$F_j = \sum \gamma_G G_k (= \sum 1.35 G_k) \quad \cdots\cdots (E.1)$$

$$F_j = \sum \gamma_G G_k + \sum \gamma_Q Q_i (= \sum 1.1 G_k + \sum 1.35 Q_i) \quad \cdots\cdots (E.2)$$

式中：

F_j——组合载荷；

γ_G——永久载荷分项系数，式(E.1)中不小于1.35，式(E.2)中不小于1.1；

γ_Q——可变载荷分项系数，不小于1.35；

G_k——永久载荷标准值；

Q_i——第i个可变载荷标准值。

运行过程中有可能承受冲击载荷的游乐设施结构或构件，所受载荷在组合前应当按照6.1.2.15.1、6.1.2.15.2和6.1.2.15.4的规定考虑冲击系数；轨道结构及其连接所受载荷在组合前还应当按照6.1.2.15.3的规定考虑振动系数，振动系数应当附加在冲击系数之上。

E.3.2.3 偶然组合

大型、高耸结构和建筑物上的游乐设施应考虑式(E.3)给出的偶然组合：

$$F_j = 1.0G_k + T + \sum 1.0Q_i \qquad \cdots\cdots(E.3)$$

式中：

T——地震载荷标准值。

注：载荷组合中符号“Σ”和“+”均表示组合，即同时考虑所有载荷对结构的共同影响，而不表示代数相加。

E.4 设计

E.4.1 原则

设计应当计算载荷组合作用时可能导致的承载极限状态，校核结构或构件中的载荷效应不会超过结构或构件相应的设计抗力值。必要时还应当校验结构或构件的变形，防止结构或构件出现不适于继续承载的过大变形。

所有校核应当针对最不利的载荷工况，永久载荷、可变载荷、偶然载荷及动态载荷的作用值和作用位置应当被假设为会导致结构或构件出现最不利的极限状态。对于结构或构件，应当确定非永久性固定设施或设备被更换或者移除后是否会产生更不利的情况。

采用有限元方法进行极限状态法设计验算时，重要的设计输入和输出数据应当完整，设计文件中应当至少提供软件名称、计算单位制、简化假设、结构模型、单元类型、网格尺度和数量、材料模型、载荷和约束、关键求解设置、计算结果、分析结论等相关信息。

E.4.2 设计表达式

结构或构件按静强度极限状态设计时，应符合式(E.4)的要求：

$$\gamma_0 S_d \leqslant R_d \qquad \cdots\cdots(E.4)$$

式中：

γ_0——结构或构件的重要性系数，对于重要的轴、销轴及Ⅰ级和Ⅱ级焊缝不小于1.5，对于一般结构或构件不小于1.0；

S_d——载荷组合的效应，广义的载荷效应包括结构和构件的应力、应变、挠度、转角、内力、力矩或者其他极限状态控制值等，本附录限定为应力；

R_d——结构或构件的抗力设计值，按照F.4.3选取。

E.4.3 抗力设计值

结构或构件的抗力设计值应符合式(E.5)和式(E.6)要求：

$$R_d \leqslant \sigma_s/\gamma_{Ms} \qquad \cdots\cdots(E.5)$$

$$R_d \leqslant \sigma_b/\gamma_{Mb} \qquad \cdots\cdots(E.6)$$

式中：

γ_{Ms}——材料屈服强度的抗力分项系数，不小于1.2；

γ_{Mb}——材料抗拉强度的抗力分项系数，不小于2.2；

R_d——结构或构件的设计抗力值；

σ_s——材料屈服强度标准规定下限值；

σ_b——材料抗拉强度标准规定下限值。

结构或构件的设计抗力值采用两式中较小值。对于横向力和扭矩产生的剪切应力，结构或构件的设计抗力值 R_d 应当乘以 $a=0.58$ 的系数。

附　录　F
（资料性附录）
焊接接头形式

F.1　对接焊缝、角焊缝与焊接接头形式关系见图 F.1。

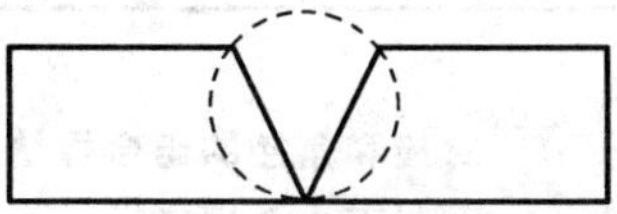

a）　对接接头-对接焊缝

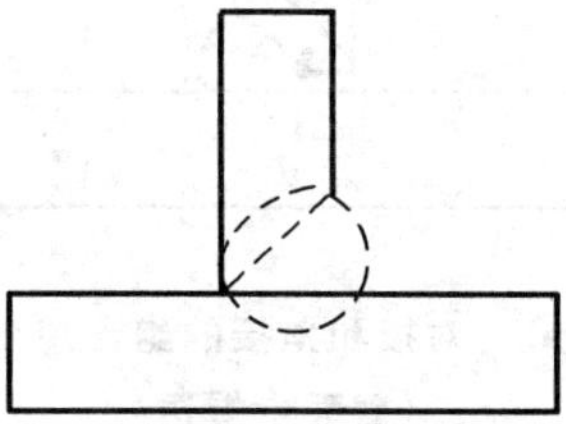

b）　T 形接头-对接焊缝

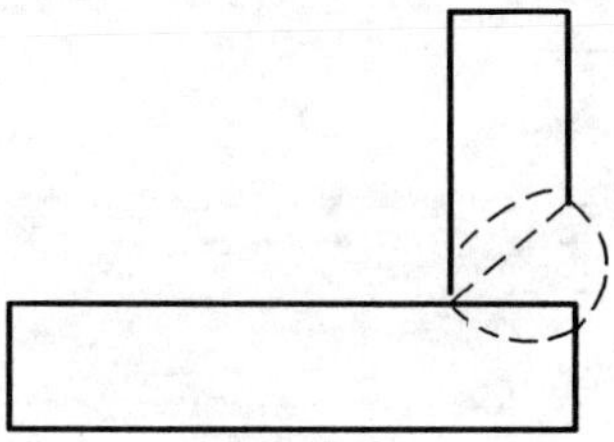

c）　角接接头-对接焊缝

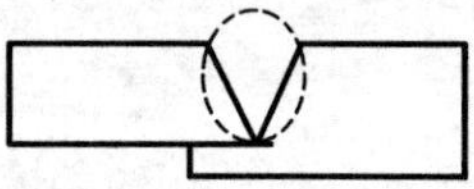

d）　锁底接头-对接焊缝

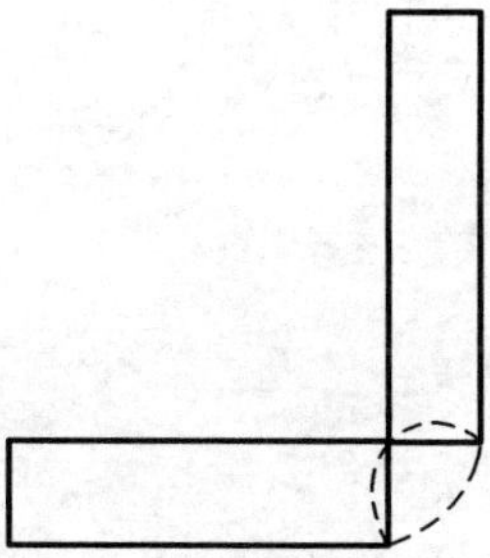

e）　角接接头-角焊缝

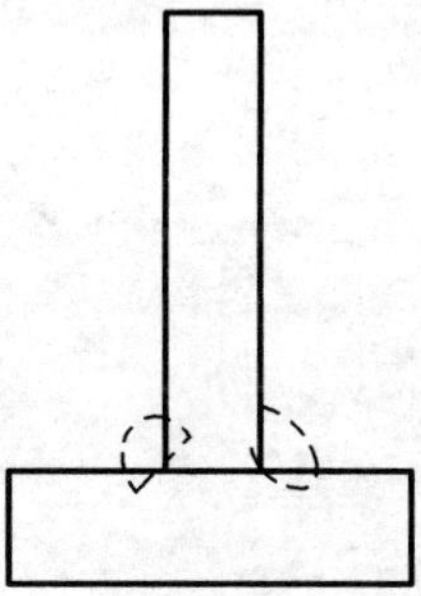

f）　T 形接头-角焊缝

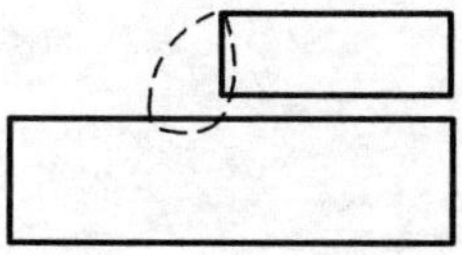

g）　搭接接头角焊缝

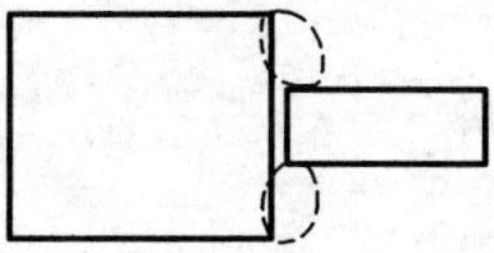

h）　对接接头角焊缝

图 F.1　对接焊缝、角焊缝与焊接接头形式

F.2　T形接头组合焊缝见图F.2。

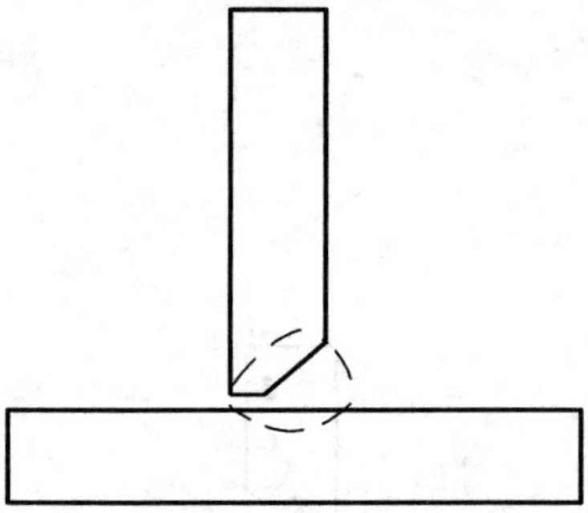

a）对接和角接的组合焊缝（截面全焊透）

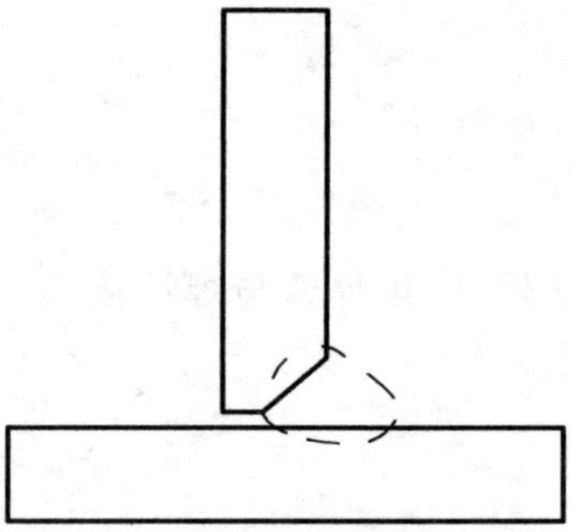

b）对接和角接的组合焊缝（截面未全焊透）

图 F.2　T形接头组合焊缝

ICS 97.200.40
Y 57

GB

中华人民共和国国家标准

GB/T 18158—2019
代替 GB/T 18158—2008

转马类游乐设施通用技术条件

Specifications of amusement rides merry-go-round category

2019-12-31 发布 2019-12-31 实施

国家市场监督管理总局
国家标准化管理委员会 发布

前　言

本标准按照GB/T 1.1—2009给出的规则起草。

本标准代替GB/T 18158—2008《转马类游艺机通用技术条件》,与GB/T 18158—2008相比,除编辑性修改外主要技术变化如下:

——修改了范围(见第1章,2008年版的第1章);
——增加了术语和定义(见第3章);
——增加了转马类游乐设施的常见型式和主要技术参数(见表1);
——增加了风险评价的要求(见5.1.2);
——增加了陪同成人对转动平台影响的要求(见5.1.3);
——增加了多层转马稳定性要求(见5.1.4);
——增加了安全距离要求(见5.2.5);
——增加了转动部分装饰物要求(见5.2.9);
——增加了重要轴(销轴)和焊缝无损检测要求(见5.2.13);
——增加了转马系列游乐设施骑乘式座席要求(见5.3.4);
——增加了电气联锁控制要求(见5.4.4);
——增加了视频监视系统要求(见5.4.7);
——增加了应急救援要求(见5.5);
——删除了制造与安装(见2008年版的第10章);
——增加了整机外观要求(见5.7.1);
——增加了主要技术参数要求(见5.7.2);
——增加了加速度测试要求(见5.7.3);
——增加了应力测试要求(见5.7.4);
——增加了检验、检测与试验要求(见第6章);
——增加了随机文件、标志、包装、运输和贮存(见第7章);
——删除了检验规则(见2008年版的第12章);
——修改了附录A关于重要轴(销轴)和重要焊缝的规定(见附录A,2008年版的附录A)。

本标准由全国索道与游乐设施标准化技术委员会(SAC/TC 250)提出并归口。

本标准起草单位:中国特种设备检测研究院、广东长隆集团有限公司、中山市金马科技娱乐设备股份有限公司、温州南方游乐设备工程有限公司、北京佳龙九华游乐设备制造有限公司、国汇机械制造泰州有限公司。

本标准主要起草人:宋伟科、沈功田、田博、阳先波、肖原、蒋敏灵、张勇、王跃勇、庞昂、崔建利、贾松青、庞树明、陈涛、胡兼、董英楠、韩森林。

本标准所代替标准的历次版本发布情况为:

——GB 18158—2000、GB/T 18158—2008。

转马类游乐设施通用技术条件

1 范围

本标准规定了转马类游乐设施的总则，技术要求，检验、检测与试验要求，随机文件、标志、包装、运输和贮存要求。

本标准适用于转马类游乐设施。

2 规范性引用文件

下列文件对于本文件的应用是必不可少的。凡是注日期的引用文件，仅注日期的版本适用于本文件。凡是不注日期的引用文件，其最新版本(包括所有的修改单)适用于本文件。

GB/T 191 包装储运图示标志

GB 8408 大型游乐设施安全规范

GB/T 8923(所有部分) 涂覆涂料前钢材表面处理 表面清洁度的目视评定

GB/T 9286—1998 色漆和清漆 漆膜的划格试验

GB/T 13384 机电产品包装通用技术条件

GB/T 13912 金属覆盖层 钢铁制件热浸镀锌层技术要求及试验方法

GB/T 16855.1 机械安全 控制系统安全相关部件 第1部分:设计通则

GB/T 20306 游乐设施术语

GB/T 20438(所有部分) 电气/电子/可编程电子安全相关系统的功能安全

GB/T 34370(所有部分) 游乐设施无损检测

GB/T 34371 游乐设施风险评价 总则

3 术语和定义

GB/T 20306 界定的以及下列术语和定义适用于本文件。

3.1

转马系列 merry-go-round series

设备转动平台绕中心垂直立柱旋转，乘载系统安装在转动平台上并伴随一定行程的上下起伏的转马类游乐设施。

3.2

转转杯系列 rotating cup series

设备转动平台绕中心垂直立柱以固定倾角旋转，乘载系统安装在转动平台上自旋的转马类游乐设施。

3.3

旋转快车系列 rotating express series

设备乘载系统沿上下起伏的轨道绕中心垂直立柱旋转的转马类游乐设施。

3.4

其他型式转马系列　other merry-go-round series

设备乘载系统主运动绕中心垂直立柱旋转，并伴随其他运动形式，但不属于3.1、3.2和3.3定义的转马类游乐设施。

3.5

故障-安全　fail-safe

设备出现故障后，其控制系统或机械机构系统能够维持安全状态或向安全状态转移，以避免出现更大故障或事故的模式。

3.6

单一失效点　single point of failure

游乐设施上的某个零件、结构连接点或电气元件，其失效将会导致整个设备失效或严重危及乘客安全。

4　总则

4.1　转马类游乐设施的设计、制造、安装、改造、修理、试验和检验、标志、包装、运输和贮存应满足GB 8408的有关规定和本标准的相关要求。

4.2　转马类游乐设施常见型式和主要技术参数宜按表1选取。

表1　常见型式和主要技术参数

序号	型式名称	主要技术参数	典型设备
1	转马系列	承载人数、回转直径、层数、转速、运行高度、座舱数量、加速度	单层转马、双层转马
2	转转杯系列	承载人数、回转直径、转速、座舱数量、加速度	转转杯、荷花杯
3	旋转快车系列	承载人数、回转直径、转速、运行速度、座舱数量、加速度	爱情快车、勇敢快车
4	其他型式转马系列	承载人数、回转直径、转速、运行高度、座舱数量、加速度（可视具体设备型式进行增减）	霹雳摇滚

5　技术要求

5.1　基本要求

5.1.1　转马类游乐设施的设计文件应至少包括设计说明书、设计计算书、使用维护说明书、风险评价报告、设计验证大纲及符合国家相关标准的全套设计图纸。

5.1.2　转马类游乐设施设计阶段应按GB/T 34371进行风险评价，需要改造的或整机设计使用年限到期后仍继续使用的转马类游乐设施也应进行风险评价。风险评价应分别从受力结构与受力零部件、电气控制系统与部件、设备运行环境、设备周围障碍物、人为因素、意外因素、应急救援等方面进行，并对单一失效点进行辨识。设计阶段应避免不可接受的风险，不应有不可检测或监测的单一失效点。

5.1.3　对于有成人陪同乘坐的游乐设施，转动平台设计应考虑陪同成人对平台结构的影响。

5.1.4　多层转马应进行结构稳定性计算，移动式转马类游乐设施应进行防侧滑计算。

5.1.5　难以检验、检测的重要轴（销轴）应按无限寿命设计。

5.2 机械及结构

5.2.1 采用周边传动的转马类游乐设施，其轨道表面应平整，轨道对接处间隙应不大于 2 mm，高低差应不超过 1 mm。

5.2.2 采用周边传动的转马类游乐设施，其轨道应过渡平滑，运行过程中不应有异常晃动。车体不应有异常振动。

5.2.3 采用周边传动的转马类游乐设施，其驱动轮和承载轮对轨道表面压力应适当。驱动轮和承载轮运动轨迹相对于轨道位置无明显偏差，导向轮与轨道的间隙应调整适当。

5.2.4 转动平台宜为平面结构，且应设有防滑措施，不宜设置台阶。特殊座椅型式需要台阶时，不应多于 2 阶。

5.2.5 转动平台与固定部分之间的间隙，水平方向应不大于 30 mm。若转动平台高于固定部分，其垂直方向的间隙应适当并设置防护措施。

5.2.6 对于有乘客束缚装置的转马类游乐设施，安全距离为座椅外侧内表面向外不小于 500 mm；对于转动平台未设置栅栏且无乘客束缚装置的游乐设施，安全距离为转动平台最外侧向外不小于 500 mm。对于转马系列游乐设施，运行过程中，乘骑物座席面上表面与上方障碍物的垂直距离应不小于 1 400 mm，下表面与转动平台的垂直距离应不小于 90 mm；对转转杯系列游乐设施，外围栏杆与杯体最外侧间距宜大于杯体最大外径尺寸。

5.2.7 对于转马系列游乐设施，二层及以上平台应单独设置进出口，进出口门的开口方向应与乘客进入方向一致。进出口门应设置锁紧装置，在运行过程中乘客不能自行打开，并具备防夹手功能。

5.2.8 转马系列游乐设施的曲柄轴结构应便于检修和更换。

5.2.9 转动部分的装饰物等应与转动部分连接可靠。

5.2.10 液压、气动或电力驱动装置启动和停止时，设备不应有异常的冲击振动；回转接头应转动灵活、密封可靠、维修方便；液压站或空压站设置位置应适当，且便于维修。

5.2.11 紧急停机时，减速制动装置应保证设备不产生较大冲击，优先选惯性停车或能耗制动方式。设备停止后，运动部件应保持静止状态，必要时应设置辅助锁紧装置或驻车装置。减速制动过程应平稳，减速制动时间应满足设计要求。

5.2.12 移动式游乐设施的基础应满足设备承载力要求，基础框架应满足设备防侧滑要求。

5.2.13 转马类游乐设施的重要轴（销轴）和重要焊缝应进行无损检测，无损检测方法和要求按 GB/T 34370 执行。常见重要轴（销轴）和重要焊缝示例参见附录 A。

5.3 乘载系统

5.3.1 乘人装置框架宜采用金属材料，座席宜采用橡胶、木质或玻璃钢材料。

5.3.2 不易拆卸的乘人装置玻璃钢预埋件结构应在安装玻璃钢前进行质量检验，并留存相应的质量证明文件。

5.3.3 转马系列游乐设施应设置安全把手和具有防滑功能的脚踏装置，且能保证儿童有效上下和踩踏。骑乘式座席应能保证乘客有效骑跨，双脚能有效蹬踏脚踏装置。

5.3.4 对于转马系列游乐设施，供儿童乘坐的骑乘式座席旁应有足够的空间供成人监护站立，骑乘式座席之间最小间距应不小于 400 mm；骑乘式座席各处应圆滑过渡；骑乘装置上下运动、前后运动不应挤伤或夹伤乘客。

5.3.5 对于存在乘客甩出风险的转转杯系列、旋转快车系列或其他型式转马系列游乐设施，其座舱宜设置拦挡物，保证乘客不能被甩出或滑出。

5.3.6 按照 GB 8408 加速度分区要求，加速度在区域 4 或区域 5 的转马类游乐设施，应设置两套独立的乘客束缚装置或一套失效安全的乘客束缚装置，锁紧装置应有冗余，且便于检查。

5.4 电气控制系统

5.4.1 安全相关电气控制系统应符合故障-安全原则。当系统出现信号采集错误、控制线路断线、供电线路断线或短路等故障时，系统应导向安全。

5.4.2 控制系统安全部件的选用宜符合 GB/T 16855.1 的规定；控制系统电气电子可编程器件中的硬件和软件的选用宜符合 GB/T 20438 的要求。

5.4.3 对于转马系列游乐设施，多层转马的转动平台允许独立转动时，应设置单独的控制模式；二层及以上转动平台启动时应设置安全确认按钮，并与设备启动联锁；自动停止时转动平台进出口应能与楼梯进出口自动对齐。

5.4.4 按照 GB 8408 加速度分区要求，加速度在区域 4 或区域 5 的转马类游乐设施，乘客束缚装置应设置闭合和锁紧与设备启动联锁功能。

5.4.5 外露的集电器应采取防水措施或具有防水功能，满足外露情况下的使用要求。

5.4.6 装饰照明等附属设施应设置独立保护措施，故障时不应影响设备本体电气控制系统正常工作。

5.4.7 转马类游乐设施应设置视频监视系统。在设备运行过程中，操作人员在操作室内应能看清人员上下及设备运行情况。

5.5 应急救援

在突发断电或紧急停止工况下，设备不应有较大的振动和冲击。设备停稳后，应开展应急救援工作，避免乘客长时间滞留。疏散过程应保证乘客安全，防止发生二次风险。急停按钮复位不应造成设备重新启动。

5.6 表面防护

5.6.1 转马类游乐设施金属结构应采取适当的表面防护措施，如涂防锈漆、热(浸)镀锌等，或采用不锈钢材料。

5.6.2 采用涂防锈漆进行金属结构表面防护时，涂装前金属结构应进行除锈处理，达到 GB/T 8923 中的 Sa2 级；主要受力结构之外的结构应达到 Sa2 或 St2 级(手工除锈)。漆面应均匀、细致、光亮、完整和色泽一致，不应有粗糙不平、漏漆、错漆、皱纹、针孔及严重流挂等缺陷。推荐漆膜总厚度不小于 80 μm。漆膜附着力应符合 GB/T 9286—1998 中规定的 1 级质量要求。

5.6.3 采用热(浸)镀锌进行金属结构表面防护时，热(浸)镀锌层应符合 GB/T 13912 的规定。

5.7 整机

5.7.1 游乐设施整机应外观状态良好，无破损，电气接线良好，无松动。

5.7.2 主要技术参数中的承载人数、回转直径、层数、座舱数量等静态参数应符合设计要求；转速、运行速度等动态参数与设计值的允许偏差应在－10％～5％。

5.7.3 设计加速度分区为区域 3、区域 4、区域 5 的转马类游乐设施应进行加速度测试，测试值不大于设计值(含冲击系数)的 5％。

5.7.4 新设计的首台转马类游乐设施的主要受力结构应进行应力测试，测试结果应满足设计要求。

5.7.5 整机运行试验应包含空载、偏载和满载试验。运行试验时不应有异常的振动、冲击、发热、声响及卡滞现象。运行试验后，机械及结构不应有异常磨损、变形、脱落等现象，电气零部件不应有脱落、损坏、异常发热等现象。基础不应有不均匀沉陷和开裂。

6 检验、检测与试验要求

6.1 基本要求

6.1.1 制造单位应依据相关标准、设计文件、制造工艺和设备特点制定具体的检验、检测与试验方案。方案应包括机械及结构、乘载系统、电气控制系统、应急救援系统、整机等方面的检验、检测与试验。

6.1.2 每台产品安装调试完毕后，应按制定的方案进行检验、检测与试验，全部项目合格方可交付使用。

6.1.3 试验时风速应不大于 8 m/s。

6.1.4 除非有特殊要求，试验环境温度应为−5 ℃～35 ℃，试验环境相对湿度宜不大于 85％。

6.1.5 试验载荷与其额定值的误差应不超过±5％。

6.1.6 试验前应检查游乐设施机械及结构、乘载系统、电气控制系统、应急救援系统和附属装置中的零部件、元器件及其连接的完整性，与设计的一致性。

6.1.7 试验后对于有问题或疑问的部件应进行检查，对发现的问题及时判明原因并采取措施，做好详细记录。

6.1.8 各项检验结束后，应编写检验报告，检验报告至少应包含以下内容：

a） 检验时间、地点；

b） 设备名称、编号、主要技术参数；

c） 检验依据；

d） 检验项目的名称、要求、方法、结果、检验人员签字；

e） 检验结论；

f） 检验报告的编制、审核、审批人员签字。

6.1.9 制造单位应保存产品检验报告和有关记录、图样、质量证明文件及技术文件。

6.2 机械及结构

6.2.1 采用周边传动的转马类游乐设施，测量轨道对接位置间隙，测量位置不少于 3 处，取最大值。

6.2.2 对于有转动平台的转马类游乐设施，测量转动平台不同位置最外侧与固定部分的水平间隙，测量位置不少于 3 处，取最大值；测量转动平台不同位置下表面与固定部分的垂直间隙，测量位置不少于 3 处，取最大值。

6.2.3 根据安全距离的设计要求，在空载条件下测量安全距离，测量位置不小于 3 处，取最小值。

6.2.4 对于转马系列游乐设施，在空载条件下试验二层及以上转动平台进出口门的锁紧功能，不少于 3 次。

6.2.5 减速制动装置试验应分别在设计允许的空载、偏载、满载工况及可预见的故障工况下进行,每种工况下试验不少于3次。

6.3 乘载系统

6.3.1 乘客束缚装置试验应在满载工况下进行,束缚装置应能起作用。设有两套束缚装置的游乐设施,每套束缚装置应能独立起作用。每套束缚装置试验不少于3次。

6.3.2 设备处于静止状态,在安全压杠闭合锁紧后,在压杠端部施加500 N的力,力的方向应垂直于压杠回转力臂连线,持续时间60 s,压杠及其锁紧装置应有效,且不应有明显变形或损伤。有两道锁紧装置时,每道锁紧装置应能独立实现锁紧功能。每种类型安全压杠试验不少于3个,对每套锁紧装置试验不少于3次。

6.3.3 在安全压杠闭合锁紧后用卡尺在端部测量游动量,测量位置不少于3处,取最大值。

6.3.4 针对乘客束缚装置自动开启的转马类游乐设施,试验乘客束缚装置自动开启失效情况下手动打开功能。对每套乘客束缚装置试验不少于3次。

6.4 电气控制系统

6.4.1 对于转马系列游乐设施,多层转马的转动平台允许独立转动时,在满载工况下,试验每层转马单独控制功能;试验二层及以上转动平台安全确认按钮和设备启动的联锁功能。试验二层及以上转动平台自动停止时能和楼梯口自动对齐功能。试验次数不少于3次。

6.4.2 对于设置乘客束缚装置联锁的转马类游乐设施,将任意一个安全束缚装置打开或解锁,按下设备启动按钮,设备不应启动。试验次数不少于3次。

6.5 应急救援

6.5.1 应急救援的检验应包含预案中各种可预见工况下的救援装置和救援措施的有效性和时效性。

6.5.2 模拟设备断电或其他可预见的意外情况,采用规定的应急救援装备和乘客疏导措施,在设计允许的满载和偏载工况下,能有效疏导乘客至安全区域,每种工况模拟一次,每次疏导时间不超过1 h。

6.5.3 正常供电系统失效,采用备用电源开展救援的转马类游乐设施,试验其救援装置和救援措施,试验次数不少于3次。

6.6 表面防护

6.6.1 使用漆膜厚度仪检测漆膜总厚度。选取每10 m^2(不足10 m^2的按10 m^2计)主要受力结构作为一处,每处测3～5点,每处所测各点厚度的平均值不低于总厚度的90%,也不高于总厚度的120%,测得的最小值不低于总厚度的70%。

6.6.2 漆膜附着力的检测按GB/T 9286—1998规定的方法执行,在主要受力结构上分别取6处。

6.6.3 热(浸)镀锌层检测按GB/T 13912规定的方法执行,在主要受力结构上分别取6处。

6.7 整机

6.7.1 宏观目视检测应包括所有机械及结构、乘载系统、电气控制系统、应急救援、表面防护等内容。

6.7.2 转马类游乐设施主要技术参数中的承载人数、层数、座舱数量等静态参数可通过宏观目视检测获得。

6.7.3 转速测试应在满载工况条件下进行。转马类游乐设施运行平稳后，用秒表测连续运行5周所需时间，按式(1)计算转速。试验重复3次，取平均值。

$$n=\frac{300}{t} \qquad \cdots\cdots(1)$$

式中：

n ——转速，单位为转每分(r/min)；

t ——稳定运行5周所需时间，单位为秒(s)。

6.7.4 应力测试应在设计允许的空载、偏载、满载和额定速度工况下进行，每种工况下，每个测点重复测量不少于3次，取最大值作为测试值。在自重作用下产生的应力，应由制造单位提供其计算值或由实测得到。各测点应力值应为载荷作用下的测试值与自重作用下的计算应力值之和。

6.7.5 空载试验应按照实际工况连续运行不小于1 h；偏载试验应按照设计偏载工况的额定载荷加载，连续试验不小于1 h；满载试验应按照实际工况的额定载荷加载，连续试验每天不小于8 h，连续无故障累计运行试验不小于80 h。

7 随机文件、标志、包装、运输和贮存

7.1 随机文件、标志

7.1.1 产品交付前至少应包括下列随机文件，且宜放置于控制柜包装箱或主机包装箱内：

a) 产品合格证明书；

b) 产品使用维护说明书和维修用图纸；

c) 备件及易损件清单；

d) 主要外购件的合格证和说明书；

e) 专用工具、仪器清单(如有时)；

f) 移动式转马类游乐设施应附有拆装说明书。

7.1.2 转马类游乐设施应在显著位置处设置产品铭牌，产品铭牌内容至少包括制造单位名称、制造地址、制造许可证号、产品型号、产品编号、制造日期、主要技术参数等。

7.2 包装、运输和贮存

7.2.1 转马类游乐设施产品及其零部件的包装应符合GB/T 191及GB/T 13384的有关规定。

7.2.2 在解体运输中，解体的零部件连接处宜有清晰的对应性永久标记和编号；导线接头宜进行编号。

7.2.3 外露加工面应有防锈处理。

7.2.4 大型零部件和包装箱的质量、重心、吊挂点宜有标志，并标明件号。

7.2.5 产品及其零部件贮存时，应注意防潮、防锈、防尘和防止变形。

附　录　A
（资料性附录）
常见重要轴（销轴）和重要焊缝示例

常见重要轴（销轴）和重要焊缝示例见表A.1。

表A.1　常见重要轴（销轴）和重要焊缝示例

序号	型式名称	典型产品	重要轴（销轴）	重要焊缝
1	转马系列	转马	曲柄轴	曲柄轴、桁架、旋转座等焊缝中的Ⅰ级、Ⅱ级焊缝
2	转转杯系列	转转杯	座舱支承旋转轴、锁紧机构销轴	座椅骨架、安全压杠、桁架、旋转座等焊缝中的Ⅰ级、Ⅱ级焊缝
3	旋转快车系列	音乐快车	行走轮轴、支臂支承轴、锁紧机构销轴	座椅骨架、安全压杠、轮架、支臂等焊缝中的Ⅰ级、Ⅱ级焊缝
4	其他型式转马系列	霹雳摇滚	摆轴、锁紧机构销轴	座椅骨架、安全压杠、环梁、支臂等焊缝中的Ⅰ级、Ⅱ级焊缝

ICS 97.200.40
Y 57

GB

中华人民共和国国家标准

GB/T 18159—2019
代替 GB/T 18159—2008

滑行车类游乐设施通用技术条件

Specifications of amusement rides coaster category

2019-12-31 发布　　2019-12-31 实施

国家市场监督管理总局
国家标准化管理委员会　发布

前　　言

本标准按照 GB/T 1.1—2009 给出的规则起草。

本标准代替 GB/T 18159—2008《滑行车类游艺机通用技术条件》，与 GB/T 18159—2008 相比，除编辑性修改外主要技术变化如下：

——修改了范围；
——增加了对运行速度误差要求；
——增加了连接螺栓计算要求；
——修改了设计载荷取值要求；
——修改了冲击系数；
——增加了材料要求；
——增加了立柱及轨道变形量要求；
——增加了车辆连接器冗余保险结构要求；
——增加了轮系减震措施要求；
——增加了车辆安全包络线要求；
——增加了传动系统冲击系数要求；
——增加了主要连接形式要求；
——修改了牵引钢丝绳与牵引链条安全系数；
——增加了电气安全功能及其需求等级要求；
——增加了涂装要求；
——增加了止逆试验；
——增加了车速检测；
——增加了加速度检测；
——增加了立柱、轨道形变检测；
——增加了区间联锁检测；
——增加了安全压杠联锁检测；
——增加了随机文件、标志、包装、运输和贮存；
——修改了 2008 年版的附录 A。

本标准由全国索道与游乐设施标准化技术委员会(SAC/TC 250)提出并归口。

本标准起草单位：中国特种设备检测研究院、中山市金马科技娱乐设备股份有限公司、河北华通思力游乐设备有限公司、北京实宝来游乐设备有限公司、融创(海南)文化旅游运营管理有限公司北京分公司、河北中冶冶金设备制造有限公司、河北智跑游乐设备制造有限公司、山东华冶冶金设备制造有限公司、北京佳龙九华游乐设备制造有限公司、诸暨市金猴游乐设备制造有限公司、广东大新游乐智能科技有限公司。

本标准主要起草人:郑志涛、陈朝阳、李加申、崔宏伟、陈涛、纪永宏、詹蕴鑫、李华、崔明亮、高玉涛、赵伟、武彦民、卜庆棠、何凯、林杰、曾金盛、田高奇。

本标准所代替标准的历次版本发布情况为:

——GB 18159—2000、GB/T 18159—2008。

滑行车类游乐设施通用技术条件

1 范围

本标准规定了滑行车类游乐设施的总则,技术要求,检验、检测与试验要求,随机文件、标志、包装、运输和贮存。

本标准适用于滑行车类游乐设施。

2 规范性引用文件

下列文件对于本文件的应用是必不可少的。凡是注日期的引用文件,仅注日期的版本适用于本文件。凡是不注日期的引用文件,其最新版本(包括所有的修改单)适用于本文件。

GB/T 191 包装储运图示标志

GB/T 755—2008 旋转电机 定额和性能

GB/T 1032 三相异步电动机试验方法

GB/T 1447 纤维增强塑料拉伸性能试验方法

GB/T 1449 纤维增强塑料弯曲性能试验方法

GB/T 1451 纤维增强塑料简支梁式冲击韧性试验方法

GB/T 3805—2008 特低电压(ELV)限值

GB 4706.1 家用和类似用途电器的安全 第1部分:通用要求

GB/T 5226.1 机械电气安全 机械电气设备 第1部分:通用技术条件

GB 8408—2018 大型游乐设施安全规范

GB/T 8923(所有部分) 涂覆涂料前钢材表面处理 表面清洁度的目视评定

GB/T 9286—1998 色漆和清漆 漆膜的划格试验

GB/T 10000 中国成年人人体尺寸

GB/T 13384 机电产品包装通用技术条件

GB/T 13912 金属覆盖层 钢铁制件热浸镀锌层技术要求及试验方法

GB/T 15706 机械安全 设计通则 风险评估与风险减小

GB/T 16754 机械安全 急停 设计原则

GB/T 16855.1 机械安全 控制系统安全相关部件 第1部分:设计通则

GB/T 19212.1 变压器、电抗器、电源装置及其组合的安全 第1部分:通用要求和试验

GB/T 20306 游乐设施术语

GB/T 20438(所有部分) 电气/电子/可编程电子安全相关系统的功能安全

GB/T 28265—2012 游乐设施安全防护装置通用技术条件

GB/T 34370(所有部分) 游乐设施无损检测

GB/T 34371 游乐设施风险评价 总则

GB 50005 木结构设计标准

GB 50017 钢结构设计标准

GB/T 50065 交流电气装置的接地设计规范
GB 50202 建筑地基基础工程施工质量验收标准
GB 50204 混凝土结构工程施工质量验收规范
GB 50206 木结构工程施工质量验收规范
GB 50231 机械设备安装工程施工及验收通用规范

3 术语和定义

GB/T 20306 界定的以及下列术语和定义适用于本文件。

3.1

单车滑行车系列 single train roller coaster series

设计运行工况为同一轨道上有一个(辆)单车或一组列车运行的滑行车类游乐设施。

3.2

多车滑行车系列 multi train roller coaster series

设计运行工况为同一轨道上有两组或两组以上的单车或列车运行的滑行车类游乐设施。

3.3

激流勇进 splash

乘客装置提升后沿轨道惯性下滑入水(水道)中,由水阻力减速,乘客装置在水中由水流推动沿水道运行的滑行车类游乐设施。

3.4

弯月飞车系列 powered U-shape roller coaster series

在运行中由驱动装置和惯性共同驱动乘客装置运行的滑行车,其车体带驱动装置,在每条轨道上仅有一个滑车,在运行中沿轨道做来回往复运动的滑行车类游乐设施。

3.5

木制过山车 wooden roller coaster

支承结构主要为木质材料组成的滑行车类游乐设施。

3.6

发射式滑行车 launch coaster

通过外部动力驱动使乘客装置短时间内获取较大初始动能的滑行车类游乐设施。

注:发射式滑行车的驱动装置一般为直线电机、气动装置、液压装置、飞轮蓄能装置等设备。

3.7

断轨滑行车 non-continuous rail roller coaster

乘客装置驶离站台及维修区后,运行过程中存在通过轨道局部移动、转动等动作实现车体在轨道正常运行的滑行车类游乐设施。

3.8

轨道滑管 coaster zipline

主体乘客束缚装置采用"悬挂承载"结构形式,滑行车采用滑轮与硬质轨道接触,利用高低落差,由高处沿硬质轨道惯性下滑的滑行车类游乐设施。

3.9

故障-安全 fail-safe

设备出现故障后,其控制系统或机械机构能够维持安全状态或向安全状态转移,以避免出现更大故障或事故的模式。

3.10

轮系 wheel set

支承车体的行走轮、侧导轮、底轮及相连接的轮、轴等相关受力结构件。

3.11

单一失效点 single point of failure

游乐设施上的一个零件、结构连接点或电气元件，其失效将会导致整个设备失效或严重危及乘客安全。

4 总则

4.1 滑行车类游乐设施的设计、制造、安装、改造、修理、试验和检验、标志、包装、运输和贮存应满足GB 8408的有关规定和本标准的相关要求。

4.2 滑行车类游乐设施常见型式和主要技术参数宜按表1选取。

表 1 常见型式和主要技术参数

序号	型式名称	主要技术参数	典型设备
1	单车滑行车系列	承载人数、运行速度、轨道高度、车辆数/列、加速度	三环过山车
2	多车滑行车系列	承载人数/列、运行速度、轨道高度、车辆数/列、列车数、加速度	疯狂老鼠
3	激流勇进	承载人数/船、运行速度、轨道高度、船数、加速度	激流勇进
4	弯月飞车系列	承载人数/座舱、运行速度、轨道高度、座舱数、加速度	弯月飞车
5	轨道滑管	承载人数/车、运行速度、轨道长度、加速度	滑管
6	其他型式滑行车类	承载人数/车、运行速度、轨道高度、车辆数、加速度	神州飞碟

5 技术要求

5.1 基本要求

5.1.1 滑行车类游乐设施的设计文件应至少包括设计说明书、设计计算书、使用维护说明书、风险评价报告、设计验证大纲及符合国家相关标准的全套设计图纸。

5.1.2 滑行车类游乐设施的设计应符合 GB/T 15706 的规定。

5.1.3 滑行车类游乐设施设计阶段应按 GB/T 34371 进行风险评价，需要改造的或整机使用年限到期后仍继续使用的滑行车类游乐设施也应进行风险评价。风险评价应分别从受力结构与受力零部件、电气控制系统与部件、设备运行环境、设备周围障碍物、人为因素、意外因素、应急救援等方面进行，并对单一失效点进行辨识。应通过风险评价识别设备重要零部件和安全功能，对车体、制动、轨道、驱动、止逆、乘客束缚装置、车轮系等零部件应逐件进行失效模式及影响分析。设计阶段应避免不可接受的风险，不应有不可检测或监测的单一失效点。

5.1.4 滑行车类游乐设施成人载荷取值应不低于 750 N。

5.1.5 车体需在满载状态正常工况下进行强度、刚度校核，冲击系数 k_1 根据滑行车的最大速度按表 2 选择。

表 2 冲击系数

速度/(km/h)	冲击系数 k_1
≥40	≥1.5
≥20	≥1.25
≥7.2	≥1.2
<7.2	≥1

5.1.6 载荷组合应结合滑行车类游乐设施的实际工况选取。应包含以下工况：提升、止逆、制动以及出现 X 向、Y 向、Z 向最大加速度值的工况。

5.1.7 滑行车类游乐设施设计应进行动力学计算，应计算乘客所受的速度与加速度值，其值应符合要求。

5.1.8 滑行车类游乐设施应在轨道的展开图上做速度、加速度曲线图或标明速度值、加速度值（参考人体坐标系）。

5.1.9 滑行车类游乐设施的设计应根据具体结构和实际工况作相应设计校核，如强度校核、刚度校核、疲劳强度校核等。

5.1.10 滑行车类重要轴及重要焊缝应进行强度和疲劳强度校核，两者都应满足安全系数的要求。对于难以检验、检测的重要轴，应按无限寿命设计。

5.1.11 钢结构构件及其连接的设计指标应符合 GB 50017 中“设计指标”的规定。

5.1.12 轨道和支承的结构设计应满足 GB 50017 的规定，采用木结构时还应满足 GB 50005 的规定。木结构施工质量应符合 GB 50206 的规定。

5.1.13 轨道高度大于 20 m 的滑行车，其轨道与支承应分别计算最大风载荷组合及地震载荷组合。

5.1.14 滑行车类游乐设施设计的额定提升速度宜不大于 2 m/s，对提升速度大于 2 m/s 的设备应采取有效措施防止提升时产生冲击。

5.1.15 各类易损件在正常运行工况下，其累计运行寿命应不低于 6 个月。

5.1.16 速度小于 50 km/h 的滑行车轨道及支承在正常运行工况下，最大允许变形量为 1/300，两支承间轨道最大允许变形量为 1/300（不含支承变形量）；速度大于或等于 50 km/h 的滑行车轨道及支承在正常运行工况下，最大允许变形量为 1/500，两支承间轨道最大允许变形量为 1/500（不含支承变形量）。

5.1.17 对于车辆连接器冗余保险结构冲击系数不小于 2，其安全系数不小于 2。

5.1.18 人员活动区域均布载荷按照以下取值：

a） 乘客上下客站台、楼梯、出入口站人的普通区域：3.5 kN/m²；

b） 维修站台、疏散站台等非开放式区域：1.5 kN/m²。

5.1.19 滑行车类游乐设施，滑行车钢轨道采用圆管时，轨道壁厚不应小于 4 mm。轨道采用焊管时，材料的断裂伸长率应大于 40%，轨道成型后焊缝不应有开裂缺陷。

5.1.20 轨迹设计应平滑，不应引起车辆运行时过大冲击。

5.1.21 制动系统宜采用常闭式刹车，并留足制动余量，计算时应考虑最不利制动工况。制动加速度应平缓过渡，防止冲击，制动全程最大加速度不大于 1.5 g。

5.1.22 当速度大于 36 km/h 时,轮系宜有减震措施。

5.1.23 滑行车在滑行区域,当车速大于或等于 2.5 m/s 时,车辆安全包络线范围内不准许有任何障碍物,并且人体任何部位不能触碰到车体的行走轮。车辆安全包络线是指标准人体在压杠允许的情况下,身体倚靠在座椅上伸展身体,指尖和脚尖扫过的最大范围并向外延伸 100 mm 的空间,如图 1 所示。其中,标准人体的尺寸对应于 GB/T 10000 百分位数 99 的男性人体尺寸。

单位为毫米

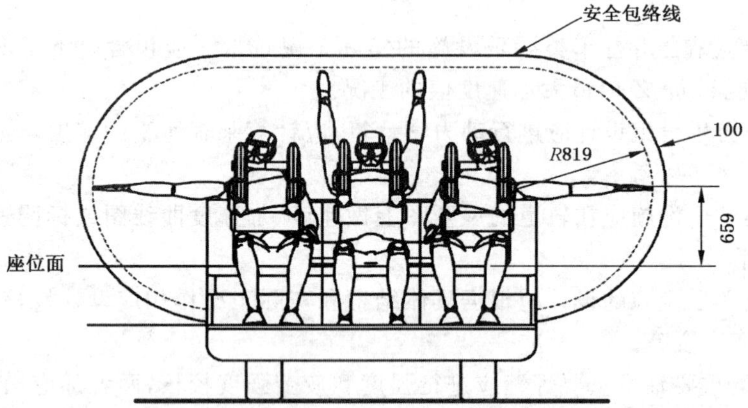

图 1 安全包络线范围

5.1.24 在同一条轨道上运行的多车滑行车应设置防碰撞及缓冲装置。

5.1.25 当动力电源突然断电或设备发生故障时,滑行车停靠于提升段时,滑行车应具备在动力电源恢复或故障排除以后重新正常运行的能力,同时保证设备和人员安全。

5.1.26 弯月飞车轨道端部应设置机械限位、电气限位和电气极限位置控制装置,以防止车体滑出轨道。

5.1.27 采用 45 钢、40Cr 钢等中碳钢的重要轴类材料应调质处理。

5.1.28 对于速度大于或等于 50 km/h 的滑行车,直径大于 40 mm 的重要轴宜采用锻件。

5.1.29 木制过山车和轨道滑管的轨道及支承所用的木质材料,应进行阻燃及防腐处理。

5.1.30 车体、轨道及支承立柱的焊接结构应采用可焊性好的钢材,普通碳素钢含碳量在0.27%以下,低合金钢的碳当量应小于 0.6%,对于碳当量大于 0.4%的低合金钢应在焊前进行预热;不宜采用异种钢焊接,如采用异种钢焊接,应有相应焊接工艺评定。

5.2 机械及结构

5.2.1 传动系统的设计,应保证运行安全,在该系统失效的情况下,车辆应处于安全状态。滑行车类游乐设施起动时不应有明显打滑现象,传动机构应运转正常。

5.2.2 传动系统设计时应根据最大提升速度,按表 2 选取冲击系数。

5.2.3 沿轨道向上牵引滑行车的牵引钢丝绳与牵引链条,按 5.1 的要求考虑适宜的冲击系数后,其最小断裂载荷与最大载荷的比值应不小于 5。

5.2.4 采用齿轮及齿条传动时,应符合有关齿轮、齿条标准。对齿轮啮合的接触斑点要求和测量方法按 GB 50231 的规定。

5.2.5 采用皮带传动时，其装配要求符合 GB 50231 的规定；皮带应张紧适度，不应有明显跑偏现象，导向装置应灵活可靠。

5.2.6 采用钢丝绳及链条传动时应张紧适度；采用钢丝绳提升时应设有防止钢丝绳过卷、跳槽和松弛的装置。

5.2.7 提升及传动系统应平稳可靠，不应产生异常的冲击振动，安装精度应符合 GB 50231 的规定。

5.2.8 提升用链条、钢丝绳应设置合理的润滑措施，并设置相应的废油收集装置，以防污染设备及环境。

5.2.9 电动机、减速机和联轴器应安装良好，联轴器两轴的同轴度和端面间隙应符合 GB 50231 的有关规定。

5.2.10 车辆连接器应结构合理，转动灵活，宜设有二次保险装置。

5.2.11 沿斜坡或垂直向上牵引的滑行车、发射式滑行车，当车辆逆行有安全风险或逆行速度不可控时，应设有防止车辆逆行的装置。

5.2.12 对于多车组成的列车系统，如需止逆装置，应设置冗余止逆装置。

5.2.13 采用压缩空气为制动装置动力源时，应考虑压缩空气发生泄漏后的风险，空气发生泄漏后，滑行车类游乐设施不应造成人员伤害或设备损坏；用于制动的压缩空气，应达到在满载不供气情况下，可继续在紧急模式下操作，气量应足够制动装置执行其动作，直至车辆返回安全区域。

5.2.14 螺栓连接应满足以下要求：

a) 采用螺栓连接时，应采用可靠的防松措施。

b) 滑行车类重要零部件之间的连接采用螺栓连接时，应采用 10.9 级及以下级别高强度螺栓。

c) 滑行车类重要零部件之间的连接螺栓应在拧紧后作防松标记，且防松标记位置应易于观察。

d) 承压型螺栓连接不应用于载客装置上直接承受动力载荷的轮架、桥架、车辆连接器、提升机构、止逆机构、座舱等车体部件；以上部件采用摩擦型（高强度螺栓）连接时，宜设止口、挡块、凸台等机械止动措施，未设机械止动措施的连接，正常运行工况设计承载力不小于 1.5 倍计算值，见下式：

$$\frac{Z_m \mu (P_g - 1.25P_t)}{F_j} \geqslant 1.5$$

式中：

Z_m ——传力的摩擦面数；

μ ——摩擦系数，按表 3 选取；

P_g ——高强度螺栓的预拉力，依据 GB 8408—2018 附录 C 选取，单位为千牛(kN)；

P_t ——高强度螺栓的轴线方向计算拉力，单位为千牛(kN)；

F_j ——构件计算承载力，单位为千牛(kN)。

表 3 摩擦系数 μ 值

在连接处接合面的处理方法	构件钢号	
	Q235	Q355 及其以上
喷砂	0.45	0.55
喷砂(酸洗)后涂无机富锌漆	0.35	0.40
喷砂后生赤锈	0.45	0.55
钢丝刷清浮锈或未经处理的干净轧制表面	0.3	0.35

5.2.15 销轴连接应满足以下要求：

a) 采用销轴连接时，应采用可靠的防脱落措施。

b) 滑行车类重要轴类零件，如轴端采用螺纹形式防脱落，应采用可靠的防松措施。

c) 滑行车重要轴类的销轴连接，有相对运动的部位宜采用润滑措施。

d) 滑行车重要轴类的销轴连接，应采用可拆装的结构形式。

5.2.16 滑行车车轮装置应转动灵活，润滑、维修方便；车轮应耐磨、耐热并有足够的强度。车轮材料应标明生产日期及"保存期限"，重要零部件应有可追溯标识。

5.2.17 速度大于 36 km/h 的滑行车类游乐设施(激流勇进、木制过山车除外)，侧轮(或轮缘)与轨道间隙单侧宜不大于 5 mm。

5.2.18 滑行车类如采用充气轮胎，应保证轮胎气压降低时乘客与设备的安全性。

5.2.19 侧轮在轨道内时滑行车轨距的误差为－3 mm～5 mm，侧轮在轨道外时滑行车轨距的误差为－5 mm～3 mm，采用木结构轨道的木制过山车轨距误差为－5 mm～6 mm。

5.2.20 轮子行走位置的轨道接口处高低差应不大于 1 mm。

5.2.21 不同曲率半径轨道间过渡应平滑，保证轨道的平顺性。

5.2.22 轨道支承间距应配置合理，支柱不宜承受设计文件规定以外的外加载荷。

5.2.23 轨道不应有异常的晃动现象。

5.2.24 断轨过山车移动轨道对位高低差应不大于 1 mm。

5.2.25 无损检测应满足以下要求：

a) 滑行车类游乐设施的重要轴(参见附录 A)在制造时应进行 100%的磁粉(或渗透)探伤，直径大于 30 mm 重要轴在制造时应进行 100%的超声波探伤。在用设备应规定合理的检测标准、周期和比例。

b) 滑行车类游乐设施重要焊缝(参见附录 A)在制造时应进行磁粉探伤(或渗透探伤)检测，Ⅰ级焊缝在制造时应进行超声波探伤。在用设备应规定合理的检测标准、周期和比例。

c) 目视检测、超声波探伤、磁粉探伤、渗透探伤、射线探伤方法和要求按 GB/T 34370 执行。

5.2.26 滑行车类重要零部件宜采用有效的防锈蚀措施。

5.2.27 运行时会与水接触的零部件应采用可靠的防水、防漏、防锈措施，漏水对设备有安全影响的应采取防渗漏措施。激流勇进船体、与水接触的零部件应采用有效的防锈蚀措施。

5.2.28 基础的质量要求应符合 GB 50202、GB 50204 的规定。基础不应有影响游乐设施正常运行的不均匀沉陷、开裂和松动等异常现象。

5.2.29 移动式基础应满足设备承载力要求,基础框架应满足设备防侧滑要求。

5.2.30 一般应设辅助轨道或吊挂等装置,便于车辆维修。

5.3 乘载系统

5.3.1 乘客束缚装置型式与配置数量应符合 GB 8408 的规定。

5.3.2 乘载系统主体结构应采用金属结构材料或其他高强度性能的非金属材料制成,在整体上应为坚固的结构,座席应采用软质、木质或玻璃钢等材料。

5.3.3 座椅悬挂布置的滑行车座椅面最高点距离乘客上下踏面的高度应不大于 1.0 m,座舱型滑行车上客踏板与站台面的高度应不大于 500 mm;车厢进出口外底板距站台高度应不大于 300 mm。

5.3.4 激流勇进应设置安全扶手;骑乘式滑行车应设置安全扶手、腰部安全防护装置以及脚踏装置。

5.3.5 编织物型式滑行装备承载力应不小于 10 倍额定载荷的负载。

5.3.6 根据 GB 8408 设计加速度区域要求,设计加速度在区域 4、区域 5 范围内的安全压杠,其最小闭合位置压杠末端与限制面位置(如图 2、图 3 所示)不大于 150 mm,运行中应能有效限制乘客不能从座位脱出。

5.3.7 按照 GB 8408 设计加速度区域要求,加速度在区域 4 和区域 5 的滑行车类游乐设施,应设置两套独立的乘客束缚装置或一套失效安全的束缚装置,安全压杠应设置至少两套锁紧装置,锁紧装置应便于检查。

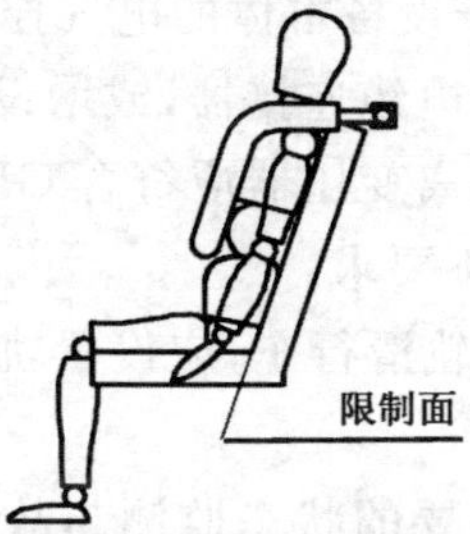

图 2 压肩型压杠限制面

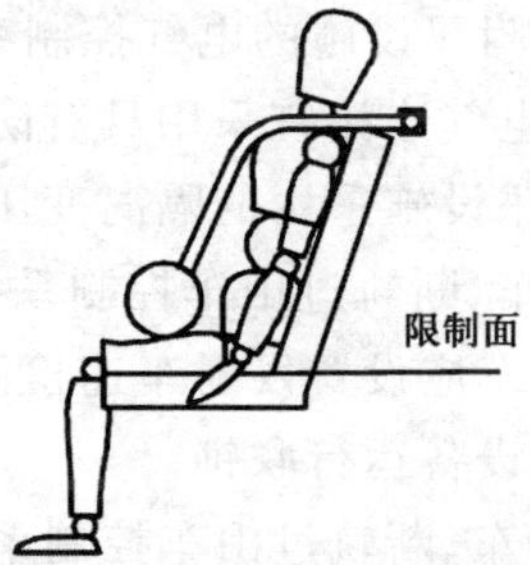

图 3 压腿型压杠限制面

5.4 电气及控制系统

5.4.1 电气系统应符合 GB/T 5226.1 的规定。

5.4.2 滑行车类游乐设施安全相关电气控制系统应符合故障-安全原则,并满足以下要求:

a) 设计电路结构及设备时,应对可能发生的故障进行假设,并根据其假设采取具体的防护措施。

b) 安全相关电气控制系统设计时应至少考虑出现信号采集错误、控制线路断线、供电线路断线、短路、漏电等故障时导向安全。

5.4.3 控制系统安全功能宜符合 GB/T 16855.1 的规定;采用电气电子可编程器件的控制系统宜满足 GB/T 20438。

5.4.4 滑行车紧急停车、制动装置的设计应按 GB/T 16754 的规定。

5.4.5 操作台位置不能看清乘客情况时应在站台上设置紧急停止按钮和安全确认按钮,紧急停止按钮应采用凸起手动复位式,安全确认按钮应与控制系统联锁。

5.4.6 控制元件应灵敏可靠、操作方便。操作按钮等均应有明确标志,信号灯、按钮等颜色标志应符合 GB/T 5226.1 的规定。

5.4.7 安全防护装置选用的传感器防护应符合 GB/T 28265—2012 中 4.4.5 的要求。

5.4.8 当设备使用地点的海拔高度超过 1 000 m 时,应按 GB/T 755 的规定对电动机容量进行校核,超过 2 000 m 时,应对配电与保护器件进行校核。

5.4.9 在滑行车的任何运行状态,当动力电源突然断电时,设备应进入"安全"状态。

5.4.10 对于设计加速度在区域 4 和区域 5 的,设置安全压杠的滑行车类游乐设施,应确保安全压杠闭合和锁紧与设备启动联锁。安全压杆的位置检测或锁紧检测应便于操作人员检测其有效性,或由控制系统检测其有效性。

5.4.11 绝缘电阻、接地电阻与避雷装置应符合标准的规定。测量方法按照 GB 4706.1、GB/T 1032 和 GB 50065 执行。安全电压应符合 GB/T 3805—2008 的有关规定。

5.4.12 集电器应满足以下要求:

a) 集电器与滑接线应接触良好,并应满足电流容量的要求。滑接器座应灵活可靠,并有足够的补偿能力。滑接线应采用耐磨材料,接头处应平整,拉紧适度。

b) 室外外露的集电器应采取防水措施或具备防水功能,满足外露情况下的使用要求。

5.4.13 装饰照明应满足以下要求:

a) 乘客易接触的装饰照明电压,应采用不大于 50 V 的安全电压。

b) 乘客不易接触的装饰照明电压采用非安全电压时,应采用漏电断路保护装置。

c) 装饰照明等附属设施的电气控制系统应独立于设备本体的电气控制系统。

5.4.14 用于车辆的电气连接宜采用具有防雨淋效果的电缆连接器,或增设防雨淋设施。

5.4.15 滑行车类游乐设施采用的隔离变压器和安全隔离变压器应符合 GB/T 19212.1 规定。

5.4.16 发射式过山车、断轨过山车控制系统应满足以下要求:

a) 发射式过山车应设置发射车速检测传感器;断轨滑行车,应设置轨道位置检测传感器;检测信号与设备运行联锁。

b) 发射式过山车、断轨过山车控制系统宜设置必要的状态监测与故障诊断功能,监测设备工作中故障时,不得影响主设备的正常工作和功能。

c) 发射式过山车、断轨过山车涉及发射或轨道对位等与设备安全的控制系统宜采用冗余的方法保证设备安全。在计算机控制系统联锁设备中,联锁模块宜采用双套编码,每份编码所使用的数据应来自物理地址完全不同的空间,与设备安全有关的信息以空间冗余的方式存储。

d) 采用监督方法间接防止故障危险后果,宜检查联锁关系是否正确(如检查安全压杠锁紧位置是否正确,轨道对位是否正确等);采用自动控制联锁,在上电、复位之后、开始联锁控制之前,宜运行一个自检程序,检查计算机及其输入输出接口功能的完整与完好。控制系统在整个工作期间,宜周期性的自检或互检。

e) 对于断轨滑行车,根据风险分析的结果分析安全功能及其需求等级,如需进行功能安全设计,设计达到的功能安全等级需求应不低于风险分析的需求。

5.4.17 激流勇进设备应设置水位监控装置。

5.4.18 多车滑行车,应合理划分安全区域,并有相应的传感器检测。

5.5 应急救援系统

5.5.1 在突发断电或紧急停止工况下，应开展应急救援工作，避免乘客长时间滞留，救援过程应保证乘客安全，防止发生二次风险。

5.5.2 设备进入紧急停止工况下，自动运行模式应自动清除，自动停止所有影响安全的运动；急停复位后，不应有影响安全的运动。

5.5.3 在轨道沿途可能产生车辆意外停止或用于维修的区域应设置安全走道，否则应有疏导乘客措施。疏导乘客措施应满足在提升段、轨道沿途可能产生车辆意外停止段的任何位置能安全有效疏导乘客。

5.6 表面防护

5.6.1 游乐设施金属结构应采取适当的表面防护措施，如涂防锈漆、热(浸)镀锌等，或采用不锈钢材料。

5.6.2 车体、轨道等结构件应进行喷(抛)丸除锈处理，达到 GB/T 8923 中的 Sa2 级；其余构件应达到 Sa2 级或 St2 级(手工除锈)。漆面应均匀、细致、光亮、完整和色泽一致，不应有粗糙不平、漏漆、错漆、皱纹、针孔及严重流挂等缺陷。推荐油漆漆膜总厚度不小于 80 μm。漆膜附着力应符合 GB/T 9286—1998 中规定的 1 级质量要求。

5.6.3 采用热(浸)镀锌进行金属结构表面防护的，热(浸)镀锌层应符合 GB/T 13912 的规定。

5.7 整机

5.7.1 游乐设施整机应外观状态良好，无破损。

5.7.2 滑行车类游乐设施整机运行应正常，起动、制动应平稳可靠，不准许有爬行和异常的振动、冲击、发热和声响等现象。制动装置动作应协调可靠，确保车辆进站顺利。

5.7.3 主要技术参数中的承载人数、轨道高度、车辆数、列车数等静态参数应符合设计要求；运行速度与设计计算值的允许偏差在－10％～5％。

5.7.4 设计加速度分区在区域 3、区域 4、区域 5 的新设计的首台滑行车类游乐设施，应进行加速度测试，最大测试值(绝对值)应不超过设计值(含冲击系数)的 1.05 倍。

5.7.5 整机运行试验应包含空载、偏载和满载试验。运行试验时不准许有异常的振动、冲击、发热、声响及卡滞现象。运行试验后，机械及结构零部件不应有异常磨损、变形、脱落、永久变形及损坏等现象，电气零部件不应有脱落、损坏、异常发热现象。基础不应有不均匀沉陷和开裂。

5.7.6 电动机的运行条件应符合 GB/T 755—2008 中第 6 章和第 7 章的规定。提升电动机满载稳态工作电流不大于电动机的额定电流值。

5.7.7 滑行车类游乐设施提升速度不大于设计的额定提升速度。

5.7.8 滑行车运行工况下，滑行车停于轨道任何制动器上，重新启动后车辆应能自行运行(不用人工施加物理推动)或由驱动器驱动至站台。

5.7.9 滑行车运行工况下，轨道、支承无异常晃动。

5.7.10 用于检查维修用的爬梯、通道、平台应牢固，其作业空间应能满足工作要求，爬梯宽度宜不低于 500 mm，爬梯步间距范围为 250 mm～350 mm。高于 2 m 的爬梯应有防护装置或安全带挂接装置。

6 检验、检测与试验要求

6.1 基本要求

6.1.1 制造、安装单位应依据相关标准、设计文件、制造工艺和设备特点制定具体的检验方案，检验方案应包括机械及结构、乘载系统、电气控制系统、应急救援系统、整机等方面的检验、检测与试验。

6.1.2 每台产品安装调试完毕后应按检验方案进行检验、检测与试验，全部检验项目合格方可交付使用。

6.1.3 根据结构形式、运行方式和试验目的的不同，检验、检测与试验项目可有所增减。

6.1.4 试验条件应满足以下要求：

a) 露天试验时风速应不大于 8 m/s。
b) 除非有特殊要求，试验环境温度应为−5 ℃～35 ℃，相对湿度宜不大于 85%。对于运行环境温湿度有特殊要求的，应增加最不利的温、湿度条件工况下的试验。
c) 试验载荷与其设计载荷值的误差应在±5%内。

6.1.5 试验前应使游乐设施具备正常的技术状态，以保证试验结果的正确性。

6.1.6 试验前应检查游乐设施的机械结构、乘载系统、电气控制系统、应急救援设备设施中的零部件、元器件及其连接方式、各处紧固件的紧固程度、各润滑点的润滑密封程度，均应与设计一致。

6.1.7 玻璃钢的试验应按 GB/T 1447、GB/T 1449 和 GB/T 1451 的规定进行。

6.1.8 试验后对于存在问题或疑问的部件应进行检查，对发现的问题及时判明原因并采取措施，做好详细记录，记录可利用文字和拍照等方式。

6.1.9 各项检验结束后，应编写检验报告，检验报告至少应包含以下内容：

a) 检验时间、地点；
b) 设备名称、编号、主要技术参数；
c) 检验依据；
d) 检验项目的名称、要求、方法、结果、检验人员签字；
e) 检验结论；
f) 检验报告的编制、审核、审批人员签字。

6.1.10 制造单位应保存产品检验报告和有关记录、图样、质量证明文件及技术文件。

6.2 机械结构

6.2.1 支承、轨道形变检测

根据计算报告各选取轨道、支承形变量较大的 3 处位置进行测量。每个位置测量不少于 3 次，取其平均值。

6.2.2 车辆安全包络线试验

依据安全包络线形状用弹性材料制作外围形状架体分别固定于单节车体前、后位置上，沿轨道模拟运行，滑行一次，包络线架体与周围固定结构应无擦碰。

6.2.3 提升段重启动试验

分别选取提升钩在提升段最上部、中部、下部 3 个位置，在满载工况下，停止提升再启动提

升,提升系统应能顺利再启动提升。

6.2.4 止逆试验

按设计额定值进行加载,将车辆(或首节车辆)提升至接近提升段最高点、提升段中段、提升段下部,对每种止逆方式分别进行试验,车辆(组)逆行速度应符合设计要求。重复试验次数不少于 3 次。

6.3 乘载系统

6.3.1 安全压杠联锁试验

有安全压杠检测的滑行车类游乐设施,在压杠未达安全位置时,车辆不应发出站台。任意选一压杠置于未压紧状态,其余压杠置于压紧状态,按正常程序运行车辆,车辆不应运行。

6.3.2 安全压杠空行程试验

在安全压杠压紧锁定后用卡尺在端部测量游动量,最大游动量应小于 35 mm。

6.3.3 安全压杠压紧力试验

对于自动压紧的压杠,分别选取压杠在抬起最高位置、中间位置和压下最低位置,用测力计测量压杠的压紧力,其值,对成人不大于 150 N,对儿童不大于 80 N。

6.3.4 安全压杠锁紧装置试验

安全压杠闭合锁紧时,在乘客扶手位置施加 500 N 的力,力的方向应垂直于压杠回转力臂连线,压杠及其锁紧装置应有效,且不应有明显变形或损伤。根据 GB 8408 的要求,有两道锁紧装置时,每道锁紧装置应能独立起作用。每种类型安全压杠试验不少于 3 个。对每套锁紧装置试验不少于 3 次。

6.3.5 安全压杠手动打开试验

按设计规定的试验方法,模拟安全压杠在自动开启装置失效情况下,安全压杠应能手动打开。对每套安全压杠试验不少于 3 次。

6.3.6 编织物型式滑行装备负载试验

将编织物型式滑行装备吊装 7 500 N 载荷,静置 5 min,目视检查,滑行装备不应损坏。

6.3.7 最小闭合位置压杠末端与限制面位置距离

安全压杠放到最低位置闭合锁紧,测量压杠端部与限制面之间(参照图 2、图 3)的距离,测量 3 次,取平均值。

6.4 电气及控制系统

6.4.1 区间联锁试验

多车运行滑行车,在只允许运行单(列)车的区间内,模拟该区间内有车辆占用(可通过人为模拟信号、线路短接、放置车辆等方式),其余车辆不得进入该区间。

6.4.2 紧急停止按钮试验

分别在提升(发射)段,滑行段对每一紧急停止按钮功能进行检测,按下紧急停止按钮,车辆应停止于设定安全位置,复位按钮后,车辆应保持在原位置。

6.4.3 发射式过山车速度联锁试验

模拟未达到设定发射速度时,检查联锁系统,其应按设计进行动作。

6.4.4 断轨过山车轨道对位联锁试验

模拟未达到设定对位精度的位置，检查联锁系统，其应按设计进行动作。

6.4.5 升降站台或移动平台联锁功能试验

采用升降站台或移动平台的滑行车类游乐设施，模拟升降站台或移动装置误动作，试验联锁控制功能是否有效。试验不少于3次。

6.4.6 安全压杠闭合、锁紧与设备启动的安全联锁控制功能试验

按设计规定的试验方法，模拟安全压杠闭合和锁紧，安全联锁控制功能应与设计一致。对每套安全压杠试验不少于3次。

6.5 应急救援系统

6.5.1 应急救援的检验应至少包含预案中各种可预见工况下的救援装置、救援措施的有效性和时效性。

6.5.2 在满载工况下，在提升段和滑行段分别触发急停功能或断电功能，模拟进行应急救援，应在1 h内将乘客全部救援至安全区域。

6.5.3 配有备用电源的设备，在设计允许的运行工况下，切换至备用电源供电，备用电源容量应满足应急救援的要求。断开正常供电系统，采用应急救援备用电源，设备可按设定的功能工作或实施救援。

6.5.4 断开正常供电系统，采用应急救援备用电源，设备可按设定的功能工作或实施救援。

6.6 表面防护检测

6.6.1 漆膜总厚度的检测，使用漆膜厚度仪在主要受力构件每10 m^2（不足10 m^2 的按10 m^2 计）作为一处，每处测3～5点，每处所测各点厚度的平均值不低于总厚度的90%，也不高于总厚度的120%，测得的最小值不低于总厚度的70%。

6.6.2 漆膜附着力的检测，按GB/T 9286—1998规定的方法，在主要受力构件上分别取6处。其评定等级不低于1级。

6.6.3 金属结构热（浸）镀锌层检测，检查热（浸）镀锌层的外观，应符合GB/T 13912的规定，在主要受力构件上分别取6处，热（浸）镀锌层厚度应符合设计。

6.7 整机

6.7.1 宏观目视检测

宏观目视检测应包括所有机械结构系统、乘载系统、电气控制系统、应急救援系统、涂装等内容。所有部件应外观状态良好，无破损和毁坏；电气接线良好，无松动。

6.7.2 主要技术参数测试

6.7.2.1 滑行车类游乐设施主要技术参数中的承载人数、座舱数量可通过宏观目视检测获得。

6.7.2.2 车速测试：滑行车类游乐设施在额定载荷下，以最高车速运行，测量出滑行车通过最大速度点时的车速，测量应不少于3次，取其平均值。计算所得的最大车速和设计最大车速误差应在−10%～5%。

6.7.3 整机检测

6.7.3.1 空载试验

6.7.3.1.1 分别进行手动和自动试验，各试验3次以上。

6.7.3.1.2 按实际工况连续运行试验 1 h。

6.7.3.2 满载试验

按设计额定值进行加载。按实际工况连续运行试验，每天不少于 8 h，连续无故障累计运行试验不小于 80 h。

6.7.3.3 偏载试验

偏载试验应按照实际工况的 1/2 倍额定载荷加载，载荷应集中在座椅或车厢一边以及滑车前端及后端，按实际工况连续试验 1 h。

6.7.4 加速度检测

滑行车类游乐设施在额定载荷、偏载、满载工况下，每种工况至少测量 3 次。每种工况最大值为3 次测量最大值的平均值。

6.7.5 提升速度

用钢卷尺在提升段标识出一段长度 s，用秒表测量车体通这一距离的时间 t，则可计算出提升速度 $v=s/t$。

6.7.6 应力测试

6.7.6.1 速度大于 72 km/h 的首台滑行车类游乐设施，宜进行应力测试。被测结构包括但不限于以下内容：

a) 支承：根据计算报告至少选取 3 处应力值较大的位置进行测量。

b) 轨道：根据计算报告至少选取 3 处应力值较大的位置进行测量。

c) 车体：轮架、车体骨架、座椅骨架、车体连接器等典型位置应根据计算报告各选取至少 1 处进行测量。

每个测量部位应提供不少于 3 组的有效数据，并判定测量部位应力值。

6.7.6.2 测试工况应符合表 4 的要求。

表 4 测试工况

状 态	加载情况	被测结构	测试内容
偏载	设计要求偏载形式	车体结构、轨道、支承	偏载动应力
满载	额定载荷		满载动应力

6.7.6.3 测试方法应符合以下要求：

a) 测试前应经额定载荷下的试运转；

b) 按表 4 所列工况测出各点的应变值；

c) 每种工况重复试验不少于 3 次。

6.7.6.4 应力值应符合以下要求：

a) 在自重作用下产生的应力，应由有关单位提供其计算值；

b) 各测点应力值，应为载荷作用下的测试应力值与自重作用下的计算应力值(应根据最大应力方向计算自重作用下该方向的计算应力值)之和。

6.7.6.5 应力值的安全判据：

$$n=\frac{\sigma_b}{\sigma_t}$$

式中：

n ——安全系数；

σ_b ——材料的破断强度，单位为兆帕(MPa)；

σ_t ——测点的最大应力，单位为兆帕(MPa)。

各测点最大应力值，应符合 GB 8408 给出的安全系数值。

7 随机文件、标志、包装、运输和贮存

7.1 随机文件、标志

7.1.1 产品交付前至少应包括下列随机文件，且宜放置于控制柜包装箱或主机包装箱内：

a) 产品合格证明书；

b) 产品使用维护说明书和维修用图纸；

c) 备件及易损件清单；

d) 主要外购件的合格证和说明书；

e) 专用工具、仪器清单(如有时)；

f) 移动式滑行车类游乐设施应附有拆装说明书。

7.1.2 滑行车类游乐设施应在显著位置装设铭牌。铭牌内容至少应包括制造单位名称、制造地址、设备名称、生产许可证编号、设备级别、设备型号、产品编号、制造日期、主要技术参数[承载人数、车(船)辆数、轨道高度、最大速度和整机设计使用年限]等。

7.2 包装、运输和贮存

7.2.1 滑行车类游乐设施的产品及其零部件的包装应符合 GB/T 191 及 GB/T 13384 的有关规定。

7.2.2 在解体运输中，解体的零部件连接处宜有清晰的对应性永久标记和编号；导线接头宜进行编号。

7.2.3 外露加工面应进行防锈处理。

7.2.4 大型零部件和包装箱的质量、重心、吊挂点宜有标志，并标明件号。

7.2.5 产品及其零部件贮存时，应注意防潮、防锈、防尘和防止变形。

附　录　A
（资料性附录）
常见重轴（销轴）、重要焊缝示例

常见重轴（销轴）、重要焊缝示例见表 A.1。

表 A.1　常见重轴（销轴）、重要焊缝示例

序号	常见型式	重要轴（销轴）	重要焊缝
1	单车滑行车系列	行走轮轴、侧导轮轴、底轮轴、与车架相连固定轮系的轴、车辆连接器轴、提升装置的销（轴）、防逆行装置的销（轴）、肩式压杠轴、安全压杠锁紧齿销等	滑行车类游乐设施的重要焊缝包括Ⅰ、Ⅱ级焊缝
2	多车滑行车系列		
3	激流勇进	行走轮轴、侧导轮轴、底轮轴、提升装置的销（轴）、防逆行装置的销（轴）、压杠轴、安全压杠锁紧齿销等	
4	弯月飞车系列	行走轮轴、侧导轮轴、压杠轴、安全压杠锁紧齿销等	
5	轨道滑管	行走轮轴、侧导轮轴等	
6	其他型式滑行车类	行走轮轴、侧导轮轴、底轮轴、与车架相连固定轮系的轴、车辆连接器轴、提升装置的销（轴）、防逆行装置的销（轴）、压杠轴、安全压杠锁紧齿销等	

注：焊缝类型包括：

a)　Ⅰ级焊缝。速度不小于 20 km/h 的车体桥架、车轮架、车辆连接器、座椅支架，车体主梁等运行中承受乘客荷载的运动部件的焊接结构，其承受拉力且作用力垂直于焊缝长度方向的对接焊缝或 T 形对接和角接组合焊缝等。

b)　Ⅱ级焊缝。上述部件Ⅰ级焊缝之外的焊缝、速度不小于 20 km/h 轨道对接焊缝，速度不小于 50 km/h 轨道与支撑立柱间焊缝，速度小于 20 km/h 的车辆连接器、车体主梁等均为Ⅱ级焊缝。

c)　Ⅲ级焊缝。速度不小于 50 km/h 轨道的支承立柱，速度小于 20 km/h 的车体桥架、车轮架、座椅支架等运行中承受乘客荷载的运动部件的焊接结构，车体上除Ⅰ级与Ⅱ级外的焊接结构，其承受拉力且作用力垂直于焊缝长度方向的对接焊缝或 T 形对接和角接组合焊缝。

ICS 97.200.40
Y 57

中华人民共和国国家标准

GB/T 18160—2008
代替 GB 18160—2000

陀螺类游艺机通用技术条件

Specifications of amusement rides space gyro category

2008-11-12 发布　　2009-05-01 实施

中华人民共和国国家质量监督检验检疫总局
中国国家标准化管理委员会　发布

前　言

本标准代替 GB 18160—2000《陀螺类游艺机通用技术条件》。

本标准与 GB 18160—2000 相比主要变化为：

——明确了陀螺类游艺机的设计、制造、安装、改造、维修、试验、检验和使用管理（见第 1 章）；

——修改了“技术要求”，增加了“基本设计规定的基本要求”的规定（见第 4 章）；

——增加了设计所要考虑的各种载荷和设计计算包括的内容（见 4.2）；

——增加了传动系统安全运行的设计要求（见第 5 章）；

——增加了限位、限速装置的控制要求（见 6.3）；

——增加了安全防护及制动装置设计规定（见 7.2、7.4）；

——增加了装饰照明的安全要求（见 6.8）；

——增加了在上、下乘客时座舱应有防摆动装置的要求（见 7.5.2）；

——删掉了“吊挂的乘人部分应有保险措施”的要求；

——增加了制造与安装的一般规定（见第 8 章）；

——增加了制造与安装的材料、加工、焊接、连接的要求（见 8.1～8.14）；

——增加了三条产品总缺陷（见第 10 章）：

1）　控制系统不满足运行工况或危及乘客安全；

2）　无紧急事故按钮或按钮型式不符合要求；

3）　乘人安全束缚装置不符合要求；

——增加了附录 A（规范性附录）关于“主要轴、销轴”、“重要焊缝”、“重要轴、销轴磨损及锈蚀允许值”的规定。

本标准自实施之日起，代替 GB 18160—2000。

本标准的附录 A 为规范性附录。

本标准由全国索道、游艺机及游乐设施标准化技术委员会提出并归口。

本标准起草单位：全国索道、游艺机及游乐设施标准化技术委员会、中国特种设备检测研究院、江苏省特种设备安全监督检验研究院、辽宁省安全技术科学研究院、温州南方游乐设备工程有限公司、保定昌龙游乐设备工程股份合作公司、西安金丰游乐设备有限公司。

本标准主要起草人：钱进、张晓宇、詹蕴鑫、常安俊、高岩、滕世其、权友昌、程忠潮。

本标准所代替标准的历次版本发布情况为：

——GB 18160—2000。

陀螺类游艺机通用技术条件

1 范围

本标准规定了陀螺类游艺机的通用技术条件和技术要求。

本标准适用于陀螺类游艺机的设计、制造、安装、改造、维修、试验、检验和使用管理。

2 规范性引用文件

下列文件中的条款通过本标准的引用而成为本标准的条款。凡是注日期的引用文件,其随后所有的修改单(不包括勘误的内容)或修订版均不适用于本标准,然而,鼓励根据本标准达成协议的各方研究是否可使用这些文件的最新版本。凡是不注日期的引用文件,其最新版本适用于本标准。

GB/T 3805 特低电压(ELV)限值

GB 5226.1 机械安全 机械电气设备 第1部分:通用技术条件

GB 7000.10—1999 固定式通用灯具安全要求

GB 7000.11—1999 可移式通用灯具安全要求

GB 8408—2008 游乐设施安全规范

GB 13028 隔离变压器和安全隔离变压器技术要求

GB/T 15706(所有部分) 机械安全 基本概念与设计通则

GB 16754—1997 机械安全 急停 设计原则

GB/T 16855.1 机械安全 控制系统有关安全部件 第1部分:设计通则

GB/T 20438(所有部分) 电气/电子/可编程电子安全相关系统的功能安全

GB 50017—2003 钢结构设计规范

3 总则

3.1 陀螺类游艺机是指乘人部分绕可变倾角的轴旋转及运动形式类似的游艺机(以下简称陀螺)。

3.2 陀螺的设计、制造、安装、改造、维修、试验、检验和使用管理,应执行本标准的规定。

3.3 陀螺的设计、制造、安装、使用应保证人身安全。

3.4 本标准未提到的其他要求,均应按国家有关标准、规范和规定执行。

4 基本设计规定

4.1 基本要求

4.1.1 陀螺的设计应有设计说明书、设计计算书、安全分析及符合国家有关标准的全套设计图样。

4.1.2 陀螺的设计应规定其整机及主要部件设计使用寿命,整机使用寿命不小于23 000 h。

4.1.3 陀螺的设计应符合GB 8408—2008和GB/T 15706(所有部分)的规定。

4.2 陀螺的载荷应符合 GB 8408—2008 中 4.2 的规定。

4.2.1 载荷一般包括:永久载荷(用 G_k 表示)、变载荷(用 Q_k 表示),并按 GB 8408—2008 中表 1 选择冲击系数。

4.2.2 载荷组合按 GB 8408—2008 中 4.2.4 的规定并结合实际工作状况选取。

4.3 人员活动区域均布活载荷的取值应符合 GB 8408—2008 中 4.3 的规定。

4.4 人员活动区域水平推力的取值应符合 GB 8408—2008 中 4.4 的规定。

4.5 陀螺的设计计算应符合 GB 8408—2008 中 4.5 的规定并结合实际工作状况确定。

4.5.1 重要的轴、销轴(见附录 A)除做应力计算外,应根据载荷应力幅情况决定是否进行疲劳强度校核,两者都应满足 GB 8408—2008 中第 4.5 给定的安全系数。对于难以拆卸的重要轴及销轴,应按无限寿命设计。

4.5.2 钢结构构件及其连接的设计指标应符合 GB 50017—2003 中 3.4 的规定。

4.5.3 钢结构构件及其连接的疲劳计算应符合 GB 50017—2003 中第 6 章的规定。

4.6 加速度允许值应符合 GB 8408—2008 中 4.7 的规定。

4.7 陀螺在设计时,应充分考虑设备运行中发生故障时的乘客疏导措施。

5 传动系统

5.1 传动系统的设计,应保证运行安全,在系统出现失效的情况下,整机运行应处于安全状态。

5.2 传动系统的设计应保证平稳可靠。整机运行时不允许有异常的振动、冲击、发热、声响及卡滞现象。

5.3 机械传动系统的设计应符合 GB 8408—2008 中 5.3 的规定。

5.4 液压和气动系统的设计应符合 GB 8408—2008 中 5.4 的规定。

5.5 各种运行试验中,零部件不应有永久变形及损坏现象。必要时按 9.11 进行应力测试。

5.6 大臂在升降过程中不应有抖动现象,起动和停止时不应有明显的冲击振动。

6 电气与控制系统

6.1 电气系统应符合 GB 8408—2008 中 6.1 和 GB 5226.1 的规定。

6.2 控制系统应符合 GB 8408—2008 中 6.2 和 GB/T 16855.1 的规定;采用电气、电子、可编程器件的控制系统应满足 GB/T 20438(所有部分)的要求。

6.3 限速、限位装置的控制应符合 GB 8408—2008 中 6.3.1、6.3.2 的规定。

6.4 安全防护应符合 GB 8408—2008 中 6.4 的规定,其中紧急停车、制动装置的设计应满足 GB 16754—1997 的有关要求。

6.5 电气安装应符合 GB 8408—2008 中 6.5 的规定。

6.6 电压等级、绝缘电阻、接地电阻与避雷装置应符合 GB 8408—2008 中 6.6 的规定。安全电压应符合 GB/T 3805 中有关规定。

6.7 集电器

6.7.1 集电器与滑接线应接触良好,并应满足电流容量的要求。滑接器座应灵活可靠,并有足够的补偿能力。滑接线应采用耐磨材料,接头处应平整,拉紧适度。

6.7.2 外露的集电器应有防雨设施。

6.8 装饰照明

6.8.1 乘客易接触的装饰照明电压,应采用不大于 48 V 的安全电压。

6.8.2 乘客不易接触的装饰照明电压采用非安全电压时,应采用漏电断路保护装置。

6.8.3 照明灯具应符合 GB 7000.10—1999 和 GB 7000.11—1999 有关规定。

6.9 陀螺类游艺机采用的变压器应符合 GB 13028 的有关规定。

7 安全要求及安全设施

7.1 安全分析、安全评估和安全控制应符合 GB 8408—2008 中 7.1 的规定。

7.2 安全保险措施

7.2.1 在空中运行的乘人部分,整体结构应牢固可靠,其重要零部件宜采取保险措施。

7.2.2 当动力电源突然断电或设备发生故障危及乘人安全时,应有疏导乘人的措施。

7.3 限位装置

7.3.1 大臂升降油缸行程的终点,应设置限位装置。

7.3.2 大臂升降装置的极限位置,必要时应设缓冲装置。

7.3.3 配有平衡重的陀螺,乘人部分在最高点有可能出现静止状态时(死点),应有防止或处理该状态的措施。

7.4 乘人安全束缚装置应符合 GB 8408—2008 中 7.6 的规定。

7.5 制动装置

7.5.1 当动力电源切断后,停机过程时间较长或要求定位准确的陀螺,应设制动装置。

7.5.2 整机停稳后,乘人部分的座舱在上、下乘客时,不应发生明显摆动现象,可能发生明显摆动的应采用常闭式制动或移动站台等装置。

7.5.3 陀螺视其运动形式、速度及其结构的不同,可采用不同的制动方式和制动器结构(如机械、电动、液压、气动以及手动等)。制动器构件应有足够的强度,必要时停车制动器应验算疲劳强度。制动器的制动行程应可调节。

7.5.4 制动器制动应平稳可靠,不应使乘人感受明显的冲击或使设备结构有明显的振动、摇晃。制动加速度绝对值一般不大于 $5.0\ m/s^2$。必要时可增设减速制动器。

7.6 对安全栅栏、站台及操作室的安全要求应符合 GB 8408—2008 中 7.8 的规定。

7.7 其他安全要求应符合 GB 8408—2008 中 7.9 的规定。

8 制造与安装

8.1 一般规定应符合 GB 8408—2008 中 8.1 的规定。

8.2 金属材料应符合 GB 8408—2008 中 8.2 和 GB 50017—2003 中 3.3 的规定。

8.3 非金属材料应符合 GB 8408—2008 中 8.3.1、8.3.2、8.3.4、8.3.5、8.3.6 的规定。

8.4 重要零件加工应符合 GB 8408—2008 中 8.4 的规定。

8.5 结构件应符合 GB 8408—2008 中 8.5 的规定。

8.6 焊接应符合 GB 8408—2008 中 8.6 的规定。

8.7 螺栓及销轴连接应符合 GB 8408—2008 中 8.7 的规定。

8.8 基础应符合 GB 8408—2008 中 8.8 的规定。

8.9 装配应符合 GB 8408—2008 中 8.9 的规定。

8.10 涂装应符合 GB 8408—2008 中 8.12 的规定。

8.11 检验应符合 GB 8408—2008 中 8.13 的规定。

8.12 有运行轨道的陀螺,轨道要求平整,对接处间隙不大于 1 mm。

8.13 吊挂座舱的转盘桁架外端面应在同一平面内,其任一对最大偏差不大于 40 mm。

8.14 在陀螺的显著位置应固定铭牌,其内容至少包括制造、安装厂名,制造、安装许可证编号,设备名称、型号规格、出厂编号,设备类型、级别,主要技术参数和制造、安装日期。

9 试验方法

9.1 凡新产品、产品转厂制造及有重大改进的产品,在出厂前应按本标准进行有关试验。

9.2 试验条件

9.2.1 在露天试验时,风速应不大于 8 m/s。

9.2.2 环境温度应为 0 ℃～40 ℃,相对湿度宜不大于 85%。

9.2.3 试验载荷与其额定载荷值的误差应不超过±5%。

9.3 试验仪器

9.3.1 根据试验要求,选择相应精度的检测仪器和量具。

9.3.2 试验用的仪器和量具要求经法定计量部门检定合格,在试验前后要求进行检查校对,其偏差应在规定的范围之内。

9.4 按实际工况空载连续运行试验 8 h。

9.5 满载试验

9.5.1 按设计额定值进行加载。

9.5.2 按实际工况连续运行试验,每天不少于 8 h,连续累计运行试验不少于 80 h。

9.6 偏载试验按设计最大偏载量(无特别指明按 1/2 倍额定满载量),集中在旋转体(转盘)的一侧,按实际工况试验 3 个工作循环,应无异常现象。

9.7 陀螺整机运转应正常,启、制动应平稳,不允许有爬行和异常的振动、冲击、发热和声响等现象。

9.8 在空载、满载和偏载试验过程中运行均应正常,金属结构、传动系统、安全设施和电气控制系统均应符合本标准规定的要求。

9.9 试验后对有问题的部位应进行拆检,并详细记录拆检情况,对发现的问题应及时研究,判明原因。记录可利用文字和拍照等方式。

9.10 各项试验结束后应编写有明确结论和符合有关规定的试验报告。

9.11 应力测试

9.11.1 测试工况见表 1。

表 1 测试工况

状 态	加载情况	被测件	测试方法
静止	偏载	根据试验情况确定	静应力测定
静止	额定载荷		
实际运行工况	偏载	根据试验情况确定	动应力测定
实际运行工况	额定载荷		

9.11.2 测试方法

应力测试方法应符合下列规定：

a） 测试前应经额定载荷下的试运转；

b） 按表1所列工况测出各点的应变值；

c） 每种工况重复试验不少于3次。

9.11.3 应力值

应力计算应符合下列规定：

a） 在自重作用下产生的应力，应由有关单位提供其计算值；

b） 各测点应力值，应为载荷作用下的测试应力值与自重作用下的计算应力值之和。

9.11.4 应力值的安全判据

$$安全系数=\frac{材料的破断强度}{测点最大应力}$$

各测点最大应力值，应符合GB 8408—2008中4.5.2表2给出的安全系数值。

10 检验规则

不符合标准规定的产品缺陷，分为重缺陷和轻缺陷，重缺陷见表2。每台样本有一项以上（含一项）重缺陷或五项以上（含五项）轻缺陷时为不合格品。

表2 产品重缺陷项目

标准条款	缺陷内容
5.5	各种运行试验中，零部件有永久变形及损坏现象
6.2	控制系统不满足运行工况或危及乘客安全
6.4	无紧急事故按钮或按钮型式不符合要求
6.6	接地电阻或绝缘电阻不符合要求
7.3.1	限位装置不符合要求
7.4	乘人安全束缚装置不符合要求
8.8	基础有不均匀沉陷、开裂和松动
8.11	重要零部件探伤不符合要求
9.7	整机运行时有明显异常现象

附　录　A
（规范性附录）
关于“主要轴、销轴”、“重要焊缝”、“重要轴、销轴磨损及锈蚀允许值”的规定

A.1　“重要的轴、销轴”是指大臂销轴、支撑油（气）缸上下销轴、座舱支撑（吊挂）轴、肩式压杠轴等。

A.2　“重要焊缝”是指大臂根部支撑座焊缝、升降油（气）缸上下支撑座焊缝、大臂与回转体下支撑连接处焊缝、悬臂结构根部焊缝、乘坐物支撑（吊挂）件焊缝等。

A.3　重要的轴、销轴磨损及锈蚀允许值应符合 GB 8408—2008 中表 17 的规定。

ICS 97.200.40
Y 57

GB

中华人民共和国国家标准

GB/T 18161—2020
代替 GB/T 18161—2008

飞行塔类游乐设施通用技术条件

Specifications of amusement rides fly tower category

2020-03-06 发布　　2020-03-06 实施

国家市场监督管理总局
国家标准化管理委员会　发布

前　言

本标准按照 GB/T 1.1—2009 给出的规则起草。

本标准代替 GB/T 18161—2008《飞行塔类游艺机通用技术条件》,与 GB/T 18161—2008 相比,除编辑性修改外主要技术变化如下:

——修改了范围(见第 1 章,2008 年版的第 1 章);

——增加了术语和定义(见第 3 章);

——增加了飞行塔类游乐设施常见型式和主要技术参数(见表 1);

——增加了风险评价的要求(见 5.1.2);

——修改了重要轴(销轴)和重要焊缝无损检测要求(见 5.2.7,2008 年版的 10.3);

——增加了束缚装置要求(见 5.3.6、5.3.7);

——增加了操作室要求(见 5.4.6);

——增加了应急救援系统要求(见 5.5);

——增加了表面防护要求(见 5.6);

——修改了整机要求(见 5.7,2008 年版的 5.6);

——修改了"检验、检测与试验要求"(见第 6 章,2008 年版的第 9 章);

——增加了"随机文件、标志、包装、运输及贮存"(见第 7 章);

——删除了使用与维护(见 2008 年版的第 11 章);

——删除了检验规则(见 2008 年版的第 12 章)。

本标准由全国索道与游乐设施标准化技术委员会(SAC/TC 250)提出并归口。

本标准起草单位:中国特种设备检测研究院、北京实宝来游乐设备有限公司、温州南方游乐设备工程有限公司、新疆维吾尔自治区特种设备检验研究院、四川省特种设备检验研究院。

本标准主要起草人:李春力、李海庭、郭俊杰、刘培广、柴彬、李勇、郭嘉、张斌、谢江山、张广君、尹继超、刘超逸、龚高科、王银兰、张国安、王昊。

本标准所代替标准的历次版本发布情况为:

——GB 18161—2000、GB/T 18161—2008。

飞行塔类游乐设施通用技术条件

1 范围

本标准规定了飞行塔类游乐设施的总则、技术要求、检验、检测与试验要求、随机文件、标志、包装、运输和贮存。

本标准适用于飞行塔类游乐设施。

2 规范性引用文件

下列文件对于本文件的应用是必不可少的。凡是注日期的引用文件,仅注日期的版本适用于本文件。凡是不注日期的引用文件,其最新版本(包括所有的修改单)适用于本文件。

GB/T 191 包装储运图示标志

GB/T 755 旋转电机 定额和性能

GB/T 1184 形状和位置公差 未注公差值

GB/T 1804 一般公差 未注公差的线性和角度尺寸的公差

GB/T 5226.1 机械电气安全 机械电气设备 第1部分:通用技术条件

GB 8408 大型游乐设施安全规范

GB/T 8918 重要用途钢丝绳

GB/T 8923(所有部分) 涂覆涂料前钢材表面处理 表面清洁度的目视评定

GB/T 9286—1998 色漆和清漆 漆膜的划格试验

GB/T 13384 机电产品包装通用技术条件

GB/T 13912 金属覆盖层 钢铁制件热浸镀锌层技术要求及试验方法

GB/T 16855.1 机械安全 控制系统安全相关部件 第1部分:设计通则

GB/T 19804 焊接结构的一般尺寸公差和形位公差

GB/T 20306 游乐设施术语

GB/T 20438(所有部分) 电气/电子/可编程电子安全相关系统的功能安全

GB/T 34370(所有部分) 游乐设施无损检测

GB/T 34371 游乐设施风险评价 总则

GB 50057 建筑物防雷设计规范

GB 50231 机械设备安装工程施工及验收通用规范

MH/T 6012 航空障碍灯

3 术语和定义

GB/T 20306 界定的以及下列术语和定义适用于本文件。

3.1

工况 working condition

设备在和其动作有直接关系的条件下的工作状态。

3.2

旋转飞椅系列　rotary flying chair series

主运动为乘人装置绕垂直轴一边升降一边旋转，乘人部分采用环链或钢丝绳吊挂，多为单人座椅或双人座椅的飞行塔类游乐设施。

3.3

青蛙跳系列　frog jump series

主运动为乘人装置沿垂直轨道上下运动，乘人部分多采用钢丝绳吊挂，多为单排或多排座舱的飞行塔类游乐设施。

3.4

探空飞梭系列　space shot series

主运动为乘人装置沿垂直轨道上下运动，乘人部分采用钢丝绳吊挂，多为1个座舱的飞行塔类游乐设施。

3.5

观览塔系列　sky tower series

主运动为乘人装置沿垂直轨道缓慢上下运动，多伴随做缓慢旋转运动，乘人部分采用钢丝绳吊挂，多为1个座舱的飞行塔类游乐设施。

3.6

故障-安全　fail-safe

设备出现故障后，其控制系统或机械机构能够维持安全状态或向安全状态转移，以避免出现更大故障或事故的模式。

3.7

单一失效点　single point of failure

游乐设施上的某个零件、结构连接点或电气元件，其失效将会导致整个设备失效或危及乘客安全。

4　总则

4.1　飞行塔类游乐设施的设计、制造、安装、试验和检验、标志、包装、运输和贮存应满足GB 8408的有关规定和本标准的相关要求。

4.2　飞行塔类游乐设施常见型式和主要技术参数宜按表1选取。

表1　飞行塔类游乐设施常见型式和主要技术参数

序号	型式名称	主要技术参数	典型设备
1	旋转飞椅系列	设备高度、运行高度、回转直径、转速、承载人数、座舱数量、加速度	飓风飞椅、高空飞翔等
2	青蛙跳系列	设备高度、运行高度、运行速度、承载人数、加速度	青蛙跳等
3	探空飞梭系列	设备高度、运行高度、运行速度、承载人数、座舱数量、加速度	探空梭、跳楼机等
4	观览塔系列	设备高度、运行高度、回转直径、运行速度、承载人数/舱、座舱数量、加速度	观光塔、跳伞塔等
5	其他型式飞行塔类	设备高度、运行高度、回转直径、转速、运行速度、承载人数/舱、座舱数量、加速度	飞旋塔等

5 技术要求

5.1 基本要求

5.1.1 飞行塔类游乐设施设计文件应至少包括设计说明书、设计计算书、使用维护说明书、风险评价报告、设计验证大纲及符合国家相关标准的全套设计图纸。

5.1.2 飞行塔类游乐设施设计阶段应按 GB/T 34371 进行风险评价，需要改造的和整机使用年限到期后仍继续使用的飞行塔类游乐设施也应进行风险评价。风险评价应分别从受力结构与受力零部件、电气控制系统与部件、设备周围障碍物、人为因素、意外因素、应急救援等方面进行，并对单一失效点进行辨识。设计阶段应避免不可接受的风险，不应有不可检测或监测的单一失效点。

5.1.3 飞行塔类游乐设施难以检验、检测的重要轴(销轴)应按无限寿命设计。

5.1.4 飞行塔类游乐设施应验证应急救援系统的有效性，确保乘客在救援过程中的人身安全。

5.2 机械及结构

5.2.1 设备基础应设计、施工、监理和建设四家单位验收合格，方可进行设备安装。移动式游乐设施的基础也应平整、坚实。

5.2.2 地脚螺栓安装面应高于周围地面，避免积水造成腐蚀，应确保螺栓超出螺母 2 倍～3 倍螺距。

5.2.3 塔身结构的中心线对安装基准水平面的垂直度公差应不大于 1/1 000。

5.2.4 导轨与塔身的联接应牢固，运行中不应有卡滞现象。

5.2.5 导轨轨道在接头处的轨面高低差应不大于 1 mm，间隙应不大于 2 mm，横向错位位移应不大于 1 mm。

5.2.6 导轮与导轨径向间隙，单轨应不大于 5 mm，双轨应不大于 10 mm。

5.2.7 重要轴(销轴)和重要焊缝应进行无损检测，无损检测方法和要求按 GB/T 34370 执行。重要轴(销轴)类零部件出厂时应设唯一性检验标识，并应进行 100%无损检测。重要焊缝和重要轴(销轴)应由设计单位安全评价后确认，常见型式的重要轴(销轴)和重要焊缝示例参见附录 A。

5.2.8 重要轴(销轴)，其配合面的表面粗糙度应满足设计要求，且应不低于 3.2 μm。

5.2.9 零部件外形尺寸公差和形位公差应符合工艺文件要求。机加工零件未注尺寸公差和形位公差应符合 GB/T 1804 和 GB/T 1184 的相关要求。焊接结构未注尺寸公差和形位公差应符合GB/T 19804的相关要求。

5.2.10 乘人部分在启动、升降、旋转、停止时应平稳，运行时应无异响和卡滞现象。

5.2.11 用于吊挂座椅的环链或钢丝绳，当其中一根断开时，座椅应能够保持平衡，并保证乘客安全。必要时，应设置两道保险装置。

5.2.12 液压或气压系统中，应有不超过额定工作压力 1.2 倍的过压保护装置。必要时，应设置工作压力与设备启动联锁。

5.2.13 液压及气动传动的回转接头转动应灵活，密封应可靠，维修应方便。

5.2.14 液压及气动系统的压力应调整适当，启动和关闭时不应有异常的冲击振动。

5.2.15 液压站及空压站设置位置应适当，且便于应急救援和维修。

5.2.16 当工作环境温度最高时，油箱油温不应超过 65 ℃。设备允许运行的环境温度范围内，设备应能正常工作。

5.2.17 回转支承面与回转支承安装基面的倾斜度公差应不大于1/1 000。

5.2.18 制动系统应保证游乐设施紧急停机时不产生较大冲击,升降系统制动应优先选用设备静止或缓慢下降制动方式;旋转制动宜选用自然停车或能耗制动方式。制动停止后,应使运动部件、乘载系统保持静止状态且乘客处于安全状态,必要时应设置辅助锁紧装置或驻车装置。

5.2.19 电动机、减速器、联轴器等应安装良好,安装要求与公差应符合GB 50231的相关要求。

5.2.20 螺栓连接应能满足工艺文件的要求,防松标识应清晰,易于检查。

5.2.21 重要零部件的销轴连接应有防脱落措施,易于检查。

5.2.22 对于轴承及接触面有相对运动的部位,应有润滑措施,需要添加润滑剂的,应易于操作。

5.2.23 升降装置的极限位置,应设置缓冲装置。

5.3 乘载系统

5.3.1 乘人装置应明确标识额定乘员数量和承载重量。

5.3.2 乘人部分由油缸或气缸支承升降时,应有缓冲措施或保护措施。

5.3.3 落地式的吊舱在着地支脚处应有缓冲装置。

5.3.4 乘人部分框架宜采用金属结构材料,座席宜采用软质材料。

5.3.5 吊挂乘人部分使用的钢丝绳应符合GB/T 8918的相关规定,并随机提供钢丝绳力学性能报告。

5.3.6 按照GB 8408设计加速度分区在区域4、区域5的飞行塔类游乐设施,应设置两套独立的乘客束缚装置或一套失效安全的束缚装置,束缚装置应为安全压杠,安全压杠应设置至少两套锁紧装置,锁紧装置应便于检查。

5.3.7 旋转飞椅系列飞行塔类游乐设施在运行时,束缚装置应不能由乘客自行打开,必要时,应设置防止乘客自行打开的保险装置。

5.4 电气控制系统

5.4.1 安全相关电气控制系统应符合故障-安全原则,设计时应至少考虑信号采集错误、控制线路断线、供电线路断线、短路、漏电等故障时导向安全。

5.4.2 电气系统应符合GB/T 5226.1的规定。

5.4.3 控制系统安全功能宜采用GB/T 16855.1的相关要求;采用电气电子可编程器件的控制系统宜采用GB/T 20438的相关要求。

5.4.4 当使用地点的海拔高度超过1 000 m时,应按GB/T 755的规定对电动机容量进行校核,超过2 000 m时,应对电器件进行校核。

5.4.5 设备高度大于45 m时,应设置航空障碍警示灯,警示灯应符合MH/T 6012的要求。

5.4.6 操作室应单独设置,视野开阔,有充分的活动空间和照明,并应设置视频监控系统,保证设备运行时,整机运行情况处于监控状态,监控显示画面应清晰。

5.4.7 控制面板上各指示仪表、指示灯应无损坏且工作正常,各项控制功能应与设计文件一致,如电铃、启动、运行、停止、急停、联锁等。

5.4.8 实际使用的主要电气元器件(包括型号、规格、数量、位置等)应与设计文件保持一致。

5.4.9 室外外露的集电器应采取防水措施或具有防水功能,满足外露情况下的使用要求。

5.4.10 乘客容易接触(高度小于 2.5 m 或安全距离小于 500 mm)的装饰照明电压,应采用不大于 50 V 的安全电压。由乘客操作的电气开关应为不大于 24 V 的安全电压。

5.4.11 当设备高度大于 15 m 时应有避雷装置,并应采取防闪电电涌侵入的措施。设备高度超过 60 m 时,还应有防侧向雷击的防雷措施。避雷装置应连接可靠,其接地电阻应不大于 10 Ω。防雷装置应符合 GB 50057 的相关要求,并经过相关部门检验合格。

5.5 应急救援系统

5.5.1 设备发生故障、断电或其他可预见的意外情况时,应有必要的应急救援装备和乘客疏导措施,避免长时间高空滞留,保证乘客的安全。

5.5.2 应急救援的备用电源或应急发电机应随时保持在可用状态。

5.5.3 对于一端有配重的飞行塔类游乐设施,当动力电源失去或制动后,座舱应能靠自重回到下客位置,并有可靠的操作措施避免卡在死点位置。

5.5.4 设备高度不小于 40 m 时,应有一套备用电气控制系统,并与主电气控制系统有效隔离。

5.5.5 应验证应急救援装备、方法、步骤、乘客疏导措施、应急救援时间和应急演练频次是否满足设计和相关法律、法规、标准的要求,并保存应急救援相关验证的原始记录,原始记录宜为影像视频记录。同时,应在使用维护说明书中明确上述内容。

5.6 表面防护

5.6.1 游乐设施金属结构应采取适当的表面防护措施,如涂防锈漆、热(浸)镀锌等,或采用不锈钢材料。

5.6.2 采用涂防锈漆进行金属结构表面防护,涂装前应进行除锈处理,达到 GB/T 8923 中的 Sa2 $\frac{1}{2}$级;主要受力构件之外的构件应达到 Sa 2 或 St 2 级(手工除锈)。漆面应均匀、细致、光亮、完整和色泽一致,不应有粗糙不平、漏漆、错漆、皱纹、针孔及严重流挂等缺陷。推荐漆膜总厚度不小于 80 μm。漆膜附着力应符合 GB/T 9286—1998 中规定的 1 级质量要求。

5.6.3 采用热(浸)镀锌进行金属结构表面防护,应满足 GB/T 13912 的有关规定。

5.7 整机

5.7.1 运行试验前、试验后,应对游乐设施整机进行目视检测,整机应外观状态良好,无破损。

5.7.2 主要技术参数中的设备高度、回转直径、座舱数量、每舱承载人数等静态参数应符合设计要求;转速、运行速度等动态参数与设计值的偏差应在−10%～5%。

5.7.3 设计加速度分区在区域 3、区域 4、区域 5 的设备应进行加速度测试,测试值与设计值(含冲击系数)的偏差应控制在 5%范围内。

5.7.4 整机功能和性能应符合设计要求。

5.7.5 重要受力部件的应力应满足设计要求,必要时,应进行应力测试。

5.7.6 在显著位置处应固定铭牌,铭牌内容应清晰并与样机所提供信息(如:主要技术参数、产品编号等)保持一致。

5.7.7 当站台高度超过 2 m 时,安全栅栏高度应不低于 1 200 mm。

5.7.8 用于检查维修用的爬梯、通道、平台应牢固,其作业空间应能满足工作要求,爬梯宽度宜不低于 500 mm,爬梯步间距范围为 250 mm～350 mm。高于 2 m 的爬梯应设置防护装置或安全带挂接装置。

5.7.9 装饰照明等附属设施的电气控制系统应设置独立的保护措施,当其故障时,不应影响设备主体及其电气控制系统的正常工作。

5.7.10 装饰照明、装饰物等附属设施应固定牢靠。

5.7.11 整机运行试验应包含空载、偏载和满载试验。运行试验时不准许有异常的振动、冲击、发热、声响及卡滞现象。运行试验后，机械及结构零部件不应有异常磨损、变形、脱落、永久变形及损坏等现象，电气零部件不应有脱落、损坏、异常发热现象。基础不应有不均匀沉陷和开裂。

5.7.12 安全距离和防护应符合设计要求。

6 检验、检测与试验要求

6.1 基本要求

6.1.1 生产单位、安装单位应依据相关标准、设计文件、制造工艺和设备特点制定具体的检验方案，方案应包括机械及结构、乘载系统、电气控制系统、应急救援系统、整机等方面的检验、检测与试验。

6.1.2 每台飞行塔类游乐设施安装调试完毕后应按检验方案进行检验、检测与试验，全部检验项目合格后方可交付使用。

6.1.3 试验时风速应不大于 8 m/s。

6.1.4 特殊要求除外，环境温度应为－5 ℃～40 ℃，环境相对湿度宜不大于 85％。

6.1.5 试验载荷与其额定值的误差应不超过±5％。

6.1.6 试验前应检查游乐设施机械及结构、乘载系统、电气控制系统、应急救援系统和附属装置中的零部件、元器件及其连接的完整性，与设计文件的一致性。

6.1.7 试验后对于有问题或疑问的零部件应进行拆检，对发现的问题及时判明原因并采取措施，做好详细记录。

6.1.8 各项检验结束后，应编写检验报告，检验报告至少应包含以下内容：

a） 检验时间、地点；

b） 设备名称、编号、主要技术参数；

c） 检验依据；

d） 检验项目的名称、要求、方法、结果、检验人员签字；

e） 检验结论；

f） 检验报告的编制、审核、审批人员签字。

6.1.9 制造单位应保存产品检验报告和有关记录、图样、质量证明文件及技术文件。

6.2 机械及结构

6.2.1 试验前、后应进行机械及结构的检验、检测，内容至少包含基础、钢结构、机械传动零部件、重要焊缝、重要销轴、重要螺栓连接等。

6.2.2 机械结构和传动机构试验，分别在空载、偏载、满载工况下，每种工况试验不少于 3 次，机械结构、传动机构应无明显的晃动、打滑、失速和声响、永久变形等现象。

6.2.3 升降试验，分别在空载、偏载、满载工况下，在升降运动过程中观察运行是否平稳，能否实现上升、下降功能。每种工况试验不少于 3 次。

6.2.4 回转试验，分别在空载、偏载、满载工况下，在回转运动过程中观察运行是否平稳，能否实现回转功能。每种工况试验不少于 3 次。

6.2.5 吊挂座椅平衡试验，分别在空载、偏载、满载工况下，模拟松开任意一条环链或钢丝绳后，采用自动模式运行，运动过程中观察座椅是否能够保持平衡并确保乘客安全。每种工况试验不少于 3 次。

6.2.6 过压保护装置试验，分别在空载、偏载、满载工况下，运动过程中观察液压或气压系统中，过压保护装置是否作用有效，必要时，对其进行第三方检定。每种工况试验不少于 3 次。

6.2.7 制动装置试验，分别在空载、偏载、满载工况下，运动过程中观察制动系统在紧急停机时是否产生较大冲击。制动停止后，运动部件、乘载系统是否保持静止状态且乘客是否处于安全状态。每种工况试验不少于 3 次。

6.2.8 缓冲装置试验，分别在空载、偏载、满载工况下，采用手动模式运行设备，运动过程中观察，升降装置的极限位置处的缓冲装置、落地式的吊舱在着地支脚处的缓冲装置是否有效工作。每种工况试验不少于 3 次。

6.3 乘载系统

6.3.1 试验前、后应进行乘载系统的检验、检测，内容至少包含座椅钢结构连接、安全压杠及其锁紧装置、安全带及其固定连接等。

6.3.2 安全压杠锁紧装置性能试验，设备处于静止状态，在安全压杠压紧到位并锁紧后，在压杠端部或压杠把手位置施加 500 N 的力，力的方向应垂直于压杠回转力臂连线，持续时间 60 s，压杠及其锁紧装置应有效，且不应有明显变形或损坏。有两道锁紧装置时，每道锁紧装置应能独立起作用，并且每道锁紧装置单独进行试验，试验次数不少于 3 次。每种类型安全压杠试验不少于 3 个。

6.3.3 安全压杠下沿与座椅前部拦挡结构间隙检测，设备处于静止状态，压杠闭合至不同锁紧位置，座椅面前部拦挡结构与压杠前端之间的最小距离 L 应不大于 70 mm，见图 1。对每套座椅测量不少于3 次，取最大值。

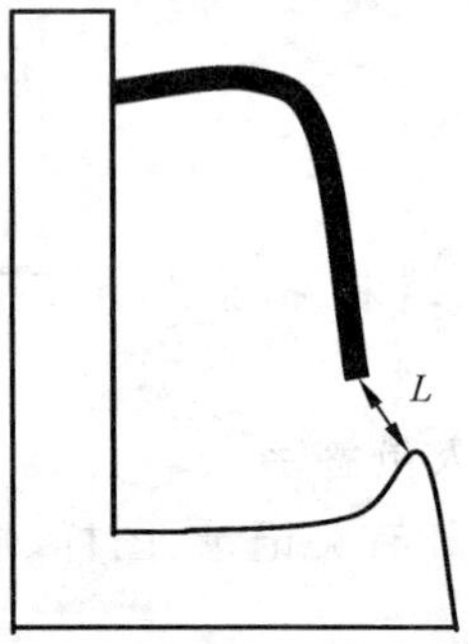

图 1 座椅面前部拦挡结构与压杠前端之间的最小距离 L

6.3.4 束缚装置自行打开试验，在静止状态下，模拟乘客在乘坐时，束缚装置锁紧后，乘客应不能自行打开束缚装置，试验不少于 3 次。

6.3.5 安全压杠手动打开试验，设备处于静止状态，针对设备每一个安全压杠，在安全压杠压紧到位并锁紧后，采用手动打开安全压杠锁紧装置，使安全压杠释放到最大行程位置，试验不少于 3 次。

6.3.6 安全压杠空行程测试，设备处于静止状态，针对设备每一个安全压杠，在安全压杠压紧到位并锁紧后，用钢卷尺测量安全压杠端部游动量，其最大游动量应小于 35 mm，试验不少于 3 次，取最大值。

6.4 电气控制系统

6.4.1 试验前后应进行电气控制系统的检验、检测，内容至少包含各种电气控制元件、线路及其连接，安全联锁功能等。

6.4.2 启动试验，分别在空载、偏载、满载工况下，按下启动按钮后，设备应能够正常启动。每种工况试验不少于3次。

6.4.3 停止试验，分别在空载、偏载、满载工况下，按下设备停止按钮，设备应能够正常停止。每种工况试验不少于3次。

6.4.4 紧急停止试验，分别在空载、偏载、满载工况下，分别在升降低、中、高区域内，对每一个紧急停止按钮功能进行试验，按下紧急停止按钮后运动部分应减速或停止在安全位置，复位紧急停止按钮后，运动部分应保持在原位置。每种工况试验不少于3次。

6.4.5 联锁试验，分别在空载、偏载、满载工况下，现场模拟设备前序动作未准备就绪，后续动作不应启动。试验安全压杠闭合、锁紧、自动门开闭、活动平台移动等，每种工况试验不少于3次。

6.4.6 误启动试验，分别在空载、偏载、满载工况下，现场模拟设备前序动作未准备就绪，按下启动按钮，设备不应启动。每种工况试验不少于3次。

6.4.7 减速制动装置试验，分别在空载、偏载、满载及可预见的故障工况下，使设备减速制动，制动装置应平稳、有效，制动时间应符合设计要求。每种工况试验不少于3次。

6.4.8 失速保护装置试验，分别在空载、偏载、满载工况下，模拟系统失速状态，检查有失速产生危害的或垂直升降的载人舱设置的防止失速的保护装置是否灵敏、有效、安全。每种工况试验不少于3次。

6.4.9 升降限位装置试验，在满载工况下，手动模拟触动升降限位开关，检查所设置的行程位置开关和极限位置开关是否有效。试验不少于3次。

6.4.10 绝缘电阻测试，测量设备带电回路和地之间、电动机的相间、变压器初次级绕组之间的电阻，每个测试点电阻应符合要求。每个测试点连续测量3次，取最小值。

6.4.11 接地电阻测试，测量正常情况下不带电的金属外壳与地之间的电阻，每个测试点电阻应符合要求。每个测试点连续测量3次，取最大值。

6.5 应急救援系统

6.5.1 应急救援的检验应至少包含预案中各种可预见工况下的应急救援装备、应急救援措施的有效性和时效性的检验。

6.5.2 模拟设备断电或其他可预见的意外情况，采用规定的应急救援装备和乘客疏导措施，能疏导乘客至安全区域，每种工况至少模拟1次，每次疏导时间不超过1 h。

6.5.3 正常供电系统失效，采用备用电源开展救援的设备，设备可实施救援。

6.6 表面防护

6.6.1 漆膜总厚度的试验，使用漆膜厚度仪在主要受力构件每10 m^2（不足10 m^2 的按10 m^2 计）作为一处，每处测3～5点，每处所测各点厚度的平均值不低于总厚度的90%，也不高于总厚度的120%，测得的最小值不低于总厚度的70%。

6.6.2 漆膜附着力的试验，按GB/T 9286—1998中规定的方法，在主要受力构件上分别取6处。其评定等级不低于1级。

6.6.3 按 GB/T 13912 规定的方法，对金属结构热(浸)镀锌层进行检测，检查热(浸)镀锌层的外观，在主要受力构件上分别取 6 处，锌层厚度应符合设计。

6.7 整机

6.7.1 宏观目视检测应包括所有机械及结构、乘载系统、电气控制系统、应急救援系统、表面防护等内容。所有部件应外观状态良好，无破损和损坏；电气接线良好，无松动。

6.7.2 运行速度测试，在满载工况下进行，试验重复 3 次，取平均值。

6.7.3 升降速度测试，在满载工况下进行。当升降速度低于 10 km/h 时，通过一定距离 s，用秒表测量所需时间 t，按式(1)计算升降速度 v。试验重复 3 次，取最大值。

$$v=3.6s/t \qquad \cdots\cdots(1)$$

式中：

v ——升降速度，单位为千米每小时(km/h)；

s ——试验通过的距离，单位为米(m)；

t ——通过一定距离所需时间，单位为秒(s)。

当升降速度超过 10 km/h 时，用速度测试仪测量最大速度点处的升降速度 v，试验重复 3 次，取最大值。

6.7.4 转速测试，在满载工况下进行。飞行塔类游乐设施运行平稳后，用秒表测连续运行 3 周所需时间，按式(2)计算转速。试验重复 3 次，取最大值。

$$n=180/t \qquad \cdots\cdots(2)$$

式中：

n ——转速，单位为转每分(r/min)；

t ——稳定运行 3 周所需时间，单位为秒(s)。

6.7.5 空载运行试验，不加入活载荷，连续运行 1 h，设备应运行正常。

6.7.6 偏载运行试验，偏载试验应按照设计时偏载载荷加载，连续运行 1 h，设备应运行正常。

6.7.7 满载运行试验，在均布额定载荷下，每天连续运行不少于 8 h，连续无故障累计运行试验不少于 80 h，设备应运行正常。

6.7.8 加速度测试，在空载、偏载、满载工况下，每种工况至少测量 3 次，取最大值为测试值。

6.7.9 应力测试，在空载、偏载、满载工况下，根据设计计算书至少选取塔身、回转体、乘人部分等至少3 处应力值较大的位置进行测试。测试时对每个测点在同种工况下重复测试不少于 3 次，取最大值作为测试值。在自重作用下产生的应力，应由制造单位提供其计算值或实际测量值。各测点应力值应为载荷作用下的测试值与自重作用下的计算应力值之和。

6.7.10 断绳保护装置试验，在满载工况下，模拟触发断绳保护装置，乘人部分升降运动应停止，并使乘客处于安全状态。试验不少于 1 次。

6.7.11 安全距离试验，在空载、偏载、满载工况下，模拟安全包络线轮廓，设备在运行过程中，安全包络线轮廓不应有损坏现象。每种工况试验不少于 3 次。

7 随机文件、标志、包装、运输和贮存

7.1 随机文件、标志

7.1.1 产品交付前至少应包括下列随机文件，且宜放置于控制柜包装箱或主机包装箱内：

a) 产品合格证明书；

b) 产品使用维护说明书和维修用图纸；

c) 备件及易损件清单；

d) 主要外购件的合格证和说明书；

e) 专用工具、仪器清单(如有时)；

f) 移动式飞行塔类游乐设施应附有拆装说明书。

7.1.2 应在显著位置处设置产品铭牌，产品铭牌内容至少包括制造单位名称、制造地址、制造许可证号、设备型号、产品编号、制造日期、主要技术参数。

7.2 包装、运输和贮存

7.2.1 包装应符合 GB/T 191 和 GB/T 13384 的有关规定。

7.2.2 在解体运输中，解体的零部件连接处应有清晰的对应连接标记。

7.2.3 外露的加工面应有防锈处理。

7.2.4 大型零部件和包装箱的质量、重心、吊挂点应有标志，并标明件号。

7.2.5 产品及其零部件贮存时，应注意防潮、防锈、防尘和防止变形。

附　录　A
（资料性附录）
常见重要轴（销轴）、重要焊缝示例

常见重要轴（销轴）、重要焊缝示例见表 A.1。

表 A.1　常见重要轴（销轴）、重要焊缝示例

序号	型式名称	典型设备	常见重要轴（销轴）	常见重要焊缝
1	旋转飞椅系列	飓风飞椅、高空飞翔等	油缸（气缸）升降销轴、座椅吊挂轴、钢丝绳吊挂轴、吊挂支臂根部销轴等	座椅吊挂焊缝、钢丝绳吊挂处焊缝、座椅骨架焊缝、回转体与支臂连接处焊缝等
2	青蛙跳系列	青蛙跳等	油缸（气缸）升降销轴、钢丝绳吊挂轴等	钢丝绳吊挂处焊缝、座椅骨架焊缝、安全压杠根部焊缝等
3	探空飞梭系列	探空梭、跳楼机等	油缸（气缸）升降销轴、钢丝绳吊挂轴等	钢丝绳吊挂处焊缝、座椅骨架焊缝、安全压杠根部焊缝等
4	观览塔系列	观光塔、跳伞塔等	油缸（气缸）升降销轴、钢丝绳吊挂轴等	钢丝绳吊挂处焊缝、座椅骨架焊缝、回转体焊缝等
5	其他型式飞行塔类	飞旋塔等	油缸（气缸）升降销轴、座椅吊挂轴、钢丝绳吊挂轴、吊挂支臂根部销轴等	座椅吊挂焊缝、钢丝绳吊挂处焊缝、座椅骨架焊缝、回转体与支臂连接处焊缝、压杠根部焊缝等

ICS 97.200.40
Y 57

GB

中华人民共和国国家标准

GB/T 18162—2008
代替 GB 18162—2000

赛车类游艺机通用技术条件

Specifications of amusement rids fairy racing category

2008-11-12 发布　　2009-05-01 实施

中华人民共和国国家质量监督检验检疫总局
中国国家标准化管理委员会　发布

前　言

本标准替代 GB 18162—2000《赛车类游艺机通用技术条件》，本标准与 GB 18162—2000《赛车类游艺机通用技术条件》相比，主要变化如下：

——第 1 章“范围”增加了赛车的设计、制造、安装、改造、维修、试验、检验和使用管理；

——将原第 3 章“技术要求”修订为第 4 章“基本设计规定”增加了设计要考虑的各种载荷；增加了设计计算：包括应力、刚度计算、疲劳强度等；

——第 10 章“安全装置”主要增加安全标志的设置规定；

——第 11 章“电气”，主要增加了电气系统要求；增加了蓄电池的使用标准；

——第 12 章“制造与安装”，主要增加了制造与安装的要求；

——第 13 章“试验方法”，主要增加了超载运行试验；

——第 14 章“检验规则”，主要增加了三条产品重缺陷：赛车的驱动和传动部分无覆盖；安全带不符合要求；汽油机油箱密封不好，有渗漏现象；

——增加了附录 A(规范性附录)关于“重要的轴、销轴”和“重要焊缝”的规定。

本标准的附录 A 为规范性附录。

本标准由全国索道、游艺机及游乐设施标准化技术委员会提出并归口。

本标准负责起草单位：国家质量监督检验检疫总局、中国特种设备检测研究院、全国索道、游艺机及游乐设施标准化技术委员会。

本标准参加起草单位：桂林市质量技术监督局、浙江省质量技术监督局。

本标准主要起草人：鄂立军、董照龙、廖建秋、赵欣刚。

本标准所代替标准的历次版本发布情况为：

——GB 18162—2000。

赛车类游艺机通用技术条件

1 范围

本标准规定了赛车类游艺机通用技术条件和技术要求。

本标准适用于赛车类游艺机的设计、制造、安装、改造、维修、试验、检验和使用管理(以下简称赛车)。

2 规范性引用文件

下列文件中的条款通过本标准的引用而成为本标准的条款。凡是注日期的引用文件,其随后所有的修改单(不包括勘误的内容)或修订版均不适用于本标准,然而,鼓励根据本标准达成协议的各方研究是否可使用这些文件的最新版本。凡是不注日期的引用文件,其最新版本适用于本标准。

GB/T 699 优质碳素结构钢

GB/T 983 不锈钢焊条

GB/T 985 气焊、手工电弧焊及气体保护焊焊缝坡口的基本形式与尺寸

GB/T 1447 纤维增强塑料拉伸性能试验方法(GB/T 1447—2005,ISO 527-4:1997,Test conditions for isotropic and orthotropic fiber-reinforced plastics composites,NEQ)

GB/T 1449 纤维增强塑料弯曲性能试验方法(GB/T 1449—2005,ISO 14125:1998,Fibra-reinforced plastic composites—Determination of flexural properties,NEQ)

GB/T 1451 纤维增强塑料简支梁冲击韧性试验方法

GB/T 3077 合金结构钢

GB/T 5117 碳钢焊条

GB/T 5118 低合金钢焊条

GB/T 7403.1 牵引用铅酸蓄电池(GB/T 7403.1—2008,IEC 60254-1:2005,Lead-acid traction batteries—Part 1:General requirements and methods of test,MOD)

GB 8408—2008 游乐设施安全规范

GB 14621 摩托车和轻便摩托车排气污染物排放限值及测量方法(怠速法)

GB 50231 机械设备安装工程施工及验收通用规范

3 总则

3.1 本标准是指沿地面指定线路运行及运动形式类似的游艺机(内燃机或电力驱动)。

3.2 赛车的设计、制造、改造、维修、安装、试验、检验和使用管理,应执行本标准并符合 GB 8408—2008 的规定。

3.3 本标准未提到的其他要求,均应按国家有关标准、规范和规定执行。

4 基本设计规定

4.1 基本要求

4.1.1 赛车的设计应有设计说明书、设计计算书及符合国家有关标准的全套设计图样。

4.1.2 赛车的设计应规定其整机及主要部件设计使用寿命，整机使用寿命不小于 23 000 h。

4.1.3 赛车的设计应符合 GB 8408—2008 的规定。

4.1.4 赛车主要部件包括车架、行走轮系、转向机构、制动机构、安全装置和驱动机构等。

4.1.5 每辆车应在显著位置上固定标牌，标牌内容至少应包括产品名称、产品型号、产品编号、制造日期和制造许可证编号等。

4.2 赛车的载荷应符合 GB 8408—2008 中 4.2 的规定。

4.2.1 载荷包括：永久载荷(用 G_k 表示)、变载荷(用 Q_k 表示)、碰撞力并按 GB 8408—2008 中表 1 选择冲击系数。

4.2.2 载荷组合按 GB 8408—2008 中 4.2.4 的规定并结合实际工作状况选取。

4.3 人员活动区域均布活载荷的取值应符合 GB 8408—2008 中 4.3 的规定。

4.4 设计计算应符合 GB 8408—2008 中 4.5 的规定。

4.4.1 赛车的设计应根据具体结构作相应计算：应力计算、刚度计算、疲劳强度计算等。

4.4.2 重要的轴、销轴及焊缝除做应力计算外，宜做疲劳强度验算，两者都应满足给定的安全系数，对于难以拆卸的重要轴及销轴，应按无限寿命设计。

4.5 赛车主要参数

4.5.1 速度应不大于 20 km/h。

4.5.2 转弯半径应不大于 3.5 m。

4.5.3 爬坡度应不小于 7°。

4.5.4 活载荷应符合 GB 8408—2008 中 4.2.2.1 的规定。

4.6 玻璃钢件

4.6.1 不应有浸渍不良、气泡、切割面分层、厚度不均等缺陷。

4.6.2 表面不应有裂纹、破损、明显修补痕迹、布纹显露、皱纹、凸凹不平、色调不一致等缺陷，转角处过渡应圆滑。

4.6.3 内表面应整洁，不应有玻璃布头显露。

4.6.4 树脂含量控制在 50%～60%，胶衣层厚度为 0.25 mm～0.5 mm。

4.6.5 玻璃钢件边缘平整圆滑、无分层。

4.6.6 玻璃钢件与受力件连接时应预埋金属件。金属预埋件应作除油、除锈、清洗和打毛处理。

4.6.7 玻璃钢件力学性能应符合表 1 规定。

表 1 玻璃钢件力学性能

项　目	指　标
抗拉强度/MPa	≥78
抗弯强度/MPa	≥147
弹性模/MPa	$\geq 7.3\times 10^3$
冲击韧度/(J·cm^{-2})	≥11.7

4.7 重要的轴和销轴，宜采用力学性能不低于 45 号钢的材料，调质处理后的硬度应符合

GB/T 699、GB/T 3077 的规定。配合面的表面粗糙度 Ra 值应不大于 1.6 μm。

4.8 螺栓和销轴连接

4.8.1 零部件采用螺栓连接时,应采取防止松动措施。

4.8.2 零部件采用销轴连接时,应采取防止脱落措施。

4.9 焊接连接

4.9.1 手工焊接用的焊条,应符合 GB/T 5117、GB/T 5118 和 GB/T 983 的规定。选择焊条的型号应与主体构件材料及焊缝所受载荷的类型相适应。

4.9.2 焊接接头的基本形式与尺寸应符合 GB/T 985 的规定。

4.9.3 焊缝不应有漏焊、烧穿、裂纹、气孔、夹渣、未焊透和严重咬边等缺陷。所有焊渣、熔瘤等均应清除干净。

4.10 重要的轴、销轴及重要焊缝在制造过程中应进行探伤检查。

4.11 各类易损件,在正常运转情况下,寿命宜不低于 6 个月。

4.12 橡胶材料力学性能应符合表 2 规定。

表 2 橡胶材料力学性能

项 目	指 标
扯断强度/MPa	≥12
扯断伸长率/%	≥400
磨耗减量/$cm^3(1.61\ km)^{-1}$	≤0.9
橡胶与铁芯附着强度/MPa	≥1.30
硬度/邵尔 A 度(推荐值)	70~85

5 车道

5.1 车道要求平整坚实,不应有凹凸不平现象。

5.2 允许超车行驶的道路,路面宽度不小于 5 m,路面坡度不大于 5%,道路转弯半径(内径)不小于 5 m。

5.3 不允许超车行驶的道路,路面宽度不小于 3 m,路面坡度不大于 5%,道路转弯半径(内径)不小于 5 m。

5.4 道路内不应有障碍物,也不应插入支线,道路两侧应设置缓冲拦挡物。

5.5 路基有可能积水时应设排水沟。

6 车辆

6.1 每辆车应标出定员人数,严禁超载运行。

6.2 车辆的框架应采用金属材料,座席应采用软质材料、木材或玻璃钢等制造。

6.3 车辆座席的净宽度单人应不小于 400 mm,双人不小于 700 mm,座席靠背高度应不小于 300 mm。

6.4 车轮装置应转动灵活。

6.5 凡乘客可能触及之处,均不允许有外露的锐边、尖角、毛刺和危险突出物等。

7 传动系统

7.1 汽油机应有合格证书。

7.2 减速器及磨擦离合器应平稳可靠。

7.3 消声器工作状态应良好。排气污染物的排放标准及测量按 GB 14621 要求执行。

7.4 传动齿轮应符合有关齿轮标准,并无异常偏啮合及偏磨损。对齿轮啮合的接触斑点要求和测量方法按 GB 50231 的规定执行。

7.5 皮带和滚子链传动应拉紧适度,其装配要求应符合 GB 50231 的有关规定。皮带表面局部无破损、老化、断裂,带连接部无伤痕、剥离。有裂痕出现应及时更换。

7.6 传动系统的设计,应保证运行安全,在系统出现失效的情况下,赛车应处于安全状态。

7.7 赛车起动时不应有明显打滑现象,传动机构应运转正常。整机运行时不允许有爬行和异常的振动、冲击、发热、声响及卡滞现象。

7.8 机械传动部分应符合 GB 8408—2008 中 5.3.2、5.3.3、5.3.4、5.3.5、5.3.6、5.3.7 的规定。

7.9 各种运行试验中,零部件不应有永久变形及损坏现象。必要时应进行应力测试。

8 操作和控制

8.1 操作手轮应轻便省力,不应有卡滞现象。

8.2 转向机构应灵活可靠。

9 覆盖物与防冲装置

9.1 赛车的驱动和传动部分及车轮应有覆盖。

9.2 车辆应设缓冲装置,并突出车体不小于 100 mm。

9.3 同一车场车辆的前后缓冲装置应在同一高度上。

10 安全装置

10.1 安全标志的设置应符合 GB 8408—2008 中第 7.1.6 的规定。

10.2 赛车应每人配备安全带。

10.3 赛车如有危及乘客安全之处应有安全措施。

10.4 加速和制动装置应有明显标志。

10.5 制动装置应安全可靠。最大速度时制动距离小于 7 m。

10.6 汽油机油箱密封良好,不应有渗漏现象。

10.7 应设有后制动装置。

10.8 安全栅栏、站台设置应符合 GB 8408—2008 中 7.8.1、7.8.2、7.8.3、7.8.4 的规定。

11 电气

11.1 电气系统应符合 GB 8408—2008 中 6.1.1、6.1.2、6.1.5 的规定。

11.2 控制系统应符合 GB 8408—2008 中 6.2.1 的规定。

11.3 安全防护应符合 GB 8408—2008 中 6.4.4、6.4.5 的规定。

11.4 电气安装应符合 GB 8408—2008 中 6.5.1、6.5.2 的规定。

11.5　蓄电池

11.5.1　蓄电池应固定牢固。不应因碰撞而移动。

11.5.2　蓄电池应密封良好，不允许有漏液、渗液现象；技术性能应符合 GB/T 7403.1 的规定。

11.5.3　在额定载荷下，蓄电池按实际工况连续工作时间宜不小于 4 h。

11.5.4　每辆车上应设有短路保护装置。

12　制造与安装

12.1　一般规定应符合 GB 8408—2008 中 8.1.1、8.1.2、8.1.3、8.1.5、8.1.6、8.1.7 的规定。

12.2　金属材料应符合 GB 8408—2008 中 8.2.1、8.2.2、8.2.3、8.2.4、8.2.5、8.2.6 的规定。

12.3　非金属材料应符合 GB 8408—2008 中 8.3.1、8.3.2、8.3.4、8.3.5、8.3.6 的规定。

12.4　重要零件加工应符合 GB 8408—2008 中 8.4.1、8.4.2 的规定。

12.5　重要的轴和销轴宜进行调质处理，硬度应符合 GB/T 699 和 GB/T 3077 的规定。

12.6　结构件应符合 GB 8408—2008 中 8.5.1、8.5.3 的规定。

12.7　焊接应符合 GB 8408—2008 中 8.6.1、8.6.2、8.6.3、8.6.4、8.6.6、8.6.8 的规定。

12.8　螺栓及销轴连接应符合 GB 8408—2008 中 8.7.1、8.7.3、8.7.4、8.7.5、8.7.6 的规定。

12.9　基础应符合 GB 8408—2008 中 8.8.1、8.8.2、8.8.4、8.8.6、8.8.7、8.8.8、8.8.9 的规定。

12.10　装配应符合 GB 8408—2008 中 8.9.1、8.9.2、8.9.3、8.9.4、8.9.5、8.9.6、8.9.7 的规定。

12.11　涂装应符合 GB 8408—2008 中 8.12.1、8.12.2、8.12.3 的规定。

12.12　检验应符合 GB 8408—2008 中 8.13.1、8.13.2、8.13.3、8.13.4、8.13.6、8.13.7、8.13.8 的规定。

13　试验方法

13.1　凡新产品、产品转厂制造及有重大改进的产品在出厂前应按本标准进行有关试验。

13.2　试验条件

13.2.1　在露天试验时风速应不大于 8 m/s。

13.2.2　环境温度应为 0 ℃～40 ℃，相对湿度宜不大于 85%。

13.2.3　试验载荷与其额定载荷值的误差应不超过±5%。

13.2.4　制造单位应提供产品的检验数据、记录、图样和技术文件。

13.2.5　试验期间应根据使用说明书进行技术保养。

13.2.6　有特殊要求的赛车可以增加试验项目。

13.3　试验仪器

13.3.1　根据试验要求选择相应精度的检测仪器和量具。

13.3.2　试验用的仪器和量具应经法定计量部门检定合格，在试验前后应进行检查校对，其偏差应符合规定要求。

13.4　赛车的道路、车辆、传动系统、外观和涂装等应符合本标准的规定要求。

13.5　外壳玻璃钢的试验应按 GB/T 1447、GB/T 1449 和 GB/T 1451 的规定进行。

13.6　满载试验

13.6.1　按设计额定值进行加载。

13.6.2　按实际工况连续运行试验，每天不少于 8 h，连续累计运行试验不少于 80 h。

13.6.3 车速测定

赛车在额定载荷下,沿直线以最高车速运行,测量出通过不小于 10 m 的距离所需时间,测量应不少于 3 次,取其平均值。计算所得的车速应符合本标准的规定要求。

13.7 超载试验

赛车加载至 120%额定载荷,运行不少于 5 min 后检查,应符合本标准的规定要求。

13.8 在满载和超载试验过程中运行均应正常,机械传动系统和电气系统均应符合本标准的规定要求。试验后对赛车有问题或有疑似问题的部位应进行拆检,并详细记录拆检情况,对发现的问题应及时研究,判明原因。记录可利用文字和拍照等方式。

13.9 各项试验结束后应编写有明确结论和符合有关规定的试验报告。

14 检验规则

不符合标准规定的产品缺陷,分为重缺陷和轻缺陷,重缺陷见表 3。每台样本有一项以上(含一项)重缺陷或 5 项以上(含 5 项)轻缺陷时为不合格品。

表 3 产品重缺陷

标准条号	缺陷内容
7.7	运行不正常
8	手轮有卡滞现象,转向不灵活
9.1	赛车的驱动和传动部分无覆盖
9.2	无缓冲装置
10.2	安全带不符合要求
10.5	制动不可靠,制动距离不符合要求
10.6	汽油机油箱密封不好,有渗漏现象

附 录 A
（规范性附录）
关于“重要的轴、销轴”和“重要焊缝”的规定

A.1 “重要的轴、销轴”是指重要的传动轴、车轮轴、乘人部分连接器销轴等。

A.2 “重要焊缝”是指车轮轴连接焊缝。

ICS 97.200.40
Y 57

中华人民共和国国家标准

GB/T 18163—2020
代替 GB/T 18163—2008

自控飞机类游乐设施通用技术条件

Specifications of amusement rides astro fighter category

2020-03-06 发布 2020-03-06 实施

国家市场监督管理总局
国家标准化管理委员会 发布

前　言

本标准按照 GB/T 1.1—2009 给出的规则起草。

本标准代替 GB/T 18163—2008《自控飞机类游艺机通用技术条件》，与 GB/T 18163—2008 相比，除编辑性修改外主要技术变化如下：

——修改了范围(见第 1 章，2008 年版的第 1 章)；
——增加了术语和定义(见第 3 章)；
——增加了自控飞机类游乐设施的常见型式主要技术参数(见表 1)；
——增加了设计文件、设计计算、风险评价等要求(见 5.1)；
——删除了基本设计规定(见 2008 年版的第 3 章)；
——删除了电气安装、接地与避雷要求(见 2008 年版的第 4 章)；
——增加了液压、气动装置失压保护措施、防坠落装置、减速制动装置、转动部分装饰物、设备基础、无损检测、零部件外形尺寸公差和形位公差、机加工零件未注尺寸公差和形位公差、焊接结构未注尺寸公差和形位公差、回转支承面或轴承端面与水平面的倾斜度公差、中间立柱与水平面的垂直度公差、乘人装置升降支承臂中心线对支承臂根部销轴中心线的垂直度公差、齿轮齿条传动装配、皮带传动装配、轮胎气压、电机、减速机和联轴器安装等要求(见 5.2)；
——增加了乘载系统中乘客束缚装置释放方式、乘人装置快速复位措施、牵引装置等要求(见 5.3)；
——增加了电气控制系统中控制系统安全功能、控制系统故障-安全原则、备用电源、集电器、限位、限速、极限位装置控制功能、视频监视系统、传感器防护、电动机容量校核、电器件容量校核、装饰照明、控制系统安全部件、安全联锁功能等附属设施电气控制系统、电气联锁等要求(见 5.4)；
——增加了应急救援要求(见 5.5)；
——增加了表面防护要求(见 5.6)；
——删除了制造与安装(见 2008 年版的第 5 章)；
——删除了安全装置(见 2008 年版的第 6 章)；
——删除了检验(见 2008 年版的第 7 章)；
——删除了检验规则(见 2008 年版的第 8 章)；
——增加了整机要求(见 5.7)；
——增加了检验、检测与试验要求(见第 6 章)；
——增加了随机文件、标志、包装、运输和贮存(见第 7 章)；
——修改了附录 A 关于常见重要轴(销轴)和重要焊缝的规定(见附录 A，2008 年版的附录 A)。

本标准由全国索道与游乐设施标准化技术委员会(SAC/TC 250)提出并归口。

本标准起草单位：中国特种设备检测研究院、华强方特文化科技集团股份有限公司、深圳华侨城文化旅游科技集团有限公司、重庆市特种设备检测研究院、武汉市特种设备监督检验所、广西壮族自治区特种设备检验研究院、沈阳市创奇游乐设备有限公司、国汇机械制造泰州有限公司。

本标准主要起草人：赵欣、刘博、李璟、沈勇、易水洪、刘辉、文红光、张勇、陈松涛、陈峥、刘健、张琨、鞠成伟、吴克、康常波、韩孟。

本标准所代替标准的历次版本发布情况为：

——GB 18163—2000、GB/T 18163—2008。

自控飞机类游乐设施通用技术条件

1 范围

本标准规定了自控飞机类游乐设施的总则、技术要求、检验、检测与试验要求、随机文件、标志、包装、运输和贮存。

本标准适用于自控飞机类游乐设施。

2 规范性引用文件

下列文件对于本文件的应用是必不可少的。凡是注日期的引用文件，仅注日期的版本适用于本文件。凡是不注日期的引用文件，其最新版本(包括所有的修改单)适用于本文件。

GB/T 191　包装储运图示标志
GB/T 755—2008　旋转电机　定额和性能
GB/T 1184　形状和位置公差　未注公差值
GB/T 1804　一般公差　未注公差的线性和角度尺寸的公差
GB/T 5226.1　机械电气安全　机械电气设备　第1部分:通用技术条件
GB 8408　大型游乐设施安全规范
GB/T 8923(所有部分)　涂覆涂料前钢材表面处理　表面清洁度的目视评定
GB/T 9286—1998　色漆和清漆　漆膜的划格试验
GB/T 13384　机电产品包装通用技术条件
GB/T 13912　金属覆盖层　钢铁制件热浸镀锌层技术要求及试验方法
GB/T 16754　机械安全　急停　设计原则
GB/T 16855.1　机械安全　控制系统安全相关部件　第1部分:设计通则
GB/T 19804　焊接结构的一般尺寸公差和形位公差
GB/T 20306　游乐设施术语
GB/T 20438(所有部分)　电气/电子/可编程电子安全相关系统的功能安全
GB/T 28265—2012　游乐设施安全防护装置通用技术条件
GB/T 34370(所有部分)　游乐设施无损检测
GB/T 34371　游乐设施风险评价　总则
GB 50231　机械设备安装工程施工及验收通用规范

3 术语和定义

GB/T 20306 界定的以及下列术语和定义适用于本文件。

3.1

自控飞机系列　astro fighter category

设备主运动为座舱绕设备主体的中心轴旋转、升降且座舱自身不旋转的自控飞机类游乐设施。

3.2

章鱼系列　octopus category

设备主运动为座舱绕设备主体的中心轴旋转、升降且座舱绕座舱自身的行星轴旋转的自控飞机类游乐设施。

3.3

其他型式自控飞机类　other types of astro fighter category

设备主运动为座舱绕设备的主体中心轴旋转、升降并伴有其他动作且运动形式不属于自控飞机系列、章鱼系列的自控飞机类游乐设施。

3.4

故障-安全　fail-safe

设备出现故障后，其控制系统或机械机构能够维持安全状态或向安全状态转移，以避免出现更大故障或事故的模式。

3.5

单一失效点　single point of failure

游乐设施上的某一个零件、结构连接点或电气元件，其失效将会导致整个设备失效或严重危及乘客安全。

4　总则

4.1　自控飞机类游乐设施产品的设计、制造、安装、改造、修理、试验和检验、标志、包装、运输和贮存应满足 GB 8408 的规定和本标准的相关要求。

4.2　自控飞机类游乐设施常见型式的主要技术参数宜按表1选取。

表1　常见型式主要技术参数

序号	型式名称	主要技术参数	典型设备
1	自控飞机系列	回转直径、承载人数、运行高度、转速、座舱数量、加速度	自控飞机
2	章鱼系列	回转直径、承载人数、运行高度、转速、座舱数量、加速度	章鱼、大草帽
3	其他型式自控飞机类	回转直径、承载人数、运行高度、运行速度、转速、座舱数量、加速度	能量风暴、狂舞、舞蹈喷泉

5　技术要求

5.1　基本要求

5.1.1　自控飞机类游乐设施的设计文件应至少包括设计说明书、设计计算书、产品使用维护保养说明书、风险评价报告、设计验证大纲及符合国家相关标准的全套设计图纸。

5.1.2　自控飞机类游乐设施结构设计时，应进行强度计算和疲劳强度计算。如果结构有失稳趋势时，需要相应增加稳定性计算。如果设备整体有倾覆、侧滑趋势时，需要相应增加防止倾覆计算、防止侧滑计算。如果零部件有变形要求的，需要相应增加刚度计算。

5.1.3　自控飞机类游乐设施难以检验、检测的重要轴(销轴)应按无限寿命设计，重要轴(销轴)

设计时应进行强度计算、疲劳强度计算。

5.1.4 自控飞机类游乐设施的偏载工况计算，应在最大设计风速为 15 m/s 的情况下，按设计规定的最恶劣偏载工况进行计算。

5.1.5 自控飞机类游乐设施设计阶段应按 GB/T 34371 进行风险评价，需要改造的或整机设计使用年限到期后仍需继续使用的自控飞机类游乐设施也应进行风险评价。风险评价应分别从受力结构与受力零部件、电气控制系统与部件、设备运行环境、游乐设施周围障碍物、人为因素、意外因素、应急救援等方面进行，并对单一失效点进行辨识。设计阶段应避免不可接受的风险，不应有不可检测或监测的单一失效点。

5.1.6 制造单位应根据设计文件要求，编制相应工艺文件。工艺文件应能够指导零部件和整机的制造过程，并保证制造质量。

5.1.7 制造单位应根据设计文件和工艺文件要求，生产质量合格的零部件，并保存制造和检验过程原始记录，原始记录保存年限应不低于设备使用年限。

5.1.8 安装单位应按照设计文件、安装工艺和安装规范的要求，保证安装质量，提供安装合格的整机，出具安装合格证，并保存安装和检验过程原始记录。

5.2 机械及结构

5.2.1 设备启动及运行应平稳、无异常声响。

5.2.2 液压及气动传动的回转接头应转动灵活、密封可靠、维修方便。

5.2.3 液压及气动装置的压力应调整适当，当设备启动和停止时，液压及气动装置不应有明显的冲击振动。

5.2.4 液压站及空压站设置位置应适当，且便于维修。

5.2.5 油缸、气缸驱动乘载系统升降支承臂或设备主体升降，液压、气动装置突然失压时应有保护措施。

5.2.6 乘载系统支承臂应设限位装置，支承臂两端销轴处的轴承应便于润滑。

5.2.7 设备主体可升降时，应设置上下限位装置。设备主体升降应平稳、无异常声响。可升降的设备主体存在意外坠落可能导致乘客触及地面或设备主体升降速度较快、升降幅度较大时，应设置有效的防坠落装置，保证设备及乘客处于安全状态。

5.2.8 乘载系统运行至最低位置时，乘客脚部不宜直接接触地面。

5.2.9 减速制动装置应保证紧急停机时不产生较大冲击，优先选用惯性停机或能耗制动、能量反馈等柔性制动方式。紧急停机后，应使乘载系统保持静止状态且乘客处于安全状态，必要时应设置辅助锁紧装置或驻车装置。

5.2.10 转动部分的装饰物应与转动部分连接可靠，并便于拆卸检查。

5.2.11 设备基础应坚实，满足设备承载力要求。移动式设备的基础应平整，基础框架应满足设备防侧滑要求。

5.2.12 自控飞机类游乐设施的重要轴(销轴)和主要受力零部件的重要焊缝应进行无损检测，无损检测方法和要求按 GB/T 34370 执行。常见重要轴(销轴)和重要焊缝示例参见附录 A。

5.2.13 零部件外形尺寸公差和形位公差应符合设计文件要求。机加工零件未注尺寸公差和形位公差应符合 GB/T 1804 和 GB/T 1184 的相关要求。焊接结构未注尺寸公差和形位公差应符合GB/T 19804的相关要求。

5.2.14 回转支承面或轴承端面与水平面的倾斜度公差不大于 1/1 000。

5.2.15　中间立柱与水平面的垂直度公差不大于1/1 000。

5.2.16　乘人装置升降支承臂中心线对支承臂根部销轴中心线的垂直度公差不大于1/1 000。

5.2.17　用齿轮齿条传动时，其装配要求应符合GB 50231的规定，齿轮啮合的接触斑点要求和测量方法应按GB 50231的规定执行。

5.2.18　采用皮带传动时，其装配要求应符合GB 50231的规定。皮带应张紧适度，不应有明显跑偏现象，导向装置应灵活可靠。

5.2.19　采用充气轮胎传动或作为支承时，应保证轮胎气压满足设计要求，轮胎气压降低或爆胎时应保证乘客的安全。

5.2.20　电动机、减速机和联轴器应安装良好，联轴器两轴的同轴度和端面间隙应符合GB 50231的规定。

5.2.21　重要结构件应设置有效的排水措施，结构件外表面及其内部不应有残留积水。

5.2.22　乘人装置运行时有振动、跳动运动的自控飞机类游乐设施，应设置相应的缓冲装置。

5.3　乘载系统

5.3.1　乘人装置框架宜采用金属材料，应具有足够的强度。座席可采用金属、木质、玻璃钢等材料，座席与乘人装置框架应牢固固定且方便检查维护。

5.3.2　章鱼系列自控飞机类游乐设施(有封闭座舱及半封闭拦挡门结构座舱的设备除外)以及按照GB 8408规定的设计加速度在区域4和区域5的自控飞机类游乐设施，只允许操作人员手动或自动释放乘客束缚装置，乘客在运行中不得自行打开。

5.3.3　乘人装置内应设置与运动形式、设计加速度分区及乘客限制相适应的安全压杠、安全挡杆、安全带、扶手等安全装置。乘客束缚装置应符合GB 8408的规定。对于未设置安全压杠、安全带或安全挡杆的乘人装置，宜设置座舱门或座舱拦挡物。

5.3.4　乘人装置有翻滚动作的自控飞机类游乐设施，应有快速复位措施。在停电或紧急停止时，能够使乘客恢复到正常乘坐姿态。

5.3.5　乘人装置与乘载系统支承臂连接部分存在由于单个零部件失效进而导致运行时座舱存在甩出风险时，应设置有效的保险措施。

5.3.6　保持乘人装置水平的牵引装置应设有保险措施，牵引装置及保险措施与乘人装置连接应牢固可靠，不应直接固定在玻璃钢上。

5.3.7　当动力电源突然断电或设备控制系统发生故障时，应有使乘人装置安全降到地面的措施。

5.4　电气控制系统

5.4.1　电气系统应符合GB/T 5226.1的规定。

5.4.2　控制系统安全功能宜符合GB/T 16855.1的规定，采用电气电子可编程器件的控制系统宜符合GB/T 20438的规定。

5.4.3　安全相关电气控制系统应符合故障-安全原则，设计时应至少考虑信号采集错误、控制线路断线、供电线路断线、线路短路、漏电等故障时，安全相关电气控制系统导向安全。

5.4.4　设计电路结构及设备时，应对可能发生的故障进行假设，并根据其假设采取具体的防护措施。

5.4.5　紧急停车的设计应符合GB/T 16754的规定。

5.4.6 设有备用电源的自控飞机类游乐设施，备用电源容量应满足设备顺利疏散乘客的要求。

5.4.7 根据结构和功能的有关规定，集电器可采用轴向或端面滑环的结构型式。集电器应满足设备功能要求，滑环应选用导电性能良好的材料。

5.4.8 集电器电刷和滑环应接触良好，并满足电流容量的要求，每个滑环上应设置不少于两个电刷接入点。

5.4.9 室外外露的集电器应采取防水措施或具有防水功能，满足外露情况下的使用要求。

5.4.10 电子类的限速、限位、极限位装置控制功能应灵敏可靠。限位开关失效后可能造成风险的，应设置冗余的限位措施。

5.4.11 操作人员在操作室内不能直接观察乘客上下及设备运行的全部情况时，应设置启动安全确认按钮，启动安全确认按钮应与设备启动联锁。

5.4.12 自控飞机类游乐设施应设置视频监控系统，监控系统应处于可用状态，监控显示画面应清晰无干扰，用于观察乘客上下及设备运行的全部情况。

5.4.13 安全防护装置选用的传感器防护应符合 GB/T 28265—2012 中 4.4.5 的规定。

5.4.14 当设备使用地点的海拔高度超过 1 000 m 时，应按 GB/T 755 的规定对电动机容量进行校核；海拔高度超过 2 000 m 时，还应对电器件进行校核。

5.4.15 装饰照明等附属设施的电气控制系统应独立于设备本体的电气控制系统，应设置独立的电气保护装置，故障时不应影响设备本体电气控制系统的正常工作。

5.4.16 对于设置升降站台或移动的上下客装置的自控飞机类游乐设施，设备运行时应有可靠的防止误动作措施。升降站台或移动的上下客装置应与控制系统联锁。

5.4.17 设备采用多个电机刚性连接共同驱动时，每个电机均应设置独立的电气保护装置。任意单个电机的电气保护装置动作时，设备及乘客均应处于安全状态。

5.4.18 控制系统安全部件采用应符合 GB/T 16855.1 的规定；控制系统电气电子可编程器件中的硬件和软件的采用应满足 GB/T 20438 的要求。

5.4.19 按 GB 8408 规定的设计加速度分区位于区域 4 或区域 5 且设置安全压杠的自控飞机类游乐设施，安全压杠锁紧、闭合应与设备启动联锁。

5.5 应急救援

5.5.1 应急救援设备设施应随时保持可用状态。

5.5.2 应急救援措施应有效、可靠。在应急救援疏散过程中，应保证乘客安全，防止发生乘客和救援人员在应急救援疏散过程中的二次伤害。

5.6 表面防护

5.6.1 自控飞机类游乐设施金属结构应采取适当的表面防护措施，如涂防锈漆、热(浸)镀锌等，或采用不锈钢材料。

5.6.2 采用涂防锈漆进行金属结构表面防护，涂装前应进行除锈处理，应达到 GB/T 8923 中的 Sa2 $\frac{1}{2}$ 级；主要受力构件之外的构件应达到 Sa2 或 St2 级(手工除锈)。漆面应均匀、细致、光亮、完整和色泽一致，不应有粗糙不平、漏漆、错漆、皱纹、针孔及严重流挂等缺陷。推荐漆膜总厚度不少于 80 μm。漆膜附着力应符合 GB/T 9286—1998 中规定的 1 级质量要求。

5.6.3 采用热(浸)镀锌进行金属结构表面防护时，锌层应满足 GB/T 13912 的规定。

5.7 整机

5.7.1 自控飞机类游乐设施整机应外观状态良好,无破损。

5.7.2 主要技术参数中的设备高度、回转直径、座舱数量、每舱承载人数等静态参数应符合设计要求;转速、单侧摆角、运动幅度、速度等动态参数与设计值的允许偏差为-10%~5%。

5.7.3 整机运行试验应包含空载、偏载和满载试验。运行试验时不应有异常的振动、冲击、发热、声响及卡滞现象。运行试验后,机械及结构零部件不应有异常磨损、变形、脱落、永久变形及损坏等现象,电气零部件不应有脱落、损坏、异常发热现象。基础不应有不均匀沉降和开裂。

5.7.4 重要受力结构的应力应满足设计要求,必要时应进行应力测试。新设计及修改设计后的首台自控飞机类游乐设施产品的重要受力结构应进行应力测试,应力测试结果应满足设计要求。

5.7.5 设计加速度分区位于 GB 8408 规定的区域 3、区域 4、区域 5 的自控飞机类游乐设施产品,应进行加速度测试。加速度测试值不应超过设计值(含冲击系数)的 5%。

6 检验、检测与试验要求

6.1 基本要求

6.1.1 制造、安装单位应依据相关标准、设计文件、制造工艺和设备特点制定具体的检验方案,检验方案应包括机械及结构、乘载系统、电气控制系统、应急救援系统、整机等方面的检验、检测与试验。

6.1.2 每台产品安装调试完毕后应按检验方案进行检验、检测与试验,全部检验项目合格方可交付使用。

6.1.3 根据结构形式、运行方式和试验目的不同,检验、检测与试验项目可有所增减。

6.1.4 根据检验、检测与试验有关要求,选择相应精度的测试仪器及量具。基本参数、重要线性尺寸和角度尺寸检验采用钢卷尺、钢直尺、游标卡尺、万能角度尺等通用量具检查。

6.1.5 用于检验、检测与试验的仪器、仪表和其他测量工具,应经法定计量部门检定合格并在有效期内,方可使用。必要时,在测试前后应进行校对。

6.1.6 试验条件应满足以下要求:

a) 除特殊规定外,试验时风速不大于 15 m/s;

b) 除特殊规定外,试验时的环境温度应为-5 ℃~35 ℃,环境相对湿度宜不大于 85%;

c) 试验载荷与其额定值的误差不超过±5%。

6.1.7 试验前应使自控飞机类游乐设施具备正常的技术状态,以保证试验结果的正确性。

6.1.8 试验前应检查自控飞机类游乐设施的机械及结构、乘载系统、电气控制系统、应急救援设备设施中的零部件、元器件及其连接方式、各处紧固件的紧固程度、各润滑点的润滑密封程度,均应与设计一致。

6.1.9 试验后对于有问题或疑问的部件应进行检查,对发现的问题及时判明原因并采取措施,做好详细记录,必要时应重新进行载荷试验。

6.1.10 各项试验结束后,应编写包含明确要求、检测结果和与相关标准及规定要求的对比考核结果且有明确结论的试验报告。

6.1.11 制造单位应按设计规定的无损检测要求对自控飞机类游乐设施进行无损检测,无损检测结果应满足设计要求。

6.1.12　各项检验结束后，应编写检验报告，检验报告至少应包含以下内容：

a)　检验时间、地点；

b)　设备名称、编号、主要技术参数；

c)　检验依据；

d)　检验项目的名称、要求、方法、结果、检验人员签字；

e)　检验结论；

f)　检验报告的编制、审核、审批人员签字。

6.1.13　制造单位应保存产品检验报告和有关记录、图样、质量证明文件及技术文件。

6.2　机械及结构

6.2.1　试验前后应进行机械及结构的检验，内容至少包含基础、钢结构、传动装置、机械限速限位缓冲装置、机械传动零部件、重要焊缝、重要(轴)销轴、重要螺栓连接等的检查。

6.2.2　设备启动及运行应平稳无异常声响。在设计允许的空载、偏载、满载工况下试验，每种工况下试验不少于 3 次。

6.2.3　在运行及停止时，液压及气动传动的回转接头应转动灵活、密封可靠、维修方便。在设计允许的空载、偏载、满载工况下试验，每种工况下试验不少于 3 次。

6.2.4　设备启动和停止时，检查液压及气动装置，不应有明显的冲击振动。在设计允许的空载、偏载、满载工况下试验，每种工况下试验不少于 3 次。

6.2.5　检查液压站及空压站设置位置，应符合设计要求且便于维修。

6.2.6　油缸、气缸驱动乘载系统或设备主体升降且有保护措施时，按设计规定的试验方法，模拟液压、气动装置突然失压的状态进行试验，试验次数不少于 3 次。保护措施应符合设计要求且安全有效。

6.2.7　机械类限速、限位、缓冲装置功能试验应在按设计允许的空载、偏载、满载工况，按设计规定的试验方法试验，每种工况下试验不少于 3 次。机械类限速、限位、位置检测、缓冲装置功能应满足设计要求。

6.2.8　乘载系统运行至最低位置时，检查乘客脚部与地面的情况，应满足设计要求。

6.2.9　防坠落装置功能试验应按设计规定的试验方法，分别在设计允许的空载、偏载、满载工况下，每种工况下试验不少于 3 次。防坠落装置应安全有效且满足设计要求。

6.2.10　减速制动装置试验应按设计规定的试验方法，分别在设计允许的空载、偏载、满载工况及可预见的故障工况下，每种工况下试验不少于 3 次。减速制动装置应符合设计，减速制动过程应平稳，减速制动装置应有效地减速制动，制动时间应满足设计要求。紧急停止时不产生较大冲击，设备停止后运动部件、乘载系统保持静止状态且乘客处于正常乘坐姿态。

6.2.11　转动部分的装饰物与转动部分连接可靠性试验应在设计允许的空载、偏载、满载工况下试验，每种工况下试验不少于 3 次。试验后检查转动部分的装饰物应与转动部分连接可靠，便于拆卸。

6.2.12　在静止状态下，机械及结构系统主要受力结构应无目视可见形变、连接焊缝无开裂、连接螺栓无松动断裂等现象。设备基础应坚实可靠，移动式设备的基础应平整，基础框架应满足设备防侧滑要求。

6.2.13　分别测量回转支承面或轴承端面与水平面的倾斜度公差、中间立柱与水平面的垂直度公差、乘人装置升降支承臂中心线对支承臂根部销轴中心线的垂直度公差，不同方位测量不少于3处，均应不大于1/1 000。

6.2.14 采用齿轮及齿条传动时，检查装配情况，并进行齿轮啮合的接触斑点的测量，应符合GB 50231的规定。

6.2.15 采用皮带传动时，检查装配情况，应符合GB 50231的规定，皮带应张紧适度，不应有明显跑偏现象，导向装置应灵活可靠。

6.2.16 采用充气轮胎传动或作为支承时，检查轮胎气压，应符合设计要求。

6.2.17 检查电动机、减速机和联轴器的安装情况，应符合设计要求，安装良好。联轴器两轴的同轴度和端面间隙应符合GB 50231的规定。

6.2.18 检查螺栓连接防松措施、防松标记，应符合设计要求且防松标记位置应易于观察。

6.2.19 检查重要结构件的排水措施，应符合设计要求，结构件外表面及其内部不应有残留积水。

6.2.20 液压及气动装置功能试验应在设计允许的空载、偏载、满载工况及可预见的故障工况下，按设计规定的试验方法，每种工况下试验不少于3次。液压及气动系统功能应有效地满足设计要求。

6.2.21 检查缓冲装置，应符合设计要求、功能有效。在设计允许的空载、偏载、满载工况及可预见的故障工况下，按设计规定的试验方法，每种工况下试验不少于3次。

6.3 乘载系统

6.3.1 试验前后应进行乘载系统的检验，内容至少包含座椅钢结构、安全压杠及其锁紧装置、安全带及其固定部位连接等的检查。

6.3.2 章鱼系列自控飞机类游乐设施(有封闭座舱及半封闭拦挡门结构座舱的设备除外)及按照GB 8408规定的设计加速度在区域4和区域5的自控飞机类游乐设施产品，按设计规定的试验方法，检查乘客束缚装置。乘客应不能自行打开乘客束缚装置，只允许操作人员手动或自动释放乘客束缚装置。

6.3.3 检查乘客束缚装置、安全挡杆、座舱门或座舱拦挡物，应符合设计要求。

6.3.4 乘人装置快速复位功能试验应在设计允许的空载、偏载、满载工况下，每种工况试验不少于3次，乘人装置复位措施应符合设计要求、快速有效。

6.3.5 乘人装置与乘载系统支承臂连接部分的保险措施试验应按设计规定的试验方法进行试验，保险措施应安全有效。

6.3.6 保持乘人装置水平的牵引装置的保险措施试验应按设计规定的试验方法进行试验，牵引装置与乘人装置连接处应牢固可靠，保险措施应安全有效。

6.3.7 安全压杠手动打开试验应按设计规定的试验方法，模拟安全压杠在自动开启装置失效情况下，安全压杠应能手动打开。对每套安全压杠试验不少于3次。

6.3.8 安全压杠锁紧装置试验应将安全压杠闭合锁紧时，在乘客扶手位置施加500 N的力，力的方向应垂直于压杠回转力臂连线，压杠及其锁紧装置应有效，且不应有明显变形或损伤。有两道锁紧装置时，按设计规定的试验方法试验，验证每道锁紧装置应能独立起作用。每种类型锁紧装置试验不少于3次。

6.3.9 在安全压杠压紧锁定后用卡尺在端部测量游动量，测量位置不少于3处，取最大值，其端部游动量应小于35 mm。

6.3.10 模拟动力电源突然断电或设备控制系统发生故障，按设计规定的试验方法，使乘人装置安全降到地面的措施应安全有效。

6.4 电气控制系统

6.4.1 试验前后应进行电气控制系统的检验,内容至少包含各种电气控制元件、线路及其连接、控制系统安全功能试验、安全联锁功能试验。

6.4.2 在设计允许的运行工况下,切换至备用电源供电,备用电源容量应满足随时顺利疏散全部乘客的要求。

6.4.3 室外外露的集电器应采取防水措施或具有防水功能,满足外露情况下的使用要求。集电器电刷和滑环应接触良好。按设计规定的试验方法,在设计允许的空载、偏载、满载工况下试验,每种工况下试验不少于 3 次,集电器应满足设备功能要求。

6.4.4 电子类的限位、极限位装置控制功能试验应按设计规定的试验方法,模拟达到限位或极限位,控制功能应满足设计要求。在设计允许的空载、偏载、满载工况下试验,每种工况下试验次数不少于 3 次。

6.4.5 按设计规定的试验方法,进行启动安全确认按钮与设备启动联锁功能试验,试验次数不少于3 次。检查视频监控系统,应能够观察乘客上、下及设备运行的全部情况。

6.4.6 检查安全防护装置选用的传感器防护情况的证明文件。

6.4.7 设备使用地点的海拔高度超过 1 000 m 时,检查电动机容量校核文件。海拔高度超过 2 000 m 时,检查电器件校核文件。

6.4.8 检查装饰照明等附属设施的电气控制系统,应独立于设备本体的电气控制系统,应设置了独立的电气保护装置。按设计规定的试验方法,模拟装饰照明等附属设施电气控制系统故障,不应影响设备本体电气控制系统正常工作。

6.4.9 设有升降站台或移动的上、下客装置的自控飞机类游乐设施防止误动作措施及安全联锁功能试验应按设计规定的试验方法,模拟升降站台或移动的上、下客装置误动作,防止误动作措施应有效,安全联锁控制功能应有效,试验不少于 3 次。

6.4.10 设备采用多个电机刚性连接共同驱动时,驱动电机电气保护功能试验应按设计规定的试验方法,模拟任意单个电机故障,安全联锁保护功能应有效,设备及乘客应处于安全状态。每个电机试验不少于 3 次。

6.4.11 在设计允许的正常工况进行试验,电气和控制系统应满足设计规定的功能且不应危及人员安全。

6.4.12 手动或检修模式、自动模式下控制功能及故障报警功能试验应在设计允许的空载、偏载、满载工况及可预见的故障工况下,按设计规定的试验方法,每种工况试验不少于 3 次,应有效地满足设计要求。

6.4.13 安全联锁功能试验、防止误启动功能试验应在设计允许的空载、偏载、满载工况及可预见的故障工况下,按设计规定的试验方法,每种工况试验不少于 3 次。前序动作未准备就绪,后续动作不应启动,应有效地满足设计要求。

6.4.14 防止超速装置功能试验应按设计规定的试验方法,模拟超速运行状态,测量速度、转速,测量 3 次,取平均值,不应超过设计值。

6.4.15 绝缘电阻测试应测量设备带电回路和地之间、电动机的相间、变压器初次级绕组之间的电阻，每个测试点电阻均应符合要求。每个测试点连续测量3次，取最小值为测量值。

6.4.16 接地电阻测试应测量正常情况下不带电的金属外壳与地之间的电阻，每个测试点电阻应符合要求。每个测试点连续测量3次，取最大值为测量值。

6.4.17 安全压杠闭合、锁紧与设备启动的安全联锁控制功能试验应按设计规定的试验方法，模拟安全压杠闭合和锁紧，安全联锁控制功能应与设计一致。对每套安全压杠试验不少于3次。

6.5 应急救援

6.5.1 应急救援装置的检验应至少包含在各种可预见工况下应急救援装置、应急救援措施的有效性和时效性的检验。

6.5.2 在设计允许的偏载、满载工况下，模拟设备断电或其他可预见的意外情况，采用设计规定的应急救援系统和应急救援措施，进行模拟载人情况的应急救援试验，应能有效疏导乘客至安全区域。每种情况试验不少于3次，应急救援时间不应超过1 h。必要时，在确认应急救援方法不会产生二次伤害后，可进行载人情况下的应急救援试验。

6.5.3 按设计规定的试验方法，模拟供电系统断电，采用应急救援备用电源，设备可按设定的功能实施救援。

6.6 表面防护检测

6.6.1 漆膜总厚度的检测。使用漆膜厚度仪在主要受力构件每10 m^2（不足10 m^2 的按10 m^2 计）作为一处，每处测3～5点，每处所测各点厚度的平均值不低于总厚度的90%，也不高于总厚度的120%，测得的最小值不低于总厚度的70%。

6.6.2 漆膜附着力的检测。按GB/T 9286—1998规定的方法，在主要受力构件上分别取6处。其评定等级不低于1级。

6.6.3 按GB/T 13912规定的方法，对金属结构热（浸）镀锌层进行检测，检查热（浸）镀锌层的外观，在主要受力构件上分别取6处，锌层厚度应符合设计。

6.7 整机

6.7.1 宏观目视检查应包括所有机械及结构、乘载系统、电气控制系统、应急救援系统、涂装等。所有部件应外观状态良好、无破损和毁坏，电气接线良好、无松动。

6.7.2 在使用允许的空载、满载、偏载等正常工况下对转速、单侧摆角、运动幅度、速度、加速度等动态参数进行测试，每种工况不少于3次，取平均值，该参数的测试值为各种工况下平均值的最大者。

6.7.3 在设计允许的空载、偏载、满载和额定速度工况下对重要受力结构的高应力或应力集中部位进行应力测试。测试时对每个测点在同种工况下重复测试不少于3次，取最大值作为测试值。在自重作用下产生的应力，应由制造单位提供其计算值或由实测得到。各测点应力值应为载荷作用下的测试值与自重作用下的计算应力值之和。

6.7.4 运行试验前、试验后对游乐设施整机进行宏观目视检查。

6.7.5 空载试验应按照实际工况连续无故障运行，试验时间不少于1 h。

6.7.6 满载试验应按照实际工况的额定载荷加载，按实际工况连续无故障运行，试验每天不小于8 h，连续累计运行试验时间不少于80 h。

6.7.7 偏载试验应按照设计规定的偏载工况加载，连续无故障运行试验时间不少于1 h。

7 随机文件、标志、包装、运输和贮存

7.1 随机文件、标志

7.1.1 产品交付前至少应包括下列随机文件，且宜放置于控制柜包装箱或主机包装箱内：

a) 产品合格证明书；

b) 产品使用维护保养说明书和维修用图纸；

c) 备件及易损件清单；

d) 主要外购件的合格证和说明书；

e) 专用工具、仪器清单(如有时)；

f) 移动式自控飞机类游乐设施应附有拆装说明书。

7.1.2 自控飞机类游乐设施应在显著位置处设置产品铭牌，产品铭牌内容至少包括制造单位名称、制造地址、制造许可证号、设备型号、产品编号、制造日期、主要技术参数。

7.2 包装、运输和贮存

7.2.1 自控飞机类游乐设施的产品及其零部件的包装应符合GB/T 191和GB/T 13384的规定。

7.2.2 采用裸装或局部包装时，应满足防水、防潮、缓冲的要求。

7.2.3 在解体运输中，解体的零部件连接处应有清晰的对应性标记和编号；导线接头应进行编号。

7.2.4 外漏加工面应有防锈处理。

7.2.5 大型零部件和包装箱的质量、重心、吊挂点应有标志，并标明件号。

7.2.6 产品及其零部件贮存时，应注意防潮、防锈、防尘和防止变形。

附 录 A

（资料性附录）

常见重要轴(销轴)和重要焊缝示例

常见重要轴(销轴)和重要焊缝示例见表A.1。

表A.1 常见重要轴(销轴)和重要焊缝示例

序号	常见型式	典型产品	常见重要轴(销轴)示例	常见重要焊缝示例
1	自控飞机系列	自控飞机	支承臂油缸(气缸)上下销轴、乘载系统支承臂连接销轴、乘载系统摆臂根部销轴、平衡拉杆连接销轴、主传动轴(起支承作用)、乘人装置自转支承轴、肩式压杠轴等重要轴(销轴)	主体结构、支承臂、乘坐物支承件、座舱连接组件、支承臂两端销轴支承件、支承臂升降油缸(气缸)上下销轴支承件、平衡拉杆接头等主要受力零部件的Ⅰ级、Ⅱ级焊缝
2	章鱼系列	章鱼、大草帽	支承臂油缸(气缸)上下销轴、乘载系统支承臂连接销轴、乘载系统大臂根部销轴、平衡拉杆连接销轴、主传动轴(起支承作用)、乘人装置自转支承轴、肩式压杠轴等重要轴(销轴)	主体结构、乘坐物支承件、支承臂、支承臂两端销轴支承件、支承臂升降油缸(气缸)上下销轴支承件、平衡拉杆接头等主要受力零部件的Ⅰ级、Ⅱ级焊缝
3	其他型式自控飞机类	能量风暴、狂舞、舞蹈喷泉	支承臂油缸(气缸)上下销轴、乘载系统支承臂连接销轴、乘载系统大臂根部销轴、平衡拉杆连接销轴、主传动轴(起支承作用)、乘人装置自转支承轴、肩式压杠轴等重要轴(销轴)	主体结构、乘坐物支承件、支承臂、支承臂两端销轴支承件、支承臂升降油缸(气缸)上下销轴支承件、平衡拉杆接头、乘人装置自转支承轴支承座等主要受力零部件的Ⅰ级、Ⅱ级焊缝

ICS 97.200.40
Y 57

中华人民共和国国家标准

GB/T 18164—2020
代替 GB/T 18164—2008

观览车类游乐设施通用技术条件

Specifications of amusement rides wonder wheel category

2020-03-06 发布 2020-03-06 实施

国家市场监督管理总局
国家标准化管理委员会 发布

前　言

本标准按照 GB/T 1.1—2009 给出的规则起草。

本标准代替 GB/T 18164—2008《观览车类游艺机通用技术条件》,与 GB/T 18164—2008 相比,除编辑性修改外主要技术变化如下:

——修改了范围(见第 1 章,2008 年版的第 1 章);

——增加了术语和定义(见第 3 章);

——增加了风险评价的要求(见 5.1);

——增加了对柱脚、风载、防高空坠物、高空装饰物连接、冗余的制动装置或机械锁定装置、地板防滑措施、辅助上下客的同步站台、回转支承的连接、座舱横向游动量、D 型观览车回转臂轴线位置公差和误差补偿、防止座舱空摆时间、C 型观览车驱动装置输出轴强度校核、A 型和 B 型观览车轿厢防水措施等的技术要求(见 5.2);

——增加了束缚装置、压杠锁紧装置、座椅拦挡结构、轿厢门锁、轿厢安全警示标识、A 型和 B 型观览车轿厢结构、轿厢门防夹等的技术要求(见 5.3);

——增加了故障-安全原则、电机容量校核、传感器防护、启动联锁功能、防雷装置、视频监控系统、通信传输系统、防止偏载失速、附属设施的电气控制系统、A 型和 B 型观览车备用电源、烟雾报警等的技术要求(见 5.4);

——增加了应急救援备用电源、应急发电机、独立救援设备、救援联动机制等的技术要求(见 5.5);

——增加了金属结构防护、漆膜附着力、热镀(浸)锌等的技术要求(见 5.6);

——增加了外观状态、主要技术参数测试、应力测试、运行试验等的技术要求(见 5.7);

——增加了检验、检测与试验的要求(见第 6 章);

——增加了随机文件、标志、包装、运输和贮存(见第 7 章)。

本标准由全国索道与游乐设施标准化技术委员会(SAC/TC 250)提出并归口。

本标准起草单位:中国特种设备检测研究院、温州南方游乐设备工程有限公司、中山市金马科技娱乐设备股份有限公司、浙江巨马游艺机有限公司、江苏省特种设备安全监督检验研究院、四川省特种设备检验研究院、江苏金刚文化科技集团股份有限公司、国汇机械制造泰州有限公司。

本标准主要起草人:梁朝虎、沈功田、赵强、马宁、田博、陈建生、陈朝阳、林泽钊、吕梦南、张新东、胡兼、黄建文、龚高科、郭俊杰、李璟、黄珙、林强帅、韩孟、高胜杰。

本标准所代替标准的历次版本发布情况为:

——GB/T 18164—2000、GB/T 18164—2008。

观览车类游乐设施通用技术条件

1　范围

本标准规定了观览车类游乐设施的总则，技术要求，检验、检测与试验要求，随机文件、标志、包装、运输和贮存。

本标准适用于观览车类游乐设施。

2　规范性引用文件

下列文件对于本文件的应用是必不可少的。凡是注日期的引用文件，仅注日期的版本适用于本文件。凡是不注日期的引用文件，其最新版本(包括所有的修改单)适用于本文件。

GB/T 191　包装储运图示标志

GB/T 755　旋转电机　定额和性能

GB/T 1184—1996　形状和位置公差　未注公差值

GB/T 1804—2000　一般公差　未注公差的线性和角度尺寸的公差

GB 8408　大型游乐设施安全规范

GB/T 8923(所有部分)　涂覆涂料前钢材表面处理　表面清洁度的目视评定

GB/T 9286—1998　色漆和清漆　漆膜的划格试验

GB/T 13384　机电产品包装通用技术条件

GB/T 13912　金属覆盖层　钢铁制件热浸镀锌层技术要求及试验方法

GB/T 16855.1　机械安全　控制系统安全相关部件　第1部分：设计通则

GB/T 20306　游乐设施术语

GB/T 20438(所有部分)　电气、电子、可编程电子安全相关系统的功能安全

GB/T 28265—2012　游乐设施安全防护装置通用技术条件

GB/T 34370(所有部分)　游乐设施　无损检测

GB/T 34371　游乐设施风险评价　总则

GB 50057　建筑物防雷设计规范

GB 50222—2017　建筑内部装修设计防火规范

MH/T 6012—2015　航空障碍灯

3　术语和定义

GB/T 20306 界定的以及下列术语和定义适用于本文件。

3.1

有主轴摩天轮型　wonder wheel with main axis type

由立柱组成的支承架上装有支承轴，大转盘绕支承轴旋转，大转盘上装有多个轿厢随转盘一起旋转的观览车类游乐设施。

注：参见附录A图A.1。

3.2

无主轴摩天轮型　wonder wheel without main axis type

封闭导轨固定于垂直面内的建筑结构上,轿厢分布于导轨并可沿导轨运行的观览车类游乐设施。

注:参见图 A.2。

3.3

摆锤型　pendulum type

由倾斜柱组成的支承架上装有支承轴,摆动吊臂绕支承轴来回摆动或旋转,吊臂下端装有座舱,座舱绕摆动吊臂旋转,或与吊臂固定的观览车类游乐设施。

注:参见图 A.3。

3.4

遨游太空型　top spin type

垂直平面内的支承架内侧装有支承轴(半轴或通轴),支承轴上各装有回转臂,回转臂一端与座舱连接。座舱可随同回转臂正反方向旋转,同时可自由摆动。当回转臂装有摆动关节时,两个臂可不同步转动,座舱随之上下左右扭动的观览车类游乐设施。

注:参见图 A.4。

3.5

时空穿梭型　time and space shuttle type

垂直立柱上端装有支承轴,支承轴上装有回转臂,回转臂一端与座舱连接,回转臂可正反向旋转,座舱与回转臂固定或可左右摆动的观览车类游乐设施。

注:参见图 A.5。

3.6

飞毯型　flying carpet type

座舱与回转臂一端连接,随回转臂绕支承轴作平移运动,可作正反向转动的观览车类游乐设施。

注:回转臂一般为双臂或四臂,对应支承立柱为双柱或四柱(参见图 A.6)。

3.7

摩天环车型　pendulum loop type

垂直立柱上端装有支承轴,支承轴两端伸出分别装有回转臂,回转臂一端为座舱。座舱沿固定环形内滑道驱动回转臂旋转,可正反方向旋转。座舱与回转臂固定或可绕其转动的观览车类游乐设施。

注:参见图 A.7。

3.8

其他型　other type

设备乘人部分绕水平轴回转或摆动及运动形式类似,但不属于 3.1～3.7 定义的观览车类游乐设施。

3.9

故障-安全　fail-safe

设备出现故障后,其控制系统或机械机构能够维持安全状态或向安全状态转移,以避免出现更大故障或事故的模式。

3.10

高度 height

设备停止运行时从安装基面至设备本体最高点之间的垂直距离,不含避雷针和装饰物。

3.11

单一失效点 single point of failure

游乐设施上的一个零件、结构连接点或电气元件,其失效将会导致整个设备失效或严重危及乘客安全。

4 总则

4.1 观览车类游乐设施的设计、制造、安装、改造、修理、试验和检验、标志、包装、运输和贮存应满足GB 8408的有关规定和本标准的相关要求。

4.2 观览车类游乐设施常见型式和主要技术参数宜按表1选取。

表1 观览车类常见型式主要技术参数

型式代号	型式名称	主要技术参数	典型设备
A	有主轴摩天轮型	高度、座舱数量、回转直径、单舱承载人数、转速	传统摩天轮
B	无主轴摩天轮型	高度、座舱数量、回转直径、单舱承载人数、转速	无轴摩天轮
C	摆锤型	高度、座舱数量、回转直径、单舱承载人数、加速度、单侧摆角	大摆锤、海盗船
D	遨游太空型	高度、回转直径、单舱承载人数、转速、加速度	遨游太空、波浪翻滚
E	时空穿梭型	高度、座舱数量、回转直径、单舱承载人数、转速、加速度	时空穿梭、狂呼
F	飞毯型	高度、回转直径、单舱承载人数、转速、加速度	双臂飞毯、四臂飞毯
G	摩天环车型	高度、回转直径、单舱承载人数、转速、加速度	摩天环车
H	其他型	高度、座舱数量、回转直径、单舱承载人数、转速、加速度、倾角(或摆角)	摇摆观览车

5 技术要求

5.1 基本要求

5.1.1 观览车类游乐设施的设计文件应至少包括设计说明书、设计计算书、使用维护说明书、风险评价报告、设计验证大纲及符合国家相关标准的全套设计图纸。

5.1.2 观览车类游乐设施设计阶段应按GB/T 34371进行风险评价,需要改造的或整机使用年限到期后仍继续使用的观览车类游乐设施也应进行风险评价。风险评价应分别从受力结构与受力零部件、电气控制系统与部件、设备运行环境、设备周围障碍物、人为因素、意外因素、应急救援等方面进行,并对单一失效点进行辨识。设计阶段应避免不可接受的风险,不应有不可检测或监测的单一失效点。

5.1.3 观览车类游乐设施难以检验检测的重要轴(销轴)应按无限寿命设计。

5.2 机械及结构

5.2.1 柱脚采用法兰连接时,安装接触面的接触斑点百分率应不少于70%且安装接触面边缘最大间隙不应大于1 mm。

5.2.2 C型观览车各柱脚与基础连接处宜设有抗横向剪力的结构或有相应的措施。

5.2.3 观览车类游乐设施结构在计算极限风时,至少取允许使用地50年一遇的风载,风向应考虑垂直转盘面和平行转盘面的两个方向。对于海边和有台风的地区,宜按照100年一遇风载选取。

5.2.4 A型、B型观览车高度不小于40 m时,整机构件的活载荷计算应根据设计使用环境考虑裹冰载荷。A型、B型观览车的使用维护说明书中应明确允许的最大风速及地面粗糙度。

5.2.5 A型、B型观览车高度不小于40 m时,应进行安装验算。

5.2.6 主体支承轴实际轴心线与其理论轴心线的平行度偏差应不大于两支承中心距离设计值的1/1 500。

5.2.7 A型观览车采用垂直立柱结构支承时,立柱中心线与水平面的垂直度偏差不大于设计值的1/1 000。

5.2.8 A型观览车两立柱上转盘支承轴轴承或回转支承中心的距离与其设计值的偏差不大于1/1 000。

5.2.9 A型观览车转盘上驱动环的径向圆跳动和端面圆跳动偏差不大于驱动环直径的1/1 500。

5.2.10 A型观览车采用销齿轮传动时,销齿轮径向圆和端面圆跳动偏差不应大于销柱齿轮节圆直径的1/2 000,齿轮应安装误差补偿装置。

5.2.11 C型观览车主轴中心线水平度及主轴与摆臂的垂直度不大于1/1 000。

5.2.12 A型观览车转盘轮辐采用部分或全部缆索结构时,缆索应调节适度,不应有弯曲、垂曲等明显松弛的现象,缆索之间不应相互接触。上半圆位置的缆索在满载和15 m/s的风载下应大于最小设计拉力。

5.2.13 A型观览车停运时,应设有限制转盘因风载荷而产生转动和横向移动的装置。

5.2.14 A型、B型观览车运行过程中,应无明显打滑(下滑)现象。

5.2.15 A型、B型观览车转盘垂直投影下方宜设置防高空坠物设施或人员隔离设施。

5.2.16 观览车类游乐设施各主要受力结构及高空装饰物应连接牢固。

5.2.17 观览车类游乐设施各可动部件应运动平稳、灵活,不应有明显的抖动、爬行、卡滞、跳动、异响等现象。

5.2.18 上下乘客时有溜车可能的观览车类游乐设施,应有冗余的制动装置或机械锁定装置,座舱不应有危及乘客上下的摆动。

5.2.19 辅助上下客的同步站台应运行平稳可靠,相对运行速度不大于0.3 m/s。

5.2.20 频繁换向的C型、D型、E型、F型观览车回转支承的连接应设置可靠的定位措施。

5.2.21 A型、B型观览车的偏载工况的计算,应考虑最大设计风速为15 m/s且连续满载轿厢数为总轿厢数的1/4和3/4的正常运行情况以及1/2的非正常运行情况。

5.2.22 A型观览车摩擦轮驱动系统应设驱动轮压紧装置。转盘直径大于40 m的A型观览车宜采用随动系统压紧装置。其他类型观览车,当采用充气轮胎摩擦轮驱动时,摩擦轮胎对摩擦盘的压力应可调整，保证驱动、制动有效。

5.2.23 D型观览车左、右回转臂轴线的同轴度及回转法兰安装面与地面的垂直度不大于1/1 000。

5.2.24 E型、G型观览车，由于轴承游隙或回转支承虚位造成的座舱横向游动量应小于摆臂回转半径的1/1 000。

5.2.25 D型观览车转臂与座舱连接处设置补偿功能，以保证两臂运行自如。

5.2.26 D型观览车旋转臂与座舱臂连接采用十字节结构时，宜采用整体锻造结构。

5.2.27 C型、D型、E型观览车停止运行或失电时应设有防止座舱空摆次数过多的措施，空摆时间不应超过5 min。

5.2.28 F型观览车类游乐设施摆臂的上、下轴孔中心线距离尺寸应保持一致，线性尺寸偏差值应不低于GB/T 1804—2000中规定的m级(中等级)，摆臂上、下轴孔中心线平行度、垂直度应不低于GB/T 1184—1996中10级精度要求。

5.2.29 F型观览车类游乐设施载人平台与摆臂连接轴中心线平行度应不低于GB/T 1184—1996中10级精度要求，两轴中心线距离尺寸应与对应的立柱主轴中心线距离尺寸一致，线性尺寸偏差值应不低于GB/T 1804—2000中规定的m级(中等级)。当采用四个连接点时，平台两端的每一对连接轴应同心。

5.2.30 F型观览车类游乐设施立柱上的支承轴(两轴或四轴)应在同一水平面上，偏差应小于被测值的1/1 000。支承轴轴心线平行度、垂直度应不低于GB/T 1184—1996中11级精度要求。四轴时，位于同一轴心线的两个半轴的同轴度应不低于GB/T 1184—1996中10级精度要求。

5.2.31 G型观览车类游乐设施圆环内圆滚道的径向圆跳动偏差不大于内圆直径的5/1 000，滚道表面平整、没有明显的凹凸缺陷。

5.2.32 G型观览车类游乐设施轿厢的驱动轮与滚道接触良好、压紧力适当、运行平稳，应设有压紧力自补偿装置。

5.2.33 G型观览车类游乐设施驱动臂支承轴轴心线应与滚道圆平面垂直，驱动臂中心线与回转轴轴心线垂直度偏差不大于1/1 000。

5.2.34 A型观览车转盘支承轴宜采用整体加工轴，当采用焊接结构时应选用可焊性好的材料，焊后应进行消除应力处理。

5.2.35 A型、B型观览车轿厢吊挂轴宜设置保险装置。

5.2.36 C型观览车摆臂驱动装置输出轴应进行抗弯、抗扭和疲劳强度校核，校核时冲击系数不小于1.5。

5.2.37 观览车类游乐设施的重要轴(销轴)和重要焊缝应进行无损检测，无损检测方法和要求按GB/T 34370执行。常见的重要轴(销轴)和重要焊缝示例参见附录B。

5.2.38 A型、B型观览车轿厢应设防积水措施，轿厢内的底板与支承结构之间的排水口应方便检查和维修。

5.3 乘载系统

5.3.1 按照GB 8408加速度分区要求，加速度在区域4和区域5的观览车类游乐设施，应设置两套独立的乘客束缚装置或一套失效安全的束缚装置，安全压杠应设至少两套锁紧装置，锁紧装置应便于检查。

5.3.2 按照 GB 8408 加速度分区要求，加速度在区域 4 和区域 5 的观览车类游乐设施，乘客座椅面两边和前部应设有效拦挡结构，压杠锁紧后，座椅面前部拦挡结构与压杠前端之间的最小距离 L 不大于70 mm，如图 1 所示。

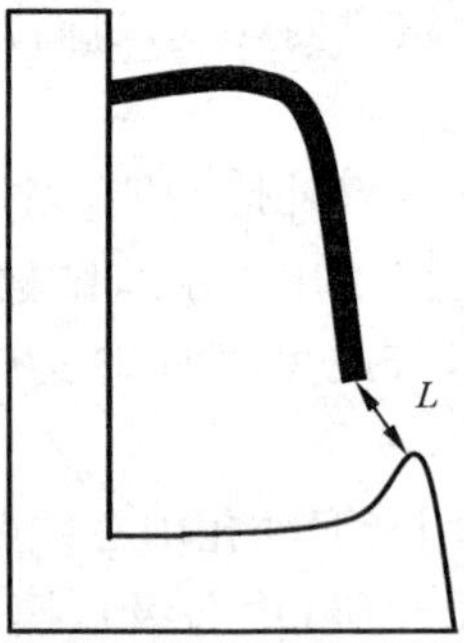

图 1　座椅面前部拦挡结构与压杠前端之间的最小距离 L

5.3.3 A 型、B 型观览车轿厢门及其固定和锁紧装置的结构应能够抵抗乘客沿着轿厢门开启方向的推力，其推力应按作用点位于轿厢门锁紧位置且不小于 1 kN 计算。

5.3.4 A 型、B 型观览车在运行过程中，轿厢门锁不能从内部打开。

5.3.5 A 型、B 型观览车当轿厢为外开门时，轿厢与支承结构间的最小距离 L，应保证轿厢开门最大宽度时，门与支承结构间不相互干涉(参见附录 C 图 C.3)。

5.3.6 A 型、B 型观览车轿厢在转盘上的分布间隔合理，当相邻轿厢外廓按照理论最大回转半径旋转时，其间距 L(参见图 C.4)应能保证两轿厢不相互干涉。

5.3.7 A 型、B 型观览车轿厢窗户能打开时应加拦挡物，拦挡物间隙设置应防止乘客头部和身体伸出。非封闭式轿厢，应设防止乘客在运行中与周围障碍物相干涉的安全装置或留出不小于500 mm 的安全距离。

5.3.8 A 型、B 型观览车应在轿厢显著位置设安全警示标识，明确额定乘客数量和乘坐时应注意的事项。

5.3.9 A 型、B 型观览车非封闭轿厢地板与拦挡物的高度不小于 1 200 mm。轿厢进出口不应高出踏台 300 mm。

5.3.10 A 型、B 型观览车运行高度不小于 40 m 时，轿厢应设有轿厢与地面联络的系统，封闭式轿厢宜设空调装置，并应设有通气孔。

5.3.11 A 型、B 型观览车吊挂式轿厢内的底板与水平面之间夹角不大于 15°。A 型、B 型观览车吊挂式轿厢应设减小轿厢摆动频率和摆动角度的阻尼装置。采用伺服装置维持内部底板水平的轿厢，当伺服装置故障时，应有自动脱离装置。

5.3.12 A 型、B 型观览车环抱式轿厢内的底板与水平面之间夹角不大于 2.5°，保持轿厢内的底板水平状态的机构应可靠。采用伺服装置维持内部底板水平的轿厢，当伺服装置故障时，应有自动脱离装置。

5.3.13 A 型、B 型观览车轿厢悬挂轴轴承应保持润滑良好、转动灵活。

5.3.14 A 型、B 型观览车轿厢支承结构及其连接螺栓和焊缝应方便检查和维修。

5.3.15 A 型、B 型观览车的门窗玻璃应具有足够的强度。

5.3.16 A 型、B 型座舱门自动关闭时应有防夹伤装置，夹持力不大于 150 N，防夹伤装置应工作正常。

5.3.17 A 型、B 型观览车轿厢设有电气装置时，其轿厢及其装饰材料的燃烧性能等级宜不低于 GB 50222—2017 中 A 级，并设置灭火装置。灭火装置要固定可靠、取用方便，并有明显的使用标识。如使用灭火器时，灭火器应在有效期内。设有电气装置时，轿厢内电缆应采用阻燃电缆。

5.4 电气控制系统

5.4.1 安全相关电气控制系统应符合故障-安全原则，设计时应至少考虑出现信号采集、控制线路断线、供电线路断线、短路、接地等故障时导向安全。

5.4.2 观览车类游乐设施采用多台电机同时驱动时，各电机应载荷均衡、工作平稳。

5.4.3 控制系统安全部件的选用宜符合 GB/T 16855.1 的规定；控制系统电气电子可编程器件中的硬件和软件的选用宜符合 GB/T 20438 的规定。

5.4.4 当观览车使用地点的海拔高度超过 1 000 m 时，应按 GB/T 755 的规定对电动机容量进行校核，超过 2 000 m 时，应对电器件进行校核。

5.4.5 根据结构和功能要求，集电器可采用轴向或端面滑环的结构型式。滑环应选用导电性能良好的材料。

5.4.6 集电器电刷和滑环应接触良好，每个滑环上应设置不少于两个电刷接入点，并满足电流容量要求。

5.4.7 室外外露的集电器应采取防水措施或具有防水功能，满足外露情况下的使用要求。

5.4.8 观览车类游乐设施的控制及通信采用无线传输系统时，应采取措施抑制电磁干扰的产生和提高设备抗电磁干扰度。

5.4.9 有超速可能的观览车类游乐设施应设置防超速装置，防超速装置应安全可靠。

5.4.10 观览车类游乐设施应设有正、反向运转或摆动的控制，采用自动控制或手动控制时，应使每个运动能单独控制。

5.4.11 安全防护装置选用的传感器防护应符合 GB/T 28265—2012 中 4.4.5 的要求。

5.4.12 观览车类游乐设施高度大于 45 m 时，应设置航空障碍警示灯，警示灯应符合 MH/T 6012—2015 的要求。

5.4.13 采用升降站台或移动平台的观览车类游乐设施，设备运行时应有可靠的防止站台误动作的措施，并采用联锁控制。

5.4.14 按照 GB 8408 的要求，加速度在区域 4 和区域 5 的观览车类游乐设施，应设有安全压杠闭合并锁紧后才能启动的联锁控制功能。安全压杠闭合最大锁紧位置应能有效锁紧乘客须知中允许乘坐的最大乘客。

5.4.15 高度大于 15 m 的室外观览车类游乐设施应设防雷装置，采用接闪杆的应在杆塔处设置引下线；采用等电位接地的，当法兰盘过渡电阻大于 0.03 Ω 时，应在法兰盘设置跨接线，并应采取防闪电电涌侵入的措施。高度超过 60 m 的，还应增加防侧向雷击的防雷装置。防雷装置应符合 GB 50057 的规定，并经过相关部门验收合格。

5.4.16 观览车类游乐设施应设有视频监控系统，保证设备运行时整机运行情况处于随时监控状态，监控显示画面应清晰无干扰。

5.4.17 观览车类游乐设施的控制及通信采用有线传输系统时，应使用带屏蔽层的通信线。

5.4.18 上下客站台地面以及吊厢地板应设有防滑措施。A 型、B 型观览车应具有防止偏载失速的功能。

5.4.19 C 型观览车应设置两套独立的极限位置检测装置，极限位置检测装置应灵敏可靠，正常运转时处于冗余状态。

5.4.20 A 型、B 型观览车类游乐设施的装饰照明等附属设施的电气控制系统应独立于观览车类游乐设施的电气控制系统。

5.4.21 A 型、B 型观览车轿厢采用自动推拉门时，应设置锁紧信号反馈系统。当设备故障失电或断电时，工作人员可从外部打开轿厢门。

5.4.22 A 型、B 型观览车驱动系统采用常开式制动装置时，其制动装置应配备不小于运转两圈容量的在线式 UPS 或备用电源。

5.4.23 A 型、B 型观览车每轿厢乘员不少于 20 人时，宜设置烟雾报警器。

5.5 应急救援

5.5.1 设备发生故障、断电或其他可预见的意外情况时，应有必要的应急救援装备和乘客疏导措施，避免长时间高空滞留，保证乘客的安全。

5.5.2 应急救援备用电源、应急发电机应随时保持在可用状态，宜设置为充电状态与开机联锁，应急发电机油量应充足。

5.5.3 对于一端有配重的观览车类游乐设施，当动力电源失去或制动后，座舱应能靠自重回到下客位置，并有可靠的操作措施避免卡在死点位置。对于两端都安装座舱的型式，应配置备用电源及手动救援措施，确保乘客的安全疏散。

5.5.4 A 型、B 型观览车高度大于 120 m 或单个轿厢载客超过 20 人时，宜设置一套独立运行的救援设备。

5.5.5 A 型、B 型观览车设备应与当地消防部门建立联动机制，在极端情况下联合救援，一年至少演练一次。

5.5.6 A 型、B 型观览车高度不小于 40 m 时，应有一套备用电气控制系统，并与主电气控制系统有效隔离。

5.6 表面防护

5.6.1 游乐设施金属结构应采取适当的表面防护措施，如涂防锈漆、热(浸)镀锌等，或采用不锈钢材料。

5.6.2 采用涂防锈漆进行金属结构表面防护，涂装前应进行除锈处理，达到 GB/T 8923 中的 Sa2 级；主要受力构件之外的构件应达到 Sa2 或 St2 级(手工除锈)。漆面应均匀、细致、光亮、完整和色泽一致，不应有粗糙不平、漏漆、错漆、皱纹、针孔及严重流挂等缺陷。推荐漆膜总厚度不小于 80 μm。漆膜附着力应符合 GB/T 9286 中规定的一级质量要求。

5.6.3 采用热(浸)镀锌进行金属结构表面防护的，热(浸)镀锌层应符合 GB/T 13912 的规定。

5.7 整机

5.7.1 游乐设施整机应外观状态良好，无破损。

5.7.2 主要技术参数中的高度、回转直径、座舱数量、单舱承载人等静态参数应符合设计要求；在使用允许的空载、满载、偏载等正常工况下对转速、单侧摆角、运动幅度、速度等动态参数与设计计算值的允许偏差在－10％～5％；

5.7.3 设计加速度分区在区域 3、区域 4、区域 5 的设备应进行加速度测试，测试值不大于设计值(含冲击系数)的 5％。

5.7.4 新设计的首台产品的重要受力结构应进行应力测试。新安装的 C 型、D 型、E 型、F 型、

G 型观览车的主要旋转臂应进行应力测试。应力测试结果应满足设计要求。

5.7.5 整机运行试验应包含空载、偏载和满载试验。运行试验时不应有异常的振动、冲击、发热、声响及卡滞现象。运行试验后，机械及结构零部件不应有异常磨损、变形、脱落、永久变形及损坏等现象，电气零部件不应有脱落、损坏、异常发热现象。基础不应有不均匀沉陷和开裂。

6 检验、检测与试验要求

6.1 基本要求

6.1.1 制造、安装单位应依据相关标准、设计文件、制造工艺和设备特点制定具体的检验方案，方案应包括机械及结构、乘载系统、电气控制系统、应急救援系统、整机等方面的检验、检测与试验。

6.1.2 每台产品安装调试完毕后应按制定的检验方案全部检验项目合格方可交付使用。

6.1.3 试验时风速应不大于 8 m/s。

6.1.4 特殊要求除外，环境温度应为－5 ℃～35 ℃，环境相对湿度宜不大于 85％。

6.1.5 试验载荷与其额定值的误差应不超过±5％。

6.1.6 试验前应检查游乐设施机械及结构、乘载系统、电气控制系统、应急救援系统和附属装置中的零部件、元器件及其连接的完整性，与设计的一致性。

6.1.7 试验后对于有问题或疑问的部件应进行检查，对发现的问题及时判明原因并采取措施，做好详细记录。

6.1.8 各项检验结束后，应编写检验报告，检验报告至少应包含以下内容：

a) 检验时间、地点；

b) 设备名称、编号、主要技术参数；

c) 检验依据；

d) 检验项目的名称、要求、方法、结果、检验人员签字；

e) 检验结论；

f) 检验报告的编制、审核、审批人员签字。

6.1.9 制造单位应保存产品检验报告和有关记录、图样、质量证明文件及技术文件。

6.2 机械及结构

6.2.1 试验前后应进行机械结构的检验，内容至少包含基础、钢结构、机械传动零部件、重要焊缝、重要轴(销轴)、重要螺栓连接等。

6.2.2 观览车类游乐设施在设计允许的最大满载和偏载状态下，以最大额定速度运行，每种工况下试验不少于 5 次，机械结构、传动机构应无明显的晃动、打滑、失速和声响、永久变形等现象。

6.2.3 减速制动装置试验，分别在设计允许的空载、偏载、满载工况及可预见的故障工况下，每种工况下试验不少于 3 次，减速制动过程应平稳，减速制动装置有效，制动时间满足使用要求。

6.2.4 冗余的制动装置或机械锁定装置试验，模拟设计允许的偏载工况下上、下客，在允许最大满载和偏载工况运行，试验制动装置、冗余制动装置或机械锁定装置各 3 次，制动装置或机械锁定装置应有效。

6.2.5 形状位置误差检测，用仪器测量所要求的垂直度、平行度、水平度、同轴度、端面跳动、径向跳动，不同方位测量不少于 3 处，其最大值不超过设计允许值。整机安装完毕后无法测量的，应查阅安装时的测量记录或报告。

6.2.6　防止座舱空摆措施试验，对C型、D型、E型观览车模拟突然停止运行或失电状况，至少抽取3个座舱，观察座舱明显的空摆时间。

6.2.7　柱脚法兰接触面用塞尺测量其间隙，在不同位置测量不少于3次，取最大间隙。

6.2.8　在设计允许的空载、偏载、满载和额定速度工况下，D型遨游太空类设备上、下客过程中，座舱要保持水平，并需设置制动装置，以防座舱在上、下客过程中倾覆或旋转。每种工况试验3次。

6.2.9　C型观览车主轴中心线水平度及主轴与摆臂的垂直度测量，用水平仪、经纬仪在不同位置测量不少于3次，取最大值。

6.2.10　D遨游太空类左、右立柱回转法兰安装面应保证同轴度、垂直度用测量同轴度、垂直度的仪器测量，在不同方位测量不少于3处，取最大值。

6.2.11　G型观览车驱动轮自补偿压紧装置试验，运行设备，驱动轮应能始终压紧滚道，运行平稳。

6.2.12　E型、G型观览车座舱横向游动量试验，在设备静止状态下，对座舱施加横向作用力，测量座舱横向游动量。

6.3　乘载系统

6.3.1　试验前后应进行乘载系统的检验，内容至少包含座椅钢结构连接、安全压杠及其锁紧装置、安全带及其固定连接等的检查。

6.3.2　安全压杠锁紧装置试验，设有两套安全压杠锁紧装置的，在设计允许的载荷下试验，每套锁紧装置应能独立起作用。对每套锁紧装置试验不少于3次。

6.3.3　安全压杠锁紧装置试验，安全压杠闭合锁紧时，在乘客扶手位置施加500 N的力，力的方向应垂直于压杠回转力臂连线，压杠及其锁紧装置应有效，且不应有明显变形或损伤。每种类型安全压杠试验不少于3个。

6.3.4　运行安全包络范围试验，对非封闭座舱，在静态情况下测量安全距离或验证隔离措施是否有效，试验不少于3次。若无法在静态时完全确认安全距离，则采用模拟包络范围的框架进行运行试验。

6.3.5　A型、B型观览车类游乐设施轿厢门锁紧装置试验，使用拉力计对吊厢门开启方向施加1 kN的力，模拟开启，至少测量3次，吊厢门锁紧装置应有效。

6.3.6　A型、B型观览车类游乐设施轿厢摆角试验，模拟启动、制动、轿厢偏载工况下，测量轿厢最大摆角，至少测量3个，每个至少测量3次，取最大值为轿厢最大摆角。悬挂式轿厢最大摆角以不大于±15°为合格，环抱式轿厢最大摆角以不大于2.5°为合格。

6.3.7　A型、B型观览车环抱式轿厢自动脱离装置试验，模拟每个轿厢伺服装置故障，自动脱离装置应有效动作，轿厢地板与水平面的夹角以不大于2.5°为合格。

6.3.8　A型、B型观览车类游乐设施轿厢的门窗玻璃试验，以至少70 kg的沙袋或水人从轿厢内最大空间高度自由落下3次，玻璃不应破碎(参见图C.1和图C.2)。

6.3.9　C型、D型、E型、F型游乐设施座椅前部中间的凸起拦挡结构与压杠前端距离的测量，中间拦挡上端在垂直中心线方向与压肩式压杠下沿之间距离不大于30 mm。对每套座椅测量不少于3次，取最大值。

6.4 电气控制系统

6.4.1 试验前后应进行电气控制系统的检验，内容至少包含各种电气控制元件、线路及其连接，安全连锁功能等。

6.4.2 在允许的正常工况进行试验，电气和控制系统应满足设备运行且不应危及人员安全。

6.4.3 联锁或误启动试验，模拟设备前序动作未准备就绪，后续动作不应启动。试验安全压杠闭合、锁紧、自动门开闭、活动平台移动等，每项试验不少于3次。

6.4.4 防止超速试验，设备在运行条件下，达到最大运转速度后，测量运行速度不应超过设计值。试验次数不少于3次。

6.4.5 限位装置试验，模拟达到极限位置，限位装置和极限位置的检测和控制装置应有效。试验次数不少于3次。

6.4.6 绝缘电阻测试，测量设备带电回路和地之间、电动机的相间、变压器初次级绕组之间的电阻，每个测试点电阻应符合要求。每个测试点连续测量3次，取最小值为测量值。

6.4.7 接地电阻测试，测量正常情况下不带电的金属外壳与地之间的电阻，每个测试点电阻应符合要求。每个测试点连续测量3次，取最大值为测量值。

6.4.8 断电模拟试验在设计允许的运行工况下，模拟突然断电或设备可能发生的故障，操作人员和相关工作人员能够借助应急救援装备，采取安全有效的疏导措施，及时将乘客疏导至安全区域。

6.4.9 备用电源试验在设计允许的运行工况下，切换至备用电源供电，备用电源容量应满足随时顺利疏散乘客的要求。

6.4.10 升降站台或移动平台连锁功能试验，采用升降站台或移动平台的观览车类游乐设施，模拟升降站台或移动装置误动作，试验联锁控制功能是否有效。试验不少于3次。

6.4.11 安全压杠闭合和锁紧与设备启动的联锁控制功能试验，模拟安全压杠闭合和锁紧，试验其联锁控制功能是否有效。对每套安全压杠试验不少于3次。

6.4.12 轿厢门开关试验，A型、B型观览车轿厢采用自动推拉门时，模拟开关门，锁紧信号反馈应符合设计。模拟故障失电或断电，轿厢门应能从外部打开。每个轿厢试验至少1次。

6.5 应急救援

6.5.1 应急救援的检验应至少包含预案中各种可预见工况下的救援装置、救援措施的有效性和时效性。

6.5.2 模拟设备断电或其他可预见的意外情况，采用规定的应急救援装备和乘客疏导措施，在使用允许的满载、偏载工况下，能有效疏导乘客至安全区域，每种情况模拟一次，每次疏导时间不超过1 h。

6.5.3 正常供电系统失效，采用备用电源开展救援的设备，设备可按设定的功能工作或实施救援。

6.6 表面防护

6.6.1 漆膜总厚度的检测，使用漆膜厚度仪在主要受力构件每10 m^2（不足10 m^2的按10 m^2计）作为一处，每处测3～5点，每处所测各点厚度的平均值不低于总厚度的90%，也不高于总厚度的120%，测得的最小值不低于总厚度70%。

6.6.2 漆膜附着力的检测，按GB/T 9286中规定的方法，在主要受力构件上分别取6处。其评定等级不低于1级。

6.6.3 金属结构热(浸)镀锌层检测,检查热(浸)镀锌层的外观,应符合 GB/T 13912 的规定,在主要受力构件上分别取6处,热(浸)镀锌层厚度应符合设计。

6.7 整机

6.7.1 宏观目视检测应包括所有机械及结构、乘载系统、电气控制系统、应急救援系统、涂装等内容。所有部件应外观状态良好,无破损和毁坏;电气接线良好,无松动。

6.7.2 对转速、单侧摆角、运动幅度、速度等动态参数进行测试,每种工况不少于3次后取平均值,该参数的测试值为各种工况下平均值的最大者。

6.7.3 设计允许最大速度下,在允许的空载、偏载和满载工况下对重要受力结构的高应力或应力集中部位进行应力测试。测试时对每个测点在同种工况下重复测试不少于3次,取最大值作为测试值。在自重作用下产生的应力,应由制造单位提供其计算值或由实测得到。各测点应力值应为载荷作用下的测试值与自重作用下的计算应力值之和。

6.7.4 运行试验前、试验后对游乐设施整机进行目视检测。

6.7.5 空载试验应按照实际工况连续运行1 h。

6.7.6 满载试验应按照实际工况的额定载荷加载,按实际工况连续试验每天不小于8 h,连续无故障累计运行试验不小于80 h。

6.7.7 座舱或轿厢偏载试验应按照实际工况的1/2倍额定载荷加载,载荷应集中在座舱或轿厢一边,对A、B型观览车偏载试验还应按连续轿厢数为总轿厢数的1/4和3/4额定载荷进行加载。偏载试验应连续试验1 h。

7 随机文件、标志、包装、运输和贮存

7.1 随机文件、标志

7.1.1 产品交付前至少应包括下列随机文件,且宜放置于控制柜包装箱或主机包装箱内:

a) 产品合格证明书;

b) 产品使用维护说明书和维修用图纸;

c) 备件及易损件清单;

d) 主要外购件的合格证和说明书;

e) 专用工具、仪器清单(如有时);

f) 移动式观览车类游乐设施应附有拆装说明书。

7.1.2 观览车类游乐设施应在显著位置处设置产品铭牌,产品铭牌内容至少包括制造单位名称、制造地址、制造许可证号、设备型号、产品编号、制造日期、主要技术参数。

7.2 包装、运输和贮存

7.2.1 观览车类游乐设施的产品及其零部件的包装应符合 GB/T 191 及 GB/T 13384 的有关规定。

7.2.2 在解体运输中,解体的零部件连接处宜有清晰的对应性永久标记和编号;导线接头宜进行编号。

7.2.3 外露加工面应有防锈处理。

7.2.4 大型零部件和包装箱的质量、重心、吊挂点宜有标志,并标明件号。

7.2.5 产品及其零部件贮存时,应注意防潮、防锈、防尘和防止变形。

附 录 A
(资料性附录)
观览车类游乐设施常见类型示意图

观览车类游乐设施常见类型示意图见图 A.1～图 A.7。

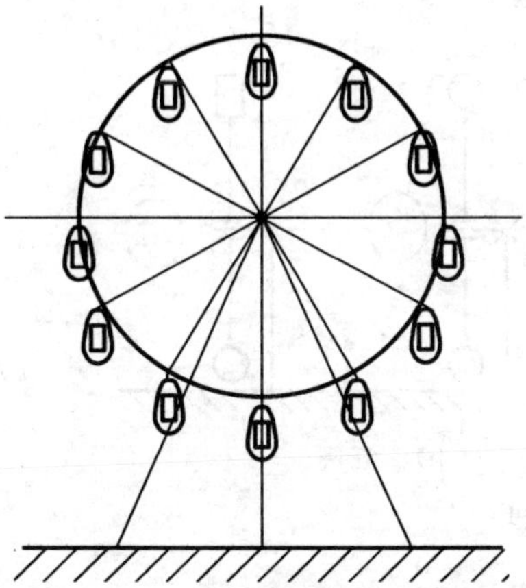

a) 吊挂轿厢式

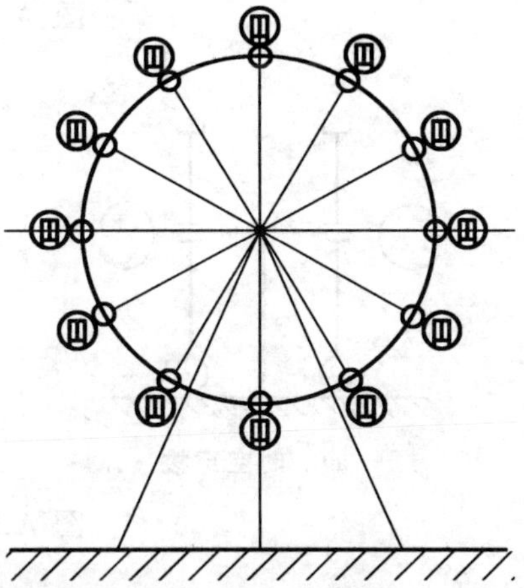

b) 环抱轿厢式

图 A.1 有主轴摩天轮型(A 型)

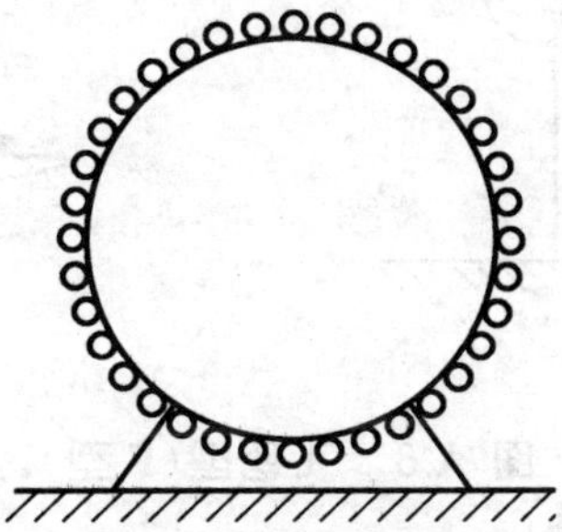

图 A.2 无主轴摩天轮型(B 型)

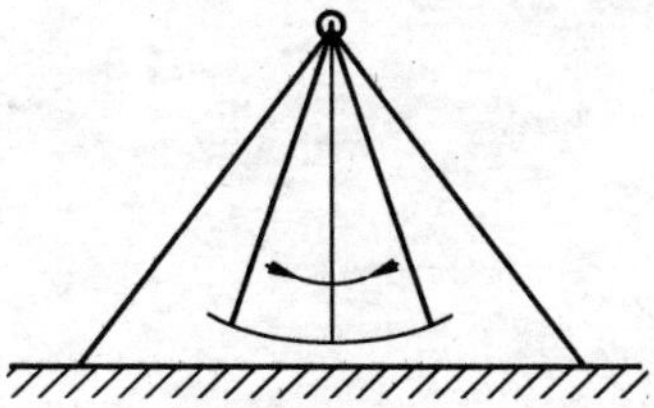

a) 海盗船

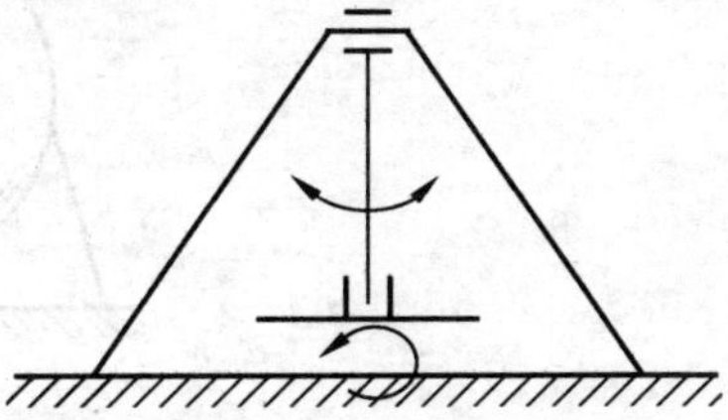

b) 大摆锤

图 A.3 摆锤型(C 型)

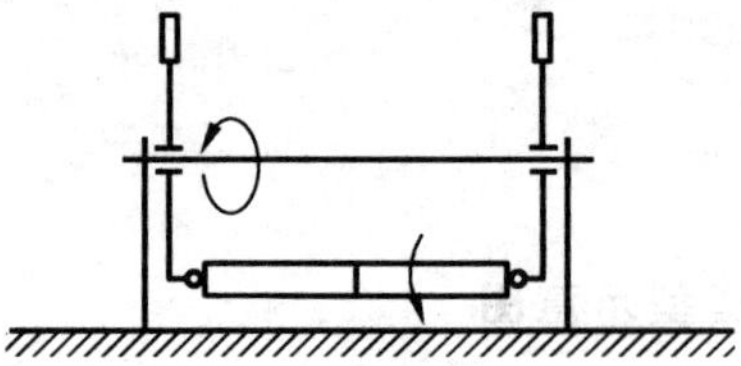

a) 遨游太空

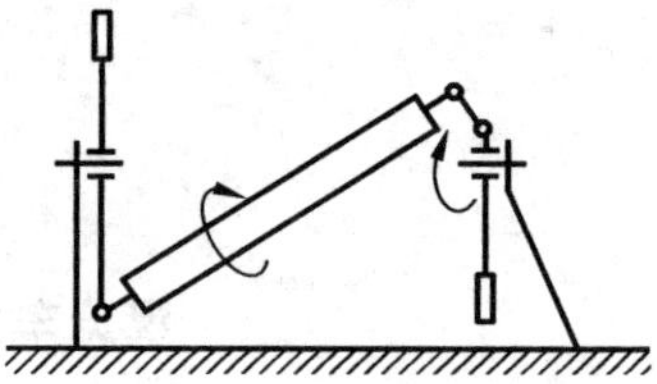

b) 波浪翻滚

图 A.4 遨游太空型(D 型)

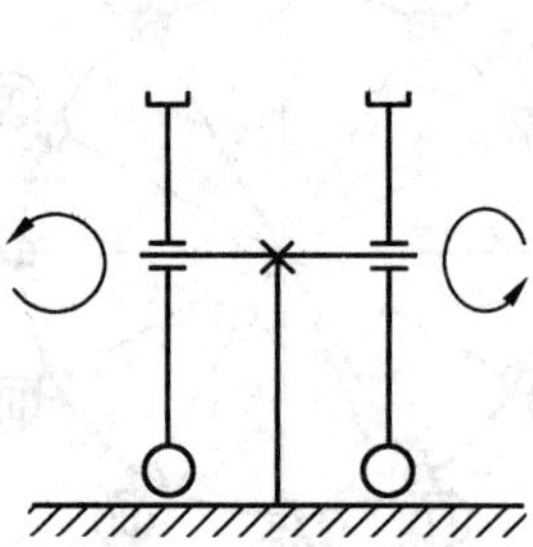

a) 时空穿梭

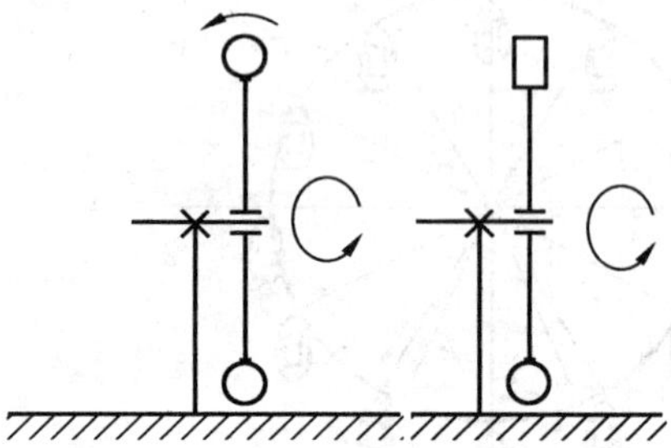

b) 狂呼

图 A.5 时空穿梭型(E 型)

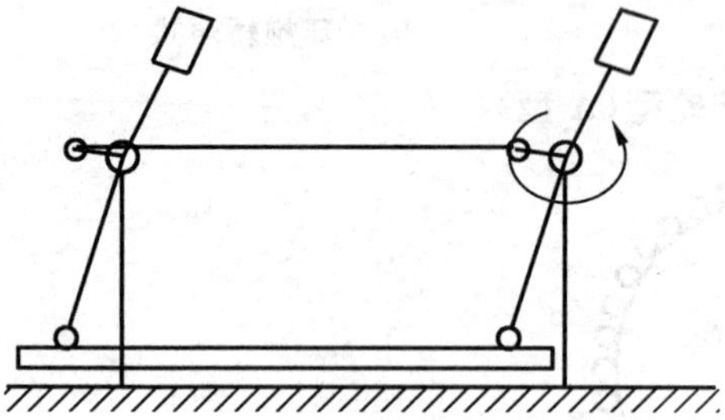

a) 双臂飞毯

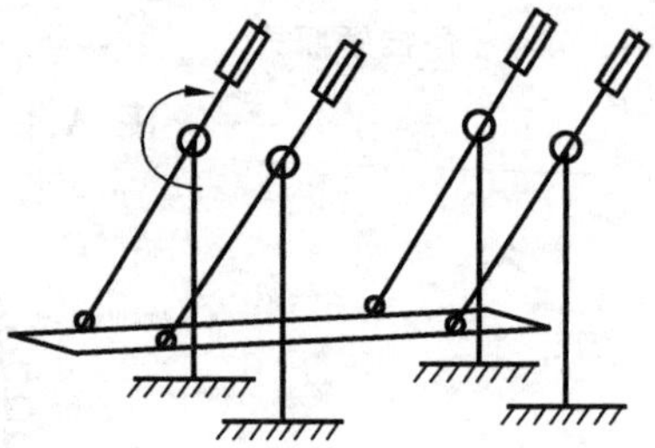

b) 四臂飞毯

图 A.6 飞毯型(F 型)

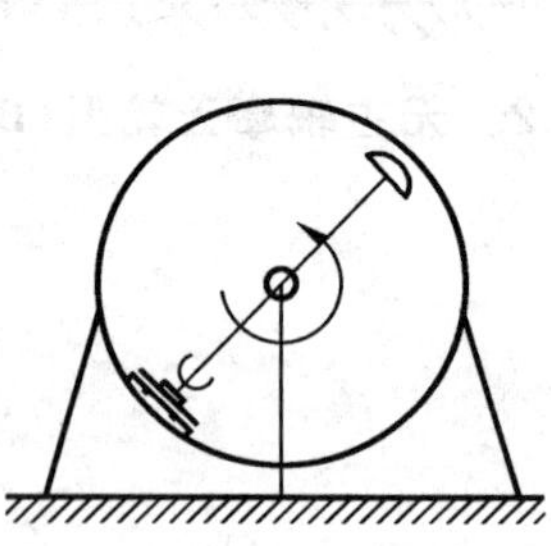

图 A.7 摩天环车型(G 型)

附　录　B
（资料性附录）
常见重要轴（销轴）、重要焊缝示例

常见重要轴（销轴）、重要焊缝示例见表B.1。

表 B.1

型式	型式名称	重要轴（销轴）	重要焊缝
A	有主轴摩天轮型	转盘支承轴、轿厢轴等	转盘支承轴拼接焊缝、转盘支承轴支承座焊缝、轿厢轴支架焊缝
B	无主轴摩天轮型	轿厢轴、车轮轴、连接轴	行走车架焊缝、行走轮架焊缝、牵引装置连接焊缝、轿厢轴支架焊缝
C	摆锤型	主轴、压杠轴、锁紧机构轴、座舱吊挂轴	立柱根部法兰焊缝、中心转筒焊缝、摆臂根部法兰焊缝、支臂根部法兰焊缝、座椅吊挂桁架焊缝、压杠焊缝
D	遨游太空型	摆臂与立柱轴、摆臂与座舱轴、上下摆臂连接轴、压杠轴、锁紧机构轴	立柱根部法兰焊缝、摆臂根部法兰焊缝、座舱连接焊缝、压杠焊缝
E	时空穿梭型	压杠轴、锁紧机构轴	立柱根部法兰焊缝、摆臂根部法兰焊缝、座舱连接焊缝、压杠焊缝
F	飞毯型	压杠轴、锁紧机构轴、摆臂轴	立柱根部法兰焊缝、摆臂根部法兰焊缝、座舱连接焊缝、压杠焊缝
G	摩天环车型	压杠轴、锁紧机构轴	立柱根部法兰焊缝、摆臂根部法兰焊缝、座舱连接焊缝、压杠焊缝

附　录　C
（资料性附录）
轿厢最大空间高度示意图

轿厢最大空间高度示意图见图 C.1～图 C.4。

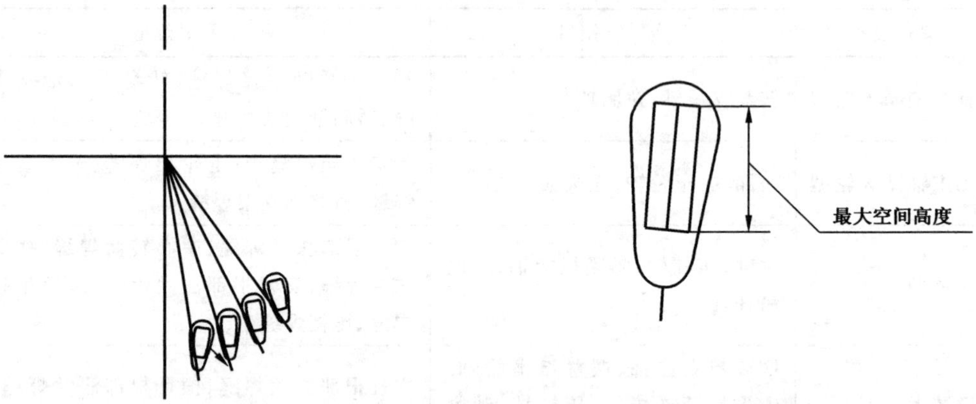

a）　吊挂式轿厢翻转　　　　b）　吊挂式轿厢最大空间高度

图 C.1　轿厢最大空间高度示意图

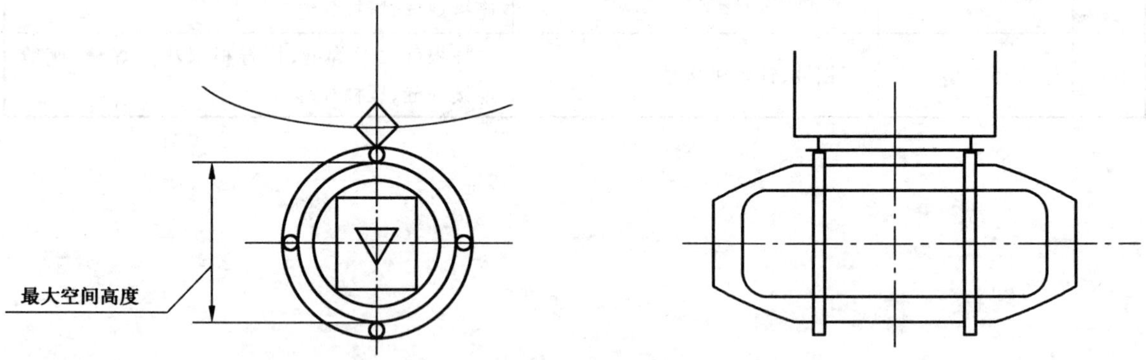

a）　环抱式轿厢最大空间高度　　　　b）　环抱式轿厢

图 C.2　回转式轿厢放大示意图

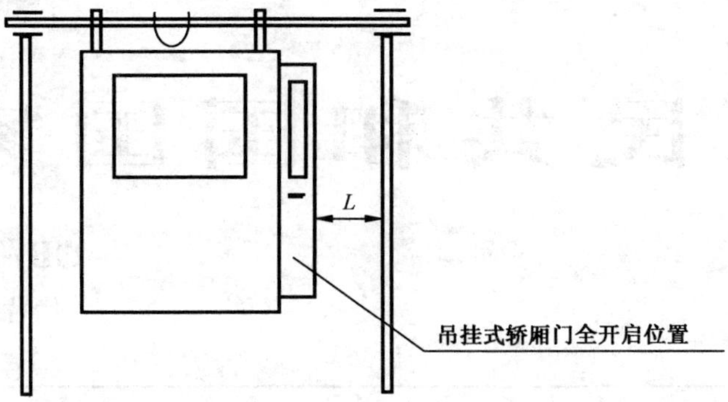

图 C.3　开门最大高度时需留有的距离 *L* 示意图

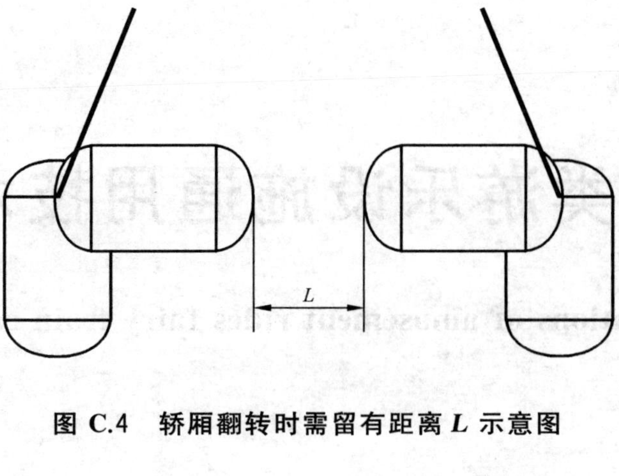

图 C.4　轿厢翻转时需留有距离 *L* 示意图

ICS 97.200.40
Y 57

中华人民共和国国家标准

GB/T 18165—2019
代替 GB/T 18165—2008

小火车类游乐设施通用技术条件

Specifications of amusement rides fairy train category

2019-12-31 发布　　2019-12-31 实施

国家市场监督管理总局
国家标准化管理委员会　发布

前　言

本标准按照 GB/T 1.1—2009 给出的规则起草。

本标准代替 GB/T 18165—2008《小火车类游艺机通用技术条件》，与 GB/T 18165—2008 相比，除编辑性修改外主要技术变化如下：

——修改了范围(见第 1 章，2008 年版的第 1 章)；
——修改了规范性引用文件(见第 2 章，2008 年版的第 2 章)；
——增加了术语和定义(见第 3 章)；
——修改了总则(见第 4 章，2008 年版的第 3 章)；
——增加了小火车类游乐设施的常见型式和主要技术参数(见表 1)；
——增加了风险评价的要求(见 5.1.2)；
——增加了制动率及制动距离的要求(见 5.2.13)；
——增加了紧急制动装置的要求(见 5.2.14)；
——增加了独立制动装置的要求(见 5.2.15)；
——增加了线路坡度、驻车装置的要求(见 5.2.16)；
——增加了限速装置的要求(见 5.2.18)；
——增加了隔离措施的要求(见 5.2.20)；
——增加了重要轴(销轴)和重要焊缝的无损检测要求(见 5.2.37)；
——增加了车厢进出口拦挡物的要求(见 5.3.6)；
——增加了多车运行时的安全装置要求(见 5.4.4)；
——增加了安全操作开关的要求(见 5.4.16)；
——增加了储能单元的相关要求(见 5.4.19)；
——增加了电气制动装置的相关要求(见 5.4.20)；
——增加了应急救援的要求(见 5.5)；
——增加了整机要求(见 5.7)；
——删除了制造与安装(见 2008 年版的第 10 章)；
——删除了使用与管理(见 2008 年版的第 11 章)；
——修改了检验、检测与试验要求(见第 6 章，2008 年版的第 12 章)；
——删除了检验规则(见 2008 年版的第 13 章)；
——增加了随机文件、标志、包装、运输和贮存(见第 7 章)；
——修改了附录 A 关于重要轴(销轴)和重要焊缝的规定(见附录 A，2008 年版的附录 A)。

本标准由全国索道与游乐设施标准化技术委员会(SAC/TC 250)提出并归口。

本标准起草单位：中国特种设备检测研究院、天津市博瑞特旅游观光火车有限公司、杭州俊士铁路设备有限公司、浙江天佑铁路设备科技有限公司、株洲中车特种装备科技有限公司、诸暨市金猴游乐设备制造有限公司、安徽省特种设备检测院、山东省特种设备检验研究院有限公司。

本标准主要起草人：王银兰、程鹏、程晓敏、肖原、张作彬、徐新建、黄伟、赵宇飞、熊际武、陈红军、曾金盛、陈卫卫、孙烁、张洋。

本标准所代替标准的历次版本发布情况为：

——GB 18165—2000、GB/T 18165—2008。

小火车类游乐设施通用技术条件

1 范围

本标准规定了小火车类游乐设施的总则,技术要求,检验、检测与试验要求,随机文件、标志、包装、运输和贮存。

本标准适用于小火车类游乐设施。

2 规范性引用文件

下列文件对于本文件的应用是必不可少的。凡是注日期的引用文件,仅注日期的版本适用于本文件。凡是不注日期的引用文件,其最新版本(包括所有的修改单)适用于本文件。

GB/T 191　包装储运图示标志

GB/T 4208—2017　外壳防护等级(IP 代码)

GB/T 7251.1　低压成套开关设备和控制设备　第 1 部分:总则

GB/T 7403.1　牵引用铅酸蓄电池　第 1 部分:技术条件

GB 8408　大型游乐设施安全规范

GB/T 8923(所有部分)　涂覆涂料前钢材表面处理　表面清洁度的目视评定

GB/T 9286—1998　色漆和清漆　漆膜的划格试验

GB/T 13384　机电产品包装通用技术条件

GB/T 13912　金属覆盖层　钢铁制件热浸镀锌层　技术要求及试验方法

GB/T 20306　游乐设施术语

GB/T 31467(所有部分)　电动汽车用锂离子动力蓄电池包和系统

GB/T 31486　电动汽车用动力蓄电池电性能要求及试验方法

GB/T 34370(所有部分)　游乐设施无损检测

GB/T 34371　游乐设施风险评价　总则

GB 50231　机械设备安装工程施工及验收通用规范

QC/T 741　车用超级电容器

TB/T 1759　铁道客车配线布线规则

3 术语和定义

GB/T 20306 界定的以及下列术语和定义适用于本文件。

3.1

电力驱动小火车　electric powered fairy train

沿地面轨道运行,使用电能作为动力源电力驱动及运动形式类似的小火车类游乐设施。

3.2

内燃机驱动小火车　internal-combustion engine powered fairy train

沿地面轨道运行,使用内燃机作为动力源机械驱动及运动形式类似的小火车类游乐设施。

3.3

轮缘　rim

小火车车轮型线的内侧部分，有导向和防止脱轨的作用。

3.4

紧急制动距离　emergency brake distance

从按下急停按钮开始到列车运行停止时所行走的全部距离。

3.5

滑行　slide

小火车在刹车时，车轮刹车压力过强，而使车轮无法转动，并在轨道上滑行的现象。

3.6

故障-安全　fail-safe

设备出现故障后，其控制系统或机械机构系统能够维持安全状态或向安全状态转移，以避免出现更大故障或事故的模式。

3.7

轨道　track

承受列车荷载和约束列车运行方向的设备或设施总称。

3.8

扣件　fastener

将钢轨扣压在轨枕或其他轨下基础上的连接零件。

3.9

护轨　guard rail

为防止车轮脱轨或向一侧偏移，在轨道上钢轨内侧加铺的不承受车轮垂直荷载的钢轨。

3.10

轨距加宽　gauge widening

曲线地段、道岔等按设计要求加宽轨距的情况。

3.11

运行高度　running height

乘客约束物支承面（如座位面）距最低运行基准面的最大垂直距离。

3.12

单一失效点　single point of failure

游乐设施上的某个零件、结构连接点或电气元件，其失效将会导致整个设备失效或严重危及乘客安全。

4　总则

4.1　小火车类游乐设施的设计、制造、安装、改造、修理、试验和检验、标志、包装、运输和贮存应满足GB 8408的有关规定和本标准的相关要求。

4.2　小火车类游乐设施常见型式和主要技术参数宜按表1选取。

表1 常见型式和主要技术参数

序号	型式名称	主要技术参数	典型设备
1	电力驱动小火车系列	运行速度、运行高度、承载人数/车、车辆数	电力驱动小火车、柴油发电机驱动小火车
2	内燃机驱动小火车系列	运行速度、运行高度、承载人数/车、车辆数	内燃机驱动小火车

5 技术要求

5.1 基本要求

5.1.1 小火车类游乐设施的设计文件应至少包括设计说明书、设计计算书、使用维护说明书、风险评价报告、设计验证大纲及符合国家相关标准的全套设计图纸。

5.1.2 小火车类游乐设施设计阶段应按 GB/T 34371 进行风险评价，需要改造的或整机设计使用年限到期后仍继续使用的小火车类游乐设施也应进行风险评价。风险评价应分别从受力结构与受力零部件、电气控制系统与部件、设备运行环境、设备周围障碍物、人为因素、意外因素、应急救援等方面进行，并对单一失效点进行辨识。设计阶段应避免不可接受的风险，不应有不可检测或监测的单一失效点。

5.1.3 小火车类游乐设施难以检验检测的重要轴(销轴)应按无限寿命设计。

5.1.4 小火车类游乐设施的设计图纸应包含车辆建筑限界图。

5.1.5 小火车类游乐设施的设计应根据具体结构和工况作相应计算：牵引力计算、制动计算、防倾覆计算、轮对抗脱轨稳定性计算等。

5.2 机械及结构

5.2.1 小火车类游乐设施起动、运行过程中不应有明显打滑现象，传动机构应运转正常。整机运行时不准许有异常的振动、冲击、发热、声响及卡滞现象。

5.2.2 机械传动结构设计应方便拆装、检修。

5.2.3 车轴台阶处宜采用大圆角过渡以减少应力集中。

5.2.4 驱动系统主要部件的设计应满足寿命周期内的使用。

5.2.5 应力较高的焊缝应进行修磨使其圆滑过渡。

5.2.6 焊接结构组焊后宜进行消除焊接应力处理。

5.2.7 列车油管、气管应排列整齐、布置合理、固定可靠，应无漏油、漏气等现象。

5.2.8 列车硬管、软管应排列整齐，管卡分布合理，弯管处不应有过压、过弯现象。

5.2.9 有相对移动部件的连接软管，管长应适中，捆扎结实，互不摩擦。

5.2.10 各种管接头布置合理，易于检修。

5.2.11 液压、气动系统应能在小火车允许使用温度范围内正常使用。

5.2.12 液压或气动系统中，应有不超过额定工作压力 1.2 倍的过压保护装置，设置监控系统工作状况的仪表应设置在司机控制台上，以便于司机观察。

5.2.13 合理设置各车厢制动率，防止制动力不足或发生滑行，在额定载荷和额定速度下，运行线路全程任意位置，紧急制动距离应不大于 8 m。

5.2.14 紧急制动装置应采用故障-安全的制动形式，列车宜同时采用电气制动和机械制动方式。机械制动应在供电中断或电气制动出现故障的意外情况下，也能保证制动有效，使列车安全停车。

5.2.15 每节车厢应配置独立制动装置，在列车车厢意外分离时，应立刻自动实施紧急制动，保证分离的列车车厢自动制动。

5.2.16 线路坡度应设置在50/1 000以下，并设置有效的制动驻车系统或辅助锁定装置，用于在坡道故障停车时列车能够长时间停放等待救援，保证在线路最大坡度、最大载荷的情况下列车不会发生溜逸。

5.2.17 非闭环轨道的行程极限位置应设置安全缓冲车挡与警示标志。

5.2.18 小火车应设置安全可靠的限速装置，当列车超速时应有报警信号提醒，并能够自动停车。

5.2.19 气动制动系统应根据需要设置空气干燥、空气滤清、压力保护、压力控制、油水分离等辅助装置。

5.2.20 小火车铁路沿线应设置有效的隔离措施（绿化隔离带等），与道路相邻（轨道中心到路沿＜3 m）时宜加设不低于1 100 mm的安全栅栏。小火车铁路与道路交汇处，需要在道路口设立可升降的闸道，列车通过时禁止行人和车辆通过道路。

5.2.21 小火车轨道沿线在转弯、上下坡等特殊路况路段，应设有明显的安全标志。

5.2.22 路基应填筑平整坚实、稳固。

5.2.23 路基有可能积水时应设排水沟。

5.2.24 轨距不小于600 mm的小火车，两侧应设置宽不小于300 mm的路肩，路基顶宽宜不小于轨距的3倍，道床顶宽应超出轨枕不小于200 mm。

5.2.25 道床应选择合理的道床厚度和边坡。

5.2.26 轨枕应有足够的长度和底宽以及支承面积。

5.2.27 轨枕间距根据轨型、轨长、设备轴重合理配置，中间枕距＞过渡枕距＞接头枕距。

5.2.28 列车运行的同一条轨道的轨型应相同。

5.2.29 轨道辅件与轨型配套，规格符合设计要求，数量齐全、密贴、紧固有效。

5.2.30 轨缝应根据各地气象条件不同合理设置。

5.2.31 轨道接头处，两轨面高低和内侧左右错差应不大于2 mm。

5.2.32 轨面应远视平顺，轨向应直线顺宜、曲线圆顺。

5.2.33 轨道道岔宜选用标准产品，根据轮对踏面形式与轨型合理配置，道岔换向动作应安全可靠，换向到位后列车方可通行，保证列车安全平稳运行。

5.2.34 轨距优先选用600 mm、762 mm、1 000 mm。

5.2.35 轨距应符合设计，直线段（曲线段加宽后）允许误差为－3 mm～5 mm，过渡段轨距误差变化率应不大于5/1 000。

5.2.36 轨道曲率半径应因地制宜，合理选用；各曲线轨道连接处应圆滑过渡，使列车运行顺利。

5.2.37 小火车类游乐设施的重要轴（销轴）和重要焊缝应进行无损检测，无损检测方法和要求按GB/T 34370执行。常见重要轴（销轴）和重要焊缝示例参见附录A。

5.3 乘载系统

5.3.1 每节车厢应标出定员人数，严禁超载运行。

5.3.2　车体应设有架车支点和吊车支点，在检修或事故起吊时，车体应有足够的刚度和强度。

5.3.3　车厢座席距脚踏板高度应不大于450 mm；座席应采用软质、木质或玻璃钢等材料制造。

5.3.4　凡乘客可触及之处，不准许有外露的锐边、尖角、毛刺和危险突出物等。

5.3.5　对于乘客脚部有伸出车厢可能的，车厢进出口外底板应高出站台面80 mm～300 mm。

5.3.6　车厢进出口处应设有拦挡物，如设置车门则应开启灵活，关闭可靠且车门在设备运行中乘客不能自行开启；电控门则应有防夹设计和应急开启功能。

5.3.7　封闭式车厢应设置有效的灭火装置。

5.3.8　车厢宜设置视频监控，并安装紧急呼叫按钮，触发按钮后乘客可与列车司机联络。

5.3.9　司机室前车窗应采用安全玻璃，应具有良好的视野，视野受限时（无行进路线全景），应增加行车辅助视频。

5.3.10　车轮装置应转动灵活，润滑、维修方便。

5.3.11　侧轮（或轮缘）与轨道间隙每侧应不大于5 mm。

5.3.12　内燃机驱动小火车应满足以下要求：

a）油箱应密封可靠，不应有渗漏现象；

b）消声器的工作状态应良好；

c）减速器及摩擦离合器应平稳可靠；

d）发动机燃油应燃烧充分，废气不应对环境造成污染。

5.4　电气控制系统

5.4.1　轨道取电装置应设置有效的隔离措施，防止人员接触。

5.4.2　集电器应符合以下要求：

a）集电器与滑接线应接触良好，并应满足电流容量的要求。滑接器座应灵活可靠，并有足够的补偿能力。滑接线应采用耐磨材料，接头处应平整，拉紧适度。

b）室外外露的集电器应采取防水措施或具有防水功能，满足外露情况下的使用要求。

5.4.3　发电舱（电池舱）、配电柜、牵引电机应有通风、散热设计计算，保证牵引发电机（蓄电池组）、牵引电动机、控制器温升符合规定。

5.4.4　小火车轨道上存在多列车同时运行时应设置缓冲装置和防碰撞保护装置。

5.4.5　电气系统应设与主要机组运行安全有关的各种保护装置。

5.4.6　电线、电缆的绝缘等级应与工作电压相符。

5.4.7　电气设备布线应符合TB/T 1759的要求。

5.4.8　电器柜应符合GB/T 7251.1的要求。

5.4.9　电器设备外壳防护应符合GB/T 4208—2017的要求。

5.4.10　电气系统应能对传动系统、走行系统、制动系统、液压系统、气动系统进行控制。宜具备联锁保护及报警功能。

5.4.11　所有仪表的等级、规格应符合设计要求，未使用前仪表应处于零位，测量值应在仪表量程的20%～95%范围内。

5.4.12　轨道用电的整流变压器的初、次级绕组间应采用相当于双重绝缘或加强绝缘水平的绝缘隔离，变压器初、次级绕组间绝缘电阻应不小于7 MΩ。变压器绕组对金属外壳间绝缘电阻应不小于2 MΩ。

5.4.13　路轨与导电轨之间的绝缘电阻应不小于0.1 MΩ。

5.4.14　车厢之间的电缆(线)连接应采用安全防水插头并连接可靠。

5.4.15　额定电压大于安全电压的配电柜不应设置于车厢乘客可触碰的区域内,同时应具有安全隔离措施。

5.4.16　司机室应设置安全操作开关,在列车司机失去知觉或没有操作能力时,开关应能自动复位使列车处于安全状态。

5.4.17　照明装置要求如下:

a)　用于室外夜间运行的小火车车头应设置前照灯。前照灯宜采用白色聚光灯,灯光聚集中心点位于不小于正前方 25 m 处的水平轨道面上,灯光聚集处中心区域的亮度不小于 12 lx。

b)　用于夜间运行的小火车车厢内宜设置车厢照明灯。

c)　警示灯、标志灯、司机室内照明灯等均应完好,安装牢固,工作正常。

d)　乘客通道照明照度不应低于 60 lx,应急照明照度应不低于 20 lx。

5.4.18　电力驱动小火车上应设有短路保护装置。

5.4.19　以储能单元为动力的电力驱动小火车应满足以下要求:

a)　储能单元包括铅酸蓄电池、锂电池、超级电容组等;

b)　储能单元应固定牢固,密封良好,不应有漏液、渗液、鼓包、异常发热等现象;

c)　储能单元应符合 GB/T 31486 的相关要求,铅酸蓄电池性能应符合 GB/T 7403.1 的规定,锂电池性能应符合 GB/T 31467 的规定,超级电容组应符合 QC/T 741 的规定;

d)　在额定载荷下,支持快充模式的储能单元应能保证小火车在实际运行工况下的连续运行距离不小于快充充电站间距的两倍,不支持快充模式的储能单元应能保证小火车在实际运行工况下的连续工作时间不小于 4 h;

e)　支持快充模式的储能单元在快充充电站,充电时间不宜超过正常车辆停靠以及上下客的时间;

f)　储能单元应配置管理系统,对电压、电流、温度、容量等参数实时监控。

5.4.20　电力驱动小火车的牵引车宜设电阻制动装置或反馈制动装置等,电气制动性能应符合设计要求。

5.4.21　电力驱动小火车司机室的操作面板应能显示电池剩余电量。

5.5　应急救援

5.5.1　受限区域应设置疏散通道,两侧设置时,每侧宽度应不小于 0.8 m;单侧设置时,宽度应不小于1.1 m。

5.5.2　小火车应有可靠的救援方案。

5.6　表面防护

5.6.1　金属结构应采取适当的表面防护措施,如涂防锈漆、热(浸)镀锌等,或采用不锈钢材料。

5.6.2　采用涂防锈漆进行金属结构表面防护时,涂装前金属结构应进行除锈处理,达到 GB/T 8923 中的 Sa2 级;主要受力结构之外的结构应达到 Sa2 或 St2 级(手工除锈)。漆面应均匀、细致、光亮、完整和色泽一致,不应有粗糙不平、漏漆、错漆、皱纹、针孔及严重流挂等缺陷。推荐漆膜总厚度宜不小于80 μm。漆膜附着力应符合 GB/T 9286—1998 中规定的 1 级质量要求。

5.6.3 采用热(浸)镀锌进行金属结构表面防护的,热(浸)镀锌层应符合 GB/T 13912 的规定。

5.7 整机

5.7.1 整机外观应状态良好,无破损。

5.7.2 主要技术参数中的运行高度、承载人数/车、车辆数等静态参数应符合设计要求;在使用允许的空载、满载、偏载等正常工况下,运行速度等动态参数,测试值与设计计算值的偏差应在 −10%～5%。

5.7.3 新设计的首台小火车类游乐设施应按设计验证试验的要求进行应力测试,应力测试结果应满足设计要求。

5.7.4 整机运行试验应包含空载、偏载和满载试验。运行试验时不准许有异常的振动、冲击、发热、声响及卡滞现象。运行试验后,机械及结构零部件不应有异常磨损、变形、脱落、永久变形及损坏等现象,电气零部件不应有脱落、损坏、异常发热现象。基础不应有不均匀沉陷和开裂。

6 检验、检测与试验要求

6.1 基本要求

6.1.1 制造、安装单位应依据相关标准、设计文件、制造工艺和设备特点制定具体的检验方案,以验证其产品与设计的一致性以及功能的完整性。方案应至少包括机械及结构、乘载系统、电气控制系统、应急救援系统、整机等方面的检验、检测与试验。

6.1.2 每台小火车类游乐设施安装调试完毕后,应按制定的检验方案全部检验项目合格后方可交付使用。

6.1.3 试验时风速应不大于 8 m/s。

6.1.4 除非有特殊要求,试验环境温度应为 −5 ℃～35 ℃,试验环境相对湿度宜不大于 85%。

6.1.5 试验载荷与其额定值的误差应不超过 ±5%。

6.1.6 试验前后应检查游乐设施机械及结构、乘载系统、电气控制系统、应急救援系统和附属装置中的零部件、元器件及其连接的完整性,与设计的一致性。

6.1.7 试验后对于有问题或疑问的部件应进行检查,对发现的问题及时判明原因并采取措施,做好详细记录。

6.1.8 各项检验结束后,应编写检验报告,检验报告至少应包含以下内容:

a) 检验时间、地点;
b) 设备名称、编号、主要技术参数;
c) 检验依据;
d) 检验项目的名称、要求、方法、结果、试验人员签字;
e) 检验结论;
f) 检验报告的编制、审核、审批人员签字。

6.1.9 制造单位应保存产品检验报告和有关记录、图样、质量证明文件及技术文件。

6.2 机械及结构

6.2.1 试验前后应进行机械及结构的检验、检测,内容至少包含基础、钢结构、机械传动零部件、重要焊缝、重要轴(销轴)、重要螺栓连接等。

6.2.2 小火车类游乐设施在设计允许的最大满载和偏载状态下,以最大额定速度运行,每种工况下试验不少于 5 次，机械结构、传动机构应无明显的晃动、打滑、失速和声响、永久变形等现象。

6.2.3 减速制动装置试验，分别在设计允许的空载、偏载、满载工况及可参见的故障工况下，每种工况下试验不少于 3 次，制动装置应平衡、有效，制动距离满足本标准要求。

6.2.4 故障-安全的制动装置试验，在允许最大满载和偏载工况运行，试验故障-安全的制动装置 3 次，制动装置应有效。

6.2.5 测量线路的最大坡度值，验证防止列车溜逸的措施是否有效。

6.2.6 液压或气动系统中，检查是否有不超过额定工作压力 1.2 倍的过压保护装置，并检查监控系统工作状况的仪表是否在司机控制台清晰显示，便于观察。

6.2.7 液压及气动传动的回转接头转动应灵活，密封应可靠，维修应方便。

6.2.8 液压及气动系统的压力应调整适当，启动和关闭时不应有异常的冲击振动。

6.2.9 电动机、减速器、联轴器等应安装良好，安装要求与公差应符合 GB 50231 的相关要求。

6.2.10 重要螺栓连接应能满足设计文件中预紧力或拧紧力矩的要求，并且安装后应设有防松标识，防松标识应清晰，易于检查。

6.2.11 重要零部件间的销轴连接应有防脱落措施。

6.2.12 对于轴承及接触面有相对运动的部位，应有润滑措施，需要添加润滑剂的，应易于操作。

6.2.13 重要轴（销轴）类零部件出厂时应设唯一性检验标识，重要焊缝和重要轴（销轴）应提供符合要求的无损检测报告。

6.2.14 轨道、轨枕、路基、扣件等应符合第 5 章的要求并与设计文件相符合。

6.2.15 轨距误差应与设计文件一致，每点测量不少于 3 次，整机测量不少于 10 处。

6.2.16 测量侧轮（或轮缘）与轨道的间隙，每点测量不少于 3 次，整机测量不少于 3 处。

6.3 乘载系统

6.3.1 试验前后应进行乘载系统的检验，内容至少包含座椅钢结构连接、转向架、传动系统等的检查。

6.3.2 运行安全包络范围试验，对非封闭座舱，在静态情况下测量安全距离或验证隔离措施是否有效，试验不少于 3 次。若无法在静态时完全确认安全距离，则采用模拟包络范围的框架进行运行试验。

6.3.3 小火车类游乐设施门锁紧装置试验，使用拉力计对车厢门开启方向施加 1 kN 的力，模拟开启，至少测量 3 次，车厢门锁紧装置应有效。

6.4 电气控制系统

6.4.1 试验前后应进行电气控制系统的检验，内容至少包含各种电气控制元件、线路及其连接，安全联锁功能等。

6.4.2 在允许的正常工况进行试验，电气和控制系统应满足设备运行且不应危及人员安全。

6.4.3 联锁或误启动试验，模拟设备前序动作未准备就绪，后续动作不应启动。试验自动门开闭联锁、液压及气动系统压力联锁等，每项试验不少于 3 次。

6.4.4 防止超速试验，设备在运行条件下，模拟超过最大速度时，试验设备是否能够报警并自动停车。试验次数不少于3次。

6.4.5　绝缘电阻测试，测量设备带电回路和地之间、电动机的相间、变压器初次级绕组之间、路轨与导电轨之间的电阻，每个测试点电阻应符合要求。每个测试点连续测量3次，取最小值为测量值。

6.4.6　接地电阻测试，测量正常情况下不带电的金属外壳与地之间的电阻，每个测试点电阻应符合要求。每个测试点连续测量3次，取最大值为测量值。

6.4.7　对照度进行测量，测量不少于3次，测量值不应低于本标准规定的照度值。

6.5　应急救援

6.5.1　应急救援的检验应至少包含预案中各种可预见工况下的救援装置、救援措施的有效性和时效性。

6.5.2　模拟设备断电或其他可预见的意外情况，采用规定的应急救援装备和乘客疏导措施，在使用允许的满载、偏载工况下，能有效疏导乘客至安全区域，每种情况模拟一次，每次疏导时间不超过1 h。

6.5.3　正常供电系统失效，采用备用电源开展救援的设备，设备可按设定的功能工作或实施救援。

6.6　表面防护

6.6.1　漆膜总厚度的检测，使用漆膜厚度仪在主要受力构件每10 m^2（不足10 m^2的按10 m^2计）作为一处，每处测3～5点，每处所测各点厚度的平均值不低于总厚度的90%，也不高于总厚度的120%，测得的最小值不低于总厚度的70%。

6.6.2　漆膜附着力的检测，按GB/T 9286—1998中规定的方法，在主要受力构件上分别取6处。其评定等级不低于1级。

6.6.3　金属结构热(浸)镀锌层检测，检查热(浸)镀锌层的外观，应符合GB/T 13912的规定，在主要受力构件上分别取6处，热(浸)镀锌层厚度应符合设计。

6.7　整机

6.7.1　宏观目视检测应包括所有机械及结构、乘载系统、电气控制系统、应急救援系统、涂装等内容。所有部件应外观状态良好，无破损和毁坏；电气接线良好，无松动。

6.7.2　在使用允许的空载、满载、偏载等正常工况下对速度进行测试，每种工况测量不少于3次后取平均值，该参数的测试值为各种工况下平均值的最大者。

6.7.3　应力测试应在设计允许的空载、偏载、满载和额定速度工况下进行，每种工况下，每个测点重复测量不少于3次，取最大值作为测试值。在自重作用下产生的应力，应由制造单位提供其计算值或由实测得到。各测点应力值应为载荷作用下的测试值与自重作用下的计算应力值之和。

6.7.4　运行试验前、试验后对游乐设施整机进行目视检测。

6.7.5　空载试验应按照实际工况连续无故障试验1 h。

6.7.6　满载试验，应按照实际工况的额定载荷加载，按实际工况连续试验每天应不小于8 h，连续无故障累计试验应不小于80 h。

6.7.7　偏载试验应按照设计偏载工况加载，载荷应集中在座椅或车厢一边，偏载试验应连续无故障试验 1 h。

7 随机文件、标志、包装、运输和贮存

7.1 随机文件、标志

7.1.1 小火车类游乐设施交付前至少应包括下列随机文件，且宜放置于控制柜包装箱或主机包装箱内：

a) 合格证明书；

b) 使用维护说明书和维修用图纸；

c) 备件及易损件清单；

d) 主要外购件的合格证和说明书；

e) 专用工具、仪器清单(如有时)；

f) 移动式小火车类游乐设施应附有拆装说明书。

7.1.2 小火车类游乐设施应在显著位置处设置产品铭牌，产品铭牌内容至少包括制造单位名称、制造地址、制造许可证号、设备型号、产品编号、制造日期、主要技术参数等。

7.2 包装、运输和贮存

7.2.1 小火车类游乐设施产品及其零部件的包装应符合 GB/T 191 和 GB/T 13384 的有关规定。

7.2.2 在解体运输中，解体的零部件连接处宜有清晰的对应性永久标记和编号；导线接头宜进行编号。

7.2.3 外露的加工面应进行防锈处理。

7.2.4 大型零部件和包装箱的质量、重心、吊挂点应有标志，并标明件号。

7.2.5 产品及其零部件贮存时，应注意防潮、防锈、防尘和防止变形。

附　录　A
（资料性附录）
常见重要轴(销轴)和重要焊缝示例

常见重要轴(销轴)和重要焊缝示例见表 A.1。

表 A.1　常见重要轴(销轴)和重要焊缝

序号	常见型式	典型产品	重要销轴	重要焊缝
1	电力驱动小火车系列	电力驱动小火车	传动轴、车轮轴、乘坐物支承轴、车辆连接器销轴，防逆行、防倾翻装置的销轴等	车架重要焊缝、车桥重要焊缝、轮架重要焊缝、转向架重要焊缝、乘坐物支承件焊缝、车轮轴连接焊缝、车辆连接器焊缝等焊缝中的Ⅰ级、Ⅱ级焊缝
2	内燃机驱动小火车系列	内燃机驱动小火车	传动轴、车轮轴、乘坐物支承轴、车辆连接器销轴，防逆行、防倾翻装置的销轴等	车架重要焊缝、车桥重要焊缝、轮架重要焊缝、转向架重要焊缝、乘坐物支承件焊缝、车轮轴连接焊缝、车辆连接器焊缝等焊缝中的Ⅰ级、Ⅱ级焊缝

ICS 97.200.40
Y 57

中华人民共和国国家标准

GB/T 18166—2008
代替 GB 18166—2000

架空游览车类游艺机通用技术条件

Specifications of amusement rides monorail category

2008-11-12 发布　　2009-05-01 实施

中华人民共和国国家质量监督检验检疫总局
中国国家标准化管理委员会　发布

前　言

本标准代替 GB 18166—2000《架空游览车类游艺机通用技术条件》，本标准与 GB 18166—2000 相比，主要变化如下：

——第 1 章“范围”增加了架空游览车的设计、制造、改造、检验和安装。

——增加了以下条款：第 5 章“传动系统”、第 6 章“电气、控制系统”、第 7 章“轨道和立柱”、第 8 章 “车辆”、第 9 章“安全设施”、第 10 章“制造与安装”。

——将原“技术要求”修改为第 4 章“基本设计规定”；增加了设计要考虑的各种载荷；增加了设计计算：包括应力、刚度计算、疲劳强度等。

——第 6 章“电气、控制系统”主要增加和修改了以下内容：增加了对电气、控制系统和采用可编程控制器时应遵循的要求；增加了对变压器的要求。

——第 7 章“轨道和立柱”增加了轨道和立柱的构造要求，增加了对温度应力的控制要求。

——第 8 章“车辆”增加了脚踏板的要求。

——第 9 章“安全设施”增加了安全标识的要求。

——第 11 章“试验方法”删掉了电气参数测量。

——第 12 章“检验规则”增加了三条产品重缺陷：无紧急事故按钮和按钮型式不符合要求；安全把手和脚踏板损坏、失效；无紧急救援措施。

——增加了附录 A（规范性附录）关于“主要部件”、“重要的轴、销轴”和“重要焊缝”的规定。

本标准附录 A 为规范性附录。

本标准由全国索道、游艺机及游乐设施标准化技术委员会提出并归口。

本标准起草单位：全国索道、游艺机及游乐设施标准化技术委员会，中国特种设备检测研究院，北京市特种设备检测中心，桂林市特种设备监督检验所，中山市金马游艺机有限公司，重庆市特种设备质量安全检测中心。

本标准主要起草人：肖原、聂玉同、周建兴、刘健、张勇、刘喜旺、易水洪。

本标准所代替标准的历次版本发布情况为：

——GB 18166—2000。

架空游览车类游艺机通用技术条件

1 范围

本标准规定了架空游览车类游艺机的通用技术条件和技术要求。

本标准适用于架空游览车类游艺机的设计、制造、安装、改造、维修、试验、检验和使用管理。

2 规范性引用文件

下列文件中的条款通过本标准的引用而成为本标准的条款。凡是注日期的引用文件，其随后所有的修改单(不包括勘误的内容)或修订版均不适用于本标准，然而，鼓励根据本标准达成协议的各方研究是否可使用这些文件的最新版本。凡是不注日期的引用文件，其最新版本适用于本标准。

GB/T 1447 纤维增强塑料拉伸性能试验方法

GB/T 1449 纤维增强塑料弯曲性能试验方法

GB/T 1451 纤维增强塑料简支梁冲击韧性试验方法

GB 5226.1 机械安全 机械电气设备 第1部分:通用技术条件(GB 5226.1—2002，IEC 60204-1:2000,IDT)

GB/T 7403.1 牵引用铅酸蓄电池(GB/T 7403.1—2008,IEC 60254-1:2005,Lead-acid traction batteries—Part 1:General requirements and methods of test,MOD)

GB 8408—2008 游乐设施安全规范

GB/T 15706(所有部分) 机械安全 基本概念与设计通则

GB 16754 机械安全 急停设计原则(GB 16754—1997,eqv ISO/IEC 13850:1995)

GB/T 16855.1 机械安全 控制系统有关安全部件 第1部分:设计通则(GB/T 16855.1—2005,ISO 13849-1:1999,MOD)

GB 19212.1 电力变压器、电源装置和类似产品的安全 第1部分:通用要求和试验(GB 19212.1—2003，IEC 61558-1:1998,MOD)

GB/T 20438(所有部分) 电气/电子/可编程电子安全相关系统的功能安全

GB 50017—2003 钢结构设计规范

GB 50231 机械设备安装工程施工及验收规范

GB 50256 电气装置安装工程 起重机电气装置施工及验收规范

3 总则

3.1 架空游览车类游艺机是指沿架空轨道运行，采用人力、内燃机和电力驱动及运动形式类似的游艺机(以下简称架空游览车)。

3.2 架空游览车的设计、制造、安装、改造、维修、试验和使用管理，应执行本标准并符合GB 8408—2008 的规定。

3.3 架空游览车的设计、制造、安装、使用应保证人身安全。

3.4 本标准未提到的其他要求，均应按国家有关标准、规范和规定执行。

4 基本设计规定

4.1 基本要求

4.1.1 架空游览车的设计应有设计说明书、设计计算书、安全分析及符合国家有关标准的全套设计图样。

4.1.2 架空游览车的设计应规定其整机及主要部件设计使用寿命，整机使用寿命不小于 23 000 h。

4.1.3 架空游览车的设计应符合 GB 8408—2008 和 GB/T 15706(所有部分)的规定。

4.2 架空游览车的载荷应符合 GB 8408—2008 中 4.2 的规定。

4.2.1 载荷一般包括：永久载荷(用 G_k 表示)、变载荷(用 Q_k 表示)、并按 GB 8408—2008 中表 1 选择冲击系数。

4.2.2 载荷组合按 GB 8408—2008 中 4.2.4 的规定并结合实际工作状况选取。

4.3 人员活动区域均布活载荷的取值应符合 GB 8408—2008 中 4.3 的规定。

4.4 架空游览车的设计计算应符合 GB 8408—2008 中 4.5 的规定。

4.4.1 架空游览车的设计应根据具体结构作相应计算：应力计算、刚度计算、疲劳强度计算等。

4.4.2 重要的轴、销轴除做应力计算外，应根据载荷应力幅情况决定是否进行疲劳强度校核，两者都应满足 GB 8408—2008 中 4.5 给定的安全系数。对于难以拆卸的重要轴及销轴，应按无限寿命设计。

4.4.3 钢结构构件及其连接的设计指标应符合 GB 50017—2003 中 3.4 的规定。

4.4.4 钢结构构件及其连接的疲劳计算应符合 GB 50017—2003 中第 6 章的规定。

4.5 架空游览车在设计时，应充分考虑设备运行中发生故障时的乘客疏导措施。

4.6 关于“主要部件”、“重要的轴、销轴”和“重要焊缝”的规定见附录 A。

5 传动系统

5.1 传动系统的设计，应保证运行安全，在系统出现失效的情况下，架空游览车应处于安全状态。

5.2 架空游览车起动、运行过程中不应有明显打滑现象，传动机构应运转正常。整机运行时不允许有异常的振动、冲击、发热、声响及卡滞现象。

5.3 机械传动部分应符合 GB 8408—2008 中 5.3 的规定。

5.4 机械传动系统应平稳可靠，安装精度和测量方法应符合 GB 50231 中的规定。

6 电气与控制系统

6.1 电气系统应符合 GB 8408—2008 中 6.1 和 GB 5226.1 的规定。

6.2 控制系统应符合 GB 8408—2008 中 6.2 和 GB/T 16855.1 的规定；采用电气电子可编程器件的控制系统应满足 GB/T 20438(所有部分)的要求。

6.3 非封闭轨道限位装置的设置应符合 GB 8408—2008 中 6.3.2 的规定。

6.4 安全防护应符合 GB 8408—2008 中 6.4 的规定。

6.4.1 架空游览车采用的变压器应符合 GB 19212.1 的规定。

6.4.2　紧急停车、制动装置的设计应满足GB 16754的要求。

6.5　电气安装应符合GB 8408—2008中6.5的规定。

6.5.1　车辆之间的电缆(线)连接宜设有电器插头。

6.5.2　滑接线和滑接器应符合GB 50256的规定。

6.6　接地系统应符合GB 8408—2008中6.6.1、6.6.2、6.6.4的规定;轨道与导电轨之间的绝缘电阻应不小于0.1 MΩ。

6.7　电动架空游览车上应设有短路保护装置。

6.8　以蓄电池为动力的架空游览车

6.8.1　蓄电池应固定牢固。

6.8.2　蓄电池应密封良好,不应有漏液、渗液现象;铅酸蓄电池技术性能应符合GB/T 7403.1的规定。

6.8.3　在额定载荷下,按实际工况蓄电池连续工作时间宜不小于4 h。

6.9　装饰照明

6.9.1　乘客容易接触的装饰照明电压,应采用不大于48 V的安全电压。

6.9.2　乘客不容易接触的装饰照明电压采用非安全电压时,应采用漏电断路保护装置。

7　轨道和立柱

7.1　轨道和立柱的结构设计应满足GB 50017—2003中第8章的规定。

7.2　架空游览车轨道立柱间距应配置合理,不同曲率半径轨道间应过渡平滑,使车辆顺利运行,运行过程中轨道和立柱不允许有异常晃动;轨道设计应考虑环境温度变化对应力的影响,应力引起的变形应能释放。

7.3　型钢和钢管轨道磨损允许值应符合GB 8408—2008中9.3表15的规定。

7.4　在站台内应设置便于车辆维修的设施。

7.5　单轨轨道两侧面对水平面的垂直度公差不大于被测高度的5/1 000。轨道宽度允许误差应不大于被测轨道的1/100,且最大不超过5 mm;双轨轨距的允许误差为−3 mm～5 mm。

8　车辆

8.1　每列车应在显著位置上固定标牌,标牌内容至少应包括产品名称、产品型号、产品编号、制造日期和制造许可证编号等,车厢应在显著位置上标有编号和定员人数。

8.2　车辆框架应采用金属材料,座席宜采用橡胶、木质或玻璃钢等材料制造,座席尺寸应符合GB 8408—2008中7.9.5的规定。

8.3　车厢应设有安全把手,车厢门窗、进出口处应设有拦挡物。骑乘式架空游览车除设有安全把手外还应设有脚踏板。

8.4　车轮

8.4.1　主车轮、侧轮和底轮应转动灵活、耐磨、耐热和具有足够的强度。

8.4.2　车轮的磨损允许值应符合以下规定:

a)　主车轮的磨损允许值应不大于原直径的5%,且最大不超过15 mm;

b)　侧轮、底轮的磨损允许值应不大于原直径的5%,且最大不超过10 mm;

c)　侧轮与轨道侧面的间隙、底轮与轨道的间隙应调整适当。

8.4.3 采用橡胶实心轮或尼龙轮，其材料力学性能应分别符合 GB 8408—2008 的规定。采用橡胶充气轮，充气压力应适度。

8.5 架空脚踏车脚踏应符合以下规定：

a) 脚蹬的脚踏面应安装可靠，脚踏面应有防滑措施；

b) 脚蹬的上、下表面都应有脚踏面，并能灵活翻转。

8.6 以内燃机为动力架空游览车应符合以下规定：

a) 油箱密封应可靠，不应有渗油；

b) 减速器、离合器、消声器工作状态良好。

9 安全设施

9.1 架空游览车应进行适宜的安全分析及安全评估，安全评估的内容及范围应符合 GB 8408—2008 中 7.1.2 的规定。有危及乘客安全之处应有适当的安全措施。

9.2 安全标志的设置应符合 GB 8408—2008 中 7.1.6 的规定。

9.3 安全栅栏、站台及操作室的设置应符合 GB 8408—2008 中 7.8 的规定。

9.4 安全距离应符合 GB 8408—2008 中 7.9.3 的规定。

9.5 车辆防碰撞及缓冲器装置应符合 GB 8408—2008 中 7.3.1 规定。

9.6 当架空游览车出现故障停止运行时，应设有疏导乘客的安全措施；采用电力驱动的架空游览车，应设有备用电源；全封闭式列车车厢，应设有空调、通气孔，并设有灭火器和紧急情况下击碎车窗，便于乘客脱离等救援器具。

9.7 当架空游览车轨道有坡度时，应设有运行速度的控制装置。

9.8 车辆应设置防倾翻装置。车辆连接器应结构合理，性能可靠；必要时应设有保险装置。

9.9 架空游览车制动装置应符合 GB 8408—2008 中 7.7 的规定，制动装置操作机构应有明显标志。

10 制造与安装

10.1 一般规定应符合 GB 8408—2008 中 8.1 的规定。

10.2 金属材料应符合 GB 50017—2003 中 3.3 和 GB 8408—2008 中 8.2 的规定。

10.3 非金属材料应符合 GB 8408—2008 中 8.3.1、8.3.2、8.3.4～8.3.6 的规定。

10.4 重要零件加工应符合 GB 8408—2008 中 8.4 的规定。

10.5 结构件应符合 GB 8408—2008 中 8.5 的规定。

10.6 焊接应符合 GB 8408—2008 中 8.6 的规定。

10.7 螺栓及销轴连接应符合 GB 8408—2008 中 8.7 的规定。

10.8 基础应符合 GB 8408—2008 中 8.8 的规定。

10.9 装配应符合 GB 8408—2008 中 8.9 的规定。

10.10 涂装应符合 GB 8408—2008 中 8.12 的规定。

10.11 检验应符合 GB 8408—2008 中 8.13 的规定。

11 试验方法

11.1 一般要求

11.1.1 凡新产品、产品转厂制造及有重大改进的产品，在出厂前应按本标准进行有关试验。

11.1.2 产品发放制造许可证、质量抽查、安全检查等应按本标准进行有关试验。根据不同的试验目的，试验项目可有所增减。

11.2 试验条件

11.2.1 在露天试验时风速应不大于 8 m/s。

11.2.2 环境温度应为 0 ℃～40 ℃，相对湿度宜不大于 85％。

11.2.3 试验载荷与其额定载荷值的误差应不超过±5％。

11.3 试验仪器

11.3.1 根据试验要求选择相应精度的检测仪器和量具。

11.3.2 试验用的仪器和量具应经法定计量部门检定合格，在试验前后应进行检查校对，其偏差应符合规定要求。

11.4 按实际工况空载连续运行试验 8 h。

11.5 外壳玻璃钢的试验应按 GB/T 1447、GB/T 1449 和 GB/T 1451 的规定进行。

11.6 满载试验

11.6.1 按设计额定值进行加载。

11.6.2 按实际工况连续运行试验，每天不小于 8 h，连续运行累计时间不少于 80 h。

11.6.3 架空游览车在额定载荷下，沿直线以最高车速运行，测量出通过不小于 10 m 的距离所需时间，重复测量 3 次，取其平均值。计算所得的车速不大于 40 km/h。

11.6.4 架空游览车沿水平直线轨道，以额定载荷最大运行速度，从开始制动，直至停止所经过的距离。重复测试 3 次，取其平均值，应符合 GB 8408—2008 中 7.7.6 的规定。

11.6.5 碰撞试验应符合以下规定(设有防止碰撞的自动控制装置的架空游览车不做此项试验)：

a) 同一轨道有两辆以上(含两辆)同时运行的架空游览车应进行碰撞试验；

b) 试验方法：后面一辆车达到最大运行速度时，碰撞前面一辆车，连续 3 次，碰撞后车辆金属结构不应破损和变形，并能正常运行。在站台内试验。

11.6.6 按设计最大偏载量(无特别指明按 1/2 倍额定载荷量)，集中在座椅或车厢一边，按实际工况连续偏载运行 1 h，应无异常现象。

11.7 空载、满载和偏载试验过程中应运行正常，车辆、轨道、立柱、传动系统、安全设施和电气控制系统均应符合本标准的规定。

11.8 各种运行试验中，零部件不应有永久变形及损坏现象。

11.9 应力测试

11.9.1 测试工况见表 1。

表 1 测试工况

状 态	加载情况	被测件	测试方法
静 止	额定载荷	车轮轴、轨道、单轨脚踏车稳定支腿	静应力测定
运 行			动应力测定

11.9.2 测试方法符合以下规定：

a) 测试前应经额定载荷下的试运转；

b） 按表1所列工况测出各点的应变值；

c） 每种工况重复试验不少于3次。

11.9.3 应力值测试符合以下规定：

a） 在自重作用下产生的应力，应由有关单位提供其计算值；

b） 各测点应力值，应为载荷作用下的测试应力值与自重作用下的计算应力值之和。

11.9.4 应力值的安全判据

$$安全系数=\frac{材料的破断强度}{测点最大应力}$$

各测点最大应力值，应符合GB 8408—2008中4.5.2表2给出的安全系数值。

11.10 各项试验结束后，应编写有明确结论和符合有关规定的试验报告。

12 检验规则

不符合标准规定的产品缺陷，分为重缺陷和轻缺陷，重缺陷见表2，每台样本有一项以上（含一项）重缺陷或5项以上（含5项）轻缺陷时，为不合格品。

表2 重缺陷项目

标准条号	缺陷内容
5.2	起动、运行时有明显打滑现象，传动机构运转不正常。整机运行时有异常的振动、冲击、发热、声响及卡滞现象
11.8	各种运行试验中，零部件有永久变形及损坏现象
9.10	制动装置损坏、失效
6.2	控制系统不满足架空游览车运行工况和乘客安全
6.4	无紧急事故按钮和按钮型式不符合要求
6.3	非封闭轨道未设置限位装置或限位装置不符合要求
6.6	接地电阻和绝缘电阻不符合要求
8.3、8.5	安全把手和脚踏板损坏、失效
9.6	无紧急救援措施

附　录　A
（规范性附录）
关于“主要部件”、“重要的轴、销轴”和“重要焊缝”的规定

A.1　“主要部件”是指重要的传动轴、车轮轴、载人体连接器销轴、轨道等。

A.2　“重要的轴、销轴”是指重要的传动轴、车轮轴、乘人部分连接器销轴等。

A.3　“重要焊缝”是指乘坐物支撑件焊缝、车轮轴连接焊缝、乘人部分连接器焊缝等。

ICS 97.200.40
Y 57

中华人民共和国国家标准

GB/T 18167—2008
代替 GB 18167—2000

光电打靶类游艺机通用技术条件

Specification of amusement rides shooting category

2008-11-12 发布　　2009-05-01 实施

中华人民共和国国家质量监督检验检疫总局
中国国家标准化管理委员会　发布

前　言

本标准代替 GB 18167—2000《光电打靶类游艺机通用技术条件》。

本标准与 GB 18167—2000 相比，主要变化如下：

——在第 1 章“范围”中，明确了光电打靶类游艺机的设计、制造、安装、改造、维修、试验、检验和使用管理；

——增加了第 5 章“传动系统”；第 6 章“电气与控制系统”；第 7 章“制造与安装”；

——将原“技术要求”修改为第 4 章“基本设计规定”，增加了设计计算及对程序的设计要求；

——在第 6 章“电气与控制系统”中主要增加和修改对供电系统的要求；

——在第 9 章“检验规则”中调整了部分产品重缺陷内容。

本标准由全国索道、游艺机及游乐设施标准化技术委员会提出并归口。

本标准起草单位：全国索道、游艺机及游乐设施标准化技术委员会，中国特种设备检测研究院。

本标准主要起草人：张晓宇、张勇、王启栢、曹玉婷、张洋等。

本标准所代替标准的历次版本发布情况为：

——GB 18167—2000。

光电打靶类游艺机通用技术条件

1 范围

本标准规定了光电打靶类游艺机的技术条件和技术要求。

本标准适用于光电打靶类游艺机的设计、制造、安装、改造、维修、试验、检验和使用管理(以下简称光电打靶)。

2 规范性引用文件

下列文件中的条款通过本标准的引用而成为本标准的条款。凡是注日期的引用文件,其随后所有的修改单(不包括勘误的内容)或修订版均不适用于本标准,然而,鼓励根据本标准达成协议的各方研究是否可使用这些文件的最新版本。凡是不注明日期的引用文件,其最新版本适用于本标准。

GB/T 2828.1 计数抽样检验程序 第1部分:按接收质量限(AQL)检索的逐批检验抽样计划(GB/T 2828.1—2003,ISO 2859-1:1999,IDT)

GB 8408—2008 游乐设施安全规范

JB/T 5000.12—1998 重型机械通用技术条件 涂装

3 总则

3.1 光电打靶是指有信号、音响、灯光、数字显示、与机械动作、靶标、射击相互配合及形式类似的游艺机。

3.2 光电打靶的设计、制造、安装、改造、维修、试验、检验和使用管理,应执行 GB 8408—2008 和本标准的有关规定。

3.3 光电打靶的设计、制造、安装、使用应保证人身安全。

3.4 本标准未提到的其他要求,均应按国家有关标准规范和规定执行。

4 基本设计规定

4.1 光电打靶的设计应有设计说明书、设计计算书、安全分析及符合国家有关标准的全套设计图样。

4.2 光电打靶的设计应计算正确、结构合理,能保证游客安全。

4.3 光电打靶的设计程序、素材及画面应趣味、健康、合理,严禁带有恐怖、暴力、赌博、色情等违反国家有关规定的设计内容。

4.4 标准机电设备应选型合理,并应有合格证;非标准机电设备应经质量部门检验后使用。

4.5 光电打靶应规定其整机及主要部件设计寿命,整机使用寿命不小于 23 000 h。

5 传动系统

5.1 传动系统的设计应符合 GB 8408—2008 中 5.1、5.2 的规定。

5.2 机械传动部分的设计应符合 GB 8408—2008 中 5.3 的有关规定。

5.3 液压和气动系统的设计应符合 GB 8408—2008 中 5.4 的有关规定。

5.4 传动系统的设计应保证平稳可靠。整机运行时不允许有异常的振动、冲击、发热、声响及卡滞现象。

6 电气与控制系统

6.1 电气系统应符合 GB 8408—2008 中 6.1 的有关规定。

6.1.1 当光电打靶配电系统采用三相电源供电时,接地型式应符合 GB 8408—2008 中 6.6.1 的有关规定。

6.1.2 当光电打靶电源进线采用单相市电电源供电时,应采用黄、绿双色线与市电电源地线可靠接地,接地电阻应符合 GB 8408—2008 中 6.6.2 的有关规定。

6.2 集电器

6.2.1 根据结构和功能要求,可采用轴向或端面滑环的结构型式。滑环应选用导电性能良好的材料。

6.2.2 电刷和滑环应接触良好,并满足电流容量要求。

6.2.3 外露的集电器应采取防雨措施。

6.3 控制系统应符合 GB 8408—2008 中 6.2 的规定。

6.4 控制系统的安全防护应符合 GB 8408—2008 中 6.4.5 的规定。

6.5 操作按钮应符合 GB 8408—2008 中 6.5.2 的规定。

7 制造与安装

7.1 光电打靶的制造与安装应符合 GB 8408—2008 中第 8 章的有关规定。

7.2 箱体(外壳)

7.2.1 外形应规整,连接紧密,表面光滑,无扭曲变形。

7.2.2 外壳用木质结构时,应采用厚度不小于 10 mm 的板材。

7.2.3 装饰物应固定牢固。

7.2.4 台式机应设置便于操作的调平机构。

7.2.5 外壳为全封闭时,应有检修门或孔。

7.3 得奖系统

7.3.1 得奖后应有显示信号,取奖口应有标志。

7.3.2 自动给奖应准确可靠,奖品应顺利到位,不应有卡阻现象。

7.4 投币器

7.4.1 适用于多台集中管理的游艺机应设投币器。

7.4.2 投币口应有标志。

7.4.3 投币器应采用专用币。币在流道内不应有卡阻现象。

7.4.4 投币器应便于拆装检修。

7.5 手轮(操纵杆)和手轮轴

7.5.1 手轮(操纵杆)形状应美观适用,其大小应与整机相适应。

7.5.2 手轮(操纵杆)与轴装配应牢固可靠。

7.5.3　手轮(操纵杆)的安装位置应便于操作。

7.5.4　手轮轴应转动灵活无卡阻现象。

7.6　安装在非金属结构上的轴承,应固定牢固。

7.7　被操纵物(如守门将中的接球斗、曲棍球中的尼龙人等)应有与工作条件相适应的强度、刚度和硬度。

7.8　薄板成型件应规整,不应有裂纹、折皱和飞边、毛刺。

7.9　承受力的尼龙、橡胶、胶木等制品,根据工作条件应具备相应的强度、硬度和耐磨性。

7.10　计数计时器

7.10.1　计数计时器的设置位置要适当,大小应与整机相适应。

7.10.2　计数计时显示应清晰、准确;电子数字显示不应有缺少笔画的现象。

7.11　装饰灯应进行固定,外露导线应覆盖。

7.12　球及其他物体的送出机构应灵活,送出应及时、准确。

7.13　打击物和被打击物(如打田鼠的锤子和鼠头)应能承受所施加的力,不应有断裂破损等现象。

7.14　射击棚和靶标

7.14.1　射击棚应固定牢固,布置应美观协调。

7.14.2　靶标布置应疏密合理,尺寸大小适当。

7.14.3　靶标的动作机构应可靠,便于观察和维修。

7.15　光电枪和受光器

7.15.1　扣光电枪扳机后,应能正常发射。

7.15.2　光电枪重量应适度。

7.15.3　光电枪在击发频次不超过 2 s/次时,应能射出光束。

7.15.4　光电枪射出光点直径不大于射击距离的 1/100,不小于射击距离的 1/200。

7.15.5　光电枪射出光束的光斑中心对受光器中心的偏移量不大于射击距离的 1/200。

7.15.6　受光器应能识别其他瞬间强光干扰信号,不会产生误动作。

7.15.7　受光器在光束入射角不大于 60°时,应能正常工作。

7.15.8　击中受光器后,靶标应有动作、声音或显示。

7.15.9　受光器标志应明显醒目。

7.16　外观造型和涂装

7.16.1　各种装饰物造型应美观,色彩鲜艳。

7.16.2　人物、动物造型新颖形象。

7.16.3　粘贴的图案装饰条等,应平整不应有翘曲。

7.16.4　人员可能接触的外露透明板面,应采用不易破碎的材料。

7.16.5　电镀件表面应平整、光亮、均匀。不应有起层、气泡、明显擦痕和露底等缺陷。

7.16.6　涂装

装饰物造型的涂装应符合下列要求:

a)　涂装前应清除锈蚀及其他污物,手工除锈质量应达到 JB/T 5000.12—1998 中 St2 级;

b)　敞开的金属构件内表面应涂厚度为(60～80)μm 的防锈漆;金属件外露表面应喷涂油漆或喷塑处理,漆层厚度应为(100～150)μm,塑层厚度应为(200～500)μm;

c)　玻璃钢表面应经过处理,方能喷涂;

d)　喷涂层不应有明显的流挂、起皱、脱落、裂纹和漏涂等缺陷。

8 试验方法

8.1 一般要求

8.1.1 凡新产品、产品转厂生产及有重大改动的产品，应按 GB 8408—2008 中 8.1.5 规定进行试验。正式产品应按 GB 8408—2008 中 8.1.6 的规定进行检验。

8.1.2 根据结构形式、运行方式和试验目的的不同，试验项目可有所增减。

8.2 试验条件

8.2.1 除特殊要求外，试验时的环境温度一般在 5 ℃～35 ℃之间。环境相对湿度不大于 85%。

8.2.2 生产单位应提供产品的检验数据、记录、图样和技术文件，检测部门确认后方能进行本标准规定的各项试验。

8.3 试验仪器和量具

8.3.1 根据试验要求，选择相应精度的测试仪器及量具。

8.3.2 用于测试的仪器、仪表和其他测量工具，应经法定计量部门检定合格，在测试前后应进行校对。

8.4 运行试验

8.4.1 产品安装调试好后应进行运行试验。

8.4.2 按实际工况连续运行试验，每天不少于 8 h，连续累计运行试验不少于 80 h。

8.4.3 所有检验项目应符合本标准第 3 章的规定。

8.5 试验报告

各种试验和测试结束后，应编写有明确要求、检测结果和与相关标准及规定要求对比考核结果、明确结论的试验报告。

9 检验规则

9.1 光电打靶应从检查批中随机抽样。

9.2 产品检验采用 GB/T 2828.1 一次抽样方案，合格质量水平（AQL）为 4.0，一般检查水平为Ⅱ。

9.3 批量抽取样本大小及检验判据应符合表 1 的规定。若样本不合格品数小于或等于合格判定数 Ac，则该批量为合格；若样本不合格品数大于或等于不合格判定数 Re，则该批量为不合格。

表 1 批量取样大小及检验判据

批量	样本大小	样本中不合格品数量	
		合格判定数 Ac	不合格判定数 Re
2～8	2	0	1
9～15	3		
16～25	5		
26～50	8	1	2
51～90	13		
91～150	20	2	3

9.4 对不合格的批量应逐台检验，合格品可以出厂；不合格品经返工后应达到合格品的要求，否则应报废。

9.5 不符合标准规定的产品缺陷，分为重缺陷和轻缺陷，重缺陷见表2。每台样本有一项以上（含一项）重缺陷或5项以上（含5项）轻缺陷时为不合格品。

表2 产品重缺陷

标准条号	缺陷内容
7.3.2	自动给奖有卡阻现象
7.10.2	计数计时显示不正确
7.15.1	不能正常发射
7.15.8	无动作或无显示
6.4	安全电压不符合要求
6.1.2	接地电阻不符合要求

ICS 97.200.40
Y 57

中华人民共和国国家标准

GB/T 18168—2017
代替 GB/T 18168—2008

水上游乐设施通用技术条件

Specifications of water amusement equipment category

2017-12-29 发布　　2018-07-01 实施

中华人民共和国国家质量监督检验检疫总局
中国国家标准化管理委员会　发布

前　言

本标准按照 GB/T 1.1—2009 给出的规则起草。

本标准代替 GB/T 18168—2008《水上游乐设施通用技术条件》。

本标准与 GB/T 18168—2008 相比，主要技术变化如下：

a) 修改并增加了部分术语，对术语分类重组编排；术语总量由原标准的 34 个增加到 53 个(见第 3 章)。
b) 修改了“技术要求”的大部分内容(见第 4 章)：
   1) 修改并删除了“基本要求”中的部分内容(见 4.1)。
   2) 删除了“设计基本规定”一节，将其部分内容分别列入了本章其他相关条款(见第 4 章)。
   3) 修改了“游乐池”和“水滑梯”的顺序(见 4.2、4.3)。
   4) “水滑梯”主要修订情况如下：
      ——修订后的“水滑梯”分为“材料”、“设计”、“安全技术要求”等三条(见 4.2)；
      ——修订后的“材料”，增加了对材料的总要求，并明确了支撑结构，且规定了基本要求(见4.2.1)；
      ——修订后的“设计”，为新增加内容，主要明确了设计计算应包括的内容、设计荷载的取值依据，增加了离心力(惯性力)的计算举例(作为资料性附录 B.3)、加速度的计算以及运行与非运行状态的组合荷载的计算方法等(见 4.2.2)；
      ——修订后的“安全技术要求”，修改了原标准的一些内容作为本条的内容，且增加新的内容(见 4.2.3)。
   5) 修改了“游乐池”部分内容，将“造波设备”修改为“造波池”放在“4.3 游乐池”(见 4.3)。
   6) 将“互动游乐设施”修订为“互动戏水设施”，且修改并增加了部分内容(见 4.4)。
   7) 修改了“峡谷漂流”的部分内容(见 4.5)。
   8) 修改了“游船”的部分内容(见 4.6)。
c) 修订了“试验方法”。主要修订了“试验条件”和“水滑梯试验”(见第 5 章)。
d) 修订了“检验规则”。主要修订内容如下(见第 6 章)：
   1) 删除了检验的分类和抽样检验，明确检验为全数检验(见 6.1.1)。
   2) 改用列表形式明确了各种型式的设备与设施的通用检验和专项检验项目、依据与方法等(见 6.1.2)。
e) 修订了“附录”。主要修订如下：
   1) 将附录 A 改为附录 B(资料性附录)，并修改了附录 B 内容。
   2) 增加了附录 A(资料性附录)。

本标准由全国索道与游乐设施标准化技术委员会(SAC/TC 250)提出并归口。

本标准起草单位：中国特种设备检测研究院、广州绿沁水上乐园设备制造有限公司、深圳卓诚工程设备有限公司、泰隆游乐实业有限公司、中国船舶重工集团公司第七〇二研究所、广州海山娱乐科技有限公司、成都众星乐乐文化旅游发展有限公司。

本标准主要起草人：欧阳丁山、邢友新、张晓宇、张勇、钟信孚、裴勇、金承仪、芦红兵、曾志林、詹蕴鑫。

本标准所代替标准的历次版本发布情况为：

——GB 18168—2000、GB/T 18168—2008。

水上游乐设施通用技术条件

1 范围

本标准规定了水上游乐设施的术语和定义、技术要求、试验方法和检验规则。

本标准适用于水滑梯、游乐池、互动戏水设施、峡谷漂流、游船等水上游乐设施。

本标准不适用于6人以上乘坐并有专人操作的船类和充气式水滑梯。

2 规范性引用文件

下列文件对于本文件的应用是必不可少的。凡是注日期的引用文件,仅注日期的版本适用于本文件。凡是不注日期的引用文件,其最新版本(包括所有的修改单)适用于本文件。

GB/T 153 针叶树锯材

GB/T 1447 纤维增强塑料拉伸性能试验方法

GB/T 1449 纤维增强塑料弯曲性能试验方法

GB/T 1451 纤维增强塑料简支梁式冲击韧性试验方法

GB/T 1462 纤维增强塑料吸水性试验方法

GB/T 1804 一般公差 未注公差的线性和角度尺寸的公差

GB/T 2577 玻璃纤维增强塑料树脂含量试验方法

GB 2894 安全标志及其使用导则

GB 3096 声环境质量标准

GB/T 7403.1 牵引用铅酸蓄电池 第1部分:技术条件

GB 8408 游乐设施安全规范

GB 9667 游泳场所卫生标准

GB/T 13912 金属覆盖层 钢铁制件热浸镀锌层 技术要求及试验方法

GB/T 20306—2006 游乐设施术语

GB/T 34370.2 游乐设施无损检测 第2部分:目视检测

GB/T 34370.3 游乐设施无损检测 第3部分:磁粉检测

GB/T 34370.4 游乐设施无损检测 第4部分:渗透检测

GB 50205 钢结构工程施工质量验收规范

GB 50755 钢结构工程施工规范

CJ 244 游泳池水质标准

CJJ 122 游泳池给水排水工程技术规程

3 术语和定义

GB/T 20306—2006界定的以及下列术语和定义适用于本文件。为了便于使用,以下重复列出了GB/T 20306—2006中的相关术语和定义。

3.1

水上游乐设施 water amusement equipment

借助水域、水流或其他载体,为达到娱乐目的而建造的游乐设施。

注1:水上游乐设施包括水滑梯、游乐池(如漂流河、造波池等)、互动戏水设施、峡谷漂流和游船等。

注2:改写 GB/T 20306—2006,定义2.3。

3.2

大型水上游乐设施 large-scale water amusement equipment

用于经营目的,承载乘员游乐的水上游乐设施,其设计最大运行线速度大于或等于2 m/s,或者运行高度大于或等于2 m。

3.3

水滑梯 water slide device

由水滑道、结构支撑、循环供水系统、出发平台、截留区(或溅落区)、滑行工具等组成,供乘员以水为润滑介质,沿滑道内表面滑行的游乐设施。

注:改写 GB/T 20306—2006,定义5.8.18。

3.3.1

水滑道 water slide

水滑梯中供乘员滑行的槽、管等。

3.3.1.1

起始端 starting position

乘员进入水滑道准备滑行的区域。

3.3.1.2

滑行区 slide proper

乘员沿特定的滑道表面滑行的区域。

3.3.1.3

结束端 final part

水滑道的末端,供乘员着陆以结束滑行的部分,包括后续的截留区和溅落区等。

3.3.2

结构支撑 structural supports

用于支撑水滑道的结构。

3.3.3

循环供水系统 water-circulation system

由水泵、循环供水管及其附件、电气控制装置等构成的,为水滑梯提供润滑或者辅助推动作用的水的总成。

3.3.4

出发平台 starting platform

水滑道起始端前的通道或区域。

3.3.5

截留区 catch unit

水滑道末端供乘员停止滑行的一部分。

3.3.6

溅落区　splashdown area

供乘员从水滑道末端滑落缓冲、停止滑行的专用或普通水池。

3.3.7

滑行工具　slide vehicle

用于乘员使用,在水滑道内表面滑行的装置。

3.3.7.1

水滑梯皮筏　water slide tube or raft

供乘员使用,在水滑道内表面滑行的充气式的滑行工具。

3.3.7.2

水滑梯乘垫　water slide mat

供乘员使用,在水滑道内表面滑行的滑行工具,一般用塑胶或泡沫软垫等材料制作。

3.3.8

皮筏提升机　tube or raft hoister

用于提升和输送滑行工具的专用装置。

3.3.9

直线滑梯　straight slide

滑道纵向中心线的水平投影为直线的滑梯。

注:改写 GB/T 20306—2006,定义 5.8.21。

3.3.10

曲线滑梯　curve slide

滑道纵向中心线的水平投影为曲线的滑梯。

注:改写 GB/T 20306—2006,定义 5.8.22。

3.3.11

封闭式水滑梯　enclosed water slide

滑道横截面为封闭曲线的滑梯。

3.3.12

敞开式水滑梯　open water slide

滑道横截面为不封闭曲线的滑梯。

3.3.13

身体滑梯　body water slide

乘员以身体接触滑道表面滑行的滑梯。

3.3.14

皮筏滑梯　inner tube water slide

乘员使用水滑梯皮筏滑行的水滑梯。

3.3.15

乘垫滑梯　mat sliding water slide

乘员使用水滑梯乘垫滑行的水滑梯。

3.3.16

儿童水滑梯　children's water slide

仅供儿童使用的水滑梯。

3.3.17

中速滑梯　speed slide

最大滑行速度大于 8 m/s,小于或等于 16 m/s 的水滑梯。

3.3.18

高速滑梯　high speed slide

最大滑行速度大于 16 m/s 的水滑梯。

3.3.19

特殊类型的水滑梯　special water slide

除直线滑梯和曲线滑梯以外的其他滑梯。

注：典型产品系列有大喇叭、冲天回旋(浪摆)、水上过山车(水上飞龙)、巨兽碗(旋涡)等水滑梯。

3.3.20

滑梯平均倾斜率　slide average inclination

水滑道起始端与结束端之间的高度差(水滑梯高度)除以水滑道纵向中心线的展开长度(不包括起始端和结束端),以百分数表示。

3.3.21

乘员机械放行装置　rider mechanical release device

把乘员输送到滑行区域的机械装置或设施。

注：典型产品有皮带输送机、辊轮输送装置等。

3.3.22

水滑梯服务员　water slide device attendant

承担引导、指导、发送乘员,并且控制乘员进入和离开水滑道等设备或设施的工作人员。

3.3.23

润滑水流量　water flow

为使乘员顺利滑行,在单位时间内流过水滑道的水量。

注：改写 GB/T 20306—2006,定义 5.8.19。

3.3.24

净空区域　clearance zone

滑行区域内乘员周围的无障碍的安全空间。

3.3.25

下滑方式标牌　down-slide way sign

指导乘员按规定的下滑姿势滑行的图文标识。

注：改写 GB/T 20306—2006,定义 5.8.20。

3.4

池沿　pool edge

游乐池周围高出水面具有一定宽度的区域。

[GB/T 20306—2006,定义 5.8.10]

3.5

造波池　waving pools

由造波设施强制产生波浪的水池。

[GB/T 20306—2006,定义 5.8.2]

3.5.1

波高　wave height

波峰至波谷之间的高度差。

3.5.2

造波设施　waving equipment

用于水上乐园造波池、冲浪池及相关特种训练池等水体产生波浪的装置。

3.5.3

泳池波　game wave

用于大众游玩的波浪。

3.5.4

大波　wave in a greater degree

用于冲浪表演及乘员享受冲浪娱乐的波浪。

3.6

互动戏水设施　interactive aquatic play structure

由多种戏水设施、水滑梯组合而成的水上游乐设施。

3.7

峡谷漂流　whitewater rafting

漂流筏由提升装置提高到一定高度,乘员乘坐漂流筏在特定水循环系统驱动下沿特定人工水道运行的整套设施。

3.8

游船　pleasure boats

供乘员娱乐游览用的各种船的总称。

注:改写 GB/T 20306—2006,定义 5.8.28。

3.8.1

双体船　catamaran

船体由左右两个片体构成的船。

3.8.2

游船总长　total length of pleasure boats

平行于静态载重水线,从艏柱最前端到艉板后端的距离。

3.8.3

船宽　beam

船体两侧外表面之间的最大宽度,不包括护舷材和其他突出物。

3.8.4

航速　ship velocity

满载持续最大航行速度。

注：单位为 m/s。

3.8.5

舷外挂机　outboard motor

挂于船艉，由动力机、螺旋桨、轴或舵组成的小型推进装置。

3.8.6

船体静荷载强度试验　hull static strength loading test

船体结构按要求在静荷载条件下抵抗内、外作用的能力试验。

3.8.7

水密性试验　hull water proof test

按要求进行的船体结构抵抗渗漏能力的试验。

3.8.8

稳性试验　pleasure boats stability test

按要求进行的游船抵抗外力(或移动重量)而恢复其原平衡位置的性能试验。

3.9

乘员　rider

任何正在进入、使用和离开水上游乐设施的人。

3.10

告示牌　instructional signage

设置在设施入口公众视线范围内的信息指示牌，用于告知乘员适合的使用方法、乘坐姿势和乘员的行为要求等信息。

3.11

安全警示标识　safety sign

设置在设施入口公众视线范围内的安全信息指示牌，用于告知乘员限制、警告和指导等信息。

4　技术要求

4.1　基本要求

4.1.1　水上游乐设施的设计、制造、安装、改造、修理、试验及检验等，应执行 GB 8408 的有关规定。

4.1.2　水上游乐设施的设计应符合以下要求：

a)　大型水上游乐设施应具有完整的设计说明书、计算书、安装与使用维护说明书、安全分析和风险评价报告、设计验证试验大纲及全套设计图样等技术文件。

b)　大型水上游乐设施的安全分析与风险评价应符合 GB 8408 的有关要求。

c)　大型水上游乐设施的安装与使用维护说明书的内容至少应明确规定使用条件、技术参数、操作规程、乘员须知、乘员要求、试运行检查项目、日常检查和定期检查项目、维修项目和要求、常见故障及排除方法、事故应急处置方案、整机和主要受力部件设计使用期限、主要受力部件检测和易损件更换的周期和方法等。

d)　设计文件应明确规定涉及人身安全的重要焊缝、轴和销及其技术要求。

e)　标准机电产品应选型合理，非标准机电产品应满足设计要求。

f)　未注公差的线性和角度尺寸的公差应符合 GB/T 1804 的有关规定。

g） 给排水设计与施工应符合 CJJ 122 的有关规定。

h） 电气设计、计算、选型（如开关、接触器、继电器、导线等）应符合 GB 8408 及国家相应电气技术规范、标准的要求。

i） 安装在水泵房、游乐池、水滑梯、峡谷漂流、互动戏水设施及其周边等潮湿环境条件下的电气设备以及使用非安全电压等级的装饰照明设备，应设置剩余电流动作保护装置，且应符合GB 8408 的有关规定。

4.1.3 水上游乐设施的主要原材料、标准机电产品、电子元器件、附属设施等应有产品质量合格证明文件。

4.1.4 水上游乐设施的零部件应采取有效的防腐、防锈等措施。防腐、防锈及装饰涂层应平整、光亮、均匀，不应有起层、起泡、明显擦伤、严重剥离、漏涂和返锈、皱皮、流坠、针眼等现象。

4.1.5 水上游乐设施出厂时，应有质量合格证明文件、安装与使用维护说明书。大型水上游乐设施还应附有安全技术规范要求的设计文件、设计鉴定报告和监督检验文件等。

4.1.6 水上游乐设施应在显著位置装设铭牌。大型水上游乐设施的铭牌内容至少应包括制造商名称和地址、产品类型、产品型式、产品名称、产品型号、级别等级、制造许可证编号、制造日期、出厂编号以及产品的主要技术参数（水滑梯应提供运行高度、最大运行速度、承载人数、整机使用寿命）等。

4.1.7 水上游乐设施的基础应符合以下要求：

a） 基础不应有不均匀沉降、开裂和松动现象；

b） 大型水上游乐设施的土建基础应由具有相应资质的单位施工，且经有关部门验收合格后方能安装。

4.1.8 水上游乐设施的装饰物应结构稳定、安全可靠，且应满足以下条件：

a） 若在大型水上游乐设施上安装装饰物件，安装前应提交该物件的设计图样、荷载及计算书等设计文件给设备制造方进行安全校核，校核通过后方可施工，安装后应经制造方安全确认；

b） 若在大型水上游乐设施周边设置装饰物件（如假山、溶洞、艺术造型等），应提供符合国家有关规定的设计图样、计算书以及验收检验等资料；应设置相应的维修通道。

4.1.9 水上游乐设施凡乘员可触及之处，不应有外露的锐边、尖角、毛刺和危险突出物等。

4.1.10 水上游乐设施的外观不应有影响安全的破损、龟裂等现象。

4.1.11 焊接连接应符合 GB 8408 的有关规定，焊接接头的外观质量应满足以下要求：

a） 所有焊瘤、熔渣等应清除干净；

b） 表面不应有漏焊、裂纹、烧穿、未焊透、密集气孔、塌陷、严重咬边（钢质船的咬边深度应小于0.5 mm）、未焊满、夹渣等外观缺欠。

4.1.12 螺栓与销轴联接应符合 GB 8408 的有关规定。

4.1.13 零部件应满足以下要求：

a） 螺栓不应存在弯曲变形、裂纹，影响安全的损伤、锈蚀等。

b） 机加工件应表面光洁，不应有裂纹、尖角、毛刺和影响安全的划痕、磨损、锈蚀等。

c） 钢结构件不应有裂纹、尖角和影响安全的变形、毛刺、磨损、锈蚀等。

d） 玻璃钢件不应存在毛刺、影响安全的裂纹、孔洞、严重缺损、浸渍不良、固化不良、气泡等。

e) 橡胶、尼龙、聚氨酯等非金属件不应存在尖角、毛刺和影响安全的裂纹、破损、变形、磨损等。

f) 木结构件外观不应存在腐朽和影响安全的虫眼、开裂、木节、髓心等。

4.1.14 水上游乐设施产生的噪声对区域环境的影响,应符合 GB 3096 的有关规定。

4.1.15 水上游乐设施及其附属设施不应污染水质和环境。

4.1.16 水上游乐区域供乘员通行的地面应采取防滑措施。

4.1.17 水上游乐设施、游乐区域应按照有关规定设置安全告示牌、安全警示标识。

4.1.18 水上游乐园区应配备足够的救生人员和救生圈、救生棒、安全绳、担架等应急救援工具以及通信联络器材或设备。

4.1.19 游乐区域入口处应设置淋浴消毒装置和浸脚消毒池。消毒池的池长应不小于 2 m、深 0.2 m、宽度为走道宽度。

4.2 水滑梯

4.2.1 材料

4.2.1.1 水滑梯材料在按照安装与使用维护说明书的要求使用、维护的情况下,水滑梯的各部件在设计使用期限内不应非正常损坏。

4.2.1.2 水滑道应采用玻璃钢、不锈钢等耐腐蚀性材料制作。

4.2.1.2.1 采用不锈钢材料时,厚度应不小于 3 mm。

4.2.1.2.2 采用玻璃钢材料时:

a) 应采用无碱玻璃纤维;

b) 水滑道玻璃钢件的力学性能应符合 GB 8408 的有关规定;

c) 水滑道玻璃钢件的厚度应不小于 6 mm,法兰厚度应不小于 8 mm;儿童滑梯玻璃钢件的厚度应不小于 4 mm,法兰厚度应不小于 6 mm;

d) 若水滑道玻璃钢件的厚度低于本条 c)的规定时,应逐台进行力学性能检测和强度验算,并提供第三方检测合格报告以及验算合格的证明文件;

e) 水滑道玻璃钢件不应有浸渍不透、固化不良、切割面分层、厚度不均等现象,表面不应有裂纹、破损、鼓包、气泡、明显的修复痕迹、皱纹、凹凸、色调不一致等现象,非表面不应有明显的搭接痕迹、毛刺、凹凸、皱褶等现象。

4.2.1.3 水滑梯的结构支撑应采用钢结构,且应满足以下要求:

a) 结构强度能够承受 4.2.2.2 中所指定的荷载;

b) 钢结构材料应具有抗腐蚀性能,或者采取适宜于当地气候环境条件的防腐措施;宜采用热浸锌防腐方式,热浸锌应满足 GB/T 13912 的有关规定,镀锌层平均厚度应不小于 85 μm。

4.2.1.4 水滑道玻璃钢件的连接应采用不锈钢螺栓,并采取有效的防松措施。

4.2.2 设计

4.2.2.1 设计计算

水滑梯应进行运动轨迹、速度、加速度、受力情况、润滑水流量及结构等分析与计算。

4.2.2.2 设计荷载

4.2.2.2.1 静荷载(永久荷载)

水滑梯的静荷载应包括水滑道本体、结构支撑、紧固件及其附属设施(如装饰物等)所产生的荷载等。用 G_K 表示。

4.2.2.2.2 **活荷载(运行荷载)**

水滑梯的活荷载应包括正常工况下由水、乘员、滑行工具等所产生的荷载。水荷载、乘员荷载、滑行工具荷载规定如下：

a) 水荷载是指水滑梯工作状态下，流经水滑道内水的重力所产生的荷载，用 W_L 表示，取值规定如下：

1) 水荷载一般取流经滑道内水量的 2 倍；

2) 对于各种类别的水滑梯，宜考虑正常工作状态下实际润滑水流量。当水滑梯平均倾斜度大于 5% 时可按照表 1 的取值进行计算；平均倾斜度小于 5% 时，应计算润滑水的实际荷载。

注：水滑梯类别参见附录 A。

表 1 水荷载取值表

类别	水荷载/(kN/m)	备注
1	0	水荷载太小，忽略不计
2	≥0.1	—
3、4、5	≥0.2	—
6.1、6.2	≥0.1	—
7	≥0.2 kN/ m^2	宽滑道按照面积计算
8	根据实际工况时水量	—

b) 乘员荷载是指乘员的重力所产生的荷载，用 Q_1 表示。一般规定如下：

1) 成人水滑梯，按 900 N/人计算，2 人及以上时按 800 N/人计算；

2) 儿童(身高不超过 1.2 m 或 10 岁以下)水滑梯，按 450 N/人计算。

注："乘员滑行荷载"参见 B.1。

c) 滑行工具荷载用 H_L 表示。

4.2.2.2.3 **环境荷载**

环境荷载一般应考虑风荷载、雪荷载、地震荷载等，分别用 Q_7、Q_8 和 T 表示。荷载按照 GB 8408 的有关规定取值，并进行计算。

4.2.2.2.4 **冲击效应**

水滑梯运行时，应考虑冲击效应。进行强度计算时，活荷载应乘以冲击系数，该系数取 $K=1.5$。

4.2.2.2.5 **离心力(惯性力)**

乘员在滑行过程中的转弯处会产生离心力(惯性力)。惯性力用 Q_9 表示。计算和测试如下：

a) 离心力由乘员的重力、即时滑行速度以及转弯半径决定。离心力的计算举例参见 B.3。

b) 当离心加速度大于 2.6 g 时，应进行离心加速度的测试。乘员滑行最大加速度参见

B.2。

4.2.2.2.6 **荷载组合**

荷载组合应考虑各种恶劣条件，即使这些条件不一定同时出现。运行和非运行状态下的荷载组合应按照以下要求进行分析、计算：

a) 运行状态下，零部件强度、刚度计算应考虑下列荷载的组合，见式(1)：

$$P_1 = \Sigma G_K + K(Q_1 + W_L + H_L) + Q_7 + Q_9 \quad \cdots\cdots\cdots\cdots\cdots (1)$$

式中：

P_1 ——组合后的计算荷载；

G_K ——静荷载；

Q_1 ——乘员荷载；

W_L ——水荷载；

H_L ——滑行工具荷载；

Q_7 ——15 m/s 风速下的风荷载；

Q_9 ——惯性力；

K ——冲击系数，取 1.5。

b) 非运行状态下，应考虑风、雪以及地震等极限环境因素对水滑梯结构的影响，应进行结构强度及稳定性计算，应确保结构不产生塑性变形。计算按照 GB 8408 的有关规定进行。

4.2.3 **安全技术要求**

4.2.3.1 **水滑道表面**

水滑道表面应满足以下要求：

a) 滑道边缘的过渡圆角半径应不小于 3 mm；

b) 滑梯的运动轨迹应连贯，线型流畅，滑行表面应连续、光滑，不应有尖角、棱角、裂纹、非正常的孔洞、缝隙和变形等；

c) 用于供水、特殊效果等用途时的孔洞、缝隙的直径和宽度应不大于 8 mm，且要倒圆，倒圆半径应不小于 3 mm；

d) 滑梯对接缝沿滑行方向不应有逆向阶差，顺向阶差应不大于 2 mm，接缝处应不漏水。

4.2.3.2 **入口通道或楼梯、出发平台与结构支撑**

4.2.3.2.1 入口通道或楼梯应满足以下要求：

a) 入口通道或楼梯梯段的净空宽度应不小于 1.0 m，净空高度应不小于 2.0 m，乘员自行搬运滑行工具时净空宽度和高度分别应不小于 1.2 m 和 2.5 m；供儿童使用时净空宽度和高度分别应不小于 0.7 m 和 2.0 m；

b) 楼梯踏步的宽度应不小于 240 mm，高度应为 140 mm～200 mm，踏步边缘过渡圆角半径应不小于 3 mm；楼梯的坡度应保持一致；楼梯应分段设置，每段的踏步数应不大于 18 步，中间(休息)平台的进深应不小于 0.8 m，自行搬运滑行工具时应不小于 1.2 m；

c) 楼梯两侧应设置护栏，护栏高度应不小于 1.1 m，应为竖向护栏，间隙和距离地面的间隙应不大于 120 mm；

d） 入口通道为斜坡时，坡度应不大于1∶6，有防滑措施时，坡度应不大于1∶4；

e） 入口通道或楼梯面应防滑。

4.2.3.2.2 出发平台应满足以下要求：

a） 应满足乘员集散和管理需要；宜采用钢材、混凝土、木材或其他能够承受自身及乘员荷载的材料建造；

b） 当采用钢结构材料时，施工与质量验收检验应符合GB 50755、GB 50205的有关规定，采用混凝土、木材时施工与质量验收检验应符合国家有关标准要求；

c） 平台面应防滑，且有防漏措施；

d） 平台面应设置高度不小于1.1 m的安全栅栏，当平台高度大于12 m时，栅栏高度应不小于1.2 m，栅栏应竖向设置，不宜使用横向或斜向的结构，栅栏的间隙和距地面的间隙应符合4.2.3.2.1c）的有关规定；平台安全栅栏的设置方式及平台安全栅栏高度见图1。

单位为毫米

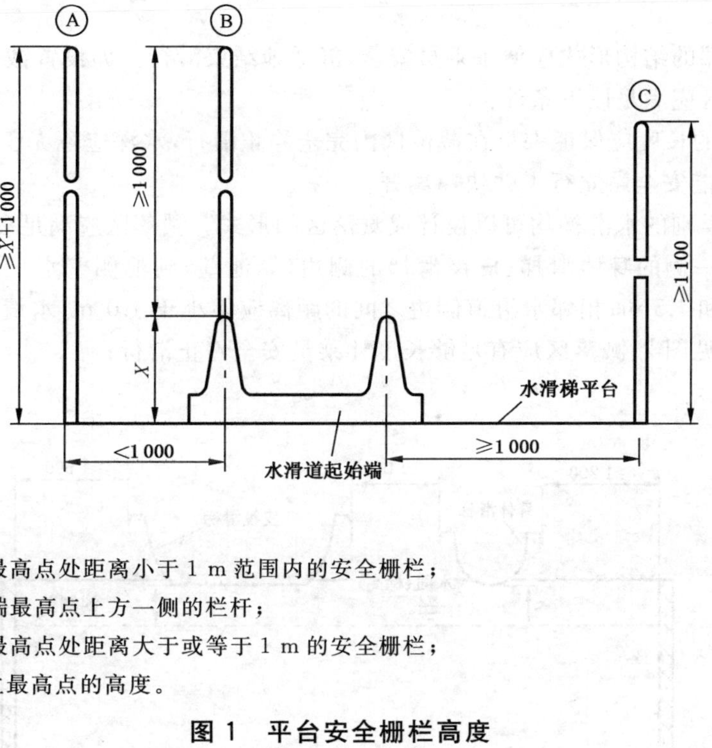

说明：

Ⓐ——离起始端最高点处距离小于1 m范围内的安全栅栏；

Ⓑ——滑道起始端最高点上方一侧的栏杆；

Ⓒ——离起始端最高点处距离大于或等于1 m的安全栅栏；

X——人可能站立最高点的高度。

图1 平台安全栅栏高度

4.2.3.2.3 结构支撑应满足以下要求：

a） 材料及防腐应符合4.2.1.3b）的要求；

b） 重要焊缝包括支撑立柱底部的焊缝、立柱法兰焊缝、立柱本体与托臂连接座的焊缝以及对接焊缝等；

c） 重要焊缝应进行磁粉、渗透无损检测，且应按照GB/T 34370.3和GB/T 34370.4的有关要求进行，质量等级为Ⅱ级；

d） 重要焊缝不宜在安装现场焊接。

4.2.3.3 **起始端**

起始端应满足以下要求：

a) 在身体滑道的起始端应设置一根高度(滑道面到栏杆底部)为 0.8 m～1.1 m 的安全横杆，以防止乘员站立进入滑道；

b) 采用乘员机械放行装置时，应符合 4.2.3.7.4 的有关要求。

4.2.3.4 **滑行区**

滑行区应满足以下要求：

a) 滑行过程中，乘员不应出现被抛出、坠落、翻滚、弹跳、腾空、碰撞、划伤、灼伤、滞留、挤夹等状况。

b) 滑行过程中，乘员或滑行工具不应超出滑道或护板的边缘。

c) 采用可能使乘员产生恐慌的特殊效果和功能时(如水淋、灯光等)，应事先告知乘员。

d) 封闭式水滑梯或水滑梯的隐蔽部分应增强采光，并将产生恐惧心理和失去方向感等体验感受作为乘客须知的内容事先告知。

4.2.3.5 **结束端**

4.2.3.5.1 结束端的结构形式应便于乘员安全、舒适地结束滑行。如设置截留区、溅落区等。

4.2.3.5.2 截留区应满足以下条件：

a) 截流区的长度应保证乘员在截留区内完全停止滑行，水深应不大于 0.3 m；

b) 乘员应能安全站立行走并快速离开。

4.2.3.5.3 各种类别的水滑梯均可以设计成溅落区的形式。溅落区应满足以下条件：

a) 靠池壁一侧的身体滑梯、皮筏滑梯的侧边(靠池壁)到池侧壁水平距离分别应不小于 1.2 m 和 1.5 m；相邻水滑道侧边之间的距离应不小于 1.0 m，水滑梯末端及溅落区相关尺寸见图 2；溅落区应有足够长度让乘员安全停止滑行；

单位为毫米

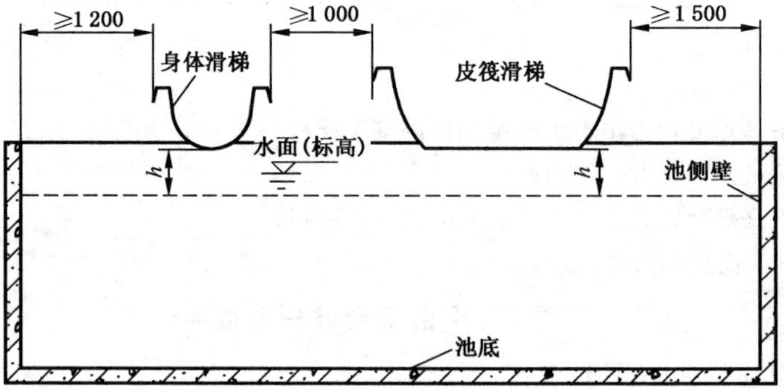

说明：

$h \leqslant 200$ mm(儿童滑梯 $h \leqslant 50$ mm)。

图 2 水滑梯末端及溅落区相关尺寸

b) 皮筏滑梯专用溅落区水深可分段设置，乘员入水区域长度 5 m 范围内水深应为 0.8 m～0.9 m；从 5 m 处开始往溅落区的对岸延伸段宜设置成坡度 4%～6%的斜坡形式，其

长度应符合本条 c)的有关规定;皮筏滑梯末端及溅落区相关尺寸见图 3;

单位为毫米

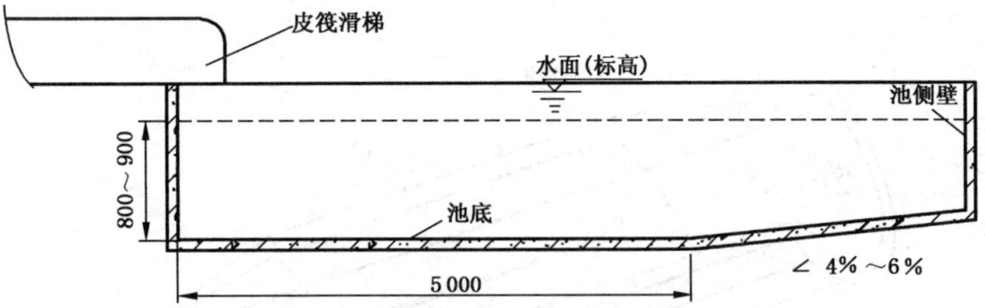

图 3　皮筏滑梯末端及溅落区相关尺寸

c) 水滑梯末端滑落点距溅落区水面的高度应不大于 200 mm,儿童滑梯末端滑落点距水面的高度应不大于 50 mm,水滑梯末端及溅落区相关尺寸见图 2;

d) 上抛入水的水滑梯末端滑落点距水面高度应不大于 1.2 m,距靠溅落一侧池壁应不小于500 mm,且上抛角应不大于 30°,上抛入水的水滑梯末端及溅落区相关尺寸见图 4;

单位为毫米

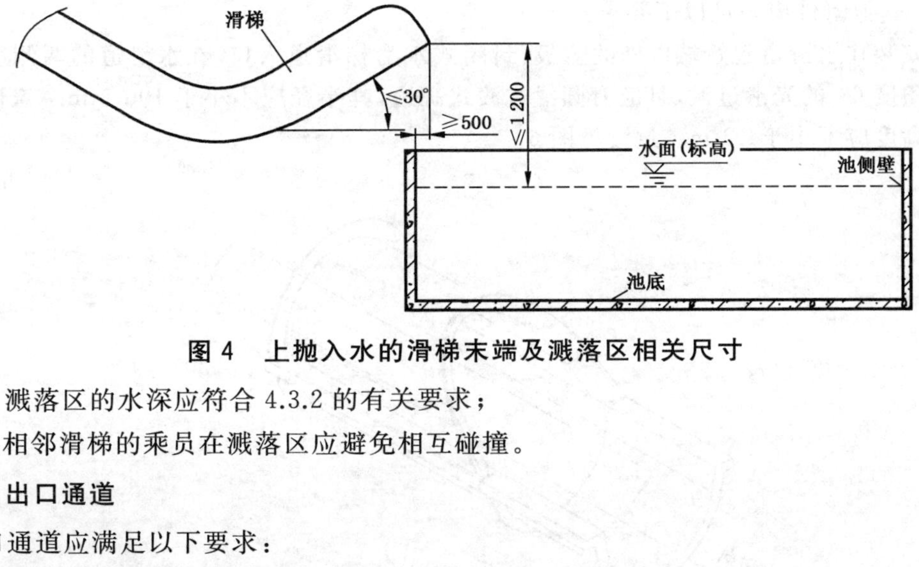

图 4　上抛入水的滑梯末端及溅落区相关尺寸

e) 溅落区的水深应符合 4.3.2 的有关要求;

f) 相邻滑梯的乘员在溅落区应避免相互碰撞。

4.2.3.6　出口通道

出口通道应满足以下要求:

a) 溅落区到地面的出口通道宜采用扶梯、台阶或者斜坡的形式;

b) 出口通道不应与其他水滑道的通道交叉;

c) 若多条滑道的末端均在落水池的一侧,出口通道应设置在另一侧,以便于乘员行走且与其他乘员的通道分开。

4.2.3.7　附件和附属设施

4.2.3.7.1　护板应满足以下要求:

a) 敞开式滑梯在滑行方向变化和转弯处,滑道外侧(内侧)应设置护板,护板高度应能防止乘员从侧面滑出;

b) 护板表面应光滑,护板可以是滑道的本体部分,也可以是独立组件,独立组件的护板与滑道组件连接应牢固,过渡应平顺;

c) 从无护板处过渡到护板处应设置与滑行方向成最大 60°倾角的过渡护板，过渡护板示意见图 5。

单位为毫米

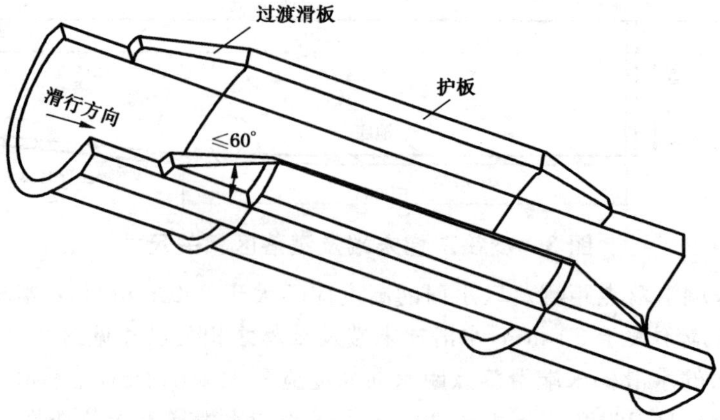

图 5 过渡护板示意

4.2.3.7.2 其他附件应满足以下要求：

a) 安装在水滑道起始端以外的盖板、封闭式水滑梯滑道入口，在水滑道的两侧应有最大角度 60°的光滑过渡，且应有圆滑过渡式翻边，其半径应不小于 100 mm。盖板的净空高度应不小于1.2 m。过渡见图 6。

单位为毫米

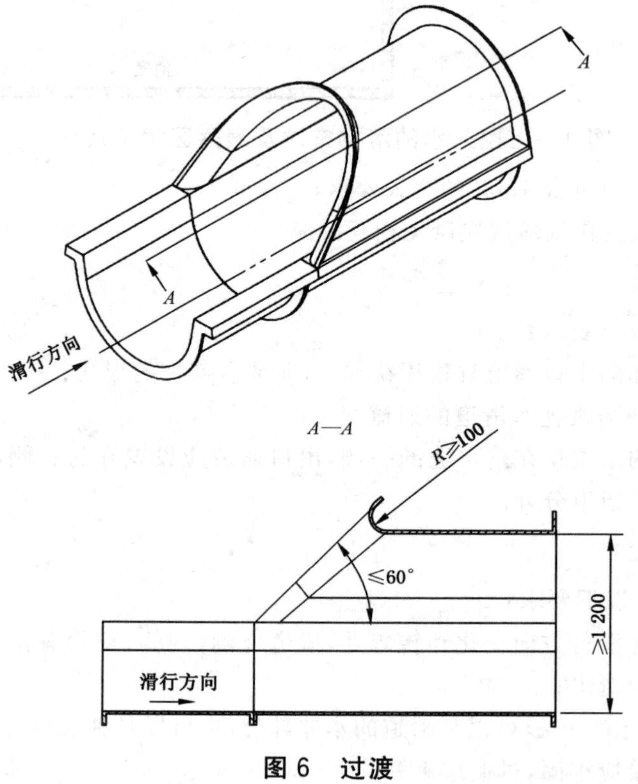

图 6 过渡

b) 为了装饰或消除乘员恐惧心理的需要，水滑道可以加装防护网，防护网示意图见图 7。防护网不受 4.2.3.10 的限制，但应满足以下要求：
   1) 防护网应设置成圆弧形，其截面直径应不小于水滑道的最大截面宽度；
   2) 网绳应选用耐腐蚀性的材料，合适的绳径，网孔应不大于 50 mm×50 mm；
   3) 网绳的支撑骨架应选用不锈钢材料或者采取防腐措施，支撑紧凑、结实，有一定预紧力；
   4) 与滑道的连接应牢固。

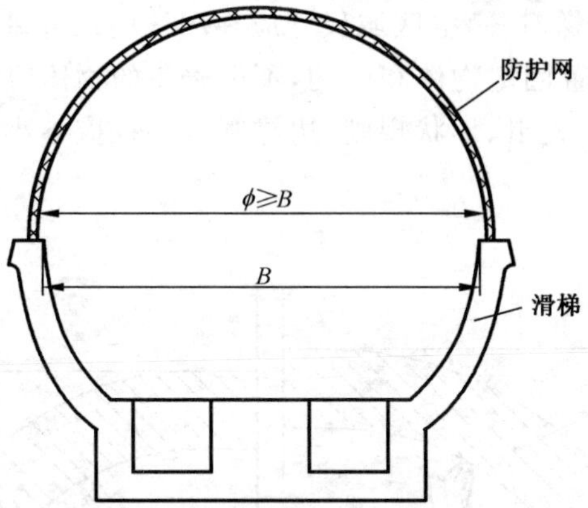

说明：

ϕ——防护网的直径；

B——水滑道的截面最大宽度。

图 7　防护网示意图

4.2.3.7.3　滑行工具应满足以下要求：

a) 应根据水滑道的技术参数、使用功能、运行条件等进行选型；
b) 应能与乘员迅速分离，且乘坐方便、舒适；
c) 应能在水面上漂浮；
d) 应符合 4.1.9 的有关规定，扶手应牢固可靠；
e) 应标明主要技术参数（如尺寸、承载人数、重量、充气压力等）、适用范围及使用维护保养方式等。

4.2.3.7.4　乘员机械放行装置应满足以下要求：

a) 乘员放行速度应不大于 0.5 m/s；
b) 结构和强度应满足使用安全，与出发平台联接牢固，与滑行区的入口衔接自然、过渡平顺且联接可靠；
c) 应采取手动放行控制方式，电气控制回路应采用安全电压，且与示警装置连锁；
d) 输送托辊应采用不锈钢材料；
e) 承载人数 4 人及以上时，宜采用乘员机械放行装置。

4.2.3.7.5　皮筏提升机应满足以下要求：

a) 提升速度应不大于 0.5 m/s；
b) 结构和强度应满足使用安全；

c） 与出发平台、溅落区应有隔离措施；

d） 出发平台和溅落区的控制箱应采用安全电压，并设置急停开关；强电系统应有漏电保护；

e） 6 人及以上滑行工具，宜配备皮筏提升机。

4.2.3.8 净空区域

净空区域应满足以下要求：

a） 水滑道周围应有适当的净空区域。水滑道的净空区域及尺寸见图 8；

b） 若为皮筏或乘垫滑梯时，净空区域尺寸应在图 8 的尺寸基础上相应增大；

c） 净空区域内不应放置固定物体和结构，不可避免的物体应放置在延伸的净空区域的范围之内，并设置表面光滑、形状规则、边缘圆角半径应不小于 100 mm 的防护装置。

单位为毫米

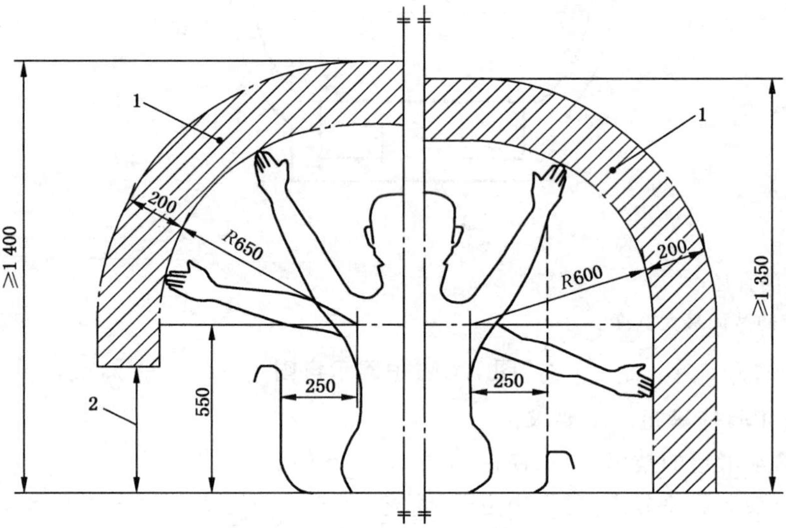

说明：

1——延伸的净空区域；

2——水滑道的截面高度；

(1) 适宜于类别 3、4、5、6(曲线滑梯)；

(2) 适宜于类别 1、2、6(直线滑梯)、7。

图 8 水滑道的净空区域及尺寸

4.2.3.9 供水

供水应满足以下要求：

a） 润滑水流量控制对滑行功能和安全性能有很大的影响，应从设计、制造、安装、调试、使用与管理等方面进行控制；

b） 润滑水应适量，以保证乘员、滑行工具安全、顺畅运行；

c） 应设定合理的润滑水流量调节范围并在调试时进行标识，未经授权的人员不应任意调节和变更；

d） 润滑水流量的变化对安全运行敏感的水滑梯，宜设置具有自动报警功能的在线流量监视装置，以进行流量监视和测量。

4.2.3.10 乘员之间相互干扰的控制

为防止乘员之间相互干扰，应满足以下条件：

a） 应设定前后乘员（滑行工具）之间的间隔，以防止发生碰撞；

b） 宜设置信号示警装置；出发平台上的滑道服务员难以清晰地看到乘员下滑至结束端时，应设置信号示警装置，若水滑梯配置乘员机械放行装置时，应与示警装置联锁；

c） 出发平台、结束端的滑道服务员应配置适宜的联络与沟通工具，避免误操作。

4.2.3.11 附加安全技术要求

附加安全技术要求如下：

a） 附加安全技术要求参见附录 A；

b） 类别 8 应符合以下要求：

1） 从截面形状不同的一类滑梯过渡到另一类别时应平顺、自然，如大喇叭、冲天回旋滑梯的“人”字形接口、巨兽碗加速段切入口的角度及碗底部上、下游接口等位置的相关结构的形状与尺寸应适当控制，以避免碰撞、翻滚而伤及乘员；

2） 设置在滑行区域内的推流（含逆推）、回水格栅面与滑道面应齐平且固定牢固，间隙应符合 4.2.3.1c）的有关要求；

3） 水上过山车（水上飞龙）滑梯的助推装置应与相应的滑道及输水管联接可靠，助推口与滑道面联接应平顺且可调；

4） 应设置润滑水流量在线监视和信号示警装置，详见 4.2.3.9d）和 4.2.3.10b）。

4.3 游乐池

4.3.1 游乐池分类

游乐池的分类规定如下：

a） 按照使用功能分为造波池、溅落区（滑梯落水池）、漂流河、按摩池、休闲池、竞技池、涉水池（或戏水池）等；

b） 按照乘员年龄分为成人池、儿童（涉水）池、幼儿（涉水）池等。

4.3.2 游乐池水深

游乐池的水深规定如下：

a） 造波池的游乐区的水深应不大于 1.8 m，池底宜为斜坡形式且坡度应不大于 8%；

b） 水滑梯溅落区水深一般为 0.8 m～0.9 m；儿童滑梯溅落区水深应为 0.3 m～0.6 m；

c） 特殊形式滑梯溅落区水深一般为 0.9 m～4 m；

d） 漂流河水深应不大于 1.2 m；

e） 幼儿池水深应不大于 0.3 m；儿童池水深应不大于 0.6 m；

f） 碰碰船水池水深应不大于 1.5 m。

4.3.3 漂流河

4.3.3.1 漂流河（如环流河、激流河、潮汐河、巨洪峡等）表面平均流速应小于 2 m/s。

4.3.3.2 宽度不宜小于 2.5 m。

4.3.3.3　推流、造波装置及附属设施不应伤及乘员。

4.3.3.4　水循环系统回水口的设置应符合 4.3.5.1 的规定。

4.3.4　造波池

4.3.4.1　泳池波的波高应不大于 1.2 m,大波的波高应不大于 3.0 m。

4.3.4.2　应在造波池周边的高位监护哨明显处设置凸起手动复位式紧急事故停止按钮,以供应急时停车操作。若采用无线遥感控制开关时,应符合 GB 8408 的有关规定。

4.3.4.3　造波池的出波口应设置安全栅栏,在深水区域长度方向至少 3 m 的距离应设置安全隔离网或浮动警戒线等装置并设置安全警示标志,标志应符合 GB 2894 的有关要求。

4.3.4.4　采用真空蓄能式造波设备,机房通风口面积应不小于真空阀泄气口面积 6 倍;在真空阀附近应有隔离装置,以防止人和物被吸进真空仓。

4.3.5　其他

4.3.5.1　水循环系统的回水口至少应设置两套独立、固定、非专业人员不能移动的安全格栅,格栅间隙应小于 8 mm,格栅流速应不大于 0.2 m/s,且避免设置在乘员活动水域。若因无法避让而设置在乘员可触及的池壁时,安全格栅应设置成球冠形状,且在安全格栅上部水线以上位置设置“危险、切勿靠近”等安全警示标识。

4.3.5.2　游乐池应不漏水,池壁应光滑,池沿和台阶应无棱角,池底应防滑;预埋件不应裸露,无法避免时应采取防护措施。

4.3.5.3　池沿应设置成防止周边雨水、污水等流入池内的构造形式。

4.3.5.4　各类游乐池应分别设置,若水域相连时应设置隔离装置。

4.3.5.5　水深变化的水域,应在游乐池周边池壁的相应位置设置醒目的水深标识。

4.3.5.6　游乐池在水面宽阔或不易观察到的区域、造波池在水深超过 1.5 m 的区域的两侧以及漂流河拐弯隐蔽处的河岸或适当位置应设立高位监护哨。

4.3.5.7　游乐池在同一时间人均水面积宜不小于 2 m^2。应按照游乐池的额定客容量设置足够的更衣室、淋浴室、厕所及保管箱等。

4.3.5.8　室内外游乐池,均应有充足的照明。室内采光系数为 1/5～1/4,室外照明灯具应采用防水灯具。开放夜场的游乐园,其水面的照度应不小于 80 lx。室内应有换气设备,并保证每小时换气不少于 3 次。

4.3.5.9　游乐池的水质及空气应符合 GB 9667 和 CJ 244 的有关规定。

4.4　互动戏水设施

4.4.1　戏水池应有适宜的空间,以满足戏水设备安全运行的基本要求,如水滑道的结束端和净空区域应符合 4.2.3.5、4.2.3.8 的有关要求;喷水装置应满足其最小安全距离的要求等。

4.4.2　互动戏水设施各单元的安全技术要求应符合 GB 8408 的有关规定。单元之间网(桥)应牢固可靠,吊桥摆幅不应过大,两侧护栏应安全可靠。

4.4.3　互动戏水设施的平台、楼梯、栏杆等应符合 4.2.3.2 的有关要求。

4.4.4　互动戏水设施的水滑梯应符合 4.2 的有关要求。

4.4.5　互动戏水设施中,承载 750 N 以上的水翻斗的焊接轴的焊缝应符合 4.2.3.2.3c)d)的有关要求。

4.4.6　喷射式戏水装置不应使用可能伤及乘员的高压喷射装置。

4.4.7 摇摆式戏水设施的摆幅不应使乘员产生剧烈的晃动和摆动，且应防止乘员挤夹。

4.4.8 互动戏水设施中涉及人身安全的结构和部件应符合 GB 8408 的有关规定。

4.5 峡谷漂流

4.5.1 峡谷漂流应设置视频监控装置，以便于操作人员观察。

4.5.2 泵站等蓄水深度较深的位置，应与运行水道有效隔离。水泵进出水口应设置间隔不超过100 mm的防护栅栏。

4.5.3 采用皮带提升时，皮带张紧应调节适度，无明显打滑现象；采用双皮带或双提升链结构时两皮带间或两链条间应同步。提升装置的坡度应合理。应有止逆和疏导措施。

4.5.4 漂流设施的水量应保持在设计要求范围之内。漂流筏运行时的水深应符合安全要求，筏体不应有碰刮水槽底部或水底装置等现象。在站台附近的水道内壁明显处，应设有水位刻度尺。

4.5.5 漂流水道设计坡度应合理，转弯半径应适宜；漂流水道内壁应光滑平顺，不应有尖角、突变等影响漂流筏运行或乘客安全的缺陷；水道上方和两侧不应有影响乘客人身安全的凸起和障碍；水道底部造浪装置等的固定应可靠；水道设计应考虑温度变化时对水道结构的影响。水循环系统设计应合理。

4.5.6 漂流筏的筏体应结实耐用，腔体内宜采用致密性发泡材料填充。筏体上应设置安全带和扶手。筏胎采用充气胎时，应无明显漏气现象；充气胎应在正常工况和异常局部破损情况下不致漂流筏倾覆，充气胎内腔为气室时，气室数量应不少于 6 个，或采用致密性发泡材料气胎芯部结构。

4.5.7 漂流筏踏脚平面和出入口应设有防滑措施。

4.5.8 漂流筏的运行速度应适中，筏体运行时与水道间应无影响人员乘坐安全的过度冲击碰撞；筏体运行速度在进入提升、进站等处应与提升、停船装置相匹配；筏体在漂流过程中不应有倾覆、相碰撞的可能。

4.5.9 峡谷漂流的电气控制系统应符合 GB 8408 的有关规定，发船间隔应设自动控制功能，在电气系统其他部分需要保护断开时，水泵的停止应延时。

4.6 游船

4.6.1 游船包括带动力的太阳能船、机动船、舷外挂机船、碰碰船以及无动力琵琶艇、水上自行车等。

4.6.2 船上运动部件及机械设备，应能保证船横倾 10°、纵倾 5°的情况下正常工作。

4.6.3 钢质船的壳板、龙骨等材料应采用普通碳素钢，其座板均应采用木材或玻璃钢制造，木材应符合 GB/T 153 二级材的要求。

4.6.4 玻璃钢船其玻璃钢性能及要求应符合 GB 8408 的有关规定。

4.6.5 木质船的龙骨等受力构件应采用栎木或水曲柳，船壳板、座板等应采用杉木或松木制造。

4.6.6 游船应有足够的强度，在超载 25％的情况下，钢制和木制设施或船只长度方向 L 和宽度方向 B 的变形量不应超过 0.25％；玻璃钢制设施或船只长度方向 L 和船宽 B 的 0.35％，卸去载荷后不应有永久变形。

4.6.7 在玻璃钢外壳体敷制时，应在外壳体延伸部分同时敷制或在与船壳施工条件相同情况下单独制作试验样板,其大小为300 mm×300 mm,其物理机械性能应满足表2的要求。

表2　船壳样板物理机械性能

项　目	玻璃布	玻璃毡
玻璃纤维含量/%	≥45	≥28
抗拉强度/MPa(kgf/cm²)	≥150(≥1.5×10³)	≥86(≥8.6×10²)
抗弯强度/MPa(kgf/cm²)	≥170(≥1.7×10³)	≥140(≥1.4×10³)

4.6.8　各类游船在构造上应有足够的稳性,静浮状态横倾不大于3°、纵倾不大于5°。

4.6.9　船体若有开口,要保证开口处水密性,且不许有水从开口处回流到船体内部,船体不应渗漏。对贯穿船体附件在安装时要做到水密气密,保证无液体渗入船体。

4.6.10　各类游船应有承受碰撞的保护装置。船的吊环装置安全可靠。

4.6.11　各类无动力船的操纵杆、脚踏曲柄回转应轻便灵活,不允许有卡滞现象。其回转力、方向操纵拉力均不大于30 N。

4.6.12　各类带动力的船方向操纵拉力均不大于30 N,满载吃水最大航速时,从一舷满舵到另一舷满舵所需时间不超过20 s。

4.6.13　各类游船应设有扶手,座位牢固。扶手应采取防锈措施。

4.6.14　游船航行速度 v 应不小于3.7 m/s时,船上应配备相应的救生设备。

4.6.15　游船的基本尺寸允许偏差规定见图9。

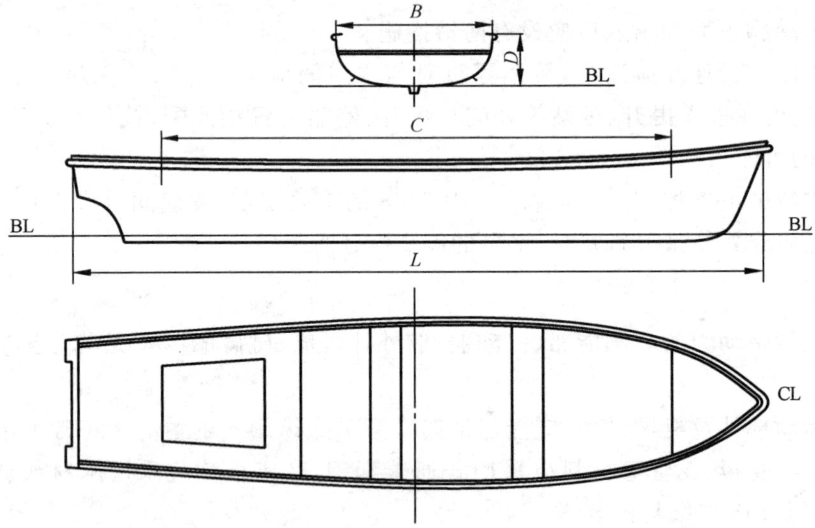

说明:

船长 $L\pm0.5\%$;船宽 $B\pm1.0\%$;型深 $D\pm1.0\%$。

图9　游船的基本尺寸允许偏差

4.6.16　机动船(包括电池船、挂机船)制造和运行应符合下列安全要求:

a)　所选发动机应能易于启动和可靠地运转,并应牢固地安装在具有足够刚性的地方;

b)　螺旋桨轴线至船舶空载水线面的距离应大于0.7 d(d 系指螺旋桨直径);

c)　轴系通过船壳板和水密舱壁板时,应保证水密;

d) 快艇的最大航行速度应小于 25 km/h；

e) 需燃油的机动船，燃油箱应通风，且保证整个油路无渗漏；

f) 碰碰船的最大航行速度应小于 10 km/h；

g) 碰碰船浮圈的充气压力应不大于 0.3 MPa；

h) 前操机要确保方向机、软轴线、拉杆及控制航向的挂机或舵可靠联接，且运转自如。

4.6.17 机动船动力部分的传动装置，应采用遮挡物与乘客严格分开。

4.6.18 电池船主电路应设有短路保护装置，船上工作电压不应超过 50 V。

4.6.19 船用蓄电池应密封好。在额定载荷下，蓄电池连续工作时间应不少于 4 h，摆放蓄电池的位置应通风，船用蓄电池技术性能符合 GB/T 7403.1 的规定。

5 试验方法

5.1 试验条件

5.1.1 风速应不大于 10 m/s。

5.1.2 试验荷载允许误差应为额定荷载的±5%。

5.2 试验仪器和检测器具

应根据试验项目的实际需要，选择相应精度的试验、检测仪器和工具。

5.3 水滑梯试验

5.3.1 静态检验

静态检验的检验项目、依据和方法应按照"6.1.2.2a)水滑梯的检验"以及"6.1.2.1 水上游乐设施通用检验"表 3 中序号 1、2、6、8～12、16、19～21 的要求进行。

5.3.2 运行试验

5.3.2.1 内容和要求

内容和要求如下：

a) 试验的内容应包括 4.2.2.2.5b)、4.2.3.1b)、4.2.3.2.1e)、4.2.3.2.2c)、4.2.3.4a)b)d)、4.2.3.5.2、4.2.3.5.3a)b)f)、4.2.3.7.1a)、4.2.3.7.3b)c) 、4.2.3.7.4a)b)c)、4.2.3.7.5a)d)、4.2.3.9b)c)、4.2.3.10a)b)、4.2.3.11b)1)3)4)的有关要求以及滑梯的最大运行速度和平均速度等。

b) 运行试验应在静态检测合格后进行。

5.3.2.2 步骤和方法

步骤和方法如下：

a) 根据试验大纲做试验准备；

b) 先进行人体模拟物试验，根据水滑梯的技术参数，按照设计允许的不同体重组合分别进行，每种组合至少 5 次，观察并记录试验结果；试验合格后转入人体试验，不合格应进行整改，直到问题解决为止；

c) 人体试验由试滑人员进行，按照设计允许的不同体重组合(误差为总额定荷载的±5%)，分别进行，每种组合至少 50 次。

5.3.2.3 试验报告

试验报告如下：

a) 试验报告由试验或调试责任人负责编制,由质保工程师或具有相应资格的人员审核,应附原始记录;

b) 试验报告至少应包含,但不限于以下内容:

1) 试验地点、时间;

2) 项目名称与编号;

3) 设备简图与性能描述;

4) 试验依据;

5) 试验方法、步骤描述、记录与试验结论;

6) 报告编号与签发日期等。

5.4 峡谷漂流试验

5.4.1 应对试制的新产品进行设计验证试验,验证产品的安全性、可靠性是否满足要求。试验前应制定试验方案,必要时还应制定重要零部件的试验方案。试验方案至少包括试验内容、试验方法、试验次数或时间、合格判据等。

5.4.2 对于新安装的产品,应进行详细检查,确认一切正常后,再进行空载、满载、偏载试验。连续满载试验每天不少于 8 h、累计时间不少于 80 h。偏载工况应包含允许使用的最不利情况。

5.4.3 产品偏载试验应是最大偏载,每个人按 700 N 执行。

5.4.4 各项试验结束后应编写有明确结论和符合有关规定的试验报告。报告内容应符合 5.3.2.3 的有关要求进行。

5.5 游船试验

5.5.1 游船的安全试验

游船的安全试验方法应按下列要求进行:

a) 试验应在静水或受流水影响较小的水域中进行;

b) 按实际工况加入额定载荷,干舷不应小于 150 mm。碰碰船船沿至水面的距离不应小于 300 mm。

5.5.2 船体静荷载强度试验

船体静荷载强度试验方法应按下列要求进行(不包括碰碰船):

a) 将空船放入水中,测量船长和船宽。

b) 船内均布试验荷载,荷载按式(2)计算:

$$W = 0.25G_1 + 1.25(G_2 + G_3) \qquad \cdots\cdots(2)$$

式中:

W ——试验荷载,单位为千克(kg);

G_1——空船重量,单位为千克(kg);

G_2——属具重量(机动船包括机器设备重量),单位为千克(kg);

G_3——全额定乘员重量,单位为千克(kg)。

c) 加载 5 min 后,测量船长和船宽,其变形量和其他应符合 4.6.6 的规定。

d) 将全部荷载卸去,游船不应有永久变形,但允许有不大于 1 mm 的测量误差。

5.5.3 船体水密性试验

船体水密性试验方法应按下列要求进行:

a） 水密性试验应在强度试验后进行，且试验前船内应保持清洁，不应涂漆；

b） 船上载足相当于全部核定乘员及属具重量的压载物，静浮于水面 2 h，钢质、玻璃钢船不应有渗漏现象，木质船浸入船内的水不应达到内龙骨的下边缘；

c） 船用玻璃钢积层板（包括船体、座席等）试验按 GB/T 1447、GB/T 1449、GB/T 1451、GB/T 1462 及 GB/T 2577 执行；

d） 水密性试验不合格的船，允许消除缺陷后再试，直至合格为止。

5.5.4 稳性试验

稳性试验方法应按下列要求进行：

a） 试验应在静水中或受水流影响较小的水域进行，试验时尽量避免波浪和水流影响，船应正浮不应有横倾；

b） 试验在应满载情况下进行，可以用压载物代替荷载，压载物重心离座板上表面 300 mm；

c） 分别测量船的左、右干舷值，并将其平均，得该船的干舷值；

d） 倾斜力矩所采用的移动重量，取满载的 4%，将其分为两组，分别置于船中部两舷处使船发生左倾和右倾各一次；

e） 在船中部设置测锤一只，测锤有效长度为 2 m，在测锤下设水平标尺，用以读取船左倾和右倾时测锤的偏侧距离以测定倾角值。也可采用精确的倾斜仪直接测量；

f） 根据测得的倾角值按式(3)或式(4)计算初稳性 GM，其值应不小于按式(5)计算所得之值；

$$GM=\frac{W_1S}{2D}\left(\frac{1}{\tan\theta_{左}}+\frac{1}{\tan\theta_{右}}\right) \qquad (3)$$

式中：

GM ——初稳性高度，单位为米(m)；

W_1 ——移动重量，单位为千克(kg)；

S ——移动距离，单位为米(m)；

D ——排水量，单位为千克(kg)；

$\theta_{左}$ ——向左倾斜的横倾角；

$\theta_{右}$ ——向右倾斜的横倾角。

$$GM=\frac{W_1S}{D}\left(\frac{1}{L_{左}}+\frac{1}{L_{右}}\right) \qquad (4)$$

式中：

GM ——初稳性高度，单位为米(m)；

W_1 ——移动重量，单位为千克(kg)；

S ——移动距离，单位为米(m)；

D ——排水量，单位为千克(kg)；

$L_{左}$ ——向左倾的测锤摆距，单位为米(m)；

$L_{右}$ ——向右倾的测锤摆距，单位为米(m)。

$$GM=0.05B^2-0.05B+0.20 \qquad (5)$$

式中：

GM——初稳性高度，单位为米(m)；

B ——船的型宽，单位为米(m)。

机动船(除碰碰船外)稳性在满足上述要求的同时，还应满足式(6)的要求：

$$\frac{G(B-0.2)}{4D\mathrm{GM}} \leqslant K\frac{F}{B} \qquad \cdots\cdots(6)$$

式中：

G ——全部核定成员重量，单位为千克(kg)；

D ——排水量，单位为千克(kg)；

GM——试验所得初稳性高度，单位为米(m)；

F ——干舷值，单位为米(m)；

B ——船的型宽，单位为米(m)；

K ——系数，$K=1$。

5.5.5 机动船动力装置可靠性试验及速度测定

机动船动力装置可靠性试验及速度测定应按下列方法和要求进行：

a) 试验应在宽敞的水域并在满载状态下进行；

b) 发动机在全负荷下连续运转 4 h，整个过程发动机运转应正常、可靠、固定牢固，同时检查轴系运转情况，观察冷却、润滑系统的工作情况；

c) 发动机由全负荷至停车，试验应不少于 5 次；

d) 速度测定时尽可能在风平浪静的水域中进行。水域深度不小于 2 m。测速标杆之间的距离建议不小于 100 m。

5.5.6 电池船工作时间测定

蓄电池充足电，在额定荷载下连续工作。当电压降至额定值的 85%时，其工作时间应符合 4.6.19 的规定。

5.5.7 试验报告

试验报告至少应包括以下内容：

a) 有关试验的情况(名称、人员、地点及试验条件)；

b) 试验依据标准的条款；

c) 具体采用的试验方法；

d) 结果，包括有关的计算内容；

e) 与试验步骤的差异；

f) 试验日期。

6 检验规则

6.1 检验

6.1.1 水上游乐设施检验的取样方式

水上游乐设施检验的取样方式为百分之百取样。

6.1.2 水上游乐设施检验的项目、依据和方法

6.1.2.1 水上游乐设施通用检验

各种型式水上游乐设施通用检验的项目、依据和方法见表3。

表3 各种型式水上游乐设施通用检验的项目、依据和方法

序号	检验项目	检验依据（本标准条款、GB 8408、设计文件等）	检验方法	说明
1	电气控制系统	4.1.2i)、GB 8408 有关要求	试验、测试	—
2	材料(含标准机电产品、电子元器件)的质量保证	4.1.3	目测、质量检验记录、材质证明文件等	水滑梯还应符合4.1.3、4.2.1.2.1、4.2.1.2.2的要求
3	防腐、防锈	4.1.4、4.2.1.3b)	目测	
4	出厂质量保证文件与资料	4.1.5	审核质量保证资料	适应于大型水上游乐设施
5	铭牌	4.1.6	目测	—
6	基础	4.1.7	目测、第三方验收检验报告	—
7	装饰物件等质量	4.1.8	目测、紧固工具	—
8	乘员可能触及之处的安全	4.1.9	目测、手感检测	—
9	设备外观质量	4.1.10	目测	—
10	焊接外观质量	4.1.11	按照GB/T 34370.2的有关要求进行	—
11	螺栓与销轴联接	4.1.12	目测、紧固工具	水滑道的螺栓连接还应符合4.2.1.4的要求
12	零部件的外观质量	4.1.13	按照GB/T 34370.2的有关要求进行	
13	噪声对周围环境的影响	4.1.14	感觉和声级计	按照GB 3096的有关要求进行
14	对水质与环境的影响	4.1.15	目测	
15	地面防滑	4.1.16	感觉、试验	
16	安全告示、警示标志等	4.1.17	目测	
17	应急救援工具及通讯联络器材	4.1.18	目测、试验	
18	淋浴消毒装置和浸脚消毒池	4.1.19	目测、试验	
19	水循环系统回水口的设置	4.3.5.1	目测、试验	
20	接地电阻	GB 8408 有关要求	测试、试验	
21	绝缘电阻	GB 8408 有关要求	测试、试验	

6.1.2.2 水上游乐设施专项检验

各种型式的水上游乐设施专项检验按以下要求进行：

a) 水滑梯的检验

水滑梯的检验项目、依据和方法见表4。

表4 水滑梯的检验项目、依据和方法

序号	检验项目	检验依据(本标准条款、GB 8408、设计文件等)	检验方法
1	水滑道玻璃钢件的力学性能	4.2.1.2.2b)	GB/T 1447、GB/T 1449、GB/T 1451 等力学性能的试验标准已经给出了相应的试验方法，按此执行，应提供合格检测(试验)报告
2	水滑道的结构尺寸	4.2.1.2.2c)d)及设计文件	测距仪、卷尺
3	水滑道表面	4.2.1.2.2e)、4.2.3.1	目测、手感检测、游标卡尺测量
4	水滑道入口或楼梯	4.2.3.2.1	目测、卷尺测量、现场试验
5	出发平台	4.2.3.2.2	目测、卷尺测量、现场试验
6	结构支撑的焊接质量 焊接无损检测	4.2.3.2.3c)	a) 按照 GB/T 34370.3 和 GB/T 34370.4 的有关要求进行； b) 按照重要焊缝的不同种类分别抽样20%检测，若每个种类的样本不合格率大于5%时，加大样本数量至40%进行检测
7	起始端	4.2.3.3	目测、卷尺测量
8	滑行区	4.2.3.4	目测、游标卡尺测量、手感检测、现场试滑试验、雷达测速仪测速
9	结束端	4.2.3.5	目测、卷尺测量、试滑试验
10	出口通道	4.2.3.6	目测
11	附件和附属设施(含护板、盖板、防护网、滑行工具、乘员机械放行装置、皮筏提升机等)	4.2.3.7.1、4.2.3.7.2a)b)、4.2.3.7.3、4.2.3.7.4、4.2.3.7.5	目测、手感检测、游标卡尺测量、试滑试验
12	净空区域	4.2.3.8	卷尺、目测
13	供水(含水量的设定、在线流量监视等)	4.2.3.9b)c)d)	目测、流量计、试滑试验
14	乘员之间的相互干扰(含间距、示警、联锁控制等)的控制	4.2.3.10a)b)	目测、试滑试验、紧急停止试验
15	附加安全技术要求	4.2.3.11b)	目测、试验
16	溅落区的结构尺寸	设计文件	测距仪、卷尺

b) 游乐池的检验

游乐池的检验项目、依据和方法见表5。

表5 游乐池的检验项目、依据和方法

序号	检验项目	依据(本标准条款、GB 8408、设计文件等)	检验方法
1	水深	4.3.2	卷尺测量
2	漂流河	4.3.3	卷尺、目测、试漂、秒表
2.1	流速	4.3.3.1	漂流试验、秒表、卷尺等
2.2	宽度	4.3.3.2	卷尺测量
2.3	推流装置、造波及附属设施的安全	4.3.3.3	目测
3	造波池	4.3.4	目测、卷尺、试验
3.1	波高	4.3.4.1	卷尺测量、试验
3.2	紧急停止按钮	4.3.4.2	现场试验
3.3	出波口的安全栅栏、深水区的隔离装置及警示标志	4.3.4.3	目测
3.4	真空阀门周边的安全隔离装置	4.3.4.4	目测
4	池壁、池沿、池底的安全	4.3.5.2、4.3.5.3	目测、手感
5	各池分开设置	4.3.5.4	目测
6	水深标识	4.3.5.5	目测
7	高位监护哨	4.3.5.6	目测
8	水面照度	4.3.5.8	目测、照度计
9	水质	4.3.5.9	余氯检测计、取样送检
10	池体结构尺寸	设计文件	卷尺测量

c) 互动戏水设施的检验

互动戏水设施的检验项目、依据和方法见表6。

表6 互动戏水设施的检验项目、依据和方法

序号	检验项目	检验依据(本标准条款、GB 8408、设计文件等)	检验方法
1	安全距离	4.4.1	卷尺测量
2	结构相互之间的联接	设计文件	卷尺测量
3	单元之间网(桥)、吊桥的安全	4.4.2	目测、试验
4	平台、楼梯、栏杆	4.4.3	目测、手感
5	水滑梯	4.4.4	目测、手感、卷尺、试验
6	水翻斗焊接轴焊接质量无损检测	4.4.5	参照表4、序号6的要求进行

表 6（续）

序号	检验项目	检验依据（本标准条款、GB 8408、设计文件等）	检验方法
7	喷射式设备	4.4.6	目测、试验
8	摇摆式设备	4.4.7	目测试验
9	涉及人身安全的结构和部件	4.4.8	目测、试验和检测

d） 峡谷漂流的检验

峡谷漂流的检验项目、依据和方法见表 7。

表 7 峡谷漂流的检验项目、依据和方法

序号	检验项目	检验依据（本标准条款、GB 8408、设计文件等）	检验方法
1	视频监控装置	4.5.1	目测
2	泵站安全	4.5.2	卷尺测量、目测
3	提升系统安全	4.5.3	目测、试验
4	水量与水深控制	4.5.4	目测、卷尺
5	水道的结构尺寸与安全	4.5.5、设计文件	目测、卷尺
6	漂流筏	4.5.6、4.5.7	目测、卷尺、试验
7	漂流运行试验	4.5.8	目测、试验
8	峡谷漂流发船段未进行自动控制联锁	4.5.9	目测、试验

e） 游船的检验

游船的检验项目、依据和方法见表 8。

表 8 游船的检验项目、依据和方法

序号	检验项目	检验依据（本标准条款、GB 8408、设计文件等）	检验方法
1	结构强度与试验	4.6.6、4.6.7、5.5.2	试验
2	稳性	4.6.8、5.5.4	目测、试验
3	水密性	4.6.9、5.5.3	目测、试验
4	防撞控制与吊环装置	4.6.10	目测、卷尺、试验
5	操纵杆、脚踏曲柄	4.6.11	目测、试验
6	带动力的船的操纵杆	4.6.12	试验
7	扶手	4.6.13	目测、试验

表 8（续）

序号	检验项目	检验依据（本标准条款、GB 8408、设计文件等）	检验方法
8	可靠性与速度	4.6.14、5.5.5	目测、试验
9	结构尺寸	4.6.15、设计文件	目测、卷尺、游标卡尺
10	机动船	4.6.16	试验、目测
11	机动船的传动装置的隔离	4.6.17	目测
12	电池船主电路保护装置及电压	4.6.18	目测、试验
13	电池船工作时间测定	4.6.19、5.5.6	目测、试验
14	安全试验	5.5.1	试验

6.2 判定规则

6.2.1 不符合标准规定的设施缺陷分为严重缺陷和一般缺陷。影响乘员安全的缺陷为严重缺陷，其余缺陷为一般缺陷。产品严重缺陷项目见表 9。每台设施有一项（含一项）严重缺陷或有三项一般缺陷（含三项）为不合格。

6.2.2 不合格产品经返工（返修）后，应达到合格品的要求。

表 9 产品严重缺陷项目

序号	缺陷内容	标准条款
1	剩余电流动作保护装置	4.1.2i)
2	安全警示标志等不符合要求	4.1.17、4.3.4.3、4.3.5.1
3	乘员可能触及之处的安全不符合要求	4.1.9
4	滑道表面安全性不符合要求	4.2.3.1b)c)
5	重要焊缝不符合要求	4.2.3.2.3c)、4.4.5
6	滑行区安全性能不符合要求	4.2.3.4a)
7	乘员在水滑道结束端的安全性不符合要求	4.2.3.5.2a)、4.2.3.5.3a)f)
8	净空区域不符合要求	4.2.3.8
9	水循环系统回水口的设置不符合要求	4.3.3.4、4.3.5.1
10	造波池出波口、深水区安全栅栏及隔离装置不符合要求	4.3.4.3
11	池壁、池沿、池底的安全不符合要求	4.3.5.2
12	互动戏水设施涉及人身安全的结构和部件	4.4.8
13	峡谷漂流的提升系统安全性不符合要求	4.5.3
14	峡谷漂流发船段未进行自动控制联锁	4.5.9
15	船稳定性不够，船体漏水，船速过快	4.6.8、4.6.9、4.6.14、5.5.4
16	绝缘电阻不符合要求	GB 8408 的有关要求
17	接地电阻不符合要求	GB 8408 的有关要求

附 录 A
（资料性附录）
水滑梯类别及典型横截面形状

A.1 总则

本附录所列横截面形状是比较典型和常见水滑道横截面的形式，不可能覆盖所有形式。因此，水滑道的横截面形状不一定要与本附录的图形一致。

A.2 水滑梯类别及典型横截面形状

A.2.1 类别 1

a) 主要技术参数：最大倾斜度 70%，高度 3 m 以下的直线单滑梯。如儿童直线滑梯等。

b) 横截面形状，详见图 A.1。

c) 说明：

1) $H \geqslant 120$ mm，350 mm$\leqslant X \leqslant$700 mm（单人使用），或者 $X \geqslant$950 mm（多人使用）。

2) 若为封闭式水滑梯，截面形状详见图 A.3c)，且半径应不小于 750 mm。

3) 一般适宜于身高小于 1.2 m 的儿童使用。

A.2.2 类别 2

a) 主要技术参数：平均倾斜度在 11%～18%，高度 3 m 以下的单滑梯。如儿童曲线滑梯、儿童直线滑梯等。

b) 横截面形状，详见图 A.2。

c) 说明：

1) $H \geqslant 450$ mm，350 mm$\leqslant X \leqslant$700 mm。

2) 若为封闭式水滑梯，截面形状详见图 A.3c)，且半径应不小于 750 mm。

3) 一般适宜于身高小于 1.2 m 的儿童使用。

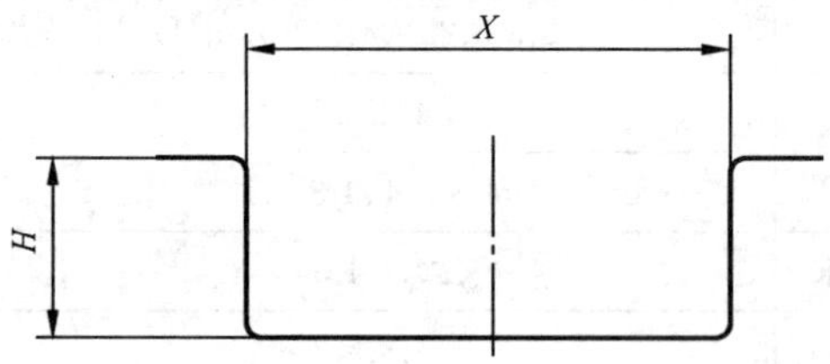

图 A.1 类别 1 横截面

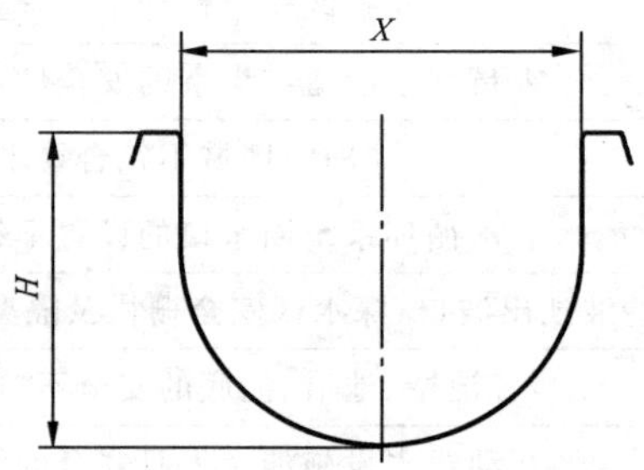

图 A.2 类别 2 横截面

A.2.3 类别 3

a) 主要技术参数：最大倾斜度 13%，高度不受限制，且平均速度可达 5 m/s、最大速度 8 m/s 的单滑道。如直线、曲线滑梯等。

b) 横截面形状，详见图 A.3、图 A.4。

c） 说明：

1） $\alpha \leqslant 95°$；$b \geqslant 800$ mm；$h_2 \geqslant 200$ mm；$\phi \geqslant 800$ mm。

2） $h_1 \geqslant 600$ mm。

3） 图 A.4 只能做成直线滑梯。

4） 图 A.3 中 A 处是指水滑梯滑行时的外侧曲面；B 处是指水滑梯滑行时的内侧曲面或者平直面。

A.2.4 类别 4

a） 主要技术参数：平均倾斜度在 13%～20%之间，高度不受限制，平均速度可达 10 m/s、最大速度 16 m/s 中速单滑梯。如直线、曲线滑梯等。

b） 横截面形状，详见图 A.3、图 A.4。

c） 说明：

1） $\alpha \leqslant 95°$；$b \geqslant 800$ mm；$h_2 \geqslant 200$ mm；$\phi \geqslant 800$ mm。

2） $h_1 \geqslant 700$ mm。

3） 图 A.4 只能做成直线滑梯。

4） 图 A.3 中 A 处是指水滑梯滑行时的外侧曲面；B 处是指水滑梯滑行时的内侧曲面或者平直面。

5） 曲线中速滑梯，应特别注意明显加速后的曲线部分的设计。

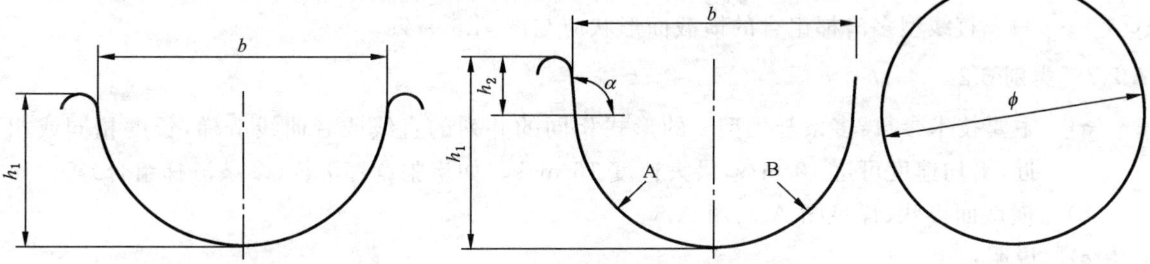

a） 敞开式曲线滑梯的直线段横截面或直线式滑梯横截面　**b） 敞开式曲线滑梯的曲线段横截面**　**c） 封闭式滑梯横截面**

图 A.3 类别 3 和类别 4 横截面

A.2.5 类别 5

a） 主要技术参数：平均倾斜度大于 20%，高度不受限制，速度大于 16 m/s，高速单滑梯。如直线、封闭式曲线滑梯等。

b） 横截面形状，详见图 A.3、图 A.4。

c） 说明：

1） 横截面形状为图 A.4 所示带平底的直线滑梯，$b \geqslant 600$ mm；$h \geqslant 400$ mm；$R \geqslant 40$ mm；$\alpha \leqslant 12°$。

2） 横截面形状为曲线底的直线滑梯，其截面应与图 A.3a）一致。

3） 若为曲线滑梯，应做成封闭式水滑梯，其横截面形式应与图 A.3c）一致，$\phi \geqslant 800$ mm。

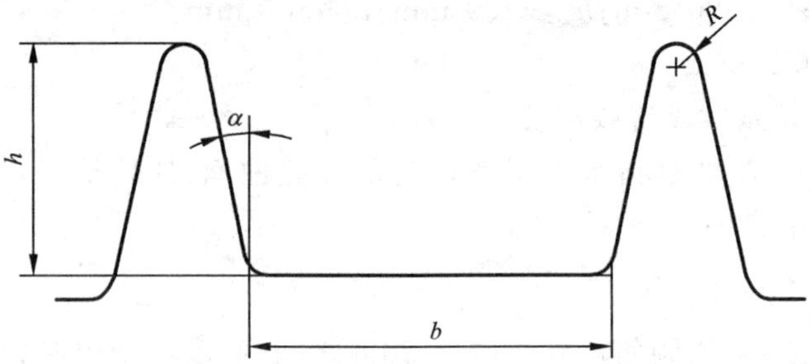

图 A.4　类别 5 横截面

A.2.6　类别 6.1

a）主要技术参数：多条与类型 3 的形式相同的并列的直线或者曲线滑梯，长度相同或相近，平均速度可达 5 m/s，最大速度 8 m/s。如直线并列滑梯、曲线并列滑梯（多条滑梯组合）。

b）横截面形状，详见图 A.3、图 A.5。

c）说明：

1）600 mm≤b_1≤1 800 mm；h_1≥500 mm；b_2≥150 mm；h_2≥200 mm。

2）曲线并列滑梯组合的横截面形状应与类别 3 图 A.3 一致。

3）直线型多滑梯组合的横截面形状应与图 A.5 一致。

A.2.7　类别 6.2

a）主要技术参数：多条与类型 4 的形式相同的并列的直线或者曲线滑梯，长度相同或相近，平均速度可达 10 m/s，最大速度 16 m/s。如疾驰竞赛滑梯（多条滑梯组合）等。

b）横截面形状，详见图 A.3、图 A.5。

c）说明：

1）600 mm≤b_1≤1 800 mm；h_1≥500 mm；b_2≥150 mm；h_2≥200 mm。

2）曲线并列滑梯组合的横截面形状应与类别 4 图 A.3 一致。

3）直线型多滑道组合的横截面形状应与图 A.5 一致。

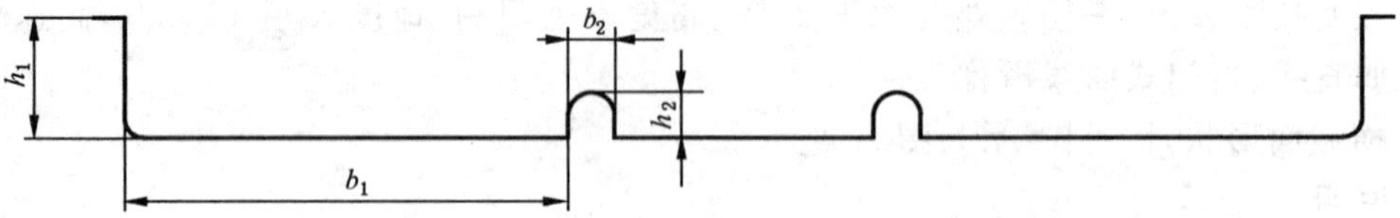

图 A.5　类别 6.1 和类别 6.2 横截面

A.2.8　类别 7

a）主要技术参数：最大倾斜度为 35%，运行高度小于或等于 8 m，最大速度 8 m/s。如家庭宽滑梯等。

b）横截面形状，详见图 A.6。

c) 说明：

$b \geqslant 1\ 500$ mm；$h \geqslant 500$ mm；$R \leqslant h/2$，且 $R \geqslant 50$ mm。

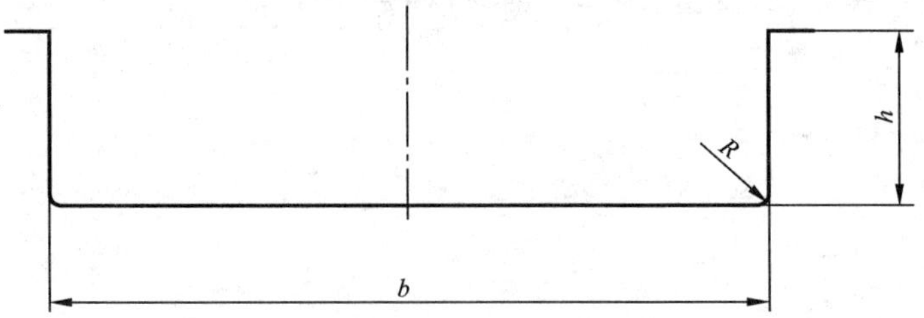

图 A.6 类别 7 横截面

A.2.9 类别 8

A.2.9.1 类别 8 为特殊类型水滑梯，由类别 3～类别 7 等以及其他结构形式、截面形状不同的水滑梯组合而成的具有各种不同体验效果的水滑梯。这类滑梯一般为皮筏滑梯，额定承载量一般不小于 2 人/次/筏，典型的产品及结构型式有大喇叭滑梯、冲天回旋滑梯、水上过山车及巨兽碗滑梯系列等。

A.2.9.2 大喇叭滑梯系列的结构与运行特点：

a) 滑梯主体部分一般由若干块略带圆弧的梯形或异性状的玻璃钢板拼接而成的圆台形式的筒状体，习惯称作"大喇叭"，是乘员游乐体验的主要部分之一。

b) 运行特点是乘员乘坐皮筏从曲线或直线滑梯出发，经过重力加速段后，成一定的夹角进入喇叭体内，依靠动、势能的转换来回几次荡摆进入结束端后完成滑行。

c) 类似的产品有巨蟒滑梯、暴风谷滑梯、小喇叭滑梯等。

A.2.9.3 冲天回旋滑梯系列的结构与运行特点：

a) 滑梯主体部分一般由若干块略带弧形的长方形或异形状的玻璃钢板拼接而成的截面形状为"U"的滑板状结构体，是乘员游乐体验的主要部分之一。

b) 运行特点是乘员乘坐皮筏从曲线或者直线滑梯出发，经过重力加速段后，成一定的夹角进入波形状滑板的"波谷"，依靠动、势能的转换冲上滑板的上部位置而后又再次滑入"波谷"，随即进入结束端后完成滑行。

c) 冲天回旋滑梯又称大滑板、U 型滑板、越坡滑梯，类似的产品有浪摆滑梯、眼镜蛇滑梯等。

A.2.9.4 水上过山车系列的结构与运行特点：

a) 滑梯主体结构类似类别 4，其特点是依靠特定的辅助推力作用，使乘员从滑梯的低处冲上高处，再依靠重力落入下一个低处。

b) 运行特点是乘员依靠重力势能滑入"波谷"，乘员依靠动能并在辅助推动装置的作用下，被推上"波峰"完成一个"冲程"，类似"过山车"的运行轨迹，一般连续几个冲程后进入结束端完成滑行。

c) 水上过山车俗称"水上飞龙"。

A.2.9.5 巨兽碗滑梯系列的结构与运行特点：

a) 滑梯主体部分一般由若干块"西瓜皮"状的弧形板以及梯形板按照一定的顺序拼接而

成的“碗状”结构，是乘员游乐体验的主要部分之一。

b） 运行特点是乘员乘坐皮筏从曲线或直线滑梯出发，经过重力加速段后，切入“碗状”体，沿着“碗”的周边做旋转滑行，若干次后衰减经过“碗”底进入结束端完成滑行。

c） 巨兽碗滑梯又称“超级碗滑梯”、“大碗滑梯”等，类似的产品有太空盆滑梯等。

附　录　B
（资料性附录）
乘员滑行荷载、滑行最大加速度与乘员滑行离心力计算举例

B.1　乘员滑行荷载

乘员在水滑道内滑行时的荷载计算可参考表 B .1 数据估算，必要时应进行测试。

表 B.1　乘员滑行荷载

滑梯类别	乘员滑行荷载	荷载长度/m	常规计算速度/(m/s)	计算离心力的有关数据			
				乘员速度/(m/s)	作用长度/m	作用点位置/mm	力的作用方向
1	0.8 kN/m	—	—	—	—	—	—
2	0.8 kN/m	5.0	3.5	3.5	5.0	100	水平
3	1.5 kN/m	5.0	8.0	3.5/(7.0)[a]	5.0/(1.0)[a]	0/100	垂直/水平
4	1.5 kN/m	1.0	14	14	1.0	0/350	垂直/水平
5	1.5 kN/m	1.0	16	16	1.0	0/350	垂直/水平
6.1	1.5 kN/m	5.0	8.0	3.5/(8.0)[a]	5.0/(1.0)[a]	0/100	垂直/水平
6.2	1.5 kN/m	1.0	14	14	1.0	0/350	垂直/水平
7	1.5 kN/m^2	5. 0	8.0	8.0	5.0	0	垂直
8	—	—	—	—	—	—	—

注 1：类别 8 有关参数要根据其具体情况，参照类别 1～类别 7 的有关数据取值。
注 2：作用点位置参见图 B.1。

[a] 单人滑行应符合的要求。

B.2　乘员滑行时最大加速度

乘员滑行时最大滑行加速度控制参见表 B.2。

表 B.2　最大滑行加速度

最大滑行加速度	持续时间/s
$\leqslant 4\ g$	<0.1
$\leqslant 2.6\ g$	$\geqslant 0.1$

注：g＝重力加速度；$1g=9.8\ m/s^2$。

B.3 乘员滑行时离心力计算举例

乘员滑行时离心力计算举例如下：

——以表 B.1 序号 5(类别 5)中的数据为例进行计算(滑梯类别参见附录 A)；

——乘员滑行荷载　1.5 kN/m,水平方向；

——乘员速度 v　16 m/s；

——作用长度　1 m,径向；

——转弯半径 r　10 m；

——离心加速度　$a = v^2/r = 16^2/10 = 25.6\ \mathrm{m/s^2} = 2.56\ g < 2.6\ g$；

——离心力　$Q_9(F)$ = 加速度比例系数×乘员滑行荷载 = 2.56×1.5 kN/m = 3.84 kN/m；

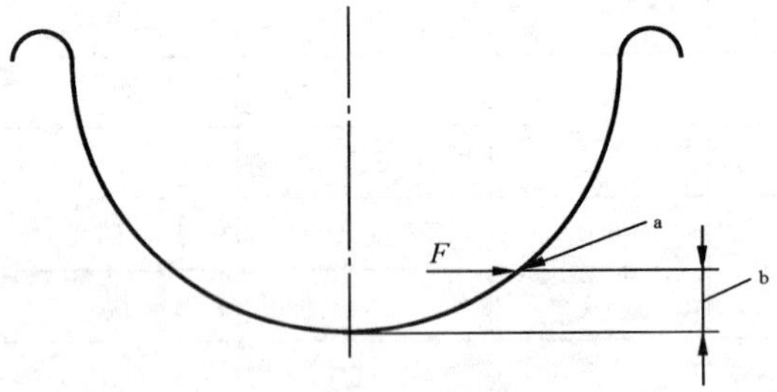

说明：

F——代表离心力；

a——代表力的作用点；

b——力的代表作用点与滑道底部之间的高度差,一般为 100 mm～350 mm。

图 B.1　确定离心力的曲率半径和离心力

ICS 97.200.40
Y 57

中华人民共和国国家标准

GB/T 18169—2008
代替 GB 18169—2000

碰碰车类游艺机通用技术条件

Specifications of amusement rides bumter car category

2008-11-12 发布

2009-05-01 实施

中华人民共和国国家质量监督检验检疫总局
中国国家标准化管理委员会 发布

前　言

本标准代替 GB 18169—2000《碰碰车类游艺机通用技术条件》。

本标准与 GB 18169—2000 相比，主要变化如下：

——第 1 章“范围”明确了本标准适用于碰碰车的设计、制造、安装、改造、维修、试验、检验和使用管理；

——增加了第 5 章“传动系统”、第 6 章“电气与控制系统”、第 7 章“车场”、第 8 章“车辆”、第 9 章“安全设施”、第 10 章“制造与安装”、附录 A 以及附录 B；

——第 4 章中增加了设计要考虑的各种载荷和设计计算应考虑的应力、刚度计算、疲劳强度等；

——第 6 章中主要增加了由乘客操作的电器开关，车场用电源变压器的要求；删掉了下极板焊接要求；

——第 8 章中增加了安全带和安全压杠的要求；

——第 9 章中增加了安全标识的要求；

——第 12 章“检验规则”中增加了两条产品重缺陷：无紧急事故按钮和按钮型式不符合要求。安全带或安全压杠损坏、失效。

本标准的附录 A 为资料性附录，附录 B 为规范性附录。

本标准由全国索道、游艺机及游乐设施标准化技术委员会提出并归口。

本标准起草单位：全国索道、游艺机及游乐设施标准化技术委员会，中国特种设备检测研究院，中山市金马游艺机有限公司，中山市康乐游艺机有限公司，山东省特种设备检验研究院。

本标准主要起草人：王银兰、王洲、陈若蒙、刘喜旺、陈红军、梁祖尧、张勇、庞昂。

本标准所代替标准的历次版本发布情况为：

——GB 18169—2000。

碰碰车类游艺机通用技术条件

1 范围

本标准规定了碰碰车类游艺机的通用技术条件和技术要求。

本标准适用于碰碰车类游艺机的设计、制造、安装、改造、维修、试验、检验和使用管理(以下简称碰碰车)。

2 规范性引用文件

下列文件中的条款通过本标准的引用而成为本标准的条款。凡是注日期的引用文件，其随后所有的修改单(不包括勘误的内容)或修订版均不适用于本标准，然而，鼓励根据本标准达成协议的各方研究是否可使用这些文件的最新版本。凡是不注日期的引用文件，其最新版本适用于本标准。

GB/T 528 硫化橡胶或热塑性橡胶拉伸应力应变性能的测定(GB/T 528—1998，eqv ISO 37:1994)

GB/T 529 硫化橡胶或热塑性橡胶撕裂强度的测定(裤形、直角形和新月式)(GB/T 529—1999，eqv ISO 34-1:1994)

GB/T 531 橡胶袖珍硬度计压入硬度试验方法(GB/T 531—1999，idt ISO 7619:1986)

GB/T 532 硫化橡胶或热塑性橡胶与织物粘合强度的测定(GB/T 532—1997，idt ISO 36:1993)

GB/T 699 优质碳素结构钢

GB/T 1447 纤维增强塑料拉伸性能试验方法

GB/T 1449 纤维增强塑料弯曲性能试验方法

GB/T 1451—1983 玻璃纤维增强塑料简支梁冲击韧性试验方法

GB/T 1689 硫化橡胶耐磨性能的测定(用阿克隆磨耗机)

GB/T 2828.1 计数抽样检验程序 第1部分：按接收质量限(AQL)检索的逐批检验抽样计划(GB/T 2828.1—2003，ISO 2859-1:1999，IDT)

GB/T 3077 合金结构钢

GB 4706.1—2005 家用和类似用途电器的安全 第1部分：通用要求(IEC 60335-1:2004(Ed4.1)，IDT)

GB/T 7403.1 牵引用铅酸蓄电池 第1部分：技术条件(GB/T 7403.1—2008，IEC 60254-1:2005，MOD)

GB 8408—2008 游乐设施安全规范

GB 11211 硫化橡胶与金属粘合强度的测定 拉伸法(GB 11211—1989，eqv ISO 814:1986)

3 总则

3.1 碰碰车是指在固定的车场内运行，用电力、内燃机及人力动力驱动，车体可相互碰撞的游艺机。

3.2 碰碰车的设计、制造、安装、改造、维修、试验、检验和使用管理应执行本标准并符合 GB 8408—2008 的规定。

3.3 碰碰车的设计、制造、安装、使用应保证人身安全。

3.4 本标准未提到的其他要求，均应按国家有关标准、规范和规定执行。

4 基本设计规定

4.1 基本要求

4.1.1 碰碰车的设计应有设计说明书、设计计算书、安全分析及符合国家有关标准的全套设计图样。

4.1.2 碰碰车的设计应规定其整机及主要部件设计使用寿命，整机使用寿命不小于 23 000 h。

4.1.3 碰碰车的设计应符合 GB 8408—2008 的规定。

4.2 碰碰车的载荷应符合 GB 8408—2008 中 4.2 的规定。

4.2.1 载荷一般包括：永久载荷(用 G_k 表示)、变载荷(用 Q_k 表示)、碰撞力，并按 GB 8408—2008 中表 1 选择冲击系数。

4.2.2 载荷组合按 GB 8408—2008 中 4.2.4 的规定并结合实际工作状况选取。

4.3 人员活动区域均布活载荷的取值应符合 GB 8408—2008 中 4.3 的规定。

4.4 碰碰车的设计计算应符合 GB 8408—2008 中 4.5 的规定。

4.4.1 碰碰车的设计应根据具体结构作相应计算：应力计算、刚度计算、疲劳强度计算等。

4.4.2 重要的轴、销轴及焊缝除做应力计算外，宜做疲劳强度验算，两者都应满足给定的安全系数。对于难以拆卸的重要轴及销轴，应按无限寿命设计。

4.5 碰碰车运行速度应不大于 10 km/h。

5 传动系统

5.1 传动系统的设计，应保证运行安全，在系统出现失效的情况下，碰碰车应处于安全状态。

5.2 碰碰车起动、运行过程中不应有明显打滑现象，传动机构应运转正常。整机运行时不允许有异常的振动、冲击、发热、声响及卡滞现象。

5.3 机械传动部分应符合 GB 8408—2008 中 5.3.1、5.3.2、5.3.3、5.3.4、5.3.5、5.3.6、5.3.7 的规定。

5.4 各种运行试验中，零部件不应有永久变形及损坏现象。

6 电气与控制系统

6.1 电气系统应符合 GB 8408—2008 中 6.1 的规定。

6.2 控制系统应符合 GB 8408—2008 中 6.2 的规定。

6.3 电气安装应符合 GB 8408—2008 中 6.5 的规定。

6.4 乘客易接触的装饰照明电压，应采用不大于 48 V 的安全电压。

6.5 安全防护

6.5.1 操作台上应设置紧急事故按钮，按钮型式应采用凸起手动复位式。

6.5.2 起动前应设必要的音响等信号装置。

6.5.3 由乘客操作的电器开关(包括脚踏开关)应优先采用不大于50V的安全电压;如电压难以满足上述要求,其乘客操作的开关手柄(包括脚踏开关)等类似结构,应符合GB 4706.1—2005中的8.1.1、8.1.4、8.1.5、8.2的规定。

6.5.4 电源变压器的初、次级绕组间应采用相当于双重绝缘或加强绝缘水平的绝缘隔离,变压器初、次级绕组间绝缘电阻应不小于7 MΩ。变压器绕组对金属外壳间绝缘电阻应不小于2 MΩ。

6.6 接地系统应符合GB 8408—2008中6.6.1、6.6.2、6.6.4的规定。

6.7 上下电极板直流馈电碰碰车

6.7.1 导电杆上部的摩电弓(参见附录A)与上电极板(网)应接触良好,摩电弓座应灵活可靠;并应满足电流容量。

6.7.2 每辆碰碰车上应设有短路保护装置。

6.7.3 上下电极板间高度应不低于2.7 m。

6.7.4 上电极板应安装牢固、平整;采用镀锌钢板时其厚度应不小于0.5 mm,采用镀锌钢板网时其厚度应不小于2 mm。

6.7.5 电极板面积与供电系统安全连接的节点平均数量应不小于1个/100 m^2。

6.7.6 下电极板应安装平整,焊缝应打磨平滑,拼接处的高低差应不大于2 mm,拼接处的间隙应不大于3 mm。钢板厚度宜不小于4 mm,每块面积宜不小于2 m^2。

6.8 地板馈电碰碰车

6.8.1 馈电电压应采用不大于50 V的安全电压。

6.8.2 滑接器与电极板应接触良好,滑接器座灵活可靠;并应满足电流容量的要求。

6.8.3 每辆碰碰车上应设有短路保护装置。

6.8.4 地板应拼接紧密、平整,拼接处的高低差应不大于2 mm。

6.9 以蓄电池为动力碰碰车

6.9.1 蓄电池应固定牢固,不能因碰撞而移动。

6.9.2 蓄电池应密封良好,不允许有漏液、渗液现象;技术性能应符合GB/T 7403.1的规定。

6.9.3 在额定载荷下,蓄电池容量按实际工况连续工作时间宜不小于4h。

6.9.4 每辆碰碰车上应设有短路保护装置。

7 车场

7.1 车场应平整坚实,不应有凹凸不平现象。

7.2 车场四周应设置缓冲拦挡物,拦挡物上边缘应高于车辆缓冲轮胎上边缘,拦挡物下边缘应低于车辆缓冲轮胎下边缘。

7.3 车场最小面积:小于10辆车(含10辆)车场,每辆车所占面积应不小于20 m^2;超出10辆部分,每辆所占面积应不小于15 m^2。

7.4 车场应有可靠的防雨措施。

8 车辆

8.1 每辆车应在显著位置上固定标牌,标牌内容至少应包括产品名称、产品型号、产品编号、制造日期和制造许可证编号等。

8.2　每辆车应标出定员人数。

8.3　车辆框架宜采用金属结构材料,座席应采用软质、木质或玻璃钢等材料制造。

8.4　凡乘客可触及之处,不允许有外露的锐边、尖角、毛刺和危险突出物等。

8.5　座席宽度每人应不小于 350 mm,专供儿童乘坐的每人应不小于 250 mm;座席深度应不小于550 mm;运行速度(4～10)km/h,座席靠背高度应不小于 500 mm;运行速度小于 4 km/h,座席靠背高度应不小于 350 mm。

8.6　应设有安全带或安全压杠。

8.6.1　安全带宜采用尼龙编织带等适于露天使用的高强度带子,带宽应不小于 30 mm,安全带破断拉力不小于 6 000 N。安全带与车体的联接应可靠,并应承受可预见的乘客各种动作产生的力。

8.6.2　安全压杠应具有足够的强度和锁紧力。

8.6.3　锁定和释放机构可采用手动或自动控制方式。自动控制装置失效时,应能够用手动开启。

8.6.4　安全压杠行程应可调节,压杠在压紧状态时端部的游动量不大于 35 mm。安全压杠压紧过程动作应缓慢,施加给乘人的最大压力:成人不大于 150 N,儿童不大于 80 N。

8.7　车轮装置应转动灵活,润滑、维修方便;车轮应耐磨、耐热并有足够的强度。

8.8　碰碰车受阻不能运行时,电机应具备足够的抗过载能力,不允许烧坏电动机。

8.9　减速器及摩擦离合器应平稳可靠。

8.10　碰碰车车架四周应设缓冲胎,运行速度不大于 10 km/h,缓冲胎应突出车体和装饰不小于70 mm;运行速度不大于 4 km/h,缓冲胎应突出车体和装饰不小于 40 mm。

8.11　同一车场车辆的缓冲胎应在同一高度上。

8.12　操纵手轮应轻便省力,满载时作用在转盘上的最大切向力应不大于 40 N。

8.13　转向机构应灵活、可靠,不应有卡滞现象。

8.14　车辆应能前进、后退、左转、右转。

8.15　以内燃机为动力的碰碰车:

8.15.1　油箱应密封可靠,不应有渗漏现象。

8.15.2　消声器的工作状态应良好。

8.15.3　加速机构应有明显标志。

9　安全设施

9.1　安全标志的设置应符合 GB 8408—2008 中 7.1.6 的规定。

9.2　安全栅栏、站台及操作室的设置应符合 GB 8408—2008 中 7.8.1、7.8.2、7.8.3、7.8.4、7.8.5 的规定。

10　制造与安装

10.1　一般规定应符合 GB 8408—2008 中 8.1.1、8.1.2、8.1.3、8.1.5、8.1.6、8.1.7 的规定。

10.2　金属材料应符合 GB 8408—2008 中 8.2.1、8.2.2、8.2.3、8.2.4、8.2.5、8.2.6 的规定。

10.3　非金属材料应符合 GB 8408—2008 中 8.3.1、8.3.2、8.3.4、8.3.5、8.3.6 的规定。

10.4　重要零件(见附录 B)加工应符合 GB 8408—2008 中 8.4.1、8.4.2 的规定。

10.5 重要的轴和销轴宜进行调质处理，硬度应符合 GB/T 699 和 GB/T 3077 的规定。

10.6 结构件应符合 GB 8408—2008 中 8.5.1、8.5.3 的规定。

10.7 焊接应符合 GB 8408—2008 中 8.6.1、8.6.2、8.6.3、8.6.4、8.6.6、8.6.8 的规定。

10.8 螺栓及销轴连接应符合 GB 8408—2008 中 8.7.1、8.7.3、8.7.4、8.7.5、8.7.6 的规定。

10.9 基础应符合 GB 8408—2008 中 8.8.1、8.8.2、8.8.4、8.8.6、8.8.7、8.8.8、8.8.9 的规定。

10.10 装配应符合 GB 8408—2008 中 8.9.1、8.9.2、8.9.3、8.9.4、8.9.5、8.9.6、8.9.7 的规定。

10.11 涂装应符合 GB 8408—2008 中 8.12.1、8.12.2、8.12.3 的规定。

10.12 检验应符合 GB 8408—2008 中 8.13.1、8.13.2、8.13.3、8.13.4、8.13.6、8.13.7、8.13.8 的规定。

11 试验方法

11.1 一般要求

11.1.1 凡新产品、产品转厂制造及有重大改进的产品，在出厂前应按本标准进行有关试验。

11.1.2 产品发放制造许可证、质量抽查、安全检查等应按本标准进行有关试验。根据不同的试验目的，试验项目可有所增减。

11.2 试验条件

11.2.1 在露天试验时风速应不大于 8 m/s。

11.2.2 环境温度应为(0～40)℃，相对湿度宜不大于 85%。

11.2.3 试验载荷与其额定载荷值的误差应不超过±5%。

11.2.4 制造单位试验前应提供产品的检验数据、记录、图样等技术文件。

11.2.5 试验期间应根据使用说明书进行技术保养。

11.2.6 有特殊要求的碰碰车可以增加试验项目。

11.3 试验仪器

11.3.1 根据试验要求选择相应精度的检测仪器和量具。

11.3.2 试验用的仪器和量具应经法定计量部门检定合格，在试验前后应进行检查校对，其偏差应符合规定要求。

11.4 碰碰车的基础、车场、车辆、传动系统、外观和涂装等应符合本标准的规定要求。

11.5 橡胶轮的试验应按 GB/T 528、GB/T 531 和 GB/T 1689 的规定进行；铁芯与胶轮的扯离强度应按 GB/T 11211 的规定进行。

11.6 缓冲轮胎的试验应按 GB/T 528、GB/T 529、GB/T 532 和 GB/T 1689 的规定进行。

11.7 外壳玻璃钢的试验应按 GB/T 1447、GB/T 1449 和 GB/T 1451 的规定进行。

11.8 满载试验

11.8.1 按设计额定值进行加载。

11.8.2 按实际工况连续运行试验，每天不少于 8 h，连续运行累计时间不少于 80 h。

11.8.3 操纵手轮的切向力的测量应符合本标准的规定要求。

11.8.4 车速测定

碰碰车在额定载荷下，沿直线以最高车速运行，测量出通过不小于 5 m 的距离所需时间，测量应不少于 3 次，取其平均值。计算所得的车速应符合本标准的规定要求。

11.8.5 碰碰车的电极触头与电极板应接触良好，在运行中不应有停顿现象。

11.8.6 以蓄电池为动力的碰碰车工作时间的测定：

将蓄电池充足电，在额定载荷下连续运行，当蓄电池输出电压降到额定值的85%时，其运行时间应符合本标准的规定要求。

11.8.7 碰撞试验

两辆同型号的碰碰车以额定载荷、最高车速、缓冲轮胎规定气压状态下连续碰撞不少于20次，零部件不应有破损和变形，且整机不应发生故障，仍能正常行驶。

11.9 在满载和超载试验过程中运行均应正常，机械传动系统和电气系统均应符合本标准的规定要求。

11.10 电气参数测量

11.10.1 上下电极板直流馈电碰碰车、地板馈电碰碰车在满载运行试验中电动机电流应不大于电动机额定电流。

11.10.2 以蓄电池为动力碰碰车在满载运行试验中蓄电池电压应不小于85%U_e。电动机电流应不大于电动机额定电流。

11.11 各项试验结束后应编写有明确结论和符合有关规定的试验报告。

12 检验规则

12.1 碰碰车应从检查批次中随机抽样。

12.2 产品抽样按GB/T 2828.1要求一次抽样方法，其合格质量水平(AQL)为4.0，一般检查水平为Ⅱ级。

12.3 批量抽取样本大小及其检验判据应符合表1的规定。若样本不合格品数小于或等于合格判定数Ac，则该批量为合格；若样本不合格品数大于或等于不合格判定数Re，则该批量为不合格。

表1 批量取样大小及检验判据

批　　量	样本大小	样本中不合格品数量	
		合格判定数Ac	不合格判定数Re
2～8	2	0	1
9～15	3		
16～25	5		
26～50	8	1	2
51～90	13		
91～150	20	2	3

12.4 对不合格的批量应逐台检验，合格品可以出厂；不合格品经返工后应达到合格品的要求，否则应报废。

12.5 不符合标准规定的产品缺陷，分为重缺陷和轻缺陷，重缺陷见表2。每台样本有一项以上(含一项)重缺陷或5项以上(含5项)轻缺陷时为不合格品。

表 2　产品重缺陷

标准条号	缺陷内容
5.2	起动时有明显打滑现象，传动机构运转不正常。整机运行时有异常的振动、冲击、发热、声响及卡滞现象
5.4	各种运行试验中，零部件有永久变形及损坏现象
6.5.1	无紧急事故按钮和按钮型式不符合要求
6.5.4、6.6	接地电阻或绝缘电阻不符合要求
8.6.1	安全带或安全压杠损坏、失效
8.8	碰碰车受阻时烧坏电动机

附　录　A
（资料性附录）
摩电弓与集电器

A.1　摩电弓应配备导电性能良好的电刷，电刷应在弹簧的作用下紧靠上极板，弹簧作用力至少10 N（如图 A.1 所示）。

A.2　集电器应采用导电性能良好的材料，几何半径的大小宜适度，应转动灵活，并能向电极板施加不少于 10 N 的恒定接触压力（如图 A.2 所示）。

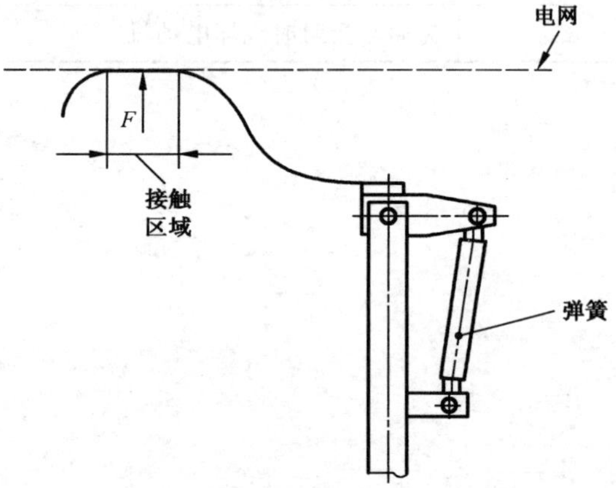

说明：
F——接触力。

图 A.1　典型摩电弓例子

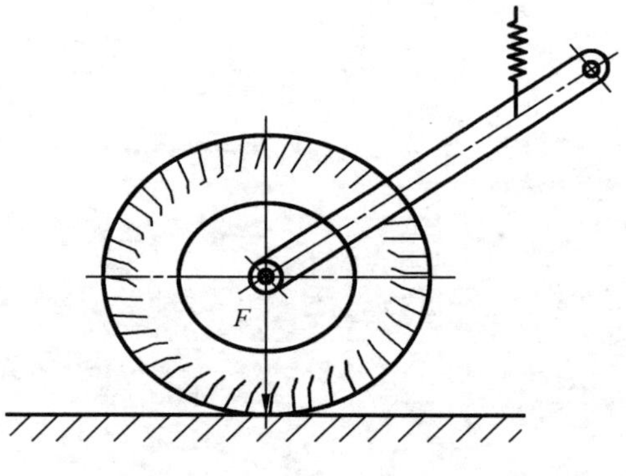

说明：
F——接触力。

图 A.2　典型集电器例子

附　录　B
（规范性附录）
关于"主要部件"、"重要的轴、销轴"和"重要焊缝"的规定

B.1　"主要部件"是指车架、车轮轴等。

B.2　"重要的轴、销轴"是指重要的传动轴、车轮轴等。

B.3　"重要焊缝"是指乘坐物支撑件焊缝、车轮轴连接焊缝等。

ICS 97.200.40
Y 57

中华人民共和国国家标准

GB/T 18170—2008
代替 GB 18170—2000

电池车类游艺机通用技术条件

Specifications of amusement rides battery car category

2008-11-12 发布　　2009-05-01 实施

中华人民共和国国家质量监督检验检疫总局
中国国家标准化管理委员会　发布

前　言

本标准代替 GB 18170—2000《电池车类游艺机通用技术条件》。

本标准与 GB 18170—2000 相比，主要变化如下：

——在第 1 章的“范围”中，明确了电池车类游艺机的设计、制造、安装、改造、维修、试验、检验和使用管理；

——增加了第 5 章“传动系统”、第 6 章“电气”、第 7 章“车场和车道”、第 8 章“车辆”、第 9 章“安全设施”、第 10 章“制造与安装”以及附录 A；

——在第 4 章中增加了设计要考虑的各种载荷和设计计算应考虑的应力、刚度计算、疲劳强度等；

——在第 8 章中增加了安全带的要求；

——在第 9 章中增加了安全标识的要求；

——在第 11 章“试验方法”中去掉了应力测量；

——在第 12 章“检验规则”中增加了三条产品重缺陷：起动时有明显打滑现象，传动机构运转不正常，整机运行时有异常的振动、冲击、发热、声响及卡滞现象；安全把手损坏、失效；安全带损坏、失效；去掉了主电路无短路保护；

——增加了附录 A(规范性附录)关于“主要部件”、“重要的轴、销轴”和“重要焊缝”的规定。

本标准的附录 A 为规范性附录。

本标准由全国索道、游艺机及游乐设施标准化技术委员会提出并归口。

本标准起草单位：全国索道、游艺机及游乐设施标准化技术委员会，中国特种设备检测研究院，中山市康乐游艺机有限公司，重庆市特种设备质量安全检测中心。

本标准主要起草人：王洲、陈若蒙、梁祖尧、马文飞、张寿民、曹国胜、邓明旭、邹定东。

本标准所代替标准的历次版本发布情况为：

——GB 18170—2000。

电池车类游艺机通用技术条件

1 范围

本标准规定了电池车类游艺机通用技术条件和技术要求。

本标准适用于电池车类游艺机的设计、制造、安装、改造、维修、试验、检验和使用管理(以下简称电池车)。

2 规范性引用文件

下列文件中的条款通过本标准的引用而成为本标准的条款。凡是注日期的引用文件,其随后所有的修改单(不包括勘误的内容)或修订版均不适用于本标准,然而,鼓励根据本标准达成协议的各方研究是否可使用这些文件的最新版本。凡是不注日期的引用文件,其最新版本适用于本标准。

GB/T 528 硫化橡胶或热塑性橡胶拉伸应力应变性能的测定(GB/T 528—1998,eqv ISO 37:1994)

GB/T 531 橡胶袖珍硬度计压入硬度试验方法(GB/T 531—1999,idt ISO 7619:1986)

GB/T 699 优质碳素结构钢

GB/T 1447 纤维增强塑料拉伸性能试验方法

GB/T 1449 纤维增强塑料弯曲性能试验方法

GB/T 1451 纤维增强塑料简支梁冲击韧性试验方法

GB/T 1689 硫化橡胶耐磨性能的测定(用阿克隆磨耗机)

GB/T 2828.1 计数抽样检验程序 第1部分:按接收质量限(AQL)检索的逐批检验抽样计划(GB/T 2828.1—2008,ISO 2859-1:1999,IDT)

GB/T 3077 合金结构钢

GB/T 7403.1 牵引用铅酸蓄电池 第1部分:技术条件(GB/T 7403.1—2008,IEC 254-1:1983,MOD)

GB 8408—2008 游乐设施安全规范

GB 11211 硫化橡胶与金属粘合强度的测定 拉伸法(GB 11211—1989,eqv ISO 814:1986)

3 总则

3.1 电池车是指在规定的车场或车道内运行,以蓄电池为电源、电动机驱动及运动形式类似的游艺机。

3.2 电池车的设计、制造、安装、改造、维修、试验、检验和使用管理,应执行本标准并符合GB 8408—2008的规定。

3.3 电池车的设计、制造、安装、使用应保证人身安全。

3.4 本标准未提到的其他要求,均应按国家有关标准、规范和规定执行。

4 基本设计规定

4.1 基本要求

4.1.1 电池车的设计应有设计说明书、设计计算书、安全分析及符合国家有关标准的全套设计图样。

4.1.2 电池车的设计应规定其整机及主要部件设计使用寿命，整机使用寿命不小于 23 000 h。

4.1.3 电池车的设计应符合 GB 8408—2008 的规定。

4.2 电池车的载荷应符合 GB 8408—2008 中 4.2 的规定。

4.2.1 载荷一般包括：永久载荷（用 G_k 表示）、变载荷（用 Q_k 表示），并按 GB 8408—2008 中表 1 选择冲击系数。

4.2.2 载荷组合按 GB 8408—2008 中 4.2.4 的规定并结合实际工作状况选取。

4.3 人员活动区域均布活载荷的取值应符合 GB 8408—2008 中 4.3 的规定。

4.4 电池车设计计算应符合 GB 8408—2008 中 4.5 的规定。

4.4.1 电池车的设计应根据具体结构作相应计算：应力计算、刚度计算、疲劳强度计算等。

4.4.2 重要的轴、销轴及焊缝除做应力计算外，宜做疲劳强度验算，两者都应满足给定的安全系数。对于难以拆卸的重要轴及销轴，应按无限寿命设计。

4.5 电池车速度应不大于 10 km/h。儿童专用的电池车速度应不大于 5 km/h。

5 传动系统

5.1 传动系统的设计，应保证运行安全，在系统出现失效的情况下，电池车应处于安全状态。

5.2 电池车起动、运行过程中不应有明显打滑现象，传动机构应运转正常。整机运行时不允许有异常的振动、冲击、发热、声响及卡滞现象。

5.3 机械传动部分应符合 GB 8408—2008 中 5.3.1、5.3.2、5.3.3、5.3.4、5.3.5、5.3.6、5.3.7 的规定。

5.4 各种运行试验中，零部件不应有永久变形及损坏现象。

6 电气

6.1 电气系统应符合 GB 8408—2008 中 6.1 的规定。

6.2 控制系统应符合 GB 8408—2008 中 6.2 的规定。

6.3 应设必要的音响等信号装置。

6.4 应设有开关锁和运行定时器或投币器。

6.5 蓄电池应固定牢固，不能因碰撞而移动。

6.6 蓄电池应密封良好，不允许有漏液、渗液现象；技术性能应符合 GB/T 7403.1 的规定。

6.7 在额定载荷下，蓄电池按实际工况连续工作时间宜不小于 4 h。

6.8 电气安装应符合 GB 8408—2008 中 6.5 的规定。

6.9 每辆电池车上应设有短路保护装置。

7 车场和车道

7.1 车场地面和车道路面应平整坚实，不应有凹凸不平现象。

7.2 车场四周应设置缓冲拦挡物,拦挡物应牢固可靠。

7.3 车道路面宽度:允许超车行驶的应不小于5 m。不允许超车行驶的应不小于3 m。

7.4 车道路面坡度应不大于5%。道路内侧转弯半径应不小于5 m。

7.5 车道内不应有障碍物和插入支线,车道两侧应设置缓冲拦挡物,拦挡物应牢固可靠。

7.6 在专用车道内运行的电池车应设有停车站和站台,站台面应高出车体缓冲装置。

7.7 车速大于5 km/h的电池车应设专用车道或车场,并应单向运行。

7.8 车速5 km/h以上的电池车与儿童专用电池车严禁在同一场地使用。

8 车辆

8.1 每辆车应在显著位置上固定标牌,标牌内容至少应包括产品名称、产品型号、产品编号、制造日期和制造许可证编号等。

8.2 每辆车应标出定员人数。

8.3 车辆框架应采用金属结构材料,座席应采用软质、木质或玻璃钢等材料制造。

8.4 凡乘客可触及之处,不允许有外露的锐边、尖角、毛刺和危险突出物等。

8.5 座席宽度每人应不小于400 mm,专供儿童乘坐的每人应不小于250 mm。车速大于5 km/h的座席深度应不小于550 mm,座席靠背高度应不小于300 mm。

8.6 应设有安全把手,骑乘式电池车除设有安全把手外还应设有脚踏板。

8.7 车速大于5 km/h的电池车应设有安全带,安全带宜采用尼龙编织带等适于露天使用的高强度带子,带宽应不小于30 mm,安全带破断拉力不小于6 000 N。安全带与机体的联接应可靠,并应承受可预见的乘客各种动作产生的力。

8.8 车速大于5 km/h的电池车应设有制动装置,制动装置应符合GB 8408—2008中7.7.5的规定。在额定载荷和额定速度下的制动距离应小于4 m。

8.9 车轮装置应转动灵活,润滑、维修方便;车轮应耐磨、耐热并有足够的强度。

8.10 电池车受阻不能运行时,电机应具备足够的抗过载能力,不允许烧坏电动机。

8.11 减速器及摩擦离合器应平稳可靠。

8.12 电池车车架四周应设缓冲装置,缓冲装置应安全可靠。

8.12.1 车速不大于5 km/h的电池车缓冲装置突出车体和装饰应不小于20 mm。

8.12.2 车速大于5 km/h的电池车缓冲装置突出车体和装饰应不小于50 mm。

8.13 同一车场车辆的缓冲装置应在同一高度上。

8.14 操纵手轮应轻便省力,满载时作用在转盘上的最大切向力应不大于40 N。

8.15 转向机构应灵活、可靠,不应有卡滞现象。

8.16 车辆应能前进、左转、右转。

8.17 电池车转弯半径应符合表1的规定。

表1 电池车转弯半径

型式参数	三轮电池车				四轮电池车
座席型式	单排单人	单排双人	双排单人	双排双人	双排单人或双排双人
转弯半径/m	≤1.3	≤2	≤2	≤3.5	≤3.5

9 安全设施

9.1 安全标志的设置应符合 GB 8408—2008 中 7.1.6 的规定。
9.2 安全栅栏、站台及操作室的设置应符合 GB 8408—2008 中 7.8.1～7.8.5 的规定。

10 制造与安装

10.1 一般规定应符合 GB 8408—2008 中 8.1.1、8.1.2、8.1.3、8.1.5、8.1.6、8.1.7 的规定。
10.2 金属材料应符合 GB 8408—2008 中 8.2.1、8.2.2、8.2.3、8.2.4、8.2.5、8.2.6 的规定。
10.3 非金属材料应符合 GB 8408—2008 中 8.3.1、8.3.2、8.3.4、8.3.5、8.3.6 的规定。
10.4 重要零件(见附录 A)加工应符合 GB 8408—2008 中 8.4.1、8.4.2 的规定。
10.5 重要的轴和销轴宜进行调质处理，硬度应符合 GB/T 699 和 GB/T 3077 的规定。
10.6 结构件应符合 GB 8408—2008 中 8.5.1、8.5.3 的规定。
10.7 焊接应符合 GB 8408—2008 中 8.6.1、8.6.2、8.6.3、8.6.4、8.6.6、8.6.8 的规定。
10.8 螺栓及销轴连接应符合 GB 8408—2008 中 8.7.1、8.7.3、8.7.4、8.7.5、8.7.6 的规定。
10.9 装配应符合 GB 8408—2008 中 8.9.1、8.9.2、8.9.3、8.9.4、8.9.5、8.9.6、8.9.7 的规定。
10.10 涂装应符合 GB 8408—2008 中 8.12.1、8.12.2、8.12.3 的规定。
10.11 检验应符合 GB 8408—2008 中 8.13.1、8.13.2、8.13.3、8.13.4、8.13.6、8.13.7、8.13.8 的规定。

11 试验方法

11.1 一般要求
11.1.1 凡新产品、产品转厂制造及有重大改进的产品在出厂前应按本标准进行有关试验。
11.1.2 产品发放制造许可证、质量抽查、安全检查等应按本标准进行有关试验。根据不同的试验目的，试验项目可有所增减。
11.2 试验条件
11.2.1 在露天试验时风速应不大于 8 m/s。
11.2.2 环境温度应为 0 ℃～40 ℃，相对湿度宜不大于 85%。
11.2.3 试验载荷与其额定载荷值的误差应不超过±5%。
11.2.4 制造单位应提供产品的检验数据、记录、图样和技术文件。
11.2.5 试验期间应根据使用说明书进行技术保养。
11.2.6 有特殊要求的电池车可以增加试验项目。
11.3 试验仪器
11.3.1 根据试验要求选择相应精度的检测仪器和量具。
11.3.2 试验用的仪器和量具应经法定计量部门检定合格，在试验前后应进行检查校对，其偏差应符合规定要求。
11.4 电池车的车场和车道、车辆、传动系统、外观和涂装等应符合本标准的规定要求。
11.5 橡胶轮的试验应按 GB/T 528、GB/T 531 和 GB/T 1689 的规定进行；铁芯与胶轮的扯离强度应按 GB/T 11211 的规定进行。
11.6 外壳玻璃钢的试验应按 GB/T 1447、GB/T 1449 和 GB/T 1451 的规定进行。
11.7 满载试验

11.7.1 按设计额定值进行加载。

11.7.2 按实际工况连续运行试验，每天不少于 8 h，连续运行累计时间不少于 80 h。

11.7.3 操纵手轮的切向力的测量应符合本标准的规定要求。

11.7.4 车速测定

在坚实平整的车场或车道上，电池车在额定载荷下，沿直线以最高车速运行，测量出通过不小于10 m 的距离所需时间，测量应不少于 3 次，取其平均值。计算所得的车速应符合本标准的规定要求。

11.7.5 制动距离测量

在坚实平整的车场或车道上，电池车在额定载荷下，沿直线以最高车速运行时，从开始制动直至停止运行，测量出所经过的距离，测量应不少于 3 次，取其平均值。计算所得的制动距离应符合本标准的规定要求。

11.7.6 碰撞试验

在额定载荷、最高车速状态下，车速不大于 5 km/h 的电池车向刚性墙壁垂直连续碰撞不少于3 次；车速大于 5 km/h 的电池车向车道缓冲拦挡物垂直连续碰撞不少于 3 次；零部件不应有破损和变形，且整机不应发生故障，仍能正常行驶。

11.7.7 电池车工作时间的测定

将蓄电池充足电，在额定载荷下连续运行，当蓄电池输出电压降到额定值的 85%时，其运行时间应符合本标准的规定要求。

11.8 最小转弯半径测量

将电池车方向盘(或手柄)分别向左和向右旋转至终点位置，并各行驶一圈，在相互垂直两方向测量前轮或前外轮形成的轨迹直径，取其平均值的一半，并应符合本标准的规定要求。

11.9 在满载试验过程中运行均应正常，机械传动系统和电气系统均应符合本标准的规定要求。

11.10 电气参数测量

11.10.1 电池车在满载运行试验中，蓄电池电压应不小于额定电压的 85%。

11.10.2 电动机电流应不大于电动机额定电流。

11.11 试验后对有问题或有疑似问题的部位应进行拆检，并详细记录拆检情况，对发现的问题应及时研究，判明原因。记录可利用文字和拍照等方式。

11.12 各项试验结束后应编写有明确结论和符合有关规定的试验报告。

12 检验规则

12.1 电池车应从检查批次中随机抽样。

12.2 产品抽样按 GB/T 2828.1 要求一次抽样方法，其合格质量水平(AQL)为 4.0，一般检查水平为Ⅱ级。

12.3 批量抽取样本大小及其检验判据应符合表 2 的规定。若样本不合格品数小于或等于合格判定数 Ac，则该批量为合格；若样本不合格品数大于或等于不合格判定数 Re，则该批量为不合格。

表 2　批量取样大小及检验判据

批量	样本大小	样本中不合格品数量	
		合格判定数 Ac	不合格判定数 Re
2～8	2	0	1
9～15	3		
16～25	5		
26～50	8	1	2
51～90	13		
91～150	20	2	3

12.4　对不合格的批量应逐台检验，合格品可以出厂；不合格品经返工后应达到合格品的要求，否则应报废。

12.5　不符合标准规定的产品缺陷，分为重缺陷和轻缺陷，重缺陷见表 3。每台样本有一项以上(含一项)重缺陷或 5 项以上(含 5 项)轻缺陷时为不合格品。

表 3　产品重缺陷

标准条号	缺陷内容
5.2	起动时有明显打滑现象，传动机构运转不正常。整机运行时有异常的振动、冲击、发热、声响及卡滞现象
5.4	各种运行试验中，零部件有永久变形及损坏现象
8.6	安全把手损坏、失效
8.7	安全带损坏、失效
8.10	电池车受阻时烧坏电动机

附 录 A

（规范性附录）

关于“主要部件”、“重要的轴、销轴”和“重要焊缝”的规定

A.1 “主要部件”是指车架、车轮轴等。

A.2 “重要的轴、销轴”是指重要的传动轴、车轮轴等。

A.3 “重要焊缝”是指乘坐物支撑件焊缝、车轮轴连接焊缝等。

ICS 97.200.40
Y 57

GB

中华人民共和国国家标准

GB/T 18879—2020
代替 GB/T 18878—2008,GB/T 18879—2008

滑道通用技术条件

Specifications of summer toboggan run

2020-06-02 发布 2020-06-02 实施

国家市场监督管理总局
国家标准化管理委员会 发布

前　言

本标准按照 GB/T 1.1—2009 给出的规则起草。

本标准代替 GB/T 18879—2008《滑道安全规范》和 GB/T 18878—2008《滑道设计规范》。本标准以 GB/T 18879—2008 为主，整合了 GB/T 18878—2008 的部分内容，与 GB/T 18879—2008 相比，除编辑性修改外主要技术变化如下：

——修改了范围；
——修改了规范性引用文件；
——增加和修改了术语和定义；
——增加了滑道的常见型式和主要技术参数；
——增加了风险评价要求；
——增加了易损件和重要受力部件的寿命要求；
——修改了滑车面板上方无障碍物安全距离的要求；
——增加了对载人地面提升系统牵引钢丝绳与导向轮系中非金属轮衬的要求；
——增加了对设备出现未正常脱索故障时的电器连锁保护要求；
——增加了对滑车的制动装置要求；
——增加了对滑车安全带在非站台区游客不能自行打开的要求；
——增加了对滑车座椅背高应不小于 900 mm 的要求；
——增加了对跳绳保护和脱索保护要求；
——增加了应急救援要求；
——增加了对金属结构表面防护的要求；
——增加了对偏载和满载试验的要求；
——增加了试验项目和试验方法的要求。

本标准由全国索道与游乐设施标准化技术委员会(SAC/TC 250)提出并归口。

本标准起草单位：中国特种设备检测研究院、北京威岗滑道输送设备有限公司、诸暨市金猴游乐设备制造有限公司、浙江巨马游艺机有限公司、诸暨市信孚娱乐设备科技有限公司、安徽省特种设备检测院、浙江鹏鸣游乐设备有限公司、北京红螺寺滑道有限公司、广东大新游乐智能科技有限公司。

本标准主要起草人：杨海江、马晓斌、熊际武、肖原、何凯、黄建文、张岷、赵梦浩、吴美星、姜洋、张斌、柴成军、张东阁、王增阳、刘铁全、胡亮、张丽丽、田高奇。

本标准所代替标准的历次版本发布情况为：

——GB/T 18878—2002、GB/T 18878—2008；
——GB/T 18879—2002、GB/T 18879—2008。

滑道通用技术条件

1　范围

本标准规定了滑道的总则、技术要求、检验、检测与试验要求、随机文件、标识、包装、运输和贮存。

本标准适用于滑道。

本标准不适用于水上滑道、无刚性载人工具滑道及其他非乘客操纵滑车下滑的滑道。

2　规范性引用文件

下列文件对于本文件的应用是必不可少的。凡是注日期的引用文件，仅注日期的版本适用于本文件。凡是不注日期的引用文件，其最新版本(包括所有的修改单)适用于本文件。

GB/T 191　包装储运图示标志

GB/T 755　旋转电机　定额和性能

GB/T 1032　三相异步电动机试验方法

GB 2894　安全标志及其使用导则

GB/T 3805　特低电压(ELV)限值

GB 4053.3　固定式钢梯及平台安全要求　第3部分:工业防护栏杆及钢平台

GB 4706.1　家用和类似用途电器的安全　第1部分:通用要求

GB/T 5226.1　机械电气安全　机械电气设备　第1部分:通用技术条件

GB 5725　安全网

GB 8408　大型游乐设施安全规范

GB/T 8923(所有部分)　涂覆涂料前钢材表面处理　表面清洁度的目视评定

GB/T 9075　索道用钢丝绳检验和报废规范

GB/T 9286　色漆和清漆　漆膜的划格试验

GB/T 13384　机电产品包装通用技术条件

GB/T 13912　金属覆盖层　钢铁制件热浸镀锌层技术要求及试验方法

GB/T 20306　游乐设施术语

GB/T 20438(所有部分)　电气/电子/可编程电子安全相关系统的功能安全

GB/T 28265—2012　游乐设施安全防护装置通用技术条件

GB/T 34370(所有部分)　游乐设施无损检测

GB/T 34371　游乐设施风险评价　总则

GB/T 50065　交流电气装置的接地设计规范

GB 50204　混凝土结构工程施工质量验收规范

GB 50231　机械设备安装工程施工及验收通用规范

JTG D60　公路桥涵设计通用规范

3 术语和定义

GB/T 20306 界定的以及下列术语和定义适用于本文件。

3.1

滑道 summer toboggan run

由乘坐者操纵具有速度控制装置的刚性滑车,沿呈坡型铺设或架设在地面上由滑槽或轨道制成的固定线路滑行的游乐设施。

3.1.1

槽式滑道 chute summer toboggan run

载人滑车在用槽型材料制成的轨道上滑行的设施。

3.1.2

管轨式滑道 pipeway summer toboggan run

载人滑车在用型材制成的轨道上滑行的设施。

3.1.3

电动滑道 electrical toboggan run

在固定轨道上,载人滑车在滑行过程中不完全依靠重力,采用电力为动力滑行的设施。

3.2

滑行道平均坡度 average inclination of summer toboggan run

滑行道全程高差与滑行道展开总长度的水平投影的比值。

3.3

滑道配套设施 accessory of summer toboggan run

除滑道主体结构外,从事滑道运动所需的其他设施。

注:包括滑车、提升系统、标牌、标识、反光镜、安全网、支承结构、照明设备、配电设备、电气控制系统等。

3.4

滑道运动 summer toboggan sports

乘客操纵滑车顺滑道由上滑下的运动。

3.5

滑车 toboggan for summer toboggan run

具有制动装置,使用滑道进行滑行的载人装置。

3.6

提升道 lift rail

架设在滑道下站站台区与滑道上站站台区之间,将滑车送往上站站台区的轨道。

3.7

滑行道 downhill rail

架设在滑道上站站台区与滑道下站站台区之间,供载人滑车从滑道上站站台区滑行至滑道下站站台区的轨道。

3.8

地面提升系统 lift for summer toboggan run

由提升道、牵引装置等组成,将滑车沿提升道从下站站台区运送到上站站台区的系统。

3.9

过渡段　transition

用于渐变连接两种不同曲率轨道的过渡轨道。

3.10

跳跃段　leap section

滑行道区段坡度大于30%,小于或等于50%,坡度突然或急促变化的轨道。

3.11

波浪段　wave section

滑行道区段坡度小于30%,坡度突然或急促变化的轨道。

3.12

轨道高度　track height

轨道上平面到基础上平面或地表的竖直最大距离。

3.13

上站站台区　top station area

滑车与提升机构分离位置或滑道设施起始位置到乘坐者开始操作滑车位置之间用于滑车存储、维护、游客疏散等功能的区域。

3.14

下站站台区　bottom station area

滑车进入乘客不可操作滑车速度的位置到与提升机构挂接的位置或滑道设施终端位置之间用于滑车存储、维护、游客疏散等功能的区域。

3.15

故障-安全　fail-safe

设备出现故障后,其控制系统或机械机构系统能够维持安全状态或向安全状态转移,以避免出现更大故障或事故的模式。

3.16

单一失效点　single point of failure

游乐设施上的某个零件、结构连接点或电气元件,其失效将会导致整个设备失效或严重危及乘客安全。

4　总则

4.1　滑道的设计、制造、安装、改造、修理、试验和检验、标识、包装、运输和贮存应满足GB 8408的有关规定和本标准的相关要求。

4.2　滑道的常见型式和主要技术参数宜按表1选取。

表1　常见型式和主要技术参数

序号	型式名称	主要技术参数	典型设备
1	管轨式滑道	乘载人数、提升道运行速度、滑行道最大运行速度、轨道高度、车辆数/列、提升道最大坡度、滑行道最大坡度	滑道为圆管或型材的类型
2	槽式滑道	乘载人数、提升道运行速度、滑行道最大运行速度、轨道高度、车辆数/列、提升道最大坡度、滑行道最大坡度	滑道为凹型槽式
3	电动滑道	乘载人数、最大运行速度、轨道高度、车辆数/列	以电力为动力

5 技术要求

5.1 基本要求

5.1.1 滑道的设计文件应至少包括设计说明书、设计计算书、使用维护说明书、风险评价报告、设计验证大纲及符合国家相关标准的全套设计图纸。

5.1.2 滑道设计阶段应按 GB/T 34371 进行风险评价,需要改造的或整机设计使用年限到期后仍继续使用的游乐设施也应进行风险评价。风险评价应分别从受力结构与受力零部件、电气控制系统与部件、设备运行环境、设备周围障碍物、人为因素、意外因素、应急救援等方面进行,并对单一失效点进行辨识。设计阶段应避免不可接受的风险,不应有不可检测或监测的单一失效点。

5.1.3 滑道线路应避开有可能发生滑坡、塌方、泥石流和洪水等地区。

5.1.4 滑道线路宜贴近原始地面,避免大量的开方或填方,减少对植被、原始地貌的影响。

5.1.5 滑道线路宜避免跨越道路、峡谷等,当不可能避免时应设置可靠的安全设施。

5.1.6 站台区的布置应易于人员的集散。

5.1.7 滑行道宜依地形采用直道、过渡段、弯道相互连接的方式架设。

5.1.8 滑道的设计应规定其整机及主要部件设计使用寿命,整机使用寿命不小于 35 000 h。

5.1.9 单人滑车最大载荷按 1 000 N 计算,载客人数为 2 人以上(含 2 人)的多人滑车最大载荷按 750 N×乘客人数计算。

5.1.10 滑道的重要轴及重要焊缝除进行应力计算外,还应进行疲劳强度验算,两者都应满足相应的安全系数。对于难以拆卸的重要轴,应按无限寿命设计。

5.1.11 重要轴类材料采用 45 钢、40Cr 钢等中碳钢时应采用调质处理。

5.1.12 各类易损件在正常运行工况下,累计运行寿命应不低于 6 个月。重要受力部件如重要销轴、牵引钢丝绳等在正常运行工况下,累计运行寿命应不低于 12 个月。

5.1.13 滑道正常运行工况下轨道和支承结构的最大允许变形量为 1/300。

5.1.14 滑槽和轨道选用不锈钢材质时,主要受力件材料厚度应不小于 2 mm;选用碳钢材质时应进行防腐处理,主要受力件材料开口截面厚度应不小于 5 mm,封闭截面厚度应不小于 3 mm;选用玻璃钢材质时,主要受力件材料厚度应不小于 8 mm。单轨滑道主承载轨应采用金属材料,轨道宽度不小于150 mm,材料厚度不小于 4 mm。

5.1.15 车体、轨道及支承结构的焊接结构应采用可焊性好的钢材(普通碳素钢含碳量应在 0.27% 以下)。低合金钢的碳当量应小于 0.6%,对于碳当量大于 0.4%的低合金钢应在焊前进行预热;滑道不宜采用异种钢焊接。

5.1.16 传动系统的设计应保证运行安全,在该系统失效的情况下,车辆应处于安全状态。

5.1.17 齿轮及齿条传动应符合 GB 50231 的规定。

5.1.18 采用牵引钢丝绳及链条传动时应张紧适度,采用牵引钢丝绳提升时应设有防止牵引钢丝绳过卷、跳槽和松弛的装置。

5.1.19 提升及传动系统应平稳可靠,不应产生异常的冲击振动,安装精度应符合 GB 50231 的规定。

5.1.20 提升用链条、钢丝绳应设置合理的润滑措施,并设置相应的废油收集装置,以防污染设备及环境。

5.1.21 电动机、减速机和联轴器应安装良好，联轴器两轴的同轴度和端面间隙应符合 GB 50231 的有关规定。

5.1.22 采用螺栓连接时，应采用可靠的防松措施。

5.1.23 重要零部件之间采用螺栓连接时，应采用10.9级及以下级别的高强螺栓，并在拧紧后作防松标记，且防松标记位置应易于观察。

5.1.24 金属零部件应采用有效的防锈蚀措施。

5.1.25 重要轴(销轴)类零件应采用可靠的防脱落措施。

5.1.26 重要轴(销轴)和重要焊缝(滑车轮轴、提升迂回轮轴及车架中的Ⅰ级、Ⅱ级焊缝)应进行无损检测，无损检测方法和要求按 GB/T 34370 执行。

5.1.27 重要轴类连接，有相对运动的部位宜采用润滑措施。

5.1.28 混凝土基础的质量要求应符合 GB 50204 的规定。基础不应有影响游乐设施正常运行的不均匀沉陷、开裂和松动等异常现象。

5.1.29 滑道结构设计应考虑环境温度变化引起温度应力，相应的温度变形应能释放。

5.1.30 槽式滑道在直线段应设置插接板，以抵消热胀冷缩对整体滑道支承结构的影响，且应保证在最大收缩率情况下，搭接处不出现拉脱现象。

5.1.31 管轨式滑道在直线段和弯道应设置伸缩缝，以抵消热胀冷缩对整体滑道支承结构的影响，并有防止管轨热胀冷缩变形后相互脱开的装置。

5.1.32 滑道的支承结构应有效固定滑道和防止滑道变形。所设支承结构应符合下列条件：

a) 支承结构有足够的刚度和强度，能满足使用要求；

b) 支承结构材料采用黑色金属材料时应进行防腐处理；

c) 支承结构与下部基础应牢固固定。

5.1.33 支承结构与下部基础应采用预埋、锚固、螺栓连接等方式进行固定。

5.1.34 支承结构高度大于1 m时，滑道两侧应设置安全网，并设置维护救援走台；或在一侧设置安全网的情况下，另一侧设置带护栏的安全通道；或在滑道两侧均设置带护栏的安全通道。在单侧设置带护栏的安全通道时，其通道宜安装在弧线段外侧。安全网、防护栏应符合 GB 5725、GB 4053.3 的规定。

5.2 机械及结构

5.2.1 滑行道

5.2.1.1 滑行道弯道最小曲率半径为9 m，站内区域滑道最小曲率半径以滑车顺利通过为原则。

5.2.1.2 非动力滑行道坡度应符合以下规定：

a) 滑行道平均坡度：槽式滑道不大于16%，管轨式滑道不大于20%；

b) 任意区段最小坡度不小于2%；

c) 起始段20 m内最大坡度不大于50%，其余无跳跃任意区段最大坡度：槽式滑道不大于20%，管轨式滑道不大于30%。

5.2.1.3 电动滑行道坡度应符合以下规定：

a) 无跳跃任意区段最大下行坡度不大于20%；

b) 滑车运行在上行坡度段时，任何情况下不应出现滑车逆行现象。

5.2.1.4 滑车的最大滑行速度不大于40 km/h。

5.2.1.5 提升道单车发车间距应不小于 10 m,滑行道单车发车间距应不小于 20 m。

5.2.1.6 滑道整体结构应牢固可靠。滑槽、滑轨表面应平整、圆滑。凡乘客可触及之处,不准许有外露的锐边、尖角、毛刺等危险突出物。

5.2.1.7 轨道沿线应布置完善的排水系统,土建工程排水系统应符合 JTG D60 的规定。

5.2.1.8 设计、制造、安装、使用、维修保养和改造过程中具备的技术文件参见附录 A。

5.2.1.9 槽式滑道及槽式电动滑道的弯道滑槽外侧应延伸加高。滑车在最大承载工况下,以最大滑行速度通过弯道时,滑槽边缘距车轮的轨迹应不小于 100 mm。弯道滑槽外侧边缘应设圆滑凸起,以阻挡滑车冲出滑槽。

5.2.1.10 管轨式滑道的弯道外侧管轨宜高于内侧管轨,以减少离心作用力对乘客安全的影响。

5.2.1.11 弯道与弯道连接,当两圆弧中心位于滑道同一侧时,两圆弧应设置过渡段平滑过渡;当两圆弧中心位于滑道异侧时,两圆弧之间的过渡段出、入端长度之和不小于 6 m。

5.2.1.12 跳跃段应符合以下要求:

a) 非动力滑道跳跃段最大坡度不大于 50%;
b) 跳跃段长度应不大于 12 m;
c) 跳跃段应布置于滑行道直线段上,跳跃段起点处距上侧弯道终点间距离应不小于 5 m;跳跃段终点距下侧弯道起点间距离应不小于 5 m;
d) 在同一直线段上最多允许设置两个跳跃段,跳跃段的间距应不小于 10 m。

5.2.1.13 波浪段应符合以下要求:

a) 波浪段最大坡度为 30%;
b) 波浪段应设置在滑行道直线段上,波浪段起点处距上侧弯道终点间距离应不小于 5 m;波浪段终点距下侧弯道起点间距离应不小于 5 m;
c) 在同一直线段最多允许设置 4 处波浪段。

5.2.1.14 滑道的轨道及滑车两侧无障碍物距离应不小于 500 mm;滑车坐板表面上方无障碍物距离应不小于 1.4 m。

5.2.1.15 滑行道任一轨道中心点前方的可视距离应不小于 15 m,不足时应设置有效措施保证足够的通视距离。

5.2.1.16 滑道终端应设置制动装置,其有效制动长度应不小于 8 m;电动滑道的有效制动长度应不小于 10 m。

5.2.1.17 管轨式滑道各段之间的连接应安全可靠,必要时可焊接。对接处应平整、圆滑过渡,对接处高低差应不大于 1 mm。

5.2.1.18 玻璃钢滑槽轨道之间对接应采用粘结对接或法兰螺栓连接;不锈钢滑槽采用焊接连接时,对接处应平整、圆滑过渡,对接处高低差应不大于 1 mm。

5.2.1.19 滑行道与上方或下方的架空索道、滑行道、提升道、通道或其他设施交叉时,该处滑行道上方应设置有效的防范隔离设施。

5.2.1.20 滑行道轨道的轨距误差为 −5 mm～5 mm。

5.2.1.21 轨道支承间距应配置合理,支承结构不宜承受设计文件规定以外的外加载荷。

5.2.2 提升道

5.2.2.1 架空索道提升系统应符合以下要求:

a) 专门运送滑车的货运索道运载工具上设置的挂接装置应可靠,不应在索道运行过程中出现滑车掉落的情况。

b) 采用循环式滑车提升索道时，滑车应能顺利绕过索道上、下站房等附属设施。

5.2.2.2 拖牵索道提升系统应符合以下要求：

a) 运行方式：提升道应按水平投影成直线或折线架设。乘客乘坐于滑车上，拖牵索道通过拖牵杆与滑车挂接，牵引滑车。

b) 用于提升的拖牵索道，额定提升速度宜不大于 2 m/s，对提升速度大于 2 m/s 的滑道应采取防止提升时产生冲击的措施。拖牵杆应具有良好弹性和伸缩功能。

c) 提升道中心线在水平面上的投影应成一直线，且与索道线路中心线在水平面上的投影相平行。

d) 提升时滑车挂接间距应不小于 10 m。

e) 在上站站台区位置，拖牵杆能安全可靠地与滑车脱开。

5.2.2.3 地面提升系统应符合以下要求：

a) 地面提升系统应设置与行人通道隔离的措施。驱动装置、迂回装置及张力调节装置应设置有效防护设施，避免伤及人员。

b) 地面提升系统回绳侧托索轮组应防止人员从侧面接触，必要时设置防护设施。

c) 地面提升系统牵引钢丝绳的静载安全系数不小于 3.5。

d) 地面提升系统应采取与行人通道隔离的措施。

e) 载人地面提升系统提升道中心线在水平面上的投影应与地面提升系统上行侧牵引钢丝绳在水平面上的投影重合，平行度允许误差±10 mm。

f) 槽式滑道载人地面提升系统提升道最大坡度不大于 50%，管轨式滑道载人地面提升系统提升道最大坡度不大于 60%。

g) 载人地面提升系统设计的额定提升速度宜不大于 2 m/s，对提升速度大于 2 m/s 的滑道应采取有效措施防止提升时产生的冲击。提升速度应不大于设计的额定值。

h) 载人地面提升系统驱动轮、迂回轮及与牵引钢丝绳接触形成 90°(含 90°)以下包角的托索轮或压索轮直径应同时符合下列规定：

——不小于牵引钢丝绳直径的 50 倍；

——不小于牵引钢丝绳表层钢丝直径的 500 倍。

i) 载人地面提升系统提升道中应设置止逆措施，滑车意外下滑距离应不大于 0.5 m。

j) 载人地面提升系统牵引钢丝绳应设置张紧力调整装置。

k) 载人地面提升系统提升侧牵引钢丝绳与下行侧牵引钢丝绳间距不小于 1 m。

l) 载人地面提升系统牵引钢丝绳应选用线接触，同向捻纤维芯的股式结构钢丝绳，在有腐蚀环境中推荐选用镀锌钢丝绳。张紧索不宜采用多层钢丝绳。

m) 载人地面提升系统牵引钢丝绳下挠度应正确调整，保证滑车在任何工况、任何线路位置，滑车都不会被抬离轨道。

n) 载人地面提升系统牵引钢丝绳应符合 GB/T 9075 的要求。

o) 载人地面提升系统牵引钢丝绳与导向轮系相互作用时，导向轮系应设置非金属轮衬，以避免导向轮系的金属轮毂与牵引钢丝绳直接接触，造成牵引钢丝绳过度磨损。

p) 载人地面提升系统采用自动脱挂的提升设备时，滑车与牵引钢丝绳能安全、可靠的自动脱开，且应设置未脱索安全连锁保护装置，以保证在未正常脱挂的情况下，不会导致人员伤害和设备损坏。

5.2.3 站台区

5.2.3.1 站台区应有满足乘客集散所需的候车及上、下车的场所与通道。

5.2.3.2 站台区应有供滑车集散所需的暂存场地和设施。

5.2.3.3 站台区应配备一定的维修场地和维修设备。

5.2.3.4 站台区的进出站口应分开,不应相互干扰。

5.2.3.5 站台区应配备必要的功能用房,如办公、售票、贮存、维修、机电设备安装等房屋。

5.2.3.6 站台区内机械设备、电气设备、钢丝绳等不应危及乘客和工作人员的安全。

5.2.3.7 在夜间运营时,站台区及滑道沿线的光照度应不低于 70 lx。

5.2.3.8 站台区内相关建筑应符合国家有关的防火规定,制定消防措施,并应配备必要的消防器材。

5.2.3.9 站台区之间应设有通信系统。巡线人员应配备必要的联络设备,确保通信及时、畅通。

5.2.3.10 站台区及牵引钢丝绳挂接和脱开的区域应设置视频监控系统,用于观察乘客上下及牵引钢丝绳的运行情况。其他区域根据条件宜安装视频监控系统。监控系统显示画面应清晰无干扰。

5.2.4 标牌与标识

5.2.4.1 在滑道的进出口处,应设有醒目的乘客须知标牌(必要时应有英文说明),标牌包含但不仅限于以下内容:

a) 滑行时,乘客应保持车距,避免追尾,如发生追尾,后车乘客应负一定责任。

b) 乘客应遵守滑道运营规章制度,听从工作人员指挥。

c) 孕妇、患脊柱疾病、高血压、心脏病、癫痫症、精神疾病的人员或酗酒者等无自控能力人员不应从事滑道运动。

d) 老弱病残行动不便者、身高不足 1.3 m 且不满 8 岁的儿童不应单独乘坐滑道。

e) 滑车行至弯道处,乘客应将身体重心向圆心倾斜。

f) 乘坐过程中双手应始终握住制动手柄。

g) 乘坐管轨式滑道应系好安全带。

h) 在乘车过程中不应携带零散物品。

i) 不允准许停车照相,擅自中途下车。

5.2.4.2 在滑道沿线相应区域应设置警示标牌、标识,并符合以下规定:

a) 在滑道跳跃段前 10 m 处,设“下陡坡”标识。

b) 在急弯道、反向弯道和连续弯道前 10 m 处,分别设“急弯道”标识、“反向弯道”标识和“连续弯道”标识,并同时设“减速”标识。

c) 在滑道直道处设“保持车距”警告标识。

d) 距离下站站台区 25 m 处设“终点 25 m”标识,或“进站停车”标识。

e) 滑道下站站台区需设“终点”标识。

f) 进入涵洞、桥梁及其他特殊地段前应设置相应标识。

g) 游客有可能跨越滑道的地段设“禁止行人通行”提示标识。

h) 所有标识应清晰醒目,标识高度应与乘客视线基本平齐以便于乘客识别,且应符合

GB 2894 的规定。

i) 所有标牌均为白边、蓝或绿底、白字,参见附录 B。

5.3 乘载系统

5.3.1 所有滑车应编号,且字体清晰醒目。

5.3.2 滑车应设置制动装置,制动装置应满足下列要求:

a) 采用减速或制动手柄时,应有弹性复位装置使手柄复位。在滑车侧面布置手柄时,操纵手柄应对称布置。手柄应操作简便、可靠,操作方向向后拉为制动,向前推为加速,并有清晰的操作标识。

b) 无间距控制的滑道,滑车在轨道上停放时,自然处于制动状态,且滑车在除跳跃段外的任何下行滑道上不应自行下滑。

c) 无间距控制的滑道,滑车在滑行道任意区段内停车后,在完全释放制动装置时,滑车能自行启动下滑。

d) 滑车的制动距离在滑行道非跳跃段的任何区段不应超过 8 m,或具有滑车自动间距控制功能的滑道,后车应能自动减速至不高于前车速度。

5.3.3 滑车前后车轮应能同时接触滑槽或轨道,滑块式滑车前滑块和车轮应能同时接触轨道。

5.3.4 滑车面板材料宜采用橡胶、塑料等具有一定弹性的材料,采用其他无弹性材质时,应在滑车前、后部位设置弹性缓冲装置。

5.3.5 管轨式滑道的滑车,应设置安全带或其他有效的束缚装置。安全带或其他有效的束缚装置在非站内区域游客不能自行打开。单轨滑道滑车的稳定轮应有磨损补给可调机构。

5.3.6 管轨式滑道应设置防止滑车脱轨、翻转的保护装置。

5.3.7 滑车前后应设置防碰撞缓冲装置,座椅靠背高应不小于 900 mm,座椅宽度应不小于 400 mm,且宜设置安全带和扶手。

5.3.8 电动滑车驱动电机与变速箱应连接可靠,密封良好、无渗漏现象,制动装置有效可靠。

5.3.9 电动滑车上应设置手动复位式紧急停止按钮。

5.3.10 电动滑车集电器应接触良好,与滑车相连的馈电装置应为柔性结构。供电滑行小车车轮磨损量应不大于 5 mm,导向滑块磨损余量应不小于 1 mm。

5.3.11 电动滑车滑行时,当两车间距不大于 12 m 时,后车应能自动减速且不宜与前车发生碰撞。

5.3.12 电动滑车进入终点服务区段前 15 m 处时运行速度应减速,在终点服务区段内,移动速度应不大于 0.3 m/s。

5.3.13 在额定载荷和最大运行速度的情况下,电动滑道的滑车减速至系统设计最低运行速度时的制动距离应不大于 10 m,在无碰撞危险的前提下,对制动距离可不做要求。

5.3.14 滑车车轮装置应转动灵活,润滑、维修方便。车轮应耐磨、耐热并有足够的强度。

5.4 电气及控制系统

5.4.1 安全相关电气控制系统应符合故障-安全原则,设计时应至少考虑出现控制线路断线、供电线路断线、短路等故障时导向安全。

5.4.2 电气控制电路设置应符合 GB/T 20438 和 GB/T 5226.1 的要求。

5.4.3 控制元件应灵敏可靠、操作方便。操作按钮等均应有明确标识,信号灯、按钮等颜色标识应符合 GB/T 5226.1 的规定。

5.4.4 安全防护装置选用的传感器防护应符合 GB/T 28265—2012 中 4.4.5 的要求。

5.4.5 当设备使用地点的海拔高度超过 1 000 m 时,应按 GB/T 755 的规定对电动机容量进行校核,超过 2 000 m 时,应对配电与保护器件进行校核。

5.4.6 绝缘电阻、接地电阻与避雷装置应符合标准的规定,测量方法按照 GB 4706.1、GB/T 1032 和 GB/T 50065 执行。安全电压应符合 GB/T 3805 的有关规定。

5.4.7 集电器与滑触线应接触良好,并满足电流容量的要求。滑接器座应灵活可靠,并有足够的补偿能力。滑触线应采用耐磨材料,接头处应平整,拉紧适度。室外外露的集电器应采取防水措施或具有防水功能,满足外露情况下的使用要求。

5.4.8 附属设施、装饰照明等的电气控制系统应独立于设备本体的电气控制系统。

5.4.9 站房、钢丝绳、机械设备及所有金属构件均应设置防雷接地系统,避雷装置的接地电阻应不大于 30 Ω。

5.4.10 所有沿线的安全装置和站内的安全装置应组成连锁安全电路,在安全装置出现异常时应能自动停机。

5.4.11 在站台区内,控制室等处应设置控制提升系统停车的手动复位式紧急停止按钮。提升系统紧急制动或突然断电后,在紧急停止按钮复位之前,驱动装置不应重新启动。

5.4.12 提升系统应设置防跳绳保护装置,在牵引钢丝绳跳绳的情况下,提升系统能够自动停机。

5.4.13 提升系统应设置脱索保护装置,在牵引钢丝绳无法正常脱索的情况下,提升系统能够自动停机。

5.4.14 提升电机应有足够的提升驱动能力,在意外断电的情况下,重新恢复供电后应能正常启动。

5.4.15 乘客易接触的装饰照明电压,应采用不大于 50 V 的安全电压。乘客不易接触的装饰照明电压采用非安全电压时,应采用漏电断路保护装置。

5.5 应急救援

5.5.1 滑道运营单位应配备急救用品和救援设施及具备救护知识的工作人员。

5.5.2 针对事故的处理及救援预案应定期组织员工演练,以熟悉操作程序。每年演练不少于 1 次。

5.5.3 在突发断电或紧急停止工况下,应开展应急救援工作,避免乘客长时间滞留,疏散过程应保证乘客安全,防止发生二次风险。

5.5.4 在轨道沿途可能产生车辆意外停止的区域应设置安全走道或有疏导乘客措施。

5.5.5 滑道的应急救援预案应包括故障处理方法、事故处理措施、突发性灾害天气的预防及处理措施。

5.6 表面防护

5.6.1 金属结构应采取适当的表面防护措施,如涂防锈漆、热(浸)镀锌等,或采用不锈钢材料。

5.6.2 采用涂防锈漆进行金属结构表面防护时,涂装前金属结构应进行除锈处理,达到 GB/T 8923 中的 Sa2 级;主要受力构件之外的构件应达到 Sa2 或 St2 级(手工除锈)。漆面应均匀、细致、光亮、完整和色泽一致,不应有粗糙不平、漏漆、错漆、皱纹、针孔及严重流挂等缺陷。

推荐漆膜总厚度不小于 80 μm。漆膜附着力应符合 GB/T 9286 中规定的 1 级质量要求。

5.6.3 采用热(浸)镀锌进行金属结构表面防护的,热(浸)镀锌层应符合 GB/T 13912 的规定。

5.7 整机

5.7.1 整机应外观状态良好,无破损。

5.7.2 主要技术参数中乘载人数、提升道运行速度、滑行道最大运行速度、轨道高度、车辆数/列、提升道最大坡度、滑行道最大坡度等应符合设计要求。动态参数应满足－10%～5%的范围。

5.7.3 设计加速度分区在 3 区、4 区、5 区的设备应进行加速度测试。

5.7.4 整机运行试验应包含偏载和满载试验。运行试验时不准许有异常的振动、冲击、发热、声响及卡滞现象。运行试验后,机械及结构零部件不应有异常磨损、变形、脱落、永久变形及损坏等现象,电气零部件不应有脱落、损坏、异常发热现象。基础不应有不均匀沉陷和开裂等。

6 检验、检测与试验要求

6.1 基本要求

6.1.1 制造、安装单位应依据相关标准、设计文件、制造工艺和设备特点制定具体的检验方案,方案应包括机械及结构、乘载系统、电气控制系统、应急救援系统、整机等方面的检验、检测与试验。

6.1.2 每台产品安装调试完毕后应按制定的检验方案全部检验项目合格方可交付使用。

6.1.3 试验条件应满足以下要求:

a) 露天试验时风速应不大于 8 m/s;

b) 除特殊要求外,试验环境温度应为 0 ℃～40 ℃,试验环境相对湿度宜不大于 85%;

c) 试验载荷与其额定值的误差应不超过±5%。

6.1.4 试验前应检查游乐设施机械及结构、乘载系统、电气控制系统、应急救援系统和附属装置中的零部件、元器件及其连接的完整性,与设计的一致性。

6.1.5 试验后对于有问题或疑问的部件应进行检查,对发现的问题及时判明原因并采取措施,做好详细记录。

6.1.6 各项检验结束后,应编写检验报告,检验报告至少应包含以下内容:

a) 检验时间、地点;

b) 设备名称、编号、主要技术参数;

c) 检验依据;

d) 检验项目的名称、要求、方法、结果、检验人员签字;

e) 检验结论;

f) 检验报告的编制、审核、审批人员签字。

6.1.7 制造单位应保存产品检验报告和有关记录、图样、质量证明文件及技术文件。

6.2 机械结构

6.2.1 常规机械检查

6.2.1.1 试验前后应进行机械结构的检验,内容至少包含基础、钢结构、传动装置、机械限速限位缓冲装置、机械传动零部件、重要焊缝、重要销轴、重要螺栓连接等的检查。

6.2.1.2 设备启动及运行应平稳无异常声响。在设计允许的各种工况下试验,每种工况下试验不少于3次。

6.2.2 支承结构、轨道形变试验

根据计算报告各选取轨道、支承结构形变量较大的3处位置进行测量。每个位置测量不少于3次,取其平均值。

6.2.3 滑车速度检测试验

在额定载荷下,用测速仪测量出滑车通过最大速度点时的车速,测量应不少于3次,取其平均值。最大车速不应大于设计最大车速的1.05倍。

6.2.4 滑道终端制动装置试验

在额定载荷下,滑车不采取任何人为制动方式全速进入终端制动装置,测量滑车从终端制动装置开始到速度降至不高于0.3 m/s时的滑行距离,测量应不少于3次,取其平均值。

6.2.5 安全距离测量

在滑道沿线选取滑道轨道及滑车到两侧障碍物距离最小的位置,用卷尺测量其长度;在滑道沿线选取滑车坐板位置到上方障碍物距离最小的位置,用卷尺测量其长度,测量应不少于3次,取其平均值。

6.2.6 可视距离测量

在滑道沿线选取轨道中心点前方可视距离最小的位置,用卷尺测量其长度。测量应不少于3次,取其平均值。

6.2.7 滑道拖牵提升系统自动脱开试验

在上站站台区位置观察拖牵杆是否能安全可靠与滑车脱开,试验次数不少于10次。

6.2.8 提升道测速试验

用卷尺在提升段标识出一段长度 s,用秒表测量车体通这一距离的时间 t,则可计算出提升速度 $v=s/t$,测量应不少于3次,取其平均值。计算所得的最大提升速度不应大于设计最大提升速度的1.05倍。

6.2.9 止逆试验

按设计额定值进行加载,将滑车提升至接近提升道坡度最大点,将滑车与提升机构分离。对止逆装置进行试验,观察滑车是否逆行,试验次数不少于3次。

6.2.10 滑车抬离轨道试验

在滑车空载的情况下,观察车轮或滑块是否能同时接触轨道或滑槽,试验应不少于3次。

6.2.11 地面提升系统上站站台区自动脱开可靠性试验

滑车在额定载荷及50%额定载荷下,在滑车与钢丝绳脱开的位置,观察滑车被牵引至上站站台区后是否能与牵引钢丝绳自动脱开。在不同载荷条件下试验应不少于10次。

6.3 乘载系统

6.3.1 滑车自行启动试验

滑车在额定载荷及30%额定载荷下,选取滑行道最小坡度区段位置停放滑车,释放滑车制动装置后,观察滑车是否能自行启动。在不同载荷条件下试验应不少于3次。

6.3.2 滑车静止制动力试验

滑车在额定载荷下，选取除跳跃段外的最大坡度处停放滑车，观察滑车是否会自行下滑。试验应不少于 3 次。

6.3.3 滑车制动距离试验

滑车在额定载荷下，以最大速度运行，采用制动装置对其进行制动，测量滑车的制动距离，测量应不少于 3 次，取其平均值；或具有滑车自动间距控制的滑道，滑车在额定载荷下运行，后车尽量靠近前车，观察后车是否能自动减速至不高于前车速度，测量应不少于 3 次。

6.3.4 电动滑道减速试验

电动滑道的滑车距前车距离 12 m 以下时，观察后车是否能自动减速并不宜发生碰撞。试验应不少于 3 次。

6.3.5 电动滑道终端减速试验

在距离电动滑道终点 15 m 处的位置，测量滑车经过时的速度，是否已经自动降速，试验应不少于3 次；在终点服务区内用测速仪测量滑车移动的速度，试验应不少于 3 次。

6.4 电气控制系统

6.4.1 提升系统急停试验

滑道正常运行时，滑道工作人员按下紧急停止按钮，观察提升系统是否能停止运转，试验应不少于 3 次。

6.4.2 提升道跳绳保护试验

滑道正常运行时，模拟牵引钢丝绳脱开托索轮的情况，观察牵引钢丝绳是否能停止运转，试验应不少于 3 次。

6.4.3 提升道脱索保护试验

滑道在额定载荷下运行时，模拟牵引钢丝绳在滑道上站站台区进站前无法自行脱索或牵引钢丝绳由于无法及时脱索导致牵引钢丝绳偏离正常位置的情况，观察牵引钢丝绳是否能停止运转。

6.4.4 提升电机驱动能力试验

滑道在额定载荷下，滑车停止在提升道上，牵引钢丝绳恢复驱动力后，观察牵引钢丝绳和滑车是否能恢复运行。试验应不少于 3 次。

6.5 应急救援

6.5.1 应急救援的检验应至少包含预案中各种可预见工况下的救援装置、救援措施的有效性和时效性检查。

6.5.2 模拟设备断电或其他可预见的意外情况，采用规定的应急救援装备和乘客疏导措施，在使用允许的满载、偏载工况下，是否能有效疏导乘客至安全区域，每种情况模拟一次，每次疏导时间不超过 1 h。

6.5.3 正常供电系统失效，采用备用电源开展救援的设备，观察设备是否可按设定的功能工作或实施救援。

6.6 表面防护

6.6.1 膜总厚度的检测，使用漆膜厚度仪在主要受力构件每 10 m^2（不足 10 m^2 的按 10 m^2 计）作为一处，每处测 3 点～5 点，每处所测各点厚度的平均值不低于总厚度的 90%，也不高于总厚度的 120%，测得的最小值不低于总厚度的 70%。

6.6.2 漆膜附着力的检测按 GB/T 9286 中规定的方法执行，在主要受力构件上分别取 6 处。

6.6.3 热(浸)镀锌层检测按 GB/T 13912 中规定的方法执行，在主要受力结构上分别取 6 处。

6.7 整机

6.7.1 宏观目视检测应包括所有机械及结构、乘载系统、电气控制系统、应急救援、表面防护等内容。

6.7.2 滑道主要技术参数中的乘载人数、座舱数量等可通过宏观目视检测获得。

6.7.3 运行试验按设计额定载荷、70%额定载荷、50%额定载荷 3 种工况进行加载。累计运行试验各种工况不少于 100 次。

7 随机文件、标识、包装、运输和贮存

7.1 随机文件、标识

7.1.1 产品交付前至少应包括下列随机文件，且宜放置于控制柜包装箱或主机包装箱内：

a) 产品合格证明书；

b) 产品使用维护说明书和维修用图纸；

c) 备件及易损件清单；

d) 主要外购件的合格证和说明书；

e) 专用工具、仪器清单(如有)；

f) 移动式游乐设施应附有拆装说明书。

7.1.2 滑道应在显著位置处设置产品铭牌，产品铭牌内容至少包括制造单位名称、制造地址、制造许可证号、设备型号、产品编号、制造日期、主要技术参数。

7.2 包装、运输和贮存

7.2.1 滑道的产品及其零部件的包装应符合 GB/T 191 及 GB/T 13384 的有关规定。

7.2.2 在解体运输中，解体的零部件连接处宜有清晰的对应性永久标记和编号；导线接头宜进行编号。

7.2.3 外露加工面应有防锈处理。

7.2.4 大型零部件和包装箱的质量、重心、吊挂点、宜有标识，并标明件号。

7.2.5 产品及其零部件贮存时，应注意防潮、防锈、防尘和防止变形。

附　录　A
（资料性附录）
滑道技术文件

滑道设计、制造、安装、使用、维修保养和改造过程中应具备的技术文件如下：

a）设计总体文件

1）滑道工程总体工艺设计资料：

——滑道设计平面图；

——滑道设计侧型图；

——提升道设计侧型图；

2）滑道工程设计说明书；

3）详细设计、计算说明及主要设计、配置图纸资料。

b）设计图纸和随机文件

1）滑道工程测量技术资料；

2）滑道工程地质勘察报告；

3）滑道工程总体工艺施工资料：

——下行滑道施工平面图；

——下行滑道施工侧型图；

——提升道施工侧型图；

——上站站台区配置图；

——下站站台区配置图；

——滑车总装图；

——提升系统装配图；

——制动道装配图；

——电气图纸；

4）土建设计资料：

——下行滑道土建施工图册；

——提升道土建施工图册；

——上、下站房施工图；

5）滑道使用与维护说明书；

6）机电设备产品合格证及质量证明书；

7）重要配套件合格证及质量证明书；

8）重大技术问题处理的协议文件、设计更改通知或图纸；

9）机电设备安装工程记录(含隐蔽工程)；

10）土建验收竣工测量资料；

11）机电设备安装工程验收文件；

12）滑道试验运行记录；

13）滑道自检报告；

14）设计文件鉴定报告。

附 录 B
（资料性附录）
标牌尺寸样式和内容

B.1 标牌尺寸样式如图 B.1 所示。

单位为米

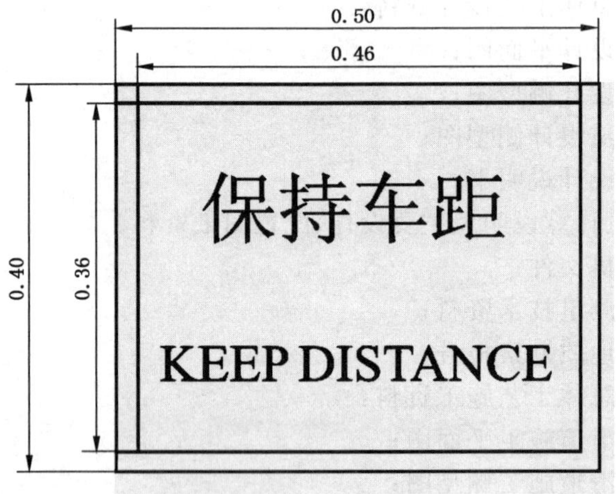

图 B.1 标牌尺寸样式

B.2 滑道沿线应配备如下内容的标牌：

a） 弯道减速 TURN WAY REDUCE SPEED

b） 进站停车 ENTRANCE STOP

c） 扶稳坐好 FIRMLY SIT ON THE SEAT

d） 距终点 25 m 25 m TO TERMINAL

e） 车辆出站 START ATTENTION

f） 跳跃扶牢手柄 SLOPING SECTION GRIP THE BRAKE HANDLE

g） 手脚请勿伸出车外 ATTENTION STAY INSIDE

h） 禁止行人通行 PASSING STRICTLY PROHIBITED

i） 禁止私自下车 DO NOT GET OFF BY YOURSELF

j） 限定高度 1.5 m 1.5 m LIMITED HIGHT

ICS 97.200.40
Y 57

中华人民共和国国家标准

GB/T 20051—2006

无动力类游乐设施技术条件

Specifications of no power type of amusement devices

2006-01-09 发布　　2006-07-01 实施

中华人民共和国国家质量监督检验检疫总局
中国国家标准化管理委员会　发布

前　　言

本标准由国家标准化管理委员会提出。

本标准由全国索道、游艺机及游乐设施标准化技术委员会归口。

本标准起草单位:中国有色工程设计研究总院游乐设施检验中心。

本标准主要起草人:鄂立军、沈勇、王洲、钱进、刘志学、曹国胜、王景萍。

本标准首次发布。

无动力类游乐设施技术条件

1 范围

本标准规定了蹦极、滑索、儿童娱乐城、充气弹跳、系留式观光气球、空中飞人6种游乐设施的要求、试验方法。

本标准适用于上述6种游乐设施的设计、制造、安装、使用和检验等领域。

2 规范性引用文件

下列文件中的条款通过本标准的引用而成为本标准的条款。凡是注日期的引用文件，其随后所有的修改单(不包括勘误的内容)或修订版均不适用于本标准，然而，鼓励根据本标准达成的协议的各方研究是否可使用这些文件的最新版本。凡是不注日期的引用文件，其最新版本适用于本标准。

GB/T 983—1995 不锈钢焊条
GB/T 985—1988 气焊、手工电弧焊及气体保护焊焊缝坡口的基本形式与尺寸
GB/T 2682—1981 电工成套装置中的指示灯和按钮的颜色
GB/T 3091—2001 低压流体输送用焊接钢管
GB/T 4162—1991 锻轧钢棒超声波检验方法
GB/T 5117—1995 碳钢焊条
GB/T 5118—1995 低合金钢焊条
GB/T 5725—1997 安全网
GB 6675—2003 国家玩具安全技术规范
GB 8408—2000 游艺机和游乐设施安全
GB 50169—1992 电气装置安装工程接地装置施工及验收规定
GB 50231—1998 机械设备安装工程施工及验收规范
GBJ 65—1983 工业与民用电力装置的接地设计规范
JB/T 4730—1994 压力容器无损检测
JB/T 5000.12—1998 重型机械通用技术条件

3 要求

3.1 轴承

3.1.1 轴承及接触面有相对运动的部位应有润滑措施，并便于添加润滑剂。在额定载荷下有相对运动的部位不允许形成油滴现象；无相对运动部位不应渗油。

3.1.2 在额定载荷下，发热稳定后，滚动轴承的端盖温升应不大于30℃，且最高温度应不大于65 ℃。滑动轴承油孔处的温升应不大于35 ℃，且最高温度应不大于70 ℃。

3.2 螺栓和销轴连接

3.2.1 零部件采用螺栓连接时，应牢固可靠，重要连接应采取防止松动的措施。

3.2.2 零部件采用销轴连接时,应采取防止脱落的措施。

3.3 焊接

3.3.1 手工焊接用的焊条,应符合 GB/T 5117、GB/T 5118 和 GB/T 983 的规定。选择焊条的型号应与主体构件材料及焊缝所受载荷的类型相适应。

3.3.2 焊接接头的基本形式和尺寸应符合 GB/T 985 的规定。

3.3.3 异种钢之间的焊接应进行焊接工艺评定。

3.3.4 焊缝不应有漏焊、烧穿、咬边、裂纹、气孔、夹渣、未焊透和严重咬边等缺陷,焊瘤、溶渣等应清除干净。

3.4 零部件

3.4.1 零部件结构应有足够的强度和刚度。

3.4.2 零部件连接应牢固可靠。

3.4.3 各种试验中,零部件不应有永久变形及损坏现象。必要时应进行应力测试。

3.4.4 各类易损件在正常运转情况下,寿命应不低于 6 个月。

3.5 金属材料

3.5.1 金属材料应符合国家有关标准的要求,必须有证明质量合格的文件。

3.5.2 重要的轴和销轴,应采用力学性能不低于 45 号钢的材料制造,并应调质处理,配合面的表面粗糙度 Ra 值应不大于 1.6 μm。

3.6 玻璃钢等非金属材料

3.6.1 非金属材料的选材,应保证其性能满足实际工况的要求。

3.6.2 玻璃钢件不允许有浸渍不良、固化不良、气泡、切割面分层、厚度不均等缺陷。

3.6.3 玻璃钢树脂含量应控制在 50%~60%,胶衣层厚度为 0.25~0.5 mm。

3.6.4 玻璃钢力学性能应符合表 1 规定。

表 1 玻璃钢力学性能

项　　目	指　　标
抗拉强度/MPa	≥78
抗弯强度/MPa	≥147
弹性模量/MPa	$\geq 7.3\times10^{3}$
冲击韧性/$J\cdot cm^{-2}$	≥11.7

3.7 基础和塔架

3.7.1 基础和塔架结构应委托具备相应资质的单位设计、施工,并符合有关土建结构和钢结构设计规范。

3.7.2 载人的平台设计活动载荷应不小于 5 kN/m^2。

3.7.3 使用单位必须提供当地的气象、地震和地质资料;供设计和制造单位校验。

3.7.4 基础和塔架结构必须按设计图样施工,并做好施工记录,收集保管好各种试验报告,并经有关部门验收合格后,方可安装。

3.7.5 基础不应有影响正常运行的不均匀沉陷、开裂和松动等异常现象。

3.7.6 地脚螺栓连接应符合 GB 50231 中的有关规定,重要的地脚螺栓必须采取防松措施。

3.7.7 移动式游乐设施应安放在平整坚实的地方。

3.8 机械传动

3.8.1 机械传动系统应运行平稳可靠,安装精度应符合有关标准的要求。

3.8.2 传动齿轮应符合有关齿轮标准要求,无异常偏啮合和偏磨损。齿轮啮合的接触斑点应符合GB 50231中的有关规定。

3.8.3 皮带和滚子链传动应拉紧适度,其装配要求应符合 GB 50231 中的有关规定。

3.8.4 电动机、联轴器、减速机应安装良好。联轴器两轴的同轴度和端面间隙应符合 GB 50231 中的有关规定。

3.8.5 液压和气动系统应符合 GB 8408 中的有关规定。

3.8.6 提升装置应安全可靠,运行中不应有异常的冲击振动。

3.8.7 运送游客的电梯、升降机等设备应符合国家有关规定。

3.9 钢丝绳

3.9.1 钢丝绳必须符合国家标准,并有质量合格证明。

3.9.2 钢丝绳的端部必须用紧固装置固定,固定效率不小于 80%,固定方法应符合 GB 8408—2000 中 5.16.4 要求。

3.9.3 钢丝绳磨损应符合 GB 8408—2000 表 10 的规定。

3.9.4 滑轮或卷筒与钢丝绳的直径比应不小于 20 倍(小型蹦极除外)。

3.9.5 应设置防止钢丝绳从滑轮上脱落的装置。

3.9.6 应设置防止钢丝绳过卷装置。

3.9.7 钢丝绳的终端在卷筒上应留有不少于 3 圈的余量。

3.10 外观

3.10.1 造型、装饰物和油漆图案应美观大方,不应有恐怖、色情等图案。不应有影响外观的碰伤、龟裂和粗糙不平。装饰物固定应牢固可靠。

3.10.2 电镀件应平滑、光亮、均匀。不应有起层、气泡、明显擦伤和露底等缺陷。

3.10.3 金属外露件不应有锈蚀现象。

3.10.4 玻璃钢表面不允许有裂纹,破损和明显的修补痕迹、皱纹、凸凹不平、色调不一致等缺陷。

3.10.5 玻璃钢转角处过渡应圆滑,边缘平整光滑、无分层,乘客可触及的内表面应整洁光滑,无布纹显露。

3.11 涂装

3.11.1 涂装前必须除锈及其他污物,手工除锈质量达到 JB/T 5000.12—1998 中 St2 级;

3.11.2 敞开的金属构件内表面应涂厚度为 60～80 μm 防锈漆;金属件外露表面必须涂漆或喷塑,涂层厚度应为 100～150 μm;塑层厚度应为 200～500 μm;

3.11.3 玻璃钢外表面必须经过处理后方能喷涂;

3.11.4 涂层不应有明显的流挂、起皱、脱落、裂纹和漏涂等缺陷。

3.11.5 用于儿童娱乐城或充气弹跳的涂装材料中有害物质的含量应符合 GB 6675 的要求。

3.12 安全栅栏

3.12.1 安全栅栏承受水平推力(作用于栏杆的 1 m 高度处)应不小于 1 kN/m。

3.12.2 安全栅栏的设置和尺寸应符合 GB 8408 的有关规定。

3.13 电气

3.13.1 低压配电系统的接地型式应采用 TN-S 系统。

3.13.2 电气设备金属外壳及不带电金属结构等必须可靠接地，接地装置的设计和施工应符合 GBJ 65、GB 50169 的规定。保护接地电阻应不大于 10 Ω。

3.13.3 对于高度大于 15 m 的塔架和处于易遭雷击地点的塔架及钢丝绳必须设避雷装置，避雷装置接地电阻应不大于 10 Ω。

3.13.4 带电回路与地之间的绝缘电阻应不小于 1 MΩ。

3.13.5 工作电压不大于 50 V 的电源变压器的初、次级绕组间绝缘电阻应不小于 7 MΩ，绕组对金属外壳绝缘电阻应不小于 2 MΩ。

3.13.6 电气设备安装应符合国家有关电气装置安装工程施工及验收规范的要求。

3.13.7 电动机满载电流应不大于电动机的额定电流值。

3.13.8 乘客易接触的装饰照明电压应采用不大于 24 V 的安全电压。

3.13.9 控制系统必须满足乘客的安全运行要求。

3.13.10 操作按钮应有明确标志，信号灯、按钮等颜色标志应符合 GB/T 2682 中的规定。

3.13.11 操作台明显处和站台上必须设紧急事故开关按钮，开关按钮宜采用凸起手动复位式。

3.13.12 由乘客操作的电器开关应采用不大于 24 V 的安全电压。

3.13.13 应有可靠的通信联络手段和必要的音响信号装置。

3.13.14 游乐设施不应设置在高压输配电架空线路通道内。

3.14 无损探伤

3.14.1 滑轮轴、座舱吊挂销轴等重要轴类零件应进行 100%磁粉或渗透探伤，直径大于 20 mm 的重要轴类零件还应进行 100%超声波探伤。

3.14.2 座舱吊挂焊缝、滑轮支架焊缝、钢丝绳的固定节点焊缝等关键焊缝应进行 100%磁粉或渗透探伤。

3.14.3 超声波探伤方法及质量评定应按照 GB/T 4162 中的有关规定执行，检验质量等级不低于 A 级。

3.14.4 磁粉探伤方法及质量评定应按照 JB 4730 中的有关规定执行，检验质量等级不低于Ⅲ级。

3.14.5 渗透探伤方法及质量评定应按照 JB 4730 中的有关规定执行，检验质量等级不低于Ⅲ级。

3.14.6 重要零件的磨损应符合 GB 8408 的有关规定。

4 蹦极

4.1 蹦极平台(跳台)

4.1.1 蹦极平台(跳台)活动载荷应按不小于 3 kN/m^2 计算。

4.1.2 蹦极平台(跳台)应设置隔离区，使弹跳者与其他无关人员隔离；高空平台弹跳口应设置可开合的拦挡物；

4.1.3 平台台面应有防滑措施。

4.1.4 高空弹跳点平台应设置方便向下的观察区域(如观察孔或观察窗)，操作人员应视野开阔。

4.1.5　高空平台上，用于安全带（或安全背带）的固定装置，冲击绳、回收绳和定滑轮等设备的悬挂（或固定）装置应有足够的强度，固定牢固可靠。

4.2　弹跳空间及着陆区域的要求

4.2.1　高空蹦极的弹跳空间应符合下面要求：

4.2.1.1　上部安全距离：反弹最高点与平台下缘竖向距离应不小于跳跃高度的7%，且不小于2 m。

4.2.1.2　底部安全距离（下落最低点距着陆区域的安全空间）：当跳跃高度不大于40 m时，竖向距离应不小于3 m；当跳跃高度大于40 m时，竖向距离应不小于4 m。

4.2.1.3　跳跃区前向安全距离：当跳跃高度不大于40 m时，安全距离应不小于10 m；当跳跃高度大于40 m时，安全距离应不小于12 m。

4.2.1.4　跳跃区后向安全距离：当跳跃高度不大于40 m时，安全距离应不小于10 m；当跳跃高度大于40 m时，安全距离应不小于12 m。

4.2.1.5　跳跃区侧向安全距离：当跳跃高度不大于40 m时，安全距离应不小于10 m；当跳跃高度大于40 m时，安全距离应不小于12 m。

4.2.2　弹射蹦极的弹跳空间应符合下面要求：

4.2.2.1　弹射蹦极上空安全空间内不得有障碍物。

4.2.2.2　座舱弹射点向上的安全距离应不小于塔架高度的2倍。

4.2.2.3　座舱向前与向后的安全距离应不小于10 m；小型蹦极（指塔架高度小于10 m的弹射蹦极，下同）摆动的安全距离应不小于1.5 m。

4.2.3　着陆区域的要求：接应点在陆地或固体表面上，应设置面积不小于3 m^2 的着陆垫；接应点在水面上，应有安全水域，接应船上应设置必要的接应设备。

4.3　提升、下降及传动系统的要求

4.3.1　载人钢丝绳应选用柔性好的自润滑钢丝绳，其安全系数应大于10，其他材质承载绳的安全系数也应大于10。

4.3.2　弹射蹦极塔架左侧与右侧的两台卷扬机在运行中应有同步控制装置，两台卷扬机应分别设有高度一致的上升和下降的限位装置，限位装置应安全可靠。

4.3.3　小型蹦极的滑轮或卷筒与钢丝绳的直径比应不小于10倍。

4.3.4　必须在确认游客已停止跳跃后，方可起动卷扬机提升或下放游客。

4.3.5　每台卷扬机应有可靠的制动器。

4.3.6　必须有紧急救援装置。

4.4　弹性绳的要求

4.4.1　弹性绳的生产厂家应提供材质报告。

4.4.2　弹性绳生产厂家应提供弹性绳产品合格证书及使用说明书，内容至少应包括：弹性绳的无载长度、使用载荷和拉伸率范围、断裂强度及断裂伸长率、使用次数、报废断丝比例、保管及存放要求、制造日期、使用终止日期及二道保险绳的长度等。

4.4.3　弹性绳产品必须做型式试验，并提供型式试验报告，弹性绳最大使用次数应根据型式试验数据确定。

4.4.4　高空蹦极的弹性绳在弹跳者设计载荷范围下其最小伸长量应不小于无载长度的2.5倍，对所有形式蹦极的弹性绳在最大动载荷下最大伸长量应不超过无载长度的4倍。

4.4.5 弹性绳必须装有安全绳，其拉直长度应大于弹性绳的有效拉伸量，高空蹦极安全绳拉直后应保证跳跃者离接应点不小于 3 m，安全绳的静载安全系数应不小于 10，小型蹦极可不加安全绳。

4.4.6 高空蹦极弹性绳上应标注使用载荷，并有明显标识。

4.4.7 弹性绳的端头连接方式应合理、安全可靠。

4.5 弹射蹦极座舱及锁定装置的要求

4.5.1 座舱应结构合理，牢固可靠。座椅应设置头部靠枕，座椅尺寸应符合 GB 8408—2000 中 5.8.1 的要求。座舱表面应无外露的锐边、尖角、毛刺和危险凸出物等。

4.5.2 座舱应配置锁定装置，保证锁定可靠和释放灵活；电磁铁吸力应满足实际要求，并设二道保险。

4.5.3 无座舱式弹射蹦极固定方式应牢固可靠，采用锚固块固定方式的，在任何情况下，不得拉动锚固块。

4.6 安全附件的要求

4.6.1 安全附件应有合格证、产品认证或型式试验报告，安全系数应不小于 10。

4.6.2 卡扣为闭锁结构，高空蹦极使用的弹性绳与人连接的卡扣应反向成对使用。

4.6.3 各种安全附件应规定使用寿命，并按期更换。

4.6.4 用于握持或下降的绳索最小直径应不小于 11 mm，安全系数应不小于 10，绳索材料应由合成纤维或性能相似的材料制成，应能承受拉伸和冲击载荷。

4.6.5 扁带连接方式必须安全可靠，采用缝合连接的，其缝合长度应为其宽度的 2 倍。

4.6.6 跳跃装备应有合格证，背带、扁带和踝部绑带应安全可靠，其安全系数应不小于 10。

4.7 其他要求

4.7.1 在蹦极登录处应有体重称量装置和身体检查，并有记录。

4.7.2 工作人员应有必要的安全防护措施。

4.7.3 高于 20 m 的塔架或蹦极的平台均应设有风速计。

4.7.4 位于弹跳平台、接应区、登录处等部位的工作人员应配备互相联系的通讯设备和必要的音响信号装置。

4.8 试验与检验

4.8.1 新建或改建的蹦极设施竣工后，制造或安装单位应进行试验与自检，并应详细填写自检报告。

4.8.2 新的弹性绳使用前应进行检查，确认制造厂家提供的技术参数，如载荷与绳的伸长关系参数、绳索承受最大重力载荷等。

4.8.3 进行人体试验前，必须用模拟负载进行试验，测量弹升高度和自由震荡次数。

4.9 管理、维护与保养

4.9.1 蹦极入口处的明显地方应有标示牌，标明详细的游客须知。操作和服务人员必须及时详细向游客讲解安全注意事项。

4.9.2 弹性绳维护保管。在使用中，每日都要对弹性绳进行仔细检查并检查弹性绳的动载荷长度与无载荷长度的变化，如发现异常变化，应立即更换；记录每日弹性绳使用的跳跃次数。

4.9.3 蹦极载荷应严格控制在弹性绳使用载荷范围内。

4.9.4 弹性绳须防止紫外线的曝晒及与尖锐物、化学品接触。

4.9.5　当弹性绳不使用时，须贮藏在干燥的仓库内，并远离热源。

4.9.6　出现下列情况之一时，弹性绳索必须终止使用予以报废并销毁：

4.9.6.1　弹性绳的断丝数量已达到制造厂家规定的断丝量，胶管类弹性绳出现肉眼可见的老化纹、破损或缩径；

4.9.6.2　弹性绳已过安全使用期；

4.9.6.3　弹性绳使用的蹦极跳次数已达到制造厂家所规定的最大跳跃次数；

4.9.6.4　弹性绳遭受破坏，或接触了腐蚀性的化学物质或溶剂；

4.9.6.5　以及其他危及安全使用的情况。

4.9.7　高空蹦极和塔架高度不小于 10 m 的弹射蹦极每台(套)设备使用时应至少配备 2 名蹦极教练员。运行中要注意游客动态，及时制止游客的危险行为。

4.9.8　弹跳区必须备有一套紧急救护装备(包括医疗救护箱)，同时要有 2 名以上的受过专业培训的人员，以便在突发事件时，在现场做紧急救护。弹跳区域附近应有可随时联系的医院，并有交通、通讯等措施，以备突发紧急事件时应用。

4.9.9　当遇到雨、雪、冰雹、雷电、大雾及风速大于 15 m/s 等可能影响蹦极正常使用的情况时应停止使用。

5　滑索

5.1　主要参数

滑索的最大弦倾角不宜超过 10°；

滑车在接触缓冲器前的瞬间速度应在 3.5 m/s 以下；

使用环境风速不得大于 8 m/s；

滑行中人与障碍物的距离应大于 1.5 m；多滑索间相邻滑索中心距应大于 1.5 m。

5.2　承载索宜单独设置基础固定。

5.3　站台应有足够的空间保证游客和工作人员安全的活动；站台上下楼梯的设置应方便游客的集散，人流不能交叉，保证其安全；起点站必须分设等待区和出发区。起点站必须设置安全可靠的乘客放行装置。终点站必须设置接应区和疏导区。

5.4　承载和牵引索

5.4.1　承载和牵引索的安全系数(最小破断拉力与最大计算拉力之比)应不小于 5，动载系数应大于 2。

5.4.2　承载索垂直载荷与最小张力之比，不得大于 1/10。

5.4.3　承载索直径不小于 12 mm。

5.4.4　承载索应有张力调整装置，主要受力部件的安全系数不小于 6，上下站固定端应采取有效的防松措施和二次保护。

5.4.5　采用多绳承载时，各承载索受力应均匀。

5.5　滑车

5.5.1　滑行小车所有构件安全系数不小于 6。

5.5.2　小车滑轮必须设计有防止钢丝绳从滑车内脱落的装置。

5.5.3　滑车滑轮轴应有二次保护。

5.5.4　滑行小车结构的型式试验应进行 6 倍额定载荷的负载试验，不得发生任何损坏和变形。

5.6 吊挂件和乘坐物

5.6.1 乘坐物应有产品合格证、产品认证或型式试验报告。合格证中应标明材质、额定载荷和破断强度等参数，破断拉力不小于 12 kN。

5.6.2 乘坐物在使用前应进行负载试验，负载重量为额定载荷的 10 倍，不应出现任何损坏。

5.6.3 非金属吊挂件、承载体和金属套环、卡扣等，应有合格证、产品认证或型式试验报告。合格证中应有相关的技术数据，其安全系数应大于 10。并均应参照 5.6.2 进行负荷试验。

5.6.4 各种与人体安全有关的非金属件均应有寿命规定，并定期更换。

5.6.5 吊挂部分应设有保险装置。

5.7 制动(缓冲)装置

5.7.1 在滑索的到达站(终点站)必须设置性能可靠的制动系统，制动过程应平稳、安全，保证起到可靠的缓冲和制动作用。

5.7.2 除制动装置外，还必须使用防护垫。防护垫宜采用软性泡沫塑料填充，其厚度要求不低于400 mm。面积不小于 1.5 m(高) ×1.5 m(宽)。防护垫的悬挂应可靠，其型式应能充分发挥其缓冲作用。

5.8 回收装置

5.8.1 回收装置应设置防止绳索从滑轮上脱落的装置和防止绳索打折或缠绕的装置。

5.8.2 电动回收装置应设防过卷装置。

5.8.3 回收装置应操作简单可靠，并设有可靠的到位连锁保护。

5.9 安全

5.9.1 工作人员应有必要的安全防护措施。

5.9.2 当滑行速度过低或其他原因，游客无法到终点时，应有方便可靠安全的救援设施。

5.9.3 同一条滑索上禁止两辆滑车同时滑行。

5.10 服务

5.10.1 滑索现场应有详细的游客须知，并在明显的地方公布。

5.10.2 操作和服务人员必须及时详细地向游客讲解安全注意事项。等待区的乘客只有在准备滑行时，才准进入出发区。滑索的出发点至少有两名工作人员，指导和监督游客按规定的姿势穿好或坐上乘坐物，并对安全措施进行检查确认。待终点站发出可以放行信号，方可放行。运行中要注意游客动态，及时制止游客的危险行为。

5.10.3 回收装置工作时，站台上不应有乘客。

5.10.4 滑索终点站应有经过训练的操作人员进行安全保护。

5.10.5 当滑行速度过低或其他原因，游客无法到终点时，应进行救援。

5.10.6 停止运营时，滑车必须拆下或锁住，以免被擅自乘坐。

5.11 试验与检验

5.11.1 新建或改建的滑索设施竣工后，制造或安装单位应进行试验与自检，并应详细填写自检报告。

5.11.2 进行人体试验前，必须用模拟负载进行试验，测量最大下滑速度、进站前速度和制动效果。

6 儿童娱乐城

6.1 框架及连接件

6.1.1 框架的材料应符合如下规定：

6.1.1.1 钢管应符合 GB/T 3091 的规定。

6.1.1.2 管架连接器的力学性能应不低于铸钢 ZG 250。

6.1.2 软性保护套采用阻燃型软性复合材料，壁厚应大于 15 mm。

6.1.3 框架联体方格应为 1.2 m×1.2 m 或 1.3 m×1.3 m，并应能经受高度 1 m 处的 500 N/m 水平推力。

6.1.4 支承钢管应与框架钢管相连接，并应在 1 m 长度内经受 140 MPa 的弯曲试验，无机械损伤及永久变形。

6.1.5 框架联体后，四侧面各面的对角线差应小于 50 mm。

6.2 塑料件

6.2.1 塑料件应有足够的强度和刚度。

6.2.2 塑料件的材料应无毒、无异味，符合卫生环保要求。

6.2.3 塑料件内外表面应光滑，开模线处无毛刺，拐角处过渡圆滑。

6.3 有机玻璃件

6.3.1 有机玻璃材料应符合卫生环保要求。

6.3.2 有机玻璃的性能应符合表 2 的要求。

表 2 有机玻璃的性能

物理力学性能	指标
布氏硬度/$\times 10^5$ Pa	≥1 400
冲击强度/(J/cm^2)	≥1.4
拉伸强度/$\times 10^5$ Pa	≥550
热变形温度/℃	≥78
抗溶剂银纹性	合格
透光率/%	91(厚度≤15 mm) 90(厚度>15 mm)

6.4 绳网

6.4.1 绳网的材料应符合 GB/T 5725 的规定。

6.4.2 绳网应符合 GB/T 5725 的规定，网高大于 1.2 m，网绳直径大于 3 mm，网孔应不大于 50 mm×50 mm。

6.4.3 绳网原材料应有出厂合格证书。

6.4.4 绳网的固定应牢固可靠。

6.5 软包防护

6.5.1 凡儿童可接触之处，均不允许有外露的锐边、尖角、毛刺及危险突出物。

6.5.2 儿童可触及的梁、柱等结构件应有软包防护。

6.5.3 地面应铺设软性层。

6.6 滑梯

6.6.1 在起点处必须设横杆把手，以促使儿童按规定姿势下滑。

6.6.2 滑梯表面应光滑，接口缝隙与高度差应小于 3 mm，且下口不高于上口。

6.6.3 管筒型内直径应不小于 900 mm，平面开口型滑道宽度应不小于 350 mm，深度应不小于 150 mm。

6.6.4 滑梯尺寸应符合以下要求：

6.6.4.1 高度小于 3 m 时，滑梯倾角应不大于 30°；高度大于 3 m 时，滑梯倾角应不大于 25°。最大高度应小于 5 m。

6.6.4.2 滑梯末端距地面高度不应大于 200 mm。

6.6.4.3 滑梯末段长度不应小于 500 mm。

6.7 滑车

6.7.1 滑车按轨道安装方式分平滑车和斜滑车。

6.7.2 滑车路线的两侧面和地面应有安全防护措施。

6.7.3 滑车在滑道内运行，不得有脱离的情况发生。

6.7.4 滑车的末端应有缓冲装置。

6.7.5 平滑车轨道长不应大于 4.5 m。

6.7.6 斜滑车轨道长不应大于 6.5 m，斜倾角不应大于 25°。

6.8 秋千和吊环

秋千和吊环应符合 GB 6675 的规定。

6.9 蹦床

6.9.1 蹦床的边缘应铺设发泡塑料软垫，金属框架不得外露。

6.9.2 蹦床周围应设有安全网。

6.10 海洋球

6.10.1 海洋球的塑料应符合卫生标准。

6.10.2 海洋球应软硬适中，直径应大于 50 mm，以防儿童不慎放入口中。

7 充气弹跳

7.1 原材料

7.1.1 充气布料涂层的有害元素含量应符合 GB 6675 的规定。

7.1.2 美化所用的胶粘剂和颜料应符合 GB 6675 的规定。

7.1.3 布料物理性能应符合表 3 规定

表 3 布料物理性能

项目		指标
断裂强度/MPa	经	≥2.0
	纬	≥2.5
断裂伸长/%	经	≥15
	纬	≥20

表 3（续）

项　目		指　标
剥离强度/MPa	经	≥0.1
	纬	≥0.8
厚度/mm		≥0.4
质量/(g/m^2)		≥450
阻燃性		离开明火 5 s 自熄
胶化性能		经已酸乙酯浸泡 8 min 无脱层
耐寒性能		耐－30℃低温

7.2　尺寸要求

7.2.1　主垫厚度应大于 500 mm。

7.2.2　护栏高度应大于 650 mm。

7.2.3　主件平台与主垫的垂直高差应小于 2 m。

7.2.4　滑梯的角度应小于 45°。

7.2.5　钻筒内径为 800 mm，钻筒长度超过 2.5 m 时，筒壁上应设观察窗。

7.2.6　房屋造型应留门 2～4 个。

7.3　缝制

7.3.1　缝制针距 4～7/cm，凡经缝制、粘贴的部位不得有明显褶皱和损坏，缝线的保护用宽 20 mm 同色布条粘贴。

7.3.2　用平行双明线或明暗线缝制。

7.3.3　面料粘缝的物理性能应符合表 4 的规定

表 4　面料粘缝的物理性能

项　目		指　标
断裂强度/MPa	经	≥2.5
	纬	≥3.0
断裂伸长/%	经	≥20
	纬	≥25

7.4　设计风压应在 700 Pa～1 580 Pa。

7.5　外观

7.5.1　表面应光滑平整，无褶皱，无污物。

7.5.2　喷绘、贴花应清晰完整，端正，贴花、帖条不应翘皮、脱落。

7.5.3　表面色彩应搭配合理。

7.5.4　缝线应均匀平直。

8　系留式观光气球

8.1　主球体

8.1.1　主球体应为双层球胆结构。

8.1.2 内胆应采用具有密封性好、抗拉强度大、寿命长的复合材料。其透气率应小于 1 $L/m^2 \cdot 24\ h \cdot 15℃$。纵向抗张强度应大于 600 N/mm^2;横向抗张强度应大于 500 N/mm^2;极限使用温度范围应大于－35℃～60℃。

8.1.3 球体外皮应采用抗拉强度大、耐紫外线的复合材料。其抗拉强度应大于 1.8 N/mm^2;使用温度范围－35℃～60℃。

8.1.4 充气口位于球体底部,应有良好的密封措施。

8.2 充气要求

8.2.1 气球所用气体必须是氦气,且应符合国家标准。严禁使用氢气。

8.2.2 充气时气球应预留负压区(空气室)。负压区应为整个球体容积的 8%～10%。

8.3 绳索

8.3.1 主力绳(控制气球升降的绳索)的安全系数应大于 10。

8.3.2 保险绳(保证气球与地面的安全系留)数量应不少于 3 根,其安全系数应大于 10。

8.3.3 连接环应有产品合格证、型式试验报告或产品认证,其安全系数应大于 10。

8.3.4 系留链的数量应不少于 2 根,其安全系数应大于 5。

8.4 吊挂件和乘坐物

8.4.1 乘坐物应有产品合格证、产品认证或型式试验报告。其破断拉力应不小于 12 kN。

8.4.2 乘坐物在使用前应进行负载试验,负载重量为额定载荷的 10 倍,不应出现任何损坏。

8.4.3 非金属吊挂件、承载体和金属套环、卡扣等,应有合格证、产品认证或型式试验报告。其安全系数应大于 10。

8.4.4 各种与人体安全有关的非金属件均应有寿命规定,并定期更换。

8.5 其他要求

8.5.1 现场应有称重装置,乘客升空时其体重加沙袋重量与升力的差应小于 150 N。

8.5.2 现场应有以主力绳系留点为中心,半径 25 m 的安全范围。

9 空中飞人

9.1 提升系统的要求

9.1.1 应分别设有上升和下降的限位开关,限位开关应安全可靠。

9.1.2 每台卷扬机应有可靠的制动器。

9.1.3 必须有紧急救援装置。

9.2 吊挂件和乘坐物

9.2.1 乘坐物应有产品合格证、产品认证或型式试验报告。其破断强度应不小于 12 kN。

9.2.2 乘坐物在使用前应进行负载试验,负载重量为额定载荷的 10 倍,不应出现任何损坏。

9.2.3 非金属吊挂件、承载体和金属套环、卡扣等,应有合格证、产品认证或型式试验报告。其安全系数应大于 10。

9.2.4 各种与人体安全有关的非金属件均应有寿命规定,并定期更换。

9.2.5 吊挂部分应设有保险装置。

9.3 应配备必要的音响信号装置。

9.4 乘客运动轨迹的两侧应有不小于 10 m 的安全距离。

ICS 97.200.40
Y 57

中华人民共和国国家标准

GB 28265—2012

游乐设施安全防护装置通用技术条件

Safeguard specifications of amusement rides

自2017年3月23日起，本标准转为推荐性标准，编号改为GB/T 28265—2012。

2012-05-11 发布　　2013-03-01 实施

中华人民共和国国家质量监督检验检疫总局
中国国家标准化管理委员会　发布

前　言

本标准的 4.1.1、4.4.4、4.4.5、4.5 为强制性的，其余为推荐性的。

本标准按照 GB/T 1.1—2009 给出的规则起草。

本标准由全国索道与游乐设施标准化技术委员会(SAC/TC 250)归口。

本标准起草单位：中国特种设备检测研究院。

本标准主要起草人：肖原、马文飞、郑志涛、付恒生、鄂立军、庞昂。

根据中华人民共和国国家标准公告(2017 年第 7 号)和强制性标准整合精简结论，本标准自 2017 年 3 月 23 日起，转为推荐性标准，不再强制执行。

游乐设施安全防护装置通用技术条件

1 范围

本标准规定了游乐设施安全防护装置的技术要求、试验方法和抽样原则。

本标准适用于游乐设施超速限制装置、限位装置、紧急制动装置、止逆行装置、安全带、安全压杠和缓冲装置等安全防护装置。

2 规范性引用文件

下列文件对于本文件的应用是必不可少的。凡是注日期的引用文件,仅注日期的版本适用于本文件。凡是不注日期的引用文件,其最新版本(包括所有的修改单)适用于本文件。

GB/T 2423.1 电工电子产品环境试验 第2部分:试验方法 试验A:低温

GB/T 2423.2 电工电子产品环境试验 第2部分:试验方法 试验B:高温

GB/T 2423.3 电工电子产品环境试验 第2部分:试验方法 试验Cab:恒定湿热试验

GB/T 2423.37 电工电子产品环境试验 第2部分:试验方法 试验L:沙尘试验

GB/T 2423.38 电工电子产品环境试验 第2部分:试验方法 试验R:水试验方法和导则

GB 4208 外壳防护等级(IP代码)

GB 5226.1 机械电气安全 机械电气设备 第1部分:通用技术条件

GB 8408—2008 游乐设施安全规范

GB 14166—2003 机动车成年乘员用安全带和约束系统

GB/T 20051—2006 无动力类游乐设施技术条件

GB/T 20438.2 电气/电子/可编程电子安全相关系统的功能安全 第2部分:电气/电子/可编程电子安全相关系统的要求

GB 50150—2006 电气装置安装工程电气设备交接试验标准

3 术语和定义

下列术语和定义适用于本文件。

3.1

安全防护装置 safeguard

在安全功能中保护人们免受现存或即将发生的危害所使用的防护装置或保护器件。

3.2

电气型安全防护装置 electric devices

通过机械装置、电子、电气元器件配合,达到规定安全防护功能的装置。

3.3

机械型安全防护装置 mechanical devices

通过机械装置达到规定安全防护功能的装置。

3.4

故障　fault

不能执行某规定功能的一种特征状态。

3.5

触发阈值　trigger threshold

启动安全防护装置所需的物理量。

3.6

显示偏差　display error

测量值与安全防护装置自身显示仪表显示值之间的差值。

3.7

动作偏差　action error

安全防护装置触发时，作用在安全防护装置上的实际物理量与触发阈值的差值。

3.8

不安全方向　dangerous directions

游乐设施运行达到安全防护装置触发条件时，游乐设施或安全防护装置没有按照预期运动方向运行。

3.9

安全方向　safety directions

游乐设施运行达到安全防护装置触发条件时，游乐设施或安全防护装置按照预期的运动方向运行。

3.10

力作用点　action point of force

安全防护装置设计时所确定的力加载点。

3.11

弹性绳最大伸长量　maximum extension length of elastic rope

弹性绳拉伸至破断时的拉伸距离。

3.12

弹性绳破断拉力　breaking force of elastic rope

弹性绳拉伸至破断时所承受的拉力。

3.13

弹性绳力衰减幅度　force-decreasing amplitude of elastic rope

弹性绳在等幅拉伸过程中所承受拉力的衰减幅度。

3.14

紧急制动装置　emergency brake

当游乐设施处于非正常工作情况下，能迅速动作，实现规定安全功能的制动装置。

4　技术要求

4.1　基本功能

4.1.1　安全防护装置应适用于游乐设施的工况要求，作用在安全防护装置上的物理量达到安全防护装置触发阈值时,应按要求动作。

4.1.2 触发阈值的调整应使游乐设施在其设计工况下正常工作,同时应考虑安全防护装置的动作偏差,触发阈值宜调整在 100%~105%额定物理量之间。

4.2 报警功能

4.2.1 安全防护装置宜设有自动报警功能。当安全防护装置发生故障时,应能发出提示性的音响或灯光报警信号。

4.2.2 报警信号应由安全防护装置动作时触发,音响报警信号应与游乐设施环境噪音有明显区别。报警音响应通过 5.14 规定的试验,声级均不应低于 75 dB(A)。灯光报警信号应使用红色,在作业人员视野范围内应清晰可见。

4.3 机械型安全防护装置安全要求

机械型安全防护装置应符合 GB 8408—2008 中 7.4~7.7 的要求,其中直接涉及人身安全的重要的轴和销轴、重要焊缝应通过 5.2.1 规定的试验。

4.4 电气型安全防护装置安全和环境适应性要求

4.4.1 电气型安全防护装置应符合 GB 5226.1 的要求,采用电气电子可编程器件的安全防护装置应同时符合 GB/T 20438.2 的要求。

4.4.2 电气型安全防护装置由外接电网供电时,在额定电压偏差量－15%~＋10%下应能正常工作,由蓄电池供电时,在额定电压偏差量－15%~＋35%下应能正常工作,并应能通过 5.1、5.10、5.11 规定的试验。

4.4.3 电气型安全防护装置在环境温度为－15 ℃~＋60 ℃和环境相对湿度为 95%的条件下应正常工作,并应能通过 5.1、5.9 规定的试验。利用游乐设施整机进行现场试验时,电气型安全防护装置可不做 5.9 规定的试验。

4.4.4 电气型安全防护装置绝缘电阻不应低于 1 MΩ,并应能通过 5.12、5.13 规定的耐压试验。

4.4.5 电气型安全防护装置选用的传感器防护应符合 GB 4208 中 IP65 级要求,室内部分的防护应符合 GB 4208 中 IP42 级要求,室外带电部分的防护应符合 GB 4208 中 IP54 级要求,其余部分应符合 IP44 级要求。

4.4.6 电气型安全保护装置应设置带锁定机构并与游乐设施主控回路联锁的复位开关。

4.5 安全防护装置误差判定

4.5.1 具有显示功能的安全防护装置,相对于动作值的显示偏差在实验室条件下不应超过±3%;利用游乐设施整机进行试验时不应超过±5%。

显示偏差计算方法如下:

$$显示偏差 = (显示值 - 实测值) / 实测值 \times 100\% \quad \cdots\cdots(1)$$

4.5.2 在实验室条件下进行试验时,电气型安全防护装置动作偏差不应超过±3%;机械型安全防护装置动作偏差不应超过±5%。

利用游乐设施整机进行试验时,电气型安全防护装置动作偏差不应超过±6%,机械型安全防护装置动作偏差不应超过±10%。

4.6 柔性束缚装置

4.6.1 安全带(包含锁扣等组件)应符合 GB 8408—2008 中 7.6.7 的要求,并应能通过 5.2.3 规定的试验。

4.6.2 直接保护人身安全的弹性绳，应规定破断拉力和使用次数、失效时间限制，用于蹦极的弹性绳同时应符合 GB/T 20051—2006 中第 4 章的要求，并应能通过 5.2.4、5.3.3 规定的试验。

4.7 安全压杠

安全压杠应符合 GB 8408—2008 中 7.6.8 的要求，并应能通过 5.2.2、5.3.2 规定的试验。

4.8 止逆行装置

止逆行装置在紧急情况下应能迅速动作，阻止游乐设施向不安全方向运动，止逆行装置应符合GB 8408—2008 中 7.4 的要求，并应能通过 5.4 规定的试验。

4.9 紧急制动装置

紧急制动装置在紧急情况下应能迅速动作，阻止游乐设施向不安全方向运动，紧急制动装置应可调节，并应能通过 5.4、5.5 规定的试验。

4.10 缓冲装置

缓冲装置在紧急情况下应能迅速动作，阻止游乐设施向不安全方向运动，并应能通过 5.4 规定的试验。

4.11 超速限制装置

超速限制装置在紧急情况下应能迅速动作，阻止游乐设施向不安全方向运动，并应能通过 5.6 规定的试验。

4.12 限位装置

限位装置在紧急情况下应能迅速动作，阻止游乐设施向不安全方向运动，并应能通过 5.7 规定的试验。

5 试验方法

5.1 一般规定

5.1.1 试验宜在实验室内进行，试验条件应符合有关规定和标准的要求。对于不能独立进行试验的安全防护装置，可利用游乐设施整机进行现场试验。

5.1.2 模拟实际工况，在安全防护装置上施加物理量，当所施加的物理量达到安全防护装置触发阈值时，安全防护装置应按要求动作，如试验中施加的物理量超过游乐设施工况所对应的 110%物理量时，无论安全防护装置动作与否，应立即停止该次试验。

5.1.3 安全防护装置触发阈值试验前应预先标定，试验过程中不应调整安全防护装置触发阈值。

5.1.4 安全防护装置明确规定使用次数时，对每个触发阈值，试验次数为其设计允许使用次数，若使用次数无明确规定，试验次数按本标准规定进行。

5.2 拉伸强度试验

5.2.1 拉伸强度试验方法

模拟实际工况，通过试验机在力作用点对试件施加额定拉伸载荷进行试验。

5.2.2 安全压杠拉伸强度试验

通过试验机在力作用点对试件施加试验载荷后保持 1 min，然后逐渐卸载。重复试验 3 次。

试验完毕后，试件无失效，则判定为合格；试验载荷按游乐设施运行时试件承受的载荷（设计值）乘以加载系数。即：

$$F = kP \qquad \cdots\cdots (2)$$

式中：

F ——试验载荷，单位为牛（N）；

P ——试件在正常运行中承受的载荷，单位为牛（N）；

k ——加载系数，$k=2$。

5.2.3 安全带拉伸强度试验

按 GB 14166—2003 中 5.4、5.5 规定的方法对安全带强度进行拉伸试验，安全带拉伸破断强度不小于 6×10^3 N，则判定为合格。

5.2.4 弹性绳拉伸强度试验

模拟实际工况，通过试验机，在 100 mm/min～500 mm/min 的拉伸速度下，在力作用点施加载荷，将弹性绳试件分别拉伸至试件原长度的 2.5 倍、4 倍。当试件拉伸 2.5 倍长度对应的拉伸载荷值大于设计载荷，且试件拉伸 4 倍长度对应的拉伸载荷值小于设计最大动载荷时，判定为合格。

5.3 疲劳强度试验

5.3.1 疲劳试验方法

模拟实际工况，通过疲劳试验机在力作用点对试件反复施加额定载荷进行试验。

5.3.2 安全压杠疲劳试验

通过试验机在力作用点加入额定载荷，试验次数 6×10^4 次。试验完毕后，安全压杠无失效，则判定为合格。

5.3.3 弹性绳疲劳试验

弹性绳疲劳试验应符合如下规定条件：

a） 将弹性绳试件安装于试验机上，拉伸 50 次，确认试件无异常后再进行疲劳试验；

b） 设定拉伸次数 1 000 次，进行等幅度拉伸疲劳试验，弹性绳最大力衰减幅度不大于 20%为合格。

5.4 冲击强度试验

模拟实际工况，通过试验机或者游乐设施整机进行现场试验，在力加载点施加额定载荷进行冲击试验。重复试验 1 000 次，试验完毕后，安全防护装置无失效，则判定为合格。

5.5 紧急制动装置试验

模拟实际工况，通过试验机或者游乐设施整机进行现场试验，紧急制动装置应能及时实现安全功能，重复试验 1 000 次，试验完毕后，紧急制动装置无失效，则判定为合格。

5.6 超速限制装置试验

模拟超速工况，通过试验机或者游乐设施整机进行现场试验，超速限制装置应能及时实现安全功能，重复试验 1 000 次，试验完毕后，超速限制装置无失效，则判定为合格。

5.7 限位装置试验

模拟限位临界工况，通过试验机或者游乐设施整机进行现场试验，限位装置应能及时实现安全功能，重复试验 1 000 次，试验完毕后，限位装置无失效，则判定为合格。

5.8 动作偏差试验

模拟游乐设施实际工况，通过试验机或者游乐设施整机进行现场试验。设置安全防护装置触发阈值，对应每个触发阈值，施加安全防护装置触发所需要的实际物理量，使安全防护装置触发，动作偏差值小于 4.5 规定的偏差为合格。

5.9 电气型安全防护装置环境试验

5.9.1 振动试验

按表 1 规定条件进行试验，试验过程中，安全防护装置为非通电状态。

表 1 振动加速度试验要求(正弦波)

加速度/(m/s^2)	振动频率/Hz	上下振动时间/h	前后振动时间/h	左右振动时间/h
39.2	30	4	2	2

振动试验后，零部件不应松动、脱落、破损，导线不应断开，试验后完成 5.8 规定的试验。

5.9.2 冲击试验

按表 2 规定条件进行试验，试验过程中，安全防护装置为非通电状态。

表 2 冲击加速度试验要求(半正弦波)

冲击加速度/(m/s^2)	冲击时间/ms	上下冲击次数	前后冲击次数	左右冲击次数
147	<18	3	3	3

冲击试验后，零部件不应松动、脱落、破损，导线不应断开，试验后完成 5.8 规定的试验。

5.9.3 防护等级试验

试验方法和合格评定应符合 GB/T 2423.37、GB/T 2423.38 相应要求，试验过程中，安全防护装置为非通电状态，试验后完成 5.8 规定的试验。

5.9.4 温度试验

5.9.4.1 高温试验方法按 GB/T 2423.2 规定进行，试验过程中，安全防护装置为非通电状态。试验温度 60 ℃，历时 16 h，恢复后在 30 min 内完成 5.8 规定的试验。

5.9.4.2 低温试验方法按 GB/T 2423.1 规定进行，试验过程中，安全防护装置为非通电状态。试验温度－15 ℃，历时 16 h，恢复后在 30 min 内完成 5.8 规定的试验。

5.9.5 设备恒定湿热试验

试验前，安全防护装置应先通过 5.12 和 5.13 试验。试验方法按 GB/T 2423.3 规定进行。试验时间 48 h，恢复后，进行 5.8、5.12、5.13 规定的试验。

5.10 电压波动试验

交流供电时，分别施加 110％额定电压 60 min、85％额定电压 10 min；蓄电池供电时，分别施加 135％额定电压 60 min、85％额定电压 10 min。在试验过程后期按 5.8 进行试验。

5.11 电源抗干扰试验

在电气型安全防护装置的供电电源上迭加一个具有下述参数的尖脉冲电压：

——脉冲幅值：1 000 V；

——脉冲宽度：0.1 μs～2 μs；

——脉冲频率：5 Hz～10 Hz。

施加的时间不少于 30 min，在此期间安全防护装置应工作正常，在试验过程后期按 5.8 进行试验。

5.12 绝缘电阻试验

测量安全防护装置电源进线端与外壳金属部分之间的绝缘电阻，试验方法按 GB 50150—2006 进行，绝缘电阻值应不小于 1.0 MΩ 为合格。

5.13 交流耐压试验

试验方法按 GB 50150—2006 中 23.0.2 进行，在安全防护装置电源进线端与外壳金属部分之间，施加 1 000 V 试验电压，时间为 1 min。试验部位无击穿和闪络现象为合格。

5.14 报警音响试验

使安全防护装置发出报警音响，用声级计测量，距发音部位 1 m 或在操作员位置，高度 1.60 m 处测量，声级均不低于 75 dB(A)为合格。

6 抽样原则

试验试件应从产品中随机抽取。当单件小批量产品的数量 $N<10$ 时，最小抽样数量为 1 件；当产品批量的数量 $N>10$ 时，最小抽样数量见表 3。

表 3 最小抽样数量

序号	样品名称	批次	抽样数量
1	安全压杠	首批	2 件
2	安全带	首批	2 条
3	紧急制动装置	首批	2 件
4	缓冲装置	首批	2 件
5	超速限制装置	首批	2 件
6	限位装置	首批	2 件
7	电气型安全防护装置	首批	2 件
8	弹性绳	同批次	4 条

ICS 97.200.40
Y 57

中华人民共和国国家标准

GB/T 31257—2014

蹦极通用技术条件

Specifications of bungy

2014-12-05 发布　　2015-06-01 实施

中华人民共和国国家质量监督检验检疫总局
中国国家标准化管理委员会　发布

前　言

本标准按照 GB/T 1.1—2009 给出的规则起草。

本标准由全国索道与游乐设施标准化技术委员会(SAC/TC 250)提出并归口。

本标准起草单位:中国特种设备检测研究院、江苏省特种设备安全监督检验研究院、山东省特种设备检验研究院、辽宁省安全科学研究院、上海冠伦游乐设施有限公司、济宁鲁科检测器材有限公司、淄博华龙游乐设备有限公司、北京拒马娱乐有限公司、深圳市伟捷科技有限公司、北京龙人旅游开发有限公司、重庆市特种设备质量安全检测中心、武汉市特种设备检测所。

本标准主要起草人:张勇、李向东、陈红军、侯振亚、肖原、马军、王银兰、鄂立军、郑志涛、柴彬、骆长春、腾桂龙、晋显民、隗立田、易水洪、陈峥、盛佑成、林伟高、付杰、王树华。

蹦极通用技术条件

1 范围

本标准规定了蹦极的设计、制造与安装、安全要求和试验方法。

本标准适用于高空固定平台蹦极、弹射蹦极和小型蹦极。

2 规范性引用文件

下列文件对于本文件的应用是必不可少的。凡是注日期的引用文件,仅注日期的版本适用于本文件。凡是不注日期的引用文件,其最新版本(包括所有的修改单)适用于本文件。

GB 8408 游乐设施安全规范

GB 8918 重要用途钢丝绳

GB/T 18204.15 公共场所风速测定方法

GB/T 20306 游乐设施术语

GB 50017 钢结构设计规范

3 术语和定义

GB/T 20306 界定的以及下列术语和定义适用于本文件:

3.1

高空固定平台蹦极 high-altitude bungy from fixed platform

游客依靠弹性绳或其他弹性件的伸缩,从高空固定塔架或平台向下跳跃并在空中产生弹跳、翻滚运动的游乐设施。

3.2

弹跳运动区域 spring zone

弹跳者或其乘坐物的最大运动空间。

3.3

安全空间 safety space

在弹跳运动区域外侧指定尺寸的空间范围。

3.4

弹跳总空间 spring space

弹跳运动区域和安全空间的总和。

3.5

动载安全系数 dynamic safety factor

受力分析中考虑物体惯性加速度等动载荷(动荷载是指随时间而变化的荷载)后,计算得出的安全系数。

3.6

静载安全系数　static safety factor

仅考虑静载荷(静荷载是指不随时间变化的荷载),计算得出的安全系数。

4　设计

4.1　总则

4.1.1　蹦极的设计应有设计说明书、设计计算书、安全分析、使用维修说明书及符合国家有关标准的全套设计图样,并满足 GB 8408 的规定。

4.1.2　钢结构的设计应符合 GB 50017 的规定。

4.1.3　蹦极应按照 GB 8408 的规定进行安全分析、安全评估和安全控制。

4.1.4　蹦极在设计时,应充分考虑设备运行中发生故障时弹跳者和游客的疏导措施,并配置应急救援装备。

4.1.5　绑腰式蹦极和绑胸式蹦极的加速度应不超过 $4.5g$,绑腿式蹦极的加速度应不超过 $3.5g$。

4.1.6　蹦极的设计计算和安全系数应符合 GB 8408 中的规定。弹性绳、安全附件、跳跃装备、重要轴、销轴、部件和焊缝的动载安全系数应不小于 5,且静载安全系数不小于 10。

4.2　基础和塔架及其他

4.2.1　基础和塔架结构应符合 GB 8408 的规定。

4.2.2　设计单位应校验当地的气象、地震和地质资料。

4.2.3　基础和塔架结构应按设计图样施工,并做好施工记录,收集保管好试验报告。

4.3　高空蹦极平台

4.3.1　高空蹦极平台活动载荷应按不小于 3.5 kN/m^2 计算。高空蹦极平台结构设计中应考虑最大承载人数、各种附属配置、变载荷、冲击等载荷的影响。

4.3.2　高空蹦极平台应规定最大承载人数。

4.3.3　高空蹦极平台应设置隔离区,使弹跳者与其他无关人员隔离。

4.3.4　高空蹦极平台的弹跳口应设置拦挡物,并设置两道锁紧装置或一道带保险的锁紧装置,防止意外打开。

4.3.5　高空蹦极平台的表面应有防滑措施。

4.3.6　高空蹦极平台应设置方便向下观察的区域(如观察孔或观察窗),操作人员应视野开阔。

4.3.7　蹦极平台上,用于安全带(或安全背带)的固定装置、冲击绳、回收绳和定滑轮等装备的悬挂(或固定)装置应有足够的强度,其动载安全系数≥5。

4.3.8　蹦极平台的安全栅栏应能承受≥1 kN/m 的水平推力,其结构型式等应符合 GB 8408 的相关规定。

4.3.9　对于上回收设施,回收绳与蹦极平台的水平距离不小于 400 mm。

4.3.10　高空蹦极应有避免弹性绳缠绕的措施。

4.3.11　最大弹跳重量不应超过 150 kg。

4.3.12　高空蹦极平台上所有非封闭栅栏区域的人员应有安全保护装置(安全带、安全绳等)。

4.4　着陆区域的要求

4.4.1　接应点在陆地或固体表面上,应设置面积不小于 4 m^2 的着陆垫;

4.4.2 接应点在水面上，应有安全水域，防止其他船只、人员或带有潜在危险的漂浮物、浸没物进入。

4.4.3 接应船上应设置必要的接应设备(面积不小于 1.5 m^2 的着陆垫)。船上的着陆垫应放置在船内部，并低于两侧船舷高度。接应船上应配备足够的救生衣和救援装置。船上的所有人员都应穿戴救生衣或类似装置。

4.4.4 着陆区域应与游客隔离，着陆区域应有保证弹跳者安全着陆的空间。

4.4.5 着陆垫可选用充气软垫或弹性网，充气软垫的厚度不应小于 400 mm；弹性网距离地面的高度应不小于 500 mm，在弹性网 4 m^2 范围内不应有金属支架等坚硬物体。

4.5 提升、下降及传动系统的要求

4.5.1 机械传动系统、提升、下降装置应满足 GB 8408 规定。

4.5.2 载人绳索静载安全系数应大于 10。

4.5.3 弹射蹦极塔架左侧与右侧的两台提升设备应有同步控制装置，两台提升设备应分别设有高度一致的上升和下降的限位装置，限位装置应安全可靠。

4.5.4 每台提升设备应有可靠的制动器和防过卷、防脱落装置。

4.5.5 在室外安装的提升设备应有防雨措施。

4.5.6 小型蹦极固定环与支架的焊接应牢固可靠，应能承受大于 6 kN 的拉力；滑轮应转动灵活无异常声响，滑轮轴两端应有可靠的固定措施；滑轮与固定环的连接应可靠，并且有二次保护措施。

4.6 弹性绳

4.6.1 弹性绳应配备产品合格证书及使用说明书，内容至少应包括：弹性绳的无载长度、使用载荷和拉伸率范围、断裂强度及断裂伸长率、使用次数、报废断丝比例、保管及存放要求、制造日期、有效期及保险绳的长度等。

4.6.2 高空蹦极弹性绳应装有安全绳，安全绳的动载安全系数应不小于 5 且静载安全系数不小于 10。

4.6.3 弹性绳的端头连接方式应合理、安全可靠。其末端附件要求如下：

a) 有足够的空间和形状，可以方便地连接弹跳者的背带、踝部绷带和吊挂点等。

b) 破断载荷不小于 20 kN 的测试报告或证明资料。

c) 能够防止意外脱落、打开。

4.6.4 高空蹦极弹性绳上应标注使用载荷，并有明显标识。

4.6.5 每条新弹性绳投入运营前，操作者都应检查其合格证书和使用说明书，确认制造厂家提供的技术参数，并按照最大载荷、最小载荷、额定载荷 3 种情况模拟实际工况试运行。

4.6.6 弹性绳维护管理应符合以下要求：

a) 在使用中，每日都要对弹性绳进行仔细检查并检查弹性绳的动载荷长度与无载荷长度的变化，如发现异常变化，应立即更换；记录每日弹性绳使用的跳跃次数。

b) 蹦极载荷应严格控制在弹性绳使用载荷范围内。

c) 弹性绳应防止紫外线的曝晒及与尖锐物、化学品接触。

d) 当弹性绳不使用时，应贮藏在干燥的仓库内，并远离热源。

4.6.7 出现下列情况之一时，弹性绳应终止使用，予以报废并销毁：

a) 弹性绳的断丝数量已达到制造规定的断丝量，或胶管类弹性绳出现肉眼可见的老化纹、破损或缩径。

b) 弹性绳已达到规定的报废时间。

c) 弹性绳使用的蹦极跳次数已达到所规定的最大跳跃次数。

d) 弹性绳遭受破坏，或接触了腐蚀性的化学物质或溶剂。

e) 其他危及安全使用的情况。

4.6.8 绑腰式和绑背式蹦极应配备抱枕，抱枕应固定可靠，防止其沿弹性绳上下滑动。

4.7 安全附件

4.7.1 安全附件应有合格证或型式试验报告，动态安全系数应不小于5。安全附件之间以及安全附件与弹性绳、弹跳者、塔架之间的连接和固定位置应安全可靠。安全附件应有破断载荷不小于20 kN的测试报告或证明资料。

4.7.2 弹性绳与跳跃装备连接的卡扣应为闭锁结构。高空蹦极使用的弹性绳与人连接的卡扣应反向成对使用。

4.7.3 各种安全附件应规定使用寿命，并按期更换。

4.7.4 用于握持或下降的绳索最小直径应不小于11 mm，绳索材料应由合成纤维或性能相似的材料制成，应能承受拉伸和冲击载荷。

4.7.5 扁带连接方式应安全可靠（打结或缝制），采用缝合连接的，其缝合长度应为其宽度的2倍。

4.7.6 跳跃装备应有合格证，背带、扁带和踝部绑带应安全可靠。蹦极者穿戴的各种安全防护装置应能根据蹦极者的体型进行适当调整。跳跃装备上的锁扣应牢固可靠，破断拉力不小于6 000 N。

4.7.7 当使用绳结方式连接时，绳结应牢固可靠，绳结的自由端长度应不小于4倍的绳宽。

4.7.8 弹跳者的背带应为全身安全吊带或带有背带的悬坐式安全带。

4.8 钢丝绳和牵引绳

4.8.1 钢丝绳应符合GB 8918的相关规定，并有质量合格证明。

4.8.2 钢丝绳的端部应用紧固装置固定，固定效率不小于80%，固定方法应符合GB 8408的要求。

4.8.3 钢丝绳磨损应符合GB 8408的规定。

4.8.4 应设置防止钢丝绳从滑轮上脱落的装置和防止钢丝绳打折或缠绕的装置。

4.8.5 应设置钢丝绳防过卷和防松弛装置。

4.8.6 钢丝绳的终端在卷筒上应留有不少于3圈的余量。

4.8.7 小型蹦极牵引绳（静力绳）可选用尼龙纤维绳或钢丝绳，牵引绳应有破断拉力不小于10 kN的测试报告或证明资料。牵引绳端部应可靠紧固，固定效率不小于80%，固定方法应符合GB 8408的要求，应设置防止牵引绳过卷位置。

4.8.8 滑轮仅能作为导向轮使用，当钢丝绳对滑轮包角不大于90°时，滑轮直径与钢丝绳直径之比应不小于20。提升乘人装置用的卷筒与钢丝绳直径之比应不小于30。小型蹦极的滑轮或卷筒与钢丝绳的直径之比应不小于10。设计时应规定钢丝绳使用寿命。

4.9 电气系统

电气系统应符合GB 8408的规定。

4.10 其他要求

4.10.1 在蹦极入口处应有体重称量装置和血压计,并有记录。

4.10.2 高于 20 m 的塔架或蹦极的平台均应设有风速计。

4.10.3 位于弹跳平台、接应区、入口处等部位的工作人员应配备可靠的通讯设备和必要的音响信号装置。

4.10.4 蹦极应视野开阔,工作人员能观察弹跳者的从准备到安全着陆的整个过程。

4.10.5 蹦极入口处的醒目位置应有标示牌,标明详细的游客须知。

4.10.6 当遇到雨、雪、冰雹、雷电、大雾及风速大于 15 m/s 等可能影响蹦极正常使用的情况时应停止使用。

4.10.7 弹跳区应备有一套紧急救护装备(包括医疗救助箱),同时有 2 名以上的受过专业培训的人员,以便突发事故时,在现场做紧急救护。

5 制造与安装

制造与安装应符合 GB 8408 的相关规定。

6 安全要求

6.1 弹跳运动区域、安全空间和弹跳总空间的要求

6.1.1 高空蹦极的弹跳运动区域应满足以下要求:

a) 当跳跃高度≤40 m 时,弹跳运动区域前向、后向、侧向距离均应≥8 m;

b) 当跳跃高度>40 m 时,弹跳运动区域前向、后向、侧向距离均应≥10 m。

6.1.2 高空蹦极的弹跳总空间应符合以下要求:

a) 上部安全空间:反弹最高点与平台下缘的竖向距离应不小于运行高度的 7%,并不小于 2 m。

b) 底部安全空间(下落最低点距着陆区域的安全距离):

——当跳跃高度≤40 m 时,竖向距离≥3 m;

——当跳跃高度>40 m 时,竖向距离≥4 m。

c) 侧向安全空间:从弹跳运动区域边缘向外延伸的水平距离应不小于弹跳运动区域边缘的任意点到弹跳点的投影点对应距离的 20%。

6.1.3 当弹跳总空间的底部不是平坦地面时,底部安全空间应以弹性绳最大伸长量的弧线范围进行计算。

6.1.4 弹射蹦极的弹跳总空间应符合以下要求:

a) 弹射蹦极上部安全空间内不应有电线、电缆等。

b) 座舱弹射点向上的安全距离应不小于塔架高度的 2 倍。

c) 弹射蹦极的弹跳运动区域为圆柱体,其底部圆心为弹射点,圆柱体直径应不小于 5 m。

d) 弹射蹦极的安全空间为前向、后向和侧向与弹跳运动区域的安全距离不小于 5 m。

注:弹跳运动区域、安全空间和弹跳总空间可参考附录 A 进行测试。

6.1.5 小型蹦极跳跃区上部安全距离不应小于 3 m,侧向的安全距离(运动过程中人体的各部分与障碍物之间最短距离)不应小于 0.5 m。

6.1.6 弹跳者在自由落体运动和回弹运动过程中不应进入安全空间,否则设备应停止运行。

6.2 提升、下降装置及传动系统的要求

6.2.1 传动系统、提升、下降装置应运行平稳可靠，运行中不应有异常的冲击振动。

6.2.2 应在确认游客和乘坐物已停止跳跃后，方可起动卷扬机提升或下放游客。操作者能够观察弹跳者的回收过程，并且能够在必要的情况下停止回收。

6.2.3 弹射蹦极应在显著位置设有座舱被拉紧后的位置标识，且应在此位置至少停留 3 s，确认系统安全后方可释放电磁铁，以防由于特殊原因导致意外（钢丝绳打绞、扭曲或因油管爆裂发生意外）。

6.3 弹性绳

6.3.1 高空蹦极的弹性绳在弹跳者设计载荷范围下其最小伸长量应不小于无载长度的 2.5 倍，对所有形式蹦极的弹性绳在最大动载荷下最大伸长量应不超过无载长度的 4 倍。

6.3.2 弹性绳应规定最大使用次数，该次数应通过试验数据确定。

6.3.3 高空蹦极弹性绳应装有安全绳，其拉直长度应等于弹性绳的有效拉伸量，高空蹦极安全绳拉直后应保证跳跃者离水面或地面的最小距离不小于 3 m。

6.4 弹射蹦极座舱及锁定装置的要求

6.4.1 座舱应结构合理，牢固可靠。座椅应设置头部靠枕，座椅尺寸和乘人安全束缚装置应符合GB 8408 的规定。座舱表面应无外露的锐边、尖角、毛刺和危险凸出物等。

6.4.2 座舱应配置锁定装置，保证锁定可靠和释放灵活。使用电磁铁做锁定装置的，电磁铁吸力应满足设计要求，并设置保险措施。

6.5 应急救援

设备发生故障时，针对弹跳者和游客应有必要的疏导措施和应急救援装备，能够及时将弹跳者和其他等待游客解救下来，疏导至安全区域。

7 试验方法

7.1 一般试验要求

7.1.1 试验前应使蹦极具备正常的技术状态，以保证试验结果的正确性。同时为保证安全及试验顺利进行，应尽力消除各种隐患，避免发生意外事故。

7.1.2 根据试验要求选择相应精度的检测仪器和量具。各种检测仪器和量具应检定合格或在校准的有效期内。风速计的精度要求不超过±0.4 m/s。风速按照 GB/T 18204.15 规定的方法测量。基本参数、重要线性尺寸和角度尺寸检验采用钢卷尺、钢直尺、游标卡尺、万能角度尺等通用量具检查。

7.1.3 试验前应检查蹦极各部件、附件、附属装置的完整性，各处紧固件的紧固程度，各润滑点的润滑、密封程度。

7.1.4 试验条件应满足以下要求：

a） 在露天试验时风速应不大于 8 m/s；

b） 环境温度应为 0 ℃～40 ℃，相对湿度宜不大于 85%；

c） 试验载荷与其设计载荷值的误差应不超过±5%。

7.1.5 各种运行试验中，零部件不应有永久变形及损坏现象。试验时做好试验记录，并建档备查。

7.1.6　试验后对于有问题或疑问的部件应进行拆检，对发现的问题及时判明原因，并做好详细记录。各项试验结束后，应编写有明确结论的试验报告。

7.2　弹跳运动区域、安全空间和弹跳总空间的试验

7.2.1　按照弹性绳的最大载荷、最小载荷、额定载荷 3 种情况模拟实际工况，每种工况不少于 30 次。

7.2.2　模拟运行试验中，用钢卷尺(或激光测距仪)测量反弹最高点与平台(或障碍物)下缘的竖向距离为上部安全距离。弹跳过程中的下落最低点距着陆区域的竖向距离为底部安全距离。以弹跳点在地面的垂直投影为起点，以弹跳者在弹跳过程中的最大前向、最大后向、最大侧向的垂直投影为末端，其测量值为该蹦极的前向距离、后向距离、侧向距离。

7.3　提升、下降装置及传动系统的试验

7.3.1　按照弹性绳的最大载荷、最小载荷、额定载荷 3 种情况模拟实际工况，每种工况不少于 30 次。

7.3.2　模拟运行试验中，目视及感观检查，传动系统、提升、下降装置运行平稳可靠，运行中不产生异常的冲击振动，各种连接无松动现象。

7.3.3　模拟运行试验中，目视检查，操作者能够观察弹跳者的回收过程，按动停止按钮，能够停止回收。

7.3.4　弹射蹦极的模拟运行试验中，操作者通过控制系统在上升最低位置至少停留 3 s，目视和感观检查，滑轮组没有明显位移，液压气动系统无泄露，钢丝绳无打绞、扭曲现象，则判定为合格。

7.4　弹性绳的试验

7.4.1　模拟实际工况，通过试验机，在 100 mm/min～500 mm/min 的拉伸速度下，在力作用点施加载荷，将弹性绳试件分别拉伸至试件原长度的 2.5 倍、4 倍。当试件拉伸 2.5 倍长度对应的拉伸载荷值大于设计载荷，且试件拉伸 4 倍长度对应的拉伸载荷值小于设计最大动载荷时，判定为合格。

7.4.2　弹性绳疲劳试验应符合以下规定条件：

a)　将弹性绳试件安装于试验机上，拉伸 50 次，确认试件无异常后再进行疲劳试验；

b)　设定拉伸次数 1 000 次，进行等幅度拉伸疲劳试验，弹性绳最大力衰减幅度不大于 20%为合格。

7.4.3　按照蹦极绳最大载荷模拟运行试验，弹跳过程中的下落最低点距着陆区域的竖向距离不小于3 m，则为合格。

7.5　弹射蹦极座舱及锁定装置的测量和试验

7.5.1　座舱结构

用钢板尺测量安全带宽度，测量不少于 3 个点，取最小值。对其强度有质疑时，应检查型式试验报告，必要时重新做型式试验。安全压杠应逐一检验，是否有影响安全的空行程，动作是否可靠。锁紧装置是否安全可靠，且运行中不会自行开锁或被乘客打开。

7.5.2　座舱尺寸

7.5.2.1　座席宽度

测量其两内侧面距离，座席上、下宽度不等时，取其最大和最小宽度的平均值。

7.5.2.2 **座席靠背高度**

测量座席表面到靠背上边缘距离。相同形式的座席测量不少于3个,取其最小尺寸,不同形式的座席,测量尺寸最小的一种。

7.5.3 **座舱锁定装置**

模拟运行试验中,目测和感观判断,检查锁定装置是否可靠。

7.6 **应急救援的试验**

模拟动力电源突然断电或设备发生故障,操作人员和工作人员能够借助应急救援装备,采取安全有效的疏导措施,将蹦极者和游客疏导到安全区域。

附 录 A
（资料性附录）
弹跳运动区域、安全空间和弹跳总空间

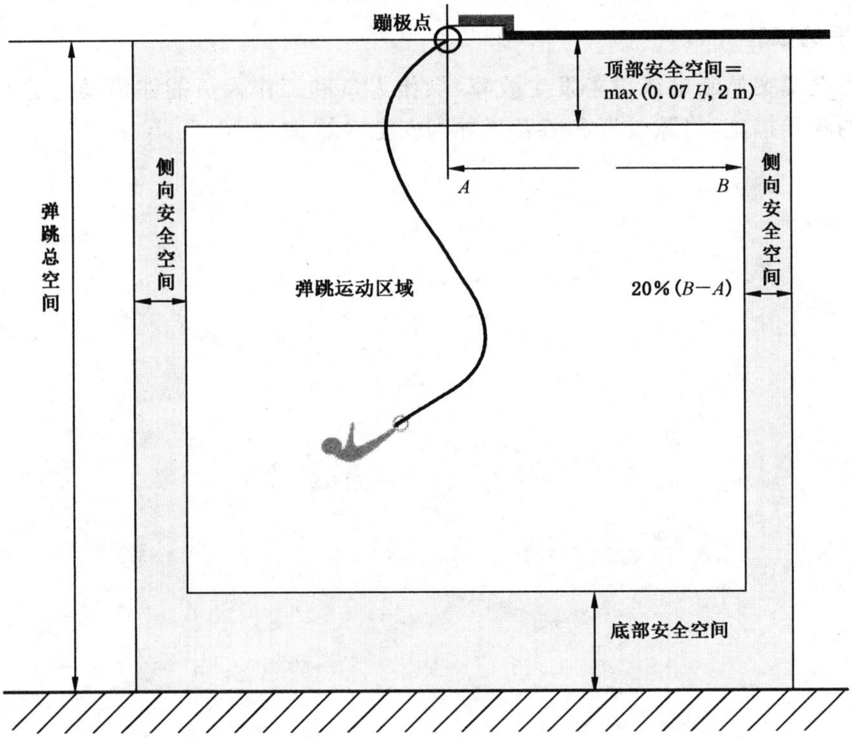

说明：

A ——弹跳点向地面投影线上的任意点；

B ——弹跳运动区域边缘的任意点。

图 A.1 高空平台蹦极主视图

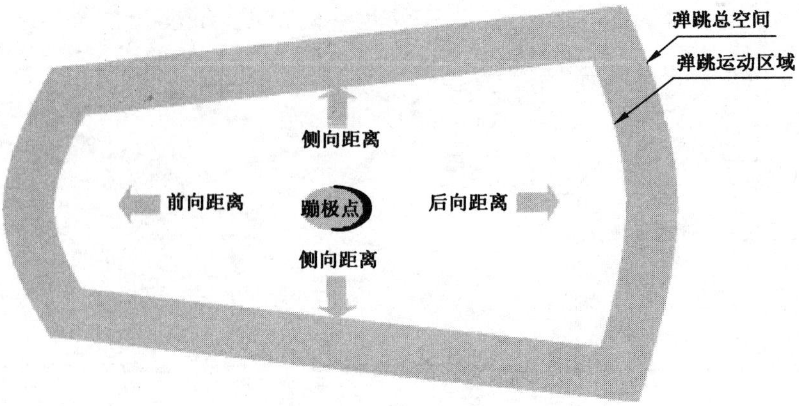

图 A.2 高空平台蹦极俯视图

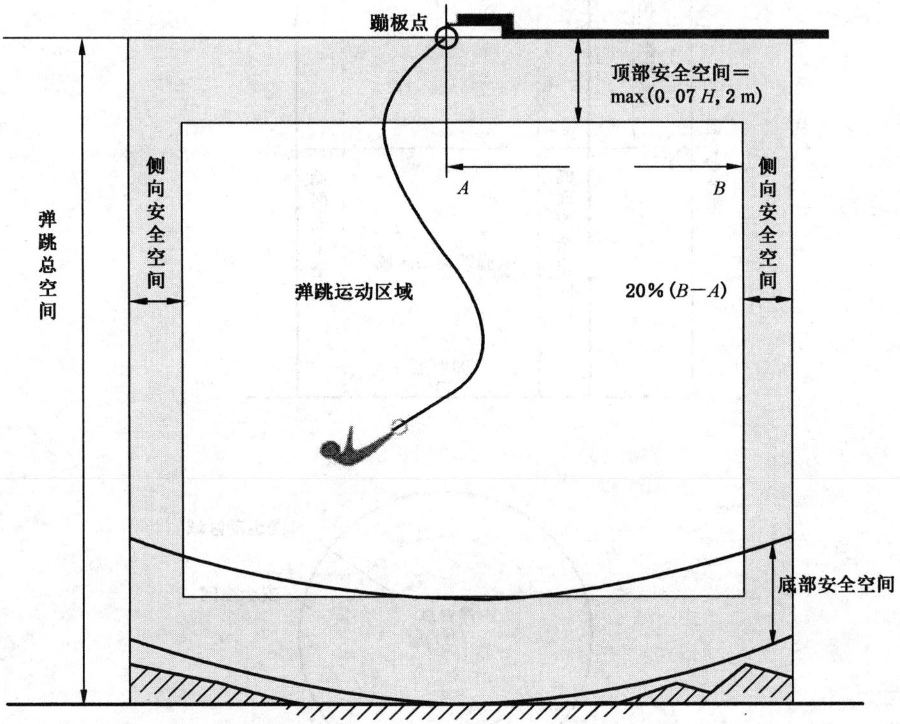

说明：

A ——弹跳点向地面投影线上的任意点；

B ——弹跳运动区域边缘的任意点。

图 A.3　在非平坦地面的底部安全距离(主视图)

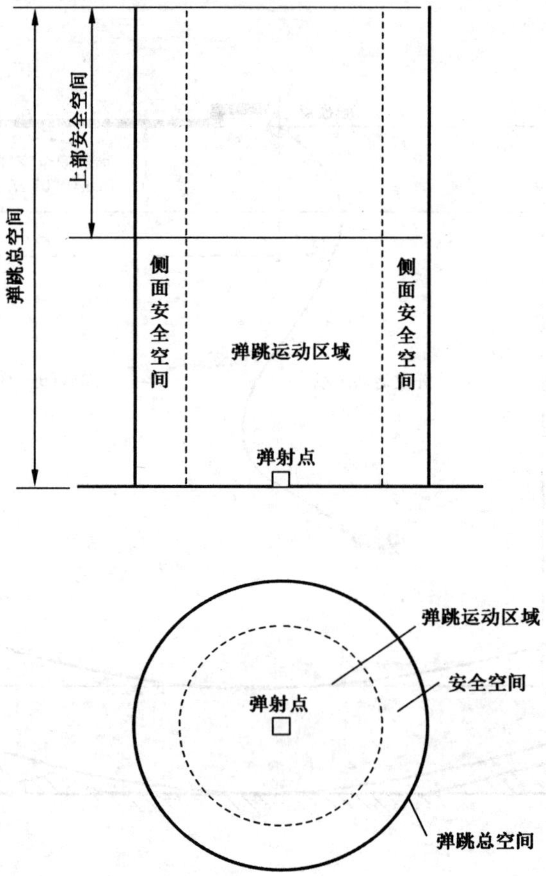

图 A.4 弹射蹦极主视图和俯视图

参 考 文 献

[1] GB 28265—2012 游乐设施安全防护装置通用技术条件

ICS 97.200.40
Y 57

中华人民共和国国家标准

GB/T 31258—2014

滑索通用技术条件

Specifications of strop

2014-12-05 发布

2015-06-01 实施

中华人民共和国国家质量监督检验检疫总局
中国国家标准化管理委员会 发布

前　言

本标准按照 GB/T 1.1—2009 给出的规则起草。

本标准由全国索道与游乐设施标准化技术委员会(SAC/TC 250)归口。

本标准起草单位:中国特种设备检测研究院、北京起重运输机械设计研究院、重庆市特种设备检测研究院、广东省特种设备检测院、哈尔滨鸿基索道工程有限公司、诸暨市新飞娱乐设备制造厂、葫芦岛市奔腾索道有限公司、锦州北普陀风景名胜区管理处、新乡市新世纪体育游乐用品有限公司、济宁鲁科检测器材有限公司。

本标准主要起草人:詹蕴鑫、黄鹏智、梁海燕、郑志涛、鄂立军、易水洪、陈少鹏、涂洪森、赵海潮、王昆、杜宏军、陈清潮、马军。

滑索通用技术条件

1 范围

本标准规定了乘坐人数不大于4人的滑索的基本设计要求、技术要求、制造与安装和试验方法。

本标准适用于滑索的设计、制造、安装、试验。

2 规范性引用文件

下列文件对于本文件的应用是必不可少的。凡是注日期的引用文件,仅注日期的版本适用于本文件。凡是不注日期的引用文件,其最新版本(包括所有的修改单)适用于本文件。

GB/T 4162 锻轧钢棒超声检验方法

GB 8408—2008 游乐设施安全规范

GB 8918 重要用途钢丝绳

GB 50007 建筑地基基础设计规范

GB 50010 混凝土结构设计规范

GB 50017 钢结构设计规范

GB 50135—2006 高耸结构设计规范

JB/T 4730.4 承压设备无损检测 第4部分:磁粉检测

JB/T 4730.5 承压设备无损检测 第5部分:渗透检测

3 基本设计要求

3.1 滑索的设计应计算正确、结构合理并能保证乘人安全。

3.2 滑索的设计文件

a) 滑索的设计文件应包括设计计算书、设计说明书、使用维护说明书以及符合国家有关标准的全套设计图样。

b) 设计说明书中应有风险评价内容,风险评价应至少包括:

——乘人停滞滑行途中采取的应急救援措施分析;

——滑索各部件二次保护的实效性分析;

——带牵引装置滑索应按照附录A的要求进行分析。

c) 使用维护说明书中应至少包括以下要求:

——同一条滑索上应禁止两辆滑车同时滑行;滑索停运时,应将滑车拆下或锁住;

——当遇到雨、雪、冰霜、雾以及风速大于8 m/s的天气时,滑索应停止运行;

——应急救援措施制定应详尽,且具备可操作性;

——操作人员应配备安全防护装置,防止操作人员意外坠落;

——规定固定钢丝绳金属结构的设计使用期限。

3.3 滑索线路和站址应避免建在下列地区:

——山地风口、高压线周围 25 m 内；

——有雪崩、滑坡、塌方、溶洞、风暴、海啸、洪水、火灾等危及滑索运行安全的地区。

3.4 滑索的设计计算载荷包括永久载荷、活载荷、人员活动区域载荷，载荷选取应符合 GB 8408—2008 中 4.2～4.4 的规定；人体迎风面积取 0.3 m^2；冲击系数取 1.1(钢丝绳载荷不考虑冲击系数)；属于裹冰区的，应按 GB 50135—2006 的规定考虑裹冰工况，钢丝绳裹冰载荷计算应符合附录 B 的规定，裹冰状态下的钢丝绳不应破断，固定钢丝绳金属结构不应失稳。

3.5 承载索、牵引索、滑行小车所有构件安全系数应不小于 5；固定钢丝绳金属结构安全系数应不小于 3.5，抗倾覆安全系数应按 GB 8408—2008 中表 4 的规定选取。

3.6 塔架应按 GB 50017 规定设计。

4 技术要求

4.1 钢丝绳

4.1.1 承载索、牵引索应符合 GB 8918 的要求。承载索应采用线接触、镀锌钢丝绳，且直径应不小于12 mm；牵引索应采用线接触、纤维芯钢丝绳，且直径应不小于 6 mm。

4.1.2 承载索宜采用双绳，各承载索受力应均匀。

4.1.3 承载索应有张力调节装置或张力调整措施，出发站和到达站的固定端应采取有效的防松措施并设置二次保护。

4.1.4 承载索、牵引索的断丝和磨损应符合 GB 8408—2008 中表 18 的相关要求。

4.1.5 牵引索的弯曲直径与钢丝绳直径之比不小于 30，回收装置用钢丝绳的弯曲直径与钢丝绳直径之比不小于 20。

4.1.6 承载索应至少每 6 年更换 1 次。

4.2 滑车与滑行装备

4.2.1 滑车应设有防止其从钢丝绳上脱落的装置。

4.2.2 滑车滑轮轴应有二次保护。按照 6.6 的规定进行试验，滑车不应从钢丝绳脱落。

4.2.3 滑车应按照 6.4 的规定进行载荷试验，滑车结构不应产生破坏；滑行装备应提供破断拉力不小于 6 000 N/人的测试报告或证明。

4.2.4 编织物型式的滑行装备应按照 6.5 的规定进行负载试验，不应出现损坏现象。

4.2.5 滑行装备吊挂部分宜设有二次保护。

4.2.6 座舱型式的滑行装备应配置安全带。

4.3 制动(缓冲)装置

4.3.1 滑索的到达站应设置两套独立的制动(缓冲)装置，制动(缓冲)装置应使乘客平稳、安全地到达停止点。滑车制动前，运行速度应按照 6.3 的规定进行测试，滑车最大进站速度应不大于 6 m/s。

4.3.2 滑索的到达站应设置缓冲防护垫，防护垫的固定方式应可靠，其型式应切实起到缓冲保护作用；防护垫宜采用软性泡沫塑料填充，缓冲垫尺寸应不小于 1.5 m(高)×1.5 m(宽)，其厚度应不小于400 mm。制动装置应按照 6.7 的规定进行测试，滑车经过停止点时的运行速度应小于 1 m/s。

4.4 回收装置

4.4.1 回收装置应设有限位装置并操作简单、性能可靠。

4.4.2 回收装置应设置防止绳索从滑轮上脱落的装置和防止绳索打折或缠绕的装置。

4.4.3 电动回收装置应设防过卷装置。

4.5 站房

4.5.1 站房塔架楼梯的设置应便于乘客的集散，其尺寸应符合 GB 8408—2008 中 7.8.4 的规定；安全栅栏应符合 GB 8408—2008 中 7.8.1 的规定。

4.5.2 滑索的出发站应分别设置等待区和出发区；等待区与出发区应有隔离措施。

4.5.3 滑索出发站等待区应悬挂符合国家标准规定的警示标志，设置乘客须知且应在乘客须知中显著标识乘客的乘坐限制条件，并在显著位置标识乘人进站动作的提示。

4.5.4 滑索出发站应设置安全可靠的乘客放行装置。

4.5.5 滑索出发站、到达站的站台出、入口处与相邻地面（或水面）高差大于 2 m 时应增设安全防护网，防护网尺寸应不小于 2 m（长）×2 m（宽）。

4.5.6 滑索高点应设置风速计。

4.5.7 滑索在出发站和到达站均应配备对讲机或专用电话等通讯器材。

4.6 电气要求

电气要求应符合 GB 8408—2008 中第 6 章的规定。

5 制造与安装

5.1 滑索制造与安装要求应符合 GB 8408—2008 中第 8 章的相关规定。

5.2 滑索与障碍物的距离应不小于 1.5 m。跨距小于 360 m 时，相邻滑索距离应不小于1.5 m；跨距不小于 360 m 时，相邻滑索距离应不小于 2.0 m。当滑索跨越行人通道时，承载索距地面高度应不小于6.5 m；当滑索跨越公路、铁路、电线、通航河流湖泊时，彼此应互不影响。

5.3 滑索的基础工程应符合 GB 50010、GB 50007 的规定。

5.4 滑行小车的滑轮轴、吊挂金属结构的焊缝应进行 100%磁粉或渗透探伤，滑轮轴直径大于 30 mm 时应进行 100%的超声波探伤。采用磁粉或渗透探伤时，探伤方法及其质量评定应按照 JB/T 4730.4 和 JB/T 4730.5 的有关规定执行，检验质量等级不低于Ⅲ级；采用超声波探伤时，探伤方法及质量评定应按照 GB/T 4162 中有关规定执行，检验质量等级不低于 A 级。

6 试验方法

6.1 试验条件

6.1.1 试验时风速应不大于 8 m/s。

6.1.2 除特殊要求外，试验时的环境温度一般在 −5 ℃～40 ℃之间，环境相对湿度不大于 85%。

6.1.3 试验载荷分为额定载荷(750 N/人)和超载载荷(超载 25%)，试验载荷误差不超过 5%。

6.2 试验仪器与量具

6.2.1 根据试验要求，选择相应精度的测试仪器及量具。

6.2.2 用于测试的仪器、仪表和其他测量工具在测试前应进行校对。

6.3 滑车运行速度试验

滑索安装完成后，滑车从上站下滑至下站（额定载荷与超载工况），用雷达测速仪测量载荷进站速度。

6.4 滑车载荷试验

滑车出厂时，抽取 10％的同批次样品，每个滑车吊装 7 500 N 载荷 ，静置 30 min，目视检查。

6.5 编织物型式滑行装备负载试验

将编织物型式滑行装备吊装 7 500 N 载荷，静置 5 min，目视检查。

6.6 滑车防脱落试验

滑车从上站下滑至下站(额定载荷和超载工况)，运行 50 次，目视检查。

6.7 制动装置试验

滑车从上站下滑至下站停止点(额定载荷工况)，用雷达测速仪测量载荷经过停止点时的速度。

6.8 试验报告

各种试验和测试结束后，应编写试验报告。

附 录 A
（规范性附录）
带牵引装置滑索的要求

除自行下滑型式的滑索外，滑索在乘人滑行过程中，如需牵引装置控制乘人滑行速度，则牵引力的方向应始终与滑行方向相反；如在滑行过程中出现牵引力大于乘人重力分力的情况，且牵引力方向与滑行方向相同时，则设备在设计说明书中应增加传动系统失效及牵引装置失效后的风险评价内容，并根据风险评价内容增加保险措施。

附 录 B
（规范性附录）
钢丝绳裹冰载荷计算

B.1 裹冰厚度可按下列经验数值分析采用：

a) 重裹冰区：川东北、川滇、秦岭、湘黔、闽赣等地区，基本裹冰厚度可取 10 mm～30 mm；

b) 轻裹冰区：东北（部分）、华北（部分）、淮河流域等地区，基本裹冰厚度可取 5 mm～10mm。

其余地区可在设计计算中不考虑裹冰工况。

B.2 单位长度上的裹冰荷载可按式(B.1)计算：

$$q_1 = \pi b \alpha_1 \alpha_2 (d + b\alpha_1\alpha_2)\gamma \cdot 10^{-6} \qquad \text{(B.1)}$$

式中：

q_1 ——单位长度上的裹冰荷载，单位为千牛每米(kN/m)；

b ——基本裹冰厚度，单位为毫米(mm)；

d ——钢丝绳直径，单位为毫米(mm)；

α_1 ——与钢丝绳直径有关的裹冰厚度修正系数，按表 B.1 选取；

α_2 ——裹冰厚度的高度递增系数，按表 B.2 选取；

γ ——裹冰重度，一般取 9 kN/m^3。

表 B.1 与钢丝绳直径有关的裹冰厚度修正系数 α_1

直径/mm	5	10	20	30	40	50	60	70
α_1	1.1	1.0	0.9	0.8	0.75	0.7	0.63	0.6

表 B.2 裹冰厚度的高度递增系数 α_2

离地高度/m	10	50	100	150	200	250	300	350
α_2	1.0	1.6	2.0	2.2	2.4	2.6	2.7	2.8

ICS 97.200.40
Y 57

中华人民共和国国家标准

GB/T 39080—2020

游乐设施虚拟体验系统通用技术条件

Specification of amusement rides virtual experience facility

2020-09-29 发布　　2021-04-01 实施

国家市场监督管理总局
国家标准化管理委员会　发布

前　言

本标准按照 GB/T 1.1—2009 给出的规则起草。

本标准由全国索道与游乐设施标准化技术委员会(SAC/TC 250)提出并归口。

本标准起草单位:华强方特文化科技集团股份有限公司、中国特种设备检测研究院、深圳华侨城文化旅游科技集团有限公司、江苏金刚文化科技集团股份有限公司、中国航天员科研训练中心、中山市金马科技娱乐设备股份有限公司、广东长隆集团有限公司。

本标准主要起草人:戎志刚、沈功田、刘辉、张勇、李坚、孔凡新、宛西原、胡斌、梁朝虎、肖原、刘然、文红光、刘喜旺、林伟明、张永、刘书娟、王鹏勃、贾晨。

游乐设施虚拟体验系统通用技术条件

1 范围

本标准规定了游乐设施虚拟体验系统的总则、技术要求、检验检测与试验方法、随机文件、标志、包装、运输和贮存。

本标准适用于游乐设施虚拟体验系统。

2 规范性引用文件

下列文件对于本文件的应用是必不可少的。凡是注日期的引用文件，仅注日期的版本适用于本文件。凡是不注日期的引用文件，其最新版本(包括所有的修改单)适用于本文件。

GB/T 191 包装储运图示标志

GB 4706.1 家用和类似用途电器的安全 第1部分:通用要求

GB/T 5226.1—2019 机械电气安全 机械电气设备 第1部分:通用技术条件

GB 5749 生活饮用水卫生标准

GB 8408—2018 大型游乐设施安全规范

GB 8898—2011 音频、视频及类似电子设备 安全要求

GB/T 11021 电气绝缘 耐热性和表示方法

GB/T 13306 标牌

GB/T 13384 机电产品包装通用技术条件

GB/T 14471 头戴耳机通用规范

GB/T 18312 双筒望远镜检验规则

GB/T 18910.61 液晶显示器件 第6-1部分:液晶显示器件测试方法 光电参数

GB/T 19670 机械安全 防止意外启动

GB/T 20306 游乐设施术语

GB/T 26572 电子电气产品中限用物质的限量要求

GB/T 28037 信息技术 投影机通用规范

GB/T 28047 厅堂、体育场馆扩声系统听音评价方法

GB/T 28049 厅堂、体育场馆扩声系统设计规范

GB/T 34371 游乐设施风险评价 总则

GB/T 36617 数字影院质量 银幕亮度、色度和均匀度

GB 50231—2009 机械设备安装工程施工及验收通用规范

SJ/T 11281—2017 发光二极管(LED)显示屏测试方法

SJ/T 11292 计算机用液晶显示器通用规范

SJ/T 11348—2016 平板电视显示性能测量方法

3 术语和定义

GB/T 20306 界定的以及下列术语和定义适用于本文件。

3.1

虚拟现实　virtual reality

采用技术手段产生的运动、影像、光、声、风、温度、压力、气味等可感知的模拟环境。

3.2

虚拟体验　virtual experience

通过虚拟现实技术,使乘客沉浸在部分或完全的虚拟的环境中,实现身体运动、视、嗅、听、触等一体化感知和体验的过程。

3.3

游乐设施虚拟体验系统　amusement rides virtual experience facility

由动感装置、交互性装置、特效装置、特技装置和场景等组成的用于乘客虚拟体验的游乐系统。

3.4

动感装置　motion experience device

游乐设施虚拟体验系统中,用于乘载乘客的运动装置、设备或平台。

3.5

交互性装置　otherinteractive device

游乐设施虚拟体验系统中的人机交互性设备,包括位置跟踪设备、触觉装置、虚拟交互操作装置等。

3.6

特效装置　special effects device

游乐设施虚拟体验系统中,制造模拟环境效果的设备,如烟雾机、雪花机、喷水机、吹风机等设备。

3.7

特技装置　props and show equipment

游乐设施虚拟体验系统中,产生动态场景的机械模型或表演设备,如恐龙甩头咆哮、巨石滚落、火球滚出等。

3.8

穿戴体验设备　wearable device

在虚拟体验过程中,需要穿戴到乘客身上的设备,包括头戴显示设备、头戴耳机、数据衣、数据手套等。

3.9

头戴显示设备　head mounted display

一种佩戴在乘客头部的显示设备。

4　总则

4.1　游乐设施虚拟体验系统的设计、制造、安装、改造、修理、试验和检验、标志、包装、运输和贮存应满足本标准的相关要求,属于大型游乐设施的虚拟体验系统还应满足 GB 8408—2018 的规定,不属于大型游乐设施的虚拟体验系统可参考 GB 8408—2018 的规定执行。

4.2 本标准未提到的其他要求，均应按国家有关法律法规、安全技术规范和标准的规定执行。

4.3 游乐设施虚拟体验系统有以下两种常用分类方式：

a) 按承载系统分类：

——固定式的运动平台虚拟体验方式，如飞行影院、4D 影院等；

——可移动式的运动平台虚拟体验方式，如黑暗乘骑等。

b) 按视频场景展示方式分类：

——投影显示方式；

——自发光显示屏方式；

——显示头盔方式；

——全息影像方式；

——其他展示方式。

4.4 游乐设施虚拟体验系统主要技术参数，包括装机容量、单次体验时间和使用环境（含温度、湿度）等。所属装置的主要技术参数见表 1。

表 1 游乐设施虚拟体验系统主要技术参数

所属装置	参数		单位
动感装置	乘坐人数		个
	设备外形尺寸（长×宽×高）		mm
	运动自由度数量		个
	转动速度		r/min
	最大速度		m/s
	加速度		m/s^2
	运动位移	X 向位移	mm
		Y 向位移	mm
		Z 向位移	mm
	运动转角	α 仰俯角	(°)
		β 滚转角	(°)
		γ 偏航角	(°)
	额定功率		kW
	额定电压		V
穿戴体验装置（头戴显示器）	头戴显示器质量		kg
	额定功率		kW
	额定电压		V
	显示设备分辨率		dpi
	亮度与对比度		cd/m^2
	水平视角		(°)
	显示刷新率		Hz

表 1（续）

<table>
<tr><th>所属装置</th><th colspan="2">参数</th><th>单位</th></tr>
<tr><td rowspan="4">特技装置</td><td colspan="2">设备质量</td><td>kg</td></tr>
<tr><td colspan="2">设备外形尺寸(长×宽×高)</td><td>mm</td></tr>
<tr><td colspan="2">额定功率</td><td>kW</td></tr>
<tr><td colspan="2">额定电压</td><td>V</td></tr>
<tr><td rowspan="7">特效装置</td><td colspan="2">设备质量</td><td>kg</td></tr>
<tr><td colspan="2">设备外形尺寸(长×宽×高)</td><td>mm</td></tr>
<tr><td colspan="2">额定功率</td><td>kW</td></tr>
<tr><td colspan="2">额定电压</td><td>V</td></tr>
<tr><td>吹风机</td><td>最大风速</td><td>m/s</td></tr>
<tr><td>雾化机</td><td>雾化风量</td><td>m³/h</td></tr>
<tr><td>雪花机</td><td>雪花最远距离</td><td>m</td></tr>
</table>

5 技术要求

5.1 基本要求

5.1.1 游乐设施虚拟体验系统动感装置的设计文件资料应至少包括设计说明书、设计计算书、产品使用维护保养说明书、符合国家标准的全套设计图样、风险评价报告、设计验证大纲；虚拟体验装置、穿戴体验设备、特技装置和特效装置应提供风险评价报告和产品使用维护保养说明书。

5.1.2 游乐设施虚拟体验系统动感装置设计阶段应按 GB/T 34371 进行风险评价，鼓励使用阶段持续进行风险评价。风险评价应分别从设备系统角度(如设备运行环境、设备周围障碍物、人为因素、意外因素、卫生与消毒、应急救援等)、受力结构与受力零部件、电气控制系统与部件、虚拟体验装置、穿戴体验设备、特技装置、特效装置等进行风险评价，并对单一失效点进行辨识。设计阶段应避免不可接受风险，不应有不可检测和监测的单一失效点。

5.1.3 单次体验时间不宜超过 30 min。

5.2 乘载系统

5.2.1 带有舱门的乘载系统，舱门的锁紧装置应开关灵活，锁紧可靠。

5.2.2 舱门的设计应减少夹点和夹紧区域，不可避免时，应设有警示标志。

5.2.3 乘载系统与乘客束缚装置的设计应考虑穿戴体验设备给乘客的活动或行动造成的不便，避免造成人员伤害。

5.2.4 乘客束缚装置固定牢靠，锁紧可靠，安全压杠与人体接触部位应有软体缓冲物。

5.2.5 按照 GB 8408—2018 加速度分区要求，加速度在 4 区和 5 区的乘载系统，应设置两套独立的乘客束缚装置或一套失效安全的束缚装置，安全压杠应设至少两套锁紧装置，锁紧装置应便于检查。

5.2.6 乘客需穿戴体验器材上下乘载系统时，乘载系统应考虑扶手等安全措施。

5.2.7 乘载系统或体验区域内不应有锐边、尖角和危险突出物等易导致乘客伤害的障碍物。

5.2.8 乘客束缚装置与头戴显示设备、穿戴设备不会发生干涉，需安装在乘载系统上的头戴显示设备和穿戴设备的外部器材应固定可靠。

5.3 电气控制系统

5.3.1 安全相关电气控制系统应符合故障-安全原则，设计时应至少考虑信号采集、控制线路断线、供电线路断线、短路、接地等故障时导向安全。

5.3.2 交互式游乐设施虚拟体验系统宜设置可由乘客操作的报警按钮或开关。

5.3.3 具有联锁要求的乘客束缚装置，任何一个乘客束缚装置未处于锁紧状态时，系统不能启动，且宜有相应的状态指示。

5.3.4 系统应配备防止意外启动的装置，防止意外启动的安全措施应符合 GB/T 19670 和 GB/T 5226.1—2019 中 5.4 的规定。

5.3.5 在系统运行过程中，操作人员操作时应能看清人员上下及设备运行情况，不能看清时应增加视频监视系统，监控显示画面应清晰无干扰。

5.3.6 在动感装置上的控制系统电子元器件宜采取抗振动措施。

5.4 动感装置

5.4.1 动感装置运动姿态宜采用空间六自由度描述方式，给出动感装置的运动空间范围，包括沿三个空间坐标轴的移动范围（沿 X 轴、Y 轴、Z 轴的移动距离）和转动范围（与 X 轴夹角的仰俯角、与 Y 轴夹角的滚转角、与 Z 轴夹角的偏航角）。

5.4.2 动感装置速度和加速度的选取应考虑穿戴体验设备载荷对人体的影响，防止加速度因穿戴载荷对人体造成伤害。

5.4.3 动感装置的设计应保证运行平稳可靠，不准许有异常的声响、振动、冲击及卡滞现象。

5.4.4 动感装置宜配置运动行程检测装置和运动范围超限报警装置。

5.4.5 动感装置的液压缸（气缸）的活塞杆在规定行程和速度范围内移动，不应有振动、爬行和停滞现象，换向和卸压不得有异常的冲击现象，活塞杆在运动极限位置应有缓冲措施。

5.4.6 动感装置液压系统油温不应超过 60 ℃。

5.4.7 采用电动机驱动的电动伺服缸的电动机耐热性应符合 GB/T 11021 的规定，伺服缸的工作温度不应超过 80 ℃。

5.4.8 聚氨酯轮和橡胶轮使用温度应小于所选材料允许的最高温度，工作温度不宜超过 70 ℃。

5.4.9 多台移动式虚拟体验动感车应设置安全可靠的防撞措施和缓冲装置。

5.4.10 移动式虚拟体验动感车的转向机构应灵活、可靠，不应有卡滞现象。

5.4.11 移动式虚拟体验动感车的轨道应给出允许的轨迹偏差，若未指定轨道轨迹偏差，轨道轨迹偏差应小于 20 mm，且车辆运行应在运行安全包络线范围内。

5.4.12 实心轮胎使用的轨道面设计公差应不超过 3/3 000，充气橡胶轮胎使用的轨道面设计公差应不超过 5/1 000。

5.4.13 轨道表面应平整，轨道对接处过渡应平滑。

5.4.14 动感装置上的装饰物等应连接可靠，防止脱落。

5.5 穿戴体验设备

5.5.1 穿戴体验设备应穿戴牢靠舒适，穿戴和脱取方便，有外接电缆线或绳索牵挂的穿戴体验设备应避免线缆对乘客的缠绕。

5.5.2 有外接电源的穿戴设备,穿脱时应断开外接电源。

5.5.3 穿戴体验设备及由乘客操作的电器开关应采用不大于 24 V 的安全电压。

5.5.4 穿戴体验设备与乘客直接接触部位的温度应在 45 ℃以下,其他零部件的发热和升温应符合GB 8898—2011 中第 7 章的规定。

5.5.5 穿戴体验设备中有毒有害物质的限量要求应符合 GB/T 26572 的规定。

5.5.6 与乘客皮肤有直接接触体验设备的表面材料,应不会对乘客造成过敏或不适。

5.5.7 非一次性的穿戴设备与虚拟体验操纵手柄的设计,应便于清洁、消毒或灭菌处理。

5.6 视频、音频设备

5.6.1 虚拟现实系统的音频、视频电子设备的安全应符合 GB 8898—2011 的规定。

5.6.2 显示设备(含头戴显示设备)的显示刷新率不宜低于 60 Hz。

5.6.3 显示设备应有足够的显示分辨率,头戴显示设备的分辨率不宜低于 2 K 像素(2 160×1 200 像素),像素密度不宜低于 460 ppi;液晶显示屏或投影机的分辨率不宜低于 2 K 像素。无画面割裂、重影等拼接缺陷。

5.6.4 显示设备亮度应满足虚拟体验要求,数字影院银幕亮度、色度和均匀度宜符合 GB/T 36617 的规定,液晶显示器的亮度对比度应符合 SJ/T 11292 的规定,头戴显示设备的对比度 LCD 不宜低于 300∶1,OLED 不宜低于 1 000∶1。

5.6.5 头戴显示设备佩戴在头部的质量不宜大于 0.8 kg。

5.6.6 头戴显示设备的水平视场角不宜小于 96°,在视场角范围内光学畸变和色散较小,头戴显示设备校正后的畸变和色散在 30°半视场角内不宜大于 3%。

5.6.7 头戴显示设备的瞳距宜可调节,调节范围宜为 60 mm~80 mm,儿童宜在 50 mm~70 mm。

5.6.8 头戴显示设备的设计应考虑体验人员戴眼镜体验的需求,两者同时佩戴时应能佩戴稳定、安全,不易脱落。对支持视度调节功能的头戴显示设备(支持人眼屈光度调节),屈光度调节范围不宜小于 6D。

5.6.9 头戴显示设备应脱戴方便,穿戴后设备固定可靠,不会晃动、脱落。

5.6.10 显示设备固定可靠,应避免体验时播出的影像产生异常晃动。

5.6.11 声音的采样频率不宜低于 48 kHz,声音的量化深度不宜低于 16 位。

5.6.12 音频输出应支持 2.0 及以上声道。

5.6.13 采用耳机方式时,音量大小宜可调节。

5.6.14 头戴耳机的电声参数应符合 GB/T 14471 的规定,声压级应符合产品标准,声压级最大允许偏差应小于 3 dB,总谐波失真应小于 3%。

5.6.15 采用扩声系统时,宜按照 GB/T 28049 的要求设计,声学特性不宜低于扩声系统二级指标要求;在现场宜对扩声系统进行听音评价,其音质水平不应低于 GB/T 28047 规定的“中”档水平。

5.6.16 体验区域内应避免产生回声、声能集中等声缺陷。

5.6.17 影像播放应清晰,影像内容与虚拟游乐体验项目一致,图像的分辨率不宜低于 2 K。

5.7 特技特效装置与交互性装置

5.7.1 特技特效装置产生的效果,不应含有对人体有害的物质或对人体造成伤害,不污染环境。

5.7.2 特技特效装置的连接、安装和固定应安全、可靠，不得有明显抖动和脱落风险。

5.7.3 特效装置宜支持DMX(数据多路转换器)信号控制。

5.7.4 频闪和光照特效装置宜能对光照射的强度、频率和持续时间进行控制，避免对体验人员的视觉造成伤害。

5.7.5 吹风机宜能实现风速和风向可调，乘客位置的最大风速不宜大于15 m/s。

5.7.6 热风机发出的热风在乘客位置的热风温度最高不宜大于45 ℃。

5.7.7 烟雾机产生的烟雾量宜能调节，喷出的烟雾均匀轻薄、环保、无焦味、不污染镜片。

5.7.8 喷水或水雾特效装置使用的水源应符合GB 5749的规定，水温最高不宜大于45 ℃。

5.7.9 特效装置的使用消耗材料应符合安全和环保要求。

5.7.10 特效装置的热风、光照等导致温度升高的相关区域内，不应有易燃易爆的物品和装饰物。

5.7.11 特效装置中电器部分的安全要求按照GB 4706.1的规定执行。

5.7.12 力反馈装置提供作用力大小和方向适宜、安全，不会对乘客造成伤害。

5.7.13 触觉反馈装置的接触感、质感、纹理感及温度感等不会对乘客造成不适刺激和不安全的影响。

5.8 应急救援

5.8.1 动感装置发生故障、断电或其他可预见的意外情况时，应有必要的应急救援装置和乘客疏导措施，避免乘客长时间滞留，保证乘客的安全。开展应急救援工作，疏散过程应防止发生二次伤害。

5.8.2 在突发断电或紧急停止工况下，系统不准许有危及乘客安全的震动和冲击。急停按钮复位不应造成设备重新起动。

5.8.3 对于固定区域内运动平台方式的虚拟体验系统，平台高度大于2 m的应设置活动或固定的救援梯。

5.8.4 采用滑触线供电驱动的车载方式的虚拟体验系统，应急救援时应断开滑触线电源。

5.9 整机系统

5.9.1 整机系统(包括乘载系统、动感装置、穿戴体验设备、音视频设备、特技装置和特效装置等)应外观状态良好，无破损。

5.9.2 动感装置主要技术参数应符合设计要求；在使用允许的空载、满载、偏载等正常工况下对转速、转角、运动位移、速度等参数与设计计算值的允许偏差在−10%～5%之间。

5.9.3 动感装置的加速度测试，测试值不大于设计值(含冲击系数)的105%。

5.9.4 动感装置试验应包含空载、偏载和满载试验。运行试验时不准许有异常的振动、冲击、发热、声响及卡滞现象。运行试验后，机械及结构零部件不应有异常磨损、变形、脱落、永久变形及损坏等现象，电气零部件不应有脱落、损坏、异常发热现象。基础不应有不均匀沉陷和开裂。

6 检验、检测与试验方法

6.1 基本要求

6.1.1 制造单位应依据相关标准、设计文件、制造工艺和设备特点制定具体的检验、检测与试验方案。方案应包括乘载系统、电气控制系统、动感装置、穿戴体验设备、视频音频设备、特效装置、应急救援、整机系统等方面的检验、检测与试验。

6.1.2 每套系统安装调试完毕后应按制定的检验、检测与试验方案全部项目合格方可交付使用。

6.1.3 试验条件应满足以下要求：

a）游乐设施虚拟体验系统运行环境温湿度应在设计文件规定的范围内，对没有规定的温湿度环境的，环境温度应在 0 ℃～40 ℃范围内，相对湿度应在 25%～85%。

b）试验载荷与其设计载荷值的误差应不超过±5%。

c）供电系统的电源应符合 GB/T 5226.1—2019 中 4.3 的规定，接入处的电压波动不应超过额定电压的±10%。

6.1.4 试验前后应检查系统的动感装置、穿戴体验设备、视频音频设备、特效装置、乘载系统、电气控制系统、接地装置、液压与气动系统、制动装置、乘客束缚装置及其他安全装置、应急救援系统和附属装置中的零部件、元器件及其连接的完整性，与设计一致。其中，电气控制系统的检查内容至少包含电气控制元件、线路及其连接、安全联锁功能等。

6.1.5 检测各处紧固件的紧固程度，各润滑点的润滑密封程度与设计的一致性。

6.1.6 试验后应对基础、结构、重要零部件的焊接连接及螺栓连接、传动系统、电气与控制系统、接地装置、液压与气动系统、制动装置、动感装置、乘客束缚装置、穿戴体验设备、视频音频设备及其他安全装置进行检查。

6.1.7 试验后对于有问题或疑问的部件应进行检查，对发现的问题及时判明原因并采取措施，做好详细记录，必要时重新进行载荷试验。

6.1.8 各项检验结束后，应编写检验报告，报告应至少包括以下内容：

a） 检验时间、地点；

b） 设备名称、编号、主要技术参数；

c） 检验依据；

d） 检验项目的名称、要求、方法、结果、检验人员签字；

e） 检验结论；

f） 检验报告的编制、审核、批准人员签字。

6.1.9 制造单位应保存产品检验报告和检验记录、图样、质量证明文件及技术文件。

6.2 乘载系统

6.2.1 舱门锁紧试验

设备处于静止状态，对带有舱门锁紧装置的乘载系统，使用拉力计沿舱门开启方向施加 1 kN 的力，模拟打开舱门，舱门锁紧装置应有效，每扇门试验次数不少于 3 次。

6.2.2 乘客束缚装置与穿戴体验设备干涉检查试验

按照使用说明要求和操作规程，确定束缚与穿戴顺序，进行乘客束缚装置的打开与束缚操作和穿戴操作，乘客束缚装置与穿戴体验设备之间无干涉、无安全隐患。

6.2.3 束缚装置试验

针对按照 GB 8408—2018 加速度分区要求，加速度分区在 4 区和 5 区的动感装置，在静止状态下，模拟乘客乘坐时，束缚装置锁紧后，乘客应不能自行打开束缚装置，试验不少于 3 次。设有两套束缚装置的，每套束缚装置应能独立起作用，每套束缚装置试验不少于 3 次。

6.2.4 安全压杠手动打开试验

设备处于静止状态,针对设备每一个安全压杠,在安全压杠压紧到位并锁紧后,采用手动打开安全压杠锁紧装置的方式,使安全压杠释放到最大行程位置,试验不少于3次。

6.2.5 安全压杠空行程试验

设备处于静止状态,针对设备每一个安全压杠,在安全压杠压紧到位并锁紧后,用钢卷尺测量安全压杠端部游动量,其最大游动量应小于35 mm,试验不少于3次,取最大值。

6.2.6 安全压杠失电锁紧试验

设备处于静止状态,模拟失电状态(切断电源或动力),逐一检查安全压杠,工作位下的安全压杠应处于锁闭状态。试验不少于3次。

6.2.7 安全压杠锁紧装置试验

设备处于静止状态,在安全压杠闭合锁紧后,在乘客扶手位置施加设计许可的最大承载力且不应小于500 N,力的方向应垂直于压杠回转力臂连线,压杠及其锁紧装置应有效,且不应有明显变形或损伤。有两道锁紧装置时,每道锁紧装置应能独立起作用。每种类型安全压杠试验不少于3次。

6.2.8 安全带锁紧试验

束缚装置为安全带时,在束缚状态下在安全带中间位置施加设计许可的最大承载力且应符合GB 8408—2018 中6.8.2.1的要求,安全带及其固定点不应有明显变形和破裂,安全带卡扣功能完好有效,每套安全带试验不少于3次。

6.3 电气控制系统

6.3.1 运行操作试验

分别在空载、偏载、满载三种工况下,按下启动按钮,设备应能正常启动,设备正常运行一个周期后,按下停止按钮,设备应能正常停止,每种工况试验不少于3次。

6.3.2 乘客报警按钮试验

模拟正常的体验过程,舱门和乘客束缚装置均处于工作位的锁闭状态,按下报警按钮,发出有效报警信号。试验次数不少于3次。

6.3.3 联锁试验

分别在空载、偏载、满载三种工况下,现场模拟设备前序动作未准备就绪,后续动作不应启动。试验安全压杠、锁紧、舱门开闭、活动平台移动等联锁功能有效。每种工况试验次数不少于3次。

6.3.4 急停操作试验

分别在空载、偏载、满载三种工况下,分别在前、中、后不同时段,对每一个紧急停止按钮功能进行试验,按下紧急停止按钮后运动部分应减速或停止在安全位置,复位紧急停止按钮后,运动部分应保持在原位置,每种工况试验次数不少于3次。

6.3.5 绝缘电阻测试试验

测量设备带电回路和地之间、电动机的相间、变压器初次级绕组之间的电阻,每个测试点电阻应符合要求。每个测试点连续测量3次,取最小值为测量值。

6.3.6　接地电阻测试试验

测量正常情况下不带电的金属外壳与地之间的电阻,每个测试点电阻应符合要求。每个测试点连续测量3次,取最大值为测量值。

6.4　动感装置

6.4.1　动感装置动力与传动系统工作试验

分别在空载、偏载、满载三种工况下,检查动力与传动系统及其装置已具备启动和运行条件,润滑完好,无安全隐患;按正常步骤启动运行系统,采用感官(目测、听测和嗅测等)判断动感装置开机过程、运动过程和停机过程的设备运行情况,连续观察不少于30 min或3个工作周期,设备动力和传动系统运行应平稳,无爬行、异常振动、异响、发热、变形等异常现象。

6.4.2　液压系统油温检测试验

采用可测量油温的温度计或温度表,待设备连续运行一段时间(无规定时,运行时间不少于30 min)后,测量油泵进油口处的油温,测量3次取平均值。

6.4.3　电动伺服缸温度检测试验

采用精度±0.1 ℃的便携式红外测温仪(或检验合格的测温仪),待设备连续运行一段时间(无规定时,运行时间不少于30 min)后,分别测量电动伺服缸电机和轴承处位置的外壳温度,测量3次取最大值。

6.4.4　聚氨酯轮和橡胶轮温度检测试验

采用精度±0.1 ℃的便携式红外测温仪(或检验合格的测温仪),待设备连续运行一段时间(无规定时,运行时间不少于30 min)后,分别测量聚氨酯轮和橡胶轮的外圆表面和侧面的温度,侧面温度应沿半径方向至少测量3点,测量3次取外圆表面和侧面温度的最大值。

6.4.5　减速制动装置试验

分别在设计允许的空载、偏载、满载工况及可预见的故障工况下,启动减速制动功能,动感装置应能减速并停止在安全位置,每种工况下试验不少于3次。

6.4.6　限位与缓冲试验

动感装置的运动装置有限位和缓冲装置时,分别在设计允许的空载、偏载、满载工况及可预见的故障工况下,模拟限位和缓冲工况,限位装置和缓冲装置有效,每种工况试验次数不少于3次。若现场无法模拟或设备本身不准许模拟时,应另行规定检测方法。

6.4.7　液压(气动)系统管道压力试验

试验应按GB 50231—2009中6.5的要求进行管道压力试验,系统中不进行压力试验的器件泵、伺服阀、比例阀、蓄能器、压力传感器等,应进行替换或脱开,检查系统安全且满足试验条件后,系统逐步缓慢升压至试验压力,达到试验压力后,持压10 min,检查焊缝、接口和密封处,无渗漏、变形现象。

6.5　穿戴体验设备

6.5.1　穿戴体验设备升温试验

用精度±0.1℃的便携式红外测温仪(或检验合格的测温仪),在常温下,接通穿戴体验设备电源,使设备处于正常工作状态,30 min后,测量穿戴设备与体验人员接触部位的温度,测量位置不少于 5 处,每处测量 3 次,取最大值。

6.5.2 穿戴体验设备穿戴适应性试验

目测检查穿戴体验设备,应没有毛边、尖锐物和破损,按照穿戴设备使用要求,分别选择成年人和儿童进行穿戴试验,检查穿戴过程的方便、穿戴固定可靠、安全,松紧适度性,若是松紧可调的设备还应进行可调操作试验,试验次数不少于 3 次。

6.5.3 有毒有害物质检测试验

穿戴体验设备有毒有害物质检测,按照 GB/T 26572 规定的方法执行。

6.6 视频、音频设备

6.6.1 头戴显示设备质量检测试验

采用量程 5 kg,检查确认电子秤零位和灵敏度,去除外接连线,将设备置于电子秤上,放置稳定后读取并记录电子秤读数。

6.6.2 头戴显示设备显示刷新率检测试验

按照 SJ/T 11281—2017 中 5.3.2 规定的方法检测。

6.6.3 头戴显示设备显示分辨率检测试验

采用清晰度复合测试图,按照 SJ/T 11348—2016 中 5.16 规定的方法进行检测。

6.6.4 头戴显示设备亮度对比度检测试验

在暗室中,将亮度计放置在头戴显示设备出瞳位置中心,启动显示设备,显示纯白画面,将显示亮度调节至最大,测量 3 次取均值,再将亮度调节至最低,测量 3 次取均值,两者比值为白画面下的亮度对比度。同理将画面换为纯黑,可得到黑画面下的亮度对比度值。

6.6.5 头戴显示设备视场角检测试验

将头戴显示设备放置在分光计载物台上,在头戴显示设备中显示满屏标尺,分光计上的望远镜对准显示设备标尺一侧的最大刻度,记录分光计刻度盘的刻度,取左右两侧刻度盘的刻度差为水平视场角。

6.6.6 头戴显示设备畸变检测试验

采用高清摄像机,设置相同的拍摄条件,分别拍摄头戴显示设备显示的标定板网格点和实际标定板的网格点,得到两幅网格点图像,计算视角范围内两幅图像每个对应点的偏移量,取最大值。

6.6.7 头戴显示设备色散检测试验

采用高清摄像机,设置相同的拍摄条件,分别拍摄头戴显示设备显示红色、绿色和蓝色三种颜色的图像,得到三幅网格点图像,计算视角范围内不同颜色对应点之间两两颜色点的位置差值,取最大值的位置差值。

6.6.8 液晶显示设备光电参数检测试验

按照 GB/T 18910.61 规定的方法检测,光电检测数据应包括分辨率、亮度和均匀性、闪烁、对比度、视角范围、响应时间。

6.6.9 投影机检查检测试验

按照 GB/T 28037 规定的方法检测,测试数据应包括安全试验、光输出、对比度、色度均匀性、色度坐标误差、分辨率、光学畸变失真、最大投影距离和最大投影尺寸、最小投影距离和最小投影尺寸。

6.6.10 音视频设备安全性检查检测试验

按照 GB 8898—2011 规定的方法、项目和要求进行试验和检测。

6.6.11 头戴显示设备视度调节范围测试试验

采用视度计和平行光管,按照 GB/T 18312 的方法检测。

6.6.12 扬声器声压级检测试验

在虚拟体验环境区域内,将音响系统的增益、均衡、限幅、信号分配、延时、降噪、滤波调至最佳设计使用状态,距座舱底部高度 1.2 m 处,在体验区域四周和中央位置布置测点,采用声级计进行测量,每一测点测量不少于 3 次,取均值。

6.6.13 头戴耳机听音性能试验

选择典型试音音乐和语音各播放 3 min,调整不同音量大小(若有音量调节按钮),听音可随音量调节发生变化,不会出现无音或音失真、杂音现象。

6.6.14 头戴耳机的电声检测试验

按照 GB/T 14471 规定的方法和要求检测试验。

6.6.15 扩声系统听音评价试验

按照 GB/T 28047 规定的评价方法进行评价。

6.7 特技特效装置与交互性装置

6.7.1 热风机特效装置试验

按实际工况,设备正常稳定工作后,在体验区域放置符合国家规范的温度计检测,测量 3 次取平均值。

6.7.2 特效装置的安全检查试验

按照 GB 4706.1 规定的方法、项目和要求进行特效装置的安全检测试验。

6.7.3 吹风机风速检测试验

按实际工况,设备正常稳定工作后,在体验区域吹风正方向放置符合国家规范的风速计,测量 3 次取平均值。

6.7.4 力反馈装置检测试验

采用感官(目测和体感等)判断力反馈装置的工作状况。必要时,在力反馈装置的作用点,利用力或力矩传感器,测量力反馈装置的力或力矩。

6.7.5 触觉反馈装置检测试验

采用感官(目测和体感等)判断触觉反馈装置工作状况。必要时,在触觉反馈装置的反馈作用点,利用三维力传感器和测温仪,测量接触力和接触温度。

6.8 应急救援

6.8.1 应急救援的检查应至少包含预案中各种可预见工况下的救援装置、救援措施的有效性和时效性。

6.8.2 模拟设备断电或其他可预见的意外情况，采用规定的应急救援装备和乘客疏导措施，能有效疏导乘客至安全区域，每种情况模拟一次，每次疏导时间不超过 1 h。

6.9 整机系统

6.9.1 整机系统宏观检查

整机宏观检测应包括所有乘载系统、电气控制系统、动感装置、穿戴体验设备、视频音频设备、特效装置、应急救援系统等内容。所有部件应外观状态良好，无破损和毁坏；电气接线良好，无松动；整机系统宏观检测还应包括检查必备的质量证明文件。

6.9.2 主要技术参数试验

6.9.2.1 单次体验时间试验

采用符合时间计量要求的计量工具，从乘客乘坐的运动装置(或平台)启动时刻开始计时，到装置运动停止且乘客具备离开装置座舱条件时刻为止，停止计时，计算体验时间，分别在设计允许的空载、偏载、满载工况下，分别连续测量 3 次，取其平均值。

6.9.2.2 加速度试验

分别在设计允许的空载、偏载、满载工况下，在乘载系统乘客位置以人体坐标三个方向($\pm X$、$\pm Y$、$\pm Z$)测试加速度，连续测量 3 次最大运行加速度，取平均值。

6.9.2.3 最大速度(转速)试验

采用测速仪或编码器，分别在设计允许的空载、偏载、满载工况下，分别连续测量 3 次最大运行速度(转速)，取其平均值。

6.9.2.4 移动范围试验

动感装置静止初始状态时标定 X、Y、Z 三个坐标，测量动感装置分别沿 X、Y、Z 运动的最大工作位置，测量 3 次取平均值。

6.9.2.5 转角范围试验

动感装置静止初始状态时标定 X、Y、Z 三个坐标，测量动感装置分别沿 X、Y、Z 坐标轴转动的最大角度，测量 3 次取平均值。

6.9.3 运行试验

6.9.3.1 空载运行试验

不加入载荷，设备按空载工况，连续运行试验 1 h，设备运行应正常。

6.9.3.2 偏载运行试验

偏载载荷应集中在并排座椅、座舱或整机的半侧，或按照设计时偏载载荷加载，连续运行试验 1 h，设备应运行正常。

6.9.3.3 满载运行试验

满载载荷应按照设计的额定载荷加载，每天连续运行不小于 8 h，连续无故障累计运行试验不小于 80 h，设备应运行正常。

7 随机文件、标志、包装、运输和贮存

7.1 随机文件、标志

7.1.1 产品交付时应至少包括下列随机文件，且宜放置于控制柜包装箱或主机包装箱内：

a) 产品合格证明书；

b) 产品使用维护说明书和维修图样；

c) 备件及易损件清单；

d) 主要外购件的合格证和说明书；

e) 专用工具、仪器清单(如有时)；

f) 移动式大型游乐设施应附有拆装说明书；

g) 合同约定的其他资料。

7.1.2 应在控制箱和动感装置显著位置设置产品铭牌，铭牌内容至少应包括制造单位名称、制造地址、制造许可证、设备型号、产品编号、制造日期和主要技术参数。铭牌型式、尺寸、标记和技术要求应符合 GB/T 13306 的规定。

7.2 包装、运输和贮存

7.2.1 产品及零部件的包装应符合 GB/T 191 及 GB/T 13384 的规定。

7.2.2 需标注易碎、防潮和放置方向等符号字样的包装箱/件应在包装的显著位置注明。

7.2.3 产品运输应符合铁路、公路、航运的有关运输要求，需解体包装运输的产品，解体的零部件连接处应有清晰的对应标记和编号，导线接头应进行编号。

7.2.4 大型零部件和包装箱的质量、重心、吊挂点应有标志，并应标明件号。

7.2.5 产品及其零部件运输、贮存时，应注意防锈、防潮、防尘和防止变形。

使用维护

ICS 97.200.40
Y 57

中华人民共和国国家标准

GB/T 30220—2013

游乐设施安全使用管理

Amusement device safety use management

2013-12-31 发布 2014-07-01 实施

中华人民共和国国家质量监督检验检疫总局
中国国家标准化管理委员会 发布

前　言

本标准按照 GB/T 1.1—2009 给出的规则起草。

本标准由全国索道与游乐设施标准化技术委员会(SAC/TC 250)归口。

本标准负责起草单位:全国索道与游乐设施标准化技术委员会、中国特种设备检测研究院。

本标准参加起草单位:江苏省特种设备检测研究院、山东省特种设备检测研究院、济宁鲁科检测器材有限公司、深圳华侨城欢乐谷旅游公司、成都东虹商业服务管理有限公司(成都国色天香)、成都天游旅游集团、深圳华强文化科技集团主题公园、安徽花鼓灯嘉年华旅游发展有限公司、山东鲁信远致旅游有限公司(青岛欢动世界)。

本标准主要起草人:邢友新、李向东、陈红军、马军、张勇、陈奕、张晓振、曾志林、张武、祝福寿、朱美珍、刘嘎。

本标准为首次发布。

游乐设施安全使用管理

1 范围

本标准规定了游乐设施管理中的术语和定义、使用单位的管理、设备管理、人员职责、安全检查、应急救援及演练管理、技术档案等安全使用管理方面的基本要求。

本标准适用于各类游乐园(场)及其开展游乐设施经营活动的场所。

2 规范性引用文件

下列文件对于本文件的应用是必不可少的。凡是注日期的引用文件,仅注日期的版本适用于本文件。凡是不注日期的引用文件,其最新版本(包括所有的修改单)适用于本文件。

GB 8408—2008 游乐设施安全规范

3 术语和定义

下列术语和定义适用于本文件。

3.1

人员职责 amusement ride worker

直接或间接从事游乐设施工作的人员。

3.2

安全管理负责人 person responsible for safety

负责本单位游乐设施安全使用的高层管理人员。

3.3

安全管理人员 safety manager

从事游乐设施安全管理的专职人员。

3.4

作业人员 operating personnel

从事游乐设施操作、维修的人员。

3.5

运营服务人员 service personnel

为游乐设施运营提供服务的人员,如站台服务人员和验票人员。

3.6

意外事件 the accident

因不可抗拒或不能预见的原因引起的事件。

4 游乐设施使用单位的管理

4.1 应依据本标准建立安全使用管理体系,建立健全相关的管理制度,实行规范化管理。

4.2 应制定以岗位安全责任制为核心的游乐设施使用和运营的安全管理制度,确保职责到位。

4.3 应建立安全使用管理组织(机构),配置专职安全管理人员。

4.4 大型游乐设施安全管理人员和作业人员应参照 TSG Y6001—2008《大型游乐设施安全管理人员和作业人员考核大纲》的有关规定,经考核合格,持证上岗。

5 游乐设施的设备管理

5.1 应对游乐设施的选购、安装、运营、维护保养、维修、改造、报废等全过程进行管理,并建立各环节的技术状态跟踪记录档案,适时进行安全评估,形成书面安全评价报告。

5.2 游乐设施选购前应对设备供应厂商进行调研,如:考察制造单位的生产许可资质、生产条件、技术水平、质量管理体系是否健全;考察安装单位的许可资质、技术水平、质量管理体系是否健全;考察同类型产品使用的安全状况。

5.3 应按照产品使用及维护说明书制定相应的操作规程。

5.4 应制定并严格执行游乐设施的维护保养制度,对出现故障的游乐设施要认真分析故障原因,找出故障源,确认故障排除后方可运行。

5.5 对超过整机设计使用期限仍有维修、改造价值的大型游乐设施,应委托原制造单位或取得相应资格的制造单位进行评估,实施维修、重大维修或改造工作后,确定继续使用的期限和使用条件。

5.6 对超过整机设计使用期限,经原制造单位或取得相应资格的制造单位评估,其评估结果表明存在严重事故隐患,且无改造、维修价值时,应予以报废,并办理相关的注销手续。

5.7 大型游乐设施运行的环境及天气条件,应符合 GB 8408—2008 中 9.1.9 和 9.2.1 的规定。应根据设备运行的状态、性能以及周边的环境,确定重点监控的位置。

5.8 水上游乐设施运行的水质标准,应符合 GB 8408—2008 中 7.10 的规定。

5.9 应建立严格的技术档案管理制度,按规定保管,专人管理,及时归档。技术档案应完整、准确、并具有可追溯性。技术档案的主要内容包括:

a) 安装技术资料;
b) 监督检验报告;
c) 使用登记表;
d) 改造、维修技术文件;
e) 年度自行检验的记录;
f) 定期检验报告;
g) 应急救援演练记录;
h) 运行、维护保养、设备故障与事故处理记录;
i) 作业人员培训、考核和证书管理记录;
j) 法律法规规定的其他内容。

6 人员职责

6.1 法定代表人职责

6.1.1 建立本单位的安全管理体系。

6.1.2 保证安全资源的投入。

6.2 安全管理负责人职责

6.2.1 组织开展游乐设施安全使用管理工作,确保安全管理体系的建立、实施和改进。

6.2.2　确定本单位各部门的安全管理职责与权限，保证相互之间的沟通与协调。

6.2.3　组织制定游乐设备安全管理体系等相关文件。

6.2.4　批准、发布本单位的各项安全管理规章制度和设备的安全技术规程。

6.2.5　组织开展设备安全技术研究工作，推广先进的安全技术和管理方法。

6.2.6　定期召开设备安全专题会议，及时研究和解决有关安全问题。

6.2.7　组织相关人员对设备的安全隐患进行识别、分析和控制。

6.2.8　组织游乐设施应急预案的制修订。

6.2.9　审定重大灾害事故的预防和处理方案，指挥突发事件或事故的处理、调查和报告等工作。

6.2.10　传达、贯彻有关游乐设备安全的法律、法规、技术规范及标准。

6.2.11　监督检查有关人员的安全教育与考核计划。

6.3　安全检查负责人职责

6.3.1　编写游乐设施安全检查制度。

6.3.2　编写游乐设备应急预案，定期执行演练。

6.3.3　组织游乐设备安全事故现场的处理及后续工作。

6.3.4　组织开展游乐设备安全管理各个环节（使用、维保、检验等）责任人员和操作人员的安全技术培训及管理工作。

6.3.5　组织协调与相关职能部门工作。

6.3.6　监督检查游乐设施运营部门及设备维护部门游乐设施安全管理制度的执行情况。

6.4　运营负责人职责

6.4.1　制定游乐设备安全操作规程。

6.4.2　开展游乐设备日常运行的检查工作。

6.4.3　组织游乐设施操作人员的培训工作。

6.4.4　对游乐项目服务标准、操作流程、环境卫生进行质量控制。

6.4.5　跟进游乐设施的维护保养和维修工作。

6.4.6　完成事故现场的紧急援救与上报工作。

6.5　工程技术负责人职责

6.5.1　组织办理新设备的注册登记。

6.5.2　督促安装单位按规定进行安装告知，跟踪并了解新设备的安装情况。

6.5.3　制定维护保养和维修管理制度。

6.5.4　编制定期检验计划并组织定期检验的报检工作。

6.5.5　编制设备的维修计划，并组织实施和验收。

6.5.6　与设备制造厂家保持联系，及时反馈设备的异常情况。

6.5.7　编制设备的台账、提出备品备件的采购意见。

6.5.8　制定游乐设施的维护检修计划和工作流程。

6.5.9　参加设备运行前的检查工作，确认设备正常运行。

6.5.10　组织处理各类游乐设施故障。

6.5.11　建立游乐设施技术档案。

6.6 安全管理人员职责

6.6.1 监督并执行安全管理制度。

6.6.2 依据产品使用维护说明书的要求，编制各游乐设备安全操作规程。在操作规程中应明确运行过程中紧急情况的操控程序、一次运营周期全过程的操控程序。

6.6.3 编制作业人员及相关运营服务人员的安全培训考核计划并组织实施。

6.6.4 确定维护保养项目和日常检查项目，编制定期维修计划及大修计划，并组织实施。

6.6.5 对游乐设施的日常安全运行情况进行检查，及时纠正违章行为。

6.6.6 对基础施工、安装过程、自检调试等过程进行监督，全面了解新安装设备的有关情况。

6.6.7 编制紧急救援演习制度，组织紧急救援演习。

6.6.8 设备发生故障和异常时，进行全面检查。

6.6.9 发生事故时，按规定及时上报。

6.6.10 定期组织相关人员学习法规、标准。

6.7 操作人员职责

6.7.1 熟悉设备、设施性能，按时进行设备的日常检查、维护保养。

6.7.2 严格遵守操作规程，保障设备的正常运行。

6.7.3 作业过程中发现事故隐患或其他不安全因素，应立即向现场安全管理人员和单位有关负责人报告。

6.7.4 严格执行单位的规章制度及设备管理的规定。

6.7.5 主动宣传《游客须知》，对违反安全规定的游客要耐心劝阻，坚决制止违禁行为。

6.7.6 认真填写设备运行记录。

6.7.7 具体操作应做到：

a) 确认安全检查人员完成检查并在运行日志上签字后，方可开启设备运行；

b) 正式运营前，应将设备试运行 2 次以上，确认是否正常；

c) 开机前应先鸣铃，提醒游客及服务人员远离游乐设施，确认安全后再开机；

d) 设备运行中，若发现游客有不安全行为时(如：游客受伤、昏迷、产生恐惧而大声喊叫等)，应根据设备的运行状况，在保证安全的前提下，对该设备采取紧急处理措施，并疏导游客；

e) 在设备运行中，操作人员应坚守岗位，密切关注设备的运行状况及游客的安全状况，一旦出现异常情况，操作人员应立即采取紧急措施；

f) 应熟悉紧急停车按钮的位置，以便需要时能够及时停车；

g) 设备运营结束，应严格按照运行日志的要求，进行安全检查，确认无误后，关闭电源并填写设备运行记录。

6.8 运营服务人员职责

6.8.1 应遵守规章制度及设备管理的规定。

6.8.2 应了解岗位设备的基本特点。

6.8.3 协助操作人员做好岗位工作。

6.8.4 具体服务应做到：

a) 维护站台安全秩序，宣讲安全注意事项、乘客须知和操作指南(当游客可自行操作时)；

b） 检查乘座物及其安全保护装置，及时纠正乘客不符合安全要求的行为；

c） 对有特殊要求的设施，要引导游客均衡乘座，防止设施偏载。

6.8.5 运行中应密切注视游客的安全状态和设备的运行情况，发现设备运行异常时，应立即向操作人员报告。

6.8.6 乘客发生意外事故时，应按规定程序采取紧急救援措施，认真做好善后处理工作。

6.8.7 遵守安全服务有关规定，注意自身安全。

6.9 维修人员职责

6.9.1 了解每台游乐设施的性能、结构和原理，掌握游乐设施有关的技术规范和标准。

6.9.2 具有熟练的修理技能和较强的判断故障能力。

6.9.3 严格按照维修作业指导文件进行作业。

6.9.4 做好维修记录。

6.10 维护保养人员职责

6.10.1 熟悉各种在用游乐设施的性能、结构、运行机理、使用维护要求。

6.10.2 按照保养作业指导文件进行作业。

6.10.3 对日常检查发现的问题应及时处理，避免设备带病运行。

6.10.4 具体维保应做到：

a） 每日运营前，将所有设备认真检查一遍，确保安全和正常运营；

b） 保管好各种维修器材与工具。

6.10.5 填写维护保养记录。

7 游乐设施安全检查

7.1 安全检查要求

使用单位应根据本标准和安全技术规程的要求、制造厂提供的设备使用说明书，以及设备使用的状况，规定日检、周检、月检、年检等不同周期的检查项目，组织人员实施并做好相关记录，给出安全评价意见。游乐设施运行期间，应安排相关人员对游乐设施的运行状况进行必要的巡查，确保安全。

7.2 日检要求

7.2.1 游乐设施每日运营前应对规定的部位进行安全检查和试运行，并记录检查情况，确认设备正常后，方可运营。

7.2.2 日检项目至少应包括：

a） 控制装置、限速装置、制动装置和其他安全装置是否有效及可靠；

b） 整机运行是否正常，有无异常的振动或噪声；

c） 各易磨损件和连接件是否安全可靠；

d） 门连锁开关及安全带等是否完好；

e） 润滑点是否满足设备润滑的要求；

f） 重要部位（轨道、车轮等）是否正常；

g） 液压系统和气动系统有无漏油、漏气，液压站油箱液压油油位是否正常；

h) 水上游乐设施的日检项目应包括：

——水滑道表面不应有气泡、裂纹、凸起、毛刺、锐边、异物等；

——滑梯润滑水应满足安全使用要求，不应存在漏水现象；

——造浪设施出波口的安全栅栏和安全警戒线应牢固可靠；

——各游乐池的回水格栅应安全可靠，游乐池无尖角锐边现象；

——安全标志以及游客须知应清晰明了；

——水质标准应符合 GB 8408—2008 中 7.10 的规定；

——救生人员和辅助设施应配置齐全。

7.3 周检要求

7.3.1 每周应对游乐设施的重要部件进行检查，并作好记录。

7.3.2 周检项目除日检项目外，至少还应包括：

a) 各种安全装置或部件是否有效；

b) 动力装置、传动和制动系统是否正常；

c) 润滑油量是否足够，冷却系统是否正常；

d) 绳索、链条及吊辅具等有无超过标准规定的损伤；

e) 控制电路与电气元件是否正常；

f) 备用电源是否正常。

7.3.3 水上游乐项目除日检项目外，还应包括：

a) 水滑梯法兰紧固件应无松动和漏水现象；

b) 供水、供电系统应处于良好的工作状态；

c) 做好漏电保护装置试验、对安全栅栏和平台栏杆进行检查。

7.4 月检要求

7.4.1 每月对游乐设施的重要部件进行检查，并作好记录。

7.4.2 月检的项目除周检项目外，还应包括：

a) 传动装置的检查：

——传动轴、联轴器、齿轮、链条、链轮、钢丝绳、带轮、三角带、输送带等部件应传动平稳、张紧适度、连接牢固、润滑良好。

——液压与气动系统应正常，压力输出应达到额定值；油箱、气罐、阀件、管道连接应牢固，油管无老化，系统无渗漏。泵（马达）、阀件、管路、油箱、压力容器等部件应符合 GB 8408—2008 中 5.4 规定。

b) 重要连接部位，重要受力部位结构（部）件的连接应牢固；减速器、偶合器、轴承座等固定应牢固，温升应正常，润滑应良好。

c) 轨道、轨枕和立柱应无异常晃动、严重锈蚀、变形及裂纹等现象。

d) 座舱与车辆的检查：

——车体、舱体、吊箱、金属框架应无裂纹、腐蚀和损坏，舱内无尖锐突出物；

——安全扶手应完好，防护材料应齐全，座椅连接与固定应牢固可靠；

——可供乘人操作的车辆（如小赛车、电池车等），其刹车和转向（包括后制动装置）应灵活，无卡滞现象；

——车辆的驱动部分、传动部分及车轮的覆盖物，应保持完好；

——燃油油箱应密封良好，无泄漏现象。

e) 玻璃钢件应符合 GB 8408—2008 中 8.3.4 规定，应无裂纹、破损及毛刺现象。

f) 电气系统的检查：

——绝缘电阻、接地电阻应符合 GB 8408 要求；

——控制系统（自动控制、连锁控制和维修模式）应正常；

——电压、电流应在额定范围；

——音响效果应良好，信号显示应齐全；

——安装在水泵房、游泳池等潮湿场所的电气设备及使用非安全电压的装饰、照明等设备，应装有剩余电流动作保护装置，其技术条件应符合 GB 8408—2008 中 6.1.4 规定。

g) 水上游乐设施的月检除周检的项目外，还应包括：

——水滑梯塔楼、平台、钢支撑、地脚螺栓无异样；

——造浪池、漂流河地面、侧壁无剥落或瓷砖脱落现象。

7.5 节假日与旺季检查的要求

7.5.1 游乐设施使用单位应在节假日与旺季之前，对游乐设施进行深入、全面的检查，并做好记录。

7.5.2 检查的项目除包括月检的项目外，还应包括：

a) 应急救援设备要配置齐全，随时可用；

b) 内燃机用油应保持至规定的范围，每天检查油面高度是否处于油标限定的范围，并及时加油；

c) 蓄电池应密封良好、无渗漏，连接固定应良好；

d) 使用蓄电池应存电充足，满足应急救援工况的需要；

e) 周围防护措施和栏杆应安全可靠。

7.6 年度检查要求

7.6.1 在用的游乐设施，应每年进行 1 次全面检查，并做好相应的记录。

7.6.2 应依据监督检验的项目和设备使用的状况，以及设备制造厂对年度检修的要求，制定年度检修方案。

7.6.3 水上游乐设施的年检应在每年的营业季开始前或监督检验前进行，年检的项目除月检的项目外，还应包括钢结构焊接质量的目测、钢结构的防腐检查，以及所有结构件的紧固检查。

7.7 巡检要求

7.7.1 使用单位应建立游乐设施运行过程的巡检制度，确保在运行过程中，游乐设施处于安全可靠状态。

7.7.2 巡检内容应根据游乐设施运行情况，确定检查项目和周期，并做好相应记录。

7.7.3 巡检设备操作员应佩带有效的操作资格证。

8 应急救援及演练管理

8.1 使用单位应逐台编制应急救援预案，并检查、落实。检查内容应包括：

a) 人员职责是否明确；
b) 应急设备是否到位并有效(如急救设施、通讯设备、消防设备、维修设备、救援设备、防护设备和其他应急物资等)；
c) 通讯、联络方式是否明确、畅通；
d) 是否已制定应急救援流程；
e) 是否有应急事件记录；
f) 是否已制定意外事件报告程序。

8.2 应加强游乐设施应急救援预案的培训并定期演练，演练内容应包括：
a) 模拟设备突发意外事件；
b) 立即停止设备运行；
c) 组织调动援救人员与设备；
d) 迅速抢救受伤人员；
e) 紧急组织人员疏散；
f) 保护事故设备现场；
g) 及时向上级有关部门报告。

8.3 演练完毕要进行评估，对于不适用的救援方式和方法应及时修正，保持救援预案的适用性。

8.4 游乐设施一旦发生意外事件，使用单位应立即启动应急预案，采取紧急救援措施，降低事故的损失。

8.5 积极配合事故调查。

8.6 建立档案记录。

9 技术档案管理

9.1 逐台建立游乐设备档案，档案的组成内容包括：
a) 设备的随机文件：如设计文件、制造单位的资质文件、产品质量合格证明、使用维护说明书等出厂随机文件；
b) 安装验收文件：如安装技术文件、验收资料(包括基础施工工程、安装施工、自检和调试及试运行等资料)；
c) 游乐设施注册登记表及其相关附件、资料；
d) 日常运行、维修、保养和常规检查记录；
e) 安全附件、安全保护装置、测量调控装置及有关附属仪器仪表的维护保养记录；
f) 大修、改造技术文件与验收资料；
g) 定期自行检查的记录；
h) 运行故障和事故记录；
i) 设备维修资料及记录；
j) 定期检验报告与合格证书；
k) 年度维修计划及落实情况资料；
l) 应急措施及救援演习情况记录。

9.2 证书的管理内容包括：

a） 建立个人证书台账；

b） 建立证书审查规定，确保证书的有效性；

c） 离职人员应于离职当天，即取消在本单位的设备操作资格，并记录存档；

d） 证书不应转借、涂改或买卖。

ICS 97.200.40
Y 57

中华人民共和国国家标准

GB/T 39417—2020

大型游乐设施健康管理

Health management of large-scale amusement device

2020-11-19 发布 2021-06-01 实施

国家市场监督管理总局
国家标准化管理委员会 发布

前　言

本标准按照 GB/T 1.1—2009 给出的规则起草。

本标准由全国索道与游乐设施标准化技术委员会(SAC/TC 250)提出并归口。

本标准起草单位:中国特种设备检测研究院、华侨城集团有限公司、中山市金马科技娱乐设备股份有限公司、华强方特文化科技集团股份有限公司、广东长隆集团有限公司、中国航天员科研训练中心。

本标准主要起草人:沈功田、胡斌、梁琳、刘渊、刘然、张勇、梁朝虎、宋伟科、叶超、李坚、文红光、刘喜旺、肖原、刘辉、林伟明、刘书娟。

大型游乐设施健康管理

1 范围

本标准规定了大型游乐设施健康管理的内容、方法和要求。

本标准适用于大型游乐设施,其他游乐设施、索道或机械系统的健康管理参照本标准执行。

2 规范性引用文件

下列文件对于本文件的应用是必不可少的。凡是注日期的引用文件,仅注日期的版本适用于本文件。凡是不注日期的引用文件,其最新版本(包括所有的修改单)适用于本文件。

GB/T 20002.4 标准中特定内容的起草 第4部分:标准中涉及安全的内容

GB/T 20050 游乐设施检验验收

GB/T 20306 游乐设施术语

GB/T 30220 游乐设施安全使用管理

GB/T 34370(所有部分) 游乐设施无损检测

GB/T 34371 游乐设施风险评价 总则

GB/T 36668(所有部分) 游乐设施状态监测与故障诊断

3 术语和定义

GB/T 20002.4 和 GB/T 20306 界定的以及下列术语和定义适用于本文件。

3.1

游乐设施健康 health of amusement device

游乐设施的功能性、安全性、稳定性和可靠性都处于良好的状态,虽有运行过程中产生的损伤、磨损、损耗等,但不影响其实现设计功能。

3.2

游乐设施健康状态 health status of amusement device

综合表征游乐设施的功能性、安全性、稳定性和可靠性的程度。

注:本标准将其状态分为"健康""亚健康""微病态"和"病态"四种状态。

3.3

健康指标 health indicators

反映游乐设施的功能性、安全性、稳定性和可靠性的指标。

3.4

健康监测 health monitoring

对游乐设施健康指标进行定期或者持续的检查、检测或监测以获取其健康信息。

3.5

健康评价 health evaluation

通过对健康监测获取的游乐设施健康指标数据进行综合分析、安全评价、寿命评估等,确定游乐设施当前健康状态的过程。

3.6

健康恢复　health recovery

通过对处于不健康状态的游乐设施采取针对性的维护保养、修理和改造等手段将健康状态恢复到可接受范围内的活动。

3.7

健康管理　health management

对游乐设施的健康状态不断跟踪和评价，持续采取各种措施将其健康状态控制在可接受范围内，保证游乐设施安全、经济、可靠运行的管理活动。

3.8

健康管理方案　health management plan

对游乐设施健康管理活动做出针对性计划和安排的文件，系统地指导健康指标确定、健康监测、健康评价、健康恢复等健康管理工作。

4　健康管理体系

4.1　概述

大型游乐设施健康管理是将游乐设施作为一个有机整体进行全寿命周期的健康管理，通过建立合理的健康管理方案，统筹应用多种技术手段，根据管理对象的健康状况，选取最合适的检测维修手段和周期，实现以最经济的方法保障大型游乐设施安全与可靠运行的目的。其具有以下特点：

a）全寿命周期的管理。健康管理涵盖了设计、制造、安装、运行、维保和报废整个过程。

b）动态的管理。健康指标的确定、健康监测、健康状态的评价、维保策略与周期、设计制造的反馈和风险分析的输出都是根据设备的实际状态动态调整。

c）协调的管理。健康管理的目的是让设备安全、可靠和经济的运行，所采用的技术手段和方法都是为了保证安全、可靠和经济的协调统一。

4.2　健康管理要素

大型游乐设施健康管理体系基本要素包括健康指标的确定、健康监测、健康评价和健康恢复四个方面。

4.3　健康管理流程

根据用户提出的健康管理要求，通过设计制造、安装和运行等环节的修正，经过风险分析确定健康指标的参数及其范围，通过健康监测、健康评价和健康恢复，实现安全性、可靠性和经济性的协调统一。大型游乐设施健康管理的流程如图 1 所示。

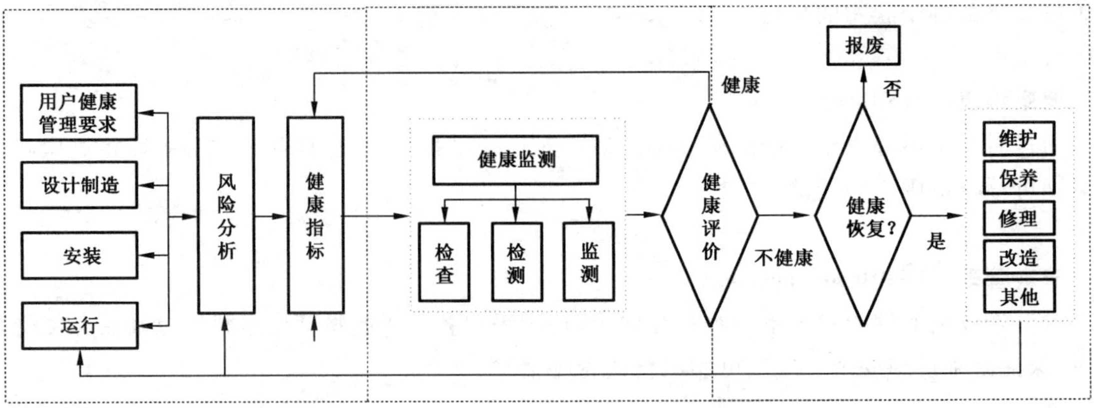

图 1　大型游乐设施健康管理的流程

4.4　健康管理方案

大型游乐设施的使用单位应对每台大型游乐设施制定健康管理方案，健康管理方案应至少包括以下内容：

a）　依据和执行标准；
b）　设备的基本信息，包括设备的类型、结构尺寸、运动参数、承载人数等；
c）　健康管理人员职责，包括游乐园各类健康管理人员的职责；
d）　设备健康指标及其范围，包括在设计制造、安装和运行等各阶段的不同指标和范围；
e）　健康监测方式、方法和时机，包括检查、检验检测和状态监测的方式、方法和时机；
f）　健康评价，包括评价步骤、方法、结果及措施；
g）　健康恢复，主要是指健康恢复措施；
h）　编制、审核、批准人员和日期。

4.5　健康管理人员的要求

4.5.1　健康管理人员包括以下几类：

a）　游乐园健康管理总负责人、每台设备的负责人、健康监测与评价技术负责人、维护保养负责人等；
b）　检验检测和维护保养等专业人员；
c）　运行操作人员。

4.5.2　从事游乐设施健康管理的人员应先按照国家有关法律法规取得资质后，再进行健康管理相关培训，培训内容至少包括以下方面：

a）　游乐园健康管理总负责人、每台设备的负责人应经过游乐设施相关法律法规、安全技术规范、健康管理要素、健康管理流程、健康管理方法、失效模式识别与风险评估、日常管理等方面的培训；
b）　健康监测与评价技术负责人和检验检测专业人员应经过相关法律法规、安全技术规范、健康监测相关方法与结果评价、检验检测方法与结果评价等方面的培训；
c）　维护保养负责人和专业人员应经过相关法律法规、安全技术规范、设备维护保养、缺陷维修与管理等方面的培训；
d）　运行操作人员应经过相关法律法规、安全技术规范、风险评估、操作规范等方面的培训。

4.5.3 应编制并执行对健康管理人员的培训大纲，定期审查培训计划。当新标准、法规发布，新设备、新工艺程序或新管理制度实施时，应对培训大纲进行审查，并根据需要进行修订。

4.5.4 对健康管理人员应进行培训、考核，合格后方可上岗。

4.5.5 健康管理人员应定期接受知识更新培训，以更新岗位知识和技能。

5 健康指标的确定

5.1 一般要求

5.1.1 确定健康指标的依据是保证游乐设施本质安全的前提下，根据失效模式和失效机理分析，进行危险源识别、损伤和故障模式识别，找出导致失效的原因和影响因素，并区分主要因素和次要因素，同时考虑降低运营成本，给出体现设备运行参数、运行环境、设备本体等健康状态的指标参数。

5.1.2 健康指标的确定应遵循以下原则：

a) 对于新制造安装的设备，应根据健康管理要求，在设计的同时给出初步的健康指标，从制造过程发现的质量问题对健康指标进行调整，安装、运行试验后根据安装和运行试验情况进一步调整健康指标，在经过对投入运行的设备进行全面风险分析后，确定设备健康指标及其参考值范围。

b) 对于在用设备，根据用户健康管理要求，审核原设计、制造、安装的相关文件和历史运行记录，经过风险分析确定健康指标及其参考值范围。

5.2 用户健康管理要求

用户根据本单位社会责任、经营理念、品牌策略、顾客对象等方面的定位，对设备运行过程中的安全、经济、可靠等方面提出的综合要求，以达到用较低的经济成本保证设备安全、可靠运行，延长使用寿命。在考虑健康指标及其参数时应综合考虑安全、可靠和经济的协调。

5.3 设计制造阶段健康指标的提出

设计制造阶段应根据用户的管理要求，对设备运行参数、机械系统、液压与气动系统、电气系统、安全保护装置等项目进行危险源辨识、损伤和故障模式识别，采用风险分析方法找出可能导致设备运行过程中失效的原因及后果，给出设计制造过程中的设备健康指标及其参考值范围。

5.4 安装完成后健康指标的确定

设备安装完成后应进行全面检验和运行试验，综合考虑发现的问题、运行环境、管理人员水平、游客素质等因素，对设计阶段健康指标及其参考值范围进行修正确定。

5.5 运行过程中健康指标的调整

根据设备运行过程中出现的损伤、故障和失效情况及进行的健康监测与评价结果等，再次进行风险分析，适时调整设备的健康指标及其范围。

5.6 风险分析方法

5.6.1 游乐设施风险分析按 GB/T 34371 的要求进行。

5.6.2 风险可接受的水平由使用单位确认。健康指标参数应处于风险可接受水平内的范围；当风险接近不可接受的水平时，应采取针对性的措施降低风险，对应需要调整设计制造和健康管理要求所确定的相应健康指标参数。

5.6.3 当风险判定为风险不可接受时，则需要提出风险控制措施建议，并根据风险控制措施调整健康指标参数。

5.6.4 当设备经过维护保养、修理或改造等健康恢复措施后，应重新进行风险分析和评价，修正原有的健康指标及其参数范围。

5.7 健康指标的输出

5.7.1 健康指标包括健康管理项目以及关键零部件、损伤/故障/失效模式及产生原因、健康指标表征参数及范围等。在健康评价过程中，健康管理项目作为1级评价指标，一般指设备的子系统，如钢结构、列车等；关键零部件作为2级评价指标，一般为子系统的零部件，连接及机械传动等。如表1所示。

5.7.2 健康管理项目是根据健康管理对象的特点，能够描绘健康管理对象的结构、运动和控制等特性的项目，至少应有运行参数、机械系统、控制系统(液压与气动、电气)等。

5.7.3 损伤/故障/失效模式是指根据导致健康管理项目发生损伤、故障或失效的典型模式，损伤/故障/失效产生原因是指产生损伤/故障/失效的可能原因，为健康指标参数的设定提供依据。

5.7.4 健康指标参数是表征健康管理项目及关键部件健康状态的参数，这些参数应能量化和进行检测或监测，并应给出正常的范围。

表1 健康管理项目和指标参数

健康管理项目(1级评价指标)	关键零部件(2级评价指标)	损伤/故障/失效模式	损伤/故障/失效产生原因	健康指标参数	健康指标范围
运行参数	—	—	—	—	根据具体对象确定
机械系统	轨道(结构件)	腐蚀、磨损	表面涂层损坏、疲劳	表面涂层、壁厚	根据具体对象确定
	齿轮(关键零部件)	断裂、胶合、塑变	过载、温度过高、疲劳	温度、载荷	根据具体对象确定
液压与气动系统	管路	泄漏	管接头松动、密封圈老化	压力	根据具体对象确定
电气系统	限位开关	不动作、不带电	短路、烧坏、线路老化	电压、电流	根据具体对象确定
安全保护装置	安全压杆	压杆不能正常锁紧	压力不足、电气元器件烧坏	动作灵敏度	根据具体对象确定

6 健康监测

6.1 一般要求

检查、检测和监测是健康监测的主要方法，是获得游乐设施健康信息的手段，应当按照已建立的健康管理指标体系确定健康监测方法和实施方案，对游乐设施进行有针对性的检查、检测和监测。

健康监测方法应按照 GB/T 20050、GB/T 30220、GB/T 34370(所有部分)、GB/T 36668(所有部分)选取。

6.2 健康监测实施流程

健康监测的实施一般采取日常巡检、定期检验的顺序进行,对部分需要进行状态监测的设备可减少已监测的参数,但不可替代法定的定期检验。

6.3 健康监测方案

6.3.1 方案内容

健康监测方案包括健康监测对象、内容、周期和方法,健康监测方案的制定要综合考虑健康指标之间的相互关联,以及各自的风险程度,并根据健康评价结果及时调整方案。健康监测的模式包括日常巡检、定期检验和状态监测。

6.3.2 日常巡检

日常巡检是保证大型游乐设施安全运行的重要环节,各个游乐设施使用单位都应制定全面的日常巡检范围、巡检项目及巡检时机。

日常巡检一般采用人工检查的方式,也可采用自动化或机器人巡检。巡检内容包括每日开机试运行的检查、运行周期检查和固定项目的每日巡检。

日常巡检项目主要包括运行参数(电压、电流、压力、速度、运行周期、噪声等)、机械系统(结构的完整性、机构动作的灵活性、零部件的缺失和松动情况、宏观变形、易损件的磨损情况、运行噪声等)、液压与气动系统(漏气/液、压力、温度、响应速度、定位等)、电气系统(电流、电压、温度等)等。

6.3.3 定期检验

定期检验是在设备运行一段时间后进行的固定周期检验。定期检验根据检验的项目不同采用不同的周期和检测方法。

运行参数中的速度、加速度、运动状态等应根据设备特点和运行状态进行不定期的检测。

机械系统中的主要机械结构及重要部件可进行原位、局部拆卸和整体拆卸检验,主要手段是无损检测技术,无损检测的实施除了满足设备的设计制造标准和制造厂提供的设备用户使用说明书的要求外,还应根据健康指标和日常巡检的结果来进行;此外,还应对机械系统中部分存在功能时效性的部件进行功能性复核,譬如安全压杠的弹簧等。

液压与气动系统的定期检验主要为对关键部件的功能性复核和运行状态观察,例如气缸与阀动作是否灵活、管件老化龟裂、液压油状态、滤油器阻塞等。

电气系统主要是确保功能性部件的正常工作,譬如开关触点检查、接近开关距离、接地系统等。

6.3.4 状态监测

日常巡检和定期检验具有一定的时效性,而游乐设施的失效具有一定的突然性,可通过对电压、电流、压力、速度、温度、油样成分、振动和噪声等运行参数和结构件的磨损、腐蚀、开裂、变形等进行实时监测,并通过历史数据比对和趋势分析进行故障诊断、预警和预知失效。

关键部件的状态还可通过部分参数间接获取,譬如转动轴承的损伤、受变载荷的支撑部件和轨道的疲劳等,可通过声发射或电磁信号间接评判。

6.4 健康监测结果输出

应根据所采用的健康监测方法和规则进行数据分析和结果评价，输出结果应至少包括以下内容：

a) 仪器仪表输出数据；

b) 一般检验检测和结果评价按照 GB/T 20050 执行；

c) 无损检测和结果评价按照 GB/T 34370 执行；

d) 状态监测和故障诊断按照 GB/T 36668 执行。

7 健康评价

7.1 一般要求

健康评价的结果是给出设备的健康状态，健康评价应根据健康监测的结果进行。健康评价可以采用本章方法进行快速宏观评价，也可参照附录 A 采用计算方法进行精准评价。

7.2 健康评价流程

设备的健康状态是利用健康监测信息和健康指标的取值范围进行评价，评价流程如图 2 所示。

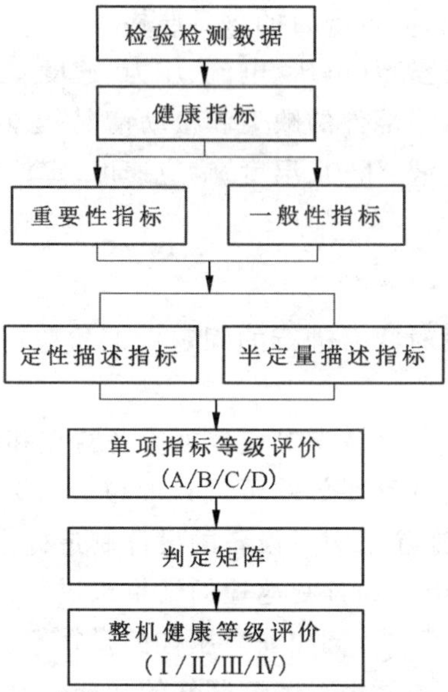

图 2 健康评价流程图

7.3 健康评价步骤和方法

7.3.1 概述

根据健康指标对设备安全可靠运行的重要性，将其划分为重要和一般性指标。重要和一般性健康指标的确定可根据国家有关法规、标准和用户管理要求来确定，健康指标的评价根据评价的方法可以分为定性和半定量评价。

7.3.2 健康指标的定性评价

在健康监测中，只能通过人的感官或者借助简单的工具来获取的不能定量化的指标，通常是由专家依据经验直接给出，一般采用“优”“良”“中”“差”等模糊性的语言来描述，对应的等级划分和取值范围如表 2 所示。

表 2 定性指标等级对照表

等级	定性描述
A	优
B	良
C	中
D	差(不合格)

7.3.3 健康指标的半定量评价

通过仪器仪表的健康监测数据能定量化的指标,对应的等级划分和取值范围如表 3～表 5 所示。

a) 当健康指标的取值范围不大于某一阈值 a 时(如,飞行塔类游乐设施的桁架端面滑轮中心线对水平面的高差应不大于 40 mm),则根据表 3 来判断其健康等级。

表 3 不大于某一阈值类定量指标的等级对照表

等级	健康指标实际测试值
A	$[0,\lambda_1 a]$
B	$(\lambda_1 a, \lambda_2 a]$
C	$(\lambda_2 a, a]$
D	$>a$

注:“a”是单项健康指标的取值范围,由表 1 给出;
“λ_1、λ_2”是单项健康等级判据系数,取值范围为[0,1],取值可基于风险主观赋值,赋值大小因设备的类型、级别、运动形式和工作地点不同而不同。例如大型过山车、大摆锤为高参数、高刺激、高速度的典型 A 级大型设备,潜在风险数相对较高,λ_1 和 λ_2 分别取值宜为 0.4 和 0.8。

b) 当健康指标的取值范围不小于某一阈值 a 时(如,安全带带宽尺寸应大于或等于 30 mm),则根据表 4 来判断其健康等级。

表 4 不小于某一阈值类定量指标等级对照表

等级	健康指标实际测试值
A	$>a+\lambda_2 a$
B	$[a+\lambda_1 a, a+\lambda_2 a]$
C	$[a, a+\lambda_1 a)$
D	$<a$

注:“a”是单项健康指标的取值范围,由表 1 给出;
“λ_1、λ_2”是单项健康等级判据系数,取值范围为[0,1],取值可基于风险主观赋值,赋值大小因设备的类型、级别、运动形式和工作地点不同而不同。例如大型过山车、大摆锤为高参数、高刺激、高速度的典型 A 级大型设备,潜在风险数相对较高,λ_1 和 λ_2 分别取值宜为 0.4 和 0.8。

c) 当健康指标的取值范围为一区间$[a,b]$时(如,侧轮在轨道内时轨距允许误差为−3 mm～+5 mm),则根据表5来判断其健康等级。

表5 取值范围为一区间类定量指标等级对照表

等级	健康指标实际测试值
A	$\left[\left(a+\frac{b-a}{2}\right)-\lambda_1(b-a),\left(a+\frac{b-a}{2}\right)+\lambda_1(b-a)\right]$
B	$\left[\left(a+\frac{b-a}{2}\right)-\lambda_2(b-a),\left(a+\frac{b-a}{2}\right)-\lambda_1(b-a)\right)$ 或$\left(\left(a+\frac{b-a}{2}\right)+\lambda_1(b-a),\left(a+\frac{b-a}{2}\right)+\lambda_2(b-a)\right]$
C	$\left[a,\left(a+\frac{b-a}{2}\right)-\lambda_2(b-a)\right)$ 或 $\left(\left(a+\frac{b-a}{2}\right)+\lambda_2(b-a),b\right]$
D	$<a$ 或 $>b$
注:"a"是单项健康指标的取值范围,由表1给出; "λ_1、λ_2"是单项健康等级判据系数,取值范围为[0,1],取值可基于风险主观赋值,赋值大小因设备的类型、级别、运动形式和工作地点不同而不同。例如大型过山车、大摆锤为高参数、高刺激、高速度的典型A级大型设备,潜在风险数相对较高,λ_1和λ_2分别取值宜为0.4和0.8。	

7.3.4 整机的健康等级评价

根据单项健康指标确定的等级,可采用表6和表7所示的健康评价准则对整机进行快速健康评价,并分为Ⅰ、Ⅱ、Ⅲ、Ⅳ四个等级,按如下步骤执行:

a) 根据重要指标的数量初步判定整机的健康等级,评价准则如表6所示,即:

1) 当重要指标都是A级时,判定整机为Ⅰ级;

2) 当重要指标有1项～5项为B级时,判定整机为Ⅱ级,大于5项为B级时,判定整机为Ⅲ级;

3) 当重要指标有1项为C级时,判定整机为Ⅱ级,2项～5项时判定整机为Ⅲ,大于5项时判定整机为Ⅳ级;

4) 当重要指标存在1项为D级时,判定整机为Ⅳ级。

表6 基于重要指标级别和数量的整机健康等级评价准则

等级	数量					
	1	2	3	4	5	>5
A	Ⅰ(全部重要指标都为A级时)					
B	Ⅱ					Ⅲ
C	Ⅱ	Ⅲ				Ⅳ
D	Ⅳ					

b) 根据一般指标的数量再次判定整机的健康等级,评价准则如表7所示,即:

1） 当一般指标都是A级时，判定整机为Ⅰ级；

2） 当重要指标有1项～5项为B级时，判定整机为Ⅰ级，大于5项为B级时，判定整机为Ⅱ级；

3） 当一般指标有1项～5项为C级时，判定整机为Ⅱ级，大于5项时判定整机为Ⅲ级；

4） 当一般指标存在1项～5项为D级时，判定整机为Ⅲ，大于5项时判定整机为Ⅳ级。

表7 基于一般指标级别和数量的整机健康等级评价准则

等级	数量					
	1	2	3	4	5	>5
A	Ⅰ（全部重要指标都为A级时）					
B	Ⅰ					Ⅱ
C	Ⅱ					Ⅲ
D	Ⅲ					Ⅳ

c） 根据上述重要指标和一般指标的评价结果，取其中级别最高者即为整机的健康等级。

7.4 评价结果及采取措施

健康评价等级Ⅰ、Ⅱ、Ⅲ、Ⅳ分别对应于游乐设施健康状态的“健康”“亚健康”“微病态”和“病态”4个定性状态，如表8所示。

对于评价结果为“健康”的设备，允许使用，正常维保。

对于评价结果为“亚健康”的设备，允许使用，应提出相应措施消除不健康因素，同时缩短检查检验周期。

对于评价结果为“微病态”的设备，允许使用，应确定不健康因素，预测未来健康风险和剩余寿命，且需增加状态监测措施，应尽早安排修理，调整下一步的健康监测方案和健康指标参数范围。

对于评价结果为“病态”的设备，应立即停止使用，直接报废或安排修理以恢复健康。

表8 大型游乐设施健康评价分级及对应维护保养策略

级别	健康等级	健康状况定性描述	使用与维护保养策略
Ⅰ	健康	设备运行状况非常好	允许使用，正常维保
Ⅱ	亚健康	设备运行状况较好	允许使用，缩短检查检验周期
Ⅲ	微病态	设备出现轻微异常征兆	允许使用，增加状态监测措施，且尽早安排修理
Ⅳ	病态	设备出现严重异常征兆	停止使用，报废或安排修理

8 健康恢复

8.1 一般要求

健康恢复是指对健康评价中确定的不健康因素进行人工干预，使大型游乐设施恢复健康状态的过程。

对评价为"病态"的设备可进行技术与经济评估。对于评估为不可恢复或无经济价值恢复健康的设备,应直接报废;对评估为可恢复健康的设备,应根据产生不健康的原因制定健康恢复方案。

8.2 健康恢复措施

8.2.1 工作参数调整

根据健康评价的结果,在日常管理中及时调整不健康的工作状态,主要是通过监控操作面板的显示信息、读取各仪器仪表的数据和观察关键部件的运行状态等信息来掌控游乐设施的运行状态,一旦发现游乐设施的健康指标参数偏离了正常范围,可通过调整游乐设施的运行参数(譬如速度、加速度、运行周期等)使得其健康指标恢复到正常范围内。

8.2.2 外部环境改造

外部环境改造是指排除周围环境的不健康因素。

外部环境改造包括对游乐设施运行环境进行改造、对乘客进行安全教育等来规范乘客的乘坐行为,通过开展岗前培训、继续教育和严格执行持证上岗等手段来强化管理和业务水平等。

8.2.3 保养维修

保养维修指对游乐设施设备本身的不健康因素进行维护保养、修理或改造。

对于润滑、清洗、备品备件修复和小缺陷处理等,采用日常维护保养方式。

对于主要受力零部件存在裂纹、严重变形、严重磨损和腐蚀等情况,应予以更换。

对子系统或整机的安全技术性能下降达不到设计的基本要求时,应根据诊断和评估的结果进行修理或更换。

对于发生故障、事故或重大自然灾害损伤的设备,要进行重大修理或改造。

8.3 结果输出

应对实施健康恢复措施后的设备进行与原始设计制造参数比对、风险评价,以重新修订设备的健康管理方案,重点调整健康指标参数及范围和健康监测方案。

9 记录和文档管理

9.1 记录和文件控制的目的:

a) 保存游乐设施全寿命周期安全运行与维护所需的历史信息;

b) 保存游乐设施健康管理有效性和合规性的客观证据;

c) 保存决策制定和审批的相关资料。

9.2 使用单位应建立和管理涉及游乐设施设计、制造、安装、运行、维保,直至报废阶段健康管理活动的记录和文档。

9.3 使用单位应建立记录和文档管理计划以及识别、收集和存储以下记录和文档:

a) 与游乐设施健康管理系统相关的文件、记录和报告;

b) 与其他设备管理方案相关的文档;

c) 管理计划应包含电子和纸质记录和文档的管理流程。

附　录　A
（资料性附录）
大型过山车健康评价方法应用案例

A.1　评价对象概述

评价对象为某大型游乐园的弹射式过山车，该设备于2012年投入使用，采用弹射发射方式，发射高度达60 m，轨道长度为887 m，最大运行速度为135 km/h，可同时运行两列列车，列车每排4人，每列车可载24人，如图A.1所示。整个运行过程为：首先，列车由助推电机推送至发射段，使得发射拖车与列车结合；然后，列车在长度为55 m的水平轨道上，速度迅速由零增加到135 km/h，列车驶出水平发射段后向左转，冲上高为60 m的爬升段；接着在势能的作用下迅速向下滑行，穿越水平面下的隧道。整个过程经历三段起伏和回旋轨道，最终在刹车段由刹车系统进行二次减速，之后由助推器缓缓送回到站台。

图A.1　弹射式过山车

A.2　评价指标的建立及评价内容的确定

构建该大型过山车的健康评价项目、指标及其评价内容如表A.1所示。健康管理项目作为1级评价指标，一般指设备的子系统，如钢结构、列车等；关键零部件作为2级评价指标，一般为子系统的零部件，连接及机械传动等；评价内容是指能反应2级指标性能的表征参数或者物理现象，可以包括定性和定量两方面的评价信息。评价指标可以用矩阵[式(A.1)]来表示。本例中评价项目(指标)有7个，且都是时间t的函数，则可以表示为：

$$p(t)=[p_1(t),p_2(t),\cdots,p_7(t)]^T \qquad \cdots\cdots(A.1)$$

表 A.1　大型过山车健康评价指标及评价内容

健康管理项目（1级评价指标）	关键零部件（2级评价指标）	评价内容
钢结构 B_1	轨道及立柱 C_{11}	强度、变形、开裂、破损、磨损、腐蚀、移位、运行过程异响等状态
	结构连接 C_{12}	焊缝缺陷、开裂，连接松动、腐蚀等状态
列车 B_2	车体 C_{21}	表面状况、开裂，紧固件和预埋件松弛、脱落等状态
	车轮轴 C_{22}	开裂、磨损，支撑架、盖子、环圈紧固件紧固等状态
	轮系及约束 C_{23}	磨损、开裂、损坏，紧固件紧固状态、开口销安装状态、轮毂帽油位状态等
	连接轭 C_{24}	磨损、损坏，盖板紧固状态、安全拉索断裂情况等
	安全带、安全压杆 C_{25}	安全带固定、老化、破损状态，锁扣装置完好状态；安全压杆启闭状态、开裂、锈蚀、异物划伤等状态
	底盘 C_{26}	焊缝开裂、易磨件几何尺寸等状态
制动装置 B_3	气动制动装置 C_{31}	制动蹄片表面磨损、开裂、紧固件紧固状态，剪切块焊缝开裂、锈迹状态等
	涡流制动装置 C_{32}	表面清洁、开裂、紧固件紧固状态，导板、导电刷完好状态等
气动、液压系统 B_4	空压机 C_{41}	安装牢固状态、皮带的松紧程度、曲轴箱内油位状态，运转中异响、振动、温度升高及密封状态等
	油泵及马达 C_{42}	安装牢固状态，运行中异响、油密封、温度升高状态等
	气压、液压回路 C_{43}	压力、密封、堵塞、开裂、破损及老化状态，安全阀动作灵活状态等
电气装置 B_5	操作台 C_{51}	功能、按键、表盘、指示灯等工作状态，污损、破裂状态等
	信号装置 C_{52}	检测、限位及行程开关动作状态，锈蚀、污损等情况
	照明、监控、广播设备 C_{53}	部件固定、完好情况，照明状态，监控设备画面清晰与工作状态，广播音量、音质状态等
安全防护装置 B_6	站台、安全通道、栅栏 C_{61}	畅通与障碍物情况，安装紧固状态，安全栏杆锈蚀、破损状态等
	应急救援 C_{62}	应急救援装置完好状态，功能是否有效
安全管理措施 B_7	安全管理 C_{71}	安全规章制度和操作规程建立情况，安全教育和安全检查实施情况
	人员素质 C_{72}	特种设备操作人员培训、持证、能力素质等情况
	安全保障 C_{73}	人身保险、安全措施、安全投资、安全文化等情况

A.3　评价指标的量化处理

A.3.1　评价体系结构

在上述健康评价指标体系及评价内容的基础上，抽取出定性和定量评价分量，定性分量用

模糊性语言 δ 表示，定量分量用 Δ 表示。若某些指标不能定量化，即不能抽取定量分量，则该类指标完全采用定性分量来标度。抽象化大型游乐设施整机的健康评价指标体系的层次结构如图 A.2 所示。即，对应表 A.1将整台设备分为目标层、1 级和 2 级 3 个层级以及检测数据；其中检测数据以定性或定量的方式来描述指标的相应评价内容。

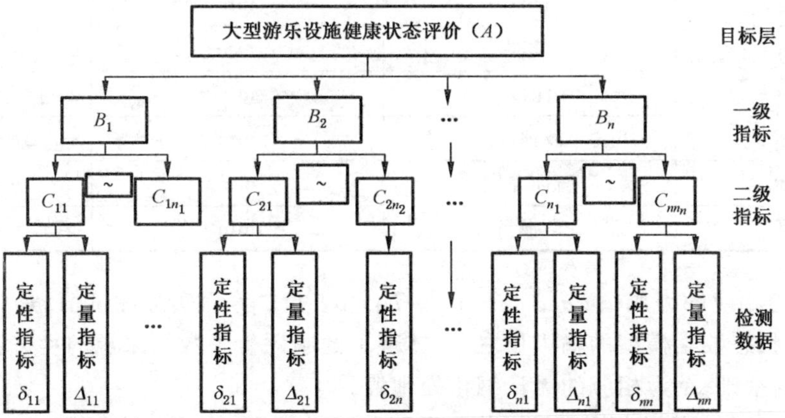

图 A.2　大型过山车健康评价指标体系层次结构

A.3.2　指标的定性评价

考虑到指标所对应评价内容的复杂性，既包含了定性信息也有定量信息，因此需要将数据分为主观和客观两类来对待。定性信息主要是由专家依据经验主观直接给出，通常采用“优”“良”“中”“差”等含有模糊性的语言来描述，对应的等级和取值范围如表 A.2 所示。表中取值范围设定为[0,1]，不同的评价结果对应不同的取值范围，如“优”对应的取值范围为(0.8,1]。

表 A.2　定性指标评价等级对照表

序号	取值范围	等级
Ⅰ	(0.8,1]	优
Ⅱ	(0.6,0.8]	良
Ⅲ	(0.4,0.6]	中
Ⅳ	(0,0.4]	差

本例中，定性评价指标值由专家对照表 A.2 直接给出，分别为：$\delta_{11}=0.84$，$\delta_{12}=0.75$，$\delta_{21}=0.76$，$\delta_{22}=0.82$，$\delta_{23}=0.73$，$\delta_{24}=0.86$，$\delta_{25}=0.84$，$\delta_{26}=0.9$，$\delta_{31}=0.73$，$\delta_{32}=0.75$，$\delta_{51}=0.86$，$\delta_{52}=0.88$，$\delta_{53}=0.78$，$\delta_{61}=0.84$，$\delta_{62}=0.80$，$\delta_{63}=0.71$，$\delta_{71}=0.73$，$\delta_{72}=0.75$，$\delta_{81}=0.69$，$\delta_{82}=0.68$，$\delta_{83}=0.63$。

A.3.3　指标的定量评价

定量信息中由于计量单位的差异性，因此需要对其进行无量纲化和归一化处理。可定量化的评价指标有强度、刚度、裂纹、变形、锈蚀、磨损等数据，其无量纲化处理方法如表 A.3 所示。如强度指标用应力来表征，无量纲化值为实际测试值与许用应力值的比值。

表 A.3　常见定量评价参数无量纲化处理对照表

评价指标	表征参数	量纲	无量纲化
强度指标	应力	MPa	$\Delta_y=1-\sigma_{test}/[\sigma]$
刚度指标	挠度	mm	$\Delta_r=1-f_{test}/[f]$
裂纹指标	长度	mm	$\Delta_l=1-T_{l,test}/[T_l]$
	深度	mm	$\Delta_d=1-T_{d,test}/[T_d]$
变形指标	波浪度	mm	$\Delta_h=1-h/10$
腐蚀指标	腐蚀深度	mm	$\Delta_x=1-d_{test}/[d]$
磨损指标	磨损量	mm	$\Delta_w=1-w_{test}/[w]$

表中[·]为相应的许用值；σ_{test} 、$T_{l,test}$ 、$T_{d,test}$ 、f_{test} 等为实际测试值，是关于时间变量 t 的函数，是健康状态数学模型的输入量之一，体现了健康评价中数据来源的动态特性，是实现动态的健康评价的基础；Δ 为相应的无量纲化处理值。

分析表 A.4 可知，本例中的定量评价信息可以通过壁厚、应力应变、裂纹长度（活性缺陷）、振动、温升、外观几何尺寸等来表征磨损、腐蚀、强度、开裂、异常声响、过热、变形等损伤或故障模式。采取的检测手段或方式主要有：光纤光栅应力测试、声发射、电磁超声、涡流、磁粉、红外、游标卡尺等。通过对 2019 年期间开展的定检、日常维保、状态监测数据的收集和整理，并根据表 A.3 原则进行无量纲化处理，结果如表 A.4 所示。如，根据表 A.1 的评价内容，采用疲劳、裂纹、壁厚等参数从客观的角度反映了 2 级指标轨道及立柱的健康情况。其中值 $\Delta_{f,track}(C_{11})=0.76$，是通过测试应力，根据线性累积损伤理论，并进行无量纲化处理，得出的疲劳程度，用以表征轨道和立柱的强度情况。值 $\Delta_{wear,wheel}(C_{23})=0.67$ 是通过游标卡尺测量并经无量纲化处理所得，从客观的角度表征了轮系的磨损情况。

表 A.4　大型过山车的定量健康评价数据

1 级指标	2 级指标	定量健康评价值	检测方法
钢结构 B_1	轨道及立柱 C_{11}	疲劳：$\Delta_{f,track}(C_{11})=0.76$ 裂纹：$\Delta_{lif-crack,track}(C_{11})=1$ 壁厚：$\Delta_{thickness,column}(C_{11})=1$ 轨距：$\Delta_{dis,train}(C_{11})=1$ 磨损：$\Delta_{wear,train}(C_{11})=1$	光纤光栅应力测试 声发射＋涡流＋直尺 电磁超声测厚 直尺测轨距 电磁超声测厚
	结构连接 C_{12}	裂纹：$\Delta_{connect,crack}(C_{12})=1$	涡流检测表面裂纹
列车 B_2	车体 C_{21}	裂纹：$\Delta_{chair,crack}(C_{21})=1$	表面磁粉探伤
	车轮轴 C_{22}	裂纹：$\Delta_{axis,crack}(C_{22})=1$ 磨损：$\Delta_{wear,axis}(C_{22})=1$	表面磁粉探伤 游标卡尺检测磨损量
	轮系及约束 C_{23}	温升：$\Delta_{wheel,tem}(C_{23})=1$ 磨损：$\Delta_{wear,wheel}(C_{23})=0.67$	红外热成像温升检测 游标卡尺检测磨损量
	连接轭 C_{24}	裂纹：$\Delta_{conjugate,crack}(C_{24})=1$	表面磁粉探伤
	安全带 C_{25}	裂纹：$\Delta_{bar,crack}(C_{25})=1$	表面磁粉探伤

表 A.4（续）

1级指标	2级指标	定量健康评价值	检测方法
制动装置 B_3	制动装置 C_{31}	刹车磨损：$\Delta_{wear,gasket}(C_{31})=1$	游标卡尺检测磨损量
气动系统 B_4	空压机 C_{41}	空压机温升：$\Delta_{air-com}(C_{41})=1$	红外热成像温升检测

A.4 整机健康状态评价

A.4.1 整机健康等级设定

健康等级(Ⅰ/Ⅱ/Ⅲ/Ⅳ)分别对应于“健康”“亚健康”“微病态”和“病态”4个状态(见表 A.5)，条件合适的可综合给出设备的健康评分。

表 A.5 大型游乐设施健康评价分级及对应维护保养策略

级别	健康等级	健康状况定性描述	使用与维护保养策略
Ⅰ	健康	设备运行状况非常好	允许使用，正常维保
Ⅱ	亚健康	设备运行状况较好	允许使用，缩短检查检验周期
Ⅲ	微病态	设备出现轻微异常征兆	允许使用，需增加状态监测措施，且尽早安排大修
Ⅳ	病态	设备出现严重异常征兆	停止使用，需要安排修理以恢复健康

A.4.2 指标权重的计算

采用层次分析法对各层健康指标进行权重计算，参照表 A.1 的指标体系，依据表 A.2 的评分规则，对本研究对象的健康指标参数建立模糊一致性判断矩阵 R，并计算各层指标的权重值，1级指标和前两项2级指标的权重值 W 分别见表 A.6 和表 A.7。

表 A.6 模糊一致性判断矩阵 $\boldsymbol{R}(\boldsymbol{A}-\boldsymbol{B})$

	B_1	B_2	B_3	B_4	B_5	B_6	B_7	W
B_1	0.50	0.75	0.40	0.55	0.75	0.68	0.60	0.18
B_2	0.25	0.50	0.15	0.30	0.50	0.43	0.35	0.16
B_3	0.60	0.85	0.50	0.65	0.85	0.78	0.70	0.21
B_4	0.45	0.70	0.35	0.50	0.70	0.63	0.55	0.16
B_5	0.25	0.50	0.15	0.30	0.50	0.43	0.35	0.09
B_6	0.32	0.57	0.22	0.37	0.57	0.50	0.42	0.10
B_7	0.40	0.65	0.30	0.45	0.65	0.58	0.50	0.10

表 A.7 模糊一致性判断矩阵 $\boldsymbol{R}_1(\boldsymbol{B}_1-\boldsymbol{C})$

	C_{11}	C_{12}	W_1
C_{11}	0.50	0.58	0.58
C_{12}	0.42	0.50	0.42

照此方法,可求得其他指标的权重,分别为:$W_2(B_2-C)=(0.07\ \ 0.20\ \ 0.22\ \ 0.15\ \ 0.24\ \ 0.12)$,$W_3\ (B_3-C)=(0.50\ \ 0.50)$,$W_4\ (B_4-C)=(0.45\ \ 0.20\ \ 0.35)$,$W_5\ (B_5-C)=(0.35\ \ 0.45\ \ 0.20)$,$W_6(B_6-C)=(0.65\ \ 0.35)$,$W_7(B_7-C)=(0.35\ \ 0.45\ \ 0.20)$。

A.4.3 整机综合评价

A.4.3.1 评价构成

本过程包括定量指标合成,定性和定量合成,整机健康状态评价三部分。

A.4.3.2 定量指标合成

参考表 A.1 并利用式(A.2),将反应评价内容的客观值进行模糊合成,即为相应 2 级指标的健康状态值,合成结果见表 A.8。如表中第二行的 2 级指标轨道和立柱 $\Delta(C_{11})$,是由该项对应评价内容的客观信息(疲劳、裂纹、壁厚、轨距、磨损等)合成而来,结果为 0.76。

$$p_i(t)=p_{\delta_i}(t)\circ p_{\Delta_i}(t)\cdot p_i^*(t)\ (i=1,2,\cdots,7) \qquad \cdots\cdots\cdots\cdots\cdots(\text{A.2})$$

其中,"°"为模糊合成算子 $M(\otimes|\oplus|\wedge|\vee)$(表示有界乘法、和、取大或者取小运算);$t$ 表示时间变量;$p_i(t)\ (i=1,2,\cdots,7)$ 表示指标的健康状态值,$p_{\Delta_i}(t)$ 表示实际测试值或计算值,$p_{\delta_i}(t)$ 表示主观评估值,$p_i^*(t)$ 表示重要项,且满足式(A.3):

$$\begin{cases} p_{\Delta_i}(t)=R\in[0,+\infty) \\ p_{\delta_i}(t)=R'\in[0,1] \\ p_i^*(t)=\{0,1\} \end{cases} \qquad \cdots\cdots\cdots\cdots\cdots\cdots\cdots\cdots\cdots(\text{A.3})$$

表 A.8 客观健康指标数据合成值

原始值	模糊合成算子	合成值
$\Delta_{f,\text{track}}(C_{11})=0.76$ $\Delta_{\text{lif-crack,track}}(C_{11})=1$ $\Delta_{\text{thickness,column}}(C_{11})=1$ $\Delta_{\text{dis,train}}(C_{11})=1$ $\Delta_{\text{wear,train}}(C_{11})=1$	$\xrightarrow{M(\vee)}$	$\Delta(C_{11})=0.76$
$\Delta_{\text{connect,crack}}(C_{12})=1$	$\xrightarrow{M(\vee)}$	$\Delta(C_{12})=1$
$\Delta_{\text{chair,crack}}(C_{21})=1$		$\Delta(C_{21})=1$
$\Delta_{\text{axis,crack}}(C_{22})=1$ $\Delta_{\text{wear,axis}}(C_{22})=1$	$\xrightarrow{M(\vee)}$	$\Delta(C_{22})=1$
$\Delta_{\text{wheel,tem}}(C_{23})=1$ $\Delta_{\text{wear,wheel1}}(C_{23})=0.67$	$\xrightarrow{M(\vee)}$	$\Delta(C_{23})=0.67$
$\Delta_{\text{conjugate,crack}}(C_{24})=1$		$\Delta(C_{24})=1$
$\Delta_{\text{bar,crack}}(C_{25})=1$		$\Delta(C_{25})=1$
$\Delta_{\text{chassis,crack}}(C_{26})=1$	$\xrightarrow{M(\vee)}$	$\Delta(C_{26})=1$
$\Delta_{\text{wear,gasket}}(C_{31})=1$		$\Delta(C_{31})=1$
$\Delta_{\text{air-com,tem}}(C_{41})=1$		$\Delta(C_{41})=1$

A.4.3.3 定量和定性指标合成

利用式(A.2)对 A.3.2 中的定性指标和表 A.8 中的定量进行模糊合成，结果如下：$p_{11}=\delta_{11}\circ\Delta_{11}=0.76\times0.84=0.64$，$p_{12}=\delta_{12}\circ\Delta_{12}=0.76$，$p_{21}=\delta_{21}\circ\Delta_{21}=0.76$，$p_{22}=\delta_{22}\circ\Delta_{22}=0.82$，$p_{23}=\delta_{23}\circ\Delta_{23}=0.49$，$p_{24}=\delta_{24}\circ\Delta_{24}=0.86$，$p_{25}=\delta_{25}\circ\Delta_{25}=0.84$，$p_{26}=\delta_{26}\circ\Delta_{26}=0.9$，$p_{31}=\delta_{31}\circ\Delta_{31}=0.73$，$p_{32}=\delta_{32}\circ\Delta_{32}=0.75$，$p_{41}=\delta_{41}\circ\Delta_{41}=0.86$，$p_{42}=\delta_{42}\circ\Delta_{42}=0.88$，$p_{43}=\delta_{43}\circ\Delta_{43}=0.78$，$p_{51}=\delta_{51}\circ\Delta_{51}=0.84$，$p_{52}=\delta_{52}\circ\Delta_{52}=0.80$，$p_{53}=\delta_{53}\circ\Delta_{53}=0.71$，$p_{61}=\delta_{61}\circ\Delta_{61}=0.73$，$p_{62}=\delta_{62}\circ\Delta_{62}=0.75$，$p_{71}=\delta_{71}\circ\Delta_{71}=0.69$，$p_{72}=\delta_{72}\circ\Delta_{72}=0.68$，$p_{73}=\delta_{73}\circ\Delta_{73}=0.63$。

A.4.3.4 整机健康状态评价

在上述健康指标权重和评价值的基础上，利用式(A.4)计算整机的健康状态值 $H_S(t)$，再根据表 A.5确定健康等级。

$$H_S(t)=f(W,h(\cdot)(p(t)))\rightarrow\begin{cases}H_S=R\in[0,1],p_i^*=1\\H_S=0,\exists\, p_i^*=0\end{cases}(i=1,2,\cdots,7)\quad\cdots\cdots(\text{A.4})$$

式中：

$W=\{w_1,w_2,\cdots,w_7\}$ 为各向量的权重；

$h(\cdot)$ 表示健康状态指标变换算子，用于对 $p(t)$ 进行无量纲化，具体形式视情况而定。

a) 1 级指标健康状态计算与评价

评价矩阵：

$$H_1=f(W_1,h_1(\cdot)(p_1(t)))=W_1\cdot P_1=(w_{11}\quad w_{12})\cdot\begin{pmatrix}p_{11}\\p_{12}\end{pmatrix}=(0.58\quad 0.42)\cdot\begin{pmatrix}0.64\\0.76\end{pmatrix}=0.69,$$

$H_2=0.76$，$H_3=0.74$，$H_4=0.84$，$H_5=0.80$，$H_6=0.74$，$H_7=0.67$。

b) 整机健康状态计算与评价

通过表 A.1、表 A.2 和图 A.2 所反应的大型游乐设施健康评价指标体系层次结构以及式(A.4)，易知 a)中的计算结果 $H_1\sim H_7$，即为本过程中的 $P(P_1\sim P_7)$。

整机健康状态值：

$$\begin{aligned}H_S&=f(W,h(\cdot)(p(t)))=W\cdot P\\&=(0.18\quad 0.16\quad 0.21\quad 0.16\quad 0.09\quad 0.10\quad 0.10)\cdot\\&\quad(0.69\quad 0.76\quad 0.74\quad 0.84\quad 0.80\quad 0.74\quad 0.67)^T\\&=0.75\end{aligned}$$

即，整机健康状态值 H_S 为 0.75，根据表 A.5 定义的健康等级，可以判定该大型弹射式过山车的健康状态为Ⅱ级(亚健康)。

ICS 97.200.40
CCS Y 57

中华人民共和国国家标准

GB/T 41106.1—2021

大型游乐设施 检查、维护保养与修理 第1部分：总则

Large-scale amusement devices—Inspection, maintenance and repair—Part 1: General

2021-12-31 发布 2022-07-01 实施

国家市场监督管理总局
国家标准化管理委员会 发布

前　言

本文件按照 GB/T 1.1—2020《标准化工作导则　第1部分：标准化文件的结构和起草规则》的规定起草。

本文件是 GB/T 41106《大型游乐设施　检查、维护保养与修理》的第1部分。GB/T 41106 已经发布了以下部分：

——第1部分：总则；

——第2部分：轨道类；

——第3部分：旋转类；

——第4部分：升降类；

——第5部分：水上类；

——第6部分：虚拟体验类。

请注意本文件的某些内容可能涉及专利。本文件的发布机构不承担识别专利的责任。

本文件由全国索道与游乐设施标准化技术委员会(SAC/TC 250)提出并归口。

本文件起草单位：中国特种设备检测研究院、广州长隆集团有限公司、深圳华侨城文化旅游科技集团有限公司、华强方特文化科技集团股份有限公司、广东金马游乐股份有限公司、北京实宝来游乐设备有限公司、融创(深圳)文化旅游运营管理有限公司、北京世纪华侨城实业有限公司欢乐谷分公司、广东省特种设备检测研究院、河南省特种设备安全检测研究院、大连锅炉压力容器检验检测研究院有限公司、天津市特种设备监督检验技术研究院、江苏省特种设备安全监督检验研究院、蓬莱八仙过海旅游有限公司、温州南方游乐设备工程有限公司。

本文件主要起草人：沈功田、钱剑雄、张勇、宋伟科、梁朝虎、林伟明、谢武雄、陈涛、惠俊、李勇、邢友新、詹蕴鑫、蔡章棒、邱治国、李剑、张传龙、王璇、张新东、惠永川、周鹏、付恒生、刘春来、马宁、崔高宇、王占亮、卢念华、张峰、胡兼、司京生。

引　言

大型游乐设施是人们休闲娱乐的重要载体，其运行使用关系到人身安全与健康，一旦发生事故，社会影响恶劣。在用大型游乐设施日常的检查、维护保养与修理(以下简称检维修)对保障设备安全运行至关重要。目前，我国大型游乐设施检维修技术方法、程序和要求，缺乏标准的指导和规范，总体技术力量薄弱。为此，国家重点研发计划设立专门的项目和课题，开展大型游乐设施健康管理理论与检维修方法研究及标准研制。

健康管理贯穿于大型游乐设施全生命周期的各阶段，而检维修是大型游乐设施使用过程中健康管理体系的重要环节和手段。通过日常检查和维护保养，以及对设备故障和缺陷进行修理，保持和恢复其健康状态，促进和提升运营使用单位对大型游乐设施的健康管理和安全运行水平。

由于大型游乐设施类别和品种(型式)繁多，为了便于标准的使用和实施，按照大型游乐设施的结构和运动形式特点，将特种设备目录中划分的13个类别，归纳整合为轨道类、旋转类、升降类、水上类、虚拟体验类。GB/T 41106旨在确立适用于大型游乐设施检维修的基本原则、具体项目和要求，由6个部分构成。

——第1部分：总则。目的在于明确检查、维护保养和修理的含义，给出大型游乐设施检维修的基本原则和通用要求。

——第2部分：轨道类。目的在于确立轨道类大型游乐设施检维修项目和要求。

——第3部分：旋转类。目的在于确立旋转类大型游乐设施检维修项目和要求。

——第4部分：升降类。目的在于确立升降类大型游乐设施检维修项目和要求。

——第5部分：水上类。目的在于确立水上类大型游乐设施检维修项目和要求。

——第6部分：虚拟体验类。目的在于确立虚拟体验类大型游乐设施检维修项目和要求。

大型游乐设施　检查、维护保养与修理
第1部分:总则

1　范围

本文件规定了在用大型游乐设施检查、维护保养与修理方面的基本原则和要求。

本文件适用于在用的大型游乐设施(以下简称游乐设施)。小型游乐设施的检查、维护保养与修理也可参照执行。

2　规范性引用文件

下列文件中的内容通过文中的规范性引用而构成本文件必不可少的条款。其中,注日期的引用文件,仅该日期对应的版本适用于本文件;不注日期的引用文件,其最新版本(包括所有的修改单)适用于本文件。

GB 8408　大型游乐设施安全规范

GB/T 20306　游乐设施术语

GB/T 30220　游乐设施安全使用管理

GB/T 39417　大型游乐设施健康管理

3　术语和定义

GB/T 20306、GB/T 39417 界定的以及下列术语和定义适用于本文件。

3.1

检查　inspection

使用单位对在用游乐设施进行的宏观巡视、参数测量、无损检测、性能验证和状态监测等活动。

3.2

维护保养　maintenance

对设备定期进行的或对检查发现的异常情况进行的系统调试、易损件更换、连接件紧固、设备除尘、设备润滑、设备防腐等,但不改变游乐设施的主体结构和性能参数的活动。

3.3

修理　repair

对设备检查发现的异常情况采用零部件更换(易损件更换除外)、修复等方式恢复设备原有性能,但不改变游乐设施的主体结构和性能参数的活动。

4　一般要求

4.1　基本原则

4.1.1　在用游乐设施的检维修,除满足本文件的要求外,还应符合 GB 8408、GB/T 30220 的有关要求。

4.1.2 在用游乐设施的检维修是其全生命周期健康管理体系的重要环节。健康管理的主要内容包括健康指标的确定、健康监测、健康评价、健康恢复等，其要求按照 GB/T 39417 执行。本文件规定的检查是健康监测的主要手段，维护保养和修理是健康恢复的主要措施。

4.1.3 在用游乐设施使用单位应建立检维修制度，制定设备检维修方案，配备符合要求的检维修人员，按照规定程序和要求开展相应的检维修作业。

4.1.4 鼓励游乐设施使用单位建立检维修信息化管理系统，对检维修相关数据进行统计、分析，为设备健康管理提供支撑。

4.2 检查和维护保养说明

4.2.1 游乐设施制造单位应向使用单位提供所售设备的使用、检查和维护保养说明资料，根据设备的结构特点、运动形式、运行参数和使用过程中可能出现的风险等，提出设备的健康管理、检查和维护保养的项目及指标。

4.2.2 制造单位提供的检查和维护保养说明资料一般应包括以下内容：

a) 常见故障及排除方法；

b) 易损零部件清单、报废与更换周期要求；

c) 日检、周检、月检(含季检和半年检等)、年检(含多年检)的项目及要求，与之对应的检查方法和比例等；

d) 机械及结构：包括紧固件检查要求，有预紧力要求的螺栓检查周期、发现预紧力下降后的处置措施(调整、更换等)，以及螺栓的防锈处理要求；机械结构变形、腐蚀，焊缝缺陷的检查要求；

e) 传动系统：包括驱动电机、制动器检查周期和要求，正常工作时制动力/制动力矩的允许范围、制动力/制动力矩的调整方法与测量手段、刹车片/制动闸瓦达到磨损极限的判定指标、更换刹车片/制动闸瓦的方法及更换后的磨合要求等；驱动/制动摩擦轮检查周期、轮压的调整方法、轮边缘磨损极限的判定指标、更换新轮的方法及注意事项等；

f) 电气及控制系统：包括电气控制柜表面除尘、清洁要求，行程开关、位置传感器等信号检测元件的检查与调整要求；

g) 乘载系统：包括乘员座舱检查内容和要求，安全压杠、安全带、安全挡杆等乘客束缚装置的检查内容和要求；

h) 车体系统：行走轮(主轮)、侧轮(靠轮)、底轮等轮系组件的检查与调整要求，轮体磨损极限的判定指标、更换新轮的方法及注意事项等；

i) 液压系统：包括液压油清洗(或更换)周期，液压油箱的清洗要求，油过滤器的更换(或清洗)周期，液压管路接头泄漏的处置方法和要求，液压管路、接头及地面环境清洁工作要求；

j) 气动系统：包括气源处理器件的清洗周期、放水要求、油雾器的换油(加油)要求，管路接头泄漏的处置方法和要求；

k) 安全防护装置和措施：包括制动、防逆转、防碰撞、限位、限速、防风、防雷等装置和系统的检查、调整要求；

l) 基础和辅助设备设施：包括地脚螺栓、基础沉降、锈蚀、变形的检查要求，应急救援装备、应急通道、检修平台、监控监测系统等辅助设备设施的检查要求；

m） 润滑：包括各润滑点的加注周期，加注方法和要求，以及清除要求；清晰标明各润滑点应加注的润滑油（或润滑脂）牌号，以及不同条件下的更替牌号清单；

n） 无损检测：包括无损检测的比例、时机和要求。

4.2.3 制造单位宜提供有关检查和维护保养的视频培训资料或采用现场教学等方式，为使用单位掌握有关设备检查和维护保养作业方法和要求提供便利。

4.3 检维修制度

4.3.1 使用单位应建立专项的检维修管理制度，加强对游乐设施检维修过程的质量控制，保障游乐设施的使用安全。

4.3.2 使用单位根据国家有关法律法规、安全技术规范和标准的要求，结合本单位自身情况，编制包括游乐设施检维修相关程序文件和作业指导书（操作规程）、记录表（卡）等文件，对检维修工作总体管理要求、涉及的相关人员的职责与分工、工作流程、检查和维护保养周期及内容、修理要求、技术档案等作出具体规定。

4.3.3 使用单位应执行建立的游乐设施检维修制度及各项要求，针对在执行过程中发现的问题，对检维修制度及相关文件进行必要的修订。

4.4 检维修方案

4.4.1 使用单位应针对每台游乐设施制定专项检维修方案，明确设备检维修作业相关责任人员、作业前的准备、组织实施流程、检查和维护保养的项目和方式方法、修理的流程和要求、安全教育和防护措施等，保证设备检维修作业的安全和顺利实施。

4.4.2 使用单位应根据本单位的管理要求以及制造单位所提供的使用、检查和维护保养资料的要求，确定设备的检查和维护保养项目、方法及周期。

4.4.3 若国内外有同类或相似的游乐设施发生事故时，使用单位应针对事故原因及时审查检维修方案的相关内容，必要时进行修订。

4.4.4 对游乐设施进行的各项检查、维护保养和修理均应做好记录，并作为该游乐设施的设备档案妥善保管，记录应保存到游乐设施报废为止。

4.4.5 检维修方案中有关检查和维护保养的项目、内容和要求，可以参照 GB/T 41106.2～41106.6 制定。

4.5 检维修人员

4.5.1 使用单位应任命一名检维修技术负责人，每台游乐设施应设置一名设备检维修负责人，并配备满足需要的检查、维护保养和修理作业人员。

4.5.2 国家有关法律、行政法规对 4.5.1 规定的人员有资格要求的，应取得相应资格。

4.5.3 使用单位应对游乐设施检查、维护保养和修理作业人员定期进行业务培训和安全教育，考核合格后方可上岗。培训内容至少包括以下方面：

a） 对于使用单位检维修技术负责人和设备检维修负责人，包括游乐设施相关法律法规、安全技术规范及标准、健康管理内容、本单位检维修管理要求、安全作业等；

b） 对于检查、维护保养和修理作业人员，包括游乐设施相关法律法规、安全标准、本单位检维修管理制度和相关作业指导文件要求、安全作业等。

4.6 检维修仪器设备管理

4.6.1 使用单位应为检维修作业人员配备常用的仪器和设备，并配发基本的劳动用个人防护用品，配备涉及重要零部件定期拆卸检测所需的专用工(器)具。

4.6.2 使用单位应制定检维修设备使用管理制度，并建立检维修设备台账。

4.6.3 检查和维护保养作业所用的测量工具和仪表，应定期进行检定或校准。

4.7 作业安全要求

游乐设施检维修作业中，应落实现场安全防护措施，保证作业安全，并符合以下要求：

a) 应在进行检维修作业的地点和邻近区域设置警示标志和安全工作区域；

b) 应采取必要措施，确保在检维修作业过程中，除由指定人员给出经确认安全的指令外，不应闭合或断开电源开关，不应操作和运行游乐设施；

c) 检维修人员应配备个人保护用具(如：防护鞋、安全帽、安全带、防护眼镜等)；

d) 存在高处坠落危险的情况，应合理防护；

e) 应采取防止触电的措施；

f) 应有足够的照明；

g) 应采取必要的消防措施；

h) 如果遇到极端天气条件，应推迟检查，大风、雷雨、冰雪严寒、大雾等恶劣天气下，不应在室外进行检维修作业；

i) 检维修工作完成后，应拆除作业中采取的临时设施，并清理现场。

5 检查

5.1 检查项目

5.1.1 对于新生产的游乐设施，制造单位应针对不同类别和型式产品特点，依据GB/T 39417规定的原则和方法，提出全面、合理、适宜的游乐设施健康指标，并确定设备的检查项目、周期和要求等，体现在4.2要求提供的检查和维护保养说明资料中。

5.1.2 对于在用的游乐设施，使用单位应按照制造单位提供的检查和维护保养说明资料，结合本单位游乐设施运营及使用管理经验，对相应的健康指标、检查项目和要求等进行确认，并转化到本单位的检维修作业指导文件中。

5.1.3 游乐设施发生故障后，应根据故障具体情况确定必要的检查项目，检查项目应与故障造成的影响范围和程度相适应；游乐设施停用后再次启用前，应根据设备特性确定检查项目。

5.1.4 针对游乐设施使用和检查过程中发现的问题，使用单位可与设备制造单位进行反馈和沟通，经双方协商对检查项目做必要的调整。

5.2 检查类型和周期

5.2.1 使用单位对在用游乐设施开展的检查，按照检查周期和频次分为定期检查、专项检查和实时监测。

5.2.2 定期检查一般包括日检、周检、月检、年检，对于具有自动记录运行次数功能的游乐设施，可以根据运行次数确定定期检查的频次；专项检查包括节假日、举行大型群众性活动前或发生自然灾害后的特别检查；实时监测是利用状态监测技术和手段，在设备运行时对其相关参数进行的动态连续测量、记录和预警。

5.2.3 游乐设施发生故障时，使用单位应查明故障原因，对相关部件或系统进行全面检查，必要时增加检查频次。

5.2.4 使用单位应针对第三方检验(包括定期检验等)发现的问题，以及已知的国内外同类型设备出现的事故或故障情况，进行有针对性的检查并及时处置。

5.3 检查方式

检查方式包括宏观巡视、参数测量、无损检测、性能验证、状态监测等。其中，宏观巡视、参数测量、性能验证中涉及的具体检测方法，参照 GB/T 20050 的要求进行。

注 1：宏观巡视指检查人员利用感官(必要时，辅以测量工具和仪器)对设备主要结构件的表面锈蚀、机械损伤、变形、开裂等，主要传动部件的运行平稳性、噪声、温升，以及安全保护装置有效性等进行检查。

注 2：参数测量指对游乐设施运行时间、结构几何参数、安全距离、温度等技术参数进行测量。

注 3：无损检测根据实际需要选取相应的检测方法，参照 GB/T 34370(所有部分)规定的使用原则、检测方法、工艺规程等要求进行。

注 4：性能验证包括动态性能验证、安全功能验证和必要的载荷试验等。

注 5：状态监测根据实际需要选取相应的监测方法，参照 GB/T 36668(所有部分)规定的原则、方法、程序等要求进行。

5.4 检查结果评价

对每一个检查项目，应给出是否符合标准或规定要求的结果，一般以“合格”/“不合格”、“符合”/“不符合”来表示，并按照 GB/T 39417 规定的准则和方法给出单项指标健康等级。

5.5 综合健康评价

使用单位应根据检查项目评价结果，对游乐设施整机进行综合健康评价，健康评价的方法和要求等按照 GB/T 39417 进行。

6 维护保养

6.1 使用单位应根据制造单位提供的检查和维护保养说明资料以及本单位制定的游乐设施检维修方案，对设备进行定期维护保养。

6.2 使用单位在检查中发现异常情况或设备发生故障时，应进行原因分析，必要时调整维护保养项目或增加维护保养频次。

6.3 应根据不同类型游乐设施的特点确定维护保养的项目、周期、方法和要求，包括清洁、润滑、紧固、调整、防腐以及易损件的更换等，一般应包括以下内容：

a) 减速器润滑油的更换(免维护的除外)；
b) 轴承的更换；
c) 油封的更换；
d) 开式齿轮的润滑；
e) 钢丝绳、链条、链轮、螺杆的润滑、调整；
f) 液压系统滤芯及滤网的更换；
g) 液压油、机油的更换；
h) 各连接件的紧固；
i) 安全防护装置、电气保护装置的调整或更换。

7 修理

7.1 使用单位在检查中发现异常情况或设备发生故障时，应进行原因分析，根据设备的部件或系统使用劣化程度，进行必要的修理。

7.2 国家特种设备相关法律、行政法规对修理单位和人员有资质要求的，修理应由取得相应资质的单位和人员进行；涉及重大修理的，还应按规定及时申报和接受监督检验。

7.3 使用单位应与制造单位进行沟通，根据设备状况，制定专项的修理方案。

7.4 修理完成后应对设备进行检查和验证（同时注意非故障区系统运行状况），检查合格后方可投入使用。

参 考 文 献

[1] GB/T 20050 大型游乐设施检验检测 通用要求
[2] GB/T 34370（所有部分） 游乐设施无损检测
[3] GB/T 34371 游乐设施风险评价 总则
[4] GB/T 36668（所有部分） 游乐设施状态监测与故障诊断
[5] GB/T 39043 游乐设施风险评价 危险源
[6] GB/T 39079 大型游乐设施检验检测 加速度测试
[7] GB/T 41106.2 大型游乐设施 检查、维护保养与修理 第2部分：轨道类
[8] GB/T 41106.3 大型游乐设施 检查、维护保养与修理 第3部分：旋转类
[9] GB/T 41106.4 大型游乐设施 检查、维护保养与修理 第4部分：升降类
[10] GB/T 41106.5 大型游乐设施 检查、维护保养与修理 第5部分：水上类
[11] GB/T 41106.6 大型游乐设施 检查、维护保养与修理 第6部分：虚拟体验类
[12] 中华人民共和国特种设备安全法（中华人民共和国主席令第四号）
[13] 特种设备安全监察条例（国务院令第549号）
[14] 大型游乐设施安全监察规定（国家质检总局令第154号）

ICS 97.200.40
CCS Y 57

中华人民共和国国家标准

GB/T 41106.2—2021

大型游乐设施 检查、维护保养与修理 第2部分：轨道类

Large-scale amusement devices—Inspection, maintenance and repair—Part 2: Sort of track rides

2021-12-31 发布 2022-07-01 实施

国家市场监督管理总局
国家标准化管理委员会 发布

前　言

本文件按照 GB/T 1.1—2020《标准化工作导则　第 1 部分:标准化文件的结构和起草规则》的规定起草。

本文件是 GB/T 41106《大型游乐设施　检查、维护保养与修理》的第 2 部分。GB/T 41106 已经发布了以下部分:

——第 1 部分:总则;

——第 2 部分:轨道类;

——第 3 部分:旋转类;

——第 4 部分:升降类;

——第 5 部分:水上类;

——第 6 部分:虚拟体验类。

请注意本文件的某些内容可能涉及专利。本文件的发布机构不承担识别专利的责任。

本文件由全国索道与游乐设施标准化技术委员会(SAC/TC 250)提出并归口。

本文件起草单位:中国特种设备检测研究院、广东金马游乐股份有限公司、安徽华工智能科技研究院有限公司、北京实宝来游乐设备有限公司、融创(深圳)文化旅游运营管理有限公司、广东省特种设备检测研究院、河南省特种设备安全检测研究院、大连锅炉压力容器检验检测研究院有限公司、广州长隆集团有限公司、蓬莱八仙过海旅游有限公司。

本文件主要起草人:张勇、钱剑雄、崔高宇、沈功田、宋伟科、陈涛、李勇、詹蕴鑫、邱治国、李剑、邢友新、马宁、张传龙、付恒生、周鹏、张洋、李寰、张丽、刘博。

引　言

大型游乐设施是人们休闲娱乐的重要载体，其运行使用关系到人身安全与健康，一旦发生事故，社会影响恶劣。在用大型游乐设施日常的检查、维护保养与修理(以下简称检维修)对保障设备安全运行至关重要。目前，我国大型游乐设施检维修技术方法、程序和要求，缺乏标准的指导和规范，总体技术力量薄弱。为此，国家重点研发计划设立专门的项目和课题，开展大型游乐设施健康管理理论与检维修方法研究及标准研制。

健康管理贯穿于大型游乐设施全生命周期的各阶段，而检维修是大型游乐设施使用过程中健康管理体系的重要环节和手段。通过日常检查和维护保养，以及对设备故障和缺陷进行修理，保持和恢复其健康状态，促进和提升运营使用单位对大型游乐设施的健康管理和安全运行水平。

由于大型游乐设施类别和品种(型式)繁多，为了便于标准的使用和实施，按照大型游乐设施的结构和运动形式特点，将特种设备目录中划分的13个类别，归纳整合为轨道类、旋转类、升降类、水上类、虚拟体验类。GB/T 41106旨在确立适用于大型游乐设施检维修的基本原则、具体项目和要求，由6个部分构成。

——第1部分：总则。目的在于明确检查、维护保养和修理的含义，给出大型游乐设施检维修的基本原则和通用要求。

——第2部分：轨道类。目的在于确立轨道类大型游乐设施检维修项目和要求。

——第3部分：旋转类。目的在于确立旋转类大型游乐设施检维修项目和要求。

——第4部分：升降类。目的在于确立升降类大型游乐设施检维修项目和要求。

——第5部分：水上类。目的在于确立水上类大型游乐设施检维修项目和要求。

——第6部分：虚拟体验类。目的在于确立虚拟体验类大型游乐设施检维修项目和要求。

大型游乐设施　检查、维护保养与修理
第2部分:轨道类

1　范围

本文件规定了在用的轨道类大型游乐设施进行检查、维护保养和修理方面的基本要求。

本文件适用于在用的滑行车类、架空游览车类、滑道类等轨道类大型游乐设施(以下简称轨道类游乐设施)。轨道类小型游乐设施的检查、维护保养与修理可参照执行。

2　规范性引用文件

下列文件中的内容通过文中的规范性引用而构成本文件必不可少的条款。其中,注日期的引用文件,仅该日期对应的版本适用于本文件;不注日期的引用文件,其最新版本(包括所有的修改单)适用于本文件。

GB/T 20306　游乐设施术语

GB/T 41106.1　大型游乐设施　检查、维护保养与修理　第1部分:总则

3　术语和定义

GB/T 20306 和 GB/T 41106.1 界定的术语和定义适用于本文件。

4　一般要求

轨道类游乐设施的检维修,除应符合本文件外,还应符合 GB/T 41106.1 的相关要求。

5　检查项目和要求

5.1　轨道类游乐设施的检查项目、周期和要求应按照 GB/T 41106.1 规定的原则确定。

5.2　轨道类游乐设施的检查项目应包括(但不限于)以下适用部件或子系统:

a)　乘载系统(包括乘客束缚装置);

b)　车体系统(包括车架、轮系);

c)　轨道系统(包括换轨换向装置);

d)　支撑结构;

e)　提升系统;

f)　驱动(传动)系统;

g)　液压气动系统;

h)　电气及控制系统;

i)　安全防护装置;

j)　防护系统;

k)　备用动力;

l)　辅助设备设施;

m） 关联设备设施；

n） 相关其他特种设备；

o） 基础；

p） 指引和安全警示标识。

5.3 轨道类游乐设施各部件或子系统的检查项目包括(但不限于)以下内容：

a） 乘载系统：检查座舱紧固件连接、材料(玻璃钢)表面损伤情况，安全带、安全压杠、安全挡杆等乘客束缚装置表面损伤、紧固件连接等情况及功能状况；

b） 车体系统：检查轮系组件紧固、表面损伤情况，车架及前后桥、底架等紧固、磨损及焊缝状况，车辆连接器紧固、材料损伤情况；

c） 轨道系统：检查轨道连接螺栓紧固、表面涂装及焊缝情况；

d） 支撑结构：检查钢结构变形、腐蚀及焊缝情况，与环境干涉情况等；

e） 提升系统：检查摩擦轮、钢丝绳、链条、齿轮、配重等完好情况；

f） 驱动(传动)系统：检查电机、减速器、开式齿轮、皮带、链条和销齿传动、驱动轮、连接螺栓等温升、异响、磨损、紧固情况及工作状况；

g） 液压气动系统：检查液压系统功能状况，液压泵站、液压管路、阀组、马达泄漏、异响情况及工作状况，空压机、减压阀、气路及接头漏气、温升等情况；

h） 电气及控制系统：检查供电电源、输配电设备、电线电缆完好情况，系统接地、绝缘符合要求情况，机房、控制柜、电气元器件、控制面板、传感器、漏电保护装置、UPS 电源、蓄电池、防雷装置等完好情况及工作状况；

i） 安全防护装置：检查制动装置、止逆装置、防碰撞装置、缓冲装置、限位装置、限速装置、门锁装置等完好情况及工作状况；

j） 防护系统：检查站台安全隔离措施、引导标示、安全距离、防滑等防护措施情况；安全栅栏、防护网完好情况；

k） 备用动力：检查应急电源、备用动力装置完好情况及工作状况；

l） 辅助设备设施：检查应急疏散通道、高空平台、检修平台、灯饰等，以及航空警示灯、风速仪、警铃、防火器材、音响系统、视频监控系统、应急救援装备的完好情况及工作状况；

m） 关联设备设施：检查特效、包装、演出行动等其他关联设备设施完好情况及工作状况；

n） 相关其他特种设备：检查涉及的压力容器、气瓶、电梯、起重机械等其他特种设备符合国家监管要求情况；

o） 基础：检查地脚螺栓紧固，基础沉降、锈蚀、变形等情况；

p） 指引和安全警示标识：检查指引和安全警示标识完好情况。

5.4 典型轨道类游乐设施的检查项目、内容和要求、检查方式参见附录 A。

6 维护保养

6.1 轨道类游乐设施维护保养主要项目包括但不限于以下方面：

a） 按照规定的周期和方法，对乘客束缚装置、车体系统、提升系统、驱动系统、轴承、重要销轴、齿轮、减速箱等进行润滑，添加或更换润滑剂；

b） 根据设备使用维护说明书和实际使用情况，对液压、气动系统中的液压油和滤芯进行

更换;

c) 对松动的螺栓、地脚螺栓等紧固件按照规定要求进行拧紧或更换;

d) 对轨道、立柱等钢结构锈蚀或油漆脱落处,进行除锈和重新刷漆处理;

e) 对配电柜、控制柜、电机等进行必要的除尘、清扫。

6.2 典型轨道类游乐设施维护保养项目、内容和方法参见附录B。

7 修理

7.1 修理前应熟悉产品的使用维护保养说明书,了解设备结构,根据故障情况,做好修理方案。

7.2 设备拆卸应根据产品使用维护保养说明书及安装工艺指导文件制定相应的拆卸方案,拆卸后各零部件应分类摆放、保管,并做好安全防护管理。

7.3 对轨道类大型游乐设施完成修理的项目,在恢复使用前,应进行相应的检查和确认。

7.4 应做好修理施工记录,并将记录保存到设备档案中。

7.5 常见的轨道类游乐设施故障修理方法和要求参见附录C。

附　录　A

（资料性）

典型轨道类游乐设施的检查项目、内容和要求、检查方式

典型轨道类游乐设施的检查项目、内容和要求、检查方式见表 A.1。

表 A.1　典型轨道类游乐设施的检查项目、内容和要求、检查方式

序号	项目		内容和要求	检查方式	
1	乘载系统	座舱	各紧固件紧固到位，无松弛、缺失、锈蚀、开裂等	宏观巡视	目视
2			预埋件无锈蚀、开裂等	宏观巡视	目视
3			座席玻璃钢外表洁净，无受损，无影响强度或致人受伤的裂纹，无老化现象	宏观巡视	目视
4		乘客束缚装置	安全带无破损或老化，安全带锁扣牢固，能正常工作	宏观巡视 性能验证	目视
5			安全压杠系统打开、关闭动作正常，限位正确，紧固件无松动、脱落等现象，压杠包裹物无破损或老化	性能验证 宏观巡视	操作试验、目视
6			安全挡杆能正常锁紧和打开，不会碰到玻璃钢座椅，连接紧固件无松动、脱落等现象	性能验证 宏观巡视	操作试验、目视
7			锁紧装置润滑良好	性能验证 宏观巡视	目视
8			重要连接焊缝无裂纹	无损检测	磁粉检测
9	车体系统	轮系（行走轮、侧轮、底轮等）组件	连接紧固件无松动、缺失、锈蚀、脱落等现象	宏观巡视	目视
10			聚氨酯轮圈无严重磨损，表面无损伤、开裂等现象	宏观巡视	卡尺测量、目视
11			转动灵活、间隙正常	宏观巡视 参数测量	目视、测量间隙值
12			运行时无异常响声、跳动，无晃动	性能验证	目视、操作试验
13			油封无损伤或漏油，轴承润滑良好，行走轮无卡滞、过热等现象	宏观巡视	目视、感官判定
14			轮毂、底轮架无裂纹	无损检测	磁粉检测
15		前后桥	紧固件无松动、缺失、锈蚀、脱落等现象	宏观巡视	目视
16			开口销无损坏、丢失	宏观巡视	目视
17			保险钢丝绳无超标磨损	宏观巡视	目视、卡尺测量
18		底架	紧固件连接牢固，无松弛、缺失、锈蚀、脱落等现象	宏观巡视	目视
19			底架焊缝无裂纹、损伤等现象	无损检测	目视、磁粉检测

表 A.1 典型轨道类游乐设施的检查项目、内容和要求、检查方式（续）

序号	项目		内容和要求	检查方式	
20	车体系统	车架	车架焊缝无裂纹、破损等	无损检测 宏观巡视	磁粉检测、目视
21	车体系统	车辆连接器	紧固件无松动、脱落等现象	宏观巡视	目视
22	车体系统	车辆连接器	钢丝绳无损伤，绳夹无松动、断裂、丢失现象	无损检测 宏观巡视	目视
23	车体系统	车辆连接器	卡板连接销轴无松动	宏观巡视	目视
24	车体系统	车辆连接器	表面无脱漆、锈蚀、裂纹等现象	宏观巡视	目视
25	轨道系统	轨道连接螺栓	连接螺栓无松弛、严重锈蚀等	宏观巡视	目视
26	轨道系统	表面涂装磨损	表面涂装无油漆脱落	宏观巡视	目视
27	轨道系统	轨道上焊缝	轨道上的焊缝无裂纹或其他损伤	无损检测 宏观巡视	超声检测、目视
28	支撑结构	结构件	结构件表面无锈蚀、老化和变形等	宏观巡视	目视
29	支撑结构	焊缝	立柱焊缝、连接法兰焊缝等重要连接焊缝无裂纹或其他损伤	无损检测	超声或磁粉检测
30	支撑结构	连接螺栓	立柱和轨道等连接螺栓无松弛、严重锈蚀等现象	宏观巡视	目视
31	支撑结构	连接螺栓	重要高强螺栓无松动，预紧力符合要求，防松标识清晰、无错位	宏观巡视	目视
32	支撑结构	连接拉索	连接拉索无松弛	宏观巡视	目视
33	支撑结构	表面涂装磨损	表面涂装无油漆脱落	宏观巡视	目视
34	支撑结构	环境干涉	与周围环境无干涉	宏观巡视	目视
35	提升系统	摩擦轮	摩擦轮表面无影响正常使用的磨损和破损等现象	宏观巡视	目视
36	提升系统	钢丝绳	表面无损伤、断股、松弛等现象，断丝不超过允许值	宏观巡视 无损检测	目视、漏磁检测
37	提升系统	链条	链条表面无损伤	宏观巡视	目视
38	提升系统	齿轮	齿轮表面无损伤、无点蚀、断齿等现象	宏观巡视	目视
39	提升系统	配重	配重无缺失、破损等现象	宏观巡视	目视

表 A.1 典型轨道类游乐设施的检查项目、内容和要求、检查方式（续）

序号	项目		内容和要求	检查方式	
40	驱动（传动）系统	电机	温升正常，无异响	参数测量 宏观巡视	测量温度、感官判断
41		减速器	温升正常，无异响，无漏油	参数测量 宏观巡视	测量温度、感官判断
42		开式齿轮	无冲击、无超标磨损	宏观巡视 参数测量	目视、测量磨损量
43		皮带	无打滑、无超标磨损	宏观巡视 参数测量	目视、测量磨损量
44		链条传动	运行平稳，张紧适度，无超标磨损	宏观巡视 参数测量	目视、测量磨损量
45		销齿传动	运行平稳	宏观巡视 性能验证	目视
46		驱动轮	接触良好，无超标磨损	宏观巡视 性能验证	目视、测量磨损量
47		连接螺栓	连接螺栓无松动、断裂	宏观巡视	目视
48			重要高强螺栓无松动，预紧力符合要求，防松标识清晰、无错位	宏观巡视 参数测量	目视划线是否错位
49	液压气动系统	液压系统功能	系统压力正常	宏观巡视 参数测量	测量系统压力
50			系统油温正常	宏观巡视 参数测量	测量温度
51		液压管路	管道和接头无泄漏	宏观巡视	目视
52		液压阀组	液压阀工作正常，无泄漏	宏观巡视	目视
53		液压马达	无异常噪声	宏观巡视	感官判断
54		空压机	无渗油、无异响、无异常温升	宏观巡视 参数测量	感官判断、测量温度
55		减压阀	无漏气，能够正常调定压力	宏观巡视 性能验证	感官判断
56		气路及接头	无漏气等异常情况	宏观巡视	目视
57	电气及控制系统	输配电设备	供电线及集电装置安装紧固，无磨损	宏观巡视	目视
58		电线电缆	无破损、老化等现象	宏观巡视	目视
59		系统接地	接地电阻符合要求	参数测量	测量接地电阻值
60		系统绝缘	绝缘电阻符合要求	参数测量	测量绝缘电阻值
61		机房	机房整洁、无杂物	宏观巡视	目视
62		控制柜	接地良好，无锈蚀	宏观巡视	目视
63		电气元器件	连接无松动	宏观巡视	目视
64		控制面板	无破损，指示灯、急停等控制按钮工作正常	宏观巡视 性能验证	目视、操作试验

表 A.1 典型轨道类游乐设施的检查项目、内容和要求、检查方式（续）

序号	项目		内容和要求	检查方式	
65	电气及控制系统	防雷装置	防雷装置安装牢固，接地电阻符合要求	宏观巡视 参数测量	目视、测量 接地电阻值
66		传感器	无损坏，工作正常	宏观巡视 性能验证	运行试验
67		漏电保护装置	无损坏，工作正常	宏观巡视 性能验证	操作试验
68		UPS 电源	无损坏，工作正常	宏观巡视 性能验证	操作试验
69		蓄电池	密封良好，无损坏，工作正常	宏观巡视 性能验证	操作试验
70	安全防护装置	制动装置	制动闸衬无超标磨损	宏观巡视 参数测量	目视、卡尺测量
71			紧固螺栓无松动	宏观巡视	目视
72			弹簧无断裂	宏观巡视	目视
73			制动功能正常，列车制动对位准确	宏观巡视 性能验证	操作试验
74		止逆装置	销轴及紧固件无松动、脱落、异常磨损等现象，消音块工作正常	宏观巡视 性能验证	目视、操作试验
75		防碰撞装置	无损坏，工作正常	宏观巡视 性能验证	目视、操作试验
76		缓冲装置	无损坏，工作正常	宏观巡视 性能验证	目视、操作试验
77		限位装置	无损坏，工作正常	宏观巡视 性能验证	目视、操作试验
78		限速装置	无损坏，工作正常	宏观巡视 性能验证	目视、操作试验
79		门锁装置	无损坏，工作正常	宏观巡视 性能验证	目视、操作试验
80	防护系统	站台防护	安全隔离措施、引导标示、安全距离、防滑措施等符合要求	宏观巡视	目视
81			操作室能够观察游客上下情况	宏观巡视	目视
82		安全栅栏	无锈蚀或破损	宏观巡视	目视
83		防护网	无破损	宏观巡视	目视

表 A.1 典型轨道类游乐设施的检查项目、内容和要求、检查方式（续）

序号	项目		内容和要求	检查方式	
84	备用动力	应急电源	工作正常	宏观巡视 性能验证	目视、操作试验
85		备用动力装置	无损坏，工作正常	宏观巡视 性能验证	目视、操作试验
86	辅助设备设施	应急疏散通道	无阻碍，符合要求	宏观巡视	目视
87		高空平台	防护措施无损坏	宏观巡视	目视
88		检修平台	防护措施无损坏，检修爬梯无锈蚀或破损	宏观巡视	目视
89		灯饰	安装牢固，发光正常	宏观巡视	目视
90		监控监测系统	航空警示灯、风速仪、警铃、防火器材、音响系统、视频监控系统等无损坏，工作正常	宏观巡视 性能验证	目视、操作试验
91		应急救援装备	无损坏，能够正常工作	宏观巡视 性能验证	目视、操作试验
92	关联设备设施	特效、包装、演出行动有关设备	涉及特效、包装、演出行动的有关设备、设施，无损坏，固定牢固，工作正常	宏观巡视 性能验证	目视、操作试验
93		外观装饰件	玻璃钢预埋件是否开裂，连接是否可靠	宏观巡视	目视
94		运行范围内障碍物	在设备的运行范围内不应出现障碍物（如电线、竹竿、建筑、树木等）	宏观巡视	目视
95	相关其他特种设备	压力容器（含气瓶）、起重机械等	涉及压力容器、气瓶、起重机械等其他特种设备的，按规定进行了定期检验和使用登记	宏观巡视	查阅相关文件
96	基础	地脚螺栓	无松动、锈蚀、变形等现象	宏观巡视	目视
97		基础混凝土	无开裂、基础沉降或积水	宏观巡视	目视
98	警示标识	指引和安全警示标识	乘客须知、指引和安全警示标识安装牢固，无锈蚀，载明信息清晰、正确	宏观巡视	目视
99	运行试验		按照使用维护保养说明书的要求，进行规定次数的运行试验	性能验证	操作试验
100	其他必要的检查项目		根据设备实际情况确定需要增加的检查内容和要求，以及检查方式		
注：本表所述检查项目、内容和要求及检查方式等根据游乐设施的设备具体情况确定其适用性。					

附　录　B
（资料性）
典型轨道类游乐设施的维护保养项目、内容和要求

典型轨道类游乐设施的维护保养项目、内容和要求见表 B.1。

表 B.1　典型轨道类游乐设施的维护保养项目、内容和要求

序号	项目	内容和要求
1	乘载系统	对于螺栓等紧固件松动的，按照规定的紧固扭矩予以拧紧
2		锁紧装置按使用维护保养说明书规定的周期和方法进行润滑，但不应过度润滑
3		对于安全压杠包裹物破损或老化的，进行修补或更换
4	车体系统	拆下松动的螺栓，检查螺栓上是否有裂纹或变形；清理或更换螺栓/螺母，并按要求的扭矩重新安装
5		更换轮系中各轮轴油杯里的机油
6		
7		设备表面进行除污、除油、清理异物
8	轨道系统	拆下松动的螺栓，检查螺栓上是否有裂纹或变形；清理或更换螺栓/螺母，并按要求的扭矩重新安装
9		清除轨道表面的油污、异物等
10	支撑结构	对于钢结构上油漆脱落或锈蚀的，进行除锈和重新涂漆等防腐处理
11	提升系统	开式齿轮按照规定周期和要求进行润滑
12	驱动(传动)系统	减速机按照规定的周期更换全部齿轮油(可定期排出一点油查看是否浑浊，如果浑浊应进行更换)
13		开式齿轮按照规定周期和要求进行润滑
14		制动闸衬磨损超标的应进行更换
15		高强螺栓预紧力不足的，应按规定的预紧力进行拧紧
16	液压气动系统	按规定周期进行滤芯更换和润滑油更换
17	电气及控制系统	电线电缆破损老化的进行更换
18		用毛刷等清洁配电柜、电机防护罩及其他需要散热的各种电器防护罩
19		清洁电机灰尘
20	基础	地脚螺栓预紧力不足的，按规定扭矩进行拧紧，螺栓与螺母拧紧后，螺栓宜至少露出螺母 2 个～4 个螺距
21	其他必要的维护保养项目	根据设备实际情况确定需要维护保养的内容和要求

附 录 C
（资料性）
轨道类游乐设施常见修理方法和要求

C.1 钢结构焊接修复

C.1.1 轨道类大型游乐设施的轨道和立柱通过焊接方法进行修复，主要采取补焊方式，目的是修复裂纹和补偿磨损。其焊接选材、工艺、检验及返修等应符合设计文件和GB 8408的规定，做好焊接质量控制。

C.1.2 现场焊接应根据评定合格的焊接工艺评定报告编制焊接工艺，并严格按照焊接工艺施焊，必要时应现场制作焊接工艺试样并评定合格。设计文件中规定不准许现场补焊的部位，不应进行现场焊接作业。

C.1.3 焊接现场环境出现下列情况之一时，应采取相应的防护措施满足施焊要求，否则不应施焊：

a) 风速：气体保护焊大于2 m/s，其他焊接方法大于10 m/s；
b) 相对湿度大于90%；
c) 雨雪环境；
d) 焊件温度低于−10 ℃。

C.1.4 对于施工现场长距离(20 m以上)焊接，电缆延长选用的长度应与电缆线径(截面积)相适应，工作时电缆不能盘圈使用；焊接前应调试焊机，确保焊接电缆输出电压与焊机电压表显示数值一致。

C.1.5 焊接过程应有施焊记录，焊后应按设计文件和相关标准的要求进行无损检测或试验，确保焊接质量符合要求。

C.2 车轮轴修理

C.2.1 进行车辆轮轴的修理工作前，应根据设计图纸，制定修理方案，明确拆卸和安装程序和步骤、施工必备的工具和设备、修理后检验的要求及仪器量具等。

C.2.2 应按照安装工艺文件吊装车辆，轨道类车辆一般从维修段轨道末端按照车厢顺序进行安装。

C.2.3 拆卸后经检查发现轮轴锈蚀、磨损严重或变形、断裂的，应进行更换。

C.2.4 重新装配后车辆轮轴转向机构应灵活、可靠，不应有卡滞现象；车辆联接器应安全可靠，转动灵活；车轮装置应转动灵活，轮胎气压适度。

C.3 轨道修理

C.3.1 对于磨损严重或有变形、断裂的轨道，应进行更换并重新安装；轨道安装应符合设计文件和相关标准规定。

C.3.2 吊装过程应保证轨道稳定及对接到位，轨道接口应平滑过渡，轨道与车轮接触面的接口处高低差应不大于1 mm，且应以偏差的至少150倍长度逐渐打磨平顺。

C.3.3 轨距允许误差应符合设计要求。轨道吊装前应进行10%抽查复测轨距，而且要求合格率为100%，一旦发现不合格件时则应进行全部复检，并将检验结果反馈给制造单位，必要时进行现场校正工作。

C.3.4 不同曲率半径轨道过渡平顺，保证车辆运行平稳。

C.4 其他

其他由于磨损、断裂、变形、疲劳、腐蚀等需要通过修理进行健康恢复的机械零部件及电气设备，应制定具体的修理方案，通过设备部件拆解、损伤件(含电气控制及安全装置)更换、装配、系统调试，按照规定的工艺进行修理作业。

参 考 文 献

[1] GB 8408 大型游乐设施安全规范
[2] GB/T 18159 滑行车类游乐设施通用技术条件
[3] GB/T 18166 架空游览车类游艺机通用技术条件
[4] GB/T 18879 滑道通用技术条件
[5] GB/T 20050 大型游乐设施检验检测 通用要求
[6] GB/T 30220 游乐设施安全使用管理
[7] GB/T 34370(所有部分) 游乐设施无损检测
[8] GB/T 34371 游乐设施风险评价 总则
[9] GB/T 36668(所有部分) 游乐设施状态监测与故障诊断
[10] GB/T 39043 游乐设施风险评价 危险源
[11] GB/T 39079 大型游乐设施检验检测 加速度测试
[12] GB/T 39417 大型游乐设施健康管理

ICS 97.200.40
CCS Y 57

中华人民共和国国家标准

GB/T 41106.3—2021

大型游乐设施 检查、维护保养与修理 第3部分：旋转类

Large-scale amusement devices—Inspection, maintenance and repair—Part 3: Sort of rotary rides

2021-12-31 发布 2022-07-01 实施

国家市场监督管理总局
国家标准化管理委员会 发布

前　言

本文件按照 GB/T 1.1—2020《标准化工作导则　第 1 部分:标准化文件的结构和起草规则》的规定起草。

本文件是 GB/T 41106《大型游乐设施　检查、维护保养与修理》的第 3 部分。GB/T 41106 已经发布了以下部分:

——第 1 部分:总则;

——第 2 部分:轨道类;

——第 3 部分:旋转类;

——第 4 部分:升降类;

——第 5 部分:水上类;

——第 6 部分:虚拟体验类。

请注意本文件的某些内容可能涉及专利。本文件的发布机构不承担识别专利的责任。

本文件由全国索道与游乐设施标准化技术委员会(SAC/TC 250)提出并归口。

本文件起草单位:中国特种设备检测研究院、大连锅炉压力容器检验检测研究院有限公司、山东科捷工程检测有限公司、深圳华侨城文化旅游科技集团有限公司、广东金马游乐股份有限公司、河南省特种设备安全检测研究院、江苏省特种设备安全监督检验研究院。

本文件主要起草人:钱剑雄、谢武雄、张传龙、沈功田、王国华、张华军、陈涛、张新东、赵九峰、邢友新、梁玉梅、张鹏飞、杨白冰、李春力、单宇佳。

引　言

大型游乐设施是人们休闲娱乐的重要载体，其运行使用关系到人身安全与健康，一旦发生事故，社会影响恶劣。在用大型游乐设施日常的检查、维护保养与修理(以下简称检维修)对保障设备安全运行至关重要。目前，我国大型游乐设施检维修技术方法、程序和要求，缺乏标准的指导和规范，总体技术力量薄弱。为此，国家重点研发计划设立专门的项目和课题，开展大型游乐设施健康管理理论与检维修方法研究及标准研制。

健康管理贯穿于大型游乐设施全生命周期的各阶段，而检维修是大型游乐设施使用过程中健康管理体系的重要环节和手段。通过日常检查和维护保养，以及对设备故障和缺陷进行修理，保持和恢复其健康状态，促进和提升运营使用单位对大型游乐设施的健康管理和安全运行水平。

由于大型游乐设施类别和品种(型式)繁多，为了便于标准的使用和实施，按照大型游乐设施的结构和运动形式特点，将特种设备目录中划分的13个类别，归纳整合为轨道类、旋转类、升降类、水上类、虚拟体验类。GB/T 41106旨在确立适用于大型游乐设施检维修的基本原则、具体项目和要求，由6个部分构成。

——第1部分：总则。目的在于明确检查、维护保养和修理的含义，给出大型游乐设施检维修的基本原则和通用要求。

——第2部分：轨道类。目的在于确立轨道类大型游乐设施检维修项目和要求。

——第3部分：旋转类。目的在于确立旋转类大型游乐设施检维修项目和要求。

——第4部分：升降类。目的在于确立升降类大型游乐设施检维修项目和要求。

——第5部分：水上类。目的在于确立水上类大型游乐设施检维修项目和要求。

——第6部分：虚拟体验类。目的在于确立虚拟体验类大型游乐设施检维修项目和要求。

大型游乐设施　检查、维护保养与修理
第3部分：旋转类

1　范围

本文件规定了在用的旋转类大型游乐设施进行检查、维护保养和修理方面的基本要求。

本文件适用于在用的观览车类、陀螺类、转马类、自控飞机类等旋转类大型游乐设施（以下简称旋转类游乐设施）。小型旋转类游乐设施的检查、维护保养与修理可参照执行。

2　规范性引用文件

下列文件中的内容通过文中的规范性引用而构成本文件必不可少的条款。其中，注日期的引用文件，仅该日期对应的版本适用于本文件；不注日期的引用文件，其最新版本（包括所有的修改单）适用于本文件。

GB/T 20306　游乐设施术语

GB/T 41106.1　大型游乐设施　检查、维护保养与修理　第1部分：总则

3　术语和定义

GB/T 20306 和 GB/T 41106.1 界定的术语和定义适用于本文件。

4　一般要求

旋转类游乐设施的检维修，除应符合本文件外，还应符合 GB/T 41106.1 的相关要求。

5　检查项目和要求

5.1　旋转类游乐设施的检查项目、周期和要求应按照 GB/T 41106.1 规定的原则确定。

5.2　旋转类游乐设施的检查项目应包括（但不限于）以下适用部件或子系统：

a）乘载系统（包括乘客束缚装置）；

b）悬挂系统；

c）旋转结构；

d）钢结构件；

e）驱动（传动）系统；

f）液压气动系统；

g）电气及控制系统；

h）安全防护装置；

i）防护系统；

j）备用动力；

k）辅助设备设施；

l）关联设备设施；

m） 相关其他特种设备；

n） 基础；

o） 指引和安全警示标识。

5.3 旋转类游乐设施各部件或子系统的检查项目包括(但不限于)以下内容：

a） 乘载系统：检查座舱紧固件连接，材料(玻璃钢)表面损伤情况；安全带、安全压杠、安全挡杆等乘客束缚装置表面损伤、紧固件连接情况及功能状况；

b） 悬挂系统：检查连接螺栓紧固、钢丝绳损伤、焊缝等情况；

c） 旋转结构：检查回转支承、轴承、齿轮啮合间隙，以及磨损、润滑情况；

d） 钢结构件；检查连接螺栓防松标识、焊缝、钢结构变形等情况；

e） 驱动(传动)系统：检查电机、减速器、开式齿轮、三角皮带、链条传动、销齿传动、驱动轮、连接螺栓等温升、异响、磨损、紧固情况及工作状况；

f） 液压、气动系统：检查液压管路、阀组、马达泄漏、异响，空压机、减压阀、气路及接头漏气、温升等情况及工作状况；

g） 电气及控制系统：检查供电电源、输配电设备、电线电缆完好情况，系统接地、绝缘、配电房符合要求情况，检查机房、控制柜、电气元器件、控制面板、避雷装置、传感器、漏电保护装置、UPS 电源、蓄电池、乘客操作电气开关、乘客易接触的装饰照明等完好情况及工作状况；

h） 安全防护装置：检查制动装置、缓冲、限速、限位、保险装置、联锁装置、门锁紧装置等完好情况及工作状况；

i） 防护系统：检查站台安全隔离措施、引导标示、安全距离、防滑等防护措施，安全栅栏、防护网等完好情况；

j） 备用动力：检查备用发电机、UPS 完好情况及工作状况；

k） 辅助设备设施及附属装置：检查应急疏散通道、高空平台、检修平台、灯饰等，以及航空警示灯、风速仪、警铃、防火器材、音响系统、视频监控系统、应急救援装备完好情况及工作状况；

l） 关联设备设施：检查特效、包装、演出行动等其他关联设备设施完好情况及工作状况；

m） 相关其他特种设备：检查涉及的压力容器、气瓶、电梯、起重机械等其他特种设备符合国家监管要求情况；

n） 基础：检查地脚螺栓防松措施、基础沉降、开裂、积水等情况；

o） 指引和安全警示标识：检查指引和安全警示标识完好情况。

5.4 典型旋转类游乐设施的检查项目、内容和要求、检查方式参见附录 A。

6 维护保养

6.1 旋转类游乐设施维护保养主要项目包括但不限于以下方面：

a） 按照规定的周期和方法，对乘客束缚装置、旋转结构、驱动系统、轴承、重要销轴、齿轮、减速箱等进行润滑，添加或更换润滑剂；

b） 根据设备使用维护说明和实际使用情况，对液压、气动系统中的液压油和滤芯进行更换；

c） 对松动的螺栓、地脚螺栓等紧固件按照规定要求进行拧紧或更换；

d） 对钢结构锈蚀或油漆破损处，进行除锈和重新刷漆处理；

e） 对配电柜、控制柜、集电器、电机等进行必要的除尘、清扫。

6.2 典型旋转类游乐设施维护保养项目、内容和要求参见附录B。

7 修理

7.1 修理前应熟悉产品使用维护保养说明书，了解设备结构，根据故障情况，做好修理方案。

7.2 设备拆卸应根据产品使用维护保养说明书及安装工艺指导文件制定相应的拆卸方案，拆卸后各零部件应分类摆放、保管，并做好安全防护管理。

7.3 应做好修理施工记录，并将记录保存到设备档案中。

7.4 对旋转类大型游乐设施完成修理的项目，在恢复使用前，应进行相应的检查和确认。

7.5 常见的旋转类游乐设施故障修理方法和要求参见附录C。

附 录 A
（资料性）
典型旋转类游乐设施的检查项目、内容和要求、检查方式

典型旋转类游乐设施的检查项目、内容和要求、检查方式见表 A.1。

表 A.1 典型旋转类游乐设施的检查项目、内容和要求、检查方式

序号	项目		内容和要求	检查方式	
1	乘载系统	座舱	各紧固件紧固到位，无松动、缺失、锈蚀、开裂等	宏观巡视	目视
2			座席玻璃钢外表洁净，无受损，无影响强度或致人受伤的裂纹，无老化现象	宏观巡视	目视
3			座舱骨架焊缝无裂纹、损伤等现象，舱体无裂纹、腐蚀等损坏现象	宏观巡视	目视
4		乘客束缚装置	安全带无破损或老化，安全带锁扣牢固，能正常工作	宏观巡视 性能验证	目视
5			安全压杠系统打开、关闭动作正常，限位正确，紧固件无松动、脱落等现象，压杠包裹物无破损或老化	性能验证 宏观巡视	操作试验、目视
6			安全挡杆能正常锁紧和打开，不会碰到玻璃钢座椅，连接紧固件无松动、脱落等现象	性能验证 宏观巡视	操作试验、目视
7			锁紧装置润滑良好	性能验证 宏观巡视	目视
8			重要连接焊缝无裂纹	无损检测	磁粉检测
9		锁紧装置	压杠工作正常、能够锁紧到位	性能验证	目视、操作试验
10			运行时无异常响声、跳动、晃动	性能验证	目视、操作试验
11			压杠活动游动量符合 GB 8408 的要求	宏观巡视 参数测量	目视
12	悬挂系统	连接螺栓	连接螺栓无松动、防松标识清晰可见、无严重锈蚀等	宏观巡视	目视
13		重要焊缝	焊缝无裂纹、腐蚀等	无损检测 宏观巡视	磁粉检测、目视
14		钢丝绳、索扣	钢丝绳无断丝、损伤，绳夹无松动、断裂、丢失现象	宏观巡视	目视
15		表面涂装磨损	表面涂装无油漆脱落	宏观巡视	目视
16		吊臂	在升降过程中不应有异常抖动，启动和停止时不应有明显的冲击现象	宏观巡视	目视

表 A.1 典型旋转类游乐设施的检查项目、内容和要求、检查方式（续）

序号	项目		内容和要求	检查方式	
17	旋转结构	回转支承	转动灵活、无异响、润滑良好	宏观巡视	目视
18		回转体	结构无破损、运行灵活、无异响、润滑良好	宏观巡视	目视
19		轴	表面无损伤、内部无缺陷，磨损量是否符合标准要求	宏观巡视 无损检测	目视、磁粉、超声波检测
20		轴承	润滑良好	宏观巡视	目视
21		驱动齿轮	齿轮表面无损伤、无点蚀、断齿，啮合间隙是否符合设计文件和相关标准要求	宏观巡视	目视 检测
22	钢结构件	连接螺栓	连接螺栓无松动、防松标识清晰可见、无严重锈蚀等	宏观巡视	目视
23		重要焊缝	焊缝无裂纹、腐蚀等	无损检测 宏观巡视	磁粉检测、目视
24		表面涂装磨损	表面涂装无油漆脱落	宏观巡视	目视
25	驱动（传动）系统	电机	温升正常，无异响	参数测量 宏观巡视	测量温度、感官判断
26		减速器	温升正常，无异响，无漏油	参数测量 宏观巡视	测量温度、感官判断
27		联轴器	电机、减速器与联轴器之间连接良好，联轴器运行平稳、无异响	宏观巡视	目视、感官判断
28		齿轮	无冲击、无超标磨损	宏观巡视 参数测量	目视、测量磨损量
29		三角皮带	无打滑、无超标磨损	宏观巡视 参数测量	目视、测量磨损量
30		链条传动	运行平稳，无超标磨损	宏观巡视 参数测量	目视、测量磨损量
31		销齿传动	运行平稳	宏观巡视 性能验证	目视
32		驱动轮	接触良好，无超标磨损	宏观巡视 性能验证	目视、测量磨损量
33		制动装置	制动闸衬无超标磨损	宏观巡视 参数测量	目视、卡尺测量
34			紧固螺栓无松动	宏观巡视	目视
35			弹簧无断裂	宏观巡视	目视
36			制动功能正常，制动对位准确	宏观巡视 性能验证	操作试验
37		连接螺栓	连接螺栓无松动、断裂	宏观巡视	目视
38			重要高强螺栓预紧力符合要求	宏观巡视 参数测量	目视划线是否错位

表 A.1 典型旋转类游乐设施的检查项目、内容和要求、检查方式（续）

序号	项目		内容和要求	检查方式	
39	液压气动系统	液压系统功能	系统压力正常	宏观巡视 参数测量	压力测量
40			系统油温正常	宏观巡视 参数测量	测量温度
41		液压管路	管道和接头无泄漏	宏观巡视	目视
42		液压阀	液压阀工作正常，无泄漏	宏观巡视	目视
43		液压马达	无异常噪声	宏观巡视	感官判断
44		空压机	无渗油、无异响、无异常温升	宏观巡视 参数测量	感官判断、 测量温度
45		气动阀	无漏气，能够正常调定压力	宏观巡视 性能验证	感官判断
46		气路及接头	无漏气等异常情况	宏观巡视	目视
47	电气及控制系统	输配电设备	供电线及集电装置安装紧固，无磨损	宏观巡视	目视
48		电线电缆	无破损、老化等现象	宏观巡视	目视
49		系统接地	接地电阻符合要求	参数测量	测量接 地电阻值
50		系统绝缘	绝缘电阻符合要求	参数测量	测量绝 缘电阻值
51		配电房	清洁、无杂物，排水措施有效(必要时)	宏观巡视	目视
52		机房	机房整洁、无杂物	宏观巡视	目视
53		控制柜	接地良好，无锈蚀	宏观巡视	目视
54		电气元器件	连接无松动	宏观巡视	目视
55		控制面板	无破损，指示灯、急停等控制按钮工作正常	宏观巡视 性能验证	目视、操作试验
56		避雷装置	避雷装置安装牢固，接地电阻符合要求	宏观巡视 参数测量	目视、测量 接地电阻值
57		传感器	无损坏，工作正常	宏观巡视 性能验证	运行试验
58		漏电保护装置	无损坏，工作正常	宏观巡视 性能验证	操作试验
59		UPS电源	无损坏，工作正常	宏观巡视 性能验证	操作试验
60		蓄电池	密封良好，无损坏，工作正常	宏观巡视 性能验证	操作试验
61		连线	无破损、老化等现象	宏观巡视	目视
62		乘客可操作电器开关	乘客操作的电器开关电压符合要求	参数测量	测量电压

表 A.1 典型旋转类游乐设施的检查项目、内容和要求、检查方式(续)

序号	项目		内容和要求	检查方式	
63	安全防护装置	制动装置	无损坏,工作正常,制动片磨损符合要求	宏观巡视 性能验证	目视、操作试验
64		缓冲装置	无损坏,工作正常	宏观巡视 性能验证	目视、操作试验
65		限位装置	无损坏,工作正常	宏观巡视 性能验证	目视、操作试验
66		限速装置	无损坏,工作正常	宏观巡视 性能验证	目视、操作试验
67		保险装置	无损坏,工作正常	宏观巡视 性能验证	目视、操作试验
68		联锁装置	无损坏,工作正常	宏观巡视 性能验证	目视、操作试验
69		门锁紧装置	无损坏,工作正常	宏观巡视 性能验证	目视、操作试验
70	防护系统	站台防护	安全隔离措施、引导标示、安全距离、防滑措施等符合要求	宏观巡视	目视
71			操作室能够观察游客上下情况	宏观巡视	目视
72		安全栅栏	无锈蚀或破损	宏观巡视	目视
73		防护网	无破损	宏观巡视	目视
74		检修用安全门	目测及检测信号开关是否正常	宏观巡视	目视、操作试验
75	备用动力	应急电源	工作正常	宏观巡视 性能验证	目视、操作试验
76		备用动力装置	无损坏,工作正常	宏观巡视 性能验证	目视、操作试验
77	辅助设备设施	应急疏散通道	无阻碍,符合要求	宏观巡视	目视
78		高空平台	防护措施无损坏	宏观巡视	目视
79		检修平台	防护措施无损坏,检修爬梯无锈蚀或破损	宏观巡视	目视
80		灯饰	安装牢固,发光正常	宏观巡视	目视
81		监控监测系统	航空警示灯、风速仪、警铃、防火器材、音响系统、视频监控系统等无损坏,工作正常	宏观巡视 性能验证	目视、操作试验
82		应急救援装备	能够正常工作,无损坏	宏观巡视 性能验证	目视、操作试验

表 A.1　典型旋转类游乐设施的检查项目、内容和要求、检查方式（续）

序号	项目		内容和要求	检查方式	
83	关联设备设施	特效、包装、演出行动有关设备	涉及特效、包装、演出行动的有关设备、设施无损坏，工作正常	宏观巡视 性能验证	目视、操作试验
84		外观装饰件	玻璃钢预埋件是否开裂，连接是否可靠	宏观巡视	目视
85		运行范围内障碍物	在设备的运行范围内不应出现障碍物（如电线、竹竿、建筑、树木等）	宏观巡视	目视
86	相关其他特种设备	压力容器（含气瓶）、起重机械等	涉及压力容器、气瓶、起重机械等其他特种设备的，按规定进行了年度检验和使用登记	宏观巡视	查阅相关文件
87	基础	地脚螺栓	无松动、锈蚀、变形等现象	宏观巡视	目视
88		基础混凝土	无开裂、基础沉降或积水	宏观巡视	目视
89		移动式基础框架	无滑移、锈蚀、变形等现象	宏观巡视	目视
90	警示标识	指引和安全警示标识	乘客须知、指引和安全警示标识安装牢固，无锈蚀，载明信息清晰、正确	宏观巡视	目视
91	运行试验		按照使用维护保养说明书的要求，进行规定次数的运行试验	性能验证	操作试验
92	其他必要的检查项目		根据设备实际情况确定需要增加的检查内容和要求，以及检查方式		
注：本表所述检查项目、内容和要求及检查方式等根据游乐设施的设备具体情况确定其适用性。					

附 录 B
（资料性）
典型旋转类游乐设施的维护保养项目、内容和要求

典型旋转类游乐设施的维护保养项目、内容和要求见表B.1。

表B.1 典型旋转类游乐设施的维护保养项目、内容和要求

序号	项目	内容和要求
1	乘载系统	对于螺栓等紧固件松动的，按照规定的紧固扭矩予以拧紧
2		锁紧装置按使用维护保养说明书规定的周期和方法进行润滑，但不应过度润滑
3		对于安全压杠包裹物破损或老化的，进行修补或更换
4	悬挂系统	拆下松动的螺栓，检查螺栓上是否有裂纹或变形；清理或更换螺栓/螺母，并按要求的扭矩重新安装
5		设备表面进行除污、除油、清理异物
6	旋转结构	拆下松动的螺栓，检查螺栓上是否有裂纹或变形；清理或更换螺栓/螺母，并按要求的扭矩重新安装
7		对回转支撑、回转台、轴及轴承，按照规定周期和要求进行润滑
8	钢结构件	对于钢结构上油漆脱落或锈蚀的，进行除锈和重新涂漆等防腐处理
9		拆下松动的螺栓，检查螺栓上是否有裂纹或变形；清理或更换螺栓/螺母，并按要求的扭矩重新安装
10	驱动（传动）系统	按照规定周期和要求对齿轮进行润滑
11		减速机按照规定的周期更换全部齿轮油（可定期排出一点油查看是否浑浊，如果浑浊应进行更换）
12		制动闸衬磨损超标的应进行更换
13		高强螺栓预紧力不足的，应按规定的预紧力进行拧紧
14	液压气动系统	按规定周期对空气压缩机进行滤芯更换和润滑油更换
15		发现损坏或漏气的软管应及时维修或更换
16	电气系统	电线电缆破损老化的进行更换
17	控制系统	用毛刷等清洁配电柜、电机防护罩及其他需要散热的各种电器防护罩
18		清洁电机灰尘
19	基础	地脚螺栓预紧力不足的，按规定扭矩进行拧紧，螺栓与螺母拧紧后，螺栓应至少露出螺母2个～4个螺距
20	其他必要的维护保养项目	根据设备实际情况确定需要增加的维护保养内容和要求

附 录 C
（资料性）
旋转类游乐设施常见修理方法和要求

C.1 回转支承

C.1.1 进行回转支承修理工作前，应根据设计图纸，制定修理方案，明确拆卸和安装程序和步骤、施工必备的工具和设备、修理后检验的要求及仪器量具等。

C.1.2 对拆卸零件应做好核对并做标记，重新装配时应保持原位。

C.1.3 水平回转机构的回转支承面与水平面的倾斜度公差应不大于1/1 000，中心支撑轴的中心线对水平面的垂直度公差应不大于1/1 000。

C.1.4 立式回转机构的转盘支承轴轴承或回转支承中心距公差应不大于1/1 000，转盘支承轴轴承的轴心线水平度公差应不大于1/1 000，转盘支承轴轴承的轴心线倾斜度公差应不大于1/1 500。

C.1.5 拆卸后经检查发现轴、轴承、齿轮锈蚀、磨损严重或变形、断裂的，应进行更换。

C.1.6 回转支承安装应符合设计文件规定，并按工艺文件进行装配，重新装配后轴转向机构应灵活、可靠，不应有卡滞现象。

C.2 轴承

C.2.1 将轴承拆卸检查时，应做好外观记录，确认润滑剂剩余量并采样，对轴承进行清洗。

C.2.2 轴承清洗分为粗洗和精洗，并可在使用的容器底部放上金属网架。粗洗时，在油中用刷子等清除润滑脂和粘着物。若在油中转动轴承，应防止因异物等损伤滚动面。精洗时，在油中慢慢转动轴承；通常使用的清洁剂为中性不含水柴油或煤油，或根据需要使用温性碱液等。清洁后，应立即在轴承上涂防锈油或防锈脂。

C.2.3 为判断拆下的轴承能否重新使用，要着重检查其尺寸精度、旋转精度、内部游隙以及配合面、滚道面、保持架和密封圈等。大型轴承应注意检查滚动体、滚道面、保持架、挡边面等外观。

C.3 焊缝缺陷

C.3.1 旋转类大型游乐设施的立柱、旋转臂、油缸支撑座等焊缝缺陷需通过焊接方法进行修复的，主要采取补焊方式，目的是修复裂纹和补偿磨损。其焊接选材、工艺、检验及返修等应符合设计文件和GB 8408的规定，做好焊接质量控制。

C.3.2 现场焊接应根据评定合格的焊接工艺评定报告编制焊接工艺，并严格按照焊接工艺施焊，必要时应现场制作焊接工艺试样并评定合格。设计文件中规定不准许现场补焊的部位，不应进行现场焊接作业。

C.3.3 焊接现场环境出现下列情况之一时，应采取相应的防护措施满足施焊要求，否则不应施焊：

a） 风速：气体保护焊大于2 m/s，其他焊接方法大于10 m/s；

b） 相对湿度大于90%；

c） 雨雪环境；

d) 焊件温度低于－10 ℃(－10 ℃并不意味着周围环境的温度,而是指仅靠焊接处以及焊接本体的温度。当焊接试件的温度低于0 ℃但是高于－20 ℃时,应在焊接处100 mm范围内预热到15 ℃以上)。

C.3.4 对于施工现场长距离(20 m以上)焊接,电缆延长选用的长度应与电缆线径(截面积)相适应,工作时电缆不能盘圈使用;焊接前应调试焊机,确保焊接电缆输出电压与焊机电压表显示数值一致。

C.3.5 焊接过程应有施焊记录,焊后应按设计文件和相关标准的要求进行无损检测或试验,确保焊接质量符合要求。

C.4 其他

其他由于磨损、断裂、变形、疲劳、腐蚀等需要通过修理进行健康恢复的机械零部件及电气设备,应制定具体的修理方案,通过设备部件拆解、损伤件(含电气控制及安全装置)更换、装配、系统调试,按照规定的工艺进行修理作业。

参考文献

[1] GB 8408 大型游乐设施安全规范
[2] GB/T 18158 转马类游乐设施通用技术条件
[3] GB/T 18160 陀螺类游艺机通用技术条件
[4] GB/T 18163 自控飞机类游乐设施通用技术条件
[5] GB/T 18164 观览车类游乐设施通用技术条件
[6] GB/T 20050 大型游乐设施检验检测 通用要求
[7] GB/T 30220 游乐设施安全使用管理
[8] GB/T 34370(所有部分) 游乐设施无损检测
[9] GB/T 34371 游乐设施风险评价 总则
[10] GB/T 36668(所有部分) 游乐设施状态监测与故障诊断
[11] GB/T 39043 游乐设施风险评价 危险源
[12] GB/T 39079 大型游乐设施检验检测 加速度测试
[13] GB/T 39417 大型游乐设施健康管理

ICS 97.200.40
CCS Y 57

GB

中华人民共和国国家标准

GB/T 41106.4—2021

大型游乐设施　检查、维护保养与修理 第4部分:升降类

Large-scale amusement devices—Inspection, maintenance and repair—Part 4: Sort of lifting rides

2021-12-31 发布　　　　2022-07-01 实施

国家市场监督管理总局
国家标准化管理委员会　发布

前　言

本文件按照 GB/T 1.1—2020《标准化工作导则　第 1 部分:标准化文件的结构和起草规则》的规定起草。

本文件是 GB/T 41106《大型游乐设施　检查、维护保养与修理》的第 4 部分。GB/T 41106 已经发布了以下部分:

——第 1 部分:总则;

——第 2 部分:轨道类;

——第 3 部分:旋转类;

——第 4 部分:升降类;

——第 5 部分:水上类;

——第 6 部分:虚拟体验类。

请注意本文件的某些内容可能涉及专利。本文件的发布机构不承担识别专利的责任。

本文件由全国索道与游乐设施标准化技术委员会(SAC/TC 250)提出并归口。

本文件起草单位:中国特种设备检测研究院、河南省特种设备安全检测研究院、安徽华工智能科技研究院有限公司、北京实宝来游乐设备有限公司、天津市特种设备监督检验技术研究院、斯凯孚(中国)销售有限公司、北京世纪华侨城实业有限公司欢乐谷分公司。

本文件主要起草人:李剑、钱剑雄、马宁、沈功田、赵九峰、王璇、李勇、蔡章榛、毕陈帅、戴光宇、邢友新、赵强、翁良、程钢、李寰、田博、吕梦南、李尼亚。

引　言

大型游乐设施是人们休闲娱乐的重要载体，其运行使用关系到人身安全与健康，一旦发生事故，社会影响恶劣。在用大型游乐设施日常的检查、维护保养与修理(以下简称检维修)对保障设备安全运行至关重要。目前，我国大型游乐设施检维修技术方法、程序和要求，缺乏标准的指导和规范，总体技术力量薄弱。为此，国家重点研发计划设立专门的项目和课题，开展大型游乐设施健康管理理论与检维修方法研究及标准研制。

健康管理贯穿于大型游乐设施全生命周期的各阶段，而检维修是大型游乐设施使用过程中健康管理体系的重要环节和手段。通过日常检查和维护保养，以及对设备故障和缺陷进行修理，保持和恢复其健康状态，促进和提升运营使用单位对大型游乐设施的健康管理和安全运行水平。

由于大型游乐设施类别和品种(型式)繁多，为了便于标准的使用和实施，按照大型游乐设施的结构和运动形式特点，将特种设备目录中划分的13个类别，归纳整合为轨道类、旋转类、升降类、水上类、虚拟体验类。GB/T 41106旨在确立适用于大型游乐设施检维修的基本原则、具体项目和要求，由6个部分构成。

——第1部分:总则。目的在于明确检查、维护保养和修理的含义，给出大型游乐设施检维修的基本原则和通用要求。

——第2部分:轨道类。目的在于确立轨道类大型游乐设施检维修项目和要求。

——第3部分:旋转类。目的在于确立旋转类大型游乐设施检维修项目和要求。

——第4部分:升降类。目的在于确立升降类大型游乐设施检维修项目和要求。

——第5部分:水上类。目的在于确立水上类大型游乐设施检维修项目和要求。

——第6部分:虚拟体验类。目的在于确立虚拟体验类大型游乐设施检维修项目和要求。

大型游乐设施 检查、维护保养与修理 第4部分：升降类

1 范围

本文件规定了在用的升降类大型游乐设施进行检查、维护保养和修理方面的基本要求。

本文件适用于在用的飞行塔类等升降类大型游乐设施(以下简称升降类游乐设施)。小型升降类游乐设施的检查、维护保养与修理也可参照执行。

2 规范性引用文件

下列文件中的内容通过文中的规范性引用而构成本文件必不可少的条款。其中，注日期的引用文件，仅该日期对应的版本适用于本文件；不注日期的引用文件，其最新版本(包括所有的修改单)适用于本文件。

GB/T 20306 游乐设施术语

GB/T 41106.1 大型游乐设施 检查、维护保养与修理 第1部分：总则

3 术语和定义

GB/T 20306 和 GB/T 41106.1 界定的术语和定义适用于本文件。

4 一般要求

升降类游乐设施的检维修，除应符合本文件外，还应符合 GB/T 41106.1 的相关要求。

5 检查项目和要求

5.1 升降类游乐设施的检查项目、周期和要求应按照 GB/T 41106.1 规定的原则确定。

5.2 升降类游乐设施的检查项目应包括(但不限于)以下适用部件或子系统：

a) 乘载系统(包括乘客束缚装置)；

b) 导轨导向系统；

c) 支撑结构(塔体)；

d) 驱动(传动)系统；

e) 提升系统；

f) 液压气动系统；

g) 电气及控制系统；

h) 安全防护装置；

i) 防护系统；

j) 备用动力；

k) 辅助设备设施；

l) 关联设备设施；

m）相关其他特种设备；

n）基础；

o）指引和安全警示标识。

5.3 升降类游乐设施各部件或子系统的检查项目包括(但不限于)以下内容：

a）乘载系统：检查座舱紧固件连接、材料(玻璃钢)表面损伤情况，安全带、安全压杠、安全挡杆等乘客束缚装置表面损伤、紧固件连接情况及功能状况，座椅骨架、座椅吊挂架及回转体、支臂等紧固、磨损及焊缝状况，钢丝绳悬挂装置紧固、材料损伤情况；

b）导轨导向系统：检查导向轨道连接螺栓、表面涂装及焊缝情况，导向轮系组件紧固、完好情况及工作状况；

c）支撑结构：检查钢结构变形、腐蚀及焊缝情况，与周围环境干涉情况等；

d）驱动(传动)系统：检查电机、减速器、开式齿轮、三角皮带、链条传动、销齿传动、驱动轮、连接螺栓等温升、异响、磨损、紧固情况及工作状况；

e）提升系统：检查钢丝绳、链条、齿轮、曳引、卷扬、配重等完好情况；

f）液压气动系统：检查液压管路、阀组、马达泄漏、异响等情况，空压机、减压阀、气路及接头漏气、温升情况及工作状况；

g）电气及控制系统：检查供电电源、输配电设备、电线电缆完好情况，系统接地、绝缘符合要求情况，机房、控制柜、电气元器件、控制面板、传感器、漏电保护装置、UPS电源、蓄电池等完好情况及工作状况；

h）安全防护装置：检查制动装置、止逆装置、防坠落装置、缓冲装置、限位装置、限速装置、断绳保护装置、防跳绳装置、防脱钩装置等完好情况及工作状况；

i）防护系统：检查站台安全隔离措施、引导标示、安全距离、防滑等防护措施情况，安全栅栏、防护网等完好情况；

j）备用动力：检查备用动力装置完好情况及工作状况；

k）辅助设备设施：检查高空平台、检修平台、灯饰、航空警示灯、风速仪、警铃、防火器材、音响系统、视频监控系统、应急救援装备的完好情况及工作状况；

l）关联设备设施：检查特效、包装、演出行动等其他关联设备设施的完好情况及工作状况；

m）相关其他特种设备：检查涉及的压力容器、气瓶、起重机械等其他特种设备符合国家监管要求情况；

n）基础：检查地脚螺栓紧固，基础沉降、锈蚀、变形等情况；

o）警示标识：检查指引和安全警示标识完好情况。

5.4 典型升降类游乐设施的检查项目、内容和要求、检查方式参见附录A。

6 维护保养

6.1 升降类游乐设施维护保养主要项目包括但不限于以下方面：

a）按照规定的周期和方法，对乘客束缚装置、导轨导向系统、提升系统、驱动系统、轴承、重要销轴、齿轮、减速箱等进行润滑，添加或更换润滑剂；

b）根据设备使用维护说明书和实际使用情况，对液压、气动系统中的液压油和滤芯进行更换；

c） 对松动的螺栓、地脚螺栓等紧固件按照规定的预紧力（按照相应紧固扭矩）进行拧紧，锁紧螺母、锚板、防松垫、开口销、定位环等都只能使用一次；

d） 对导轨、塔体等钢结构锈蚀或油漆脱落处，进行除锈和重新刷漆处理；

e） 对配电柜、控制柜、电机等进行必要的除尘、清扫。

6.2 典型升降类游乐设施维护保养项目、内容和要求参见附录B。

7 修理

7.1 修理前应熟悉产品使用维护保养说明书，了解设备结构，根据故障情况，做好修理方案。

7.2 设备拆卸应根据产品使用维护保养说明书及安装工艺指导文件制定相应的拆卸方案，拆卸后各零部件应分类摆放、保管，并做好安全防护管理。

7.3 应做好修理施工记录，并将记录保存到设备档案中。

7.4 对升降类大型游乐设施完成修理的项目，在恢复使用前，应进行相应的检查和确认。

7.5 常见的升降类游乐设施故障修理方法和要求参见附录C。

附 录 A
（资料性）
典型升降类游乐设施的检查项目、内容和要求、检查方式

典型升降类游乐设施的检查项目、内容和要求、检查方式见表A.1。

表 A.1 典型升降类游乐设施的检查项目、内容和要求、检查方式

序号	项目		内容和要求	检查方式	
1	乘载系统	座舱	座舱骨架焊缝无裂纹、损伤等现象，舱体无裂纹、腐蚀等损坏现象	宏观巡视	目视
2			各紧固件紧固到位，无松弛、缺失、锈蚀、开裂等	宏观巡视	目视
3			座席玻璃钢外表洁净，无受损，无影响强度或致人受伤的裂纹，无老化现象	宏观巡视	目视
4			乘客可触及之处无外露的锐边、尖角、毛刺和危险突出物	宏观巡视	目视
5			座舱门锁紧装置是否可靠	宏观巡视	目视
6		吊挂装置	紧固件连接牢固，无松弛、缺失、锈蚀、脱落等现象	宏观巡视	目视
7			吊挂框架焊缝无裂纹、损伤等现象	无损检测	目视、磁粉检测
8			吊挂连接销轴无松动	宏观巡视	目视
9			吊舱吊挂保险装置完好，无松动、断裂、丢失现象	宏观巡视	目视、卡尺测量
10			吊舱升降的限位装置是否牢固可靠，能正常工作	宏观巡视	目视、操作试验
11			吊挂钢丝绳、链条无磨损，钢丝绳无断丝、断股等现象，绳夹无松动、断裂、丢失现象	宏观巡视	目视、卡尺测量
12		乘客束缚装置	安全把手是否牢固可靠，能正常工作	宏观巡视	目视
13			安全带是否牢固可靠，能正常工作；安全带无破损或老化	宏观巡视 性能验证	目视
14			安全压杠固定、锁紧可靠，无断裂损坏等现象；安全压杠系统打开、关闭动作正常，限位正确；紧固件无松弛、脱落等现象，压杠包裹物无破损或老化	性能验证 宏观巡视	操作试验、目视
15			安全挡杆能正常锁紧和打开，不会碰到玻璃钢座椅，连接紧固件无松弛、脱落等现象	性能验证 宏观巡视	操作试验、目视
16			锁紧装置动作灵活、锁紧可靠、无损坏、润滑良好	性能验证 宏观巡视	目视
17			束缚装置的闭合、锁紧与设备启动的自动联锁功能是否可靠	性能验证 宏观巡视	操作试验、目视
18			重要连接焊缝无裂纹	无损检测	磁粉检测、渗透探伤

表 A.1 典型升降类游乐设施的检查项目、内容和要求、检查方式(续)

序号	项目		内容和要求	检查方式	
19	导轨导向系统	导向轨道连接螺栓	连接螺栓无松弛、缺失、锈蚀、脱落等现象	宏观巡视	目视
20		表面涂装磨损	表面涂装无油漆脱落	宏观巡视	目视
21		导向轨道上焊缝	轨道上的焊缝无裂纹或其他损伤	无损检测 宏观巡视	超声检测、目视
22		导向轮系组件	连接紧固件无松弛、缺失、锈蚀、脱落等现象	宏观巡视	目视
23			聚氨酯轮圈无严重磨损,表面无损伤、开裂等现象	宏观巡视	卡尺测量、目视
24			转动灵活、间隙正常	宏观巡视 参数测量	目视
25			运行时无异常响声、跳动、晃动	性能验证	目视、操作试验
26			导向轮轴承润滑良好,无卡滞、过热等现象	宏观巡视	目视、感官判定
27			轮毂、轮架无裂纹	无损检测	磁粉检测
28	支撑结构	结构件	结构件表面无锈蚀、老化和变形等	宏观巡视	目视
29		焊缝	立柱焊缝、连接法兰焊缝、油缸(气缸)固定支耳焊缝等重要连接焊缝无裂纹或其他损伤	无损检测	超声或磁粉检测
30		连接螺栓	立柱等连接螺栓无松弛、严重锈蚀等现象	宏观巡视	目视
31			重要高强螺栓无松动,预紧力符合要求,防松标识清晰、无错位	宏观巡视	目视
32		连接拉索	连接拉索无松弛	宏观巡视	目视
33		表面涂装磨损	表面涂装无油漆脱落	宏观巡视	目视
34		环境干涉	周围环境无干涉	宏观巡视	目视
35	提升系统	钢丝绳	绳端固定可靠,表面无损伤,无断丝、断股等现象,绳夹无松动、断裂、丢失现象	宏观巡视	目视
36		链条	链条表面无损伤	宏观巡视	目视
37		齿轮	齿轮表面无损伤,无点蚀、断齿等现象	宏观巡视	目视
38		曳引轮、滑轮	曳引轮、滑轮表面无过度磨损和破损等现象,滑轮防跳绳装置可靠	宏观巡视	目视
39		卷扬	卷扬机与地面基础连接可靠,钢丝绳在卷筒上排列整齐	宏观巡视	目视
40		配重	配重导向杆、连接件固定牢固,无松动、变形等现象	宏观巡视	目视

表 A.1 典型升降类游乐设施的检查项目、内容和要求、检查方式（续）

序号	项目		内容和要求	检查方式	
41	驱动（传动）系统	电机	温升正常，无异响	参数测量 宏观巡视	测量温度、 感官判断
42		减速器	温升正常，无异响	参数测量 宏观巡视	测量温度、 感官判断
43		开式齿轮	无冲击、无超标磨损，齿轮表面无损伤，无点蚀、断齿等现象	宏观巡视 参数测量	目视、测量磨损量
44		三角皮带	无打滑、无超标磨损	宏观巡视 参数测量	目视、测量磨损量
45		链条传动	运行平稳，无超标磨损	宏观巡视 参数测量	目视、测量磨损量
46		销齿传动	运行平稳	宏观巡视 性能验证	目视
47		驱动轮	接触良好，无超标磨损	宏观巡视 性能验证	目视、测量磨损量
48		制动装置	制动闸衬无超标磨损	宏观巡视 参数测量	目视、卡尺测量
49			紧固螺栓无松动	宏观巡视	目视
50			弹簧无断裂	宏观巡视	目视
51			制动功能正常	宏观巡视 性能验证	操作试验
52		轴承温度和温升	轴承的工作温度和温升是否正常	宏观巡视 参数测量	测量温度
53		润滑及渗漏	轴承、接触面有相对运动的部位有润滑措施，无滴油、渗油现象	宏观巡视	目视
54		连接螺栓	连接螺栓无松动、断裂、缺失、严重锈蚀现象	宏观巡视	目视
55			重要高强螺栓无松动，预紧力符合要求，防松标识清晰、无错位	宏观巡视 参数测量	目视
56	液压、气动系统	液压系统功能	系统压力正常，无异常振动和声响	宏观巡视 参数测量	测量压力
57			运行平稳灵活，应无爬行现象	宏观巡视	目视
58			系统油温和油位正常	宏观巡视 参数测量	测量温度、 目视液位计
59		液压管路	管道和接头无泄漏，紧固件无松动	宏观巡视	目视
60		液压阀组	液压阀工作正常，无泄漏，电磁线圈无过热现象	宏观巡视	目视
61		液压马达	无异常噪声	宏观巡视	感官判断
62		空压机	无渗油、无异响、无异常温升	宏观巡视 参数测量	感官判断， 测量温度
63		减压阀	无漏气，能够正常调定压力	宏观巡视 性能验证	感官判断
64		气路及接头	无漏气等异常情况	宏观巡视	目视

表 A.1 典型升降类游乐设施的检查项目、内容和要求、检查方式（续）

序号	项目		内容和要求	检查方式	
65	电气及控制系统	输配电设备	供电线及集电装置安装紧固,无磨损	宏观巡视	目视
66		电线电缆	无破损、老化等现象	宏观巡视	目视
67		电动机满载电流	满载电流符合要求	参数测量	测量电流
68		乘客易接触部位装饰照明电压	装饰照明电压符合要求	参数测量	电压表测量
69		控制元件及操作按钮、信号灯等标志和颜色检查	操作方便,有明确中文标识,颜色符合要求,工作正常	宏观巡视 性能验证	感官判断
70		乘客操作电器开关	乘客操作的电器开关电压符合要求	参数测量	测量电压
71		音响和信号装置	音响装置清晰响亮,符合要求	宏观巡视	感官判断
72		紧急事故开关及开关型式检查	有紧急事故开关,开关型式符合要求	宏观巡视	感官判断
73		操作室	操作室是否符合要求	宏观巡视	感官判断
74		集电器	集电接触器电刷和滑环接触良好,室外外露的集电器满足外露情况下的使用要求	宏观巡视	感官判断
75		系统接地	接地电阻符合要求	参数测量	测量接地电阻值
76		系统绝缘	绝缘电阻符合要求	参数测量	测量绝缘电阻值
77		机房	机房整洁、无杂物	宏观巡视	目视
78		控制柜	接地良好,无锈蚀	宏观巡视	目视
79		电气元器件	连接可靠、无松动	宏观巡视	目视
80		控制面板	无破损,指示灯、急停等控制按钮工作正常	宏观巡视 性能验证	目视、操作试验
81		传感器	无损坏,工作正常	宏观巡视 性能验证	运行试验
82		漏电保护装置	无损坏,工作正常	宏观巡视 性能验证	操作试验
83		UPS 电源	无损坏,工作正常	宏观巡视 性能验证	操作试验
84		蓄电池	密封良好,无损坏,工作正常	宏观巡视 性能验证	操作试验

表 A.1 典型升降类游乐设施的检查项目、内容和要求、检查方式(续)

序号	项目		内容和要求	检查方式	
85	安全防护装置	制动装置	无损坏,工作正常	宏观巡视 性能验证	目视、操作试验
86		止逆装置	销轴及紧固件无松弛、脱落、异常磨损等现象,消音块工作正常	宏观巡视 性能验证	目视、操作试验
87		防坠落装置	无损坏,工作正常	宏观巡视 性能验证	目视、操作试验
88		缓冲装置	无损坏,工作正常	宏观巡视 性能验证	目视、操作试验
89		限位装置	无损坏,工作正常	宏观巡视 性能验证	目视、操作试验
90		超速保护装置	无损坏,工作正常	宏观巡视 性能验证	目视、操作试验
91		断绳保护装置	无损坏,工作正常	宏观巡视 性能验证	目视、操作试验
92		防跳绳装置	无损坏,工作正常	宏观巡视 性能验证	目视、操作试验
93		保险装置	无损坏,工作正常	宏观巡视 性能验证	目视、操作试验
94		联锁装置	无损坏,工作正常	宏观巡视 性能验证	目视、操作试验
95		脱钩装置	无损坏,工作正常	宏观巡视 性能验证	目视、操作试验
96		防雷装置	安装牢固、无损坏,接地电阻符合要求,工作正常	宏观巡视	目视、参数测量
97	防护系统	站台防护	安全隔离措施、引导标示、安全距离、防滑措施等符合要求	宏观巡视	目视
98			操作室能够观察游客上下情况	宏观巡视	目视
99		安全栅栏	无锈蚀或破损	宏观巡视	目视
100		防护网	无破损	宏观巡视	目视
101	备用动力	应急电源	工作正常	宏观巡视 性能验证	目视、操作试验
102		备用动力装置	无损坏,工作正常	宏观巡视 性能验证	目视、操作试验
103	辅助设备设施	应急疏散通道	无阻碍,符合要求	宏观巡视	目视
104		高空平台	防护措施无损坏	宏观巡视	目视
105		检修平台	防护措施无损坏,检修爬梯无锈蚀或破损	宏观巡视	目视
106		监控监测系统	视频监控系统、航空警示灯、风速仪、警铃、防火器材、音响系统等无损坏,工作正常	宏观巡视 性能验证	目视、操作试验
107		灯饰	安装牢固,发光正常	宏观巡视	目视

表 A.1 典型升降类游乐设施的检查项目、内容和要求、检查方式（续）

<table>
<tr><th>序号</th><th colspan="2">项目</th><th>内容和要求</th><th colspan="2">检查方式</th></tr>
<tr><td>108</td><td rowspan="3">关联设备设施</td><td>特效、包装、演出行动有关设备</td><td>涉及特效、包装、演出行动的有关设备、设施无损坏，工作正常</td><td>宏观巡视
性能验证</td><td>目视、操作试验</td></tr>
<tr><td>109</td><td>外观装饰件</td><td>玻璃钢预埋件无开裂，连接可靠</td><td>宏观巡视</td><td>目视</td></tr>
<tr><td>110</td><td>运行范围内障碍物</td><td>在设备的运行范围内不应出现障碍物（如电线、竹竿、建筑、树木等）</td><td>宏观巡视</td><td>目视</td></tr>
<tr><td>111</td><td>相关其他特种设备</td><td>压力容器（含气瓶）、起重机械等</td><td>涉及压力容器、气瓶、起重机械等其他特种设备的，按规定进行定期检验和使用登记</td><td>宏观巡视</td><td>查阅相关文件</td></tr>
<tr><td>112</td><td rowspan="2">基础</td><td>地脚螺栓</td><td>无松动、锈蚀、变形等现象</td><td>宏观巡视</td><td>目视</td></tr>
<tr><td>113</td><td>基础混凝土</td><td>无开裂、基础沉降或积水</td><td>宏观巡视</td><td>目视</td></tr>
<tr><td>114</td><td>警示标识</td><td>指引和安全警示标识</td><td>乘客须知、指引和安全警示标识安装牢固，无锈蚀，载明信息清晰、正确</td><td>宏观巡视</td><td>目视</td></tr>
<tr><td>115</td><td colspan="2">运行试验</td><td>按照使用维护保养说明书的要求，进行规定次数的运行试验</td><td>性能验证</td><td>操作试验</td></tr>
<tr><td>116</td><td colspan="2">其他必要的检查项目</td><td colspan="3">根据设备实际情况确定需要增加的检查内容和要求，以及检查方式</td></tr>
<tr><td colspan="6">注：表中所述检查项目、内容和要求及检查方式等根据游乐设施的设备具体情况确定其适用性。</td></tr>
</table>

附　录　B
（资料性）
典型升降类游乐设施的维护保养项目、内容和要求

典型升降类游乐设施的维护保养项目、内容和要求见表 B.1。

表 B.1　典型升降类游乐设施的维护保养项目、内容和要求

序号	项目	内容和要求
1	乘载系统	对于螺栓等紧固件松动的，按照规定的紧固扭矩予以拧紧
2		锁紧装置按使用维护保养说明书规定的周期和方法进行润滑，但不应过度润滑
3		对于安全压杠、压杆包裹物破损或老化的，进行修补或更换
4	导轨导向系统	拆下松动的螺栓，检查螺栓上是否有裂纹或变形；清理或更换螺栓/螺母，并按要求的扭矩重新安装
5		按照规定的周期和方法，对导向轮轴承进行润滑
6		清除导轨表面的油污、异物等
7	支撑结构	对于钢结构上油漆脱落或锈蚀的，进行除锈和重新涂漆等防腐处理
8		重要高强螺栓预紧力不足的，按照规定扭矩进行拧紧
9	提升系统	开式齿轮按照规定周期和要求进行润滑
10	驱动（传动）系统	减速机按照规定的周期更换全部齿轮油（可定期排出一点油查看是否浑浊，如果浑浊应进行更换）
11		开式齿轮按照规定周期和要求进行润滑
12		制动闸衬磨损超标的应进行更换
13		高强螺栓预紧力不足的，应按规定的预紧力进行拧紧
14	液压气动系统	按规定周期进行滤芯更换和润滑油更换
15		更换油液时，应彻底清洗油箱内腔，清洗时禁用棉纱等易脱纤维物擦洗，不准许残存任何纤维及机械杂质
16	电气系统	电线电缆破损老化的进行更换
17	控制系统	用毛刷等清洁配电柜、电机防护罩及其他需要散热的各种电器防护罩
18		清洁电机灰尘
19	基础	地脚螺栓预紧力不足的，按规定扭矩进行拧紧，螺栓与螺母拧紧后，螺栓宜至少露出螺母 2 个～4 个螺距；重新紧固过的螺栓联接，应在螺栓组件之间画线标记，以便检查防松
20	其他必要的维护保养项目	根据设备实际情况确定需要增加的维护保养内容和要求

附 录 C
（资料性）
升降类游乐设施常见修理方法和要求

C.1 链条修理(更换)

C.1.1 对损坏、失效的链条进行拆卸、更换和修复,应根据设计图纸,制定修理方案,明确拆卸和安装程序和步骤、施工必备的工具和设备、修理后检验的要求及仪器量具等。

C.1.2 拆卸时应采取不破坏其他完好件的合理方法,重装时应根据链条结构合理的顺序先后进行,防止链条装错而影响正常使用。

C.1.3 链条在地面分段组装应采取与地面隔离的措施,防止链条污染;链条从提升机顶部分段放入链槽盒内,借助链条自重或辅助外力下滑至低部导向轮处,提升链与回程链始末端合拢后,通过张紧轮调整链条的松垂度。

C.2 焊缝缺陷修复

C.2.1 升降类大型游乐设施的立柱、塔体、油缸支撑座等焊缝缺陷需通过焊接方法进行修复的,主要采取补焊方式,目的是修复裂纹和补偿磨损。其焊接选材、工艺、检验及返修等应符合设计文件和GB 8408的规定,做好焊接质量控制。

C.2.2 现场焊接应根据评定合格的焊接工艺评定报告编制焊接工艺,并严格按照焊接工艺施焊,必要时应现场制作焊接工艺试样并评定合格。设计文件中规定不准许现场补焊的部位,不应进行现场焊接作业。

C.2.3 焊接现场环境出现下列情况之一时,应采取相应的防护措施满足施焊要求,否则不应施焊:

a） 风速:气体保护焊大于 2 m/s,其他焊接方法大于 10 m/s;
b） 相对湿度大于 90%;
c） 雨雪环境;
d） 焊件温度低于－10 ℃。

C.2.4 对于施工现场长距离(20 m 以上)焊接,电缆延长选用的长度应与电缆线径(截面积)相适应,工作时电缆不能盘圈使用;焊接前应调试焊机,确保焊接电缆输出电压与焊机电压表显示数值一致。

C.2.5 焊接过程应有施焊记录,焊后应按设计文件和相关标准的要求进行无损检测或试验,确保焊接质量符合要求。

C.3 其他

其他由于磨损、断裂、变形、疲劳、腐蚀等需要通过修理进行健康恢复的机械零部件及电气设备,应制定具体的修理方案,通过设备部件拆解、损伤件(含电气控制及安全装置)更换、装配、系统调试,按照规定的工艺进行修理作业。

参 考 文 献

[1] GB 8408 大型游乐设施安全规范
[2] GB/T 18161 飞行塔类游乐设施通用技术条件
[3] GB/T 20050 大型游乐设施检验检测 通用要求
[4] GB/T 30220 游乐设施安全使用管理
[5] GB/T 34370(所有部分) 游乐设施无损检测
[6] GB/T 34371 游乐设施风险评价 总则
[7] GB/T 36668(所有部分) 游乐设施状态监测与故障诊断
[8] GB/T 39043 游乐设施风险评价 危险源
[9] GB/T 39079 大型游乐设施检验检测 加速度测试
[10] GB/T 39417 大型游乐设施健康管理

ICS 97.200.40
CCS Y 57

中华人民共和国国家标准

GB/T 41106.5—2021

大型游乐设施　检查、维护保养与修理　第5部分：水上类

Large-scale amusement devices—Inspection, maintenance and repair—Part 5: Sort of aquatic rides

2021-12-31 发布　　2022-07-01 实施

国家市场监督管理总局
国家标准化管理委员会
发布

前　言

本文件按照GB/T 1.1—2020《标准化工作导则　第1部分：标准化文件的结构和起草规则》的规定起草。

本文件是GB/T 41106《大型游乐设施　检查、维护保养与修理》的第5部分。GB/T 41106已经发布了以下部分：

——第1部分：总则；

——第2部分：轨道类；

——第3部分：旋转类；

——第4部分：升降类；

——第5部分：水上类；

——第6部分：虚拟体验类。

请注意本文件的某些内容可能涉及专利。本文件的发布机构不承担识别专利的责任。

本文件由全国索道与游乐设施标准化技术委员会(SAC/TC 250)提出并归口。

本文件起草单位：中国特种设备检测研究院、广东省特种设备检测研究院、山东科捷工程检测有限公司、广州长隆集团有限公司、天津市特种设备监督检验技术研究院、方圆标志认证集团北京特检有限公司。

本文件主要起草人：钱剑雄、邱治国、刘然、沈功田、王璇、王银兰、刘春来、邢友新、马殿国、惠永川、张鹏飞、陈锐、王占亮、孟凡帅、梁玉梅、王焕语、赵伟。

引　言

大型游乐设施是人们休闲娱乐的重要载体，其运行使用关系到人身安全与健康，一旦发生事故，社会影响恶劣。在用大型游乐设施日常的检查、维护保养与修理（以下简称检维修）对保障设备安全运行至关重要。目前，我国大型游乐设施检维修技术方法、程序和要求，缺乏标准的指导和规范，总体技术力量薄弱。为此，国家重点研发计划设立专门的项目和课题，开展大型游乐设施健康管理理论与检维修方法研究及标准研制。

健康管理贯穿于大型游乐设施全生命周期的各阶段，而检维修是大型游乐设施使用过程中健康管理体系的重要环节和手段。通过日常检查和维护保养，以及对设备故障和缺陷进行修理，保持和恢复其健康状态，促进和提升运营使用单位对大型游乐设施的健康管理和安全运行水平。

由于大型游乐设施类别和品种（型式）繁多，为了便于标准的使用和实施，按照大型游乐设施的结构和运动形式特点，将特种设备目录中划分的 13 个类别，归纳整合为轨道类、旋转类、升降类、水上类、虚拟体验类。GB/T 41106 旨在确立适用于大型游乐设施检维修的基本原则、具体项目和要求，由 6 个部分构成。

——第 1 部分：总则。目的在于明确检查、维护保养和修理的含义，给出大型游乐设施检维修的基本原则和通用要求。

——第 2 部分：轨道类。目的在于确立轨道类大型游乐设施检维修项目和要求。

——第 3 部分：旋转类。目的在于确立旋转类大型游乐设施检维修项目和要求。

——第 4 部分：升降类。目的在于确立升降类大型游乐设施检维修项目和要求。

——第 5 部分：水上类。目的在于确立水上类大型游乐设施检维修项目和要求。

——第 6 部分：虚拟体验类。目的在于确立虚拟体验类大型游乐设施检维修项目和要求。

大型游乐设施　检查、维护保养与修理
第5部分：水上类

1　范围

本文件规定了在用的水上类大型游乐设施进行检查、维护保养和修理方面的基本要求。

本文件适用于在用的水上类大型游乐设施（以下简称水上类游乐设施）。小型水上类游乐设施的检查、维护保养与修理可参照执行。

2　规范性引用文件

下列文件中的内容通过文中的规范性引用而构成本文件必不可少的条款。其中，注日期的引用文件，仅该日期对应的版本适用于本文件；不注日期的引用文件，其最新版本（包括所有的修改单）适用于本文件。

GB/T 20306　游乐设施术语

GB/T 41106.1　大型游乐设施　检查、维护保养与修理　第1部分：总则

3　术语和定义

GB/T 20306 和 GB/T 41106.1 界定的术语和定义适用于本文件。

4　一般要求

水上类游乐设施的检维修，除应符合本文件外，还应符合 GB/T 41106.1 的相关要求。

5　检查项目和要求

5.1　水上类游乐设施的检查项目、周期和要求应按照 GB/T 41106.1 规定的原则确定。

5.2　水上类游乐设施的检查项目应包括（但不限于）以下适用部件或子系统：

a）　乘坐物；

b）　滑道；

c）　出发平台；

d）　支撑结构；

e）　旋转滑道回转结构；

f）　落水池；

g）　水循环系统；

h）　提升系统；

i）　驱动（传动）系统；

j）　液压气动系统；

k）　电气及控制系统；

l）　安全保护装置；

m) 防护系统；

n) 备用动力；

o) 辅助设备设施；

p) 关联设备设施；

q) 相关其他特种设备；

r) 基础；

s) 指引和安全警示标识。

5.3 水上类游乐设施各部件或子系统的检查项目包括(但不限于)以下内容：

a) 乘坐物：检查浮圈、滑板、浮力衣、漂流船、扶手等完好情况；

b) 滑道：检查玻璃钢滑道、不锈钢滑道表面损伤情况，滑道接缝胶情况，流量计工作状况；

c) 出发平台：检查传送装置、舱门、活动挡板、控制操作台、信号灯、照明、起点横杆等完好情况及工作状况；

d) 支撑结构：检查滑道支撑钢结构变形、腐蚀及焊缝情况，连接螺栓、地脚螺栓紧固情况；

e) 旋转滑道回转结构：检查滑行架及动滑轮导向装置、驱动轮、承重轮轴及轴承、制动器完好情况及工作状况；

f) 落水池：检查落水池的水位情况，池壁、回水口、隔离栅、水下灯、池底的完好情况；

g) 水循环系统：检查水泵、过滤设备、管道及阀门运行情况，沙缸缸体完好情况；

h) 提升系统：检查提升装置、输送带、输送机工作状况；

i) 驱动(传动)系统：检查电机、减速器、开式齿轮、三角皮带、链条传动、销齿传动、驱动轮、连接螺栓等温升、异响、磨损、紧固情况及工作状况；

j) 液压气动系统：检查液压管路、阀组、马达的泄漏、异响等，空压机、减压阀、气路及接头的漏气、温升情况及工作状况；

k) 电气及控制系统：检查供电电源、输配电设备、电线电缆完好情况，系统接地、绝缘符合要求情况，机房、控制柜、电气元器件、控制面板、传感器、UPS电源、蓄电池等完好情况及工作状况；

l) 安全防护装置：检查制动装置、止逆装置、防碰撞装置、缓冲装置、限位装置、限速装置等完好情况及工作状况；

m) 防护系统：检查站台安全隔离措施、引导标示、安全距离、防滑等防护措施情况，安全栅栏、防护网完好情况；

n) 备用动力：检查备用动力装置完好情况及工作状况；

o) 辅助设备设施：检查应急疏散通道、高空平台、检修平台、灯饰等是否完好，风速仪、警铃、防火器材、音响系统、视频监控系统完好情况及工作状况；

p) 关联设备设施：检查特效、包装、演出行动等其他关联设备设施完好情况及工作状况；

q) 相关其他特种设备：检查涉及的压力容器、安全阀、天然气管道、电梯、起重机械等其他特种设备符合国家监管要求情况；

r) 基础：检查地脚螺栓紧固，基础沉降、锈蚀、变形等情况；

s) 指引和安全警示标识：检查指引和安全警示标识完好情况。

5.4 典型水上类游乐设施的检查项目、内容和要求、检查方式参见附录A。

6 维护保养

6.1 水上类游乐设施维护保养主要项目包括但不限于以下方面：

a) 按照规定的周期和方法，对回转结构、驱动系统、轴承、重要销轴、齿轮、减速箱等进行润滑，添加或更换润滑剂；

b) 根据设备使用维护说明书和实际使用情况，对液压、气动系统中的液压油和滤芯进行更换；

c) 对松动的螺栓、地脚螺栓等紧固件按照规定的预紧力进行拧紧；

d) 对钢结构锈蚀或油漆脱落处，进行除锈和重新刷漆处理；

e) 对配电柜、控制柜、电机等进行必要的除尘、清扫。

6.2 典型水上类游乐设施维护保养项目、内容和要求参见附录 B。

7 修理

7.1 修理前应熟悉产品使用说明书，了解设备结构，根据故障情况，做好修理方案。

7.2 设备拆卸应根据产品使用说明书及安装工艺指导文件制定相应的拆卸方案，拆卸后各零部件应分类摆放、保管，并做好安全防护管理。

7.3 应做好修理施工记录，并将记录保存到设备档案中。

7.4 对水上类大型游乐设施完成修理的项目，在恢复使用前，应进行相应的检查和确认。

7.5 常见的水上类游乐设施故障修理方法和要求参见附录 C。

附 录 A
(资料性)
典型水上类游乐设施的检查项目、内容和要求、检查方式

典型水上类游乐设施的检查项目、内容和要求、检查方式见表 A.1。

表 A.1 典型水上类游乐设施的检查项目、内容和要求、检查方式

序号	项目		内容和要求	检查方式	
1	乘坐物	浮圈	浮圈的配备(形式、数量)是否正确	宏观巡视	目视
2			浮圈是否有小孔、破损、裂缝、褪色,检查气压、扶手、外观是否正常	宏观巡视	目视
3			浮圈气压应在规定值内,扶手应牢固、可靠,无破损	宏观巡视	目视、测量气压
4		滑板	扶手应牢固、可靠,无破损	宏观巡视	操作试验、目视
5			表面应无裂缝、破损、形状无变形	宏观巡视	目视
6		浮力衣	外观是否完好,无破损	宏观巡视	目视
7			卡扣是否损坏	宏观巡视	操作试验、目视
8		船体	坐垫和靠垫无破损,无变形	宏观巡视	目视
9			漂浮胎完好无破损,胎压在规定值内	宏观巡视	目视、测量胎压
10			船体各部位连接无松动,螺纹标识线清晰,无错位,玻璃钢完整,无破损,无裂纹	宏观巡视	目视
11			安全杆(扶手)衬垫无破损,无变形	宏观巡视	目视
12			附件、配件应齐全,产品标识正确清晰、醒目	宏观巡视	目视
13			排水筛无破损,清除杂物	宏观巡视	目视
14	滑道	玻璃钢滑道	滑行表面应连续、光滑,不应有尖角、棱角、裂纹、非正常的孔洞、缝隙和变形等	宏观巡视	目视
15			滑道接缝胶无松脱、凹凸、收缩、漏水	宏观巡视	目视
16			滑梯对接缝沿滑行方向不应有逆向阶差,顺向阶差应不大于 2 mm	宏观巡视 参数测量	目视、测量 顺向阶差
17		不锈钢滑道	滑道是否存在毛边、锐角、尖刺、错边等	宏观巡视	目视
18		水隔栅	滑道入口水槽内出水隔栅有无破损、凹凸、变形,安装是否牢固,有无松动,固定螺丝有无丢失	宏观巡视	目视、操作试验
19		水流量监测	流量计是否正常工作	宏观巡视	目视
20			水流量是否满足设备设施要求并记录相关数据以及照片记录	宏观巡视	目视

表 A.1　典型水上类游乐设施的检查项目、内容和要求、检查方式（续）

序号	项目		内容和要求	检查方式	
21	出发平台	传送装置	传送带无破损，不跑偏，无异响、无振动；感应传感器功能正常	宏观巡视	目视
22			固定结构架无变形、松动、锈蚀现象	宏观巡视	目视
23			滑轨无变形、无磨损、无污物	宏观巡视	目视
24			轴承、齿轮无异响、无磨损、无污物，润滑良好	宏观巡视	目视
25			张紧装置无磨损，应在合理张紧位置	宏观巡视	目视
26			保护罩完好，无破损	宏观巡视	目视
27			紧固螺栓无锈蚀或松动	宏观巡视	目视
28		舱门	外观是否有损坏，检查舱门开闭情况	宏观巡视	目视、操作试验
29			检查铰链磨损情况，安装是否牢固	宏观巡视	目视
30			锁门连锁是否正常，信号灯是否正常，有无放行提示音	宏观巡视	目视、操作试验
31			检查门锁手动释放装置是否有效	宏观巡视	目视、操作试验
32		活动挡板	检查挡板是否出现磨损或老化，有无开裂或破损	宏观巡视	目视
33			检查挡板铰链磨损情况，活动是否灵活	宏观巡视	目视、操作试验
34			缓冲器是否出现开裂，或出现材料降解迹象	宏观巡视	目视
35		控制操作台	指示灯是否正常，操作按键，有无破损，功能是否正常，开关按钮是否灵活	宏观巡视	目视
36			急停开关是否可以正常使用	宏观巡视	目视、操作试验
37		信号灯	信号灯外观完好，固定牢固，信号转换动作是否正常	宏观巡视	目视、操作试验
38		照明	照明设备是否正常，外观完整，固定牢固	宏观巡视	目视
39		起点横杆	横杆安装是否牢固，无变形、无损坏	宏观巡视	目视
40	支撑结构	钢结构	结构件表面无锈蚀、老化和变形等	宏观巡视	目视
41		焊缝	立柱焊缝、连接法兰焊缝等重要连接焊缝无裂纹或其他损伤	无损检测	磁粉检测
42		连接螺栓	立柱和轨道等连接螺栓无松弛、严重锈蚀等现象	宏观巡视	目视
43			重要高强螺栓无松动，预紧力符合要求，防松标识清晰、无错位	宏观巡视	目视
44		连接拉索	连接拉索无松弛	宏观巡视	目视
45		表面涂装	表面油漆是否有脱皮、开裂、起皮、脱落等情况	宏观巡视	目视
46		环境干涉	无周围环境干涉	宏观巡视	目视

表 A.1 典型水上类游乐设施的检查项目、内容和要求、检查方式（续）

序号	项目		内容和要求	检查方式	
47	旋转滑道回转结构	滑行架及动滑轮导向装置	安装部位无松脱、开裂及明显变形现象	宏观巡视	感官判断
48			轴承润滑良好、无明显磨损及异常声响	宏观巡视	感官判断
49		驱动轮	摩擦驱动轮表面磨损情况，记录测量数据	宏观巡视 参数测量	目视、测量磨损量
50			摩擦驱动轮气压是否在规定值内	参数测量	测量
51			摩擦驱动电机是否正常运行，有无异常声响	宏观巡视	目视、感官判断
52			摩擦驱动轮是否存在跑偏现象	宏观巡视	目视
53		承重轮轴及轴承	运行时无异常声音、振动、过热现象	宏观巡视	测量、感官判断
54			轮轴防松、防脱措施是否失效，紧固有无松脱；轴承润滑是否良好、运转有无异响	宏观巡视	目视、感官判断
55			承重轮轴磨损情况，并做检测	宏观巡视	目视、测量磨损量
56		制动器	制动器功能是否正常，动作是否灵活，记录刹车间距	宏观巡视	目视、测量
57	落水池	水位	落水池的水位正常，水质干净，楼梯无破损、变形	宏观巡视	目视
58		池壁	池壁四周是否有老化或损坏现象，瓷片无破损、松脱；混凝土无开裂、剥落、泄漏、凸起，或其他变形现象	宏观巡视	目视
59		回水口、隔离栅	落水池的补水口/回水口的格栅无缺失、松脱、凹凸、变形	宏观巡视	目视
60		水下灯	无松脱、凹凸、变形	宏观巡视	目视
61			水下灯正常、螺丝无松脱	宏观巡视	目视
62		池底	防撞垫无鼓泡、破损、胶裂等现象	宏观巡视	目视
63	水循环系统	水泵	外观整体应完好无损，无漏油，无漏水现象	宏观巡视	目视
64			运行是否正常，不应存在缓慢，异常声响，过度的震动，温升太高，无异味等现象	宏观巡视	感官判断
65			三相运行电流相对平衡，误差 1.5%	参数测量	测量
66			水泵叶片的磨损情况，无严重磨损、变形	宏观巡视	感官判断
67			电机水泵四周应通风良好，无杂物，电机水泵表面应无灰尘，并保持设备整洁	宏观巡视	目视
68			管道应无裂纹、管路无漏水、各种阀门工作正常	宏观巡视	目视、感官判断
69		排污泵	排污泵体、止回阀、管道，应完整、无损坏	宏观巡视	目视

表 A.1 典型水上类游乐设施的检查项目、内容和要求、检查方式（续）

序号	项目		内容和要求	检查方式	
70	水循环系统	排污泵	排污泵的各种阀门应无漏水，并且是常开状态位置	宏观巡视	目视、感官判断
71			排污泵控制电箱和水位控制器能正常工作	宏观巡视	目视
72			水位电极固定牢固，导线电极连接位无松动	宏观巡视	目视
73		阀门	外观应无锈蚀、无漏水、指示标识完整	宏观巡视	目视
74			连接螺栓应无锈蚀、无松动	宏观巡视	目视、感官判断
75			手柄(手轮)操作灵活、无缺失	宏观巡视	目视、感官判断
76		污水池	四周应无杂物	宏观巡视	目视
77		过滤器	过滤器应清洁，无污垢	宏观巡视	目视
78			过滤装置和所有的相连管道，无泄漏，整体状况良好	宏观巡视	目视
79			过滤器、毛发收集器是否堵塞，是否正常工作	宏观巡视	目视、感官判断
80	提升系统	整体	检查提升传动系统是否有异常声音和振动	宏观巡视 性能验证	操作试验
81		输送带	输送带是否与输送机正确连接	宏观巡视	目视
82			传送带应处于滑轮的中间位置，检查是否跑偏	宏观巡视	目视
83			输送带上是否有异物	宏观巡视	目视
84			传送带是否存在毛边或产生裂纹、鼓包、断裂等现象	宏观巡视	目视
85		输送机	所有的滚筒、托辊、承托轮及回转轮，应与结构成直角并相互间平衡	宏观巡视	目视
86			齿轮啮合正常，无偏磨损	宏观巡视	目视
87			电机是否有异常声响、异常振动，工作温度是否在正常值内	宏观巡视	目视、感官判断
88			齿轮机构运转是否正常，无跳动现象	宏观巡视	目视、感官判断
89			防松标识是否错位	宏观巡视	目视划线是否错位
90	驱动(传动)系统	电机	温升正常，无异响	参数测量 宏观巡视	测量温度、感官判断
91		内燃机	温升正常，无异响	参数测量 宏观巡视	测量温度、感官判断
92		减速器	温升正常，无异响	参数测量 宏观巡视	测量温度、感官判断
93		开式齿轮	无冲击、无超标磨损	宏观巡视 参数测量	目视、测量磨损量

表 A.1　典型水上类游乐设施的检查项目、内容和要求、检查方式（续）

序号	项目		内容和要求	检查方式	
94	驱动（传动）系统	三角皮带	无打滑、无超标磨损	宏观巡视 参数测量	目视、测量磨损量
95		链条传动	运行平稳，无超标磨损	宏观巡视 参数测量	目视、测量磨损量
96		销齿传动	运行平稳	宏观巡视 性能验证	目视
97		驱动轮	接触良好，无超标磨损	宏观巡视 性能验证	目视、测量磨损量
98		连接螺栓	连接螺栓无松动、断裂，防松标识清晰、无错位	宏观巡视	目视
99			重要高强螺栓无松动，预紧力符合要求，防松标识清晰、无错位	宏观巡视	目视
100	液压、气动系统	液压系统功能	系统压力正常	宏观巡视 参数测量	压力测量
101			系统油温正常	宏观巡视 参数测量	测量温度
102		液压管路	管道和接头无泄漏	宏观巡视	目视
103		液压阀组	液压阀工作正常，无泄漏	宏观巡视	目视
104		液压马达	无异常噪声	宏观巡视	感官判断
105		空压机	无渗油、无异响、无异常温升	宏观巡视 参数测量	感官判断、测量温度
106		减压阀	无漏气，能够正常调定压力	宏观巡视 性能验证	感官判断
107		气路及接头	无漏气等异常情况	宏观巡视	目视
108	电气及控制系统	输配电设备	供电线及集电装置安装紧固，无磨损	宏观巡视	目视
109		电线电缆	无破损、老化等现象	宏观巡视	目视
110		系统接地	接地电阻符合要求	参数测量	测量接地电阻值
111		系统绝缘	绝缘电阻符合要求	参数测量	测量绝缘电阻值
112		漏电保护装置	漏电保护器测试按钮是否正常，开关能否动作跳闸	宏观巡视 性能验证	目视、操作试验
113		机房	机房整洁、无杂物	宏观巡视	目视
114		控制柜	接地良好，无锈蚀	宏观巡视	目视
115		电气元器件	连接无松动，工作正常	宏观巡视	目视
116		控制面板	无破损，指示灯、急停等控制按钮工作正常	宏观巡视	目视
117		避雷装置	避雷装置安装牢固，接地电阻符合要求	宏观巡视 参数测量	目视、测量接地电阻值
118		传感器	无损坏，工作正常	宏观巡视 性能验证	运行试验

表 A.1 典型水上类游乐设施的检查项目、内容和要求、检查方式（续）

序号	项目		内容和要求	检查方式	
119	电气及控制系统	UPS 电源	无损坏,工作正常	宏观巡视 性能验证	操作试验
120		蓄电池	密封良好,无损坏,工作正常	宏观巡视 性能验证	操作试验
121	安全防护装置	制动装置	制动闸衬无超标磨损	宏观巡视 参数测量	目视、卡尺测量
122			紧固螺栓无松动	宏观巡视	目视
123			弹簧无断裂	宏观巡视	目视
124			制动功能正常,制动对位准确	宏观巡视 性能验证	操作试验
125		止逆装置	销轴及紧固件无松弛、脱落、异常磨损等现象,消音块工作正常	宏观巡视 性能验证	目视、操作试验
126		防碰撞装置	无损坏,工作正常	宏观巡视 性能验证	目视、操作试验
127		缓冲装置	无损坏,工作正常	宏观巡视 性能验证	目视、操作试验
128		限位装置	无损坏,工作正常	宏观巡视 性能验证	目视、操作试验
129		限速装置	无损坏,工作正常	宏观巡视 性能验证	目视、操作试验
130	防护系统	站台防护	安全隔离措施、引导标示、安全距离、防滑措施等符合要求	宏观巡视	目视
131			操作室能够观察游客上下情况	宏观巡视	目视
132		设备围栏	无锈蚀或破损	宏观巡视	目视
133		防护网	无破损	宏观巡视	目视
134	备用动力	应急电源	工作正常	宏观巡视 性能验证	目视、操作试验
135		备用动力装置	无损坏,工作正常	宏观巡视 性能验证	目视、操作试验
136	辅助设备设施	应急疏散通道	无阻碍,符合要求	宏观巡视	目视
137		高空平台	防护措施无损坏	宏观巡视	目视
138		检修平台	防护措施无损坏,检修爬梯无锈蚀或破损	宏观巡视	目视
139		监控监测系统	风速仪、警铃、防火器材、音响系统等无损坏,工作正常;视频监控系统所照范围符合标准,显示屏正常可用,画面清晰	宏观巡视 性能验证	目视、操作试验
140		灯饰	安装牢固,发光正常	宏观巡视	目视

表 A.1 典型水上类游乐设施的检查项目、内容和要求、检查方式（续）

序号	项目		内容和要求	检查方式	
141	关联设备设施	特效、包装、演出行动有关设备	涉及特效、包装、演出行动的有关设备、设施无损坏，工作正常	宏观巡视 性能验证	目视、操作试验
142		外观装饰件	玻璃钢预埋件是否开裂，连接是否可靠	宏观巡视	目视
143		运行范围内障碍物	在设备的运行范围内不应出现障碍物（如电线、竹竿、建筑、树木等）	宏观巡视	目视
144	相关其他特种设备	压力容器(含气瓶)、电梯、起重机械等	涉及压力容器、气瓶、电梯、起重机械等其他特种设备的，按规定进行了年度检验和使用登记	宏观巡视	查阅相关文件
145	基础	地脚螺栓	无松动、锈蚀、变形等现象	宏观巡视	目视
146		基础混凝土	无开裂、基础沉降或积水	宏观巡视	目视
147	指引和警示标识	指引和安全警示标识	乘客须知、指引和安全警示标识安装牢固，无锈蚀，载明信息清晰、正确	宏观巡视	目视
148	运行试验		按照使用说明书的要求，进行规定次数的运行试验	性能验证	操作试验
149	其他必要的检查项目		根据设备实际情况确定需要增加的检查内容和要求，以及检查方式		
注：表中所述检查项目、内容和要求及检查方式等根据游乐设施的设备具体情况确定其适用性。					

附　录　B
（资料性）
典型水上类游乐设施的维护保养项目、内容和要求

典型水上类游乐设施的维护保养项目、内容和要求见表B.1。

表 B.1　典型水上类游乐设施的维护保养项目、内容和要求

序号	项目	内容和要求
1	乘坐物	乘坐物有破损、变形的，进行更换
2	支撑结构	拆下松动的螺栓，检查螺栓上是否有裂纹或变形；清理或更换螺栓/螺母，并按要求的扭矩重新安装
3		设备表面进行除污、除油、清理异物
4	旋转滑道的回转结构	对导向装置轴承、重要轮轴按照规定周期和要求进行润滑
5	水循环系统	清洁过滤装置
6	驱动(传动)系统	按照规定周期和要求对齿轮进行润滑
7		减速机按照规定的周期更换全部齿轮油（可定期排出一点油查看是否浑浊，如果浑浊应进行更换）
8		制动闸衬磨损超标的应进行更换
9		高强螺栓预紧力不足的，应按规定的预紧力进行拧紧
10	液压气动系统	按规定周期对空气压缩机进行滤芯更换和润滑油更换
11		发现损坏或漏气的软管应及时维修或更换
12	电气系统	电线电缆破损老化的进行更换
13	控制系统	用毛刷等清洁配电柜、电机防护罩及其他需要散热的各种电器防护罩
14		清洁电机灰尘
15	基础	地脚螺栓预紧力不足的，按规定扭矩进行拧紧，螺栓与螺母拧紧后，螺栓应至少露出螺母2～4个螺距
16	其他必要的维护保养项目	根据设备实际情况确定需要增加的维护保养内容和要求

附 录 C
（资料性）
水上类游乐设施常见修理方法和要求

C.1 玻璃钢件修理

C.1.1 进行玻璃钢件修理工作前，应根据设计图纸，制定修理方案，明确拆卸和安装程序和步骤、施工必备的工具和设备、修理后检验的要求及仪器量具等。

C.1.2 大型玻璃钢外壳、座舱采用吊带吊装，并应采取防止玻璃钢变形和损坏的措施，玻璃钢与地面采用软质材料隔离，靠近玻璃钢部位不应动火作业。

C.1.3 玻璃钢存在表面裂纹、变形或破损等缺陷的不应安装。

C.1.4 玻璃钢滑道连接接口部位及螺栓孔内外侧应清理、打胶，做到均匀、连续，不应有遗漏、漏胶现象。

C.1.5 滑道连接时，先将两段滑道进行对口，用定位销定位，采用不锈钢螺栓连接，并采取防松措施。

C.1.6 滑道接口处应平整、圆滑，不应有尖角、毛刺，沿滑行方向不应有逆向阶差，顺向阶差不应大于 2 mm。

C.1.7 每段(节)玻璃钢滑道吊装就位后应进行端面坐标测量，测量结果符合设计要求后方可继续安装，否则应及时调整，不应借用器械强力调整。

C.2 焊缝缺陷修复

C.2.1 水上类大型游乐设施的钢结构焊缝缺陷需通过焊接方法进行修复的，主要采取补焊方式，目的是修复裂纹和补偿磨损。其焊接选材、工艺、检验及返修等应符合设计文件和 GB 8408 的规定，做好焊接质量控制。

C.2.2 现场焊接应根据评定合格的焊接工艺评定报告编制焊接工艺，并严格按照焊接工艺施焊，必要时应现场制作焊接工艺试样并评定合格。设计文件中规定不准许现场补焊的部位，不应进行现场焊接作业。

C.2.3 焊接现场环境出现下列情况之一时，应采取相应的防护措施满足施焊要求，否则不应施焊：

a) 风速：气体保护焊大于 2 m/s，其他焊接方法大于 10 m/s；

b) 相对湿度大于 90%；

c) 雨雪环境；

d) 焊件温度低于－10 ℃。

C.2.4 对于施工现场长距离(20 m 以上)焊接，电缆延长选用的长度应与电缆线径(截面积)相适应，工作时电缆不能盘圈使用；焊接前应调试焊机，确保焊接电缆输出电压与焊机电压表显示数值一致。

C.2.5 焊接过程应有施焊记录，焊后应按设计文件和相关标准的要求进行无损检测或试验，确保焊接质量符合要求。

C.3 其他

其他由于磨损、断裂、变形、疲劳、腐蚀等需要通过修理进行健康恢复的机械零部件及电气设备,应制定具体的修理方案,通过设备部件拆解、损伤件(含电气控制及安全装置)更换、装配、系统调试,按照规定的工艺进行修理作业。

参考文献

[1] GB 8408 大型游乐设施安全规范
[2] GB/T 18168 水上游乐设施通用技术条件
[3] GB/T 20050 大型游乐设施检验检测 通用要求
[4] GB/T 30220 游乐设施安全使用管理
[5] GB/T 34370(所有部分) 游乐设施无损检测
[6] GB/T 34371 游乐设施风险评价 总则
[7] GB/T 36668(所有部分) 游乐设施状态监测与故障诊断
[8] GB/T 39043 游乐设施风险评价 危险源
[9] GB/T 39079 大型游乐设施检验检测 加速度测试
[10] GB/T 39417 大型游乐设施健康管理

ICS 97.200.40
CCS Y 57

中华人民共和国国家标准

GB/T 41106.6—2021

大型游乐设施　检查、维护保养与修理
第6部分：虚拟体验类

Large-scale amusement devices—Inspection, maintenance and repair—
Part 6: Sort of virtual experience rides

2021-12-31 发布　　2022-07-01 实施

国家市场监督管理总局
国家标准化管理委员会　发布

前　言

本文件按照 GB/T 1.1—2020《标准化工作导则　第 1 部分：标准化文件的结构和起草规则》的规定起草。

本文件是 GB/T 41106《大型游乐设施　检查、维护保养与修理》的第 6 部分。GB/T 41106 已经发布了以下部分：

——第 1 部分：总则；

——第 2 部分：轨道类；

——第 3 部分：旋转类；

——第 4 部分：升降类；

——第 5 部分：水上类；

——第 6 部分：虚拟体验类。

请注意本文件的某些内容可能涉及专利。本文件的发布机构不承担识别专利的责任。

本文件由全国索道与游乐设施标准化技术委员会(SAC/TC 250)提出并归口。

本文件起草单位：中国特种设备检测研究院、华强方特文化科技集团股份有限公司、安徽华工智能科技研究院有限公司、深圳华侨城文化旅游科技集团有限公司、斯凯孚(中国)销售有限公司、青海省特种设备检验所。

本文件主要起草人：宋伟科、惠俊、苑一琳、沈功田、刘辉、钱剑雄、杨白冰、翁良、程钢、张洋、李寰、卢念华、房晟。

引　言

大型游乐设施是人们休闲娱乐的重要载体，其运行使用关系到人身安全与健康，一旦发生事故，社会影响恶劣。在用大型游乐设施日常的检查、维护保养与修理(以下简称检维修)对保障设备安全运行至关重要。目前，我国大型游乐设施检维修技术方法、程序和要求，缺乏标准的指导和规范，总体技术力量薄弱。为此，国家重点研发计划设立专门的项目和课题，开展大型游乐设施健康管理理论与检维修方法研究及标准研制。

健康管理贯穿于大型游乐设施全生命周期的各阶段，而检维修是大型游乐设施使用过程中健康管理体系的重要环节和手段。通过日常检查和维护保养，以及对设备故障和缺陷进行修理，保持和恢复其健康状态，促进和提升运营使用单位对大型游乐设施的健康管理和安全运行水平。

由于大型游乐设施类别和品种(型式)繁多，为了便于标准的使用和实施，按照大型游乐设施的结构和运动形式特点，将特种设备目录中划分的13个类别，归纳整合为轨道类、旋转类、升降类、水上类、虚拟体验类。GB/T 41106 旨在确立适用于大型游乐设施检维修的基本原则、具体项目和要求，由6个部分构成。

——第1部分：总则。目的在于明确检查、维护保养和修理的含义，给出大型游乐设施检维修的基本原则和通用要求。

——第2部分：轨道类。目的在于确立轨道类大型游乐设施检维修项目和要求。

——第3部分：旋转类。目的在于确立旋转类大型游乐设施检维修项目和要求。

——第4部分：升降类。目的在于确立升降类大型游乐设施检维修项目和要求。

——第5部分：水上类。目的在于确立水上类大型游乐设施检维修项目和要求。

——第6部分：虚拟体验类。目的在于确立虚拟体验类大型游乐设施检维修项目和要求。

大型游乐设施 检查、维护保养与修理 第6部分:虚拟体验类

1 范围

本文件规定了在用的虚拟体验类大型游乐设施进行检查、维护保养和修理方面的基本要求。

本文件适用于在用的虚拟体验类大型游乐设施(以下简称虚拟体验类游乐设施)。小型虚拟体验类游乐设施的检查、维护保养与修理也可参照执行。

2 规范性引用文件

下列文件中的内容通过文中的规范性引用而构成本文件必不可少的条款。其中,注日期的引用文件,仅该日期对应的版本适用于本文件;不注日期的引用文件,其最新版本(包括所有的修改单)适用于本文件。

GB/T 20306 游乐设施术语

GB/T 41106.1 大型游乐设施 检查、维护保养与修理 第1部分:总则

GB/T 39080—2020 游乐设施虚拟体验系统通用技术条件

3 术语和定义

GB/T 20306、GB/T 41106.1 和 GB/T 39080—2020 界定的术语和定义适用于本文件。

4 一般要求

虚拟体验类游乐设施的检维修,除应符合本文件外,还应符合 GB/T 41106.1 的相关要求。

5 检查项目和要求

5.1 虚拟体验类游乐设施的检查项目、周期和要求应按照 GB/T 41106.1 规定的原则确定。

5.2 虚拟体验类游乐设施的检查项目应包括(但不限于)以下适用部件或子系统:

a) 乘载系统(包括乘客束缚装置);

b) 车体系统;

c) 河道游船系统;

d) 轨道与导向系统;

e) 支撑结构;

f) 提升系统;

g) 驱动(传动)系统;

h) 液压气动系统;

i) 电气及控制系统;

j) 安全防护装置;

k） 防护系统；
l） 备用动力；
m） 辅助设备设施；
n） 关联设备设施；
o） 相关其他特种设备；
p） 基础；
q） 指引和安全警示标识。

5.3 虚拟体验类游乐设施各部件或子系统的检查项目包括（但不限于）以下内容：

a） 乘载系统：检查座舱紧固件连接、材料（玻璃钢）表面损伤情况，安全带、安全压杠、安全挡杆等乘客束缚装置表面损伤、紧固件连接情况及功能状况，承载平台通道、座椅座舱平台、相关连接件完好情况及功能状况；
b） 车体系统：检查轮系组件紧固、表面损伤情况，车架及前后桥、底架等紧固、磨损及焊缝状况，车辆连接器紧固、材料损伤情况；
c） 游船系统：检查游船及上下船设施完好情况，动力系统工作状况；
d） 轨道与导向系统：检查轨道连接螺栓、表面涂装及焊缝情况；
e） 支撑结构：检查结构件变形、腐蚀及焊缝情况，与周围环境干涉情况；
f） 提升系统：检查摩擦轮、钢丝绳、链条、齿轮、配重、提升链钩等完好情况及工作状况；
g） 驱动（传动）系统：检查电机、减速器、开式齿轮、三角皮带、链条传动、销齿传动、驱动轮、连接螺栓、联轴器、水泵等温升、异响、磨损、紧固情况及工作状况；
h） 液压、气动系统：检查液压管路、阀组、马达等泄漏、异响情况，空压机、减压阀、气路及接头、干燥机、气源过滤器等漏气、温升情况及工作状况；
i） 电气及控制系统：检查供电电源、输配电设备、电线电缆完好情况，系统接地、绝缘符合要求情况，检查机房、控制柜、电气元器件、控制面板、避雷装置、传感器、检测开关、漏电保护装置、UPS 电源、蓄电池等完好情况及工作状况；
j） 安全防护装置：检查制动装置、止逆装置、防碰撞装置、缓冲装置、限位装置、限速装置等完好情况及工作状况；
k） 防护系统：检查站台安全隔离措施、引导标示、安全距离、防滑等防护措施情况，设备围栏、防护网等完好情况；
l） 备用动力：检查备用动力装置完好情况及工作状况；
m） 辅助设备设施：检查应急疏散通道、高空平台、检修平台、灯饰等完好情况，警铃、防火器材、视频监控系统、应急救援装备的完好情况及工作状况；
n） 关联设备设施：检查特效、特技、包装、演出行动等其他关联设备设施，音响系统、投影机、灯光、屏幕、工控机等完好情况及工作状况；
o） 相关其他特种设备：检查涉及的压力容器、气瓶、起重机械、电梯等其他特种设备符合国家监管要求情况；
p） 基础：检查地脚螺栓紧固，基础沉降、锈蚀、变形等情况，河道完好情况；
q） 指引和安全警示标识：检查指引和安全警示标识完好情况。

5.4 虚拟体验类游乐设施的检查项目、内容和要求、检查方式参见附录 A。

6 维护保养

6.1 虚拟体验类游乐设施维护保养主要项目包括但不限于以下方面：

a) 按照规定的周期和方法，乘客束缚装置、轨道与导向系统、提升系统、驱动系统、轴承、重要销轴、齿轮、减速箱等进行润滑，添加或更换润滑剂；

b) 根据设备使用维护说明书和实际使用情况，对液压、气动系统中的液压油和滤芯进行更换；

c) 对松动的螺栓、地脚螺栓等紧固件按照规定的预紧力进行拧紧；

d) 对配电柜、控制柜、电机等进行必要的除尘、清扫。

6.2 典型虚拟体验类游乐设施维护保养项目、内容和要求参见附录B。

7 修理

7.1 修理前应熟悉产品使用说明书，了解设备结构，根据故障情况，做好修理方案。

7.2 设备拆卸应根据产品使用说明书及安装工艺指导文件制定相应的拆卸方案，拆卸后各零部件应分类摆放、保管，并做好安全防护管理。

7.3 应做好修理施工记录，并将记录保存到设备档案中。

7.4 对虚拟体验类大型游乐设施完成修理的项目，在恢复使用前，应进行相应的检查和确认。

7.5 常见的虚拟体验类游乐设施故障修理方法和要求参见附录C。

附 录 A
（资料性）
典型虚拟体验类游乐设施的检查项目、内容和要求、检查方式

典型虚拟体验类游乐设施的检查项目、内容和要求、检查方式见表A.1。

表 A.1 典型虚拟体验类游乐设施的检查项目、内容和要求、检查方式

序号	项目		内容和要求	检查方式	
1	乘载系统	座舱	各紧固件紧固到位，无松弛、缺失、锈蚀、开裂等	宏观巡视	目视
2			预埋件无锈蚀、开裂等	宏观巡视	目视
3			座席玻璃钢外表洁净，无受损，无影响强度或致人受伤的裂纹，无老化现象	宏观巡视	目视
4		乘客束缚装置	安全带的有效日期，无超期情况	宏观巡视	目视
5			安全带无破损或老化，安全带锁扣牢固，能正常工作	宏观巡视 性能验证	目视
6			安全压杠系统打开、关闭动作正常，限位正确，紧固件无松弛、脱落等现象，压杠包裹物无破损或老化	性能验证 宏观巡视	操作试验、目视
7			安全挡杆能正常锁紧和打开，不会碰到玻璃钢座椅，连接紧固件无松弛、脱落等现象	性能验证 宏观巡视	操作试验、目视
8			锁紧装置润滑良好，锁紧装置锁紧后活动量在安全范围内	性能验证 宏观巡视	目视
9			重要连接焊缝无裂纹	无损检测	磁粉检测
10		承载平台通道	承载平台通道范围内无杂物、无干涉，地面平整，吊挂无遮挡或尖锐突出物体	宏观巡视	目视
11		座椅座舱平台	座椅座舱平台等活动构件之间的活动间隙正常，无挤压、牵扯隐患	宏观巡视	目视
12		连接件	座舱吊椅或乘坐平台等承载系统中主体结构连接关节点位处销轴、轴承、螺栓、吊杆、拉杆等部件的连接完好	宏观巡视	目视
13			随动电缆、气液管路和接头连接情况，无破损、无渗漏	宏观巡视	目视

表 A.1　典型虚拟体验类游乐设施的检查项目、内容和要求、检查方式（续）

序号	项目		内容和要求	检查方式	
14	车体系统	轮系(行走轮、旁轮、底轮等)组件	连接紧固件无松弛、缺失、锈蚀、脱落等现象	宏观巡视	目视
15			轮圈无严重磨损,表面无损伤、开裂等现象	参数测量 宏观巡视	卡尺测量、目视
16			转动灵活、间隙正常	宏观巡视 参数测量	目视
17			运行时无异常响声、跳动、晃动	性能验证	目视、操作试验
18			油封无损伤或漏油,轴承润滑良好,行走轮无卡滞、过热等现象	宏观巡视	目视、感官判定
19			轮毂、轮架无裂纹	无损检测	磁粉检测
20			轮子和轨道的间隙在安全范围内	宏观巡视	卡尺测量、目视
21		前后桥	紧固件无松弛、缺失、锈蚀、脱落等现象	宏观巡视	目视
22			开口销无损坏、磨损、丢失	宏观巡视	目视
23			保险钢丝绳无磨损,U 型扣位置、数量无异常,紧固螺母无缺失	宏观巡视	目视、卡尺测量
24			阻尼及缓冲器或挡块间隙正常	宏观巡视	卡尺测量、目视
25		底架	紧固件连接牢固,无松弛、缺失、锈蚀、脱落等现象	宏观巡视	目视
26			底架焊缝无裂纹、损伤等现象	无损检测	目视、磁粉检测
27		车架	车架焊缝无裂纹、破损、变形等	无损检测 宏观巡视	磁粉检测、目视
28		车辆连接器	紧固件无松弛、脱落等现象	宏观巡视	目视
29			钢丝绳无损伤,绳夹无松动、断裂、丢失现象	无损检测 宏观巡视	目视
30			卡板连接销轴无松动、异常磨损	宏观巡视	目视
31			表面无脱漆、锈蚀、裂纹等现象	宏观巡视	目视
32			二道保护连接可靠,无磨损	宏观巡视	目视
33	游船系统	游船	游船无渗漏、外观无异样、各连接装置正常、定位正常	宏观巡视	目视
34		动力系统	动力系统稳定,连接件无异常,燃料动力无泄漏、电池动力电池充放电正常、电池无异常、无漏电等	宏观巡视	目视
35		上下船设施	过渡平缓、间隙达标、防夹伤装置齐全	宏观巡视	目视

表 A.1 典型虚拟体验类游乐设施的检查项目、内容和要求、检查方式(续)

序号	项目		内容和要求	检查方式	
36	轨道与导向系统	轨道连接螺栓	连接螺栓无松弛、变形严重锈蚀等	宏观巡视	目视
37		表面涂装磨损	表面涂装无油漆脱落、锈蚀	宏观巡视	目视
38		轨道上焊缝	轨道上的焊缝无裂纹或其他损伤	无损检测 宏观巡视	超声检测、目视
39		轨管	轨管无形变,磨损量在范围内	宏观巡视	目视、测量
40		转轨机构	检查转轨机构定位销及锁定良好	宏观巡视	目视
41	支撑结构	结构件	结构件表面无锈蚀、老化、歪斜变形等	宏观巡视	目视
42		焊缝	立柱焊缝、连接法兰焊缝等重要连接焊缝无裂纹、锈蚀或其他损伤	无损检测	超声或磁粉检测
43		连接螺栓	立柱和轨道等连接螺栓无松弛、严重锈蚀等现象	宏观巡视	目视
44			重要高强螺栓无松动,预紧力符合要求,防松标识清晰、无错位	宏观巡视	目视
45		连接拉索	连接拉索无松弛、变形和严重磨损	宏观巡视	目视
46		表面涂装磨损	表面涂装无油漆脱落磨损	宏观巡视	目视
47		环境干涉	与周围环境无干涉	宏观巡视	目视
48	提升系统	摩擦轮	摩擦轮表面无影响正常使用的磨损和破损等现象,直径磨损量在范围内	宏观巡视	目视、测量直径
49		钢丝绳	表面无损伤、断股、松弛等现象,断丝不超过允许值,绳卡紧固良好	宏观巡视 无损检测	目视、漏磁检测
50		链条	链条表面无损伤,且润滑良好,无锈蚀、无变形,伸长率和张紧度良好	宏观巡视	目视、测量
51		齿轮	齿轮表面无损伤、无点蚀、断齿等现象	宏观巡视	目视
52		配重	配重无缺失、破损等现象,重量符合要求	宏观巡视	目视
53		提升链钩	转动灵活、复位正常、无异常磨损	宏观巡视	目视、试验
54	驱动(传动)系统	电机	温升正常,无异响和抖动,电压、电流在额定范围内	参数测量 宏观巡视	测量温度、感官判断
55			直流电机碳刷磨损量无超标,换向器无磨损腐蚀	宏观巡视 参数测量	目视、测量
56		减速器	温升正常,无异响,润滑油液无变质,油位正常	参数测量 宏观巡视	测量温度、感官判断
57		开式齿轮	无冲击、无超标磨损,润滑油润滑到位	宏观巡视 参数测量	目视、测量磨损量
58		三角皮带	无打滑、无超标磨损,张紧度适中	宏观巡视 参数测量	目视、测量磨损量
59		链条传动	运行平稳,无超标磨损,啮合良好,润滑到位	宏观巡视 参数测量	目视、测量磨损量

表 A.1 典型虚拟体验类游乐设施的检查项目、内容和要求、检查方式（续）

序号	项目		内容和要求	检查方式	
60	驱动（传动）系统	销齿传动	运行平稳，无超标磨损	宏观巡视 性能验证	目视
61		驱动轮	接触良好，无超标磨损	宏观巡视 性能验证	目视、测量磨损量
62		连接螺栓	连接螺栓无松动、断裂	宏观巡视	目视
63			重要高强螺栓无松动，预紧力符合要求，防松标识清晰、无错位	宏观巡视	目视
64		联轴器	联轴器固定可靠，同心度良好，无磨损	宏观巡视	目视
65		转轴防护	所有转动机构应防护盖板机罩齐全良好	宏观巡视	目视
66		水泵	运行无异响，无水位报警或渗水	宏观巡视 参数测量	目视划线是否错位
67	液压、气动系统	液压系统功能	系统压力正常，输出压力稳定，系统无冲击	宏观巡视 参数测量	压力测量
68			系统油温正常、散热良好	宏观巡视 参数测量	测量温度
69		液压管路	管道和接头无泄漏	宏观巡视	目视
70		液压阀组	液压阀工作正常，动作相应迅速，无泄漏	宏观巡视	目视
71		液压马达	无异常噪声，密封良好、无异常渗漏	宏观巡视	感官判断
72		空压机	无渗油、无异响、无异常温升	宏观巡视 参数测量	感官判断、测量温度
73		减压阀	无漏气，能够正常调定压力	宏观巡视 性能验证	感官判断
74		气路及接头	无漏气等异常情况	宏观巡视	目视
75		干燥机	干燥机、气源过滤器工作正常	宏观巡视	目视
76	电气及控制系统	输配电设备	供电线及集电装置安装紧固，无磨损，电气件、端子表面清洁	宏观巡视	目视
77		电线电缆	无破损、老化等现象，接头防护、挂接牢固；无松动、焦化、烧黑现象	宏观巡视	目视
78		系统接地	接地电阻符合要求	参数测量	测量接地电阻值
79		系统绝缘	绝缘电阻符合要求	参数测量	测量绝缘电阻值
80		机房	机房整洁、无杂物	宏观巡视	目视
81		控制柜	接地良好，无锈蚀，柜门锁闭正常，散热良好	宏观巡视	目视
82		电气元器件	连接无松动	宏观巡视	目视
83		控制面板	无破损，指示灯正常，仪表示数正常，急停等控制按钮工作正常	宏观巡视 性能验证	目视、操作试验

表 A.1　典型虚拟体验类游乐设施的检查项目、内容和要求、检查方式（续）

序号	项目		内容和要求	检查方式	
84	电气及控制系统	避雷装置	避雷装置安装牢固，接地电阻符合要求	宏观巡视 参数测量	目视、测量接地电阻值
85		传感器	无损坏，工作正常	宏观巡视 性能验证	运行试验
86		检测开关	行程限位、接近开关、光电开关、防夹检测等装置的外观良好、表面清洁干净、功能正常可靠	宏观巡视 性能验证	运行试验
87		漏电保护装置	无损坏，工作正常	宏观巡视 性能验证	操作试验
88		UPS 电源	无损坏，工作正常	宏观巡视 性能验证	操作试验
89		蓄电池	密封良好，无损坏，工作正常	宏观巡视 性能验证	操作试验
90	安全防护装置	制动装置	制动闸衬无超标磨损、脱落	宏观巡视 参数测量	目视、卡尺测量
91			紧固螺栓无松动	宏观巡视	目视
92			弹簧无断裂失效	宏观巡视	目视
93			制动功能正常，列车制动对位准确	宏观巡视 性能验证	操作试验
94		止逆装置	销轴及紧固件无松弛、脱落、异常磨损等现象，消音块工作正常	宏观巡视 性能验证	目视、操作试验
95		防碰撞装置	无损坏，工作正常	宏观巡视 性能验证	目视、操作试验
96		缓冲装置	无损坏，工作正常	宏观巡视 性能验证	目视、操作试验
97		限位装置	无损坏，工作正常	宏观巡视 性能验证	目视、操作试验
98		限速装置	无损坏，工作正常	宏观巡视 性能验证	目视、操作试验
99	防护系统	站台防护	安全隔离措施、引导标示、安全距离、防滑措施等符合要求	宏观巡视	目视
100			操作室能够观察游客上下情况	宏观巡视	目视
101		设备围栏	无锈蚀或破损，安装牢固	宏观巡视	目视
102		防护网	无破损、安装牢固	宏观巡视	目视
103	备用动力	应急电源	工作正常、输出电压正常，容量正常	宏观巡视 性能验证	目视、操作试验
104		备用动力装置	无损坏，工作正常	宏观巡视 性能验证	目视、操作试验

表 A.1 典型虚拟体验类游乐设施的检查项目、内容和要求、检查方式(续)

序号	项目		内容和要求	检查方式	
105	辅助设备设施	应急疏散通道	无阻碍,符合要求	宏观巡视	目视
106		高空平台	防护措施无损坏,周边无易脱落部件	宏观巡视	目视
107		检修平台	防护措施无损坏,检修爬梯无锈蚀或破损、无影响检修的障碍物	宏观巡视	目视
108		灯饰	安装牢固,发光正常	宏观巡视	目视
109		监控监测系统	警铃、防火器材、视频监控系统等无损坏,工作正常	宏观巡视 性能验证	目视、操作试验
110		应急救援装备	应急救援设备、应急专用工具完备、功能正常	宏观巡视	目视
111	关联设备设施	特效、包装、演出行动有关设备	涉及特效、包装、演出行动的有关设备、设施无损坏,工作正常,无脱落风险,二道防护安全有效	宏观巡视 性能验证	目视、操作试验
112		音响系统	音箱固定架安装工艺规范、良好	宏观巡视	目视
113			检查音源、调音台、周边设备、功放等设备信号输入、输出是否正常,各声道响度是否均衡	宏观巡视	目视
114			系统各设备连接规范、参数设置正确、能正常发挥设备本身性能,高中低频段均衡,层次清晰,各声道响度均衡,声像定位准确,系统播放流畅,无故障报错	宏观巡视 测量表	目视 测量
115		投影机	投影机固定架固定良好、无故障,无偏色、画面清晰可见	宏观巡视	目视
116			散热风机或风扇、过滤网等正常	宏观巡视	目视
117		灯光	灯泡或激光光源使用时间在正常范围内,配电柜接地符合标准	记录查看	目视
118			光源固定牢固、二次保护正常完好	宏观巡视	目视
119			脚本演出正常,系统各项设备连接正确,各照明、特效灯及舞台灯光亮度适当、投射方向正确、灵敏受控、效果良好;投射位置无易燃易爆等物品	宏观巡视	目视
120		屏幕	屏幕安装骨架、基础正常完好	宏观巡视	目视
121			画面清晰,颜色、亮度正常,无坏点,连接线无磨损、破损、变形、老化现象	宏观巡视	目视
122			屏幕表面干净整洁,无破损	宏观巡视	目视
123		工控机	开机正常、系统运行正常,软件正常,无报错	宏观巡视	目视
124		穿戴设备	穿戴设备无破损、功能正常	宏观巡视	目视

表 A.1 典型虚拟体验类游乐设施的检查项目、内容和要求、检查方式（续）

序号	项目		内容和要求	检查方式	
125	相关其他特种设备	压力容器(含气瓶)、起重机械等	涉及压力容器、气瓶、起重机械、电梯等其他特种设备的,按规定进行了年度检验和使用登记自检维护、保养记录	宏观巡视	查阅相关文件
126		维修起吊装置	吊架无整体变形现象,移动导线无凌乱、刮花、刮伤等现象	宏观巡视	目视
127	基础	地脚螺栓	无松动、锈蚀、变形等现象,定期做防松检测	宏观巡视	目视
128		基础混凝土	无开裂、基础沉降或积水	宏观巡视	目视
129		河道	水道、水池内水质清洁,无杂物及障碍物,无裂纹、渗漏、损坏等现象;排水良好、无沙土流失,表面无属于设备的脱落异物	宏观巡视	目视
130	警示标识	指引和安全警示标识	乘客须知、指引和安全警示标识安装牢固,无锈蚀,载明信息清晰、正确	宏观巡视	目视
131	运行试验		按照使用说明书的要求,进行规定次数的运行试验	性能验证	操作试验
132	其他必要的检查项目		根据设备实际情况确定需要增加的检查内容和要求,以及检查方式		
注:表中所述检查项目、内容和要求及检查方式等根据游乐设施的设备具体情况确定其适用性。					

附　录　B
（资料性）
典型虚拟体验类游乐设施的维护保养项目、内容和要求

典型虚拟体验类游乐设施的维护保养项目、内容和要求见表B.1。

表B.1　典型虚拟体验类游乐设施的维护保养项目、内容和要求

序号	项目	内容和要求
1	乘载系统	对于螺栓等紧固件松动的，按照规定的紧固扭矩予以拧紧，并补画防松标记，方便检查
2		锁紧装置按使用说明书规定的周期和方法进行润滑，但不应过度润滑
3		对于安全压杠包裹物、安全带破损或老化的，及时进行修补或更换，并对压杠游动量进行检查，调整到GB 8408规定范围内
4		轮系轴承按使用说明书规定的周期和方法进行润滑
5		车架、船体骨架、焊缝定位基座是否准确、无开焊、脱落、移位
6		安全压杠、挡杆等束缚件的轴承和齿扣以及骨架和执行部件要定期检查和更换
7	轨道与导向系统	拆下轨道松动的螺栓，检查螺栓上是否有裂纹或变形；清理或更换螺栓/螺母，并按要求的扭矩重新安装、补漆，并标画防松线
8		轨道设备表面进行除污、除油、清理异物，检查滑触线、位置传感装置、岔道定位装置、维修(间)通道是否正常
9		导向滑块表明免油污清理及按照说明书要求方法进行润滑
10		聚氨酯导向轮需定期检查表面是否有破损、龟裂
11		导向轮磨损后直径和接触间隙要定期检查，超过要求要立即进行调节或更换
12	支撑结构	拆下松动的螺栓，检查螺栓上是否有裂纹或变形；清理或更换螺栓/螺母，并按要求的扭矩重新安装、补漆，并标画防松线
13		回转支承按照说明书要求检查维护
14		对支撑结构要定期对润滑点润滑保养
15		减速机按照说明书要求检查维护
16		对于钢结构上油漆脱落或锈蚀的，进行除锈和重新涂漆等防腐处理，目测钢结构及固定件连接是否牢靠无变形
17	提升系统	对链条、钢丝绳、开式齿轮按规定周期和方法进行检查并润滑，检查摩擦轮、配重、导轨导轮、传送带运行是否正常无异响，目测无异常磨损
18		对链条、皮带和钢丝等牵引提升部件，进行定期磨损量和张力值检查，并进行周期更换
19	驱动(传动)系统	按照规定周期和要求对齿轮、轴承进行润滑
20		减速机按照规定的周期更换全部齿轮油(可定期排出一点油查看是否浑浊，如果浑浊应进行更换)
21		制动闸衬磨损超标的应进行更换
22		高强螺栓预紧力不足的，应按规定的预紧力进行拧紧
23		联轴器定期检查，如发现磨损过度或损坏及时更换
24		传动皮带、链条、销齿等传动系统应定期检查、更换，出现异常磨损的应及时调整、更换

表 B.1 典型虚拟体验类游乐设施的维护保养项目、内容和要求（续）

序号	项目	内容和要求
25	配重系统	检查钢丝绳、滑轮组、配重箱润滑情况
26	液压气动系统	驱动电机和配电柜设备及盖板要定期检查和清洁
27		按规定周期对空气压缩机进行滤芯更换和润滑油更换
28		发现损坏或漏气的软管应及时维修或更换
29		对空压机、储气罐、蓄能器等压力容器、安全阀、压力表按时校验，定期报检及更换
30	电气系统	电线电缆破损老化的进行更换
31		定期清洁配电柜、更换电机散热风机过滤棉
32		对检测限位、行程开关进行功能检查，对控制面板按钮、开关进行功能测试，是否正常可靠
33		电气系统进行定期绝缘电阻检查，对于不达标准的回路进行维修和更换
34		变频器、调速器、编码器、电位器、电子尺等通信无异常，接线无松动，无报警信息
35		测量电路电压电流工作情况，测量端子接头触点等处工作温度
36	控制系统	用毛刷等清洁配电柜、电机防护罩及其他需要散热的各种电器防护罩
37		清洁电机灰尘
38		脚本运行正常、软件运行流畅无异常
39		定期检查通信(串口、无线以太网、无线网络等)无异常
40		检查控制系统功能是否正常，并进行运行试验
41	基础	地脚螺栓预紧力不足的，按规定扭矩进行拧紧，螺栓与螺母拧紧后，螺栓应至少露出螺母2个～4个螺距
42		吊挂装饰或特技设备固定情况应进行定期检查，及时紧固
43		基础沉降观测点要在规定值内，钢结构垂直度控制在1/1 000
44	音响系统	定期检测各设备参数设置是否正常，测试音检测音色音质是否正常，重点检查音箱(含平台、吊装)吊环、保险扣、安全扣、链条、钢丝绳有无磨损，是否牢固、完好，膨胀螺栓固定、承重点位强度检测是否裂纹、酥化，需有检查表格，应有台账记录，重点部分建议图片存档
45	投影系统	定期更换投影机滤网保证投影机散热正常，镜头维护需按照说明书的要求进行，保证效果良好
46		定期查看投影机灯泡使用时间，若达到标准及时更换
47	屏幕	屏幕运行正常，效果良好
48		定期清理屏幕表面，定期清理配电柜及电脑机柜
49	灯光系统	灯光色彩不一致应及时调整ID通道，损坏时及时更换
50	其他必要的维护保养项目	根据设备实际情况确定需要增加的维护保养内容和要求

附 录 C
（资料性）
虚拟体验类游乐设施常见修理方法和要求

C.1 液压系统修理

C.1.1 进行液压系统修理工作前，应根据设计图纸，制定修理方案，明确拆卸和安装程序和步骤、施工必备的工具和设备、修理后检验的要求及仪器量具等。

C.1.2 液压泵安装时，液压泵的进油管路应短而直，避免拐弯过多，断面突变。进油口、出油口和旋转方向不应接反，各类泵的吸油高度不大于500 mm，进油管路密封可靠，不应吸入空气。

C.1.3 安装各种液压阀时，应注意进油口和回油口的具体方向。一般方向控制阀应保证轴线水平安装，设有两个相同作用孔的阀件，安装后将不用的一个孔封堵；板式元件安装时，安装前密封圈应突出安装平面。法兰安装的阀件，螺钉应适度拧紧，防止密封不良。

C.1.4 液压缸安装时，液压缸中心线应与负载力的作用线同轴，活塞杆端销孔应与耳环销孔(或耳轴)方向一致。

C.1.5 液压马达安装时，液压马达与被驱动装置之间的联轴器型式及安装要求应符合原制造单位的规定。

C.1.6 液压系统安装完毕后进行耐压试验，试压采取分级试验，试验压力为系统常用压力的1.5～2倍，试验时，应将系统内的泵、伺服阀、比例阀、压力传感器、压力继电器和蓄能器脱开。

C.1.7 空负载试车，首先间歇性启动液压泵，液压缸或液压马达多次往复运转，打开系统排气阀排气，慢慢调节溢流阀至规定压力值，检查调节过程有无异常现象；空载运行一定时间后，检查30 min温升。

C.1.8 负载试车，液压系统在设计规定的负载下工作，检查系统是否满足预定工作要求，检查噪声和振动是否在允许范围内，检查工作部件运行的平稳性及温升情况，温升应符合GB 8408的规定，过压保护不应超过额定工作压力的1.2倍；负载试车应先在低负载下进行。

C.1.9 温度过低时，应先对液压站预热，待油温满足条件后再进入运行状态。

C.2 焊缝缺陷修复

C.2.1 虚拟体验类大型游乐设施的旋转臂、油缸支撑座等焊缝缺陷需通过焊接方法进行修复的，主要采取补焊方式，目的是修复裂纹和补偿磨损。其焊接选材、工艺、检验及返修等应符合设计文件和GB 8408的规定，做好焊接质量控制。

C.2.2 现场焊接应根据评定合格的焊接工艺评定报告编制焊接工艺，并严格按照焊接工艺施焊，必要时应现场制作焊接工艺试样并评定合格。设计文件中规定不准许现场补焊的部位，不应进行现场焊接作业。

C.2.3 焊接现场环境出现下列情况之一时，应采取相应的防护措施满足施焊要求，否则不应施焊：

a) 风速：气体保护焊大于2 m/s，其他焊接方法大于10 m/s；
b) 相对湿度大于90%；
c) 雨雪环境；

d) 焊件温度低于－10 ℃。

C.2.4 对于施工现场长距离(20 m 以上)焊接,电缆延长选用的长度应与电缆线径(截面积)相适应,工作时电缆不能盘圈使用;焊接前应调试焊机,确保焊接电缆输出电压与焊机电压表显示数值一致。

C.2.5 焊接过程应有施焊记录,焊后应按设计文件和相关标准的要求进行无损检测或试验,确保焊接质量符合要求。

C.3 其他

其他由于磨损、断裂、变形、疲劳、腐蚀等需要通过修理进行健康恢复的机械零部件及电气设备,应制定具体的修理方案,通过设备部件拆解、损伤件(含电气控制及安全装置)更换、装配、系统调试,按照规定的工艺进行修理作业。

修理完毕后进行过程记录和档案存更,并进行性能测试和连续工况实验,运行可靠方可运营。

参 考 文 献

[1] GB 8408 大型游乐设施安全规范
[2] GB/T 20050 大型游乐设施检验检测 通用要求
[3] GB/T 30220 游乐设施安全使用管理
[4] GB/T 34370(所有部分) 游乐设施无损检测
[5] GB/T 34371 游乐设施风险评价 总则
[6] GB/T 36668(所有部分) 游乐设施状态监测与故障诊断
[7] GB/T 39043 游乐设施风险评价 危险源
[8] GB/T 39079 大型游乐设施检验检测 加速度测试
[9] GB/T 39417 大型游乐设施健康管理

ICS 97.200.40
CCS Y 57

中华人民共和国国家标准

GB/T 42100—2022

游乐园安全　应急管理

Amusement park safety—Emergency management

2022-10-12 发布　　　　2022-10-12 实施

国家市场监督管理总局
国家标准化管理委员会　发布

前　　言

本文件按照 GB/T 1.1—2020《标准化工作导则　第1部分：标准化文件的结构和起草规则》的规定起草。

请注意本文件的某些内容可能涉及专利。本文件的发布机构不承担识别专利的责任。

本文件由全国索道与游乐设施标准化技术委员会(SAC/TC 250)提出并归口。

本文件起草单位：广东长隆集团有限公司、中国特种设备检测研究院、广州长隆集团有限公司、珠海长隆投资发展有限公司、珠海长隆投资发展有限公司海洋王国、广州长隆集团有限公司香江野生动物世界分公司、广州长隆集团有限公司长隆夜间动物世界分公司(长隆欢乐世界)、广州长隆集团有限公司长隆开心水上乐园分公司。

本文件主要起草人：林伟明、宋伟科、王和亮、张丹、张勇、蒋敏灵、陈皓、郑志彬、甘兵鹏、张学礼、邬达明、郭健麟、蔡岭、郭俊杰、梁伟林、向洪飞、田博、覃权怀、赵强、刘斌、赵丁、钟怀霆、吴海明、蒲振鹏、董伟、谭栋材、刘春来、张鹏飞。

游乐园安全　应急管理

1　范围

本文件规定了游乐园应急管理的基本要求、应急组织、应急预案、应急保障能力建设、应急教育培训与应急演练、应急实施、应急评估与持续改进、应急档案。

本文件适用于游乐园的应急管理。旅游景区参照执行。

2　规范性引用文件

下列文件中的内容通过文中的规范性引用而构成本文件必不可少的条款。其中，注日期的引用文件，仅该日期对应的版本适用于本文件；不注日期的引用文件，其最新版本（包括所有的修改单）适用于本文件。

GB/T 29639　生产经营单位生产安全事故应急预案编制导则

GB/T 33942　特种设备事故应急预案编制导则

GB/T 38315　社会单位灭火和应急疏散预案编制及实施导则

GB/T 42101　游乐园安全　基本要求

GB/T 42103　游乐园安全　风险识别与评估

GB/T 42104　游乐园安全　安全管理体系

AQ/T 9009　生产安全事故应急演练评估规范

3　术语和定义

GB/T 42101 界定的以及下列术语和定义适用于本文件。

3.1

综合性应急预案　comprehensive emergency plan

游乐园为应对复合型安全风险或事故扩大可能引发不同类型的灾害后果，需要不同专业、不同单位共同参与应急的应急预案。

注：如设置在林地或森林中的游乐或动物观赏项目，由于电气设施引发的火灾涉及的多种情况的应急处置。

3.2

专项应急预案　specialized emergency plan

游乐园为应对某一类型或某几种类型安全风险，或者针对重要设备设施、重大安全风险、重大活动等内容而制定的应急预案。

注：重大安全风险指 GB/T 42103 规定的 1 级安全风险与 2 级安全风险。

［来源：GB/T 29639—2020，5.3，有修改］

3.3

现场处置方案　emergency response project

游乐园根据不同类型安全风险，针对具体的设备设施、场馆场所等制定的现场应急处置措施。

注：安全风险单一、危险性小的游乐园结合安全风险识别情况确定是否需要编制综合性应急预案、专项应急预案，如不需要则只编制现场处置方案。

［来源：GB/T 29639—2020，5.4，有修改］

4 基本要求

4.1 游乐园应按照GB/T 42101、GB/T 42104和本文件的规定，明确本单位应急体系建设的目标、基本原则和重点，并不断完善。

4.2 游乐园所涉及的全地域、全时段、全范围、全过程、全部管理对象中可能发生的突发事件等，均应被应急体系有效覆盖。应急管理重点应侧重可能产生群死群伤事故的重要场地环境、重要建（构）筑物、重要设备设施、重要业务活动、重要作业及已识别出的重大安全风险。

注：应急体系是游乐园安全管理体系中应急管理要素分支系统，包括应急组织系统、应急管理机制、应急岗位职责与应急管理文件系统、应急预案体系、应急保障能力建设及应急演练等。

4.3 保障人身安全应作为游乐园应急管理的基本原则，并将大型载人设备、人员密集场地场馆中的游客快速疏散至安全区域作为保障人身安全的首要选择。

4.4 游乐园应制定应急管理程序文件与相关作业指导文件，依法依规开展本单位应急管理工作。应急管理程序文件与相关作业指导文件应包括但不限于下列内容：

a） 应急机制；
b） 应急组织与应急相关人员的职责；
c） 各级应急指挥人员任命文件；
d） 应急管理人员与现场应急救援队伍的应急理论知识和应急技能培训与考核制度；
e） 应急预案管理制度；
f） 应急演练制度；
g） 应急设备设施配备与管理制度；
h） 应急设备操作及自检维护规程文件；
i） 应急协作与外援管理制度；
j） 应急风险评估制度；
k） 应急预警、接警制度；
l） 值班值守制度；
m）应急工作检查管理制度；
n） 突发事件应急信息上报、发布制度；
o） 应急实施过程相关环节管控制度；
p） 应急规划、计划、总结、考核、应急体系评估与持续改进完善制度；
q） 应急人员人身保险制度；
r） 应急预案与现场处置方案。

注：已按GB/T 29639制定的综合应急预案作为应急管理程序文件。

4.5 游乐园应完善突发事件监测预警，结合本单位实际情况与相关政府部门监测机构建立信息预警机制，对于无相关政府部门监测的安全风险，宜加强自身监测能力的建设与完善。

4.6 游乐园应完善“分类管理、分级预警”的信息发布体系，做到及时预警、及时接警，建立与政府应急管理部门、专业应急救援队伍的有效信息沟通与联动机制。

5 应急组织

5.1 游乐园应急组织包括应急领导小组、应急工作日常管理机构(以下简称应急管理机构)、应急实施团队,并应分别明确其应急职责。

5.2 应急领导小组应由单位主要负责人、分管业务负责人、专项安全负责人和主要部门负责人组成。应急管理机构宜由游乐园综合性职能部门牵头组建,由负责行政事务、运营、安保、安管、工程设备等部门人员组成。应急实施团队应包括应急指挥机构、应急总指挥与现场应急指挥、各应急职能小组。

5.3 应急实施团队中的应急总指挥、现场应急指挥及各应急职能小组的组长均应设置 A、B 角,以防开展应急时由于人员缺位导致无法及时开展现场救援或救援不能有效实施。

5.4 游乐园主要负责人应对各级组织应急总指挥 A、B 角,现场应急指挥 A、B 角进行正式任命,并对下列情况作出明确规定。

a) 赋予应急总指挥、现场应急指挥必要的指挥权力:
   1) 指挥调度相关人员与物资的权力;
   2) 临时决策的权力。
b) 承担应急总指挥与现场应急指挥的能力:
   1) 熟悉相关应急预案;
   2) 掌握应急措施与方法;
   3) 了解现场情况;
   4) 参加过相关应急演练;
   5) 具备应急处理的经验等。
c) 明确应急总指挥与现场应急指挥的权限,以及在何种情况下将应急总指挥或现场应急指挥职位让渡给上一级应急总指挥或上一级现场应急指挥的规定。
d) 证明胜任应急总指挥与现场应急指挥工作的考核要求。
e) 规范应急总指挥和现场应急指挥工作的相关文件(岗位职责、管理文件等)。

5.5 应急实施团队应根据处理不同类型突发事件的应急情况,配置相应专业或具有相应应急能力的人员。

5.6 各类专兼职应急救援人员的数量应能满足突发事件应急救援工作需要。应急救援人员应具备应急救援知识和技能,熟悉并掌握应急预案和应急设备设施的性能、使用方法,保证有效实施应急救援工作。专业化应急救援人员还应具有国家认可的相关资质。

5.7 游乐园应结合本单位的应急能力,与外部应急救援力量建立协作关系,并宜与心理辅导机构建立协作关系。

6 应急预案

6.1 游乐园应按照 GB/T 29639 规定的应急预案编制程序要求,组织开展应急预案的编制工作。应急预案编制前,应按照 GB/T 42103 进行风险识别与评估、对应急资源情况进行调查和评估,根据调查和评估结果规划能覆盖本单位可能发生的各类突发事件的应急预案体系。

6.2 应急预案体系包括综合性应急预案、专项应急预案与现场处置方案三个层级。综合性应急预案和专项应急预案的示例见附录 A;现场处置方案可以作为专项应急预案的附件,支撑专项应急预案。各层级相关的应急预案之间及相关内容应相互衔接，综合性应急预案以及较重要的专项应急预案还应与当地政府及相关部门、社会专业应急救援队伍和涉及的有关单位的应急预案相衔接。

6.3 应急预案的内容参照 GB/T 29639 的相关规定。游乐园应根据使用的特种设备类别制定符合 GB/T 33942 和相关安全技术规范要求的特种设备专项应急预案。灭火和应急疏散预案应符合GB/T 38315的要求。受台风影响区域的游乐园应制定防台风专项应急预案。

6.4 应急预案应满足应急所涉及的具体对象特点、所处环境与地理位置、可能产生的事故类型和后果、设备与人员能力、营业和非营业时间等特定情况的应急处置与救援。

6.5 应急预案应实行动态管理，根据情况的变化及时充实、改进和完善，确保其具有针对性、科学性、实用性和可操作性。

示例：针对人员密集场地场馆的应急疏散预案需结合每个场地场馆的特点和风险分析，按照“一场地场馆一应急预案”的形式制定，并科学划分疏散单元，合理布置引导岗位以及明确负责人员、疏散路线等。

6.6 应急预案应按应急救援事项的重要程度、适用的相关组织、应急实施的地域等因素实施分级管理。应急预案分级如下。

a） 一级预案：
   1） 综合性应急预案；
   2） 高峰客流与大型活动人员应急疏散预案；
   3） 大型商业综合体与人员密集场地场馆各类专项应急预案；
   4） 重大安全风险应急预案；
   5） 大型游乐设施、客运索道、舞台机械等载人设备专项应急预案；
   6） 橙色以上气象灾害应对预案；
   7） 林区设置的游乐项目或展区的森林火灾专项应急预案；
   8） 锅炉、压力容器、燃气、易燃易爆危险物品等应急处置不当可能造成游客伤亡、重大社会影响的安全事故应急预案。

b） 二级预案：业务部门管辖业务范围内，且不属于 a）范围的专项预案，或与 a）规定情况相衔接的重要现场应急处置方案。

c） 三级预案：a）、b）规定情况以外的应急预案。

6.7 下列应急预案的应急总指挥应由游乐园主要负责人担任：

a） 一级应急预案；

b） 安全风险不确定，后果可能很严重的安全事故应急预案（如大型水族馆水体与设备设施损坏、水大量泄漏）；

c） 其他应由单位主要负责人担任总指挥的应急情况。

6.8 在编制应急预案的基础上，应针对工作场所、岗位的安全风险，依据应急预案中应急处置的程序和要点编制简明、实用、有效的应急处置卡。应急处置卡应便于从业人员携带，并应张贴在工作场所，设置明显的标志，便于在岗人员快速开展现场应急处置工作。

6.9 应急预案编制过程中，相关部门及其人员按照应急预案明确的职责分工和应急响应程序，以及开展应急演练的难易程度，可采取桌面演练的形式（如大型活动、高峰客流应急等），模拟突发事件应对过程，逐步分析讨论并形成记录，检验应急预案的可行性，并进一步完善应急预案。

6.10 应急预案编制完成后，游乐园主要负责人应组织对本单位的应急预案进行评审或论证，并形成书面评审或论证纪要，评审程序及评审内容可参照 GB/T 29639。经评审或论证后的应急预案应由游乐园主要负责人签署公布，并及时发放到本单位相关组织、岗位和应急救援队伍。

7 应急保障能力建设

7.1 游乐园应配备能够满足应急工作需要的应急设备设施、工器具与防护用品，建立应急设备设施与工器具清单与档案，开展日常性检查检测与维护保养，并做好记录，确保应急物资完好有效。

7.2 游乐园应将可提供应急援助的政府相关部门和应急外援机构的名单、地址、联系人和联系方式等信息整理后下发给本单位各级组织，并确保信息及时更新。

7.3 游乐园宜建立数字化监测系统、专业预警预报信息系统、应急指挥信息系统，以及支持上述系统的数据库。采用监测系统的应与本单位安全管理信息系统建立对接，共享应急信息及应急数据库。

7.4 游乐园应建立应急交通保障机制，在应急时可以快速实施必要的交通管制，设立警戒区和警戒哨对事发现场进行管控，开启应急救援“绿色通道”。

7.5 根据安全管理重点，游乐园宜设立应急避难场所。应急避难场所应设置明显的标志，并应定期维护。

7.6 游乐园可视情配置应急医疗救护团队，确保在突发事件发生时能快速反应，对伤员进行救治，并应建立应急医疗救护协作机制，同附近医院、紧急医疗救援中心(120)建立协作关系，或建立游乐园急救分站，确保在应急处置工作中能够得到足够数量的救护车和医护人员，伤员能够及时院前急救和入院救治。

8 应急教育培训与应急演练

8.1 应急教育培训

8.1.1 游乐园应定期采取多种形式的应急宣传与教育培训，普及突发事件的紧急避险、自救互救知识，提高从业人员和相关方人员的安全意识与应急处置技能。

8.1.2 应急教育培训应纳入安全教育培训工作计划并组织实施，包括但不限于下列内容：

a) 作业岗位安全风险情况；

b) 应急自救、他救、避险逃生知识与技能；

c) 应急预案、岗位应急知识教育、现场应急处置的程序、要点与方法等；

d) 应急设备设施与工器具使用、检查检测、维护保养的要求、要点与方法等。

8.1.3 对于重要从业人员，还应开展具有实战性的应急教育培训，培训的内容应包括本岗位安全风险识别，排除与管控安全风险的知识和技能。

8.1.4 对承担应急管理与专兼职救援人员的应急教育培训包括但不限于下列内容：

a) 应急管理法律法规；

b) 应急体系文件；

c) 应急预案；

d) 突发事件应对基本技能；

e) 现场应急救援安全防护知识与防护技能。

8.1.5 游乐园从业人员在入职、晋升、转岗时，应接受应急教育培训，确保掌握满足所在岗位要求的应急知识与技能。

8.1.6 应急教育培训的时间地点、内容、师资、参加人员和考核结果等情况应如实记入本单位的安全教育培训档案。

8.2 应急演练

8.2.1 游乐园各级组织应开展不同层级与类别(综合性、专项、现场处置等)、不同组织形式(实战演练和桌面演练)、不同目的与作用(检验性、示范性、研究性)的应急演练。

注:桌面演练是针对难以开展现场应急演练的突发事件情景,利用图纸、沙盘、流程图、计算机、视频等辅助手段,依据应急预案而进行交互式讨论或模拟应急状态下应急行动的演练活动。

8.2.2 游乐园各级组织应以检验应急预案、磨合应急机制、锻炼应急队伍、提高应急技能、普及应急知识、完善应急准备作为应急演练的目的。

8.2.3 游乐园应制定年度应急演练计划,确保每份综合性应急预案、专项应急预案每年至少演练一次,每份现场处置方案每半年至少演练一次,应急预案的演练时机、演练频次要求如下:

a) 在国庆、春节、寒暑假和特殊运营活动等高峰客流来临前,应开展高峰客流应对演练;

b) 消防安全重点单位灭火和应急疏散演练应至少每半年演练一次,并宜结合预期高峰客流前开展;

c) 涉及森林防火的游乐园应在每年进入森林防火特别防护期前至少开展一次森林火灾扑救和应急疏散演练;

d) 特种设备应急演练应至少每年组织一次,其中每台(套)大型游乐设施、客运索道应急救援演练宜结合预期高峰客流前开展;

e) 大型活动专项应急预案应在每次大型活动实施前至少演练一次,对于不能实际开展的大型活动人员疏散演练,可采用桌面演练方式;

f) 针对非营业期间可能发生的火灾、燃气泄漏等事故的应急演练应至少每半年在非营业时间演练一次;

g) 载客船舶的救生和消防演练应至少每半年演练一次,工作船舶应至少每年演练一次。

8.2.4 应急演练应从实战角度出发,以应急救援队伍和一线从业人员为主,相关管理人员、技术人员与关联岗位一线作业人员共同参与。如有条件应定期开展"双盲"演练,检验应急信息沟通、传递是否顺畅,应急人员对预案的熟悉程度和应急预案的可操作性;检验各部门的职责定位是否明确,应急指挥和应急处置是否科学得当。

注:双盲演练是指演练前,在不告知参演部门、人员演练的时间、地点和内容的情况下开展的应急演练。

8.2.5 应急演练前,游乐园应急管理机构或相关组织应对应急演练的开展进行策划及准备。一级应急预案演练可编制应急演练工作方案、演练脚本、演练安全保障方案,以及开展相关应急演练所需的工作协调、情景布置、准备所需的经费和物资等。应急演练的脚本编制应符合应急预案中应急处置的要求。

8.2.6 综合性应急演练在编制应急演练方案时,应结合本单位实际,模拟可能出现的最复杂情况制定应急联动演练方案,以检验应急指挥人员和应急救援队伍的应急响应与协同应急能力。

8.2.7 应急演练应按照应急预案的规定进行。游乐园主要负责人或应急总指挥B角应参与6.7规定的应急演练。

8.2.8 进行实景模拟性大型应急演练活动应在事前或在演练现场向公众公告。应急演练对周围公众正常生产和生活可能造成影响的，应在演练前 7 d 公示告知，并按规定向政府相关部门事前备案。

8.2.9 应急预案演练结束后，应按照 AQ/T 9009 的要求对应急预案演练效果进行评估，应急演练评估表见附录 B，撰写应急预案演练评估报告，分析存在的问题，并对应急预案提出修订意见。

8.2.10 应急演练评估包括但不限于下列方面：

a） 演练目标的实现；
b） 预案的合理性；
c） 演练的组织和实施；
d） 应急总指挥人员、现场应急指挥与其他参演人员的表现；
e） 应急机制的合理性；
f） 应急保障的充分性；
g） 演练中暴露的问题。

9 应急实施

9.1 预警与报警

9.1.1 游乐园应做好突发事件应急预警分工。负责预警的内设部门应建立完善应急预警制度，严格按照制度规定的预警措施、方法、渠道及要求收集、整理、研判、上报、发布预警信息。

9.1.2 为便于在突发事件发生时及时报警，应在游客密集区域、重要场地场馆、重要设备设施、重大安全风险区域等显著位置以及游乐园介绍橱窗上公布突发事件报警电话及其他报警联系方式。

9.2 应急响应与现场救援

9.2.1 发生突发事件后，事发现场的在岗人员应根据事发情况，按照相应的现场处置方案或应急处置卡的相关要求和流程进行上报及实施初步的现场救援处置。

9.2.2 应急总指挥接到报警后，应立即启动相应的应急预案，赶往现场或应急指挥中心指挥实施应急响应及救援。各部门、各层级应急责任人员在接到报警后，均应启动应急响应，集合应急人员、领取应急物资为现场应急救援进行准备，并应立即赶往事发现场。

9.2.3 启动应急预案后，应急实施团队、相关部门，立即采取相应行动，各司其职，各尽其责，相互配合，按照应急预案规定的程序、方法、技术措施等开展现场应急处置与救援。对于启动 6.7 规定的应急预案时，单位主要负责人或其 B 角应担任应急总指挥，不应授权不满足 5.4 要求的其他人。

9.2.4 对于发生可能产生政府管辖事故后果的突发事件时，应按规定的报告程序、时限与要求向所在地政府相关部门报告，并随事态的发展，及时补报、续报有关安全事故情况。

9.2.5 应急总指挥应组织应急管理人员、专业技术人员等根据事发现场的实际情况研判突发事件危害、发展趋势，可能影响危及的生命、财产、环境安全情况，拟定防范与保护性措施建议。

9.2.6 如需启动外部专业应急救援队伍或供水、供电、供气等相关企业进行支援，应立即通知请求支援，防止事态扩大。当发生的突发事件超出本单位应急处置权限时，应立即报告政府相关部门，请求启动政府应急预案并应做好移交应急救援指挥权的各项准备。

9.2.7 现场救援组在实施应急处置与救援中，应优先疏散、解救人员。当具备条件时，应实施同步疏散、解救人员与控制事故扩大的策略。应急救援人员应充分采取安全措施，配备必要的应急防护装备与工器具，应急危险作业应有专人监护。遇有严重危及人身安全的重大紧急情况或可能引发严重次生、衍生灾害情况时，应立即停止现场作业并撤除人员、封闭事故现场、疏散周边人员、转移可能造成事态扩大的危险物资，采取一切可能措施避免或者减轻危害。

9.3 应急结束及善后处理

9.3.1 当突发事件遇险人员被全部救出，现场得到有效控制，次生、衍生事故危害被基本消除，现场应急处置与救援工作基本完成，达到规定的终止条件时，应由应急救援工作总指挥宣布应急结束。

9.3.2 应急处置与救援结束后，应立即开展善后处理工作，包括但不限于下列方面：

a） 对受害人员进行抚恤处理，提供法律援助、心理咨询抚慰；

b） 对人员进入或返回现场的条件进行检查；

c） 清理现场及检测受影响区域；

d） 控制疫情或消除环境污染；

e） 恢复供电、通信、供水、排水、道路通行；

f） 上报突发事件情况；

g） 向事故调查处理小组移交相关资料。

9.3.3 应急处置结束后，应急总指挥应组织参与应急工作的人员对突发事件应急处置与救援各方面、各个环节的工作，进行全面总结；对存在的问题与不足，提出改进措施。

9.3.4 突发事件应急处置工作总结包括但不限于下列方面：

a） 信息接收、流转、报送情况；

b） 先期处置情况；

c） 应急处置与救援开展情况以及实际效果；

d） 现场制定的救援方案及执行情况；

e） 现场应急救援队伍工作情况；

f） 现场特殊情况的沟通与处理情况；

g） 现场管理和信息发布情况；

h） 应急资源保障情况；

i） 防控环境影响措施的执行情况；

j） 应急处置与救援成效、经验和教训。

9.4 应急信息报送与传递

9.4.1 在启动应急预案的同时，应急指挥机构人员应密切跟踪事态发展，对外联络组专责人员应及时上报、通报突发事件与安全事故应急救援信息和事态发展信息。

9.4.2 信息报送应贯穿于安全事故的预防与应急准备、监测与预警、应急处置与救援、事后恢复与重建等应对活动的全过程。

10 应急评估与持续改进

10.1 应急评估

10.1.1 为了持续改进应急准备，提升应急处置与救援能力，游乐园应按照客观、公正、科学的原则对游乐园应急体系建设与运行情况开展定期评估。

10.1.2 定期评估工作包括对应急组织的设立与履职、应急管理文件(含应急预案)的建立与执行、应急演练的实施、应急保障能力的配置及突发事件的应急处置等方面情况进行全面评估。应急体系建设与运行情况评估可结合本单位的管理体系内审或管理体系评审一并开展。应急评估项目表见附录C。

10.1.3 应急评估可以邀请有关专业机构或者有关专家、有实际应急救援工作经验的人员参加，必要时可以委托相关安全技术服务机构实施。

10.2 持续改进

10.2.1 应急管理工作持续改进的内容包括但不限于下列方面：

a) 完善应急组织机构与职责；

b) 修改与完善应急预案；

c) 调整应急实施团队人员；

d) 更新配备应急物资；

e) 完善应急演练方式；

f) 完善应急预警、接警与信息通报；

g) 改进应急协作要求；

h) 完善应急教育培训的形式与内容。

10.2.2 有下列情形之一的，应及时修订应急预案并归档：

a) 依据的法律、法规、规章、标准及上位预案中的有关规定发生重大变化；

b) 应急指挥机构及其职责发生调整；

c) 面临的安全风险发生重大变化；

d) 重要应急资源发生重大变化；

e) 预案中的其他重要信息发生变化；

f) 在应急演练和应急救援实施中发现问题需要修订；

g) 其他需要修订预案的情况。

10.2.3 对于开展应急演练、应急处置实施、应急评估工作中存在的不足或问题，应确定整改目标、制定整改计划、落实整改措施予以有效整改，并应跟踪督查整改完成情况、验证整改结果，经游乐园主要负责人批准后方可确认问题得以解决。

11 应急档案

11.1 游乐园应建立健全并落实执行突发事件应急档案制度。

11.2 应急档案应包括但不限于下列方面：

a) 应急组织机构框架文件(任命文件等)；

b) 4.4 中规定的安全管理体系的相关应急文件；

c) 应急指挥机构及相关人员岗位职责；

d） 应急保障条件相关文件；

e） 应急演练计划、演练方案与演练实施记录（文字与音像资料）；

f） 应急教育培训计划以及计划实施情况资料；

g） 应急值班人员台账与值班记录；

h） 现场应急处置与救援、相关资料（应急预警、接警，应急准备，现场应急处置与救援活动资料等）；

注：现场应急处置与救援的资料采用文字、录音或视频等手段，完整、准确地记录险情及应急处置与救援中的重要事项与过程。

i） 应急总结、应急评估报告及应急体系文件改进相关资料；

j） 其他相关资料（如应急规划、年度计划与总结、考核与奖惩等）。

附 录 A
（资料性）
游乐园应急预案示例

游乐园综合性应急预案示例见表 A.1，游乐园专项应急预案示例见表 A.2。

表 A.1 游乐园综合性应急预案示例

序号	综合性应急预案名称	备注
1	临近林区锅炉爆炸事故、森林火灾、燃气、动物逃逸与人员疏散综合性预案	临近林区的燃气锅炉发生爆炸事故，引发燃气泄漏，导致发生森林火灾，林区动物发生逃逸，对在林区游玩的游客进行应急疏散
2	海洋动物展馆火灾、大型亚克力玻璃水体泄漏与人员应急疏散综合性应急预案	海洋动物展馆由于火灾，引发大型亚克力玻璃水体大量泄漏，对游客进行应急疏散
3	建(构)筑物倒塌、燃气泄漏与人员应急疏散综合性应急预案	由地面沉降引发建(构)筑物倒塌和燃气管道破损，对游客进行应急疏散
4	火灾与大型游乐设施高空滞留综合性应急预案	发生火灾，导致大型游乐设施运行故障，对高空滞留人员的救援

表 A.2 游乐园专项应急预案示例

序号	安全事件事故类型	专项应急预案名称	备注
1	特种设备事故	游乐设施事故专项应急预案	游乐设施高空滞留人员，人员坠落、溺水等
		客运索道事故专项应急预案	客运索道高空滞留人员，人员坠落等
		锅炉事故专项应急预案	
		压力容器事故专项应急预案	包括： 1）压力容器有毒介质泄漏； 2）压力容器爆炸
		压力管道事故专项应急预案	包括： 1）压力管道有毒介质泄漏； 2）压力管道爆炸
		电梯事故专项应急预案	电梯轿厢滞留人员
		起重机械事故专项应急预案	起重机械主要受力结构件折断或起升机构坠落和整体倾覆包括： 1）起重机主要受力； 2）随车起重机； 3）移动式升降工作平台
		场内专用机动车辆事故专项应急预案	

表 A.2 游乐园专项应急预案示例（续）

序号	安全事件事故类型	专项应急预案名称	备注
2	应急疏散	人员密集场地场馆应急疏散专项预案	按照“一场地场馆，一预案”原则制定
3	火灾事故	灭火和应急疏散总体(专项)应急预案	
4	电气安全	触电事故专项应急预案	
5	燃气安全	燃气事故专项应急预案	包括： 1）燃气泄漏； 2）燃气火灾和爆炸
6	自然灾害	台风应对专项应急预案	包括建筑屋面、外立面装饰物或悬吊挂物掉落，建(构)筑物结构损毁等
		暴雨应对专项预案	
		大风应对专项预案	
		高温应对专项预案	
		雷电应对专项预案	
		冰雹应对专项预案	
		地质灾害专项应急预案	包括滑坡、泥石流等
		森林火灾专项应急预案	
7	食品安全	食品安全专项应急预案	
8	道路交通事故	陆地交通事故专项应急预案	
		水上交通事故专项应急预案	
9	危险化学品事故	危险化学品事故专项应急预案	包括： 1）危险化学品泄漏； 2）危险化学品中毒和窒息； 3）危险化学品火灾和爆炸
10	基础设施事故	水利基础设施事故专项应急预案	包括停水和水体泄漏
		电力基础设施专项应急预案	大面积停电事故
		燃气基础设施专项应急预案	停气
		通信基础设施专项应急预案	移动通信网络大面积瘫痪
		建(构)筑物坍塌事故专项应急预案	
11	其他	急救及医疗专项应急预案	
		高峰客流应对专项应急预案	
		动物安全专项应急预案	凶猛动物逃逸

附　录　B
（资料性）
应急演练评估表

实战演练评估表见表B.1，桌面演练评估表见表B.2。

表B.1　实战演练评估表

演练名称					
组织单位		演练时间		演练地点	
评估项目	评估内容				评估结果
1　演练策划与准备	1.1　演练目标明确且具有针对性				□符合　□不符合
	1.2　参演组织机构合理且分工明确，组织机构与人员职责与应急预案相符				□符合　□不符合
	1.3　演练情景符合实际情况				□符合　□不符合
	1.4　制定了演练工作方案，且要素齐全				□符合　□不符合
	1.5　演练工作方案内容与应急预案进行了衔接				□符合　□不符合
	1.6　演练工作方案提前发给各参演单位、部门及人员				□符合　□不符合
	1.7　演练保障条件充分，演练实施前进行了检查确认				□符合　□不符合
	1.8　演练实施前，对参演人员进行了培训或组织预演				□符合　□不符合
2　演练实施过程	2.1　情景事件发生后，能够做到有效监测、预警、报警工作，接警后能够及时通知相应单位				□符合　□不符合
	2.2　演练中突发事件与事故信息报告程序规范，符合应急预案要求				□符合　□不符合
	2.3　应急领导小组能快速判断突发事件的严重程度，启动应急预案				□符合　□不符合
	2.4　演练单位及相关单位能够持续跟踪、监测突发事件全过程，评估潜在危害并及时报告事态信息				□符合　□不符合
	2.5　现场应急指挥部能及时成立，对应急职能小组进行统一指挥，对应急处置中的问题进行综合协调，做出正确有效的决策				□符合　□不符合
	2.6　参演人员能够按照预案规定或在指定的时间内迅速达到现场开展救援，现场参演人员职责清晰、分工合理				□符合　□不符合
	2.7　参演人员应急处置程序正确、规范，处置措施执行到位				□符合　□不符合
	2.8　应急设备设施、器材等数量和性能能够满足现场应急需要				□符合　□不符合
	2.9　应急通信畅通				□符合　□不符合
	2.10　能够主动就突发事件情况在单位内部进行告知，并及时通知相关方				□符合　□不符合
	2.11　应急救援人员配备适当的个体防护装备，或采取了必要的自我安全防护措施				□符合　□不符合
	2.12　能有效进行警戒，划定警戒区域，进行交通管制并维护好秩序				□符合　□不符合
	2.13　影响范围内人员进行有效疏散，并安置到避难场所				□符合　□不符合

表 B.1 实战演练评估表（续）

<table>
<tr><td>演练名称</td><td colspan="5"></td></tr>
<tr><td>组织单位</td><td></td><td>演练时间</td><td></td><td>演练地点</td><td></td></tr>
<tr><td>评估项目</td><td colspan="4">评估内容</td><td>评估结果</td></tr>
<tr><td rowspan="2">2 演练实施过程</td><td colspan="4">2.14 医务人员能迅速启动，抢救伤员</td><td>□符合 □不符合</td></tr>
<tr><td colspan="4">2.15 应急处置结束后，及时消除遗留隐患，撤离设备设施，恢复现场</td><td>□符合 □不符合</td></tr>
<tr><td rowspan="5">3 演练效果评估</td><td colspan="4">2.16 应急响应的解除程序符合实际并与应急预案中规定的内容相一致</td><td>□符合 □不符合</td></tr>
<tr><td colspan="4">3.1 应急预案得到了充分验证和检验，并发现了问题与不足</td><td>□符合 □不符合</td></tr>
<tr><td colspan="4">3.2 参演人员的能力得到了充分检验和锻炼</td><td>□符合 □不符合</td></tr>
<tr><td colspan="4">3.3 应急物资准备情况得到了检查</td><td>□符合 □不符合</td></tr>
<tr><td colspan="4">3.4 应急机制得到了磨合，相关单位和人员的职责和任务更加明确</td><td>□符合 □不符合</td></tr>
<tr><td colspan="6">演练过程中好的做法：</td></tr>
<tr><td colspan="6">演练中存在的不足、问题：</td></tr>
<tr><td colspan="4">评估人签字：</td><td colspan="2">日期：</td></tr>
</table>

表 B.2 桌面演练评估表

<table>
<tr><td>演练名称</td><td colspan="5"></td></tr>
<tr><td>组织单位</td><td></td><td>演练时间</td><td></td><td>演练地点</td><td></td></tr>
<tr><td>评估项目</td><td colspan="4">评估内容</td><td>评估结果</td></tr>
<tr><td rowspan="6">1 演练策划与准备</td><td colspan="4">1.1 演练目标明确且具有针对性</td><td>□符合 □不符合</td></tr>
<tr><td colspan="4">1.2 参演组织机构合理且分工明确，组织机构与人员职责与应急预案相符</td><td>□符合 □不符合</td></tr>
<tr><td colspan="4">1.3 演练情景符合实际情况</td><td>□符合 □不符合</td></tr>
<tr><td colspan="4">1.4 制定了演练工作方案，且要素齐全</td><td>□符合 □不符合</td></tr>
<tr><td colspan="4">1.5 演练工作方案内容与应急预案进行了衔接</td><td>□符合 □不符合</td></tr>
<tr><td colspan="4">1.6 演练保障条件满足桌面演练需要</td><td>□符合 □不符合</td></tr>
<tr><td rowspan="13">2 演练实施</td><td colspan="4">2.1 演练背景、进程以及参演人员角色分工等清晰正确</td><td>□符合 □不符合</td></tr>
<tr><td colspan="4">2.2 根据事态发展，分级响应迅速、准确</td><td>□符合 □不符合</td></tr>
<tr><td colspan="4">2.3 模拟指挥人员能够表现出较强指挥协调能力，演练过程中有效协调各项工作，掌控全局</td><td>□符合 □不符合</td></tr>
<tr><td colspan="4">2.4 按照模拟真实发生的事件表述应急处置方法和内容</td><td>□符合 □不符合</td></tr>
<tr><td colspan="4">2.5 通过多媒体文件、沙盘、信息条等多种形式向参演人员展示应急演练场景，满足演练要求</td><td>□符合 □不符合</td></tr>
<tr><td colspan="4">2.6 参演人员能够准确接收并正确理解演练注入的信息</td><td>□符合 □不符合</td></tr>
<tr><td colspan="4">2.7 参演人员根据演练提供的信息和情况能够做出正确的判断和决策</td><td>□符合 □不符合</td></tr>
<tr><td colspan="4">2.8 参演人员能够熟悉事故信息的接报程序、方法和内容</td><td>□符合 □不符合</td></tr>
<tr><td colspan="4">2.9 参演人员熟悉各自应急职责，并能够较好配合其他小组或人员开展工作</td><td>□符合 □不符合</td></tr>
<tr><td colspan="4">2.10 参与演练各小组负责人能够根据小组成员意见做出本小组的统一决策意见</td><td>□符合 □不符合</td></tr>
<tr><td colspan="4">2.11 参演人员对决策意见的表达思路清晰、内容全面</td><td>□符合 □不符合</td></tr>
<tr><td colspan="4">2.12 参演人员的各项决策、行动符合角色身份要求</td><td>□符合 □不符合</td></tr>
<tr><td colspan="4">2.13 应急演练参与人员能够全身心地参与到整个演练活动中</td><td>□符合 □不符合</td></tr>
<tr><td rowspan="3">3 演练效果评估</td><td colspan="4">3.1 应急预案得到了充分验证和检验，并发现了问题与不足</td><td>□符合 □不符合</td></tr>
<tr><td colspan="4">3.2 参演人员的能力得到了充分检验和锻炼</td><td>□符合 □不符合</td></tr>
<tr><td colspan="4">3.3 应急机制得到了磨合，相关单位和人员的职责任务更加明确</td><td>□符合 □不符合</td></tr>
<tr><td colspan="6">演练过程中好的做法：</td></tr>
<tr><td colspan="6">演练中存在的不足、问题：</td></tr>
<tr><td colspan="3">评估人签字：</td><td colspan="3">日期：</td></tr>
</table>

附 录 C
（资料性）
应急评估项目表

应急评估项目表见表C.1。

表C.1 应急评估项目表

<table>
<tr><td>单位名称</td><td colspan="5"></td></tr>
<tr><td>组织单位/部门</td><td></td><td>评估时间</td><td></td><td>评估人员</td><td></td></tr>
<tr><td>评估项目</td><td colspan="4">评估内容</td><td>评估结果</td></tr>
<tr><td rowspan="6">1 应急组织</td><td colspan="4">1.1 组建了应急领导小组，人员配置符合要求且职责明确</td><td>□符合 □不符合</td></tr>
<tr><td colspan="4">1.2 组建了应急工作日常管理机构，人员配置符合要求且职责明确</td><td>□符合 □不符合</td></tr>
<tr><td colspan="4">1.3 根据不同类型的突发事件，配置了相应专业或具有相应的应急能力的应急实施团队</td><td>□符合 □不符合</td></tr>
<tr><td colspan="4">1.4 应急实施团队中应急总指挥、现场应急指挥及各应急职能小组的组长均设置A、B角</td><td>□符合 □不符合</td></tr>
<tr><td colspan="4">1.5 各类应急救援人员的数量和应急救援知识及技能，满足应急救援工作的需要</td><td>□符合 □不符合</td></tr>
<tr><td colspan="4">1.6 授权值班人员担任应急总指挥、日常应急总指挥或现场应急指挥，采用发文或其他形式对其能力和应急时的权限予以明确规定</td><td>□符合 □不符合</td></tr>
<tr><td rowspan="3">2 应急机制与应急管理文件</td><td colspan="4">2.1 应急机制完善且运行正常</td><td>□符合 □不符合</td></tr>
<tr><td colspan="4">2.2 应急管理制度齐全完整且有效执行</td><td>□符合 □不符合</td></tr>
<tr><td colspan="4">2.3 应急设备设施与工器具制定了操作规程与自检维护规程</td><td>□符合 □不符合</td></tr>
<tr><td rowspan="8">3 应急预案</td><td colspan="4">3.1 建立覆盖本单位可能发生的各类突发事件的应急预案体系</td><td>□符合 □不符合</td></tr>
<tr><td colspan="4">3.2 应急预案体系应包括综合性应急预案、专项应急预案与现场处置方案三个层级</td><td>□符合 □不符合</td></tr>
<tr><td colspan="4">3.3 各层级相关的应急预案之间及相关内容相互衔接</td><td>□符合 □不符合</td></tr>
<tr><td colspan="4">3.4 应急预案具备针对性、科学性、实用性和可操作性</td><td>□符合 □不符合</td></tr>
<tr><td colspan="4">3.5 应急预案按应急救援事项的重要程度、应急预案适用的业务部门班组、应急实施的地域等因素，对应急预案实施分级管理</td><td>□符合 □不符合</td></tr>
<tr><td colspan="4">3.6 应急预案中担任应急总指挥的人员满足要求</td><td>□符合 □不符合</td></tr>
<tr><td colspan="4">3.7 应急预案经过评审或论证，经批准后发布 □符合 □不符合</td><td></td></tr>
<tr><td colspan="4">3.8 应急预案根据内外部环境条件、应急能力、应急人员、法律、法规等方面的变化及时修订预案</td><td>□符合 □不符合</td></tr>
</table>

表 C.1 应急评估项目表（续）

<table>
<tr><td>单位名称</td><td colspan="5"></td></tr>
<tr><td>组织单位/部门</td><td></td><td>评估时间</td><td></td><td>评估人员</td><td></td></tr>
<tr><td>评估项目</td><td colspan="4">评估内容</td><td>评估结果</td></tr>
<tr><td rowspan="5">4 应急保障能力</td><td colspan="4">4.1 配备能够满足应急工作需要的应急设备设施、工器具与防护用品</td><td>□符合 □不符合</td></tr>
<tr><td colspan="4">4.2 应急设备设施与工器具开展日常性检查检测与维护保养，确保应急物资完好有效</td><td>□符合 □不符合</td></tr>
<tr><td colspan="4">4.3 建立可提供应急援助的政府管理部门以及其他应急外援机构的通讯录</td><td>□符合 □不符合</td></tr>
<tr><td colspan="4">4.4 建立应急指挥信息系统，完善通信保障措施</td><td>□符合 □不符合</td></tr>
<tr><td colspan="4">4.5 组建应急医疗救护团队</td><td>□符合 □不符合</td></tr>
<tr><td rowspan="3">5 应急教育培训</td><td colspan="4">5.1 制定应急教育培训计划，并按照计划开展多种形式的应急宣传与教育培训</td><td>□符合 □不符合</td></tr>
<tr><td colspan="4">5.2 从业人员在入职、晋升、转岗时，均接受应急教育培训，确保掌握满足本岗位要求的应急知识与技能</td><td>□符合 □不符合</td></tr>
<tr><td colspan="4">5.3 建立应急教育培训档案</td><td>□符合 □不符合</td></tr>
<tr><td rowspan="3">6 应急演练</td><td colspan="4">6.1 制定年度应急演练计划且计划制定合理、内容完整、项目齐全</td><td>□符合 □不符合</td></tr>
<tr><td colspan="4">6.2 按照年度演练计划，按时完成应急演练（尤其是特定时期，如高峰客流前）</td><td>□符合 □不符合</td></tr>
<tr><td colspan="4">6.3 应急演练结束后，按要求开展应急演练评估</td><td>□符合 □不符合</td></tr>
<tr><td rowspan="4">7 应急工作管理</td><td colspan="4">7.1 制定应急工作计划</td><td>□符合 □不符合</td></tr>
<tr><td colspan="4">7.2 开展应急工作检查</td><td>□符合 □不符合</td></tr>
<tr><td colspan="4">7.3 开展应急工作总结</td><td>□符合 □不符合</td></tr>
<tr><td colspan="4">7.4 建立并完善应急档案</td><td>□符合 □不符合</td></tr>
<tr><td colspan="6">应急评估不符合项描述：
一、应急组织
1.
2.
……
二、应急机制与应急管理文件
1.
2.
……</td></tr>
</table>

表 C.1　应急评估项目表（续）

<table>
<tr><td>单位名称</td><td colspan="5"></td></tr>
<tr><td>组织单位/部门</td><td></td><td>评估时间</td><td></td><td>评估人员</td><td></td></tr>
<tr><td>评估项目</td><td colspan="4">评估内容</td><td>评估结果</td></tr>
<tr><td colspan="6">应急评估良好实践项描述：
一、应急组织
1.
2.
……
二、应急机制与应急管理文件
1.
2.
……</td></tr>
<tr><td colspan="6">评估人签字：　　　　　　　　　　日期：</td></tr>
</table>

ICS 97.200.40
CCS Y 57

中华人民共和国国家标准

GB/T 42101—2022

游乐园安全　基本要求

Amusement park safety—General requirments

2022-10-12 发布　　2022-10-12 实施

国家市场监督管理总局
国家标准化管理委员会　发布

前　言

本文件按照GB/T 1.1—2020《标准化工作导则　第1部分:标准化文件的结构和起草规则》的规定起草。

请注意本文件的某些内容可能涉及专利。本文件的发布机构不承担识别专利的责任。

本文件由全国索道与游乐设施标准化技术委员会(SAC/TC 250)提出并归口。

本文件起草单位:广东长隆集团有限公司、中国特种设备检测研究院、广州长隆集团有限公司、珠海长隆投资发展有限公司、珠海长隆投资发展有限公司海洋王国、广州长隆集团有限公司香江野生动物世界分公司、广州长隆集团有限公司长隆夜间动物世界分公司、广州长隆集团有限公司长隆开心水上乐园分公司。

本文件主要起草人:林伟明、沈功田、梁朝虎、张勇、甘兵鹏、蒋敏灵、宋伟科、付恒生、张丹、董贵信、王和亮、陈皓、蒲振鹏、郭俊杰、张学礼、陈永振、赵强、廖启珍、田博、韩绍华、向洪飞、赵丁、钟怀霆、刘然、周泽武、刘斌、张鹏飞、王勇、刘春来。

游乐园安全　基本要求

1　范围

本文件规定了游乐园安全的总体要求、通用安全要求、专项安全要求。

本文件适用于游乐园安全管理。旅游景区可参照执行。

2　规范性引用文件

下列文件中的内容通过文中的规范性引用而构成本文件必不可少的条款。其中，注日期的引用文件，仅该日期对应的版本适用于本文件；不注日期的引用文件，其最新版本（包括所有的修改单）适用于本文件。

GB 2893　安全色

GB 2894　安全标志及其使用导则

GB 5725　安全网

GB 5768.1　道路交通标志和标线　第1部分：总则

GB 5768.2　道路交通标志和标线　第2部分：道路交通标志

GB 5768.3　道路交通标志和标线　第3部分：道路交通标线

GB 8408　大型游乐设施安全规范

GB/T 9969　工业产品使用说明书　总则

GB 10631　烟花爆竹　安全与质量

GB 12352　客运架空索道安全规范

GB 13495.1　消防安全标志　第1部分：标志

GB 15603　常用化学危险品贮存通则

GB 15630　消防安全标志设置要求

GB/T 16895.13　低压电气装置　第7-701部分：特殊装置或场所的要求　装有浴盆和淋浴的场所

GB/T 16895.19　低压电气装置　第7-702部分：特殊装置或场所的要求　游泳池和喷泉

GB/T 16895.26　建筑物电气装置　第7-740部分：特殊装置或场所的要求　游乐场和马戏场中的构筑物、娱乐设施和棚屋

GB 19517　国家电气设备安全技术规范

GB/T 19678.1　使用说明的编制　构成、内容和表示方法　第1部分：通则和详细要求

GB 24284　大型焰火燃放安全技术规程

GB/T 33170.1　大型活动安全要求　第1部分：安全评估

GB/T 36742—2018　气象灾害防御重点单位气象安全保障规范

GB 37488　公共场所卫生指标及限值要求

GB/T 38315　社会单位灭火和应急疏散预案编制及实施导则

GB/T 40248　人员密集场所消防安全管理

GB/T 42100　游乐园安全　应急管理
GB/T 42102　游乐园安全　现场安全检查
GB/T 42103　游乐园安全　风险识别与评估
GB/T 42104　游乐园安全　安全管理体系
GB 50016　建筑设计防火规范(2018 年版)
GB 50057　建筑物防雷设计规范
GB 50352　民用建筑设计统一标准
GB 51192　公园设计规范
GB 55005　木结构通用规范
GB 55006　钢结构通用规范
GB 55007　砌体结构通用规范
GB 55008　混凝土结构通用规范
GB 55021　既有建筑鉴定与加固通用规范
GB 55024　建筑电气与智能化通用规范
CJJ/T 263　动物园管理规范
CJJ 267　动物园设计规范
DZ/T 0221　崩塌、滑坡、泥石流监测规范
GA/T 1291　大型群众性活动中彩色粉末使用的规定
JGJ 46　施工现场临时用电安全技术规范
JGJ 57　剧场建筑设计规范
JGJ 58　电影院建筑设计规范
JGJ 102　玻璃幕墙工程技术规范
JGJ 133　金属与石材幕墙工程技术规范
JGJ 336　人造板材幕墙工程技术规范
JTG D81　公路交通安全设施设计规范
LB/T 068　景区游客高峰时段应对规范
LY/T 2662　森林防火安全标志及设置要求
QX/T 109　城镇燃气雷电防护技术规范
QX/T 225　索道工程防雷技术规范
QX/T 264　旅游景区雷电灾害防御技术规范
QX/T 354　烟花爆竹燃放气象条件等级

3　术语和定义

下列术语和定义适用于本文件。

3.1

游乐园　amusement park

为游客提供游乐设施与游玩体验项目、观演观赏及餐饮休憩等相关配套服务的合法经营单位。

3.2

重要场地环境　critical environmental site

游乐园内人员聚集活动的场地环境。

3.3

重要设备设施　critical equipment and facilities

一旦发生事故，会造成重大人身伤害和财产损失的设备设施。

注：重要设备设施包括特种设备、演出设备设施、燃气设备设施、电力设备设施、危险物品储存与使用设备设施、应急处置救援设备设施等。

3.4

重要作业　critical operation

特种设备作业、特种作业、危险作业等直接涉及人身安全的作业。

3.5

危险作业　hazardous operation

对操作者本人、他人安全或周围环境高度危险的作业。

注：如高空、高压、密闭或有限空间、动火、动土、吊装与拆卸、易燃易爆、剧毒、放射性等作业。

3.6

大型活动　large-scale activity

游乐园面向社会公众举办的可能造成游客大量聚集的非日常性群体活动。

4　总体要求

4.1　游乐园安全管理应遵循“安全第一、预防为主、综合治理”的方针，坚持“以人为本、安全发展”的科学发展理念，落实企业主体责任，形成“人人参与、人人有责”的安全工作机制。

4.2　游乐园安全管理应有效覆盖本单位所涉及的全地域、全时段、全范围、全过程、全部管理对象，避免出现安全管理空白。

4.3　对于新建、改建、扩建项目的安全质量管理，应从设计、制造等方面进行有效源头管控，避免新建、改建、扩建项目出现先天缺陷与事故隐患。

4.4　游乐园安全管理应突出重点，根据本单位具体情况，确定重要场地环境、重要建(构)筑物、重要设备设施、重要从业人员、重要业务活动与重要作业，识别管控安全风险，排查治理事故隐患，切实保障游客、员工与第三方人员的人身安全。

注1：重要建(构)筑物包括游客活动建(构)筑物、员工集中的生产生活建筑物、危险物品仓库、高低压电房、重要机房、户外大型广告设施等。

注2：重要从业人员是涉及重要场地环境、重要建(构)筑物、重要设备设施、重要工艺与作业、重大危险源等方面的安全管理、操作、服务、检查检测、监控、维护保养、修理改造、应急指挥与救援等人员。

4.5　应建立以落实安全责任制为核心的安全管理组织体系与规章制度体系。规模较大、经营业态多样、人员接待量较多的游乐园，应建立符合 GB/T 42104，对本单位全部安全管理要素进行系统化管控的安全管理体系。

4.6　游乐园应按照本文件以及 GB/T 42104、GB/T 42100 的要求，设置安全管理机构、健全组织架构，配备各类从业人员并组织安全教育培训，保障人员、资金、物资、技术等的投入，加强标准化、信息化建设，不断改善安全条件，确保安全管理体系的有效运行。

5 通用安全要求

5.1 依法依规管理

5.1.1 游乐园应明确法律、法规、标准管理责任部门或人员，确定收集渠道与方式，及时识别和获取适用的法律、法规、标准，编制本单位依法依规文件清单并持续更新。

5.1.2 游乐园依法依规管理包括但不限于下列方面：

a) 建设及运营涉及的各类许可(包括单位资质、人员资格、特定活动许可等)，见附录 A；

b) 设置安全管理机构，组建相关安全管理团队；

c) 配备各类资格人员；

d) 按规定上报或备案；

e) 按规定接受或开展相关审查审批；

f) 按规定接受或开展相关检验检测、安全评估或鉴定；

g) 按规定配合监督检查；

h) 满足安全管理行为要求。

注：如安全事故上报、召开特种设备与消防安全例会、应急预案备案、定期开展应急演练、配合特种设备安全监督检查等。

5.1.3 游乐园应将依法依规文件清单的要求融入安全管理体系，传达培训并落实到位。

5.1.4 法定从业人员应参加政府相关部门或其授权机构开展的安全教育培训，取得有效资格证书并持续保持在有效期内。

注：法定从业人员是按照《中华人民共和国安全生产法》《中华人民共和国特种设备安全法》《中华人民共和国消防法》《中华人民共和国食品安全法》等法律及相关法规规定，接受政府相关部门、社会机构或本单位培训并考试合格的安全管理人员与作业人员。

5.1.5 游乐园场地不应租借给不具备安全运营条件、不具备相应资质的单位或个人。对外提供场地经营游乐项目或大型活动时，应与承包或承租单位签订专门的安全管理协议或在承包或承租合同中对各自的安全管理职责进行约定，明确各自在安全管理中的权利、义务等。承包或承租城市公园或其他公共场地经营游乐项目的法人单位或个体工商户，应主动开展安全工作，接受场地提供单位的安全监督管理。

5.2 安全风险识别管控

5.2.1 游乐园应将识别评估安全风险、确定根源危险源与事故隐患，有效实施安全风险管控作为游乐园安全管理的重中之重。

5.2.2 游乐园应建立健全安全风险识别管控制度，明确和细化工作事项、内容和频次，并将责任逐一分解落实，全员、全时段、自主、有重点地识别排查，实现常态化、制度化、精准化管理，并满足下列要求：

a) 管理机构和人员职责清楚，制度明确；

b) 安全风险识别评估内容方法清楚；

c) 安全风险底数和分布情况清楚(尤其是重大安全风险)；

d) 安全风险管控措施与销项处理情况清楚；

e) 事故隐患治理措施与进度清楚。

注：本文件中重大安全风险指 GB/T 42103 的 1 级安全风险与 2 级安全风险。

5.2.3 安全风险识别管控应覆盖游乐园全地域、全时段、全范围、全过程、全部管理对象，以及正常、异常和紧急情况（如自然灾害），不应存在盲区和死角。

5.2.4 重要设备设施设计应审慎保守，结合安全风险识别、分析与评估结果，充分考虑各种不利因素，留有足够的安全裕量或设置冗余保护，避免出现不可检测、不可维护的单点失效。

注：单点失效指当某节点（或零部件）出现故障时，会造成整体失效。

5.2.5 开展安全风险识别时，应对环境场地、建（构）筑物、设备设施及工器具，以及活动人群、运转设备与环境和建（构）筑物之间的相互影响作用等，持续进行安全风险识别，尤其应重视火灾、危险物品泄漏、爆炸、高空坠物、倒塌、坍塌等可能造成群死群伤的重大安全风险的定性识别。

5.2.6 应对重大安全风险制定有针对性的安全管理、防护、操作、日常检查巡查、维护保养、定期检验检测、应急等体系文件。利用技防、物防、人防等措施，建立重大安全风险监控系统或安全监控措施。结合管理要求及运营需求，在前、后场设置清晰的安全标志与风险告知。

5.2.7 当场地环境、建（构）筑物、设备设施、业务活动或作业工艺工序发生重大变更，或现行法规、标准变更时，应对现有安全风险重新开展识别评估，进而调整安全管理体系程序文件、作业指导文件（操作规程、自检维护规程）和应急预案等。

5.2.8 安全风险识别、评估与管控应与安全检查、检验检测发现问题、典型事故案例排查整改相结合，与本单位多年固有的易发、多发安全问题的环节与部门、班组结合，对事故隐患类型的安全风险建立双重预防机制。

5.2.9 应建立重大安全风险清单台账，编制电子分布图（标注位置分布、风险类别、风险特征、管理责任人与电话、应急预案与措施等基础信息），实施分级分类管理、动态管理、精准化监控与治理。

5.2.10 安全风险识别、评估与管控应符合 GB/T 42103 及相关文件的规定。

5.3 应急管理

5.3.1 游乐园应根据本单位运营特点，结合安全管理体系建设，开展应急管理基础、保障能力与实战能力建设。应急管理应符合 GB/T 42100 及相关标准的规定。

5.3.2 游乐园主要负责人是应急管理的主要负责人，应急管理团队与内外应急救援队伍应形成应急职责清晰、分工明确、覆盖完整的应急组织网络。

5.3.3 应急预案应构成完整的体系。游乐园涉及安全的各项业务活动、管理重点及存在的安全风险（尤其是重大安全风险），均应在适宜的现场应急处置方案、专项应急预案或综合性应急预案覆盖之下。

5.3.4 大型载人设备、人员密集场地场馆应急疏散应作为应急管理的重点之一，针对可能发生的各类拥挤踩踏事故，编制有明确针对性、切实可行的应急疏散预案。

注：人员密集场地场馆指游乐园内同一时间聚集人数较多的场地和建（构）筑物，如室内游乐场馆、观演观览场馆、大型游乐设施与客运索道室内排队等候区等。

5.3.5 应根据应急预案和实际应急工作需要，配备满足要求的应急设备设施与物资，进行经常性检查与维护保养，确保其处于良好状态。

5.3.6 游乐园应根据具体应急情况，充分利用社会专业化的救援力量（政府应急部门或其他专业技术机构）作为应急救援体系的补充或支撑，建立和完善应急救援联动机制，并开展联合应急演练。

5.3.7 在园区安全管理重点及其邻近区域，以及可能发生自然灾害、突发事件的区域，设置应急设备设施，并在显著位置张贴报警电话及其他联系方式。

5.3.8 应定期组织应急演练。应急演练应从实战角度出发，组织相关员工与自救队伍、专业队伍、外协团队参与，达到检验应急预案、锻炼应急队伍、提高应急技能、普及应急知识、有效实施救援的目的。应急演练应保留演练记录。

5.3.9 对于存在安全风险的设备设施、场地场馆等，应编制现场处置方案，并结合现场处置方案，编制针对不同场所、岗位特点的简明、实用、有效应急处置卡，尤其是对游乐设施、客运索道等载人设备及重大安全风险。

5.3.10 发生安全事故时，应立即启动应急预案，按规定职责权限及时有效开展应急处置或救援。

5.4 安全事故管理

5.4.1 游乐园安全事故管理应重心下降、关口前移，通过事前预防、事中应急、事后调查处理与全面排查整改等方式，防范安全事故，防止已发生事故扩大。

5.4.2 游乐园安全事故调查、处理与整改应做到原因未查清不放过、责任人员未处理不放过、整改措施未落实不放过、全体员工未受到教育不放过。

5.4.3 安全事故管理职责应在相关安全管理文件中予以明确规定。

5.4.4 对于法律规定由政府管辖的事故，应及时向相关部门报告并积极配合调查。对于政府管辖事故以外的本单位管辖事故，应建立健全事故分类分级、上报、应急、认定、调查、复核、处理、排查、事故隐患整改、事故台账及统计分析的管理机制。应通过对具有典型性和重复发生的人员伤害事故分类、调查分析、有针对性排查等，从中找出问题原因与发生发展规律，进而采取落实安全责任、健全制度文件、强化实施效果、完善硬件条件等防范和改进措施，以减少事故发生，减轻事故后果。

5.4.5 对于本单位管辖事故，宜参照《人体损伤致残程度分级》和 GB 6441、GB 6721 进行事故界定与分级。

5.4.6 发生安全事故后，应妥善保护好事故现场及有关证据，对现场进行警戒。因抢救人员、防止事故扩大以及疏通交通等原因，需要移动事故现场物件的，应做出标志，通过绘制现场简图、拍照、录制音视频、书面记录等方式妥善保存现场重要痕迹、物证。

5.4.7 应对事故预警、响应的及时性、应急处置或救援的有效性、事故上报及时性、调查处理准确性、统计分析、整改、资料归档等方面强化监督检查和总结评估，及时改进事故管理工作。

5.4.8 游乐园应及时收集、研究行业内外发生的可借鉴的事故案例，有针对性地开展排查与整改。

5.5 安全检查

5.5.1 游乐园应逐级压实业务系统的安全主体责任和安全管理机构（或人员）的安全监管责任，建立健全业务系统自查自纠与安全管理机构监督检查相结合的工作机制，实现系统化、常态化、规范化与重点化的安全检查。

5.5.2 安全检查包括安全检查巡查、专项安全检查、综合性安全检查，以及特定情况与时段的临时性安全检查等。应根据生产运营情况，适时开展相应种类的安全检查。

5.5.3 应在相关安全管理体系文件中，对各级各类安全检查的范围、对象与重点、内容、标准、周期、流程、人员、发现问题后的整改与封闭情况等作出明确规定。

5.5.4 安全检查内容包括但不限于下列方面：

a) 对符合法律法规情况进行检查，检查时应注重相关合法合规证明文件是否符合要求，政府监管设备设施、法定从业人员是否满足行政许可及资格要求；

b) 建(构)筑物、设备设施是否按规定开展日常检查、维护保养与定期检验检测，并抽查实际工作质量；

c) 人员持证上岗、重要作业过程安全管控情况；

d) 安全基础工作建设情况，侧重于安全管理体系文件健全落实及安全硬件条件投入；

e) 各级组织(部门、班组)掌握安全风险底数、管控措施落实以及事故隐患排查治理等情况；

f) 基层班组安全能力建设与安全管控情况，以及重要从业人员正确作业能力、识别管控风险能力、发现处理异常能力、现场应急处置能力等方面内容；

g) 各级组织及其负责人是否依据安全管理体系安全检查文件开展安全管理活动、制度化的现场安全检查巡查情况，以及对安全检查发现的典型问题或重复发生问题开展排查整改等情况；

h) 安全设施、安全装置与安全标志的设置与完好情况，重要作业安全工器具/个人防护用品、手工/电动工具、测试设备、爬梯、平台、脚手架等是否在使用前进行例行检查；

i) 各级组织应急准备(应急队伍配置、应急预案覆盖完整性及应急演练按计划实施)、应急管理等情况；

j) 各专项安全负责人(见表 A.1 中序号 15)、安全管理机构实施的监督检查工作是否按工作计划或安全管理体系文件规定执行情况，以及工作质量。

5.5.5 对检查发现的问题，应深入查清原因，制定整改计划或方案，有效实施整改，实现最终封闭。对于普遍性、典型性的问题应举一反三、全面系统、追根溯源地进行排查整改。

5.5.6 宜利用信息化手段，及时汇总分析各级各类安全检查问题，找出安全风险与事故隐患的动态分布特征及趋势，有针对性地提前采取纠正与防范措施。

5.5.7 游乐园综合性安全检查与专项安全检查工作应符合 GB/T 42102 及相关标准的规定。

6 专项安全要求

6.1 运营安全

6.1.1 游乐园运营安全管理包括但不限于下列方面：

a) 开园前安全检查；

b) 运营人员条件能力与作业要求(尤其是载人设备作业与服务人员)；

c) 园区重点运营活动与重点项目管控；

d) 运营过程中安全管控与安全检查巡查；

e) 园区游客活动路线划定与调整；

f) 园区与场馆人员日最大承载量与瞬时最大承载量核定；

g) 拥堵点识别、管控与人流引导；

h) 演出活动安全管控(尤其是人员密集场地场馆)；

i) 游客安全告知与游客行为(尤其是乘坐设备、自操作、互动行为、涉水、商业潜水与潜水表演等)管理；

j) 突发情况应急准备、演练、应急响应及处置；

k) 园区广播、安全标志、应急疏散设施管理；

l) 运营值班、值班人员授权与重要时期领导现场带班管理；

m) 临时性开闭园管理；

n) 运营安全风险识别与管控；

o) 新运营项目与活动方案审查审批；

注：新运营项目包括但不限于新增常规运营项目、季节性或特殊运营项目(如涉火、涉水项目、鬼屋与密室逃脱等)及非常规运营活动(大型活动、短时性或一次性运营活动)。日最大承载量指在正常天气与运营情况且保证安全的前提下，游乐园日开放时间内能够容纳的最大游客数量。瞬时最大承载量指在保证安全的前提下，游乐园某一时间点能够容纳的最大游客数量。

p) 运营压力测试；

q) 运营总结与改进；

r) 运营应急管理；

s) 运营硬件条件适宜性与安全性评审评价。

6.1.2 园区日最大承载量、瞬时最大承载量、人员密集场地场馆允许容纳人数应予明确规定，界定拥挤、拥堵点，并在运营活动中通过票务预订系统或其他数据信息等大数据收集分析手段，实施前期管控、过程中客流监测与疏导。

6.1.3 应在售票平台、园区、场地场馆、排队区等位置，通过游客指南手册、游客须知告示牌，以及广播、视频、警示标志等形式，告知游玩禁忌与安全注意事项。对风险等级高的大型游乐设施或游玩项目，服务人员还应在项目开始前，提醒游客确认其是否达到乘坐条件并充分了解安全注意事项。

6.1.4 应结合游乐园运营特点，任命或指定各级安全值班人员，明确安全值班人员任职要求、值班职责与权限、值班时段、值班交接，以及发现问题或发生安全事故的处理程序等。对于国家法定节假日、大型活动或特色运营活动，还应明确游乐园相关负责人担任主值人员，明确A、B角。安全值班人员应熟悉其职责，并经考核胜任所承担的安全值班工作。

6.1.5 游乐园应对运营活动所涉及的重要设备设施、建(构)筑物、场地环境等，设置监控、安全标志、疏导指引和安全防护等相关措施(或设施)，开展针对性检查巡查，并制定与之对应的客流疏导与应急预案。

6.1.6 对于高峰客流时段(尤其是封闭式夜间活动)和区域瞬间最大客流安全管控与疏散，应做好下列工作：

a) 对于高峰客流时段游客较长时间停留并活动的场地，合理分片、划定人员活动网格、规定网格内最多人数；

b) 充分考虑游客进出场瞬间客流叠加所产生的风险，均匀分布演出活动、热点设施、临时演艺、明星表演、花车巡游等热点，避免多个热点布置在同一区域；

c) 保持高峰客流时段客流等量、等速、单向流动，避免人流对冲；

d) 根据客流情况调整游客活动路线，采取控制关口、排队区、缓冲区，临时改变道路或关闭可能产生拥堵踩踏事故的桥梁、狭窄路段、热点场馆与设施、台阶通道、售货亭与餐饮点等措施；

e) 进行高峰客流时段动态客流密度监测、预警，对于超过最大客流量的景点、场馆、设备设施采取管控措施，进行现场人员限流、分流与截流；

f) 密切关注游客行为，防范出现盲目聚集、滞留、逆行对冲等现象，有效开展现场秩序维护和游客疏导，及时通报游客聚集、滞留情况；

g) 在高峰客流区域设置视频监控设备，设置安全防护装置，设置立体化、多媒体（语音、视频、动画）与全天候的客流引导、提示、安全警示与疏散标志；

h) 现场人员保障要求，现场秩序维护及管理措施；

i) 按照 LB/T 068 制定并定期演练红色、橙色和黄色级别高峰客流时段的应急疏散预案。

6.1.7 季节性开放或因不可抗力因素临时开闭园的游乐园，应制定开闭园管理要求，管理内容包括但不限于开闭园安全检查事项及要求、人员培训要求、闭园期间园区管理要求、闭园后开园许可等。

6.1.8 举办大型活动应满足下列要求：

a) 达到规定人数的，按规定进行申报，获得相关部门批准；

b) 按 GB/T 33170.1 开展大型活动安全风险评估，根据评估结果制定活动方案；

c) 大型活动各类应急预案和现场处置方案符合 GB/T 33170.1 的规定，并进行应急演练；不具备应急救援能力的，与具备应急救援能力的单位签订应急救援协作协议；

d) 大型活动如由其他单位承办，作为场地提供方的游乐园与活动承办单位签订安全协议，明确安全管理边界，确定安全管理主责方与双方安全管理负责人，监督大型活动承办单位落实其安全责任，完善安全措施，切实承担起场地提供单位的安全责任；

e) 对于需经相关单位或部门批准使用的设备设施，履行相关手续，并在安装结束后经检查验收合格；

f) 大型活动中使用彩色粉末的，符合 GA/T 1291 的相关规定；

g) 高峰客流管控与应急的相关要求。

注：预计人数低于 1 000 人时，不需进行申报，但要遵照执行其安全规定。

6.1.9 对于下列情况，应对运营活动场地环境、建（构）筑物[包括临时建（构）筑物]、设备设施等开展全面检查及相关安全技术检验检测，对作业人员进行针对性的安全技能培训，确认满足安全运营条件后方可重新复业运营：

a) 发生游客死亡责任事故；

b) 季节性停运；

c) 受自然灾害影响，并造成损失或事故隐患；

d) 淡季停运或在特定时间开放的项目（如鬼屋）；

e) 其他原因造成游乐园整体或部分项目停止运行半年以上的；

f) 游乐园整体或部分项目出售、出租，变更安全管控模式、管理团队重组的。

6.1.10 设置动物观赏与科普项目的游乐园，还应满足 CJJ/T 263 的相关规定。

6.2 设备设施安全

6.2.1 游乐园应对特种设备及功能类似的设备、消防、电气与燃气等各种重要设备设施（见附录 B），尤其是直接涉及人身安全的载人设备，依据现行相关法规、标准及本文件的规定，从下列方面进行有效安全管理：

a) 设备台账与明细；
b) 设备安装、修理、改造安全质量管控(含验收检验或竣工验收)；
c) 设备设施的合法性(设计鉴定/审查、型式试验、验收检验、定期检验、注册登记)；
d) 安全设施与安全装置管理；
e) 安全标志管理；
f) 使用与操作；
g) 相关从业人员管理(资格能力、数量配置、培训等)；
h) 重要作业安全管理；
i) 日常检查与维修；
j) 定期检验检测；
k) 备品备件管理；
l) 故障管理；
m) 延寿、停用与报废管理；
n) 设备数据化管理；
o) 设备风险识别与管控；
p) 设备应急管理；
q) 设备安全检查巡查；
r) 自然灾害防范应对；
s) 安全档案。

6.2.2 现行相关法规、标准规定实行设计许可、设计文件审查、鉴定或备案、制造许可、产品型式试验或认证、制造与安装监督检验、注册登记或备案、定期检验检测的重要设备，均应在各阶段符合法规、标准规定，在相关政府部门或技术机构出具的许可证书或技术报告的覆盖之下。

6.2.3 特种设备的设计文件、出厂文件应满足特种设备相关标准和安全技术规范的规定。其他重要设备的设计文件和出厂文件应符合相关产品标准、安全标准，以及建造(非标设备)合同的规定。使用维护说明书或产品说明书应符合 GB/T 9969、GB/T 19678.1 的相关规定。

6.2.4 游乐园设置锅炉、压力容器、压力管道、危险介质储存使用设备、燃气设备设施、高低压供配电设备设施时，应避开运营前场游客活动场地场馆。如无法避开，应进行有效防护，并加以清晰醒目的安全标志。

6.2.5 重要设备同建(构)筑物、高大植物、公共设施之间以及各种设备之间应具有足够的安全空间与距离，或采取有效的安全保护措施，符合设备安全运行、检验检测与维护保养、救援疏散、防火防爆、防触电、防坠物倒塌、防人体挤压、防自然灾害等方面安全要求。

6.2.6 对游乐设施、客运索道等载人设备设施进行包装或造型装饰时，应满足下列要求：

a) 包装构件不破坏设备本体安全结构；
b) 不影响设备的安全运行；
c) 确保乘客活动区域地面距上方包装装饰物的净高满足一定安全高度；
d) 不遮挡设备操作视线；
e) 不妨碍应急设备的使用与人员疏散。

6.2.7 游乐设施正常、检修和发生异常时的设备运行包络线内均不应存在或出现障碍物。

6.2.8 可能发生人员、物体坠落的位置，应设置安全网。安全网连接应可靠，安全网的性能应符合GB 5725 的规定。

6.2.9 游乐设施、客运索道、燃气设备设施等重要设备防雷装置应符合 GB 8408、GB 12352、GB 50057、QX/T 109、QX/T 225 等的相关规定。

6.2.10 不应将有行政许可要求的重要设备制造、安装、修理、改造等业务承包给不具有相应许可资质的单位或个人。对于其他重要设备,应审查施工单位的施工能力及其施工质量管理体系。

6.2.11 对于失效可以导致事故或重大故障的重要零部件,尤其是难以检测维护或不可检测维护的重要零部件,应督促核查施工单位在施工过程中加强质量控制与检验检测,确保安全质量。

6.2.12 应对重要设备实行"专人负责、专业管理",严格按照现行相关法规、标准、设备使用维护说明书规定配备符合数量和资格能力要求的操作人员、服务人员(载人设备)、自检维护人员、运行监控人员、应急救援人员等重要从业人员,建立人员台账与档案。

6.2.13 对于大型游乐设施、客运索道等特种设备,在设备投入使用前,应对设备管理人员、操作人员、检维修人员、服务人员进行使用操作、故障排查与处理、风险识别、应急处理等方面专业培训与考试考核,使之具备相应能力。

6.2.14 应结合设备使用维护说明书、相关标准与特种设备安全技术规范、设备施工过程存在问题等,制定个性化的设备安全操作和自检维护作业指导文件,并根据设备事故、安全检查、使用过程中的故障异常,以及法规、标准新要求等进行动态更新和持续优化。

6.2.15 自检维护作业指导文件及其记录表应全面完整、准确且便于追溯,应实现定设备、定部件、定位置、定项目、定方法、定标准、定周期、定比例。

6.2.16 重要设备运营使用过程中,应严格防止设备超载、超参数运行或"带病"运行。从业人员在操作或作业过程中发现异常情况、故障、事故隐患或其他不安全因素时,应立即停止设备运行,并向设备使用管理专责人员或单位负责人报告。设备使用管理专责人员或单位负责人应采取排查措施,查清原因并予以消除,否则不应投入使用。

6.2.17 对于重要设备(尤其是载人设备)所产生的典型性故障或异常情况,应对引发故障或异常原因进行全面系统性排查分析,对同一种类设备或同台设备同一位置(同一部件)多次发生时,在查清原因后,还应对本单位同种类设备、位置、部件进行排查,查清原因后再进行修理或更换零部件,彻底消除事故隐患,不应以换件或修理代替查找原因。

6.2.18 应按照设备自检维护作业指导文件、设备年度自检维护计划,主动开展设备自检与维护工作,按期更换易耗易损件,及时补充备品备件。

6.2.19 自检结果应详细准确记录。典型缺陷除文字记载外,还应采取拍照或摄像形式留存。修理工作应留有质量证明文件且与自检发现缺陷对应封闭,证明已经通过维修予以解决。

6.2.20 在国家法定节假日或大型活动举办前以及出现可能影响安全的异常情况时,应对运营载人设备进行全面检查,查明故障和异常情况原因,及时修理问题并进行运行试验,合格后方可投入运行。

6.2.21 外委具有相应资质的相关方实施安全技术检测、维护保养和修理改造时,应对其开展的检测、维护保养或修理改造工作实施事前、事中和事后质量控制,确保设备设施经检测、维护保养或修理改造后的安全质量。

6.2.22 重要设备应按相关产品标准或设备使用维护说明书的规定进行定期检验与全面检验检测。法规规定定期检验检测的特种设备、消防设备、船舶、防雷装置等设备,应在上次检测报告到期前向相关检验检测机构提出检验申请。

6.2.23 应加强重要设备管理、自检维修、检验检测、故障与事故等信息的收集、数据处理和统计分析，最大限度避免人为差错，提高设备安全管理水平、质量和效率，保障各环节工作的及时性、全面完整性与精准性。

6.3 建(构)筑物安全

6.3.1 游乐园建(构)筑物安全管理包括但不限于下列方面：

a) 新建、改建、扩建建(构)筑物安全质量管控(含竣工验收)；
b) 建(构)筑物安全使用，侧重于重要建筑物、特殊建筑物(如水族馆)、季节性运营建筑物与相关方临时建筑物(如可燃、易燃物品仓库)安全；
c) 建(构)筑物内外悬吊挂物、马道、装饰造型、幕墙、玻璃采光顶(以下简称悬吊挂物)等安全管理；
d) 建(构)筑物安全设施与安全装置管理；
e) 安全标志管理；
f) 建(构)筑物公用设备设施安全管理；
g) 日常检查维护、维修改造及修缮；
h) 定期检查检测、安全评估或鉴定；
i) 重要作业安全管理；
j) 建(构)筑物安全风险识别与管控；
k) 建筑物人员疏散与应急管理的特殊性要求；
l) 自然灾害防范应对；
m) 建(构)筑物安全检查巡查；
n) 安全档案。

6.3.2 应对永久性与临时性建(构)筑物的设置、建造、使用、维护改造、日常检查与定期检测、安全鉴定与安全评估、报废拆除等全过程实施安全质量管控，并突出重要建(构)筑物，尤其是游乐园前场人员密集场地场馆的安全质量与消防要求，以确保其在设计寿命周期内、正常使用工况下及设计允许的异常情况下，均能安全使用。

6.3.3 建(构)筑物应符合所在地区防震、防风、防雨、防汛、防雷、防沙、防海啸等防范自然灾害的要求，有效规避自然灾害影响。

6.3.4 建(构)筑物设置、建造应满足 GB 50016、GB 50352、GB 55005、GB 55006、GB 55007、GB 55008、JGJ 57、JGJ 58 等的相关要求，同时宜充分考虑不同用途、不同环境条件下建(构)筑物的个性化安全要求(如建筑形体不规范、外饰复杂或与游乐设施相结合的运营性建筑)。

6.3.5 悬吊装饰、悬吊挂物等的承力结构，应根据实际载荷、风险大小、使用期限等情况进行设计。存在结构变形时，宜设计为静不定结构。

6.3.6 人员密集场地场馆或商业综合体的选址与布局，宜充分考虑游客活动路线、游客通道的设置、排队区与缓冲区的分隔、围栏与台阶楼梯设置、附近物体坠落与倒塌可能性、极端恶劣天气影响、人员应急与疏散避险等方面，确保满足高峰客流运营安全需求。

注：商业综合体指集购物、住宿、餐饮、娱乐、展览等两种或两种以上功能于一体的单体建筑和通过地下连片车库、地下连片商业空间、下沉式广场、连廊等方式连接的多栋商业建筑组合体。建筑面积不小于 50 000 m^2 的商业综合体为“大型商业综合体”。

6.3.7 人员密集场地场馆疏散口位置、数量与疏散方向设置、疏散口与疏散通道宽度、疏散通道长度等应能确保在规定时间内将全部人员疏散至安全地带。

6.3.8 游乐设施、客运索道等项目固定排队区与站台等候区构筑物的疏散口应根据排队区最大客流量设置，排队区与站台等候区疏散口应各自不少于 2 个，且通向不同方向，避免站台等候区疏散人流与排队区人员发生人流对冲。

6.3.9 宜根据建筑物用途与功能、容纳人员数量与活动特点、已使用年限与安全现状、环境或邻近建筑物影响作用、使用与维护管理完善程度、风险大小及叠加后严重程度，发生事故救援难度与事故后果的严重性等因素，对建筑物进行分类分级管理，实施重点安全管控。

6.3.10 对于集多功能为一体的商业综合体，应满足每种用途所需要的安全要求，确保疏散出口与建筑物内外疏散通道满足馆内允许的最大客流在规定的时间内快速疏散要求。

6.3.11 对于在建筑物屋面与外墙面设置的主题化建筑装饰、造型类门窗，人员密集场地场馆上方可能危害游客安全的悬吊挂物、侧挂物、运行设备，及损坏倒塌可能影响人身安全的人造景观等，均应从设置、建造等方面采取防松动、防坠落、防倾倒伤人的“失效安全”措施，并设计成可检测、可维护的结构型式，并在使用时定期检查巡查。对于难以检测维护的，应按适合建(构)筑物使用的最恶劣环境条件进行永久寿命设计。

注：失效安全指即使某些结构(节点)或零部件(系统)出现失效，也不会对人员造成伤害(或伤害最小化)。

6.3.12 可能受海潮，江、河、水库洪水或内涝水倒灌影响的地下室不宜设置为重要运营项目机房(如水族馆维生系统机房)，否则应采取下列措施防止倒灌：

a) 抬高机房入口高度；

b) 在入口处增设足够高度的固定式挡水设施或移动式防水挡板；

c) 在建筑物内不被极端情况水淹的高度，设置独立的通风制冷备用系统及其备用电源；

d) 在机房内设置独立的排水沟和集水井，加大排水能力；

e) 其他防止倒灌措施。

6.3.13 易燃、可燃夹芯板用于建筑物时，应符合 GB 50016 的要求，且应避免用于下列情况：

a) 运营、办公、食宿等人员活动的建筑物(包括临时建筑)，或建筑物内装饰用墙板、屋面板、吊顶及隔墙；

b) 消防安全重点部位；

c) 危险物品仓库及可燃材料仓库；

d) 建筑供暖、通风、空气调节和电气等机房及重要设备机房；

e) 临近森林防火区、人员密集区域的建筑。

6.3.14 建筑幕墙的设置、设计、检查维护应符合 JGJ 102、JGJ 133、JGJ 336 等的规定。在下方有出入口、人员通道的建筑物或游客密集区域场馆的二层及以上部位设置建筑幕墙(尤其是玻璃幕墙)的，应采用具有防坠落性能的结构及玻璃连接方式，并在幕墙下方周边区域合理设置绿化带、裙房等缓冲区域或者采用挑檐、顶棚等防护设施。

6.3.15 经营性场馆的建筑装饰、玻璃采光顶、门窗等满足下列要求：

a) 墙体和建筑物顶部的雕塑造型等建筑装饰应与主体结构连接牢固、可靠耐久，符合当地防风、防沙、防震、防雨及防腐要求；

b) 自然灾害频发地区建筑物采用玻璃结构的采光顶、幕墙、外门窗等，在设计、选择建筑玻璃种类时，应充分考虑其使用环境、场所、玻璃结构的朝向(迎风或背风)、安全重要程度，以及建筑玻璃的抗风、抗冰雹、适应温差变化性能、耐软重物撞击及耐冲击性能、抗风携碎物冲击性能、防低温脆断性能等安全性能，使所采用的玻璃结构能满足当地极端天气情况；

c) 临海或潮湿地区建筑玻璃采光顶的支撑钢结构及其五金件，应采取防腐蚀措施或采用抗腐蚀材料；

d) 气象灾害频发地区的建筑物门窗结构形式、尺寸、材料强度、密封材料与密封性能，以及门窗与墙体、玻璃或其他材料与门窗框架之间的连接方式，应设计合理、牢固可靠、便于使用及维护保养，能够满足抵御本地区极端天气情况要求；

e) 对于外窗玻璃，应采取防止其坠落伤人的措施，并结合本地区极端天气情况，设计成可临时加固防护的结构型式。

6.3.16 经营动物观赏游玩项目的游乐园，其建筑项目选址、场地环境与建(构)筑物(包括动物笼舍)等应符合 CJJ 267 的规定。陆生动物笼舍、展示场馆应从建筑结构、防护设施等方面采取可靠隔离防范措施保障游客、员工与动物的安全。凶猛陆生动物场馆应设置多重防范措施避免动物逃逸伤人。

6.3.17 观赏凶猛陆生动物的玻璃应采用安全玻璃，且具有与所观赏动物类别相适应的防火、防冲击等性能。人员贴近玻璃观赏凶猛陆生动物的，应采用双向对称结构的抗冲击玻璃，存在火灾可能的场所，还应采用耐火玻璃。设置在户外且有台风地区的观赏凶猛陆生动物构筑物，还应采用防台风玻璃。

6.3.18 对于尚无建造标准的大型亚克力玻璃水体，应审慎保守进行设计，并严格管控建造安全质量。建造与使用过程中，应采取有效措施防止亚克力玻璃受热源影响降低安全性能。

6.3.19 水族馆供排水设计，应充分考虑自然灾害、亚克力玻璃水体或送排水系统泄漏对游客危害、对周围场地及建(构)筑物的影响(如沉降、塌陷)。

6.3.20 危险物品仓库、蒸汽锅炉房、中高压容器与气瓶储存使用场所、高低压供配电与备用发电机房、用气场地场馆、暖通与供排水机房等后勤建(构)筑物，应设置在远离游客活动区域的场地。对于应设置在运营前场区域的，应与游客活动区域保持安全距离，尽可能集中设置并加以可靠围护。

6.3.21 新建、改建、扩建建(构)筑物应在竣工验收时取得竣工资料。

6.3.22 建(构)筑物防雷装置设置应符合 GB 50057、QX/T 264 的要求。

6.3.23 建(构)筑物达到相关法规的评定要求和周期或超过设计使用年限拟继续使用时，应按 GB 55021 等国家或行业标准开展可靠性鉴定或安全评价。

6.4 场地环境安全

6.4.1 游乐园场地环境安全管理包括但不限于下列方面：

a) 游乐园和游乐项目选址；

b) 建(构)筑物设置管理；

c) 游客活动场地与道路安全管理；

d) 悬吊挂物安全管理；

e) 树木与绿植安全管理；

f) 场地安全设施与安全装置管理；

g) 安全标志管理；

h） 重要作业安全管理；

i） 安全风险识别与管控；

j） 游客应急疏散与避难场所管理；

k） 自然灾害防范应对；

l） 安全检查巡查与巡更；

m） 安全档案。

6.4.2 游乐园和游乐项目选址应充分考虑地形地貌种类、地质情况、水文情况、气候特点以及地下水位升降对基础沉降影响等因素，避开蓄滞洪区域、易发生风暴潮或海啸威胁区域、地震断裂带以及地震时发生山崩和地陷地段、熔岩发育不良地质地区、矿山采空带，远离滑坡、泥石流、洪水、沙尘暴、龙卷风及其他地质灾害易发生区域。

6.4.3 游乐园安全设计应符合 GB 51192 的规定，设置动物观赏场所的还应符合 CJJ 267 的规定。对于运营活动可能引发火灾的游乐项目，不宜设置在森林防火重点控制区域。

6.4.4 游客活动区域应避开下列情况，不能有效避开的，应保持足够的安全距离或采取可靠的物理隔离防护，并从设计、建设、使用与检查检测等方面采取有效的措施防范事故发生：

a） 存在可能造成游客人身伤害的险要地段、边坡、危岩险石、地陷或泥石流、自然水系等区域及地势低洼处；

b） 存在高空坠物、倒塌、坍塌等可能的区域（如高空运行的客运索道或其他设备设施、广告牌、悬吊挂物下方）；

c） 埋地或空中架设的燃气管线、高低压电线电缆，以及燃气和高低压输配电设备；

d） 危险物品储存、使用场所，尤其是存在泄漏、爆炸可能的；

e） 存在火灾可能或事故隐患的；

f） 蒸汽锅炉、易燃易爆或有毒有害介质压力容器或燃气水电等设备设施；

g） 生产运营活动产生的风险（如地下管线供排水泄漏造成的地面塌陷）区域；

h） 高大树木存在倒塌折断可能的区域，植物果实坠落或人员可触碰到的有毒、尖刺植物之处；

i） 排队区避开交通道路、应急疏散通道与安全出口；

j） 其他可能造成人身伤害的重大安全风险处。

6.4.5 游客活动场地的设备设施，应能保障儿童、老年人和行动不便人士安全。

6.4.6 游客活动场地应具有完善的应急避险功能，预留应急疏散通道，满足最大客流量应急疏散要求。场地紧急疏散通道应平直或缓坡、等宽、无障碍。

6.4.7 应合理设置游客活动路线、预留缓冲区，避免高峰客流时形成人流对冲。游玩观光道路应符合 GB 51192 的相关规定，游客主通道或易产生拥堵之处应无瓶颈、无引发滑倒或绊摔的地面障碍（凸起、塌陷、单级台阶等）。现行相关法规、标准要求设置无障碍通道的，符合其规定。

6.4.8 宜通过缓坡等方式减少台阶设置。台阶、扶手、平台按照 GB 51192、GB 50352 等进行规范设计。设有台阶的区域，在应急疏散时应采取人员监护、广播提醒等措施。

6.4.9 园区各类窨井的设置宜避开游客密集区域。如不能避开，井盖应与场地平面或路面标高基本一致或高差宜不超过±5 mm，间隙宜不超过 5 mm；井盖不能与场地或路面平齐时，应圆滑过渡，避免锐利边缘。人员活动区域各类窨井盖应设置闭锁装置，排水系统检查井应安装防坠落装置。对于在低洼易积水处或雨水倒灌区域的排水井，井盖结构应具有防反涌功能。各类井盖系统应定期检查维护。

6.4.10 游客活动场地的户外广告牌、高杆照明灯、道旗、标志标识、露天舞台及其背景钢结构、临时搭建结构等应牢固可靠，避免倒塌、松脱坠落伤人。为防止人体碰撞或保证车辆通行安全，凸出的悬吊挂物底端距地面应保持一定的安全高度。

6.4.11 游客活动区域不应栽种有毒有害植物或果实坠落可能伤人的树木。

6.4.12 游客密集场地、游道、观景平台、空旷高耸区域的防雷装置设置应符合 QX/T 264 的要求，并在上述区域设置醒目的防雷安全警示牌，定期开展检查、检测与维护保养。由于条件限制未设置防雷装置或设置不满足要求的，应采取管控措施，防止雷电发生时人员在该类区域聚集。

6.4.13 应识别安全风险并有效管控园区与园区邻近区域场地环境安全风险、制定应急预案、设置相应标志与风险告知牌，确保游客与员工生命财产安全。对风险区域的风险变化与安全防护设施（措施），应定期进行安全评估，根据评估结果排除风险，或减低风险并改进安全防护措施。

6.4.14 游乐园应定期做好蛇虫鼠蚁的消杀。

6.5 消防安全

6.5.1 游乐园消防安全管理应包括但不限于下列方面：

a）消防队伍建设与消防人员管理；

b）消防监控管理；

c）消防设备设施安全使用、操作及日常检查维护保养管理；

d）消防设备设施定期测试管理；

e）人员密集场地场馆消防管理；

f）森林防火管理（存在林地或森林的）；

g）用火、用电、用气、用油审批及作业安全管理；

h）消防安全教育培训；

i）消防安全标志管理；

j）火灾风险识别与管控（含消防安全重点部位）；

k）防火检查巡查与巡更管理；

l）消防应急管理；

m）消防安全例会；

n）消防安全宣传；

o）安全档案。

6.5.2 消防安全管理应依据现行相关法规、标准的规定，配置满足设计要求的消防给水、消防设施及灭火和逃生器材，确定消防安全责任人和消防安全管理人，设置消防通道并保持畅通。结合本单位自身实际情况，组建志愿消防队，确保消防设备设施完好有效。

6.5.3 应有效识别消防风险，确定消防安全重点部位，落实消防安全责任，有针对性地采取火灾防范、扑救、人员紧急疏散等措施。属于消防安全重点单位、火灾高危单位、森林防火重点单位的游乐园，还应满足现行法规、标准对这些单位的特殊安全管理要求。

6.5.4 室内游玩项目应根据所在建筑物的高度、规模、耐火等级等因素合理设置，并应满足在火灾情况下人员安全疏散的要求。

6.5.5 人员密集场地场馆应确定为消防安全重点部位，按照 GB/T 40248 的规定，加强消防设施与安全疏散设施、防火检查巡查与巡更、用火、用电、用气等方面的管控措施。

6.5.6 应在人员密集场地场馆、消防安全重点部位等场所设置禁烟标识。园区设置的吸烟点应有指引标识;远离燃气设备设施、可燃物、易燃易爆物、林地植被等,并避开人员密集场地。

6.5.7 消防安全重点部位、安全疏散通道和出入口等应按规定设置警示标志及安全疏散指示标志。安全指示标志应符合 GB 13495.1、GB 15630 及 LY/T 2662 的规定。

6.5.8 应依据 GB/T 38315 制定单位级总预案、部门分预案、消防安全重点部位专项预案三类灭火和应急疏散预案。人员密集场地场馆的消防应急应能确保通过场内外有效的应急指挥、在最短的时间内通过最优的疏散路径,及时将场馆内人员全部疏散至室外安全区域,避免发生群死群伤事故。

6.5.9 应组织消防管理人员与相关从业人员开展消防业务学习、灭火技能训练和应急演练,提高检查消除火灾隐患、扑救初期火灾和开展消防宣传教育培训的能力,重点应具备及时疏散建筑物内人员的能力。

6.5.10 应将人员密集、火灾危险性较大和重点部位作为消防演练的重点。消防安全重点部位应至少每半年组织一次消防演练,其他场所应至少每年组织一次。

6.5.11 位于或临近林区、城市林地的游乐园,应建立防范森林火灾及衍生灾害应急管理机制并采取下列防范措施。

a) 管控游客使用明火或携带火种。
b) 进入森林防火区的各种机动车辆配备灭火器材。
c) 林地游步道两侧、建筑物顶部、游乐项目之间,以及已识别的林火高风险区域,宜结合游览景观、降温和防火要求,设置喷灌系统、高压雾化带,或在多日干旱实施人工浇灌,形成防火隔离区域,或专门设置防火隔离带。
d) 定期组织清山,对森林与植被形成的枯枝落叶进行清理。
e) 林地内餐厅和后勤餐饮宜采用电为能源,避免使用燃气、木炭等产生明火的能源或介质。
f) 不应在林地或邻近区域设置易燃易爆或可燃物库房或暂存点。
g) 林火高风险地区电气布线应采用埋地方式,不应直接敷设在易形成落叶堆积层的地面。林地其他区域架空或明敷线缆选用不燃、难燃或阻燃电缆。
h) 园区内的各种电气设备线路应保持完好状态,经常检查并检修,避免出现电气设备或线路老化破损短路引发林火。
i) 在林区高点、迎风坡面半山等雷击高风险位置,设接闪器,防止雷击起火。
j) 位于森林内的游客区、游步道,每个疏散区段至少应有通往不同方向的 2 条疏散道路,并符合疏散安全要求。
k) 建立森林防火巡护制度,定期、定线路对森林进行防火巡查。当森林火险气象预警为橙色或红色时,每天巡山或采用无人机搭载红外等适用的传感器,定时巡逻。
l) 重点防火区域宜设置森林防火红外热成像视频监控系统。在特别防火期、高峰客流时段,设专人定点实时监护。

6.6 电气安全

6.6.1 游乐园电气安全管理应包括但不限于下列方面:

a) 供配电设备设施安全管理;

b) 用电设备设施安全管理；

c) 电力设备建(构)筑物(变压器室、配电室、发电机房等)安全管理；

d) 临时用电安全管理；

e) 电气安全设施与安全装置管理；

f) 电气设备设施日常检查维护与定期检验检测管理；

g) 电气作业安全管理；

h) 涉电从业人员管理；

i) 电气安全标志管理；

j) 电气安全风险识别与管控；

k) 电气应急管理；

l) 电气安全检查巡查管理；

m) 安全档案。

6.6.2 应将电气火灾防范与人员电击防护作为游乐园电气安全管理重点。对于一旦产生电气火灾或人员触电事故，可能造成群死群伤的人员密集场地场馆、易燃易爆危险品仓库、载人设备、室内充电区域、涉水场所、林地内游乐观赏项目等，强化电气设备设施安装与电气线路敷设的设计审查、检查验收和使用过程安全管控。

6.6.3 电气设备设施安装及线路敷设、电气安全防护与接地、照明等应符合 GB/T 16895.26、GB 19517、GB 51192、GB 55024 的规定；对于经营动物项目的，还应符合 CJJ 267 的规定；对于涉水场所，还应符合 GB/T 16895.13、GB/T 16895.19 的规定。

6.6.4 各类电气设备设施、电气元件、电工安全用具等，应选用安全认证目录内的合格产品或经法定检验机构检验合格的产品。

6.6.5 新建、改建、扩建的输配电线路和电气设备设施，应按现行有关电气施工验收规范验收合格。

6.6.6 临时用电的线路敷设、配电箱及开关应符合 JGJ 46 的规定。

6.6.7 户外配电箱应选用防雨型、加锁，并应设在非游览地带。儿童专用活动场地确需设置插座时，应采用安全型插座并且安装高度应符合儿童活动场地相关标准的要求。

6.6.8 游乐园前场运营区域或游客易触及的用电设备设施(包括灯箱、用电标志标识牌等)和水公园、水族馆等的涉水电气设备设施，应采取相应的电击防护措施。

6.6.9 马道、钢构舞台、钢构平台、金属棚架、金属框架笼舍等易导电场所的电气安全应重点防范人员电击，所有非安全电压的电气线路应进行套管防护或敷设在线槽中。

6.6.10 穿越易燃、可燃夹芯板的电气线路，应加阻燃套管有效防护，避免电线绝缘层破损产生电气火花引发火灾。

6.6.11 坐落在林地或植被茂密的游乐园或动物园，电气线路应埋地敷设或加阻燃套管有效防护，防止因林地内用电设备接触不良、线路超负荷、漏电等导致森林火灾发生。

6.6.12 应做好电气风险管控，开展电气风险识别与事故隐患排查，及时消除电气事故隐患，落实电气安全事故应急措施。

6.6.13 自然灾害前后，应全面检查电气设备设施，重点检查游乐设施、供配电设施和游客活动区域用电设备的保护装置、防雷装置、接地装置，确保其防水、防雷、防触电性能。

6.7 燃气安全

6.7.1 使用燃气的游乐园,燃气安全管理应包括但不限于下列方面:

a) 燃气设备设施安全管理;

b) 燃气瓶仓库安全管理;

c) 用气安全管理;

d) 燃气安全设施与安全装置管理;

e) 燃气安全标志管理;

f) 燃气设备设施日常检查维护管理;

g) 燃气设备定期检验检测管理;

h) 燃气从业人员管理;

i) 燃气作业安全管理;

j) 燃气安全风险识别与管控;

k) 燃气应急管理;

l) 燃气安全检查巡查管理;

m) 安全档案。

6.7.2 应将用气场地场馆、燃气设备设施、燃气安全防护装置(燃气浓度检测报警器、管路紧急切断阀、锅炉燃烧器速断阀、机械排风装置等)设置、检查与检测校验、用气工艺与作业、涉燃气管道动土动火作业、燃气泄漏可能形成的爆炸空间、燃气安全风险管控、燃气泄漏现场处置与应急救援等方面确定为燃气安全管理重点。

6.7.3 使用燃气的游乐园,应编制燃气储存设备、管道、阀门井/箱、调压计量装置、燃气安全防护装置、用气设备、燃气安全风险等台账,强化燃气相关从业人员安全培训与能力建设,落实燃气使用与管理人员安全责任,实施燃气安全精准化管理。

6.7.4 应做好燃气风险管控,开展风险识别[尤其注重建(构)筑物燃气泄漏可能形成的室内爆炸空间]与燃气事故隐患检查排查,及时消除燃气事故隐患,有效管控燃气安全风险,落实燃气安全事故应急各项措施。

6.7.5 橙色及以上气象灾害预警信号生效后,应立即开展或督促燃气公司对所涉及区域的地下及地上燃气管道、设备设施进行检查巡查、泄漏检测,重点关注建(构)筑物倒塌、坠物、地基沉降、滑坡等区域,并根据检查巡查与检测结果采取有针对性的安全管控措施。

6.8 危险物品安全

6.8.1 游乐园危险物品安全管理应包括但不限于下列方面:

a) 危险物品储存和使用场所设置审批;

b) 危险物品采购使用审批;

c) 危险物品运输管理;

d) 危险物品仓储与库房管理;

e) 危险物品设备设施安全管理;

f) 危险物品安全设施与安全装置管理;

g) 危险物品安全标志管理;

h) 危险物品作业及从业人员;

i) 危险物品废弃物管理；

j) 危险物品安全风险识别与管控；

k) 应急管理；

l) 危险物品安全检查巡查管理；

m) 安全档案。

6.8.2 应做好危险物品安全风险管控，建立危险物品台账，开展安全风险识别与事故隐患检查排查，及时消除危险物品事故隐患，有效管控危险物品，落实危险物品安全事故应急各项措施。

6.8.3 危险物品入库时，仓库管理人员应依据现行相关标准、采购合同与台账内容，对产品标志、名称、性质、外观、数量、质量、包装等进行检查。烟花爆竹入库还应按照 GB 10631 的要求，增加对产品的部件、药量、燃放性能等检查，检查合格后方可入库，并填写出入库登记表，保留验收记录。

6.8.4 应针对危险物品特性并结合实际安全需要，编制安全操作规程并严格执行。危险化学品作业人员应熟练掌握化学品安全技术说明书(MSDS)中的相关内容。

6.8.5 危险物品运输、装卸货以及存储作业不应对游乐园正常运营产生干扰。在园区内运输危险物品应严格遵守规定的运输时间和运输路线，运输时间和运输路线与游客活动不应交叉。

6.8.6 危险物品仓库应依据库房大小与储量、储存物品危险性，设置满足要求的监控监测设备及消防设施。

6.8.7 危险物品运输人员、装卸搬运人员、仓库管理责任人、保管员、应急处置与救援人员、作业人员等重要从业人员，应进行三级安全教育，经危险物品安全知识培训、考核合格后方可上岗工作。

6.8.8 易燃易爆、易挥发危险物品以及容易相互发生化学反应或者灭火方法不同的危险物品，应分间、分库储存，并在醒目处标明储存物品的名称、性质和灭火方法，禁忌物料不应混存。

6.8.9 应按照 GB 15603 的规定，执行危险物品专人保管制度。对于剧毒危险物品，应执行双人验收、双人保管、双人发货出库、双把锁、双本账制度。

6.8.10 需要设置中间仓库或临时储存点的危险物品，其中间仓库和临时储存点的设置地点应避开人员活动区域。临时存放使用的易燃易爆和急性毒性危险物品，应放置在独立隔间、远离高温设备的专用安全储柜内，易燃易爆危险物品专用安全储柜应做可靠静电接地。

6.8.11 危险物品仓库储存量不宜超过设计最大储存量。现场储存点的储存量原则上为一次使用量，最多不应超过一昼夜使用量。

6.8.12 人员密集场地场馆运营期间不应带入、存放或使用非运营需要的易燃易爆、有毒化学物品。运营使用上述物品时，应明确管理责任部门，由专人负责管理使用。

6.8.13 应在园区入口(含大型活动入口)设置安全检查通道，配备必要的安全检查设备，进行安全检查，防止非生产运营用途的危险物品进入园区。

6.8.14 游乐园内设置汽油库、柴油库、汽车加油/加气站的，应对防爆、防静电、防雷、消防等方面实施严格安全管理。

6.8.15 烟花爆竹燃放场地应符合 GB 24284 的有关规定，烟花爆竹燃放应按照燃放说明燃放，不应在燃气设备设施邻近区域燃放，烟花燃放着落点不应朝向游客密集区域或可能引发火灾区域。

6.8.16 承担大型焰火燃放作业的相关方单位应具有相应的大型焰火燃放资质。燃放作业单位的现场负责人、安全管理人员、技术人员，以及承担燃放作业的有药安装、装填、点火、检测等作业人员应具有相应有效作业证。大型焰火燃放作业应按经安全评估与批准的燃放作业方案燃放。

6.8.17 应按规定处置、利用危险物品废弃物，对废弃物的存量、流向和处理情况进行记录，不应随意抛弃、排放废弃物。

6.9 安全设施与安全装置

6.9.1 游乐园场地场馆、设备设施、运营活动、施工活动或作业等的安全设施与安全装置，应按照现行法规、标准要求设置齐全、完整并始终保持完好有效。

6.9.2 游乐园安全设施与安全装置包括但不限于下列类型：

a) 场地防火、防雷、防风、防水疏水设备设施、防电击、防毒防爆（泄漏报警、紧急切断），以及防倒塌（挡土墙、护坡等）、防坠落（防护栏杆、围栏、挡板、盖板、安全防护绳、安全走道、扶手与爬梯、窨井盖、防坠网），以及围墙/电网等；
b) 建（构）筑物防火（火灾自动报警、自动灭火系统等）、防雷、防电击、防静电、防毒防爆、防坠落装置，人员密集场地场馆客流监控设备及疏散引导箱等；
c) 设备安全装置或安全附件（安全阀、爆破片、压力表、液位与流量计量、泄漏报警、紧急切断、通风排烟、制动、止逆、安全压杠与安全带等）、防雷、防电击、防坠落装置等；
d) 森林防火设施；
e) 动物安全防护设施；
f) 监控监测装置；
g) 安全防范系统；
h) 应急广播通信系统；
i) 作业人员人身安全防护工器具；
j) 举办大型活动时的水马、铁马、区域分隔、活动路线杆等。

6.9.3 可能发生人员坠落、误入、碰撞等危险的位置应设置防护栏杆。栏杆材料、形式、高度以及所能承受载荷应符合相关文件规定；栏杆应设计为防攀爬结构，不应采用花饰等易于攀爬的构造。

a) 阳台、外廊、室内回廊、上人屋面、室外楼梯等处的防护栏杆应符合 GB 50352 的要求。
b) 载人设备高处等候区、登舱平台、观景平台等处的防护栏杆，应符合 GB 51192、GB 8408 等的要求。
c) 长坡、陡坡、急转弯、悬崖、水域等危险路段的防护栏应符合 JTG D81 的要求。
d) 猛兽展区专用护栏应符合 CJJ 267 的要求。

6.9.4 运营、后勤等风险区域应设置分流、隔离、门禁、监控等设施。

6.9.5 在人员密集项目的售票处、入口处、排队区、易产生高峰客流区域等，应设置符合法规、标准要求的视频监控系统、应急广播通信系统。

6.9.6 在园区主入口、干道、边界等处，应设置视频监控系统、周界防范系统等安全防范系统。

6.9.7 宜设置包括安防、重大安全风险、消防安全重点部位与地质灾害风险点等四合一的电子巡更系统。电子巡更点位的确定应能满足安防与安全重点巡查管控要求。

6.9.8 对于需要定期检验或计量的安全装置、监控监测装置等，应定期检验或计量合格。

6.10 安全标志

6.10.1 游乐园应按照 GB 2893、GB 2894 执行安全标志管理。法规、标准要求设置安全标志的场地道路、建(构)筑物、设备设施、运营活动、施工活动或作业、风险区域或重大安全风险、应急疏散等,安全标志应设置齐全、覆盖完整、位置正确、明显清晰且内容无冲突。

6.10.2 安全标志包括但不限于下列类型:

a) 禁止、警告、指令、提示等安全标志;

b) 安全标记(安全色、对比色、安全旗、发光材料、分隔开的点光源等);

c) 安全告知牌(安全须知、作业风险告知牌、职业危害告知牌、化学品危害告知牌、安全注意事项等);

d) 公共信息图形标志、疏散平面图等其他标志。

6.10.3 应根据运营具体情况,在人员密集场地场馆、大型活动等的售票处、入口、排队区、堵点等区域,设置全天候、立体化、多媒体(语音、视频、动画)的安全标志。

6.10.4 大型游乐设施、客运索道等载人运营设备,应在出入口、等候区等易于引起乘客注意的显著位置,按照相关要求张贴使用登记标志、检验标志、安全使用说明、乘客须知(包括视频与广播)、安全注意事项、警示标志、使用年限届满日期等。安全使用说明、乘客须知或安全注意事项应符合设备特点,包括设备运动特点、乘客范围、身体条件限制、乘坐注意事项与禁忌事宜等方面的内容。

6.10.5 设在人员可接触区域内的安全标志,不应有明显的尖锐棱角;固定在地面时,标志牌地脚螺栓应采取包覆处理。

6.10.6 应对安全标志进行检查巡查与维护保养,发现有缺失、变形、破损或变色、松动、连接件脱漏、遮挡的,及时采取改进措施,确保安全标志与安全色始终处于完好状态。

6.10.7 游乐园宜根据本单位运营特点,采用先进技术,丰富安全标志显示手段。

6.11 作业安全

6.11.1 游乐园作业安全管理应包括但不限于下列方面:

a) 重要作业界定及分级分类;

b) 作业安全风险识别与管控;

c) 作业方案、规程或工艺制定;

d) 重要作业审批;

e) 作业安全标志管理;

f) 作业安全防护管理;

g) 作业工器具管理;

h) 重要作业人员资格能力要求与安全培训;

i) 作业过程中安全管理与检查巡查;

j) 作业应急管理;

k) 安全档案。

6.11.2 下列作业应区别常规作业与临时作业、一般作业与重要作业,根据风险程度进行安全管理:

a) 特种设备作业(包括安全设施与安全装置),如特种设备生产作业、运行操作作业、服务

作业(大型游乐设施、客运索道等载人特种设备)、自检作业、维护保养作业、指挥作业等;

注:特种设备生产作业是在游乐园内进行的特种设备现场制造、安装、改造、修理等作业。

b) 特种作业,如有限空间作业、动火作业、高空作业、水上水下作业、起重吊装与拆卸作业、涂装作业、危险品装卸与使用作业、地下挖掘、临近高压输电线路作业、带电作业、爆破、临时破路、临时接改燃气与电缆管线、临时搭拆动土、指挥作业等;

c) 其他风险作业,如交叉作业、消防作业、演出作业、应急救援作业、特种设备以外重要设备操作与检维修等。

6.11.3 对任何可能造成人身伤害的首次重要作业与临时作业(如载人设备操作)及作业方法变更,应开展作业风险识别,依据风险识别与分析结果制定安全操作规程或安全作业方案,实施有针对性的作业安全管理。

6.11.4 对于临时用电、临时动火、吊装拆卸,以及涉及埋地燃气管道、高低压电缆与消防供水管道动土作业等临时性重要作业,应在作业方案中明确关键控制流程与节点,采取有效安全预防与控制措施,确保作业安全。

6.11.5 应安排人员进行重要作业现场安全管理,确保重要作业方案或操作规程得到严格遵守,安全措施得以有效落实。

6.11.6 烟花爆竹燃放作业,应获得相关部门批准,并符合 GB 10631、GB 24284、QX/T 354 的规定。

6.11.7 在游乐园运营期间,不应在载人设备运行区域和对游客开放的场地或建筑物内开展危险作业。

6.11.8 对于游乐园内非游客开放区域正在施工作业的区域,应设置安全围栏、挡板、安全防护绳(网)、盖板、安全警示标志、警示灯等防护措施。

6.11.9 进行绿化修剪及施工作业、植物病虫害防治作业时,应严格管控安全。在对游客开放区域内绿化修剪及施工作业、打药,应避开对外运营时段。植物病虫害防治不应使用剧毒、高毒农药。

6.11.10 对于可能造成爆炸、火灾、易燃有毒气体泄漏、坍塌、坠物的重要作业,应事先进行清场,派专人现场警戒防护,并充分做好各项应急准备。

6.11.11 对于附录 A 及现行法规、标准规定资格能力的从业人员,应确保其接受相关培训考试,获取专业资格并具备实际作业能力后,方可上岗工作。

6.11.12 对于重要建(构)筑物、重要设备设施、重大安全风险等检验检测、维护修理、操作使用、疏散应急、涉水作业、演出作业、危险物品储存保管与使用等无需获取专业资格的作业,应明确上述重要从业人员的任职能力资格,组织开展有针对性的安全知识、实际作业技能培训及考试考核。

6.11.13 应对重要作业活动进行安全检查巡查,及时发现并消除作业风险。

6.12 食品安全

6.12.1 游乐园食品安全管理应包括但不限于下列方面:

a) 采购与索证索票(包括食品、食品添加剂和食品相关产品);

b) 进货查验与台账记录(票证与标签审查、保质期检查、包装检查、实物检查、冷藏冷冻食品测温检查,以及有怀疑的化验检查等);

c) 食品贮存；
d) 食品加工安全质量控制；
e) 分餐与供餐、配送与运输；
f) 大型宴会、团餐的食品安全管理；
g) 一次性餐具管理；
h) 外卖点、外餐点、流动摊档的食品安全管理；
i) 客人自带食品或外送食品提示与管理；
j) 食品中致敏原提示管理；
k) 不合格或过期原料及产品管理；
l) 清洗消毒及保洁管理(场所、餐具、布草、化学品使用等)；
m) 食品添加剂管理；
n) 食品留样及安全追溯；
o) 食品检验及计量器具校验；
p) 从业人员卫生与健康管理；
q) 食品相关场所管理(储存、加工、陈列、销售、餐厅、废弃物处理)；
r) 设备设施与工器具管理(运输餐梯与送餐车、存储设备、加工机械设备、灶具排油烟设备、外卖设备等)；
s) 食品相关人员数量、资格能力要求与教育培训管理；
t) 安全检查巡查；
u) 防虫防鼠管控(包括杀虫灭鼠药物与器具)；
v) 食品标识标签管理；
w) 食品投诉受理；
x) 相关方管理；
y) 应急管理；
z) 安全档案。

6.12.2 提供餐饮服务和食品销售的游乐园，应取得食品经营许可证，并在就餐场所和食品销售场所明显处悬挂营业执照、食品经营许可证、食品安全量化等级公示(餐饮服务)等。

6.12.3 从事接触直接入口食品工作的食品从业人员应持有效健康证上岗。每天上岗前，应对食品从业人员晨检(从业人员应主动报告个人健康异常状况)。有发热、腹泻、皮肤伤口感染、咽部炎症等有碍食品安全病症的人员，应立即调离接触直接入口食品的岗位。

6.13 自然灾害防御

6.13.1 游乐园应确定本单位自然灾害防御相关人员的安全职责，并根据所处地理区域可能发生的自然灾害种类及危害情况，与政府自然灾害管理部门建立联络机制。

6.13.2 应按照 GB/T 36742—2018 的附录 A、附录 B 开展气象灾害风险评估，判定本单位是否为气象灾害重点防御单位。

6.13.3 经评估确定为气象灾害重点防御单位的游乐园，应确定本单位主要负责人为气象灾害防御责任人，配备气象灾害防御联系人、气象灾害应急管理人，成立气象灾害防御机构并落实职责，完善气象灾害防御条件，建立气象灾害防御制度及气象灾害应急准备。

6.13.4 气象灾害防御重点单位应配备必要的气象灾害预警信息接收与传播设施，确定避灾场所、转移路线，开展气象灾害防御知识科普宣传与培训。

6.13.5 应重点防范风灾、水灾、雷电等气象灾害，以及因气象灾害引发的建(构)筑物和设备设施损坏倒塌、坠物、塌方、泥石流、山体滑坡、溃堤、林草火灾等衍生、次生灾害。

6.13.6 应结合本区域已发生的自然灾害，开展自然灾害风险识别与事故隐患排查。对发生自然灾害可能造成重大损失与人员伤亡的安全风险进行经常化、针对性的普查摸底、登记、风险评估，确定自然灾害防御重点，列明并及时更新安全风险识别及评估记录表(见 GB/T 42103)。

6.13.7 游乐园应根据消除的紧迫性与危害的严重性，及时消除自然灾害事故隐患。对于暂时无法消除的事故隐患，以及核查确认的自然灾害及衍生、次生灾害多发重发区域内的风险点、重大危险源，应采取有效的管控与防护措施，包括建立监控监测系统、设置安全防护设施和现场警示告知、提供突发事件报警处置联络方式等。

6.13.8 对于园区或邻近区域存在可能产生山体崩塌、滑坡、泥石流等危及游客安全的地质灾害风险区域，应按 DZ/T 0221，对坡体地表和地下一定深度范围内的岩土体与其上建(构)筑物的位移、沉降、隆起、倾斜、挠度、裂缝等变化情况进行定期测量监测。

6.13.9 应对自然灾害防御工作进行经常性检查，及时开展自然灾害前与灾害后勘灾与系统全面安全检查，根据检查结果调整防御重点，改进工作，持续提高防灾、抗灾、救灾能力。

6.13.10 接到自然灾害(尤其是气象灾害)预报预警后，应根据自然灾害级别采取对应的防范措施。对于可能造成严重事故的自然灾害，应采取关停卸载锅炉、压力容器，关闭燃气管道阀门，切断非救灾抢险设备设施的电力供应，搬移或加固高空悬吊悬挂物，防护地面供排水管道阀门被坠落倒塌物毁坏(特别是水族馆维生系统管道)等措施，尽可能防范减少灾害损失。

6.13.11 自然灾害预警信号解除后，灾害后果未查清前，应采取或继续实施必要措施，防止发生危险物品泄漏、建(构)筑物倾覆、地面塌陷、设备设施倒塌、燃气管道损坏或泄漏、架空线路坠地、电缆裸露破损触电等衍生、次生事故。

6.13.12 自然灾害后，应对重要建(构)筑物、重要设备设施进行全面检验检测、安全评估或修复，确认符合安全要求后方可对外运营。特种设备安全技术规范有规定的，还应经特种设备检测机构检测合格。

6.14 职业健康

6.14.1 游乐园职业健康管理应包括但不限于下列方面：

a) 职业病危害管理人员配备要求；

b) 职业病危害前期预防管理；

c) 职业病危害项目申报管理；

d) 劳动用工及职业健康检查管理；

e) 劳动防护用品管理；

f) 职业健康警示标识管理；

g) 职业病危害监测及评价管理；

h) 建设项目职业健康“三同时”管理；

i) 劳动者职业健康监护管理；

j) 职业健康风险识别与管控；

k) 安全档案。

注：“三同时”指新建、改建、扩建项目的安全设施与主体工程同时设计、同时施工、同时投入生产和使用。

6.14.2 不应安排未经上岗前职业健康检查的劳动者从事接触职业病危害的作业；不应安排有职业禁忌的劳动者从事其所禁忌的作业；对在职业健康检查中发现有与所从事的职业相关的健康损害的劳动者，应调离原工作岗位，并妥善安置。

6.14.3 应对员工、相关方工作人员开展工作岗位或作业场所相关职业危害的培训，培训内容包括职业危害因素、防范措施及应急措施。

6.15 相关方管理

6.15.1 游乐园相关方管理应包括但不限于下列方面：

a) 相关方资格预审、评审(包括定期评审)；
b) 相关方合同安全事项审查；
c) 安全协议；
d) 相关方提供产品、商品、原材料等的安全质量管理；
e) 相关方工作或服务提供的安全管理制度、应急处置与救援预案等相关文件及审查；
f) 作业人员资格能力、安全培训与风险告知；
g) 现场活动安全风险告知；
h) 安全技术交底；
i) 危险作业(包括交叉作业)审批、作业安全行为管理与作业过程检查监督；
j) 涉及安全或安全质量工作的记录报告审查确认；
k) 事前、事中和事后安全监督与安全质量管控；
l) 相关方办公、仓储、食宿等(临时)建(构)筑物的安全管理；
m) 相关方现场用重要设备安全管理；
n) 相关方临时用电、用气安全管理；
o) 相关方安全风险识别与管控；
p) 应急管理；
q) 安全档案。

6.15.2 应对可能影响安全的施工或服务相关方建立准入制度，实行相关方目录管理。

6.15.3 相关方应具备开展工作所要求的营业资质、行政许可、单位与人员专业资质。游乐园不应将新建、改建、扩建工程项目或服务项目发包给不具备相应资质、不具备安全质量管控能力，多次出现质量或安全事故的单位。

6.15.4 应与相关方签订专门的安全协议或在合同中加入安全条款，明确双方的安全责任和义务。对于重要项目或长期服务项目，应签订专门的安全协议；对于一般性项目或一次性委托服务事项，可在服务合同中设立安全条款。

6.15.5 对相关方在园区运营区域，尤其在游客活动区域从事可能影响游客安全或游乐园正常运营的交叉作业或危险作业，应要求相关方进行安全风险识别，落实现场安全管控责任人、现场监护人与具体安全管控措施，制定应急预案并演练。

6.15.6 应对进入园区的相关方工作人员进行安全教育培训，告知本单位对相关方的安全管理要求，并对其现场作业活动进行安全监管与检查巡查。

6.15.7 对于重要场地环境、重要建(构)筑物与重要设备设施的施工或服务，应在合同规定项目全部结束后，根据项目大小与复杂程度组织完工检查验收或竣工验收。有法定检验要求的，还应事先通过法定检验。

6.15.8 完工检查验收或竣工验收包括实物检查、技术检验测试、资料审查、符合设计评价等方面内容。

6.15.9 应定期对特种设备(尤其是载人设备)、消防、电气、燃气等各类相关方的服务质量进行评估。

6.16 演出安全

6.16.1 开展演出业务的游乐园,应根据本单位实际情况进行演出安全管理,包括但不限于下列方面:

a) 演出场地场馆管理;
b) 演出设备设施、器具与道具管理;
c) 演职人员管理;
d) 演出活动(舞台演出、氛围演出、巡游演出、特效演出、水上水下演出、焰火表演、喷火表演、无人机表演、动物展示等)分级分类与管理;
e) 演出节目策划与变更,演出方案审核、审批;
f) 演出相关危险作业管理;
g) 观众行为管控;
h) 涉及安全的演出特效管控;
i) 相关方管理;
j) 演出安全风险识别与管控;
k) 演出应急管理;
l) 演出安全检查巡查管理(演出排练、演出前与过程中安全检查、演出结束清场等)。

6.16.2 演出场地场馆、建(构)筑物、设备设施(道具)及演出作业活动,应按照 GB/T 42103 进行风险识别与管控。

6.16.3 舞台机械、灯光音响视频、威亚、特效设备、幕布、表演用车辆、悬吊挂设备设施等演出设备设施、器具与道具应按 6.2 进行安全管理。

6.16.4 剧场、舞台、看台等演出场地场馆应按 6.3、6.4 进行安全管理,包括但不限于日常安全检查与维护保养、定期检测鉴定、特殊情况检查等。

6.16.5 采用燃气、烟花、火油等进行户外焰火表演的游乐园,应严格按照作业指导文件进行表演作业。当地点、材料、设备、工艺等发生变更时,应收集相关资料,组织安全技术论证与风险评估,开展测试彩排、安全培训、应急演练等工作。

6.17 涉水安全

6.17.1 水上游乐园、园内存在水域或开展涉水运营活动的游乐园,应进行涉水安全管理,包括但不限于下列方面:

a) 涉水运营活动与涉水游客行为管理;
b) 涉水设备设施,尤其是载人设备(水上游乐或娱乐设施、船舶、潜水器材等);
c) 涉水场地及水域水体(水库、人工湖、人造河流、戏水及景观水体等);
d) 涉水建(构)筑物管理;
e) 涉水作业人员管理;
f) 涉水重要作业安全管理;

g） 涉水电气安全管理；

h） 水质管理；

i） 涉水危险物品管理；

j） 涉水安全设施与安全装置管理；

k） 涉水安全标志管理；

l） 涉水安全风险识别与管控；

m） 涉水应急管理；

n） 涉水安全检查巡查管理；

o） 安全档案。

6.17.2 应加强涉水电气安全管理，按相关电气安全标准设置供配电设备设施与电击防护装置，定期进行检查检测，确保供配电设备设施、电线电缆与电击防护装置完好。

6.17.3 泳池、浴池、游乐池等水域水体的水质标准应满足 GB 37488 的要求，并在制度中明确工器具、检测频率、水样采集方式等要求，定期进行水质监测。

6.18 动物安全

6.18.1 开展动物运营业务的游乐园，应确保动物饲养、展示、科普教育、游客与动物互动等区域游客、相关人员的人身安全及动物安全，满足 CJJ 267、CJJ/T 263 的相关安全规定。

6.18.2 应对动物饲养、展示与科普教育活动等进行有效管理，包括但不限于下列方面：

a） 动物场地环境安全管理(展示场地区域、动物活动区域、水域等)；

b） 动物相关建(构)筑物(展馆、水族馆、笼舍等)安全管理；

c） 动物相关设备设施安全管理；

d） 游客观赏动物行为安全管理；

e） 动物相关人员管理；

f） 动物相关重要作业管理；

g） 动物安全设施与安全装置管理；

h） 动物安全标志管理；

i） 动物相关危险物品管理；

j） 动物安全风险识别与管控；

k） 应急管理；

l） 动物安全检查巡查管理；

m） 安全档案。

6.19 园内交通安全

6.19.1 游乐园交通安全管理包括但不限于下列内容：

a） 园区交通道路设施管理；

b） 自有车辆管理要求(车辆合法手续、自检维护、定期年检等)；

c） 本单位驾驶人员与安全驾驶管理；

d） 高峰客流或大型活动期间园区交通管控要求；

e） 特殊物品(如危险物品、大件货物等)园区内运输安全要求；

f） 园区道路交通标志标线管理；

g） 交通安全风险识别与管控；

h） 交通应急管理。

6.19.2 游乐园内使用的交通车辆与场内机动车，应取得公安交通部门或特种设备安全管理部门使用证。场内机动车或其他特种车辆应专车专用，作业范围不应超出其指定范围，不应违章载人、载物。应确保机动车辆按现行法规、标准进行定期检验检测，对运行的机动车辆开展维护保养，确保车况良好。

6.19.3 应按照 GB 5768.1、GB 5768.2、GB 5768.3 的有关规定，设置并维护园区道路交通标志标线。

6.19.4 应规范园区内各种车辆按规定线路、规定时段与限定速度行驶，规范驾驶人员作业行为。驾驶人员应观察游客的安全状况，提醒游客注意安全。游乐园使用车辆不应在交叉路口闯红灯或与游客车辆、游人争抢道路。

6.19.5 救护车、消防车进入园区时，应安排专人引导，沿途工作人员应疏导游客，消除路障。

6.19.6 应对巡游、观光、生产等各类机动车辆司机的精神、身体状况加强关注，对其技能与行为加强管理，避免出现疲劳驾驶、酒后驾驶等危险行为。

6.20 其他安全

6.20.1 建有无损检测、仪器仪表计量、水质化验、食品检验、动物检验等的游乐园，应对内部检验检测实验室人员、仪器、作业指导文件等软、硬件条件按照相关法规、标准进行管理。

6.20.2 采用无人机进行表演、拍摄、观察、运输时，应对无人机及其作业活动进行规范管理。管理内容包括但不限于驾驶员、飞行区域、气象条件、防干扰、飞行审批、检查维护、失控失联处置等。不应在过山车运行包络线等危险区域进行无人机飞行。确需在特殊区域或禁飞区域进行飞行作业的，应提前进行申报，批准后按照方案执行飞行任务。

附　录　A
（资料性）
资格资质有关要求清单

资格资质有关要求清单见表 A.1。

表 A.1　资格资质有关要求清单

序号	类别	项目	要求
1	注册登记	特种设备	向相关主管部门申请办理使用登记，不包含 TSG 08 列明的无需注册设备
2		水库大坝	向相关主管部门登记，并获得使用登记证书
3		游船	向相关主管部门登记
4		车辆	向相关主管部门登记
5		建筑物	新建或改建的各类永久或临时建筑物，符合各自适用的法规、标准规定，履行报批报建、设计审查、检验检测、竣工验收等程序，取得合法使用手续
6	许可审批	消防验收或备案	新建、扩建、改建（含室内装修、用途变更）等建设工程应经相关主管部门进行消防验收或备案，取得消防验收或备案验收合格文件
7		消防安全检查合格证	公众聚集场所在投入使用、营业前，取得消防安全检查合格证
8		雷电防护装置	经风险评估需要有防雷保护的建（构）筑物、空旷场所和设备设施是否处于保护范围之内
9			各类建（构）筑物、场所和设施安装的雷电防护装置，应由具有相应资质的单位承担设计、施工，经过设计审核和竣工验收
10		大型活动安全许可	预计参加人数在 1 000 人以上的，向活动所在地有关部门申请安全许可；跨省、自治区、直辖市举办大型群众性活动的，向国家有关部门申请安全许可
11		焰火燃放许可	主办单位应按照分级管理的规定，向相关主管部门提出申请，并提交举办焰火晚会以及其他大型焰火燃放活动的时间、地点、环境、活动性质、规模，燃放烟花爆竹的种类、规格、数量，燃放作业方案，燃放作业单位、作业人员符合行业标准规定条件的证明等材料
12		食品许可证	向相关主管部门申请食品生产许可证、食品经营许可证
13	竣工验收	重要设备设施	特种设备、消防设备等，应在施工项目全部结束后且在有关部门或技术机构检查、检验、验收技术后，开展最终竣工验收
14		建设工程	新建、扩建、改建的建筑工程竣工经验收合格后，方可交付使用；未经验收或者验收不合格的，不应交付使用

表 A.1　资格资质有关要求清单（续）

序号	类别	项目	要求
15	从业人员与培训	法定从业人员	1）各领域专业（生产、特种设备、消防、食品等）的法定从业人员配备数量应满足要求与需求，持证上岗并定期复审； 2）专项安全管理人员（安全负责人、消防安全责任人与消防管理人、特种设备安全管理人员、气象灾害防御责任人与气象灾害应急负责人等）； 3）生产安全相关从业人员（高压电工、低压电工、焊工等特种作业人员）； 4）特种设备相关从业人员（如相关安全管理人员、司炉、水处理、大型游乐设施与索道操作修理、观光车辆司机、检验检测人员等）； 5）消防从业人员（消防控制室值班人员、自动消防设施操作人员、消防设备设施维修保养人员等）； 6）食品从业人员（食品安全管理员、接触直接入口食品的从业人员等）； 7）涉水安全从业人员（游船船员、潜水员、潜水照料员、潜水监督、救生员、游泳池水质管理员、潜水技术指导人员、潜水医生等）； 8）其他从业人员（无人机驾驶员、职业健康管理人员）
16		安全培训	培训对象全面覆盖、培训内容齐全完整、培训时间按时按量等
17	定期检测或鉴定	设备设施	各类设备设施按法律、法规和安全技术规范的要求进行定期检测或申报法定检验
18		建（构）筑物	建筑物、幕墙、户外广告设施等按照相关法规标准、设计要求及使用维护说明书规定的期限进行安全性检查或鉴定

注：本清单仅作示意，游乐园需要根据当地法规要求和实际情况编制适合本单位的清单。

附 录 B
（资料性）
重要设备设施清单

重要设备设施清单见表B.1。

表B.1 重要设备设施清单

序号	设备设施类型、举例及重要程度			
	名称	细目	举例	重要程度
1	特种设备	大型游乐设施	滑行车类、观览车类、飞行塔类等	＊＊
2		客运索道	客运架空索道、地面缆车及客运拖牵索道	＊＊
3		电梯	载客电梯、自动扶梯、消防员电梯、载货电梯、杂物电梯等	载客电梯、自动扶梯＊＊，其他＊
4		场内专用机动车辆	机动工业车辆，如叉车等，以及非公路用旅游观光车辆，如观光列车、电瓶车等（内部道路用载客用客车）	旅游观光车辆＊＊，其余＊
5		起重机械	符合特种设备目录中起重机械范畴的各类起重机，如机械式停车设备、桥式起重机等	载人设备附属起重设备、运营环节起重要作用的起重设备、散件入场安装的非标设备＊＊，其余＊
6		锅炉	符合特种设备目录的各类蒸汽锅炉、热水锅炉	蒸汽锅炉＊＊，其余＊
7		压力容器	符合特种设备目录的各类压力容器	载人设备附属压力容器、人员密集场地场馆压力容器与气瓶（高压、易燃易爆）＊＊，其余＊
8		压力管道	燃气管道、蒸汽管道、中低压输气管道	人员密集场地场馆易燃易爆管道＊＊，其他＊
9	非监管设备及类似设备	小型游乐设施及其他	不属于大型游乐设施范畴的机动游乐设备； 淘气堡、滑梯、秋千、跷跷板、攀爬攀岩设备、室内软体小型游乐设施； 鬼屋中使用的游乐设备；观光船、游船	观光船、游船＊＊，其他＊
10		简单压力容器	空压机储气罐、小型蒸汽灭菌器等	载人设备附属及人员密集场地场馆的简单压力容器＊
11		其他承压设备	不属于压力容器和简单压力容器范畴的承受压力且具有一定容积的设备，如用在载人设备上的空气储罐、采用蒸汽的洗涤熨烫设备、蒸汽灭菌器、消防储能器、气压给水罐、气体灭火器，以及不纳入气瓶管辖范围的各类灭火用气瓶、特效用的蒸汽锅炉及管道、特效用的氮气罐及管道、板式换热器与半容积式换热器（存在一定容积和压力的）	运营前场人员密集场地场馆压力容器＊（散件入场安装的非标设备、人员密集场地场馆易燃易爆管道＊＊）

表 B.1 重要设备设施清单（续）

序号	设备设施类型、举例及重要程度			
	名称	细目	举例	重要程度
12	非监管设备及类似设备	非监管锅炉	小型蒸汽锅炉、真空热水锅炉、常压热水锅炉	人员密集场地场馆的小型蒸汽锅炉、燃气真空或常压锅炉 * *，其他 *
13		其他起重举升设备	特种设备目录以外的各类起重机，如移动式升降平台、高空作业平台（含门式延伸平台）、单轨式升降机、电动升降系统设备、固定式链条提升机、升降工作平台、擦窗机、座板式单人吊具、高处作业吊篮等	载人设备附属起重设备、运营环节起重要作用的起重设备、散件入场安装的非标设备、擦窗机、座板式单人吊具、高处作业吊篮 * *
14	演出设备设施	台上设备	卷扬机构（设备）、驱动机构、传动装置，如舞台飞行器、单点吊机威亚等	* *
15		台下设备	升降台与辅助升降台、移动和旋转设备、升降机构、驱动机构、传动装置、制动器、支撑结构、承重结构等	* *
16		舞台与看台	舞台是为演员提供创作（演出）空间，在室内或露天安装的临时性、永久性舞台及其背架结构；安装在设备设施舞台的周围，供观众看节目所搭建的临时性、可拆卸金属结构	*
17		舞美装置	辅助艺术表演，协助舞台调度功能的，通过制景技术，运用舞台技术和装备技术体现舞美设计意图的非固定式造型	B类与C类舞美装置 * *
18		动雕	倒塌、坠落可能致人伤亡的机械式动雕	高于 2 m 的 * *
19		演出车辆与船只	巡游花车、舞台车、摩托艇等	*
20		特效设备	液氮和蒸汽产生雾、真火等特效的设备	—
21		台上灯光音响视频	—	—
22	消防设备设施	火灾自动报警系统	烟感、温感、联动控制器、红外探测器、声光报警器/警铃、可燃气体探测报警控制器、可燃气体探测器、电气火灾探测器与监控设备等	*
23		气体灭火设备	二氧化碳灭火系统、七氟丙烷（HFC—227ea）洁净气体灭火系统、IG541 混合气体灭火系统、卤代烷灭火系统、悬挂式气体灭火装置、柜式气体灭火装置、热气溶胶预制灭火系统灭火剂压力容器、驱动气瓶等	贴近密集人群，具有爆炸危险的消防设备 * *，其他 *

表 B.1 重要设备设施清单（续）

序号	设备设施类型、举例及重要程度			
	名称	细目	举例	重要程度
24	消防设备设施	其他灭火设备	厨房设备灭火装置、固定消防炮灭火系统、泡沫灭火系统、七氟丙烷泡沫灭火系统、推车式灭火器、自动喷水灭火系统、细水雾灭火系统	贴近密集人群，具有爆炸危险的消防设备 * *，其他 *
25		其他	消防蓄水罐（尤其是森林防火用、人员密集场地场馆用）、消防给水泵及消火栓系统、防火分隔、防排烟系统、救生缓降器等	*
26	防雷装置		接闪器、引下线、接地装置、浪涌保护器	*
27	燃气设备设施	管道系统	户内外燃气管道、调压箱（柜）、计量箱（柜）、阀门井、阀门箱及其安全装置	设置在人员密集场地场馆的设备 * *
28		燃气加热设备	燃气热水加热器、燃气热泵、直燃机、燃气取暖器	
29		厨房用燃烧设备	厨房燃气炉灶、蒸柜、蒸炉、大型蒸箱带挂壁式蒸汽机（天然气）、燃气烧烤炉、炊用燃气大锅灶、燃气燃烧器和燃烧器具、燃气沸水器、燃气四头平头炉连燃气焗炉、座地式燃气双缸炸炉等	
30	供配电与用电设备设施	变压器	10 kV 以上主变压器、隔离变压器、油浸式变压器	油浸式变压器 *（户外设置的油浸式变压器 * *）
31		电柜电箱	高压变配电柜、低压变配电柜、一级电柜电箱、二级电柜电箱、配电房设备、双电源切换柜、继电保护装置、漏电保护装置、坐落或靠近游客区域的电箱；设置在大型商业综合体、森林防火重点区域和消防重点部位，可能引发电气火灾的电气设备设施及其电缆	坐落或靠近游客区域的电箱、漏电保护装置 *
32		电气加热/取暖/充电设备	桑拿炉、电热油汀、电动车辆充电桩及分散式充电设备等	*
33		应急电源	柴油发电机及其储油罐、UPS、EPS	*
34	危化品储存与使用设备设施		固定式危化品储存或使用容器及其系统（包括管道阀门）	设置在前场、容积大于 1 m^3 或非标设备系统 * *
35			埋地储罐及其输油管道、柴油储罐、彩火油罐	埋地储罐及其输油管道、柴油储罐 * *
36			汽车加油站设备系统（燃油加油机）	* *
37			厨房柴油炉灶	*

表 B.1　重要设备设施清单（续）

序号	设备设施类型、举例及重要程度			
	名称	细目	举例	重要程度
38	给排水及维生系统	给排水泵、阀门与管道	重要运营用水泵（过滤水泵、生化水泵、冷却泵）、防御气象灾害的潜水泵、潜水排污泵、集水井（排污泵）	防御气象灾害潜水泵 *
39		暖通、空分	制冷设备、空气分离设备	作为运营主要辅助支撑系统的制冷设备 * *
40		海洋馆维生系统	压力水罐、热交换泵、尾气处理泵、风冷式冷水机组、脱气塔、气泵、冷暖热泵机组，以及管道阀门系统等	不可检测维护的设备系统（包括管网系统）* *
41	食品加工设备		切割类食品加工设备，如切菜机	*
42	其他		1）　造浪设备、在游客密集区域现场安装的 3 m 高以上设备设施； 2）　在游览食宿场所人员上方高空悬吊（侧挂），倒塌坠落可能致人伤亡的机械模型、装饰物、灯具、音响、投影等（重 10 kg 以上的）、电信基站设备及其他可移动设备； 3）　凶猛动物笼舍； 4）　索道救援用小飞人与滑行小车、潜水设备、夹烫机、卡式气炉、无人机等； 5）　户外广告设施； 6）　水库/河堤启闭设施	2）、3）包括设备 * *，索道救援用小飞人与滑行小车、潜水设备 *
注："* *"表示特别重要，"*"表示重要。				

参　考　文　献

［1］ GB/T 6441　企业职工伤亡事故分类

［2］ GB/T 6721　企业职工伤亡事故经济损失统计标准

［3］ GB/T 16767　游乐园（场）服务质量

［4］ GB/T 16855.1　机械安全　控制系统安全相关部件　第 1 部分：设计通则

［5］ GB/T 16895.21　低压电气装置　第 4-41 部分：安全防护　电击防护

［6］ GB/T 21714.2　雷电防护　第 2 部分：风险管理

［7］ GB/T 22696.2　电气设备的安全　风险评估和风险降低　第 2 部分：风险分析和风险评价

［8］ GB/T 30220　游乐设施安全使用管理

［9］ GB/T 31593.3　消防安全工程　第 3 部分：火灾风险评估指南

[10] GB/T 33170.2 大型活动安全要求 第2部分:人员管控
[11] GB/T 33170.3 大型活动安全要求 第3部分:场地布局和安全导向标识
[12] GB/T 33942 特种设备事故应急预案编制导则
[13] GB/T 34371 游乐设施风险评价 总则
[14] GB/T 34924 低压电气设备安全风险评估和风险降低指南
[15] GB/T 35076 机械安全 生产设备安全通则
[16] GB/T 36729 演出安全
[17] GB/T 36731 临时搭建演出场所舞台、看台安全
[18] GB/T 41091 人员密集场所电气安全风险评估和风险降低指南
[19] GB 50028 城镇燃气设计规范(2020版)
[20] GB 50601 建筑物防雷工程施工与质量验收规范
[21] GB 50763 无障碍设计规范
[22] GB 55009 燃气工程项目规范
[23] AQ/T 9002—2006 生产经营单位安全生产事故应急预案编制导则
[24] AQ/T 9007—2019 生产安全事故应急演练基本规范
[25] JGJ/T 251 建筑钢结构防腐蚀技术规程
[26] LB/T 034 景区最大承载量核定导则
[27] QX/T 116 重大气象灾害应急响应启动等级
[28] QX/T 439 大型活动气象服务指南 气象灾害风险承受与控制能力评估
[29] TSG 08 特种设备使用管理规则
[30] TSG 11 锅炉安全技术规程
[31] TSG 21 固定式压力容器安全技术监察规程
[32] TSG N0001 场(厂)内专用机动车辆安全技术监察规程
[33] TSG R7001 压力容器定期检验规则
[34] TSG S7001 客运索道监督检验和定期检验规则
[35] XF 654 人员密集场所消防安全管理
[36] XF 1131 仓储场所消防安全管理通则
[37] XF/T 1369 人员密集场所消防安全评估导则
[38] 人体损伤致残程度分级(最高人民法院、最高人民检察院、公安部、国家安全部、司法部发布)

ICS 97.200.40
CCS Y 57

中华人民共和国国家标准

GB/T 42102—2022

游乐园安全 现场安全检查

Amusement park safety—On-site safety inspection

2022-10-12 发布 2022-10-12 实施

国家市场监督管理总局
国家标准化管理委员会 发布

前　言

本文件按照GB/T 1.1—2020《标准化工作导则　第1部分：标准化文件的结构和起草规则》的规定起草。

请注意本文件的某些内容可能涉及专利。本文件的发布机构不承担识别专利的责任。

本文件由全国索道与游乐设施标准化技术委员会(SAC/TC 250)提出并归口。

本文件起草单位：广东长隆集团有限公司、中国特种设备检测研究院、广州长隆集团有限公司、珠海长隆投资发展有限公司、珠海长隆投资发展有限公司海洋王国、广州长隆集团有限公司香江野生动物世界分公司、广州长隆集团有限公司长隆夜间动物世界分公司、广州长隆集团有限公司长隆开心水上乐园分公司。

本文件主要起草人：蒋敏灵、郑志彬、张闯、梁伟林、王银兰、郭俊杰、陈皓、甘兵鹏、赵强、王和亮、田博、张学礼、蔡岭、郭健麟、张德录、覃权怀、蒲振鹏、向洪飞、陈永振、吴海明、钟怀霆、刘斌、周泽武、王勇、钟建树。

游乐园安全　现场安全检查

1　范围

本文件规定了游乐园现场安全检查工作的总体要求、安全检查实施、其他管理要求。

本文件适用于游乐园及其上级单位开展的各级现场安全检查。旅游景区可参照执行。

2　规范性引用文件

下列文件中的内容通过文中的规范性引用而构成本文件必不可少的条款。其中，注日期的引用文件，仅该日期对应的版本适用于本文件；不注日期的引用文件，其最新版本（包括所有的修改单）适用于本文件。

GB 39800.1　个体防护装备配备规范　第1部分：总则

GB/T 42101　游乐园安全　基本要求

GB/T 42103　游乐园安全　风险识别与评估

GB/T 42104　游乐园安全　安全管理体系

3　术语和定义

GB/T 42101、GB/T 42103 界定的以及下列术语和定义适用于本文件。

3.1

安全检查巡查　regular safety inspection

游乐园各级组织、安全管理机构按照本单位安全管理体系相关文件或安全检查计划所规定的项目、内容所开展的监督性质的经常性的检查和巡查。

3.2

日常检查　routine inspection

游乐园业务部门和班组对所管辖区域的设备设施、建（构）筑物等，依据使用维护说明书或作业指导文件规定开展的日检、周检、月检等技术性检查。

3.3

专项安全检查　specific safety inspection

针对特定安全领域或专业、特定安全管理重点、特殊时期等开展的安全检查。

3.4

综合性安全检查　comprehensive safety inspection

对 GB/T 42101 规定的通用安全要求与专项安全要求有效落实情况进行的全面系统性安全检查。

3.5

现场安全检查　on-site safety inspection

游乐园或游乐园上级单位对游乐园开展的定期和不定期的专项安全检查和综合性安全检查。

4 总体要求

4.1 安全检查文件

4.1.1 按照 GB/T 42101、GB/T 42104 的要求，建立覆盖本单位全地域、全时段、全范围、全过程、全部管理对象的安全检查程序文件及相关的作业指导文件。

4.1.2 安全检查程序文件及相关作业指导文件应包括但不限于下列内容：

a) 安全检查种类；

b) 安全检查实施主体；

c) 安全检查时间；

d) 安全检查方式、方法；

e) 安全检查重点；

f) 安全检查发现问题的处理；

g) 排查与整改；

h) 整改工作的监督与复查(抽查)；

i) 典型案例的管理；

j) 安全检查工作质量管控；

k) 安全检查数据分析与工作总结要求；

l) 安全检查过程与检查结果的信息化管理；

m) 安全检查档案管理。

4.1.3 为有效规范安全检查工作，在通用安全检查作业指导文件和专用安全检查作业指导文件中，详细列明各类专项或专业的安全检查项目表。游乐园上级单位实施的现场安全检查，也应制定现场安全检查项目表。安全检查项目表满足下列要求：

a) 按照相关规定列明检查项目与要求，还应满足 GB/T 42101 的通用安全要求和专项安全要求；

b) 根据被检查对象涉及的业务活动，按照 GB/T 42101 与 GB/T 42103 中的项目进行选取和补充；

c) 当某专项安全要求涉及较多方面时，如设备设施，其检查项目表可按总项目、分项目进行细化，给出具体检查项目。

专项安全检查的安全检查项目表示例见附录 A。

4.1.4 安全检查项目表应结合实际情况定期予以修订。当安全检查项目表不能满足特定时期、特定情况或特定业务部门和班组的安全检查需求时，或新的法规标准颁布时，应及时予以修订。

4.2 检查计划与方案

4.2.1 安全检查工作的开展应制定年度现场安全检查计划，列出年度现场安全检查的重点领域、重点区域和重点事项，以及现场安全检查的频次及检查时间。

4.2.2 综合性安全检查、专项安全检查与安全检查巡查应互相结合，形成差异化互补。涉及 GB/T 42101中多项通用安全要求和专项安全要求时，以开展综合性安全检查为主；针对某一安全领域或专业、安全管理重点、特殊时期或特定情况，以开展专项安全检查为主。综合性安全检查可一次性完成，也可分解成多个专项安全检查在一定时期内完成。

4.2.3 游乐园各级组织和安全管理机构开展的安全检查巡查，应确保通过不同时段对不同区域或对象的检查巡查，在一定周期内完成全部安全管理对象的检查巡查。此外，还应结合现场安全检查发现问题与整改要求，制定检查计划，通过安全检查巡查推进整改工作落到实处。

4.2.4 对于涉及方面较多、规模较大的综合性安全检查或增加特定检查要求的，安全检查组可结合被检查对象特点，有针对性地制定现场安全检查方案，增强安全检查的针对性和实效性。检查方案包括但不限于下列内容：

a) 检查目的、对象与范围；
b) 检查时间、步骤进度；
c) 检查任务与责任人；
d) 修订的安全检查项目表(安全检查项目宜有利于发现问题和便于数据化管理)；
e) 检查重点；
f) 检查措施与方式、方法；
g) 检查工作要求与配合检查要求；
h) 检查所需资料；
i) 首次会议、末次会议安排；
j) 检查所需工器具与个体防护要求。

4.3 检查时间

4.3.1 各类现场安全检查的时限应按游乐园年度现场安全检查计划执行。现场安全检查时间满足下列要求：

a) 针对 GB/T 42101 通用安全要求与专项安全要求有效落实情况，每年至少进行一次全面系统的综合性安全检查；
b) 针对不同安全领域、不同安全专业的专项安全检查，宜每季度至少进行一次，每年覆盖所涉及的重点安全领域和专业；
c) 针对春节、国庆节等国家法定节假日、寒暑假客流高峰期的综合性安全检查或专项安全检查，宜至少提前 10 d 进行，以便在高峰客流来临前完成问题整改；
d) 针对大型活动与项目开业前开展的综合性安全检查，可根据实际工作情况，酌情分阶段提前开展专项安全检查并落实整改，在活动举办前或项目开业前完成综合性安全检查与检查发现全部问题的全面整改；
e) 针对防御自然灾害的专项安全检查，结合自然灾害发生发展情况开展，至少每年开展一次(可结合综合性安全检查)。自然灾害来临前的专项安全检查，应在接到政府相关部门发布的自然灾害预报预警后立即组织进行，以便针对发现问题提前做好防灾避险准备工作。

4.3.2 当出现以下特定情况之一时，应开展专项安全检查或综合性安全检查：

a) 适用的法律法规、标准或本单位安全管理体系文件发生重大变更或有新法律法规出台；
b) 游乐园组织机构、业务形式内容、人员编制、规模、重要设备设施及其工艺等发生可能影响安全的重大变更；
c) 新建、改建、扩建运营项目[重要建(构)筑物、重要设备设施]竣工投用前；
d) 停用时长超过一个季度的运营项目恢复使用前；

e) 本单位发生安全事故(人员死伤事故、同类频发事故)或业内外发生可借鉴的重大安全事故;

f) 此前现场安全检查发现问题较多、涉及面较广或整改不力;

g) 有重大投诉、举报或其他应进行事故隐患排查的情况出现;

h) 针对季节性特点、气候条件变化情况组织的安全检查;

i) 当某安全领域(专业)或专题需要进行专项安全检查;

j) 国家、地方相关政府部门和上级单位提出要求;

k) 其他应进行安全检查的情况发生。

对 a)、b)情况应重点审查修订后的游乐园安全管理体系文件及其执行效果。

4.3.3 特种设备种类与数量较多、安全技术问题比较复杂的游乐园,每年可邀请外聘专家或委托专业的咨询服务机构开展专业安全检查。

4.4 检查人员与检查工器具

4.4.1 现场安全检查应成立安全检查组。游乐园综合性安全检查应由游乐园主要负责人带队,专项安全检查应由游乐园安全负责人或其他专项安全负责人、安全管理机构负责人带队。游乐园部门级组织自行开展的综合性安全检查或专项安全检查,应由承担"一岗双责"的部门负责人带队。

注:"一岗双责"是指各级组织负责人承担的业务职责和对应的安全职责。

4.4.2 安全检查人员应具有所检查安全领域(专业)的相关工作经历与能力,熟悉安全检查工作要求、检查方法和安全检查文件。

4.4.3 安全检查人员按照 GB 39800.1 的要求佩戴个体防护装备。对于安全检查所处场地环境有特殊安全或卫生要求的,安全检查人员的身体素质和状态应满足要求,如高空安全检查人员无恐高症、食品安全检查人员无有碍食品安全的疾病等。

4.4.4 检查时携带记录现场情况的摄像机或照相机,还应根据检查工作的技术特点,携带测量工器具和检测仪器,如可燃气体浓度检测仪、验电笔、万用表、温度计等。测量工器具与检测仪器应外观完好、功能正常,并应在计量溯源有效期内。

4.5 检查侧重点与方法

4.5.1 游乐园各级组织是承担安全责任的主体,承担"一岗双责"的各级组织负责人的安全管理履职情况、开展安全检查巡查情况、对重要设备设施与重要建(构)筑物开展的日常检查等情况,应作为现场安全检查的主要对象。安全管理机构实施的安全管理监督活动、开展的安全检查巡查质量与效果,也应作为游乐园主要负责人或上级单位开展现场安全检查的侧重点之一。

4.5.2 现场安全检查应按相关安全检查项目表开展工作,并侧重于可能造成人身伤害事故的重要场地环境、重要建(构)筑物、重要设备设施等实物安全状况,以及重要作业、高峰客流与大型活动等重要运营活动安全管控,事故隐患排查治理与重大安全风险管控等方面情况。

注:重大安全风险指 GB/T 42103 规定的 1 级安全风险与 2 级安全风险。

4.5.3 现场安全检查方法主要以实地观察巡查、宏观检查、重点抽查、查阅资料、人员询问、见证重要作业、会议交流讨论等方式开展,必要时开展专业性检查检测或试验、人员安全管理知识或实际安全技能考核。

4.5.4 现场安全检查以安全管理体系文件审查为辅助方法。现场安全检查时所进行的安全管理体系文件审查主要是在发现被检查的相关业务部门和班组存在较严重、共性、典型安全问题,多次重复发生同类事故或此前检查发现的事故隐患(安全问题)反复出现时,应追根溯源地审查其安全责任制健全与落实、安全管理体系文件健全与执行有效性等方面情况,督促其从根源上改进某方面工作,进一步健全安全管理体系。

4.5.5 当现场安全检查发现游乐园多方面存在较多系统性安全问题,显示其安全管理体系不健全、不完善时,游乐园应开展安全管理体系自查自纠,随之开展安全管理体系文件专项审查或开展安全管理体系评审。

5 安全检查实施

5.1 检查准备与现场工作程序

5.1.1 开展现场安全检查前,游乐园或其上级单位应向被检查对象提前告知本次安全检查的目的、项目、时间,提出配合检查要求(飞行检查除外)。

5.1.2 现场安全检查带队负责人对安全检查组成员进行检查工作分工,落实检查责任。检查组各成员的工作有所侧重。

5.1.3 对于已制定方案的现场安全检查,检查组应组织检查人员研究讨论现场安全检查方案,熟悉检查项目与内容、重点以及检查方式、方法等。同类现场安全检查再次开展时,检查组应事先查阅上一次检查时的档案资料,及时调整检查重点。

5.1.4 游乐园上级单位对游乐园开展的现场安全检查,检查带队负责人还应督促检查人员提前了解游乐园的基本情况、生产运营特点、安全管理重点、以前安全检查发现的问题及整改情况。现场安全检查如涉及较深专业内容,检查人员应事先查阅、研究、掌握相关法规、标准的要求,必要时可邀请专家对检查人员进行培训,也可以邀请专家共同参加检查。

5.1.5 检查人员应基本掌握被检查对象的安全底数与安全管理重点,应结合国内外及行业内外各类相关事故案例,根据其此前检查屡次发现的问题或不能有效整改的问题,从中发掘出不安全因素,作为安全检查的重点,进一步细化或调整工作重点,修订安全检查项目表。

5.1.6 游乐园上级单位开展的综合性安全检查宜按下列程序执行,专项安全检查可适当简化工作程序。

a) 召开首次会议,告知本次检查计划、安全检查项目与重点、方式、方法、抽查比例,确定检查日程表(视检查工作种类、重要性与规模),提出现场安全检查配合要求等。
b) 实施现场安全检查。按确定程序和现场安全检查项目表进行。
c) 当安全检查发现重大事故隐患时,应按“确认、记录、报告、通知”程序处理。
d) 检查组内部沟通检查发现。
e) 检查结束后召开工作会议,检查组向游乐园通报全部检查发现,提出整改要求或建议,形成会议纪要。游乐园可对检查初步结果陈述意见。

5.1.7 游乐园开展的现场安全检查宜按下列程序执行:

a) 制定并发布安全检查通知和方案(如有),告知本次检查计划、安全检查项目与重点、方式、方法、抽查比例、检查日程表、检查配合要求等;
b) 实施现场安全检查,按确定程序和现场安全检查项目表进行;
c) 检查结束后召开工作会议,通报全部检查发现,提出整改要求或建议,形成会议纪要。

5.2 过程管理

5.2.1 开展现场安全检查,首先应进行被检查对象的现场工作安全风险识别、风险告知与安全条件确认。当现场安全条件不满足,可能会造成检查人员伤害时,检查组不应开展现场安全检查。

5.2.2 查阅文件资料应在实施现场安全检查前及检查过程中进行。被检查的游乐园或其业务部门和班组应提供下列文件资料供检查人员查阅:

a) 合法性文件(行政许可、注册登记、报批报建、检查验收、定期检验、检测校验等)与相关人员资格证书等合法性文件;
b) 检查重点或发现较大问题环节的岗位责任制健全与落实情况;
c) 现场检查对象适用的安全管理体系文件健全与执行情况;
d) 相关作业指导文件健全与执行情况;
e) 相关安全台账或数据库信息的全面性、真实性与及时性;
f) 相关记录(运营、设备设施运行、日常检查与维修保养记录等);
g) 外委检测维保单位服务委托合同、工作记录与报告;
h) 重要从业人员培训与考试考核资料;
i) 故障与事故事件分析处理资料;
j) 安全管理活动资料(安全责任状、安全会议记录或纪要及执行落实情况、各级现场安全检查、安全检查巡查记录、问题整改封闭、尚待解决等安全问题清单、安全检查发现问题汇总与趋势分析、安全风险识别与管控及事故隐患排查治理等)。

5.2.3 游乐园上级单位开展现场安全检查时,宜先进行现场检查对象巡查,摸清现场安全检查对象的环境条件与重点状况。

5.2.4 对于安全检查项目表或检查方案规定,或现场观察发现问题需要实物检查检测或试验(对安全防护装置性能和灵敏度进行现场检查)的,在确认游乐园检查检测作业指导文件有效后,可按其文件复测校正,或见证游乐园相关人员按此作业指导文件实施检查检测或试验,并将记录结果与他们此前工作记录比对。

5.2.5 检查人员见证重要作业,对相关人员开展问询,考核游乐园或其相关业务部门和班组负责人、管理人员、各类作业人员对本岗位职责、相关安全管理体系文件(尤其是作业指导文件)的熟悉程度,以及是否具有管理、作业(操作、自检与维护、应急等)相关能力,并与现场安全检查过程中的现场观察、实物检查检测情况进行对比。现场见证重要作业时,尽可能在不影响正常运营的前提下进行。

5.2.6 当现场安全检查发现被询问人员各自说法不一,涉及部门和人员较多或问题具有普遍性时,应召开专门会议进行座谈讨论或集中考试考核。

5.2.7 检查人员应依据安全检查项目表逐项开展检查,把精力集中在重点区域、事故事件多发领域环节、重要岗位及安全工作的薄弱环节,并对照其已有安全检查记录和现存安全问题清单,侧重跟踪检查核实下列情况:

a) 游客密集区域的场地环境、建(构)筑物、设备设施、作业(尤其是交叉作业)等方面安全管控的有效性;
b) 游乐园、上级单位或政府相关部门安全检查发现问题整改封闭情况(尤其是整改的真实性);
c) 典型安全问题"三查三改"情况;
d) 重大事故隐患排查治理情况;

e) 重大安全风险所采取管控与应急措施齐全、有效性。

注："三查三改"指对典型安全问题进行的举一反三、追根溯源、全面系统的排查与整改。

5.2.8 检查带队负责人应有效地控制安全检查质量，检查人员应确保现场安全检查不错检、不缺项、不漏项、抽查比例符合要求，确保检查记录完整真实、可见证、可追溯、相关见证资料的关联一致，以及检查记录的有效性，对检查结论和检测结果的正确性和真实性负责。

5.2.9 检查过程中，检查带队负责人应加强检查人员之间的配合，及时通报相关情况，加大检查工作的指导监督力度，做好协调。对检查人员现场难以确定的疑难问题，应本着实事求是的科学态度，及时组织检查人员进行技术分析与评价，必要时寻求外部专家支持，力求安全检查判断意见的完整正确。

5.2.10 检查过程中，检查人员根据现场安全检查发现问题情况，在报告检查带队负责人后，可调整检查路线，增加安全检查项目。

5.3 发现问题处理

5.3.1 当现场安全检查发现存在安全违法行为或者重大事故隐患时，应按"确认、记录、报告、通知"程序处理，具体要求如下。

a) 确认。当现场检查检测结果发现重大事故隐患，应由 2 名以上检查人员或经检查带队负责人确认。

b) 记录。对于检查发现的事故隐患与安全问题，应如实、准确、完整记录(包括文字记录、视频音频记录、询问笔录)，照片应标注日期与时间、地点、场所场馆(设备设施)名称与部位及实物缺陷尺寸，并加以必要的文字说明。

c) 报告。对于具有典型性，需要游乐园或其业务部门和班组排查的重大安全问题，还应向游乐园主要负责人报告，以便及时开展典型案例排查。

d) 通知。根据问题的严重程度，要求当场改进(事故隐患排除前或者排除过程中无法保证安全的，从危险区域撤出相关人员)、限期整改，或暂时部分项目(设备设施)停业或停用。

5.3.2 对于现场发现一般安全问题的处理，可口头通知并做好记录；对于现场发现的重大安全问题，应发出书面纠正处理通知。情况紧急时，可在现场先口头通知，当天检查工作结束时补发书面通知。

5.3.3 对于重大事故隐患，检查带队负责人应立即报告游乐园主要负责人，提出处理意见(建议)。游乐园应制定并落实重大事故隐患的治理方案，治理方案的内容应包括治理的目标和任务、采取的方法和措施、经费和物资的落实、负责治理的机构和人员、治理的时限和要求、安全措施和应急预案等。重大事故隐患排除后，经审查同意，方可恢复生产经营。

5.3.4 对于安全检查发现的违章指挥、违章作业行为，应立即予以制止，并视其严重程度，留有书面或音频或视频见证资料。

5.4 安全检查意见与整改封闭

5.4.1 现场工作结束后，检查组应提交安全检查汇总表和检查意见书。

5.4.2 游乐园主要负责人带队的安全检查，末次会议纪要可视为检查意见书。

5.4.3 现场安全检查工作结束后，根据发现事故隐患的严重性和解决的迫切性，被检查的游乐园或相关组织负责人，应及时落实整改责任人、整改期限和相关资源。对于具有典型性的安全问题，还应按期完成"三查三改"，向检查组提交整改完成证明材料。

5.4.4 检查带队负责人应跟踪检查发现问题的整改进度及完成情况，监督问题的彻底整改封闭。对于已到整改期限的，应确认整改工作是否完成。对于重特大安全风险的整改完成情况，应派人现场复查。对于一般性安全问题的整改(包括采取监护措施)，检查人员可进行整改材料确认，或在此后的安全检查过程中进行现场确认。

6 其他管理要求

6.1 总结与分析

6.1.1 现场安全检查工作结束后，应对所开展的检查工作进行总结，汇总分析安全检查数据、共性问题和典型案例以及本次安全检查工作中的不足，有针对性地采取改进后续检查工作措施。

6.1.2 应定期对不同时期、不同阶段、不同检查类别、不同被检查对象的各类检查发现，进行归纳总结，透过现象查本质，找出具有规律性的发展变化趋势，以此不断调整安全检查项目、种类、对象、重点与方式、方法。

6.2 检查纪律

6.2.1 对需要保密的文件资料、敏感信息等，检查人员应遵守保密规定。

6.2.2 不应带无关人员、有业务竞争或冲突人员开展现场安全检查工作。

6.2.3 安全检查人员应遵守游乐园工作纪律与作息时间。

6.2.4 进入危化品仓库、电力设备区域(变压器室、高低压配电室、发电机房等)、重要设备机房应有相应的专业人员陪同，不应私自进入。

6.3 档案与数据库

6.3.1 安全检查及整改结束后，检查组应及时收集整理安全检查资料和整改材料(记录、意见书、报告、检查相关证据资料及音像材料、会议纪要、整改回复及复查确认资料、检查质量抽查记录、简报通报、安全检查总结等)，提交给档案部门归档。

6.3.2 应按照GB/T 42104的相关要求，建立安全信息数据库系统，并将安全检查数据与其他相关数据建立关联关系，通过对数据的汇总与统计分析，及时发现安全管理中的疏漏，提前预警反复发现的安全问题及事故隐患，持续改进安全检查工作的全面性、针对性、有效性等。

附　录　A
（资料性）
安全检查项目表及相关示例

载人设备专项安全检查项目表示例见表 A.1，应急工作专项安全检查项目表示例见表 A.2，高峰客流专项安全检查项目表示例见表 A.3。

表 A.1　载人设备专项安全检查项目表示例

序号	检查总项目	检查分项目	检查内容	法规标准相关要求	检查方法	具体检查对象（区域或对象编号、名称）	检查结果	备注
1	登记注册	设备使用登记证	使用登记证有效期及张贴是否符合要求	使用登记证应在有效期内，现场张贴显著	现场检查			
2	法定从业人员	安全管理人员	是否配置安全管理人员（如特种设备安全管理负责人、特种设备管理员）及是否切实履职	持证安全管理人员总数与在岗人数应满足安全管理工作需要，并切实履职	现场检查			
3		操作、修理等人员	操作、修理等人员是否持证上岗	操作、修理等人员配置数量满足安全运营需要且持证上岗	查阅资料			适用于有相关资格要求的载人设备
4	监督检验与定期检验	载人设备定期检验	是否在检验有效期内	需定期检验的载人设备应在检验有效期内	查阅资料			
5		附属设备和装置检验	压力表、安全阀等附属设备和装置是否在检验有效期内	需定期检验的附属设备和安全装置应在检验有效期内	查阅资料			
6		监护运行项目	监护运行措施是否有效落实	法定检验报告监护运行措施应有效落实	查阅资料			如有监护运行项目
7		检验合格标志	检验合格标志是否张贴显著	检验合格标志应张贴在显著位置	现场检查			

表 A.1　载人设备专项安全检查项目表示例（续）

序号	检查总项目	检查分项目	检查内容	法规标准相关要求	检查方法	具体检查对象（区域或对象编号、名称）	检查结果	备注
8	制度文件	安全职责文件	游乐园安全管理体系文件是否建立健全岗位责任制。 岗位人员是否清晰知道自己的岗位安全职责	建立符合 GB/T 42104 要求的安全职责体系并有效落实	查阅资料 询问人员			
9		管理制度与作业指导文件	游乐园安全管理体系文件是否建立健全相关管理制度、作业指导文件。 岗位人员是否清晰知道本职工作涉及的管理制度和作业指导文件	建立符合 GB/T 42104 要求的安全管理体系文件并有效落实	查阅资料 询问人员			
10	安全风险识别与管控情况	安全风险识别情况	是否开展载人设备安全风险识别	应按照 GB/T 42103 要求的方法进行设备安全风险识别，掌握全园区载人设备风险底数与分布情况	查阅资料			
11		安全风险管控情况	是否对安全风险采取措施降低风险或有效防护，对事故隐患是否开展了排查治理	应采取措施降低风险或有效防护，对事故隐患应开展排查治理并消除	查阅资料 现场检查			
12	设备停用、启用	手续办理	停用、启用设备是否按要求向政府部门办理手续	停用、启用载人设备应办理手续	查阅资料			如有停用、启用设备
13	设备运行	实际运行情况	查看设备运行记录，设备是否按规定的参数运行	符合使用说明书或法定检验报告规定的参数运行	查阅资料			
14		异常	设备运行时是否存在异常	设备运行时无异常声响、异常振动、卡滞等现象	现场检查			

表 A.1 载人设备专项安全检查项目表示例（续）

序号	检查总项目	检查分项目	检查内容	法规标准相关要求	检查方法	具体检查对象（区域或对象编号、名称）	检查结果	备注
15	运行环境	自身环境	设备上方或周围是否存在坠物，操作室与机房是否堆放杂物，进出口是否保持畅通	自身运行环境无影响运行安全和游客安全的问题	现场检查			适用于大型游乐设施
16		外部环境	危化品储存与使用、燃气设备、电气设备设施、绿植、护坡、挡土墙等是否影响载人设备安全和游客安全	外部环境无影响运行安全和游客安全的问题	现场检查			
17		标志标识	人流方向指引、禁止界线、乘客须知与安全注意事项、身高标尺、载客装置内相关标志标识、游客活动区域安全指示、警示标志及疏散线路指示标识等设施是否规范，是否清晰可见	载人设备应按照要求设置相应安全标志标识，现场张贴应清晰可见	现场检查			
18		视频和广播	乘坐禁忌与注意事项等内容是否具体清晰，是否能有效告知到位	视频和广播具体清晰，应在排队区、乘坐等候区全程播放。对于乘坐安全要求较高的，乘坐或发车前再次确认	现场检查			
19	服务人员能力	操作能力	服务人员是否按规章操作	现场人员应按照规章制度、操作规程、服务人员守则进行操作	现场检查			适用于大型游乐设施、观光车
20		发现故障能力	现场考察服务人员是否具备发现故障能力	现场人员应具备发现故障的能力	询问人员			
21		识别风险能力	现场考察服务人员是否具备识别风险能力	现场人员应具备识别风险能力	询问人员			

表 A.1 载人设备专项安全检查项目表示例（续）

序号	检查总项目	检查分项目	检查内容	法规标准相关要求	检查方法	具体检查对象（区域或对象编号、名称）	检查结果	备注
22	服务人员能力	应急处置能力	现场考察服务人员是否具备应急处置能力。工作场所是否配置现场应急处置方案流程图	现场人员应熟练掌握应急处置方法与流程	询问人员 现场检查			
23	操作与服务	乘坐限制	服务人员是否检查核对乘坐条件	载人设备每次运行前，服务人员应检查核对乘坐条件符合情况	现场检查			适用于大型游乐设施、观光车
24		安全注意事项讲解	服务人员是否及时、完整地向游客讲解安全注意事项	载人设备每次运行前，服务人员应向游客讲解安全注意事项	现场检查			
25		安全装置检查	服务人员是否细致检查安全装置	载人设备每次运行前，服务人员对安全装置逐一进行了检查确认	现场检查			
26		游客行为关注	服务人员是否密切关注游客行为	载人设备运行时，服务人员密切注意游客动态，及时制止游客危险行为	现场检查			
27		运行过程广播	运行广播是否功能正常	运行中保持广播可靠	现场检查			
28		游客引导	服务人员是否正确引导游客出入	服务人员应有效引导游客，保持出入畅通、无阻滞	现场检查			
29	自检维护	检查维护项目	检查维护项目是否齐全完整	项目、周期与频次、比例、方法、重点应符合设备使用维护说明书、相关特种设备安全技术规范与本单位作业指导文件规定	查阅资料			

表 A.1 载人设备专项安全检查项目表示例(续)

序号	检查总项目	检查分项目	检查内容	法规标准相关要求	检查方法	具体检查对象（区域或对象编号、名称）	检查结果	备注
30	自检维护	检查维护记录	询问作业人员如何开展检查维护,与作业指导文件对比,判断作业人员是否按照作业指导文件开展检查维护。 对记录中的检查项目存在疑问时,用携带的检查工器具进行抽查、复核	载人设备检查维护人员应按照本单位制定的作业指导文件开展检查维护,如实填写检查维护记录	查阅资料			
31		整改封闭	检查所发现的问题是否整改封闭	问题整改应符合具备可追溯性、整改后复查封闭、复查与发现问题对应	查阅资料			
32		质量管控	日常检查是否有相应的质量管控措施	质量管控应有运营人员与工程维修人员交接班相关制度、有检查与质管人员签字、现场工作有质量监督、发现重大问题及时报告与处理	查阅资料			
33		工器具	检查检测、维护保养工器具是否齐全完整、按期计量	检查检测、维护保养工器具应齐全完整,有计量要求的工器具应按期计量	现场检查			
34	安全档案情况	建档情况	是否逐台建立载人设备安全档案	应逐台建档	查阅资料			
35		档案内容	档案内容是否齐全完整	档案内容应齐全完整,反映设备原始情况及投用后的变化情况	查阅资料			

表 A.2　应急工作专项安全检查项目表示例

序号	检查总项目	检查分项目	检查内容	法规标准相关要求	检查方法	具体检查对象（区域或对象编号、名称）	检查结果	备注
1	应急组织机构与人员	应急领导小组	是否建立应急领导小组并明确职责	建立由游乐园主要负责人及相关负责人、主要业务部门负责人等组成的应急领导小组，并按照相关规定明确各自职责	查阅资料			
2		应急管理机构	是否建立应急管理机构并明确职责	建立应急工作的日常管理机构(部门)，并按照相关规定明确其职责	查阅资料			
3		应急指挥	是否明确应急指挥与相关管理人员及其职责	明确应急总指挥、现场应急指挥及应急职能小组长等应急管理人员，按要求设置A、B角，并按照相关规定明确各自职责	查阅资料			
4		应急救援队伍	是否建立应急救援队伍并明确职责	建立由具备相应专业资格或知识、实际技能、熟悉应急处置现场情况、体能较好等条件的人员组成的专业化或半专业化的应急救援队伍，并按照相关规定明确各自职责	查阅资料			
5	应急机制与相关制度文件	应急机制	是否建立切实可行的应急机制	游乐园建立内、外部关于应急联络沟通、应急预案衔接、应急技术方法与应急资源共享、应急队伍互补互助、联合应急演练、应急救援联动、应急信息管理等方面的应急协同工作机制	查阅资料			
6		应急管理制度	是否建立应急管理制度	建立应急设备设施与物资等应急保障条件的管理与维护、从业人员应急知识与技能的培训、应急救援人员专业培训、应急预案管理、应急救援演练、应急风险评估、应急值班值守、应急信息管理、应急对外联络、应急工作检查等方面的管理制度	查阅资料			

表 A.2　应急工作专项安全检查项目表示例（续）

序号	检查总项目	检查分项目	检查内容	法规标准相关要求	检查方法	具体检查对象（区域或对象编号、名称）	检查结果	备注
7	应急机制与相关制度文件	应急作业指导文件	是否建立应急设备设施与工器具的安全操作规程	建立各类应急设备设施与工器具的安全操作规程	查阅资料			
8	应急保障能力	应急设备设施与工器具	应急设备设施与工器具的配置是否满足要求	根据游乐园应急预案和实际应急工作需要，配备满足应急工作数量与能力的常规设备设施、工器具与个体防护装备，确保状态良好，并建立清单	查阅资料 现场检查			
9		应急外援	是否建立应急外援保障	与可提供应急援助的政府管理部门（应急办、市场监管、公安、消防、交通等）、地方政府应急主管部门、医院，以及其他应急外援机构建立保障条件	查阅资料			
10		应急避难场所	是否建立应急避难场所	游乐园规划、建设应急避难场所，并对应急避难场所进行有效维护，避免被挤占	现场检查			
11	应急预案	应急预案体系	是否建立应急预案体系	建立由综合应急预案、综合性应急预案（综合性实战类型的应急预案）、专项预案、现场处置方案组成的应急预案体系	查阅资料			
12		综合应急预案	是否建立综合应急预案	建立从总体上阐述突发事件与安全事故的应急工作原则，包括游乐园的应急组织机构及职责、应急预案体系、安全风险描述、预警及信息报告、应急响应、保障措施、应急预案管理等内容的综合应急预案	查阅资料			综合应急预案可作为安全管理体系的应急程序文件
13		综合性应急预案	是否建立综合性应急预案	建立针对性明确、可实操演练的跨专业、跨单位的综合性实战类型的应急预案	查阅资料			

表 A.2　应急工作专项安全检查项目表示例（续）

序号	检查总项目	检查分项目	检查内容	法规标准相关要求	检查方法	具体检查对象（区域或对象编号、名称）	检查结果	备注
14	应急预案	专项应急预案	是否建立各类专项应急预案	建立游乐园可能涉及的各种类型突发事件与安全事故的应急预案	查阅资料			
15		应急现场处置方案	是否建立各应急现场处置方案	建立与综合性、专项应急预案相对应的分区域、分项目、分步骤等的，防范事态进一步扩大的现场应急处置措施（方案）	查阅资料			
16		应急预案分级管理	是否对应急预案进行分级管理	应急预案应按应急救援事项的重要程度、应急预案适用的相关组织、应急实施的地域等因素，对应急预案进行分级管理	查阅资料			
17		应急预案评审	是否定期开展应急预案评审	定期开展应急预案的内、外部评审	查阅资料			
18		应急预案修订	是否适时修订应急预案	根据应急预案评审、演练、实际应急情况，按照相关规定，定期或不定期修订应急预案	查阅资料			
19	应急教育培训与应急演练	应急教育培训	是否制定并落实应急教育培训计划	制定并落实从业人员的应急教育培训计划（含应急预案的培训），培训计划应项目完整、内容齐全	查阅资料			
20		应急演练	是否制定并落实应急演练计划	制定并落实应急演练计划，演练计划的齐全完整性、演练频率、演练时机、演练指挥人员应符合要求	查阅资料			
21			有否存在开展的应急演练无对应应急预案的情况	根据应急预案制定应急演练方案，并开展应急演练	查阅资料			

表 A.2　应急工作专项安全检查项目表示例（续）

序号	检查总项目	检查分项目	检查内容	法规标准相关要求	检查方法	具体检查对象（区域或对象编号、名称）	检查结果	备注
22	应急教育培训与应急演练	应急演练	应急演练是否进行评估与总结	每次应急演练后，进行评估与总结	查阅资料			
23	应急工作管理	应急工作计划	是否制定并落实应急工作计划	制定并落实包括完善应急机构、制修订应急预案、完善应急基础工作、开展应急工作检查等内容的应急工作计划（属于游乐园年度安全工作计划的一部分），且工作目标、项目内容等齐全	查阅资料 现场检查			
24		应急工作检查	是否按照管理制度的要求开展应急工作检查	按照应急相关管理制度的要求，定期或不定期对应急工作情况开展检查和整改	查阅资料 现场检查			
25		应急工作总结	是否定期开展应急工作总结	至少每年对应急工作计划的落实情况进行总结分析与改善	查阅资料			
26		应急档案	是否建立应急档案	建立包含应急体系文件及相关文件资料、应急预案、应急处置与救援资料等方面的应急档案	查阅资料			
27	应急实施	应急实施	发生安全事故时，应急实施各流程（过程）是否满足相关管理制度和应急预案的要求	应急响应与前期处置、组织实施现场救援、应急终止、应急信息的管理等应急实施的各流程（过程）满足相关管理制度和应急预案的要求	查阅资料 现场检查			
28		当次应急总结	每次应急实施后，是否开展当次应急总结	每次应急实施后，进行当次应急总结分析与改善	查阅资料			

表 A.3 高峰客流专项安全检查项目表示例

序号	检查总项目	检查分项目	检查内容	法规标准相关要求	检查方法	具体检查对象（区域或对象编号、名称）	检查结果	备注
1	高峰客流相关制度文件	程序文件	是否建立高峰客流管控相关的程序文件及记录表格	制度文件包含高峰客流期间(含节假日、寒暑假等旅游旺季、大型群体性活动等)人员密度监测、预警与调节管控、应急准备、现场引导疏散,以及承载量(园区、人员密集场地场馆、拥挤堵点)界定要求等内容,明确规定运营过程中常规客流量、最大客流量、局部可允许最大客流量等要求	查阅资料			
2		作业指导文件	是否建立与程序文件对应的作业指导文件及记录表格		查阅资料			
3		应急预案	是否建立高峰客流应急预案,并定期开展演练	应急预案包含组织管理要求、设备设施管理要求、信息管理要求、人员保障要求、资金保障要求、物资保障要求、分级对应要求等内容,并定期开展演练,尤其是在高峰客流来临前应完成应急演练	查阅资料			
4	游乐园承载量	瞬时、日最大承载量	是否报批并核定瞬时最大承载量和日最大承载量	对游乐园的承载量进行计算、报批并核定	查阅资料			
5	防范踩踏硬件条件	活动路线瓶颈	游客主通道或易产生拥堵之处是否存在瓶颈	避免产生游客活动路线瓶颈,应在建造主要游客活动路线时,实施等宽(无缩颈)、平直(避免台阶和较大坡度)、单向(防对冲)等原则,并考虑特殊情况下(如演出散场)人流集中情况	现场检查			
6		活动路线对冲	是否存在活动路线对冲区域	游客活动路线采用单向原则,并根据实际情况有灵活分隔措施	现场检查			

表 A.3　高峰客流专项安全检查项目表示例（续）

序号	检查总项目	检查分项目	检查内容	法规标准相关要求	检查方法	具体检查对象（区域或对象编号、名称）	检查结果	备注
7	防范踩踏硬件条件	防摔防绊	游客通道是否存在障碍，尤其是引发滑倒或绊摔的地面障碍或台阶	游客通道地面应平整、防滑，井盖、格栅等与周边地面高差不宜超过±5 mm、间隙不超过 5 mm，台阶的建造符合相关规范及标准	现场检查			
8		活动路线留有余地	游客活动路线是否预留缓冲区域、疏散场所、应急通道	根据游客活动路线的管控需要，在活动路线设计时，应预留工作通道、应急通道、缓冲区域、疏散场所等	现场检查			
9	高峰客流管控	高峰前准备	是否实施高峰客流分析，核对承载量和应对高峰能力	高峰客流前，通过客流预测、历史客流信息及经验教训、场所变动情况、承载量等数据的收集、分析、测算，确定高峰客流管控方案	查阅资料			
10		高峰中管控	高峰客流期间，是否实时监测整体和局部人群密度，识别趋势，做好预报及通报，及时疏导	按照高峰客流管控方案和措施实施现场管控	查阅资料			
11			高峰客流期间，是否制定并采取针对性的管控措施	1） 现场秩序维护及管理措施； 2） 容易拥堵或客流流动缓慢处（桥梁、狭窄路段、台阶、进出口、售货亭与餐饮点等障碍处）人员管控及疏导措施； 3） 对于超过最大允许客流量的景点、场馆、设备设施的截流管控措施	查阅资料			

表 A.3 高峰客流专项安全检查项目表示例(续)

序号	检查总项目	检查分项目	检查内容	法规标准相关要求	检查方法	具体检查对象(区域或对象编号、名称)	检查结果	备注
12	高峰客流管控	高峰中管控	现场环境条件发生变化时,是否及时调整管控方案	当出现突发恶劣天气时,局部客流高峰、堵点会发生变化,应根据实际情况及时调整并落实高峰客流管控方案	查阅资料			
13		高峰后总结	高峰客流后,是否及时进行总结分析与改善	高峰客流后,收集各级人员的高峰客流应对总结,分析风险点与管控的不足,总结经验与教训,完善相应软硬件(当园区改扩建后运营面积发生变化时,应对高峰客流相关制度文件及应急预案作相应修改)	查阅资料			
14	安全培训	高峰客流管控培训	是否对高峰客流管控人员及临时工作人员(例如,暑期临时工、兼职人员等)进行培训	高峰客流前,开展高峰客流现场安全要求、高峰客流管控措施、应急处置方案、现场秩序维护和游客疏导措施等方面内容的培训。必要时,适时进行补充培训	查阅资料			

ICS 97.200.40
CCS Y 57

中华人民共和国国家标准

GB/T 42103—2022

游乐园安全　风险识别与评估

**Amusement park safety—
Risk identification and assessment**

2022-10-12 发布　　2022-10-12 实施

国家市场监督管理总局
国家标准化管理委员会　发布

前　言

本文件按照 GB/T 1.1—2020《标准化工作导则　第 1 部分：标准化文件的结构和起草规则》的规定起草。

请注意本文件的某些内容可能涉及专利。本文件的发布机构不承担识别专利的责任。

本文件由全国索道与游乐设施标准化技术委员会(SAC/TC 250)提出并归口。

本文件起草单位：广东长隆集团有限公司、中国特种设备检测研究院、广州长隆集团有限公司、珠海长隆投资发展有限公司、珠海长隆投资发展有限公司海洋王国、广州长隆集团有限公司香江野生动物世界分公司、广州长隆集团有限公司长隆夜间动物世界分公司、广州长隆集团有限公司长隆开心水上乐园分公司。

本文件主要起草人：蒋敏灵、林伟明、沈功田、宋伟科、贺水勇、张勇、付恒生、蒲振鹏、梁朝虎、田博、甘兵鹏、赵强、王和亮、郭俊杰、向洪飞、黄鹤、陈永振、廖启珍、张丹、周泽武、吴海明、钟怀霆、赵丁、刘斌、蒋森、王勇、张鹏飞。

游乐园安全　风险识别与评估

1　范围

本文件规定了游乐园安全风险识别与评估工作的基本要求。

本文件适用于游乐园安全风险管理。旅游景区可参照执行。

2　规范性引用文件

下列文件中的内容通过文中的规范性引用而构成本文件必不可少的条款。其中，注日期的引用文件，仅该日期对应的版本适用于本文件；不注日期的引用文件，其最新版本（包括所有的修改单）适用于本文件。

GB/T 42101—2022　游乐园安全　基本要求

GB/T 42104　游乐园安全　安全管理体系

3　术语和定义

GB/T 42101—2022 界定的以及下列术语和定义适用于本文件。

3.1

安全风险　safety risk

游乐园生产运营中存在的潜在危险（源）。

注：安全风险特点体现为发生与否的不确定性、发生地点或位置的不确定性、发生时间的不确定性和导致结果的不确定性等。

3.2

风险识别　hazard identification

识别、确认游乐园安全风险的存在，并确定其分布和特性的过程。

3.3

风险评估　risk assessment

在游乐园安全风险识别的基础之上，采用科学、合理的定性或定量分析、评价方法，对其种类、性质、导致事故的可能性、危害程度以及可接受程度等，予以显化并明晰与界定。

3.4

危险源　hazard

游乐园内可能导致人身伤害的来源，是可能发生意外释放的能量（能源）、能量载体、危险物质等根源危险源，及与其直接关联的事故隐患共同构成的组合。

3.5

事故隐患　hidden danger

违反国家安全相关法规、标准和游乐园安全管理制度规定，或者因其他因素，在生产运营中存在可能导致事故发生的管理缺陷、人的不安全行为、物的不安全状况、环境不良因素等。

3.6

风险管控 risk control

根据安全风险评估的结果及游乐园生产运营情况等，确定优先控制的顺序，采取工程、技术、管理等措施，消除或减小安全风险，将安全风险控制在可以接受的程度，预防安全事故的发生。

4 基本要求

4.1 明确机构与职责

4.1.1 作为承担安全风险识别与评估的责任主体，游乐园应按 GB/T 42101—2022 中 5.2 的规定，确定安全风险识别与评估机构，建立安全风险识别与评估组织体系与工作机制。

4.1.2 安全风险识别与评估工作参与人员应包括游乐园各级组织负责人、管理人员与专业技术人员、从业人员。游乐园应明确并落实安全风险识别与评估各级组织的工作职责，确保安全风险识别与评估工作全面、系统、有效开展。

4.2 划定范围与重点

4.2.1 安全风险识别与评估范围应覆盖所涉及的全地域、全时段、全范围、全过程、全部管理对象，避免安全风险识别与评估的缺失导致出现安全管理空白。

4.2.2 安全风险识别应包括对安全管理对象的总体安全风险(包括其相关安全风险叠加总和)、分类风险识别及具体安全风险识别等三方面工作。

4.2.3 安全风险识别与评估重点是游乐园范围内的重要场地环境、重要建(构)筑物、重要设备设施、重要业务活动与重要作业活动(常规与非常规活动)，应优先从以上重点中识别与评估安全风险并加以消除、减轻或控制。

4.3 建立管理制度文件

游乐园应按 GB/T 42104 的要求，建立健全风险识别与评估程序文件与相关作业指导文件，确定安全风险识别与评估方法及等级判定标准，实现安全风险识别与评估工作的制度化、常态化、重点化。

4.4 落实教育培训

4.4.1 游乐园应制定并实施分层级、分阶段的安全风险识别与评估教育培训计划，使相关人员掌握安全风险识别、评估方法。

4.4.2 应保存教育培训工作记录，且教育培训效果应经考核确认，切实取得实效。

4.5 考核与奖惩

应对各层级管理人员、安全风险识别与评估工作组员、相关从业人员的安全风险识别与评估工作履职情况，按期进行考核与奖惩。

5 风险识别

5.1 风险识别原则

风险识别应遵循以下原则：

a) 全面覆盖、突出重点原则；

b) 正常、异常、紧急情况兼顾原则；

c) 管理责任明确、边界清晰、功能独立、大小适中、易于分类的风险识别单元划分原则。

5.2 风险识别方法

5.2.1 应按生产运营工作流程或作业阶段，对受环境影响的区域，功能独立建(构)筑物、场所、装置、设备设施等，或上述几种方式的结合进行安全风险识别。

5.2.2 开展安全风险识别工作时，首先确定其根源危险源及其所在地理位置(是否为人员密集场地场馆等)，再识别与之直接关联的事故隐患，将两者叠加进行识别分析。对于独立于根源危险源而存在的事故隐患开展识别时，可先对物的不安全状况、环境不良因素、管理缺陷或人的不安全行为分别进行识别，以确认其为单一事故隐患还是两种及以上事故隐患构成的复合型事故隐患。

5.2.3 安全风险识别方法可采用包括但不限于以下一种或多种方法。

a) 直接认定法：直接按国内外同行业安全风险资料直接判定。

b) 经验法：按识别内容，结合以往经验进行识别；经验法可以由游乐园相关专业技术人员和各层级管理人员进行判断，安全风险识别参考清单见附录A。

c) 运营或工作流程分析法：列举管理范围内的全部运营或工作流程清单，对清单中可能出现的安全风险进行逐项、逐条分析。

d) 专家调查列举法：成立安全风险识别专家小组，可由现场人员、相关专业技术人员、各级管理人员和安全管理人员组成，逐个列举存在的或可能存在的安全风险。

e) 现场调查(排查法)：询问与交流、现场检查、审查、观察、工作任务分析等。

f) 安全检查表识别法：识别小组按识别内容编制安全检查表进行识别，确保安全风险识别的充分性、有效性。

g) 类比法：利用相同或相似经验、安全风险统计资料、安全风险案例等进行类推、分析认定。

h) 头脑风暴法：由安全风险识别工作小组人员在正常融洽和不受任何限制的气氛中以会议形式进行讨论、座谈，打破常规，积极思考，畅所欲言，充分列举安全风险。

i) 法规、标准对比法：根据识别的适用的法律法规、标准要求，对比识别游乐园安全风险。

5.3 风险识别对象

5.3.1 游乐园安全风险识别应根据 GB/T 42101—2022 中通用安全要素与专项安全要素进行初步划定识别对象，包括但不限于下列方面。

a) 场地环境：

1) *新增运营项目场地环境；

2) 现有场地环境、森林火灾防御、自然灾害防御、应急疏散与避难等方面；

3) *场地环境发生重大变化(如改建、扩建项目引起场地环境改变、发生可能影响安全的自然灾害、临时区域管控重新设定或改动原有游客活动路线等)方面；

4) *闲置场地环境重新投入运营使用；

5) 人员密集场地场馆环境应急处置过程(可预先根据应急预案制修订文件与演练方案进行识别)。

b) 建(构)筑物：

1) *新建、改建、扩建或重大维修的重要建(构)筑物[包括消防、燃气电气安全、高空吊挂物、建(构)筑物本体及建筑装饰物、应急疏散通道等]，或可能存在安全风险的其他建(构)筑物投入使用前；

2) 现有建(构)筑物设置、建造环节遗留的问题、安全质量缺陷；

3） 发生可能影响安全的自然灾害后重新投入使用；
4） *人员密集场地场馆停用3个月以上，其他建(构)筑物停用6个月以上重新投入使用；
5） 现有建(构)筑物使用、维护、修理改造过程；
6） *人员密集场地场馆与大型商业综合体应急处置过程(可根据应急预案制修订文件与演练方案进行识别)。

c） 设备设施：
1） *新建、改建、扩建、移装、修理或改造的重要设备设施(包括设备设施本体及作业工艺)，以及存在安全风险的设备设施与工器具；
2） 发生重大故障、安全事件事故或多次发生故障；
3） 现有设备设施设计、制造，及安装(修理改造)施工环节遗留的安全质量缺陷；
4） *重要设备设施工艺流程(控制要求、顺序、方法、材料等)发生重大变更；
5） *发生可能影响安全的自然灾害后重新投入使用；
6） *闲置、停用3个月以上的重要设备设施及其系统，以及闲置、停用6个月以上的其他存在安全风险的设备设施；
7） 现有设备设施运营使用、维护、修理改造过程；
8） *载人运营设备设施应急处置过程(可根据应急预案制修订文件与演练方案进行识别)。

d） 重要作业：
1） 特种设备作业、特种作业、危险作业、其他作业(包括应急疏散作业、救援作业、交叉作业、相关方作业，以及存在安全风险的临时作业等)；
2） *可能存在安全风险的作业指挥活动；
3） *首次重要作业或存在安全风险的临时作业、施工作业；
4） *重要作业工艺或方案制修订。

e） 业务活动：
1） 新运营项目/活动方案策划或重大变更；
2） *新增设的运营项目/活动(包括增加临时性活动)；
3） 高峰客流、大型活动、特色业务活动；
4） 游客活动、员工与外来相关方人员(如施工作业或交叉作业)涉及运营安全相关活动；
5） 运营应急处置过程(可根据应急预案制修订文件与演练方案进行识别)；
6） 其他存在安全风险的业务活动。

f） 其他方面：
1） 发生人员伤亡事故(本单位发生事故及其他游乐园发生可供借鉴事故)；
2） 发生重大气象灾害或地质灾害后；
3） 危险物品的采购、运输、储存、使用管理及废弃处理等方面；
4） 动物繁育、驯养、表演、展馆、笼舍安全管理等方面；
5） 外部提供资源、服务、施工等影响游乐园安全方面的危险；
6） 丢弃、废弃、拆除与处置；
7） 管控措施安全可靠性；
8） 组织机构发生重大调整；

9） 当安全风险识别与评估知识或方法改变并认为有必要时；

10） 法规、标准等增减、修订变化所引起安全风险程度的改变，或政府安全监督管理部门提出要求；

11） 外界情况发生变化，导致安全风险变化的其他情况。

注："*"表示游乐园开始生产运营或开展相关工作的前置条件。

5.3.2 开展安全风险识别时，通过访谈、讨论、调研、查阅档案资料等方法，组织员工对场地环境、建（构）筑物、设备设施、危险物品、业务活动与作业活动等安全风险识别对象进行系统性梳理，按5.1的规定合理划分安全风险识别单元。

5.3.3 下列事故隐患，作为根源危险源的关联条件进行识别。当事故隐患独立于根源危险源存在时，应单独对其进行风险识别。

a） 物的不安全状况：

1） 设备设施超过设计允许参数范围使用；

2） 设备设施、建（构）筑物及其附着物等设置不当产生安全风险；

3） 人员活动区域（尤其是人员密集场地场馆）的设备设施、建（构）筑物及其附着物，以及有毒有害的危险物品，未设置安全装置或有效防护的，具有爆炸、撞击、坠物、倒塌、脱落等危险；

4） 应设置安全防护设施或安全装置（含应急设施）的设备设施、建（构）筑物及其附着物、危险物品等未设置，设置不全，已设置的可靠性差或损坏无效；

5） 设备设施、建（构）筑物及其附着物、安全防护设施与安全装置存在建造或使用过程中产生的安全缺陷；

6） 设备设施、建（构）筑物及其附着物等年久失修，安全状况不清；

7） 设备设施多次发生影响安全的故障；

8） 发生自然灾害致使设备设施、建（构）筑物及其附着物安全状况不清；

9） 物的其他事故隐患。

b） 环境不良因素：

1） 生产运营项目场地环境选择、园区规划与布置、生产运营项目设置、道路与人员活动路线设置，以及其他相关事故隐患等；

2） 危险物品仓库（包括中间仓与临时储存点）等，设置在人员密集场地场馆；

3） 应设置安全防护设施、应急避难设施的人员活动区域未设置，或设置不符合要求；

4） 由于自然灾害、人员活动场地改建、扩建等产生的环境有害因素；

5） 由于高峰客流导致场地场馆产生人流拥挤、对冲的环境；

6） 出现温度、湿度、光照度等缺陷或有毒有害气体聚集的环境；

7） 其他。

c） 管理缺陷或人的不安全行为：

1） 应进行安全分析论证的建设项目（包括设备设施）、业务活动方案或重要作业方案等未开展论证，致使存在先天事故隐患；

2） 设备设施、建（构）筑物等未办理相关许可手续，非法使用；

3） 应按法规、标准或规章制度开展竣工验收的建设项目或设备设施，以及应开展自检维护、定期检验检测、安全评估等的设备设施、建（构）筑物及其附着物、安全防护设施与安全装置等，未开展相关工作，或经检查、检验检测判定为不合格的，继续使用；

4) 有设计使用寿命的设备设施、建(构)筑物及其附着物、安全防护设施与安全装置等,超设计使用寿命使用;

5) 发生自然灾害未对设备设施、建(构)筑物及其附着物、安全防护设施与安全装置、场地环境安全状况开展检查排查;

6) 安全检查巡查发现典型问题、多次发生设备故障或发生安全事故,不开展全面排查整改;

7) 应设相关安全岗位未设岗位,重要安全事项或物体无人管;

8) 已设岗位的,无岗位职责或内容缺失;

9) 未建立相关安全体系文件,或未采取有效管控措施;

10) 有相关安全体系文件,但必要管控条款缺失、错误或不具有操作性;

11) 未按规定制定应急预案,或未开展应急演练;

12) 相关人员不履行岗位职责,不遵守安全体系文件;

13) 作业人员不遵守工艺规程或作业方案,违章指挥或作业失误;

14) 应有持证要求的法定从业人员未持证或超过有效期;

15) 应经过专业能力培训人员未经过必要培训,能力欠缺;

16) 其他管理缺陷或人的其他不安全行为。

5.4 风险识别记录

游乐园应在每一轮安全风险识别后,按5.2.2的要求,将安全风险中的根源危险源、事故隐患以及潜在安全事故类型列表登记,综合归纳,编制安全风险识别及评估记录表(见附录B),并按规定及时更新。

6 风险评估

6.1 风险评估工作要求

6.1.1 在划定安全风险等级时,应充分、全面识别与根源危险源直接关联的事故隐患,共同组合判定,特别应注重那些高危但低认知度,又存在环境不良因素、管理缺陷、物的不安全状况或人的不安全行为的安全风险。

6.1.2 游乐园也可结合自身可实际接受安全风险等级情况,重新制定事故发生的可能性、严重性、风险等级值的取值标准,并据此划分风险等级,进行安全风险等级评估。重新制定取值标准和安全风险等级时,应充分考虑以下要求:

a) 现行法律法规、国家标准、行业标准等;

b) 安全生产方针和目标等;

c) 安全管理情况;

d) 历年安全检查发现问题情况;

e) 历年安全事故情况;

f) 游客安全投诉;

g) 其他。

6.1.3 初步完成安全风险识别与评估工作后,游乐园应组织对重大安全风险进行复核,复核内容包括:

a) 判定的安全风险等级是否合理;

b) 采取或补充完善的重大安全风险消除、减轻或控制措施与方法是否适用；

c) 其他需要复核的内容。

注："重大安全风险"指 6.3 的"1 级安全风险"与"2 级安全风险"。

6.2 风险等级分析

6.2.1 游乐园应对安全风险识别及评估记录表中已识别的安全风险进行风险等级分析，本文件安全风险等级分析的方法采用风险矩阵法，见公式(1)：

$$R = S \times L \qquad \cdots\cdots(1)$$

式中：

R ——风险等级值，事故发生的可能性与事故后果的严重性结合；

S ——事故后果严重性(根源危险源的破坏能量大小以及所处位置可能造成人员死伤数量情况，见表 1)；

L ——事故发生可能性，按公式(2)计算。

注 1：风险等级指人身伤害安全事故发生的可能性和严重性的组合。

注 2：可能性指安全事故发生的概率。

注 3：严重性指安全事故一旦发生后，将造成的伤亡人数和人身伤害的严重程度。

6.2.2 严重性等级应能体现根源危险源拥有的破坏能量大小以及所处位置可能造成人员死伤数量的后果，其 S 值按表 1 对照取最大值(如当锅炉、燃气管道或危险物品等设置在人员密集场地场馆与设置在空旷后勤场地时的情况，S 值不同)。

表 1 安全事故发生后果严重性 S 值对照表

<table>
<tr><th rowspan="2">S 值</th><th rowspan="2">说明</th><th colspan="3">可能损害后果</th></tr>
<tr><th>人员伤亡</th><th>高空滞留</th><th>部分事故举例</th></tr>
<tr><td>5</td><td>影响特别重大</td><td>造成 1 人及以上重伤或死亡</td><td>—</td><td rowspan="5">a) 过山车撞车、客运索道吊厢坠落；
b) 位于人员密集场地场馆的锅炉、压力容器爆炸；
c) 人员密集场地场馆内高空悬吊挂物坠落、电气火灾导致拥挤踩踏事故；
d) 位于林地的人员密集游乐项目起火；
e) 水上游乐园涉水电气缺陷造成多人触电</td></tr>
<tr><td>4</td><td>影响重大</td><td>造成 6 人及以上轻伤，或 30 人及以上轻微伤</td><td>电梯轿厢或客运索道高空滞留人员 1 h 以上，大型游乐设施高空滞留 30 min 以上</td></tr>
<tr><td>3</td><td>影响较大</td><td>造成 3 人～<6 人轻伤，或 10 人～<30 人轻微伤</td><td>电梯轿厢或客运索道高空滞留人员 30 min 以上，1 h 以下；大型游乐设施高空滞留 15 min 以上，30 min 以下</td></tr>
<tr><td>2</td><td>影响一般</td><td>造成 1 人～<3 人轻伤，或 5 人～<10 人轻微伤</td><td>电梯轿厢或客运索道高空滞留人员 30 min 以下，大型游乐设施高空滞留 15 min 以下</td></tr>
<tr><td>1</td><td>影响较小</td><td>轻微伤少于 5 人</td><td>—</td></tr>
</table>

6.2.3 安全事故发生可能性等级应体现导致约束、限制根源危险源固有能量措施失效或破坏的相关事故隐患的影响程度。

6.2.4 安全事故发生可能性 L 值应综合考虑物的不安全状况、环境不良因素、人的不安全行为和管理缺陷,并叠加计算,见公式(2):

$$L=\sum T_i+\sum E_j+\sum H_k \qquad (2)$$

式中:

L ——事故发生可能性;

T_i ——可根据附录 A 系统辨识事故隐患后,对照表 2 中"物的不安全状况"对应取值;

E_j ——可根据附录 A 系统辨识事故隐患后,对照表 2 中"环境不良因素"对应取值;

H_k ——可根据附录 A 系统辨识事故隐患后,对照表 2 中"管理缺陷或人的不安全行为"对应取值。

表 2 事故隐患可能性取值对照表

分值	说明	物的不安全状况(T_i)	环境不良因素(E_j)	管理缺陷或人的不安全行为(H_k)
5	极有可能	如识别出 5.3.3a)中 1)、3)、6)、7)	如识别出 5.3.3b)中 2)	如识别出 5.3.3c)中 1)、2)、14)、16)
4	很有可能	如识别出 5.3.3a)中 2)、4)、5)	如识别出 5.3.3b)中 3)、5)、6)	如识别出 5.3.3c)中 3)、4)、13)
3	可能	如识别出 5.3.3a)中 8)	如识别出 5.3.3b)中 1)、4)	如识别出 5.3.3c)中 5)、6)、7)、8)、9)、10)、11)、12)、15)
2	较不可能	识别的物的不安全状况影响较小	识别的环境有害因素影响较小	已指定人员管理,相关岗位职责明确,人的不安全行为导致的影响较小
1	基本不可能	均已有效采取管控措施,且 5 年内本游乐园未发生过同类事故		

注 1:本表未列明的,可参考同类取值。

注 2:可以采取头脑风暴法确定最终 L 值取值。

注 3:L 值确定可根据安全风险识别人员的专业知识、经验、现场发现安全风险的实际状况,以及所采取的安全管理措施、方法、防范技术手段的完整有效性等情况进行综合判断。

6.3 风险等级评估

安全风险等级评估是指将确认后的事故后果严重性(S)与事故发生可能性(L)进行计算后,得出其安全风险等级(见表 3)。

表 3　风险等级划分

R 值	风险等级	色标
$R>240$	1 级安全风险	红色
$180<R\leqslant240$	2 级安全风险	橙色
$120<R\leqslant180$	3 级安全风险	黄色
$60<R\leqslant120$	4 级安全风险	蓝色
$R\leqslant60$	5 级安全风险	绿色
注：1 级安全风险、2 级安全风险统称为“重大安全风险”。		

7　风险管控

7.1　管控原则

应对识别出的安全风险采取对应的管控措施，并应遵循以下管控原则。

a)　源头管控：关口前移，对新环境、新建（构）筑物、新设备设施等在前期阶段产生的安全风险进行管控。

b)　分级管控：按照“分级别、按区域、网格化”的原则，根据安全风险等级确定管控的层级，逐级落实具体措施，实施有针对性、差异化的管控。

c)　重点管控：重大安全风险、游客前场运营区域及其邻近区域的 3 级安全风险、技术复杂操作难度大的作业安全风险进行重点管控。

d)　动态管控：任何安全风险都是动态变化的，针对现场变化的情况及类比事故情况，及时主动调整安全风险管控方式、方法、措施与重点。

7.2　管控措施

7.2.1　6.3 规定的 5 级安全风险为游乐园可接受的安全风险，可不对其采取管控措施。游乐园也可根据本单位实际情况，对其采取适当的管控措施。

7.2.2　对需要进行管控的安全风险应采取下列一项或多项有针对性措施予以消除或降低安全风险等级：

a)　制止（事故隐患）；

b)　停止运营（安全风险存在人员密集场地场馆且在采取管控措施后仍为 1 级安全风险，该人员密集场地场馆应停止运营）；

c)　调整、移除、替代或限制能量（根源危险源）；

d)　消除或改善先天缺陷；

e)　有效安全防护（包括物质防护、距离与时间防护等）；

f)　实时监测、监控；

g)　报警与安全联锁；

h)　标志标识与安全风险告知；

i)　配置专兼职人员现场管控；

j)　健全完善安全职责与安全管理体系文件并严格落实；

k) 检查巡查与排查；

l) 专项治理；

m) 教育培训与行为措施；

n) 有针对性的应急准备；

o) 其他。

7.2.3 游乐园应对安全风险采取管控措施情况(包括对6.2.4中L值的各项事故隐患进行销项处理情况)予以汇总，形成消除或降低安全风险情况清单。

7.2.4 重新进行安全风险识别评估时，应对采取的相关安全风险管控措施是否可能导致新的安全风险列入识别内容。

7.2.5 需要通过工程技术措施和(或)技术改造才能控制的安全风险，应制定控制该类安全风险的目标实施方案。

7.2.6 属于经常性或周期性工作中的不可接受安全风险，不需要通过工程技术措施，但需要制定新的文件(程序或作业文件)或修订原来的文件，文件中应明确规定对该种安全风险的有效管控措施，并在实践中落实这些措施。

7.2.7 对于某些安全风险，可同时采取7.2.2规定的两种或两种以上管控措施。

7.2.8 对事故隐患类型的安全风险应按规定采取双重预防机制，防止安全事故的发生。

8 持续改进

8.1 每年至少应开展一次全面系统性的常态化安全风险识别和评估的工作。对于新建、改建和扩建的场地环境、建(构)筑物、设备设施等，应在设计阶段、建设施工、投入使用前完成各自阶段的安全风险识别、评估与管控工作。对于新增、变更的业务活动与作业等，应在投入运营前完成安全风险的识别、评估与管控工作。

8.2 对于5.3.1规定的带“*”项目，以及发生人员死伤事故、发生重大气象灾害或地质灾害后，应随时进行安全风险识别和评估，从中发现重大安全风险或已有重大安全风险的变化情况。

9 档案管理

9.1 应对识别确认的3级及以上安全风险进行登记建档(纸质文件档案与电子文档同步)，档案资料应包括但不限于：

a) 单位名称、法人代表、单位地址、联系人、联系方式；

b) 安全风险相关安全体系文件；

c) 安全风险识别与评估记录、评估报告；

d) 相关检查、检验检测记录报告；

e) 相关图纸和图片及使用维护说明书；

f) 区域位置图、平面布置图、工艺流程图和主要设备一览表；

g) 周边情况描述及相关图片；

h) 安全风险管控措施落实情况资料(包括消除或降低安全风险情况清单)；

i) 相关应急预案、评审意见、演练计划和评估报告；

j) 关键装置、重点部位的责任人、责任机构名称；

k) 安全风险告知和安全标志的设置情况。

9.2 可建立重大安全风险地理信息系统(GIS),对重大安全风险实施动态监管并及时进行维护更新。GIS系统应包括重大安全风险基本情况、分布、管控措施、检查监控、管理责任人员与应急联络人员、应急预案及相关应急设备物资、外部救援协助单位等信息。

9.3 应对排查出的事故隐患进行登记,建立事故隐患信息档案。

附　录　A
（资料性）
安全风险识别参考清单

安全风险识别参考清单见表 A.1～表 A.6。

表 A.1　场地环境安全风险参考清单

序号	安全风险描述	属性
1.1　选址与布局类安全风险		
1.1.1	游乐园选址未充分考虑地形、地貌、地质与水文情况、气候特点以及地下水位升降对基础沉降影响等因素，未避开蓄滞洪区域、风暴潮易发生区域或海啸威胁区域，以及滑坡、泥石流、洪水及其他地质灾害易发生区域	a
1.1.2	游乐园选址邻近区域存在由于气象灾害、地质灾害造成洪涝、滑坡、泥石流、山体崩塌、地面塌陷等可能(如位于高陡坡下、蓄洪水坝下游)，未有针对性地采取安全防护措施或避让措施，或防护措施损毁严重	a，b
1.1.3	选址或游乐园内存在城市高压输配电架空线	a
1.1.4	选址邻近区域存在重化工企业、危化品仓储或集散区域	a
1.1.5	上述情况以外的其他相关安全风险	
1.2　涉水类安全风险		
1.2.1	未对可能导致水淹的孔洞、管沟、通道、预留缺口等进行封堵和引排措施，不能有效防止洪水(海水)倒灌	b
1.2.2	游乐园同水系相邻时，未综合考虑相邻区域水位变化对安全的影响	b
1.2.3	游乐园内河湖以及地表水的汇集、调蓄利用与安全排放措施不足，存在水淹安全风险的人员密集场地场馆、动物笼舍、配电设施等	a
1.2.4	游乐园位置侵占原有湿地、河湖水系、滞洪或泛洪区及行洪通道，或擅自在区域内围、填、堵、截自然水系的水口	b
1.2.5	区域内水体的进水口、排水口、溢水口及闸门高度与水位，不满足调蓄雨水和泄洪、清淤的需要	a，b

表 A.1 场地环境安全风险参考清单（续）

序号	安全风险描述	属性
1.2.6	游乐园内或邻近区域的水库大坝存在以下情况。 1） 坝顶有裂缝、异常变形、积水或植物滋生等现象。 2） 排水系统存在堵塞、淤积或损坏现象。 3） 迎水坡有裂缝、剥落、滑动、隆起、塌坑、冲刷、兽洞或植物滋生等现象，块石护坡块石缺失、翻起、松动、塌陷、垫层流失、架空或风化变质等损坏现象，砼护坡面板之间接缝、止水设施不正常，面板表面不均匀沉陷，面板和趾板接触处有沉降、错动、张开情况，混凝土面板有破损、裂缝，面板无溶蚀或水流侵蚀现象，近坝水面有冒泡、变浑、漩涡等异常现象。 4） 背水坡及坝趾有裂缝、剥落、滑动、隆起、塌坑、雨淋沟、散浸、冒水、渗水、流土、管涌等现象；有兽洞、蚁穴；草皮护坡植被不完好，有荆棘、灌木、乔木；表面排水系统不通；存在裂缝或损坏，沟内有垃圾、泥沙淤积或长草等情况。 5） 坝趾近区有阴湿、渗水、管涌、流土或隆起等。 6） 坝体与岸坡连接处存在坝端与岸坡连接处有错动、开裂及渗水等情况，两岸坝端连接段有裂缝、滑动、滑坡、崩塌、溶蚀、隆起、塌坑、异常渗水、有兽洞、蚁穴等。 7） 坝端岸坡有裂缝、塌滑迹象，护坡隆起、塌陷或其他损坏情况，下游岸坡地下水露头及绕坝渗流不正常。 8） 排水涵洞洞（管）身有裂缝、空蚀、坍塌、鼓起、渗水、混凝土碳化等。 9） 闸门存在变形、裂纹、脱焊、锈蚀及损坏现象，门槽卡堵、气蚀等情况，支承行走机构运转不灵活。 10） 闸门启闭及运行控制系统启闭机运转及制动异常，有腐蚀和异常声响；钢丝绳断丝、磨损、锈蚀、接头松动、变形等；零部件有缺损、裂纹、磨损及螺杆弯曲变形等	a，b
1.2.7	场地缺乏完整、有效的雨水排水系统。场地雨水的排除方式设置错误，在容易堵塞的地方，埋设暗管而非采用排水明沟。开放式排水明沟的设置距离游客可到达区域安全距离不足或未设防护隔离措施	b
1.2.8	游乐园内或邻近区域的大坝坝基、坝体局部存在裂缝、渗漏、析浆等现象	b
1.2.9	游乐园内或邻近区域的水库库岸、边坡存在滑坡现象	b
1.2.10	游乐园内或邻近区域的水库泄洪设施、水位监测系统等不能正常工作	b
1.2.11	排水管渠出水口受水体水位顶托时，未根据地区重要性和积水所造成的后果，设置潮门、闸门或泵站等设施	b
1.2.12	排水明沟未铺设盖板。排水沟盖板与周边地坪高度不平整，与周边地坪缝隙大	b
1.2.13	排水沟盖板存在下列问题： 1） 排水沟盖板材质易变形，盖板采用光滑材料或盖板表面未进行防滑处理； 2） 盖板排水孔开孔边缘存在锋利、粗糙裂口或突出； 3） 混凝土盖板上的排水孔直径（或最窄处）大于 15 mm，易卡住游客手指；或大于 30 mm，易造成游客绊倒摔伤； 4） 金属盖板开孔宽度大于 6 mm，排水能力不足	a，b

表 A.1　场地环境安全风险参考清单（续）

序号	安全风险描述	属性
1.2.14	在游览观光区域、淤泥底水体近岸未设防护措施，非淤泥底人工水体的岸高及近岸水深存在下列问题： 1）无防护设施的人工驳岸，近岸 2 m 范围内常水位水深大于 0.7 m 的人工驳岸未设防护设施； 2）无防护设施的附近 2 m 范围以内常水位水深大于 0.5 m 的园桥、汀步及临水平台未设防护设施； 3）无防护设施的驳岸顶与常水位的垂直距离大于 0.5 m，未设防护设施	a，b
1.2.15	儿童接触的水深大于 0.3 m 的景观水景、水深超过 0.6 m 的观赏水景工程、开放式动物展馆、喂养场地、游船河道岸边等未设置防护栏杆，或防护栏杆高度、间距不满足安全要求	b
1.2.16	对于开展水上表演活动的水体，其水深、水岸的设计建设，以及防护栏杆的设置，存在影响水上表演人员和游客安全的缺陷	b
1.2.17	游客活动的户外水域水体未在防雷装置有效防护之下。中、高发雷区水域步道与观景平台防护栏杆未采用高强度非金属栏杆；或采用金属栏杆时，接地间隔大于 25 m，且未设置警示牌	b
1.2.18	未设置水域安全标志，或标志设置位置不够显著清晰、安全标志设置间距过长不符合要求、场地昏暗或夜间情况下不能有效显示起到警示作用	b
1.2.19	地基土不均匀沉降，导致给排水管道、燃气管道等爆裂以及泄漏，或建(构)筑物本体损坏	b
1.2.20	水域、水体、水池内电气设备设施未采用安全特低电压供电，或未设置阻挡设施与安全标志，防止人员进入或接触水体	a，b
1.2.21	喷泉、游泳池等涉水场所未采取安全特低电压、隔离、漏电保护等措施防范人员电击	a，b
1.2.22	游船活动水域码头未设置以下安全设施： 1）防冲安全设施(护舷)； 2）防撞安全设施(防撞墩、桩)； 3）系船安全设施(系船桩、环、快速脱缆钩等)； 4）码头附属安全设施(护轮槛、护栏、系网环、人行通道与检修通道、安全网、安全锁定装置、指示灯、防风装置、防雷装置、电击防护装置、消防设备设施、防滑措施)； 5）安全标志标识； 6）游客安全注意事项宣传板(窗)	a，b
1.2.23	上述情况以外的其他相关安全风险	
1.3　山体与假山置石安全风险		
1.3.1	游乐园内或邻近区域存在悬崖、险峰峭壁、山石、陡峭边坡等，未有效避让，或缺乏防护，存在崩塌、滚落、滑坡等可能	a，b

表 A.1 场地环境安全风险参考清单(续)

序号	安全风险描述	属性
1.3.2	游乐园内或邻近区域山体曾发生大面积塌方、滑坡,或存在泥石流等事故隐患	b
1.3.3	在急弯、急流,人员易发生跌落、淹溺等人身事故事件的参观区域、水域,以及高陡坡下的道路、桥梁、涵洞等,缺少坚固的安全防护栏或防护墙壁	b
1.3.4	允许人员穿越、攀爬的自然景观等,缺少有效的保护措施	b
1.3.5	人工造景与山石衔接,以及悬挑、山洞部分的山石之间、叠石与其他建筑设施相接部分、假山与游乐设施运行轨迹相邻部分的结构不牢固,存在松脱、坠落安全风险	a, b
1.3.6	人员接近区域的各类人造景观构筑物、假山、主题化外包装和装饰等,其主要受力构件变形、开裂、严重锈蚀,包装物脱落	a, b
1.3.7	不稳定山体(山石)下方设置燃气锅炉房、危化品仓库、燃气管道等	a, b
1.3.8	应设置护坡、挡土墙、边坡地表水排放等安全防护措施的山体实际未设置,或护坡、挡土墙出现沉降、倾斜、位移、裂缝或损毁严重、泄水孔堵塞等情况	a, b
1.3.9	景观假山置石存在下列问题。 1) 假山置石根部以上 50 mm 范围内,存在超过 5 mm 的水平踩踏面;或造型近人处踩踏面 1.1 m 高以内存在可攀面,且未设置警示标牌,存在人员攀爬导致坠落安全风险。 2) 在水边、池边或高差大于 1 m 的山体边上的假山置石高度小于 1.2 m,或置石顶端不利于站立,存在人员攀爬导致坠落安全风险。 3) 置石底部起计 2 m 高度范围内的材料表面粗糙或存在尖锐边角、角等,墙体转角处,圆角半径小于 30 mm,存在人员触碰受伤安全风险。 4) 朝向人流通道倾斜及凸出的立面造型,或横跨人流通道上方的造型底部,离地高度低于 2.2 m,易造成游客碰撞受伤。 5) 大体积假山石顶面(尤其是与设备互动的假山塑石)未采取防水、排水处理设计,积水导致金属连接结构锈蚀。 6) 3 m 以上的假山置石未设置检修入口,或检修空间狭窄,作业人员难以开展常规检查维护作业	a, b
1.3.10	对于上述区域及游览线路沿途可能出现的地质灾害、气象气候水文灾害,未设置明显的安全标志标识及突发事件报警联络方式;对于高风险区域,未设置禁止游客进入的隔离设施;对于暂时不能采取加固措施的可能滑坡山体,未设置警戒线或安全警示标识	b
1.3.11	上述情况以外的其他相关安全风险	
1.4 景区道路与相关建(构)筑物安全风险		
1.4.1	游乐园内通往孤岛、山顶等卡口的路段,未设通行复线或加宽会车段路面	b
1.4.2	易发生边坡坍塌的路段、高边坡路段的临空边缘未设置连续防撞墙、安全墩及反光警示标志。在急弯或陡坡等危险道路未设置牢固的防护设施或道路右侧未设置相应警示标志	b

表 A.1 场地环境安全风险参考清单(续)

序号	安全风险描述	属性
1.4.3	道路在弯道的横净距和交叉口的视距三角形范围内,有妨碍驾驶员视线的障碍物。转弯处视野盲区未设反光广角镜	b
1.4.4	需要车辆减速慢行的路段和容易引发交通事故的路段未设置减速带、安全标志等	b
1.4.5	道路两侧及隔离带车行道路的防撞墩、分隔带未按规定设置或不牢固	b
1.4.6	道路主要出入口和道路交叉处未设置道路导向标志。对于长距离无路口或交叉口的道路,未沿路设置位置标志和导向标志,或标志之间的间距大于 150 m	b
1.4.7	通行机动车辆的道路未设置限速、限高、禁行(易燃易爆区域)或警告(如人员密集场地场馆)等标志	b
1.4.8	道路两侧及隔离带上种植的树木或其他植物、广告牌、管线等存在遮挡路灯、交通信号灯、交通标志现象,妨碍安全视距,影响通行	b
1.4.9	路灯、交通信号灯、车站整体(包括广告牌灯箱)、标志牌本体出现倾斜,或基础的抗风等级不满足当地气象条件	b
1.4.10	游乐园内道路的平面布置不合理,存在下列问题: 1) 不能满足正常行驶(如跨越道路上空架设管线距路面的最小净高小于 5 m)、消防作业、检修作业、救护、应急疏散要求; 2) 主要游览道路与运营管理专用道路存在混合进出,人流、货流未有效分开; 3) 运营管理专用道路与主要游览道路交叉(缺乏关联道路)	b
1.4.11	巡游花车路线两侧及最高花车 2 m 以内空间存在影响其通行的景观设施及建(构)筑物,或道路坡度大于 5%,且道路中心线转弯半径小于 15 m	b
1.4.12	消防车道的净宽度和净空高度均小于 4 m,坡度大于 8%,转弯半径不能满足消防车转弯的要求	b
1.4.13	环形消防车道与其他车道连通少于 2 处,尽头式消防车道未设置回车道或回车场	b
1.4.14	游客游览道路不平整,存在易造成人员伤害的凸起或塌陷部位	b
1.4.15	人、车共行的道路未设置人行道,人行道与车行道间的防撞栏杆不符合 JTG D81 的相关要求	b
1.4.16	人行道路存在下列问题: 1) 坡道路面干湿态静摩擦系数小于 0.5,路面不防滑; 2) 纵坡坡度大于 1:2 的,未设置防护栏杆; 3) 采用开孔大的水篦子; 4) 指示牌底部距离地面高度小于 2.2 m; 5) 人行通道上乔木树干分支点小于 3 m	b

表 A.1 场地环境安全风险参考清单(续)

序号	安全风险描述	属性
1.4.17	人行过街天桥、空中连廊等临空通行道路存在以下问题: 1) 道路结构不稳固,受力结构存在裂缝、锈蚀情况,存在倒塌风险; 2) 未设置防护栏杆或栏杆结构设计不可靠,水平受力强度不能满足人员最大通行量要求,存在人员坠落风险; 3) 位于人员密集场地场馆的主要道路未设通行复线并设置醒目的导向标志; 4) 未醒目设置"严禁抛物、禁止攀爬、当心坠落"等安全标志,存在抛物伤人、人员坠落风险; 5) 下方设置易燃易爆危险品储存仓库	a, b
1.4.18	人行道路(包括空中连廊走道、人行天桥、坡道、涵洞等)、楼梯台阶不平整,未采用防滑设计	b
1.4.19	台阶边缘存在锋利锐角、凸起、塌陷	b
1.4.20	梯道踏步数、台阶踏步高度、宽度不符合 GB 51192 的相关要求	b
1.4.21	游客疏散道路曲折、陡峭,人流前进方向存在缩颈,或放置阻碍物,存在人流对冲、拥挤踩踏等风险	a, b
1.4.22	主要游览道路、安全疏散口外侧通道、人员密集场地场馆内设置高陡坡、楼梯台阶	b
1.4.23	上述情况以外的其他相关安全风险	
1.5 护坡与挡土墙安全风险		
1.5.1	护坡、挡土墙未采用连续平坡式布设,台地之间未采用挡土墙连接(自然地形坡度大于 8%时)	a, b
1.5.2	可能发生滑坡或泥石流的区域,护坡或挡土墙未做特殊处理。挡土墙的材料、形式不符合实际情况,不能满足安全需求	a, b
1.5.3	挡土墙或围墙存在下列问题: 1) 挡土墙墙后填料表面未设置地表排水措施,墙体未设置排水孔或排水孔的直径小于50 mm,孔眼间距大于 3 m; 2) 挡土墙未设置变形缝,或变形缝的间距大于 20 m; 3) 挡土墙与建(构)筑物连接处未设置符合要求的沉降缝; 4) 当挡土墙上方布置水池或一侧临水,可能造成渗水的,未对挡土墙采取有效的防渗措施; 5) 边坡(护坡)上种植可能损坏边坡与挡土墙的深根植物; 6) 设置在高处、边坡的围墙或挡土墙,与内外道路、人员密集场地场馆、建(构)筑物、设备设施、高大乔木的安全距离不满足要求; 7) 存在墙体位移及变形、地基基础沉降及变形、墙体裂缝或断缝、残损、鼓胀、位移、倾斜、坍塌、墙体材料风化腐蚀等缺陷; 8) 人员主通道区域的挡土墙与围墙,存在堆载、墙身或顶端附加载荷	a, b

表 A.1　场地环境安全风险参考清单（续）

序号	安全风险描述	属性
1.5.4	应设置围墙或其他围蔽措施进行隔离的区域未设置，或已设置的结构形式、高度、现状等不能满足安全要求	a，b
1.5.5	上述情况以外的其他相关安全风险	
1.6　工程管线系统安全风险		
1.6.1	管线敷设在山区、滨水（海、河、湖）区域，存在受到山洪、泥石流、滑坡、沉陷、海水倒灌等危害的影响	a，b
1.6.2	应在地下敷设工程管线，未埋地敷设（如人员密集场地场馆电力线路及主道路的照明线路未埋地敷设）。地上敷设的工程管线管架净空高度及基础位置，不能满足正常运营、消防作业、应急救援、交通运输等要求	a，b
1.6.3	工程管线未避让建（构）筑物基础、游乐设施基础、挡土墙或护坡、景观或表演用水体、大型地面设施基础（如大型景观设施、大型标识、大型夜景照明设施、通信塔等）	a，b
1.6.4	有可燃性、爆炸危险性、毒性及腐蚀性介质的管道，未避开人员密集场地场馆和重要建（构）筑物，或采用埋地敷设（民用燃气管道除外）	a，b
1.6.5	使用比空气密度大的可燃气体的场所采用管沟敷设，未采取防止可燃气体在管沟内积聚的措施	a，b
1.6.6	对安全、卫生、防干扰等有影响的工程管线，以及有可能产生相互有害影响的管线共沟或靠近敷设。（如燃气管道与其他管道或电缆同沟敷设，生活给水管道与输送易燃、可燃或有害的液体或气体的管线同沟敷设）	a，b
1.6.7	埋地敷设的工程管线布置在可能受重物压坏之处。地下燃气管线从建（构）筑物[尤其是人员集中的建（构）筑物、大型建（构）筑物、游客休憩的公共绿地和庭院、堆积易燃易爆和具有腐蚀性液体的场地等]下面穿越	a，b
1.6.8	未采取保护措施的地下工程管线和管沟，布置在建（构）筑物基础的侧压力影响范围之内。或距建（构）筑物基础外缘的水平距离不足，在施工和检修开挖管线、管沟时会影响建（构）筑物基础	b
1.6.9	地下管线（沟）的覆土深度、埋置深度（尤其是敷设在路面下、穿越道路时）不符合 GB 50289 的相关要求。当直埋管道不能满足覆土厚度要求时，未加防护套管或设管沟	a，b
1.6.10	地下燃气管线和地上运送可燃性、爆炸危险性、毒性及腐蚀性介质的管道，敷设在表演水体或水池底部、重要建（构）筑物的主要出入口、主要观光游览道路和人员密集场地场馆	a，b
1.6.11	地下燃气管线与建（构）筑物、与其他地下管线之间的最小水平距离、地上燃气管线与建（构）筑物或相邻管道之间的最小垂直距离、燃气管线与其他管线交叉垂直净距不符合 GB 50289 的相关要求	a，b

表 A.1 场地环境安全风险参考清单(续)

序号	安全风险描述	属性
1.6.12	地下工程管线交叉布置时,可燃气体管道、电力电缆在热力管道上面,有腐蚀性介质的管道及碱性、酸性介质的排水管道在其他管道上面	a, b
1.6.13	直埋电缆之间,电缆与其他管道、道路、建(构)筑物等之间平行和交叉时的最小净距不符合 GB 50289 的相关要求	a, b
1.6.14	地下工程管线与种植植物的最小水平距离不符合 GB 50289 的相关要求,如人员密集场地场馆地下燃气管线(沟)外壁距树木的距离大乔木小于 5 m,小乔木小于 3 m,灌木小于 2 m	a, b
1.6.15	架空管线、管架跨越区域内道路的最小净空高度,工程管线管架与建(构)筑物之间的最小水平间距不符合 GB 50289 的相关要求	a, b
1.6.16	地上敷设燃气管道存在下列问题。 1) 中低压燃气管道未采用支柱敷设,沿耐火等级低于二级的建(构)筑物外墙敷设,设置在建(构)筑物围墙上。 2) 贴近围墙设置时,未与围墙保持安全距离。 3) 在中低压架空燃气管道下,与道路路面的最小垂直净距小于 5.5 m,与人行道路面的最小垂直净距小于 2.2 m。 4) 沿建(构)筑物外墙敷设的燃气管道,中压管道与建(构)筑物门窗洞口的最小水平净距小于 0.5 m,低压管道与建(构)筑物门窗洞口的最小水平净距小于 0.3 m。 5) 中低压架空燃气管道与其他管道最小垂直净距,当管径小于或等于 300 mm 时,同其他管道小于 0.1 m;管径大于 300 mm 时,同其他管道小于 0.3 m	a, b
1.6.17	有甲、乙、丙类火灾危险性、腐蚀性及毒性介质的管线,采用建(构)筑物支撑方式敷设[使用该管线的建(构)筑物除外]	a, b
1.6.18	架空电力线路跨越人员密集场地场馆、易燃易爆危险品仓库、可燃材料建造屋顶及火灾危险性属于甲、乙类的建(构)筑物	a, b
1.6.19	穿越游乐园的架空电力线路导线与建(构)筑物、地面、燃气管道、其他管线之间的最小水平净距不符合 GB 50289 的相关要求	a, b
1.6.20	架空金属管线与架空输电线路交叉时,架空金属管线未采取接地保护措施	a, b
1.6.21	新建、改建、扩建的跨河、穿河、穿堤、临河的桥梁、管道、缆线、取水、排水等设施影响原有排洪管道畅通	a, b
1.6.22	地上管线未设隔离带、安全防撞措施	b
1.6.23	各类工程管线的安全标志标识设置不符合要求,显示模糊不清晰,或因施工破坏后未重新修复	b
1.6.24	地下燃气管道沿线未设置里程桩、转角桩、标志桩、交叉桩、穿越桩、警示牌、警示墙等标志或设置不合理、不明显清晰。地上敷设的管段未设置警示牌并且未采取保护措施	b

表 A.1 场地环境安全风险参考清单（续）

序号	安全风险描述	属性
1.6.25	直埋电缆未按直线段每 50 m～100 m 处、电缆接头处、转弯处、交叉处、T 接头、进入建(构)筑物处等位置，设置地面方位标志或标桩，或标桩设置不合理、不明显清晰	a，b
1.6.26	上述情况以外的其他相关安全风险	
1.7 场地环境安全风险(包括地质灾害风险点)		
1.7.1	游艺区域、游览休憩场地、人员密集场地场馆存在下列情况： 1） 位于在架空电缆(包括高压线)通道下或可能影响范围之内； 2） 位于埋地主燃气管道上方或架空燃气管道下方； 3） 位于空中运行设备或其他高空坠物可能的直接下方且无防护； 4） 周围存在倒塌、坍塌等可能的区域； 5） 邻近燃气瓶组站、燃气管道、危险物品输送、储存场所； 6） 存在发生火灾可能的区域； 7） 位于蒸汽锅炉、中高压容器与有毒有害介质压力容器的区域； 8） 存在或临近甲、乙类厂房； 9） 存在泥石流、滑坡、水淹等可能的地质灾害风险点； 10） 位于雷电易发区域或无雷电防护区域； 11） 其他可能造成人身伤害的重大安全风险处	a，b
1.7.2	场地户外设置的广告牌、各类落地招牌、悬挂式牌匾、标注牌、指示牌、灯饰及灯柱、户外监控装置、雕塑、高大树木等，不能确保其在正常使用与遭遇自然灾害(如台风)情况下的牢固可靠，存在倒塌、松脱坠落伤人可能	a，b
1.7.3	场地户外设置的广告牌、各类落地招牌、悬挂式牌匾、标注牌、指示牌、灯饰及灯柱、户外监控装置、雕塑等悬吊物、侧挂物等构造型式不安全、实际连接点不牢固，安全冗余不足，或安装位置不可检测、不可维护；距离地面高度不足 2 m	a，b
1.7.4	密集人群观景平台承载力不足、损坏、防护缺失，存在垮塌、人员坠落风险	a，b
1.7.5	游客人员活动场地邻近无防护的建筑幕墙(尤其是玻璃幕墙)	a，b
1.7.6	崖边、栈道、栈桥、吊桥、人行天桥、水边、台阶等无护栏，或防护设施损坏	a，b
1.7.7	休憩场地内座椅、游览人员可以接触到园林环境及其他可触碰之处，存在造成游客伤害或易刮伤衣物的尖锐构造(锐边、尖角、毛刺和危险突出物等)	b
1.7.8	休憩场地铺装材料、座椅等未选择阻燃性材料，存在游客抽烟引起火灾风险	b
1.7.9	商场货架结构不稳定或商品堆垛过高，存在倾倒、倒塌风险	b
1.7.10	场地内各类窨井的设置未避开人员密集场地场馆，且井盖与场地平面(路面)标高相差较大，或窨井盖板损坏、缺失	a，b
1.7.11	检查井井盖未设有锁闭装置	a，b
1.7.12	低洼易积水场地的窨井，未选择防止涌水要求的结构与材料	a，b

表 A.1 场地环境安全风险参考清单(续)

序号	安全风险描述	属性
1.7.13	对于易被车辆碾压毁坏的窨井,井盖未选择能有效抗击车辆碾压的材料与结构形式	a,b
1.7.14	游览休憩区域的排水沟盖板材质不坚硬,安装不牢固,盖板表面未做防滑处理	b
1.7.15	水上游乐园游玩戏水区域排水沟盖板采用金属材质,夏季日晒后温度过高存在烫伤游客风险	a,b
1.7.16	户外游客可接触的带电设施及其金属结构未做好有效接地措施、未有效设置漏电保护装置或未采用安全特低电压	a,b
1.7.17	游乐园内制高点、人员集散广场、游道、观景平台、停车场、人行天桥、连廊等区域未设置可靠的雷电防护装置或装置功能失效,未进行定期检验检测	a,b
1.7.18	场地内安全护栏存在下列问题: 1) 应设置而未设置(临边、临水、高空平台、通道等); 2) 少年儿童专用活动场所、场地、通道的防护护栏未采用防止儿童攀登的型式; 3) 栏杆结构不合理、高度不够、选用材料错误; 4) 栏杆下部无防护网或挡脚板; 5) 栏杆留孔未封堵,生锈、腐朽或断裂产生锋利口; 6) 中、高发雷区金属栏杆未接地	a,b
1.7.19	高峰客流场地不具备自动计数装置,无法监测人流平均密度和局部密度	a,b
1.7.20	吸烟区设置在游客必经的通道上或紧邻游览休憩场所时未采取管控措施	b
1.7.21	主要游览道路、人员密集场地场馆、游客休憩场所、狭小室内空间设置燃气取暖器	a
1.7.22	废弃物暂存区域设置在游览休憩场所附近	a,b
1.7.23	在人员密集场地场馆的售票处、大门出入口、排队区、表演广场等易产生高峰客流区域,未设置有效的客流引导、提示、安全警示与疏散标志,以及游客须知、安全禁忌提示	a,b
1.7.24	大门出入口、游客中心、重要景点、室外大型游乐设施场地、主要游览道路、易燃易爆和有毒有害气体的储存和使用场所、停车场、重要地上工程管线区域等重点场地存在监控盲点	a,b
1.7.25	场内安全生产与森林防火"三同时"设施未配置,配置不全、失效或被拆除弃用	b
1.7.26	场地内(包括户外大型活动)电线电缆成捆随地铺设,采用可燃性材料覆盖,未加设线槽防护	a,b

表 A.1 场地环境安全风险参考清单(续)

序号	安全风险描述	属性
1.7.27	地质灾害风险点存在以下情况： 1) 经评估认为可能引发地质灾害或者可能遭受地质灾害威胁的新建项目,未配套建设地质灾害防治工程,或未开展“三同时”项目验收; 2) 地质灾害风险点内或区域边界未设立醒目、清晰的安全标志,未设置疏散避难场所的指示牌与疏散标识; 3) 未进行建(构)筑物沉降监测、重要区域回填土沉降监测和回填土密实度检测; 4) 可能存在滑坡、泥石流、山体崩塌、地面塌陷等高安全风险区域,未设置隔离设施防止人员进入; 5) 在地质灾害危险区内进行爆破、削坡及从事其他可能引发地质灾害的活动; 6) 其他	a, b
1.7.28	地下停车场地势低,未做好有效防水、排水措施,存在水淹风险	b
1.7.29	上述情况以外的其他相关安全风险	
1.8 运营施工现场环境安全风险		
1.8.1	施工现场范围未进行围挡或围挡高度不足 1.8 m	b
1.8.2	作业现场和公共区域的各类坑、洞、井、洼、沟、陡坡、临边、临水等危险部位,以及可能造成中毒、触电、爆炸、火灾区域,未有效设置防护栏杆、安全网、栅门、格栅、阻挡件、遮盖物及踢脚板等防护设施	a, b
1.8.3	对于施工现场通道附近的各类洞口与坑槽等处,夜间未设警示灯示警	b
1.8.4	临近运营区域的模板工程、基坑工程、暗挖工程、装配式建筑混凝土预制构件安装工程等脚手架、作业现场围挡材料不坚固、不稳定	b
1.8.5	上述部位及施工现场爆破物及有害危险气体和液体存放处等危险部位未设置明显的安全警示标志	a, b
1.8.6	施工现场物料堆放混乱、不稳固、不规范	a, b
1.8.7	施工现场道路(包括安全通道)放置各种障碍物,阻碍正常通行	b
1.8.8	施工现场无相应的消防设备设施,或配置不齐全、失效	b
1.8.9	交叉作业处(包括施工作业与运营作业)防护措施不足,且未设置警告标志和防护措施	b
1.8.10	危险作业场所未设有事故事件报警装置及紧急疏散通道,疏散安全通道未装设应急照明和指示标志	b
1.8.11	上述情况以外的其他相关安全风险	
1.9 植物及其他类安全风险		
1.9.1	场区内有毒、有害、有刺植物,以及掉落果实伤人植物	a
1.9.2	场区内花丛、草丛等区域出现野生蛇、老鼠、蜂、虫等,游客存在被咬伤风险	a

表 A.1　场地环境安全风险参考清单（续）

序号	安全风险描述	属性
1.9.3	邻近设置在人员密集场地场馆、设备设施、建(构)筑物、停车场等的高大乔木未定期修剪,容易脆断倒伏,有伤人、损坏设备和建(构)筑物的安全风险	a，b
1.9.4	设置在森林区域的参观通道未设置顶部防护网,存在枯枝砸伤人员风险	a，b
1.9.5	高大乔木种植位置、距离不足,影响或侵入消防线路、花车巡游线路、滑行类游乐设施运行轨道和旋转类游乐设施的安全运行空间	a，b
1.9.6	乔木与建(构)筑物门窗、玻璃幕墙间距过小,存在倒塌破坏门窗,引发碎片伤人,动物逃逸等次生灾害风险	a，b
1.9.7	电气和燃气管道附近存在根系发达植物,存在破坏管道风险	a，b
1.9.8	水库坝体上种植乔木,存在破坏坝体风险	a，b
1.9.9	变配电设施周围种植生长高度超过 15 cm 的草皮,易造成遮挡、易燃发生火灾风险	a，b
1.9.10	上述情况以外的其他相关安全风险	

注1：本清单所列举的安全风险和分类可以作为识别有关安全风险的起点和参考。

注2：本清单所列举的安全风险中属于“根源危险源”的,“属性”栏内标识“a”;属于“事故隐患”的,“属性”栏内标识“b”。

表 A.2　建(构)筑物安全风险参考清单

序号	安全风险描述	属性
2.1　建(构)筑物设置与布局类安全风险		
2.1.1	建(构)筑物处于: 1)　山洪、山体崩塌、泥石流、滑坡、流沙、危石、溶洞等直接危害的地段; 2)　地面严重沉降或塌陷等地质灾害易发区; 3)　积水洼地、蓄滞洪区或坝堤决溃后可能淹没的地区; 4)　受强台风、风暴潮、海啸等灾害性气象严重影响危害的地区; 5)　不便于排水的地段; 6)　坐落在地下燃气管线上方; 7)　架空高压电缆正下方; 8)　变配电建(构)筑物及变配电设施处于地势低洼和可能积水的地区	a，b
2.1.2	建筑总平面布置、总体布局不合理,各功能区互相干扰,可能会导致事故或衍生事故发生,或难以疏散救援	b
2.1.3	建筑基础存在以下问题: 1)　基础荷载较大或对地基沉降敏感的建(构)筑物、设备设施地基,布置在土质不匀、地基承载力悬殊的地段(断层、滑坡、溶洞、软土等)、不良地形等引起不均匀沉降区域; 2)　建(构)筑物基础不能满足承载力和稳定性要求,存在不能保证建(构)筑物安全和正常使用的不均匀沉降、严重变形、开裂、倾斜等	a，b

表 A.2 建(构)筑物安全风险参考清单(续)

序号	安全风险描述	属性
2.1.4	建(构)筑物位于高陡坡下时,无可靠的护坡、挡土墙、边坡地表水排放等安全防护措施,或损毁严重	a, b
2.1.5	建(构)筑物选址、总平面布局、建筑结构和防火间距不符合 GB 50016 的相关要求	b
2.1.6	仓库建(构)筑物防火安全管理不符合《仓库防火安全管理规则》的相关要求	b
2.1.7	生产、经营、储存、使用危险物品的车间、商店、仓库与员工宿舍在同一座建(构)筑物内	a, b
2.1.8	危险化学品仓库设置在人员密集场地场馆,甲、乙类危险化学品库房内设置办公室、休息室,或贴邻设置在人员密集场地场馆。后勤建(构)筑物(如人员密集的生产加工车间)与甲、乙类厂房,仓库组合布置及贴邻布置,或布置在丙、丁、戊类厂房、仓库的上部	a, b
2.1.9	有爆炸危险的库房未设置泄压设施,或泄压设施未采用轻质屋面板、轻质墙体和门窗,或设置在人员密集场地场馆或主要交通道路方向	a, b
2.1.10	滨海(河、湖)的建(构)筑物内安装配电箱的地下室,未采取防止水进入措施,或在人员密集场地场馆的走道、电梯厅和客人易到达的场所内安装总配电箱	a
2.1.11	在正下方有出入口、人员通道的建(构)筑物或人员密集场地场馆的建(构)筑物二层及以上部位设置建筑幕墙(尤其是玻璃幕墙),未采用具有防坠落性能的结构或抗撞击性能不达标,未在幕墙下方周边区域合理设置绿化带、裙房等缓冲区域或者采用挑檐、顶棚等防护设施	a, b
2.1.12	建(构)筑物外凸出的招牌、广告牌、造型物等影响正常行车、行人安全,以及紧急情况下的客流疏散与消防车、高大救援车辆的通行	a, b
2.1.13	同一建(构)筑物内设置多种使用功能场所时,不同使用功能场所之间未进行防火分隔	b
2.1.14	鉴定为应拆除或大修的危险建(构)筑物,未进行封闭,未拆除水、电和气源,未设置明显标识	a
2.1.15	建(构)筑物及景观设施设置不当,导致消防车道的净宽度和净空高度小于 4 m,影响消防车正常行驶作业	b
2.1.16	内部加油站设置在游乐园前场运营区域或距餐饮、食宿、剧院与会议中心等建(构)筑物 100 m 范围之内	a
2.1.17	地势低洼和可能积水的场所设置中小型电动汽车充电站,存在漏电等安全风险	a, b
2.1.18	临时舞台、看台、舞台背景结构设置在受强风(龙卷风)、台风、雷电强烈影响区域	a
2.1.19	大型活动临时搭建的舞台场地超过设计使用期限后,未重新进行安全评估和审批,仍继续使用	a, b

表 A.2 建(构)筑物安全风险参考清单(续)

序号	安全风险描述	属性
2.1.20	上述情况以外的其他相关安全风险	
2.2 建(构)筑物本体与其外部设施安全风险		
2.2.1	游乐场馆内游客道路存在缩颈、台阶、凸凹不平、人流对冲等问题	b
2.2.2	前场运营建筑内或邻近设置危及游客人身安全的公用设施(燃气瓶组站、煤气调压站/柜、甲乙类仓库、燃油/燃气锅炉、油浸式电力变压器、石油制品储罐等),或对不能避开人员密集场地场馆的危险公用设施未设置有效的防护设施,未采取隔离措施(包括安全距离隔离)	a,b
2.2.3	海洋馆、极地馆等重要维生系统设置在易被水淹的低洼地带或地下室。露天重要维生系统、排水管道系统等,与相邻实体建(构)筑物、高挡墙、其他高大设备设施安全距离不够,或无防护设施	a,b
2.2.4	地面、高处(楼顶)设置的通信设施(如站房、机柜、桅塔、天线等)不符合安全距离要求,或存在倒塌、坠落伤人可能	a,b
2.2.5	建(构)筑物非承重墙体、内外墙装饰物构件及其部件,以及悬挑阳台、外窗、外墙贴面砖石或抹灰、屋檐、屋面挂瓦、建筑出口上方雨棚等,结构型式不合理、安全冗余不足、与主体结构连接不牢固,存在变形、开裂、松脱、严重腐蚀等现象	a,b
2.2.6	临海或潮湿地区建筑玻璃采光顶的支撑钢结构及其五金件未采用不锈钢材料,采光顶的耐久性、抗风性能、抗冰雹性能、适应温差变化性能、防低温脆断性能等不符合实际使用要求	b
2.2.7	遮阳玻璃、外墙玻璃幕墙、玻璃门窗等未根据当地极端气候条件选择抗风性能、抗风携碎物冲击性能达标的安全玻璃	a,b
2.2.8	动物观赏场所采用安全玻璃,不具备与所观赏动物类别相适应的抗冲击性能	b
2.2.9	建(构)筑物的大门、窗和内部门、门窗金属配件未考虑当地极端气象灾害情况采取防腐蚀等措施	a,b
2.2.10	建(构)筑物玻璃幕墙未由具有检测资质的机构进行安全性检测,且并未进行日常检查维护	a,b
2.2.11	建(构)筑物内的超高、超大型门扇地弹簧等五金件与门的规格尺寸不匹配,或未增设安全锁链,存在五金件、铰链、合页、天地轴等部件失效时门扇倾倒伤人安全风险	a,b
2.2.12	建(构)筑物外的悬吊挂物(包括建筑屋顶广告、外墙设置的招牌、广告牌、广告灯箱、指示牌、侧挂或上方悬挂的LED屏、雕塑、装饰物、户外吊灯等)、建(构)筑物内吊顶结构的固定结构或可移动结构或设备构造型式不安全、实际连接点不牢固(松动、变形或可能断裂、严重腐蚀),安全冗余不足,或安装位置不可检测、不可维护;距离地面高度不足2 m,存在磕碰撞伤安全风险	a,b

表 A.2 建(构)筑物安全风险参考清单(续)

序号	安全风险描述	属性
2.2.13	人员密集场地场馆内的吊顶结构、悬吊挂物(机械式动雕、模型、装饰物、灯具、吊扇、音响、投影及其他可移动设备等)、侧挂物(壁扇、挂饰、招牌、灯箱、标志标识)、地面耸立物体等存在锈蚀、开裂、变形、倾斜、松脱等缺陷,且安全冗余不足	a，b
2.2.14	建筑玻璃采光顶支撑钢结构锈蚀严重,存在变形、开裂、脱落可能	a，b
2.2.15	设置在建(构)筑物上的各类公用设施、电信设施、烟囱、花架、高空平台、爬梯直梯、安全护栏、高空工作装备(包括擦窗机),安装不牢固,存在松脱、坠落可能	a，b
2.2.16	瓶装液化石油气瓶组间与重要公共建筑或其他高层公共建筑贴邻,或总容积不大于 1 m^3 的液化石油气瓶瓶组间与所服务的其他建筑贴邻时,未采用自然气化方式供气	a，b
2.2.17	建(构)筑物彩灯未采用IP等级相适应的专用灯具,彩灯的金属导管、金属支架、钢索等未与保护接地线(PE)可靠连接	a，b
2.2.18	建(构)筑物室内地坪标高,低于室外场地地面设计标高,或高度小于 0.3 m,且建(构)筑物底层出入口处未采取措施防止室外地面雨水回流,存在地面积水或排水管排水不畅时倒灌入室内可能	b
2.2.19	应设置雷电防护装置的建(构)筑物,未设雷电防护装置或装置功能失效,未进行定期检验检测	b
2.2.20	有人员活动建筑采用可燃或易燃夹芯板等材料	a
2.2.21	建(构)筑物进出口数量、净宽度、应急疏散通道设置不能确保正常与异常情况下最大客流量进出与疏散要求	b
2.2.22	安全出口设置不足或通道堵塞,疏散楼梯过窄或疏散门、楼梯堵塞,紧急情况时人员无法及时疏散	b
2.2.23	建(构)筑物内进水(包括内部泄漏)的排水措施不能满足安全要求	b
2.2.24	建(构)筑物安全出口处设置门槛、门内外 1.4 m 范围设置踏步,采用卷帘门、转门、吊门及侧拉门,疏散门与疏散方向反向开启,门口设置影响疏散的障碍物	b
2.2.25	建(构)筑物内人员密集区域地面干湿态摩擦系数小于 0.5,易造成人员滑倒	b
2.2.26	建筑室内公共通道上低于 2 m 的墙(柱)面阳角及景墙压顶转角等阳角未采用切角或圆弧处理,或未安装成品护角	b
2.2.27	上述情况以外的其他相关安全风险	
2.3 安全防护方面安全风险		
2.3.1	建筑内的安全护栏或栏板不坚固、高度低于 1.2 m,儿童场所安全护栏未采用防止攀登的构造且栏杆垂直杆之间净距大于 0.11 m	b
2.3.2	中庭或其他人员密集场地场馆的上部设置的临空防护设施,存在坠物可能但未采用连接牢固的护板结构,或护板底部设置高度小于 100 mm、不能防止物体滚落的挡板	a，b

表 A.2 建(构)筑物安全风险参考清单(续)

序号	安全风险描述	属性
2.3.3	安全护栏采用全玻璃结构用作承受侧向荷载	a
2.3.4	水族馆内亚克力玻璃水体强度刚度不足,连接处年久失修产生裂纹、泄漏,或遇明火、高温使亚克力玻璃熔化、破损	a, b
2.3.5	建(构)筑物所设置的高空平台、攀爬梯(直梯、斜梯)、高空平台安全护栏等,设置不合理或锈蚀损坏严重,爬梯无防护罩	a, b
2.3.6	建(构)筑物内外架空设置的安全走道、检修平台、马道等,地板未设防滑钢板,临边未设置挡脚板和防护栏杆	b
2.3.7	蓄水池上未设有人行通道,人行通道两侧未设有钢防护栏杆	a, b
2.3.8	架空设置的检修平台、马道不能完全覆盖悬吊物、屋顶钢结构检查维护工作	b
2.3.9	建(构)筑物内外的安全标志标识欠缺、模糊不清或损坏	b
2.3.10	上述情况以外的其他相关安全风险	
2.4 其他建(构)筑物安全风险		
2.4.1	建(构)筑物长期漏雨、漏水,或海水、工业废水等渗(灌)入,结构严重腐蚀	b
2.4.2	凶猛动物笼舍、围网、转移动物的笼箱结构安全可靠性差,存在缺陷或损坏	a, b
2.4.3	凶猛动物观赏区域防护设施欠缺或损坏,投喂设施及其护栏设置不当、安全状况不佳、残旧、腐烂	a, b
2.4.4	设置在户外且有台风地区的凶猛陆生动物观赏用玻璃幕墙,未采用防台风玻璃	a, b
2.4.5	建(构)筑物承重结构拆除或损坏(柱子、桁架、梁、架、板及支撑杆件等),或增加建(构)筑物载荷导致超载使用	b
2.4.6	在建(构)筑物基础周围挖土、挖坑导致积水,距其 1 m 范围内设上下水井、排水沟或地下水管线,种植深根高大乔木	b
2.4.7	在不准许人员攀登的屋面,或在低载荷平台上集中大量人员	a, b
2.4.8	建(构)筑物的安全防护设施、监控、防风、防水、防火、防雷等设施被拆除或损坏	b
2.4.9	梁、柱、楼板、承重墙、外墙等建筑主体或者承重结构开裂、变形、倾斜	b
2.4.10	建(构)筑物金属构件开裂、变形、螺栓松脱等	b
2.4.11	建(构)筑物周边围墙、栅栏不牢固、开裂、锈蚀或损坏	b
2.4.12	上述情况以外的其他相关安全风险	

注 1:本清单所列举的安全风险和分类可以作为识别有关安全风险的起点和参考。

注 2:本清单所列举的安全风险中属于“根源危险源”的,“属性”栏内标识“a”;属于“事故隐患”的,“属性”栏内标识“b”。

表 A.3　设备设施安全风险参考清单

序号	安全风险描述	属性
3.1　设备设施通用风险		
3.1.1	在设备设施上方、侧向、运行线路存在坠落、倒塌可能的建(构)筑物及其附属设施、其他物体等,未采取有效措施予以防护	a, b
3.1.2	设备设施主要钢结构(梁、臂等)或受力零部件(如钢丝绳)存在强度、刚度不够、应力集中、稳定性差,或已产生变形、开裂等缺陷	a, b
3.1.3	设备设施多次返修的重要受力部件(部位)和重要焊缝,以及受力结构的长度、厚度不符合要求,结构变形或尺寸偏差较大,产生严重应力集中或造成受力情况严重削弱的情况,无详细定位记载,无法检验与维修保养	b
3.1.4	设备设施主要受力零部件设计存在单点失效,且无法检测、维护保养或有效监测	a, b
3.1.5	设备设施超参数运行	b
3.1.6	设备设施运行中有异常声响、异常振动、卡滞等现象,不进行检查,继续运行	b
3.1.7	应设置护栏、围栏、防护罩的设备设施,实际未设置或损坏,或防护不当、防护距离不够	b
3.1.8	设备设施的高空平台及其护栏、检修爬梯(直梯、斜梯)、高空疏散通道与安全护栏、防护栅栏等设置不合理、配置不当、结构不合理、强度高度不够、松动、变形损坏(尤其是腐朽或断裂产生的锋利口)、锈蚀严重等。应设安全带栓系结构的高空爬梯未设置或损坏严重	b
3.1.9	设备设施架空设置的安全走道,地板未设防滑钢板,临边未设置挡脚板和防护栏杆,栏杆下部无防护网或挡脚板	b
3.1.10	规定设置的安全设施或装置(如安全阀、探测器等)未设置,设置不全或失效,未按期检测计量,关闭或被拆除弃用	b
3.1.11	设备的开停、断合开关等未装设在醒目、易操作的位置,无标志或标志错误、不明显等	b
3.1.12	屡次发生危及安全的严重故障的设备设施,未能及时有效制定整改措施或监护运行,导致故障持续发生	a, b
3.1.13	设备设施应有使用操作规程、自检维护规程等但实际未制定,或有制定但人员不规范操作	a, b
3.1.14	自检维护计划制定不合理、项目不全、方法不正确、仪器工具缺失等	b
3.1.15	设备设施未按期更换易耗易损件、备品备件质量不过关等	b
3.1.16	主要电气设备、移动电器、防雷装置和其他设备的接地装置,接地电阻测试不符合要求的,未进行检修整改	b
3.1.17	设备设施未进行定期检验检测,定期检验检测内容项目方法等不符合或结论错误	b
3.1.18	设备设施修理改造管理不规范,如缺少方案、修理改造单位不具备相应资质和能力、修理改造缺乏质量管控等	b

表 A.3 设备设施安全风险参考清单（续）

序号	安全风险描述	属性
3.1.19	停用的设备设施未拉闸断电，开关箱未锁，未张贴“停用”等安全标志标识	b
3.1.20	使用国家、地方明令淘汰禁止的设备设施（如没有熄火保护的燃气灶具）	a，b
3.1.21	设备设施超过设计使用寿命，未进行安全评估继续使用	a，b
3.2 特种设备（包括类似功能设备）与演出用设备安全风险		
3.2.1	设置在高压线走廊内、电缆线之下或地下燃气管线之上的游乐设备设施、户外自动扶梯等	a
3.2.2	游乐设施设置紧贴易燃易爆场所、不利于疏散的地下室，或设置在存在腐蚀性气体或粉尘严重的环境中	a，b
3.2.3	压力容器设置在载人设备的载客装置之上或紧贴（包括载客装置停靠位置）	a，b
3.2.4	在有可能导致人体、物体坠落而造成人员伤亡的载人设备运行区域上方，未设置有效可靠的安全网或其他安全防护设施	b
3.2.5	特种设备安装或定期载荷试验时，未在最大设计允许参数下运行，运行次数与荷载重量不符合设计要求	a，b
3.2.6	非承压设备作为承压设备使用（如擅自改变常压锅炉的结构和安装管路、阀门等，将常压热水锅炉改作承压锅炉使用）	a，b
3.2.7	游乐设施操作室不具备全面观察设备运行全程的良好视线，且未加装监控摄像装置	b
3.2.8	沿载人设备运行路线，设置不合理、不牢固或妨碍设备安全运行的装饰物、假山隧道、高大物体（包括树木）	a，b
3.2.9	在观众区域（上空、地上与地下）、邻近观众进出口通道设置的蒸汽锅炉或中高压压力容器、表演用承压设备（包括液化石油气瓶、液化介质气瓶等）、管道及其相关装置设置在观众区域（上空、地上与地下）、邻近观众进出口通道、人员密集场地场馆建（构）筑物屋面上	a，b
3.2.10	蒸汽锅炉、盛装危险介质或中高压压力容器（含气瓶）、压力管道、蒸汽锅炉、各类气瓶库、液化石油气瓶组站等在游客或员工活动的人员密集场地场馆内设置或紧邻设置	a
3.2.11	特种设备乘客束缚、操纵、控制、制动、限位、限速、限压、温控、限流、强排或泄压爆破等安全装置、附件等配置不全，或失效	b
3.2.12	游乐设施站台间隙不符合要求，存在人员踩空坠落安全风险	b
3.2.13	人员密集区域附近或上方运行的设备设施未设置限位、防倾覆等安全保护装置	a，b
3.2.14	游乐设施、客运索道与演出设备的外置电源与信号线、传感器、接近开关、监控检测仪器仪表、附属装饰物及装饰灯具等存在松动、松脱等问题	b

表 A.3 设备设施安全风险参考清单(续)

序号	安全风险描述	属性
3.2.15	水滑梯润滑水调节装置失效	b
3.2.16	水上游乐项目乘人浮圈(伐)充气不足或漏气	b
3.2.17	造浪池系统因故障产生巨浪冲击,导致游客受伤	a,b
3.2.18	充气类游乐设施无防风措施或措施不足,导致游客受伤	a,b
3.2.19	巡游花车行驶、转向、控制、制动系统出现故障、失控	a,b
3.2.20	气瓶存在下列问题: 1) 应安装减压器(液化气瓶)、回火防止器(乙炔瓶)、防震圈、防护帽的未安装; 2) 将高压气瓶放置或储存于人员密集场地场馆; 3) 可燃性气体气瓶泄漏; 4) 可燃性气体气瓶距明火过近或采用热源对气瓶进行加热; 5) 液化气体气瓶处于高温、暴晒环境下; 6) 乙炔瓶横躺卧放; 7) 在用气瓶变形破损; 8) 可燃性气体气瓶与助燃性气体气瓶安全距离不足	a,b
3.2.21	空压机保护装置、安全阀、压力表失灵而导致储气罐内压力剧增引起爆炸,或储气罐与管道内不及时排污处理,大量积碳、积油污,存在积碳在高温、高压条件下引起爆炸安全风险	a,b
3.2.22	燃油、燃气锅炉未配置防爆门或放散管,放散管上未设置阻火器,存在可燃介质积聚产生爆炸安全风险	a,b
3.2.23	燃油、燃气锅炉所在的室内建(构)筑物,未设置独立的送排风系统或选用非防爆型通风装置	a,b
3.2.24	蒸汽、热水管道阀门锈蚀破损,连接法兰不严导致泄漏	a,b
3.2.25	起重机械(表演或维修用吊运设备、电葫芦、液压自动升降平台等)设置不当,操作系统位置不利于操作观察	b
3.2.26	起重机械的吊、索具(钢丝绳、吊耳、吊环、吊钩等)变形或损坏,已达到报废标准仍继续使用。或起重机械装置未安装限位装置、未设置急停开关	b
3.2.27	台上设备(卷扬机构、驱动、传动、制动机构等)故障、损坏,尤其是表演用卷扬机连接部件断裂、卷扬机移动手柄按键失灵、运行过程中卷扬机制动器失灵	a,b
3.2.28	台下设备(升降台与辅助升降台、移动和旋转设备、升降机构、驱动机构、传动装置、制动器、支撑结构、承重结构等)故障、损坏	a,b
3.2.29	空中设备(舞美装置、舞台威亚、舞台飞行器、单点吊机等)故障、损坏	a,b
3.2.30	特效设备(液氮和蒸汽产生雾特殊设备、制造真火特效设备等)故障、损坏	a,b

表 A.3　设备设施安全风险参考清单（续）

序号	安全风险描述	属性
3.2.31	剧院影院观众席直接上空悬吊(侧挂)设备,未设置二道保险装置,安全冗余不足	a
3.2.32	演出载人吊架(吊笼吊杆)与高空道具(如飞球)的吊索具(钢丝绳、吊耳、吊环、吊钩、地钩等)变形、损坏,已达到报废标准仍继续使用	a，b
3.2.33	演出使用的其他载人设备(如转环)损坏、断裂	a，b
3.2.34	大型游乐设施、客运索道应急救援设备设施与工器具不齐全或不符合要求	a，b
3.2.35	上述情况以外的其他安全风险	
3.3　燃气设备设施安全风险		
3.3.1	燃气设备设施设置在位于或邻近繁忙道路、人员停留休憩、餐饮娱乐区域时,未设置可靠的安全防护箱、防护网、监控设备	a
3.3.2	燃气管道及附件设置在以下场所: 1)　卧室、客房内; 2)　各类机房、变配电室等设备用房内; 3)　易燃易爆危险品仓库和腐蚀性介质场所内; 4)　电力、供暖、下水等沟槽和烟道、进风道、垃圾道等处	a，b
3.3.3	重要燃气用户建筑内: 1)　燃气调压设备未配置工作调压器和监控燃气调压器; 2)　燃气总管和分配管(支管引接处)上未按要求设置管道紧急切断阀; 3)　燃气调压设备放散口未用金属管道引至建(构)筑物外安全处; 4)　燃气管道未明管敷设,或暗装或暗埋敷设燃气管道未采取安全防护措施; 5)　燃气管道采用金属材料时,未设置绝缘接头,且未采取接地措施	a，b
3.3.4	燃气管道、液化石油气瓶组气化站、储存站存在下列问题: 1)　设置在地下室或半地下室; 2)　管道、阀门等老化; 3)　邻近围墙基础及墙体倾斜、开裂; 4)　被占压; 5)　地阀井被覆盖; 6)　地上燃气设施无防护栏或防护安全距离不足; 7)　现有阀门控制范围较大; 8)　超期服役; 9)　燃气泄漏; 10)　受影响区域内种植深根植物(尤其是人员密集场地场馆); 11)　无地下管道标识或标识错误; 12)　其他影响安全的问题	a，b
3.3.5	液化石油气燃具布置在地下室和半地下室。燃具及燃气燃烧设备布置在有腐蚀性介质,或易燃易爆危险品堆存处的房间内	a，b

表 A.3 设备设施安全风险参考清单(续)

序号	安全风险描述	属性
3.3.6	采用自然气化方式供气的液化石油气瓶组(气瓶总容积小于 1 m^3)设置在建(构)筑物地下室或半地下室内。液化石油气和相对密度大于 0.75 的燃气调压装置,设置在地下室、半地下室和地下单独的箱体内	a,b
3.3.7	歌舞娱乐、马戏等表演场所内敷设可燃气体管道和甲、乙、丙类液体管道	a
3.3.8	人员密集用餐区域、开放式食品加工区使用燃气明火加工食品	a,b
3.3.9	应设置燃气泄漏报警装置的下列场所未设置,或探测器数量不足,存在监测盲点: 1) 建(构)筑物内专用的封闭式燃气调压、计量间; 2) 地下室、半地下室和地上密闭的用气房间; 3) 燃气管道竖井; 4) 地下室、半地下室引入管穿墙处; 5) 敷设燃气管道的通风不良、检修困难房间或吊顶内; 6) 有燃气管道的管道层	a,b
3.3.10	燃气管道燃气泄漏报警装置未定期校验,状况不明或燃气泄漏报警装置已失效	a,b
3.3.11	燃气管道穿过建筑墙壁和楼板时,存在以下情况: 1) 未安装钢质套管或套管内管道有接头; 2) 套管与承重墙、地板或楼板之间的间隙未填实; 3) 套管与燃气管道之间的间隙未采用柔性防腐、防水材料密封	a,b
3.3.12	燃气管道穿过建(构)筑物外墙或基础的部位未采取防沉降措施	b
3.3.13	燃气管道被用作其他电气设备的接地线,或用于支撑、悬挂重物等其他用途	b
3.3.14	应设置燃气紧急切断阀的场所未设置: 1) 地下室、半地下室和地上密闭的用气房间; 2) 一类高层民用建筑; 3) 燃气用量大、人员密集、流动人口多的商业建筑; 4) 重要的公共建筑; 5) 有燃气管道的管道层	a,b
3.3.15	燃气管道与下列物体的距离不符合安全要求: 1) 电气线路、插座、开关、配电箱; 2) 房间门、窗洞; 3) 燃具	a,b
3.3.16	锅炉房、调压柜放散管管口高度不符合安全要求	b
3.3.17	燃气连接软管直接穿越墙体、门窗、顶棚和地面	b
3.3.18	使用非燃气专用软管连接燃具或连接软管超期使用	b

表 A.3　设备设施安全风险参考清单（续）

序号	安全风险描述	属性
3.3.19	燃气放散管口设置在易积聚的密闭空间或人员频繁活动的场所内	b
3.3.20	使用已超国家判废年限或安全保护功能(如熄火保护、防干烧保护等)缺失的燃具	a
3.3.21	建筑燃气用户未设置燃气探测集中报警控制系统或系统失效	a，b
3.3.22	燃气设备设施应设未设速断阀、紧急切断阀、室内燃气泄漏强排风装置等安全装置，或装置损坏失效	a，b
3.3.23	燃气阀门井未配备相应的应急抢险工具或应急抢险工具存在缺失、损坏	b
3.3.24	中压及以上的地下燃气管道未进行计划性、重点性的(开挖)检测	b
3.3.25	可燃气体传感器或探测器设在燃具上方油烟或粉尘聚集的地方，或天然气探测器监测范围大于 8 m，液化石油气探测器监测范围大于 4 m	a，b
3.3.26	景观水体水下燃气管道设置不当、材料不符、支撑固定结构腐蚀等，致使水下燃气管道破损开裂、松脱上浮	a，b
3.3.27	废弃的燃气管道未予拆除或将管道及其检查井封填，未将其与仍在运行的燃气管道及其设备设施有效隔断。对于停止运行的燃气管道及其设备设施，使用单位未督促燃气公司及时进行处置。对暂时没有处置的管道未采取安全措施，未与运行中的室内外管道进行有效隔断	a，b
3.3.28	上述情况以外的其他相关安全风险	
3.4　油罐类安全风险		
3.4.1	油品储罐(地上或埋地)、汽车加油站设备系统、表演用彩火油罐及其输油管道等设置在人员密集场地场馆区域内或紧邻，布置不合理、安全距离不够、缺少安全防护，或设备锈蚀、损坏	a，b
3.4.2	输油管路通过滚石、塌方等区域时，未采用埋设或设置防护挡墙	a，b
3.4.3	应按要求设置防火堤和水封井，或埋地设置的柴油罐，未设置防火堤和水封井，或未埋地设置	a，b
3.4.4	油罐区电缆与热力管道、输油管道同沟敷设	a，b
3.4.5	油罐区电气设施未按防爆要求配置和安装，地面敷设的局部电缆未采用阻燃电缆	a，b
3.4.6	油罐区现场装有电接点压力表或其他产生火花的电气接点	a，b
3.4.7	油罐区现场使用的油温表、油压表、油位计等一次元件不是防爆型设备	a，b
3.4.8	贮油罐外壁处和防火堤外的油管道，未各设置 1 道钢制阀门	a，b

表 A.3 设备设施安全风险参考清单(续)

序号	安全风险描述	属性
3.4.9	油罐的通气管口低于建(构)筑物顶 1.5 m 以下,未安装阻火器,油罐通气管口未设置呼吸阀,或呼吸阀、阻火器失效	a,b
3.4.10	油管沟在进入建(构)筑物前,未设置防火隔墙,或防火隔墙损毁	b
3.4.11	油罐超标准储存、安全状况差,备用发电机柴油储罐无法检测维护	a,b
3.4.12	油罐区内的排水沟、电缆沟、管沟等沟坑内存在积油	a,b
3.4.13	上述情况以外的其他相关安全风险	
3.5 雷击与静电类安全风险		
3.5.1	场地制高点、建(构)筑物、户外大型钢结构构筑物、人员集散广场、游道、观景平台、停车场、人行天桥、连廊、油罐、危险场所及设备设施等应设雷电防护装置、防闪电电涌侵入措施而未设置,或雷电防护装置失效	a,b
3.5.2	高度大于 15 m 的游乐设施,以及应设防侧向雷击的高度大于 60 m 游乐设施,未设雷电防护装置或失效	b
3.5.3	位于雷击频繁地区的客运索道,未在承载索或运载索的上方设置单接闪线或双接闪线,未采取防止雷电形成的高电压从电源入户侧侵入的措施	b
3.5.4	露天水上游乐场所设置的雷电防护装置覆盖不足,或部分失效	b
3.5.5	突发雷暴时直击雷可能闪击的高大孤立建(构)筑物的直击雷防护设施不足或不当	b
3.5.6	存在因雷击导致控制系统失效可能的设备设施,电磁脉冲(感应雷)防护设施不足或不当	b
3.5.7	进出建(构)筑物的燃气管道的进出口处,室外的屋面管、立管、放散管、引入管和燃气设备等处未设雷电防护装置或防静电接地设施	a,b
3.5.8	具有特殊防雷要求的燃气蒸汽锅炉房、易燃易爆、有毒有害场所的雷电防护装置不满足其特殊防雷要求	a,b
3.5.9	储存可燃液体的钢储罐未做防雷接地,或钢储油罐防雷接地点少于 2 处,或沿储罐周长间距大于 30 m	a,b
3.5.10	钢质燃气管道接口法兰连接处、油罐管道连接法兰等处,未用金属导体跨接,或跨接线不牢固,失效	a,b
3.5.11	油罐接地线与电气设备的接地线没有分别装设	a,b
3.5.12	进出油泵房的金属管道、电缆的金属外皮或架空电缆的金属槽,未在油泵房外侧接地	a,b
3.5.13	覆土钢储油罐的呼吸阀、液位计(量油孔)等法兰连接处,未做等电位连接并接地;地上或非充砂管沟敷设的钢管始(末)端、分支处以及直线段未设置防静电接地装置	a,b

表 A.3　设备设施安全风险参考清单（续）

序号	安全风险描述	属性
3.5.14	油罐的防雷接地电阻超过 10 Ω，燃油区的防静电接地电阻值超过 30 Ω	a，b
3.5.15	储存甲、乙、丙及 A 类液体的钢储罐未采取防静电措施。未设导除静电的耐油软管或单独安装接地装置	a，b
3.5.16	油泵房的门、燃油区的门未设消除人体静电的装置	a，b
3.5.17	易燃易爆介质管道未设置静电消除装置	a，b
3.5.18	上述情况以外的其他相关安全风险	
3.6　电力电气设施设备类安全风险		
3.6.1	埋地高压电缆无位置和走向标识，错误或标识不清楚	a，b
3.6.2	马道、钢构舞台、钢构平台、金属棚架等易导电场所，非安全特低电压电气线路直接缠绕在金属结构上，未加绝缘套管防护	a，b
3.6.3	低压母线、配电箱、电气设备等设置在水管正下方	a，b
3.6.4	腐蚀性化学品仓库内的电气线路和电气设备设施未采取有效的防腐措施或防腐措施被破坏	a，b
3.6.5	爆炸危险环境安装非防爆电气设备，或电气设备防爆功能失效	b
3.6.6	游客活动区电气线路存在破损或电气接头导电体外露	a，b
3.6.7	电气线路（包括临时线路）直接敷设在金属燃气管道上	a，b
3.6.8	游客通道上方的临时架空电气线路未采取防坠措施	a，b
3.6.9	沿地面敷设，易被游客踩踏的电气线路未采取机护管保护措施	a，b
3.6.10	电缆沟或电缆穿过墙或楼板的孔洞处，未采用阻燃材料严密封堵	a，b
3.6.11	产生大量蒸汽、腐蚀性气体、粉尘等的场所，未采用封闭式电气设备	a，b
3.6.12	在可燃材料或可燃构件上直接敷设电气线路或安装的电气设备	a，b
3.6.13	可产生高温的用电设备（照明灯具、镇流器、电加热器等）靠近非 A 级阻燃性能材料，或导线穿越 B2 级阻燃性能以下装修材料时，未采用岩棉、瓷管或玻璃等 A 级材料隔热	a，b
3.6.14	人员密集场地场馆内的 UPS（不间断电源）电池存在鼓包、漏液或电气触点存在过热现象	a，b

表 A.3 设备设施安全风险参考清单(续)

序号	安全风险描述	属性
3.6.15	高低压配电房存在下列问题: 1) 温度湿度不满足变配电设备运行要求; 2) 绝缘靴、绝缘手套等安全工器具已过检验有效期; 3) 绝缘靴、绝缘手套等安全工器具不齐全、存放凌乱、保管不良好; 4) 区域警示线及遮拦、围网标识破损或不清晰; 5) 配电房内无管理制度、无电力设备安全操作规程; 6) 电缆夹层、电缆室、室外电缆沟、电缆隧道、电缆进户管等处,未采取防止小动物进入措施及防排水措施,或措施(设施)失效; 7) 配电装置未选用具有"五防"功能(防止误拉合断路器、防止带负荷拉合隔离开关或手车触头、防止带电挂地线、防止带地线合开关、防止误入带电间隔)的成套配电装置; 8) 油浸式电力设备防护措施不足(尤其是临近人员密集场地场馆设置的油浸式变压器),油浸式电力设备油无应急存放点,或未设置紧急情况时油能排到容纳全部电力设备油的储油池; 9) 接地装置电阻不达标或接地装置出现锈蚀、断裂等现象; 10) 电气柜周围未铺设绝缘胶垫或胶垫破损	a, b
3.6.16	配电箱(柜)存在下列问题: 1) 配电箱安装在游客易触及的游览地段; 2) 室外配电箱未采用防雨型箱体,或设置在低洼易积水处,箱底距地面距离不足200 mm; 3) 配电箱底座、孔洞未采取防止小动物进入箱内的封闭措施; 4) 进、出配电箱的电气线路未进行套管防护; 5) 配电箱金属外壳未可靠接地; 6) 配电箱接线不牢固,电气线路和电气元件存在过热发黑现象; 7) 配电箱 0.3 m 范围内、箱内、下方堆放可燃物或箱门被遮挡、不便于开启	a, b
3.6.17	电气设备存在下列现象: 1) 电气设备和线路运行环境(温度、湿度、室内/外等)不符合使用维护说明书的要求; 2) 电缆、插头外观破损,带电体外露; 3) 电气设备运行时存在异味、异响; 4) 电气设备未与可燃物保持安全距离; 5) 电气设备与电气线路、保护元件的规格参数不匹配	a, b

表 A.3 设备设施安全风险参考清单（续）

序号	安全风险描述	属性
3.6.18	应装设漏电保护装置而未装的电气设备设施： 1） 属于Ⅰ类移动式电气设备及手持式电动工具； 2） 生产经营用的电气设备； 3） 施工工地的电气设备； 4） 安装在户外的电气装置； 5） 临时用电的电气设备； 6） 除壁挂式空调插座外的其他插座或插座回路； 7） 游泳池、喷水池、浴室、浴池的电气设备； 8） 安装在水中的供电线路和设备； 9） 水族馆、水泵房等潮湿场所用电设备； 10） 汽车充电桩； 11） 其他应设未设的电气设备设施	a，b
3.6.19	漏电保护装置存在下列问题： 1） 漏电保护装置性能参数不匹配； 2） 漏电保护装置失效	b
3.6.20	游客可触摸、操作、易接触的电气元件、易被儿童接触的照射灯等，未采用安全特低电压供电。公众场合电源插座距地高度低于 1.8 m 时，未采用安全型电源插座	a，b
3.6.21	人员居住的房间配电箱内的插座回路，室外景观照明、泛光照明配电回路、安装在水泵房等潮湿场所的电气设备以及使用非安全特低电压的装饰照明设备，未装设漏电保护装置，或功能失效	a，b
3.6.22	建(构)筑物周围安装的易被人员接触的立面照射灯，未采取防灼伤和防触电措施	a，b
3.6.23	特定环境(如金属容器内和潮湿环境)中应采用安全特低电压的设备(游客操作设备、设备检修和汽车检修用行灯)或应设置安全特低电压照明设备，未采用安全特低电压	a，b
3.6.24	靠近非 A 级装饰材料或构件部位的易产生高温的电气设备、线路、照明灯具等，未采取隔热、散热等防火保护措施，或与窗帘、帷幕、幕布、软包等装修材料距离小于 500 mm	b
3.6.25	在高低压线路下方，搭设作业棚、建造生活设施，或堆放构件、架具、材料及其他杂物等	b
3.6.26	林地或植被茂密区域，电气线路直接敷设在枯枝落叶堆积层	a，b
3.6.27	穿越易燃、可燃夹芯板的电气线路，未加阻燃套管有效防护	a，b
3.6.28	电机外壳及底座、电缆表皮、电缆桥架、金属灯架等外露金属部分未接地(或接零)保护	a，b
3.6.29	路灯、交通信号灯、车站广告灯箱没有接地措施，或接地电阻不符合安全要求	a，b
3.6.30	高杆灯检修门离地高度低于 500 mm，无防水措施且未上锁	a，b

表 A.3 设备设施安全风险参考清单（续）

序号	安全风险描述	属性
3.6.31	在户外公众场合设置的电源插座未做好防水措施，距地高度低于 1.8 m 的插座未采用安全型插座	a，b
3.6.32	移动式插座多次串接使用或连接的用电设备功率超过插座额定功率	a，b
3.6.33	户外电气设备(如户外 LED 装饰灯带或灯箱等)外壳防护等级不符合要求，可能进水导致短路或漏电	a，b
3.6.34	车辆充电设施存在下列问题： 1） 设置在易被水淹的低洼区域； 2） 与爆炸危险建筑毗邻，安全距离不满足爆炸危险环境电力装置设计规范的要求； 3） 设置在草料仓库、植被茂密林地等可燃物密集的区域内； 4） 充电电缆破损，导体外露； 5） 充电插头绝缘部分老化、破损，端子存在发黑、过热的痕迹； 6） 充电时，在充电设备、充电电缆、蓄电池上放置可燃杂物； 7） 私接临时线路或串接排插为车辆充电； 8） 缺少充电安全标志标识	a，b
3.6.35	砂轮机、电钻等电动工具的绝缘外壳破损或护套线破损	a，b
3.6.36	人员密集场地场馆安装表面温度大于 60 ℃的落地式景观照明，未采取围栏或距离防护	a，b
3.6.37	人员密集场地场馆安装的灯具玻璃罩存在开裂、老化现象，且未采取防止其向下溅落的措施	a，b
3.6.38	大型扬声器设备未单独固定，或未采取防止工作时松脱、坠落、与墙面和吊顶产生共振的保护措施	a，b
3.6.39	临时电力线路存在下列问题： 1） 未建立临时用电作业许可制度，未经审批许可临时用电； 2） 临时线路导线绝缘差，其截面不能满足用电负荷和机械强度的需要； 3） 低压临时线路敷设未避开易碰撞、热力管道、积水等易造成绝缘损坏的地方； 4） 在各种支架、脚手架、树木或其他设施上挂线； 5） 临时线路未设置一个能带负荷拉闸的总开关控制，每一分路未装保护设施； 6） 装在户外的开关、熔断器等电气设备无防雨设施； 7） 临时线路连接的电气设备金属外壳和支架未能接地(或接零)线，或接地不良好； 8） 临时线路放在地面通道的部分，未采取可靠的保护措施(盖板防护)，潮湿、污秽场所的临时线路未采取特殊的安全保护措施； 9） 临时线路与建(构)筑物、树木、设备、管线间的距离不符合安全要求； 10） 在严禁架设临时线路的爆炸和火灾危险的场所架设临时线路； 11） 现场临时用电线路布置不规范(横贯交通通道的线路无护管保护等)，或临时线路绝缘破损； 12） 临时用电插座沿地面敷设时未采用专用插座； 13） 临时用电结束后未按要求及时拆除用电设备及电缆	a，b

表 A.3 设备设施安全风险参考清单（续）

序号	安全风险描述	属性
3.6.40	上述情况以外的其他相关安全风险	
3.7 其他设备设施安全风险		
3.7.1	水族箱设备、管网系统设置不当，难以或无法检测维护，年久失修	a，b
3.7.2	极地动物馆制冷系统设置不当，无冗余或备用设备设置位置不当	a，b
3.7.3	重要运营用水泵（过滤水泵、生化水泵、冷却泵）、防御气象灾害的潜水泵、潜水排污泵、集水井（排污泵）配置不够，能力不足，或损坏	a，b
3.7.4	水景工程水泵存在下列问题： 1） 循环水泵未采用潜水泵； 2） 采用潜水泵未直接设置于水池底，或在水体 2 区以外设置管道泵； 3） 娱乐性水景的供人涉水区域设置水泵	a，b
3.7.5	潜水设备存在缺陷或安全状况不清	b
3.7.6	动物笼舍内的取暖制冷设备及其防护网罩损坏	a，b
3.7.7	船只（尤其游览观光船）建造质量不佳，安全配置欠缺，疏于检修维护	a，b
3.7.8	烟花爆竹燃放设备放置位置错误（燃放朝向人群）或损坏、倒塌造成燃放位置错误	a，b
3.7.9	表演用无人机存在以下问题： 1） 应有桨叶保护罩的无人机，实际未安装； 2） 群控无人机未设置电子围栏； 3） 载货飞行； 4） 起飞电池电量低于 50%； 5） 无人机机体外观有可见破损仍在飞行	a，b
3.7.10	演职人员演出道具造型尖锐、锋利，存在误伤游客安全风险	a，b
3.7.11	防灾避险设备、应急救援设备（吊车、索具、索道救援用小飞人与滑行小车等），存在设置不当、功能不全、损坏等问题	a，b
3.7.12	儿童游戏机、骑行（乘坐）玩具等娱乐设施以及电气线路未定期进行维护保养与安全检测	a，b
3.7.13	卡式气炉放置不当或使用不当	a，b
3.7.14	机械加工设备（包括切削设备、冲压设备、成型设备、焊接设备、木工机械、食品加工机械）存在下列问题： 1） 转动或快速移动部位/部件裸露，未设可靠的安全防护罩、防护栏杆或防护挡板； 2） 有可能造成缠绕、吸入或卷入、刺割等危险的运动部件和传动装置未设置防护罩，或防护罩的安全距离不符合标准规定； 3） 设备外壳未接保护零线，且绝缘较差； 4） 未接漏电保护装置； 5） 木工电锯无皮带防护罩、锯片防护罩、分料器和护手装置，或锯片有裂纹； 6） 上述防护设施损坏失效	a，b

表 A.3 设备设施安全风险参考清单（续）

序号	安全风险描述	属性
3.7.15	人员进出的冷库设备，冷库门关闭后无法从内部开启	a，b
3.7.16	危险化学品存储设备年久失修、变形、开裂或损坏	a，b
3.7.17	采用蒸汽的熨烫烘干设备的承压部件年久失修、变形、开裂或损坏	a，b
3.7.18	涉及烘制、油炸等设施设备，未采取防过热自动报警切断装置和隔热防护措施	a，b
3.7.19	涉及淀粉等可燃性存在粉尘爆炸危险的场所，未设置除尘系统，未设置防止粉尘爆炸的设备设施	a，b
3.7.20	铺设在地下停车场内天花的电线电缆、消防喷淋水管、通风管道等设施，其金属支撑结构不牢固，存在承载力不足导致塌陷、坠落安全风险	a，b
3.7.21	地下停车场通风设施的排风量、排烟量达不到标准要求，存在发生火灾火势迅速扩大蔓延安全风险	b
3.7.22	上述情况以外的其他相关安全风险	

注 1：本清单所列举的安全风险和分类可以作为识别有关安全风险的起点和参考。
注 2：本清单所列举的安全风险中属于“根源危险源”的，“属性”栏内标识“a”；属于“事故隐患”的，“属性”栏内标识“b”。

表 A.4 业务活动与作业安全风险参考清单

序号	安全风险描述	属性
4.1 业务活动类安全风险		
4.1.1	游乐园内总体区域布局混乱，游客主要活动路线、活动场地周边区域设置后勤生产场所，不同功能区内的车流、物流、外来与内部人流相互干扰	b
4.1.2	运输烟花爆竹路线设置在对客运营区，并在开园期间随意通行	a，b
4.1.3	现场运营服务人员或后勤工作人员配置不满足当天客流量接待服务要求	
4.1.4	危化品运输车辆的行驶路线靠近或穿越游客活动路线	a，b
4.1.5	游客活动路线区域、游客进出的人造观景及装饰性物体、人员游玩洞穴或通行涵洞等，采光、通风、排水设施不齐全或失效	a，b
4.1.6	游客活动路线存在下列问题： 1） 预设的观赏、拍照点不合理，构成动态障碍物； 2） U形转弯处因外弯路线长，形成瓶颈口及游客对冲； 3） 高人群密度区域游道经过台阶，未设缓坡，存在踩踏安全风险； 4） 允许婴儿车进入的活动路线，中途未设置缓冲区，以备父母停下护理婴儿； 5） 单向路线上，前后景点容量不匹配且未设置控制关口、排队区、缓冲区或分流措施； 6） 活动路线中有横向电气布线、低矮景观小品等磕绊障碍物，或防暴恐阻车墩布局不合理； 7） 园区、表演场散场、园区闭园时，游客通行疏散走道瞬时流量过大，未采取客流管控措施； 8） 活动路线未预留工作通道和应急通道，不能确保工作人员及时抵达异常地点，或紧急情况下人群疏散	b

表 A.4 业务活动与作业安全风险参考清单(续)

序号	安全风险描述	属性
4.1.7	对于新增运营项目,存在下列情况: 1) 未开展运营前的安全风险识别、评估,或未针对识别出的安全风险(尤其是重大安全风险)采取针对性管控措施; 2) 未对项目建造质量进行管控或监督,未开展项目检查验收或竣工验收; 3) 新投入运营的载人设备未建立使用操作规程; 4) 未开展运营前的压力测试; 5) 未对演员行为动作进行规范约束; 6) 演出道具的造型、材质选择上未考虑其安全性; 7) 现场应急硬件条件配置不满足要求; 8) 未建立相关应急预案(含现场应急处置方案)或应急情况未考虑周全; 9) 未开展应急演练验证应急预案有效性; 10) 未定期进行安全总结与改进; 11) 其他	b
4.1.8	对于运营项目的安全风险管理,存在下列情况或问题: 1) 常规运营项目发生变化时(如改建、扩建,长期关闭后重开),未重新进行安全风险识别并建立清单; 2) 季节性或特殊运营项目(如涉火、涉水项目、鬼屋与密室逃脱等)未进行安全风险识别并建立清单; 3) 非常规运营项目(大型活动、短时性或一次性业务活动)未进行安全风险识别并建立清单; 4) 安全风险较高的运营项目(包括但不限于大型载人设备、涉火、涉水、水族馆等)未定期进行安全总结与改进; 5) 其他	b
4.1.9	游客活动路线、游客通道设置不合理,易产生人员拥挤踩踏;人员引导疏散避险措施,应急避险场所的设置不能保障异常情况下快速、便捷疏散要求	b
4.1.10	未对高峰客流与大型活动进行有效管控,存在下列问题: 1) 各设定区域的人流密度超过控制人数; 2) 在高安全风险、热点地段,拦截疏导措施不力,出现局部热点、瓶颈; 3) 活动路线上前后关口的放行速度不匹配,造成游客滞留; 4) 无限流措施(物理隔离、单向慢速、分流)或措施不利; 5) 突然加塞物理屏障或撤除物理隔离屏障,引起推挤、拥挤; 6) 人为指挥疏导错误,构成人流对冲; 7) 采用强度不足、不稳定物理分隔措施,或易倾覆的装置; 8) 未及时辨识游客滞留,疏导分流; 9) 疏导指挥工作不协调、沟通差,工作人员将游客指引往拥挤点; 10) 预计局部人群密度大于或等于 2 人/m^2,且总人数大于 1 000 人的区域,设计活动路线时未采取物理措施分片,或分片方格中人群较多; 11) 对密集人群中下蹲、在狭窄通道中停留/逆行等安全风险行为纠正不力	a, b

表 A.4 业务活动与作业安全风险参考清单(续)

序号	安全风险描述	属性
4.1.11	游览路线上存在进出场关联关系的场馆,场次时间未进行控制,造成人流叠加或对冲	a，b
4.1.12	室外游乐项目防暑措施不到位,存在游客或员工中暑的安全风险	b
4.1.13	赠品发放时机、地点不合适(如在阶梯、斜坡处发放赠品),哄抢引发拥挤踩踏	b
4.1.14	热点分布不均匀,存在局部单一热点,或多个热点布置在同一区域	b
4.1.15	未对进出场人数进行计数,未根据统计所得的人数,人工与该区域所预设的平均密度、局部密度等数值进行比对预警	b
4.1.16	未对人群、车流转移趋势进行监视,对产生瞬间大客流未及时知会关联区域、关联单位预采取措施	b
4.1.17	对热点设施、演艺和明星效应考虑不足,调控措施不力	b
4.1.18	未考虑大型活动拖延、取消、提前终止的安全应对方案	b
4.1.19	消防安全重点部位、地质灾害风险点等重大安全风险未列入巡更点清单,未按规定在正常运营时段、非运营时段(如夜间、闭园、运营项目关闭)、特殊时段(高峰时段、大型活动与气象灾害等)进行巡查巡更	b
4.1.20	对游客运营场地存放易燃易爆等危险物品,且处于无管控状态	a，b
4.1.21	对游客提供的孩童推车或特殊群体轮椅损坏,质量缺失,车身不稳等	a，b
4.1.22	上述情况以外的其他相关安全风险	
4.2 管理类安全风险		
4.2.1	安全管理未覆盖游乐园全地域、全时段、全范围、全过程、全部管理对象	b
4.2.2	未掌握本单位的安全管理重点或重点不清晰	b
4.2.3	未设专兼职安全管理人员、未制定并落实单位各层级、各岗位人员的安全职责(包括安全管理人员)	b
4.2.4	未制定相关安全体系文件,或安全体系文件适用性差,或未有效实施	b
4.2.5	作业人员未落实重要作业审批制度,擅自作业	b
4.2.6	作业人员对作业重要工艺不清楚,或工艺规定混乱、执行差	b
4.2.7	未根据具体的作业特点选择合适的劳动防护用品,如眼睛及面部防护、身体防护、呼吸保护、安全带等	b
4.2.8	作业现场未指定现场监护人及属地监督人员实施现场监督	b

表 A.4 业务活动与作业安全风险参考清单（续）

序号	安全风险描述	属性
4.2.9	应经培训考核或取得专业资格的操作、检查维护、检验检测、安全管理等法定从业人员，未经培训考核或未取得专业资格而从事相关工作	b
4.2.10	相关法定人员、重要从业人员未经严格培训考核，不具有本岗位相应的安全操作、故障处理、识别安全风险、应急处置等能力	b
4.2.11	特种设备设施安装或改造结束后，使用单位未要求制造(改造)单位或其授权的安装单位对相关作业人员进行安全管理、操作、故障辨识与处理、应急处置等方面的培训	
4.2.12	对外部相关方资质评审与选择、安全协议签订、培训与安全风险告知、作业过程检查监督、交付质量验收等管控不力	b
4.2.13	未制定针对性现场处置方案、应急预案，未建立满足要求的专兼职应急救援队伍，未按规定配备应急设施、装备、物资，未按规定开展针对性应急救援演练	b
4.2.14	应急演练或应急处置时，应急人员未掌握应急处置方法和安全注意事项	b
4.2.15	上述情况以外的其他管理类安全风险	
4.3 涉及设备设施的作业安全风险		
4.3.1	对于停止运行的燃气管道及其设备设施，使用单位未督促燃气公司及时进行处置。对暂时没有处置的管道未采取安全措施，未与运行中的室内外管道进行有效隔断。人员未查阅设备设施前日运行记录情况，对于设备设施异常记录未核实确认整改情况	a，b
4.3.2	游乐设施操作人员和服务人员未向游客进行安全提示，未向游客讲解安全注意事项或操作指南	a，b
4.3.3	操作人员、服务人员在设备设施运行过程中，未站在安全线以外的安全区域，或在运行区域走动或穿越	a，b
4.3.4	游乐设施运行前，服务人员未对安全压杠、安全带、座舱锁紧装置等安全装置逐一检查确认。当检查发现安全压杠有空行程，安全带破损(带扣不牢固)，锁紧装置失效，或其他安全装置有问题的座位(座舱)，仍允许游客乘坐	a，b
4.3.5	游客做出明令禁止的行为时，服务人员、操作人员未及时予以纠正	b
4.3.6	设备人员在作业过程中发现异常情况、故障、事故隐患或者其他不安全因素，未立即停止运行，或不向上级报告。设备使用管理人或运营部门负责人未采取措施查清原因仍允许使用	b
4.3.7	遇到恶劣天气时，服务人员未及时向游客报告天气变化情况，未停止运行室外高空游乐设施、室外水上游乐项目等，未引导游客避险或采取其他措施	b

表 A.4 业务活动与作业安全风险参考清单（续）

序号	安全风险描述	属性
4.3.8	设备检修、清理工作前，工作人员未进行安全交底，未做好现场的安全措施和现场的安全交底等	b
4.3.9	操作人员、维修人员对自检发现的典型缺陷未进行全面系统排查，或对自检与排查发现的缺陷未及时进行修理整改	b
4.3.10	作业人员进行承压设备拆除作业时，未采取防止剩余气体伤人措施	a，b
4.3.11	设备运行（尤其是游乐设施与客运索道）时，人员违章指挥异物（如吊车）侵入其安全运行空间	a，b
4.3.12	起重作业起吊物系挂位置错误，或起吊前未评估起吊物重量	a，b
4.3.13	吊装作业工作地面不平整坚实，起重机械支脚未全部伸出垫牢，产生机械倾斜不平稳	a，b
4.3.14	人员在起吊物下作业、停留	a，b
4.3.15	木材加工作业时，未对设备产生火花采取防护，导致火焰引燃木屑、粉尘，导致火灾、粉尘爆炸	a，b
4.3.16	喷涂作业静电产生的火花引燃可燃气体导致火灾和爆炸。喷漆设备、供漆容器及输漆管路未设可靠的导除静电装置，与静电喷漆室相关联的通风管道未设自动防火调节阀或装置失效	a，b
4.3.17	人员进入喷漆室前未进行静电消除。喷漆室的可燃气体浓度检测和报警装置未与停止供料装置、电源切断装置、自动灭火装置等联动	a，b
4.3.18	在下列禁止区域进行无人机表演/飞行作业： 1） 人员密集场地场馆内游客上方； 2） 飞入正在运行的游乐设施、缆车等设备设施的运动包络线及相应的安全距离内； 3） 飞入正在高处作业、特技表演（如空中飞人）等危险作业的区域	a，b
4.3.19	运输车辆运在输作业过程中存在下列问题： 1） 严重超载； 2） 车辆的维护保养没有按规定执行，或漏项； 3） 车辆没有配备车用灭火器及故障车警告标志； 4） 车辆电路绝缘老化、油路老化、软化，易漏油	a，b
4.3.20	电瓶车驾驶员存在以下情况或行为： 1） 无证驾驶； 2） 因身体不适/食用药物出现反应迟钝、瞌睡等不良情况； 3） 驾驶过程中，接听电话、分心等； 4） 超速驾驶	a，b

表 A.4 业务活动与作业安全风险参考清单（续）

序号	安全风险描述	属性
4.3.21	对于设备设施方面存在的各类安全风险疏于管控，以及上述情况以外的其他安全风险	
4.4 动火作业安全风险		
4.4.1	在以下具有安全风险的部位或场地场馆内进行动火作业： 1） 易燃易爆场所，危险品库房 12 m 范围内； 2） 对盛装可燃、易燃易爆、有毒介质的容器、设备、管线及其附属（辅助）设备的动火作业； 3） 对各类承压设备的动火作业； 4） 在封闭或半封闭的室内、容器内、地下室内等场所； 5） 可能散发可燃气体或蒸汽的场所； 6） 森林防火区内； 7） 其他火灾危险性大，发生火灾损失大、伤亡大、影响大的重点防火部位，或需列入特殊危险动火管理的部位或场所	a，b
4.4.2	动火作业管理存在以下问题： 1） 未办理动火作业许可或固定动火作业审核备案； 2） 未落实安全措施或安全保障方案； 3） 未清理易燃、可燃物； 4） 未设置现场动火作业监护人； 5） 作业时间、作业地点、作业内容、作业人员之一发生变化且未重新办理动火作业许可； 6） 安全保障方案未经批准随意变动	b
4.4.3	在动火作业现场存在以下问题： 1） 作业人员未对动火作业区域实行有效封闭围挡或防火隔离； 2） 凡能拆移的动火部件，未拆移到安全的固定动火区进行作业； 3） 动火部件不能拆移时，未将动火区域周围的可燃、易燃物清理或移至安全位置； 4） 未配置灭火器材等消防设备； 5） 动火部件及周围可燃、易燃物均无法采取拆移，可能对毗邻建（构）筑物和地下管线等造成损害时，未采取可靠的专项隔离防护措施	b
4.4.4	进入受限空间的动火作业存在下列问题： 1） 未将内部物料除净，未对易燃易爆、有毒有害物料进行吹扫和置换，打开通风口或人孔； 2） 未采取空气对流或机械强制通风换气措施； 3） 作业前未检测含氧量，易燃易爆气体和有毒有害气体浓度，气瓶及焊接电源放置在受限空间内及出入口处； 4） 未根据作业环境配备空气呼吸器或软管面具等隔离式呼吸保护器具，以及其他必要的救援装备	a，b

表 A.4　业务活动与作业安全风险参考清单（续）

序号	安全风险描述	属性
4.4.5	在森林防火区内实施烧荒作业，未采取收集移除的方式将枯叶、杂草运输到森林防火区外指定的安全地点进行处理	a，b
4.4.6	对于动火作业方面存在的各类安全风险疏于管控，以及上述情况以外的其他安全风险	
4.5　动土作业安全风险		
4.5.1	作业人员未确认动土区域地下隐蔽公用设备设施情况，未审查施工单位动土作业方案与实际情况的符合性	b
4.5.2	房屋、道路拆除作业时，未探明地下电缆、燃气管道等，盲目拆除	b
4.5.3	动土作业存在以下问题： 1）在滑坡地段随意开挖，未采取相应安全措施； 2）在靠近建(构)筑物、设备基础、路基、高压铁塔、电杆等附近开挖时，未采取相应安全措施； 3）高边坡开挖时，未对边坡进行稳定性监测； 4）高陡边坡处作业时，未分高程设置马道、防护栏栅； 5）边坡支护时，施工单位无专人对危石进行巡查、辨识、观察或警戒； 6）开挖施工部位存在断层、裂隙、破碎等不良地质构造； 7）未办理动土作业施工告知/许可； 8）未开展现场动土作业安全监督	a，b
4.5.4	工程发包单位未向施工单位进行作业区域地下及周边情况现场交底，严格认定动土作业边界	b
4.5.5	现场作业人员未进行安全教育和安全技术交底，现场作业人员对动土作业安全保障方案要求和安全管理重点不清楚	b
4.5.6	现场作业人员未对动土地点的地下水、电、燃气等管网或其他公用设施走向和深度予以确认，或未进行有效标记	b
4.5.7	对于施工不当可能造成爆炸及火灾事故事件的动土作业，工程发包单位未指派人员对施工单位采取的安全防范措施、现场警戒防护、现场监护人员能力与配备轮值、应急处置或救援人员、应急设备设施工器具配备等情况进行现场确认	b
4.5.8	可能对其他管线或者市政、绿化、建(构)筑物等设施造成影响的动土作业，作业人员未采取相应保护措施并通知有关单位指派人员到场监督	a，b
4.5.9	涉及户外地下燃气管线附近(指计划动土区域周边 10 m 范围内，有燃气地面标识，或者有地上燃气管道、设施等)的动土作业，工程发包单位未提前以书面形式通知燃气公司，并按照燃气公司的安全要求采取管线保护措施，落实措施并经燃气公司书面批准后动土	a，b

表 A.4　业务活动与作业安全风险参考清单（续）

序号	安全风险描述	属性
4.5.10	动土作业现场作业人员未按照事前审批的作业点边界、地下隐蔽设施现场标识开展工作，擅自变更动土作业内容、范围、地点和路线	b
4.5.11	动土作业依据的勘察文件与实际情况不符，如施工现场及毗邻区域内供水、排水、供电、供气、供热、通信、广播电视等地下管线资料，气象和水文观测资料，相邻建（构）筑物、地下工程的有关资料	b
4.5.12	对于动土作业方面存在的各类安全风险疏于管控，以及上述情况以外的其他安全风险	
4.6　电气作业安全风险		
4.6.1	停送电操作前未向相关部门告知，停电后未上锁、挂牌，操作高压开关时未使用绝缘棒	a，b
4.6.2	高压倒闸作业未经许可，发生故障强行倒闸，倒闸未上锁，倒闸时未实行双人作业	a，b
4.6.3	电气施工作业前未先验电；配电柜、进出线柜等电气设备上安装开关、接线时，未断开电源总开关，未上锁挂“有人作业，禁止合闸”的标志牌；采用搭接、绕接等方式接线等	a，b
4.6.4	对于电气作业方面存在的各类安全风险疏于管控，以及上述情况以外的其他安全风险	
4.7　其他危险作业安全风险		
4.7.1	作业人员对游乐园内或邻近区域自然环境（山体、水坝、河流）存在的安全风险监视巡查不力	b
4.7.2	作业人员对游乐园内或邻近区域人工河湖调蓄利用与安全排放措施操作不当，导致游乐园内场地、道路水淹	b
4.7.3	作业人员未对场地（尤其是大型活动场地）、道路、建（构）筑物及其内外悬吊、侧挂物等进行制度化的检查与维护保养，或存在项目缺漏	a，b
4.7.4	焊接与热切割作业及塔吊、脚手架在使用和拆装过程中的安全管理不到位	b
4.7.5	在允许操作的地方和焊接场所，未设置不可燃屏板或屏罩隔开，未形成焊接隔离间；未清除作业周边的易燃易爆物质	b
4.7.6	厂内机动车或汽车在运行过程中人货混装，运输时包装物堆放过高或捆绑不牢	a，b
4.7.7	作业人员对易燃易爆材料进行敲打、碰撞、摩擦等可能出现火花的操作	a，b
4.7.8	作业人员使用油漆等挥发性材料时，未及时封闭其容器	a，b
4.7.9	作业人员使用易燃易爆稀释剂（如天那水）清洗设备设施，未采取有效措施及时清除，积聚在地沟、地坑等有限空间内	a，b

表 A.4 业务活动与作业安全风险参考清单(续)

序号	安全风险描述	属性
4.7.10	作业人员清洗地面时使用易燃易爆清洗剂,室内通风不畅,可燃气体积聚	a,b
4.7.11	作业人员对于存放易燃易爆物质或因化学作用而产生易燃易爆物质的罐体、管道及其他密闭或半密闭设施进行拆卸检修作业前,未进行清洗或置换,未检测确认易燃易爆气体积聚情况即开始作业	a,b
4.7.12	作业人员未划定现场作业区域,未设置安全标志标识,未指派人员现场警戒防护,非作业人员随意进入作业现场	b
4.7.13	作业人员携带火种或火源(如打火机、火柴、香烟、手机、对讲机等)进入库房,或在易燃易爆化学品库区内及库区周围 30 m 内吸烟或擅自动用明火作业	a,b
4.7.14	装卸物品后,在库区、库房内停放和修理机动车辆;装卸时人员背负肩扛,摔、撞击、拖拉物品等	a,b
4.7.15	人员攀、坐在不安全位置(如平台护栏、汽车挡板、吊车吊钩等)	b
4.7.16	人员在禁烟区抽烟,或随地扔弃烟头,存在火灾安全风险	b
4.7.17	作业人员误用或误入报废的建(构)筑物、设备设施、工器具、物质、原材料等	a,b
4.7.18	动物处于狂躁、忧郁、精神不集中等精神状态时,或者动物处于发情、交配、分娩、哺乳等生理期,仍进行动物行为训练或放展	a,b
4.7.19	动物运输前,未开展针对性的行为训练,未投喂抗应激药物等预防动物应激措施	a,b
4.7.20	游览观光车辆直接进入猛兽动物、大型类人猿、特大型食草动物(象、犀牛等)活动区域,车辆与动物之间未设置沟式隔离	a,b
4.7.21	动物行为展示、表演、互动过程使用的彩球等道具,存在砸伤游客可能	a,b
4.7.22	动物展示过程中,由于动物受到惊吓或动物情绪发生变化,存在动物逃逸或伤人的安全风险	a,b
4.7.23	演员在人员密集场地场馆进行移动式烟花表演	a,b
4.7.24	饲养人员在大型鱼类、猛兽展区上方行走、投喂,未做好安全防护	a,b
4.7.25	作业人员、游客误触具有毒性、攻击性强的海洋动物(如水母、狮子鱼、鳗鲶等)	a,b
4.7.26	演员违规进入动物笼舍	b
4.7.27	存在有毒有害气体释放的作业空间,未设置专用的自动监测、报警装置,且未对装置进行定期检测	a,b

表 A.4 业务活动与作业安全风险参考清单(续)

序号	安全风险描述	属性
4.7.28	办公人员存在以下影响办公场所安全的行为： 1) 携带管制刀具,易燃易爆、剧毒等危险物品及其他违禁品进入办公场所； 2) 在消防通道上摆放物品,堵塞疏散通道； 3) 高空抛物,阳台上摆放容易掉落的物品； 4) 在办公区域或非指定吸烟区吸烟； 5) 在办公场所留宿	b
4.7.29	办公、住宿人员存在包括但不限于以下的不安全用电行为： 1) 使用三无电气、电热设备； 2) 随意乱接电线,擅自增加用电设备； 3) 电气、电热设备靠近可燃物,且未采取隔热、散热等防火保护措施； 4) 电动自行车在不符合消防安全条件的室内场所及疏散通道、安全出口、楼梯间等停放、充电； 5) 携带电动自行车、电动平衡车或其电池等进入电梯和办公场所； 6) 电气线路、设备长时间超负荷运行； 7) 办公场所、宿舍内串接使用移动式插座； 8) 办公场所、宿舍内违规使用大功率电气设备； 9) 办公人员下班、离开宿舍时,未关闭电脑、照明、空调、充电装置等非必要电源;员工餐厅在每日营业结束后,未切断场所内非必要电源	b
4.7.30	上述情况以外的其他安全风险	
4.8 紧急情况报告与处置过程安全风险		
4.8.1	发生突发事件或安全事故时,现场人员未立即停止作业,未及时启动现场处置方案或应急预案进行处置或救援	b
4.8.2	对于可能造成火灾、爆炸或较大次生灾害的险情,未立即报告游乐园相关部门及属地安保部门,未及时撤出作业人员及设备、划定安全警戒区,未设置明显警告标志和警戒人员	b
4.8.3	对于动土作业导致燃气管线泄漏时,施工单位未立即向属地单位、燃气公司报告或瞒报	b
4.8.4	发生突发事件或安全事故时,工程发包单位和属地部门未按游乐园规定及时向相关管理人员报告。安全事故或事态进一步扩大时,未采取进一步安全防范措施。未向地方公安、应急管理部门报告	b
4.8.5	上述情况以外的其他紧急报告与处置类安全风险	

注 1:本清单所列举的安全风险和分类可以作为识别有关安全风险的起点和参考。

注 2:本清单所列举的安全风险中属于“根源危险源”的,“属性”栏内标识“a”;属于“事故隐患”的,“属性”栏内标识“b”。

表 A.5 危险物品及有害废弃物安全风险参考清单

序号	安全风险描述	属性
5.1	游乐园日常运营中可能使用的以下危险物品： 1) 表演场所丙烷、烟花、油品、火焰、汽油、烟花喷花机材料(金属钛粉、金属镁粉)； 2) 遇水能产生大量氯气的水处理剂(TCCA 等)； 3) 餐饮场所的用气(含瓶装气)； 4) 贮罐区(贮罐、储油罐)； 5) 丁烷(俗称卡式气)； 6) 食用油、酒精、酒类等可燃物、施工用可燃物、爆炸物； 7) 装修材料、草料等可燃物； 8) 七氟丙烷灭火器、二氧化碳气体、二氧化碳液体灭火器； 9) 农药、化肥等； 10) 有害废弃物； 11) 其他在用一般化学品	a
5.2	危险物品超量储存	a，b
5.3	危险物品未根据其化学性质分库、分区、分类储存，在危险物品仓库内堆积可燃性废弃物，禁忌物料混存	a，b
5.4	甲、乙、丙类液体库房未设置防止液体流散的设施，遇湿易发生燃烧爆炸的危险化学品库房未采取防止水浸渍的措施。危险化学品直接落地存放，未设置防潮设施(一般垫 15 cm 以上)，遇湿易燃物品、易吸潮融化和吸潮分解的化学品未根据实际情况加大下垫高度	a，b
5.5	遇水、遇潮、遇热能引起燃烧、爆炸或发生化学反应产生有毒气体的危险化学品，露天或在潮湿、积水的建(构)筑物中储存	a，b
5.6	受日光照射能发生化学反应引起燃烧、爆炸、分解、化合或能产生有毒气体的危险化学品，未储存在一级耐火等级建(构)筑物中，其包装未采取避光措施	a，b
5.7	危险化学品仓库未委托具备资质的评估机构每 3 年进行一次安全评估，或未出具安全评估报告	a，b
5.8	各类危险化学品分装、改装、开箱(桶)检查等未在库房外进行；泄漏或渗漏危险化学品的包装容器，未移至安全区域	a，b
5.9	危化品危险化学品及可燃介质储存设施破损泄漏	a，b
5.10	危化品仓库、LPG/LNG 瓶组间/站等室内存放无关的物料	a，b
5.11	使用属性不明的化学品	a，b
5.12	对相关方在游乐园内存放的化学品底数不清，未对其运输、仓储、使用环节进行管控	a，b
5.13	危险物品仓库设置在人员密集场地场馆或前场运营区域，开放式管理，门窗未上锁	a，b
5.14	在用的危化品未设置明显安全标志或安全标志不规范： 1) 标签欠缺、模糊、错误； 2) 现场无化学品安全技术说明书(SDS)或内容不齐全； 3) 未纳入台账进行出入库登记	a，b
5.15	购买国家禁止生产的含氯酸钾产品、“三无”、劣质危险化学品	a，b

表 A.5　危险物品及有害废弃物安全风险参考清单（续）

序号	安全风险描述	属性
5.16	烟花爆竹未根据产品的含药量和限定药量要求，将其折算成易于辨识的单位数量标示在仓库的显著位置(最大允许存放个数、筒数、件数、箱数等)	a，b
5.17	烟花爆竹堆垛间未留有检查、通风、装运的通道，堆垛与堆垛之间的距离小于 0.7 m，堆垛距内墙壁距离小于 0.45 m；通往安全出口的主通道宽度小于 1.5 m	a，b
5.18	在库房内进行烟花爆竹钉箱、分箱、成箱、串引、蘸(点)药、封口等生产作业	a，b
5.19	烟花爆竹仓库区电气防护措施存在以下问题： 1)　库区内穿电线的钢管、电缆的金属外皮、建(构)筑物钢筋等设施未进行等电位联结； 2)　库区总配电箱内未设置电涌保护器； 3)　违反 AQ 4115 的有关规定； 4)　库房未设置人体静电指示及释放仪，人员未消除人体静电随意进入库房； 5)　可能积聚静电的金属设备及其他导电物体(金属管道、金属货架等)未进行直接静电接地； 6)　库区内不能或不宜直接接地的金属设备、装置等，未通过防静电材料间接接地	a，b
5.20	危险物品库房内未设置应急照明、视频监控系统、火灾报警系统、入侵报警系统、灭火器、沙袋等消防设施	a，b
5.21	危险物品库房内通风温控设施存在以下问题： 1)　未设置空气调节系统，烟花爆竹仓库内的温控设备未选用防爆型； 2)　未设置机械通风设施，烟花爆竹仓库内的通风设备未做防火防爆措施； 3)　通风、空气调节系统的风管，未采用不燃烧材料制作；对接触腐蚀性气体的风管及柔性接头，未采用难燃烧材料制作； 4)　仓库的通风系统和排除空气中含有爆炸危险性物质的局部排风系统的设备及管道，未采取静电接地措施； 5)　通风管穿过防火墙，或穿过时未在靠近防火墙处设防火阀或闸门，风管穿墙处的空隙未使用不燃材料密封	a，b
5.22	易燃易爆、剧毒等危险化学品和烟花爆竹运输过程存在以下问题： 1)　运输工具使用不符合安全要求的机动车、板车、手推车、自卸车、三轮车、摩托车和独轮手推车等； 2)　所运输的物品堆码散乱、不稳，码放数量超过二层，或物品堆码高度超过运输工具围板、挡板高度； 3)　运输时未按规定时间运输和路线行驶，途中经停无专人看守； 4)　烟花爆竹运输车辆混装化学性质不相容的物品； 5)　运输车辆除驾驶员和押运员外，搭乘其他无关人员，或随车装卸人员乘坐在危险化学品上面	a，b
5.23	易燃易爆、剧毒等危险化学品和烟花爆竹装卸和搬运作业前，未进行人体静电消除，装卸过程中使用铁锹等铁制工具	a，b

表 A.5　危险物品及有害废弃物安全风险参考清单（续）

序号	安全风险描述	属性
5.24	易燃易爆、剧毒等危险化学品和烟花爆竹装卸作业时存在碰撞、拖拉、抛摔、翻滚、摩擦、挤压等操作行为，装卸人员不按职业危害防护要求佩戴相应的防护用品	a，b
5.25	运输、装卸操作人员在其作业过程中，不听从仓库管理人员的安排，随意放置危险物品，存在作业过程中吸烟等与工作无关的行为。装卸人员工作时未穿防静电工作服和工作鞋	b
5.26	危险物品运输车辆未按限定时速行驶，游乐园内行驶速度超过 5 km/h，行驶过程中存在急加速、急刹车、急转弯行为	a，b
5.27	易燃易爆、剧毒等危险化学品和运输车辆未采取隔热降温、防潮遮湿措施，未配备消防灭火器，未设置明显的危险物品标志	a，b
5.28	运输车辆违规改装，未设置防倾倒、滑落设施，未张贴、悬挂安全标志，运输车辆排气管未装设阻火器	a，b
5.29	在纵坡大于 6°的道路使用板车、手推车等运输危险物品。或使用手推车、板车在坡道上运输时，未有人协助并以低速行驶，手推车、板车以及抬架未安装挡板	b
5.30	烟花爆竹燃放场地及燃放安全距离不符合 GB 24284 的有关规定。燃放现场安全疏散通道堆放杂物堵塞，或在非承重建筑屋顶、桥梁、水库堤坝、车站等燃放礼花弹	a，b
5.31	当烟花爆竹品种、燃放地点、燃放工艺等发生变更时，未收集产品检验报告、变更方案等资料，不组织技术论证、安全风险评估、审核审批、测试彩排与安全培训	a，b
5.32	危险物品配制等重要工艺没有编制作业指导文件或文件内容不规范	a，b
5.33	存在以下违规焰火燃放(含电子冷烟花)表演行为： 1）在全封闭场所燃放舞台焰火； 2）在非封闭舞台燃放舞台架子烟花(含瀑布)、舞台喷花(含花束、喷花)、舞台旋转(有轴)烟花、烟雾类、单发彗星以外的焰火； 3）焰火装置、火药安装不牢固； 4）舞台喷花(含花束、喷花)、舞台旋转(有轴)烟花、烟雾类、单发彗星(吐珠)、无烟花束产品焰火着火点周围 5 m 范围内存在易燃物； 5）其他产品焰火着火点周围 2 m 范围内存在易燃物； 6）所有产品之间用引火线连接，用手工点火	a，b
5.34	烟花燃放危险区域下方场地设有非阻燃材料的雨棚、遮阳伞、草坪林地等	b
5.35	烟花安装工艺不符合烟花品种特性及技术要求，未制定安装操作规程。发射炮筒安装不稳固，燃放过程可能发生倒筒、散架情况	a，b
5.36	安装作业前未清理燃放现场易引起火灾的杂物，未配置灭火器、沙袋、水等消防设施。未根据当天风向和现场地形，合理安排发射装置和燃放点，并留出足够宽度的通道和燃放人员的安全检查停留位置	b

表 A.5　危险物品及有害废弃物安全风险参考清单（续）

序号	安全风险描述	属性
5.37	安装及测试的烟花燃放作业区未封闭，未设专人看管或定点巡查	a，b
5.38	实施燃放作业时遇有下列情况，未停止燃放： 1）现场风向突然改变，可能危及观赏人员； 2）风力超过 6 级，可能危及安全区内建(构)筑物、电力通信设施和公众安全； 3）突然下雨、起雾等，妨碍燃放正常进行； 4）发生炸筒或造成人员伤亡等意外情况	b
5.39	库房门未根据储存危险化学品的性质，张贴或悬挂明显的防火防爆、禁止烟火、禁止携带火种、爆炸性物质、易燃性物质等安全标志	a，b
5.40	烟花的导(防)静电地面，存放柜门未采取相应的防静电措施，可能积聚静电的金属设备及其他导电物体(金属管道、金属货架等)未进行直接静电接地	a，b
5.41	作业场所通风条件差，作业场所的危险化学品浓度不符合 GBZ 2.1 的相关规定	b
5.42	装载液态和气态易燃易爆物品的罐车，未挂接地静电导链；装载液化气体的车辆，未有防晒措施；使用铁底板车辆装载闪点 28 ℃以下易燃液体	a，b
5.43	装载剧毒品的车辆，使用后未进行清洗、消毒	a，b
5.44	处理有害废弃物过程中存在以下违规行为： 1）废弃危化品与未使用的危险化学品混存； 2）将易燃易爆废弃物，有毒废液、腐蚀性残液直接排放到地下水沟内； 3）处理废弃危化品时，未进行分类，禁忌物料的废液未分开处理，未有专门的回收设施； 4）使用单位未对本单位有害废弃物的存量、流向、处理情况进行记录，未建立有害废弃物处理登记表； 5）有害废弃物容器作其他用途使用时，未经过清除污染和消毒处理便投入使用； 6）有害废弃物随意放置在人员可接触区域，回收厂商不具备回收处理资质	a，b
5.45	废弃烟花的处理未经泡水直接丢弃垃圾桶，存在火灾爆炸安全风险	a，b
5.46	烟花燃放后未进行检查确认燃放残留情况，存在火灾爆炸安全风险	a，b
5.47	危险化学品在调配过程中未按产品说明书的要求进行配置，导致过程反应速率过快，导致爆炸、中毒、灼伤等事故发生	a，b
5.48	有害废弃物未按类存放导致残余化学品发生化学反应	b
5.49	上述情况以外的其他相关危险物品及有害废弃物类安全风险	

注 1：本清单所列举的安全风险和分类作为识别有关安全风险的起点和参考。

注 2：本清单所列举的安全风险中属于“根源危险源”的，“属性”栏内标识“a”；属于“事故隐患”的，“属性”栏内标识“b”。

表 A.6 消防安全风险参考清单

序号	安全风险描述	属性
6.1	场地道路内的消防灭火器材配备数量不足，或灭火器材的灭火介质、数量配备不满足现场实际要求，或已超过使用期限未及时淘汰更换。未按规定设置微型消防站	a，b
6.2	建筑的平面布置不符合 GB 50016 的要求(如儿童活动场所设置在地下、半地下建筑内或建筑的四层及四层以上楼层)	a，b
6.3	电影院(剧场、礼堂)电气线路、放映设备未定期进行安全检测，或电影幕布周围电气线路违规敷设，或吸声材料、电影幕布为易燃、可燃材料，或映机房与影厅未进行防火分隔	a，b
6.4	超市或商铺的柜台、货架等部位的照明灯具未与可燃物保持安全距离，或电气线路违规敷设，或违规经营、储存易燃易爆物品，或内设的临时周转仓库采用卤钨灯等高温灯具照明，及违规使用除湿器、烘干器、电加热茶壶、电暖器、电磁炉、热水器、微波炉、咖啡机、电饭煲、电熨斗等大功率电器	a，b
6.5	餐饮场所油烟罩、油烟道未定期清洗，或违规使用瓶装液化石油气及甲、乙类液体燃料，或未按要求设置可燃气体探测报警装置、厨房自动灭火系统、燃气紧急切断装置	a，b
6.6	儿童活动场所内的房间、走道、墙壁、座椅违规采用泡沫、海绵、毛毯等易燃、可燃材料装修装饰，或电气线路直接敷设在易燃、可燃装修装饰材料上，或蓄电池违规充电	a，b
6.7	歌舞娱乐场所(含马戏、舞台等表演类场所)内违规燃放烟花、使用蜡烛照明，或违规储存空气清新剂、杀虫剂、消毒酒精等易燃易爆物品，或用电设备、电热器具等未与可燃物保持安全距离，或电气线路违规敷设，或违规使用易燃、可燃材料装修装饰	a，b
6.8	游戏游艺场所电气线路违规敷设，或游戏设备、电气线路未定期进行安全检测，或违规使用多个延长线插座串接游戏设备，或大量使用塑料、泡沫类制作的游戏道具，或违规采用泡沫、海绵、塑料、木板等易燃、可燃材料装饰装修	a，b
6.9	冰雪娱乐场所保温材料采用易燃、可燃材料，或采用易燃、可燃彩钢板搭建使用电气设备的人员活动用房，或电气线路直接敷设在保温材料上，或制冷设备未定期进行安全检测，或制冷管道外包橡塑保温材料未采用难燃材料	a，b
6.10	展览厅(营业厅)电气设备与周围可燃物未保持安全距离，或储存和展示甲、乙类火灾危险性物品，或布展、搭建的材料为易燃、可燃材料	a，b
6.11	仓库、冷库保温材料为易燃、可燃材料，或电气线路穿越或直接敷设在保温材料上，或穿越冷间保温层的电气线路未相对集中敷设或未采取可靠的保温密闭处理措施	a，b
6.12	仓库违规使用电炉、电烙铁、电熨斗、电加热器等大功率电热器具，或灯具为高温照明灯具，或违规存放易燃易爆物品，或储存物品不符合顶距、灯距、墙距、柱距、堆距的“五距”要求，或违规采用易燃彩钢板搭建仓储场所和临时用房	b
6.13	重要设备用房存放易燃、可燃物品，或配电柜开关触头接触以及电容器、熔断器存在短路、过载、熔断等故障现象，或内部设置的防爆型灯具、火灾报警装置、事故排风机、通风系统、自动灭火系统等未保持完好有效	a，b

表 A.6 消防安全风险参考清单(续)

序号	安全风险描述	属性
6.14	中庭及室内步行街中有顶棚的步行街、中庭等部位及自动扶梯下方违规设置店铺、摊位、游乐设施或堆放可燃物,或步行街的顶棚材料未采用不燃或难燃材料	a,b
6.15	建(构)筑物屋顶违规搭建影响消防安全的临时仓库、人员宿舍、商业场所等临时建筑或堆放可燃物	a,b
6.16	室内游乐设施的救援时间超出消防疏散时间	b
6.17	建筑物外墙外保温材料燃烧性能不符合要求,或外保温材料及装饰层内部敷设或穿越的电气线路未穿金属管,或建筑外墙的广告 LED 屏、霓虹灯箱、灯具及电气线路出现老化现象,接头松动	a,b
6.18	汽车库电动汽车充电设施建设不符合安全要求,或电动自行车违规停放、充电,或擅自改变汽车库使用性质和增加停车位	a,b
6.19	森林防火区(林区)违规用火、动火,或违规进行电气线路敷设,或林区展馆内采用易燃、可燃材料进行装饰,或林区设置的餐饮场所使用燃气、木炭等产生明火的能源或介质,或电气设备线路未保持完好状态,或林区高点、迎风坡面半山等雷击高安全风险点未设置接闪器,或未禁止游客使用明火或携带火种入内	a,b
6.20	珍稀动物笼舍违规使用大功率取暖设备,或违规进行电气线路敷设,或动物铺地木屑、饲料等可燃物未与电气设备、电气线路保持安全距离,或储存甲、乙类火灾危险性物品	a,b
6.21	消防安全重点部位现场管理存在下列问题: 1) 未设置明显的重点部位标志牌和安全标志; 2) 火、油、电、气及其相关设备、线路、管路的选用、安装、使用、贮存及维护保养、检测等不符合消防规定; 3) 建筑构件、建筑材料防火性能不符合国家或行业标准要求; 4) 人员密集场地场馆室内装修、装饰材料防火性能不符合国家或行业标准要求,或违规使用易燃夹芯板材料作为建筑构件; 5) 未纳入防火巡查、检查重点对象,未落实开展防火检查巡查; 6) 消防设施、器材、消防安全标志配置未满足现场实际需要,未定期进行维护保养、检验检测; 7) 疏散通道、安全出口、消防车通道存在占用、堵塞、封闭等情况,或设置影响逃生和灭火救援的障碍物; 8) 未按要求设置安全监控系统或安全监控设施,或未采取人防措施; 9) 其他	b
6.22	未按标准规定设置消防水源	b
6.23	未按国家工程建设消防技术标准规定设置室外消防给水系统,或已设置但不符合标准规定或不能正常运行	b

表 A.6 消防安全风险参考清单(续)

序号	安全风险描述	属性
6.24	未按国家工程建设消防技术标准规定设置室内消火栓系统,或已设置但不符合标准规定或不能正常运行	b
6.25	未按国家工程建设消防技术标准规定设置自动灭火系统(包括喷水灭火系统、气体灭火系统、泡沫灭火系统等)或其他固定灭火设施,或已设置但不符合标准规定或不能正常使用或运行	b
6.26	未按国家工程建设消防技术标准规定设置火灾自动报警系统,或已设置但不符合标准规定或不能正常运行	b
6.27	人员密集场地场馆、高层建筑和地下建筑未按国家工程建设消防技术标准规定设置防烟、排烟设施,或已设置但不符合标准规定或不能正常运行	b
6.28	消防用电设备未按国家工程建设消防技术标准规定,采用专用的供电回路	b
6.29	未按国家工程建设消防技术标准规定设置消防用电设备末端自动切换装置,或已设置但不符合标准规定或不能正常运行	b
6.30	消防用电设备的供电负荷级别不符合国家工程建设消防技术标准规定	b
6.31	未按国家工程建设消防技术标准规定设置疏散指示标志、应急照明,或已设置但不符合标准规定或不能正常运行	b
6.32	防火门、防火卷帘无法正常开启或关闭	b
6.33	防烟、排烟系统,消防水泵以及其他自动消防设施不能正常联动控制	b
6.34	上述情况以外的其他相关消防类安全风险	

注1:本清单所列举的安全风险和分类可以作为识别有关安全风险的起点和参考。

注2:本清单所列举的安全风险中属于"根源危险源"的,"属性"栏内标识"a";属于"事故隐患"的,"属性"栏内标识"b"。

附 录 B
（资料性）
风险识别及评估记录表

安全风险识别及评估记录表见表B.1,事故隐患识别及评估表见表B.2。

表B.1 安全风险识别及评估记录表

单位(部门)：　　　　编号：

序号	识别对象名称	根源危险源		关联的事故隐患描述				潜在安全事故后果	安全风险管控	安全风险等级评估				安全风险管控	识别/评估人员	备注
		名称	位置	物的不安全状况	环境不良因素	管理缺陷	人的不安全行为		已执行有效的安全风险管控措施	可能性（L 值）	严重性（S 值）	风险等级值（R 值）	风险等级/色标	建议增加的安全风险管控措施		

注：建议增加的安全风险管控措施较多的,可在本表后增加附表,逐项列出。

填表人：　　填表日期：　　审核人：　　审核日期：　　批准人：　　批准日期：

表 B.2　事故隐患识别及评估记录表

单位(部门)：　　　　　　　　　　　　　　　　　　　　　　编号：

序号	识别对象名称	事故隐患		关联的事故隐患描述				潜在安全事故后果	安全风险管控	安全风险等级评估				安全风险管控	识别/评估人员	备注
		名称	位置	物的不安全状况	环境不良因素	管理缺陷	人的不安全行为		已执行有效的安全风险管控措施	可能性（L 值）	严重性（S 值）	风险等级值（R 值）	风险等级/色标	建议增加的安全风险管控措施		

注：建议增加的安全风险管控措施较多的，可在本表后增加附表，逐项列出。

填表人：　　　　填表日期：　　　　审核人：　　　　审核日期：　　　　批准人：　　　　批准日期：

参 考 文 献

[1] GBZ 2.1 工作场所有害因素职业接触限值 第1部分:化学有害因素
[2] GB 24284 大型焰火燃放安全技术规程
[3] GB 50016 建筑设计防火规范(2018年版)
[4] GB 50289 城市工程管线综合规划规范
[5] GB 51192 公园设计规范
[6] AQ 4115 烟花爆竹防止静电通用导则
[7] JTG D81 公路交通安全设施设计规范
[8] 仓库防火安全管理规则(公安部令第6号)

ICS 97.200.40
CCS Y 57

中华人民共和国国家标准

GB/T 42104—2022

游乐园安全　安全管理体系

Amusement park safety—Safety management system

2022-10-12 发布　　2022-10-12 实施

国家市场监督管理总局
国家标准化管理委员会　发布

前　言

本文件按照 GB/T 1.1—2020《标准化工作导则　第1部分:标准化文件的结构和起草规则》的规定起草。

请注意本文件的某些内容可能涉及专利。本文件的发布机构不承担识别专利的责任。

本文件由全国索道与游乐设施标准化技术委员会(SAC/TC 250)提出并归口。

本文件起草单位:中国特种设备检测研究院、广东长隆集团有限公司、广州长隆集团有限公司、珠海长隆投资发展有限公司、珠海长隆投资发展有限公司海洋王国、广州长隆集团有限公司香江野生动物世界分公司、广州长隆集团有限公司长隆夜间动物世界分公司(长隆欢乐世界)、广州长隆集团有限公司长隆开心水上乐园分公司。

本文件主要起草人:沈功田、林伟明、张勇、梁朝虎、张丹、蒋敏灵、刘然、郑志彬、甘兵鹏、陈皓、张学礼、廖启珍、邬达明、蔡岭、郭健麟、韩绍华、蒲振鹏、赵强、陈永振、郭俊杰、王和亮、田博、张闯、向洪飞、吴海明、钟怀霆、贺水勇、覃权怀、刘斌、黄晶、蔡志凯、王勇、黄鹤、谭栋材、张鹏飞。

游乐园安全 安全管理体系

1 范围

本文件规定了游乐园安全管理体系建设的总体要求、安全管理体系文件、领导作用和从业人员参与、策划、支持、通用安全管理要素、专项安全管理要素、运行和绩效评价、改进。

本文件适用于游乐园安全管理体系的建立、运行、评价和持续改进。景区参照执行。

2 规范性引用文件

下列文件中的内容通过文中的规范性引用而构成本文件必不可少的条款。其中，注日期的引用文件，仅该日期对应的版本适用于本文件；不注日期的引用文件，其最新版本（包括所有的修改单）适用于本文件。

GB/T 42100 游乐园安全 应急管理

GB/T 42101—2022 游乐园安全 基本要求

GB/T 42102 游乐园安全 现场安全检查

GB/T 42103—2022 游乐园安全 风险识别与评估

GB/T 45001 职业健康安全管理体系 要求及使用指南

3 术语和定义

GB/T 45001、GB/T 42101—2022、GB/T 42103—2022 界定的术语和定义适用于本文件。

4 总体要求

4.1 游乐园应建立、实施并持续改进与游乐园业务活动相适应的安全管理体系。

4.2 游乐园安全管理应包括但不限于生产安全（含职业健康安全）、特种设备安全、消防安全、食品安全等游乐园运营活动涉及的全部安全领域。

4.3 游乐园安全管理体系应覆盖游乐园全地域、全时段、全范围、全过程、全部管理对象，并抓住安全主要矛盾，突出重要场地环境、重要建（构）筑物、重要设备设施、重要从业人员、重要业务活动、重要作业及重大安全风险等安全管理重点。

注：重大安全风险指 GB/T 42103—2022 规定的 1 级安全风险与 2 级安全风险。

4.4 游乐园应建立安全管理组织体系及与其对应的安全责任体系。

4.5 游乐园应建立包括基本安全管理要素（安全管理体系文件、安全方针与安全目标、组织机构与职责、安全投入、安全文化与安全教育培训、沟通、安全信息化、运行和绩效评价、改进）、通用安全管理要素（第 9 章）和所涉及的专项安全管理要素（第 10 章）在内的安全管理体系文件。

4.6 游乐园安全管理体系应满足以下要求：

a) 游乐园内的设备设施、建（构）筑物、场地环境等满足保障游客、从业人员、相关方人员生命安全的条件；

b) 确保将安全管理体系要求融入游乐园运营过程之中；

c） 确保获得建立、实施和持续改进游乐园安全管理体系所需要的资源；
d） 通过检查、绩效评价、体系评审等方式对游乐园安全管理体系的符合性、充分性、有效性和实施情况进行确认；
e） 确保安全管理体系实现其预期目标。

4.7 游乐园安全管理体系应遵循“策划—实施—检查—改进(PDCA)”和基于风险管理的原则，按照以下流程开展安全管理体系建设与评审工作：

a） 确定安全管理体系建立目标，配备相应的人力、物力资源，必要时宜成立安全管理体系建设小组；
b） 通过识别法律法规和标准要求、安全风险识别与评估、相关方需求调查等，确定需满足的安全要求；
c） 结合游乐园运营特点、内外部安全管理需求确定涉及的安全管理要素，并根据本文件要求制定安全管理体系文件，体系文件的层级结构宜参照 GB/T 19023 的相关规定，涉及的安全管理要素的具体要求应符合本文件和 GB/T 42101—2022 的相关规定；
d） 完成安全管理体系文件建设后，应对体系文件进行试运行，对试运行中的不符合项进行完善；
e） 试运行后应通过安全管理体系评审对体系的符合性、充分性、有效性和实施情况进行评价；
f） 对安全管理体系评审发现的问题及时整改，持续改进安全管理体系，不断提高安全管理绩效。

5 安全管理体系文件

5.1 一般要求

5.1.1 游乐园应建立全面、完整、系统、符合本文件要求的安全管理体系文件，体系文件包括安全管理手册(一级文件)、程序文件(二级文件)和作业指导文件(三级文件)三个层级。落实二级、三级文件具体要求的记录表作为文件的附录同步制定。

注：作业指导文件包括三级管理文件和指导具体作业的规程、规则和操作手册等。

5.1.2 安全管理体系文件应对法律法规、标准等要求进行落实，并满足游乐园实际安全管理需求和具体情况；并与游乐园技术质量管理、运营服务管理等方面的管理体系文件或制度文件协调一致，共性要求应相同互通。

5.1.3 安全管理体系文件应统一组织编制、审核、批准，并确保受控。各级文件应由游乐园主要负责人或其授权人签署批准予以发布。不应授权下级组织分级分类批准相关程序文件、作业指导文件，以免造成安全管理体系文件覆盖不完整、不协调、上下不一致，尤其应避免下级组织在编制各类记录表时不受控，简化、弱化，甚至空化二级、三级文件的具体安全管理要求。

5.1.4 安全管理体系二级、三级文件应根据游乐园所开展的业务活动、经营规模及涉及的各项安全管理要素，参照附录 A 进行编制。

5.1.5 安全管理体系文件应有效运行，并应根据运行情况持续改进。

5.2 安全管理手册

安全管理手册为一级文件，对安全管理体系提出纲领性要求，规范、引导安全管理体系二级、三级文件的制定。安全管理手册应包括但不限于以下方面。

a) 总则：
   1) 安全管理体系的适用范围；
   2) 游乐园概况；
   3) 业务流程；
   4) 对游客、从业人员与相关方人员的安全义务与承诺；
   5) 安全方针；
   6) 安全目标；
   7) 安全管理机制及组织架构图；
   8) 安全职责分配表。
b) 安全管理体系文件：
   1) 安全管理体系文件总体描述；
   2) 安全管理体系文件控制。
c) 安全资源与能力支持：
   1) 安全投入；
   2) 安全文化与安全教育培训；
   3) 沟通；
   4) 安全信息化。
d) 通用安全管理要素：
   1) 依法依规管理；
   2) 安全风险识别与管控；
   3) 应急管理；
   4) 安全事故管理；
   5) 安全检查。
e) 专项安全管理要素：
   1) 运营安全；
   2) 设备设施安全；
   3) 建(构)筑物安全；
   4) 场地环境安全；
   5) 消防安全；
   6) 电气安全；
   7) 燃气安全；
   8) 危险物品安全；
   9) 安全设施与安全装置；
   10) 安全标志；
   11) 作业安全；
   12) 食品安全；
   13) 自然灾害防御；
   14) 职业健康；
   15) 相关方管理；

16） 演出安全；
17） 涉水安全；
18） 动物安全；
19） 园区内交通安全；
20） 其他安全。

f） 安全管理体系的运行和绩效评价：
1） 安全管理体系试运行；
2） 监测、分析和绩效评价；
3） 安全管理体系评审。

g） 安全管理体系的改进：
1） 不符合控制；
2） 纠正措施控制；
3） 预防措施控制；
4） 持续改进。

h） 安全管理体系文件清单。

注：游乐园在编制安全管理手册时，需要结合业务活动对上述规定的手册内容进行选取或补充。对各安全管理要素的描述为该要素的主要管理要求、流程、重要节点等的概述。

5.3 程序文件

5.3.1 程序文件是对安全管理手册的纲领性要求进一步展开与细化，对需要开展的工作及流程进行清晰完整地规定，是编制三级文件的重要依据。

5.3.2 程序文件以采纳安全法律法规、标准的适用性条款为主，结合游乐园安全目标、管理思路、业务特点与经验等方面内容制定，使安全法律法规与标准的适用性要求在游乐园特定运营安全管理中得到细化、个性化及有效落地实施。

5.3.3 程序文件种类与数量应根据游乐园业务活动种类、规模而定，但原则上宜与安全管理要素相对应。对于设备设施、建（构）筑物等对其他要素（如消防、燃气电气安全等）具有通用约束要求的专项安全管理要素，可根据实际情况编制分程序文件或将分类管理文件列入作业指导文件范畴。

5.3.4 程序文件应包括但不限于以下方面：

a） 相关组织（管理部门、配合部门）和人员职责及权限；
b） 管理目标、范围；
c） 管理要求与主要内容项目；
d） 管理重点；
e） 管理流程；
f） 管理方式、方法与时限；
g） 符合性判据；
h） 例外情况管控；
i） 对应相关文件和配套记录表格名称、编号；
j） 名称、版本、编制审核批准人、发布与实施日期。

5.4 作业指导文件

5.4.1 作业指导文件是将程序文件中相对原则的规定变为现实可行的基层文件，其目的是贯彻实施程序文件的规定，细化落实政府规范性文件（如特种设备安全技术规范）、技术标准或相关方提供的技术性资料（产品说明书、使用操作与自检维护手册等）的相关要求，有效规范游乐园各类活动中涉及安全的每一个具体管理环节、技术质量环节或作业环节。每类涉及安全的活动、岗位、场地环境、建（构）筑物与设备设施等均应在对应的作业指导文件覆盖之下。作业指导文件应具备有效的指导作用，明确的针对性、适用性、可操作性与可见证性。

5.4.2 作业指导文件应包括但不限于以下方面：

a）适用范围、类别；

b）执行组织与人员、具体职责（对程序文件的具体细化与落实）；

c）具体管理或操作项目、内容（同程序文件主要内容对应的分项具体内容）与重点；

d）活动或作业实施的具体要求，如作业频率、作业内容及作业要求等；

e）具体措施、手段、方法与比例；

f）控制流程/路径、环节与关键节点；

g）具体量化指标与符合性判据（可体现在文件所附的相关工作表格中）；

h）紧急情况下的应急处置流程及措施；

i）对应相关文件和配套记录表格名称、编号；

j）名称、版本、编制审核批准人、发布与实施日期等。

5.5 记录表

5.5.1 记录表是安全管理体系文件的必要组成部分，是实现二级、三级文件要求的具体工具，也是安全管理体系有效运行的见证。记录表应将二级、三级文件中的要求、具体项目、重点、比例等完整准确地定性、定量表达出来，形成符合与否的判据，使之可实现、易操作、可计量（测量）、可见证、可追溯。

5.5.2 记录表内容的设置宜有利于实施信息化管理，实现安全相关工作的精准化记载与大数据分析。

5.6 文件控制

5.6.1 游乐园应建立并实施文件控制程序，内容应包含但不限于以下方面：

a）内部文件与外来文件类别划分及管理；

b）安全管理体系文件起草、审核、批准、颁布；

c）安全管理体系文件编号、发放、使用、修订、回收等；

d）编制、使用、流转等相关部门管理职责；

e）文件保管、归档要求等。

5.6.2 游乐园应每年对安全管理体系文件的符合性、充分性、有效性和实施情况进行评价，结合发现的问题或下列情况对安全管理体系文件进行补充和修订：

a）适用的安全方针、政策、法律法规与强制性标准、目标或其他要求发生变化；

b）游乐园归属、体制、规模、组织机构、业务规模与管理模式发生重大变化；

c）运营项目和设备设施新建、扩建、改建、重大运营布局变更，需要调整体系文件时；

d）风险识别评估结果证明需要对安全管理体系采取较大变更的安全管理措施时；

e） 当安全事故、典型安全案例或安全问题发生，证明原有规定不能覆盖或不适用时；

f） 当安全管理体系评审或安全管理活动发现安全管理体系问题，提出改进建议或要求时；

g） 游乐园外部条件变化对安全管理体系文件提出调整要求时；

h） 国内外相关安全技术研发成果或先进的安全管理技术证明游乐园存在安全管理空白时。

5.7 安全档案管理

5.7.1 游乐园应制定安全档案管理的体系文件，文件内容包括但不限于以下方面：

a） 安全档案的收集、整理和分类；

b） 安全档案归档时间、审查与交接；

c） 安全档案整理、保管、统计、销毁；

d） 安全档案信息化管理；

e） 安全档案调取权限、管理职责等。

5.7.2 游乐园场地环境、建(构)筑物、设备设施、从业人员、相关方、安全管理体系文件等方面的各类静态资料，以及涉及运营活动、重要场馆与重要设备设施运行、安全风险识别与管控、安全检查检测、安全隐患排查治理、应急管理、安全事故管理、典型案例等方面所积累的动态资料，均应建立档案。

5.7.3 游乐园涉及的基本安全管理要素、通用安全管理要素和专项安全管理要素均应在安全档案管理范围之内。

5.7.4 安全档案可以采用多种媒体形式保管，确保安全相关档案资料保存的完整性、连续性、真实性、准确性、保密性和可利用性。

6 领导作用和从业人员参与

6.1 领导作用和承诺

游乐园主要负责人应通过以下方式体现其在安全管理体系方面的领导作用和承诺：

a） 对防止游客、相关方和从业人员活动/工作相关的伤害以及提供安全的活动/工作条件全面负责并承担责任；

b） 确保安全方针和相关安全目标得以建立，并与战略方向相一致；

c） 确保将安全管理体系要求融入运营过程之中；

d） 确保可获得建立、实施和持续改进安全管理体系所需的支持；

e） 就有效的安全管理和符合安全管理体系要求的重要性进行沟通；

f） 确保安全管理体系实现其预期效果；

g） 指导并支持从业人员为安全管理体系的有效性做出贡献；

h） 确保并促进安全管理体系持续改进；

i） 支持其他相关管理人员体现在其职责范围内的领导作用；

j） 建立、引导和促进支持安全管理体系预期效果的文化；

k） 确保建立和实施从业人员的协商和参与的过程；

l） 支持安全管理机构的建立和运行。

6.2 安全方针

6.2.1 游乐园应制定与其运营特点相适应，且与游乐园发展方向保持一致的安全方针；并以正式文件形式由游乐园主要负责人签署发布。

6.2.2 游乐园安全方针应符合但不限于以下要求：

a) 为制定安全目标提供框架；

b) 为防止人员伤害提供安全条件的承诺(适合于游乐园经营规模、运营特点及安全风险特性)；

c) 依法依规管理的承诺；

d) 消除或降低安全风险的承诺；

e) 持续改进安全管理体系的承诺；

f) 从业人员及其代表(若有)的协商和参与的承诺。

6.3 组织机构与职责

6.3.1 游乐园应建立安全管理组织机构，游乐园主要负责人对安全管理全面负责，其他业务负责人、下级组织(部门、班组)负责人分工负责，各岗位人员对业务职责范围内安全负责；专兼职安全管理人员履行安全管理监督职责。

6.3.2 游乐园应根据实际情况设置安全负责人、消防安全责任人、特种设备安全管理人、气象灾害防御责任人(气象灾害防御重点单位)等专项安全负责人或管理人，明确其专业或专项安全管理职责。

6.3.3 游乐园应设置安全管理机构，配置专职安全管理人员，落实安全管理监督职责。对于规模较小、业务较少的游乐园，可配置专职安全管理人员，不单独设安全管理机构。游乐园下级组织可根据实际情况，设置兼职安全管理员，协助下级组织负责人落实安全管理职责。

6.3.4 游乐园各类专兼职安全管理人员数量应满足相关规定要求和安全管理需求。

6.3.5 各类安全负责人或管理人、专兼职安全管理人员均应正式发文任命。

6.3.6 游乐园应建立以全员安全责任制为核心的安全责任体系，落实全员安全责任，落实各级组织负责人的“一岗双责”要求，并形成与安全管理组织体系对应一致、覆盖完整的安全职责文件，确保有组织有岗位，就有权责清晰的安全职责。

注：“一岗双责”是指各级组织负责人承担的业务职责和对应的安全职责。

6.4 从业人员的协商和参与

6.4.1 游乐园在安全管理体系策划、建立、实施、绩效评价和改进中应建立、实施所有适用层次和职能的从业人员及其代表(若有)的协商和参与机制。

6.4.2 游乐园应满足下列要求。

a) 为协商和参与提供必要的机制、时间、培训和资源。

注1：从业人员代表视为一种协商和参与机制。

b) 及时提供对明确的、易理解的和相关的安全管理体系信息的访问渠道。

c) 确定和消除妨碍参与的障碍或壁垒，并尽可能减少那些难以消除的障碍或壁垒。

注2：障碍和壁垒包括未回应从业人员的意见和建议，语言或读写障碍，报复或威胁报复，以及不鼓励或惩罚从业人员参与的政策或惯例等。

d) 与非管理类从业人员协商，包括但不限于以下方面：

1） 确定相关方的需求和期望；

2） 建立安全方针；

3） 适用时，分配组织的岗位、职责和权限；

4） 确定如何依法依规管理和满足其他要求；

5） 制定安全目标并为其实现进行策划；

6） 确定所需监测和评价的内容；

7） 策划、制定、实施审核方案；

8） 确保持续改进。

e） 允许非管理类从业人员参与，包括但不限于以下方面：

1） 确定其协商和参与的机制；

2） 参与安全风险识别与评估；

3） 确定消除或降低安全风险的措施；

4） 确定能力要求、培训需求、培训和培训效果评价；

5） 确定沟通的内容和方式；

6） 确定控制措施及其有效的实施和应用；

7） 调查安全事故和不符合并确定纠正措施。

注 3：非管理类从业人员的协商和参与，旨在适用于执行工作活动的人员，但无意排除其他人员，如受游乐园内工作活动或其他因素影响的管理者。

注 4：需认识到，若可行，向从业人员免费提供培训以及在工作时间内进行培训，能够消除从业人员参与的重大障碍。

7 策划

7.1 应对安全风险措施的策划

7.1.1 一般要求

7.1.1.1 在策划安全管理体系时，为确保安全管理体系实现预期结果，防止或减少不期望的影响，实现持续改进，游乐园应确定、识别需应对的安全风险。

7.1.1.2 游乐园应结合运营活动或安全管理体系的变更来确定和评价与安全管理体系预期结果有关的安全风险。对于所策划的变更，无论是永久性的还是临时性的，这种评价均应在变更实施前进行。

7.1.1.3 在策划安全管理体系时，应对安全风险、法律法规要求和其他要求的实现措施一并进行策划。

7.1.1.4 游乐园应在其安全管理体系文件中或其他业务中融入并实施这些措施，评价这些措施的有效性。

7.1.1.5 在策划措施时，应结合最佳实践、可选技术方案以及财务、运行和经营等要求，根据GB/T 42103—2022 中 7.2 的要求确定适宜的控制措施。

7.1.2 安全风险识别与评估

游乐园应根据 GB/T 42101—2022 中 5.2 的要求和 GB/T 42103—2022 开展游乐园的安全风险识别与评估工作。

7.1.3 法律法规要求和其他要求的确定

游乐园应根据 GB/T 42101—2022 中 5.1 的要求收集、识别与游乐园安全管理相关的法律法规要求和其他要求，并将相关要求融入与之对应的安全管理体系文件中。

7.2 安全目标及其实现的策划

7.2.1 安全目标

7.2.1.1 游乐园应结合安全实际情况，制定长远的安全目标并分解为年度安全目标。

7.2.1.2 安全目标应满足以下要求：

a) 与安全方针一致；

b) 可量化或能够进行安全绩效考核；

c) 充分考虑安全风险、相关法规要求和人员安全；

d) 与从业人员或其代表(若有)协商一致；

e) 便于定期核实安全目标的达成情况；

f) 可结合实际变化情况予以更新。

7.2.2 实现安全目标的措施

7.2.2.1 游乐园在策划如何实现安全目标时，应制定安全方针与安全目标管理的体系文件，文件内容包括但不限于以下方面：

a) 安全方针与安全目标的制定(起草、审核、批准、颁发)；

b) 与安全方针、安全目标管理相关部门的职责；

c) 安全目标的细化与分解、实施措施与方法、实施过程管理、实施结果考核等；

d) 安全目标的更新管理。

7.2.2.2 为有效落实安全目标的实施措施，应通过制定年度安全工作计划予以进一步分解、细化和量化。

8 支持

8.1 安全投入

8.1.1 为保障安全管理体系建立、实施与持续改进，游乐园应提供所需的安全投入，并制定安全投入管理的体系文件，文件内容应包括但不限于：

a) 安全经费使用、管理等相关部门职责；

b) 安全经费的提取；

c) 安全经费使用范围及管理要求；

d) 安全经费使用台账。

8.1.2 安全投入使用对象应包括生产经营所需硬件条件配置[环境道路场地、建(构)筑物、设备设施、安全设施等]、从业人员资格以及安全管理体系的建设、运行、评审等内容。

8.2 安全文化与安全教育培训

8.2.1 一般要求

8.2.1.1 游乐园应通过安全文化建设和安全教育培训确保从业人员具备保持安全绩效所需的能力。

8.2.1.2 游乐园应根据业务特点制定安全文化与安全教育培训管理的体系文件，文件内容应包括但不限于以下方面：

a) 安全文化建设与安全教育培训的目的；

b） 安全教育培训职责分工；

c） 安全教育培训计划；

d） 不同岗位安全教育培训要求与培训内容管理；

e） 相关方人员安全教育培训；

f） 安全培训师资管理；

g） 安全教育培训教材、大纲、题库等管理；

h） 安全教育培训质量管理；

i） 安全教育培训工作绩效考核；

j） 安全文化建设与宣传。

8.2.2 安全文化

8.2.2.1 游乐园应开展安全文化建设，确定适合游乐园安全文化建设与宣传管理要求，将安全管理融合到企业日常运营与管理活动中。

8.2.2.2 应通过安全文化建设、构建适宜游乐园自身特点的安全文化理念，提高员工安全文化意识，培养良好的安全行为规范。

8.2.3 安全教育培训

8.2.3.1 安全教育培训应强化各级安全管理人员、从业人员的安全基本知识，提高安全管理能力与实际安全技能。对于一线重要从业人员，着重培养提高其正确作业能力、识别与管控本岗位安全风险的能力、发现和处理异常的能力及现场应急处置的能力。

8.2.3.2 游乐园应将安全管理人员和从业人员安全教育培训纳入年度工作计划管理，确保每年安全教育培训工作符合安全生产、特种设备安全、消防安全、食品安全等各方面安全的需求。

8.2.3.3 游乐园从业人员应接受安全培训并考核合格后方可上岗作业，如上岗作业有持资格证书要求的，应持证上岗。

8.2.3.4 对外来相关方人员，应进行相关安全教育培训或安全提示教育。

8.3 沟通

8.3.1 游乐园应制定沟通管理的体系文件，对游客、相关方及从业人员提出的有关安全的沟通信息做出响应。

8.3.2 安全管理体系的相关信息在有效沟通后，需对安全管理体系进行变更的应及时变更。

8.3.3 游乐园应确保其沟通过程能够使从业人员为持续改进做出贡献。

8.4 安全信息化

8.4.1 游乐园应对安全管理所需的安全数据信息及安全管理体系运行过程中产生的各类安全数据信息建立台账并进行管理，制定安全数据信息管理的体系文件。文件内容包括但不限于以下内容：

a） 安全数据信息相关管理部门职责；

b） 安全数据信息采集范围、采集质量要求；

c） 安全数据信息统计、分析的要求；

d） 安全数据信息备份与数据库的管理；

e） 安全数据信息的应用等。

8.4.2 游乐园各级从业人员应掌握安全数据，定期、不定期对安全数据进行综合分析，通过数据分析发现安全管理中存在重点、难点和薄弱环节等。

8.4.3 游乐园宜根据实际情况，应用现代计算机技术与物联网技术开展安全信息化系统与基础数据库建设，建立具有完整安全管理功能与应急功能的现代化安全管理平台，用信息化手段全面提升安全管理能力、风险管控与应急处置等预警监控能力。

8.4.4 游乐园安全信息化系统建设包括但不限于以下方面：

a) 依法依规管理数据；
b) 建(构)筑物与设备设施(包括安全防护设施与装置)检维修管理；
c) 安全管理重点在线运行监测(如大型游乐设施与客运索道等载人设备、人员密集场地场馆、易燃易爆设备场地等)；
d) 客流监测预警、应急疏导虚拟仿真系统；
e) 安全管理活动、检查与整改追踪等管理系统；
f) 安全数据统计与分析系统；
g) 安全风险管理及重大危险源地理信息系统；
h) 应急管理与救援指挥系统；
i) 安全教育培训信息管理系统。

8.4.5 游乐园可逐步将安全信息化系统建设成为具备安全数据自动采集、汇总、效果展示、分析、预警等功能，对安全各项指标变化、安全管理活动及其有效性等进行历史性对比评价，以利于游乐园全面、精准、实时发现安全问题、重点与趋势，采取调整措施与方向，实施动态安全管理。

9 通用安全管理要素

9.1 一般要求

通用安全管理要素应涵盖游乐园各安全领域、各专业，应按要素逐一建立程序文件及与之配套的作业指导文件，内容应符合 GB/T 42101—2022 的有关规定。

9.2 依法依规管理

9.2.1 游乐园应对安全管理项目进行法律法规、标准符合性识别和比对工作，建立并持续更新依法依规项目清单。

9.2.2 游乐园应将相关法律法规、标准要求融入各级安全管理体系文件中，确保实现依法依规管理。

9.3 安全风险识别与管控

9.3.1 游乐园应建立全覆盖、常态化、制度化、精准化的安全风险识别与分级管控机制，及时发现、管控安全风险，消除安全隐患，有效防范人身伤害事故的发生。

9.3.2 游乐园应按照 GB/T 42103—2022 制定安全风险识别与管控的体系文件，开展安全风险识别与评估，针对重大安全风险制定日常检查、定期检测、长期监测、风险评估、应急管理等活动和过程的文件化方案，并有效实施。

9.4 应急管理

9.4.1 游乐园应按照 GB/T 42100 建立应急管理体系文件，工作重点应放在避免事故处置不当、不及时或应急失误导致事故扩大造成更多人员死伤。

9.4.2 应急管理包括应急救援团队建设、应急预案体系建设、应急设备设施与物资配置完善、疏散通道与避难场所设置、应急外援支撑、应急演练等方面工作，以及管理这些方面的相关体系文件制定与有效实施。

9.4.3 大型游乐设施与客运索道、人员密集场地场馆、高峰客流与大型活动、已识别的重大安全风险应作为游乐园应急管理的重点。

9.4.4 游乐园应定期组织从业人员、专业队伍、外协团队开展应急演练，达到检验应急预案、锻炼应急队伍、提高应急能力、普及应急知识、有效实施救援的目的，应急演练应保留相关记录。

9.5 安全事故管理

9.5.1 游乐园应对内部已发生事故案例和外部事故案例进行统计分析，采取有针对性的事故防范、应急处置等措施，并对相关的体系文件、安全措施等进行审查、检查、评价与修订完善。

9.5.2 游乐园应明确规定安全事故管理职责，建立健全事故分类分级(如政府管辖事故、单位管辖事故)、上报、应急、调查、认定、复核、处理，以及事故隐患整改、台账统计的体系文件，并有效实施。

9.6 安全检查

9.6.1 游乐园应按照 GB/T 42102 建立安全检查机制，并制定相关体系文件，落实各级组织的安全检查职责，使安全检查工作系统化、常态化、规范化与重点化。

9.6.2 对检查发现的问题，应制定相应整改计划或方案，有效实施整改，保留相关整改记录。

10 专项安全管理要素

10.1 一般要求

游乐园应根据具体情况确定适用的专项安全管理要素，使这些专项安全管理要素覆盖涉及的各项专业安全领域。对每一个专项安全管理要素应按 GB/T 42101—2022 的相关规定分别制定程序文件(分程序文件)及与之配套的作业指导文件。

10.2 运营安全

10.2.1 运营安全管理指对游乐园前场接待游客环节的相关方面安全管理，主要包括常规运营项目和新运营项目、游客接待量、存在安全风险的运营活动、运营安全值班、高峰客流与大型活动、疏散与应急、开闭园、安全检查检测、安全隐患排查、运营人员培训、运营相关方管理等方面。

10.2.2 游乐园应在安全管理体系建设中突出前场接待游客环节的安全管控，并将一线班组直接实施的安全管理要求体现在其作业指导文件中。

10.3 设备设施安全

10.3.1 游乐园用于运营的大型游乐设施、客运索道、锅炉、压力容器等特种设备应为设备设施安全管理重点，对于一旦发生事故或故障可导致人身伤亡甚至群死群伤的演出设备、燃气设备设施与电气设备设施、消防设备设施等也应与特种设备实施同样的安全管理。

10.3.2 设备设施安全管理的体系文件应对涉及人身安全的各种类设备设施从研发、设计、采购、制造、安装、使用、自检维护、修理、改造、停用、报废拆除等各环节安全管控做出明确规定。

10.3.3 鉴于游乐园设备设施种类与数量较多，可采取制定适用所有设备设施的通用性程序文件及适用不同种类设备设施的分项程序文件相结合的方式，或在设备设施程序文件下分别制定不同种类设备设施的作业指导文件。

10.4 建(构)筑物安全

10.4.1 建(构)筑物安全管理应包括建(构)筑物选址、布局设置、建造、使用、维护改造、日常检查与定期检测、安全鉴定与安全评估、报废拆除等全过程,并制定相关体系文件。

10.4.2 游乐园应对游客活动的建(构)筑物作为重点加以管控,尤其应注重防范建(构)筑物倒塌及其内外悬吊挂物坠落而引发的拥挤踩踏、火灾、触电与电气火灾、燃气泄漏爆炸等造成群死群伤的事故,以及一旦发生事故及时有效实施应急疏散和救援的管理。

10.5 场地环境安全

10.5.1 场地环境安全管理应包括游乐园选址与游乐项目的选址、自然灾害的规避与防范、人员活动区域与游客动线的设置与设计、场地各类设施的布置、悬吊悬挂物安全、园林绿化、安全设施等方面。

10.5.2 游乐园应识别管辖范围内或附近的场地环境相关安全风险,并从设计、建设、使用、检查检测、监测等方面采取有效措施防范事故发生,对于发生频次较高或产生后果较为严重的重大安全风险,应制定场地环境安全风险识别指导文件和应急处置预案、设置相应安全标志与风险告知牌,并定期进行安全评价。

10.6 消防安全

10.6.1 消防安全管理包括消防基础设施、灭火设备与器材、消防监控、人员密集场馆、森林或林地防火、防火检查巡查、消防安全风险识别与管控、动火作业管控、电气相关从业人员、消防安全标志、消防队伍建设与培训教育、消防应急、火灾事故、消防安全宣传等方面。对于消防安全重点单位、火灾高危单位、森林防火重点单位,消防安全管理还包括其特殊安全管理要求。

10.6.2 游乐园应将人员密集场馆以及位于森林或林地内游乐项目的防火与游客紧急疏散作为消防安全管理的重点。

10.7 电气安全

10.7.1 电气安全管理包括高低压供配电设备设施、用电设备设施、临时用电、涉电作业、电气安全标志、电气安全风险识别与管控、电气安全检查巡查、检验检测、电气应急等方面。

10.7.2 游乐园应将电气火灾防范与人员电击防护作为电气安全管理的重点。

10.7.3 对于可能造成群死群伤事故的人员密集场馆、易燃易爆危险品仓库、载人设备、室内充电区域、涉水场所、林地内游乐观赏项目等,应强化供配电与用电设备设施设置、安装,线路敷设安全质量管控及用电过程的安全管理,避免电气火灾或人员触电事故,以及因停电引发大型设备高空滞留或人员密集场馆拥挤踩踏事故发生。

10.8 燃气安全

10.8.1 燃气安全管理应包括供气与用气设备设施、燃气瓶储存场所、用气场所场馆、燃气设备使用操作、涉燃气管道动土动火作业、燃气相关从业人员、燃气安全标志、燃气安全风险识别与管控、燃气安全检查巡查、检验检测、燃气应急等方面。

10.8.2 游乐园应编制燃气安全风险台账,落实燃气使用与管理人员安全责任,将餐厅等人员密集场所的燃气使用、燃气安全设施与安全装置配备齐全及保持完好、防范建(构)筑物内燃气设备设施泄漏聚集、燃气泄漏现场处置与应急救援等作为燃气安全管理的重点。

10.9 危险物品安全

10.9.1 危险物品安全管理包括危险物品储存和使用场所的设置与建造，采用新危险物品的评估和审批，危险物品运输、储存与使用，危险物品储存与使用设备设施、安全设施与安全装置，废弃物，相关从业人员，安全标志，危险物品安全风险识别与管控，检查巡查，应急等方面。

10.9.2 游乐园应建立危险物品台账，制定相应的危险物品管理体系文件，相关从业人员经专业培训、考核合格后方可上岗工作。

10.9.3 游乐园应将烟花爆竹等易燃易爆危险品、有毒有害危险品及其相关作业活动作为安全管理重点。

10.10 安全设施与安全装置

10.10.1 游乐园按相关规定和标准设置或配置适用于园区场地环境、建(构)筑物、设备设施、运营活动、施工活动或作业等方面的安全设施与安全装置。

10.10.2 应在各相关专项安全管理文件中具体规定特种设备、燃气设备设施、电气设备设施、建(构)筑物消防设备设施、场地与建(构)筑物雷电防护、水域、山体或有毒有害等特定场地环境的安全设施与安全装置的特殊管理要求。

10.11 安全标志

10.11.1 游乐园应对相关场地环境、建(构)筑物、设备设施、运营活动、施工活动或作业、安全风险区域或重大安全风险、应急疏散等方面，按相关规定和标准设置齐全、覆盖完整、位置正确、明显清晰、内容无冲突的安全标志。

10.11.2 游乐园应将人员密集的场地场馆与载客设备设施作为安全标志管理重点，对于高峰客流与大型活动，应根据运营具体情况与时段，设置立体化、多媒体与全天候的警示、引导与疏散安全标志。

10.11.3 对于有特殊要求的专项安全管理要素，应在专项安全管理要素的体系文件中予以具体规定。

10.12 作业安全

10.12.1 作业安全管理应包括界定划分游乐园相关重要作业、识别作业安全风险、制修订重要作业指导文件(操作规程或工艺、作业方案)、审批临时重要作业、作业活动过程中安全管控、检查巡查与监护、作业安全防护、作业工器具及劳动防护用品、重要作业人员资格能力要求与安全培训、作业相关方、作业应急等方面。

10.12.2 游乐园应将大型游乐设施与客运索道等特种设备及其他载人设备设施相关作业，人员密集场地场馆游艺演出与展示活动作业，涉及燃气、电气、烟花爆竹和危化品及交叉作业等作为安全管理重点，其特定具体要求应在各相关专项安全管理要素的体系文件中予以规定。

10.13 食品安全

10.13.1 食品安全管理包括食品原材料与添加剂、采购贮存与生产加工安全质量管控、涉及食品安全的相关方、场地环境、设备设施与工器具、从业人员与作业、运输配送，以及安全检查巡查、食品检验检测、食品应急等方面。

10.13.2 游乐园应制定食品安全管理的体系文件，内容应覆盖从食品采购到成品销售的全过程、各环节,以及食品安全方面的全部管理对象。

10.14 自然灾害防御

10.14.1 所处地区可能发生自然灾害(尤其是气象灾害)的游乐园将自然灾害防御作为安全管理的重点,重点防御风灾、水灾、雷电、林草火灾等气象灾害,以及自然灾害造成的建(构)筑物和重要设备损坏倒塌、坠物、塌方、泥石流、山体滑坡、溃堤等次生、衍生灾害和相关地质灾害。

10.14.2 自然灾害防御应包括评估自然灾害风险,设置自然灾害防御机构或相关管理责任人,明确相关职责,制定自然灾害防御体系文件,完善灾害防御条件,灾害应急准备,以及气象灾害重点防御单位认定等方面。

10.15 职业健康

存在职业健康危害因素的游乐园应组织开展职业健康风险识别,明确相关职责,建立职业健康风险管控的体系文件,按 GB/T 45001、GB/T 42101—2022 的有关规定实施相关从业人员职业健康管控。

10.16 相关方管理

10.16.1 相关方管理涉及游乐园各专项安全管理要素。专项安全管理要素对相关方的具体安全要求应体现在各自体系文件中。

10.16.2 游乐园应对提供可能影响安全的施工或服务相关方建立准入制度,实施合格相关方名录管理。

10.17 演出安全

10.17.1 开展演出业务的游乐园应按 GB/T 42101—2022 的有关规定制定符合实际情况的演出安全管理相关体系文件。

10.17.2 演出安全管理应包括演出场地场馆、演出设备设施、建(构)筑物、演出器具道具、演出活动过程、演员、观众行为管控等方面。

10.18 涉水安全

10.18.1 水上游乐园,或存在水域或开展涉水运营活动的游乐园,应按 GB/T 42101—2022 的有关规定制定符合实际情况的涉水管理的体系文件。

10.18.2 涉水安全管理应包括涉水场地、设备设施、建(构)筑物、作业人员、游客行为、重要作业、涉水电气安全等方面。

10.19 动物安全

10.19.1 开展动物运营业务的游乐园按相关规定和标准对涉及动物饲养、展示、疾病防控与科普教育活动等方面进行有效管控,并按 GB/T 42101—2022 的有关规定制定符合实际情况的动物安全管理的体系文件。

10.19.2 动物安全管理应包括动物展览与饲养的场地与建(构)筑物、设备设施、作业人员、游客行为、安全检查、应急管理、动物档案、相关安全标志等方面。

10.20 园区内交通安全

游乐园应根据实际情况对园区内交通安全、无人机安全等方面进行有针对性的管控。

10.21 其他安全

游乐园应对识别出来的其他安全风险制定有针对性的体系文件并予以管控。

11 运行和绩效评价

11.1 安全管理体系试运行与运行

11.1.1 安全管理体系建设过程中及完成后，游乐园应根据安全管理任务的轻重缓急，制定安全管理体系分步骤、分项目（部门、要素）、分期试运行和全面试运行计划，并按计划做好安全管理体系文件培训学习，为试运行工作做好准备。

11.1.2 安全管理体系各要素的管理要求均应在体系试运行过程中得到实施，以验证其可实现性与有效性，以及各要素之间的协调一致性、封闭性。

11.1.3 安全管理体系试运行情况，以及运行过程中遇到的问题应予以记录。

11.1.4 游乐园主要负责人或其授权人（如安全负责人）应组织研究体系运行中所遇到的问题，从管理流程、控制节点、管控方式方法等方面对相关体系文件进行调整，并根据存在问题采取有针对性的强化运行培训措施，确保安全管理体系的完善与有效。

11.2 监测、分析和绩效评价

11.2.1 游乐园应制定对安全管理体系进行监测、分析和绩效评价的体系文件。

11.2.2 游乐园应确定以下方面。

a) 监测安全管理体系的内容，包括：

1) 满足法律法规要求和其他要求的程度；

2) 与所辨识的安全风险、安全风险相关的活动和运行；

3) 实现安全目标的进展情况；

4) 运行控制和其他控制的有效性。

b) 适用时，为确保安全管理体系有效所采用的监测、分析和绩效评价的方法。

c) 评价安全管理体系安全绩效所依据的准则。

d) 何时实施监测。

e) 何时分析、评价和沟通监测的结果。

11.2.3 游乐园应确保监测设备在使用时得到校准或验证，并被适当使用和维护。

11.2.4 游乐园应保留适当的文件化信息作为监测、分析和评价绩效结果的证据，并记录有关监测设备的维护、校准或验证。

11.3 安全管理体系评审

11.3.1 一般要求

11.3.1.1 游乐园应制定安全管理体系评审管理的体系文件，文件内容包括但不限于以下方面：

a) 安全管理体系评审的分类（内部审核、管理评审和外部评审）；

b) 评审周期与特定情况的评审；

c) 评审组织、评审人员职责与资格能力要求；

d) 评审计划管理；

e) 评审流程及相关要求（评审方案、人员组成、评审范围与内容、特定评审要求等）；

f) 评审发现问题管理（改进措施、追踪验证等）；

g) 评审结果管理；

h) 评审工作质量管理；

i) 评审资料档案管理。

11.3.1.2 在安全管理体系文件试运行一段时间后,游乐园应按评审计划开展安全管理体系评审,对安全管理体系文件的协调一致性、完整性、符合性、封闭性及可操作性以及文件的适用情况和落地实施效果等进行审核评价。开展分步骤、分项目评审时,应将被评审组织涉及的安全管理要素均纳入审核,并将与该要素相关组织的关联活动纳入评审范围。

11.3.1.3 游乐园安全管理体系评审应结合所开展的业务种类、基本安全管理要素、通用安全管理要素及相关专项安全管理要素,对以下内容进行审核:

a) 安全管理组织体系与职责体系的完整性及落实情况;
b) 安全管理体系文件制定情况,体系文件的全面完整性、合理性及适用性等;
c) 抽查安全管控重点(如人员密集场馆、大型载人特种设备运营管理等)的体系文件、从业人员、检查检测等相关的安全管理要素的落实情况;
d) 安全管理体系文件的实施情况现场审查核实;
e) 抽查安全风险管控、应急、安全事故整改结果以及预防控制措施等方面档案资料,查证安全管理体系文件实施等有效性与可追溯性。

11.3.2 内部审核

11.3.2.1 游乐园应制定内部审核的体系文件,验证安全管理体系实施的符合性和有效性。内部审核应满足以下要求:

a) 由安全负责人策划并且组织实施,覆盖安全管理体系所有要素;
b) 每年至少进行一次;
c) 编制内部审核计划,并且经过审批;
d) 组建内部审核组,由经过培训和具有经验的人员担任审核人员,编制内部审核检查表、实施内部审核,评审人员独立于被评审的活动,或者使用外部人员承担内部审核职能,以建立内部审核的客观性和公正性;
e) 制定审核规则及相关记录文件;
f) 对审核发现的问题点,及时采取纠正和预防措施;
g) 出具内部审核报告。

11.3.2.2 审核结束后结合审核发现的问题对相应的体系文件进行修订。

11.3.3 管理评审

11.3.3.1 游乐园应制定管理评审的体系文件,主要负责人应定期组织管理评审,各业务负责人、安全负责人及安全管理人员均应参与,管理评审通常每年至少进行一次。

11.3.3.2 游乐园应结合安全目标落实情况、内部审核结果进行管理评审,对安全管理体系的运行进行绩效评价。

11.3.3.3 游乐园应通过管理评审确定安全管理体系文件修订要求、相关机构或职责调整(必要时)以及体系运行改进要求等。

11.3.3.4 管理评审内容应包括:

a) 安全管理体系建立和实施情况,分析安全方针、安全目标的适宜性,重点关注安全管理体系变更、上次管理评审结果、内外部审核结果、安全目标考核结果、客户反馈以及投诉、纠正及预防措施实施情况等;
b) 内部需求,包括资源、业务范围、管理模式等变化;

c） 外部需求，包括相关方要求，有关法律法规、规章及相关标准要求等变化；

d） 改进建议。

11.3.3.5 管理评审应给出以下结论：

a） 安全管理体系适宜性、充分性、有效性评价；

b） 安全方针、安全目标的适宜性；

c） 改进措施。

11.3.3.6 主要负责人应就相关的管理评审结论与从业人员及其代表（若有）进行沟通。

11.3.3.7 游乐园应将管理评审结论向有关部门和人员通报，并将其作为部门及各岗位从业人员年度安全工作考评的重要依据。

12 改进

12.1 一般要求

12.1.1 游乐园应确定改进的机会，并实施必要的措施，以实现其安全管理体系的预期结果。

12.1.2 在采取措施进行改进时，游乐园宜参考安全绩效的分析和评价、合规性评价、内部审核和管理评审的结论。

12.2 不符合控制

游乐园应制定不符合控制管理的体系文件，并且满足以下要求。

a） 及时对不符合做出反应，并在适用时进行如下处理：

1） 采取措施予以控制和纠正；

2） 处置后果。

b） 在从业人员的参与和其他相关方的参加下，通过下列活动，评价是否采取纠正措施，以消除导致不符合的根本原因，防止不符合再次发生或在其他场合发生：

1） 评审不符合；

2） 确定导致不符合的原因；

3） 确定不符合是否存在，或是否可能会发生。

c） 在适当时，对现有的安全风险和其他风险的评价进行评审。

d） 按照控制层级和变更管理，确定并实施任何所需的措施，包括纠正措施。

e） 在采取措施前，评价与新的或变化的安全风险。

f） 评审所采取措施的有效性，包括纠正措施。

g） 在必要时变更安全管理体系。

12.3 纠正措施控制

12.3.1 纠正措施应与不符合所产生的影响或潜在影响具有针对性。

12.3.2 游乐园应制定纠正措施控制管理的体系文件，并且满足以下要求：

a） 分析、确定不符合产生的主要原因；

b） 制定、评价、实施纠正措施；

c） 验证纠正措施的有效性。

12.4 预防措施控制

游乐园应制定预防措施控制管理的体系文件，并且满足以下要求：

a） 明确预防措施的启动时机与要求；
b） 明确潜在不符合收集的职责、方式和方法；
c） 分析、确定潜在不符合产生的主要原因；
d） 制定、评价、实施预防措施；
e） 评价预防措施的有效性。

12.5 持续改进

12.5.1 游乐园应根据5.6的要求、各类安全检查、安全管理体系运行绩效评价结果，客观分析安全管理体系的实际运行质量，及时完善安全管理体系文件，持续改进游乐园安全管理工作。

12.5.2 游乐园应通过法律法规和标准的评价与应用，落实安全管理责任体系，强化各级从业人员安全职责，持续改进游乐园安全管理工作。

12.5.3 游乐园应结合安全文化建设、安全教育培训，提高各级从业人员安全能力及管理水平，提升游乐园整体安全绩效。

附　录　A
（资料性）
安全管理体系文件建议清单

A.1　游乐园在建立安全管理体系时，基本安全管理要素的体系文件建议清单见表 A.1，通用安全管理要素的体系文件建议清单见表 A.2，专项安全管理要素的体系文件建议清单见表 A.3。

A.2　安全管理体系文件建议清单中的作业指导文件能够通过制定通用作业指导文件与专项作业指导文件减少编写工作量，简化管理工作，突出管理重点。

A.3　各安全管理要素二级、三级文件包括但不限于 GB/T 42101—2022 与本文件相关管理要素规定的全部内容，如果某些方面安全管理要求内容不多，则在二级文件中予以规定，不必按表 A.1～表 A.3 中建议的三级文件清单制定文件。

注：设备设施全生命周期中的不同阶段或环节，涉及或繁或简的流程，游乐园根据运营业务、规模、设备组成、风险程度等，决定设备设施专项安全管理要素的体系文件的架构关系。具体解释如下：

a）设备设施管理程序是所有种类设备设施全生命周期管理的原则性通用要求；

b）对于大型游乐设施、索道、电梯、锅炉、压力容器等特种设备，消防、电气、燃气、演出等专项安全管理要素涉及的设备设施，游船、擦窗机等其他需要特殊管理的设备设施三方面的设备设施仅靠通用的设备设施安全管理程序以及作业指导文件不能完整、具体地进行管理，需要建立单独的二级程序文件或将其作为设备设施管理程序文件项下的分项程序文件；

c）消防、电气、燃气、演出等专项安全管理要素涉及的设备设施三级文件结合设备设施通用性要求及本专项安全管理要素的特殊性要求来制定，并与设备设施管理二级程序文件、本专项安全管理要素二级程序文件相关联，互成体系；

d）停用、启用、延寿等环节在设备设施管理二级文件进行规定的可不另行编写三级文件；具体某类设备的启用、延寿，在其个性化的二级文件或三级文件中规定清楚；

e）故障管理、修理改造、设备验收检验或设备工程的竣工验收等工作具有清晰流程的管理过程，在设备设施管理程序文件之下建立通用性的三级文件；

f）设备使用操作规程按照完整、复杂程度分为简式、全式，按照适用范围分为通用操作规程与专项操作规程，游乐园根据情况选择操作规程的编写方式；

g）安全管理体系与运营、质量、行政等其他方面管理要求做一体化考虑和规定，例如，设备自检维护规程包含自检维护工作中的人员、质量、技术、作业安全等管控要点。

表 A.1　基本安全管理要素的体系文件建议清单

序号	管理要素	程序文件 （二级文件）	作业指导文件 （三级文件）	备注
1	安全管理体系文件	安全管理体系文件管理程序	安全管理体系文件管理要求	制修订、审核批准、下发、作废等要求
			内部文件管理要求	文件流转、文件分类等
			典型案例收集与管理要求	
			记录控制管理文件	
			外来文件管理要求	政府部门、上级单位、游乐园内外部相关单位、施工和服务相关方涉及安全的相关文件、请示、批示或答复、报告等
			安全档案管理文件	可拆分成满足各安全管理要素不同档案特殊性要求的文件，或体现在同一文件的不同章节中

表 A.1　基本安全管理要素的体系文件建议清单（续）

序号	管理要素	程序文件 （二级文件）	作业指导文件 （三级文件）	备注
2	安全方针与目标	安全方针与目标管理程序	—	可并入安全管理手册
			安全计划与总结管理文件	根据实际运营业务，必要时可增加分项年度安全工作计划，或作为年度计划的附件
3	组织机构与职责	组织机构与安全职责管理程序	主要负责人岗位安全职责	岗位安全职责宜编制成职责文件，在程序文件或作业指导文件中引用职责文件或简略引用主要内容。除需要特别规定安全职责的重要从业人员外，其他从业人员岗位职责可体现在其工作相关作业指导文件中
			安全负责人岗位职责	
			业务（部门）负责人岗位安全职责	
			消防安全责任人岗位职责	
			森林防火责任人岗位职责（有此要素时）	
			消防安全管理人岗位职责	
			气象灾害防御责任人岗位职责（有此要素时）	
			气象灾害应急管理人岗位职责（有此要素时）	
			特种设备安全管理人员岗位职责	
			安全管理机构负责人岗位职责	
			各类专兼职安全管理人员岗位职责	
			业务班组长岗位安全职责	
			重要从业人员岗位安全职责	
			其他员工岗位安全职责	
4	安全投入	安全投入管理程序	—	可单独编制或结合到财务制度中
5	安全文化与安全教育培训	安全文化与安全教育培训管理程序	安全文化建设与安全教育指导文件	包括安全文化建设及对所有员工的培训要求
			法定从业人员管理规定	结合相关法规对持证人员与非持证人员资格、能力与职责要求，予以规范
			重要从业人员安全教育培训管理文件	内部获取资格或认证人员培训及管理规定，包括对法定从业人员的内部培训。具体培训方法与要求可体现在相关作业规程中
			相关方人员安全教育培训要求	学习、参观、相关方人员等外来人员安全培训
			安全教育培训档案	作为档案管理制度在此方面的具体支撑性文件

表 A.1　基本安全管理要素的体系文件建议清单（续）

序号	管理要素	程序文件（二级文件）	作业指导文件（三级文件）	备注
6	沟通	沟通管理程序文件	安全会议	
7	安全信息化	安全信息化管理程序	安全数据统计与分析管理要求	侧重安全底数的全面完整性与管理重点信息及时获取、分析与应用，突出安管牵头功能
			安全信息系统运行管理要求	
8	运行和绩效评价	安全管理体系运行与评审管理程序	试运行管理要求	
			安全管理体系评审细则	
			内部审核要求	
			管理评审要求	
		安全管理绩效评价程序	各级组织安全绩效考核细则	
			各级岗位安全绩效考核细则	
			安全奖惩	
9	改进	不符合控制与改进程序	纠正与预防措施管理文件	

表 A.2　通用安全管理要素的体系文件建议清单

序号	管理要素	程序文件（二级文件）	作业指导文件（三级文件）	备注
1	依法依规管理	法规、标准识别，评价与应用管理程序	—	及时完整收集相关法规、标准、对标、采标，以及全面落实法规、标准强制性管控要求
2	安全风险识别与管控	安全风险识别、评估与管控程序	风险识别与评估文件/作业指导文件	包括风险识别、评估基础工作建设、常规化与制度化开展风险识别、评估要求等。结合各专业要素制定，作为其在此方面的具体支撑性文件
			安全风险管控与事故隐患排查治理文件	结合各专业要素制定，作为其在此方面的具体支撑性文件
3	应急管理	应急体系建设与运行管理程序	应急预案管理文件	
			应急组织与人员管理文件	应急管理与作业人员管理，与教育培训和依法依规管理要求相结合
			应急设备工器具与物资管理文件	

表 A.2 通用安全管理要素的体系文件建议清单（续）

序号	管理要素	程序文件（二级文件）	作业指导文件（三级文件）	备注
3	应急管理	应急体系建设与运行管理程序	各类应急设备操作规程	结合设备设施安全管理要素要求编写，作为其在此方面的具体支撑性文件
			各类应急设备自检维护规程	结合设备设施安全管理要素要求编写，作为其在此方面的具体支撑性文件
			应急协作与外援管理文件	
			应急演练管理文件	配套编制演练计划、方案、评估表等。结合各专项安全管理要素应急演练要求制定
			应急风险评估管理文件	
			应急预警、接警与值班值守管理文件	
			应急工作专项检查规定	结合安全检查要素制定，作为其在此方面的具体支撑性文件
			应急医疗救护团队管理文件	
			各类专项应急预案及其对应的现场处置方案	结合各专项安全管理要素应急预案要求制定，作为其在此方面的具体支撑性文件，与之构成应急预案体系
			应急档案	作为档案管理制度在此方面的具体支撑性文件
4	安全事故	安全事故管理程序	安全事故报告及调查管理文件	
			事故责任人员处理规定	
			事故统计分析管理文件	
			企业管辖事故分类分级	可单独制定或在程序文件中规定
			事故档案	作为档案管理制度在此方面的具体支撑性文件

表 A.2 通用安全管理要素的体系文件建议清单（续）

序号	管理要素	程序文件 （二级文件）	作业指导文件 （三级文件）	备注
5	安全检查	安全检查 管理程序文件	综合安全检查（安全大检查）作业指导文件	
			各专项安全检查作业指导文件	针对不同种类专项检查，根据其专业特点、特性单独编写作业指导文件，结合各专项安全管理要素安全检查要求编写，或与之构成专项安全检查体系文件
			各类日常安全检查巡查作业指导文件	由业务部门或班组，以及安管、安保（消防）部门开展的常态化安全检查巡查。 针对不同种类日常安全检查巡查，根据其专业特点、特性单独编写作业指导文件，结合各专项安全管理要素安全检查要求编写，或与之构成日常安全检查巡查体系文件
			特定情况与时段的临时性检查抽查管理文件	可单独制定或在程序文件中规定
			接受上级单位或政府机构安全检查管理文件	
			安全检查数据汇总与统计分析	
			安全检查档案	作为档案管理制度在此方面的具体支撑性文件

表 A.3 专项安全管理要素的体系文件建议清单

序号	管理要素	程序文件 （二级文件）	作业指导文件 （三级文件）	备注
1	运营安全	运营安全 管理程序	高峰客流管控文件	高峰客流人员密度监测、预警与调节管控、现场引导疏散管控要求
			游乐观展项目（场馆、设备）安全运营管理文件	网格、班组对项目、场馆、设备所开展的运营管理文件（含相关作业）
			新运营项目/活动策划与实施安全管理文件	包括风险识别与管控、运营压力测试等
			服务人员管理文件	大型游乐设施、客运索道以及人员密集场馆运营服务人员等
			年度或临时性开闭园管理文件	

表 A.3 专项安全管理要素的体系文件建议清单（续）

序号	管理要素	程序文件（二级文件）	作业指导文件（三级文件）	备注
1	运营安全	运营安全管理程序	大型活动安全管理文件	
			一次性或临时性运营项目安全管理文件	如活动设施设计、制造与活动管控、火舞表演、密室逃脱（鬼屋）等
			运营安全值班管理文件	
			运营活动风险识别、评估与管控文件	作为安全风险识别管控要素在此方面的具体支撑性文件，可单独制定或并入其中
			运营安全标志管理文件（包括语音与视频告知提示）	可与安全标志要素、场地、建（构）筑物和设备设施要素相结合，可单独制定或并入其中
			运营应急管理文件	作为应急要素在此方面的具体支撑性文件，可单独制定或并入其中
			运营安全检查管理文件	作为安全检查要素在此方面的具体支撑性文件，可单独制定或并入其中
			运营安全档案	作为档案管理制度在此方面的具体支撑性文件
2	设备设施安全	设备设施管理程序	设备设施验收管理文件	新投用设备竣工验收或检验验收（包括大修、改造、移装等）
			设备故障管理文件	
			备品备件管理文件	
			特种设备安全管理文件/不同种类设备及环节（如自检维护、使用操作）作业指导文件	包含 8 大类特种设备，突出前场运营的各种大型游乐设施、客运索道等载人特种设备
			各专项安全管理要素设备设施管理文件/不同设备种类及环节作业指导文件	消防设备、燃气设备、电气设备、涉水设备、危险物品设备、动物相关设备等
			其他重要设备设施管理文件/不同种类设备及环节作业指导文件	每一种类重要设备设施
			设备修理改造管理文件	
			检验检测管理文件/作业指导文件	包含定期检验检测、试验等
			检维修仪器设备管理文件	

表 A.3 专项安全管理要素的体系文件建议清单(续)

序号	管理要素	程序文件 (二级文件)	作业指导文件 (三级文件)	备注
2	设备设施安全	设备设施管理程序	设备设施从业人员管理文件	尤其是法定资格人员及其他重要从业人员,与教育培训和依法依规管理要求相结合
			设备数据化系统管理文件(如有)	
			设备安全装置管理文件/不同种类设备安全装置作业指导文件	法规、标准要求设置并保持安全装置完好可靠的设备
			设备安全标志管理文件	作为安全标志要素在设备方面的具体支撑性文件,可单独制定
			各类设备设施重要作业指导文件	作为作业安全管理要素在此方面的具体支撑性文件。特种设备可单独制定
			设备设施防范应对自然灾害管理文件/作业指导文件	作为自然灾害要素在此方面的具体支撑性文件。可单独制定或并入其中
			设备风险识别、评估与管控文件	作为安全风险识别管控要素在设备方面的具体支撑性文件,与之构成体系
			设备应急管理文件/相关作业指导文件	作为应急要素在此方面的具体支撑性文件
			设备安全检查管理文件/相关作业指导文件	侧重于重要设备的专项安全检查与日常安全检查巡查,作为安全检查要素在设备方面的具体支撑性文件
			设备设施安全档案管理文件	作为档案管理制度在此方面的具体支撑性文件
3	建(构)筑物安全	建(构)筑物安全管理程序	建(构)筑物安全使用管理文件	如建(构)筑物少且无特殊要求时,可与二级文件合并
			建(构)筑物安全鉴定、安全评估与管控文件/相关作业指导文件	作为安全发现识别管控要素在此方面的具体支撑性文件,可单独制定或并入其中
			建(构)筑物相关从业人员管理	与教育培训和依法依规管理要求相结合

表 A.3　专项安全管理要素的体系文件建议清单（续）

序号	管理要素	程序文件（二级文件）	作业指导文件（三级文件）	备注
3	建(构)筑物安全	建(构)筑物安全管理程序	不同种类建(构)筑物日常检查维护作业指导文件	包括建(构)筑物本体、建(构)筑幕墙、玻璃采光顶、外墙与屋面装饰物、悬挂物、公用设备设施及重要设备等专项安全管理要求
			不同种类建(构)筑物定期检查检测作业指导文件	
			设备设施日常检查维护/定期检查检测作业指导文件	
			建(构)筑物修缮、大修、改造管理文件	内容不多时，可与二级文件合并
			季节性或临时性运营建(构)筑物安全管理文件	如鬼屋等设置、建造、验收、使用、检查维护、重新启用检验、房屋内水电气设备设施安全管控等。特殊要求少时，可并入二级文件或建(构)筑物管理文件
			各类建(构)筑物作业指导文件	如露天或半露天舞台、露天广告牌、天桥、涵洞、假山置石、堤坝、护坡、挡土墙等
			水族馆(大型水体)或其他涉水建(构)筑物安全管理文件/作业指导文件	
			建(构)筑物安全设施管理文件/不同种类安全设施作业指导文件	建(构)筑物较少且管理内容不多时，可在安全设施专项安全管理要素中予以规定
			建(构)筑物安全标志管理文件	可与安全标志要素和消防要素相结合，突出人员密集场馆，可单独制定或并入其中
			建(构)筑物相关各类重要作业指导文件	作为作业安全管理要素在此方面的具体支撑性文件。人员密集场馆可单独制定
			建(构)筑物防范应对自然灾害管理文件/作业指导文件	作为自然灾害要素在此方面的具体支撑性文件，可单独制定或并入其中
			建(构)筑物安全风险识别与管控	作为风险识别管控要素在此方面的具体支撑性文件，可单独制定或并入其中
			应急管理文件/相关作业指导文件	突出人员密集场馆疏散及消防应急，作为应急要素在此方面的具体支撑性文件
			安全检查巡查管理文件/相关作业指导文件	侧重于重要建(构)筑物的专项安全检查、安全巡查与巡更管理，作为安全检查要素在此方面的具体支撑性文件，可单独制定或并入其中
			建(构)筑物安全档案管理文件	作为档案管理制度在此方面的具体支撑性文件

表 A.3 专项安全管理要素的体系文件建议清单（续）

序号	管理要素	程序文件（二级文件）	作业指导文件（三级文件）	备注
4	场地环境安全	场地环境安全管理程序	园区场地和道路安全管理文件/不同业务作业指导文件	包含前后场场地、园区道路、游览休憩环境、围栏围墙、甬道台阶、游览指引、疏散引导标识、排水设施等方面检查、维护保养等
			场地悬吊挂物管理文件/相关作业指导文件	
			园区卫生环境管理文件	
			园林绿化安全管理文件	
			场地环境安全设施管理文件/不同种类安全设施作业指导文件	管理内容不多时，可在安全设施要素中予以规定
			场地环境安全标志管理文件	突出人员密集场地与风险区域，作为安全标志要素和运营要素在此方面的具体支撑性文件，可单独制定或并入其中
			自然灾害防范应对管理文件/作业指导文件	作为自然灾害要素在此方面的具体支撑性文件，可单独制定或并入其中
			场地环境风险识别、评估与管控文件	作为安全风险识别管控要素在此方面的具体支撑性文件，可单独制定或并入其中
			场地环境各类重要作业指导文件	作为作业安全管理要素在此方面的具体支撑性文件。人员密集场地、森林防火区域可单独制定
			场地环境应急管理文件/相关作业指导文件	作为应急要素在此方面的具体支撑性文件，可单独制定或并入其中，突出人员密集场地环境应急疏散
			安全检查管理文件/相关作业指导文件	侧重于人员密集场地环境与风险区域的安全巡查，作为安全检查要素在此方面的具体支撑性文件，可单独制定或并入其中
			场地环境安全档案管理文件	作为档案管理制度在此方面的具体支撑性文件

表 A.3 专项安全管理要素的体系文件建议清单（续）

序号	管理要素	程序文件（二级文件）	作业指导文件（三级文件）	备注
5	消防安全	消防安全管理程序	消防队伍建设与消防人员管理文件	与教育培训和依法依规管理要求相结合
			消防监控管理文件	
			消防设备设施管理文件/不同种类设备及环节作业指导文件	消防设备设施（含微型消防站、消防疏散设备）设置、设计、审查批准、投用验收、管理等，以及自检维护、使用操作、定期测试等环节，作为设备设施安全管理要素在此方面的具体支撑性文件
			人员密集场馆消防管理文件	大型商业综合体、游客集中场馆、员工宿舍等
			森林防火管理文件/相关作业指导文件	
			用火、用电、用气、用油审批及作业安全管理文件	作为作业安全管理要素在此方面的具体支撑性文件
			防火检查巡查巡更管理文件/相关作业指导文件	包括防火专项安全检查、日常防火检查巡查及电子巡更，作为安全检查要素的具体支撑性文件，可单独制定
			消防安全例会管理文件	
			消防安全标志管理文件	可与安全标志要素相结合，作为其具体支撑性文件
			火灾风险识别、评估与管控文件	包括火灾风险、火灾隐患、消防重点部位，作为安全风险识别管控要素在此方面的具体支撑性文件
			消防应急管理文件/相关应急作业指导文件	可与应急和运营要素相结合，作为其具体支撑性文件
			消防安全宣传与消防安全教育培训管理文件	
			消防安全档案管理文件	作为档案管理制度在此方面的具体支撑性文件

表 A.3 专项安全管理要素的体系文件建议清单（续）

序号	管理要素	程序文件（二级文件）	作业指导文件（三级文件）	备注
6	电气安全	电气安全管理程序	电气设备安装与电气线路敷设相关作业指导文件	包含设计与设置、进场验收、安装施工、检查验收等环节的质量管控要求，作为设备设施安全管理要素在此方面的具体支撑性文件
			临时用电安全管理文件	包含事前审批、使用期间检查维护、事后拆除等要求。临时用电设计设置同时满足电击防护与电气防火的要求
			停、送电作业规程	
			供配电设备设施相关作业指导文件	安全操作、检查维护、测试等（含各类设备、配电柜/配电箱、线路等），作为设备设施安全管理要素在此方面的具体支撑性文件
			应急发电机相关作业指导文件	安全操作、检查维护、测试等（含各类设备、配电柜/配电箱、线路等），作为设备设施安全管理要素在此方面的具体支撑性文件
			UPS/EPS 检查维护规程	包含电池维护保养、充放电测试、转换测试等。 安全操作、检查维护、测试等（含各类设备、配电柜/配电箱、线路等），作为设备设施安全管理要素在此方面具体支撑性文件
			用电设备设施相关作业指导文件	安全操作、检查维护、测试等，作为设备设施安全管理要素在此方面的具体支撑性文件
			电工仪器仪表安全操作规程	万用表、绝缘测试仪、接地电阻测试仪等
			电工安全用具安全操作规程	验电笔、接地线、绝缘棒、绝缘梯等安全用具
			电气安全防护装置相关作业指导文件	漏电保护装置、防雷装置、防静电装置、等电位连接、接地等电气安全装置设置、日常检查维护与定期检验检测等方面，作为安全防护要素在此方面的具体支撑性文件

表 A.3 专项安全管理要素的体系文件建议清单（续）

序号	管理要素	程序文件（二级文件）	作业指导文件（三级文件）	备注
6	电气安全	电气安全管理程序	用电设备与电气线路定期检测规程	尤其是人员密集场地场馆、涉水环境使用的用电设备（油汀、烤炉等加热设备、电机、灯具等）与电气线路
			充电安全管理文件	包含充电车辆、充电工具、充电设备的管理要求
			电气作业人员管理文件	包含着装、值班、交接班、作业防护等安全管理要求，与教育培训和依法依规管理要求相结合
			变压器室、配电室、发电机房管理文件	包含进入电力设备区域安全管理要求，如出入登记、陪同、安全防护、安全距离、防火等
			电气安全标志管理文件	可与安全标志和相关要素相结合，作为安全标志要素在此方面的具体支撑性文件，可单独制定或并入其中
			电气作业指导文件	作为作业安全管理要素在此方面的具体支撑性文件，可单独制定或并入其中
			电气设备设施防范应对自然灾害管理文件/作业指导文件	可结合设备设施安全管理要素，作为自然灾害要素在此方面的具体支撑性文件，可单独制定或并入其中
			电气安全风险识别、评估与管控文件	作为风险识别管控要素在此方面的具体支撑性文件，可单独制定或并入其中
			电气应急管理文件	作为应急要素在此方面的具体支撑性文件，可单独制定或并入其中
			电气安全检查巡查相关作业指导文件	作为安全检查要素在此方面的具体支撑性文件，包括专项电气安全检查与日常安全检查巡查
			电气安全档案管理文件	作为档案管理制度在此方面的具体支撑性文件

表 A.3　专项安全管理要素的体系文件建议清单（续）

序号	管理要素	程序文件（二级文件）	作业指导文件（三级文件）	备注
7	燃气安全	燃气安全管理程序	燃气设备设施相关作业指导文件（管道系统或各类燃气设备设施安全操作规程、自检维护规程等）	各类用气设备与各类管道（包括地上地下、水下管道、室内管道、管道阀门井与表箱等）
			不同燃气设备设施定期检验检测规程	各类用气设备与各类管道（包括地上地下、水下管道、室内管道、管道阀门井与表箱等）
			燃气设备设施作业人员管理文件	与教育培训和依法依规管理要求相结合
			燃气各类重要作业指导文件	检维修作业、管道动土作业、应急作业等，作为作业安全管理要素在此方面的具体支撑性文件
			燃气安全设施与安全装置管理文件	设备设施维护、可燃气体探测器报警、紧急切断阀、速断阀、防爆通风装置等，作为安全防护要素在此方面的具体支撑性文件
			燃气安全标志管理文件	与安全标志和相关要素相结合，作为其在此方面的具体支撑性文件，可单独制定或并入其中
			燃气安全风险识别、评估与管控文件	作为风险识别管控要素在此方面的具体支撑性文件（尤其要注重燃气泄漏形成密闭爆炸空间风险）
			燃气应急管理文件	与应急要素和相关要素相结合，作为风险识别管控要素在此方面的具体支撑性文件
			燃气安全检查巡查相关作业指导文件	作为安全检查要素在此方面的具体支撑性文件，包括专项燃气安全检查与日常安全检查巡查
			燃气安全档案管理文件	作为档案管理制度在此方面的具体支撑性文件

表 A.3 专项安全管理要素的体系文件建议清单(续)

序号	管理要素	程序文件 (二级文件)	作业指导文件 (三级文件)	备注
8	危险物品安全	危险物品管理程序	危险物品采购、使用与危险物品储存和使用场所审批规定	储存和使用场所(尤其是中间仓或临时储存点)设置审批、新采用或更改危险物品审批等
			危险物品运输安全管理文件	含运输设备
			危险物品仓储与库房安全管理文件	
			汽油库、柴油库、汽车加油/加气站管理文件	
			危险物品相关设备作业指导文件(使用操作、自检维护规程)	储存、使用设备设施与工器具,作为设备设施安全管理要素在此方面的具体支撑性文件
			各类危险物品作业指导文件	如汽油、柴油等加油安全操作规程,环境消毒或水处理药剂加药操作规程,烟花爆竹运输、储存、搬运、燃放等
			危险物品从业人员管理文件	与教育培训和依法依规管理要求相结合
			危险物品安全设施与安全装置管理文件	作为安全防护要素在此方面的具体支撑性文件
			危险物品安全标志管理文件	与安全标志和相关要素相结合,作为其在此方面的具体支撑性文件,可单独制定或并入其中
			危险物品废弃物安全管理文件	
			危险物品安全风险识别、评估与管控文件	作为风险识别管控要素在此方面的具体支撑性文件
			危险物品应急管理文件/相关作业指导文件	与应急要素和相关要素相结合,作为风险识别管控要素在此方面的具体支撑性文件
			危险物品安全检查巡查相关作业指导文件	作为安全检查、消防等相关要素在此方面的具体支撑性文件,包括专项安全检查与日常检查巡查
			危险物品安全档案管理文件	作为档案管理制度在此方面的具体支撑性文件

表 A.3 专项安全管理要素的体系文件建议清单(续)

序号	管理要素	程序文件(二级文件)	作业指导文件(三级文件)	备注
9	安全设施与安全装置	安全设施与安全装置管理程序	未包括在各专项安全管理要素中的安全设施与安全装置作业指导文件	作为各相关专项安全管理要素涉及安全设施与安全装置的原则性通用要求,与各相关要素此方面三级文件形成分项体系文件
10	安全标志	安全标志管理程序	未包括在各专项安全管理要素中的安全标志作业指导文件	作为各相关专项安全管理要素涉及安全标志的原则性通用要求,与各相关要素此方面三级文件形成分项体系文件
11	作业安全	作业安全管理程序	各类特种作业规程	由各相关专项安全管理要素涉及特种作业规程构成
			各类特种设备作业规程/文件	由各种类特种设备及其各环节相关作业规程/文件构成
			危险作业安全管理文件	特种作业、特种设备作业以外的危险作业及不确定风险作业等的风险识别、作业方案制定审批、作业过程管控等
			作业人员管理文件	由各专业要素作业人员管理文件构成,及未包括在其他专业要素的作业管控要求
			各类作业工器具管理文件	结合各相关专项安全管理要素工器具管理(牵头汇总),以及未包括在设备设施安全管理要素中的工器具
			作业防护与安全标志管理文件	结合各相关专项安全管理作业防护与安全标志管理(牵头汇总),以及未包括在作业安全与安全标志要素中的内容
			作业安全风险识别与管控文件	结合各相关专项安全管理安全风险识别与管控管理(牵头汇总),以及未包括在安全风险识别与管控安全管理要素中的内容,尤其是一次性临时作业
			作业应急管理文件/相关作业指导文件	结合各相关专项安全管理作业应急管理(牵头汇总),以及未包括在应急管理要素中的作业应急要求
			重要作业安全检查巡查管理文件	结合各相关专项安全管理安全检查巡查管理(牵头汇总),以及未包括在安全检查要素中的重要作业安全检查巡查

表 A.3 专项安全管理要素的体系文件建议清单（续）

序号	管理要素	程序文件（二级文件）	作业指导文件（三级文件）	备注
12	食品安全	食品安全管理程序	新产品(包括新出品、新原物料、新品牌/规格原物料等)的风险分析	
			食品加工品质控制规程	
			食品贮存及一次性用品的贮存作业指导文件	
			食品检验检测操作作业指导文件	
			食品留样、食品有效期限管控等作业文件	
			不合格食品处置管理文件	
			食品追溯管理文件	
			食品相关场所(环境卫生、检查、清洗消毒)作业指导文件	结合危险物品要素，作为其在此方面的具体支撑性文件
			食品相关设备设施(操作、检查、清洗消毒)作业指导文件	结合设备设施要素，作为其在此方面的具体支撑性文件
			餐饮具清洗消毒、保洁管理文件	结合危险物品要素，作为其在此方面的具体支撑性文件
			有毒有害物品管控文件	结合危险物品要素，作为其在此方面的具体支撑性文件
			食品、食品添加剂、食品相关产品进货查验	
			餐饮从业人员健康管理文件	
			昆虫鼠害控制文件	
			餐厨废弃物管理	
			食品相关计量器具校验管理文件	
			食品标识标签	食品加工与贮存、不合格产品等，以及结合食品相关场地场所、加工设备等

表 A.3　专项安全管理要素的体系文件建议清单（续）

序号	管理要素	程序文件（二级文件）	作业指导文件（三级文件）	备注
13	自然灾害防御	自然灾害防御管理程序	自然灾害风险识别、评估与管控	作为风险识别管控要素在此方面的具体支撑性文件
			自然灾害防御硬件能力建设管理文件	
			自然灾害危险区域监控监测管理文件	
			自然灾害应急管理文件/相关作业指导文件	作为应急要素在此方面的具体支撑性文件
			自然灾害防御检查巡查制度	作为安全检查要素在此方面的具体支撑性文件
			自然灾害风险公布与告知管理文件	
14	职业健康管理	职业健康管理程序	工作场所健康风险识别与管控文件	作为风险识别管控要素在此方面的具体支撑性文件
			劳动防护用品管理文件	作为安全防护要素在此方面的具体支撑性文件
			职业健康警示标志管理文件	作为安全标志要素在此方面的具体支撑性文件
			工伤处理管理文件	
			职业健康档案	作为档案管理制度在此方面的具体支撑性文件
15	相关方管理	相关方管理程序	相关方审查评审管理文件（资格资质、合同与安全协议、制度文件等）	作为各安全管理要素相关方管理的通用性要求。当某一安全管理要素的相关方特定管理内容较多时，可另行制定管控文件与本要素配套
			外来施工（维修）人员管理文件	
			外来施工作业安全管理	重要作业或不确定风险作业、交叉作业等风险识别、审批、安全设施与安全标志设置、施工过程中安全管控、应急等
			施工与服务安全质量管控文件	事前、事中与事后安全质量管控
			外驻单位安全管理文件	如特许许可方、商店、演艺合作等外驻人员管理及其活动、临时办公、休息、仓储以及设备设施管理、档案管理等

表 A.3 专项安全管理要素的体系文件建议清单（续）

序号	管理要素	程序文件 （二级文件）	作业指导文件 （三级文件）	备注
16	演出安全	演出安全管理程序	演出设备设施相关作业指导文件（使用操作、自检维护等）	作为设备设施安全管理要素在此方面的具体支撑性文件
			各类演出设备设施定期检验检测作业指导文件	作为设备设施安全管理要素在此方面的具体支撑性文件
			各类演出建（构）筑物相关作业指导文件（自检维护、定期检验与评价等）	与运营安全、建（构）筑物安全管理要素相结合，作为其在此方面的具体支撑性文件
			演出场地环境相关作业指导文件	与运营安全、场地环境安全管理要素相结合，作为其在此方面的具体支撑性文件
			演出活动安全管理文件	可与运营安全相结合
			演出活动安全风险识别与管控 **注：**包括室内外演出、花车巡游、焰火表演、喷火表演、水上水下表演、无人机表演、大型 LED 屏展演、动物展示与科普等演出活动，以及相关作业风险识别与管控等	可与运营安全、作业安全管理要素相结合，作为风险识别管控要素在此方面的具体支撑性文件
			演职人员管理文件	与教育培训和依法依规管理要求相结合
			演出用车辆与驾驶安全管理文件	与交通安全管理要素相结合，可单独编制或合并其中
			演出相关方安全管理	作为相关方安全管理要素在此方面的具体支撑性文件，如烟花爆竹相关方、外来演出团队、出租场地演出等
			演出应急管理文件/相关作业指导文件	与运营安全相结合，作为应急要素在此方面的具体支撑性文件
			演出安全检查巡查作业指导文件	与运营安全、消防安全管理要素相结合，作为安全检查要素在此方面的具体支撑性文件

表 A.3　专项安全管理要素的体系文件建议清单（续）

序号	管理要素	程序文件（二级文件）	作业指导文件（三级文件）	备注
17	涉水安全	涉水安全管理程序	涉水运营活动与游客涉水行为安全管理文件	
			水域水体与涉水场地环境安全管理文件	人工湖、河、池、水景、水库等各类水体的安全管理
			各种涉水建(构)筑物的自检维护规程	如码头、堤坝等
			涉水各类设备设施相关作业指导文件(使用操作、自检维护)	如闸门、船舶、潜水、救生、水上水下作业设备设施，作为设备设施安全管理要素在此方面的具体支撑性文件
			涉水各类设备设施定期检验检测作业指导文件	如闸门、船舶、潜水、救生、水上水下作业设备设施，作为设备设施安全管理要素在此方面的具体支撑性文件
			涉水场地与水域(水上水下)电气安全管理	水域电气设备和线路的特殊要求，作为电气安全管理要素在此方面的具体支撑性文件，内容较少时可合并在电气安全管理要素相关文件中
			涉水重要作业管理文件/作业指导文件	作为作业安全管理要素在此方面的支撑性文件，包括水上水下作业、潜水、驾驶船只、监护救生、消毒等作业
			涉水危险物品管理文件	作为危险物品专项安全管理要素在此方面的具体支撑性文件
			水质检测与化验作业指导文件	
			涉水人员管理文件	尤其是法定资格人员及其他重要从业人员，与教育培训和依法依规管理要求相结合
			涉水安全风险识别与管控文件	与相关专项安全管理要素结合，作为风险识别管控要素在此方面的具体支撑性文件
			涉水应急管理文件/相关作业指导文件	与相关专项安全管理要素结合，作为应急要素在此方面的具体支撑性文件
			涉水安全防护与安全标志管理文件	作为安全防护、安全标志要素在此方面的具体支撑性文件
			涉水安全检查巡查作业指导文件	与相关专项安全管理要素结合，作为安全检查要素在此方面的具体支撑性文件

表 A.3 专项安全管理要素的体系文件建议清单(续)

序号	管理要素	程序文件(二级文件)	作业指导文件(三级文件)	备注
18	动物安全	动物安全管理程序	动物观赏、饲养相关建(构)筑物管理文件、技术文件	观赏环境与建(构)筑物、笼舍、防护用品、麻醉工具、诊疗仪器、灭菌设备等,作为环境场地、建(构)筑物及设备设施安全管理要素在此方面的具体支撑性文件
			动物相关设备设施安全管理文件	
			动物相关设备设施作业指导文件(使用操作规程、自查维保规程等)	
			动物相关重要作业指导文件(动物饲养、保育、展示、运输、体检诊疗、防疫、环境消毒等)	主要针对猛兽动物、大型草食动物、灵长类动物等危险性较大的动物
			游客观赏动物行为安全管理文件	
			动物安全设施管理文件	与场地环境、建(构)筑物与作业等专项安全管理要素结合,作为安全防护要素在此方面的具体支撑性文件
			动物安全标志管理文件	作为安全标志要素在此方面的具体支撑性文件
			动物安全风险识别与管控文件	作为风险识别管控要素在此方面的具体支撑性文件
			动物应急管理文件/相关作业指导文件	作为应急要素在此方面的具体支撑性文件
			动物安全检查巡查作业指导文件	作为安全检查要素在此方面的具体支撑性文件
			动物安全档案	作为档案管理制度在此方面的具体支撑性文件

表 A.3　专项安全管理要素的体系文件建议清单（续）

序号	管理要素	程序文件（二级文件）	作业指导文件（三级文件）	备注
19	园区交通安全	园区交通安全管理程序	交通道路设施管理文件	道路、桥梁、涵洞、安全设施等
			车辆管理文件/操作与检维修规程（道路行驶车辆、场内机动车等）	作为设备设施安全管理要素在此方面的具体支撑性文件
			驾驶人员与安全驾驶管理文件	持证、培训、身心健康、驾驶要求等
			园区交通管控要求	高峰客流或大型活动、特殊物品运输等交通管控
			交通安全标志管理文件	与场地环境要素结合，作为安全标志要素在此方面的具体支撑性文件
			园区交通事故处理办法	
			交通安全风险识别与管控文件	作为风险识别管控要素在此方面的具体支撑性文件
			交通应急管理文件/相关作业指导文件	作为应急要素在此方面的具体支撑性文件，包括应急交通保障机制、交通管制、设立警戒区和警戒哨、开启应急救援“绿色通道”等
20	其他	其他安全管理要素管理程序文件	计量与检测化验管理文件/相关作业指导文件	无损检测、仪器仪表计量（开展此类业务的）、食品检验、动物检疫等，与相关专项安全管理要素结合
			无人机管理文件/相关作业指导文件	作为运营安全、设备设施安全管理要素在此方面的具体支撑性文件
			其他安全相关管理要求	

参 考 文 献

[1] GB/T 13017 企业标准体系表编制指南
[2] GB/T 15496 企业标准体系 要求
[3] GB/T 19001 质量管理体系 要求
[4] GB/T 19011 管理体系审核指南
[5] GB/T 19023 质量管理体系文件指南
[6] GB/T 33000 企业安全生产标准化基本规范
[7] GB/T 35778 企业标准化工作 指南
[8] GB/T 40951 城市客运枢纽运营安全管理规范